中山大学图书馆学术丛书第三种

邹鲁年谱

上卷

冯双 编著

中山大学出版社
·广州·

图书在版编目（CIP）数据

邹鲁年谱/冯双编著．—广州：中山大学出版社，2010.2
ISBN 978-7-306-03513-4

Ⅰ．邹…　Ⅱ．冯…　Ⅲ．邹鲁（1885～1954）—年谱　Ⅳ．K825.46

中国版本图书馆 CIP 数据核字（2009）第 192017 号

出 版 人：祁　军
策划编辑：张礼凤
责任编辑：张礼凤
封面设计：贾　萌
责任校对：曾育林
责任技编：何雅涛
出版发行：中山大学出版社
电　　话：编辑部 020-84111996，84111997，84113349，84110779
　　　　　发行部 020-84111998，84111981，84111160
地　　址：广州市新港西路 135 号
邮　　编：510275　　传　真：020-84036565
网　　址：http://www.zsup.com.cn　E-mail：zdcbs@mail.sysu.edu.cn
印 刷 者：佛山市南海印刷厂有限公司
规　　格：787mm×960mm　1/16　73.75 印张　1400 千字
版次印次：2010 年 2 月第 1 版　2010 年 2 月第 1 次印刷
印　　数：1-1500 册　　定　价：198.00 元（共 2 册）

邹鲁肖像

◎ 1924年至1925年，出任国立广东大学筹备主任、校长

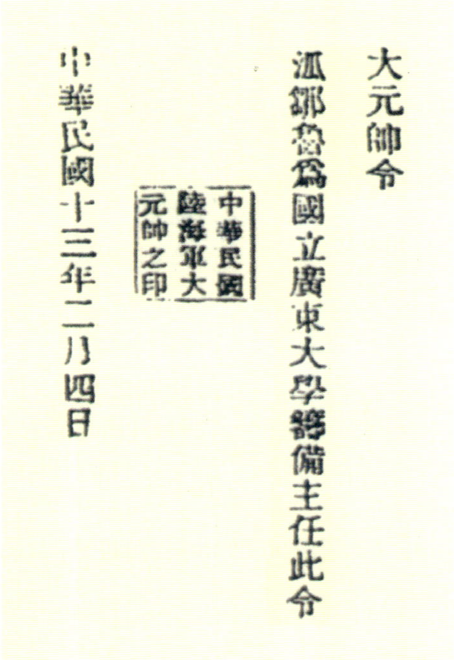

大元帥令

派鄒魯爲國立廣東大學籌備主任此令

中華民國陸海軍大元帥之印

中華民國十三年二月四日

1924年2月4日，大元帅令：派邹鲁为国立广东大学筹备主任

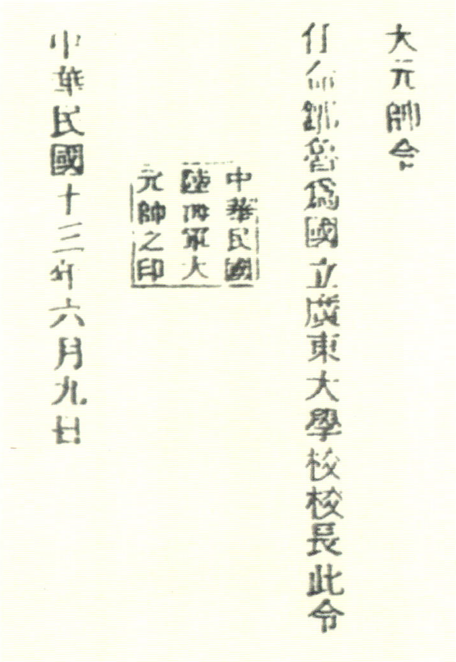

大元帥令

任命鄒魯爲國立廣東大學校校長此令

中華民國陸海軍大元帥之印

中華民國十三年六月九日

1924年6月9日，大元帅令：任命邹鲁为国立广东大学校长

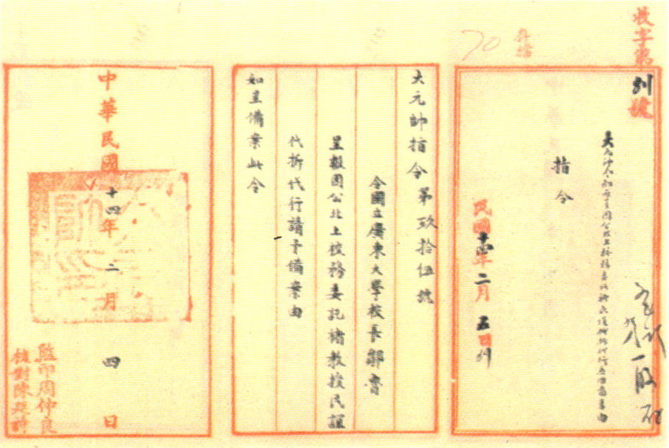

大元帥指令第玖拾伍號

令國立廣東大學校長鄒魯

呈報因公北上校務委託褚教授民誼代拆代行請予備案由

呈悉准予備案此令

中華民國十四年二月四日

1925年2月初，北上侍疾，国立广东大学校务由褚民谊代拆代行

1925年3月，见证孙中山遗嘱

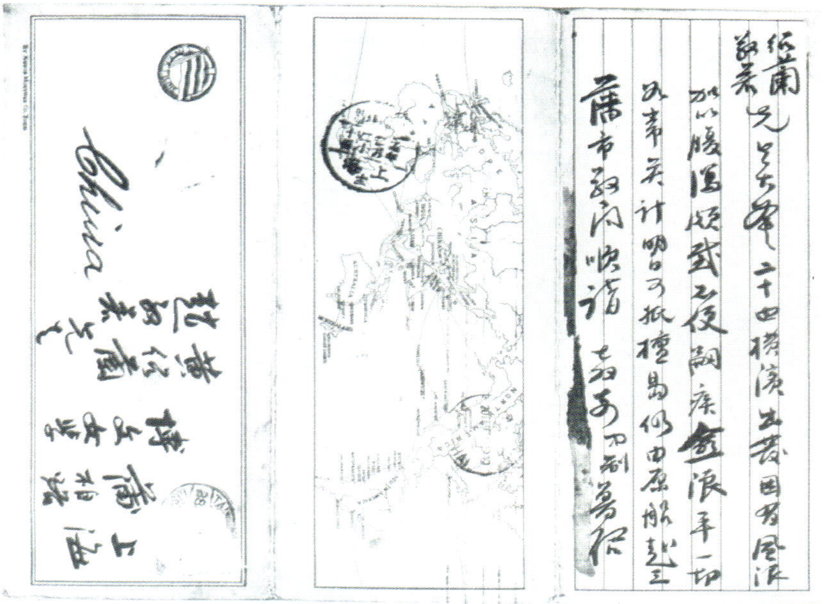

1928年1月29日，在去檀香山的船中写给黄绍兰、赵淑嘉的信

1928年7月上旬，到匈牙利游览

◎ 1929年5月至8月，到日本躲避党政是非

在日本期间所作书法《惟谋我心所安》

从日本回国时，途经朝鲜，写《朝鲜京城杂咏》

1929年秋至1930年，拟联合阎锡山、冯玉祥、张学良等人反蒋◎

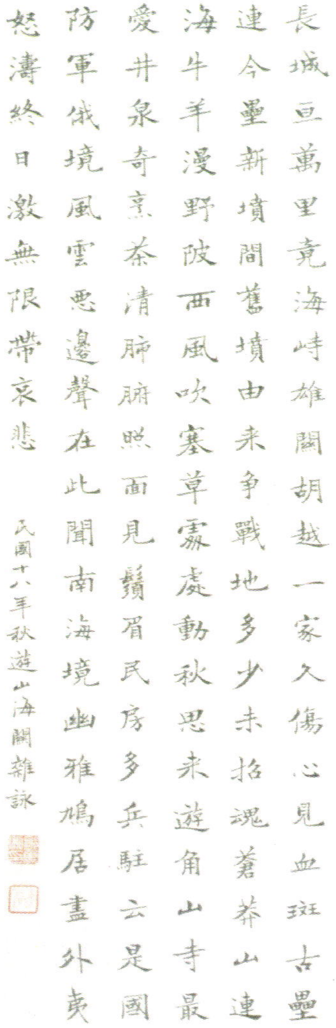

1929年秋，赴沈阳联络张学良，过山海关作《秋游山海关杂咏》

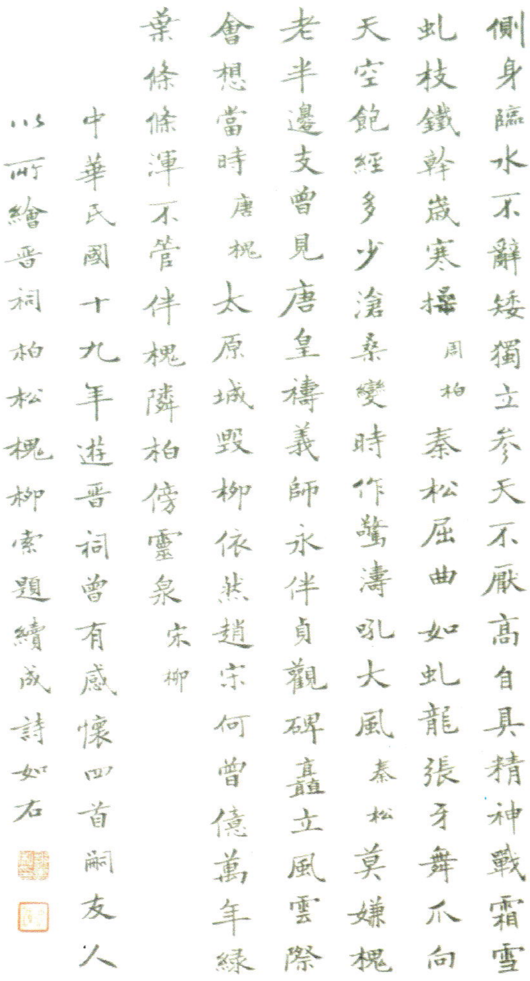

1930年在太原，参与联合阎锡山、汪精卫等人反蒋，期间作《晋祠感怀》

◎ 1932年，第二次出任国立中山大学校长

1933年，邹鲁（左六）在校训石前合影。该校训由邹鲁亲书

1932年，为国立中山大学校歌作词

1934年11月11日，在国立中山大学成立10周年及新校舍落成纪念大会上致开会辞

1935年6月，出任国立中山大学研究院院长

在国立中山大学研究院前合影（前排左七）

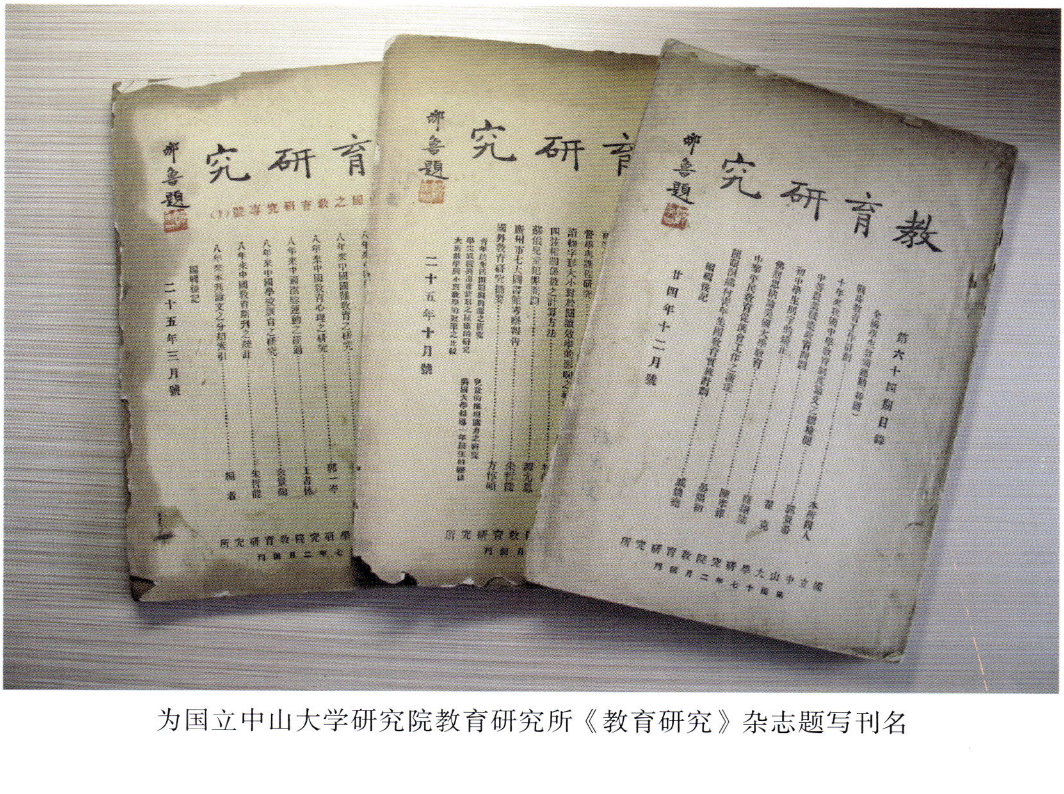

为国立中山大学研究院教育研究所《教育研究》杂志题写刊名

◎ 1936年5月，赴德国出席会议

1936年5月，接受海德堡大学荣誉博士学位

1936年8月，在第11届柏林奥运会看台上（左三）

1937年，提出国民党党纲意见 ◎

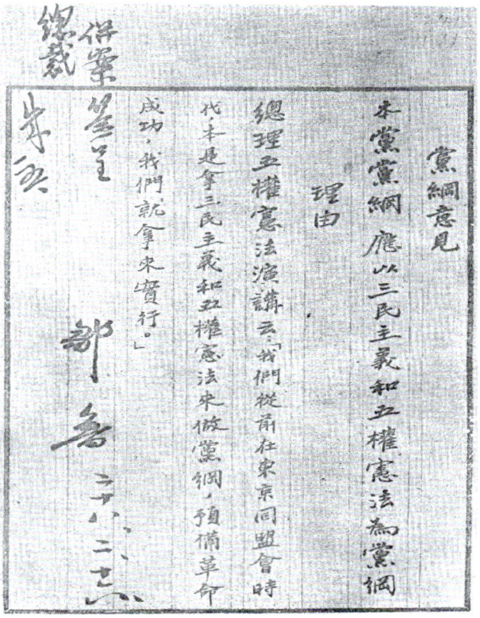

黨綱意見

本黨黨綱應以三民主義和五權憲法為黨綱

理由

總理五權憲法演講云「我們從前在東京同盟會時代，本是拿三民主義和五權憲法來做黨綱，預備革命成功，我們就拿來實行。」

鄒魯 二十六、二、廿六

提出以三民主义和五权宪法为国民党党纲

1938年，在抗日战争期间 ◎

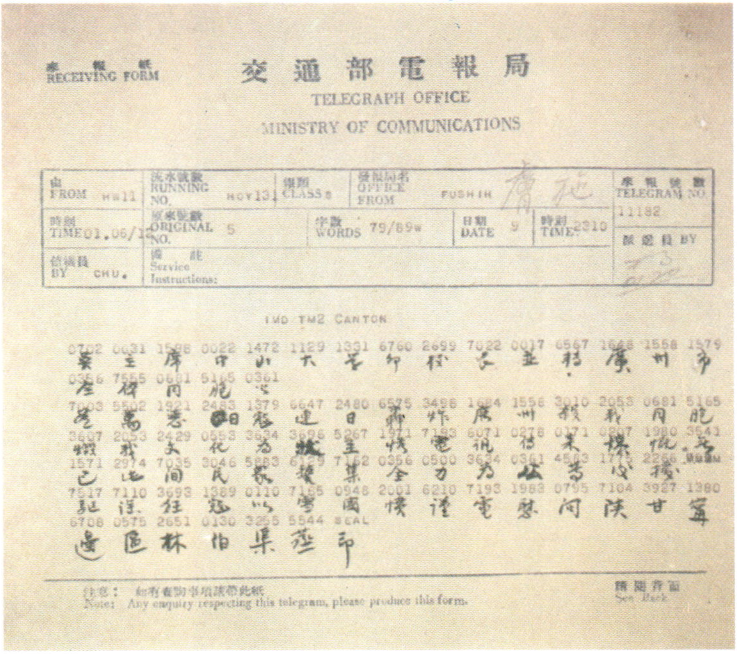

收報紙 RECEIVING FORM

交通部電報局

TELEGRAPH OFFICE

MINISTRY OF COMMUNICATIONS

由 FROM HW11 | 流水號數 RUNNING NO. HOY131 | 類別 CLASS 8 | 發報局名 OFFICE FROM FUSHIH | 來報號數 TELEGRAM NO. 11182

時刻 TIME 01.06/12 | 原來號數 ORIGINAL NO. 5 | 字數 WORDS 79/89w | 日期 DATE 9 | 時刻 TIME 2310

值機員 BY CHU. | 備註 Service Instructions: | 核對員 BY

IMD TM2 CANTON

0702 0031 1598 0022 1472 1129 1331 6760 2699 7022 0017 6567 1648 1558 1579

0356 7555 0681 5165 0361

7003 5502 1921 2483 1379 6647 2480 6575 3498 1684 1556 3010 2053 0681 5165

3607 2053 2429 0553 3634 3696 5267 1971 7193 6071 0278 0171 0807 1980 3541

1571 2974 7035 3046 5883 6129 7162 0356 0500 3634 0361 4583 17[illegible] 2256 MWBM

7517 7110 3693 1389 0110 7165 0948 2001 6210 7193 1983 0795 7104 3927 1380

6708 0575 2651 0130 3255 5544 SEAL

陝甘寧邊區林伯渠印

注意：如有查詢事項請帶此紙 Note: Any enquiry respecting this telegram, please produce this form.

請閱背面 See Back

1938年6月5日，日本飞机轰炸广州，中山大学校园被炸。陕甘宁边区政府主席林伯渠给邹鲁发来的慰问电

◎ 20世纪40年代初，重庆山居生活

1940年秋，在复兴居画墨竹

1941年，与中央通讯社成员合影（后排左四）

1944年，获得一级景星勋章 ◎

1944年1月1日，获得一级景星勋章时与夫人赵淑嘉合影

抗战胜利后到南京工作 ◎

1948年，在南京邹鲁公馆与夫人赵淑嘉合影

◎1949年新中国成立前，广州与香港生活

1949年，在五子邹梅婚礼上，婚礼在广州举行

1949年，广州解放前，
离穗赴港，在香港与
邹梅和儿媳戚继兰合影

1950年3月27日，中山大学台中校友会欢迎邹鲁校长

1953年圣诞节，和家人合影

◎ 著作等身

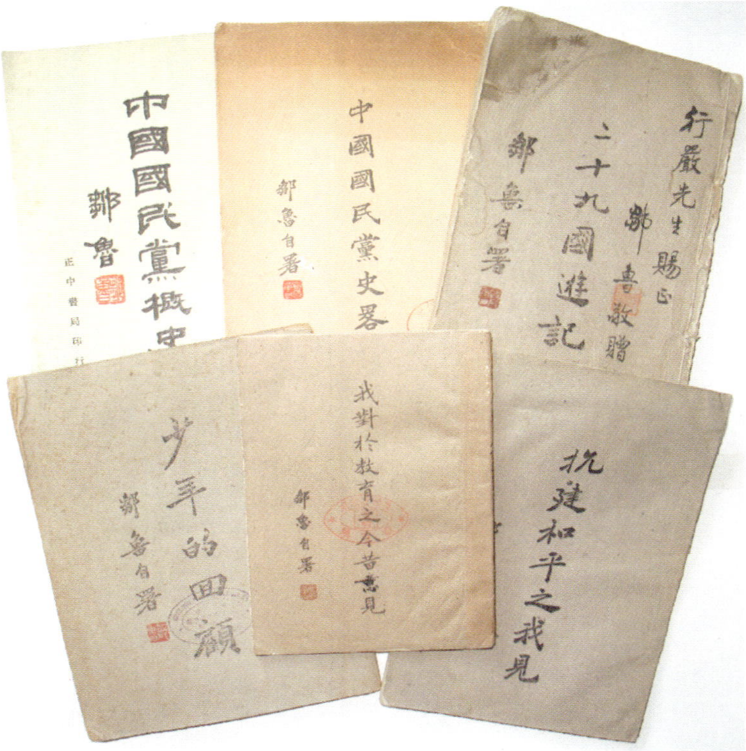
中國國民黨概史
鄒魯
正中書局印行
中國國民黨史畧
鄒魯自署
二十九國遊記
行嚴先生賜正
鄒魯敬贈
鄒魯自署
少年的回顧
鄒魯自署
我對於教育之今昔意見
鄒魯自署
抗建和平之我見

鄒魯全集

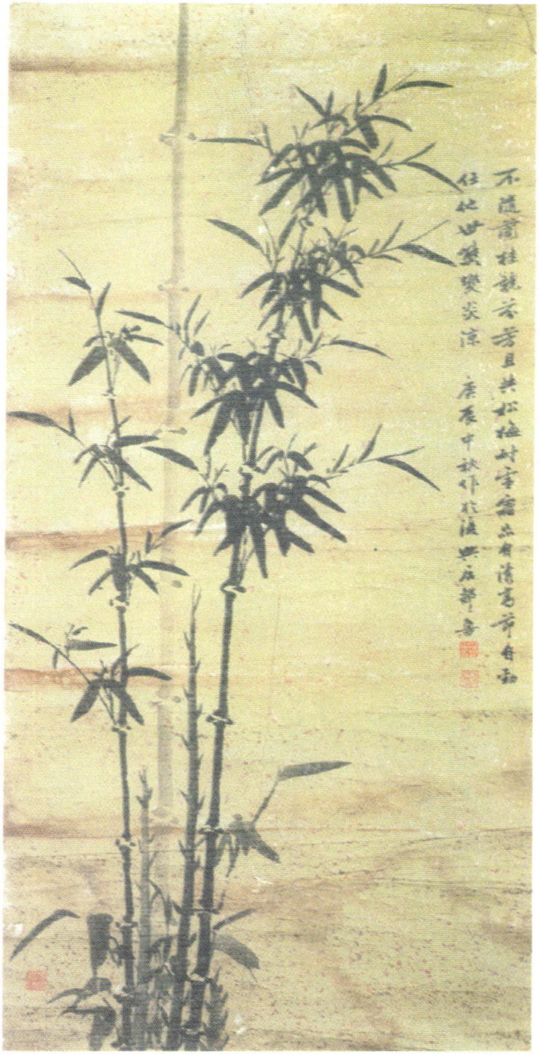

邹鲁墨竹图
原纸尺寸62cm×129cm

邹鲁墨竹图“东风拂园竹，画此作图形”
原纸尺寸24cm×68cm

邹鲁画梅及题苏东坡诗

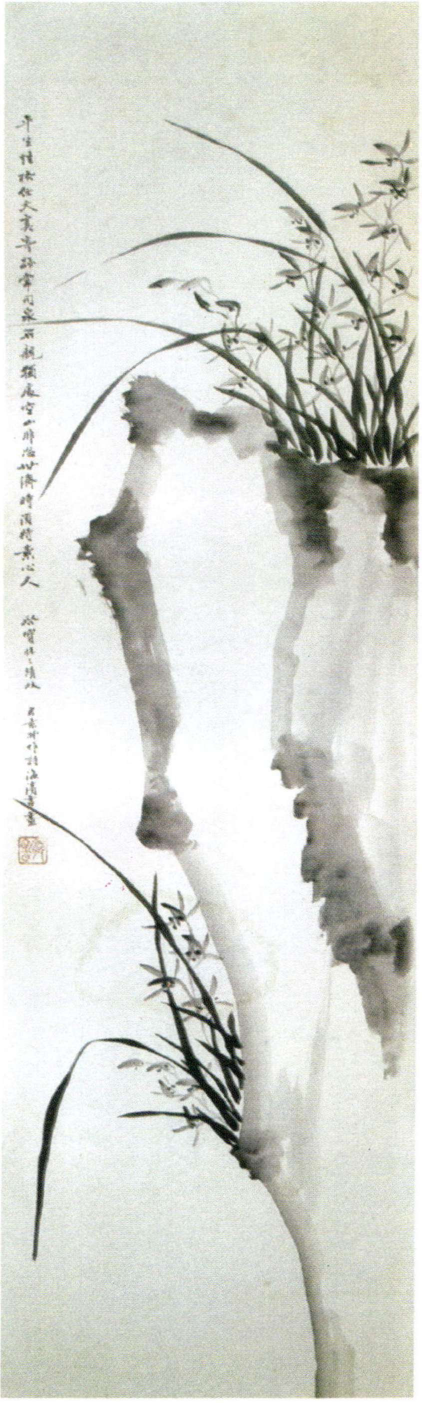

邹鲁墨兰图『平生性格任天真，寄迹常同泉石亲。独处空山非忘世，济时须待素心人。』启宝妹妹清政，君素姊作诗海滨书画。32cm×116cm

前　　言

邹鲁作为中山大学首任校长，并两次执掌中大9年之久，为中大的发展作出了卓越贡献，这已经是中大人的共识。

回顾中大历史，从建校初期的筚路蓝缕、艰辛创业，到石牌校园建成，大学之大，可谓雄伟瑰丽、蓬勃气象、蔚为大观；从周游世界，考察各国教育，到将中大建成拥有研究院的三所全国著名大学之一，邹鲁为中大发展殚精竭虑，呕心沥血，励精图治，终于玉汝于成，实为居功至伟。在建校八十周年时，中大在图书馆建成了邹鲁校长纪念室，雕塑了邹鲁铜像，以纪念邹鲁为创办及建设中大所作出的历史贡献，这是中大领导尊重历史和珍视中大优良传统的科学精神和远见卓识。

初始邹鲁是我在读大一时，当时讲解中国革命史的老师在课堂上说，邹鲁是“西山会议派”的代表，是中山大学首任校长。仅此而已。1991年7月，得知自己将提前一年留校工作后，我开始特别关注中山大学校史，因为这毕竟可能是我未来一辈子工作的地方，不能不了解她。于是，一边忙着工作学习，一边开始收集一切与中山大学有关的文献，这样，我逐渐知道了邹鲁，而这时的邹鲁在我心中的印象依然是模糊的，甚至是反面的。2007年，我开始将十几年来搜集的中山大学史料整理成书，出版了《中山大学生命科学学院（生物学系）编年史1924～2007》一书。这本书的出版历程极为艰辛，我对新中国成立前的中山大学历史进行系统挖掘，爬梳整理，钩稽考订，查看了摞起来足有3米多高的《国立中山大学日报》、《国立中山大学校刊》及其他任何能找到的记载中山大学历史的书刊，还到广东省档案馆查阅国立广东大学、国立中山大学的2000余卷档案资料，整个经历概括起来可谓：认识中山大学——热爱中山大学——研究中山大学。期间，邹鲁的形象逐渐变得立体、鲜活、饱满，爱国、反蒋、反共的传统标签已经无法解释邹鲁的全部。我认识到，人们对邹鲁的认识还是片面的、有缺陷的，我可以在系统、全面、客观地研究邹鲁方面做一些有意义的工作，而撰写编年史使我自然地喜欢上年谱这种记述方式，撰写《邹鲁年谱》的想法由此而生，直至执笔写就本书。

我的写作基础是先收集关于邹鲁的史料，收藏时间从1991年开始，由于早期重点放在生物系文献资料的收藏上，邹鲁文献资料仅是顺带收藏，且基本限于与中山大学有关的文献，所以进展不大。2004年后，邹鲁文献收藏工作开始进入到一个新的阶段，标志是系统收藏与“邹鲁+中山大学+生物学系”三位一体的文献，这些文献多以（国立）中山大学生物学系书籍、原始文献（如大学布告、大学公函、任命书等）复印件的形式进行，并作了系统整理，如将复印的文献按照时间顺序装订成册，以便查阅等。这些资料包括全部中山大学年鉴、并校后的全部校报、解放后出版的全部校史书籍、重要期刊，总计有1000多本，包括可谓巨资购买的应是保存在私人手上较为齐全200多本邹鲁题名的《农声》杂志。2007年，动笔编撰《邹鲁年谱》后，我的邹鲁文献收藏进入到一个飞跃发展的阶段，所有与邹鲁、邹鲁家族有关的文献全部进入收藏视野。通过网络、书店、书摊等一切可能的地方，不惜代价，一本本、一页页地收藏，能购买的就购买，买不到的就想办法复印。至今，收藏成果令人欣慰：

一、邹鲁著作系列：22个版本，包括《中国国民党史稿》、《中国国民党史略》、《中国国民党概史》、《少年的回顾》、《回顾录》、《二十九国游记》、《广州三月二十九日革命史》、《抗建和平之我见》、《我对教育之今昔意见》等，其中有一本《二十九国游记》为邹鲁亲笔签名、盖戳后赠送给章士钊的，而《澄庐诗集》一书是至今在各类市场上出现过的唯一一本。

二、邹鲁文集系列：6个版本，其中《邹鲁全集》一套书为宋述樵藏书，每本书都有宋述樵的亲笔签名。宋述樵在国民党六大上即当选为中央监察委员，还曾担任国民党立法委员、制宪国民大会代表等职务，新中国成立前去了台湾。

三、邹鲁作序、题写书名、刊名系列：包括《农声》、《教育研究》、《土壤调查报告》等230多本。其中曾仲鸣编述的《国立广东大学海外部之一——法国里昂中法大学》一书十分珍贵，因为该书印刷量极少，目前也是在市场上仅见的一本。

四、邹鲁发表文章、函电、布告、公函、报道系列：总数20多本原刊，8000多页文献。邹鲁在《三民主义月刊》等书刊上发表了数十篇文章，这些书刊已经极难寻觅，我还收集到了《大千杂志》创刊号等。为了便于查阅，我将邹鲁书信、《国立中山大学日报》、《申报》、《广州民国日报》、《胡汉民未刊往来函电稿》等文献的复印件按照内容、时间顺序装订成24个精装本。能搜集这么多文献资料，很不容易。

五、邹鲁介绍、研究系列：该系列包括介绍邹鲁生平、国立中山大学校长期间工作、邹鲁研究文章等内容，合计40多本。中国大陆介绍邹鲁的整篇制文章，凡是被收入书刊的，已收集齐全；中国台湾地区介绍、研究邹鲁的整篇制文章，凡是被收入书刊的，也基本收集齐全。这一点是比较难做到的。

六、邹鲁家族系列：包括先祖邹应龙，侄子邹琳，妻子梁定慧，儿子邹永、邹说等人的各类书籍。

从我收藏的邹鲁文献种类、数量、质量分析，保存在私人手上的邹鲁文献，我这里应是最为齐全的。邹鲁文献收藏工作将长期进行下去，我立志要成为邹鲁文献收藏的集大成者，以便为《邹鲁评传》、《邹鲁全集》等书籍的撰写提供素材。

从我收集的史料看，邹鲁文献有两个鲜明特点：一是邹鲁本人出版、发表的著作及文章，基本保持着原著述状态。里面的言辞，不管是反蒋的还是反共的，不管是在大陆出版的还是在台湾地区出版的，基本被原封不动地保持下来，对于国民党和共产党来说，都体现出相当大的气度。二是他人编著的邹鲁文集，则出现很大的变化。一方面，政治观点鲜明的文章没有被收录进来，这以台湾地区国立中山大学校友会编著的《邹鲁全集》为代表，这套全集总计有10本，收录邹鲁的著作、文章总量仅有邹鲁公开发表的著作、文章总量（以字数计）的一半左右，著作遗漏不多，只发现《日本对华经济侵略史》一书被遗漏。但是文章方面，收录量不足邹鲁发表文章、演讲词、训词、函电、议案、提案的40%，被遗漏或被排除的大约60%的文章多为政治观点鲜明，批驳时政甚力，并特别能代表邹鲁思想的，这是十分遗憾的！另一方面，邹鲁部分政治观点鲜明的文章凡是出现反蒋的，均被作镂空处理，这以梅萼编著的《邹鲁文存》为代表，给参阅者带来很大困难。

除了收藏文献，我还查阅了海量文献。查阅文献主要在广东省档案馆进行。中山大学到广东省档案馆没有直通车，我一般挤地铁前往，由于档案馆每天仅开放6个小时，所以每次去查档案，我都是第一个进入档案馆，最后一个离开档案馆的查档者。挤地铁的艰辛，非一般人所能体验到。在客村站转车时，由于前往天河地区工作的上班族极多，基本需要挤三四次才能挤上地铁。无法顾及的是教师的尊严，为的只想准时赶到档案馆，多查几页档案。4年来，国立广东大学全宗、国立中山大学全宗、国立广东高师全宗档案被我查了两遍，查阅量达到2000余卷次，1万余页次。

我的著述工作也得到程焕文馆长和中山大学图书馆的全力支持，图书馆破例允许我将《国立中山大学日报》复印本借到家里查阅，使我可以利用晚上时间查阅，第二天复印后，还了再借，如此以往。这样的过程往往需要每次3个月左右，我总计查阅了两次，历时半年。

由于有了上述文献史料的支撑，撰写《邹鲁年谱》的工作得以顺利开展。《邹鲁年谱》中有许多资料都是第一次公开，值得读者期待。同时，这些原始资料使早期公布的邹鲁记述资料中的诸多错误得以纠正。

目前，学术界对于邹鲁研究尚有许多疑问待解，也有许多史实记述有待商榷，仅在1917年以前，就有如下疑问或需商榷之处：

一、创办潮嘉师范学堂的时间、校址、办学目的等。

二、加入中国同盟会的时间。

三、“三二九”广州起义过程中，邹鲁的具体行程、行动、作用等。

四、《可报》的创刊时间、发行期数等。

五、1911年北伐军，邹鲁的行程、与广东女子北伐队的关系等。

六、1913年前往日本的时间。

七、加入欧事研究会的时间、作用。

八、与许剑魂结婚的时间。

九、赴南洋筹款的行程、作用、目的、筹款数量等。

十、1917年前往北京出席众议院会议的时间。

另外，学术界对于邹鲁如下问题的研究还有待深入：

一、邹鲁与中国共产党的关系。一般认为邹鲁是反共的，有召开西山会议、清党等行为，但是，对邹鲁和中国共产党领导人的联系、邹鲁对马克思主义的态度、对五四运动的态度等方面缺乏研究。本书提供了一些新发现的史料，如邹鲁与中共领导人毛泽东、周恩来的交往，邹鲁在总理纪念周训词中对马克思主义、五四运动的态度等，值得读者参阅。

二、邹鲁第二次出任国立中山大学校长的原因。有不同的说法，本书公布了一些原始资料，有利于澄清史实。

三、邹鲁在新国民党中的历史作用。本书公布了大量邹鲁与胡汉民的来往函电，丰富了这方面的史料。

四、邹鲁高等教育思想研究。邹鲁自入学广东法政学堂，即开始对高等教育感兴趣，至人生不如意时，进行二十九国环游，期间参观最多的是学校，记录最多的也是关于教育的见闻、思考，其高等教育思想应该形成于此。其高等教育思想的形成历程、特点、作用，特别是高等教育与爱国教育、尚武教育、传承教育等教育形式结合所形成的教育思想，值得探讨。本书对其教育言论做了大量记载。

五、邹鲁家世。从已经公布的观点看，这方面的信息显得较为杂乱。邹氏祖居安徽当涂，邹姓入闽后，其始祖为谁？说法有二，何者为邹鲁祖先，学术界及邹氏后人尚待明确定论；邹鲁有几任夫人，存在三种说法（五妻说、四妻说、三妻说），何者为准；许剑魂被害的原因，也存在争议。本书公布了许多原始资料，有利于解读邹鲁家世，从而进一步解读邹鲁的言行。

我不是一名历史专业毕业的学者，而是以一名地地道道的历史爱好者的视角钻研历史，记述历史，所以，我一直遵循尽可能给读者提供原汁原味的历史素材的原则编撰本书，期待能为邹鲁研究作一些微薄贡献。

冯双

二OO八年十二月三十一日深夜

凡　例

一、本书以记述谱主生平思想活动为主，略收录与谱主活动有关的史料。

二、本书纪年统一用阳历。中华人民共和国成立以前的年份，每年于篇首标明清年号或者中华民国纪年。记事以年月日时为次序，具体日期不详者，纪于可定年月日时之后。如某天某事可定时，则置前，其余事情以重要性依次排列。

三、本书采用纲目体裁。纲目文字力求不重复。凡下列情形之一者，仅列纲文，目文从略：（一）纲文记事已足以证明问题者；（二）活动仅知行踪，缺乏详细资料者；（三）简短函电、批示、布告；（四）部分著作、文章出版。

四、文中一般称谱主为“先生”，引文称谓照录。

五、谱主在国立广东大学、国立中山大学的活动占有较多篇幅，为阅读方便，除引文、任命文件、需特别注明之处外，“国立广东大学”、“国立中山大学”均简称为“本校”或省略校名。“大学布告”、“大学公函”、“大学批示”等文中“大学”均指该两所大学。

六、本书记事，同一日首条标明时间。其余各条用△表示。大体上首先记述谱主本身活动，其次记述与谱主有关的活动。

七、本书订正错字置［　］内，增补脱字置于〈　〉内，注文置于（　）内，缺字用□表示。原文未加标点或仅断句者，均重加标点或酌予分段。

八、为尊重原文，本书引文的错漏之处未予改动。

九、依据谱主生平思想和活动，本书分为上下卷：

上卷（1885 年至 1932 年）：记述谱主家世，求学，加入同盟会，推翻帝制，北伐，当选国会议员、国民党中执委，伐陈，筹备建立国立广东大学（第一次出任中大校长），召开西山会议，清党，反蒋，出国游历，第二次出任中大校长等经历。

下卷（1933 年至 1954 年）：记述第二次出任中大校长，主持西南政务及党务，抗日，反蒋至联蒋，出任国府委员、国防最高委员会常委，到台湾省后的工作及生活等经历。

目　录

1885年（清光绪十一年　乙酉）一岁

2月20日（正月初六）　诞生在广东省潮州府大埔县。

先生祖世原居安徽当涂，唐贞元末年（804年），先人邹垣以宦游洪都，卜居江西南昌新吴驾山。唐懿宗时，因“方镇叛于外，阉寺横于内，回鹘、吐蕃、南诏继为边害，区厦痍破，百姓愁苦。”① 邹垣便由江西南昌举家迁至福建，是为邹姓入闽始祖第一说。

邹姓入闽始祖第二说为“开泰公”邹勇夫，其十一世孙邹应龙诞生在南宋孝宗乾道八年（1172年），别号景初，为大埔邹氏肇祖。② 南宋宁宗时，邹应龙居福建邵武郡属泰宁县河南坊，庆元二年（1196年）得中状元，官至端明殿大学士、签书枢密院事、参知政事（副宰相）等朝廷要职，至此其族始渐大。邹应龙于理宗绍定三年（1230年）辞官，适值晏头佗作乱，梓里遭劫，遂卜宅于长汀上堡乡而居。③ 邹应龙廉直有声，在位时曾与奸相韩侂胄作对。④ 因为有功德于乡民，闽粤交界一带有立邹公庙并立塑像以祭祀的习俗。

邹应龙生有十三子三女，其李夫人生有五子，第五子为邹八郎。邹八郎原住双井，后元兵南下，因拥护宋朝，遂由福建迁徙到广东，初居清溪社蕉坑，继居岌头。邹八郎即大埔邹氏所奉一世祖。传至十三世祖邹国善，邹家移居大埔白堠旧寨；十五世祖邹甘泉移居大埔县城茶阳儒学内，与孔庙崇圣祠仅有一墙之隔，其余支派，散居各地。清道光二十六年六月十五日（1846年8月6日），二十一世祖邹祥勋生子邹应淼，号禄初，别字石寿，为独子。⑤ 幼年时，邹祥勋不幸逝世，邹应淼成为孤儿，全赖母亲抚养长大。邹应淼先后娶木氏、廖氏。木氏性情和蔼，勤俭耐劳，生有二子，长子幼时不幸夭折，次子即为先

---

① 缪凤林：《中国通史要略》，台北商务印书馆1972年台八版，第61页。

② 泰宁县政协文史资料委员会、泰宁县邹应龙文化研究会：《状元宰辅邹应龙》，自印，2007年10月发行，第3页。

③ 许继峰：《邹鲁与中国革命（西元一八八五～一九二五）》，正中书局1981年1月台初版，第2页。

④ 周川、黄旭：《百年之功——中国近代大学校长的教育家精神》，福建教育出版社2005年5月第1版，第190页。

⑤ 戴书训：《愈经霜雪愈精神——邹鲁传》，近代中国出版社1983年10月初版，第149页。

生。由于哥哥早逝，至先生一代，邹家三代都是单传，人丁一直不旺，甚至同族的人也很少。在先生还不会说话的时候，据说有一位堂伯母还在，后来也过世了。因此，父母对先生格外宠爱，特在本县溪口观世音菩萨处上了契，叫做"澄生"，先生从小便叫"阿澄"。①

在先生还没有出生的时候，父亲在县城里开了个裁缝铺，但是生意一直不好，因此兼做一点贩卖的小本生意。洪杨之役②，县城遭到兵燹，邹家家产被一扫而空，父亲只有一顶破帐子，当做被子盖，过了一个冬天。一日三餐，常常只吃一顿。接着县城又遭水灾，把邹家房屋冲毁，剩下只有东歪西倒的两间破屋。先生即出生在此屋。自从先生出生后，为了方便照顾，父亲不但贩卖的生意不做了，连县城里那间裁缝店的生意也搬回到家里做了。③

先生元配赖氏，为童养媳，生有子女。④ 先生先后娶五妻，生有子女十四人。⑤

与先生先祖拥宋南迁的一批人，由于后居南方，因此被南方本地人称为客家、客人，就是先来的自认为主人，而把后来的当做客人的意思。这批人由于痛心宋室沦亡，都以"读书耕田莫做官"告诫子孙，因此自元至清，邹氏后代甚少有宦遊者。⑥ 先生在《回顾录》中的第一句话写道："我的家世，简单说来，是个为民族而艰苦奋斗的。这于我影响很大。"⑦

许继峰认为："有着这样一个为民族奋斗的家世，又恰恰生长在一个异族统治的政治环境之下，邹鲁反抗情绪之强烈是可想而知的。如果再有一种使命感的驱使，使邹鲁怀抱有那种驱逐鞑虏的革命思想，便是必然的了。"同时，由于"生长在一个清寒的小家庭，养成了邹鲁独立奋斗的精神和不与现实环境妥协的个性，这种精神与个性支配了邹鲁一生行事的原则。"⑧

先生祖居敬爱堂，位于大埔县茶阳镇长治仁厚村，建于清代。正门前方20米竖有5柱石华表，为清道光年间和民国年间所竖，这些石华表记载着邹氏祖先光辉的历史功绩。但先生并未在此居住过。

---

① 邹鲁:《回顾录》，岳麓书社2000年9月第1版，第2页。

② 洪杨之役：通指太平天国革命的兴灭。

③ 戴书训:《愈经霜雪愈精神——邹鲁传》，近代中国出版社1983年10月初版，第2~3页。

④ 戴书训:《愈经霜雪愈精神——邹鲁传》，近代中国出版社1983年10月初版，第149页。

⑤ 邹进之:《民国大埔县志》，台北市大埔同乡会影印，1971年印，附录第40~41页。目前文献可查的为先生娶有四妻，生有六子二女。

⑥ 邹鲁:《回顾录》，岳麓书社2000年9月第1版，第1页。

⑦ 邹鲁:《回顾录》第（一）卷，三民书局有限公司1974年7月初版，第1页。

⑧ 许继峰:《邹鲁与中国革命（西元一八八五~一九二五)》，正中书局1981年1月台初版，第4~6页。

1886年（清光绪十二年　丙戌）二岁

是年　父母加强对先生的教育。①

尽管父母对先生非常爱护，却从不溺爱。自从先生的哥哥夭折以后，父母将家庭的希望完全寄托在先生身上，一举一动，一言一行，从不放弃教育机会。自先生会走路之后，母亲木氏就经常带他到隔壁的孔庙去玩，常以孔孟故事教育先生。

是年　堂伯母去世。至此，先生家里只有父母及先生三人，没有伯叔诸姑，没有兄弟姐妹。“这种情形，一方面使我体会到仁爱的真义；另一方面养成我独立的奋斗的精神。”②

1887年（清光绪十三年　丁亥）三岁

是年　父母经常给先生讲一些圣贤豪杰的故事。日久天长，在先生的小小心灵里面充满了崇拜圣贤，想做豪杰的念头。③

1888年（清光绪十四年　戊子）四岁

是年　美国传教士在广州创立格致书院（岭南大学前身）。④

---

① 戴书训：《愈经霜雪愈精神——邹鲁传》，近代中国出版社1983年10月初版，第3～4页。

② 邹鲁：《少年的回顾》，龙文出版社股份有限公司1993年2月15日初版，第2页。

③ 戴书训：《愈经霜雪愈精神——邹鲁传》，近代中国出版社1983年10月初版，第4页。

④ 陈锡祺：《孙中山年谱长篇》，中华书局1991年8月第1版，第48页。

先生在筹备成立国立广东大学及担任国立广东大学、国立中山大学校长期间，与岭南大学在多个方面有所合作。

1889年（清光绪十五年　己丑）五岁

是年　继续接受父母教育。

先生一直想做圣贤豪杰。一次，先生的东西被别的孩子弄坏了，先生让他赔，对方不赔。正在争吵的时候，母亲来了，先生满以为母亲会帮他说话，想不到母亲竟伤心地哭了起来，一面哭一面说："阿澄！你真使我伤心，我希望你将来成为圣贤豪杰，难道圣贤豪杰就是这样的吗？你要是爱母亲，就该听母亲的话，立志读书，去做圣贤豪杰，不要因为一点小事，就和别人争吵！"①先生听了，大为感动，从此再也不和别人因为一点小事争吵了。

身教重于言教。父母从来不和邻居吵嘴，遇到什么过不去的地方，总是大事化小，小事化了，对人保持一种很有礼貌的风度。耳濡目染久了，先生也像父母一样，养成一副谦让容忍的气度。

1890年（清光绪十六年　庚寅）六岁

是年　孙中山课余常来往于香港、澳门之间，发表不满清廷的言论，提出"勿敬朝廷"的口号。孙中山与陈少白、尢列（香港华民政务司书记）、杨鹤龄三人志趣相同，互抒救国抱负，时被称为"四大寇"。

尢列后介绍先生加入中国同盟会，是先生参与革命的主要引路人之一。

是年　入乡里私塾，因为家庭贫穷，恐怕无力缴纳学费而被拒收。②

---

① 戴书训：《愈经霜雪愈精神——邹鲁传》，近代中国出版社1983年10月初版，第4页。

② 戴书训：《愈经霜雪愈精神——邹鲁传》，近代中国出版社1983年10月初版，第150页。

1891 年（清光绪十七年　辛卯）七岁

是年　从本年开始，在家里常常有“正式的职务”，即帮父母煮饭做菜。因为家里人手很少，每天早晨起床以后，照例是母亲煮饭，父亲出去买菜。如果母亲有事外出，便由父亲煮饭，先生去买菜。如果父母都因事外出，那么煮饭买菜的事，先生就不得不包揽下来。①

是年　入乡里私塾，再次因为家庭贫困被拒收。而父母认为先生年纪小，不能独自去较远的私塾，也不肯让先生到外乡求学。②

1892 年（清光绪十八年　壬辰）八岁

是年　启蒙教育开始，入读私塾，塾师饶资泉。③

先生很小时，“就想读书，但是到八岁时才达到入塾的目的，所以不敢懈怠。虽然资质很钝，却终日勤读不辍。先生见我不偷懒，就是有时背不出书，也从宽责备。我并不因这种待遇，就存侥幸的心理，仍是战战兢兢，终年如一。甚至在睡觉时，也做梦读书，尤其常常被背不出书的梦所惊醒。”④

“邹鲁 8 岁入塾，直到 19 岁就读于韩山书院以前，都是在私塾念书，所学的无非四书五经、古文诗词之类。闭塞的山区旧式教育使他接受了浓重的封建意识和传统道德观念。同时，他浏览了不少史家的著作，且读史书较有心得，使其逐渐具备了撰写史书的才能，为后来编写《中国国民党史稿》等著作打下了基础。”⑤

---

① 邹鲁：《回顾录》，岳麓书社 2000 年 9 月第 1 版，第 4 页。

② 邹鲁：《回顾录》，岳麓书社 2000 年 9 月第 1 版，第 5 页。

③ 戴书训：《愈经霜雪愈精神——邹鲁传》，近代中国出版社 1983 年 10 月初版，第 150 页。

④ 邹鲁：《少年的回顾》，龙文出版社股份有限公司 1993 年 8 月 25 日初版，第 7 页。

⑤ 王尚：《邹鲁生平述略》，见广东省政协文史资料委员会编《近代广东名人录》第二辑，广东人民出版社 1989 年 4 月第 1 版，第 104 页。

是年 出世的祖屋由父亲翻造，并因此借款一百余元，不得不典出一部分祖屋还债，只保留两间做卧室。①

是年 对书法极其感兴趣。②

先生书法上承二王（王羲之、王献之）遗轨，参以六朝北派书风，超脱时俗，清新雅健，奇韵精绝。中山图书馆收藏先生写给清华的楷书诗："虞叔祠前柏郁苍，槎牙枝干傲风霜。剪桐盛事随周逝，留得浓阴荫古唐。"结字妍正，平和静谧，疏瘦隽逸，秀美见长。憨斋收藏其写给国立广东大学的行书对联："称心诗带风云气，信手文成金石声。"用笔自如流畅，有刚柔相济的圆润之趣，结体平正而顾盼有情，书风清俊而意态万千。郑若琳收藏其写给瑞琴的双钩行楷七言诗轴："南湖秋来夜无烟，耐可乘流直上天。且就洞庭赊月色，将船买酒白云边。"此幅书法虽是双钩，但字体刚正、紧凑，力度饱满，结体欹侧生情，上紧下宽，横画左低右高，气势生动，竖钩收笔内敛而含蓄，撇画长者如弯刀形、短者多有茂美之趣，结构缜密，清劲耸拔，给人以别致、新颖的感觉，整幅作品有北碑、唐楷的特点，为创新之作。③

是年 梁定慧生于香山县唐家村（今珠海市唐家湾镇）。梁于 1924 年与先生结婚。

1893 年（清光绪十九年　癸巳）九岁

是年 继续在饶资泉的私塾读书。

1894 年（清光绪二十年　甲午）十岁

11 月 24 日 孙中山在檀香山组建中国第一个资产阶级革命团体兴中会，

① 邹鲁：《回顾录》，岳麓书社 2000 年 9 月第 1 版，第 8 页。
② 戴书训：《愈经霜雪愈精神——邹鲁传》，近代中国出版社 1983 年 10 月初版，第 144 页。
③ 《邹鲁书法　疏瘦隽逸秀美见长》，见《汕头日报》，2004 年 12 月 22 日。

提出振兴中华，挽救危局，并以“驱除鞑虏，恢复中国，创立合众政府”为秘密誓词。[1]

是年 继续在饶资泉的私塾读书。在此读完了《四书》，听讲了《上论》、《下论》，读讲了一些古文、时文和《千家诗》一部，能做短文。[2]

1895年（清光绪二十一年 乙未）十一岁

是年 离开饶资泉的私塾，进入另一家私塾，塾师彭祖佩。塾师教书很严，并且很喜欢先生。[3]

是年 可明辨夷夏。[4] 完成作文《鲁仲连义不帝秦论》。[5]

客家人是不愿屈服于异族统治的。父亲常给先生讲太平天国的故事。一次，老师出了一个作文题：《鲁仲连义不帝秦论》。先生在这篇作文里开宗明义地说：“秦，西戎之国也，异类之人也。”老师看了大吃一惊，私下对他说：“本朝皇帝是满洲人，你这种文章是可以兴文字狱的，以后要谨慎些。”[6]

1896年（清光绪二十二年 丙申）十二岁

是年 继续在彭祖佩的私塾读书。

是年 开始临摹九成宫贴，兼习乐毅论贴，楷书日有进境，可以替邻居写

---

① 陈锡祺：《孙中山年谱长篇》，中华书局1991年8月第1版，第74页。先生在《关于兴中会创立时间与地点》等文中主张兴中会在1892年创立于澳门，并为此与冯自由、刘子健进行长达两年的笔战。

② 邹鲁：《回顾录》，岳麓书社2000年9月第1版，第5页。

③ 邹鲁：《回顾录》，岳麓书社2000年9月第1版，第5页。

④ 戴书训：《愈经霜雪愈精神——邹鲁传》，近代中国出版社1983年10月初版，第150页。

⑤ 许继峰在《邹鲁与中国革命（西元一八八五～一九二五）》（正中书局1981年1月台初版第15页）一书中认为，该作文完成在先生14岁时，即完成在1898年。

⑥ 戴书训：《愈经霜雪愈精神——邹鲁传》，近代中国出版社1983年10月初版，第6～7页。

春联。①

1897 年（清光绪二十三年　丁酉）十三岁

是年　继续在彭祖佩的私塾读书。在此读完了《孟子》、《诗经》、《易经》、《礼记》以及众多唐诗及试贴诗，古文时文，能随班诵读，八股文能完篇，并已学做古文。②

是年　孙中山在英国伦敦大英博物馆研究并考察欧洲政治，完成三民主义思想体系构建。③ 孙中山后来在国立广东大学系统演讲三民主义时，由先生负责读校。

1898 年（清光绪二十四年　戊戌）十四岁

春　参加县考。④

第一场考试时，先生除做完自己的卷子外，还代人做了第二卷，所得报酬用来补贴参加考试的费用。第二场考试时，先生首先交卷，县知事正好在座，见先生年纪小而交卷早，便叫其上去，问是否愿意多做一篇起讲，先生立刻答应。知事出了一个《后生可畏》的题目，叫先生坐在他旁边的小座位上去做。先生完篇后送上，见知事不再怀疑，频频点头道："的确后生可畏。"⑤

4 月 1 日　赵淑嘉出生。赵于 1930 年与先生结婚。

夏　塾师彭祖佩去了江西，先生停学。

先生在彭祖佩处所得到的最大收获是彭师的教授方法，彭师规定每天所讲的书，第二天就要回讲，并指定其他同学有不懂的地方可先问先生，先生不能

---

① 戴书训：《愈经霜雪愈精神——邹鲁传》，近代中国出版社 1983 年 10 月初版，第 144 页。
② 邹鲁：《回顾录》，岳麓书社 2000 年 9 月第 1 版，第 5 页。
③ 孙穗芳：《国父孙中山先生纪念集》，华人国际新闻出版集团 2003 年 9 月第 1 版，第 16 页。
④ 戴书训：《愈经霜雪愈精神——邹鲁传》，近代中国出版社 1983 年 10 月初版，第 150 页。
⑤ 邹鲁：《回顾录》，岳麓书社 2000 年 9 月第 1 版，第 6 页。

解释时再问彭师。因此，在彭师未到之前，同学都一一问先生，而先生得到这种荣誉后，听书特别用心，唯恐不能解答同学的疑问。这样，无论在学识上和讲话技巧上，先生都得到很大进步。①

未几，彭师给先生的父亲写信，说道："阿澄（邹鲁）禀赋，虽不过敏，但极勤谨，异日必能成器，万不可辍学。"② 父亲接信后更加注意先生的读书问题。

是年 常为月饼店画月糕，得到一些佣金用于补贴学费。③

1899年（清光绪二十五年 己亥）十五岁

2月底（过年后） 师从饶史庭。

饶师兼懂医理，知道先生家境贫穷，除了讲授《春秋》、《左传》、古文、时文、试贴诗等外，还教先生等人读医书。但先生读了不久，因母亲生病，接着自己生病，功课落后许多，为了要补课，只能终止学医。此时，先生觉得天资鲁钝，事业进步迟缓，而希望有所警惕，便改名为"鲁"，称邹鲁。

饶师不明白先生的意思，问先生是不是以孔子自况。先生惶恐答道："某何敢以孔子自况！因为天资鲁钝，从实际取名，所以名鲁。"饶师认为名字改得好："很好，'参也鲁'，'参也鲁'，我虽不是孔子，却期望你做曾参。"④饶师遂用"海滨"二字给先生做别号，寄予厚望。⑤⑥

关于先生的号，还有"澄庐主人"⑦、"澄斋"⑧ 之说。

秋 母亲久病。⑨

---

① 邹鲁：《少年的回顾》，龙文出版社股份有限公司1993年8月25日初版，第7~8页。

② 邹鲁：《回顾录》，岳麓书社2000年9月第1版，第6页。

③ 戴书训：《愈经霜雪愈精神——邹鲁传》，近代中国出版社1983年10月初版，第145页。

④ 邹鲁：《少年的回顾》，龙文出版社股份有限公司1993年8月25日初版，第9页。

⑤ 邹鲁：《回顾录》，岳麓书社2000年9月第1版，第7页。

⑥ 戴书训在《愈经霜雪愈精神——邹鲁传》（近代中国出版社1983年10月初版）第150页中认为，"海滨"别号是塾师彭祖佩命名的，与先生在《回顾录》（岳麓书社2000年9月第1版）第7页认为是饶史庭命名有所不同，本书以后者为准。

⑦ 《邹鲁书法 疏瘦隽逸秀美见长》，见《汕头日报》，2004年12月22日。

⑧ 见说宝网（http://www.shuobao.com/arts/11307.html），全部艺术家栏。

⑨ 邹鲁：《回顾录》，岳麓书社2000年9月第1版，第7页。

是年 继续常为月饼店画月糕。[1]

1900年（清光绪二十六年 庚子）十六岁

6月 义和团运动达到高潮，先生常与同学讨论义和团问题。

是月，英、美、法等八国组成联军，镇压义和团运动。先生与几位同学常到县署后面的伯公祠谈古说今，比较感兴趣的话题是义和团能否打败联军，其他人都认为义和团会战胜联军，独先生认为联军会获得胜利，“道理是很浅显的，张角、张鲁不能得志于戈矛时代，难道义和团会得志于枪炮时代吗?”[2]先生对此事的理智分析是很值得注意的，这是一个理想的革命者所应具备的基本条件。

8月8日 母亲木氏病逝。[3]

母亲因为久病，无法得到好的调养，是日（阴历七月十四日）下午与世长辞，这对先生来说是一个莫大打击。自此，家境变得更加艰苦，先生有了辍学的准备。

是年 向本族试馆借用房屋一间作为书房，这间屋子虽然很小，但却布置得相当整洁，在此常与城里读书及由乡进城的朋友们论学、交流。[4]

1901年（清光绪二十七年 辛丑）十七岁

春 离开饶史庭私塾，改进一家大馆，塾师为张竹士。[5]

张竹士除了补讲《大学》、《中庸》和《左传》外，还讲授《周礼》、历

---

① 戴书训:《愈经霜雪愈精神——邹鲁传》，近代中国出版社1983年10月初版，第145页。

② 邹鲁:《回顾录》，岳麓书社2000年9月第1版，第7页。

③ 邹鲁:《回顾录》，岳麓书社2000年9月第1版，第7页。

④ 程焕文、张靖、周旋:《邹鲁未刊稿》下册，广西师范大学出版社2008年3月第1版，第754页。

⑤ 邹鲁:《回顾录》，岳麓书社2000年9月第1版，第8页。

史及经世之文。在这些科目中，先生对于《周礼》的学习获益最多，因为除制度外，各家还有许多批评可以明了历朝政制。

先生并未满足，还读完父亲奖给的《通鉴易知录》，读完向朋友借阅的《资治通鉴》和《凤州通鉴》。《通鉴易知录》为清朝吴楚材编著，内容上自盘古，下至明末，凡是历朝大经大法、政治、军事、名人、纪事，无不毕备。先生阅读时，一面圈点，一面做眉批；另外备一本纸簿做短评，以补充自己记忆力的不足。短评标准分为五项：（一）内中国而外夷狄；（二）民为贵，社稷次之，君为轻；（三）对于人民，庶之，富之，教之；（四）百姓足，君孰与不足；（五）尊崇道德、学问、义侠和节烈可敬的人事。

夏 塾师张竹士肯定先生读史的方法。

一天晚上，先生正在写读史短评，塾师张竹士忽然进来，看了先生在簿子列明的五项读史短评标准，说道："这种批评法很对，简单明了。你有这种史才史识，不妨多多努力。"① 经过张师点拨肯定后，先生坚定了这种学习方法，以后学习时更加细心圈点、注批、做短评，直到终卷为止。他那本《通鉴易知录》和他做的短评，以后无论走到哪里，先生都把它带在身边，遇到历史上有怀疑的地方，一查便知分晓。

在先生家隔邻的崇圣祠，设有书报社，所藏书报除了保皇派的和欧美新时代的读物外，也有凤毛麟角简牍编的革命派读物。"我常到那儿去看书，而我所好的，自然是革命的文章。至于保皇派的书报，在某一短短时期内梁启超一派所发表的鼓吹革命的文章，我固然爱读；就是他们反对革命的言论，我也喜欢看，因为从反对的文字里，往往可以间接得到革命派的主义。我在这书报里所得的益处：第一是对世界政治思潮的认识，第二是对民族革命的认识。不过因为看书过多，加以版本不良，从那年起，我便近视了。"②

先生读史的成果，使他得到一个正确的读史方法，那就是：历史虽然浩如烟海，却不过几个朝代，与那几个朝代最有关系的，不过一个或数个帝王，这一个或数个帝王之中，最要紧的事情也不过几段，最重要的人物也不过几个，如果把这几个朝代、几个帝王、几段事情、几个人物都弄清楚了，其他的顺着次序浏览一下，全部历史也就了然于胸了。历史虽然繁杂，先生能简单驾驭，读其他的书也是如此。先生认为读史要有远大眼光，要从文字叙述之外看真相。先生有一句名言："要从无字读真书"，意思是读史时不要被那些成王败

---

① 戴书训：《愈经霜雪愈精神——邹鲁传》，近代中国出版社 1983 年 10 月初版，第 10 页。

② 邹鲁：《少年的回顾》，龙文出版社股份有限公司 1993 年 8 月 25 日初版，第 12 页。

寇的史家所蒙蔽。①

许继峰认为："使人惊奇的是，这五项标准恰恰暗合了三民主义的精神，以第（一）、（五）项言，正是国父民族主义的基本精神；第（二）项可说是中国固有政治思想中的民本思想，而民本思想正是民权主义的基础所在，因为民权主义是'融合了我国的民本思想与西方的民主政治之长而构成的'；第（三）、（四）项正是民生主义中所著重的食衣住行育乐诸方面，国父在民生主义演讲中所注意的焦点就是以足民食、以裕民衣、以乐民居、以利民行的问题。邹鲁在表现出这种思想型态的时候，国父三民主义的主张尚未具体提出，可知他并未受到启示，而是自己读史而形成。清末革命党人思想上主要凭借之一是民族意识，其中不少知识分子说明自己民族思想的来源受到明末王船山等人的激发，但是能够像邹鲁这样，具备相当史才史识，而加深其革命体认的，并不多见，甚至胡汉民先生都说：'革命本素志，民族主义、民权主义俱丝毫无疑义矣；惟平均地权，民生主义，犹有未达之点。'

对史书的心得，孕育了邹鲁圆融的革命思想，而这种思想支配了他日后的行径，例如他从事教育工作时，特别注重民族精神教育与实科教育，同时他也是最早主张女子参政的人之一。由其思想的内容看，我们可以知道它完全来自于中国的传统，诚所谓因袭吾国固有之思想，而未受西方思想的外烁，此乃因他所受的教育是本土的教育。不过，以他那样的年纪，能把中国固有思想的精神吸收，再归纳出上述的主张，已是难能可贵的了。"②

读史已经使得先生的民族意识和国家观念牢不可破，最终走上了推翻封建王朝统治的道路。

冬 到潮州参加道试。③

是冬，潮州举行道试，塾师张竹士再三劝解先生和几位同学前往应试。先生胸怀革命思想，对于科举并不感兴趣，不过想借机到潮州游览，便和同学结伴前往。

---

① 戴书训：《愈经霜雪愈精神——邹鲁传》，近代中国出版社1983年10月初版，第10页。

② 许继峰：《邹鲁与中国革命（西元一八八五～一九二五）》，正中书局1981年1月台初版，第19～20页。

③ 邹鲁：《回顾录》，岳麓书社2000年9月第1版，第10页。

1902年（清光绪二十八年　壬寅）十八岁

2月初　搬回试馆居住。[①]

年关将近，私塾照例散馆，先生决定搬回试馆居住。住下后，先生写了两幅字画，挂在书房墙壁上。两幅题字分别为题墨兰：“谁到有人和露写？托根无地怨东风。（郑所南句）”；题梅花：“自有非常奇骨格，愈经霜雪愈精神。”题梅花一幅字被塾师张竹士看到后，特意提出表扬：“幸有这种气魄。虽不免颠沛，也还可望有成。否则，难免毕生漂泊无依了。”[②]

戴书训于1983年出版先生传记时，即以《愈经霜雪愈精神——邹鲁传》为书名。

2月　受张竹士挽留，继续免费在张处读书。

旧历新年过后，因为家境困难，先生准备先做一年事，再继续读书。是月，遇见进城料理书馆的张竹士塾师，张塾师极力挽留先生并表示：“你的前途很有希望，怎么可以辍学！我免收你的学费，仍旧跟我读书。”[③]

先生在此浏览了《史记》、《汉书》、《老子》、《庄子》、《墨子》、《孙子》及《文选》等书。

冬　潮州举行道试，塾师张竹士再次劝解先生前往应试。[④]

冬　入韩山书院读书。[⑤]

先生原想借赴潮州参加道试的机会结交一些奇人异士，不过却因此得到在潮州韩山书院读书的机会。韩山书院是一所半新式的学堂，他和许多同学彼此常常问难析疑，互相研究，再加以自己的努力，所以学问上得益不少。读书期间，“因为离家较远，一时也得不到津贴，经济上发生无限的困难，常常一天三餐，只有咸蛋一个，或豆腐一块来下饭。……韩愈曰：‘焚膏继晷，兀兀穷

---

① 国立中山大学校友会：《邹鲁全集》第（十）卷，三民书局股份有限公司1976年10月初版，序言第1页。

② 戴书训：《愈经霜雪愈精神——邹鲁传》，近代中国出版社1983年10月初版，第13页。

③ 邹鲁：《回顾录》，岳麓书社2000年9月第1版，第11页。

④ 戴书训：《愈经霜雪愈精神——邹鲁传》，近代中国出版社1983年10月初版，第14页。

⑤ 林英仪：《“海滨邹鲁”育邹鲁》，见《潮州日报》，2007年1月24日。

年。’不啻是我那时生活的写真。”①

1903年（清光绪二十九年　癸卯）十九岁

3月　与同学迫使韩山书院院长不能离院而去。②

先生于去年冬入读韩山书院，而书院院长直至本年2月才到院工作，但只有一个月光景，院长又说要到别的地方去。在院长动身之日，先生和全体同学借拜见院长请示课程之名，把他围得水泄不通，迫使院长答应不离开才散去。哪知到了晚上，院长偷偷地溜走了。先生等人的卷子始终没有批下来，希望以此得到奖金来做膏火的同学都叫苦连天。

先生在韩山书院读书还感觉到一种失望，就是历年所怀的革命思想已经趋向成熟，但是觉得个人赤手空拳，绝不会有所成就。因此，先生一直想在书院里物色几个志同道合的人，但是没有找到。

夏　遵照父亲意见，从韩山书院肄业，回到家乡大埔县应考新式学堂。③

经过应考，先生只考得“备取”资格，没有获得免费提供膳宿的待遇。在这所学堂，先生除了吸收到一些算学和英文新课程外，其他知识则无所收获，因此入学后即对学堂的开办模式“时时流露出不满意的言论”④。一次写作文，题目是《不作无益害有益功乃成》，先生借题发挥，写道：“隆冬大雪，某甲作雪人，某乙见而笑曰：用雪作人，顷刻融化。奈何以有用之精神，作无益之事，功安能成！甲从容答道：汝只知其一，不知其二。……（中间痛骂时局一顿）应时而兴之学堂，今日背书，明日默写；今日作文，明日写字，将何以应现在科学进步之世界？此种作无益，害有益，其不能成功，与吾作雪人何异？”⑤ 教师看了后大为恼怒，对先生说：“你说这学校不好，你有本事就去办一个好的给我看！”⑥ 此话激发了先生决意办新式学堂的想法。

---

① 邹鲁：《回顾录》，岳麓书社2000年9月第1版，第11～12页。
② 邹鲁：《回顾录》第（一）卷，三民书局有限公司1974年7月初版，第16页。
③ 邹鲁：《澄庐文选》，正中书局1948年5月初版，第295页。
④ 邹鲁：《回顾录》，岳麓书社2000年9月第1版，第13页。
⑤ 邹鲁：《回顾录》，岳麓书社2000年9月第1版，第13页。
⑥ 邹鲁：《回顾录》，岳麓书社2000年9月第1版，第13页。

夏秋 创办乐群中学。[①]

受到大埔县新学堂教师的冷嘲热讽后，先生和朋友张煊商量，决定按照自己的理想来开办新式学堂。两人巧得一位从江西九江回来的彭姓朋友（老同学的哥哥）的帮助，资助了四元钱做创设学校的开办费。两人决定邀请塾师张竹士主持学堂，得到张的认同。张表示愿意将张家祠大馆馆址和学生作为新式学堂的基础，同时推荐堂弟张六士主持学堂工作。先生还亲自邀请永定卢姓教员等人到学堂任教。万事俱备后，先生和张煊创办了乐群中学，并附设一所小学。

先生的举动招来很多质疑的目光，包括父亲，甚至被人说成是“洋鬼子”[②]，承受着巨大的舆论压力。为此，他对父亲说：“他国的强盛，主要的原因是学堂发达。因为学堂越发达，科学愈进步。结果船坚炮利，屡次使我国屈辱，这种坚船利炮并不是拿八股策论来制服的；应当以其人之术，还治其人之身。我们该积极办学堂，追上他国，才可以雪我国的耻辱，才可以使我国强盛。”[③] 这是邹鲁教育思想萌芽时期的流露，“即认为国家要富强，就要学习西方的科学文化知识。”[④]

1904 年（清光绪三十年　甲辰）二十岁

春 创办的乐群中学正式开学。[⑤]

乐群中学是大埔县第一所民办学校，是岭东仅有的四所中学之一。[⑥] 学校有学生一百余人，并附设一所小学。这所学校还开创大埔学校拥有仪器设备的先河。“其教育思想欲师欧美者，不过以吾国科学不及人，以致为人挫败，思图富强而已。”[⑦] 受到先生等人创办乐群中学的影响，有许多同学回到各乡办

① 邹鲁：《回顾录》，岳麓书社 2000 年 9 月第 1 版，第 13 ~ 14 页。
② 邹鲁：《回顾录》第（一）卷，三民书局有限公司 1974 年 7 月初版，第 18 页。
③ 邹鲁：《回顾录》第（一）卷，三民书局有限公司 1974 年 7 月初版，第 18 页。
④ 李海冬：《邹鲁教育思想研究》，未刊稿（硕士论文），第 9 页。
⑤ 邹鲁：《回顾录》，岳麓书社 2000 年 9 月第 1 版，第 14 页。
⑥ 程焕文：《邹鲁校长治校文集》，中山大学出版社 2004 年 11 月第 1 版，第 230 页。
⑦ 邹鲁：《回顾录》，岳麓书社 2000 年 9 月第 1 版，第 533 页。

学，大埔县接二连三地出现了二十多所小学。[①]

创办乐群中学是先生第一次由理想变成现实的行动，“是邹鲁办教育的开始，对他的一生影响非常大，从此这种勇气与胆略一发不可收拾，使他以后的人生与教育事业结下了不解之缘。”[②] 这所学校创办得很成功。更为重要的是，在艰苦创校的过程中，先生结识了一批志同道合的革命青年：杨穆如、张煊、郭公接等，他们在后来的革命进程中，都担任相当重要的工作。“他们在学校里就暗中鼓吹革命，例如光绪三十年（1904 年），邹容在上海狱中庾死，乐群中学便于夜半开会追悼，同乡里的青年不期而集者百余人，这些都是邹鲁在家乡结交的第一批革命伙伴。”[③]

乐群中学后来多次易名，改作大埔县立中学校、大埔县立第一中学，1946 年定为省立中学，并改名为广东省立大埔中学，成为蜚声海内外的粤东名校。新中国成立后改名为广东省大埔中学，1981 年改名为大埔县大埔中学。该中学自先生创办以来，为国家培养了大批优秀人才，包括三位中国科学院与中国工程院院士、二十多位将军等，为社会进步作出很大贡献。

下半年 安排人员到南洋筹款，预备另建乐群中学校舍。[④]

1905 年（清光绪三十一年 乙巳）二十一岁

春 在家乡大埔县创办三所小学。[⑤] 其中在城小学直到民国末期仍然存在。[⑥]

春 受张煊邀请，到张煊创建的乐育小学教书。[⑦]

先生教书工作十分辛苦，一天要上三四个班的课。由于只有两位教员，且另一位教员是位老先生，不能担任什么功课，国文、外国地理、历史、算学、

---

① 戴书训：《愈经霜雪愈精神——邹鲁传》，近代中国出版社 1983 年 10 月初版，第 15 页。

② 李海冬：《邹鲁教育思想研究》，未刊稿（硕士论文），第 9 页。

③ 许继峰：《邹鲁与中国革命（西元一八八五～一九二五）》，正中书局 1981 年 1 月台初版，第 21～22 页。

④ 邹鲁：《少年的回顾》，龙文出版社股份有限公司 1993 年 8 月 25 日初版，第 17 页。

⑤ 邹鲁：《回顾录》，岳麓书社 2000 年 9 月第 1 版，第 14 页。

⑥ 《澄庐文集序》，见《国立中山大学日报》，1934 年 10 月 15 日。

⑦ 戴书训：《愈经霜雪愈精神——邹鲁传》，近代中国出版社 1983 年 10 月初版，第 150 页。

物理、生物等课程都由先生亲自担任，并且需自己编撰课本。尽管如此，先生一年的薪俸也仅有 50 元，伙食由学生供给。① 在功课之外，先生还教授学生剪纸贴画、平地种菜等生活技能，因此引起社会人士的注意，大家争相来校参观。②

4 月 5 日（清明节）至冬间 乐群中学的旧同事杨穆如给先生写信，介绍先生加入南洋吉隆坡的中和堂。先生自此献身革命救国工作。③

中和堂为当时革命“四大寇”之一的尤列所组织的革命团体，是兴中会南洋支会。先生认为自己到处找革命同志的心愿实现了，立刻写信答复参加。此后，先生和南洋方面常常通信，得到许多关于革命的秘密消息。④

在乐育小学教书期间加入中和堂，这被公认为是先生献身革命事业的开始。⑤ 黄羡章认为：“邹鲁为国民党元老，是因为他投身于国民革命的实际斗争较早。”⑥

冬 于乐育小学所在的乡村创办义学，义务教书，得到乡人喜欢。⑦

1906 年（清光绪三十二年　丙午）二十二岁

春 有三所学校邀请先生去执教。⑧

这三所学校分别为乐育小学，条件是将先生的年薪从 50 元加到 100 元；家乡大埔县乐群中学，邀请先生去主持初级班（小学部）；福建省一所学校，提出年薪 300 元请先生前去任教。三所学校均被先生拒绝。先生认为，如果再教下去，会影响他个人求学向上的志气。于是，和父亲商量后，坚辞所有聘请，到省城广州继续深造。“这样固然要多挨几年苦，可是学问方面一定有进益。”⑨

---

① 邹鲁：《回顾录》，岳麓书社 2000 年 9 月第 1 版，第 14 页。
② 戴书训：《愈经霜雪愈精神——邹鲁传》，近代中国出版社 1983 年 10 月初版，第 16 页。
③ 戴书训：《愈经霜雪愈精神——邹鲁传》，近代中国出版社 1983 年 10 月初版，第 150 页。
④ 邹鲁：《回顾录》，岳麓书社 2000 年 9 月第 1 版，第 15 页。
⑤ 邹鲁：《回顾录》，岳麓书社 2000 年 9 月第 1 版，第 15 页。
⑥ 黄羡章：《潮汕民国人物评传》，广东人民出版社 2008 年 8 月第 1 版，第 18 页。
⑦ 邹鲁：《回顾录》，岳麓书社 2000 年 9 月第 1 版，第 15 页。
⑧ 邹鲁：《回顾录》，岳麓书社 2000 年 9 月第 1 版，第 15 页。
⑨ 邹鲁：《少年的回顾》，龙文出版社股份有限公司 1993 年 8 月 25 日初版，第 19 页。

春 赴广州求学。①

在得到亲人和朋友提供的一百二十多元资助款后，先生和饶公任及其他五人到广州读书。

在离开任教的小学时，“学生个个都依依不舍，甚至有下泪者。”先生深为感动，写了一篇告别文，留在义学内。

赴穗求学，对于先生来说，“是他一生中最重要的转折点，无论在学问上或是革命事业都因这次的远行迈进另一个境界。”②

春 从韩江乘船赴广州求学，途经汕头，有党人前来会面，对先生的到来表示热烈欢迎。③

春 前往澳门投考师范学校。④

先生原意到广州后投考师范学校，不料到广州后发现没有师范学校可考。在听说澳门有人创办师范学校后，便约了十几个朋友，束装前往澳门投考。到澳门后却大失所望，所看到的师范学校办得很糟，不但学生学习程度参差不齐，其年龄自幼稚生到通儒院的都有，而图书和仪器设备更是空空如也。先生向对方提出很多办学意见，但没有得到接受，于是和朋友返回广州。

春 创办潮嘉师范学堂。

当时师范学堂初兴，师才不足，学堂又少，而潮嘉人士到广州的，大都想进师范学堂，结果弄得无校可入。又因为在澳门碰了一次壁，于是先生提议创办师范学堂。先生到处奔走宣传，克服种种困难，经过一个多月的努力，以120元资金创建了潮嘉师范学堂。⑤

学堂开始创办时，正是广州鼠疫流行的时候，“人死的很多，大家都不敢出门，邹鲁为了创办学校，整天在外不顾一切地到处奔走。有一次为了寻找校址，便到一所住宅门口，敲了半天的门，没人应声，当他推门进去一看，里面横七竖八躺的都是死尸，虽然很快退了出来，但也着实把他吓了一跳。”⑥

潮嘉师范学堂的招生对象为“潮嘉各属之有志学师范者”⑦，总共招收了两届学生。据统计，1907 年全国有师范学堂 541 所，其中属于速成性质的就

---

① 邹鲁：《回顾录》，岳麓书社 2000 年 9 月第 1 版，第 17 页。

② 许继峰：《邹鲁与中国革命（西元一八八五～一九二五）》，正中书局 1981 年 1 月台初版，第 11 页。

③ 邹鲁：《回顾录》，岳麓书社 2000 年 9 月第 1 版，第 17 页。

④ 邹鲁：《回顾录》，岳麓书社 2000 年 9 月第 1 版，第 17 页。

⑤ 《本校举行第九届毕业生授予学位典礼》，见《国立中山大学日报》，1935 年 7 月 8 日。

⑥ 戴书训：《愈经霜雪愈精神——邹鲁传》，近代中国出版社 1983 年 10 月初版，第 17 页。

⑦ 陈哲三：《邹鲁研究初集》，华世出版社 1980 年 2 月初版，第 65 页。

有455所。[①]“据此推论，潮嘉师范学堂应属于这种速成性质的简易科或讲习所。”[②] 潮嘉师范学堂应是广州第一所师范学校。[③]

春 考取理化研究所。[④]

当时，提学使署开办的理化研究所有6个名额招人投考，先生和饶公任都考取了。于是，先生在白天忙于创办潮嘉师范学堂的事，晚上则到理化研究所上课。

夏初[⑤] 加入中国同盟会。[⑥]

先生在乐群中学的同事张煊和郭公接于1905年去日本读书，并于1906年4月加入同盟会，二人常把在日本的消息写信告诉先生，使先生得知了三民主义、五权宪法等党义。

是年春，同盟会南洋支部成立，中和堂会员中的有志者多由尢列介绍加盟，而介绍先生加入中和堂的杨穆如当时即加盟了同盟会吉隆坡分会。先生应与加入中和堂一样的方式加盟中国同盟会。

约5月 考取广东法政学堂。[⑦]

投考广东法政学堂，要有科第资格，因先生没有这个资格，便出10元在捐务局获得一个监生的资格，才顺利考取。在考取法政学堂后，因为无法兼顾潮嘉师范学堂的事情，便请一位张老先生来主持潮嘉师范学堂办学事宜。

6月22日 广东法政学堂举行开学典礼，先生作为第一批考取的学生入

---

① 李华兴：《民国教育史》，上海教育出版社1997年8月第1版，第653页。

② 李海冬：《邹鲁教育思想研究》，未刊稿（硕士论文），第10页。

③ 广州第一所师范学校另一说为创建于1903年的教忠学堂。

④ 邹鲁：《回顾录》，岳麓书社2000年9月第1版，第18页。

⑤ 先生加入同盟会的具体时间尚未发现有确切史料证实。目前说法有三个，即“张镜影说”、“邹鲁说”、“陈哲三说”。“张镜影说”（1905年），程焕文在《邹鲁未刊稿》中也认为先生是本年加入，另有谭永年著《辛亥革命回忆录》支持，但谭认为先生是年在日本加入同盟会，可先生是年并未去过日本，因此谭的说法可以确定不能成立；“邹鲁说”（1906年），先生回忆自己在是年已经成为同盟会广东地区的主盟人了，秦国柱在《百年之功——中国近代大学校长的教育家精神》一书认同该说法；“陈哲三说”（1909年），陈主要是根据同盟会南方支部成立时间及胡汉民自传的说法推导的。不过，广东省情信息库网在《人物志》一章中认为先生在1908年即已介绍郭冠杰加入同盟会，如果先生本人未加入同盟会，应不会有此举动。因此，先生应是1908年或之前加入同盟会。可见，“陈哲三说”难以成立。三种说法都没有最权威的同盟会入盟名册支持。综合分析，“邹鲁说”（1906年）应该是准确的。

⑥ 张镜影：《邹鲁传》，见国立中山大学校友会：《邹鲁全集》第（一）卷，三民书局股份有限公司1976年10月初版，第2页。

⑦ 陈哲三：《邹鲁与广东革命基地的建立（1906～1923）》，见张主法：《中国现代史论集》第七辑《护法与北伐》，台湾联经出版事业公司1982年5月版，第4页。

读三年制政治特别科甲班。[①]

先生在法政学堂既学习传统的中国人文伦理知识，又比较好地吸收了西方科学与民主主义知识。

先生在法政学堂读书时与陈炯明为同学，二人同时入校，“都是广东法政学堂的第一届学生，但陈炯明早一年毕业——他读的是两年制法科速成班，邹鲁则是三年制政治特别科甲班学生。”[②] 朱执信时为该校日语翻译。先生入读法政学堂后，和他们暗中来往甚密。[③] 学堂其他革命党人教师还有古应芬、叶夏声、李文范等。[④]

王崇认为：“三年的法政学堂的学习是他（邹鲁）一生的重要转折点。在那里，他不仅汲取了许多旧式教育所没有的知识，更重要的是结识了不少资产阶级革命人士如朱执信、陈炯明、古应芬、叶夏声等。邹鲁的老师朱执信是邹参加资产阶级民主革命的引导人之一，而邹与陈炯明的关系尤其密切，在陈炯明叛变以前的十多年里，邹的大部分活动都与陈炯明有关，邹鲁自己说，他走上资产阶级民主革命的道路是愤于清朝的异族统治，是其‘辨华夷’思想的必然结果，实际上应该说，朱、陈等革命人士对他的影响和熏陶起了直接的作用。”[⑤]

许继峰认为：“尤应注意的是，这些人的相遇，无异是广东革命力量的结合，更是中国革命的理想与行动在知识阶层开始扎根、发展。”[⑥]

入读法政学堂后，先生开始练习双钩体，常在黑板上练字，所写文字，大至数尺，除井字目类之外，无不一笔挥成，有很多同学向他求字书。[⑦]

夏　与黄晦闻辩论“客家和福佬都非汉族”的观点。[⑧]

先生入读广东法政学堂后不久，看到黄晦闻所著的两本书《广东乡土历史》和《广东乡土地理》里面有如此观点：“广东种族有曰客家福佬两族，非

---

① 程焕文、张靖、周旎：《邹鲁未刊稿》下册，广西师范大学出版社 2008 年 3 月第 1 版，第 757 页。

② 风端：《邹鲁与陈炯明：同学之争》，见《南方周末》，2005 年 11 月 17 日。

③ 戴书训：《愈经霜雪愈精神——邹鲁传》，近代中国出版社 1983 年 10 月初版，第 21、151 页。

④ 刘常山：《邹鲁与广东盐务的改革（1920～1922）》，见《逢甲人文社会学报》第 7 期，2003 年 11 月。

⑤ 王崇：《邹鲁生平述略》，见广东省政协文史资料委员会编《近代广东名人录》第二辑，广东人民出版社 1989 年 4 月第 1 版，第 104～105 页。

⑥ 许继峰：《邹鲁与中国革命（西元一八八五～一九二五）》，正中书局 1981 年 1 月台初版，第 12 页。

⑦ 戴书训：《愈经霜雪愈精神——邹鲁传》，近代中国出版社 1983 年 10 月初版，第 144 页。

⑧ 邹鲁：《回顾录》，岳麓书社 2000 年 9 月第 1 版，第 18 页。

粤种，亦非汉种。”[①] 先生认为黄抹杀史实，有伤同胞感情，便挺身而出，收集了与客家问题有关的材料，与友人张煊合著《汉族客福考》一文，加以辩斥，同时请客家和福佬的知识分子注意。该举动得到全省大半数客家和福佬主持的劝学所的附从，并共同推举先生领衔交涉，直到黄把错误言论修正为止。

是年 作诗《登越王台感怀》：“王气销沉剩有台，登临怀古剧堪哀。河山百战仍残壤，天地无情化劫灰。荆棘铜驼遗恨在，东南锁钥为谁开。茫茫过去皆陈迹，休说当年产霸才。[②]

1907年（清光绪三十三年　丁未）二十三岁

夏 拜访丘逢甲，被丘收为门生。[③]

中日甲午之战，清廷战败，台湾被割予日本。丘逢甲激于义愤，领导台湾人起而抵抗，战败后，历尽千辛万苦来到大陆。是年夏，他被两广总督岑春煊聘为两广学务公所议绅、惠潮嘉视学员以及广府中学堂、商业职业学校监督。[④] 先生因为仰慕丘逢甲的为人，便投刺求见。两人坐谈了半小时，有一段对话：

丘（丘逢甲）：你是世家子弟吗？
邹（邹鲁）：不是。
丘：你是富家子弟吗？
邹：也不是。
丘：那末你有富贵的亲戚吗？
邹：也没有。
丘（低头喃喃自语道）：“贫寒子弟，那会有这样汪洋浩大的气

① 许继峰：《邹鲁与中国革命（西元一八八五～一九二五）》，正中书局1981年1月台初版，第3页。

② 国立中山大学校友会：《邹鲁全集》第（十）卷，三民书局股份有限公司1976年10月初版，第1页。

③ 邹鲁：《回顾录》，岳麓书社2000年9月第1版，第19页。

④ 何国华：《爱国志士丘逢甲在广州》，见广州地方志之窗网（http：//www.gzsdfz.org.cn/ycjg/rwcq/rwcq069.htm）。

度呢?”（接着抬起头说）“好！从此你就算是我的学生吧。”①

自丘逢甲收先生为门生后，对先生教诲、提挈、庇护可谓备至。有一次，丘逢甲让先生及张六士和他的《秋兴》诗八首，先生“步韵以和，勉成。”丘逢甲见了“旌旗飘荡多新色，壁垒森严是敌屯。”一句，“许为沉痛”；见“长沙策汉空前席，博浪椎秦误副车。”一句，认为“许为工整”，见到先生在第八首的最后句写道：“英雄心血人间事，芒砀当年岂有云!”丘逢甲说道：“此‘彼可取而代之也’之气，须善藏之。”② 丘忠告先生有志气是好的，但是不可自骄，懂得检点收敛。

夏 被推举为广州同盟会主盟人。③

先生在创办了潮嘉师范学堂及打赢“客家和福佬都非汉族”的笔仗后，名声日甚，交游日广，得到广州同盟会党人的广泛认可，并由此对他敬爱有加。在此背景下，先生被公推为广州同盟会主盟人。同时，许多朋友知道先生家境困难，读书费用发生问题，纷纷解囊相助；甚至未曾见过面的南洋华侨胡子春、胡竹园两位先生也给先生援手，使先生得以安心读书，且有余资从事革命活动。

是年 中辍理化研究所夜间课程，集中精力投入广东法政学堂的功课和革命活动。④

是年 协同朱执信，在广州暗集同志，准备起义。⑤

先生常常利用傍晚休憩时间，步行十余里到广州燕塘清军新兵营去宣传和联络革命事宜，希望把清朝政府的武力转化为革命武力。期间，先生结识了同盟会会员、防营长官曾传范及何秉钧等人，通过他们，先生得以比较顺利地在清军士兵中进行宣传和联络工作。“并于此时认识谭馥，故又能联结防营士兵。”⑥

---

① 戴书训：《愈经霜雪愈精神——邹鲁传》，近代中国出版社 1983 年 10 月初版，第 19 页。

② 国立中山大学校友会：《邹鲁全集》第（十）卷，三民书局股份有限公司 1976 年 10 月初版，序言第 1 页。

③ 戴书训：《愈经霜雪愈精神——邹鲁传》，近代中国出版社 1983 年 10 月初版，第 20 页。

④ 程焕文、张靖、周旎：《邹鲁未刊稿》下册，广西师范大学出版社 2008 年 3 月第 1 版，第 758 页。

⑤ 戴书训：《愈经霜雪愈精神——邹鲁传》，近代中国出版社 1983 年 10 月初版，第 151 页。

⑥ 陈哲三：《邹鲁与广东革命基地的建立（1906～1923）》，见张主法：《中国现代史论集》第七辑《护法与北伐》，台湾联经出版事业公司 1982 年 5 月版，第 4 页。

1908年（清光绪三十四年　戊申）二十四岁

11月中旬至12月初　密谋新军起义。

在清帝载湉和慈禧太后分别于11月14日、15日去世后，清廷失去了维系社会的重心，社会上人心浮动，是难得的起义机会。先生和赵声、朱执信、姚万瑜等人聚集于广州市豪贤街朱执信家，密谋起义计划。“当时作为起义可能的力量有三支：新军、防营和民军。商议结果，新军因赵声先生以革命党嫌疑去职，不能即刻指挥发动；民军散处四乡，集合不易，且实力不足，不能做起义的中心；只有防营的几营人，正驻在城内观音山及附近，发动较便。于是决议推我领导防营，首先发难，并推姚碧楼（姚万瑜）先生协助我。这个防营就是我平时和谭馥同志往来联络的。预计发难后由朱执信先生集合民军，赵声先生策动新军响应。遂设立总机关于清源巷（位于今越秀区北京街道），由我主持；另设八处分机关：（一）花塔街六榕寺；（二）光塔街清真寺；（三）西瓜园十四号；（四）城内兴隆坊六号；（五）马鞍街姚家祠；（六）师古巷古家祠；（七）府学东街廖家祠；（八）观音山观音庙。经费方面，除赵先生、朱先生各交来五百元外，其余都由我筹措。助我最力的就是姚碧楼先生。”①

总机关地点另一说为清水濠（位于今越秀区珠光街道），“此则为发号施令，比较重要之所，同志赵声、邹鲁、古应芬、胡毅生、姚雨平、林树巍、苏慎初等常常参与其间；而胡汉民之妹（胡宁媛）与林直勉夫人（叶桂联），均常居住其内，一切策划由赵声主之。”②

起义预定于12月13日以前进行。起义计划商定后，先生找谭馥商量，谭馥满口答应，但是要求先生发会票③，以便号召。由于历来发会票常常失事，因此先生不愿意答应。谭馥说：“若能多与时日，不发票也好。”④ 先生想：发票有泄露消息的危险，不发票则迁延时日。假使过久，社会人心安定，那就错过了发动时机。想来想去，还是答应谭馥发会票，但叮嘱谭要严密进行。料想

---

① 邹鲁：《回顾录》，岳麓书社2000年9月第1版，第20～21页。

② 仇江：《广东新军庚戌起义资料汇编》，中山大学出版社1990年12月第1版，第115页。

③ 会票：相当于会员证。

④ 邹鲁：《回顾录》，岳麓书社2000年9月第1版，第21页。

不到，这次起义果然因发会票走漏消息而归于失败。

12 月 7 日 起义失败，逃脱清兵追捕。①

是日晚，参与起义的严国丰携带会票到广州燕塘防营内散发，被水师提督李准的巡捕拾获，结果严国丰被捕。经过酷刑拷打，严供出会票系谭馥所发，同时供出谭馥住址。谭馥逃脱后跑到起义总机关，向住在总机关内的先生和张煊报告。先生和张煊等人看到负责抓捕的清兵已经到了巷内，只好被迫放弃起义计划，把秘密文件尽付一炬，并带谭馥改装后分头出走。当时，“部中存现款只有二十元，以十元与谭，而邹、张则各带五元。临时谭握邹手曰：‘此次失败之责在我，能皆脱险幸也，若我脱而君不脱，君毋承，决无攀君者；若君脱而我不脱，万事一身当之，若悉被捕，君务留有用之身，勿与我争死。’”②时为午夜一点，天雨霏霏，三人迅速逃离起义总机关。负责抓捕的清兵头领温带雄系革命党同志，危难时有意相助，故意领着清兵向流水井方向搜查，先生等三人飞跑转入龙藏街。清兵回头来追时，先生等人已成功撤离。先生逃回到广东法政学堂，在操场上躲了一夜。

12 月 8 日 假装无事，照常上课，以便探听消息，料理善后。晚上，得知参与起义的曾传范在观音山上的龙王庙里被捕。③

12 月 9 日 从昨晚到本日，陆续得到同志被捕、机关被破坏的消息。④

12 月 10 日 和姚万瑜到香港暂避，并将发难经过报告给胡汉民。⑤

由于担心被捕同志泄露消息而身陷囹圄，先生和姚万瑜决定出走香港，暂避一段时间。这是先生第一次品尝到因革命失败而出亡的滋味。对于这次起义，先生回忆时颇感后悔：“那时我还年轻，却担下了这首义的大担，我明知发票要泄事，但是因为性急，竟违反初衷的赞同了谭馥的建议，终至害他们牺牲。到现在，虽事隔三十年，我每一想到这些，还感到说不出的负疚，我不应该同意发票这件事的。”⑥

许继峰认为：“这次起义，是邹鲁平生参与武装起义的第一次，虽然还没有开始就失败了，但是联络新军、防营、民军三者合一作为革命武力的构想，给以后的起义树立了榜样；而邹鲁在这之前去运动新军防营所花的时间，由次

---

① 邹鲁：《回顾录》，岳麓书社 2000 年 9 月第 1 版，第 21 ~ 22 页。

② 邹鲁：《中国国民党史稿》第三册，中华书局 1960 年 5 月第 1 版，第 760 ~ 761 页。

③ 邹鲁：《回顾录》，岳麓书社 2000 年 9 月第 1 版，第 22 页。

④ 程焕文、张靖、周旎：《邹鲁未刊稿》下册，广西师范大学出版社 2008 年 3 月第 1 版，第 758 页。

⑤ 邹鲁：《回顾录》，岳麓书社 2000 年 9 月第 1 版，第 22 页。

⑥ 邹鲁：《两个回忆》，见《中央日报》，1944 年 11 月 12 日。

年（宣统元年）的广州新军之役，可知并没有白费。同时，辛亥三月二十九日广州革命之后，新兵之能成为革命之主力者，实邹氏等当时努力从事运动所造成。”①

是年 介绍郭冠杰加入中国同盟会。②

1909年（清宣统元年 己酉）二十五岁

1月 从香港返回广州，照常到广东法政学堂上课。③

2月 离开广州暂避追捕，放弃参加广东法政学堂第三学年的学期考试。④

谭馥在湖南郴州被捕，先生深信谭馥不会供出不利于自己的话。但是，朱执信、古应芬认为应防备万一，坚决劝避，并替先生请假。于是先生只得再次离开广州躲避，并因此没有参加第三学年的学期考试。

4月 在看到谭馥在被刑讯八十余次仍未供人后，放心回到广东法政学堂上课，刚好赶上毕业考试。⑤

4月 参加毕业考试，顺利从广东法政学堂毕业，得副贡和直隶州州判。⑥

在校方下发的毕业生履历及愿表上，先生在志愿一项只写了“难言也”，收表的教员看了不满意，退回让先生重写。先生踌躇一下，写了“如必欲言，则教育实业固所注意者也。”⑦ 这是先生当时内心思想的流露。“由于在广州较长时间学习了西方科学与民主主义知识，邹鲁的教育思想开始生根发芽，他认识到教育才是救国救民的根本。”⑧ 至此，先生接受教育的过程基本结束。

许继峰认为：“严格地说，他（邹鲁）所受的整个教育过程是传统性极重

① 许继峰：《邹鲁与中国革命（西元一八八五～一九二五）》，正中书局1981年1月台初版，第32页。

② 《人物志》，见广东省情信息库网（http：//www. gd - info. gov. cn：8080/was40/detail？ record = 14&channelid = 58844&searchword = % D7% DE% C2% B3）。

③ 邹鲁：《回顾录》，岳麓书社2000年9月第1版，第23页。

④ 戴书训：《愈经霜雪愈精神——邹鲁传》，近代中国出版社1983年10月初版，第24页。

⑤ 邹鲁：《回顾录》，岳麓书社2000年9月第1版，第23页。

⑥ 程焕文、张靖、周旎：《邹鲁未刊稿》下册，广西师范大学出版社2008年3月第1版，第759页。

⑦ 邹鲁：《回顾录》第（一）卷，三民书局有限公司1974年7月初版，第34页。

⑧ 李海冬：《邹鲁教育思想研究》，未刊稿（硕士论文），第10页。

的，是保守的，是封闭的，没有像国父孙中山先生那样，十三岁便前往夏威夷读书，能见‘轮舟之奇，沧海之阔，而生慕西学之心，穷天地之想’，因而使得思想活泼，观念开放；也未能和他同年的朱执信那样，十九岁便负笈东瀛，专心修习财经法政，接受崭新的思潮观念，能用数学方程式来说明生存之价值。二次革命失败后，邹鲁东渡日本，曾在早稻田大学注册，但是仅仅数月他就离开了日本，所以这段教育过程，他自己亦未多言。”① 这种传统性深深地影响到先生后来的教育思想。

4 月 受聘为粤商自治会教员。②

先生在毕业考试完毕当天，接到粤商自治会派人送来的聘书，思考再三，认为在该会教书可以“与民众接近”③，遂决定到该会做教员。

粤商自治会是由粤汉铁路股东联合广东大商家组成的，最初目的在于反抗清廷把铁路收归国有，后来每遇内政外交问题，便常开会批评政府，极得社会好评。④ 该会课堂设在广州西关华林寺内。

10 月 14 日 出任广东咨议局书记。⑤

是日，广东咨议局（地址在今广州起义烈士陵园内广东革命历史博物馆）成立，召开第一届会议。咨议局主要活动为由督抚召集会议，并提交为地方兴利除弊、弹劾官吏、审核政府财政收支等各种议案。1911 年武昌起义后，广东各界在咨议局集会，宣布广东脱离清政府独立，成立都督府，推选革命党人胡汉民为都督。此后咨议局先后改为广东省议会和非常国会。⑥

咨议局首任议长为易学清，副议长为卢乃潼、丘逢甲，陈炯明是当选议员。丘逢甲同情革命党人，引荐中国同盟会会员古应芬为书记长，先生为书记。丘、古二人对先生都很好，所以在咨议局“办事很顺手，精神很爽快。”⑦

对于先生在广东咨议局的职务，一说为“议事课长”。⑧

10 月 30 日 由朱执信介绍，加入中国同盟会南方支部。

是日，中国同盟会南方支部在香港黄泥涌道成立，支部长胡汉民，书记汪精卫，司库林直勉。“是年邹海滨、陈炯明始以执信之介绍，至南方支部；

---

① 许继峰：《邹鲁与中国革命（西元一八八五～一九二五）》，正中书局 1981 年 1 月台初版，第 15 页。

② 邹鲁：《回顾录》，岳麓书社 2000 年 9 月第 1 版，第 25 页。

③ 戴书训：《愈经霜雪愈精神——邹鲁传》，近代中国出版社 1983 年 10 月初版，第 25 页。

④ 戴书训：《愈经霜雪愈精神——邹鲁传》，近代中国出版社 1983 年 10 月初版，第 25 页。

⑤ 陈哲三：《邹鲁研究初集》，华世出版社 1980 年 2 月初版，第 178 页。

⑥ 金叶：《咨议局：从希望之春到希望之冬》，见《广州日报》，2006 年 9 月 16 日。

⑦ 邹鲁：《回顾录》，岳麓书社 2000 年 9 月第 1 版，第 25 页。

⑧ 丁身尊主编：《广东民国史》，广东人民出版社 2004 年 4 月第 1 版，第 54 页。

邹、陈皆广东法政学堂学生，执信、君佩（李文范）等自东京毕业归，即为此校教授，故邹、陈受盟为同志。”①

年底 党人倪映典等计划在广州利用新军发动起义，先生与陈炯明负责联络咨议局和学报界人才。②

是年 到两广方言学堂任教。③

是年，丘逢甲兼任两广方言学堂监督，要先生去做教师，讲授国际公法、经济、财政等科，每周二十多小时，得到先生应允。由于没有讲义，先生上课前要自编讲义，忙得不可开交。

两广方言学堂于1906年8月由两广游学预备科馆及广州译学馆合并而成。先生自兼职两广方言学堂教师后，“从此薪资收入，除寄汇家用外，能有充分余款作为奔走革命和接济同志之用。”④

是年 介绍朱执信来两广方言学堂任教。⑤

先生和朱执信成为同事后，共同传播革命思想并成立“尊孔会”，倡导“攘夷排满”。⑥ 林云陔即在此时成为先生和朱执信的高足。

1910年（清宣统二年 庚戌）二十六岁

1月至2月12日 赴潮汕运动民军，响应新军起义。⑦

先生以年关将近，回乡省亲名义，向广东咨议局请假前往潮州、汕头，真实目的为赴潮汕运动当地民军响应计划中的广州起义。由于离开潮州、汕头已经很久了，一切感觉都比较生疏，克服了很多困难，策反工作才有所进展。

2月13日 在潮汕听闻广州新军起义失败。⑧

---

① 仇江：《广东新军庚戌起义资料汇编》，中山大学出版社1990年12月第1版，第41页。

② 许继峰：《邹鲁与中国革命（西元一八八五～一九二五）》，正中书局1981年1月台初版，第33页。

③ 陈哲三：《邹鲁研究初集》，华世出版社1980年2月初版，第178页。

④ 陈哲三：《邹鲁与广东革命基地的建立（1906～1923）》，见张主法：《中国现代史论集》第七辑《护法与北伐》，台湾联经出版事业公司1982年5月版，第6页。

⑤ 陈哲三：《邹鲁研究初集》，华世出版社1980年2月初版，第178页。

⑥ 谢湘：《清末民初粤省学界的新潮》，见香港《春秋》第121期，1962年7月15日。

⑦ 戴书训：《愈经霜雪愈精神——邹鲁传》，近代中国出版社1983年10月初版，第151页。

⑧ 邹鲁：《回顾录》，岳麓书社2000年9月第1版，第26页。

广州新军有一协三标，其中一标驻燕塘，二、三标驻北校场，经倪映典等人运动成熟，同盟会南方支部已定于2月24日（农历元宵节）起事。但在2月9日（农历除夕），二标士兵华云衷因与警察冲突而被捕。次日，第二标士兵数百人愤怒入城捣毁警察署，两广总督袁树勋及水师提督李准布兵镇压，先后将各标士兵枪械收缴，子弹卸膛，且传令13日阅兵，各营士兵因此鼓噪。当新军滋事时，倪映典赴香港报告，主张起事日提前至15日，经过南方支部议决通过后，即通知各部分准备。11日晚，倪映典乘船返回广州，看到士兵们情绪高涨，已做好战斗准备，不得已又改变已商定的日期，遂决定于12日起事。翌日晨，倪映典率领炮队一营首先起义，枪杀该营管带齐汝权，其他各营纷纷响应，共推倪为司令。倪率军冲毁协司令部，夺取讲武堂枪械，分三路向广州城进军。13日晨，倪率领起义军由沙河抵达大东门，欲占省城。李准、巡防营管带吴宗禹等率军2000人出城镇压，与起义军在牛王庙对峙。清军派唐维炯、童常标、太永宽、李景廉等前来与倪对话，未果。最后，唐维炯、李景廉等人以磋商为名，请倪到教会山与吴宗禹面谈。李景廉为同盟会会员，又是倪的同乡，倪不疑有他，赴谈途中惨遭伏兵环击牺牲。倪牺牲后，起义军虽勇猛奋战，终因弹药不够，归于失败。① 消息传至潮汕，先生听闻后悲痛异常。

孙中山称此役为其所领导的第九次起义失败。② 史学界称此役为“庚戌首义”。③

2月中旬　从潮汕返回广州，请粤商自治会出面营救被捕新军人士。

得悉广州新军革命义举失败后，先生立即返回广州，直赴粤商自治会，激励他们用该会的名义进行营救新军被捕人士。因为先生和自治会人员平时关系很好，自治会人员不但满口答应，还热心相助。“这样，失败的党人得到救援的不少。”④

2月中下旬　丘逢甲保护先生免被抓捕。⑤

广东巡警道王秉恩查出参与广州新军起义的名单中有先生和陈炯明两人，便带着名单到咨议局谒见副议长丘逢甲，想拿捕在此工作的先生和陈炯明。丘逢甲看了名单后说：“陈某、邹某是我最信任的。假使他们是革命党，那么我一定也是。如若要按名单捉人的话，请先从我捉起。”王某听了，慑于丘逢甲

---

① 丁身尊主编：《广东民国史》，广东人民出版社2004年4月第1版，第75～76页。

② 陈锡祺：《孙中山年谱长篇》，中华书局1991年8月第1版，第488～489页。

③ 广东省立中山图书馆：《民国广东大事记》，羊城晚报出版社2002年11月第1版，第543页。

④ 邹鲁：《回顾录》，岳麓书社2000年9月第1版，第26页。

⑤ 戴书训：《愈经霜雪愈精神——邹鲁传》，近代中国出版社1983年10月初版，第25页。

的地位和声威，强笑道："这不过是他们报告的名单。陈某、邹某既然是个好人，想必是他们误报的。"① 在丘逢甲的担保下，先生和陈炯明平安无事。

约 3 月 到广西督练公所做幕友，未成。②

广西督练公所成立后，派陈姓道员来广州请幕友（幕僚），陈道员很坚决地请先生和陈炯明去，但被丘逢甲拒绝。经过多次协商，丘逢甲只答应派一个人去。先生和陈炯明商议后认为，有一人去广西联络革命党人也是好事，遂决定派先生前往。先生将各事料理妥帖后，乘船沿北江西上，不料到梧州以上的倒水江段发生翻船事故，行李损失殆尽。先生无奈退回广州，并预备重整行装再赴广西。

4 月下旬 革命党内公推先生入京营救汪精卫等人。③

当先生准备重整行装再赴广西督练公所的时候，革命党汪精卫、黄复生等人于 4 月 16 日在北京刺杀摄政王载沣不成而被捕。汪、黄等人被捕后，身在纽约的孙中山以及在国内的胡汉民等人亲自组织营救，同盟会南方支部公推先生入京营救，并且由先生在北京继续策划暗杀活动。南方支部负责人胡汉民亲自向先生布置营救事宜，先生遂以副贡和直隶州州判上京铨叙为由，向粤商自治会和广东咨议局请假，同时写信回县，约郭公接到上海会面，再写信到盛京（今辽宁省沈阳市），约张煊到北京会面。④

夏初 抵达上海，一边等候郭公接，一边利用看博览会之机到南京和革命党人联络。⑤

夏初 从南京折回上海，不巧大病一场，预定北上的计划不得不改变。在郭公接到上海后，先生请郭先行北上。张煊接到先生的信后，便赶到北京，会同郭公接探明汪精卫、黄复生、罗世勋被囚禁的地方，并且设法和他们通信。后来孙中山谋求在广州再行义举，不让先生北上，已去北京的人也被招回。⑥

夏 在上海见叶夏声，并由叶护送回粤休养。⑦

夏秋 病好后，一边在粤商自治会教书，一边在广东咨议局做事。期间在咨议局图书室浏览了很多书籍，包括二十四史及通志、会典等。⑧

---

① 邹鲁：《回顾录》，岳麓书社 2000 年 9 月第 1 版，第 26 页。

② 邹鲁：《回顾录》，岳麓书社 2000 年 9 月第 1 版，第 26 页。

③ 邹鲁：《回顾录》，岳麓书社 2000 年 9 月第 1 版，第 26 页。

④ 程焕文、张靖、周旎：《邹鲁未刊稿》下册，广西师范大学出版社 2008 年 3 月第 1 版，第759～760 页。

⑤ 邹鲁：《少年的回顾》，龙文出版社股份有限公司 1993 年 8 月 25 日初版，第 35 页。

⑥ 邹鲁：《少年的回顾》，龙文出版社股份有限公司 1993 年 8 月 25 日初版，第 35 页。

⑦ 邹鲁：《回顾录》，岳麓书社 2000 年 9 月第 1 版，第 27 页。

⑧ 邹鲁：《回顾录》，岳麓书社 2000 年 9 月第 1 版，第 27 页。

秋 与陈炯明主张禁绝烟赌，拒受赌商贿赂。[①]

11 月 9 日 广东咨议局表决禁赌案，先生负责登记。

在广东咨议局第十三次会议上，对禁赌案进行表决，议员们有的主张禁赌，有的为议员苏秉枢开办的安荣公司推出新赌种——铺票辩护，争论异常激烈，遂议定投票公决。是日出席议员 64 人，陈炯明、丘逢甲等 20 人投“可”票，刘冕卿、苏秉枢等 35 人投“否”票，另有 9 人在辩论过程中溜出会场，没有参加投票。[②] 由于投票出现苏秉枢贿选，为安荣公司张目的事件，使得议案以超过半数为“否”票而被否决。

是次表决，先生负责计票。投票结束后，议长易学清向先生索阅选票。先生说：“全部票子，我已一一登记，开列清单，这一部分是可票，这一部分是否票。如若议长要把全部票子拿去，请先在单上签字。”[③] 易学清一听，便不敢要了。

当天晚上，先生把议场的情形，全部“可”、“否”票的名单直接送到报馆发表。同时，先生对咨议局的工作表示不满，认为其是“猪仔议场”[④]，决定辞职不干，易学清虽极力挽留，先生和书记长古应芬均不顾而去。由于先生将事件公开，造成咨议局内投“否”票的 35 名议员迫于情势而提出辞职，禁赌的主张遂获得实行。[⑤]

11 月 回广东咨议局原职工作。[⑥]

由于咨议局议员提出请辞，引起清廷派出按察使、劝业道和巡警道三位大员前来查办。他们请先生和古应芬二人吃饭，借以询问事情真相。席间先生和古应芬除了陈述事件始末外，还很注意听所谓堂堂大员的言论和动态，只觉得他们虚有其表，而无其实。

先生和古应芬经过权衡，决定仍回咨议局原职工作。社会舆论对于公开咨议局禁赌投票的事件都予以好评，并且说先生的贡献是大的，甚至广州民间唱本的木鱼书和船上卖乐的演说，都错认先生为议员，力主这次禁赌，真是不虞之誉。

---

① 汕尾市人物研究史料编纂委员会：《汕尾市人物研究史料（陈炯明与粤军研究史料）》第一辑，1994 年 3 月印刷，第 27 页。

② 金叶：《议政梦破英烈血热》，见《广州日报》，2006 年 9 月 16 日。

③ 邹鲁：《少年的回顾》，龙文出版社股份有限公司 1993 年 8 月 25 日初版，第 36 ~ 37 页。

④ 邹鲁：《回顾录》，岳麓书社 2000 年 9 月第 1 版，第 28 页。

⑤ 陈哲三：《邹鲁与广东革命基地的建立（1906 ~ 1923）》，见张主法：《中国现代史论集》第七辑《护法与北伐》，台湾联经出版事业公司 1982 年 5 月版，第 6 页。

⑥ 邹鲁：《回顾录》，岳麓书社 2000 年 9 月第 1 版，第 29 页。

是年 与张煊合著《汉族客福史》，并请丘逢甲作序。①

是年 以寓所为革命党人藏放炸弹使用。②

1911年（清宣统三年 辛亥）二十七岁

2月25日③ 黄兴、赵声派人约先生赴港商议广州起义计划。先生趁周六下午没有功课之机，乘船前往香港，并于当日晚抵港。④

2月26日 晨，到香港跑马地35号革命机关，与黄兴、赵声相见，商议创办《可报》，为发动广州起义营造革命氛围。三人商量：

黄（黄兴）：现在有一件急于要办的事情，特地请你来商量，不知你肯答应去做否？

邹（邹鲁）：只要我有能力，哪有不乐于从命的事。

黄：我们想在广州办一个报馆，做这次起义的宣传。但是革命工作，暗中活动易，公开从事难，尤其是在敌人的势力范围下，更为困难。我们以为主持的人，必须有相当的地位，并且要和当地人士有几分好感，才容易着手。我想来想去，认为你最适宜。

赵（赵声）：此事已经与黄先生考虑很久，除了你很难有适当的人。

邹：既然两位先生都以为我能胜任，我就遵命。

黄：但是部里没有办报的款项，要你自己设法筹划。

邹：我回去后当尽力设法。

黄、赵：这次办事，个别负责。假使你没有他事，就可回去，不

---

① 赵春晨：《爱国志士·诗人·教育家丘逢甲》，广东人民出版社2006年8月第1版，第111页。

② 戴书训：《愈经霜雪愈精神——邹鲁传》，近代中国出版社1983年10月初版，第151页。

③ 该时间为推导得出。黄兴于1月18日从新加坡抵达香港，与赵声等人设统筹部策划广州起义，并于月底设统筹部于跑马地35号（陈锡祺：《孙中山年谱长编》第523页）。而2月的星期六分别为4日、11日、18日、25日，4日为先生生日，11日为元宵节前两日，如果在此两日去香港，先生应会在《回顾录》中提到；邓警亚回忆：《可报》仅经旬日的筹备而出版，而25日则距《可报》3月30日开办时间最近。综合分析，2月25日应是先生到港时间。

④ 邹鲁：《少年的回顾》，龙文出版社股份有限公司1993年8月25日初版，第39页。

必再见别人。[①]

先生应允。当晚回到广州。[②]

2月下旬 和陈炯明筹款办报及确定报纸名称。[③]

先生和陈炯明商议后，决定在广东咨议局内部筹款，以免妨碍为广州“三二九”起义的募捐。由于筹款得到议员们大力帮助，很短时间内就筹集到相当数目的办报款项。

至于报纸名称，定名为《可报》。用意为利用咨议局当时为禁赌案投“可”票的“可”的意思。这样，外界会认为这份报纸是咨议局办的，可以增加号召力，也可以借助咨议局的招牌来做护身符。

约3月中旬 广州“三二九”之役将要开始，事务甚多，兼之《可报》将要开办，难以兼顾，特别是担心起义将连累到丘逢甲，先生决定辞去两广方言学堂教师职务。[④]

3月30日[⑤] 《可报》创刊。[⑥]

先生任《可报》经理，朱执信主笔政，朱执信、马育航、叶夏声、陈达生、凌子云等人任编辑，总撰述为张剑青。《可报》力主学生接受军训，女子应参政。

《可报》创办后，先生艰苦经营，克服了缺少经费、自己动笔写文章、熬夜看大版等诸多困难。《可报》的宣传对象着重军人，目的在于争取清廷的武装队伍。每天出版后，先生派人送到新军营和巡防营，名义上对军人半价优惠，实则免费赠阅。不久，无论在军队里，还是在社会上，革命气氛突然浓厚

---

① 邹鲁：《少年的回顾》，龙文出版社股份有限公司1993年8月25日初版，第39～40页。

② 邹鲁：《回顾录》，岳麓书社2000年9月第1版，第30页。

③ 戴书训：《愈经霜雪愈精神——邹鲁传》，近代中国出版社1983年10月初版，第27页。

④ 邹鲁：《回顾录》，岳麓书社2000年9月第1版，第29页。

⑤ 《可报》创刊时间有五种说法：“邹鲁说”、“王嵩说”、“吕芳上说”、“程焕文说”、“许继峰说”。先生在《回顾录》一书中说是“过了新年就开办”，“新年”是1月底，先生尚未去香港接受创办任务，更无时间筹款、寻找馆址，“邹鲁说”可以确定不准；王嵩在《邹鲁生平述略》一文中认为是3月1日；吕芳上在《朱执信与中国革命》一书中认为是3月3日，该观点得到先生研究专家陈哲三教授的认同（见《邹鲁与广东革命基地的建立（1906～1923）》一文）；程焕文在《邹鲁未刊稿》一书中认为是3月20日；许继峰在《邹鲁与中国革命（西元一八八五～一九二五）》一书中认为是3月30日，吴相湘也认为是3月30日。因“许继峰说”有《民立报》于1911年5月8日发表的《广州可报遭劫记》一文的支持，张宪文等人主编的《中华民国史大辞典》也认同此观点。综合其他信息，笔者认为“许继峰说”，即3月30日创办《可报》应是准确的。

⑥ 王嵩：《邹鲁生平述略》，见广东省政协文史资料委员会编《近代广东名人录》第二辑，广东人民出版社1989年4月第1版，第106页。

起来。这种情形虽然早被清吏察觉，但是看在咨议局主办的名义，不便出来干涉。①

《可报》报馆设在第七甫，该地同时用来藏收起义用的器械，先生由于每天办报工作到很晚时，便寓住该处。② 为了觅得该馆址，先生和陈炯明曾请某议员吃了一次花酒，第七甫馆址则为该议员捐赠。③

4 月 8 日 亲见温生才刺杀孚琦。④

温生才，广东梅县人，1907 年加入中国同盟会，1911 年从南洋回国后在广九铁路当工人，并与华侨兴业社及革命党人联系，拟刺杀清广东水师提督李准。是日，署广州将军副都统孚琦率部前往广州城东燕塘勘测旗地，兼阅飞机试飞。回辕途中，经红花岗脚附近，温生才误认其为李准，立即在岗上向其连投三枚炸弹并连续开枪射击，将其击毙。温生才被清兵俘获。

当时，先生正在咨议局办公，听见枪声，以为是守卫弄枪走火，就叫当差的出去察看。哪知守门的警察跑来报告，说孚琦被刺。先生听了非常惊奇，就走出去看。到了议场边，见一名二十岁左右的青年，向先生跪喊救命，并说他是将军的儿子。先生无法顾及，直接走到桥边，见孚琦的脚伸在外面，知道已经被打死。孚琦的护卫兵役看见先生站在桥边，才慢慢地集合前来。先生将此事详细记载在《可报》上。

4 月 10 日 撰写《东门外之今昔观》一文，发表在《可报》杂著栏，对于温生才刺杀举动加以赞叹。

温生才被捕后，两广总督张鸣歧集群僚亲自审讯。是日，先生著文赞叹温生才的举动，写道："世乱年荒，天晦地盲，温生才乃不甘屈身外人属地，供外人鞭策，生财［才］以胆其家人，乃托名为中国光荣计，而行此大逆不道之事乎？……海内外志士者流，鉴以往之失败，灰心短气，随风转舵久矣，温生才何自己决心如是乎？富贵利达，子女玉帛，乃志士之目的物，谁复指使尔自取牵累者，至于帮凶更无论矣！"⑤ "温生才乎！你何愚不可及，乃在此多难发生之地，牺牲一生，作地理历史上之纪念物？曾、左、胡、李何曾不是英雄；乃必步趋史、发后尘，溅血东门，始为英雄乎？"⑥

---

① 邹鲁：《回顾录》，岳麓书社 2000 年 9 月第 1 版，第 31 页。

② 邹鲁：《中国国民党史稿》第三册，中华书局 1960 年 5 月第 1 版，第 816 页。

③ 陈哲三：《邹鲁与广东革命基地的建立（1906～1923）》，见张主法：《中国现代史论集》第七辑《护法与北伐》，台湾联经出版事业公司 1982 年 5 月版，第 6 页。

④ 邹鲁：《回顾录》，岳麓书社 2000 年 9 月第 1 版，第 31 页。

⑤ 《广州可报遭劫记》，见《民立报》，1911 年 5 月 7 日。

⑥ 邹鲁：《回顾录》，岳麓书社 2000 年 9 月第 1 版，第 31 页。

4月14日 在《可报》国闻感言栏发表《论卖国贼中》。

温生才就义后，先生概然，在《论卖国贼中》文写道："究其原因，则由万世一系，永久尊戴神圣尊严不可侵犯之大清皇帝先不自爱国始，宁赠友邦毋畀家奴之言，固流传人口，不绝于耳。"① 该话后来成为清吏查封《可报》的"罪证"。

是日，《可报》还发表《咄行政官竟敢蹂躏司法权》一文，该文"严厉地批评当时巡警道王秉恩在刺孚琦一案中，藉职权蹂躏司法，败坏法纪，弁髦朝廷。"② 这引起王秉恩的强烈不满。

4月15日 温生才在孚琦被刺地点就义，先生临场观看。③

△撰文继续对温生才的举动加以表扬。文中写道："嗟夫！天地昏晦，怨毒充盈，短枪之声，劈空而起。……呜呼！大陆沈沈，戾气遍于六合，不图白云之陬，珠江之湄，竟有温生才之人，与其人之短枪出。于是生才之名以存，而短枪亦借其人以共垂不朽。"④

4月22日 王秉恩发出谕扎，饬令《可报》永远停版。

王秉恩在停版令上写道："……该报口不择言，一至于此！律以诋毁宫廷之罪，其将何辞？即使失检，偶触忌讳，而该报提倡不爱国之说，并以耸人民愤激思乱之心，而资乱党之口实。其贻祸不可胜言，非仅议论分歧，宗旨不甚纯正者比。核与逐日所载温生才新闻杂著，鼓吹暗杀主义，推波助澜，无所不至，为扰乱之尤。本道于言论机关，极力维持，藉以开通民智，原不忍过于吹求。惟念责任保卫治安，深恐片纸风传，一倡百和。际兹事变之后，合官厅与各社会维持之不足。只一二人破坏而有余。恐莠言之乱政，禁邪说之惑人，法所不容，情非得已，亟宜查照报律，永远停版，以示惩儆。……"⑤ 从停版令上可以看到《可报》当时的气魄。

对于《可报》的宣传效果，吕芳上认为：《可报》的被禁刊"时距广州（'三二九'）之大举不过五天，推波助澜，对革命之宣传鼓吹，自产生了一定的功效。"⑥ 陈哲三记载："《可报》发行之时间不长，但其宣传鼓吹，则收效

---

① 邹鲁：《回顾录》，岳麓书社2000年9月第1版，第32页。

② 邹鲁：《回顾录》，岳麓书社2000年9月第1版，第31页。

③ 邹鲁：《澄庐文选》，正中书局1948年5月初版，第381页。

④ 邹鲁：《回顾录》，岳麓书社2000年9月第1版，第32页。

⑤ 邹鲁：《回顾录》，岳麓书社2000年9月第1版，第31页。

⑥ 许继峰：《邹鲁与中国革命（西元一八八五～一九二五）》，正中书局1981年1月台初版，第38页。

颇巨。”[①] 先生也认为：“军队里以及社会上突然革命空气很浓厚”[②]。

《可报》发行了不足两月即被勒令停刊，谈到《可报》的斗争策略，许继峰认为：“若非于十六日新闻中攻击到巡警道王秉恩，《可报》的寿命还会长些，所谓强龙不压地头蛇，这点可能是邹鲁等当时没有考虑到的。”[③]

许继峰对《可报》读者对象侧重为军人分析道：“这可说是一种以文字深入敌军的宣传，这种宣传方式不但需要大量款项，而且主事者亦需要相当的技巧与胆识。至于效果，当然不能全如预期的那样，把清廷的武力全化为革命的武力，但是至少可以做到相当程度的：①使原已赞成支持革命的人，响应革命；②使原已同情革命的人，倾向革命；③使原本对革命冷漠的人，了解革命；④甚至使原本反对革命的人，保持中立或对革命减少敌对的态度。”[④] 许继峰还认为：“而《可报》直接而深入的对军队宣传，也影响了武昌起义时广东军队的反正，邹鲁在这方面的努力是功不可没的。”“不过，《可报》为了配合起义，文字上大多在煽动社会人心，鼓吹革命，而欠缺对三民主义思想的报道与介绍，这也许是相当可惜的。”[⑤]

4月23日至26日间 同业请求巡警道准许《可报》复刊。[⑥]

同业们因为向来对先生很好，加上《可报》被停，难免悲天悯人，于是以报界公会名义代向巡警道王秉恩求情。王秉恩迫于不断的请求，表示可以通融，但要求先生写悔过书才可以复刊。先生因为“三二九”广州起义时间很近，非常之忙，并且觉得宣传到这步田地，再进一步说话已经很难，便拒绝写悔过书。同业们不知底细，都以为先生为人太过固执，直到“三二九”革命爆发才恍然大悟。

4月27日 “三二九”广州起义失败。[⑦][⑧]

是日下午5时半，广州起义负责人陈炯明、胡毅生、姚雨平所率领的三路

---

① 陈哲三：《邹鲁与广东革命基地的建立（1906～1923）》，见张主法：《中国现代史论集》第七辑《护法与北伐》，台湾联经出版事业公司1982年5月版，第7页。

② 邹鲁：《回顾录》，独立出版社1944年1月初版，第35页。

③ 许继峰：《邹鲁与中国革命（西元一八八五～一九二五）》，正中书局1981年1月台初版，第38页。

④ 许继峰：《邹鲁与中国革命（西元一八八五～一九二五）》，正中书局1981年1月台初版，第34～35页。

⑤ 许继峰：《邹鲁与中国革命（西元一八八五～一九二五）》，正中书局1981年1月台初版，第38页。

⑥ 邹鲁：《回顾录》，岳麓书社2000年9月第1版，第33页。

⑦ 邹鲁：《回顾录》，岳麓书社2000年9月第1版，第33页。

⑧ 由于本次起义发生在清宣统三年农历三月二十九日，因此历史上也称为“三二九”革命、“三二九”之役等。

皆未按计划发动，唯黄兴率队120人发难，攻打两广总督衙门，与警察、督署卫队等浴血苦战，击毙警卫队管带金振邦及卫兵多人，张鸣岐仓皇出逃。起义军与李准部激战彻夜，但是其他三路未能按计划发动，以致黄兴一部寡不敌众，起义归于失败。黄兴一部的林时爽、方声洞等人殉难，喻培伦、林觉民等人被捕就义，黄兴、朱执信负伤脱险，起义先后死难者达86人，由同盟会会员潘达微于5月2日殓葬于红花岗（后改名为黄花岗）者72人，史称为“七十二烈士”，本次起义也被称为“黄花岗起义”。

姚雨平一路之所以未能发难，原因为姚雨平本与先生预约在嘉应会馆齐集，再准备一起去发动新军。哪知在去始平书院拿军火的过程中延阻过久，等抵达城外，黄兴等人已经在城内发难，随即全城内外宣布戒严，先生既不能前往嘉应会馆，又不能退入城内助战。因在西关方面没有军队，戒严比较松懈，先生只好绕道到可报馆静候时变。先生自述道：“一路听见枪声不绝，又看见总督衙门起火，热血沸腾，切望这次义举一蹴即成。不料等到半夜，逐渐寂静，革命竟又失败，惜哉！”①

4月28日 到广东咨议局安置军火炸药，并将有关文件烧毁。之后继续留在咨议局内计划救护同志，并成功营救出革命党人陈达生。②

4月底 在住房里秘密制造炸弹，炸弹爆炸，住房连同财物被烧毁。③

5月初 丘逢甲由乡间赶到省城，次晨找到先生，立刻说：“你和竞存（陈炯明）参与这次起义的证据，已被清吏搜获。竞存已走，你也应该立即避开为要。”④ 于是先生决定出走香港。

在出走之前，先生知道起义死难烈士已经埋葬在黄花岗，因此买了许多黄花，叫工人种在咨议局四周空地，然后向同事们辞别，并表示“所种黄花开时再会”。同时，先生做《黄花岗》长歌以志哀：“……黄花岗！黄花岗！岗上黄花岗下魂，精神相通章脉脉。欲求遗魂已无踪，只有黄花可寻迹。……”⑤ 全诗长达数百行。

5月初 到香港继续从事革命工作。⑥

抵达香港后，先生住在文咸街泰记客栈。店主张教虽然不是革命党人，但

---

① 邹鲁：《回顾录》，岳麓书社2000年9月第1版，第33页。

② 邹鲁：《回顾录》，岳麓书社2000年9月第1版，第34页；程焕文、张靖、周旎：《邹鲁未刊稿》下册，广西师范大学出版社2008年3月第1版，第761页。

③ 邹鲁：《少年的回顾》，龙文出版社股份有限公司1993年8月25日初版，第11页。

④ 陈哲三：《邹鲁研究初集》，华世出版社1980年2月初版，第179页。

⑤ 戴书训：《愈经霜雪愈精神——邹鲁传》，近代中国出版社1983年10月初版，第32页。

⑥ 邹鲁：《回顾录》，岳麓书社2000年9月第1版，第34～35页。

是极为同情革命，同意将其店铺作为革命机关，先生的一切信件及来往党人都由客栈掌柜余子青收发和接待，后该客栈成为先生进行革命的总机关。先生还设分机关数处。

先生在香港的主要工作有：（一）发展党员。在筹备“三二九”之役时，陆军小学学生应征人数最多，这次他们更是踊跃前来。有一次，数十位学生结伴，由黄埔秘密到香港文咸街泰记客栈来加盟。（二）筹集款项。为筹备再次革命所需的经费，先生派郭公接前往南洋筹款，郭在南洋创办了《犹与日报》，鼓吹革命，然不幸不久后因车祸而去世。（三）刺杀清吏。[①]

5 月下旬 施正父医生与先生商议，乘李准常去韬美医院探望在此治疗脚伤的督练公所参议吴锡永的机会，暗杀李准。[②]

约 5 月 组织“清平乐白话剧社”。[③]

黄花岗起义失败后，先生与黎民伟、陈少白、胡汉民、高剑父等人在香港组织“清平乐白话剧社”，用话剧宣传革命。

8 月 13 日 资助革命党人暗杀李准，未遂。[④]

在香港，先生和陈炯明商量组织暗杀机关，刺杀镇压黄花岗起义的刽子手、大清水师提督李准。先生筹款 500 元给陈炯明作为经费，陈炯明又约陈敬岳在香港鸭蛋街设立机关，研究制造炸弹。不久，陈敬岳潜往广州，与林冠慈一起谋炸李准。

是日午后，革命党人得知李准将乘轿出行，陈敬岳驱车追李，而林冠慈已携带两枚炸弹在怡兴制衣店门前等候，假装为制衣者，以免引起李准卫兵怀疑。“既李准乘舆至，林即掷以炸弹，烟尘四起，昏不见人。李部乱，李伤腰，林中弹死。陈敬岳虽奋步至，已无及，遂逃至育贤坊。警察以其剪发西装，持吕宋烟箱，疑而执之。方诘问时，陈欲将烟箱掷地，警察掣之，不能动，遂被捕。烟箱之内，尽炸弹也。李准伤腰横阔约二寸许，血流甚多，聘爱众医院达保罗西医诊视。”[⑤] 陈敬岳被俘后，于 10 月 7 日被害。[⑥]

李准虽躲过死劫，但是后来广州光复，广州清吏大员中第一个表示输诚的就是李准。先生筹款资助暗杀行动，也有一功。

---

① 戴书训：《愈经霜雪愈精神——邹鲁传》，近代中国出版社 1983 年 10 月初版，第 32～33 页。

② 邹鲁：《广州三月二十九日革命史》，帕米尔书店 1974 年 1 月再版，第 74 页。

③ 黎锡：《崎岖的电影拓荒路——回忆我的父亲黎民伟》，见《当代电影》2005 年第 6 期。

④ 戴书训：《愈经霜雪愈精神——邹鲁传》，近代中国出版社 1983 年 10 月初版，第 32～33 页。

⑤ 邹鲁：《广州三月二十九日革命史》，帕米尔书店 1974 年 1 月再版，第 75 页。

⑥ 程焕文、张靖、周旎：《邹鲁未刊稿》下册，广西师范大学出版社 2008 年 3 月第 1 版，第 761 页。

10 月中旬　与广东革命党人在香港集会，商议光复广东。[①]

武昌起义成功后，同盟会南方支部的广东革命党人群集香港，急切商定发难计划，以谋光复广东。这次起义决定由朱执信、胡汉民负责，陈炯明、徐维扬、姚雨平等负责东江、北江、西江和韩江的起义，公推先生留驻香港，负责筹集接洽各江义举所需的人力和财力。

10 月中下旬　密约族侄邹琳参加革命。[②]

11 月 1 日　支援陈炯明组织的东江起义。[③]

是日，陈炯明在东江发难，当和清军相持不下时，陈派人来向先生求援。先生此时刚刚组织两三百人，买到 200 支枪，并租了一艘轮船预备开到汕头。得到东江告急信后，立刻把人和枪拨给陈炯明使用，并即派人赶去报告。攻打惠州的同志得到援兵即到的消息，勇气百倍，一鼓作气把惠州城占领！事实上，因为枪支不能按期到达，他们那时尚未得到接济。惠州攻下之后，全省纷纷起义。是月 9 日，广东光复。

11 月中旬　离港赴穗。[④]

在香港的任务完成后，先生便计划回广州。动身之日，一位女同志买了一把剪刀把先生的辫子剪掉。先生把所藏的袍褂拿了出来，将剪下的辫子包好，一并送给那位女同志留作纪念。[⑤]

11 月中旬　被推荐担任广东教育部长，谢绝未就。[⑥]

是月，各省公推代表到武汉共商对内对外事宜。广东公推代表为丘逢甲。丘任广东教育部长，因为要参加会议，希望先生能接替他的位置，胡汉民催促尤力。但先生认为，清廷未倒，革命尚未成功，没有心思做官，坚决予以谢绝，并力荐叶夏声出任。[⑦]

叶夏声受荐出任广东教育部长后，便向先生商议教育方针。先生认为革命不知何时成功，急需给青年灌输革命思想，同时需要多数青年效命疆场，因此主张学生应接受军训。叶夏声答应采纳，只是因在职不久即离职而未实行。

11 月 27 日　和姚雨平等同志组织北伐军，出任北伐军兵站总监。[⑧]

---

① 邹鲁：《回顾录》，岳麓书社 2000 年 9 月第 1 版，第 35 页。

② 邹琳：《邹琳年谱》，传记文学出版社 1975 年 3 月初版，第 16 页。

③ 戴书训：《愈经霜雪愈精神——邹鲁传》，近代中国出版社 1983 年 10 月初版，第 33 页。

④ 何明：《五十一位中国国民党中常委的最后结局》，中共党史出版社 2008 年 3 月第 1 版，第 163 ~ 164 页。

⑤ 戴书训：《愈经霜雪愈精神——邹鲁传》，近代中国出版社 1983 年 10 月初版，第 33 页。

⑥ 戴书训：《愈经霜雪愈精神——邹鲁传》，近代中国出版社 1983 年 10 月初版，第 34 页。

⑦ 邹鲁：《回顾录》，岳麓书社 2000 年 9 月第 1 版，第 36 页。

⑧ 邹鲁：《回顾录》，岳麓书社 2000 年 9 月第 1 版，第 36 页。

广东光复后，全国约有一半以上的省份光复，但是清廷未倒，三民主义仍未能在全国实行。此时，马锦春、姚雨平等革命党人谋划组织北伐军，以壮声势，而牵制清军主力。先生的革命大业尚未实现，因此也积极响应组建北伐军。胡汉民赞成马、姚的想法，并且拨最好的枪炮给北伐军，粮饷也足量供应。北伐军成立后，姚雨平任总司令，马锦春任副总司令，先生被胡汉民委任为兵站总监。先生的委任状由胡汉民亲自手书，骈四俪六，洋洋洒洒数百言。兵站副监有两人，为曾仲宣和吴雨仓。

兵站成员的来源有五个：一是陆军小学学生，如萧冠英、何春帆、廖志人、范其务、郭冠杰、温泰华、张伦、范葆初等；二是留日学生，如邹卓然、邹芷芳、彭寿生、何季威、何卓麟等；三是两广高等方言学堂学生，如杨实其、蔡秋农、邹毅然等；四是华侨同志，如邹敏初、杨穆如、廖公先等；五是旧同事和同志，如彭荫香、涂演凡、郭冠雄、温明卿、黄五梅、刘祥芝等，都是二十多岁的青年人，各个干劲十足。这时有人取笑他们说："你们在总监下面做事，不是监子，就是监犯。"[①] 大家听了自然不高兴，要求将兵站总监改名。先生向胡汉民请示后，将兵站改名为经理局，总监改称局长。[②]

11 月末至 12 月初　与陈炯明等人草订省临时议会组织法。[③]

11 月　与高剑父等人发起组织"广东女子北伐队"。[④]

"广东女子北伐队"（也称为女子炸弹队）成员多为从港澳回到广州的同盟会女会员，初时报名参加的有三四十人，以后筹备出发期间发生波折，一时说出发，一时又说不出发，时间拖了差不多两个月，到了出发时全队只有二十余人。队伍成员名单是：徐慕兰、宋铭黄（以上两人年纪较长，又都是早加盟的女同志，因此被选为领队）、邓慕芬、黄扶庸、许剑魂、陈秉卿、谭锦蓉、梁英颜、黎兴汉、赖军华、陈振权、梁国体、严淑姬、梁雪君、刘伟朋、陈汉兴、梁荃芳、汤连、陈志德、严珊珊等。名单中超过三分之一的人是实践女校教职员或学生，其他人中还有许多人是在港澳加盟同盟会，并参加过广东光复运动的。出发前，全队进行短期集训，每天到东较场练习兵操、骑术和射击，个个戎装赳赳，被群众称为今之木兰从军。虽然由于当时历史条件的限制，同时也由于她们都是出生于资产阶级家庭或封建家庭，参加同盟会后又没

---

① 戴书训：《愈经霜雪愈精神——邹鲁传》，近代中国出版社 1983 年 10 月初版，第 35 页。

② 邹鲁：《回顾录》，岳麓书社 2000 年 9 月第 1 版，第 37 页。

③ 中国人民政治协商会议广东省委员会文史资料研究委员会：《广东文史资料》第四十三辑《广东军阀大事记》，广东人民出版社 1984 年 10 月第 1 版，第 11 页。

④ 赵连城：《光复前后广东妇女参加同盟会活动》，见广东文史网（http：//gzzxws. gov. cn/gzws/cg/cgml/cg5/200808/t20080827_ 5448_ 3. htm）。

有得到较多的教育与帮助，所以政治觉悟不高，卫生医护常识也不够，真正上前线也是作用不大的。但就政治意义上说来，数千年来在封建制度和重男轻女思想习俗压迫下的中国妇女，通过辛亥革命，第一次组成了女子队伍，打起反封建、反男尊女卑的旗帜，用行动向古老中国社会示威抗议，她们也不失为在曲折的历史道路上摸索前进的一群先驱者。

"广东女子北伐队"有几位成员后来成为先生的家人或亲人：

队员许剑魂，后成为先生夫人。

队员梁国体（梁定慧），梁在丈夫因革命遇害后参加女子北伐队。许剑魂遇害后，梁经四姐介绍，于1925年与先生结婚。[①]

队员严珊珊，生有女儿黎佩兰，为先生与夫人赵淑嘉的寄女（干女儿）；严珊珊的丈夫黎民伟，同盟会会员，杰出电影人，中国第一位电影导演，为先生及夫人许剑魂的挚友。

12月5日 广东省第三次各界代表大会召开会议，参督黄士龙提议统一军权，欲使大会拥护其掌握兵权，商界代表颇为之动。胡汉民鉴于各界代表大会的凌乱复杂状况，与朱执信共同主持，由先生、陈炯明、杜贡石等人草订省临时议会组织法。该法规定各界代表为比例选举制，选出代议士120人，凡年满21岁以上，有广东籍或本国人居住广东在5年以上，秉性良好，不担任政府军、警公职的，都有被选举的资格。各界代表的产生除由地区选出人数不等的代表以外，更特别规定军团协会代表为20人，华侨代表为12人，学院师生代表为6人，"自治团"代表为1人，同盟会代表为20人，妇女代表为10人。各界当选代表十分之九为同盟会会员。"至是省会不复与军政府有分歧之趋向"[②]。先生力主在章则内规定女议员名额，以体现男女平等。后来，广东省议会真的出现女议员，"实亚洲之创举"[③]。

12月8日 率经理局局员和北伐军一小部分成员进行北伐。[④]

是日，广东北伐军在广州誓师，旋即乘船北上。"广东女子北伐队"有部分人随同先生等人乘专轮北上，先生还组织了华侨敢死队。此间，先生床底下天天堆满炸弹，这是革命党人向来爱惜炸弹的结果，是很普通的事情，但是却

---

① 程焕文、张靖、周旎：《邹鲁未刊稿》下册，广西师范大学出版社2008年3月第1版，第763页。

② 陈哲三：《邹鲁与广东革命基地的建立（1906～1923）》，见张主法：《中国现代史论集》第七辑《护法与北伐》，台湾联经出版事业公司1982年5月版，第9页。

③ 陈哲三：《邹鲁与广东革命基地的建立（1906～1923）》，见张主法：《中国现代史论集》第七辑《护法与北伐》，台湾联经出版事业公司1982年5月版，第9页。

④ 广东省立中山图书馆：《民国广东大事记》，羊城晚报出版社2002年11月第1版，第8页。

忘了炸弹是危险品。

12 月 14 日或 15 日 统率经理局局员和一小部分北伐军到达上海。①

先生抵达上海后，受到都督陈其美的热情招待。先生在广东革命时，曾和朝鲜同志金凡斋一起进行秘密工作，而金凡斋是陈其美的好友，金平时常将先生的情况告诉陈，同时也将陈的情况告诉先生，因此先生和陈其美一见如故。"上海兵站事，承陈（陈其美）先生的帮助，使我毫不费力就办妥了。"②

在上海期间，先生第一次与戴季陶晤面。当时，先生很想研究中国赋税问题，便向戴请教。戴表示，赋税是清朝的国课，要等北伐成功，接收清朝档案，才可以得到真正确实的资料。③

12 月 16 日 出任广东北伐军驻沪经理局局长。

广东北伐军抵沪后，设立驻沪经理局，委任先生为局长，以吴雨仓、曾仲宣为副局长。该职相当于后勤司令，负责北伐军的粮草弹药支援。

《申报》是月 17 日刊文记载："凡关于北伐军一切事宜，皆由该局正副局长直接调度，并与各军□□接洽，俾专事□。"④

△统率经理局职员和一部分军队进入南京。⑤

进入南京时，先生骑着高头大马，被误认为计划是日来南京就职副元帅代理大元帅职的黄兴而受到市民的热烈欢迎。有的市民交头接耳地说："大元帅怎么这样年轻?"⑥ 抵达南京后，先生将经理局总机关设在南京下关，负责采购米和采办杂粮。北伐军总司令部设在南京城内。⑦

在南京期间，先生见到陈铭枢，委任陈为经理局委员，陈因出任北伐军连长而未就任。但是，先生对陈很优待，仍保留了他的经理局委员的职务。⑧

---

① 陈哲三：《邹鲁与广东革命基地的建立（1906～1923）》，见张主法：《中国现代史论集》第七辑《护法与北伐》，台湾联经出版事业公司 1982 年 5 月版，第 10 页。

② 邹鲁：《回顾录》，岳麓书社 2000 年 9 月第 1 版，第 38 页。

③ 中国国民党中央委员会党史委员会：《邹鲁先生文集》，中国国民党中央委员会党史委员会出版，1984 年 6 月 30 日出版，第 554 页。

④ 汕尾市人物研究史料编纂委员会：《汕尾市人物研究史料（陈炯明与粤军研究史料）》第三辑，1994 年 3 月印刷，第 20 页。

⑤ 陈锡祺：《孙中山年谱长篇》，中华书局 1991 年 8 月第 1 版，第 591 页。

⑥ 邹鲁：《回顾录》，岳麓书社 2000 年 9 月第 1 版，第 38 页。

⑦ 程焕文、张靖、周旎：《邹鲁未刊稿》下册，广西师范大学出版社 2008 年 3 月第 1 版，第 763 页。

⑧ 朱宗震、汪朝先：《铁军名将——陈铭枢》，兰州大学出版社 1996 年 4 月第 1 版，第 20 页。

1912年（民国元年　壬子）二十八岁

1月1日　出席孙中山就职中华民国临时大总统盛会。

孙中山在南京就职为中华民国临时大总统，典礼于夜晚11时举行。先生也参加了盛会，他对于推翻帝制的生平素愿，能够亲眼见到它的实现，内心感到非常地快慰。①

△向黄兴推荐陈干出任淮军总司令。②

陈干与先生并不相识，但为人诚实，又有能力。当他投刺请见后，获得先生信任，并举荐给陆军部长黄兴，黄兴命其统领淮军。先生还专门向陈干拨款5000元，为淮军使用。不久，粤军攻打南宿州时，淮军与粤军并肩作战，直至将张勋打败，进占徐州。与陈干同来投效北伐军的还有柏文蔚旧部葛应龙，也表示可以召集军队，协助北伐。

许继峰则认为，先生将陈干、葛应龙介绍给姚雨平，而不是黄兴："邹鲁将此二人介绍予姚雨平，姚氏即请临时政府予以淮军、镇军等名义，发给军费，粤军声势乃益壮。"③

1月上旬　继续为北伐军采购粮食。④

中华民国临时政府虽然成立，但袁世凯仍然挟持清帝负嵎北方，于是临时政府下令各军进兵北伐。广东北伐军，由津浦路北上攻打张勋。经理局分机关除设在上海以外，其余均设于北伐军所在地。江北也设了一些机关，负责采购杂粮。这些机关都由局员主持，因为对外关系，他们派出去就以分局局长的名义，回到总局后仍为局员，大家也都没有上尊下卑的观念。

当时生活艰难，为了节俭，经理局内无论是总局还是分局里面的事情，都由同志们亲自办理，没有增加任何附属员役。先生和同事约定，在清廷未倒之前，从上到下，他们每人每月只领50元薪水。即使这样，他们中也没有一个

① 邹鲁本人未提及参加过本次盛会。

② 邹鲁：《回顾录》，岳麓书社2000年9月第1版，第39页；丁身尊主编：《广东民国史》，广东人民出版社2004年4月第1版，第113页。

③ 许继峰：《邹鲁与中国革命（西元一八八五～一九二五）》，正中书局1981年1月台初版，第41页。

④ 邹鲁：《回顾录》，岳麓书社2000年9月第1版，第38～39页。

人在钱财上出现问题。

1 月上旬 兼理北伐军总司令部。[①]

广东北伐军由津浦路北上，在固镇、宿州和徐州三次打败张勋、倪嗣冲所部清军。自从姚雨平统兵过江后，北伐军总司令部即由先生兼理，出任北伐军经理处长。先生在《澄庐诗集》一书中记载："大军渡江后，兼司总司令部事，日须入城视事，傍晚骑马出城，恒与各将领驰马柳阴中。"[②]

1 月 26 日 致电伍廷芳及各报馆，请电清廷饬属退还所占民军防地。

电称："根固镇司令部来电，清帝违约，不特不于停战期内，遵退百里，且使张勋着着进占我民军地至于固镇。昨日复来挑战，我军与镇军为防御计，万难再忍，既行痛击，请外交代表急行电责清廷违约之罪，速行退还，否则决行痛剿，□非我开。尤请速宜宣战日期，勿再延期停战，贻误戎机。是为至要，此达。"[③] 该电发表在是月 28 日出版的上海《民立报》上。

1 月 28 日 致各报馆告捷电，粤北伐军在新桥北将张勋的十八营击败，大获全胜。[④] 该电发表在是月 29 日出版的上海《民立报》上。

△致电上海《民立报》，告捷攻克固镇。[⑤]

电称，北伐军一标一营、炸弹队、机关枪队、退管炮队等在昨早与镇军葛支队，在新桥北约十里处，奋勇战斗，击退敌人，毙丧敌人多名，缴械甚多，并追敌三十余里，收复固镇。该电发表在是月 30 日出版的上海《民立报》上。[⑥]

2 月 4 日 以北伐军经理局长的名义致电各报馆，通告进剿清军进展情况。该电发表在是月 5 日出版的上海《民立报》上。[⑦]

△致电各报馆，告北伐军"杀贼千余，擒获数十，受降数百，夺获敌枪

---

① 邹鲁：《回顾录》，岳麓书社 2000 年 9 月第 1 版，第 38～39 页。

② 邹鲁：《澄庐诗集》，国立中山大学出版部 1934 年春出版，第 30 页。

③ 中国国民党中央委员会党史委员会：《邹鲁先生文集》，中国国民党中央委员会党史委员会 1984 年 6 月 30 日出版，第 277 页。

④ 中国国民党中央委员会党史委员会：《邹鲁先生文集》，中国国民党中央委员会党史委员会 1984 年 6 月 30 日出版，第 277 页。

⑤ 中国国民党中央委员会党史委员会：《邹鲁先生文集》，中国国民党中央委员会党史委员会 1984 年 6 月出版，第 277～278 页。

⑥ 中国国民党中央委员会党史委员会：《邹鲁先生文集》，中国国民党中央委员会党史委员会 1984 年 6 月 30 日出版，第 278～279 页。

⑦ 中国国民党中央委员会党史委员会：《邹鲁先生文集》，中国国民党中央委员会党史委员会 1984 年 6 月 30 日出版，第 278～279 页。

械无数。”[①] 已经攻克宿州。该文发表在是月6日出版的上海《民立报》上。

2月12日 将北伐军经理局的局事结束。

是日，清帝下诏退位。北伐军的任务完成，“先生即结束经理局”[②]。晚上，先生在南京下关的大观楼宴请各将领及女子北伐队部分队员，“全座皆醉”[③]。

对于广东女子北伐队，赵连城记述：

“1912年（民国元年）2月22日，广东女子北伐队由广州出发南京，以后又由南京出发徐州前线，参加了著名的‘宿、固’之役，为期大约一个月左右，四月间全队奉调返回广州，又不久便宣告结束。一些同志回来见面时慨叹说：出发时抱‘马革裹尸’的决心，谁知到前方竟是‘春郊试马’。事实上，在女子北伐队出发前后一段时间，领导辛亥革命的资产阶级已和封建势力进行妥协，中途放弃了革命。孙中山于2月13日（清溥仪宣告退位的第二天）已被迫辞去临时大总统，让位于北洋军阀头子袁世凯（袁于3月10日在北京就职），所谓‘南北和议’已完全妥协。北伐的对象反过来又成为民国的统治者，辛亥革命被以袁世凯为代表的反动派所篡夺。广东北伐军也被迫要班师南回，‘解甲归田’了。在这种形势之下，女子北伐队到前方无事可为，请缨无路，是完全可以理解的。这时候，一群满怀热望要为国家、为人民、为妇女解放、为个人寻出路而投身北伐队的青年妇女又重新陷入彷徨苦闷的深渊。她们美好的理想幻灭了。

女子北伐队中和我个人感情最好的黄扶庸在出发前知我不参加该队，曾写信严词责备我说：‘姊曾云北上，今反而不来耶？闻姊婚期将迩，谅姊必以为乐事。呜呼！胡虏未获歼尽，而世俗纷纷结娶，国破家亡在迩，亦置脑后，吁！是可忍也孰不可忍也！’（辛亥年十一月初五日，1911年12月24日）。当她从南京回来广州以后，她又来信给我说：‘此行北上，一事无成，羞为故人陈也。果如姊潜居向学，余暑课授生徒，其乐胜妹等徒劳跋涉，思之能不悲乎？’（1912年5月2日）前一封信何等悲歌慷慨，后一封信却充满了失望悲哀，女子北伐队同志们当时一般心情大体上就是如此。那时所谓‘革命军兴，革命党消’的形势越来越显著了。同盟会的组织也日趋涣散。广东政权虽先

---

① 中国国民党中央委员会党史委员会：《邹鲁先生文集》，中国国民党中央委员会党史委员会1984年6月30日出版，第279页。

② 陈哲三：《邹鲁与广东革命基地的建立（1906～1923）》，见张主法：《中国现代史论集》第七辑《护法与北伐》，台湾联经出版事业公司1982年5月版，第10页。

③ 国立中山大学校友会：《邹鲁全集》第（十）卷，三民书局股份有限公司1976年10月初版，第23页。

后由胡汉民、陈炯明等出面撑持，但封建军阀官僚的潜势力仍然很大；同盟会一些领导人物很多也郁郁不得志，女同志当然不用说了。女子北伐队结束以后，一些人彷徨之余便和一些要员结婚（如徐慕兰与黄克强，宋铭黄与高剑父，许剑魂与邹鲁，陈秉卿与冯祝万等），算是解决了个人的‘出路’问题。此外，绝大多数的女同志（包括未参加北伐队的）在工作上、生活上都没有受到军政府的适当照顾。一些人原来是逃避封建家庭压迫而‘出家革命’的，回家却更加受到封建家长的奚落，被压迫地位丝毫没有改变。比如黄扶庸原来是反抗盲婚投身加盟的，回家后顽固的家长们仍不断胁迫她盲目出嫁，使她不得不经常离家逃避。本来想远出日本留学，但那时负责选派留学生的邹鲁因过去追求她不遂，怀恨在心，把她的护照扣留不发，使她无法成行。以后陈景华创办广东女子教育院，徐慕兰任院长，她才被安置在该院工作。另一女子北伐队队员邓慕芬（后改名秋零），原来是徐慕兰家中的女佣，跟徐出来一道加盟。她是顺德人，习染了乡中独身不嫁的风气，家中有七旬老父，生活困苦，光复后，觉得身为‘女志士’，不甘愿再作人家女佣。她和黄扶庸本来同被安置在女子教育院工作，但到了1913年（民国二年）秋9月讨袁军事失败，龙济光入粤，大肆捕杀同盟会员，她们两人避祸走港澳，从此失业。两人平时感情很好，此时无家可归，彼此感怀身世，同病相怜，结果便相约到肇庆鼎湖山上，携手同沉于飞水潭。那时是1914年12月间的事。这一幕两个女子北伐队员演出的联同自杀悲剧，当时引起了社会各方面的震动，省港澳各报均有消息报导，刊出不少哀挽她们的诗文。到鼎湖游览的人士，多到她俩葬在‘狮山’的墓前凭吊。事隔两年以后，1917年春潘达微（收殓七十二烈士忠骨著名的同盟会人士，他与黄、邓两人曾在广东女子教育院共事）主编的《天荒》杂志第一期发表了她们自杀的经过，刊出她们的照片和遗书以及各方面的悼念诗文。潘达微以影庐的笔名写了一篇《寒潭陨玉记》，文章的末尾写道：影庐曰：二女死得所矣，尘尘孽识，有生便是烦恼，求大解脱，唯真是归，死为安乐，灭度涅槃，二人同心，一朝如梦。屈骚云：‘世与我而相违兮，吾将从彭咸之所后，’余念此，又不仅为二女爽然失矣。潘达微在辛亥革命后是郁郁不得志的，他在女子教育院时就常对黄、邓两人大讲庄子和佛学，助长了两人对人生的消极悲观思想。他这一段大谈佛学的文章固然是借酒浇愁，但读来却成为对死者说风凉话，恰恰暴露了同盟会领导的辛亥革命的不彻底性。

辛亥革命以革命始，以妥协终，根本没有改动过旧封建的专制统治基础，这就当然不可能给妇女带来真正的解放和幸福。黄、邓两人初时轰轰烈烈投身加盟，参加北伐，结果却是悲惨的自杀，这就清楚说明了这一问题。她们两人到鼎湖自杀前，曾到澳门住在我家盘桓了个多月。有一次，黄扶庸买回一些红色的内衣裤，半严肃半玩笑地对我说：'穿红的死了可以成为厉鬼报复一切'。今天回忆起来，他们对辛亥革命后原封不动的黑暗社会制度确是深仇大恨的。黄扶庸在南京回来后便来信慨叹说：'家庭专制，无可革命，只可远离，以避其锋！'（1912 年 5 月 19 日函）。袁世凯上台后，她又有函大发政治牢骚：'嗟夫，已死志士，昔之革命希望共和者，其结果今竟留与他人乐帝王矣，可胜慨哉！'（1913 年 12 月 20 日函）。这些未经发表的死者遗书充分说明她们之自杀正是针对当时黑暗政治的一个悲愤的抗议。值得注意的是，当时对她们这样有觉悟、有勇气的青年妇女，企图借助革命，为自己解除封建枷锁，但结果还是无法挣脱，大失所望，其他广大妇女更无论矣。由此可见，悲剧本身固然暴露了小资产阶级的脆弱性，但同时也深刻地揭露了辛亥旧民主革命的不彻底性，是对当时的所谓'革命成功'的辛辣讽刺。

除了黄、邓两人以自杀悲剧为结局外，还有一些女子北伐队员的结局也很悲惨。例如许剑魂与邹鲁结婚数年后，忽然在港被人谋杀。梁荃芳北伐回来没有工作，流浪香港，沦为妓女等。"[①]

对于许剑魂在女子北伐队中的作用，田桐在 1929 年发表在《太平杂志》上的《挽邹鲁妻》一文中认为是"看护妇"[②]。

2 月中旬 接陈炯明电，邀请先生回粤。[③]

先生结束北伐军经理局的任务后，即接到广东都督兼民政长陈炯明电，邀请先生回粤出任广东财政厅厅长，陈并寄给先生旅费 1000 元。[④]

2 月中下旬 离开南京到上海，乘机到杭州西湖游玩数日。[⑤]

2 月底 返回广州。抵达广州后，大病一场，月余方痊愈。陈炯明只好委任廖仲恺为广东财政厅厅长。[⑥]

2 月 将青年同志，除已学成及原系留日读书有官费者外，一律呈请孙中山由稽勋局派赴日本留学，计有廖志人、陈铭枢、何春帆、萧冠英、张伦、郭

① 赵连城：《光复前后广东妇女参加同盟会活动》，政协广州市委员会文史资料研究委员会编：《纪念辛亥革命七十周年史料专辑》（上），广东人民出版社 1981 年版，第 83～84 页。

② 江介散人：《挽邹鲁妻》，见《太平杂志》第一卷第二期，第 19 页。

③ 邹鲁：《回顾录》，岳麓书社 2000 年 9 月第 1 版，第 39 页。

④ 陈哲三：《邹鲁与广东革命基地的建立（1906～1923）》，见张主法：《中国现代史论集》第七辑《护法与北伐》，台湾联经出版事业公司 1982 年 5 月版，第 10 页。

⑤ 程焕文、张靖、周旎：《邹鲁未刊稿》下册，广西师范大学出版社 2008 年 3 月第 1 版，第 764 页。

⑥ 邹鲁：《回顾录》，岳麓书社 2000 年 9 月第 1 版，第 39～40 页。

冠杰、温泰华、范其务、谢膺白等人。①

4月26日 出任广东官银钱局总办。②

先生病愈后，恰逢广东发生纸币挤兑风潮，纸币的使用价值只有票面价值的一半，因此官银钱局无法开门。广东都督兼民政长胡汉民邀请先生出任广东官银钱局总办。先生知道事情难做，不愿意应任，但胡汉民说非先生不可，并且保证，只要纸币恢复原价，一定准许他辞职。在这种情况下，先生无法推诿，只好就任。

广东纸币跌价的原因是因为清朝末年广东纸币共发行数千万元。广东光复后，财政当局唯恐清朝官员把未发出的纸币带走在外面胡乱使用，因此发出命令，所有纸币都必须送财政厅加盖新印后才能使用，于是全省纸币集中广州，加上光复之后军队骤然增多，便发生了这个风潮。

4月底 举行记者招待会，公布救济纸币方法。③

先生接事后，迅速找出事情的因果，采取两条办法救济纸币：（一）请省政府严令各县征收机关，一律只收纸币，不得索取现洋。这样，各县的纸币不但不会再向广州集中，早先集中广州的纸币，也会回流到各县去。（二）由造币厂加工铸造现洋，同时秘密在城内外各处设立兑现钱庄，暗中每日提高纸币价格若干成，直至纸币恢复原价时，即将钱庄结束，改在官银钱局兑换。

采取救济纸币措施的几天后，纸币的价值逐渐回升。于是，先生适时举行记者招待会，把救济办法和盘托出，并且打开库门，请记者参观封存和现存的纸币，再把每天收入的账目交给记者细查。消息在报纸上公布后，获得社会人士一致好评。从此人心大定，不到一个月，纸币价值完全恢复。

5月 任广东军政府总经略处参议。④

是月5日，陈炯明由香港回广东出任军统职，不久将军统改称“总经略处”（总绥靖处），总经略（督办）为陈炯明，副经略（会办）为龙济光，参议有三人，分别为先生、叶举、洪兆麟。

8月16日印行的《广东公报》第14号记载，总绥靖处参议已增至多人：

“总绥靖处职员一览表

经略：陈炯明　会办：龙济光

---

① 邹鲁：《回顾录》，岳麓书社2000年9月第1版，第39页。

② 邹鲁：《回顾录》，岳麓书社2000年9月第1版，第41页。

③ 戴书训：《愈经霜雪愈精神——邹鲁传》，近代中国出版社1983年10月初版，第39~40页。

④ 广东省立中山图书馆：《民国广东大事记》，羊城晚报出版社2002年11月第1版，第17页。

参议：邓承□、叶举、洪兆麟、翁式亮、邹鲁、金复……”①

5 月 与姚雨平商议裁军。②

袁世凯借口国家财政困难，提出要维持庞大的军队就必须向外国借债。南京方面极力反对袁借外债，为避免其寻找到借口，只好考虑裁遣军队。姚雨平和先生商议后，决定自请裁军，并在是月发出裁军节饷倡议通电。陈炯明、袁世凯立即复电嘉许此举。姚随即将军队在南京解散，仅留一个炮兵营调回广东，后被陈炯明派兵在虎门缴械。③

从此事可以看出，当时的革命同志完全以国家利益为依归，功成身退，丝毫没有权势观念。

5 月 怒斥希望在官银钱局总办救护纸币过程中渔利的老职员。

这位老职员对先生说：“这个位置历来都是很好的。何况现在纸币跌价，更是千载难逢的机会，加上总办这个办法实行了，纸币的价值一定逐日提高，直到恢复为止。总办只须把今天所收的纸币明天登记，所得的数目也就可观了。假使吸收低价值的纸币每天定数十万，只拿五万报数也仅够了。局里的职员一半是总办新用的，就是我们旧职员哪一个不希望这样，使大家都不至于清苦呢！”先生不等这人说完，就放下脸对他说：“这是清廷旧官僚的办法，清廷会亡，原因就在这点，你做了民国的官，还不知道洗心革面，真是太无天良了！这次我饶你，如若再发觉别的事，一定一并严办！”④

5 月底 辞职官银钱局总办。⑤

7 月下旬 出任广东政事代表，赴京议事。

是月 24 日，袁世凯电令各省都督选派代表进京，共商国家大计。广东方面得电令后，选派先生、金章等三位代表进京。⑥

《申报》于 1913 年 6 月 29 日刊文记述：“粤省胡陈暗潮已非一日，前次胡汉民督粤，攸然离去。陈炯明继任后，裁兵剿匪大收功效，粤人颇德之。乃孙中山回粤，复以粤督畀胡汉民，当时陈虽退让，然心中不无芥蒂。胡汉民长于口才，全无胆力；陈炯明则长于智术，颇有气魄。二人于去年皆欲借中央之

---

① 汕尾市人物研究史料编纂委员会：《汕尾市人物研究史料（陈炯明与粤军研究史料）》第三辑，1994 年 3 月印刷，第 86 ~ 87 页。

② 戴书训：《愈经霜雪愈精神——邹鲁传》，近代中国出版社 1983 年 10 月初版，第 37 ~ 38 页。

③ 许继峰：《邹鲁与中国革命（西元一八八五 ~ 一九二五）》，正中书局 1981 年 1 月台初版，第 41 页。

④ 戴书训：《愈经霜雪愈精神——邹鲁传》，近代中国出版社 1983 年 10 月初版，第 40 页。

⑤ 邹鲁：《回顾录》，岳麓书社 2000 年 9 月第 1 版，第 42 页。

⑥ 陈哲三：《邹鲁与广东革命基地的建立（1906 ~ 1923）》，见张主法：《中国现代史论集》第七辑《护法与北伐》，台湾联经出版事业公司 1982 年 5 月版，第 10 ~ 11 页。

力以自重，故同拜梁士诒之门。及派遣政事代表晋京，胡（胡汉民）派金章，陈（陈炯明）派邹鲁。二代表晋京后，邹鲁善于交际，竭力联络，而金章则因谒见财政长周学照，谈论之间不能自得，遂怫然而归。金氏归后，复再都督府充总秘书，自是而胡汉民遂与中央离异矣。”①

10 月 邹鲁去北京之前拜访陈炯明，计划为其谋成攻打库伦。

二人有一段对话：

陈（陈炯明）：这儿正有许多事情要你帮忙，你怎么能入京呢？

邹（邹鲁，笑着说）：第一，我去为你谋事。第二，我要见见中国的人才。

陈：你为我谋什么事？

邹：库伦伪蒙独立，你不是说要出兵吗？我去为你促成如何？

陈：很好！很好！②

11 月上旬 抵达北京，受到袁世凯的热情款待。③

当时，袁世凯对于广东别有用心，他企图分化广东的革命力量，想抬出陈炯明来打倒胡汉民。袁世凯知道先生和陈炯明是老同学，又是老同事，因此，等先生到了北京，除普通接见外，还特别约见一次。见面后，袁世凯征求先生意见，力求先生支持其“以陈代胡”想法。先生直截了当地说：“这事恐怕不妥。政府如有意重用陈炯明，现在解决库伦问题正亟，不妨派他去专办这件事。”袁世凯点头道：“等我慢慢商量。”④ 袁世凯的秘书长梁士诒会见时在座。之后，袁世凯又委托梁士诒再三提出“以陈代胡”，均遭先生拒绝。

由于受到袁世凯和梁士诒的特别招待，为此招惹许多谣言。先生认为不值得一辩，亦不好辩，都一笑了之。在京期间，先生会晤了罗世勋等人。⑤

11 月 22 日 谒见袁世凯。⑥

是日，广东都督胡汉民驻京代表张我权、金章、先生 3 人同时谒见袁世

---

① 汕尾市人物研究史料编纂委员会：《汕尾市人物研究史料（陈炯明与粤军研究史料）》第三辑，1994 年 3 月印刷，第 127 页。

② 邹鲁：《回顾录》，岳麓书社 2000 年 9 月第 1 版，第 42 页。

③ 邹鲁：《少年的回顾》，龙文出版社股份有限公司 1993 年 8 月 25 日初版，第 85 页。

④ 邹鲁：《少年的回顾》，龙文出版社股份有限公司 1993 年 8 月 25 日初版，第 11 页。

⑤ 邹鲁：《澄庐文选》，正中书局 1948 年 5 月初版，第 386 页。

⑥ 中国人民政治协商会议广东省委员会文史资料研究委员会：《广东文史资料》第四十三辑《广东军阀大事记》，广东人民出版社 1984 年 10 月第 1 版，第 26 页。

凯，详述此次广东借款实出于不得已之举。既经临时参议院否决，应请迅予维持。并请四事：（一）美商借款决计取消；（二）请政府指定将来借款之抵押物；（三）此次收回纸币需款孔亟，请政府拨款100万元接济；（四）此次美债既未成立，胡都督自可毋庸置疑。

10月24日，广东军政府以广东地税作抵押，与美商签订500万元借款合同。11月9日，北京临时参议院否决了广东借款案，并要求查办有关人员。次日，胡汉民致电国务院及参议院，指出“广东经济，非常危险，除以地税抵押，实无款可筹，既经反对，即请速汇巨款来粤，以济需要，否则生有事端，汉民不负责任。”①

12月中旬 从北京返回广州。先生在《余之癸丑》中记载：“余自壬子冬，滞留北京月余。”②

12月中下旬 回到广州后，陈炯明来访。

先生告诉陈，不但没有替其办成攻打库伦的事，还已替其辞去广东都督和民政长，并将袁世凯企图分化广东革命力量，“以陈代胡”的想法均告诉陈炯明。先生说：“你和胡先生都是吾党中坚，宜合不宜分，团结不仅是党之福，也是国之福；所以广东都督和民政厅长，你是千万不能做的。”③ 当时陈炯明心里如何想法，先生很难猜测，但是陈在口头上说：你代我辞去了都督和民政长，那是很对的。

12月中下旬 拜访胡汉民。④

陈炯明走后，先生即去拜访胡汉民，详细报告北上情形。胡汉民对先生的未来发展，提供三个职务供选择：一是琼崖镇守使，二是潮梅绥靖处长，三是广东审计处长。先生表示都不愿就，并提出要竞选国会议员。

12月底 回潮州参加议员竞选，当选为中华民国第一届国会众议院议员。⑤

当时规定每80万人选举产生众议院议员1名，先生是在广东第三区（粤东区）参加国会议员选举。该选区包括海阳县（今潮州市潮安县）、潮阳县（今汕头市潮阳区）、揭阳县（今揭阳市）、澄海县（今汕头市澄海区）、普宁县（今普宁市）、饶平县、惠来县、大埔县、丰顺县、嘉应州（今梅县）、兴

---

① 中国人民政治协商会议广东省委员会文史资料研究委员会：《广东文史资料》第四十三辑《广东军阀大事记》，广东人民出版社1984年10月第1版，第25页。

② 邹鲁：《少年的回顾》，龙文出版社股份有限公司1993年8月25日初版，第86页。

③ 戴书训：《愈经霜雪愈精神——邹鲁传》，近代中国出版社1983年10月初版，第42页。

④ 邹鲁：《回顾录》，岳麓书社2000年9月第1版，第43页。

⑤ 邹鲁：《回顾录》，岳麓书社2000年9月第1版，第43页。

宁县（今兴宁市）、长乐县（今梅州市五华县）、镇平县（今梅州市蕉岭县）、平远县以及南澳厅（今汕头市南澳县）。这些县分布在粤东，许多是以客家人为主的地区，也是先生早年活动及交友最多的地区。先生在大埔县开办乐群中学，教了不少学生；在广州创办的潮嘉师范学堂，也几乎都是潮嘉地区来的人士就读。民国初年的选举，虽然单纯，但也有人花钱运动。先生没有钱，即便有钱也不会做贿选的事情。在投票时，常常听到有人大呼："我选邹鲁！"以表示他的清高。由此可以看出，选择先生的人完全是出于一片热诚，先生的当选也是众望所归。该区同时当选的其他3位众议院议员是萧国翥、饶芙裳、郑茂修，4人全是国民党党员。①

关于竞选议员的目的，先生在《回顾录》中说："因为这是中华民国第一届正式国会，主要任务是制定国家根本大法，关系国运民生非常重要的。"②除此之外，陈哲三认为："他有在广东咨议局做事的经验，而且他所学正是法政，应是关系决定最为主观的要素。"③

12月底 从潮州返回广州。④

先生返回广州的目的是会晤广东当选的国会议员，"就于政局所见到者，相与商一标准，以共同进行也。"⑤

广东当选的众议院议员有30名，除第三区当选的先生等4人外，还有其他区当选的叶夏声、司徒颖、黄霄九、林文英、陈垣、伍朝枢、徐傅霖、伍汉持等人，后来又递补了谢英伯、谭文骏等20人。广东省议会选举产生的10名参议院议员是何士果、李自芳、彭建标、杨永泰、王鸿宠、李茂之、李英铨、温雄飞、黄锡铨、周廷励，后因议员出缺，又递补了陈子锴、符梦松、易仁善、黄金声等人。⑥

---

① 许继峰：《邹鲁与中国革命（西元一八八五～一九二五）》，正中书局1981年1月台初版，第46～47页。

② 邹鲁：《回顾录》，三民书局有限公司1974年7月初版，第59～60页。

③ 陈哲三：《邹鲁研究初集》，华世出版社1980年2月初版，代序第5页。

④ 邹鲁：《少年的回顾》，龙文出版社股份有限公司1993年8月25日初版，第85页。

⑤ 邹鲁：《澄庐文选》，正中书局1948年5月初版，第417页。

⑥ 广东省立中山图书馆：《民国广东大事记》，羊城晚报出版社2002年11月第1版，第28页。

1913 年（民国二年　癸丑）二十九岁

年初　出任中国国民党广东支部评议部评议员。时评议长为广东都督府民政部长、临时参议院议员钱树芬。

1 月　回到大埔县老家省亲。由于先生一直清廉为官，几乎身无分文，连回家的路费都是陈炯明和胡汉民两个人送的。自从这次回家后，先生再也没有回过大埔家乡。①

2 月上中旬　从大埔回到广州，预备北上出席国会。②

此时的政论都不满意袁世凯用命令公布那些未经临时参议院议决的官制官规，有的主张提出弹劾袁世凯，有的主张国会移到南京去开。先生对袁世凯持原谅态度，认为事事不宜过谴。遍阅历史，先生认为袁世凯还算是具有雄才大略的人，所以主张正式总统当依照孙中山的原意让袁世凯当选，但是对于内阁总理赵秉钧却必须要推倒。

2 月 16 日　国事维持会在北京由王芝祥、于右任、李书城、陆建章、李经羲、章士钊、林述庆、孙毓筠、王人文等人组织成立。③ 先生成为国民党推举的国事维持会 10 名成员之一，以第三者的身份，调停国会争论，协商解决国事。④

2 月 20 日　胡汉民要求先生协助国民党取得国会斗争的胜利。

赴北京开会前，胡汉民秘密约见先生，说："这次国会制定宪法，选举总统，竞争一定热烈。本党要取得一切胜利，仍赖各方协助。凡是需要广东协助的，你可便宜行事。至于本省所选出的议员，都是属于本党的，务必好好维持，这个责任千万请你担任。"⑤ 由于有胡汉民的嘱咐，后来在沪、京等地，凡是国民党内机要会议，先生大都得以参加，"并在国会中扮演党籍国会议员

---

① 戴书训：《愈经霜雪愈精神——邹鲁传》，近代中国出版社 1983 年 10 月初版，第 42 页。
② 邹鲁：《回顾录》，岳麓书社 2000 年 9 月第 1 版，第 44 页。
③ 李松林等：《中国国民党大事记》，解放军出版社 1988 年 8 月第 1 版，第 62 页。
④ 邹鲁：《回顾录》，岳麓书社 2000 年 9 月第 1 版，第 49 页。
⑤ 戴书训：《愈经霜雪愈精神——邹鲁传》，近代中国出版社 1983 年 10 月初版，第 44 页。

的角色”①。

2 月中旬 袁世凯对先生进行拉拢工作。②

袁世凯在先生北上出席国会会议前，致电表示欢迎，并在报纸上发表专电，表示让先生做内政部次长。先生此时已经逐渐洞察出袁世凯的诡计，没有接受其“好意”。

2 月 21 日 从广州前往上海。③

3 月 14 日 抵达上海。④

先生抵达上海后，在上海停留数日，与黄兴、宋教仁、唐绍仪、陈其美、王宠惠等人讨论国民党在议会中的政治方针。先生的观点是：“对于立法，应坚持约法中主权在民的精神；对于行政，则注重党员在内阁中的作用。”⑤ 由此可见，先生“对民主政治的前途怀抱著绮丽的憧憬，十足是一个理想主义者”⑥。

经过讨论，国民党对于国会斗争的大方针基本确定，大原则为：⑦

（一）总统之选举，归于地方上级团体，即以各省省会及蒙古、西藏、青海议会为选举机关；

（二）组织政府采议院政府制，即国务总理由众议院自行选定，由大总统任命，各部总长由国务总理推定，由大总统任命；

（三）地方制度，略沿旧制，即存省制，列举中央与地方之权限，省长由省议会选举。

这三项大纲，固然包括了国民党注重民权的精神，但是距先生所期望的具体获致一定方针及一致主张仍相去甚远，其原因有下列几点：“第一，集会讨论的时间太短；第二，党内领袖或本党议员之间意见看法尚有极大差距，甚或

---

① 王尚：《邹鲁生平述略》，见广东省政协文史资料委员会编《近代广东名人录》第二辑，广东人民出版社 1989 年 4 月第 1 版，第 107 ~ 108 页。

② 许继峰：《邹鲁与中国革命（西元一八八五 ~ 一九二五）》，正中书局 1981 年 1 月台初版，第 54 页。

③ 陈哲三：《邹鲁与广东革命基地的建立（1906 ~ 1923）》，见张主法：《中国现代史论集》第七辑《护法与北伐》，台湾联经出版事业公司 1982 年 5 月版，第 12 页。

④ 许继峰：《邹鲁与中国革命（西元一八八五 ~ 一九二五）》，正中书局 1981 年 1 月台初版，第 49 页。

⑤ 王尚：《邹鲁生平述略》，见广东省政协文史资料委员会编《近代广东名人录》第二辑，广东人民出版社 1989 年 4 月第 1 版，第 108 页。

⑥ 许继峰：《邹鲁与中国革命（西元一八八五 ~ 一九二五）》，正中书局 1981 年 1 月台初版，第 50 页。

⑦ 许继峰：《邹鲁与中国革命（西元一八八五 ~ 一九二五）》，正中书局 1981 年 1 月台初版，第 50 页。

截然相背；第三，宋教仁将入京直接沟通议员间与党内之意见，并从事一切布划。孰料欲操纵国会内一切的宋教仁竟在三月二十日被刺，二十二日身亡，使得国民党籍议员在政治方针上陷于群龙无首，更使民初政局显得是山雨欲来风满楼了。”①

3 月 15 日 出席国民党上海交通部举行的欢迎招待会。②

招待会由黄兴、宋教仁主持，主题是宣传立议会内阁，制定宪法，以抑制袁世凯的独裁。先生在招待会上对国民党的政治前途甚表乐观，在被邀请致辞时说道：“本党选举战胜，实属民国之幸事，尽本党为改造民国之团体，譬诸建筑新屋之大匠，对于此屋多爱护之意，较他人格外密切，吾党之于民国大局其关系亦犹是也。惟是今后责任既大，吾党议员更宜团结，一致互相扶持，实行政纲，以慰国民，希望能推倒专制于前，复能建设共和政治于后，吾党之关系民国前途固大且远也。”③

3 月 18 日 出席国民党上海交通部公宴。

先生在公宴上发表演说：“此次正式国会千头万绪，然总不出乎法律问题与政治问题，只须认定‘主权在民’四字。政治问题则一为总统问题，一为内阁问题，尽宪法非自能活动之物，其本身虽如何完善，必赖有活动之人；使不得其人，彼不问宪法而自由行动，将来于宪法外复生出一种习惯法，则‘共和’二字将变成虚语了。国会期近，本党万不能不提纲挈领，有一定之方针，为一致之主张，乃有建设可言。”④

3 月 20 日 赴南京，前往莫愁湖畔巡视凭吊在固镇和南宿州阵亡的广东北伐军同志。⑤

3 月 21 日 凌晨，在浦口车站得知宋教仁遇刺。

本来先生和宋教仁约好同行，但因为先生要凭吊在固镇和南宿州两役阵亡的广东北伐军同志，先走一天到达南京，约定第二天在浦口车站相会。是日凌晨，先生在浦口车站迎接宋教仁，等火车快要开的时候，一位国会议员招待员仓皇跑来报告说，宋于昨天在沪宁车站遇刺，生死不明。先生痛感震惊之时，

---

① 许继峰：《邹鲁与中国革命（西元一八八五～一九二五）》，正中书局 1981 年 1 月台初版，第 51～52 页。

② 许继峰：《邹鲁与中国革命（西元一八八五～一九二五）》，正中书局 1981 年 1 月台初版，第 49 页。

③ 见《民立报》，1913 年 3 月 17 日。

④ 许继峰：《邹鲁与中国革命（西元一八八五～一九二五）》，正中书局 1981 年 1 月台初版，第 50 页。

⑤ 邹鲁：《回顾录》，岳麓书社 2000 年 9 月第 1 版，第 44 页。

已经预感到，“中国政治，将至不可收拾了。”①

宋案于4月26日公布真相，证明为政府指使的暗杀行为。凶犯武术英和应夔丞供认，暗杀宋教仁是由国务院内务部秘书洪述祖秉承内阁总理赵秉钧的命令，指使应夔丞所为。

约3月22日 抵达天津。②

约3月23日 从天津抵达北京，为国民党取得国会斗争的胜利而谋划。③

到北京后，先生在李铁拐斜街租一座数进的房子为住所，名义上用来做广东议员的聚集所，取名“公余俱乐部”，实际上遇着党内有机要事件，常常在该处商议。

先生对国会抱有很大幻想，力主选举袁世凯为总统，“此时私心认为二三年来，遍阅当世有名人物，不能不比较上推袁总统为雄才大略，且阅历深而信用厚。”先生同时认为：“袁之才力能治中华民国”④。“因而他（邹鲁）在一切场合均大力鼓吹选袁为总统，而对于现存的赵秉钧内阁，则力主推倒。他认为法律万能，对于袁氏逸出常轨的行为，尽可用法律来约束。”⑤

当时先生身份是国民党本部主任干事、国民党议员会常务干事，“在北京手握国民党的经费，隐然是国民党在北京议员的领袖。”⑥ 国民党的中坚省份是湘、皖、赣、粤，北京党部的一切费用，只能靠这四省负担，而湘、皖两省收入不多，大部分费用由粤省负担，而粤省负担的所有收支，都由先生负责经手。上述诸多因素，使先生“渐渐在党籍国会议员中处于领导地位”⑦，因此袁世凯对先生更是特别注意。

在京期间，叶匡“无日不约同志密谋对袁（袁世凯）方略于鲁（邹鲁）寓，且事必得鲁同意而后行。”⑧

3月30日 在北京湖广会馆参加宋教仁追悼会。⑨

---

① 邹鲁:《回顾录》，岳麓书社2000年9月第1版，第44页。

② 邹鲁:《澄庐文选》，正中书局1948年5月初版，第420页。

③ 蒋永敬:《胡汉民先生年谱》，中国国民党中央委员会党史委员会1978年11月出版，第155页。

④ 国立中山大学校友会:《邹鲁全集》第（九）卷，三民书局股份有限公司1976年10月初版，第407页。

⑤ 王崙:《邹鲁生平述略》，见广东省政协文史资料委员会编《近代广东名人录》第二辑，广东人民出版社1989年4月第1版，第108页。

⑥ 陈哲三:《邹鲁研究初集》，华世出版社1980年2月初版，代序第5~6页。

⑦ 王崙:《邹鲁生平述略》，见广东省政协文史资料委员会编《近代广东名人录》第二辑，广东人民出版社1989年4月第1版，第108页。

⑧ 梅萼:《邹鲁文存》第四集，文海出版社有限公司1988年印行，第4页。

⑨ 邹鲁:《澄庐文选》，正中书局1948年5月初版，第428页。

约 4 月初 拒绝参与并劝阻袁世凯不要实行分裂国民党的阴谋诡计。

袁世凯对国民党十分畏忌，因而在国会开会之初，便积极谋求对抗策略。他的方法是急切进行大借款，用来收买统一党、民主党、共和党三党的议员，将三党合并成为进步党，以作为对抗国民党的工具。但三党合并起来，人数上仍然不能超过国民党。于是又利用三党出面，来收买国民党籍议员。袁世凯认为上述办法还不够，遂又运用巨款运动国民党议员自行组党，以分裂国民党。这个计划议定之后，袁世凯第一个要找的国民党议员便是先生。

先生刚到北京，就有前北伐军参谋长刘某和淮军总司令陈干，常来寓所找先生，并让先生介绍或代为问候广东籍议员，又表示愿意介绍山东籍和河北籍的议员和先生认识，因而来往频繁，有时在寓所欢宴。一天，二人联袂来访，看座中无人，忽而很郑重地对先生说："总统很想借重先生，拟拨四十万给先生组织新党，这事总统命军政执法处陆建章处长办理，陆处长叫我们来向先生致意的。"事出意外，先生问道："难道为了选总统，制宪法，要我这样做吗?"二人说："是的！是的！"先生说："我身为国会议员，我代表国民谋国利民福来的，所以一切都以国利民福前题。希望转告政府衮衮诸公，千万不可把国家的金钱，作为个人权利争夺的费用。"① 二人默默而去。

约 4 月 6 日② 赴陆建章宴请。③

军政执法处长陆建章柬请先生吃饭，并由前北伐军参谋长刘某和淮军总司令陈干来致殷勤，约先生一定准时前往。席间，陆的招待非常周到，备到敬仰之诚。宴毕，陆建章送先生出门时，郑重说到其有事请刘、陈两位转达先生，这是总统的意思，千万请先生答应。

约 4 月 7 日④ 早，刘某和陈干来访。

刘陈重提请先生组织新党事宜。先生严厉地说："一切的话，前次都已说完。政府的措施若是福国利民，即使不送钱给我组党，我也理当竭力拥护；否则，必联合同人，积极反对。"⑤ 两人无趣地告辞。由于广东籍议员很多（包括华侨），又都是国民党人，在知道先生无法动摇后，袁世凯遂特别从广东请来一位江姓绅士，专做运动广东籍议员的工作。先生虽然拒绝袁世凯的收买，但对袁破坏国民党的计划却无力挽回。不久，国民党日形分裂，产生了六个小政团，即刘揆一的相友会，景耀月的政友会，陈家鼎的癸丑同志会，朱兆辛的

① 邹鲁：《回顾录》，岳麓书社 2000 年 9 月第 1 版，第 46 页。
② 时间为上个条目"过了几天"。
③ 戴书训：《愈经霜雪愈精神——邹鲁传》，近代中国出版社 1983 年 10 月初版，第 44 页。
④ 时间为上个条目"第二天"。
⑤ 戴书训：《愈经霜雪愈精神——邹鲁传》，近代中国出版社 1983 年 10 月初版，第 44 页。

集益社，郭人漳、夏同龢的超然社以及蒙古议员组织的宪政公会。[①]

4月8日 出席民国第一届国会开幕式。

是日到会议员682人，其中参议员179人，众议员503名，先生以众议员身份出席。由于这是中华民国第一届正式国会会议，首日开幕式极其隆重。“是日各议员服礼服，会集礼场行礼，各国务员及政府要员均到，以年长者为之主席。其次军乐洋洋，同时禁卫军发一百零八炮致敬，首由主席委任人员宣读国会词，临时大总统袁世凯亦派人致颂词。礼成而散。虽未整齐，气象尚称雍容。中外人士参观者，计达千人，诚空前之隆仪也。”[②]

4月12日 参加四党两院预备会。

四党指国民党、共和党、统一党及民主党。四党开会的目的是事先在院外协商立场，再在院内发表，避免“在院内竟以多数压少数伤感情也”[③]。

4月25日 商议制止政府违约大借款。[④]

下午1时，先生正在公余俱乐部内和十几位同事谈宋案问题，忽见参议院正副议长张继和王正廷跑来，说政府秘密接洽，计划向五国银行团违法借款2500万英镑，就要签字，要大家想想，应该怎样对付。先生等人听到后感到愕然，主张设法制止。但见时间紧迫，于是决定请张、王两位议长去求见袁世凯，但袁世凯借故不见。次日，袁世凯与五国银行团订立2500万英镑的“善后大借款”合约。

4月28日 参加众议院会议，选举产生众议院议长。[⑤]

4月下旬 先生和谷钟秀等议员依法提议于5月5日请政府派代表出席众议院会议，报告违约大借款事宜。[⑥]

5月2日 草拟《弹劾袁政府违法大借款案》，提交国会。[⑦]

在政府把“善后大借款”合约咨送国会时，先生经过仔细研究，是日晚上起草《弹劾袁政府违法大借款案》，对国务总理赵秉钧、财政总长周学熙提出弹劾。政府辩护大借款的理由，第一是借口曾经临时参议院通过，第二是援引前克立士卜和隆秦豫海两借款，都于签字后提请议院备案和追认的例子。这

---

① 许继峰：《邹鲁与中国革命（西元一八八五～一九二五）》，正中书局1981年1月台初版，第55页。

② 邹鲁：《澄庐文选》，正中书局1948年5月初版，第421页。

③ 邹鲁：《澄庐文选》，正中书局1948年5月初版，第421页。

④ 邹鲁：《回顾录》，岳麓书社2000年9月第1版，第48页。

⑤ 邹鲁：《澄庐文选》，正中书局1948年5月初版，第423页。

⑥ 戴书训：《愈经霜雪愈精神——邹鲁传》，近代中国出版社1983年10月初版，第48页。

⑦ 邹鲁：《回顾录》，岳麓书社2000年9月第1版，第50页。

些都是欺人之言。于是先生在弹劾案内，首先痛驳政府这两个理由，指明临时参议院所通过的，并不是这个借款合约，而备案和追认，绝对没有法律的根据之外，最后先生说："今国会再不为法律保护，将使政府无时不可开先例以蹂躏法律。是中华民国之法律，不为政府所摧残无余不止。尤有进者，凡国家有要事发生，值国会闭会时期，尚宜特别召集。况当国会已开，增进人民负担至二千五百万镑之借款，岂容特别议决，骤擅签字乎？为此依法提出政府违法借款弹劾案，即希公决。"① 弹劾案由众议院国民党籍广东议员陈垣、叶夏声、谷钟秀等四十多人连署。②

北京的报纸发表了弹劾案全文，路透社考虑到借款案与各国有关，也将全文拍电到欧美发表，《民立报》也把全文拍电到上海发表，袁世凯违法大借款案大白于天下。全国不但知道了经过详情，同时也明了违法的真相和法律依据，因此，反对大借款案的电文比以前更多了，但是袁世凯仍无动于衷。

5月3日 在众议院会议上指出，根据民国元年十二月二十日（1912年12月20日）临时参议院议事录，大借款案非大总统所提议的法案，仅为财政总长周学熙的报告而已，因此在法律上是无效的。③

5月5日 参加众议院会议，诘问段祺瑞为何违法签约大借款。④

是日，众议院开会讨论五国银行团善后借款案。在会上，先生和谷钟秀、彭允彝、张耀曾、白逾桓等众议院议员先后发言，诘问政府违法签约大借款。政府派代总理段祺瑞出席答复，段仍旧坚持曾在临时参议院通过的理由。众议院于是通过一个议案，大意认为不反对借款，反对的是政府违法签约后，再送本院查照办理，本院决不承认，应将合同咨还政府。散会后，袁世凯一派责骂众议院议长汤化龙不该将此案交付表决。对于这个卖国的借款案，汤化龙本意是坚决支持的，为了在众议院顺利通过，他在众议院会议上向议员们撒谎，说是参议院已经通过了"善后大借款"，强迫众议院也予以通过。不过，谎言很快被揭穿，汤化龙的阴谋暴露，他恼羞成怒，竟指使进步党议员对持反对意见的国民党议员大打出手，闹得会议不欢而散。

5月7日 出席众议院会议，继续讨论违约大借款案。

是日，副议长陈国祥主持召开众议院会议，进步党议员借口5日动议有弹劾政府性质，需要三读通过，国民党议员反对，双方发生争执，相持不下。国

---

① 邹鲁：《澄庐文选》，正中书局1948年5月初版，第2~3页。

② 广东省立中山图书馆：《民国广东大事记》，羊城晚报出版社2002年11月第1版，第28页。

③ 许继峰：《邹鲁与中国革命（西元一八八五~一九二五）》，正中书局1981年1月台初版，第57页。

④ 邹鲁：《回顾录》，岳麓书社2000年9月第1版，第49页。

民党议员要求陈国祥将5日的表决结果咨达政府，陈国祥借口咨文要向议院报告，而议院人数不足，无法报告。谷钟秀登台大骂陈国祥为“亡国议长”，有议员扳下议席上墨盒向陈国祥掷去，会场秩序大乱，几成武斗，会议一哄而散。

次日，袁世凯当局向两院发出咨文，要求承认大借款。咨文说：“值兹财政艰窘，国际债权催逼更甚，借款一日不成，国本一日不定。此次合同签字，在势无可取消。”① 进步党议员以不出席会议来对付国民党，使议会不足法定人数而无法开议。善后借款案在国会搁浅。

此前，先生对于大借款案，一直主张由国会来解决。到了此时，事实与理想完全相反，才晓得法律还没有到完全有效的地步。②

此后，参众两院开会时，常有议员以不出席相抵制，使国会辍议多日。③

5月17日 在国会中提出《为违法借款签约事弹劾国务员案》，综合大借款所有不合法证据，弹劾失职的国务员。该案获得94人连署。④

5月19日 在国会提出质问，要求内阁总理赵秉钧出席宋教仁案庭审。⑤

宋教仁案真相公布后，各省军民团体，尤其是国民党人责难政府的电报如雪片飞来，赵秉钧虽曾通电辩护，但是愈描愈黑。后来上海地方检察厅票传赵秉钧和国务院秘书程世经到案，赵程均借口抗拒不到案，且捏造黄兴与宋案有关，提出诉讼说黄兴也该到案，但是等黄兴到案后，赵程还是找借口不到案。

先生及李肇甫、伍汉持等18人，认为赵程等人藐视国法，破坏纲纪，立即依据《临时约法》第十九条及《国会组织法》第十四条，在国会提出书面质问，并限三日内明白答复。《质问赵总理何以久不依法赴质书》写道：

“上海检察厅长，于本月六号，函附传票二纸，请北京地方检察厅协助，分别代传关于宋案处嫌疑者之国务总理赵秉钧、秘书程世经，按期解送到厅。乃事隔旬日，不见赵总理到案，查临时约法第五条：‘中华民国人民一律平等，无种族阶级宗教之区别。’刑法第二条：‘本律于凡在中华民国内犯罪者，不问何人适用之。’赵总理等为中华民国人民，宋案发生，又在中华民国国

---

① 《历史上的今天：善后借款案在国会引起混乱》，见华夏网（http://www.cnnet.com/culture/history/5.3.1537.html），2007年5月3日。

② 戴书训：《愈经霜雪愈精神——邹鲁传》，近代中国出版社1983年10月初版，第49页。

③ 许继峰：《邹鲁与中国革命（西元一八八五～一九二五）》，正中书局1981年1月台初版，第58页。

④ 见《民立报》，1912年5月19日。

⑤ 许继峰：《邹鲁与中国革命（西元一八八五～一九二五）》，正中书局1981年1月台初版，第58页。

内，上海检察厅既依法律票传赵总理等，赵总理等何以久不依法赴质？谨依临时约法第十九条，国会组织法第十四条质问，请与三日内明白答复。”①

这份质问书传遍中外，举世震惊，沪上外报《字林西报》称先生为“捋虎须之议员”②。此时，先生一向抱着法律万能的观念，对于宋案，主张由司法解决。③

5 月下旬 反对关于蒙古的《中俄条约》在众议院通过，提出《蒙古中俄条约缔结之质问书》。④

是月 20 日，外交总长陆征祥与俄议定解决蒙事条约，允许外蒙自治。先生虽然极力反对，但该条约仍在众议院获得通过。为谋补救起见，先生将不能赞成的两点拟成《蒙古中俄条约缔结之质问书》，要求政府答复：

“……中国在前清与各国多结有无条件最惠国待遇之条约，现中国与俄国结此条约，许俄国以种种权利，则各国援无条件最惠国待遇之条约相要求，自在意中。斯时中国如不允也，则各国岂肯放弃此即得之条约上权利，由俄国独张权力，破坏均势之局面？如其允也，则中国之权利有限，列强之欲望无穷；恐弹指即至之瓜分，不在兵戈，而在樽俎。政府将何以应付？此其一。

此次条约之结，原为取消库伦独立。若库伦独立，不能取消，则政府当以武力取消之。此段代理总理出席本院时答复议员质问之言也。夫中国政府允以和平办法，及依照条约，保护俄人在蒙古之权利，载在条约第四条；而第五条复载俄国政府，允使外蒙古承认中国在该境内重行设立官署及派员驻扎有华侨各地之权。味第四条之意，所谓和平办法者，系不许中国有用武力于蒙古也。味第五条之意，只规定其他中国向来在蒙古之权利，而不及军队者，是贯彻前项要求不派兵至蒙古之精神也。此次条约已结之后，库伦不取消独立，即我国能出武力，俄国根据此次第四第五条之规定，其能许我国用武乎？夫未有此条约，政府尚藉口防俄国干涉，不敢用武，不能用武；有此条约，则俄国之根据益实，我国之置词益穷，尚能用武，尚敢用武乎？不能用武，不敢用武，则此约之结，徒许俄国以权利，而库伦之独立，依然如故，且恐因此而生出关于朝鲜之中日事件，则尤所痛心疾首。将来政府究用何种方法，可以担保确能取消库伦独立，而不生他变？此其二。”⑤

---

① 邹鲁：《澄庐文选》，正中书局 1948 年 5 月初版，第 3 页。

② 王嵩：《邹鲁生平述略》，见广东省政协文史资料委员会编《近代广东名人录》第二辑，广东人民出版社 1989 年 4 月第 1 版，第 109 页。

③ 戴书训：《愈经霜雪愈精神——邹鲁传》，近代中国出版社 1983 年 10 月初版，第 49 页。

④ 邹鲁：《回顾录》，岳麓书社 2000 年 9 月第 1 版，第 51 页。

⑤ 邹鲁：《澄庐文选》，正中书局 1948 年 5 月初版，第 3 ~ 4 页。

5月 和粤籍议员通电反对内战，以免动摇国基。[①]

6月初 代表国民党提出弹劾袁世凯案。[②]

因袁世凯勾结帝国主义，订立《中俄协约》以承认《俄蒙协约》，共有四个党派提出弹劾袁世凯案，其中国民党提出的弹劾案由先生执笔写就。弹劾案共举七条弹劾理由：（一）所制定的官制官规，不待参议院议决，公然以命令公布实施，违反《中华民国临时约法》第三十三条；（二）非法设立军政治执法处，逮捕拘禁审问处罚人民身体，侵入搜索人民家宅，甚至予人民以枪毙之行；（三）侵害人民财产、营业、言论、著作、刊行、集会和结社自由；（四）侵害人民书信秘密自由；（五）将原属于中国银行的代理金库职权委托交通银行，违反《中国银行规则》第十三条；（六）仅将中央预算提交国会，而无各省预算，违反《中华民国临时约法》第十九条；（七）越过国会，擅自募集公债，借款奥国，私自结约，善后借款，擅行签押。对于弹劾，袁世凯悍然不顾。

6月14日 发密电给陈炯明，劝其不要上袁世凯的当。

广东都督胡汉民于5月1日通电反对袁世凯违法借款，袁世凯于6月14日颁令，任胡汉民为西藏宣抚使，陈炯明为广东都督，陈昭常为广东民政长，未到任以前，由陈炯明兼署。袁世凯此项任命的真实目的是免去胡汉民手握的实权。陈炯明此时对时局采取的是观望态度，胡汉民则“以粤事委之炯明，于二十日赴香港。”[③]

闻讯袁世凯已颁令免胡汉民职，以陈炯明代之。先生立即电陈，劝其不要上当，文末说：“心纵无他，人言可畏，万毋忘去冬西窗剪烛慷慨论生平语也。”[④] 不过，胡陈已有定议，因此不久即联名致电先生，大意说：“这次更接，不特于大局无碍，而且有益。”[⑤] 陈炯明于7月2日接任广东都督。

6月19日 《申报》刊载粤人欲拥先生为民政长。

是日，《申报》北京电：“粤人近有一部欲拥议员邹鲁为民政长，邹为国民党中之胡汉民死党，必不成事。又有人推唐绍仪，唐亦无允理。

粤电军界愿推陈炯明继任，陈尚有辞意，江孔殷电陈力劝就职，如陈昭常

① 邹鲁：《回顾录》，岳麓书社2000年9月第1版，第49页。

② 程焕文、张靖、周旎：《邹鲁未刊稿》下册，广西师范大学出版社2008年3月第1版，第765页。

③ 陈锡祺：《孙中山年谱长篇》，中华书局1991年8月第1版，第821页。

④ 邹鲁：《回顾录》，独立出版社1944年1月初版，第66页。

⑤ 邹鲁：《回顾录》，岳麓书社2000年9月第1版，第57页。

不往，政府将以江继任，江又力辞。”①

7月4日 提出《弹劾国务员全体失职违法案》。②

袁世凯为了镇压革命，大搞扩军，大量购置军火，造成军费开支庞大，但这仍远不能满足他发动反革命内战的需要。为了筹集战争经费，袁不惜饮鸩止渴，以各种手段向帝国主义国家借款。本年4月20日，袁世凯指使政府与奥地利签约，借款350万英镑，用于购买军舰。此事绕开国会，直到7月4日才被国会发现，议员震惊，经再三质问，政府始加承认。

先生基于国家民族利益以及法律尊严，立即提出《弹劾国务员全体失职违法案》，在弹劾案中列举政府自1912年以来的颟顸无能，其失职事有4件，违法事有7件，要求将全体国务员免职。弹劾案洋洋洒洒两千余言，字里行间大义凛然，将民国以来的政治状况详加检讨，切中时弊，弹劾案得到众议院国民党籍议员118人连署。先生在弹劾案结尾写道：“夫国基初定，风雨摇飘，政府即守法奉公，力谋国利民福，犹恐千钧一发，任重维艰。矧使一己之私图，置国家于度外，奉个人之意旨，视法律为弁髦。值承平全盛之时，绠短汲深，尚虞弗济；处国步艰难之日，水深火热，安望不危？嗟乎！莽乾坤容此浊流，苍生何托？好山河等诸孤注，赤县将沉！苟非急起更张，决难返乱为治。用是胪陈政府失职违法之荦荦大者，谨依临时约法第十九条第十二项，提出弹劾，俾国务员全体一律罢职。是否有当？请即公决！”③ 弹劾案拟于14日在众议院内开会讨论，但由于12日江西总督李烈钧举兵湖口，讨伐袁世凯，二次革命爆发，弹劾案随之搁浅。

7月20日 袁世凯密令陆建章逮捕先生及李根源。④

由于国会在袁世凯的专制淫威面前显得软弱无力，事实也使先生对袁的幻想全部破灭。“他在国会内以强硬的态度抨击袁政府，使袁恼怒异常，必欲去之而后快。二次革命爆发后，袁即吩咐陆建章逮捕邹鲁。”⑤

早上，张耀曾匆匆忙忙跑到先生住处，在先生耳边压低声音说：“今早袁世凯已下了手令，叫陆建章来捉你，手令交给秘书亲自送去，这秘书是我们的

---

① 汕尾市人物研究史料编纂委员会：《汕尾市人物研究史料（陈炯明与粤军研究史料）》第一辑，1994年3月印刷，第352页。

② 许继峰：《邹鲁与中国革命（西元一八八五～一九二五）》，正中书局1981年1月台初版，第59页。

③ 邹鲁：《澄庐文选》，正中书局1948年5月初版，第8页。

④ 邹鲁：《回顾录》，岳麓书社2000年9月第1版，第57页。

⑤ 王崙：《邹鲁生平述略》，见广东省政协文史资料委员会编《近代广东名人录》第二辑，广东人民出版社1989年4月第1版，第109页。

同志，所以让我来通知你，务须于今日离开北京，他把手令压到晚上再送去给陆建章。”[①] 说完，张耀曾匆忙走了。先生冷静地检讨到北京后这几个月的生活，才发觉门房杂役已被人收买，他们的生活一天比一天阔绰。于是，早饭后叫一个杂役去买了十几把绢扇，一口气写毕，到了中饭后，叫了所有的杂役，吩咐他们到较远的地方，预计非到晚上不能够回来。只留下一个门房，两个车夫，先生叫他们打电话，约四个人来打牌。不久，先生和先到的三个人打牌，并故意拿出许多钱，摆在面前。等第四个人来了后，请其代打，并把所有的钱都交给他。先生若无其事地左手拿一本很精致的词集，右手摇一把绢扇，踱步出门。马夫问先生是否要车子，先生说：“我到隔壁肇庆会馆去看朋友，你们好好地招待客人。”[②] 走到街口后，叫了一辆洋车，直赴京津车站，买了一张三等票，混入人丛，离开北京，方才脱险。临走前，先生将公余俱乐部事托付给冯自由。

7 月 22 日　晚上 10 时，陆建章派兵到公余俱乐部捉拿先生，未果。[③] 此时先生已经秘密抵达天津。在俱乐部内等先生回来的冯自由及议员汤漪、王鸿庞、李茂之、熊成章、彭建标、何士果、司徒颖、李自芳等均被逮捕。陆建章亲自辨认，看见先生不在里面，同时国会也提出抗议，只好把冯自由等人全数放了。[④]

7 月 24 日　从天津抵达上海。在上海期间，谒见孙中山。[⑤]

陈立夫在 1984 年 2 月 10 日举行的一次座谈会上曾这样评价先生和孙中山的关系：“他（邹鲁）也是总理的左右手，每次重要会议，都是海滨（邹鲁）先生帮助国父策划，而国父交给他的任务，他都能完成，可以说，他是一位值得尊敬的先进。”[⑥] 孙中山命令先生即日回粤，协助陈炯明讨伐龙济光。[⑦][⑧]

---

① 邹鲁：《回顾录》，岳麓书社 2000 年 9 月第 1 版，第 57 页。

② 邹鲁：《少年的回顾》，龙文出版社股份有限公司 1993 年 8 月 25 日初版，第 77 页。

③ 许继峰：《邹鲁与中国革命（西元一八八五～一九二五）》，正中书局 1981 年 1 月台初版，第 60 页。

④ 王岗：《邹鲁生平述略》，见广东省政协文史资料委员会编《近代广东名人录》第二辑，广东人民出版社 1989 年 4 月第 1 版，第 109 页。

⑤ 邹鲁：《回顾录》，岳麓书社 2000 年 9 月第 1 版，第 58 页。

⑥ 黄肇珩、方鹏程、刘本炎：《邹海滨先生百年诞辰口述历史座谈会纪实》，见陈鹏仁：《百年忆述——先进先贤百年诞辰口述历史合辑》，近代中国出版社 1999 年 6 月 25 日初版，第 27 页。

⑦ 邹鲁：《回顾录》，岳麓书社 2000 年 9 月第 1 版，第 58 页；邹鲁：《澄庐文选》，正中书局 1948 年 5 月初版，第 367 页。

⑧ 李睡仙在《陈炯明叛国史》一书中认为先生是受陈炯明之召回粤。

△在上海期间，叶匡急约先生一起劝解上海讨袁军总司令陈其美，指出守吴淞非叶匡不可，陈其美遂委叶匡为吴淞要塞司令。①

7月27日 抵达广州，见陈炯明。②

是月12日，李烈钧在江西湖口发动起义，二次革命爆发。陈炯明于18日宣布独立，但陈炯明的部将们在袁世凯的策反下，纷纷反对陈宣布广东独立。陈强行宣布后他们又故意延误出兵援赣。李烈钧在江西苦战，望穿秋水也未见广东援军到来。在江西讨袁军的屡屡催促下，陈炯明再度强行宣布8月1日出师。而是日，袁世凯任命龙济光为广东镇守使，龙济光从梧州率师向广州进逼，不日将入穗主政。广州门户肇庆守军李耀汉投降，陈炯明不得不令心腹将领叶举向三水一线布防，阻击敌军。这下，广州城内乱了套，各种反对革命的势力都活动起来，广州局势变得越来越复杂。

是日晚上，先生和李根源抵达广州，"谓大势已去，不可为矣。"③ 在见陈炯明时，先生和李根源力主杀掉一两名图谋叛变的将领，以振军威，"陈畏怯不纳"④。

据记载，先生回到广东后，曾给陈铭枢去信，要他回来发动关仁甫所部民军起义。关部是广东的会党，绿林武装，曾参加过镇南关起义。陈铭枢觉得这部分力量也很重要，于是临时改变到江西参加起义的计划，只身南下。陈铭枢到香港会见先生后，即去广州和朱执信联系，把计划告诉朱执信，朱执信很着急地说，广东的民军很难搞，特别是关仁甫最靠不住，叫陈铭枢千万不要上当。陈铭枢听取朱执信的意见，在广州暂时留了下来。⑤

7月29日 到香港找姚雨平回粤稳定燕塘炮兵。⑥

在龙济光的进迫下，广州燕塘炮兵有不稳消息传出。由于广州燕塘炮兵是姚雨平在1911年统帅北伐的炮兵队，陈炯明紧急托先生到香港找姚雨平回穗设法稳定军心，此事未果。

7月30日 从香港紧急返粤，见陈炯明等人，表示讨龙已无望获胜。

---

① 梅萼：《邹鲁文存》第四集，文海出版社有限公司1988年印行，第4页。

② 陈哲三：《邹鲁与广东革命基地的建立（1906～1923）》，见张主法：《中国现代史论集》第七辑《护法与北伐》，台湾联经出版事业公司1982年5月版，第12页。

③ 陈哲三：《邹鲁与广东革命基地的建立（1906～1923）》，见张主法：《中国现代史论集》第七辑《护法与北伐》，台湾联经出版事业公司1982年5月版，第13页。

④ 李根源：《雪生年录》，曲石精庐重刊本1937年6月版，第59页。

⑤ 朱宗震、汪朝先：《铁军名将——陈铭枢》，兰州大学出版社1996年4月第1版，第22～23页。

⑥ 陈哲三：《邹鲁与广东革命基地的建立（1906～1923）》，见张主法：《中国现代史论集》第七辑《护法与北伐》，台湾联经出版事业公司1982年5月版，第12页。

是日，龙济光自梧州下肇庆，黄士龙做内应，广州燕塘炮兵出现兵变。当时，李根源、邓铿、岑春煊赴苏慎初、钟鼎基、张我权军中进行慰勉，希望稳定军心，振奋士气，但没有成功。

8 月 3 日 与陈炯明策划收复广东。①

因讨袁失败，陈炯明是日离粤赴港，到港后即和先生商议收复广东的计划。不过，由于陈炯明不为香港政府所容，被迫与汪精卫远走新加坡，第二年春又由新加坡去巴黎。先生则受陈委托，独自留在香港妙高台主持运动军队，办理收复广东事宜。为了让先生主持收复广东的事宜顺利进行，陈炯明离开香港时，曾将一些款项交给先生打理。②

8 月上中旬 常到医院照看李根源。③

密友、同盟会会员李根源于 8 月初因赤痢入香港马岛医院求医，半个月始愈。在李住院时，先生常到医院照看，李的医疗费也由先生赠付。

9 月上中旬 和朱执信运动陈景华及其他力量驱逐龙济光。④

龙济光部占领广州后，“邹鲁仍不甘心，企图重新举兵起义。”⑤ 先生运动多股力量驱逐龙济光。陈景华时任广东警察厅长，“其他力量”包括陈铭枢、罗侃亭等人，“余正集同志谋复粤，陈君铭枢与烈士来请手刃龙（龙济光）。同其事者，皆主烈士家。筹备甫妥，陈被捕事泄。”⑥ 先生又联络陈景华，并决定在 9 月 15 日（中秋节）晚上举事，并以陈景华为发号人。

9 月 15 日 夜晚，在妙高台住处等待广州的消息，直到深夜 12 点，仍无消息传来，心焦之至，与莫纪彭、陈其尤到香港太平山赏月。⑦

9 月 16 日 接到消息：15 日晚，因事机不秘，走漏消息，负责发号的陈景华被龙济光以赏月为名，在都督府被诱捕并当场处死。其他部队见陈的信号不至，不敢发动，驱龙之事失败。⑧ 先生的另一个策反对象、同盟会会员、南

---

① 陈哲三：《邹鲁与广东革命基地的建立（1906～1923）》，见张主法：《中国现代史论集》第七辑《护法与北伐》，台湾联经出版事业公司 1982 年 5 月版，第 13 页。

② 陈哲三：《中国革命史论及史料》，台湾商务印书馆股份有限公司 1987 年 6 月第 2 版，第 86 页。

③ 陈哲三：《邹鲁与广东革命基地的建立（1906～1923）》，见张主法：《中国现代史论集》第七辑《护法与北伐》，台湾联经出版事业公司 1982 年 5 月版，第 13 页。

④ 陈哲三：《邹鲁与广东革命基地的建立（1906～1923）》，见张主法：《中国现代史论集》第七辑《护法与北伐》，台湾联经出版事业公司 1982 年 5 月版，第 13 页。

⑤ 朱宗震、汪朝先：《铁军名将——陈铭枢》，兰州大学出版社 1996 年 4 月第 1 版，第 23 页。

⑥ 梅萼：《邹鲁文存》第四集，文海出版社有限公司 1988 年印行，第 16 页。

⑦ 邹鲁：《二十九国游记》，商务印书馆 1947 年 4 月初版，第 233 页。

⑧ 邹鲁：《少年的回顾》，龙文出版社股份有限公司 1993 年 8 月 25 日初版，第 78 页。

韶连绥靖督办陈仲宾（陈景华胞弟）一同被诱杀。[①]

9月下旬 派陈铭枢进入广州暗杀龙济光。

先生派陈铭枢进入广州，其目的有两种说法，一说是派陈主持联络军队，希望再次举事收复广东。[②] 另一说则是陈铭枢制造炸弹，密谋在龙济光入广州城时实施暗杀。[③] 后者较为可信。不过结局都一样，由于龙济光防范甚严，陈铭枢在客栈被捕。幸赖陈的同乡军官力保始获释放。陈出狱后，立即乘轮船逃亡香港，会见先生等人。先生等人说："我们已准备好到督署照壁前来收你的尸哩！"[④] 先生等人还曾计划运动陈景华旧部，实行兵变，攻打监狱，把陈救出来。尚未实行，陈铭枢就被保释出来了。

陈铭枢讨龙行动失败后，先生判断讨龙复粤事宜"一时无望"[⑤]。

9月下旬 派刘显丞、谭启秀和范其务调查安南北部，萧文赏调查南部，并且买了一艘船用于香港到安南的交通。在了解了安南的情况后，嘱萧文赏在西贡堤岸办一所小学，借此宣传革命思想和联络安南人士。[⑥]

10月[⑦] 前往日本。[⑧]

接连的讨袁（袁世凯）失败、逐龙（龙济光）失败、海外经营计划受挫，使先生渐生消极之心，"而国民党方面，形势却又是那么混沌。这时的邹鲁也心灰意冷，而生出我以为苟袁能逆取顺守，把中国弄好，我们又何妨让他去做的消极态度。"[⑨] 于是，先生便由香港化名到上海，再由上海乘船到日本长崎。

为了秘密起见，先生抵达长崎后，改乘火车到横滨，并夜宿横滨。次日，坐电车到东京，以避免被人发觉。但是，到了住所仅几个小时，就有日本警察来查问。见警察能详细、准确地说出先生由长崎到东京的路线，先生只好出来相见。警察声明并无他意，只是为了保护先生。以后每一个星期，就有一个特别警察来询问先生的情况。

---

① 广东省立中山图书馆：《民国广东大事记》，羊城晚报出版社2002年11月第1版，第33页。

② 邹鲁：《回顾录》，岳麓书社2000年9月第1版，第59页。

③ 朱宗震、汪朝先：《铁军名将——陈铭枢》，兰州大学出版社1996年4月第1版，第22～23页。

④ 朱宗震、汪朝先：《铁军名将——陈铭枢》，兰州大学出版社1996年4月第1版，第24页。

⑤ 陈哲三：《邹鲁与广东革命基地的建立（1906～1923）》，见张主法：《中国现代史论集》第七辑《护法与北伐》，台湾联经出版事业公司1982年5月版，第13页。

⑥ 邹鲁：《回顾录》，岳麓书社2000年9月第1版，第59页。

⑦ 此时间尚未查询到明确记录史料。根据李根源《雪生年录》第60～61页记载，李约在10月亡命日本东京，而先生此时已在日本。

⑧ 邹鲁：《回顾录》，岳麓书社2000年9月第1版，第59页。

⑨ 许继峰：《邹鲁与中国革命（西元一八八五～一九二五）》，正中书局1981年1月台初版，第67～68页。

10 月 入早稻田大学研究班读书。①

大学当局对先生很客气，给其一个特别研究生名义，允许先生上任何一个班的课程，可以请任何一位教授进行指导。先生为了加强日文学习，专门请一位教师每日到住所教日语。

先生在日本期间翻译了俄罗斯鲍尔多金的著作《关于中俄西北问题》。②

11 月 4 日 袁世凯下令解散国民党，并撤销国会中国民党籍议员的资格。③ 至此国会因不足法定人数而停顿。

11 月 17 日 众议院议员中有 194 人就袁世凯解散国民党及取消国民党议员问题，联名向北京政府提出质问书。④

冬 撰写《余之癸丑》一文。

在该文中记述了癸丑年（1913 年）所经历的大事记。先生认为，癸丑年是中国历史上十分关键的一年："中华民国俨然开正式国会，成立正式政府，各国正式承认中华民国，结束从前君主专制之政局，别开从此中华民国之政潮。"⑤

约是年 撰写《重修南京粤军建国先烈墓启》，该启由胡汉民、陈炯明、姚雨平共同署名。⑥

1914 年（民国三年 甲寅）三十岁

1 月 10 日 袁世凯下令解散第一届国会，撤销参众两院议员职务，一律资遣原籍。⑦

本次国会自 1913 年 4 月 8 日开幕至是日被解散，不过 9 个月时间。当然，国会开幕前政治斗争所造成的风雨，袁世凯的野心以及部分国民党籍议员的愚

---

① 邹鲁：《回顾录》，岳麓书社 2000 年 9 月第 1 版，第 59 ~ 60 页。

② 戴书训：《愈经霜雪愈精神——邹鲁传》，近代中国出版社 1983 年 10 月初版，第 152 页。

③ 中国人民政治协商会议广东省委员会文史资料研究委员会：《广东文史资料》第四十三辑《广东军阀大事记》，广东人民出版社 1984 年 10 月第 1 版，第 37 页。

④ 李松林等：《中国国民党大事记》，解放军出版社 1988 年 8 月第 1 版，第 66 页。

⑤ 邹鲁：《澄庐文选》，正中书局 1948 年 5 月初版，第 415 页。

⑥ 梅萼：《邹鲁文存》第四集，文海出版社有限公司 1988 年印行，第 23 页。

⑦ 广东省立中山图书馆：《民国广东大事记》，羊城晚报出版社 2002 年 11 月第 1 版，第 37 页。

昧，都是造成这个结果的原因。但是接受胡汉民托付，进京担任议会党籍议员领导人的先生不能说没有责任。许继峰认为，这次国会斗争失败，对先生与国民党方面应有如下检讨：

“（一）邹鲁迷信法律，未能及早洞悉袁世凯之阴谋：在入京以前，邹鲁认为国民党在国会中所持的政治方针应是：对于立法，坚持民初约法主权在民的精神，对于行政，则注重政党员任内阁之实。宋案发生之时，他还从好的方面设想，以为政府纵然腐败，总不至于用此暗杀手段。进入国会以后，他仍执行著宋教仁联络其他政党的党略，希望与进步党相提携，以法律制裁袁氏，他自己也承认：‘我向来是抱著法律万能的观点，所以对于宋案，主张由司法解决，对于大借款案，主张由国会解决’，一直到了袁氏对大借款案的执迷不悟，他才发觉事实与理想完全相反，才晓得法律还没有到有效的地步。其实，何止他一人持如此之看法。林森在上海交通部的公宴上也曾说过：‘吾民国既为共和政体，自当依法制为前提，宪法为立国之根本，宜首先制定，不问选举何人充当总统皆受民国宪法之范围。’实际上，当时大多数人都抱此观点，因为临时政府的北迁，已算是袁世凯在暗斗开始的时候，得了胜利。此时革命党所期望在将来战斗制胜的工具，就只有临时约法上的责任内阁制。我们不能说此观点错误，但是遇到袁世凯既存之野心，就像秀才遇著兵，有理说不清了。若是邹鲁等人能早些洞悉袁氏之阴谋，响应国父讨袁主张，掌握时机，及早南下发动二次革命，则国民党的下场也许就不会落得那么惨了。

（二）领导实力之薄弱：当时国会里国民党的费用大多由粤省负担，经费实是捉襟见肘，而袁氏以大借款来的金钱，大批收买议员，国民党在这方面不是他的对手，邹鲁当时虽为党籍议员领导中心，并以公余俱乐部为联络地点，但是他所能做的仅止于联络、商讨、研究而已，没有真正的实力下达统一的命令，也毫无组织可言。当时众议员文群说：‘在当日国民党领袖，除以道义激励同志外，毫无实力可言’，因此党籍议员们来去随意，无人有力量干涉、制裁，所以国民党地位相当窘蹙，黄远庸记曰：‘宋案初发生时，国民党几恢复同盟会之原始时代，即北方之法律派亦缄口结舌不敢异同，且不能不故作叫嚣以求见容于同类。于是因第二次革命风声之影响，脱党及组织第三党者络绎不绝。’

（三）党内的意见冲突：宋教仁被刺时，国父适归上海，他早已洞悉袁氏之阴谋，此刻‘知袁氏将拨专制之死灰，而负民国之付托也，于是誓必去之’，因为袁世凯是总统，总统指使暗杀，则断非法律所能解决者，只有武力。所以他毫无犹豫地主张立即兴兵讨袁。他曾回忆说：‘时虽手无寸兵而犹不畏之，而倡议讨袁。’但是当时党内意见复杂，其他领袖们如陈英士（陈其美）、黄克强（黄兴）、汪精卫、蔡元培等，对此议甚不支持。如黄克强坚决认为，宋案证据已获，当可由法律解决。汪、蔡也不主张动武，而于六月六日通电调和南北感情。其实，当时部分党人的意见均企图经由法律途径来解决宋案，不然中山先生的讨袁之役早就发动，二次革命也就不一定会失败了。既然当时党内领袖的意见有如许大的差别，邹鲁身在国会，对此事自然无所适从，而任由自己的观点行事。后来他对这种情形也提出了颇为客观的分析：'宋君遁初遇害，国民党之其余领袖不能来京主持一切，大有群龙无首之概；非特不能联络他党，即统一内部，亦难其人，党中非无卓绝一时之才，特非党魁，指挥滋困。而党魁在上海之主张，又往往与本部相左，更令人靡所适从，足以生党员向外心者一。国民党员合各派而成，但同盟会一派手创民国，实比他派主张为激，如是所谓稳健者，心常怏怏，此足以生党员向外之心者二。此曰国民党谋叛，彼曰国民党暴烈，是非之辩难明，利害之心遂生，此足以生党员向外之心者三。'

（四）议员的素质普遍较低：由于在国内初行民主政治，议员们的民主训练不够，除少数曾亲睹他国国会制度的实现，或曾研习英儒洛克诸人学说，或服膺美国杰佛逊等人言论之外，其他多数对于民主制度实存隔膜。当时的舆论指出，议员中大致分为四种：'知有党派而不知有国家，知有权利不知有义务，知有小节不知有大体，知有理想不知有时势。'此种说法虽流于以偏概全，但足以窥当时国会之梗概，也由此之故，议会开会时之混乱空前绝后。有人对议场的情形，有如下的描写：'无论立一说，议一事也，公私俶扰，似张华林两部之蛙，呷轧喧鸣，如打下蔡一池之鸭，时则戟天骂地，烂醉甚于灌天，时则顿足扪胸，狂叫几同石勒，时则为傀儡登场，被人率之，时则为猿猱升木，任性跳梁，贸然而来，不知其何事来也，哄然而散，不知其何事散也。'

一般议员如此，党籍议员中固然济济多士，但是类此不知自爱者亦为数不少，更勿论要他们牺牲小我，完成大我了。因此，袁世凯以金钱收买，以禄位引诱，即造成了国民党的分裂，邹鲁对此曾很感慨地说：'国民党与非国民党争，国民党决胜。国民党与袁总统争，国民党恐不胜。国民党与袁总统争犹可胜；国民党与金钱争，则万难胜。'

国民党在国会内的失败，即是整个国民党之失败，邹鲁要对国民党在国会里的成败负相当的责任，但是由于上述四点看来，这个责任并不能由他一人来担承。"①

---

① 许继峰：《邹鲁与中国革命（西元一八八五～一九二五）》，正中书局 1981 年 1 月台初版，第 61～65 页。

4月 翻译俄罗斯苦鲁巴金将军著作《满蒙处分论》。

先生在引言中写到翻译此书的目的："尽俄人远东经营之野心，与日人之接触点皆是徵之。而俎上肉之主人翁固梦梦犹昔也，用急译之期以效晨钟之击。不知我国人读之，有如何之感想也。噫！"① 该译著交《正谊杂志》编辑部，该杂志出版至第九期中止，尚未刊登的稿件悉数失去。

5月初 孙中山请先生撰写文章揭发袁世凯的倒行逆施，先生应允。② 双方有如下对话：

> 孙（孙中山）：本党决定创办一种杂志，作本党宣传的机关，你可否腾出一部分读书的工夫来做文章？
>
> 邹（邹鲁）：先生命我做的事，决没有不乐从的道理。
>
> 孙：那末很好，不过我先要告诉你关于目前本党宣传的方针。现在本党宣传的对象，要在推倒袁世凯。你在北京的时候较久，对于袁世凯倒行逆施的情形比较熟悉，应该把它尽量揭发出来。如时间许可，每期你要担任两篇，至少也该有一篇。至于党义的宣传，可暂从缓，因为国贼未除，什么主义都行不通。
>
> 邹：我当尽力为之。③

5月10日 出任《民国杂志》编辑。④

《民国杂志》为胡汉民承孙中山命令在东京筹办，先生多次参与商议筹办事宜。是日，《民国杂志》创刊，社址位于东京麴町区新樱田町（后迁址于芝区南佐久间民国社内）。胡汉民任总编辑，先生和居正、戴季陶、朱执信、杨庶堪、苏曼殊、邵元冲、叶夏声、张百麟为编辑，居正兼经理。根据第二期"布告"载："本报为纯民党之代表言论机关，研究民国政治上革新之重大问题。"⑤ 各期所刊文章皆以反袁为宗旨，揭露袁世凯独裁专制、媚外卖国，鼓吹"三次革命"。

为了遵行孙中山每期至少要写一篇文章的嘱托，先生停止到早稻田大学上

---

① 梅萼：《邹鲁文存》第六集，文海出版社有限公司1988年印行，第1页。

② 邹鲁：《回顾录》，岳麓书社2000年9月第1版，第60页。

③ 许继峰：《邹鲁与中国革命（西元一八八五～一九二五）》，正中书局1981年1月台初版，第70～71页。

④ 陈锡祺：《孙中山年谱长篇》，中华书局1991年8月第1版，第881页。

⑤ 中国社会科学院近代史研究所中华民国史组：《中华民国史资料丛稿大事记》第三辑，中华书局1975年8月第1版，第14页。

课，除了在家读书外，概不干预他事，把时间完全花在做文章上面。先生在《民国杂志》创刊号上发表两篇文章：《袁世凯之约法会议》和《中俄协约之结果》，其中，《袁世凯之约法会议》被外刊认为“非常切要”①。

在《袁世凯之约法会议》一文中，先生揭露“袁氏之心理，非特不欲有民定共和精神之宪法范围而已；实欲无民定宪法，始得为所欲为。故其争宪法会议之宪法条文，其表面也；消灭国会，而民定宪法无从制定，其实质也。然民定宪法，虽不能成，而犹有与民定宪法同效之约法之存在，则固袁氏不与共立者也。”② 先生并且以袁世凯自订《约法会议组织条例》的条文，来证明约法会议是袁世凯用来毁坏共和、阴谋帝制的工具。事实上，由袁世凯在1914年5月1日颁布的新约法来看，无论在事实上，还是在形式上，袁世凯都已经成了中国的独裁元首。

6月 以笔名“亚苏”在《民国杂志》第二号上发表《袁世凯对内政策》、《今之所谓约法》。

在《袁世凯对内政策》一文中，先生严厉地批评了袁世凯的倒行逆施。由现象上分析归纳袁世凯当权之后的对内政策，是架构在四个原则之上：即愚民、浚民、残民、抑民。

“‘愚民’谓袁氏如秦始皇、梅特涅般用各种方法阻遏民智之发达，尤其对在学校求学之学生，任意骚扰、恐吓、杀戮，必使读书种子净绝，而后大快于心。

‘浚民’谓袁氏利用各种直接税、间接税，横征暴敛，浚尽吾民之脂膏，供其买议员、买军队、买报馆等，以攫总统名义者，固总统地位而已。

‘残民’谓袁氏为排除异己免为对抗，威吓平民使其顺从。袁氏之军队：张勋之于宁，李纯之于赣，龙济光之于粤，汤芗铭之于湘，纵兵四出，杀掠奸淫。

‘抑民’谓袁氏解散国会、暗杀议员、破坏法治，以达行专制独裁之目的。”③

袁世凯解散国会之后，成立了中央政治会议，1914年3月18日又设立“造法机关”，即“约法会议”，以改造民国国家的根本法。约法会议议员，形式上说是由选举而来，实际上都是由袁世凯政府所指派。先生在《今之所谓

① 邹鲁：《回顾录》，岳麓书社2000年9月第1版，第61页。

② 国立中山大学校友会：《邹鲁全集》第（九）卷，三民书局股份有限公司1976年10月初版，第58页。

③ 许继峰：《邹鲁与中国革命（西元一八八五～一九二五）》，正中书局1981年1月台初版，第73页。

约法》一文中指出约法会议是非法的，仅仅是袁氏私设的机关，故无权增修民初成立于参议院、公布于大总统的约法，因此袁世凯增修的约法不具有法律性质，更不具有命令性质。“准是而言，则今之所谓约法者，其性质既非法律、又非命令，法律也、命令也，吾民有遵守之义务者也。非法律、非命令，吾民岂仅无遵守之义务乎。然则此种行为，何行为也！吾将于法律上，与国民共商榷之。在刑法之规定，岂不曰紊乱国宪者，为叛逆罪乎。今之所谓约法者，是否合于紊乱国宪之行为耶？详言之，则袁氏以今之所谓约法，废止中华民国之约法，是否为叛国之根本法？叛国之根本法，万国悬为首逆者，而中华民国是否独不认为紊乱国宪之行为乎？撮其全文之要言之，则奕统治权之行使，而总揽于总统；废去代表人民之国会，而设非法之参政诸院；夺去人民监督政府之同意种种等权，尽授政府以蹂躏人民之任意财政处分等等；军队之编制及费用，吾民无可告问；法律之拟议之制定，吾民悉莫由知；其余细目，更仆难数，凡此种种，何一非大反中华民国之约法乎！即何一而非紊乱国宪之行为乎！如此而非紊乱国宪，则应律以紊乱国宪之行为者，果如何乎！”①

7月8日 先生参与创建的《民国杂志》被孙中山指定为中华革命党的宣传机关。是日，孙中山在日本将国民党改组为中华革命党。②

7月 以笔名“亚苏”在《民国杂志》第三号上发表《中华民国之司法》、《说经验》两文。

是年，都督民政长朱家宝电请，废除中华民国司法独立。先生在《中华民国之司法》一文中指出，“中华民国之司法独立，自国体、政体上言之，则不得废；自外交、内政上言之，则不应废；即自财政上言之，则无可废。不得废而废谓之叛，不应废而废谓之逆，无可废而废谓之乱，叛耶、逆耶、乱耶，袁氏固不仅于废去司法独立见之矣，而废去司法独立，亦其叛、逆、乱之一，吾国民任其为叛、为逆、为乱乎！若不任其为叛、为逆、为乱，则当思有以处此。”③

在《说经验》一文中，先生指出袁世凯本为不学无术之辈，任总统之后，无论用人、行政，皆以其经验为准则，因而产生“经验于清朝止有大权独操，无所谓三权分立也，故本其经验，以废立法、并司法，统其权于行政；经验于

---

① 中国国民党中央委员会党史委员会：《邹鲁先生文集》，中国国民党中央委员会党史委员会1984年6月30日出版，第47~48页。

② 程焕文、张靖、周旎：《邹鲁未刊稿》下册，广西师范大学出版社2008年3月第1版，第767页。

③ 中国国民党中央委员会党史委员会：《邹鲁先生文集》，中国国民党中央委员会党史委员会1984年6月30日出版，第57页。

清朝皇帝以意为法，只有作法以残民，断无他法以束己也，故本其经验，以制其残民之条，废其束己之法；彼经验于清朝皇帝之财政无税别之分，无监督之制，得以任意挥霍也，故本其经验，以废地方税之名目及监督出入之国会；彼经验于清朝历次对外丧权失利也，故本其经验，以弃蒙藏之疆土，卖路矿之利权。……袁氏经验于清朝，止有大权独操，无所谓三权分立也……所有数十年积恶之经验，莫不重演于民国而有进步。至其经验最大，而收利最多者，莫如亡清朝而攫得总统。至于今日，袁氏当国二年，民国之名，依然如故，不几疑袁氏之经验有不尽行者乎！夫牺牲国民，以博荣势，袁氏所优为者也。纵袁当国，以得领土，又列强之大愿也，何爱而不欲亡民国，何惮而不敢亡民国？故一披民国之地图，蒙藏疆域，能保其颜色乎！铁道纵横，能保其主权乎！民国之不亡，除虚名外，他固一无所有也。窃恐袁之亡清朝者，当有数十年之犹豫时期，降至民国经验愈多，断送愈速，决无再须此之延长岁月矣。观于一年来。藩属弃、权利尽，不益见其亡国经验所心得之进步乎！夫此不祥之言，言之痛心。"①

8 月 13 日 加入"欧事研究会"。②

欧战在 7 月 28 日爆发后，日本于 8 月 25 日对德宣战，旋即出兵攻占中国青岛。当时，留在日本东京的革命党人李根源以欧战情势对中国局势影响甚为严重，应研究其发展与演变，因此决定发起组织"欧事研究会"。参加该会者有李根源、黄兴、李烈钧、熊克武、先生及陈炯明等一百多人。

王肯记载："欧事研究会"由拒绝加入中华革命党的旧国民党人李根源等在东京发起成立，"主张以缓进方式讨袁"③。中华革命党是孙中山在是年 7 月于日本东京组织成立，由于要宣誓服从孙中山及捺指模，许多国民党员因此没有加入，先生也未参加。④ 陈哲三记载："未列名中华革命党之旧党人曾公开声明：并未因未列名而脱离革命轨迹、脱离中山先生的主义。以现有的史料而言，未列名而不脱离革命，不脱离中山先生主义的人，邹氏属之。"⑤

对于先生与欧事研究会的关系，许继峰认为：

---

① 中国国民党中央委员会党史委员会：《邹鲁先生文集》，中国国民党中央委员会党史委员会 1984 年 6 月 30 日出版，第 32 ~ 35 页。

② 广东省立中山图书馆：《民国广东大事记》，羊城晚报出版社 2002 年 11 月第 1 版，第 41 页。

③ 王肯：《邹鲁生平述略》，见广东省政协文史资料委员会编《近代广东名人录》第二辑，广东人民出版社 1989 年 4 月第 1 版，第 110 页。

④ 何明在《五十一位中国国民党中常委的最后结局》（中共党史出版社 2008 年 3 月第 1 版）第 164 页中认为"1914 年，邹鲁加入了孙中山组织的中华革命党"，有误。

⑤ 陈哲三：《邹鲁与广东革命基地的建立（1906 ~ 1923）》，见张主法：《中国现代史论集》第七辑《护法与北伐》，台湾联经出版事业公司 1982 年 5 月版，第 25 页。

“（一）一般而言，欧事研究会对讨袁持缓进的态度，而邹鲁因身受袁氏迫害，并深切了解袁氏阴谋，因此对讨袁进行得极为积极，所以他可以算是仍为中华革命党工作的欧会人士。

（二）欧事研究会发行之《甲寅杂志》，其持论与《民国杂志》不同，而邹鲁身为《民国杂志》之编辑，并发表不少极具分量的讨袁文字，表现得相当急进。

（三）欧事研究会的主要发起人李根源、程潜、胡瑛等与邹鲁早就相识，感情甚笃。讨龙失败后，李根源曾患赤痢入香港马岛医院，邹鲁悉心照顾并赠付全数医资。此外，会员中之谷钟秀、文群等人又都是邹鲁在国会里过从甚密的老同事。更何况在力图人才集中的原则下，邀请邹鲁加入是必然的。

（四）欧事研究会所发表的几篇重要通电、宣言，并未见邹鲁署名。

（五）欧事研究会后来发展成国会中之政学系，邹鲁曾严词拒绝加入政学系，并不齿政学系之作为。

由以上五点看来，邹鲁似乎不太可能主动加入欧会，他之所以列名其中，极可能是基于人情或其他因素。”①

8月 以笔名“亚苏”在《民国杂志》第四号上发表《列强监督财政问题》一文。②

五国银行团在袁世凯政府签订的违法大借款合同中提出两个条件：（一）所拨100万英镑限于收回粤币，不作他用；（二）以拨款收回纸币，须由五国银行团方面派审查收支二员，监督一员，以实行监督主义。其中第（二）点引起争议，几经磋商，最后决定将监督、审查名目全行删去，唯设收支二人，需要由五国银行团派遣。五国银行团派遣的一概是英国人，但须接受英、俄、德、法银行经理的调度，并说明这会作为将来其他各省的标准。如此，外人得以“监督”中国财政。先生在《列强监督财政问题》一文中从理论与实际两个角度，指出“如是乎中华民国遂断送于此有实无名之监督财政”③，一国财政暴露在外人之前的危险性，有如埃及因借外债而将财政交与债权者监督导致灭亡，以此来提醒国人认清违法大借款结果的严重性。

许继峰认为：“《民国杂志》虽然只短短发行了六期，就因党人的相继回

---

① 许继峰：《邹鲁与中国革命（西元一八八五～一九二五）》，正中书局1981年1月台初版，第78页。

② 许继峰：《邹鲁与中国革命（西元一八八五～一九二五）》，正中书局1981年1月台初版，第74页。

③ 中国国民党中央委员会党史委员会：《邹鲁先生文集》，中国国民党中央委员会党史委员会1984年6月30日出版，第23～24页。

国策动讨袁军事行动或赴南洋筹款而停刊，但是革命党人这支笔队伍却织成了一片光华灿烂的讨袁声浪，在宣传战上，无异获致了显著的成绩。尤其邹鲁在文章内涵中所表现的丰富政治学知识与精辟的分析，以及在字里行间所隐含的攻击性、煽动性，使他的讨袁言论具备了相当完整的体系，绝非无的放矢的即兴之作，此乃因他在北京国会期间，对袁氏之为人与施政有透彻的了解。同时他本对袁氏抱著乐观，最后却被逼得走投无路而亡命海外，如今做起反袁的工作自然十分卖力。”①

8 月 受孙中山指派，从日本回到香港，策动倒袁工作。②

袁世凯图谋帝制的野心越来越明显，孙中山领导革命党人讨伐袁世凯的工作也越来越积极。欧战爆发后，孙中山知道袁世凯一定会利用这个机会，来过他的帝制瘾，于是分派党人回国，在各方面进行倒袁。先生也受孙中山指派回国，适逢暑假期中，先生混杂在学生中坐三等舱返回香港。

8 月 抵达香港，住在妙高台罗侃亭同志家里。③

8 月 授意一位熟识的记者在香港某报上登了一段新闻，大意说：“乘欧战爆发，向来从事革命的邹某，愍不畏死，又回到香港，运动作乱。”④

这段新闻发表后，各方面同志都到泰记打听消息，设法和先生相会。先生因此在罗侃亭家设立总机关，布置倒袁事宜。另外找蒋光鼐、张亭父同志设一机关，专门招收陆军学生，并派谭启秀、陈雨亭等同志联络军队和会党，经费则由邹敏初、罗侃亭负责筹集。先生“筹备这个军事行动的模式，仍如同倒满革命一样——吸收赞成革命的军人及运动当地的军队和会党。”⑤

邹敏初，广东大埔县人，为先生族兄，后曾任广东省财政厅厅长、广东省政府委员、广东中央银行行长等职，中山大学十友堂捐赠人之一。

8 月 在香港与许剑魂结婚。⑥

许剑魂（？～1923），广东番禺人，又名许素贞、许魂，毕业于当时很有名气的澳门子褒学塾，是澳门最早一批女同盟会会员之一，在革命活动中与先生相识，育有邹越、邹说、邹和、邹义和邹梅。四子邹义在赵淑嘉嫁入邹家前

---

① 许继峰：《邹鲁与中国革命（西元一八八五～一九二五）》，正中书局 1981 年 1 月台初版，第 74 页。

② 邹鲁：《回顾录》，岳麓书社 2000 年 9 月第 1 版，第 62 页。

③ 邹鲁：《回顾录》，岳麓书社 2000 年 9 月第 1 版，第 62 页。

④ 邹鲁：《回顾录》，岳麓书社 2000 年 9 月第 1 版，第 62 页。

⑤ 许继峰：《邹鲁与中国革命（西元一八八五～一九二五）》，正中书局 1981 年 1 月台初版，第 79 页。

⑥ 戴书训：《愈经霜雪愈精神——邹鲁传》，近代中国出版社 1983 年 10 月初版，第 149 页。

夭折。[1]

邹永回忆："许剑魂当年因为组织女子炸弹队，北上讨伐袁世凯统治的北洋军政府，失败后逃亡日本，就是在那里与同样因讨伐袁世凯而被迫避走日本的父亲相识、相恋。"[2] 许剑魂曾与严珊珊共同经商，甚为成功。

10月 在香港事情布置妥当后，到新加坡筹款，并对华侨社会进行反袁的宣传工作。[3]

12月中旬 著作《袁世凯阴谋帝制之真相》一书刊行。

由于英方袒护袁世凯，在外国的侨胞都不相信袁世凯会称帝，因此筹款工作困难重重。为此，先生专门编写《袁世凯阴谋帝制之真相》的小册子，全书七八万字，宣传袁世凯帝制阴谋以及披露他破坏民国的罪状，在新加坡印刷后，在筹款途中一路分发，受到同志同乡的秘密欢迎。[4] 范准回忆，该小册子"分送爪哇、泗水和新加坡、吉隆坡、大霹雳等处展开宣传活动。"[5]

郑彦棻认为该书"已失传，惟其内容多已见澄庐文选之有关议案及论著。"[6] 许继峰认为："此书目前已不可多得，然以邹鲁在《民国杂志》上发表的系列讨袁文字看来，此书内容必定生动翔实，有助于当时华侨社会对袁政府阴谋的认识，并对讨袁革命的意义与价值有所了解。"[7]

12月底 从新加坡动身到槟榔屿（庇能）筹款，沿途宣传袁世凯的罪状阴谋。[8]

---

① 程焕文、张靖、周旎：《邹鲁未刊稿》下册，广西师范大学出版社2008年3月第1版，第865页。

② 邹永：《浮生点滴：邹永回忆录》，中山大学出版社2008年11月第1版，第49页。

③ 陈哲三：《邹鲁与广东革命基地的建立（1906～1923）》，见张主法：《中国现代史论集》第七辑《护法与北伐》，台湾联经出版事业公司1982年5月版，第15页。

④ 邹鲁：《回顾录》，岳麓书社2000年9月第1版，第63页。

⑤ 范准：《反袁讨戊活动在香港的一些回忆》，见广东省政协文化和文史资料委员会编《广东文史资料精编》上编第1卷，中国文史出版社2008年12月第1版，第418页。

⑥ 国立中山大学校友会：《邹鲁全集》第（一）卷，三民书局股份有限公司1976年10月初版，《邹鲁全集编印经过》第5页。

⑦ 许继峰：《邹鲁与中国革命（西元一八八五～一九二五）》，正中书局1981年1月台初版，第79～80页。

⑧ 陈哲三：《邹鲁与广东革命基地的建立（1906～1923）》，见张主法：《中国现代史论集》第七辑《护法与北伐》，台湾联经出版事业公司1982年5月版，第15页。

1915年（民国四年　乙卯）三十一岁

1月26日　是日，欧事研究会记载的参加人员名单中有先生之名。①

1月至2月中旬　在槟榔屿过旧历新年。②

阴历年关在即，因为筹款时机不成熟，先生与同人在马来西亚槟榔屿以看书、游水为消遣，并在槟榔屿过春节。节后，继续到各地筹款。

2月至秋　由槟榔屿到新加坡，再到荷属巴达维亚③沿途筹款。④

在筹款期间，先生与陈炯明过从甚密，并希望调和孙中山和陈炯明的紧张关系。当时，孙中山已经指示筹款工作必须统一，而先生在南洋近一年的时间里，既非受孙中山派遣，也不是广东军事行动主持人邓铿所派，而是与陈炯明、李烈钧等“欧事研究会”成员在南洋独树一帜，筹款自用。⑤

许继峰认为：“邹鲁前往南洋筹款的行动是为了粤省的革命，但却非主持人邓铿所派，当时更不是国父所遣，故其行动自属个人行动，这种行动在当时是遭忌讳的，同时他在南洋期间，与陈炯明过从甚密，则又更令人产生误会，因为陈炯明、李烈钧以欧事研究会为名，在南洋独树一帜，另有活动。又有资料显示邹之赴南洋，是由李烈钧所邀，前往参与擘划进行筹款讨袁事宜，同时邹鲁在南洋留将近一年，则益使其身份显得暧昧。”⑥

春　在吉隆埠（吉隆坡）遇见好友叶匡。“既相见，唏嘘感慨，然过于秋，乃联榻畅谈竟夕，追述辛亥降清舰后，犹树龙旗溯江诳敌，敌夹岸聚观，

---

① 许继峰：《邹鲁与中国革命（西元一八八五～一九二五）》，正中书局1981年1月台初版，第77页。

② 陈哲三：《邹鲁与广东革命基地的建立（1906～1923）》，见张主法：《中国现代史论集》第七辑《护法与北伐》，台湾联经出版事业公司1982年5月版，第15页。

③ 荷属巴达维亚：今印度尼西亚雅加达。

④ 陈哲三：《邹鲁与广东革命基地的建立（1906～1923）》，见张主法：《中国现代史论集》第七辑《护法与北伐》，台湾联经出版事业公司1982年5月版，第15页。

⑤ 王岗：《邹鲁生平述略》，见广东省政协文史资料委员会编《近代广东名人录》第二辑，广东人民出版社1989年4月第1版，第110页。

⑥ 许继峰：《邹鲁与中国革命（西元一八八五～一九二五）》，正中书局1981年1月台初版，第81页。

则炮火齐发，无不崩溃，每至痛快处，辄击节狂呼不已。”①

4月1日 长子邹越出生。②

邹越为夫人许剑魂所生长子，毕业于上海交通大学，1936年赴美留学，入美国康奈尔大学研究院深造。抗日战争爆发后，参与滇缅公路的设计建造工作。曾奉交通部命令，前往香港抢运澜沧江铁桥材料。1941年在广州三元里被日军杀害。

5月底 从日本东京到达新加坡。③

7月29日 撰写论著《华侨与政治》。

先生在论著中对华侨的作用给予了高度评价，指出：“近二十年来，于国家政治上新发其绝大之关系者，莫不知为华侨。革命事业，固资财多取于斯，党员多出于斯，甚至轰轰烈烈之人，如温生才等，亦莫不出于斯。其在平时，则公债义捐，无不为全国之轻重。职是之故，国会有华侨之特额，政府之宣慰使、视察员更络绎不绝，行其牢笼之手段，即称二次革命之动机，政府与党人亦莫不注意于华侨。……故吾国政治之是否善良，可以华侨为鉴定人；而政治之应否改革，又当以华侨为指导师。”④

秋 返港，组建反袁讨龙组织机构。

接到总理孙中山电报，指派先生配合邓铿、朱执信在广东驱逐龙济光。于是从新加坡回到香港，策划举义。⑤ 同先生一同返港的有范准、萧文、叶醉生、刘次贞等人。抵港后，先生一行首先在半山清风台一间房子居住下来。这套房子是罗侃亭预先租好的。不久，先生等人搬到妙高台一间房和湾仔医生馆一间房分住，作为工作机关。当时的工作人员大致如下：“总负责人邹鲁，下设军事、总务两部。军事部人员为：曾仲宣、罗侃廷［亭］、蒋光鼐、赖培基、张廷辅、范其务、李一球、陈巨海、丘肇周、谭启秀、黄堃南、刘次贞、叶醉生等十余人。总务部人员为：张龙云、谢公达、萧文、范芳甫（范准）、罗介纯、罗兼柔、江公伟、杨季仙、杨实其、王兴中、黄秋舫、林仙使、余子

---

① 梅萼：《邹鲁文存》第四集，文海出版社有限公司1988年印行，第4页。

② 程焕文、张靖、周旎：《邹鲁未刊稿》下册，广西师范大学出版社2008年3月第1版，第768页。

③ 范准：《反袁讨戊活动在香港的一些回忆》，见广东省政协文化和文史资料委员会编《广东文史资料精编》上编第1卷，中国文艺出版社2008年12月第1版，第418页。

④ 中国国民党中央委员会党史委员会：《邹鲁先生文集》，中国国民党中央委员会党史委员会1984年6月30日出版，第58~67页。

⑤ 邹鲁：《回顾录》，岳麓书社2000年9月第1版，第64页；邹鲁：《澄庐文选》，正中书局1948年5月初版，第373页；梅萼：《邹鲁文存》第四集，文海出版社有限公司1988年印行，第17页。

青、陈心海、林谔庵、谢涤新、侯铁梅（侯腾）等十余人。分别掌理总务方面的文书、庶务、交际、筹款以及军事方面的调查、联络、计划和发动各地民军等工作。”①

9月 陈炯明派马育航等人到香港与先生密商，在香港成立反袁讨龙工作机构。随后，陈炯明又从新加坡亲自到港，召开会议，确定了反袁讨龙的工作分工，决定由陈炯明负责东江地区，先生负责潮梅地区，苏慎初负责高雷钦廉地区，姚雨平负责广惠地区。② 各负责人对负责地区的军队和民军都各有历史和乡土等关系，如先生掌握有潮汕一带驻防的刘国翔统领、蓝撲芳分统的数营兵力。先生所负责一部经常同陈炯明、姚雨平、苏慎初等方面交换情报，保持接触，“对在肇庆成立的两广都司令部也非常重视，邹鲁曾经派陈心海为代表，携亲笔函前往接洽。”③

10月10日 朱执信、邓铿、先生等人抵达澳门和香港，策划反袁世凯军事活动。④ 他们令任鹤年在澳门设立反袁机关，是月下旬和十一月上旬，革命军相继起事于惠州、博罗、佛山。

11月 罗侃亭从日本回到香港，投奔先生，参与策划讨伐袁世凯的活动。⑤ 在香港期间，先生多住在罗侃亭家，罗的家人经常资助先生进行反袁运动，甚至不惜变卖金银首饰。⑥

12月中旬 与罗侃亭、李一球夜商讨袁。

是月12日，袁世凯利用参政院请求的方式，下令实行帝制，并改民国五年为洪宪元年，准备元旦实行登极典礼。罗侃亭、李一球与先生夜商讨袁对策，“慨然曰：‘民国生存，止此数日，若无人首义讨贼，毋亦羞国民而贻笑外邦。某当即入潮梅为粤省讨袁之先，即为全国讨袁之先。’余（邹鲁）喜与谋。”⑦

12月中旬 罗侃亭在出发赴汕头前，请先生为其周岁儿子起名，先生命名为罗潮，潮代表潮汕之意，目的是“将为君纪念首义之地”⑧。

---

① 范准：《反袁讨戊活动在香港的一些回忆》，见广东省政协文化和文史资料委员会编《广东文史资料精编》上编第1卷，中国文史出版社2008年12月第1版，第418页。

② 丁身尊主编：《广东民国史》，广东人民出版社2004年4月第1版，第165～166页。

③ 范准：《反袁讨戊活动在香港的一些回忆》，见广东省政协文化和文史资料委员会编《广东文史资料精编》上编第1卷，中国文史出版社2008年12月第1版，第420页。

④ 广东省立中山图书馆：《民国广东大事记》，羊城晚报出版社2002年11月第1版，第49页。

⑤ 梅萼：《邹鲁文存》第五集，文海出版社有限公司1988年印行，第59页。

⑥ 梅萼：《邹鲁文存》第四集，文海出版社有限公司1988年印行，第17页。

⑦ 梅萼：《邹鲁文存》第四集，文海出版社有限公司1988年印行，第17页。

⑧ 梅萼：《邹鲁文存》第四集，文海出版社有限公司1988年印行，第17页。

12月30日 广东共和军总司令陈炯明、司令长先生下令通缉龙济光。①

12月下旬 派罗侃亭等去汕头运动驻军头领莫擎宇独立。②

先生想在袁世凯登极之前，先行起义，给其当头棒喝。于是，派罗侃亭、李一球、陈巨海三位同志预定是月24日在汕头起义，并运动潮阳驻军团长莫擎宇部支援。罗侃亭偕数十人乘船抵达汕头，不料，运汕军用品在香港出口时被海关查获，大部分被没收。因此，罗侃亭及李一球、陈巨海等人到了汕头后，不得不补制炸弹。不久，风声泄露，以致举事延期。

12月底 与林虎等人在两广运动。③

是月25日，云南省通电全国，宣布独立，举唐继尧为都督，组护国军讨袁。其他各省讨袁部队士气大振，纷纷响应。先生与林虎、李根源、程嵩正、杨永泰、文绍云、曾其衡、叶夏声、陈炯明等人力图两粤，但策动水东和北海的革命军，均以失败告终。

1916年（民国五年　丙辰）三十二岁

1月4日 先生派往汕头举事的罗侃亭、李一球、陈巨海连同招待3人的罗兼柔在汕头分发枪弹时被潮梅镇守使马存发逮捕。1月6日，罗侃亭、李一球及陈巨海在汕头就义。统领刘国翔以全家生命担保使罗兼柔得到保释。先生在汕头起义的计划失败。④ 消息传至香港的罗侃亭家，罗家人陷入悲痛之中，先生前往探望。

这一不幸事件发生后，“邹鲁认为对莫（莫擎宇）团、陈（陈励吾）团、刘（刘国翔）统领等可能产生不必要的顾虑和不良影响，特派范芳甫为代表携亲笔函赴汕头合同留汕工作人员分向莫、陈、刘、蓝（蓝撲芳）等进行联系，以增强他们反袁讨龙的决心和信心。”⑤

1月6日 与陈炯明等人策划惠州革命军起义。叶匡、黄飞龙等与龙济光

① 广东省立中山图书馆：《民国广东大事记》，羊城晚报出版社2002年11月第1版，第51页。

② 邹鲁：《回顾录》，岳麓书社2000年9月第1版，第64页。

③ 陈哲三：《邹鲁研究初集》，华世出版社1980年2月初版，第190页。

④ 邹鲁：《澄庐文选》，正中书局1948年5月初版，第374页。

⑤ 范准：《反袁讨戊活动在香港的一些回忆》，见广东省政协文化和文史资料委员会编《广东文史资料精编》上编第1卷，中国文史出版社2008年12月第1版，第420页。

部血战数日。

1 月 移居澳门。①

3 月中旬 从澳门移居香港。②

是月 15 日，陆荣廷宣告广西独立。先生得到桂将独立的电报，即从澳门返回香港居住。

3 月底 应邀赴汕头。

是月 26 日，汕头少年再造党发动驻潮陆军团长莫擎宇起事，占领潮州，27 日进窥汕头。29 日，莫部败马存发部及来援的龙裕光部，进入汕头，莫自称潮梅护国军总司令，宣布潮汕独立。③ 莫擎宇立刻致电先生，邀请先生到汕头共谋义举。先生到汕头后，要莫出兵取广州，但由于莫听信梁启超的话，按兵不动，反要先生做潮循道尹，主持民政。先生没有接受，即回香港。④

在汕头期间，先生结识同县文人邓藉香，后专门撰写《邓藉香君狱中集序》。⑤

4 月 派蒋光鼐到电白县水东，运动驻军反正。由于计划被水东驻军团长陈联萼获悉，陈设计害死积极起义的机枪连连长巫绍光及全连百余人，起义失败。⑥

4 月 委托北海警卫军二十营营长刘云鹏、欧阳华反正。计划不幸泄露，刘云鹏、欧阳华被同谋出卖，并被钦廉镇守使隆世储捕杀。⑦

至此，先生等人策划的入粤讨袁军事行动，始终仅限于零星分散的小规模行动，难以面对有组织的军队。何况先生离粤已近一年，对粤事的了解与掌握稍显陌生，遂未能给予袁世凯的部队以迎头痛击。

5 月 在香港期间探望病入膏肓的叶匡，叶匡“气断续，仅尚能言，而犹为鲁呜咽语，所道皆国事。”叶匡去世前，将父母及妻子托付给先生照料，先生表示：“呜呼！君为国殇，鲁以至交，属在后死，其敢免责乎！”⑧

5 月 在香港旅邸撰写《叶匡传》。⑨ 是年，先生曾在《民彝杂志》第 2 号上发表《叶匡传略》一文，应为该文。

---

① 邹鲁：《澄庐文选》，正中书局 1948 年 5 月初版，第 368 页。
② 邹鲁：《澄庐文选》，正中书局 1948 年 5 月初版，第 368 页。
③ 广东省立中山图书馆：《民国广东大事记》，羊城晚报出版社 2002 年 11 月第 1 版，第 55 页。
④ 邹鲁：《回顾录》，岳麓书社 2000 年 9 月第 1 版，第 64 ~ 65 页。
⑤ 梅萼：《邹鲁文存》第四集，文海出版社有限公司 1988 年印行，第 24 页。
⑥ 邹鲁：《回顾录》，岳麓书社 2000 年 9 月第 1 版，第 66 页。
⑦ 邹鲁：《回顾录》，岳麓书社 2000 年 9 月第 1 版，第 67 页。
⑧ 梅萼：《邹鲁文存》第四集，文海出版社有限公司 1988 年印行，第 4 页。
⑨ 邹鲁：《澄庐文选》，正中书局 1948 年 5 月初版，第 368 页。

6月下旬 在香港湾仔道机关开会，被巡捕捉拿，脱险后前往上海。①

在袁世凯于6月6日死后，香港讨袁机关放松警惕，在一次开会时被港探侦知，先生和十几位同志被押到巡捕房，当审判官讯问先生时，先生表明国会议员身份后被随即释放。当先生走出巡捕房门口时，被巡捕房侦探长看见，该人拿出证据，证明先生是革命党的主要负责人，要求再次拘捕先生。为防万一，先生出巡捕房后，马上雇轿绕道而行，并在当夜搭船到了汕尾，再换船前往上海。

是月25日，黎元洪下令恢复第一届国会，称为第一届国会第二期常会。②

7月13日 在上海见孙中山。③

总理约先生找议员们谈话，先生和在沪议员们"开会欢迎中山先生，并请其发表两次演讲。"④

孙中山在张园演讲前曾征询先生意见："议员们最注意的是什么?"先生回答为"宪法"，并建议请总理讲世界上现行最新式的民权制度。⑤

△出席黄兴等人为准备北上的国会议员举行的饯行宴会。孙中山在宴会上发表演说，重申共和国体，主权在民，并勉励议员无所畏避，以便召开国会，解决目前之危局。⑥

7月16日 应孙中山邀请，出席张园茶话会。⑦

孙中山在上海邀请参、众两院议员及各界名流于张园开茶话会，先生应邀参加。孙在会上发表演说《地方自治制》，主张学习美国，建立地方自治。

7月20日 参加孙中山在上海举行的欢送参、众两院议员大会，孙在会上发表演说《采用五权宪法之必要》。⑧

7月下旬 到北京出席国会会议。

黎元洪于是月18日曾电促在上海的参、众两院议员速赴北京。议员当日

---

① 邹鲁：《回顾录》，岳麓书社2000年9月第1版，第67页。

② 《北洋政府》，见互动百科网（http://www.hoodong.com/wiki/%E5%8C%97%E6%B4%8B%E6%94%BF%E5%BA%9C）。

③ 邹鲁：《回顾录》，岳麓书社2000年9月第1版，第67页。

④ 陈哲三：《邹鲁与广东革命基地的建立（1906～1923）》，见张主法：《中国现代史论集》第七辑《护法与北伐》，台湾联经出版事业公司1982年5月版，第16页。

⑤ 邹鲁：《回顾录》，岳麓书社2000年9月第1版，第68页。

⑥ 李松林等：《中国国民党大事记》，解放军出版社1988年8月第1版，第81页。

⑦ 中国社会科学院近代史研究所中华民国史组：《中华民国史资料丛稿大事记》第三辑，中华书局1975年8月第1版，第105页。

⑧ 中国社会科学院近代史研究所中华民国史组：《中华民国史资料丛稿大事记》第三辑，中华书局1975年8月第1版，第105页。

电复表示准于本月31日以前抵京。先生表示："各省议员联袂入京，我也兼程北上。"①

7月下旬 反对岑春煊做国民党领袖。

先生抵达北京后，一次在北京张宅内开会时，曾有人提议抬出岑春煊来做国民党领袖，先生立刻反对，说："本党自有领袖，何须再认他人作父；况且广东这次义举（指讨袁独立），因为岑春煊另有阴谋，所以失败。假使再抬出他来，恐怕广东死难的同志要向各位纠缠不清。"② 该提议随即打消。

7月下旬 请国民政府外交部向香港总督梅含理爵士（Sir Francis Henry May）交涉，促使6月下旬与先生一起被捕的同志在香港被释放。③

7月下旬 国会议员中有一批人另行组织派系，后演变为政学系，并拉拢先生参加，被先生严词拒绝。④

8月1日 出席国会第二次常会。是日参、众两院议员到会者368人，黎元洪、段祺瑞及各部总长均出席开幕仪式。黎元洪于会上宣誓就任总统职。⑤

8月12日 在国会提出《请严申法令尅日禁绝广东一切赌博建议案》。⑥

广东禁赌案一经提出，广东省议会首先响应，京中外交总长伍廷芳、海军总长程璧光等深表赞同。国会通过后，政府将议案提交广东执行，然而广东当局阳奉阴违，赌风一如往昔。先生约在京同乡在广东会馆开会，一致议决拥护这个议案，并全力促其实施。会议还推举几位同乡主持此事，每星期在中央公园集议一次，商讨禁赌办法。

《申报》记载此时先生等人在京设立"禁赌会"："陆荣廷……威福日作，其恶渐张，欲驰赌禁以饱私囊，其时朱庆兰［澜］卸命长粤，颇重地方，力辟其议，伍秩庸（伍廷芳）、程玉堂（程璧光）、邹海滨（邹鲁）等设禁赌会于北京，坚持反对，陆有惮不敢行……"⑦

△致电广东各团体，请禁粤赌。

电称："清末与父老奔走呼号，禁绝赌博，不幸龙（龙济光）李（李国筠）祸粤，巧立名目，复弛诸禁。鲁由院提尅日禁绝一切粤赌案，本日通过，

---

① 邹鲁：《回顾录》，岳麓书社2000年9月第1版，第68页。

② 邹鲁：《回顾录》，岳麓书社2000年9月第1版，第68页。

③ 邹鲁：《回顾录》，岳麓书社2000年9月第1版，第67~68页。

④ 邹鲁：《回顾录》，岳麓书社2000年9月第1版，第68页。

⑤ 中国社会科学院近代史研究所中华民国史组：《中华民国史资料丛稿大事记》第三辑，中华书局1975年8月第1版，第106页。

⑥ 邹鲁：《回顾录》，岳麓书社2000年9月第1版，第69~70页。

⑦ 汕尾市人物研究史料编纂委员会：《汕尾市人物研究史料（陈炯明与粤军研究史料）》第五辑，1994年5月印刷，第205页。

咨达政府，早发严令，及电督军省长，就职权所在，实力厉禁外，万恳请父老兄弟，奋昔日之精神，拯同胞于苦海。”①

△致电陆荣廷督军及朱庆澜省长，请其严令禁赌。

电称：“赌祸吾粤，甚于洪水，鲁由院提尅日禁绝一切粤赌案，本日通过，咨达政府，除促政府早发严令外，请公等就职权所在，通力合行，拯三千万粤人于苦海为叩。”②

陆荣廷于8月15日复电先生：“文电已悉，禁赌福粤，卓识甚佩，极表同情，经已出示严禁，并饬属一体遵照矣。”③

先生于8月16日复电陆荣廷：“咸（15日）电弛来，喜悉我公俯纳文电，厉禁粤赌，谨代粤人，拜公厚造。”④

8月13日 致函内务总长孙洪伊，请禁粤赌。

函称：“日前弟所提出尅日禁绝一切粤赌案，通过议院。咨达政府后，曾请就职权所在，早发严令……事实上更不疑有所窒碍，顺将电文抄览，……务请先生据众议院来案，即日发出严令，促其进行，敢代粤人，百拜上请。”⑤

8月16日 被公推为粤籍国会议员代表，面见段祺瑞。⑥

北京广东同乡会派粤籍国会议员先生、徐傅霖、饶芙裳、彭建标4人面见段祺瑞，表示欢迎陆荣廷督粤，但须另拣一有军事经验、素著威望的广东人以辅之，并呼吁桂、滇军和振武军停战。

8月29日 先生等21名议员向国务院提出质询：龙济光何以拒不下台？⑦

在国会开会时，先生力主驱逐龙济光，曾质问内阁总理段祺瑞，袁世凯余孽、广东督军龙济光被政府免职后不肯交出军权，政府如何处理。同时，先生多次函电交驰给广东省议会、各团体及各报馆，请大家一致驱龙，务达目

---

① 中国国民党中央委员会党史委员会：《邹鲁先生文集》，中国国民党中央委员会党史委员会1984年6月30日出版，第280页。

② 中国国民党中央委员会党史委员会：《邹鲁先生文集》，中国国民党中央委员会党史委员会1984年6月30日出版，第280页。

③ 中国国民党中央委员会党史委员会：《邹鲁先生文集》，中国国民党中央委员会党史委员会1984年6月30日出版，第280页。

④ 中国国民党中央委员会党史委员会：《邹鲁先生文集》，中国国民党中央委员会党史委员会1984年6月30日出版，第281页。

⑤ 中国国民党中央委员会党史委员会：《邹鲁先生文集》，中国国民党中央委员会党史委员会1984年6月30日出版，第279～280页。

⑥ 广东省立中山图书馆：《民国广东大事记》，羊城晚报出版社2002年11月第1版，第62页。

⑦ 广东省立中山图书馆：《民国广东大事记》，羊城晚报出版社2002年11月第1版，第62页。

的。[1] 为此，先生还全力促成桂系入粤，表示“吾粤两院同人，力为陆督后盾。”[2]

政府直至9月才任命龙济光为两广矿务督办兼统振武全军，令其驻在琼崖，事情始得解决。10月5日，龙济光在勒索90万元之后离开广州。[3]

8月 在国会提出《禁烟建议案》，厉行全国禁烟。[4]

《禁烟建议案》指出：“烈矣哉，鸦片之祸吾国人！外肇兵端，丧权割地；内毒全国，财尽民穷。”[5]《禁烟建议案》分两个部分：第一，立行取消苏粤赣三省烟土专卖；第二，厉行刑法第二十一章鸦片罪之条文。议案在国会获得通过，政府接受议案，但是没有切实执行。为此，先生曾提过两次质问书。

秋 罗侃亭烈士一家从香港迁回故里廉州合浦，先生请范其务代为护送。[6] 先生特撰写《罗烈士侃亭传》一文以示纪念。[7]

约秋 撰写《李烈士一球传》。[8]

约秋 撰写《陈烈士巨海传》。[9]

9月9日 成为“宪政商榷会”成员。[10]

国民党籍议员张继等人为对抗“宪法研究会”，组织成立“宪法商榷会”，包括先生在内的国民党籍议员多参与该会活动。先生与王洪才、秦广礼、张鲁泉、王洁、郭同、覃振、吕志伊、金永昌为该会议事科办事员。[11]

9月 在北京期间请陈复及玄楼为《叶匡传》补遗，在北京众议院写成《叶匡传略补遗》一文。[12]

约10月下旬 向国会提出《查办张勋案》。[13]

---

① 邹鲁：《回顾录》，岳麓书社2000年9月第1版，第69页。

② 梅萼：《邹鲁文存》第一集，北华印书局1930年版，第69页。

③ 中国人民政治协商会议广东省委员会文史资料研究委员会：《广东文史资料》第四十三辑《广东军阀大事记》，广东人民出版社1984年10月第1版，第70页。

④ 邹鲁：《回顾录》，岳麓书社2000年9月第1版，第69页。

⑤ 邹鲁：《澄庐文选》，正中书局1948年5月初版，第13页。

⑥ 梅萼：《邹鲁文存》第四集，文海出版社有限公司1988年印行，第18页。

⑦ 梅萼：《邹鲁文存》第四集，文海出版社有限公司1988年印行，第16页。

⑧ 梅萼：《邹鲁文存》第四集，文海出版社有限公司1988年印行，第18页。

⑨ 梅萼：《邹鲁文存》第四集，文海出版社有限公司1988年印行，第19页。

⑩ 中国社会科学院近代史研究所中华民国史组：《中华民国史资料丛稿大事记》第三辑，中华书局1975年8月第1版，第111页。

⑪ 王崇：《邹鲁生平述略》，见广东省政协文史资料委员会编《近代广东名人录》第二辑，广东人民出版社1989年4月第1版，第111页。

⑫ 梅萼：《邹鲁文存》第四集，文海出版社有限公司1988年印行，第5页。

⑬ 广东省立中山图书馆：《民国广东大事记》，羊城晚报出版社2002年11月第1版，第63页。

袁世凯残余的地方势力除了龙济光外，安徽督军张勋的跋扈算是首屈一指的，他先后在徐州召集督军会议，从事复辟阴谋。先生洞烛其罪行，联署十余人在国会提出查办张勋案，指出张勋有危害国家、紊乱国宪、颠覆政府、违反共和四大罪状。议案虽然提出，但是由于当时张勋势力过于强大，国会内部对先生的议案“颇以为异”，因此议案每次在讨论时都被排在议程最后，始终没有机会拿出来讨论。张勋因为此事，对先生非常愤恨，声称如若先生经过他的军队防地，一定马上把他捉住枪毙。

约11月上旬 对政府提出十大质问书。

因为段祺瑞内阁的懦弱无能以及做出的种种不法行为，先生不顾一己得失，仗义执言，提出十大质问书。质问书写道：“国家之治乱，判于政治之是否能上轨道以为断，否则发端极小，而流祸不可胜言。袁氏（袁世凯）最初当国，人多以时局艰难，意存姑息，卒之日益加厉，酿成大变。共和再造，所望政府国民悉循政治轨道，庶几风雨飘摇之时，得同舟而共登彼岸。乃数月以来，政府举动，有未能一一悉喻于人。谨就大端十种，依法质问，请政府依法于十四日内答复。……”① 该质问书是对北洋军阀政府的深刻鞭挞。

冬 从北京返回广州。

是年 撰写论著《中俄协约之结果》。

先生在论著中指出，从“本身之结果”的方面来说，“中俄协约之结果，中国除存宗主权、领土权之虚名，以欺民外，一切公私权利，无不为此协约剥夺全尽；俄国虽无宗主权、领土权之虚文，一切宗主权、领土之权利，无不据此协约，攫取而去。质而言之，则中国对于外蒙向来之一切主权，基于协约，全转移之于俄国而已。故此协约者，断送外蒙之协约也。”② 从“连带之结果”的方面来说，将造成日本、英国、法国、德国、美国等西方列强瓜分中国的恶果。

---

① 戴书训：《愈经霜雪愈精神——邹鲁传》，近代中国出版社1983年10月初版，第53页。

② 中国国民党中央委员会党史委员会：《邹鲁先生文集》，中国国民党中央委员会党史委员会1984年6月30日出版，第79~80页。

1917年（民国六年 丁巳）三十三岁

春（3月至4月15日之间） 前往北京报到，出席众议院会议。

广西籍参议院议员潘乃德与先生同行。二人途经上海时，曾去拜访孙中山。孙中山对二人说："国会快要解散了，你们还去干吗？不如南返搞军队罢！"又说："我就要南下组织政府。"① 先生和潘乃德都想去北京看看，因而对孙中山表示，还是去北京走一趟，看看情况很快就回来。

在京期间，先生和冯自由、马君武等中华革命党人曾劝黎元洪召见进京的陈炯明加入国会"丙辰俱乐部"，遭到陈的拒绝。②

3月25日 进步文学团体"南社广东分社"在广州六榕寺成立，到会者39人。据统计，"南社"在全国有1188名社员，广东籍社员为177人，著名的广东籍社员有先生、蔡哲夫、朱念慈、杜国庠、汪精卫、姚雨平等人。③

3月26日 接惠潮梅学界代表来电，指出汕头官产分处长将韩山师范校产卖给佃户，经绅民呈奉省长道饬不遵，希望先生等人能予以协助干预。④

先生随即于同日致电广东省长朱庆澜、汕头道尹黄先生，请饬令汕头官产分处长停止变卖韩山师范校产，以"维持岭东全部教育"。该电由先生与粤籍国会议员共同署名。⑤ 朱庆澜省长于3月27日复电，表示将严饬汕头官产分处长，停止变卖韩山师范校产。

3月 向国会提出《对于段内阁应依约法第四十四条负责意见书》。

《意见书》阐明立宪国家，最重者为法律，如若法律丧失效力，则政治就不堪闻问了。《意见书》指出段祺瑞内阁"政治之善状不生，内阁之弱点叠露，至于近日，则内政外交，无一令人满意。"⑥ 为对国家人民负责起见，依

---

① 潘乃德：《孙中山对陆荣廷的争取和讨伐》，见广东省政协学习和文史资料委员会编《广东文史资料存稿选编》第一卷，广东人民出版社2005年12月第1版，第103页。

② 汕尾市人物研究史料编纂委员会：《汕尾市人物研究史料（陈炯明与粤军研究史料）》第一辑，1994年3月印刷，第81页。

③ 广东省立中山图书馆：《民国广东大事记》，羊城晚报出版社2002年11月第1版，第67页。

④ 梅萼：《邹鲁文存》第一集，文海出版社有限公司1988年印行，第63页。

⑤ 梅萼：《邹鲁文存》第一集，文海出版社有限公司1988年印行，第63页。

⑥ 邹鲁：《澄庐文选》，正中书局1948年5月初版，第21页。

据《约法》第四十四条规定，先生依法对内阁提出质询。在《意见书》中还反对段祺瑞内阁任命原袁世凯私设的政治会议议长李经羲为财政总长。①

4月上旬 劝解陆荣廷勿开赌禁。②

广东风传督署会驰禁番摊（赌种之一）。4月上旬，粤督陆荣廷上京晋见黎元洪。在京的粤籍广东拒赌会成员邹鲁、伍廷芳、徐绍桢等特意在茶楼召开茶会欢迎粤督，会上先生等人借题发挥，说据粤府传来的消息，粤省督署拟驰禁番摊，相信粤督不会准许下属破例。面对着上百粤籍京官、议员、学人，陆荣廷知道众怒难犯，当场表示绝无此事，即使个别官员有此想法，本人定不会苟同。

当时，陆还与先生及胡汉民商量，提出以广东怀集换广西钦廉，被先生及胡汉民以法律有限为由拒绝。从此，陆荣廷与先生等人结下冤仇，先生后来总结陆荣廷罪状："乃杀我金司令，毁我陆军部，甚至驱我大元帅，以遂其尽占广东、投降北方之政策。"③

4月 孙中山电招先生至上海。④

当时，第一次世界大战激战正酣，协约国希望段政府参战，而段希望借参战取得日本的金钱资助，以充实北洋军阀的实力。孙中山主张中国不能参战，特将先生电招至上海，并嘱咐先生回北京后，疏通国民党籍议员，支持其主张，统一反对参战。先生曾认为，他受命疏通本党议员后，"本党议员之间对参战问题，才能比较一致，反对参战。"⑤ 不过，许继峰认为："以当时国会内国民党籍议员分裂的情况与毫无组织的情形来看，虽然经过沟通，想达到邹鲁所说意见一致的成效是很困难的，……一般而言，国会本身是赞成参战的，他们所争的是国会的合法地位，同时部分议员是要支持国父不让段氏阴谋得逞的主张的。如果段氏不用激烈的手段，参战案在国会内极可能通过。因为后来在粤省召开之国会非常会议仍议决对德奥宣战案。"⑥

5月10日 去国会开会时遭到殴打。

---

① 邹鲁：《回顾录》，岳麓书社2000年9月第1版，第75页。

② 卫恭：《八十年来广东的"禁赌"和开赌》，见广东省政协文化和文史资料委员会编《广东文史资料精编》上编第5卷，中国文史出版社2008年12月第1版，第279~280页。

③ 中国国民党中央委员会党史委员会：《邹鲁先生文集》，中国国民党中央委员会党史委员会1984年6月30日出版，第257页。

④ 许继峰：《邹鲁与中国革命（西元一八八五~一九二五）》，正中书局1981年1月台初版，第91页。

⑤ 邹鲁：《回顾录》，岳麓书社2000年9月第1版，第75页。

⑥ 许继峰：《邹鲁与中国革命（西元一八八五~一九二五）》，正中书局1981年1月台初版，第93页。

下午，先生坐马车去国会开会，谈论中国参战案。段祺瑞内阁收买无知游民三千余人组织“公民请愿团”、“五族请愿团”、“北京市民主战请愿团”、“军政商界请愿团”，看见议员走过，就投以各种请愿书、警告传单，议员如果拒不接受，就施以殴打。当场受到殴打的议员有先生、吕复、田桐等人，马车门窗等物均被打坏。先生等被打议员非常愤慨，要求段祺瑞出来解释殴打议员的理由，但段祺瑞直到傍晚才姗姗而来。先生见段登上讲台，顿时怒不可遏，即道：“身为国务总理，可以纠众殴打议员，我们应该先把你关起来，问明责任，再说其他。”① 同时向讲台冲去，但被其他议员拦住。段祺瑞见情形不妙，从后门逃走。此事发生后，黎元洪免去段的总理职务。

5月 向国会提出《修正查办张勋案》。

由于“前案（《查办张勋案》）在院被搁，而张逆罪状益加，故为修改添入诸证据。”② 先生再向国会提出《修正查办张勋案》。该案列举了张勋的四大罪：“国家之统治权，有一定机关，以为行使，万不容稍为携贰，令其破裂。乃张勋广集军人，大会徐州，自称盟主，谬定章程，挟其多数军人之团结力，凡百专横，动行迫胁，俨若一国之内，有二政府，变更中央之国权，破坏国家之统一，是为危害国家，其罪一。国家制度，自有一定，万难违背，致紊宪章。乃张勋以安徽之督军，不驻安徽省会之安庆，任意窃据江苏之徐州，政府屡责不闻，国家定制为破，是为紊乱国宪，其罪二。内阁为国家行政之罪高机关，阁员任免，悉有一定之法律。矧在军人，尤应服从大总统任命之阁员，乃张勋以破坏现内阁为号召，悍然至再至三，干涉阁员，甚至大号于众曰‘此等阁员，断难承认’，而公然以‘泛滥横决为对待’，所有伪乱之言，纯出轨道之外，是为颠覆政府，其罪三。中华民国之主权在民，国会为代表国民之机关，一切受法律之保障，尊等神圣，不容侵陵。乃张勋目无法纪，日事干涉，甚谓‘群起而攻’‘武人先导’，心目中既不知有民国国会，即不知有民国国家，是为违反共和，其罪四。有此四罪，彰明昭著，政府既不能委为不知，知之而竟不按法严办，徒以空言申诫。既不斥其姓名，复不定其罪状，国人正疑罚不如诸有罪，莫测用意。乃近日张勋复电，公然表示反对，竟以‘上无道揆’诋中央，而以‘去朝廷党’为昌言。至于最近最更云：‘循武人本分，以武力相加’，‘循部曲健儿之请，橐鞬入京’，词气狂悖，与国为敌。非予严办，何以伸国法而维国基，惩祸首而绝乱源？”③

---

① 邹鲁：《回顾录》，岳麓书社2000年9月第1版，第76页。

② 梅萼：《邹鲁文存》第一集，文海出版社有限公司1988年印行，第8页。

③ 邹鲁：《澄庐文选》，正中书局1948年5月初版，第20～21页。

然而政府慑于张勋声威，段祺瑞更是别有用心，所以始终没有议张勋的罪。到了张勋将要进京的时候，国会竟然把先生的提案否决了。

6月上旬 向国会提出《裁减陆军部五年度预算岁出意见书》议案。[①]

先生在议案中指出，陆军部在1916年度的预算竟然占经常政费支出的56%，而各省的警备队等费，尚不在内，这会使国家"将有破产之虑"[②]。议案要求减少陆军部预算。该议案以《对于五年度预算裁减陆军部所管岁出意见书》为名发表在本年出版的《新国民杂志》第一卷第二号上。

6月上旬 向国会提出《关于烟土之各质问政府何以概不置理之质问》议案。[③]

6月上旬 向国会提出《请开放北海为公园建议案》。[④]

6月13日 张勋逼迫黎元洪第二次解散国会。[⑤] 民国以来被期为民主殿堂的国会，再度受到严重打击。国会议员们纷纷南下，先生也计划离京赴沪。

6月中下旬 约见国务总理伍廷芳。[⑥]

先生指出，张勋入京，以解散国会为条件，请伍廷芳不要在同意解散国会的违法命令上签字。先生意见与伍廷芳不谋而合。

6月中下旬 离京赴沪。[⑦]

先生南下，一方面是响应孙中山的号召，南下护法；另一方面是为了躲避段祺瑞、张勋可能进行的报复。

黄羡章认为："在西南各省的支持下，孙中山准备在广州组织护法军政府，派邹鲁等往北京策动国会南迁。在邹鲁等人的努力下，得到众议院正、副议长吴景濂、王正廷的支持，近两百名议员南下广州召开非常会议，使孙中山的护法军政府得以顺利成立。"[⑧]

7月初 发布致国民公电，声讨张勋复辟。[⑨]

是月1日，张勋、康有为等入清宫拥立溥仪复辟。改7月1日为"宣统九

---

① 梅萼在《邹鲁文存》（文海出版社有限公司1988年印行，第一集第22页）中认为议案名称是《对于五年度预算裁减陆军部所管岁出意见书》。

② 邹鲁：《澄庐文选》，正中书局1948年5月初版，第17页。

③ 梅萼：《邹鲁文存》第一集，文海出版社有限公司1988年印行，第19页。

④ 梅萼：《邹鲁文存》第一集，文海出版社有限公司1988年印行，第20页。

⑤ 《北洋政府》，见互动百科网（http：//www. hoodong. com/wiki/% E5% 8C% 97% E6% B4% 8B% E6% 94% BF% E5% BA% 9C）。

⑥ 邹鲁：《回顾录》，岳麓书社2000年9月第1版，第77页。

⑦ 邹鲁：《回顾录》，岳麓书社2000年9月第1版，第77页。

⑧ 黄羡章：《潮汕民国人物评传》，广东人民出版社2008年8月第1版，第19~20页。

⑨ 邹鲁：《回顾录》，岳麓书社2000年9月第1版，第281~282页。

年五月十三日”，颁布“大权统归朝廷，定为大清帝国”等九项施政方针。张勋复辟行径激起孙中山、黎元洪、梁启超、先生等人的强烈反对。先生拟《为张勋复辟致国民公电》，电称：“警电传来，逆贼张勋等，竟推翻民国，复辟清朝。民国成立，六年于兹，凡我国民，或则捐身冒险，经万难而亲建设，或则输财竭力，历百变而共维持，拼四万万人之头颅汗血，以造此公有之民国，又安容该逆等夺我四万万人手造之公有民国？直接奉之一姓者，即间接奉之他人哉。在该逆等自辛亥得命以还，即日互相勾结，谋为不轨。而去岁迭次徐州会议，叛迹益为昭彰，故不必最近督军会议，干涉宪法，包围议院，殴打议员，称兵独立，解散国会，而后知此种结果，故鲁深恨辛亥统帅者北伐，固镇南宿州之捷，未能馘彼逆贼，为武力之斩除。去岁身在国会，查办该逆之案，未能邀众通过，为法律之刑戮，卒之曲突徙薪之无功，至酿成中华民国今日之祸水。每一追思，愤恨何似。现民国既被推翻，凡我民国之军警吏民，咸与有不共戴天之仇，务请立举义旗，同声天讨，各就所有之力，以尽匡复之责，护国除逆之素心，鲁敬随国人之后，誓扫群凶，手枭该逆，还我中华民国，永奠磐石之安。掬血陈词，诸惟鉴採。”①

7月11日 由沪赴粤。②

张勋复辟后，孙中山号召全国护法。先生奉孙中山命乘日本邮船三岛丸号南下护法。

7月13日 抵达香港，和西南各省军民长官接洽，请求支持护法。③

7月16日 抵达广州，当地的军民长官都很欢迎先生等人的到来。④ 与先生同行的还有众议院议员吴宗慈等人。⑤

7月17日 参加陈炳焜在广州黄埔举行的孙中山欢迎会。⑥

下午，孙中山乘江固舰抵达黄埔，驻黄埔公园。广东省督军陈炳焜、省长

---

① 中国国民党中央委员会党史委员会：《邹鲁先生文集》，中国国民党中央委员会党史委员会1984年6月30日出版，第257页。

② 陈哲三：《邹鲁与广东革命基地的建立（1906~1923）》，见张主法：《中国现代史论集》第七辑《护法与北伐》，台湾联经出版事业公司1982年5月版，第17页。

③ 戴书训：《愈经霜雪愈精神——邹鲁传》，近代中国出版社1983年10月初版，第67页；陈哲三：《邹鲁与广东革命基地的建立（1906~1923）》，见张主法：《中国现代史论集》第七辑《护法与北伐》，台湾联经出版事业公司1982年5月版，第17页。

④ 陈哲三：《邹鲁与广东革命基地的建立（1906~1923）》，见张主法：《中国现代史论集》第七辑《护法与北伐》，台湾联经出版事业公司1982年5月版，第17页。

⑤ 梅萼：《邹鲁文存》第四集，文海出版社有限公司1988年印行，第27页。

⑥ 潘乃德：《孙中山对陆荣廷的争取和讨伐》，见广东省政协学习和文史资料委员会编《广东文史资料存稿选编》第一卷，广东人民出版社2005年12月第1版，第103页。

朱庆澜、国会及省议会议员、高级官员等到黄埔迎接并举行欢迎会。先生应邀参加欢迎会并发表讲话。

7月19日 出席广东省议会欢迎孙中山大会，在欢迎会上发表谈话。

广东省议会举行全体会议，欢迎孙中山莅粤。孙中山在会上发表演说，提出一些革命党人对张勋复辟失察等看法，还提出“国会议员之旗帜亦乱”、“国会在粤开会以决大计之主张”① 等观点。孙中山演说完毕后，陆孟飞、伍于簪等议员表态支持孙中山的计划，但广东督军陈炳焜提出异议，认为国会地点宜慎讨论，免有敌者侵入广东之虑。陈的发言遭到包括先生在内的多人反对。先生认为“国会依法可自行召集，地点亦无限制，故若在粤开会，于法律绝无不适合，且外国之承认我中华民国者，亦因有国会之故。美国于我国会正式成立时，即已承认，可为实证，又何虑国际上之不得良好结果哉。……至如国会不恢复，则北方假共和之徒，必将设立临时参议院，或以旧国会供其利用，俱为至危险之事。故国会在粤开会，当为国会议员多数所赞同也。”②

7月中下旬 多次与广东省长朱庆澜接触，冀朱支持孙中山组建北伐军基本队伍。③

孙中山南下护法，但是广东军政府本身毫无实力，处境艰难，亟思建立一支政府军。胡汉民、汪精卫、朱执信和先生等人，多次会晤北洋政府任命的广东省长朱庆澜，朱庆澜允诺以省长亲军司令名义，将其卫队20营拨交陈炯明指挥，以组编成北伐军基本队伍。

8月2日 父亲七十一岁寿庆，胡汉民亲撰寿文。④ 黎元洪送了一个“乡间矜式”的匾额，表示祝寿的还有吴宗慈等政要。⑤

8月6日 出席孙中山招待南下护法海军将士宴会。⑥

孙中山在广州东园设宴款待南下护法的程璧光等海军将士，先生应邀参加，其他参加的要员还有林葆怿司令、朱庆澜省长、陈炳焜督军以及胡汉民、汪精卫等。

8月19日 与在粤国会议员讨论开设国会，组立政府事宜。

---

① 陈锡祺：《孙中山年谱长篇》，中华书局1991年8月第1版，第1039～1040页。

② 陈锡祺：《孙中山年谱长篇》，中华书局1991年8月第1版，第1039～1040页。

③ 刘常山：《邹鲁与广东盐务的改革（1920～1922）》，见《逢甲人文社会学报》第7期，2003年11月。

④ 程焕文、张靖、周旎：《邹鲁未刊稿》下册，广西师范大学出版社2008年3月第1版，第769页。

⑤ 梅萼：《邹鲁文存》第四集，文海出版社有限公司1988年印行，第27页。

⑥ 余齐昭：《孙中山文史图片考释》，广东省地图出版社1999年9月第1版，第94～95页。

先生与在粤国会议员百余人，在广州回龙社第一招待所讨论两大急务：（一）开设国会；（二）组立政府。会议由议长吴景濂主持。议员们认为，开设国会，现在已经刻不容缓，应先召开非常国会会议，对此，文明国家已有先例，大可援引。等议员达到法定人数，再召开正式国会会议。会议议决，于25日召开非常国会会议；对于组立政府事宜，众议员均认为有必要，但同时认为“惟以兹事体大，须策万全，且其中种种进行办法，何者当急，何者当缓，尤当审慎周详，统筹全局，尚须从详讨论，但须准此数日内解决。”①

8月中旬 桂系军阀联络先生，倡议广东省省长民选。②

由于广东省省长朱庆澜以兵力帮助陈炯明及欢迎国会议员及海军来粤，招致桂系陆荣廷及陈炳焜的极度不满，二人对朱庆澜力加排挤，借口朱为北方官僚，不宜在护法旗帜下任广东省省长，暗中嘱咐桂籍国会议员曾彦、龚政、覃超等人联络粤籍国会议员及省议会议员，包括先生、陆孟飞等人，大倡省长民选。

8月25日 出席国会非常会议开幕式。③

是日，国会非常会议在广东省议会会议厅举行开幕式，到会议员一百二十余人，除先生外，还有奉天吴景濂、直隶张继等人。孙中山及程璧光、林葆怿、朱庆澜等人应邀列席，祝贺国会非常会议开幕。

当时曾参与非常国会国民党议员与政学系议员斗争的高承元分析认为，当时国会议员约分为五派，先生在照霞楼派：④

（一）照霞楼。在南堤活动，主要成员为先生及林森、张继、谢持、叶夏声、吴宗慈、汪彭年、刘栽甫等人，即“民友派”。

（二）褚寓。主要成员为吴景濂、褚辅成、居正等人，即“益友社”。

（三）新新俱乐部。在太平沙，均为候补议员，主要人物有孔昭晟、谢英伯等。

以上三大派都属于国民党或附从者，拥护孙中山通过武装斗争争取民主的策略。

（四）五十号（即南堤二马路五十号），主要人物为孙光庭、韩玉辰、杨永泰、沈钧儒、李根源等，主张联省自治，和平统一，属于政学系。

（五）石行会馆。在南堤二马路五十号之侧，主要人物有王绍鏊等，政见

---

① 陈锡祺：《孙中山年谱长篇》，中华书局1991年8月第1版，第1050页。

② 蒋永敬：《胡汉民先生年谱》，中国国民党中央委员会党史委员会1978年11月出版，第212页。

③ 《总理护法实录》，见《建国月刊》，第一卷第三期。

④ 高承元：《护法政府之变迁》，见广东省政协学习和文史资料委员会编《广东文史资料存稿选编》第二卷，广东人民出版社2005年12月第1版，第209页。

大抵同政学系。

8月26日 出席朱庆澜举行的宴会。[①]

中午1时，广东省省长朱庆澜做东，邀请各界代表到省署参加宴会。到会的除先生以国会议员身份参加外，还有海军总长程璧光、国会议长吴景濂、粤军总司令陈炯明、国会议员马君武、叶夏声、王功素以及商会善堂代表陈勉余等多人。孙中山、汪精卫等人因事未到。席间，朱庆澜发表讲话，孙中山率舰东来，国会非常会议召集，广东大局转机，现向广东全省人民辞去省长职，并以广东印信交代理政务厅长杨嘉绅代拆代行，其亲军司令部亦由陈炯明专任其职。陈炯明、程璧光、吴景濂等人先后发言，对朱的政绩表示赞许，对朱的辞职表示挽留和惋惜。下午2时30分，宴会结束。

8月27日 出席国会非常会议首次会议，会议讨论了《国会非常会议组织大纲》。[②]

8月31日 出席国会非常会议，会议讨论通过《军政府组织大纲》，并议决选举海陆军大元帅。[③]

国会非常会议逐条通过了《中华民国军政府组织大纲》，共计十三条。大纲规定中华民国为戡定叛乱，恢复临时约法，特组织中华民国军政府。军政府设大元帅一人，元帅二人，主持一切，由国会非常会议分次选举。临时约法的效力未完全恢复以前，中华民国行政权由大元帅执行，大元帅对外代表中华民国，军政府下设外交、内政、财政、陆军、海军、交通六部，军政府设都督若干员，以各省督军赞助军政府者担任。史称本次会议为“护法运动”。[④]

约8月 撰写《请恤讨袁死难同志文》，上书广东督军陈炳焜。[⑤]

9月1日 出席国会非常会议第四次会议，推举孙中山为中华民国军政府大元帅。[⑥]

是日，非常国会第四次会议召开，包括先生在内的91位国会议员与会。会议首先以84票选举孙中山为军政府大元帅，随后选举唐继尧、陆荣廷为元帅。

---

① 汕尾市人物研究史料编纂委员会：《汕尾市人物研究史料（陈炯明与粤军研究史料）》第三辑，1994年3月印刷，第294~297页。

② 陈锡祺：《孙中山年谱长篇》，中华书局1991年8月第1版，第1052页。

③ 陈锡祺：《孙中山年谱长篇》，中华书局1991年8月第1版，第1052~1053页。

④ 广东省立中山图书馆：《民国广东大事记》，羊城晚报出版社2002年11月第1版，第72页。

⑤ 梅萼：《邹鲁文存》第五集，文海出版社有限公司1988年印行，第57页。

⑥ 陈锡祺：《孙中山年谱长篇》，中华书局1991年8月第1版，第1053页；张宪文等：《中华民国史》第一卷，南京大学出版社2005年12月第1版，第201~202页。

下午，先生和议长吴景濂、副议长王正廷及其他国会议员数十人，持《国会非常会议致大元帅书》，乘舞凤舰行驶至黄埔公园，举行大元帅授印礼。在授印礼上，吴景濂议长致大元帅词，王正廷副议长授印，孙中山大元帅在授印后致答辞。

陆荣廷会同谭浩明于9月2日致电孙中山及在粤国会议员，表示陆拒受元帅职，对于非常国会的决议不敢附和苟同。唐继尧于9月8日致电非常国会，也表示不受元帅职。①

9月10日 出席国会非常会议第六次会议。②

是日，孙中山在国会非常会议第六次会议上正式就任中华民国军政府海陆军大元帅。经孙中山提名，非常国会选举伍廷芳为外交总长，孙洪伊为内政总长（未就任，后改任居正），唐绍仪为财政总长（未就任），张开儒为陆军总长，程璧光为海军总长，胡汉民为交通总长（未就任），戴季陶为外交总长（与林森同时任命）。

对于孙中山就任海陆军大元帅一事中先生所起的作用，陈哲三认为："南下国会议员在广州开非常会议，通过《中华民国军政府组织大纲》，选中山先生为中华民国军政府海陆军大元帅。邹鲁即是主要的策动人物。"③

9月11日 出任大元帅府参议。④

是日，孙中山颁布大元帅令，任命先生为大元帅参议，同时出任大元帅府参议的还有吕复、吴宗慈、宋渊源、周震鳞、茅祖权、吕志伊、王湘、马骧、王法勤、凌钺、赵世钰11人。

△晚，参加在广州举行的庆祝孙中山就职大元帅提灯会。⑤

9月21日⑥ 孙中山任命廖仲恺代理中华民国军政府财政总长，先生为财政次长，负责部务。⑦孙中山原拟派先生携500万元价票去南洋募款，以解军政府财政危机。⑧

---

① 中国社会科学院近代史研究所中华民国史组：《中华民国史资料丛稿大事记》第四辑，中华书局1976年11月版，第51页。

② 陈锡祺：《孙中山年谱长篇》，中华书局1991年8月第1版，第1057页。

③ 陈哲三：《邹鲁研究初集》，华世出版社1980年2月初版，代序第6页。

④ 陈锡祺：《孙中山年谱长篇》，中华书局1991年8月第1版，第1057~1058页。

⑤ 陈锡祺：《孙中山年谱长篇》，中华书局1991年8月第1版，第1057~1058页。

⑥ 许继峰在《邹鲁与中国革命（西元一八八五~一九二五）》（正中书局1981年1月台初版，第93页）中认为是24日。

⑦ 陈锡祺：《孙中山年谱长篇》，中华书局1991年8月第1版，第1064页。

⑧ 刘常山：《邹鲁与广东盐务的改革（1920~1922）》，见《逢甲人文社会学报》第7期，2003年11月。

9 月 29 日 北京政府下令通缉先生等非常国会诸议员及孙中山。①

北京政府总统令大意为：孙文、吴景濂和其他人在南方非法建立临时政府，组成非常国会，孙文被选为大元帅。据奉天督军张作霖报告说，孙文还派他的喽啰到奉天劝诱违法者和土匪参加其叛乱活动。现已查明，彼辈目的在于颠覆政府，理应受到法律制裁。为此，特饬各省当局缉捕孙、吴及其他与此案有牵连者，并将彼辈送交法院审判。

10 月 8 日 由于军政府财务困难未能解决，孙中山任命廖仲恺署理财政总长，先生交卸部务。②

10 月下旬 被孙中山委任为潮梅军总司令，平定莫擎宇部叛变。③

梁士诒奉段祺瑞密令，唆使广东潮梅镇守使莫擎宇于 10 月 23 日发布布告，声讨陈炳焜，宣告与广东自主政府脱离关系，军队直属北京政府，民政则商乘省长办理，并派兵攻打惠州。④ 莫擎宇叛变后，孙中山大元帅委任先生为潮梅军总司令，并命桂系沈鸿英部在惠州相继协助。

对于孙中山任命先生讨伐莫擎宇的原因，许继峰认为可能基于三种考虑："①潮梅地区是邹鲁辛亥革命前后活动频繁的地区，无论地理、人事关系上均十分熟悉；②邹氏正是由这个地区选出的国会议员，应有相当群众基础；③民国三年（1914 年）底的讨袁之役，邹氏曾与罗侃亭运动过莫擎宇的部队。"⑤

11 月上旬 派金国治为潮梅军第一支队队长兼前敌司令。⑥

金国治为民军黎萼部的军官，黎萼则是先生于 1908 年在广州运动防营部队发难时的同志，关系极为深厚。金氏后来又担任过莫擎宇部营长，对莫部军情了如指掌，因此于 11 月 16 日由兴宁向莫擎宇部进攻后，血战两昼夜，17 日即克铁场、蓝关等处。

11 月 18 日 接金国治来电，得知已经攻克龙川管辖的铁场、长安等处。⑦

---

① 陈锡祺：《孙中山年谱长篇》，中华书局 1991 年 8 月第 1 版，第 1066 页。

② 刘常山：《邹鲁与广东盐务的改革（1920～1922）》，见《逢甲人文社会学报》第 7 期，2003 年 11 月。

③ 陈哲三：《邹鲁研究初集》，华世出版社 1980 年 2 月初版，第 191 页。

④ 陈锡祺：《孙中山年谱长篇》，中华书局 1991 年 8 月第 1 版，第 1073 页。

⑤ 许继峰：《邹鲁与中国革命（西元一八八五～一九二五）》，正中书局 1981 年 1 月台初版，第 96～97 页。

⑥ 许继峰：《邹鲁与中国革命（西元一八八五～一九二五）》，正中书局 1981 年 1 月台初版，第 97 页。

⑦ 梅萼：《邹鲁文存》第五集，文海出版社有限公司 1988 年印行，第 53 页。

11 月 19 日 亲赴前线督战。[1]

是日，金国治部克五华，出安民告示，潮梅震动。莫擎宇的精锐部队损失殆尽，潮梅指日可定。20 日，金国治向孙中山致电告捷，孙中山复电金国治等，对迭获胜利表示欣慰。该举动引起沈鸿英的嫉妒，于 28 日佯称会商军事，将金国治骗至汕头沈军处，29 日早将金枪杀，并将金军缴械遣散。

先生起程前，专门请都督秘书覃超告知莫荣新督军。

11 月 28 日 沈鸿英在骗抓金国治后，随即派人去抓捕先生。是日晚，先生在金国治被骗抓时正在老隆督师。[2]

11 月 29 日 顺利脱险，返回广州。[3]

先生得到金国治司令部执事官熊石麟狼狈来报，说金司令被诱捕。不久，先生又得到金国治部下王兴平、张铁梅两位团长在脱险后的急报，得知金司令已被杀害，自己正身处险境，随时有被沈鸿英捕害的可能。先生即刻改变行程，间道返回广州。

11 月 30 日 急电广州军政府，请求治罪沈鸿英，并要求赔偿全部损失。

先生回到广州后，大怒沈鸿英犯下的罪行，随即致电军政府《为金司令国治沈鸿英诱害请主持公道书》，公布事实真相。电文写道："自莫逆擎宇以潮梅宣言独立依附段（段祺瑞）逆后，举兵侵惠，声言攻省，逆焰飞张，大有不可向迩之势。大元帅以护国护法，不能不先护粤，护粤不能不先讨莫，爰命鲁为潮梅军总司令以申讨伐。鲁受命之后，分头派人前往进行，而任金国治为军政府潮梅军第一支队长，兼前敌司令……。乃三十日后，陆续接到金司令所部黄参谋钟声、张团长铁梅报告，知金司令竟为沈鸿英枪毙。以同胞作仇敌，高功被忌见杀，事出情理之外，乃竟如是。……尤愿公等主持公道，与当事者以警觉，昭雪金冤，处置沈罪，及赔偿全部金军损失，并应有之发展力，则大局前途实利赖焉。"[4]

"但粤督陈炳焜曲为庇护，邹电无效。"[5] 之后，先生接到来自金司令部黄钟声参谋长的报告，金国治为沈鸿英枪杀。[6] 先生认为，这次诱杀的真实目的是两广巡阅使陆荣廷和广东督军陈炳焜对护法都没有诚意，密令沈鸿英诱杀金

---

① 梅萼：《邹鲁文存》第五集，文海出版社有限公司 1988 年印行，第 53 页。
② 邹鲁：《回顾录》，岳麓书社 2000 年 9 月第 1 版，第 99 页。
③ 邹鲁：《回顾录》，岳麓书社 2000 年 9 月第 1 版，第 99 页。
④ 梅萼：《邹鲁文存》第五集，文海出版社有限公司 1988 年印行，第 53～56 页。
⑤ 陈锡祺：《孙中山年谱长篇》，中华书局 1991 年 8 月第 1 版，第 1081 页。
⑥ 梅萼：《邹鲁文存》第五集，文海出版社有限公司 1988 年印行，第 53 页。

司令，以消灭军政府的直属部队。①

12月3日 协助筹组的粤军正式组建完成。②

是年9月，广州军政府成立之后，桂系甚为跛扈，并一意排挤广东省省长朱庆澜。首先，桂系的广东督军陈炳焜借口军权统一，要求收回朱氏的40营省长警卫军，朱氏迫于形势，允诺拨出20营归督军署，而留下20营为省长亲军，几经协调，决定以陈炯明为亲军司令，但陈炳焜坚决反对，朱氏在桂系压力下被逼走，由李耀汉继为省长。其后在胡汉民、汪精卫、程璧光与先生的极力折中下，两广巡阅使，也是军政府未就职的元帅陆荣廷才调走陈炳焜，而以莫荣新继任广东督军，莫氏自度资望浅，亦愿结民党以自固。20营的省长亲军遂于此时议定拨交陈炯明统率，人数尚不及5000人，孙中山予以援闽粤军的名义，亦即所谓的粤军，于是日正式组织完成。由陈炯明任总司令，开赴潮汕，计划进攻福建。

先生则出任粤军代表，在广州接济军饷军械。

12月9日 为金国治被害一事上书孙中山。

先生在书信中叙述了金国治被委任为军职以来，奋勇剿逆，却被沈鸿英所害。沈贼举动“长寇志而损义声，于西南护法前途，实生无限波折”，据实呈报，恳请孙中山“恳请据理严重交涉，以慰忠尽而励有众。”③

下半年 夫人许剑魂从日本回国。④

1918年（民国七年 戊午）三十四岁

年初 李厚基到天津参加直隶督军曹锟召集的十六省区督军团会议，电请北洋政府明令讨伐南方广州军政府。先生与田桐受孙中山之命入福建游说李厚

---

① 邹鲁：《回顾录》，岳麓书社2000年9月第1版，第84页。

② 许继峰：《邹鲁与中国革命（西元一八八五～一九二五）》，正中书局1981年1月台初版，第101页。

③ 中国国民党中央委员会党史委员会：《邹鲁先生文集》，中国国民党中央委员会党史委员会1984年6月30日出版，第282～283页。

④ 江介散人：《挽邹鲁妻》，见《太平杂志》第一卷第二号，第19页。

基部下，李军不再进逼，护法军驻在漳州。[①]

2月7日 出席孙中山举行的宴会。[②]

3月5日 与孙中山等人在广州大元帅府合影。参加合影的人员还有宋庆龄、蒋介石、林森、胡汉民、廖仲恺、戴季陶、孙科等人。[③]

3月18日 出席非常国会参众两院会议。会议决定于6月12日北京政府解散国会一周年之际，在广州召开正式国会会议。[④]

4月1日 复函田桐。

田桐此前致函先生，对先生离开陈炯明处独立办事、拨款等事项提出疑问。先生在复函中解释了四点疑问：（一）为"有人不满意弟离开竞存（陈炯明）独立办此事，实错误也。尽弟实未离开竞存办事，今兹独立办事，实因当时不好用粤军名义（恐粤军预备未及，即为人提防），而又不能即有军队响应协和，故暂由弟等用救国军名义（此名系先生所定）进行，且预留总司令一职，备竞兄可出名时用之。非惟不离开竞兄，实得竞兄同意做去，故竞兄仍来数千接济，特粤军财政至窘，不能多助耳。"（二）为"此间款项虽极困难，决不愿乱拨人款，至生意见。"（三）为"近事情形同日由展堂（胡汉民）兄转先生之函经祥，可索阅，不另。"（四）为"潮梅军队弟得手大半，一呼便可立枪，刘志陆当时与伍肖宕约，嘱其响应，彼信刘不肯发，卒遭失败，然弟之势力毫未损也。只恐一发之后，彼有援六我无耳。故前约伍，今则惟待粤军或各方面发动时耳。"[⑤] 该函由胡汉民转交田桐。

4月3日 致电陈炯明，反对改组军政府。

先生在电文中说明了改组军政府的是是非非，"近日汤某（汤漪）等提出联合政府名为改组军政府，实则打消军政府，总其章程大权实集于参赞之手，无论如何改组，陆荣廷决不出来，诸人口中之西南统一决难达到，徒增数位总裁之名，使一班参赞借此操纵而已。如有人至兄处游说，且勿表示意见，免于文电为人利用，弟另函将其改组之条例寄上，便可见其实情。"[⑥]

4月10日 出席广州国会非常会议，讨论《中华民国军政府组织大纲修

---

① 程焕文、张靖、周旎：《邹鲁未刊稿》下册，广西师范大学出版社2008年3月第1版，第770页。

② 陈锡祺：《孙中山年谱长篇》，中华书局1991年8月第1版，第1100页。

③ 余齐昭：《孙中山文史图片考释》，广东省地图出版社1999年9月第1版，第101～102页。

④ 陈锡祺：《孙中山年谱长篇》，中华书局1991年8月第1版，第1108页。

⑤ 中国国民党中央委员会党史委员会：《邹鲁先生文集》，中国国民党中央委员会党史委员会1984年6月30日出版，第283～284页。

⑥ 许继峰：《邹鲁与中国革命（西元一八八五～一九二五）》，正中书局1981年1月台初版，第99页。

正案》。①

在会议上，罗家衡、褚辅成等人提出《中华民国军政府组织大纲修正案》，该案提议改组军政府，废大元帅，改设总裁。出席会议议员67人，对该案赞成者达51人，先生与居正、叶夏声、马君武、焦易堂、丁象谦、谢持等人竭力反对，“居正等反对改组者屡欲起来发言，众皆扰乱之。结果由议长指定审查员20人付审查。”②

4月11日 应孙中山约请到军政府谈话。③

桂系曾在年初联合政学系组织西南护法联合会，讨论改组军政府。孙中山约全体国会议员谈话，就国会非常会议讨论通过的改组军政府一案提出严正质问，不惜以洁身引退来坚决反对改组军政府。先生在受约人之中。

5月4日 出席广州国会非常会议，会议讨论并通过改组军政府案。④

出席会议议员八十余人。开会前，议长吴景濂请莫荣新加派军队，名义上说是保护议员，实为监视议员。叶夏声见状，知道改组军政府案将以威胁通过，急谋应变，于是随即领取旁听纸数十张，约革命党同志及华侨义勇队同志50余人入会旁听，约定一旦军队暴动，则请革命党及华侨同志保护。

会议中，“邹鲁忽来曳叶诣僻处，小语曰：‘大元帅已预备辞职书在居正手，决意任改组案之通过，不与争论，君幸勿过激，致生意外。’叶氏领之。既散会，叶氏怏怏渡江，谒中山先生，报告情形。中山先生相与太息。旋召邹鲁、谢持、居正至，叹曰：‘数也，复何言。’”⑤

会议上，赞成改组军政府的有40余人，先生、居正等议员仍极力反对，但是改组军政府议案仍以多数票获得通过。同日，孙中山发出《辞大元帅职通电》。

5月18日 出席国会非常会议。⑥

国会非常会议通过并宣布《中华民国军政府组织大纲》，在大纲中，名称仍用军政府，其主持者悉称总裁，其主席总裁则由政务会议推定。

5月20日 出席国会非常会议，选举军政府总裁。⑦

---

① 陈哲三：《邹鲁与广东革命基地的建立（1906～1923）》，见张主法：《中国现代史论集》第七辑《护法与北伐》，台湾联经出版事业公司1982年5月版，第19页。

② 《总理护法实录》，见《建国月刊》第一卷第三期。

③ 陈锡祺：《孙中山年谱长篇》，中华书局1991年8月第1版，第1114页。

④ 陈锡祺：《孙中山年谱长篇》，中华书局1991年8月第1版，第1116页。

⑤ 陈哲三：《邹鲁与广东革命基地的建立（1906～1923）》，见张主法：《中国现代史论集》第七辑《护法与北伐》，台湾联经出版事业公司1982年5月版，第19～20页。

⑥ 陈锡祺：《孙中山年谱长篇》，中华书局1991年8月第1版，第1122页。

⑦ 陈锡祺：《孙中山年谱长篇》，中华书局1991年8月第1版，第1122～1123页。

是日，先生等一百二十余位国会议员出席国会非常会议，选举了唐绍仪、唐继尧、陆荣廷、伍廷芳、孙中山、林葆怿、岑春煊七人为军政府总裁。此举实为陆荣廷和唐继尧怕宪法成立，则与北方和议无法实现，遂联络政学系及吴景濂等人，在国会提出了改组军政府案，以总裁制代替大元帅制。

军政府既改组，孙中山于次日离穗。先生愤怒异常，但没有追随孙中山离粤，而是留在广州计划补救万一。先生几次在东园开省民大会，推举伍廷芳为广东省省长，以使护法能够继续下去。陆荣廷等人见势不佳，又想一手包办粤政，知道此举为先生所牵头，就决定抓捕先生。先生为保全力量，只得暂避香港。后来，抓捕一事不了了之。[①]

先生在反对改组军政府的过程中，充分表现了对孙中山的忠心与支持，这奠定了后来孙中山对先生深为信任而交以重任的基础。

6 月 出任粤军代表，在粤接济军饷。

粤军计划入闽，陈炯明要求先生出任粤军代表，在粤接济军饷。陆荣廷也派人到香港向先生表达歉意，并请先生返回广州。先生原本不想回广州，但是朱执信说："粤军在广州筹饷，都要靠你。粤军是党里的遗腹子，希望你回去照顾，并应付一切。"[②] 这样，先生才回到广州，继续奔走筹款，接济陈炯明部。

在先生及国民党几乎倾全党之力支持下，援闽粤军经过艰苦奋战，攻克诏安、漳浦、海澄等地，8 月 31 日会师漳州，之后又分兵占领永定、建宁、长泰、同安、安溪、顺昌。[③]

闽南进入护法势力范围后，闽督军李厚基分三路大举反攻入闽粤军。见此局势，孙中山命令先生和田桐入闽，对李厚基部下进行游说策反工作，结果浙军童保暄声明中立，造成李厚基不敢再进攻。[④] 12 月 6 日，陈炯明和李厚基签署停战协议，粤军共占有闽南、闽西的龙岩、漳州、汀州所属 26 县，成立闽南护法区。[⑤]

8 月 31 日 粤军总司令部移师漳州，先生等人受孙中山指派，协助粤军

---

① 邹鲁：《回顾录》，岳麓书社 2000 年 9 月第 1 版，第 88 页。

② 邹鲁：《回顾录》，岳麓书社 2000 年 9 月第 1 版，第 88 页。

③ 刘常山：《邹鲁与广东盐务的改革（1920～1922）》，见《逢甲人文社会学报》第 7 期，2003 年 11 月。

④ 王岿：《邹鲁生平述略》，见广东省政协文史资料委员会编《近代广东名人录》第二辑，广东人民出版社 1989 年 4 月第 1 版，第 112 页。

⑤ 刘常山：《邹鲁与广东盐务的改革（1920～1922）》，见《逢甲人文社会学报》第 7 期，2003 年 11 月。

训练，并与陈炯明共同建设漳州。①

是日开始，陈炯明扩充粤军至108个营，成立两个军。这可以说是国民党硕果仅存的军队，由于它处在一种腹背受敌的状况下，因此，孙中山在沪尽全力来扶植这支武力，除经济上援助外，并派遣国民党内优秀人才，如先生、朱执信、戴季陶、廖仲恺、胡汉民、蒋介石等经常往来于上海、漳州之间，协助粤军训练，更与陈炯明共同致力于漳州社会文化建设，成为粤军发展史上的黄金时代——漳州时代。

《申报》9月19日广东电称："民友会系议员赴闽省方面者甚多，议员田桐、邹鲁等十五名，目下亦赴闽省旅行，或谓因该省之陈炯明军现颇得势，故有此种现象。"②

秋　与朱执信一同搜集"三二九"革命史料，拟编成信史。③

因黄花岗七十二烈士墓扩修，先生与朱执信负责征集各位烈士事迹。先生发布《征集七十二烈士传记遗迹启》，④ 二人根据黄兴与胡汉民的海外报告书，分类举事，详细列表，一方面分寄给参加这次发难的同志，另一方面在报上刊登消息，广泛征集史料，结果收回来的材料很少，因此这件工作便停了下来。

秋　撰写《祝吴太夫人寿辞》，祝贺吴宗慈母亲七十岁寿辰。⑤

9月26日　护法国会议员叶夏声联合先生等民友社议员五十余人向护法军政府提出抗议，指出军政府无权任免督军、省长和镇守使。⑥

11月15日　和林森、徐谦等上书孙中山，请其担任出席欧洲和平会议中国代表。⑦

当时，北洋政府已有派陆征祥、魏宸组出席之说，因此先生和林森等人认为非孙中山亲往，不足正国际视听。孙中山既然不同意担任代表名义，而巴黎和会又于1919年1月18日揭幕，广州非常国会议员拟推孙中山为国民代表前往出席和会。1919年2月25日，林森再次上书孙中山，盼其早日赴欧。同日，孙中山批答告诉不能赴欧参加和会。

---

① 许继峰：《邹鲁与中国革命（西元一八八五～一九二五）》，正中书局1981年1月台初版，第102～103页。

② 汕尾市人物研究史料编纂委员会：《汕尾市人物研究史料（陈炯明与粤军研究史料）》第一辑，1994年3月印刷，第99页。

③ 戴书训：《愈经霜雪愈精神——邹鲁传》，近代中国出版社1983年10月初版，第122页。

④ 梅萼：《邹鲁文存》第四集，文海出版社有限公司1988年印行，第24页。

⑤ 梅萼：《邹鲁文存》第四集，文海出版社有限公司1988年印行，第27页。

⑥ 广东省立中山图书馆：《民国广东大事记》，羊城晚报出版社2002年11月第1版，第90页。

⑦ 陈锡祺：《孙中山年谱长篇》，中华书局1991年8月第1版，第1158页。

11 月　由漳州返回广东。[①]

12 月 10 日　与许剑魂的二子邹谠在广州出生。[②]

邹谠，毕业于西南联大，1946 年就读于芝加哥大学研究院，主攻美国政治学，1951 年获芝加哥大学博士学位，之后一直任教于芝加哥大学政治科学系，成为教授，1988 年退休。先后担任利文思敦讲座教授，北京大学名誉教授，美中关系全国委员会理事和中国社会科学院名誉高级研究员，是一位卓越的政治学者，出版了 6 部著作，发表了多篇学术论文，其中包括《美国在中国的失败 1941～1950》（芝加哥大学出版社 1963 年出版，中译本由王宁和周先进译，上海人民出版社，1997 年出版），《中国之危机》（1968，合编），《从 1850 年到今中国基层的政治领袖与社会变迁》（1981），《文化大革命与毛后改革》（1986），《二十世纪中国政治——从宏观历史与微观行动角度看》（1994）等书。《美国在中国的失败》一书更令其声名大噪，被誉为芝加哥大学出版社当年的最佳著作，奠定了他在学术界的地位。1999 年 8 月于芝加哥大学医院逝世，享年 80 岁。

邹谠的弟弟邹永回忆："邹谠跟我父亲关系非常坏，为什么呢？我不知道，好像邹谠跟他母亲感情很好。"[③] 邹谠赴美留学，是先生请外交部长王宠惠帮忙促成的。[④]

12 月 13 日　上书孙中山，陈述争取粤省的计划，推荐胡汉民长粤。

由于粤籍国会议员和粤省议会愤于岑春煊的专横，拟公推胡汉民出任粤省省长。先生上此书。书云："自漳返月余，大局益入沉黑。值此昏纷求其入手，在国会着想，则应恢复国会之自由，在广东着想，则应先取得省长。国会分子非良也，而正义所在，主张容易，且民党除国会外，更无他地盘可以占一席与人角者。故先生唯一之条件，在恢复国会行使职权之自由，可谓中今日解决全国之入手办法。但国会虽为解决全国之入手办法，然无一省之地盘为国会后盾，及为国会运用之调剂，则国会亦恐不能灵活。而此一省，福建之得手与否未可知；即能得手，而年中收入，不过四百余万，颇难展布；四川虽富庶，

① 许继峰：《邹鲁与中国革命（西元一八八五～一九二五）》，正中书局 1981 年 1 月台初版，第 103 页。

② 程焕文、张靖、周旎：《邹鲁未刊稿》下册，广西师范大学出版社 2008 年 3 月第 1 版，第 771 页。

③ 程焕文、张靖、周旎：《邹鲁未刊稿》下册，广西师范大学出版社 2008 年 3 月第 1 版，第 843 页。

④ 程焕文、张靖、周旎：《邹鲁未刊稿》下册，广西师范大学出版社 2008 年 3 月第 1 版，第 855 页。

地远而事隔，故不如广东之为民党地盘为妙也。年来展堂（胡汉民）先生长粤事失败，即为前军政府失败之要点，往事俱在，可为覆按。故今日欲求全国之发展，除国会外，当谋广东之地盘；欲谋广东之地盘，一时纵未能全数入手，亦当得省长。鲁本此旨，经力复为展堂先生谋长粤，各方进行经有头绪，然内部尚未一致，诚恐又蹈去年覆辙。故专函请先生表示意见，毋使临事错杂，贻误粤事，是为至要。能得内部同人步调一致，则省长一事，鲁准可如去年往事一人办妥，幸先生速照准为祷。若别有办法及他政见，亦请赐示，以便照办。"①

孙中山于是月24日函复先生，对于先生推荐胡汉民为广东省长事表示"如能办到，当然赞成。"② 并在信中指出："惟粤事纠纷错杂，近者尤甚！一切举动，似宜妥慎图之为要。"③

12月 撰写《致上海和平会议唐总代表绍仪胪陈粤民痛苦书》。

是年9月，段祺瑞操纵"安福国会"选举徐世昌为总统，冯国璋下野，直皖矛盾更加尖锐。在英、美推动下，直系军阀新首领曹锟、吴佩孚与西南军阀加紧勾结。9月13日，吴佩孚通电主和，西南军阀唐继尧复电赞成。26日，南军将领谭浩明、程潜等，与北军将领吴佩孚、冯玉祥等，联名通电主和。10月13日，吴佩孚致电徐世昌总统，请速发停战令。10月24日，徐世昌申令尊重和平，并于11月16日向北方前线军队发布停战令。11月23日，广州军政府发布停战令。12月2日，英、美、法、意、日五国向北京政府和广州军政府"劝告"和平统一。12月10日，北京政府派出朱启钤为议和代表。17日，广州军政府派出唐绍仪为议和代表。双方议和代表于次年2月20日在上海举行"和平会议"。

在得悉唐绍仪将代表广州军政府参加议和会议后，先生"甚为注目"④，撰写上文，并由粤籍国会议员连署。文中分析了广东的吏治、财政、赌博、烟禁、教育等方面存在的种种弊害，认为"凡此种种弊害，其端绪虽有千万，而究其总因，则以任粤长官非粤人，厉害不相关，情谊不相孚，以致酿成如是

---

① 蒋永敬：《胡汉民先生年谱》，中国国民党中央委员会党史委员会1978年11月第1版，第227～228页。

② 许继峰：《邹鲁与中国革命（西元一八八五～一九二五）》，正中书局1981年1月台初版，第104页。

③ 陈锡祺：《孙中山年谱长篇》，中华书局1991年8月第1版，第1139页。

④ 许继峰：《邹鲁与中国革命（西元一八八五～一九二五）》，正中书局1981年1月台初版，第105页。

之结果也。”[①] 另外，先生指出，由于驻扎广东的客军越来越多，这些军队据地收税，纷扰地方，也是造成粤民痛苦的主要原因之一。最后，要求唐绍仪等南方代表“伏望趁此议和时期，极力本职权所在，为粤人谋长治久安之策，是所切祷!”[②]

是年 迭次到漳州劝说陈炯明回师，陈答应后即转回香港，以义勇军名义布置驱逐岑春煊、陆荣廷、莫擎宇事宜。[③]

是年 书法上，临摹汉碑，偶临篆书。[④]

1919年（民国八年 己未）三十五岁

2月12日 上书孙中山，请求早日任命广东省省长。

函称：“佥以省长一职，关系全省治安，非才猷卓越，政绩昭著，地方人士夙所信仰者，不能膺此巨艰。胡公展堂（胡汉民）、陈公竞存（陈炯明），资望相当，均足胜任愉快，敬维我公眷念时艰，俯从舆论，立电政府，就胡、陈两贤中择一任命为广东省省长，固吾粤三千万人民所馨香祈祷以求者也。”[⑤]参与署名的除了先生外，还有粤籍国会议员叶夏声、李自芳、谢英伯、谢良牧、何士果等28人。

陈哲三认为先生等人此举目的是：“希望本党能透过获任省长而占有广东为革命根据地之想也。”[⑥]

孙中山于23日复函先生等人，拒绝推荐广东省省长，表示：“粤省近年吏治堕坏，无贤执政整理庶政，诚如所言。惟推荐省长，自以国会及省会同人主张，及足以示民意所在，文个人自未便电粤推任。倘诸君主张佥同，仍以就

---

① 邹鲁：《澄庐文选》，正中书局1948年5月初版，第326页。

② 邹鲁：《澄庐文选》，正中书局1948年5月初版，第329页。

③ 程焕文、张靖、周旎：《邹鲁未刊稿》下册，广西师范大学出版社2008年3月第1版，第771页。

④ 张靖、周旎：《邹鲁未刊稿述略》，见《中山大学学报（社会科学版）》，2007年第2期。

⑤ 中国国民党中央委员会党史委员会：《邹鲁先生文集》，中国国民党中央委员会党史委员会1984年6月30日出版，第287页。

⑥ 陈哲三：《邹鲁与广东革命基地的建立（1906～1923）》，见张主法：《中国现代史论集》第七辑《护法与北伐》，台湾联经出版事业公司1982年5月版，第21页。

近主张为他择人较为适合也。”[①]

3月5日 起草致巴黎和会电文，反对巴黎和会对中国的主张。[②]

孙中山及护法国会得知巴黎和会的情形对中国非常不利后，向巴黎和会提出强烈抗议，表明态度。抗议电文由先生受命起草。

3月中旬[③] 起草致美国国会电文，请对日本要求继承德国在山东权利一事主持公道。

孙中山及护法国会在致电巴黎和会各国代表电文后，委托先生起草致美国国会电文《代国会拟致美国国会请对于日本要求继承德国在山东权利主持公道电》，“要求依照素来的主张，主持公道。”[④] 由于国会极力抗争及五四运动爆发等原因，参加巴黎和会的中国代表退出和会。

致美国国会的电文，与致巴黎和会的电文大意相同。文谓：

“美国国会议长暨议员诸公钧鉴：查我国于一九一七年之间，先后与德绝交宣战，曾经通告各国，郑重声明中德两国从前所订一切条约、合同、协定等，均因彼此立于战争地位，一律废止。……乃此次日本竟根据一九一五年以武力胁迫取得中国政府未经国会同意而在本国约法上认为无效之二十一条密约，及一九一八年乘本国国会不能行使职权之际，与破坏中华民国约法之罪魁段祺瑞所缔结之各种密约，要求继承德国在山东所享之一切权利。本国全体国民闻之，深为愤激。窃查国家缔结契约，必经国会之同意，此为世界立宪国通例，我国临时约法第三十五条早经明白规定。惟因前此段祺瑞违法订约，本会曾于一九一七年十月二十六日及一九一八年一月十九日先后直接电告日本政府议会，切实劝阻，勿结此等不法之条约。迨一九一八年八月十九日，本会议决宣言第二条，凡北京自非法解散国会之后，非法政府所缔结之条约契约，及其所发行之公债，按照约法，应由国会议决或同意者，在未经议决或同意以前，不得认为有效。于是本年三月五日，本会特电巴黎各国代表，请将日本根据强权与袁世凯缔结之二十一条，与段祺瑞缔结之一切密约，及借款契约，汇案提出，宣布废止。事实俱在，悉可覆按。夫此等缔约，在我国法律既当然无效，对于贵国威（威尔逊）总统十四条之宣言，亦有违背；则今日和会，日本何得据为要求？乃闻各国代表，未及深察此事经过之种种实情，竟有容许日本继承德国在山东所享之一切权利，而不直接交还中国之要求。虽以贵国代表仗义

---

① 陈锡祺：《孙中山年谱长篇》，中华书局1991年8月第1版，第1157页。

② 邹鲁：《回顾录》，岳麓书社2000年9月第1版，第87～88页。

③ 邹鲁在《澄庐文选》（正中书局1948年5月初版）第322页中认为，该电是民国七年（1918年）撰写，有误。

④ 邹鲁：《回顾录》，岳麓书社2000年9月第1版，第87页。

执言，亦将归于无效。似此办法，殊失国际之公平，酿东亚之祸胎，而为世界永久和平之障碍，非但我国国民全体失望已也。此次和平会议，由贵国提倡，以世界永远和平为唯一目的。本会敢不将此旨，掬诚详布，切望贵议长议员诸君，主持正义，力予援助，拒绝日本不正当之要求，贯彻贵国提倡和平之宗旨。则感德者，岂惟本国，世界和平，实利赖之。"①

春 补志抚恤讨伐袁世凯死难烈士刘云鹏、欧阳华等人传记。②

6月 与孙中山谈话，得到革命党人务必认真读书的建议。③

孙中山告诉先生："一般人读书不认真还不要紧，我们革命党人却千万不可不认真。因为一般人读书，或是为个人的前途，或是为一家的生活，他读书不认真，成败得失，只他个人或其一家。革命党人则不然，一身负国家社会之重，如果自己读书不认真，事情做错了一点，就不但害了我们的党，连整个国家社会也被害了。"④

先生当时与孙中山谈话的背景是："在粤军驻闽南厉兵秣马之时，邹鲁首先希望运用国会，控制军政府，一方面希望获取广东省长，由本党的陈炯明，或胡汉民，或伍廷芳出任，以为本党革命根据地，但在桂系军阀与政学系联合控制下，均告失败。"⑤

6月 发表通电，驳斥徐佛苏提出的南北分治说。⑥

是月，南北和平会议北方代表徐佛苏提出南北分治说，以解决国事。胡汉民斥之为武力分赃，先生也以粤籍议员名义，通电加以驳斥。

通电署名有粤籍护法议员数十名。通电说道："近来因和议停顿，一部分人忽发电为南北分治之言，而南北有政治责任之人，亦有为此主张者。某等不敏，窃期期以为不可。数年来国内所争持者，逆与不逆，法与不法而已。未尝以南北为鸿沟，实以邪正为泾渭，南北名词，将嫌不伦矣。况陕西非南，实力护法，福建非北，犹有逆师，更无从分别南北。在主张南北分治者，无非以息争为辞。究之南北，将以黄河为界，抑以长江为界？福建、陕西、湖南、湖北，各有其半，孰北孰南，何从而定？欲以分南北而息兵者，不啻以争南北之

---

① 邹鲁：《回顾录》，岳麓书社2000年9月第1版，第87～88页。

② 梅萼：《邹鲁文存》第五集，文海出版社有限公司1988年印行，第63页。

③ 陈锡祺：《孙中山年谱长篇》，中华书局1991年8月第1版，第1187页。

④ 邹鲁：《谨述我亲见亲闻的国父言行》，重庆《扫荡报》载六全大会特刊，1945年5月5日。

⑤ 陈哲三：《邹鲁与广东革命基地的建立（1906～1923）》，见张主法：《中国现代史论集》第七辑《护法与北伐》，台湾联经出版事业公司1982年5月版，第22页。

⑥ 许继峰：《邹鲁与中国革命（西元一八八五～一九二五）》，正中书局1981年1月台初版，第106页。

界，而战争益列。蒙古、西藏，更无从定其所属。平分既有不能，偏归则五族共和之民国，自为破裂。匪独内争愈纷，无法保全固有之国土，将使分而为二者，更离而为三。即准之国际，当时承认之中华民国，亦属不符。加以野心之国，从而利用侵占，卖国者益易自由，势必外祸纷来，各谋脔割，循至扰乱世界和平。斯时国已不国，南北何有？言念及此，尤深惶骇！纵令万幸，南北分界，能悉行妥协，蒙藏亦不发生问题，南北内部，亦各益团结，国家可取支配得宜之效；然南方之人，不少有关系在北，北方之人，不少有关系在南，斯时南北互归，驱国人于流离转从，择居谋业，实陷入无穷之苦境，国计民生，损失又岂浅鲜？且一国化而为二，各有野心，以谋统一，南不侵北，安保北不侵南？即暂时归于平息，终必按剑相防。于是南北军队，匪惟不减，且日以增；武人专权，为祸更烈，国家政治，永无清明；学术荒芜，百业停废，民生益困；以此求治，实南辕北辙。是南北分治，无一见其可也。吾国不欲立于世界则已，如欲立于世界，决无可以苟且求安者。提倡此言，实摇国本。目前解决时局，惟有悉泯内部之私见，坚持护法之初心，厉兵秣马，直捣黄龙，上也。本正义之主张，勿屈挠于坛坫，以待国中舆论公判，求最后合法之和平，以收统一，次也。若夫单独行动以为腐鼠之争者，甚至互相倾轧，不惜内哄，非特有污护法之旗，即所谓个人权利，亦终归失败，徒遗人格损失之讥而已；犹较胜于倡分裂者，谋各固武力，以益国民之纷扰，促国家之危亡也。心所谓危，不敢缄默，不弃浅陋，加以教益，幸甚幸甚！”①

6月 向护法国会提出《质问粤省长私相授受案》。②

先生在听闻代理粤海道尹张锦芳自称，准前代理广东省省长翟汪咨请护理广东省省长，出示接印视事，感到殊为诧骇，提出该案。提案指出，任免文武官吏属于大总统职权，张锦芳擅称广东省省长属于违法，基于此，依法提出两点质问。

8月1日 撰写《赌祸》一文，发表在《建设》创刊号上。

先生以“记者”的身份，从赌别、赌史以及赌祸的救济方法等方面分析了两广赌博的危害，“大之影响民国根本，次之影响地方治安。”③ 要从根本上解决两广赌害，“实赖两粤人民之自决自治，定为省规，开赌包赌不禁赌之官吏军人，吾两粤人民，不予承认；承赌包赌赌博之人民，吾两粤人民自行分别

---

① 邹鲁：《澄庐文选》，正中书局1948年5月初版，第321～322页。

② 梅萼：《邹鲁文存》第一集，文海出版社有限公司1988年印行，第61～62页。

③ 中国国民党中央委员会党史委员会：《邹鲁先生文集》，中国国民党中央委员会党史委员会1984年6月30日出版，第92页。

严治。准备实例而能，证诸习惯而可，诚能如此，两粤赌祸，庶其有豕。”①

《建设》是由孙中山指派朱执信、廖仲恺在上海创办，并由中华革命党主办的理论刊物，月刊，16 开，由东亚图书馆出版。②

秋 作《金烈士国治传赞》，未竟。③

10 月 军政府日益破裂之际，先生开始以救国军名义运动粤省民军，以备随时响应粤军行动。④

12 月 18 日 撰写《黄花岗七十二烈士纪念碑》碑文。

碑文记载了在黄花岗建墓立碑纪念“三二九起义”牺牲烈士的经过。碑文写道：“呜呼！此役所丧失者，不特吾党之精锐而已，尽合国中之俊良以为一炬，其物质之牺牲不可为不大。然精神所激发，使天下皆了然于党人之志节操行，与革命之不可以已，故不踰年而中华民国遂以告成，则其关系甯不重歟！然念国难之无穷，贤才之易尽，执笔作记，又不胜后死之感也！”⑤

冬 受孙中山命，策反桂系，摧毁桂系在广东的军事势力。

是年至 1920 年间，广东督军莫荣新获悉援闽粤军有回师广东的动向后，为了巩固其在广东的统治，加速收编军队，扩大桂系力量，积极戒备。孙中山认为，要贯彻护法主张，就必须坚决彻底摧毁桂系在广东的军事势力。是年冬，在闽粤军统帅陈炯明准备回粤期间，派参谋长邓铿前往上海谒见孙中山，请示并商议对策。众人研究认为有必要对桂系进行策反，分化敌方势力，以利快速取得胜利。同时了解到，分布在饶平、大埔等地广东第一道防线的广东护国第四军总司令刘志陆所部第四团的上中下级军官多数为广东籍，特别是潮、梅籍人士，“于是决定以当时在潮梅地区有声望、地位的姚雨平、邹鲁担任这项任务，会议决定后，就通知姚、邹二人，加速开展策反工作。”⑥

桂系是当年驱逐龙济光运动时由先生全力促成入粤的，岂知桂系入粤后倒行逆施，粤民叫苦不迭，先生也自认为“无敢逃罪”。

先生接到孙中山的命令后回到香港，得知范准在刘志陆部下林良彝统领所属的七十五营营部任书记之职。当时全营官兵已经调往枫朗驻防，营部设在高

---

① 中国国民党中央委员会党史委员会：《邹鲁先生文集》，中国国民党中央委员会党史委员会 1984 年 6 月 30 日出版，第 108 页。

② 李松林等：《中国国民党大事记》，解放军出版社 1988 年 8 月第 1 版，第 97 页。

③ 梅萼：《邹鲁文存》第四集，文海出版社有限公司 1988 年印行，第 13 页。

④ 许继峰：《邹鲁与中国革命（西元一八八五～一九二五）》，正中书局 1981 年 1 月台初版，第 109 页。

⑤ 据广州市黄花岗公园内碑文记载文字。

⑥ 范准：《粤军回粤策反活动的片段回忆》，见广东省政协学习和文史资料委员会编《广东文史资料存稿选编》第二卷，广东人民出版社 2005 年 12 月第 1 版，第 290 页。

陂商会，营长廖翼佐，营附兼代连长丘肇周均在高陂，丘为大埔人，和先生关系密切。先生派刘次贞回来找范准，传达先生交给范准对廖营的策动任务。范准当时考虑到廖翼佐营长与先生素不相识，没有感情，与他联系困难很大，决定商请与先生友好而又有地位、为廖营长所倚重的刘织超（做律师和法官）和林谔庵（商会坐办、县议会副议长）去见廖营长，说明先生对他的要求："拥护孙中山护法，在粤军回粤战争中，乘机起义，共同推翻莫荣新在广东的统治。"① 并说明粤军回粤必然胜利的道理，以增强他的信心。廖经他们的说服，勉强答应。

是年 在香港汇集各处寄来关于黄花岗七十二烈士稿件，编列成七十二烈士姓名表原稿五张以及附记意见，寄交广州黄花岗七十二烈士审查会第一次会议。此次会议审定了五十六名烈士的姓名。②

是年 撰写《马母太夫人六十寿辰》，以祝贺马君武母亲寿辰。③

1920年（民国九年　庚申）三十六岁

1月1日至8月 继续策反桂系，摧毁桂系在广东的军事势力。

刘志陆部第七十五营于夏初调回潮安，营长一职由刘志陆另派邓硕甫（梅县人）接手，廖翼佐升任帮统，范准调帮统部任书记兼办部内事务。交接手续告一段落后，该营调往凤凰山（接近茂芝前）一带驻防。先生了解这一变化后，派谭启秀来潮安找到范准，可范准已经前往汕头，没有见面。约隔一个星期，先生又派蒋光鼐前去找到范准。蒋了解到第七十五营虽然易长，但尚有丘营副兼代的第四连和蔡纵（大埔人，与先生关系友好）的第三连可靠，廖翼佐升任帮统，没有实权，恐有问题的情况后，又提出先生交给的另外一个任务，即对刘志陆的护士营营长饶富（与先生有同乡朋友关系）联系。当时护士营是在潮安城内训练，当晚范准约蒋光鼐前往该营连长罗兼柔（与先生关系密切，与蒋在反袁讨龙的活动时相识）家会谈。罗兼柔得悉蒋的来意后，

---

① 范准：《粤军回粤策反活动的片段回忆》，见广东省政协学习和文史资料委员会编《广东文史资料存稿选编》第二卷，广东人民出版社2005年12月第1版，第291页。

② 程焕文、张靖、周旎：《邹鲁未刊稿》下册，广西师范大学出版社2008年3月第1版，第772页。

③ 梅萼：《邹鲁文存》第四集，文海出版社有限公司1988年印行，第25页。

对蒋说："我可以接受邹鲁交给的任务，但饶富营长与刘志陆关系密切，不好商谈，如何进行，我们当慎重考虑，情形如何，再行奉告。"[①] 蒋于次日返香港复命。范准和罗兼柔在第二天和护士营书记蓝逸川（系先生的同学好友）密谈，结果决定商请与饶富营长平日友好又与先生关系密切的同乡邹敏初、涂云史、范韵琴、江公伟等与饶富密谈，提出先生对他的要求："拥护孙中山的护法主张，当粤军回粤战争中，乘机起义，协同推翻莫荣新在广东的统治。"[②] 饶富在同乡好友的大义压力之下，无法推却，不得不答应"相机行事"。饶富的得力助手，在该营有相当威望的营副丁伟（广东人）平日很信仰孙中山和先生，通过蓝逸川的联系，也得到他的完全同意。

桂系于8月11日下令进攻福建。粤军得到桂军动员进犯福建的报告后，即下令回师广东。12日，陈炯明在漳州公园誓师声讨桂系，标举"粤人回粤"的口号，兵分三路回粤讨伐桂系。以第二军全部任右翼，由许崇智指挥；以第一军之一部任中路，由叶举指挥；另以第一军之一部任左翼，由邓铿指挥，与中路军会合，共同肃清韩江下游桂军，以破惠州为最后目标。

孙中山命令先生、姚雨平等以义勇军名义在潮汕、梅县应援陈炯明，[③] 运动刘志陆的亲信军官饶富、罗兼柔为内应，义勇军张我东复在惠州上游接应，谭启秀沿海而前。粤军将士久驻闽南，屡受桂系挫抑，此次反击桂军，颇有破釜沉舟之志，因此战斗力极强，攻势凌厉。莫荣新悉调桂系精锐莫正聪、卢炎山、江永隆、刘达庆、卓廷贵、林虎、马济、沈鸿英及滇军李根源全部分头抵御，均被击溃。次日，广东大埔、黄岗、饶平等处相继为粤军攻克。16日，讨伐桂系军阀的战争开始，陈炯明下令进攻，粤军全面向桂军开战。17日，粤军右路许崇智占领大埔，中路叶举占领饶平，左路邓铿占领诏安。19日，右路汕头许崇智占领梅县，中路叶举占领潮州，潮汕镇守使刘志陆所部在先生和姚雨平的有效策反下，多向粤军投降。刘志陆在各线崩溃的情况下，带领护士营来潮安，驻在统领部（饶富和罗兼柔随侍在侧），企图做垂死挣扎，但其派往前线作战的廖翼佐帮统、身边的饶富、罗兼柔、护士营丁伟营副均已被先生策反，最后饶富以与刘志陆"因同学友好和上司关系，不能忘恩负义"为由，安排一排兵力礼送刘逃亡广州，而饶富自己带同全营官兵上火车向汕头进

---

① 范准：《粤军回粤策反活动的片段回忆》，见广东省政协学习和文史资料委员会编《广东文史资料存稿选编》第二卷，广东人民出版社2005年12月第1版，第292页。

② 范准：《粤军回粤策反活动的片段回忆》，见广东省政协学习和文史资料委员会编《广东文史资料存稿选编》第二卷，广东人民出版社2005年12月第1版，第292页。

③ 陈锡祺：《孙中山年谱长篇》，中华书局1991年8月第1版，第1269～1270页；邹鲁：《澄庐文选》，正中书局1948年5月初版，第370页。

发。20日，左路军邓铿占领汕头。是日，《申报》香港电："洪兆麟、邹鲁合兵千余晉（20日）早到汕，协同警察沿户捕桂军残兵，秩序尚好，商人燃爆欢迎，洪以汀浦潮梅镇使及第四司令名义出示安民，派侯铁梅（侯腾）为汕警长。刘志陆、卓廷贵搭商船逃回省城。"① 21日，潮安收复。莫荣新在潮、梅地方的统治结束。

饶富抵达汕头后，即通知留汕的邹敏初和各同乡。次日邹敏初携带"粤军义勇军司令邹鲁"的旗帜（这个名义是孙中山和邓铿开会时决定的）前往汕头火车站，引导全营官兵进入汕头市区，在奇碌一间大洋楼内设立粤军义勇军司令部。邹敏初以粤军义勇军司令部参议名义代行先生职权，委任侯腾为汕头商埠警察厅厅长，维持市区地方治安，全市关门已经四五天的商店才开门照常营业。第三天，先生由香港来到汕头后，委任饶富为参谋长兼第一支队长，谭启秀为第二支队长，蒋光鼐为副官长，黄埔南为军需处长，范准为副处长代行处长职务，收编刘志陆所部的溃败投诚官兵共约有两个营的数目。

先生还以义勇军总司令名义发表檄文，声讨岑春煊、陆荣廷、莫荣新等。檄文说道："窃维复辟乃共和巨敌，盗贼实民国大仇。岑春煊、陆荣廷、莫荣新等，始则为殃民误国之官僚。……鲁除遵孙大总裁、陈总司令随时号令外，谨与国民共约义师，除去逆贼，誓本共和精神，行民治主义。……至义师所到，有敢扰乱闫间，伤害外人者，杀无赦。"②

由海陆丰进攻的一支军队，乘胜到了平山淡水，突被陆荣廷军队截击，不支败退，电汕请求救兵。当时在汕头没有军队，先生的义勇军亦分派在外，只剩谭启秀部一个支队在甲子，先生就派该支队就近火速增援。谭部到达海丰附近的一个山头，刚好遇到前方部队败退至山脚，陆荣廷军队尾追不已，谭启秀立刻将队伍散开，一声鼓噪，直冲下山。粤军见援兵开到，声势复振，当即奋勇回身冲杀，陆荣廷军队不支败退，粤军直抵广州。③

范准认为："粤军义勇军司令（邹鲁）和潮汕卫戍司令先后在粤军回粤部队占领潮汕地区的先后出现，并不是偶然的。他们在粤军回粤作战的前后过程中，吸引着莫荣新摆在第一道防线上的百分之五十以上的军事力量，转化为自

① 汕尾市人物研究史料编纂委员会：《汕尾市人物研究史料（陈炯明与粤军研究史料）》第一辑，1994年3月印刷，第473页。

② 中国社会科学院近代史研究所中华民国史组：《中华民国史资料丛稿大事记》第六辑，中华书局1978年7月第1版，第83页。

③ 邹鲁：《回顾录》，岳麓书社2000年9月第1版，第89页。

己的力量，这是策反胜利的标志，是孙中山正确领导的结果。”①

李培生认为：粤军回粤，先生功绩显著。由于潮梅守军已为先生及姚雨平等人运动分化，潮汕不出旬日而定。桂军将领也承认：“潮汕失守，谓为兵变亦可。”② 潮汕既得，广东门户大开，桂军士气低落，各方纷纷响应。10月22日，粤军攻下惠州，29日李福林、魏邦平入广州，广东次第平定。③

许继峰认为：“在粤军回粤这段过程中，邹鲁在配合其行动上可谓煞费苦心，他与朱执信等为了恢复这块革命根据地，多方奔走、策划，真是不辞艰苦、不计代价，因为他认为国民党若想继续发展，必先掌握粤省。所以迭次向国父献言；在行动上，他也一直表现著积极主动，一往直前，当然，无可讳言地，他热心支持这次行动，多少也抱持著赎罪的心情。”④

春 举荐学成归国的张竞生担任省立潮州中学（今汕头金山中学）校长。

4月1日 致函田桐。

信函主要内容为：

“1. 陈炯明同意及经济支持下，用救国军名义进行，且预留总司令一职备陈。

2. 潮梅军队已得手大半，一呼便可起事。琼崖方面也全势力归之。高雷方面，亦极成熟，罗定方面已有三营军队。东江方面军队不及二营，绿林则多，但恐无大用。广州方面有一要塞及炮兵一连，游击队少数，桂军亦有接头。

3. 款项万分困难，如经济活动，粤事如在掌中。

4. 将来当于潮梅发动后，用潮梅军入东江，然后用绿林响应。”⑤

以上陈述对照此后事实发展，竟没有不依先生之言进行的，“这当然要归于邹氏识见深远与号召力之巨大”⑥。

---

① 范准：《粤军回粤策反活动的片段回忆》，见广东省政协学习和文史资料委员会编《广东文史资料存稿选编》第二卷，广东人民出版社2005年12月第1版，第294页。

② 李培生：《桂系据粤之由来及经过》，中国国民党中央党史会编《革命文献》第51辑，第84～85页。

③ 刘常山：《邹鲁与广东盐务的改革（1920～1922）》，见《逢甲人文社会学报》第7期，2003年11月。

④ 许继峰：《邹鲁与中国革命（西元一八八五～一九二五）》，正中书局1981年1月台初版，第113页。

⑤ 陈哲三：《邹鲁与广东革命基地的建立（1906～1923）》，见张主法：《中国现代史论集》第七辑《护法与北伐》，台湾联经出版事业公司1982年5月版，第22页。

⑥ 陈哲三：《邹鲁与广东革命基地的建立（1906～1923）》，见张主法：《中国现代史论集》第七辑《护法与北伐》，台湾联经出版事业公司1982年5月版，第23页。

6 月至 7 月 多次到漳州劝陈炯明班师回粤，进行护法。

国内时势迫急，护法有中断的可能，孙中山派蒋介石与朱执信到漳州叫陈炯明回师。先生也迭次到漳州劝解。最后一次前往漳州之前，先生秘密到广州李福林处，请他在粤军回粤时，即行内应。李满口答应。于是先生到漳州对陈炯明说："现在你不回师，等到将来岑（岑春煊）等勾结就绪后，你不免要被消灭的。与其将来被消灭，不如现在回师。成则可继续护法大业，败亦为护法牺牲，非常光明。"①

陈炯明一则因为实力不足，再则因为粮饷均缺，颇多顾忌，不愿回师广东。

7 月 12 日 接到所办潮梅发难部队失败的电告。

二次革命后，龙济光、陆荣廷相继治粤，烟赌盛行，民生艰困，先生认为，"究其总因，则以任粤长官非粤人"②，各方咸有"粤人治粤"的主张。先生知道粤军回粤只是时间问题，而回粤时必经潮汕，先生自清末革命时期，就曾经在潮梅地区联络同志，在当地有很好的人脉关系，就在潮汕积极联络民军，并计划潮梅发难，为日后粤军回粤铺路。

是日，先生所办潮梅一部因援款无法及时送到而延期发难，但在定期发难之前破泄一部分，潮州预备发难的机关枪一连，林某一连，紧要排长被莫荣新部枪毙，刘志陆卫队被枪毙数人，枫郎二营除被枪毙三人外，尚有数人逃开。为了了解真实情况，先生派人前往调查主要力量是否全败，来电则称，"曾有小数失败，无妨大体，不过须稍改时日耳；惟经济总竭蹶万分，总请有以调济之。"③

7 月 13 日④ 上书孙中山，将潮梅发难情形呈报，并请孙中山在财政拮据的情况下拨款支援。⑤

7 月 21 日 《申报》香港电称："党人起事，闻为某伟人与李耀汉主动，名救国军，徐绍桢、周之贞、邹鲁、何克夫、黄明堂、林警魂、任鹤年分任各路司令，被当道察觉，不敢发动。当道筹布防务，分配各舰，饬属戒备，大局

---

① 邹鲁：《回顾录》，岳麓书社 2000 年 9 月第 1 版，第 89 页。

② 邹鲁：《澄庐文选》，正中书局 1948 年 5 月初版，第 326 页。

③ 中国国民党中央委员会党史委员会：《邹鲁先生文集》，中国国民党中央委员会党史委员会 1984 年 6 月 30 日出版，第 285 页。

④ 中国国民党中央委员会党史委员会编《邹鲁先生文集》（中国国民党中央委员会党史委员会 1984 年 6 月 30 日出版，第 285 页）认为是"民国七年七月十三日"。

⑤ 中国国民党中央委员会党史委员会：《邹鲁先生文集》，中国国民党中央委员会党史委员会 1984 年 6 月 30 日出版，第 285 页。

可无虞。”[①]

8 月 13 日 广州军政府下令解散援闽粤军驻汕头行署，但仍留在潮梅的国民党人先生、谭启秀、蒋光鼐、林滑等人组织了“义勇军”还在坚持战斗。[②]

8 月 20 日 粤军进入汕头。粤军入潮兵额总数共 80 营，其中许崇智部 40 营，熊略部、洪兆麟部、邓铿部、先生部共 40 营。[③]

8 月 24 日 早，陈炯明、先生到达汕头，“带卫队二百余，均赴前敌，商会欢迎，当场捐军饷多万。”[④]

抵汕后，陈委任先生为汕头道尹。[⑤] 先生接任后，“即先布告禁赌”[⑥]。

8 月 25 日 陈炯明下令，洪兆麟担任的潮梅镇守使、先生担任的潮循道尹，一律暂行取消，各督所部开赴前敌，进攻广州。[⑦]

8 月 26 日 《申报》载电文云：“粤军四路围惠州，邹鲁攻揭阳惠来，邓本殷、梁鸿楷攻海丰陆丰，昨已占陆丰。钟景棠在普宁策应。熊略逼龙川，谢文炳占蓝关，许崇智由五华进占紫金，逼河源。桂军由刘达庆为前敌司令，守河源龙川，卓廷贵守惠阳，两军由漾（23 日）起剧战，连日省调兵赴惠极众，马济、陈坤培昨抵石龙转赴惠州，马济赴汕尾军，已与钟景棠军接战。闻滇军入桂，陆二十营自梧封船至肇，忽闻讯折回，粤邕电不通。”[⑧]

8 月下旬 广东久蛰各地的民军跃跃欲动，桂军一时陷入困境。孙中山以民军可用，再命先生、朱执信、胡毅生等人分头加以策动，黄明堂、陈继尧、周之贞等纷起响应，共数十起。[⑨]

---

① 汕尾市人物研究史料编纂委员会：《汕尾市人物研究史料（陈炯明与粤军研究史料）》第一辑，1994 年 3 月印刷，第 122 页。

② 广东省立中山图书馆：《民国广东大事记》，羊城晚报出版社 2002 年 11 月第 1 版，第 119 页。

③ 陈哲三：《邹鲁与广东革命基地的建立（1906 ~ 1923）》，见张主法：《中国现代史论集》第七辑《护法与北伐》，台湾联经出版事业公司 1982 年 5 月版，第 23 页。

④ 汕尾市人物研究史料编纂委员会：《汕尾市人物研究史料（陈炯明与粤军研究史料）》第一辑，1994 年 3 月印刷，第 474 页。

⑤ 陈锡祺：《孙中山年谱长篇》，中华书局 1991 年 8 月第 1 版，第 1272 ~ 1273 页。

⑥ 陈哲三：《邹鲁与广东革命基地的建立（1906 ~ 1923）》，见张主法：《中国现代史论集》第七辑《护法与北伐》，台湾联经出版事业公司 1982 年 5 月版，第 23 页。

⑦ 陈哲三：《邹鲁与广东革命基地的建立（1906 ~ 1923）》，见张主法：《中国现代史论集》第七辑《护法与北伐》，台湾联经出版事业公司 1982 年 5 月版，第 23 页。

⑧ 汕尾市人物研究史料编纂委员会：《汕尾市人物研究史料（陈炯明与粤军研究史料）》第一辑，1994 年 3 月印刷，第 474 页。

⑨ 许继峰：《邹鲁与中国革命（西元一八八五 ~ 一九二五）》，正中书局 1981 年 1 月台初版，第 111 ~ 112 页。

9月5日 上书孙中山，报告讨桂军事布置情形，并请示下一步工作。①

是月17日，孙中山函复先生："……所有如何进行之处，即请命竞存（陈炯明）总司令，以便统筹全局，随机策应。……"②

9月6日 虎门炮台宣布独立。③

是日，虎门炮台在朱执信、吴礼和的策动及在与先生所策动的东江民军，即邓钧所部的戴沛部的进攻下，宣布独立。随即，先生任命邓钧为虎门要塞司令。④

虎门独立，阻断了桂军退路，桂系受到重大打击。但民军因收缴降军枪械数十杆而引发冲突，降军要求朱执信前来调停，民军也表示同意。21日，朱执信赴太平圩附近的虎门乡司令部，商议调停，双方表示自此息兵和好。事毕时，降军突然发起攻击，朱执信、邓钧被乱枪击中遇难。先生痛悼之余，努力完成了二人未完成的编写"三二九"起义信史的工作。

此前，邓钧由京返粤经沪，会晤朱执信，邓慷慨陈述讨伐桂系大计，并表示东莞民军可以作为进攻桂系的力量，朱执信于是将邓钧介绍给先生。⑤

10月1日 先生所部义勇军张我东、刘文灿、刘经划、梅萼等人纷纷在惠州及沿海各地起义响应讨伐桂系，先生另派郑里铎赴琼州（今海南省）联络陈继虞、王鸣宇起义，将琼州占领。⑥

广东省内其他部分起义的也不少，而陆荣廷系军队则各路败退。岑春煊等见势不佳，于是月14日通电解除军政府职。李福林实践诺言，与魏邦平在河南（指广州珠江南岸地区）宣告独立。莫荣新只得于是月27日率领残兵退回广州。其后，全省次第克复。

10月26日 回到广东。⑦

10月29日 抵达广州。是日粤军克广州。⑧

---

① 许继峰：《邹鲁与中国革命（西元一八八五～一九二五）》，正中书局1981年1月台初版，第112页。

② 陈锡祺：《孙中山年谱长篇》，中华书局1991年8月第1版，第1281页。

③ 陈哲三：《邹鲁与广东革命基地的建立（1906～1923）》，见张主法：《中国现代史论集》第七辑《护法与北伐》，台湾联经出版事业公司1982年5月版，第23～24页。

④ 邹鲁：《澄庐文选》，正中书局1948年5月初版，第370页。

⑤ 梅萼：《邹鲁文存》第四集，文海出版社有限公司1988年印行，第13页。

⑥ 陈哲三：《邹鲁与广东革命基地的建立（1906～1923）》，见张主法：《中国现代史论集》第七辑《护法与北伐》，台湾联经出版事业公司1982年5月版，第24页；许继峰：《邹鲁与中国革命（西元一八八五～一九二五）》，正中书局1981年1月台初版，第112页。

⑦ 邹鲁：《回顾录》，岳麓书社2000年9月第1版，第90页。

⑧ 陈哲三：《邹鲁与广东革命基地的建立（1906～1923）》，见张主法：《中国现代史论集》第七辑《护法与北伐》，台湾联经出版事业公司1982年5月版，第24页。

全省陆续收复后，先生把所部署的义勇军两万余人大部分遣散，小部分拨归陈炯明收编。

10月30日 主张废督，举陈炯明为粤总司令。

是日，香港电称："粤籍国会议员谢英伯、邹鲁、王斧等主张废督，举陈炯明为粤总司令，专任军务；汉民（胡汉民）任省长。请孙（孙中山）、伍（伍廷芳）、唐（唐绍仪）回主军府事宜，海军总长由汤（汤廷光）署，否认非法省会。"[①] 11月28日，孙中山、伍廷芳、唐绍仪抵达广州，次日，孙、伍、唐等通电宣布恢复军政府，并重开第一次政务会议，选定各部长。

10月31日 陈炯明致电孙中山等人，请求任命先生为财政厅长。

陈电称："孙（孙中山）伍（伍廷芳）唐（唐绍仪）各总裁钧鉴：省城克复之后，百端待理，不可一时缺，查政务厅长等职向由政府委任，敢举所知以备简命。政务厅长廖仲恺可以胜任，财政厅长邹鲁可以胜任。扫除桂蠹积习，刷新吏治，于是乎在。如何之处，敬候卓裁。"[②]

孙中山认为财政为所有主政者必须掌握的部门，几经考虑，复电认为邹鲁长政务，廖仲恺长财政为妥。陈炯明于11月4日复电同意。[③] 由于孙、陈二人对先生的职务安排出现不同意见，先生决定"均辞不就"[④]。

财政为庶政之母。从陈炯明推荐先生担任财政厅长，可以看出他与陈炯明关系的密切，其密切程度胜过与孙中山的关系。

11月4日 军政府令：任命邹鲁为广东政务厅长。[⑤]

11月13日 《申报》发表《陈炯明充任省长后之广东》一文，文中写道："陈（陈炯明）总司令今此次率师返粤，第一事即为禁绝广东赌博，……粤军各将领亦以赌博之害，甚于洪水猛兽，故对禁赌一事，无不极端赞成，其中尤以邓铿、洪兆麟、邹鲁、熊略、黄强等赞同最大。"[⑥]

11月15日 海外国民党同志恳亲大会在广州亚洲酒店举行，陈炯明、邓铿、洪兆麟、先生、孙科、冯自由、谢英伯等人出席。[⑦]

11月17日 向军政府各总裁递交辞广东政务厅长电。

---

① 《专电》，见《申报》，1920年10月31日。

② 陈锡祺：《孙中山年谱长篇》，中华书局1991年8月第1版，第1305~1306页。

③ 刘常山：《邹鲁与广东盐务的改革（1920~1922）》，见《逢甲人文社会学报》第7期，2003年11月。

④ 邹鲁：《回顾录》，岳麓书社2000年9月第1版，第90页。

⑤ 中国第二历史档案馆：《中华民国档案资料汇编》第四辑（一），江苏古籍出版社1991年6月第2版，第11页。

⑥ 《陈炯明充任省长后之广东》，见《申报》，1920年11月13日。

⑦ 广东省立中山图书馆：《民国广东大事记》，羊城晚报出版社2002年11月第1版，第124页。

电称："军政府各总裁鉴：鲁奉命为广东政务厅厅长，汲深绠短，敬谨告辞。幸为允准，无任切祷。邹鲁。真。"①

11月25日 接任两广盐运使。②

先生出任两广盐运使是孙中山慧眼识才的主要结果。刘常山认为："邹鲁因为在粤军回粤的过程中，组织义勇军，联络驻守潮汕的军队，响应粤军，对重建广东革命基地，贡献很大，在孙文和陈炯明都同意的情形下，出任两广盐运使，此举一方面是盐运使的职位，依照民国三年（1914年）财政部盐务署釐定各省运署章程时，将两广盐运使定为最要缺，薪额定为八百八十元，职权、待遇、福利均佳，以此职位酬庸邹鲁对重建广东革命基地的贡献，是一个妥当的安排；另一方面，广东省主要财源，全靠财政厅及盐运署的收入，此二机关成为广东革命政府和广东省政府经费供应者，其主官必须是孙文及陈炯明都信任的人，邹鲁符合了此一重要条件，得以出任此职务。"③

陈哲三记述："孙文任命陈炯明为广东省长，并特别嘱陈炯明任命邹鲁为两广盐运使。"④

先生接印后，就遇到一个难题。原来粤军返粤前后，正系军事匆忙时期，有一些盐商乘机偷运洋盐。前任不分黑白，以为一切盐船所载的都是洋盐，予以全部扣留，共达四五十艘。经过好久仍无法解决问题，盐商怨声载道。先生到任后第三日，传集有关盐商，亲自个别迅问，凡认为确系洋盐的，一律充公；若系场盐，立刻发还。由于判断正确，群情大悦。那时军饷来源，全靠财政厅和盐运使署两个机关。因为全省还有不少地方，尚在军阀占据下，而军队数量则有增无减，所以政府财政往往入不敷出，军饷尤不能按时发给。在这种情形下，不免时向盐商借款，因为感情欠佳，总要费尽周折，才能成功。自从先生解决了扣盐船案后，盐商态度大变，凡遇到政府向他们借款，总是满口答应，从不敷衍推诿。而先生为维持政府信用，也按时配足给他们的盐。这样，政府和盐商之间感情非常融洽。

---

① 中国第二历史档案馆：《中华民国档案资料汇编》第四辑（一），江苏古籍出版社1991年6月第2版，第11页。

② 刘常山：《邹鲁与广东盐务的改革（1920～1922）》，见《逢甲人文社会学报》第7期，2003年11月；汕尾市人物研究史料编纂委员会：《汕尾市人物研究史料（陈炯明与粤军研究史料）》第一辑，1994年3月印刷，第512页。

③ 刘常山：《邹鲁与广东盐务的改革（1920～1922）》，见《逢甲人文社会学报》第7期，2003年11月。

④ 陈哲三：《邹鲁与广东革命基地的建立》，见《近代中国》第8期，1978年12月。

先生上任后，随即成立盐务研究会，并出任主持人，时常开会研讨盐务，不久即成为盐务行家。从治标及治本方面整理盐务，严肃盐署办公纪律，严令打击走私食盐，整顿盐警中饱私囊等工作均取得可喜成绩。

人事任免是一项十分复杂、需要高超技巧的工作。盐警署内不称职的人很多，加之粤军将领所举荐的人也不少，先生面临难以应付的人事整顿问题。先生首先查明档案，考察旧人以往的工作成绩；次则咨询盐商，借此了解盐警署人员表现的好坏，优留差撤。凡是缺额，尽先任用早期由先生统领的义勇军将官和粤军将领举荐的人。这些人上任前，无论何人，先生均恳切谈话："这次光复广东，因为你有功劳，才给你这个位置。但是有两点，你必须随时注意：第一，不要居功自大，任意妄为，否则被我发觉，决不姑息。因为我们革命党人，视国事如己事，应有革命精神，如若做出坏事，就是违反革命精神，丧失革命人格。第二，要知道你对盐务是门外汉，因此对于旧同事，要诚恳合作，虚心接受他们的意见，并且要随时留心，随地注意，有机会多做实地考察工作，然后才会明了自己的职责，盐务可望改善。"① 是时，先生任用的人员包括从广东省高等检察厅检察长职位上调来的陆国垣，② 以及张六士、蒋光鼐、余子青、彭荃香、区国梁、吴奇伟、范汉杰、梁季宽、萧冠英、邹敏初、邹琳、胡文灿、程鸿轩、许远、赵静山、范其务、胡文耀、彭祖佩等，这些人努力工作，成绩非常之好，许多人后来成为各个领域的栋梁。

不过，整体来说，处在那个时代，先生的用人方式，"仍脱离不了牵亲引戚，门生故旧，任用私人的窠臼，但是在他有心把盐政事务作好的前提下，仍任用了懂得盐务的梁致广、邹琳等人。"③

11 月 29 日　陪同孙中山游览广州观音山。④

中午 1 时，孙中山邀先生、李耀汉、周之贞、李安邦各司令及其哲嗣孙科，笠屐登临广州军事要地观音山。适民党旧同志陈学彬入府请谒，孙因其前在南洋办理党务，深资得力，遂令其前导上山。游览至傍晚才下山回府晚膳。

11 月　孙中山复函先生，催促先生统帅征桂。

孙中山因见先生所部在讨伐桂系的战斗中首先发难，功绩卓著，而广西未下，粤省难安，故除函促粤军各将领及民军首领外，亦函促先生统帅征桂。函

---

① 邹鲁：《回顾录》，岳麓书社 2000 年 9 月第 1 版，第 93 页。

② 王鸿鉴、黄绍声：《陈炯明统治广东时期的若干措施》，见广东省政协学习和文史资料委员会编《广东文史资料存稿选编》第二卷，广东人民出版社 2005 年 12 月第 1 版，第 372 ~ 373 页。

③ 刘常山：《邹鲁与广东盐务的改革（1920 ~ 1922）》，见《逢甲人文社会学报》第 7 期，2003 年 11 月。

④ 陈锡祺：《孙中山年谱长篇》，中华书局 1991 年 8 月第 1 版，第 1322 页。

略称："来文备悉贵军情形，甚为欣慰。桂贼祸粤，于兹数载，此次粤军举义，贵军首先发难，厥次尤伟。而陈司令继虞，又复统率将士收复琼属，数月以来，驱兹丑类，势如破竹，未始非诸将士用命之功也。惟余孽未灭，隐患兹多，尚望再接再厉，统师西征，总冀捣其巢穴，扫清孽氛，则粤防于以巩固，而大局庶可有为矣。特此函复，并希转励诸将士为幸。"①

在粤军从闽回师和岑春煊、莫荣新等退出广州的时候，桂军师长刘震寰事前和先生约定，桂事如有机可图，就用密函通知先生，如粤军攻桂，刘愿意做内应。粤军回粤时，刘震寰派军需长郑茂村拿用烟纸包背面写来的信，说桂省没有防备，他可做内应，如粤军乘机攻桂，必然唾手可得；即使没有部队愿意去，只要由先生领导的义勇军前往，也可成功。先生得此密报后，就去和陈炯明商榷。但陈以为桂事应有整个计划，在粤省忙于整理军队之秋，暂不宜出动。先生只能写封回信，慰勉刘震寰，并嘱咐其静候机会。②

12月6日 获委为梅属善后主任。

是日，香港电称："绥靖处从缓设，暂委十一属善后主任，广州为李福林，肇属叶举，惠州邓铿、潮州洪兆麟，高雷胡汉卿，廉刘志桓，钦黄明堂，琼崖熊略，韶谢文炳，梅邹鲁，五邑陈德春。六个月为限。"③

12月7日 中华民国军政府发布命令，先生任两广盐运使。④

12月11日 陈炯明令先生取消义勇军。⑤

12月18日 孙中山命令先生负责国会筹备事宜。⑥

广州军政府成立，不能无国会辅助，因此社会上恢复国会的呼声甚高。在部分国会议员陆续抵粤后，虽不够法定人数召开正式国会会议，但是召开国会非常会议已经势在必行。孙中山鉴于此，"巧（18日）令邹鲁筹备国会非常会，定一月内复开，附政系议员，不得列席。"⑦ 先生奉命即开始准备招待和欢迎议员等事宜，预定一个月内开会。各议员陆续到粤，先后由沪来粤的有尚镇圭、吕志伊、万鸿图、李正扬、禹瀛、丁超五、岳昌侯、罗家衡等二十余人，其余亦都陆续到粤。众议院副议长褚辅成于18日早到粤，参议院议长林

① 中国第二历史档案馆：《中央党务月刊》，南京出版社1994年12月第1版，第5－458页。

② 邹鲁：《回顾录》，岳麓书社2000年9月第1版，第95页。

③ 汕尾市人物研究史料编纂委员会：《汕尾市人物研究史料（陈炯明与粤军研究史料）》第一辑，1994年3月印刷，第136页。

④ 陈锡祺：《孙中山年谱长篇》，中华书局1991年8月第1版，第1325页。

⑤ 汕尾市人物研究史料编纂委员会：《汕尾市人物研究史料（陈炯明与粤军研究史料）》第一辑，1994年3月印刷，第137页。

⑥ 陈锡祺：《孙中山年谱长篇》，中华书局1991年8月第1版，第1325～1326页。

⑦ 《专电》，见《申报》，1920年12月21日。

森在福州，日内启程前来。刻下褚副议长，已派员筹备秘书厅，其地点仍设在广州大沙头旧址。

是年 与许剑魂的三子邹和出生。①

邹和，毕业于美国芝加哥大学。邹和赴美留学，先生为此找到外交部长王宠惠帮忙，王提供了帮助。②

1921年（民国十年 辛酉）三十七岁

1月4日 主持盐务研究会第一次会议。

盐务研究会每逢星期一、三、五开会，或讨论问题，或组织专题演讲，大家都很热心贡献意见，对盐运使署中工作同人的工作效率提升有一定作用。“盐务研究会对所有应行改革事宜，均得议决，宣付实行，是一个体制外的组织，却是一个有实质功能的组织，例如：民国十年（1921年），运署盐务研究会提议，宝安鳌湾产盐官收，行销本县，设官收兼验缉局管理之，运署即依照建议办理。盐务研究会成为邹鲁担任两广盐运使期间，盐务改革重要规划机构。”③

1月10日 由谢持介绍，孙中山主盟，先生加入中华革命党。④⑤ 先生的党证字号为中字第100013号。⑥

3月初 陈炯明推荐先生为广东省省长。

陈炯明推荐先生出任广东省省长的目的是对抗许崇智及孙中山。孙中山来

---

① 程焕文、张靖、周旎：《邹鲁未刊稿》下册，广西师范大学出版社2008年3月第1版，第773页。

② 程焕文、张靖、周旎：《邹鲁未刊稿》下册，广西师范大学出版社2008年3月第1版，第855页。

③ 刘常山：《邹鲁与广东盐务的改革（1920～1922）》，见《逢甲人文社会学报》第7期，2003年11月。

④ 王岗：《邹鲁生平述略》，见广东省政协文史资料委员会编《近代广东名人录》第二辑，广东人民出版社1989年4月第1版，第113页。

⑤ 中华革命党已经于1919年10月改名为中国国民党，但先生仍在《回顾录》一书中称自己此时加入中华革命党。

⑥ 见《中华革命党党员名册》第二十一册，藏台北中国国民党中央党史研究会。

粤后，出现“孙陈暗斗”① 的局面，陈炯明不赞成设立广州军政府，许崇智则“以陈背前约，不得省长，乃屯兵北江，只身赴沪说孙，且愿以兵力为后盾，恢复军府，孙等始依然来粤。陈虽不欲，奈已之衔头，由孙而来，不能公然反对。惟有师桂系陈莫以老姨态待岑西林之故智，以敷衍之。不料陈已忍痛难堪，孙反愈加高兴，今日征西，明日讨北，闹个不休。实则枵腹从公，若无盐运司邹鲁每月九万元之供给，军府已不能举衅。在陈方面，尤为难者，北方招安之使，首以解散军府为条件，明知万难履行，不得已而思其次，则打销选举非常总统以敷衍之。打销之法，固非甚难，不过不发一言，消极对付，使不见诸事实而已。故自军府恢复迄今，政务会议，陈未到一次，亦未派代表出席者此也。他如请议员春宴，照例必演说数语，发表政见。此次无之，一若今夕只可谈风月者，其意可知。而一般军官，则在外发责任之议论，佥谓选举总统，尚非其时，加以各省之变，环境改观，而轰轰烈烈一座军政府，顿呈清静之象。日来已多书籍，使府中员司，于办公时间，且享此读书乐之至味，而非常国会议员，亦有月二百元之薪俸好支，如是而已。

陈之对孙如此，孙非不知，知之而不可奈何耳，然未尝不思应付之法也。阅者当忆军府开幕之初，许崇智即被任为国防第一军长，直接军府，不受陈节制。一切财政，均被截留，而北江一带，遂非陈有，此陈所最痛心者。其次则司法市政，亦为孙所垄断，陈之威权，已被削大半。而孙尤力持伐桂之议，命陈亲征，论者谓其意在调虎离山。虽不敢断其必有，而亦不敢信其必无，惟所可揣知者，陈于此事，难于应付耳。何则，伐桂一语，在粤中已为不容反对之论调，陈居粤军总司令地位，其可稍持异议乎？既无异议，惟有实行，但一举足间，一颗省长印信，必又被孙乾没，且欲举而升之许崇智，微特于心不甘，抑且难于后顾。故陈于省长继任问题，则提出邹鲁以抗许，而以征西总司令属之陈德春，如此则外负亲征桂省之名，内有保全省垣地盘之实。盖邹虽孙党，好在手无兵柄，且书生易制耳。在孙方面，又具明眼，观破机关，乃姑退一步，撤消许议而使胡汉民上台，今日之继任省长，要以胡呼声最高。陈于此不知又以何法对付之，然吾人所当知者，粤中自禁赌以来，兵饷无着，各路民军，虽经极力遣散，但已改编成军者，亦仅能发给伙食，窘状可知。今言西征，则西省贫瘠，万不能因粮于彼。筹饷问题，理当首决，陈其或者假此以迟迟其行吁。”②

---

① 《广东通信》，见《申报》，1921年3月29日。

② 《广东通信》，见《申报》，1921年3月29日。

3月7日 陈炯明派先生为代表，赴香港欢迎唐继尧从越南回国。①

唐继尧总裁离滇之后，其部下尚有两个师分驻蒙自、河口、开化、广南，势力远在顾品珍、叶基之上。近日顾叶不和，所部开战多日，各派员到越南河内谒见唐，请其居中协调。唐以两人皆为旧将，不便有所偏袒，于是决意来粤谒见军政府各总裁，共商大计。广州军政府、孙中山、陈炯明等分派代表到香迎接唐继尧。其中，陈炯明所派代表为先生。是日，先生赴港欢迎唐继尧从越南回国。

3月9日 唐继尧抵达香港，先生在港欢迎。②

△关心灾黎，支持劝捐。

是日，《广东群报》载文《邹运使关心灾黎》。文谓："自华北赈灾〈广东〉中外协会成立后，经即派定队长数十人以资劝捐。现第五队队长邹鲁以事关善举，自难置若罔闻，特发出手谕，饬令会计处专诚办理。如有在本署及各卡局厂供职人员，一律劝其踊跃捐助，务期捐有的款云，亦可见邹运使对于慈善事业之关心矣。"③

华北赈灾广东中外协会成立于1920年春，会长为陈炯明。

3月10日 接陈炯明函，要求先生等人将救援华北抗灾的募捐成绩函告陈，以便报告华北赈灾北京总会。④

3月27日 参加粤军驻港机关恳亲会。⑤

此次粤军回粤，驻港机关出力不少。是日上午10时，古应芬、孙科等特具函邀请当日在港机关公事同人，在广州天字码头开恳亲会，并乘紫洞艇游览珠江。应邀到会的有汪精卫、冯自由、黄大伟、先生等数十人，极为热闹。下午4时，始由花埭驶回天字码头。

春 为金国治烈士开追悼会，并将金灵柩由兴宁迁至黄花岗侧，作碑铭以示纪念。⑥

4月初 到孙中山处，孙中山即请先生与其一同去看陈炯明，劝陈同意成

---

① 汕尾市人物研究史料编纂委员会：《汕尾市人物研究史料（陈炯明与粤军研究史料）》第四辑，1994年5月印刷，第159页。

② 汕尾市人物研究史料编纂委员会：《汕尾市人物研究史料（陈炯明与粤军研究史料）》第四辑，1994年5月印刷，第161页。

③ 《邹运使关心灾黎》，见《广东群报》，1921年3月9日。

④ 《华北赈灾协会陈炯明会长致各队长书》，见《广东群报》，1921年3月11日。

⑤ 《粤军驻港机关恳亲会》，见《申报》，1921年3月29日。

⑥ 梅萼：《邹鲁文存》第四集，文海出版社有限公司1988年印行，第13页。

立正式政府。[①] 后陈炯明表态同意，先生被认为是"功劳尤大"[②]。

4月4日 参加孙中山与唐继尧在广州举行的宴会。孙中山在宴会上发表讲话，要求国会议员们立即选出总统，组织正式政府，使西南各省能取得同外国进行谈判的合法地位。[③]

4月7日 参加广州国会非常会议。[④]

是日，国会参众两院非常会议在广州市的省议会大楼举行，会议由林森主持，通过了周震麟等人提出的《中华民国政府组织大纲》共七条。随即以记名投票的方式选举总统，孙中山以218票当选为中华民国非常大总统。

5月6日 孙中山咨询先生对收复广西的计划。[⑤]

中华民国政府成立后，孙中山即刻谋划北伐，但欲北伐，必先收复广西。为此，孙中山征询先生意见。先生将桂军将领刘震寰可做内应收桂的事情汇报后，孙中山大喜，一面命陈炯明准备进攻广西，一面命先生速与刘震寰联络。

5月7日 派范其务秘密入桂与刘震寰接应，以收复广西。[⑥]

范其务为盐运署缉私科科长，是先生信得过的人。是时，刘震寰的部队驻扎在梧州上游一带。刘震寰满口答应先生的收桂策应要求，但提出先发若干军饷，并且事前护送家眷到广州。先生随即派了一艘缉私舰到广西，一方面送军饷给刘，另一方面接刘的家眷到广州。

是月28日，孙中山准备就绪，命陈炯明、许崇智、黄大伟、李烈钧、谷正伦分路讨伐广西陆荣廷。此后十余日，粤桂交兵，桂军连败。6月23日，刘震寰通电宣布独立，与陆荣廷脱离关系，并于25日率领所部步兵四营、机关枪一连进攻梧州。26日，桂军韦荣昌、林虎部坚守梧州，负隅顽抗。此时，刘震寰所部一师如约响应，由双木原防星夜出发，袭击梧州，梧州守军不战而溃。由于梧州是广西门户，梧州攻陷，广西难保。各处桂军急谋自保，纷纷与陆荣廷脱离关系。7月15日，粤军克南宁。9月30日，再克龙州，全桂底定。

5月15日 奉陈炯明令向盐商借款40万元，是日立券交收。

---

① 陈哲三：《邹鲁与广东革命基地的建立（1906～1923）》，见张主法：《中国现代史论集》第七辑《护法与北伐》，台湾联经出版事业公司1982年5月版，第26页；《革命政府成立纪念典礼中邹校长之报告词》，见《国立中山大学日报》，1938年5月11日。

② 陈哲三：《邹鲁研究初集》，华世出版社1980年2月初版，代序第6页。

③ 陈锡祺：《孙中山年谱长篇》，中华书局1991年8月第1版，第1343页。

④ 陈锡祺：《孙中山年谱长篇》，中华书局1991年8月第1版，第1344页；邹鲁：《回顾录》，岳麓书社2000年9月第1版，第95页。

⑤ 陈哲三：《邹鲁与广东革命基地的建立（1906～1923）》，见张主法：《中国现代史论集》第七辑《护法与北伐》，台湾联经出版事业公司1982年5月版，第26页。

⑥ 邹鲁：《回顾录》，岳麓书社2000年9月第1版，第95页。

陈炯明以饷粮紧急，特令先生设法筹借40万元，以应目前急需。先生奉令后，即与盐商商议。盐商研究公会的各商人，以是月为短销期，收入冷淡，本无贮款，但事关政府要需，稍可为力，均应分负其责，乃代为别图。于是，先生委托林龙生向各银号订借期款40万元，由各盐商盖章负偿还之责，于今日立券交收，随时转解运署。“据该商等云，若非运使平日对于各商信用之孚著，不易为此云。”①

5月25日 推荐林仙史继续任职总统府秘书，林受到排挤。②

总统府成立后，总务厅裁撤，该厅秘书朱履和则由伍朝枢推荐给总统府秘书长马君武任秘书，伍廷芳推荐伍大光继续任政务会议秘书，先生亦推荐林仙史续任秘书。但是，这些人遭到总统府秘书陈群、查光佛、徐苏中等人的排挤、驱逐。陈、查、徐三人以早在孙中山于上海时即任孙的私人秘书为自居，并以朱履和、伍大光、林仙史等三人均非老革命党，不可用。陈群还欲纠集人驱逐朱履和、伍大光、林仙史，该举动为马君武所不堪容忍，于是向孙中山提出辞职。孙中山慰问挽留，得以成功，并斥责陈、查、徐三人，令其即日出府，否则安排宪兵抓捕他们。

6月下旬 邓铿致函先生等人，筹划定期集议军事。

《申报》记载：“留守省城第一师长兼总部参谋长邓铿，现因前方军事吃紧，亟应邀集驻省名流伟人巨子及上级军官机关大僚，商同筹划，随时应付。现拟分函胡汉民、汪精卫、古应芬、马育航、邹鲁、黄强、李福林等，每日齐集总司令部会议一次，讨论应付前方军事方略。（一）时间：每日下午五时至六时；（二）地点：粤军总司令部机要处。”③

7月24日 出席广州出征军人慰劳会卖物场开幕礼。④

广州出征军人慰劳会由宋庆龄、何香凝、邓惠芳等人发起组织。是日为广州出征军人慰劳会卖物场开幕日，会场设于东园新世界。开幕礼于下午4时举行，先生与胡汉民、马君武、高剑父、唐允恭等到会祝贺。

7月 为《桂军据粤之由来及其经过》一书作序。⑤

《桂系据粤之由来及其经过》一书由李培生编辑，李培生邀请先生为该书

---

① 《盐商之急公好义》，见《广东群报》，1921年5月16日。

② 陈锡祺：《孙中山年谱长篇》，中华书局1991年8月第1版，第1356页。

③ 汕尾市人物研究史料编纂委员会：《汕尾市人物研究史料（陈炯明与粤军研究史料）》第五辑，1994年5月印刷，第221页。

④ 《粤慰劳会卖物场开幕》，见上海《民国日报》，1921年8月1日。

⑤ 中国国民党中央委员会党史委员会：《邹鲁先生文集》，中国国民党中央委员会党史委员会1984年6月30日出版，第256～257页。

作序，得到先生应允。先生在序言中痛陈了陆荣廷等桂系军阀作恶多端，破坏革命的罪行。

8月9日 与古应芬等二十余人组织广州太平洋问题讨论会，并悬赏征文。①《申报》在次日刊登了该消息。

9月6日 广州太平洋问题研讨会发表公电，举定汪精卫为会长，先生为副会长。② 名誉会长为伍廷芳。③

9月22日 下午，在国民大会举行的教育会议上发表演说。

《申报》记载："国民大会溱日（23日）假教育会，议决否认北派出席太平洋代表，伍（伍廷芳）胡（胡汉民）汪（汪精卫）邹（邹鲁）均到会演说，汪为教育会，将赴沪出席。"④

先生在会议上提出"北廷所派代表，无论如何，国民一致否认，请当众表决。众举手呼赞成。"⑤ 是日到会人数达七八千人。

9月28日 《申报》于30日记载28日北京电："驻港探员电，粤太平洋讨论会，刻举汪兆铭、邹鲁为正副会长，并推干事邱哲、梁明致、张肇蔚等，将发表一种宣言，请注意。"⑥

秋 搜集旧稿，续写《金烈士国治传赞》。⑦

10月3日 孙中山派先生赴南宁，以催促陈炯明回粤。⑧

陈炯明从龙州凯旋，到达南宁后，邀请先生到南宁去商议军饷和桂省善后事宜。孙中山趁此机会即命先生以劳军名义向陈炯明说明北伐的决心和计划，并盼望陈赞助。孙中山甚至嘱咐先生，可以对陈讲："我（孙中山）北伐成功，固然不必回两广；败呢，也无颜再回来。两广的事由你主持，只希望不要阻我北伐，并且切实接济饷械就够了。"⑨

10月4日 到达浔州，会见陈章甫。

是日，先生乘坐电船从广州出发去南宁，到达浔州。镇守浔州的粤军师长

---

① 见《申报》，1921年8月10日；广东省立中山图书馆编《民国广东大事记》（羊城晚报出版社2002年11月第1版）第138页认为是8月14日。

② 《公电》，见《申报》，1921年9月14日。

③ 广东省立中山图书馆：《民国广东大事记》，羊城晚报出版社2002年11月第1版，第138页。

④ 《国外专电》，见《申报》，1921年9月25日。

⑤ 《广州讨论太平洋之国民会议》，见《申报》，1921年9月30日。

⑥ 汕尾市人物研究史料编纂委员会：《汕尾市人物研究史料（陈炯明与粤军研究史料）》第二辑，1994年3月印刷，第97页。

⑦ 梅萼：《邹鲁文存》第四集，文海出版社有限公司1988年印行，第13页。

⑧ 陈锡祺：《孙中山年谱长篇》，中华书局1991年8月第1版，第1382页。

⑨ 邹鲁：《回顾录》，岳麓书社2000年9月第1版，第96页。

陈章甫请先生、孔庚、曹亚伯同游西山。游后，陈章甫设宴西山，款待先生等人。入席后，孔庚说："我出一上联，请大家来对。如若对不出，大家没饭吃。"其上联为："苍梧偏东，桂林偏北，邕宁偏南，惟此地前列平原，后横峻岭，左黔右郁，汇交廿四江河，灵气集中枢，人挺英才天设险。"众人瞠目，先生以孔庚上联用地来描写，即以西山风景来对出下联："洗石有庵，乳泉有亭，吏隐有洞，最妙处茶称绛树，柳记苍青，文阁慈岩，掩映十八罗汉，游踪来绝顶，眼低层塔足凌云。"① 引来喝彩一片。该对联后悬挂在西山一公园内。

返回电船不久，陈章甫匆匆前来，对先生说有敌人运动四乡土匪来夺取浔州，劝先生坐兵舰返回广州。先生在弄清楚敌人及布防情况后，沉着建议陈章甫师长指挥应战，后转危为安，先生得以继续向南宁前进。

在赴南宁途中，先生作诗《郁江舟中感赋柬君武》（君武指时任广西省省长的马君武）、《伏波滩》、《籐峡》、《飞水岩弔黄邓女士》、《秋夜见农人车水感赋》等。②

约 10 月 5 日 到达南宁，见陈炯明，转达孙中山劝其支持北伐的意见。经过先生恳切劝说后，陈炯明表面上说赞成北伐，但是仍旧推诿搪塞，坚持事前要有充分准备，并需整顿军队才行。③

约 10 月 6 日 将陈炯明对北伐阳奉阴违的意见电陈孙中山。④

先生电陈孙中山后，由于孙中山北伐决心已定，便于 1921 年冬亲自统师到桂林，积极策划北伐军事。但由于陈炯明在北伐军出发到湖南全州时返回广州，叛迹日趋明显，孙中山不得不率师返粤处理危局。

10 月 22 日 由广西返抵广州。"邹（邹鲁）述桂省流寇四出为患，故陈（陈炯明）须与马（马君武）妥善善后，故迟返驾。"⑤

10 月 撰写《黄花岗七十二烈士事略序》。⑥ 在序言中略述了黄花岗七十二烈士墓的建设经过及编辑《黄花岗七十二烈士事略》的艰辛。

11 月 6 日 赶赴梧州参加高级军官会议。⑦

---

① 邹鲁：《回顾录》，岳麓书社 2000 年 9 月第 1 版，第 96 页。

② 国立中山大学校友会：《邹鲁全集》第（十）卷，三民书局股份有限公司 1976 年 10 月初版，第 1～3 页。

③ 邹鲁：《回顾录》，岳麓书社 2000 年 9 月第 1 版，第 97 页。

④ 邹鲁：《回顾录》，岳麓书社 2000 年 9 月第 1 版，第 97 页。

⑤ 汕尾市人物研究史料编纂委员会：《汕尾市人物研究史料（陈炯明与粤军研究史料）》第二辑，1994 年 3 月印刷，第 104 页。

⑥ 邹鲁：《澄庐文选》，正中书局 1948 年 5 月初版，第 287～288 页。

⑦ 陈锡祺：《孙中山年谱长篇》，中华书局 1991 年 8 月第 1 版，第 1394 页。

是日，应孙中山召集，先生与汪精卫、廖仲恺、伍朝枢、古应芬等人急赴梧州，拟与孙中山、陈炯明（5日抵梧）等人汇合出席高级军官会议，商讨北伐大计。但因陈炯明抵达后，以粤内部无人主持大局，担心受到滋扰为名，在7日匆匆返回广东，致使高级军官会议无法开成。

11月24日 致函审查黄花岗烈士委员。①

信函邀请各位委员参加审查黄花岗七十二烈士所阙姓名的会议。信函由先生与吴适、何克夫、林森、林斯琛、吕志伊、姚雨平共同署名。

11月26日 上午10时，参加在大沙头参议院秘书厅举行的审查黄花岗七十二烈士所阙姓名会议。②

冬 接姚海珊函，希望先生为姚万瑜撰写传记。函称："子与碧楼（姚万瑜）同患难久，盍为之传?"③ 先生认为，这是责无旁贷的事情。

冬 见金国治烈士兄长金国浚，金国浚看到先生撰写的《金烈士国治传赞》后，叙述了关于金国治的一些历史。④

12月3日 致函审查黄花岗烈士委员。⑤

信函邀请各位委员参加审查黄花岗七十二烈士所阙姓名会议，信函由先生与吕志伊、吴适、汪精卫、林斯琛、林森、何克夫、张根仁、徐维扬、王希闵共同署名。

12月5日 上午10时，参加在广州市大沙头参议院秘书厅举行的审查黄花岗七十二烈士所阙姓名会议。⑥

12月15日 在广州撰写《姚万瑜传》。⑦

12月 完成《黄花岗七十二烈士事略》，孙中山赐序。

孙中山在所赐序言中说："十年始有事略之编纂，而七十二烈士，又或有记载而语焉不详，或仅存姓名而无事迹，甚者且姓名不可考。如史载田横事，

---

① 中国国民党中央委员会党史委员会：《邹鲁先生文集》，中国国民党中央委员会党史委员会1984年6月30日出版，第288页。

② 中国国民党中央委员会党史委员会：《邹鲁先生文集》，中国国民党中央委员会党史委员会1984年6月30日出版，第288页。

③ 邹鲁：《澄庐文选》，正中书局1948年5月初版，第370页。

④ 梅萼：《邹鲁文存》第四集，文海出版社有限公司1988年印行，第13页。

⑤ 中国国民党中央委员会党史委员会：《邹鲁先生文集》，中国国民党中央委员会党史委员会1984年6月30日出版，第288页。

⑥ 中国国民党中央委员会党史委员会：《邹鲁先生文集》，中国国民党中央委员会党史委员会1984年6月30日出版，第288页。

⑦ 邹鲁：《澄庐文选》，正中书局1948年5月初版，第370页。

难以史迁之善传游侠，亦不能为五百人立传，滋可痛已……”①

是年 聘任梁致广为两广盐运署顾问兼科长。梁曾任广西榷运局长，盐务工作经验十分丰富。②

是年 与许剑魂五子邹梅出生。③

邹梅，早年就读于重庆南开中学、中央大学农科，曾作为台湾当局支援落后国家农业的志愿者赴利比里亚，任农耕队队长。1963 年 12 月 7 日于多哥遭遇车祸，瘫痪在床三十多年后于台湾荣民医院去世。成立有邹梅基金会。

1922 年（民国十一年　壬戌）三十八岁

3 月 17 日 参加陈炯明举行的欢迎美国驻华公使宴会。④

是日，陈炯明在省长公署内花厅设宴接待美国驻华公使舒尔曼及夫人一行，到会者除先生外，还有外交总长伍廷芳、财政厅长钟秀南、总统府参议郭泰祺、广东交涉员李锦绮、省署政务厅长古应芬、广州市长孙科等。陈炯明在宴会上致欢迎辞。下午 5 时，宾至始尽观而散。

约 3 月 20 日 在广州与陈炯明、林森、伍朝枢、邓铿等 16 人合影。⑤

春 参加广州黄花岗七十二烈士审查会第二次会议。本次会议审定 16 名烈士姓名补充记载在黄花岗七十二烈士纪念碑上，先生手起原稿。⑥

4 月 11 日 从梧州抵达广州，向陈炯明转述孙中山的各种计划。

是日，《广东群报》记载：“太平洋社云，邹运使等这［折］省后，经收大总统各种计划，向陈总司令转述一切。现陈司令以北伐时机以至，稍纵即逝，决定亲率大军，向中路进发。闻于进行各事，已商有头绪，但后方事宜，乃关系重要，必须为详密的磋商，故出发日期，一时尚未决定云。”⑦

---

① 戴书训：《愈经霜雪愈精神——邹鲁传》，近代中国出版社 1983 年 10 月初版，第 122 页。

② 邹琳：《邹琳年谱》，传记文学出版社 1975 年 3 月初版，第 39 页。

③ 程焕文、张靖、周旎：《邹鲁未刊稿》下册，广西师范大学出版社 2008 年 3 月第 1 版，第 774 页。

④ 《省署宴会美公使之盛况》，见《广东群报》，1922 年 3 月 18 日。

⑤ 汕尾市人物研究史料编纂委员会：《汕尾市人物研究史料（陈炯明与粤军研究史料）》第一辑，1994 年 3 月印刷，第 538 页。

⑥ 邹鲁：《回顾录》，岳麓书社 2000 年 9 月第 1 版，第 255 页。

⑦ 《陈总司令准备出发》，见《广东群报》，1922 年 4 月 12 日。

4月12日 陈炯明派廖仲恺、古应芬、徐绍桢、黄芬、谢持、先生等赴梧州，迎接孙中山回粤。同日，陈炯明下令调驻桂粤军回粤。①

4月16日 谒见孙中山，向孙中山转达陈炯明愿负责北伐后方工作的责任及允诺筹款100万元军费的意见。②

由于陈炯明部属在广州暗杀了北伐军后方基地负责人邓铿，加之暗中勾结湖南湘军总司令赵恒惕阻止北伐军取道湖南北伐，已显叛迹，孙中山只能将北伐军主力折回至梧州。陈炯明很清楚孙中山返回梧州的真实目的，就电请辞职，并假意表示愿以实际行动支持北伐。他不愿意自己去，便请先生代为转达意见。孙中山宽大为怀，对先生说："很好！只要他来见我，一切都容易商量。"③ 但陈炯明没有去见孙中山。

4月17日④ 由梧州返回广州。

是日，先生和伍朝枢、廖仲恺、谢持从梧州返回广州，抵达广州时已是深夜。《广东群报》记者前往谒见，叩以北伐进行近况，"邹君谓仍前进行，不过作战计划，略有变更耳。现北伐军已决计改道韶关进发，日内即行由梧州陆续开拔。"记者复以总统行止相叩，"邹君谓须与陈总司令将计划妥商，方能定夺云。"⑤

《申报》于是月20日记述19日香港电："孙（孙中山）以赴韶军队太多，拟分三路前进，一由封川江口，二由三水出新街，三由黄沙车站。现已封雇港梧轮和贵梧、省梧轮梧州广威及民船数十艘，赶速运兵出发。有人叩邹鲁北伐进行近况，邹答仍前进行，惟作战计划略变更，至孙行止，俟与陈（陈炯明）商妥计划，方定夺。"⑥

4月18日 拜见陈炯明，叙述孙中山的各种计划，希望陈炯明亲赴梧州与孙中山面商。陈炯明首肯，但行期待定。实际上，陈炯明拒不前往。

4月20日 陈炯明派先生前往肇庆接孙中山。⑦

---

① 陈锡祺：《孙中山年谱长篇》，中华书局1991年8月第1版，第1438页。

② 陈哲三：《邹鲁与广东革命基地的建立（1906~1923）》，见张主法：《中国现代史论集》第七辑《护法与北伐》，台湾联经出版事业公司1982年5月版，第28页。

③ 邹鲁：《回顾录》，岳麓书社2000年9月第1版，第97页。

④ 陈锡祺著《孙中山年谱长篇》（中华书局1991年8月第1版，第1439~1440页）认为是18日返穗。

⑤ 《北伐变更计划之确定》，见《广东群报》，1922年4月19日。

⑥ 汕尾市人物研究史料编纂委员会：《汕尾市人物研究史料（陈炯明与粤军研究史料）》第二辑，1994年3月印刷，第172页。

⑦ 陈哲三：《邹鲁与广东革命基地的建立（1906~1923）》，见张主法：《中国现代史论集》第七辑《护法与北伐》，台湾联经出版事业公司1982年5月版，第28页。

下午，孙中山自梧州抵达肇庆，再电陈炯明火速前来相见。陈炯明答应立即前往，广三路也已经备车并计划下午2时起程。孰料到3时30分，陈变计，改派古应芬、先生前往。晚上，陈离开广州前往惠州，其所属部队也退出广州，于石龙虎门一带布防。

4月中旬 进行盐警巡缉队改革。①

先生将盐警改营为队，名叫“盐警巡缉队”，每队编制有队长1人、分队长2人、监察1人、书记1人、警目6人、警兵54人、护兵2人、伙夫6人，共计73人，一共编成17队，其中6队驻潮桥各属，其余11队驻各场产区及省配坐配销区，随便更调，以防滋弊。盐警巡缉队经过改组后，员额由原来的3000余人，缩减到不满1500人，每队每月支816元，17队共支13872元。改营为队的做法，稽核分所并不同意，先生断然决行，稽核分所发给的警饷和服装费，还是照旧编制拨发，先生照实开销，剩余款还退，稽核分所初则表示疑虑，迨两个月后成效显现，既省钱，又不影响缉私绩效，才不再反对。

4月中旬 将盐税款直接解缴中央，作为北伐经费。②

两广盐款自本年2月起，开始解交广东省财政厅，但是陈炯明热衷于联省自治，不愿意支持孙中山北伐。孙中山为巩固北伐饷源，解决中央财政问题，指定盐税、造币厂和士敏土厂收入归属大本营财政部。陈炯明认为，广东之钱只能办广东之事，如盐税，或谓系中央税，不知既系广东人负担，即为广东人之钱，禁止将盐税解交北伐军。先生不赞成陈炯明的做法，毅然于是月起将盐税款解交中央，作为北伐经费，不啻为北伐军大旱遇甘霖。

“邹鲁此举破坏了他与陈炯明自清光绪三十一年（1905年）③进入广东法政学堂成为同学，共同参与革命事业的亲密关系，故而民国十一年六月十六日（1922年6月16日）事件事，陈炯明命令叶举逮捕邹鲁，幸在广西省长马君武陪同下逃往香港，未遭毒手。‘六一六事件’也结束了邹鲁一年七个月的两广盐运使工作。”④

---

① 刘常山：《邹鲁与广东盐务的改革（1920～1922）》，见《逢甲人文社会学报》第7期，2003年11月。

② 刘常山：《邹鲁与广东盐务的改革（1920～1922）》，见《逢甲人文社会学报》第7期，2003年11月。

③ 刘常山在《邹鲁与广东盐务的改革（1920～1922）》中认为先生进入广东法政学堂的时间为1905年。张紧跟在《百年历程——1905～2005中山大学的政治学与行政学》中认为，广东法政学堂第一届学生于1906年4月考试选拔入学，6月22日举行开学典礼。先生为广东法政学堂首届三年制政治特别科甲班学生，1909年4月毕业。综合判定，先生于1906年入学法政学堂是准确的。

④ 刘常山：《邹鲁与广东盐务的改革（1920～1922）》，见《逢甲人文社会学报》第7期，2003年11月。

4月21日 请辞两广盐运使职，孙中山、伍廷芳派员慰留。[①]

先生请辞后，进行慰留的还有陈炯明。《广东群报》记载："当总司令（陈炯明）决定辞职时，古政务厅长应芬、钟财厅长秀南、邹运使鲁皆面请辞职，当由总司令极力慰留，谓我虽离省，大家应极力维持广东。"[②] 是日，先生在没有携带眷属的情况下离开广东。[③]

5月3日 大本营财政部慰留先生勿辞两广盐运使。[④]

5月6日 晨，与胡汉民、徐绍桢、伍朝枢等人陪同孙中山及眷属乘粤路车赴韶关。[⑤] 孙中山此行目的是督师北伐。

5月19日 慰问粤军将领。[⑥]

叶举、熊略、陈炯光等粤军将领各率所部由桂返粤，是日陆续抵省，计共有七十余营，分别驻扎在广州燕塘、瘦狗岭、白云山、东沙马路及西村、黄沙一带，总指挥部设在位于广州东沙马路的陆军忠烈祠。广州全境纳入陈炯明的势力范围。

是日，省内要人魏邦平、廖仲恺、汪精卫、先生等，均乘汽车赴陆军忠烈祠慰问各将领。[⑦]

5月20日 参加粤军将领会议。[⑧]

晚上，叶举以陈炯明离开省城后，时局危急，特在广州陆军忠烈祠召开会议，商议补救时局的办法。陈部军官及省内要人魏邦平、廖仲恺、汪精卫、先生等赴会，"各有献议"，会议致电孙中山，要求："（一）仍任陈炯明为粤省长和粤军总司令，促其返粤；（二）免胡汉民职。"[⑨]

5月22日 发表通电，辩明陈炯明离开广州时没有携走盐款一事。[⑩]

---

① 汕尾市人物研究史料编纂委员会：《汕尾市人物研究史料（陈炯明与粤军研究史料）》第五辑，1994年5月印刷，第410页。

② 《陈总司令辞职之真相及其经过》，见《广东群报》，1922年4月24日。

③ 汕尾市人物研究史料编纂委员会：《汕尾市人物研究史料（陈炯明与粤军研究史料）》第二辑，1994年3月印刷，第174～175页。

④ 汕尾市人物研究史料编纂委员会：《汕尾市人物研究史料（陈炯明与粤军研究史料）》第二辑，1994年3月印刷，第178页。

⑤ 汕尾市人物研究史料编纂委员会：《汕尾市人物研究史料（陈炯明与粤军研究史料）》第一辑，1994年3月印刷，第220页。

⑥ 《粤军将领会议补救时局》，见《广东群报》，1922年5月22日。

⑦ 《粤军界谋归陈炯明》，见《申报》，1922年5月30日。

⑧ 《粤军将领会议补救时局》，见《广东群报》，1922年5月22日。

⑨ 中国社会科学院近代史研究所中华民国史组：《中华民国史资料丛稿大事记》第八辑，中华书局1979年7月版，第63页。

⑩ 《国内专电》，见《申报》，1922年5月25日。

《申报》于4月30刊登香港电，写道："陈离广州时，曾携去现款若干，其数尚未能查明。"[①]

5月24日 广东省财政厅厅长程天斗致电孙中山、陈炯明、广州国会非常会议及先生等人，证明陈炯明离穗时无携款事发生。[②]

6月7日 民八国会议员先生、马君武、居正等90人联名致电黎元洪，谴责黎为国法的罪人，劝黎勿与直系武人同恶共济。此前一日，广州国会非常会议宣布黎元洪三大罪状：毁法、叛国、辱国。[③]

6月15日 在广州白云山粤军驻地怒斥叶举，险被扣留。

是月14日，陈炯明在石龙召集所部诸将开会，部署叛乱。陈和部下叶举假借会商要事，分别约请廖仲恺和先生去谈话。廖仲恺到石龙后即被陈炯明扣留。先生于15日应约到广州白云山去见叶举，并与时任广西省省长的马君武同往。坐定后，叶举问先生："你为什么把盐款接济孙某某？"先生说："孙某某不是他人，就是大总统，我做盐运使，拿盐款来接济大总统，有什么不合法的地方？"当时在座的还有八九个粤军军官，先生因为和粤军的成立有密切的关系，所以和他们很熟悉。先生立即对这些军官说："粤军成立迄今，大总统对它和子弟一样的爱护，现在毛羽丰满，反要对大总统怀二心，这不是大逆不道的事吗？"[④] 叶举等人辞穷语塞，瞠目不知所对。先生马上起身告辞，马君武也同时离开。先生讲话理直气壮，这也许是叶举不敢扣留先生的原因之一。同时，马君武在座，扣留先生而不扣留马君武，难免走漏消息，这应是不便单独扣留先生的另一个原因。

先生从白云山回到沙河，天色已晚，便在沙河的馆子里吃晚饭。当时看见粤军人员来往，非常忙碌，情形有一些奇特，因为连日广州戒严，先生亦不甚在意。饭后，先生想回盐运使署，因为戒严，禁止通行，已不可能。想到城内其他地方，也没有办法，于是就到珠江南岸的海珠，哪知陈炯明业已动员军队准备进攻总统府。第二天凌晨两点，情势更加紧急，但是孙中山尚不愿意离开总统府，后由林直勉、林树巍强行搀扶离开总统府，安抵海珠海军总司令部，登楚豫舰指挥戡乱。同时，陈炯明派兵包围盐运使署，将科长范其务和会计赵静山抓走，幸亏稽核分所的所长法国人知道先生下落，便借了法领署的电船来

---

① 汕尾市人物研究史料编纂委员会：《汕尾市人物研究史料（陈炯明与粤军研究史料）》第二辑，1994年3月印刷，第177页。

② 《陈前省长确未携取库款》，见《广东群报》，1922年5月25日。

③ 中国社会科学院近代史研究所中华民国史组：《中华民国史资料丛稿大事记》第八辑，中华书局1979年7月版，第70～71页。

④ 邹鲁：《回顾录》，岳麓书社2000年9月第1版，第98页。

接先生，并亲自将先生送到沙面，躲过陈炯明的抓捕。

至于陈炯明嘱咐叶举逮捕先生的原因，先生自叙："目的是控制财政"①；陈哲三等史学家认为是由于先生和廖仲恺负责接济北伐军军饷，为陈所恨，阴谋抓捕先生和廖仲恺。但从当时的情况来看，先生和陈的关系仍相当密切，况且孙中山与陈之间的矛盾日益表面化时，他们之间许多不便面叙的话，多由先生居中转达，陈未必有意在此时对老友下手。

陈炯明叛变对孙中山及其他革命党人的刺激很大，先生对陈叛变的影响曾总结道："非特阻北伐之进展，数年广东糜烂与共产党之得入本党，皆此役有以敌之。故中华民国数十年之变乱，启于袁世凯，广东及本党数年之纷乱，启于陈炯明。"②

6月18日 避走香港。

先生到达沙面后，一直居住在法领署。考虑到安全因素，先生决定离粤赴港。《申报》刊载东方通讯社是月18日广东电："各重要人物之所在，今判明者如下：马君武、孙文夫人在省长公署，孙科在沙面，魏邦平归第三师本部，邹鲁、程天斗，遁至香港，廖仲恺为与陈炯明会面，赴惠州，然在途次，于石龙被捕。"③

在陈炯明叛乱过程中，先生"失去历年积购图书数千元，而独保此七十二烈士第一次审查原稿数纸"④。

6月中旬 卸职两广盐运使。⑤

先生在两广盐运使的任期内，积极任事，其表现从食盐销售数量的回升和盐税大幅度增加中可以得到证明。两广盐税收入详见下表：⑥

---

① 王崙：《邹鲁生平述略》，见广东省政协文史资料委员会编《近代广东名人录》第二辑，广东人民出版社1989年4月第1版，第113页。

② 陈哲三：《邹鲁与广东革命基地的建立（1906～1923）》，见张主法：《中国现代史论集》第七辑《护法与北伐》，台湾联经出版事业公司1982年5月版，第30页。

③ 《广东战事中之条件》，见《申报》，1922年6月21日。

④ 邹鲁：《回顾录》，岳麓书社2000年9月第1版，第255页。

⑤ 戴书训：《愈经霜雪愈精神——邹鲁传》，近代中国出版社1983年10月初版，第153页。

⑥ 刘常山：《邹鲁与广东盐务的改革（1920～1922）》，见《逢甲人文社会学报》第7期，2003年11月。

1918 年至 1926 年广东盐税收入

年份	盐税收入（万元）	较前一年增减（%）	备注
1918	812. 4040139		
1919	781. 1197584	-3. 85	
1920	755. 4579839	-3. 28	先生于 12 月任职
1921	1018	+34. 75	先生任职期间
1922	1049. 9	+3. 13	先生于 6 月离职
1923	585. 1	-44. 27	
1924	670. 4	+14. 57	
1925	766. 3	+14. 30	
1926	674. 9	-11. 92	

说明：1918 年至 1920 年盐税为邹琳《粤鹾纪实》一书中引出，包括正税、杂税、罚款三项；1921 年至 1926 年盐税为中国盐政实录资料，应仅含正税。

从上表所列数字可知，先生任职前，广东每年盐税收入七八百万元，就任后，广东在正课、杂税并未增加的情况下，经过整顿，1921 年盐税增加了 34. 75%，1922 年再较前一年增加 3. 13%，盐税总收入都达到 1000 万元以上，为 1926 年以前，盐税唯一超过 1000 万元的时期。以 1922 年来说，盐税成为广东省库除了厘金外，最大的税收来源，改革的成效于此可见。先生离职后，盐税即大幅度减少 464. 8 万元，减少幅度高达 44. 27%。① 先生因此曾被冠为"理财经纶手"②。

缉私成效详见下表：

① 刘常山：《邹鲁与广东盐务的改革（1920～1922）》，见《逢甲人文社会学报》第 7 期，2003 年 11 月。

② 王嵩：《邹鲁生平述略》，见广东省政协文史资料委员会编《近代广东名人录》第二辑，广东人民出版社 1989 年 4 月第 1 版，第 116 页。

1918 年至 1921 年两广盐运使署缉私

年份	缉获私盐（担） /比上年增加比例	缉拿私犯（人） /比上年增加比例	缉获私艇（艘） /比上年增加比例
1918	2930	44	11
1919	4758/+62.39%	92/+109%	37/+236.36%
1920	4730/-0.59%	114/+23.91%	37/0
1921	12011/+153.93%	136/+19.30%	95 及轮船 5 艘/+170.27%

食盐销量详见下表：

1918 年至 1921 年两广食盐销售情况

年份	销售食盐（担）	比上年增加比例（%）
1918	3792914	
1919	3789472	-0.09
1920	3428512	-9.53
1921	4995984	+45.72

邹琳曾感慨地说：“（食盐运销数的增减）潜思而详究之，可以见运销之疏滞，可以课税收之盈绌，可以觇缉私之饬废，可以征人事之勤惰。”① 这是对先生工作的充分肯定。

后任盐运使赵士觐在给孙中山的呈报中对先生在两广盐运使任上的成绩作出高度评价：“卷查职署成案，民国以来成绩最优者，首推邹鲁一任。”②

刘常山认为：“任职两广盐运使是邹鲁一生事业重要转折点之一。由于他对孙文的支持，使邹鲁和孙文建立了直接的关系，赢得了孙文的信任。日后在讨伐陈炯明，收复广东革命基地的工作上，承担重任；担任广东高师校长期间，奉命筹办国立广东大学，读校三民主义；一次全国代表大会后，被孙文指定为中央执行委员，并且兼任青年部长，负责国民党的青年工作。其中尤其民

① 刘常山：《邹鲁与广东盐务的改革（1920～1922）》，见《逢甲人文社会学报》第 7 期，2003 年 11 月。

② 《特设盐政会议之先声》，见《广州民国日报》，1924 年 1 月 15 日。

国十三年（1924 年），国立广东大学成立，和黄埔军官学校并称为文武两校，是孙文建国大业中，培养人才的重要机构。孙文将这些重要工作交付给邹鲁，可见对他的信任与倚重，邹鲁一生事业的最高潮，即奠基于两广盐运使的时期，这一年七个月，在他一生的岁月中所占时间虽然不长，却是一段重要及值得记录的经历。”①

7 月 1 日 正式办理两广盐运使交接工作。②

8 月上旬 从香港乘船抵达上海。③

8 月上旬 到杭州西湖休息数日。④

8 月 14 日 孙中山抵达上海住所，先生与胡汉民、陈树人、何侠、姚雨平同时晋谒孙中山。⑤

8 月中旬 到北京参加国会。⑥

留京国会议员王家襄和南下护法但途中变节的议员吴景濂等人勾结，强迫徐世昌下野，“拥护”黎元洪复位，并宣布恢复约法，重开民国六年（1917 年）的国会。8 月 1 日，旧国会自行集会于北京。⑦

先生决定亲自到北京去反对重开民国六年国会。有人对先生说：“你在广东跟着总理联奉皖夹击直系，现曹（曹锟）、吴（吴佩孚）得胜握权，你最好不要去吧。”先生说：“民国是我党革命首创的，国会是我行使职权的机关，我去了，谁敢哼我一哼！”那人又说：“还是考虑考虑，较为妥当。”先生答道：“革命的人只有向前，我的意志已经决定，不必再考虑了。”⑧ 与先生同行的还有谢持，二人都力主继续中华民国八年（1919 年）的广州非常国会。

8 月中下旬 王宠惠和罗文干对先生等人表示，可以使吴佩孚信奉孙中山的三民主义。⑨

孙中山离粤取道香港赴沪后，仍多方积极活动以谋恢复三民主义统治的区

---

① 刘常山：《邹鲁与广东盐务的改革（1920～1922）》，见《逢甲人文社会学报》第 7 期，2003 年 11 月。

② 邹琳：《邹琳年谱》，传记文学出版社 1975 年 3 月初版，第 41 页。

③ 邹鲁：《回顾录》，岳麓书社 2000 年 9 月第 1 版，第 100 页。

④ 邹鲁：《回顾录》，岳麓书社 2000 年 9 月第 1 版，第 100 页。

⑤ 何侠：《孙中山蒙难后在上海筹款纪实》，见广东省政协学习和文史资料委员会编《广东文史资料存稿选编》第一卷，广东人民出版社 2005 年 12 月第 1 版，第 217 页。

⑥ 陈哲三：《邹鲁与广东革命基地的建立（1906～1923）》，见张主法：《中国现代史论集》第七辑《护法与北伐》，台湾联经出版事业公司 1982 年 5 月版，第 29 页。

⑦ 邹琳：《邹琳年谱》，传记文学出版社 1975 年 3 月初版，第 42 页。

⑧ 邹鲁：《回顾录》，岳麓书社 2000 年 9 月第 1 版，第 100～101 页。

⑨ 邹鲁：《回顾录》，岳麓书社 2000 年 9 月第 1 版，第 107 页。

域。时任内阁代总理的王宠惠和财政总长罗文干对先生和谢持说，他们可以使吴佩孚信奉三民主义。先生和王宠惠、罗文干进行密切联系，以设法联络吴佩孚。

8 月至 10 月 和谢持在北京从事扩展党务工作。[①]

在北京期间，先生和谢持除出席国会活动外，"并奉总理命，谋北方党务之进展。"[②] 其中最主要的工作是联络北京各大学的青年学生，向他们宣传国民党的主义，并先后介绍了多人入党。先生帮助他们秘密组织了"中社"，取拥护和实行中山主义的意思。"中社"是当时北京青年革命团体的核心社团。为秘密起见，最初没有选社址，只是轮流在中央公园、天坛、郊外或学校内集会，稍后设址于励群学院及西城帝王庙内的中华教育改进社。组织略分为总务、编辑、交际等部，并发行《民生周刊》，不遗余力地抨击北京政府。"中社"活动范围逐渐扩大到组织读书会，开办平民学校、补习学校，创立北京大中中学，成为在华北掩护革命同志的秘密工作机关。不久，组织"民治主义同志会"，大量吸收青年入党，以后演变为"孙文主义学会"。国民党因此在北京建立了相当巩固的基础。其后，北方革命运动的兴起和当时这些活动所打下的基础有一定的关系。当然，先生和谢持的上述党务活动，"也为日后'西山会议派'在北京的反叛行动埋下了伏线"[③]。

经过先生和谢持介绍入党的有陈敬修、汤茂如、袁世斌、杨大可、何学海、纪人庆、周淦、谭克敏、姜绍谟、陈兆彬、孔庆宗、郑猷徵、杜克鸿、耿勉之、庄禹灵、叶兆麟、舒启元、王猷新、张哲学、郭智石、刘继烯、李兰昌、李君度、傅汝霖、钟汝中、曾集熙、周一志、宋振榘、何淑达、程元斟、张绍琦、余维一、张六师、黄俊昌、何海、蒋光旭、王汝玙、巫启圣、马克强、陈顾远、董平舆、邹德高、孙元良、曾扩情、何玉书、陈铭德、卢次山、李国佐、刘蔚芋、龙文治、凌定生、刘正华、傅启学、张平江、刘榴芸、廖文英、彭革陈、邓鸿业、杨健、苏锡龄、李大超等。[④]

在北京期间，先生还拨款与同志、学生在北京、上海两地各刊行杂志，北京刊行的杂志名为《新民国》，上海刊行的杂志名为《新建设》，两杂志分别取该名的原因为继承 1914 年创办的《东京民国》及 1919 年创办的《上海建

① 邹鲁：《回顾录》，岳麓书社 2000 年 9 月第 1 版，第 106 ~ 107 页。

② 邹鲁：《中国国民党史稿》第一册，中华书局 1960 年 5 月第 1 版，第 303 页。

③ 王啬：《邹鲁生平述略》，见广东省政协文史资料委员会编《近代广东名人录》第二辑，广东人民出版社 1989 年 4 月第 1 版，第 114 页。

④ 邹鲁：《中国国民党史稿》第一册，中华书局 1960 年 5 月第 1 版，第 303 页。

设》。①

9月2日　发表《国会本身法律问题商榷书》。②

先生到北京后，国会中对于国会本身的法律问题正在热烈争执，留京未参加护法的议员主张这次是继续民六而开的国会，换句话说，他们不承认国会在广州开会的史实。南下护法的议员则主张这次是民八广州国会的重开。于是这次国会究竟应该继续民六或民八，成为一切的先决问题。先生和谢持力主继续民八国会，因此所有赞同民八的议员们的行动和言论，都由二人领导。

是日，先生主持撰写并发表《国会本身法律问题商榷书》一文，大意说：约法上没有总统解散国会的条文，也没有限制国会开会地点的规定，所以总统不能解散国会，国会不论在什么地方都可以自由集会。民六国会虽被政府下令解散，但这在法律上却不能发生效力。议员集会广州举行非常会议，并无违法的地方。那么法律一旦有效，这些合法的行为就不能无故作废，也没有理由可以推翻。先生在结论中说："今请同人扪心自问，民六以后之会议，可无端推翻，条文可无端取消，则今所议者，何以别于民六以后，永无为人推翻，为人取消？讲何以示大法于世界乎？更试问曾经出席民六以后之议长议员，若认民六以后之会议无效，而可取消，则民六以后之行动，非狂则妄；前之行为，既为狂妄，则今之行动，将以为何如？"③

先生此次奋战，除了得到孙中山的鼓励外，还受到"孙洪伊的怂恿"④。

9月5日　在宪法审议会上质问王家襄。⑤

是日，宪法审议会第五十五次会议继续讨论"县制度之如何规定"。护法议员焦易堂、先生、谢持等相继发言，质问参议院议长王家襄，1919年在广州宪法会议上已经通过的条文及审议会已经通过的地方制度各条文，议长根据何种理由、何种法律取消？此次会议何以不许护法议员代表进入议场？王家襄敷衍回答，语义不得要领。众人认为，法律不明，所订宪法何能使国人尊信？王家襄谩骂，众人哄上，殴打王家襄，并拉参议院副议长王正廷下台，会议不欢而散。同日，众议院警告议员，准6日开常会，随带徽证，否则不许入门，

---

① 邹鲁：《中国国民党史稿》第二册，中华书局1960年5月第1版，第587页。

② 许继峰：《邹鲁与中国革命（西元一八八五～一九二五）》，正中书局1981年1月台初版，第121页。

③ 邹鲁：《回顾录》，岳麓书社2000年9月第1版，第101页。

④ 许继峰：《邹鲁与中国革命（西元一八八五～一九二五）》，正中书局1981年1月台初版，第121页。

⑤ 中国社会科学院近代史研究所中华民国史组：《中华民国史资料丛稿大事记》第八辑，中华书局1979年7月版，第116～117页。

预防民八议员“捣乱”，事实上已实行戒严。

9月17日 护法议员在北京头发胡同六号开会，议决：（一）设护法议员办事处，推先生等五人为干事；（二）应邀出席国会之护法议员，在法律问题未解决之前，决不出席。①

9月18日 在国会开幕式上驱赶黎元洪。②

自黎元洪在民国六年非法解散国会，酿成几年扰攘的局面，直至目前的“民六”与“民八”的国会之争，犹是受其余祸。先生对黎元洪极其痛恨。是日，“民六”国会开幕，大总统黎元洪来列席，坐在总统席上。先生问议长，坐在总统席上的是不是黎元洪？在得到肯定的答复后，先生说：“黎元洪解散国会，就是背叛民国，当然失了大总统的资格，今天哪能准许他坐在大总统席上，赶他出去！”③ 先生立即和谢持等人向台上冲去，别的议员群起劝阻。黎元洪当即暗叫议长宣布闭会，仓皇从后门走了。

9月19日 先生等护法议员发出第三次通电，声明否认北京国会。

电称：“同人对于此种假借国会名义之弄法举动，认为系吴景濂及解职分子王家襄等私人行为，此四十余日之弄法，不过为其谋权利而已，于法律上国会会期任期，不生丝毫关系，应予绝对否认。”④

北京政府为了调处民六、民八国会之争，设立政治讨论会以安抚主张国会为民八国会的议员，许多民八国会议员态度逐渐软化，但是在头发胡同六号护法议员办事处一派的先生、谢持、焦易堂、杭辛斋等数十人坚决贯彻孙中山主张，不为利诱，不予妥协。⑤

9月底 发表《国会本身法律问题第二商榷书》。⑥

先生的《国会本身法律问题商榷书》发表后，各议员也跟着纷纷提出意见书，赞成或反对先生的立论，但是参议院只集合主张继续民六派的言论，汇编为《舆论一斑》，而赞成民八的言论，则一字未刊。当时先生虽是疾病初

---

① 中国社会科学院近代史研究所中华民国史组：《中华民国史资料丛稿大事记》第八辑，中华书局1979年7月版，第121页。

② 许继峰：《邹鲁与中国革命（西元一八八五～一九二五）》，正中书局1981年1月台初版，第122页。

③ 邹鲁：《回顾录》，岳麓书社2000年9月第1版，第106页。

④ 中国社会科学院近代史研究所中华民国史组：《中华民国史资料丛稿大事记》第八辑，中华书局1979年7月版，第122页。

⑤ 许继峰：《邹鲁与中国革命（西元一八八五～一九二五）》，正中书局1981年1月台初版，第122页。

⑥ 许继峰：《邹鲁与中国革命（西元一八八五～一九二五）》，正中书局1981年1月台初版，第121页；梅萼：《邹鲁文存》第一集，文海出版社有限公司1988年印行，第28页。

痊，然而为法律争一线真理，未事休养，又发表了《国会本身法律问题第二商榷书》，把主张继续民六国会派所持的论据一一依理驳斥。《国会本身法律问题第二商榷书》认为：“本员必力争不已者，绝非对于民六民八之分子有所好恶迎拒之见存于中，特国会系言法之地，此届国会，复有制宪职权，倘国会本身发生法律问题，不能解决，则国会本身无以自处，所议之宪法，即不足以示信用。且国家至大，见解各别，即本身无暇，所议宪法犹恐未能畅行；若予以瑕隙，便者借以利用而有辞，不便者即实行破坏而有所藉口。大乱之道，实伏于此。”①

对于先生在两份商榷书里表达的内容，李剑农称此说法为令人肉麻的正统论，因为当时有许多人（甚至如蔡元培、胡适）都未曾承认广州军政府是正统。②

10 月初 与谢持、焦易堂一起致函王家襄、王正廷。

函称：“此次鲁等主张国会应继续广州之议会事而开会，宪法会议应继续广州之议事而开会。以国会本身，只有一个，非民国六年未被非法解散前之国会为一个，民国六年以后在广州开临时会及宪法会议之国会为另一个，今日在北京开会之国会又为一个也。国会本身既只一个，而非三个，有何继续民六、继续民八之争，凡曰民六国会、民八国会云者，皆谬误之说也。故鲁等纯为国会本身之存在问题提出讨论，而分子护法非护法之争，尚属别一问题。前月宪法审议会开会，鲁等以系护宪法，仅就宪法会议立论，同人不加研究，动以意气相加，殊深叹惋。须知国会本身，未能分明，若本身失法律上之根据，所有一切行动，皆属无效，此种重大问题，非议长一二人所能左右，亦非议员所得以意为高下。欲谋补救之方，非将国会常会、宪法会议、宪法审查会暂行停止开会，平心静气而讨论之，得有正当之解决办法，再行依法开会不可。众议院选举副议长，已增多一层障碍，若宪法审议会，仍不顾一切，悍然开会，则认为无爱惜国会，及求宪法将来实施有效之诚意，勿谓议长、议员，便可掩尽天下人之耳目，而恣为非法也。兹事体大，只有函请暂停宪法审议会之开会，亟谋解决，否则，鲁等只知有法，其他非所敢闻也。”③

10 月 3 日 赴王宠惠住地，商量李厚基的急电。

夜半，内阁代总理王宠惠给先生打电话，说有要事相商。先生赶到其住处

---

① 邹鲁：《回顾录》，岳麓书社 2000 年 9 月第 1 版，第 105 页。

② 许继峰：《邹鲁与中国革命（西元一八八五～一九二五）》，正中书局 1981 年 1 月台初版，第 122 页。

③ 中国国民党中央委员会党史委员会：《邹鲁先生文集》，中国国民党中央委员会党史委员会 1984 年 6 月 30 日出版，第 288～289 页。

后，王宠惠拿出福建督军李厚基拍来的电报，大意是说，许崇智由赣联合二十四混成旅旅长王永泉攻闽，福州危急，请求派援兵和速汇军饷。王宠惠问先生有什么解决办法。先生建议“延搁数日”处理，并说：“明日开国务会议的时候，不要提出李厚基的电报，作为没有接到就是了，并且也不要为了这事开临时会议，且等到下次开国务会议时，再行提出。如能延搁数日，恐怕战事的变化就很大了。”① 王宠惠依法照做，援兵一事以电搪塞，拨饷之事交财政部筹措。先生又和财政总长罗文干商量，请其延迟数日拨款。由于李厚基得不到兵饷援助，在是月 17 日被许崇智等部攻入福州，李厚基败走。先生为何荐用“延搁”战术致使李厚基败走福州呢？是为北伐军立足及讨伐陈炯明打下伏笔。

直奉交战，奉系战败，而南方由于陈炯明叛变，孙中山亦离开广东，于是本来是皖系的李厚基竭力献媚吴佩孚以求保全自己的位置。吴则因为福建濒海，鞭长莫及，正好利用李作为分化皖系和对付广东的爪牙，因此皖系的人骂李是忘恩负义。王永泉、许崇智两部决定联合进攻福州，福州大为震动。李厚基垮台后，福州易帜，这是孙中山、段祺瑞、张作霖三角同盟在直系全盛时期打下的一个缺口，北伐军也由此找到了一个立足点。福州失陷次日，孙中山即下令把入闽的各军改编为东路讨贼军，任命许崇智为总司令，蒋中正为总部参谋长，准备回师广东。同时，孙中山派先生为驻港特派员，策划在粤桂两省发动讨逆军事，夹击陈炯明。

10 月 8 日 与在北京的广东籍国会议员通电各报馆，反对陈炯明、陈席儒向汇丰银行借款。

电称：“各报馆公鉴：陈炯明、陈席儒以广东矿产及公有物业，向汇丰银行借款一千万元。同人等以丧权违法，种祸广东，业经致电英国公使汇丰银行，绝端反对，务请一致主张为祷。”② 署名的广东籍国会议员有孔照晨、冯自由、叶夏生、陈涛□、王斧、谢英伯、陆祺、杨永泰、黄伯耀、王鸿庵、曾庆模、黄明新、王钦宇、何铨绳、黄锡铨、先生。

10 月 11 日 出席国会第三届议会会议。

是日，国会第三届议会开会，众议院到会 340 人，参议院到会 150 人。黎元洪及全体阁员到会。“护法议员”先生、彰养光、王恒、凌毅等质问吴景濂“依何法开会？是欲统一国家，还是破坏国家？”质问黎元洪“乃一犯罪平民，

---

① 邹鲁：《回顾录》，岳麓书社 2000 年 9 月第 1 版，第 108 页。

② 汕尾市人物研究史料编纂委员会：《汕尾市人物研究史料（陈炯明与粤军研究史料）》第二辑，1994 年 3 月印刷，第 250 页。

以何格出席国会?”质问王宠惠“总理资格由何取得?”① 黎元洪以祝词遮脸而读，吴景濂则面色时红时白，乃草草嘱唱礼。许多议员声言不承认其开会的合法性，会议不欢而散。

10月14日 复函王家襄。

信函继续探讨民六民八问题，写道：“国会止［只］有一个，民六解散之后，既依法集会开会于广州，则再无所谓民六。今日北京开会，自当继续广州之开会，万无疑义。因国会系有人格之法团，自身有行为。自身既成行为，他人或自己，再不能消灭之也。”②

10月18日 先生等护法议员发表宣言，要求先组织护法会议，解决法律争点，再制宪。③

10月20日 接孙中山电报，要求先生尽快赴沪，“将付以重大任务”④。

10月中旬至25日 每天到监狱探望罗文干。⑤

李厚基垮台不久，财政总长罗文干被吴景濂等人利用借款受贿的罪名拘捕下狱。先生天天到监狱探望，每次和罗谈话半小时至一小时，直到动身赴沪的那一天为止。

10月23日 孙中山致函广西滇军总司令张开儒，告之将派先生赴香港，商议讨伐陈炯明等问题。

函称：“兹特派邹海滨兄回港，与各方面策应接洽。海滨于民党屡次图粤，皆有力量，且深知粤桂军之情，而与刘显丞深交，当我军东西并进之时，故使在港沟通一切，妥为照应。用特专函告知，即乞时与接洽为荷。”⑥

同日，孙中山还致函邓泽如，函略谓：“同时嘱海滨兄回港，与各方接洽。海滨于民党屡次图粤，均与有力，且熟知粤桂等军队之情状。关于支用款项之手续，可由兄存储于银行，而支用时则必得海滨兄与兄两人签字，乃行交付。则对内对外，皆妥善矣。”⑦

---

① 中国社会科学院近代史研究所中华民国史组：《中华民国史资料丛稿大事记》第八辑，中华书局1979年7月版，第134页。

② 梅萼：《邹鲁文存》第一集，北华印书局1930年版，第76～77页。

③ 中国社会科学院近代史研究所中华民国史组：《中华民国史资料丛稿大事记》第八辑，中华书局1979年7月版，第138页。

④ 陈哲三：《邹鲁与广东革命基地的建立（1906～1923）》，见张主法：《中国现代史论集》第七辑《护法与北伐》，台湾联经出版事业公司1982年5月版，第30页。

⑤ 邹鲁：《回顾录》，岳麓书社2000年9月第1版，第108页。

⑥ 陈锡祺：《孙中山年谱长篇》，中华书局1991年8月第1版，第1518页。

⑦ 许继峰：《邹鲁与中国革命（西元一八八五～一九二五）》，正中书局1981年1月台初版，第124～125页。

10 月 26 日　孙中山委任先生为驻港特派员，策划讨伐陈炯明。

孙中山见到离京来沪的先生后非常高兴，便将不得不急于收复广东的事情详细相告，并有一段对话：

> 孙（孙中山）：关于讨伐陈炯明这椿事，想来想去，你最为适当，因为粤军内部，你熟悉的人很多，而桂军刘震寰又和你很好，所以要你去主持。
>
> 邹（邹鲁）：除粤桂军之外，还有在桂滇军应该怎样进行？
>
> 孙：在桂滇军，本因我而来。陈炯明叛变后，留在广西，这部分军队可以加入讨陈。并且他的实力很厚，至于办法，汝可随机处理。①

先生还与孙中山探讨了国民党改组事宜：

> 邹：苏俄之法，中国古有行之者。
>
> 孙：然，洪杨时曾行之。
>
> 邹：非言主义，乃言组织。尽商鞅治案，其法之密，与苏俄等，以商鞅已身聪明，亦不能逃，至欢作法自毙，其重法不重情，于此可见。沿是非不并吞六国，但一夫揭竿，天下瓦解，不旋踵而亡。较之姬周向礼重情者，东周虽弱，犹赖诸侯尊王，延数百年之祚，究何以得其利，而无其弊乎？
>
> 孙：吾党之情感至重，同盟会以前之党员，亲如骨肉，勿论矣。即至现在党员数十万，散处国内外，仍能精神脉脉相通，共向革命，完全在情感。今日改组，应保持本党原来之情感，采取苏俄之组织，则得其益而无其弊，直可驾苏俄而上之。②

随即，孙中山在给邓泽如函中写道：“兹特派邹海滨兄为文驻港特派员，并特派兄为理财员，望兄与海滨相助为理，调和各人意见，以期速达灭陈目的为荷。”③ 孙中山并“与邹鲁拨五万元先行回港筹备一切讨贼事宜”④。关于支

---

① 戴书训：《愈经霜雪愈精神——邹鲁传》，近代中国出版社 1983 年 10 月初版，第 71 ~ 72 页。

② 邹鲁：《中国国民党史稿》第一册，中华书局 1960 年 5 月第 1 版，第 391 页。

③ 陈哲三：《邹鲁研究初集》，华世出版社 1980 年 2 月初版，国父任命函。

④ 何侠：《孙中山蒙难后在上海筹款纪实》，见广东省政协学习和文史资料委员会编《广东文史资料存稿选编》第一卷，广东人民出版社 2005 年 12 月第 1 版，第 217 ~ 218 页。

用款项手续，由邓泽如负责把所有款项存于银行，支用时则须邓泽如、先生共同签字。

陈炯明叛乱之后，孙中山即多方部署，期望收复革命根据地，所以讨伐陈炯明是件相当重大的任务，而大总统特派员更是极重要的位置。就能力而言，当时孙中山身边并非无可用之人，但为什么单单指派先生代表自己前去负责呢？此乃因先生具备了特殊的身份，所以他想来想去，认为先生最为合适。究其原因，许继峰认为："第一，讨陈可用之武力为滇、桂、粤三支军队，粤军虽为陈炯明所控制，但是粤军中不少部队曾是邹鲁在辛亥革命、北伐、讨袁、护法诸战役中并肩作战的袍泽，也有许多是邹鲁曾经统率而于事毕编遣的军队，此时由邹鲁在粤军中加以策反，相当容易；此外，桂军之中颇具实力的师长刘震寰与邹氏甚稔，粤军援桂时，就是邹联络他以助事成的。第二，邹氏自一九〇六年与陈炯明在广东法政学堂同学以来，二人一直维持密切的关系，如在广东咨议局共事、同办《可报》、民国二年（1913 年）合力逐龙、陈率军援闽时邹为粤军代表以筹饷等，后来邹的位置始终在陈之下，出处也多靠陈提携，所以二人的相知相交很深。而且陈在东江一带活动业已十余年，他有其徒众；民元（1912 年）任都督，有其号召力；虽不知兵，却也带了十余年兵，而且有相当成绩。陈炯明的这个背景下，除了邹鲁和已去世的朱执信外，无人与之类似。国父当然也考虑到了知己知彼，百战百胜的道理。第三，邹鲁追随国父多年，所表现的敬谨负责的工作态度与忠纯坚贞的精神节操，自使国父对他深具信心，纵使知道邹、陈关系密切，仍委以驻港特派员重任。"①

10 月 27 日　与何侠在沪筹款。

何侠记述："孙总统初至上海，经济缺乏，无法支持大局，旋与各人商议在沪筹措军饷之法。由邹鲁献议，首先派人向沪各机关团体分头行事：上海商会由冯会长少山担任，大埔同乡会由蓝会长辅臣担任，并派邹鲁为驻香港办事处特派员，何侠为总统府军事咨议，蓝仁为上海大埔同乡会筹饷委员。因邹鲁在辛亥革命时期向大埔同乡募过巨款，他做财政厅长及两广盐运使时各种革命捐款未有清还，自己不便出面。旋请孙总统派何侠与蓝仁向大埔同乡募捐。蓝仁系大埔同乡会蓝会长之子，及在倚虹餐馆出钱遍请在沪经商有名同乡约数十人。由何侠宣布：此次请各同乡到来开会，系孙总统委托。因此次蒙难，仓猝赴上海，一时军饷无法筹措，特委鄙人与蓝仁同志前来向各筹款接济军饷。蓝会长辅臣首先捐献一万元，杨虎臣、杨子臣、杨富臣各捐一万元，杨干臣捐五

① 许继峰：《邹鲁与中国革命（西元一八八五～一九二五）》，正中书局 1981 年 1 月台初版，第 123～124 页。

千元，蓝壁如捐五千元，大埔同乡会全体同仁慨捐助五万元，共十万元由何侠与蓝仁亲手收妥，同邹鲁一同晋谒。孙总统甚为嘉喜……”①

10月31日 自沪抵港。

先生受命为驻港特派员职务后，即刻准备启程。临行时，孙中山问先生：“授汝重责，若干时可达任务?”先生回答：“一个月筹款，一个月进行，两个月足矣。”“先生（孙中山）壮之。是日，邹鲁抵港，李文范偕行。”②

11月初 致函陈炯明，谋求和平解决陈炯明叛变问题。

先生到达香港后，想先用和平方式谋求解决陈炯明叛变问题，于是写了一封晓以大义的信给陈，促其及时觉悟。信的大意是：“此次总理派鲁来港，系讨兄。今之致书兄者，欲兄及时觉悟，立请总理回粤，将军队撤退东江，由总理派兵驻省，恢复六月十六日以前之状况，鲁当力请总理赦兄之罪。若然则党之幸，国之福，鲁与兄之交情亦得始终如一焉。否则广东将为广西，海丰将为武鸣，兄将为顾品珍。函到请二十四小时内答复，过期鲁即遵总理令，与兄以兵戎相见矣。”③ 该信由烈士姚万瑜的父亲姚海珊亲自送交陈炯明。陈收到信件后置之不答。

至此，总结一下先生与陈炯明的关系。陈哲三认为：

“邹鲁虽亦负一部沟通调济之责（孙中山与陈炯明的关系），陈也似多采择，如劝陈同意组织正式政府，劝陈同意北伐，都发生一些作用，但毕竟影响有限，因为邹、陈只是同学关系，而且邹鲁位置一直在陈之下，出处一向靠陈提携，如民元（1912年）派为代表入北京，又拟命为财政司长；如民八（1919年）陈率军援闽，委为粤军代表；民九（1920年）粤军返粤，即欲以为财政厅长，以刷新吏治。及后来邹之两广盐运使亦必系陈的关系。此时陈大有收邹为同党，使邹为其所用之意。但中山先生北伐之后，邹以盐款供中央，接济北伐军，遂使陈之私心落空，而渐渐疏远邹氏。但表面友谊则尚维持不坠，此由十一年四月（1922年4月）中山先生自梧州班师时陈仍派邹鲁代表向中山先生致意可知。6月14日，叶举扣留邹鲁不成，破裂加深，到陈公然反叛中山先生，两人关系即完全决裂。故以邹鲁之重感情，而是年年底毅然受中山先生之命为大总统驻港特派员，主持讨陈军事。讨贼军入广州后，邹鲁发表檄告，文中屡斥陈为‘该逆’。但二十年的交谊毕竟不凡，当十三年（1924

---

① 何侠：《孙中山蒙难后在上海筹款纪实》，见广东省政协学习和文史资料委员会编《广东文史资料存稿选编》第一卷，广东人民出版社2005年12月第1版，第217～218页。

② 陈锡祺：《孙中山年谱长篇》，中华书局1991年8月第1版，第1519～1520页。

③ 戴书训：《愈经霜雪愈精神——邹鲁传》，近代中国出版社1983年10月初版，第72～73页。

年）秋，吴敬恒来约同到韶关向中山先生请求宽恕陈炯明时，邹鲁又欣然同往。可惜陈炯明竟无感于中山先生的宽大，与吴、邹为党为国及二十年友谊努力的苦心。这正符合了蒋公中正的预料：‘将来一场无结果’。”①

11 月初至 1923 年 1 月 谋划讨伐陈炯明军事工作。②

在陈炯明没有按时回应先生的信件后，先生即邀邓泽如、李文范、胡青瑞、胡毅生、林直勉、林树巍等人负责筹划，范其务、萧隽英、廖志人等人襄助内部事宜，谢小吕做宣传。李烈钧、古应芬、吴铁城、谢良牧、谭启秀、廖湘芸、魏邦平等人，也分头进行。

先生认为，广东可靠、握有兵权的同志，如驻防梧州、肇庆的陈济棠、莫雄等，队伍少，不能单独举义。如果对陈炯明发难，必须依靠滇桂各军。当时，滇军分为二部：一部由朱培德统率，另一部也曾随孙中山北伐的部队，驻扎在广西，有杨希闵、范石生、杨如轩、杨池生、蒋光亮等部；桂军，可靠部分有第一师师长刘震寰部。先生分别派人联系以上各部将领。

关于桂军刘震寰师长，先生派范其务前往接洽。范到后，刘就问他：“邹先生有全权没有?”范回答：“大总统派邹先生做特派员，给了讨陈的全权与他。”刘说：“这样很好。但是饷械如何?”范说：“饷项可接济若干，可是军械的供应，却要请你自己设法。”刘说：“这就可以了。请你回去对邹先生说，此后我只对邹先生一个人负责。凡是别的人来，我都拒绝表示意见。在广州方面，我还要去骗些军械来，然后才够应用。请邹先生相信我，绝对不要被他人的言语所摇动。”③ 同时，刘派军需郑茂村来香港见先生，复述了上面所说的话。先生一一答应。

对于前顾品珍所部的滇军方面，杨希闵、范石生、杨如轩、杨池生和蒋光亮都是旅长，究竟哪个旅长应该统率滇军才为妥当，是一个很重要的问题。那时在香港有一位滇军老同志杨蓁，先生和李文范、胡毅生亲去访问多次，才把滇军及五位旅长的情形弄清楚。于是，先生分别派人去接洽，并决定以杨希闵为总司令。

据参与“白马会盟”的莫雄回忆：“邹鲁派萧隽英携带孙先生（孙中山）之密谕，去合浦、广州，分别面交黄明堂司令、李济深参谋长和邓演达团长，并通过廖志人医生（原为博爱医院医生）的安排与李参谋长、邓团长经常在

---

① 陈哲三：《邹鲁与广东革命基地的建立（1906～1923）》，见张主法：《中国现代史论集》第七辑《护法与北伐》，台湾联经出版事业公司 1982 年 5 月版，第 34～35 页。

② 邹鲁：《回顾录》，岳麓书社 2000 年 9 月第 1 版，第 109～110 页。

③ 邹鲁：《回顾录》，岳麓书社 2000 年 9 月第 1 版，第 109 页。

南堤日本博爱医院传达孙先生的指示和密商机要。嗣后孙先生在上海又再派廖湘芸和何民魂、张道藩等到来梧州。廖是孙先生的参军，何、张是秘书。孙先生有亲笔信给我，说明他们三人和香港的胡（胡毅生）、古（古应芬）、邹（邹鲁）等可以代表他的意见。”①

11 月 20 日　呈函孙中山，报告联络滇桂军东下讨陈情形。

孙中山于 28 日复函：“廿日手书併洋文信，均收诵。此事经查得伯捷本人，殊不可靠，又其款果可交，决不因是而阻签字，保证徒受其欺。前日已电兄，请将此议作废，想兄二十日作书时，犹未审其真相也。闻军事进行，至有乐观，甚慰。”②

11 月 25 日　呈函孙中山，汇报讨陈布置情形。

函称：“回港二十余日，军队除滇军第一、三、四师及刘震寰军队时有电告外，其余西江下游各部旧属子云（李耀汉）者，子云及之贞派人已经办理，袁带八营亦悉允一致行动。启秀（谭启秀）前后秘密回省，系办省城陈炯光部及北江谢文炳部，至少有十营可靠，且极重要之驻扎地点。良牧（谢良牧）未回之前，湘芸（廖湘芸）办湘军极有进步。日前颂云（程潜）派人到港，尤足资为力也。至滇刘两军代表，在港已表示动作方法……。要之，鲁对于此次粤事，抱十成乐观，财政虽有困难，决能奋力前进，不致为阻，是则可为先生预告者。”③

11 月 28 日　滇军将领杨希闵派夏声到香港，与先生磋商讨陈问题。

杨希闵的代表、副官长夏声到达香港后，提出下列问题进行磋商：（一）开拔时的接济及卫生材料；（二）发动的时期；（三）发动后各友军的表示；（四）在香港各同志应辅助之件；（五）闽之确信。

关于第一项，夏声认为：“已收到五万，因太少，要求二十万。大总统前已允藻林（张开儒）开到梧州即给二十万者，请厉行节约。”先生说：“目下筹款艰难，请减少。”讨论结果，如滇军开到梧州即给五万，药材照来单采办。关于第二项，不能确定时间。第三项：解决即可发动，愈速愈妙。先生说：“第一师已言一致，第二师已有三分之二赞助于我，第三、四师除小部分外，急欲发动者，彼犹恐滇军不动。拟派代表到蒙江联络。至刘（刘震寰）师长与滇军早已取同一态度，不用多说。即邱可荣、余六吉、袁带等亦表同情

---

① 莫雄：《“白马会盟”前后回忆》，见广东省政协文化和文史资料委员会编《广东文史资料精编》上编第 1 卷，中国文史出版社 2008 年 12 月第 1 版，第 16 页。

② 中国第二历史档案馆：《中央党务月刊》，南京出版社 1994 年 12 月第 1 版，第 4 - 413 页。

③ 许继峰：《邹鲁与中国革命（西元一八八五～一九二五）》，正中书局 1981 年 1 月台初版，第 127 页。

也。沈（沈鸿英）军本欲打梧州，我劝他打北江，他是否依从，未敢决定。我可担保其不与滇军为难。”夏声了解到各友军情况后，极为欣慰，因拟顺道经肇庆与第一师接洽及梧州各军联络，再回蒙江；先生并分函各军为之介绍。关于第四项，各同志当尽力补助。第五项，夏声说：“滇军本俟许（许崇智）军先发，但许军久不发，滇军不能不先发。闽省因何项关系不能发者，请示确信。”先生说：“许军已向闽南移动，臧致平断不为陈助”。①

夏声对上列各项交涉极为满意，唯先生希望滇军先行发动，否则，则不能不向刘震寰师及第三、四师运动也。孙中山为促滇军速发，专门派邓泰中、卢师谛为代表与滇军进行联络。

11 月 29 日 呈函孙中山，报告讨陈部署。

原函略谓：“自受命回港以后，夙夜勤慎从事，与在港同志，毅生（胡毅生）、君佩（李文范）、泽如（邓泽如）诸人一心进行，不敢或懈，是则耿耿此心，可对先生者。目前滇军动，一、三、四刘（刘震寰）各师固同时动。即滇军不动，一、三、四刘各师亦能动。此即鲁前时有电报告不专靠滇军，另谋一、三、四刘各师发动之结果也。现在发动固不成问题，待一发动，在在需款，非运动时期可以诚感舌动奏切。是不能不请先生特为设法。关于能到手，请即汇寄，否则亦请电学幌（伍学幌），西岩（杨西岩）多方设法也，此其一。事机动后，乘势谋利者，必不乏人，鲁在港代先生办理各事，比较离粤稍近，易知内情，难于欺骗，不得志者，必多赴先生处请款请委，务请先生一律交鲁办理，勿致纷歧，是为切要。此其二。现时关于发出各军要件均用先生名义由鲁代签名发出，事发后，先生未回前仍拟照此办理。此其三。另有各部军队须由鲁直接易于办理者，既由鲁发出委任，届时拟用总司令名义统率之。此其四。发出之委任现只云广东讨贼军某路某支队名目。”②

孙中山接函后，深感事关重大，沉思良久才于次年 1 月上旬复函，嘱咐先生凡是重大问题须电告商定，并在信中写道：“滇桂军经已发动，占领梧州后，顺流而下，足征兄办理各军经过成绩之不虚，深为感慰！来书说四事，切中肓要。惟遇有重大问题，其事件须加商榷者，仍希电告，以定办法。总司令名义，须与他路不犯重复，而按合所部军队实情，临时亦希酌拟见告”。③

11 月 30 日 孙中山将与先生意见不合的古应芬调离香港。④

---

① 陈锡祺：《孙中山年谱长篇》，中华书局 1991 年 8 月第 1 版，第 1528 ~ 1529 页。

② 许继峰：《邹鲁与中国革命（西元一八八五 ~ 一九二五）》，正中书局 1981 年 1 月台初版，第 127 ~ 128 页。

③ 戴书训：《愈经霜雪愈精神——邹鲁传》，近代中国出版社 1983 年 10 月初版，第 73 ~ 74 页。

④ 陈锡祺：《孙中山年谱长篇》，中华书局 1991 年 8 月第 1 版，第 1529 页。

驻香港负责联络驻桂滇粤各军的先生和古应芬意见出现分歧，滇粤各军内部也有龃龉，导致出现纷扰。邓泽如、胡毅生、林直勉、林树巍上书孙中山，请求将古应芬撤调离港，其经手各事仍由先生继续进行。孙中山采纳了邓泽如等人的意见。

12 月 2 日 方瑞麟呈函孙中山，对于先生能否在港完成联络讨伐陈炯明的要任提出质疑。方瑞麟在信函中指出：

“……惟邹鲁则平生作事好出风头，私心甚重，且对于陈逆素甚接近，对于本党则甚冷淡。综核其经过事实，疑点殊多，谨分列于后，为我大总统陈之。

查邹鲁原与陈逆同学于广东公立法政学校，素称莫逆，入本党后，亦常与陈逆共同作事，取同一之行动，疑点一也。”①

同日，方瑞麟再附一函，写道：“再者：邹鲁与古勷勤（古应芬）一渡人，观彼近日接洽滇军一节，将款虚掷便可知之。倘再任以重职，则大局必受其破坏，迫切密陈，统望大总统坚察。”②

孙中山稍后复函方瑞麟，对先生表示信任，写道：“十二月二日两函俱悉，先生甚注意，然为一致动作，种种方面皆要调和共济，乃望有成。香港会议并非由此间之命，令乃由港中自行协定。良牧（谢良牧）已往港，想已见面。”③事实证明，先生在港期间，竭力谋划讨陈，并取得一定成绩，并未徇私情。

12 月 6 日 滇桂军在白马庙召开军事会议，决定讨陈。④

是日，滇军杨希闵、范石生、张开儒、朱培德与桂军刘震寰、沈鸿英等将领，在广西平南县城下游 35 公里的白马庙召开军事会议，决定讨陈，于是月 10 日发动。史称本次会议为“白马会盟”。先生负责讨伐陈炯明军事工作取得实质性进展。

12 月 7 日 杨希闵副官夏声专派二人，分途送给先生两份报告书，说明伐陈计划。

第一份报告书写道：“（一）沈（沈鸿英）军以两旅担任攻击府河东一线；（二）滇军全部担任由大河北岸，经人和直攻梧州；（三）刘达庆、刘玉山由江南岸，驱逐藤县之敌，直取都城。”⑤

第二份报告书写道：“日前过承优待，至为铭感。所商生意一节，刻已与

---

① 余齐昭：《孙中山文史图片考释》，广东省地图出版社 1999 年 9 月第 1 版，第 476 页。
② 余齐昭：《孙中山文史图片考释》，广东省地图出版社 1999 年 9 月第 1 版，第 477 页。
③ 余齐昭：《孙中山文史图片考释》，广东省地图出版社 1999 年 9 月第 1 版，第 476 页。
④ 陈锡祺：《孙中山年谱长篇》，中华书局 1991 年 8 月第 1 版，第 1530 ~ 1531 页。
⑤ 邹鲁：《回顾录》，岳麓书社 2000 年 9 月第 1 版，第 110 ~ 111 页。

沈君（沈鸿英）磋商就绪，不日当可合股创办。台端应允之款，务望贮待，不宜失落。将来倘有便人，并望专送来梧。至托办之药，刻旧恙复发，万望交本人亲携回。此间易老板，木易（杨希闵）先生说，嗣后如非本人，对于通挪事，万勿应允，以免拖累。其余可问清九（沈鸿英）兄便知。”①

先生得到夏声报告后，便以大总统名义委任杨希闵为滇军总司令，刘震寰为桂军总司令，即在白马墟宣誓就职。

12 月 8 日　刘震寰自穗来港，面见先生，密商讨陈计划。随后，讨陈军事行动付诸实施。②

刘震寰与先生商定后，刘即刻返回梧州，转赴濛江，复与滇军将领举行会议，决定任务，并与驻梧沿江的粤军陈济棠、邓演达等部联合。9 日晚上，刘震寰部移上藤县；10 日，与滇军联络一致，同时树起讨伐陈炯明军帜，誓师东下。11 日，各军下容潭。12 日晨，刘震寰、范石生亲率滇桂军到梧州。驻在梧州的粤军，完全如所订计划退却，以便在封川下游内应。因此，滇桂军未遇抵抗，陆续进城。

12 月 12 日　以大总统名义，委任杨希闵为滇桂联军总司令，委任刘震寰为粤桂联军总司令。③

12 月 22 日　呈函孙中山，请重新考虑军司令人选。

先生在信函中表示，据云李绮庵、李安邦被任命为军司令，但二人实力有限，缺少经验，难以服众，必将在粤引起纠纷，还会造成外界“轻视吾党人物”，请孙中山“及早察断，立时制止二君为要”④。

12 月 29 日　呈函孙中山，汇报滇军动向、联络各军和代委各总司令等事情，并附陈办法四种，请示定夺。⑤

是年　著作《红花岗四烈士传》付梓。⑥

是年　将已经得到的烈士材料编成黄花岗七十二烈士事实。书籍附原征集表，以备继续征集材料。孙中山总理亲自为书作序。⑦

---

① 邹鲁：《回顾录》，岳麓书社 2000 年 9 月第 1 版，第 111 页。

② 邹鲁：《回顾录》，岳麓书社 2000 年 9 月第 1 版，第 111 页。

③ 邹鲁：《回顾录》，岳麓书社 2000 年 9 月第 1 版，第 111 页。

④ 中国国民党中央委员会党史委员会：《邹鲁先生文集》，中国国民党中央委员会党史委员会 1984 年 6 月 30 日出版，第 291 页。

⑤ 戴书训：《愈经霜雪愈精神——邹鲁传》，近代中国出版社 1983 年 10 月初版，第 73 页。

⑥ 戴书训：《愈经霜雪愈精神——邹鲁传》，近代中国出版社 1983 年 10 月初版，第 153 页。

⑦ 邹鲁：《广州三月二十九革命史》，帕米尔书店 1974 年 1 月再版，自序。

1923年（民国十二年　癸亥）三十九岁

1月15日　策动驻留广西的滇军、桂军联合向陈炯明进攻。陈炯明于是日通电下野，率领残部败退惠州。①

1月16日　杨希闵、沈鸿英、刘震寰率军进入广州，广州正式光复。先生在港负责讨伐陈炯明的任务取得成功。

许继峰评价认为："讨陈的行动，自筹备至收复广州基地，不过短短三个多月，这个有赖各方的配合，然邹鲁在不同体系军队中的策略运用，展示了他的才华，更显示了国父所托得人，也加深了国父对他的信赖与倚重。"②

1月17日　孙中山任命邓泽如为广东省省长。广东军政大计，在孙中山未返粤前，委胡汉民、李烈钧、许崇智、魏邦平、先生等人主持。③

△离港赴粤，拟在广东省长公署内设立特派员办事公署。④ 未几被滇军范石生部据为司令部，至是收回省长公署，广州秩序略定。⑤

△以广东讨贼军总司令名义发布通告粤军将领电，电告陈炯明溃败，广州光复，地方秩序恢复如常，号召粤军各部反正。⑥

电文略称："际兹巨魁既倒，自当继续进兵荡平余部。惟是我粤军将士，均属旧日同胞，或曾向鲁表示附义诚意，领取任状或似形势禁格，通款无由，但其附义讨贼，早具决心，只以时机未至，无从自拔，此其苦衷，鲁所体谅。兹当逆贼败亡，自无顾虑，请自电到日起，明揭义旗，通电宣告，共释干戈，一致行动。如愿从逆以终，亦请电示决心，以便派拨部队，列阵周旋，先礼后

---

① 邹鲁：《中国国民党概史》，见国立中山大学校友会：《邹鲁全集》第（七）卷，三民书局有限公司1976年10月初版，第100页。

② 许继峰：《邹鲁与中国革命（西元一八八五～一九二五）》，正中书局1981年1月台初版，第130页。

③ 中国社会科学院近代史研究所中华民国史组：《中华民国史资料丛稿大事记》第九辑，中华书局1986年12月第1版，第8页。

④ 丁中江：《北洋军阀史话》第四集，中国友谊出版公司1992年12月第1版，第80页。

⑤ 中国社会科学院近代史研究所中华民国史组：《中华民国史资料丛稿大事记》第九辑，中华书局1986年12月第1版，第11页。

⑥ 陈哲三：《邹鲁与广东革命基地的建立（1906～1923）》，见张主法：《中国现代史论集》第七辑《护法与北伐》，台湾联经出版事业公司1982年5月版，第32页。

兵，聊尽愚悃。如何之处，敬候复音。”① 该电于是月 27 日发表在《民信日刊》第三期上。

△发布檄告，向广东百姓澄清被陈炯明搅乱的视听。②

陈炯明在退出广州时，曾发表许多文电，矫词饰辩，将叛变事实嫁罪他人。先生以大总统特派员名义，发布一篇檄告，以明事实真相。檄告指出陈炯明：“以总长谋杀总统、以党员谋杀党魁，破中国数千年道义之大防，实世界人类之极恶，人类公敌，天讨必申，凡有血气皆所深恶，非可比于一时一事一家之私愤。讨贼军则是师以义军，对于将士，早经约束严明；使所至无扰闾阎，尤望我父老昆弟，安堵无恐，迨洗清人类耻辱之时，共谋定民治久长之策。”③ 该文对于当时讨陈民心士气产生很大鼓舞作用。

1 月 18 日　抵达广州。

《申报》记载叶夏声与某通讯员的谈话：“余抵港后，十五晚即闻陈炯明逃去之讯，十六晨，桂军司令李易标统率军队两团先行进入广州，与李军同行者，尚有岑（岑春煊）军数营，均先后至广州驻扎，其时河南（广州珠江南岸地区）方面，亦有司令袁带及第七路第八路司令李登同所部驻扎该处。该处绅商及第八路两司令召集会议，讨论维持地方善后办法，托余调解联军，免至军队冲突，蹂躏地方，余遂于十七日上省。讵十八日邹鲁诸人纷纷统率民军抵省，倡言排斥客军，因之两方感情日坏，弄成缴械情事，邹鲁亦因而被逐。十九日胡汉民亦由港抵广州，声言奉中山委任为广东省长，邦平为广东总司令，魏亦于十七日在海珠就职，魏就职时演说及通电，均含有排斥客军之意。但此次光复广州，完全为客军之力，魏氏所统之一三四各师不但无尺寸之功，且亦为败军之将，今竟倡言排斥客军，不能和衷共济，互谅互解。余回观形势不佳，遂于二十二日与张开儒离开广州赴港，抵港后张开儒托余赴沪，将上述情形报告孙中山，请其回粤主持，否则粤局不堪设想。余于二十六晨抵沪，向孙中山报告，中山遂决定二十七日起程返粤，余乃于二十七晨乘车来京，讵抵京后魏邦平之死耗，已轰传殆遍。魏氏之死，实缘只知争权夺利，不能和衷共济，遂罹于难。但世人或疑民党在粤势力，将从此一荡无遗，惟据鄙人观察，

① 中国国民党中央委员会党史委员会：《邹鲁先生文集》，中国国民党中央委员会党史委员会 1984 年 6 月 30 日出版，第 292 页。

② 王崙：《邹鲁生平述略》，见广东省政协文史资料委员会编《近代广东名人录》第二辑，广东人民出版社 1989 年 4 月第 1 版，第 115 页。

③ 许继峰：《邹鲁与中国革命（西元一八八五 ~ 一九二五）》，正中书局 1981 年 1 月台初版，第 130 页。

滇桂联军，固极信仰中山先生，要在中山先生之左右，处置是否得宜而已。”①

△以大元帅名义调升粤军将领。②

在各路讨伐军陆续到达广州城后，先生以孙中山大元帅名义调升粤军第一师梁鸿楷师长为粤军第四军军长，第一师李济深参谋长为第一师师长，团长邓演达为旅长。邓表示其为革命而来，非为升官发财，没有接受。

△《申报》分析认为，先生将任广东省省长。

《申报》是日登载《广州之政局》一文：“十六日广州电　护法军今日重行安然入城，未受抵抗，粤军现公认国会议员邹鲁为领袖，邹大约将任粤省长，广州安静如常，如陈炯明不思由恶图复旧位，则可长保此状。预料陈在惠州必准备一切，陈策现由孙中山在为此间海军统带。”③

1 月 19 日　孙中山致电胡汉民，让先生等五人代行大总统职权。

电称：“胡汉民、李烈钧、许崇智、魏邦平、邹鲁为全权代行大总统职权。因军、民两政需人综理，必须征集众长，方能治理。今粤局纠纷，文一时未能来，深赖诸贤共济，奠定桑梓，为改造全国之基。”④

1 月 20 日　《申报》于是日刊登 19 日香港电：“闻孙（孙中山）电委邹鲁为广东讨贼军临时总司令，胡汉民为临时省长，未到前由邹兼任。”⑤

1 月 22 日　先生指挥的讨贼粤军谭启秀部军械被缴。⑥

粤军的团结和流露出强烈的排外性，引起在粤滇桂军的严重反感。是日，沈鸿英部李易松公然派兵进攻观音山，收缴了由先生指挥的讨贼粤军第一路司令谭启秀部军械。这一行动激起全体粤军的公愤，主客军互相敌视的情形愈加严重。

1 月 24 日　代表孙中山，要求滇桂军司令将 22 日攻击观音山所得的军械交还。⑦

1 月 26 日　沈鸿英发动江防事变，先生脱险。⑧

---

① 汕尾市人物研究史料编纂委员会：《汕尾市人物研究史料（陈炯明与粤军研究史料）》第六辑，1994 年 6 月印刷，第 148 页。

② 莫雄：《“白马会盟”前后回忆》，见广东省政协文化和文史资料委员会编《广东文史资料精编》上编第 1 卷，中国文史出版社 2008 年 12 月第 1 版，第 17 页。

③ 《广州之政局》，见《申报》，1923 年 1 月 18 日。

④ 陈锡祺：《孙中山年谱长篇》，中华书局 1991 年 8 月第 1 版，第 1558 页。

⑤ 《国内专电》，见《申报》，1923 年 1 月 20 日。

⑥ 丁中江：《北洋军阀史话》第四集，中国友谊出版公司 1992 年 12 月第 1 版，第 82 页。

⑦ 汕尾市人物研究史料编纂委员会：《汕尾市人物研究史料（陈炯明与粤军研究史料）》第二辑，1994 年 3 月印刷，第 291 页。

⑧ 陈锡祺：《孙中山年谱长篇》，中华书局 1991 年 8 月第 1 版，第 1564 页。

沈鸿英在岑春煊的督促下表示拥戴孙中山，讨伐陈炯明，本来就是一项阴谋。他们早已受北方直系军阀吴佩孚的利用，借机夺取广东，所以沈一到广州，北京政府就命沈为广东军务督理，沈即盘踞官署，强取税收，并利用陈炯明客军入境，广东亡省的谬说，煽动滇军诸将领，说魏邦平将联络粤军，解决滇桂各军。

是日，被蛊惑的滇军将领杨希闵以其本人和桂军将领刘震寰的名义，约胡汉民、先生、魏邦平和陈策一起到江防司令部滇军杨如轩旅部，举行协商地方善后及追击敌军会议。先生等人抵达时，杨希闵称病未至，而沈鸿英和部下都出席会议，各个身怀武器，安置的卫兵也比平时多。宣布开会后，沈鸿英故意和魏邦平争辩，愈辩愈激烈。骤然沈部军长刘达庆在魏邦平后面抓住魏的双手，随后发动兵变，拘捕魏邦平。同时，沈鸿英、部将李易标、黄鸿猷及所带卫队，分别向胡汉民、刘震寰和先生开枪。胡汉民下楼躲避，跟其下去的卫兵，均被沈部人员打死。刘震寰避入大楼后座，陈策因跳楼躲避摔伤，先生则进入杨如轩旅长的卧室躲避。

当初沈鸿英煽惑滇军，只说要擒捕魏邦平。到了这时，滇军将领才恍然大悟，知道沈鸿英另有阴谋，不但要置魏邦平于死敌，还要把胡汉民、刘震寰和先生一网打尽。于是，杨如轩和夏声立即站出来保护，大声叫道："今天如若有人敢伤害省长胡汉民和特派员邹鲁的，不能出此门！"① 沈鸿英见势不妙，方才罢手。随后，杨如轩和夏声亲自带卫队，保护胡汉民和先生脱离险境。

胡汉民和先生到了省署后，适逢杨希闵部下刘玉山闻变前来慰问。先生和胡汉民提出要回大沙头寓所，刘答应把自己的汽车，挂着桂军的旗帜，护送先生和胡汉民回去。这个消息被沈鸿英侦悉，沈即下密令，叫驻在长堤官纸局的部队架起机关枪截杀先生和胡汉民，因为从省署到大沙头，那里是必经之路。一会儿，官纸局的伏兵看见一辆汽车，上面挂有桂军旗帜，旁边站着卫兵，疾驰而来，便对准射击，车中人员无一幸免。哪知上前细看，车中却是沈鸿英部军长刘达庆、参谋长黄鸿猷，造成自相残杀的惨剧。胡汉民和先生的乘车将到官纸局前，听闻该消息，即刻折回沙面。不久，桂军将魏邦平部第三师缴械，广东局势顿起大乱，当时一度传出魏邦平遇难，致使本计划返粤的孙中山即刻取消返粤行程。2 月 6 日，魏邦平获释。

江防事变发生后，在上海的国民党要员主张伐沈，孙中山也下达了讨伐令，交香港机关发表。胡汉民恐怕激成滇军与沈配合，况且也需要谋求与滇军

---

① 邹鲁：《回顾录》，岳麓书社 2000 年 9 月第 1 版，第 113 页。

共同除沈，因此暂时搁置了讨伐令。①

1月27日 离穗赴港，在港商议收复广州策略。②

由于江防事变，广州陷入暴乱，省长胡汉民已经无法执行权力，遂于是日午后乘卢山丸号离开广州，前往香港。先生、邓泽如、林直勉、古应芬等人同行。抵达香港后，胡汉民与先生等人在东京酒店密商对策。古应芬认为滇桂军已经占据广州，许崇智的粤军仍未回粤，而惠潮梅一带及琼崖各地仍为陈炯明、邓本殷所割据，唯有五邑一带可以设法立足，特别是江门一地，为西江咽喉，可驻扎海军，如能在江门设立大本营，以策划指挥，可伺机收复广州。该议得到胡汉民和先生等人的赞成，旋即商议派谁前往江门找驻军首领陈德春洽谈。胡汉民和先生等原本想让吴铁城前往，吴不愿意，转推与陈德春有交谊的广东省议员王鸿鉴前往。胡汉民和先生等人嘱咐吴找王鸿鉴到东京酒店商谈，王鸿鉴表示愿意前往江门试探。随后，胡汉民去电上海向孙中山请示，孙中山很快回电表示同意，并说可以委任陈德春为两阳顺德香山八属讨贼军总司令。王鸿鉴经过一番运作，得到陈德春答允。胡汉民则秉承孙中山命委任古应芬、程潜、梁鸿楷等五人为大本营江门办事处主任，将陈策所属海军及梁鸿楷粤军等集中于江门附近，派程潜为江门各军指挥官，拟以江门为基地，会合许崇智的粤军夹攻广州。③

2月10日 孙中山致函胡汉民与先生等人，告之拟返粤实现革命抱负。

广州于1月23日光复后，广州的军事行动也告一段落。先生和古应芬、胡汉民、滇桂军将领联名电请孙中山莅粤主持大计。④

孙中山是日复函先生等人，函称："惟屡得粤电，则吾同志之内部又呈分裂之象，今对此分裂之象，不能不有以断处之。第一问题，若我不必回粤，则粤中政事，当由兄等全权担任之，此所以有汉民长粤之事。第二问题，若非我回粤不可，则我到粤之后，必欲借〈居〉粤之机会，以试行我五权之制，分县之治，并同时彻底澄清粤中积弊。如是则吾党中坚同志，决不欲其担任地方行政之事，而欲其在我左右，以成立一五权机关。……总之，我到粤则必欲兄等在中央机关做事，不欲兄等在地方机关做事，幸为谅之。"⑤

---

① 蒋永敬：《胡汉民先生年谱》，中国国民党中央委员会党史委员会1978年11月出版，第37页。

② 丁中江：《北洋军阀史话》第四集，中国友谊出版公司1992年12月第1版，第84页。

③ 王鸿鉴：《江防会议事变后的陈德春》，见广东省政协学习和文史资料委员会编《广东文史资料存稿选编》第二卷，广东人民出版社2005年12月第1版，第434~435页。

④ 西南军阀史研究会：《西南军阀史研究丛刊》，广东人民出版社1986年10月第1版，第177页。

⑤ 陈锡祺：《孙中山年谱长篇》，中华书局1991年8月第1版，第1579页。

2月21日　欢迎孙中山返抵广州。①

孙抵达广州后，即设立大本营，以大元帅名义统率军政。此为孙中山第三次在广州建立政权。

2月底　卸任大总统特派员和代行大总统的职权。②

2月　与林森详细考订"三二九"死难烈士姓名。③ 此项工作一直延续到次年。

3月2日　林震兄林鲁传邀请先生为因病逝世的林震撰写墓表，并表示此为林震去世前的意思。先生"谨诺，竟以播迁无定，未执笔。嗣鲁传先生又卒告矣，鲁与中将同志同事，复承其嘱，用据所知，为文以表其墓，但不及鲁传先生生而奉之。则又鲁之慊也。"④

3月9日　致电孙中山，请求解除讨贼任务。

电称："去冬鲁奉大总统电召，由京返南，被任为特派员主持讨贼事宜。为大义所迫促，不敢以庸顽避责。赖大总统之威，诸将帅之力，经营甫二月，而义师奋起，首义未兼旬，而羊城底定。刻善后虽有诸端，而元恶业经逃走，复得大总统观自返粤主持大计，所有特派各任务应悉结束。除呈请大总统解除讨贼一切任务外，特此奉达，诸希鉴察。"⑤

3月上旬　呈请孙中山立即解决沈鸿英，罢免杨西岩，勿用徐绍桢。⑥

杨西岩在1913年国民党失败时，曾经吞没陈炯明带出的10万元款项，这次又组织财团投机求得财政厅长的职位。孙中山返粤后，杨西岩还引荐其党羽徐绍桢为广东省长。先生据此提出除沈罢杨废徐之议，但是先生建议没有被孙中山采纳。不过，孙中山请先生在国民党中央担任职务。先生仍坚持前议，孙中山便亲书长函，说明要先生在中央工作的意思。先生认为，沈、杨、徐三人不解决，无法与之共事，没有答应孙中山的要求。⑦

3月上旬　离粤赴沪。⑧

---

① 邹鲁：《回顾录》，岳麓书社2000年9月第1版，第114页。

② 戴书训：《愈经霜雪愈精神——邹鲁传》，近代中国出版社1983年10月初版，第77页。

③ 戴书训：《愈经霜雪愈精神——邹鲁传》，近代中国出版社1983年10月初版，第153页。

④ 梅萼：《邹鲁文存》第四集，文海出版社有限公司1988年印行，第15页。

⑤ 中国国民党中央委员会党史委员会：《邹鲁先生文集》，中国国民党中央委员会党史委员会1984年6月30日出版，第292页。

⑥ 戴书训：《愈经霜雪愈精神——邹鲁传》，近代中国出版社1983年10月初版，第77页。

⑦ 邹鲁：《回顾录》，岳麓书社2000年9月第1版，第117页。

⑧ 戴书训：《愈经霜雪愈精神——邹鲁传》，近代中国出版社1983年10月初版，第77页。

3月15日 到宁波奉化邀请蒋介石赴广州谋划国事。①

是日，先生与胡汉民、汪精卫、胡毅生、林直勉、林焕庭、李文范等从上海赶到宁波，邀请蒋赴粤策划军事。蒋于当日至18日，邀请先生等人游览奉化名胜，包括观宗寺、延庆寺、七塔寺、天龙、育王等名胜。在蒋介石家，蒋特意嘱咐先生用楷书写了文天祥的《正气歌》一篇。②

3月19日 与蒋介石、胡汉民等人返回上海。③

5月上中旬 孙中山电召先生回广东工作。④

此时，沈鸿英因为谋叛被孙中山讨平，徐绍桢被罢免，至于杨西岩，蒋介石以其利用财团，操纵粤局为由，请孙中山罢用，得到孙中山采纳。先生回粤工作的障碍扫除，于是回到广州。

5月18日 孙中山签署大元帅令，任命先生为广东财政厅长。⑤ 该令公布在《大本营公报》第12号上。

6月11日 上午10时，正式上任广东财政厅长。⑥

当时广东税收大都被各地滇桂驻军所截留，先生深知此情况，于是不敢答应就任。但是，孙中山以时局紧迫，切实叮嘱，务必勉为其难，并严令各地驻军，一律交还就地截留的税收。先生看到无法推诿，只能就任。《申报》分析道："众视此举为国民党已有一部分和协之征，尽邹前屡次拒绝受任，众皆疑其不赞成孙中山政策也。北江、西江战事复作，大局安危不定。"⑦

△前任财政厅长杨西岩匿印不交，先生致电孙中山，请予惩处。

先生电文称：

"广州来电

飞鹅岭刘（刘震寰）总司令转博罗大元帅行营秘书处石龙大元帅钧鉴：成密。本日十时行礼接事，西岩人印两匿，抗不交代。在鲁任事，厕［则］迫于钧命□催，而西岩不交代，实堕政府之信甚。如何惩处之处，请钧座裁

---

① 蒋永敬：《胡汉民先生年谱》，中国国民党中央委员会党史委员会1978年11月出版，第282页。

② 邹鲁：《回顾录》，岳麓书社2000年9月第1版，第117页。

③ 蒋永敬：《胡汉民先生年谱》，中国国民党中央委员会党史委员会1978年11月出版，第282页。

④ 邹鲁：《回顾录》，岳麓书社2000年9月第1版，第117页。

⑤ 戴书训：《愈经霜雪愈精神——邹鲁传》，近代中国出版社1983年10月初版，第153页。

⑥ 中国国民党中央委员会党史委员会：《邹鲁先生文集》，中国国民党中央委员会党史委员会1984年6月30日出版，第335页。

⑦ 《广东时局》，见《申报》，1923年6月12日。

施。鲁。真。印。”①

廖仲恺电称：

“广州来电

探呈大元帅广州胡〈代〉行职权钧鉴：本日新任财政厅长邹鲁到厅接事，杨西岩匿印不交。现当军事紧急之际，似此儿戏，尚复成何事体。除由省长立饬杨西岩即交代外，杨西岩违抗命令，应如何处分之处，出自钧裁。墨［廖］仲恺叩。真。印。”②

孙文复电：“应按法惩办，以儆效尤。文。”③

6月12日 向孙中山大元帅呈报就职日期及广东财政困难情形。

先生于11日开始视事后，首先递交呈文，文谓：“查广东财政厅昔仅管理一省度支，今则兼应中央诸费。而连年军兴，地方多故，人民迁徙，江河梗阻，举凡课税，又悉短收，加以机关分立，事权失其统一，就地抵饷的款，概行截留，运用已室，筹措尤难，深恐财政之紊乱，牵及诸政之整理。鲁奉命于危难之间，其不可为而为之者，诚以大义所在，未敢坚于逊避。然心长力绌，若责以洁己奉公，勤求整理，使流日节而源日开，俾财政立于确定之基，经济趋于活动之地，则鲁虽愚钝，尚堪自信。至于责以点金于俄顷，竭泽以求鱼，不惟力有所不能，抑恐转非国福，更非我大元帅视民如伤之主旨。此则区区之诚，不能不先陈明，仰祈鉴察者也。抑更有请者，鲁此次接任财政厅长一职，系勉遵钧命，暂为承乏，仍恳随时另简贤能接替，以资治理。所有鲁就职日期暨广东财政困难情形，理合具呈察核，伏候指令只遵。”④

孙中山于是月15日向先生发布大元帅指令第二五四号：“呈报就职日期及广东财政困难情形由呈悉，仰该厅长积极整理，勉为其难，以副厚期。”⑤

6月22日 向孙中山呈请通令各军长官将截留各属釐税饷捐交回财政厅办理文。

文称：“窃维粤省频年军兴，需饷浩繁，计吏躬于搜括，民力日以颓敝，

---

① 中国第二历史档案馆：《中华民国档案资料汇编》第四辑（一），江苏古籍出版社1991年6月第2版，第26～27页。

② 中国第二历史档案馆：《中华民国档案资料汇编》第四辑（一），江苏古籍出版社1991年6月第2版，第27页。

③ 中国第二历史档案馆：《中华民国档案资料汇编》第四辑（一），江苏古籍出版社1991年6月第2版，第27页。

④ 中国国民党中央委员会党史委员会：《邹鲁先生文集》，中国国民党中央委员会党史委员会1984年6月30日出版，第335～336页。

⑤ 中国国民党中央委员会党史委员会：《邹鲁先生文集》，中国国民党中央委员会党史委员会1984年6月30日出版，第336页。

与言理财固戛乎其难。矧以此次军兴，义军蜂起，机关分立，事权未能统一，举凡职厅直辖省内外各属釐税饷捐收入，悉为各驻防军队收办，饷款概行截留，省库几同守府，筹饷者志躬力竭，索饷者纷至沓来，无米成炊，巧妇有难为之叹。点金乏术，司农兴仰屋之嗟。若不亟图整理，破碎堪虞，于财政前途，固日形纷乱，而于军民两政，亦关系匪轻。厅长奉命危难之间，受事以来，殚精竭虑，以为当今急务，舍统一财政，其道未由，惟有就据报各军收办釐税饷捐情形，分别开列清单，呈请钧座鉴核。俯赐通令各军司令，对于职厅直辖名属釐税饷捐，如已派员或另招商承者，立予撤消，一律交嘱职厅办理，饷项应迳行缴厅，勿得截留。所有请领各军军饷，应向大本营具领。其距省窎远，各军如须提拨饷项，并应先行报由职厅核准后，方可截留，以维统一而明系统。"①

除递交呈文外，先生还先后与各地驻军商量驻军截留税收一事，结果只有桂军刘震寰答应把扣留的税收归还，滇军却没有照办。而大宗财政收入，都在滇军手里。当时的财政工作困难重重。

是月 27 日，孙中山向先生发布大元帅指令第二八六号："呈请通令各军长官将截留各属釐税饷捐交回本厅办理由呈悉，业准如所请，令行各军长官一体遵照办理，仰即知照。"②

夏 约邹琳出任广东财政厅秘书兼第四科科长。③

7 月 8 日 孙中山召集胡汉民、朱培德、杨庶堪、张开儒、蒋介石、廖仲恺、先生、邓泽如及各部部长参加在广州大本营召开的军政会议。④

7 月 14 日 孙中山特派杨希闵、叶恭绰、程潜、杨庶堪、廖仲恺、先生为统一广东财政委员。⑤

7 月 24 日 孙中山签署手令，任命先生为广东财政厅长。⑥

7 月 27 日 接孙中山大元帅训令。谓："署财政厅长邹鲁，提前清发前任各职员薪俸。"⑦

先生于是月 24 日接任广东财政厅长后，杨西岩所委各职员多数销差。但

---

① 中国国民党中央委员会党史委员会：《邹鲁先生文集》，中国国民党中央委员会党史委员会 1984 年 6 月 30 日出版，第 336～337 页。

② 中国国民党中央委员会党史委员会：《邹鲁先生文集》，中国国民党中央委员会党史委员会 1984 年 6 月 30 日出版，第 337 页。

③ 邹琳：《邹琳年谱》，传记文学出版社 1975 年 3 月初版，第 43 页。

④ 陈锡祺：《孙中山年谱长篇》，中华书局 1991 年 8 月第 1 版，第 1652 页。

⑤ 陈锡祺：《孙中山年谱长篇》，中华书局 1991 年 8 月第 1 版，第 1656 页。

⑥ 见中国国家博物馆藏孙中山手令原件。

⑦ 《帅令清发财厅旧员欠薪》，见《现象报》，1923 年 7 月 30 日。

杨氏任内在职人员欠薪，久未清发。孙中山为体恤解职人员起见，下此手令。①

8月7日 向大元帅府报请成立广东全省经界总局，获准。②

先生以广东土地税收入不多，且民间争夺土地，豪强胥吏因缘为奸，而纠纷甚多，为平息纷争，增加土地收入，报请成立“广东全省经界总局”，以厘正经界，确定民业，并随附《广东全省经界总局规程草案》。是日，经孙中山核准施行，并令大本营财政部长叶恭绰、广东省省长廖仲恺转饬该厅遵照办理。

8月10日 《申报》登载9日香港电：“近民党新派在财政方面颇活动，老派不愿与之合作，故廖仲恺、邹鲁、胡汉民先后表示退职，大本营七日开重要会议，闻与此有关。”③

8月11日 孙中山特派程潜、廖仲恺、古应芬、先生为西江善后委员，协助西江善后督办李济深处理西江善后工作。④

△出席大元帅府财政会议。⑤

是日，孙中山召集各部长、次长、省长、财政厅长、盐运使等人在大元帅府开财政会议，讨论维持纸币、造币厂开铸、推行军用票等问题。

8月13日 向孙中山呈报商业牌照税条例施行细则。细则共22条。⑥

8月14日 出席广州大本营财政会议。⑦

是日，孙中山在广州大本营开会讨论造币厂问题。先生认为，造币厂久未成议，开铸无期，令政府损失不少。现有某商等极愿帮忙，彼等特信任财政厅，如果由财政厅批办，可以即日成议。孙中山以该问题为财政部掌管范围，若有商人愿接办造币厂，尽可由财政厅介绍给财政部详细协商。财政部、财政厅同为政府机关，毋得歧视。孙中山还安排财政部次长郑洪年报告财政部招商承办造币厂进行情形。郑报告后，孙中山谕令：无论如何，决先由财政部方面与承商磋商。

8月 与家人乘轿出广州西关，在西门三区署门口突遭凶手开枪射击，凶

---

① 余齐昭：《孙中山文史图片考释》，广东省地图出版社1999年9月第1版，第479页。

② 中国社会科学院近代史研究所中华民国史组：《中华民国史资料丛稿大事记》第九辑，中华书局1986年12月第1版，第102页。

③ 《国内专电二》，见《申报》，1923年8月10日。

④ 陈锡祺：《孙中山年谱长篇》，中华书局1991年8月第1版，第1665页。

⑤ 陈锡祺：《孙中山年谱长篇》，中华书局1991年8月第1版，第1665~1666页。

⑥ 中国国民党中央委员会党史委员会：《邹鲁先生文集》，中国国民党中央委员会党史委员会1984年6月30日出版，第337~341页。

⑦ 陈锡祺：《孙中山年谱长篇》，中华书局1991年8月第1版，第1667页。

手“显系刺客无疑”[①]。另据先生回忆：“在广州曾与〈凶手〉争闹数次”[②]。

9月3日 向孙中山大元帅呈报修改商业牌照费施行细则文。[③]

先生在呈报中指出，根据广州总商会会议反映的意见，此前呈报的商业牌照税条例施行细则，在填报营业人姓名时比较不便，加之定名为税，也给商人带来顾虑，因此呈报改税为费。另外，“检查账簿”一栏恐有骚扰之嫌，拟变通改为送请商会调查决定。

是月5日，孙中山向先生发布大元帅指令第四五〇号：“令广东财政厅长邹鲁，呈称此次举办商业牌照费实施细则所规定检查帐簿之事，恐有骚扰，拟改为送请商会调查决定，请予备案由呈悉，准予备案。”[④]

9月16日 孙中山函催叶恭绰速铸造币厂，如果确实受到日本天灾影响，则速采纳先生提出的由法人承办的建议。

是日，孙中山亲拟两函，一函给正在香港筹划财政及造币厂事宜的叶恭绰。函略谓：“惟此时军需极急，甚望兄之筹划早日成功，得以应此要需。至于造币厂，则更不能再有延搁。如兄之路果受日本天灾之影响，则可由兄自动令海滨（邹鲁）继法国银行之议，由法人承办，闻此路亦能照足。兄之合同，惟要以大沙头地担保，此当可照准也。此事当以速办为佳，否则军需恐有一时不继，则影响大局不少也，望为留意。”另一函略谓：“造币厂事，邹建廷兄一路更较他路为有把握，兹着他来面商，望为接洽是荷。”[⑤]

9月21日 出席朱执信殉难三周年纪念大会。[⑥]

上午11时，纪念大会在广州执信中学礼堂举行，总参议胡汉民、省长廖仲恺、商运局局长王棠、财政厅厅长邹鲁、广东高等师范学校校长金曾澄及国民党同志百余人与会，并次第发表演说，表示要发扬朱执信为国捐躯的精神。中午12时散会。

9月29日 出席在大元帅府召开的财政会议。[⑦]

出席会议的有政府各部长、廖仲恺省长、先生及多位要人。会议花了很长时间讨论财政问题，议定由财政部、财政厅、市厅、官产处等征收机关全力筹

---

① 《暗杀邹妻案续闻》，见《广州民国日报》，1923年11月7日。

② 《许剑魂被刺案之港讯》，见《广州民国日报》，1924年1月16日。

③ 中国国民党中央委员会党史委员会：《邹鲁先生文集》，中国国民党中央委员会党史委员会1984年6月30日出版，第342页。

④ 中国国民党中央委员会党史委员会：《邹鲁先生文集》，中国国民党中央委员会党史委员会1984年6月30日出版，第342~343页。

⑤ 陈锡祺：《孙中山年谱长篇》，中华书局1991年8月第1版，第1688~1689页。

⑥ 《朱执信殉难三周年纪念之盛况》，见《广州民国日报》，1923年9月22日。

⑦ 《粤省最近战讯——龙门已为联军攻下、钦廉尚在相持》，见《申报》，1923年10月7日。

集巨款，以应饷需，并拟订筹款办法多种，分头进行，已有完满解决。会议发出两道命令：一令古应芬查办盐运使、财政厅、市政厅、公安局、官产处各机关所有经理财政职员，一切公款出纳事件，着一律分别核查；一令许崇智查办各兵站有无流弊，分列功罪，以凭核夺。

9月 著作《黄花岗七十二烈士事略》出版。①

该书出版颇为曲折，先生在《黄花岗七十二烈士事略跋》一文中叙述道："民国八年（1919年），朱执信先生与鲁征集黄花岗七十二烈士事实，拟编黄花岗史，材料未集，而不能安于粤。九年（1920年）朱先生遇难于虎门。鲁于十年（1921年），乃先将黄花岗七十二烈士之有事略者汇集成编。十一年（1922年），林先生子超（林森）以之付印，既印未装，而粤乱作。本年回粤，由胡先生展堂（胡汉民）加书碑后记事，林先生复摄影入书并增影墓景，题就封面，装好以公诸世。故与凡例所述，目录所列，有未符合。一书史之事，其难成如此，一印刷之微，其波折若斯……"②

《碧血黄花》一剧就是根据此书改编。

10月6日 通电斥责曹锟贿选总统。③

是月5日，曹锟通过贿选当选为中华民国大总统。593位议员被软硬兼施拉来投票，曹锟得到480票，按大总统选举法当选为中华民国大总统。投票选举曹锟的议员也被称呼为"猪仔议员"。在沪百余名守正议员发出通电，斥责曹贿选的丑陋行径。先生、章兆鸿等议员在通电上署名。因先生时在广州，署名应为他人代署。

10月12日 呈报孙中山，接收滇军第三军蒋光亮军长交还各征收机关文，随文附清折一扣。④

孙中山于16日向先生发布大元帅指令第五二九号："呈报派员接收蒋军长交还征收机关由，呈及清折均悉，仰该厅长依照向章认真办理，以明统系而裕库收。"⑤

10月24日 《广州民国日报》报道，先生有辞财政厅长职之意。

---

① 戴书训：《愈经霜雪愈精神——邹鲁传》，近代中国出版社1983年10月初版，第123页。本书第153页又称该书的书名为《黄花岗革命史实》。

② 邹鲁：《澄庐文选》，正中书局1948年5月初版，第288页。

③ 中国国民党中央委员会党史委员会：《邹鲁先生文集》，中国国民党中央委员会党史委员会1984年6月30日出版，第271页。

④ 中国国民党中央委员会党史委员会：《邹鲁先生文集》，中国国民党中央委员会党史委员会1984年6月30日出版，第343页。

⑤ 中国国民党中央委员会党史委员会：《邹鲁先生文集》，中国国民党中央委员会党史委员会1984年6月30日出版，第343页。

报道写道："财政厅长邹鲁，自日前提出辞职后，继任者纷传不一，嗣因某事搁置。且查本报事亦未实行，故邹厅长亦未有决绝不干之表示。惟其辞职之意，至今并未打销［消］。闻某要人传出消息，杨西岩有复任之说云。"①

先生有意辞职后，孙中山及各方要人一再挽留，"但邹以任事以来，支撑数月，已觉筋疲力尽，不堪再干，故辞意仍坚。"②

10 月 26 日 设筵款待来粤的李协和督办等人。

先生等人认为，北京贿选曹锟出任总统已成事实，大局行将发生变化，"抑亦西南发展之绝好时机"③，于是日在财政厅设筵，邀请李协和督办等人，并请大本营军政部长程潜、刘震寰总司令、谢荫民委员等要人作陪。

10 月 27 日 孙中山委派先生兼任大本营筹饷局会办，总办为廖仲恺兼任。④

△向孙中山大元帅呈报，请求设置广东田土业佃保证局。

先生在呈报中指出："窃为政之道，无讼为要，而诉讼之案，争执之端，多起于田土卖买之争，以契据为断；租赁之争，以批约为断。惟契据则有税验可查，批约并无保证可问，甚非止讼息争之道也。且吾国以农立国，经济之运用，赋税之征收，亦以田土为多，现拟整理财政，必先从田土入手。职厅前经呈请设立经界局，为清丈准备，而业佃关系于田土亦极重要，亟应设置田土佃保证局，以期相辅而行。"⑤

随文附呈两个章程，分别为《广东田土业佃保证章程》及《广东全省田土业佃保证局组织简章》。

孙中山于 11 月 6 日向先生发布大元帅指令第五八一号，认为先生提议设置的广东田土业佃保证局，"系为保障农民业佃双方利益而起见，事属可行，应予照准。"⑥ 对于附交的《广东田土业佃保证章程》，第七条有不妥之处，经予修正合行抄发。

△为商业牌照登记事，复函广州总商会。⑦ 是月 26 日，广州总商会因商业牌照登记事而致函先生。

---

① 《邹鲁尚未打销辞职意》，见《广州民国日报》，1923 年 10 月 24 日。

② 《财厅易人之新消息》，见《广州民国日报》，1923 年 10 月 30 日。

③ 《昨日财厅之要人宴会》，见《广州民国日报》，1923 年 10 月 27 日。

④ 陈锡祺：《孙中山年谱长篇》，中华书局 1991 年 8 月第 1 版，第 1713 页。

⑤ 中国国民党中央委员会党史委员会：《邹鲁先生文集》，中国国民党中央委员会党史委员会 1984 年 6 月 30 日出版，第 343 ~ 344 页。

⑥ 中国国民党中央委员会党史委员会：《邹鲁先生文集》，中国国民党中央委员会党史委员会 1984 年 6 月 30 日出版，第 350 页。

⑦ 《邹厅长复总商会函》，见《广州民国日报》，1923 年 11 月 1 日。

11月2日 出席大本营筹款会议。①

下午5时，孙中山在大本营召集重要会议，秘书长杨庶堪、军政部长程潜、外交部长伍朝枢、财政部长叶恭绰、建设部长林森、广东省长廖仲恺、先生及广州市长孙科等人出席，会议由孙中山主持。孙中山提出，前方战事虽称得手，但战时用费浩大，非有特别款项接济，不足以捷戎机，因此请各位分头筹措，并当场由各人分认数额，即凑集48万元。以伍朝枢认5万元为最多，叶恭绰认2万元为最少，先生所认数额居于2万元至5万元之间。

11月3日 为解决昨日所认领的筹款额度，偕夫人许剑魂、顾问胡青瑞搭乘金山夜船前往香港筹款。②

11月4日 遇刺，先生幸免于难，夫人许剑魂遇害。

先生一行于凌晨零点抵达香港码头，船上搭乘人员争先上岸，先生以太拥挤，等多数乘客离船后才偕夫人上岸。不料仅仅行至靠近码头的铁闸内，突然有凶手行刺，连开两枪，子弹不幸击中夫人，从夫人背后射入，穿过腹部，夫人当场倒地。先生马上抱起夫人登车赶赴皇家医院抢救，尚未剖割，将子弹取出，以为无甚大害，讵因大肠为弹所伤，故卒不救。下午2时，许夫人在医院去世。③

当时，码头上的人员听到枪声，纷纷奔走躲避，凶手混入人群中逃脱。警兵立即鸣警追凶，追至铁闸外十余间铺位，即将凶手拿获，押解回警署。“该凶手即为前次在西门三区署门口谋刺邹厅长之人，此为邹厅长所目击者，当时因印兵驰至，凶手迫得逃窜，致未一同遇害耳。”④ 凶犯自认名叫叶八，现年18岁，番禺乌涌乡人，不承认有杀人之罪。⑤

省港各人听闻先生及夫人遇险，“以邹厅长迭遭危险，其夫人亦为同盟会会员，曾充北伐敢死队，故邹连年讨贼，其夫人皆与焉，民九（1920年）粤军回粤一役，邹奉命组织义勇军，对于筹款等事，助力尤多，现竟为误害，故咸为惋惜，已纷纷赴港慰唁。”⑥ 遇害时，许剑魂时年三十一岁，“适邹十一年”⑦，生有五子。

---

① 《各要人解囊助军饷》，见《广州民国日报》，1923年11月5日。

② 《邹鲁幸免于难》，见《申报》，1923年11月13日。

③ 《广州民国日报》（《暗杀邹妻案续闻》，1923年11月7日）认为许剑魂于下午6时半在国家医院殒命。

④ 《邹鲁幸免于难》，见《申报》，1923年11月13日。

⑤ 《暗杀邹妻案续闻》，见《广州民国日报》，1923年11月7日。

⑥ 《邹鲁幸免于难》，见《申报》，1923年11月13日。

⑦ 《邹鲁幸免于难》，见《申报》，1923年11月13日。

11 月 12 日 向孙中山呈报，拟委任邹琳为广东田土业佃保证局局长。[1]

是月 16 日，孙中山向先生发布大元帅指令第六二〇号，对于先生拟委任邹琳为广东田土业佃保证局局长，准予备案。[2]

11 月 14 日 协调孙科与胡汉民的矛盾。

孙中山讨伐陈炯明时，急于攻破惠州城，将留在广州的滇军、桂军开赴东江。但杨希闵、刘震寰也怕攻破惠州城后要他们带部队去北伐，所以闹饷不出发。孙中山只好令胡汉民秘书长用大元帅名义手令到广州市政厅提取二十万元发给杨刘。但市长孙科因头晚打麻将输了一千多元，借故发脾气，撕了孙中山的手令。孙中山得知真情后马上把孙科叫来大骂一顿。孙科被骂无处出气，就到二楼秘书室跟胡汉民吵闹，说胡汉民假借命令索钱，使他们父子不和。胡毫不示弱地说："这是你父亲叫我写的，怎么是假借命令？"孙科这时蛮不讲理，竟然拿起手杖打胡汉民。吵闹声音传到三楼，孙中山正要入浴室冲凉，听到吵闹声就下楼来，看见孙科的凶恶态度，几乎流下眼泪，就把守楼梯口的那个卫士的驳壳枪拿过来追打孙科，大骂说："你这个死仔，反革命仔，不是我的仔，四万万同胞才是我的仔，我要枪毙你这个死仔！"孙中山连草拖鞋都脱了，直追到大门口。孙科急下楼，跑到江边上了电船走了。

事情发生后，先生和古应芬出面协调，"要孙科向胡汉民斟茶认错才作了事"[3]。

△避居沙面。

《申报》是月 16 日刊登 15 日北京电："昨日起接广州电称，占惠州者为滇军。陈炯明既取石龙，急向广州进取，而孙之军则退回广州据北面山险以守，其由翼则与广州相接。又据今晨电称，陈军距广州不足十八里，广州人心大震，重要人如廖（廖仲恺）叶（叶楚伧）邹鲁等均避居沙面，绅商携贵重物品移寓沙面者亦众。"[4]

11 月 15 日 孙中山向先生等多人发布训令，指出因为财政困难，改变各军经费发放办法，并需竭力筹措款项，以供军需。

---

① 中国国民党中央委员会党史委员会：《邹鲁先生文集》，中国国民党中央委员会党史委员会 1984 年 6 月 30 日出版，第 350 页。

② 中国国民党中央委员会党史委员会：《邹鲁先生文集》，中国国民党中央委员会党史委员会 1984 年 6 月 30 日出版，第 351 页。

③ 张猛：《我追随孙中山的经历和见闻》，见广东省政协学习和文史资料委员会编《广东文史资料存稿选编》第一卷，广东人民出版社 2005 年 12 月第 1 版，第 315 页。

④ 汕尾市人物研究史料编纂委员会：《汕尾市人物研究史料（陈炯明与粤军研究史料）》第二辑，1994 年 3 月印刷，第 364 页。

是日，孙中山向马伯麟、廖湘芸、徐树荣、卢师谛、刘玉山、刘震寰、许崇智、李福林、程潜、叶恭绰、伍汝康、先生、孙科、梅光培等十四人发布训令："自战事迁延，财力渐绌，诸将领士兵为国劳动，迄未少息，而行军所需，时形匮乏，此本大元帅所为忧者也。近日战事紧迫，财源益艰，自本月十五日起，所有前方各军，每日兵站给养、草鞋及子弹费、伤兵卫生费，着尽先筹备发给。其余各军伙食，应视收入多寡酌量分发。诸将领、士兵夙明大义，务须体会时艰，忠勇奋发，限于最短期内将逆众驱除。军事进步，饷源自裕，所有前项欠发各款，届时再行筹足补给。各财政机关近日以来奉令指拨之款，每日不能如数解缴。当此军事紧急之时，亦宜严奉公令，无忝厥职。自本日起，宜竭力筹措，以供军需，俾各军士饱马胜，效力杀贼，毋得稍涉稽延，致因财政影响军事，转令战事迁延，重民疾苦，本大元帅有厚望焉。"①

11 月 18 日　到广州东郊观战。②

下午 2 时，广州东郊发生战事，先生与廖仲恺省长、大本营外交部长伍朝枢、财政部长叶恭绰、广州市公安局局长吴铁城等人联同乘坐汽车前往瘦狗岭观战。可惜抵达时，敌人已经溃退二十余里。我军追击部队已经远离龙眼洞以外，至未及观察为憾。先生一行等登上瘦狗岭时，适逢滇军副官长夏声督战而回，并将战斗情形向先生汇报。

△力辞筹饷局会办，不获。

先生以当此军事时期，财政厅为财政机关，责务已重且繁，势难兼顾，"经呈请大元帅收回成命"。是日接到孙中山指令："呈悉，本大元帅为事择人，关于筹饷事宜，仰该会办会同廖仲恺悉心规划，妥筹办法，以裕饷源而济时艰。所请收回明令之处，应毋庸议，派状仍发。此令。"③

△委任邹琳为广东田土业佃保证局局长。④

△正午，广州市公安局发下手令，派出警探，会同七区二分署警长，前往金花庙安宁里又二号，拘捕商人叶良。叶良为安分商人，开张叶良记多年，生有二子，其中一子即为谋刺先生夫人许剑魂的嫌疑犯叶八。根据叶良供述，叶八少年放荡，去岁便一去无踪，绝无书信来往，此次被港府拘捕，有无行刺嫌疑，实不可知，但其子确属不肖，早经断绝关系。⑤

---

① 陈锡祺：《孙中山年谱长篇》，中华书局 1991 年 8 月第 1 版，第 1733 页。

② 《政界要人联赴东郊观战》，见《广州民国日报》，1923 年 11 月 20 日。

③ 《邹鲁力辞筹饷局会办不获》，见《广州民国日报》，1923 年 11 月 19 日。

④ 《委任邹琳为田土业佃保证局局长》，见《广州民国日报》，1923 年 11 月 19 日。

⑤ 《邹妻被刺之余波》，见《广州民国日报》，1923 年 11 月 19 日。

11 月 27 日 兼任国立广东高等师范学校校长。①

是日，孙中山命令将广东高等师范学校改为国立广东高等师范学校，先生兼任校长，并以广东全省田土业佃保证局所有收入拨为该校经费。

在接受任命时，广东教育出现困顿局面。当时，广东教职员多以不问政治为清高，但是青年学生却对三民主义热忱信奉，因此教职员和学生之间产生了一道鸿沟。加上时局不安，经费困难，所以在广州中等以上的学校，不是罢课就是停课，甚至连广东高等师范也因为欠薪数月而陷于停顿状态。孙中山看到此种情形，就对先生说："你办教育，是很有经验的。历来你对我说话，常注意到青年，而且谈到教育问题，见解都很对，现在广东的教育不但濒于破产，而且未能接受本党主义。还是你出来担任改进罢。"先生说："我离开教育界，已经有许多年了，恐怕不能胜任。"孙中山说："我已经决定了，希望你积极去做。"②

受命出任校长后，先生"搬进学校居住，每日黎明即起，早点后，便到校内各处巡视，每日不止一次，对学生生活，校务实况，至为关心。"③

郑彦棻在《往事忆述》一书中写道："他（邹鲁）总是一大清早就起来在大操场上作骑马运动，随后即到各处巡视，对一切校务，都非常认真，尤其是对学校经费的筹措，更是努力。至于其他各项兴革，他也尽力推动。他对比较优秀的学生，特别重视，经常约我们谈谈，介绍我们看有系统的书籍，还请了很多有名的学者到我们学校来作专题演讲。"

11 月 29 日 呈辞广东财政厅长、统一广东财政委员、西江善后委员，以便专心从事教育，办好国立广东高等师范学校。④

《申报》于 12 月 3 日刊登 11 月 30 日广州电："廖仲恺、许崇智赴沪，邹鲁亦辞职，此数人皆国民党旧员，今咸弃孙氏去。惟广州仍安静，滇军照前在西江办法，在北江设征税局，并命粤汉路局自十二月一日起，增搭客车资百分之三十，运费百分之二十。"⑤

孙中山于 12 月 3 日发布大元帅指令第六七四号，同意先生辞去广东财政厅长、大本营筹饷总局会办等本兼职。令谓："据呈以奉命办学，未便再任厅

---

① 陈锡祺：《孙中山年谱长篇》，中华书局 1991 年 8 月第 1 版，第 1752 页。

② 戴书训：《愈经霜雪愈精神——邹鲁传》，近代中国出版社 1983 年 10 月初版，第 78 页。

③ 郑彦棻：《邹海滨先生的教育思想与反共斗争》，见《传记文学》1978 年 3 月号。

④ 陈哲三：《邹鲁研究初集》，华世出版社 1980 年 2 月初版，第 81 页。

⑤ 汕尾市人物研究史料编纂委员会：《汕尾市人物研究史料（陈炯明与粤军研究史料）》第二辑，1994 年 3 月印刷，第 371 页。

局他职，请开去本兼各职等情。热心教育，至足嘉善，应予照准。”[①] 先生辞职后，财政厅各重要职员均相率辞职，仅第一科章汪宗洙留任。[②]

总结任职广东财政厅长成绩，先生自认为在将近半年的时间里，虽然极力整顿，殚精竭虑，可是巧妇难为无米之炊，结果只得了个勉强应付的成绩。[③]

11 月底 面陈孙中山，希望在另外找出财源的时候，允拨教育经费，得到孙中山应允。[④]

12 月 2 日 向孙中山大元帅呈报办理黄沙、芳村等处专案官产的完结情形。随文附呈专案官产收支数目清折一扣。[⑤]

是月 7 日，孙中山向先生发布大元帅指令第六八八号。对于先生呈报的奉令办理专案官产完结情形“呈悉，折存此令”[⑥]。

12 月 3 日 交卸财政厅长职务。继任者梅光培是日上午接任。[⑦]

12 月 12 日 致函前广东高师校长金曾澄查照，拟定 14 日到校接事。[⑧]

12 月 14 日 向孙中山呈报，是日到国立广东高等师范学校视事。[⑨]

是月 17 日，孙中山向先生发布大元帅指令第七九二号，对于先生呈报的到国立广东高等师范学校视事日期由“呈悉”[⑩]。

珠江社报道，先生接任校长后，一度接事无期。查其原因有二：“（一）前任金（金曾澄）校长垫出校款数万金，必须新任清理，方办交代；（二）该校积欠职教员薪水至五六月之久，在职教员方面，亦渴望新任清理积欠薪水，方可上场。”该社还报道：“闻邹校长已答允，无论教职员留任或去职，上场时即先发欠薪一月，惟希学生如期上课，至对于前任垫款，应由筵席捐项下拨还。金氏对于学生上课一层，亦无把握。因上中六校听课，乃取一致态度，本

---

① 《孙中山全集》第 8 卷，中华书局 1986 年 5 月第 1 版，第 484 页。

② 《财政厅之新职员》，见《广州民国日报》，1923 年 12 月 4 日。

③ 许继峰：《邹鲁与中国革命（西元一八八五～一九二五）》，正中书局 1981 年 1 月台初版，第 133 页。

④ 邹鲁：《回顾录》，岳麓书社 2000 年 9 月第 1 版，第 117 页。

⑤ 中国国民党中央委员会党史委员会：《邹鲁先生文集》，中国国民党中央委员会党史委员会 1984 年 6 月 30 日出版，第 351 ~352 页。

⑥ 中国国民党中央委员会党史委员会：《邹鲁先生文集》，中国国民党中央委员会党史委员会 1984 年 6 月 30 日出版，第 353 页。

⑦ 《两厅长接任日期》，见《广州民国日报》，1923 年 12 月 3 日。

⑧ 《高师校长交代之难易谈》，见《广州民国日报》，1923 年 12 月 13 日。

⑨ 中国国民党中央委员会党史委员会：《邹鲁先生文集》，中国国民党中央委员会党史委员会 1984 年 6 月 30 日出版，第 359 页。

⑩ 中国国民党中央委员会党史委员会：《邹鲁先生文集》，中国国民党中央委员会党史委员会 1984 年 6 月 30 日出版，第 359 页。

校似难独异，故亦未敢负此重责，况职教员以只发欠薪一月，仍未甚满意，刻尚在磋商中，故交待问题，逼得停顿。”①

先生接事后，对于前任欠发职教员薪水，先发一个月现银，半月期单，“各职教员以邹于此穷迫期间，毅然清欠，咸为感激不置。”② 高师于17日成功复课，其他学校看到高师业已复课，也就相继开学。

12月17日 致函国立广东高师附属小学教员，务请到校上课。

下午2时，先生致函附属小学教员，函称：“本校十五日开教职员大会，表决本月十〈七〉日一律上课，本日各教员业经照常上课。而执事乃转请辞职，殊为抱憾。执事与本校及小学各生关系已非一日，感情自应深密，何忍一旦忍然舍之而去，用是特函奉请，务于十八日下午照常上课，毋使附属小学一部之进行，独呈停顿。是所切祷，恳切陈词，祈为鉴谅，顺颂教祺。”③

△出席广东新学生社举行的游艺大会。

是日为广东新学生社成立半周年，该社在广东高师大礼堂召开游艺大会，先生及冯自由、王仁康、高展汉等人作为特邀代表出席大会。大会举行的目的是“为了进一步表明广州广大学生对改组国民党的支持和与国民党的合作诚意，广州的学生团体利用一切机会加强与国民党重要人物的联系，施加影响。”④ 在大会上，新学生社除了大谈国民革命外，还把国民党争回“关余”与民众合作抵抗帝国主义列强把军舰开进广州的事迹，由新学生社所属白话剧社编成话剧，搬上舞台演出。

12月21日 介绍平民学校学生向校内外募捐。⑤

鉴于办学经费奇缺，先生及大本营内政部长徐绍桢介绍高师学生服务部平民学校学生向校内外募捐办学经费，在各机关、学校取得一定成绩。募得刘震寰总司令200元、广州市公安局局长吴铁城100元、江霞公夫人100元、内政部次长杨西岩、海防司令陈策、外交部长伍朝枢、南海县长李叔琼各50元，其他要人林森、梅光培、蒋梓舒、杨锦龙也都进行了捐款，先生也捐款数百元。

12月27日 拟申请设立国立西南大学。

《广州民国日报》报道：“国立广东高师校长邹鲁，就职以来，对于该校

---

① 《高师校长交代之难易谈》，见《广州民国日报》，1923年12月13日。

② 《邹鲁函请教员上课》，见《广州民国日报》，1923年12月19日。

③ 《两厅长接任日期》，见《广州民国日报》，1923年12月3日。

④ 广州青年运动史研究委员会：《1919～1949广州学生运动史》，华南理工大学出版社2002年4月第1版，第54页。

⑤ 《高师学生募捐办学》，见《广州民国日报》，1923年12月21日。

应兴应革之事，已逐渐进行。近来邹校长以我国西南方面尚无国立大学，以为研究学术之最高机关，无怪珠江文化，不逮京申。高师规模宏敞，邹校长以为与其改组师范大学，不若乘势扩充为国立西南大学之为愈。故拟呈请孙大元帅，准予积极筹备西大，并请国内名流为筹备委员，将来西大定可完全实现，不特我粤省之幸，抑亦西南之幸也。”①

12月28日 以国立广东高等师范学校校长名义向孙中山呈报，请求令行各军政机关不得提借高师专款。②

大元帅曾颁令指定广东全省田土业佃保证照费为高师经费，先生担心，认为“开办伊始，农民未必尽晓，地方官绅或视为等闲，不予匡助，驻在防军或以饷粮紧急，就地挪移，斯则专款徒托虚名，教育等于画饼矣。”③ 因此，先生呈报该文，请大元帅明令军政部及广东省省长，通饬各军及行政长官，保证将全省田土业佃保证照费为高师经费，不得有违。

次年1月4日，孙中山向先生发布大元帅指令第八号，准予令行军政部部长程潜及广东省省长廖仲恺通饬所属，严禁提借广东全省田土业佃保证费，应认真协助高师教育。④

是年 推荐罗卓英任湖梅军少校参谋，不过罗旋即辞职。⑤ 罗卓英后来曾担任军令部次长、广东省政府主席等职，为国民党陆军上将。

1924年（民国十三年　甲子）四十岁

1月初 搜集材料，拟完成《广州三月二十九日革命史》。⑥

---

① 《高师扩充西南大学谈》，见《广州民国日报》，1923年12月27日。

② 中国国民党中央委员会党史委员会：《邹鲁先生文集》，中国国民党中央委员会党史委员会1984年6月30日出版，第359~360页。

③ 中国国民党中央委员会党史委员会：《邹鲁先生文集》，中国国民党中央委员会党史委员会1984年6月30日出版，第360页。

④ 中国国民党中央委员会党史委员会：《邹鲁先生文集》，中国国民党中央委员会党史委员会1984年6月30日出版，第360页。

⑤ 《人物志》，见广东省情信息库网（http：//www. gd - info. gov. cn：8080/was40/detail? record = 17&channelid = 58844&searchword = % D7% DE% C2% B3）。

⑥ 程焕文、张靖、周旎：《邹鲁未刊稿》下册，广西师范大学出版社2008年3月第1版，第778页。

1月1日 陪同孙中山视察国立广东高等师范学校运动会。①

下午2时至4时，孙中山在宋庆龄、孙科、伍朝枢等人的陪同下，到国立广东高等师范学校视察学校运动会，受到先生及全体师生的欢迎。孙中山向师生发表了演说。

1月3日 日本驻广州总领事天羽英二宴请刘震寰总司令、先生、国会议员田梓琴、冯自由等人。席间谈及关余一案，天羽英二说道日本政府派军舰来粤，纯粹为保护日本侨民及产业，对于关余断不为过渡干涉。②

1月13日 听孙中山在国立广东高师演讲民族主义。③

下午2时40分，孙中山来到国立广东高师大礼堂作三民主义演讲，主要讲述民族主义方面的内容，与会听讲者有党政要员林森、先生、邓泽如、冯自由、谢英伯等及各党员、岭南大学、国立广东高师等校学生3000余人。5时15分散会。

1月14日 出席叶八被控谋杀许剑魂提讯。

早，华人少年叶八被控谋杀先生之妻许剑魂，由戴正臬司提讯。律政司代香港政府主控，被告则由保廖亚大律师代辩。被告不认有罪，律政司将案由对官表述，略谓死者乃广州著名官员邹鲁之妻，被告作案后狂奔逃走，在船政署附近被警员拘获。被告当晚亦乘船来港，陪审员之意，以被告既同船来港，何不在船上或广州行刺，但须知因在船上动手，甚难逃脱。死者之夫，在广州为重要官员，如被告在广州下手，一被拘获，定难免罪。今政府方面不能证明其主动为何，但此非为必要者。政府方面，只可向陪审员证明谋杀死者，即被告而已，当日拘获被告之后，在死者倒地之处，拾得手枪一支，在死者身上取出的子弹，亦与该手枪的子弹相同。继由皇家医院士摩利医生登堂供述死者所受之伤。

随后，先生登堂供述，戴正臬司向先生盘问，先生答称："于去年八月，曾有人欲行刺彼或其妻，此事乃发生于广州西关，当时彼偕其妻及家人乘轿出西关，忽被人放枪轰击，彼在广州曾与争闹数次，但其妻有无与人发生意见，则彼不得而知云云。"正臬司继续问道，"然则当晚在港时之凶手，似原欲向汝轰击者?"先生答道："余之意亦以为然。"④ 此案未定，如何判结，等待继审。

1月20日至30日 参与国民党一大会务工作。⑤

---

① 陈锡祺：《孙中山年谱长篇》，中华书局1991年8月第1版，第1783～1784页。

② 《日本对关余案之态度》，见《广州民国日报》，1924年1月5日。

③ 《大元帅演讲民族主义》，见《广州民国日报》，1924年1月14日。

④ 《许剑魂被刺案之港讯》，见《广州民国日报》，1924年1月16日。

⑤ 戴书训：《愈经霜雪愈精神——邹鲁传》，近代中国出版社1983年10月初版，第99页。

20日上午，中国国民党第一次全国代表大会在广东高师礼堂隆重召开。孙中山以国民党总理身份担任大会主席，主持大会开幕式，并致开幕辞。大会主要议题涉及国民党改组、组织国民政府等。下午，召开全体代表大会，讨论国民党改组问题。会议期间，每日上下午都有会议，或讨论提案，或报告党务，或拟订章则。大会对于宣言非常郑重对待，专门推举戴季陶和先生负责校对工作。

先生并非为国民党“一大”代表，由于“一大”在国立广东高师礼堂召开，先生身为高师校长，并和戴季陶一起负责校对大会宣言等工作，因此可以推断，先生参与国民党“一大”的角色应该是参与会务工作。每日开会前后，总理孙中山都照例到先生的校长室休息。一天，孙中山和先生有一段对话：

孙（孙中山）：现在准备提出废除不平等条约，你有什么意见？

邹（邹鲁）：这是合乎本党的主旨，很应该的。

孙：固然如此，但是你不怕各国压迫吗？

邹：世界上一切事情，得其平然后才会安定。不平等条约固然不利于我，但有了这种不平的事，大家都没有好处。所以目光远大的，不但不至于压迫，或者会有赞成的可能。

孙（笑）：你算有胆量。

邹：难道有人不赞成吗？

孙：他们有点看不到，因此不免有些顾虑。①

废除不平等条约的主张在“一大”提出的时候，孙中山很郑重地说：“假使不通过这点，那么大会就毫无意义。”② 因此，在大会宣言的对外政策内容中有一段写道：“一切不平等条约，如外人租借地，领事裁判权，外人管理关税权，以及外人在中国境内行使一切政治的权力，侵害中国主权，皆当取消，重订双方平等互尊主权之条约。”③ 这正式宣布国民党废除不平等条约的主张。

在“一大”期间，先生极其重视孙中山的安全保卫工作。孙中山每次来国立广东高师开会，只带三四个随从负责保卫工作。先生因主持校务，为保卫安全起见，每逢孙中山未到校之前，总要先查看全校警卫是否按照已经决定好的部署站岗。有一天早晨，先生出去察看警卫情形，但孙中山已经到校，并照

---

① 邹鲁：《回顾录》，岳麓书社2000年9月第1版，第123页。

② 邹鲁：《回顾录》，岳麓书社2000年9月第1版，第123页。

③ 邹鲁：《回顾录》，岳麓书社2000年9月第1版，第123页。

例到校长室休息。进校长室后没有见到先生，等先生回来，孙中山问他去了哪里，先生如实报告。孙中山笑道："不必这样小心。民众对于我，都是很亲爱的。至于军阀，却没有这种胆量。"先生答道："先生的人格，任何奸恶见了，都要低头，不过这是我应尽的责任。"①

1月27日 下午，听取孙中山在国立广东高师第一次系统演讲三民主义的民族主义。②

孙中山合计六次在广东高师大礼堂系统演讲民族主义，是讲为第一讲，以后每周讲一次，于3月2日讲完。演讲内容由黄昌谷笔记记录，先生读校后再呈孙中山进行修改审定，以后的各讲及演讲民权主义和民生主义时也是如此。先生详细记述了读校的经过：

"演讲时，黄君昌谷笔记，笔记誊清后，总理命我读校；并嘱我除将笔记之文字校正外，如有意见，不妨尽量参加。"③

"每次誊清的演讲稿，先由笔记人呈送总理。总理看了以后，就叫人送给我校读。虽然总理屡次吩咐我，除文字校正之外，如有意见，不妨尽量参加，但是对于总理的理论，事实上我的确不能赞一词。不过遇见笔记错误和遗漏的地方，以及偶有所见，我便用一个签注条，贴在上面，以供总理参考。

我读校讲稿的时候，先将总理交来黄先生所录每次演讲的笔记，大体阅读，核与总理所讲的原意，是否相符。如有不符的地方，则用另纸录下，或改正，或补充，或删节，往复诵读，必至大致不差，方再逐字逐句读校，而为文句上的润饰。直到文理已无瑕疵，我更将全篇细读，作最后的改订，至自认完全惬意始止。然后将修改增删的部分誊清，签注贴上，送呈总理亲核。总理对于我的签注意见，若予采纳，则亲笔在稿上修正。修正后，再命我读校。我读校如前，再呈总理。总理复修正后，又命我读校。我复校读如前，必至总理完全认为妥适而后止。总理在修正笔记及核定签注意见的时候，对于演讲的原意原文，亦往往有增删。所以最后的定稿，不但在字句方面，就是在意义上亦有出入的地方。"④

孙中山在演讲民族主义时，有一次问先生："中国民族所受到最大的祸患是什么?"先生答道："先生已明白说过：一是列强政治力的压迫；二是列强经济力量的压迫；三是列强人口增加的压迫。"孙中山接着说："我国民族对

---

① 邹鲁：《回顾录》，岳麓书社2000年9月第1版，第124页。

② 陈锡祺：《孙中山年谱长篇》，中华书局1991年8月第1版，第1821～1822页。

③ 邹鲁：《回顾录》第（一）卷，三民书局有限公司1974年7月初版，第169页。

④ 邹鲁：《回顾录》第（一）卷，三民书局有限公司1974年7月初版，第170页。

于列强政治经济的压迫而受到的痛苦，凡是稍有智识的人，都能够明了，并且竭力想对付的方法。唯有人口的压迫，完全是无形的，很不容易察觉。特别严重的是现在一般有智识的青年，男的怕担负教养费，女的怕生育时的痛苦，盲目地在提倡独身、节育等等。这样，不要说列强增加人口来压迫我，而且有智识的不想传种，结果将成为弱小劣等民族，被人消灭。这是最危险的事。所以我特别提出人口的压迫与政治压迫、经济压迫同等注重，使国人明了设法对付的急要。”①

演讲稿先在《中国国民党周刊》上发表，后于3月底以《民族主义》为名出版单行本。孙中山于3月30日为单行本作序。在单行本和周刊上发表的，先生看到有错误就即刻予以更正。

先生不但读校了三民主义，还将三民主义列为大学思想教育的内容。②

关于先生在三民主义思想诞生过程中的历史贡献，陈哲三认为：“除见邹氏校读之认真外，更见他对三民主义研究之热切，对国父思想体会之深刻。同时，综合以上所引征文字，我们似可以说：三民主义之所以有现在之面目，与邹氏之关系十分密切。”③“邹鲁对三民主义的完成、阐扬、维护与身体力行之伟大功绩更表现无遗。我们感到国父有知人之明，而邹鲁都能不负所托，传承薪火，使主义之光无穷无尽，普照于世界，同样令人赞叹不已。”④《中央日报》也在社论中写道：“这不能视为一件小事，这表明国父和先生的关系，表明国父之重视先生，认为先生是对主义有深刻的认识，所以才委以校读之责。……是先生之于三民主义的完成实有功绩。”⑤

孙中山在广东高师演讲民族主义的第一、第二次修正稿后一直保存在先生处。1938年该稿件不幸被日机轰炸时损毁。⑥

1月28日 谒见孙中山，请教三民主义结论。

先生面见孙中山的目的在于请教三民主义的结论。在校对第一讲时，先生对“何以说三民主义就是救国主义呢?”一句之下，觉得原文意义尚未充足，便想加一段来补充。费了很大劲，先生写成百余字，用签注条贴在上面。孙中山看了以后，虽然认为意思很对，但嫌字句冗长，马上拿起笔来写道：“三民

---

① 戴书训：《愈经霜雪愈精神——邹鲁传》，近代中国出版社1983年10月初版，第90~91页。

② 许继峰：《邹鲁与中国革命（西元一八八五~一九二五)》，正中书局1981年1月台初版，第149页。

③ 陈哲三：《邹鲁研究初集》，华世出版社1980年2月初版，第49~50页。

④ 陈哲三：《邹鲁研究初集》，华世出版社1980年2月初版，第60页。

⑤ 《悼念邹海滨先生》，见《中央日报》，1954年2月14日。

⑥ 戴书训：《愈经霜雪愈精神——邹鲁传》，近代中国出版社1983年10月初版，第153~154页。

主义，系促进中国之国际地位平等，政治地位平等，经济地位平等。”①

1月30日 当选为国民党第一届中央执行委员会委员。②

上午，国民党“一大”举行第一届中央执行委员、监察委员选举。选举大会由孙中山主持。选举前，由胡汉民代为宣读候选人名单，众代表举手通过。共选出国民党中央执行委员24人（连孙中山一起为25人），候补中央执行委员17人，组成第一届中央执行委员会。先生由孙中山提名，当选为中央执行委员。当选委员名单为：胡汉民、汪兆铭、张人杰、廖仲恺、李烈钧、居正、戴季陶、林森、柏文蔚、丁惟汾、石瑛、先生、谭延闿、覃振、谭平山、石青阳、熊克武、李大钊、恩克巴图、王法勤、于右任、杨希闵、叶楚伧、于树德。

1月31日至2月6日 出席国民党第一届中央执委会、监委会第一次全体会议。③

中国国民党第一届中央执委会、监察委员会委员第一次全体会议在广州举行。是日到会者为32人，孙中山主持会议。会议决定以广州为国民党中央委员会所在地，设置中央党部，并推定廖仲恺、戴季陶、谭平山3人为常务委员，组织秘书处，负责处理日常党务。会议决定中央党部组织机构，除秘书处外，另设组织部、宣传部、工人部、农民部、青年部、妇女部、军事部、调查部，分别开展工作。第一次全会考虑到中央党部偏处广州，指挥各处党务有所不便，又决定在上海、北京、汉口、哈尔滨、四川组织执行部，分派中央执、监委员到各该地指导与监督该地区党务工作，并划定各执行部分辖省市区域，以专责成。会议还决定在中央执行委员会之下，各省设立临时执行委员会，海外各国设立总支部。省市以下再设县、区党部等基层组织，以利党务开展。会议派中央执行委员9人在广州中央，其余执行委员分派上海等处执行部指导工作。先生留驻广州中央工作，其余8人为廖仲恺、李烈钧、戴季陶、谭延闿、杨希闵、柏文蔚、林森、谭平山。广州中央党部直辖广东、广西、云南、福建四省党务工作。④

1月 友人送来上海出版的报纸，上载吴敬恒致林森函，内容为吴与先生

---

① 中国国民党中央委员会党史委员会：《邹鲁先生文集》，中国国民党中央委员会党史委员会1984年6月30日出版，第242页。

② 戴书训：《愈经霜雪愈精神——邹鲁传》，近代中国出版社1983年10月初版，第153页；陈锡祺：《孙中山年谱长篇》，中华书局1991年8月第1版，第1827～1828页。

③ 陈锡祺：《孙中山年谱长篇》，中华书局1991年8月第1版，第1830页。

④ 邹鲁：《中国国民党史稿》第一册，中华书局1960年5月第1版，第351页。

讨论先生所编写的黄花岗事略。先生读后“至为欣慰”①。

1月 接胡汉民函。函中详细描述了“三二九起义”发生时的一些史实，以纠正讹传，解疑释惑。②

2月1日 出任对外委员会委员。③

国民党中央执行委员会会议决定：成立对外委员会，以先生、廖仲恺、于树德为委员，就收回租界、取消领事裁判权、关税自主、庚子赔款四件事开展宣传。

2月3日 听取孙中山在国立广东高师礼堂第二次演讲民族主义。④

2月4日 出任中国国民党中央青年部部长。⑤

先生出任青年部部长后，对于青年的价值取向、国民党“容共”等问题与孙中山进行过沟通，逐渐产生了排斥共产党的心理。陈立夫认为，先生对孙中山“容共”政策不是不了解，只是觉得这件事很危险。

青年部初始成立，干事为张善铭，是共产党员，被先生调离。“排谭（谭平山）使不安于位，邹即去张。共产党乃使张游俄。”⑥ 当时，中国共产党在青年界已经组织了“新学生社”，而且比较活跃。先生有针对性地在各校员生中组织党团来阴谋对付，同时，不断派人进入共产党组织的团体，参与活动，探听内情。⑦“他（邹鲁）并因此而获得极为珍贵的共产党第二次全国代表大会的决议文，并引用此文在后来的‘西山会议’中，对共产党作‘有力的抨击’。”⑧

△出任国立广东大学筹备主任。

是日，孙中山召见先生，孙中山说：“你办高等师范数月，成绩很好。现在广东教育，还没有完整的计划，我想把国立广东高等师范、广东法政［科］大学和广东农业专门学校等三校，合并起来，组成国立广东大学。你可即去筹备。”⑨ 说罢，孙中山立即委任先生为国立广东大学筹备主任。

---

① 邹鲁：《回顾录》，岳麓书社2000年9月第1版，第246页。

② 邹鲁：《回顾录》，岳麓书社2000年9月第1版，第256页。

③ 广东省立中山图书馆：《民国广东大事记》，羊城晚报出版社2002年11月第1版，第197页。

④ 国立中山大学校友会：《邹鲁全集》第（九）卷，三民书局股份有限公司1976年10月初版，第492页。

⑤ 陈锡祺：《孙中山年谱长篇》，中华书局1991年8月第1版，第1830页。

⑥ 邹鲁：《中国国民党史稿》第一册，中华书局1960年5月第1版，第357页。

⑦ 戴书训：《愈经霜雪愈精神——邹鲁传》，近代中国出版社1983年10月初版，第100页。

⑧ 许继峰：《邹鲁与中国革命（西元一八八五～一九二五）》，正中书局1981年1月台初版，第161～162页。

⑨ 戴书训：《愈经霜雪愈精神——邹鲁传》，近代中国出版社1983年10月初版，第79页。

同时，孙中山还提到广东工业学校和广州第一中学也由先生指导，使得广东整个高等教育能在国民党的指导下，免于被人渗入。“国父说这些话时，态度非常坚决，邹鲁除答应之外，也没有别的话好说。”①

对于先生出任国立广东大学筹备主任一事的历史作用，许继峰认为：“三校合并为大学一事的构想，在教育史上也许是一件小事，但是在中国革命史上却是一件大事，因为这是国父将中国革命落实的主要行动之一。民国十三年（1924 年），中国国民党的改组，及至后来黄埔军官学校的设立，均是这项行动的一部分。在此之前，国民党的干部人才不足，又未实际掌握自己的武力，以致在革命的历程中倍极艰辛。国父当然早就有将革命扎根的想法，民国十二年（1923 年）逐陈（陈炯明）之后，重掌广东革命根据地，才将这种想法逐一付诸实现，也使中国革命有了前所未有的开展。”②

张掖回忆：“他（邹鲁）曾亲口对我说过，中山先生初时叫汪精卫去做广东大学筹备主任，可是政府经费奇绌，汪氏自顾无魄力筹一笔开办费，不敢奉命。”③

2 月 6 日 出席国民党中央一届一中全会第三次会议。④

孙中山主持会议，会议通过了《各省党务进行计划案》、《中央执行委员会及上海、北京、哈尔滨等执行部组织及预算案》、《海外党务方案》等议案。

2 月 7 日 托中央宣传部部长戴季陶转知国民党中央执行委员会，告之孙中山将于 2 月 10 日到国立广东高等师范学校演讲三民主义。⑤

陈哲三记载：“当时国父演讲三民主义，其通知、安排则由邹（邹鲁）戴（戴季陶）二人一起负责。”⑥

2 月 8 日 托大埔同乡、刚刚加入国民党的郭瘦真转知国民党中央执行委员会，告之孙中山将于 2 月 10 日到国立广东高等师范学校演讲三民主义。⑦

2 月 9 日 孙中山给广东省省长廖仲恺发布训令第五二号，指出将高师、法大、农专三校合并改为国立广东大学，并派邹鲁为国立广东大学筹备主任。

---

① 戴书训：《愈经霜雪愈精神——邹鲁传》，近代中国出版社 1983 年 10 月初版，第 79 页。

② 许继峰：《邹鲁与中国革命（西元一八八五～一九二五）》，正中书局 1981 年 1 月台初版，第 136 页。

③ 张掖：《1924～1935 年国立中山大学派系斗争概述》，见广东省政协文化和文史资料委员会编《广东文史资料精编》上编第 4 卷，中国文史出版社 2008 年 12 月第 1 版，第 87 页。

④ 陈锡祺：《孙中山年谱长篇》，中华书局 1991 年 8 月第 1 版，第 1834～1835 页。

⑤ 陈哲三：《邹鲁研究初集》，华世出版社 1980 年 2 月初版，第 45 页。

⑥ 陈哲三：《邹鲁研究初集》，华世出版社 1980 年 2 月初版，第 191 页。

⑦ 陈哲三：《邹鲁研究初集》，华世出版社 1980 年 2 月初版，第 45 页。

令廖仲恺即分别转饬三校遵照办理。[①]

同日，孙中山发布大元帅训令第五三号。令谓：

“令国立广东大学筹备主任邹鲁

为令饬事：照得国立高等师范、广东法科大学、广东农业专门学校三校，业明令合并改为国立广东大学，兼派该员为国立广东大学筹备主任在案。除训令广东省长分别转饬各该校遵照，嗣后所有用人、行政悉由该筹备处主管办理，以归划一而促进行外，仰该主任即日将各该校接管，以速筹备成立呈报。此令。”[②]

是月20日，孙中山发布大元帅指令第一六〇号。令广东省省长廖仲恺呈复改组国立广东大学一案业经分行各该校遵照。[③] 同日，广东省省长廖仲恺遵照孙中山的指令，致函广东法科大学、广东农业专门学校，“现既奉合并改为国立大学，各该校校长，自应即予取消，以便筹备主任及时接管办理。”[④]

△[⑤]致函国民党中央执行委员会。表示总理孙中山将于次日到广东高师演讲，请中央执行委员会急发通知。[⑥]

由此函可以推断，孙中山在决定演讲日期后，即先通知先生，再由先生转知中央执行会发出通知，可见孙中山对先生的器重与信任。

2月10日 听取孙中山在国立广东高师礼堂第三次演讲民族主义。[⑦]

2月11日 在国立广东高师将广州黄花岗七十二烈士的部分史实书面记载下来。主要记载了广州黄花岗七十二烈士第一次、第二次审查会的一些内容。[⑧]

2月13日 广东省长公署致函先生，训令先生即日接管国立广东高等师范、广东法科大学、广东农业专门学校。[⑨]

---

① 易汉文：《中山大学编年史（一九二四～二〇〇四）》，中山大学出版社2005年9月第1版，第1页。

② 易汉文：《孙中山与中山大学》，中山大学出版社1999年10月第1版，第4页。

③ 易汉文：《孙中山与中山大学》，中山大学出版社1999年10月第1版，第5页。

④ 易汉文：《中山大学编年史（一九二四～二〇〇四）》，中山大学出版社2005年9月第1版，第1页。

⑤ 该函未署日期，纸张为国立广东高等师范学校用笺，时间应在民国十三年初；另因该函上国民党中央执行委员会，而中央执行委员会至是年1月30日才组成，函中提到戴季陶（国民党中央宣传部部长），说明先生应在出任青年部部长后才有此函，综合上述分析，该函时间约在2月9日发出。

⑥ 陈哲三：《邹鲁研究初集》，华世出版社1980年2月初版，第45页。

⑦ 国立中山大学校友会：《邹鲁全集》第（九）卷，三民书局股份有限公司1976年10月初版，第492页。

⑧ 邹鲁：《回顾录》，岳麓书社2000年9月第1版，第255～256页。

⑨ 《公函》，见“国立广东大学全宗”档案，全宗号31，目录号1，案卷号3，藏广东省档案馆。

2月15日 广东公立农业专门学校派代表找先生，商议该校与国立广东高师合并事宜等。

2月17日 听取孙中山在国立广东高师礼堂第四次演讲民族主义。①

2月19日 拟聘前广西省省长马君武为国立广东高师教授、教务长，“俾于改大事宜，得从速进行云。”② 马君武在接受聘书后，已经搬到高师居住，不过，马于本月29日，“不知因何感触，忽而离粤赴港。闻此行将迳返上海，从事于畜牧种植云。”③

《广州民国日报》于8月20日登载《邹鲁注意广大工科院长》一文，写道：“至于工科，为现代所最急需之科学，邹校长尤特别注意。院长一席，将属于马君武氏。查马氏为德国工学博士，春间到粤时，关于广大增设工科，马氏主张最力。”④

△聘请大本营外交部第二局局长兼省署交涉局副局长陆敬科为国立广东大学英文教授。⑤

2月21日 到国立广东大学筹备处就职任事。

先生以国立广东大学筹备主任名义向孙中山大元帅呈报，本日接大本营秘书处函送颁发木质镶锡关防一颗、象牙小章一颗，到广东大学筹备处就职任事。⑥

先生就职后，为慎重计，除延聘当时军政府的党政军重要人物为筹备委员外，又延聘当时国内著名学者、社会贤达加入。最后聘定胡汉民、汪精卫、廖仲恺、伍朝枢、孙科、许崇清、马君武、蒋梦麟、李大钊、胡适、王星拱、王世杰、周览、皮宗石、顾孟余、石瑛、郭秉文、吴敬恒、李石曾（李煜瀛）、易培基、杨庶堪、陈树人、熊希龄、范源濂、任鸿隽、杨铨（杨杏佛）、胡敦复、黄昌谷、关恩助、徐甘棠、程天固、梁龙、陈耀祖、何春帆、邓植仪等35人为筹备委员。⑦

先生在致孙科的聘书中写道：“窃闻构九层之台者，必资梁栋于群材；织

---

① 国立中山大学校友会：《邹鲁全集》第（九）卷，三民书局股份有限公司1976年10月初版，第492页。

② 《邹鲁请马博士任教务》，见《广州民国日报》，1924年2月19日。

③ 《马君武有所感触》，见《广州民国日报》，1924年3月1日。

④ 《邹鲁注意广大工科院长》，见《广州民国日报》，1924年8月20日。

⑤ 《广东大学敦聘教授》，见《广州民国日报》，1924年2月19日。

⑥ 中国国民党中央委员会党史委员会：《邹鲁先生文集》，中国国民党中央委员会党史委员会1984年6月30日出版，第361页。

⑦ 易汉文：《中山大学编年史（一九二四～二〇〇四）》，中山大学出版社2005年9月第1版，第2页。

百纯之棉者，必假玄黄为错采。物既有之，事亦宜然。顷者奉大元帅令，着将国立广东高等师范、广东法科大学、农业专门合并为国立广东大学，并令任鲁为国立广东大学筹备主任，自维绵薄，忽被丝言，闻令彷徨，返躬踧踖，徒以志存借手，义在仔肩。愿効铅刀一割之能，不辞糠粃在前之销，盖以大学者位列之庠。升上俊土，论其道，则明德新民，止于至善；语其教，则知其类强立，谓之大成，四海于是渊源，万流由之仰镜。况名称国立，其重规叠矩，东膠将倚为仪型。地属广东，则让水廉泉，南暨益隆其声教，而且併包三校，冶为一炉，合法家农家者流，施之埏埴，统为模为范之质。加以裁成，凡夫横舍之修，精庐之建，集远生之翘秀；择哲匠之师资，俸钱廪粟，何以挹彼而注兹。文籍图书，孰当裒多而益寡，权衡一是，经纬万端，将使纲举目张，虑周藻密，纵慎运筹于五夜，终难求备于一人。惟有亟集众思，广延尊宿，因群策群力之用，立可久而大之基。伏维哲生先生，儒林文人，后进领袖，泰山北斗，久副盛名，凤翼龙翰，时钦重宝，望扶轮于大雅，觊为错于他山，敢奉简笺，聘同筹备，所恳俯垂金诺，早惠玉音，友声应乎嘤鸣，作人襄夫寿考，庶几相助为理，聿观阙成，共程筚路蓝缕之功，期肇声明文物之运，他日诸生鼓箧，学子安弦，凡厥及门，胥成大器。诵法令沽具之说，深识本原，着齐民要术之书，先知稼穑。经师人师蔚其汇，身教言教传其薪。士尽南针，泽流东粤，则溯掘并为山之绩，皆铭惇师老德之勋矣，幸屈高轩，以弘大业。绸缪有日，寤寐倾风。谨启。邹鲁”① 孙科复函表示接受聘职。

是月26日，孙中山发布大元帅指令第一七四号，先生呈报的就职及启用关防日期由，呈悉。②

△到广东公立农业专门学校视事，并在该校学生会大会上发表讲话。

下午3时半，广东公立农业专门学校大会召开，先生以视事名义及国立广东大学筹备主任身份参加大会，大会由张农主持。在大会上，先生“将改大方策与农科暂时组织，以及所聘任之主管人物，将来筹款方法等事，详细报告一遍。”③

2月24日 出席中国国民党追悼列宁大会，代孙中山宣读祭文。④

上午12时，中国国民党在广州第一公园举行追悼列宁大会，孙中山在先生、廖仲恺等人陪同下，出席追悼大会。先生代孙中山宣读祭文。

---

① 《聘请筹备大学之文章》，见《广州民国日报》，1924年3月3日。

② 易汉文：《孙中山与中山大学》，中山大学出版社1999年10月第1版，第6页。

③ 国立中山大学农学院推广部：《前广东公立农业专门学校学生会之运动纪要（民国十二年至十四年）》，中山大学农学院推广部1936年11月编印，第20页。

④ 陈锡祺：《孙中山年谱长篇》，中华书局1991年8月第1版，第1846页。

△下午2时，召集国立广东高等师范学校、广东农业专门学校、广东法科大学三校学生在广东高师大礼堂举行大会，宣布筹建国立广东大学，并报告筹备经过和进行计划等事项，着重谈了经费问题和改大的手续。[①]

《广州民国日报》报道："邹鲁接任后，即将法大农专二校接管，且极力向国内外搜罗人材，充当大学各科教授。并极力筹备款项，补充经费，以期成为中国之最完善之大学。"[②]

△下午，听取孙中山在国立广东高师礼堂第五次演讲民族主义。[③]

△聘任梁龙为国立广东大学法科学院主任。梁龙是日到校莅事。[④]

2月25日 到广东法科大学演讲。

在演讲中，"首述大学筹备情形，次及已筹得之的款，复希望各校学生，发起群众运动，争回关余，为大学经费。详论关税由外人掌握之害，谓从前吾国为此受损害者二万万，现已增为五万万，长此而往，吾国必至经济破产云。"[⑤] 法大新主任梁龙也发表了演讲。

2月26日 出席广州平民教育运动会议。[⑥]

晚上7时半，广州市平民教育运动会议在市政厅举行，会议由孙科主持，许崇清、王仁康、陈其瑗、先生等人出席。李应林报告了幻灯教授计划书，主旨在使平民认识1000字为目的。先生认为幻灯教授与课本教授两种方法均可同时采用，同时进行。经过一番详细讨论，会议决定由李应林起草简章，以到会人为发起人，另行组织一个委员会，该会同时办两种大运动，一为用幻灯教育不识字平民的运动，一为编定适合广州市需要的课本，教授识字的失学者，该部服务员则由国立广东高师学生担任，其干事主任则由谢清担任。

2月28日 致函美侨公会祁会长，为拟成立的国立广东大学争取赞助。[⑦]

2月 大本营军政部长程潜和广东省长廖仲恺联合发布第十一号布告，指出根据大元帅训令，开具林森、邓泽如、先生、汪兆铭、林直勉呈报，称黄花岗七十二烈士坟墓所在地区已经为纪念先烈所用，告请在划定范围内"禁止附葬，以崇先烈。"已经埋葬的民间旧坟限期三个月内迁走。[⑧]

---

① 《邹鲁宣布筹备改大》，见《广州民国日报》，1924年2月26日。

② 《邹鲁宣布筹备改大》，见《广州民国日报》，1924年2月26日。

③ 国立中山大学校友会：《邹鲁全集》第（九）卷，三民书局股份有限公司1976年10月初版，第492页。

④ 《法科大学之新主任》，见《广州民国日报》，1924年2月25日。

⑤ 《法大讲演纪盛》，见《广州民国日报》，1924年2月27日。

⑥ 《教育运动会议》，见《广州民国日报》，1924年2月28日。

⑦ 见"国立广东大学全宗"档案，全宗号31，目录号1，案卷号3，藏广东省档案馆。

⑧ 见广州市黄花岗公园内墓碑所记载文字。

2月 孙中山对日本报纸经营家松岛宗卫发表谈话："我辈以财政委之于廖仲恺；民政责之于胡汉民；外交则由伍朝枢总揽；党务则由汪精卫任责；教育归邹鲁担任；军事则命蒋介石掌握，以期完成北伐之目的。"① 从谈话中可以看出孙中山对先生的倚重。

2月 孙中山谕命先生搜集材料，编成党史。②

孙中山得知先生等人在搜集黄花岗死难烈士史料，便对他说："尽并搜集材料，编成党史。"③ 先生接谕后，立即着手收集材料，除了孙中山亲自送交的一部分珍贵资料外，还于《中央党部周刊》上刊登征汇党史材料广告，请中国国民党青年部与海外部联名发函海外，以广征集。复通过各种渠道收集材料，包括许多自述笔录，摘录很多书籍、报刊的相关内容，并且请二三十个学生帮忙，最后确定体例，分列章目，准备开始撰写。这些工作向孙中山请示后，孙中山"认为很好"④。

《中国国民党党史》的编写工作从次年夏天开始，初时由于资料没有完全到，仅对黄花岗起义进行了研究。

3月初 函聘吴康、陈长乐、李昂等人为文科委员会委员。⑤

3月1日 广东公立农业专门学校学生会联合广东公立法科大学、国立广东高等师范学校组成国立广东大学经费运动学生委员会，聘先生、邓植仪等7人为顾问。⑥

3月2日 听取孙中山在国立广东高师礼堂第六次演讲民族主义。⑦

3月3日 主持召开国立广东大学筹备处第一次筹备会议。⑧

会议于傍晚6点半召开，出席会议的人员还有廖仲恺、许崇清、陈耀祖、梁龙、何春帆。会议议决事项有三项：（一）议决《国立广东大学筹备处组织大纲》九条；（二）议决每周星期一日午后四时开筹备处常会一次；（三）议

---

① 陈哲三：《邹鲁研究初集》，华世出版社1980年2月初版，第201页；陈锡祺：《孙中山年谱长篇》，中华书局1991年8月第1版，第1850～1952页。

② 程焕文、张靖、周旎：《邹鲁未刊稿》下册，广西师范大学出版社2008年3月第1版，第779页。

③ 戴书训：《愈经霜雪愈精神——邹鲁传》，近代中国出版社1983年10月初版，第123页。

④ 戴书训：《愈经霜雪愈精神——邹鲁传》，近代中国出版社1983年10月初版，第123页。

⑤ 《文科委员会委员》，见"国立广东大学全宗"档案，全宗号31，目录号1，案卷号12，藏广东省档案馆。

⑥ 黄义祥：《中山大学史稿（1924～1949）》，中山大学出版社1999年10月第1版，第24页。

⑦ 国立中山大学校友会：《邹鲁全集》第（九）卷，三民书局股份有限公司1976年10月初版，第492页。

⑧ 《国立广东大学筹备处第一次会议》，见"国立广东大学全宗"档案，全宗号31，目录号1，案卷号4，藏广东省档案馆。

决各种应行研究之问题。包括预科设置问题、大学组织问题、学科设置问题、设备问题、经费问题、入学问题、现在三校学生之毕业问题、大学各科之毕业问题。

3月4日 出席广州市第二次平民教育会议。①

会议于晚上7时半在市政厅举行，先生、许崇清、王仁康、邝柳春、罗有节、金曾澄、梁小初、李应林、谢清、陈其瑗、李颂韶等人出席，孙科主持会议。会议通过平民教育运动委员会简章，选举孙科为委员会委员长，先生为平民义学部部长，该部司库为李颂韶，部员为王仁康、陈其瑗、马超俊。会议对于高师学校提议的平民义学计划草案，交付审查，议决下期再议。

3月5日 致函广东省政府，拟开办省外筵席捐为国立广东大学办学经费。②

3月6日 呈请孙中山，将省外各县筵席捐永远作为国立广东大学教育经费，并请通令军民各机关不准截留。

先生在呈文中写道："窃为教育为神圣事业，人才为立国大本。故国家设立大学，实振兴教育之总键，陶冶人才之巨炉。东西各国莫不注重大学，其在该本国无论已，即近来在吾国设立者，几无不接踵而起，所以不惜竞投巨资，莫非为国家奠定基础。我大元帅有鉴及此，将本省高师、法大、农专三校合并，改为国立广东大学。现当筹备期内，首须顾及经费为第一入手办法。大学为最高学府，经费尤应充裕。原来之费既少，新拨之费无多，盼厥成功，相差尚远。查省城筵席捐开办已有成绩，并专拨为七校经费，省外各属筵席捐自可援案办理。"③

在呈文中，先生还将广东省署公函全文照引，该函写明"现拟开办省外各属筵席捐，并将该捐项以三分之二拨为国立广东大学经费，以三分之一拨为各该地教育经费。"④ 请孙中山查核，并通令各地执行。

是月12日，孙中山发布大元帅指令第二三九号，照准先生上述呈请。⑤同日，孙中山发布大元帅训令第九六号，令广东省长杨庶堪、中央直辖滇军总司令杨希闵等，照准先生提出的拨定各县筵席捐的三分之二为广大经费，合行

---

① 《第二次平民教育会议》，见《广州民国日报》，1924年3月6日。

② 《邹鲁专心筹款》，见《广州民国日报》，1924年3月6日。

③ 中国国民党中央委员会党史委员会：《邹鲁先生文集》，中国国民党中央委员会党史委员会1984年6月30日出版，第361~362页。

④ 中国国民党中央委员会党史委员会：《邹鲁先生文集》，中国国民党中央委员会党史委员会1984年6月30日出版，第362页。

⑤ 易汉文：《孙中山与中山大学》，中山大学出版社1999年10月第1版，第10页。

令仰各位军长、总司令、省长、司令知照，即便转饬所属一体遵照。对于此项筵席捐永远不得截留挪用，以重学款，而维教育。①

3月9日 听讲孙中山在国立广东高师第一次演讲民权主义。

下午2时20分，孙中山在国立广东高师大礼堂演讲民权主义，“赴会听讲者，为孙市长（孙科）、古应芬、柏文蔚、邹鲁及湘、滇、粤、桂各军长兵士、国民党员暨各报馆通讯社记者等六百余人。”② 5时15分，演讲结束。

3月10日 主持国立广东大学筹备处第二次筹备会议。③

会议于下午4时召开，廖仲恺、孙科、许崇清、何春帆、徐甘棠、梁龙、邓植仪、陈耀祖等人参加，由先生主持。会议讨论事项为：（一）修正筹备处组织大纲。决议：照修正案通过；（二）预科设置问题。决议：设高中、大学预科；（三）大学组织问题。决议：以校长为执行□□，另设参议会、评议会，并举许崇清、梁龙、邓植仪为起草委员；（四）学科设备问题。决议：现设文科、理科、法科、农科、工科，内容当分别先后次第施设；（五）特科委员会问题。决议：先设理科、农科、法科委员会。

△致函北京荷、英、美、法、苏、日、比、意各国公使，请将庚款全部用于教育，不可为北方军阀所挪用，中国委员务由中国大学选举教育界人员充任。先生在致函苏联驻北京公使加拉罕时，告以派易培基为国立广东大学驻北京代表，商议苏联退还庚款用作教育经费事宜。④

3月11日 出席广州市第三次平民教育会议。⑤

会议于晚上7时半在市政厅举行，先生等人出席，孙科主持会议。会议讨论了高师学校提议的平民义学计划草案等。

3月12日 出席中央执行委员会一届第十三次会议。⑥

先生在会议上以青年部名义提出五项提案：即《青年运动政策提案》、《广州市学生统一运动提案》、《青年党团组织提案》、《学生运动计划提案》和《学生运动委员会及学生会党团提案》。

这五项提案显示了先生对青年及学生问题的了解，不但确切指出当时青年

---

① 易汉文：《孙中山与中山大学》，中山大学出版社1999年10月第1版，第7~9页。

② 《演讲民权主义纪要》，见《广州民国日报》，1924年3月10日。

③ 《国立广东大学筹备处第二次会议纪录》，见“国立广东大学全宗”档案，全宗号31，目录号1，案卷号4，藏广东省档案馆。

④ 陈哲三：《邹鲁研究初集》，华世出版社1980年2月初版，第112页。

⑤ 《平民教育会议》，见《广州民国日报》，1924年3月7日。

⑥ 许继峰：《邹鲁与中国革命（西元一八八五~一九二五）》，正中书局1981年1月台初版，第139页。

及学生的心理倾向，更积极地提出组织青年及学生办法。这五案经过修改后形成决议，成为中国国民党组织青年的最高准则。《青年运动政策提案》写道：

“一、学生运动政策：

在现在中国的情形：政治方面割据制仍未打破，而维护这制度之北洋军阀，尽力压迫人民，防止新势力之发展；经济方面，农业经济组织正在崩坏，帝国主义者逐利用机会，勾结军阀，肆行侵害，使中国工商业不能发展。学生是最富于民主思想与富于热情的青年，当然不能忍受，而使他们不能不起来做国民革命运动。五四运动是学生们做的国民革命运动，以后所发生的学生运动性质也是相同，全国学生总会且已旗帜鲜明，高唱著打倒军阀、打倒帝国主义。因此学生是国民革命的重要分子，而且已在国民革命进行中占得位置。

但是，事实虽然这样命令他们做，还有许多未曾认识这是甚么一回事。他们知道他们自己所干的是救国运动，但他们不承认这是政治问题。因此他们对于我们做国民革命的政党，就未能十分了解。我们要使他们知道干预政治不是做官僚政客的意思，再使他们明了政党的作用，更使他们明白认识我们的党。我们要学生们归到我党旗帜之下，但更要尽力维护学生的利益；对所有的学生运动（校内与校外）都要尽力指导他们，帮助他们，要使学生在国民革命当中多尽一点责任，必须把他们组织起来。所以我们要尽力去组织学生团体。

外国人所办的学校，大概是有宗教色彩，他们的革命性是比较的弱，而且外国人在中国施行的教育政策，大都是愚民的，不合时代与中国国情。我们要使那种学生明白外国人在中国办学校的原意，使他们反对学校不合时代与中国国情的教育，更进而能够反抗帝国主义。

二、一般的青年运动政策：

青年总是富于革命性的。其已组织起来的青年群众，不论已否入于革命正轨，也总已有向上的倾向；其未组织起来的，也是对于现在的国情有不安心的地位。我们对于有组织的，要使他们入于革命的正轨；未有组织的，而加以训练，那些青年最好设些甚么研究会俱乐部去收罗。”①

先生认为，学生运动的意义是组织学生群众，带领他们进行国民革命运动。所以先生在《青年党团组织提案》及《学生运动计划提案》中，提出组织青年党团及学生委员会、党团组织办法，并希望透过这些党团严密的组织来领导整个青年及学生运动的方向，使之遵循国民革命的道途。以学生委员会之组织为例，先生所定的计划是：“1. 各区党部或区分部组织学生运动委员会，

---

① 许继峰：《邹鲁与中国革命（西元一八八五～一九二五）》，正中书局1981年1月台初版，第140～141页。

委员定三人至十人（委员不限定学生），受该党部指挥。2. 由各区分部学生运动委员会派代表二人，组织区学生运动委员会代表会，受区党部指挥。3. 由区学生运动委员代表会代表二人，组织县或市学生运动委员代表会，受县或市党部指挥。4. 由县或市学生运动委员代表会派代表二人，组织省学生运动委员代表会，受省党部指挥。5. 各省学生运动委员代表会派代表二人，组织全国学生运动委员代表会，受中央党部指挥。"①

先生提出的五项提案在中央执行委员会所形成的决议，成为中国国民党最早的青年运动具体原则。"自此，中国国民党将其基础根植于学生与青年群众之中的想法与作法，寻著了正确的方向。邹鲁的真知灼见，对党的贡献是永恒的，如称之为中国国民党青年运动的鼻祖，亦非溢美之词。"②

△提取中上校费。

《广州民国日报》报道："近月来大学筹备主任邹鲁，强将中上学校九拱税收筵席捐两项经费提取。教育厅长许崇清，以中上校费，现已拮据万分，尚须筹拨款项，以图整顿，若被提取，则中上学校，将有辍课之虞。经迭函诘力争，迄未得邹答复。闻邹对高师学生报告谓，经费已有着落云云。现中上各校闻耗，咸以为邹氏若确将中上校费提去，决联合力争，并将中上学校情形宣布，以求社会公论之评批云。"③

3 月 15 日 出席国民党中央执委会一届第十四次会议。

先生在会议上提议：通告各执行部，运动收回关余并争取日本退还庚子赔款的一部分为国立广东大学经费。"此为国民党会议记录中首次提及争取庚款，经决议通过。"④

△国立广东大学筹备处根据第二次筹备会议决议，公布聘任的理科筹备委员会委员名单，并发出由先生签署的聘书。⑤

3 月 16 日 听取孙中山在国立广东高师礼堂第二次演讲民权主义。⑥

3 月 17 日 国立广东大学筹备处第三次会议召开，先生因事请假。孙科、

---

① 许继峰：《邹鲁与中国革命（西元一八八五～一九二五）》，正中书局 1981 年 1 月台初版，第 142 页。

② 许继峰：《邹鲁与中国革命（西元一八八五～一九二五）》，正中书局 1981 年 1 月台初版，第 142 页。

③ 《邹鲁提取中上校费》，见《广州民国日报》，1924 年 3 月 12 日。

④ 陈哲三：《邹鲁研究初集》，华世出版社 1980 年 2 月初版，第 111 页。

⑤ 《第二次筹备会决定》，见"国立广东大学全宗"档案，全宗号 31，目录号 1，案卷号 12，藏广东省档案馆。

⑥ 国立中山大学校友会：《邹鲁全集》第（九）卷，三民书局股份有限公司 1976 年 10 月初版，第 492 页。

廖仲恺等人出席本次会议。①

3月17日至4月 读校民权主义。②

当时，孙中山住在广州珠江南面的士敏土厂，所有读校的演讲稿件都是由那里派专差送到国立广东大学。凡是上午送来的，当天就要叫先生派专差再送回去，如果时间到了稿子还没有收到，孙中山就会派人来拿。因此，先生每读校完一段，便送阅一段，每次演讲，常有两三次的修正，因此学校和士敏土厂的道路上，送稿和取稿的专差不绝于途。

3月20日 召集三校学生及教职员会议。③

先生拟乘假期开一场同乐会，特召集三校（国立广东高师、广东法科大学、广东农业专门学校）学生及教职员召开会议，筹备同乐会事宜。是日到会的三校师生有四十多人，会议议决分游艺组、中西音乐、京粤调白话剧等组进行筹备。

3月21日 签署大学布告。革除潘考鉴学籍。

已被记大过一次的国立广东高师附中二年级学生潘考鉴，近日联同多人函迫陈丘山老师辞职，先生在布告中写道："长恶不悛，纠众捣乱，实难造就，应即将该生学籍革除，以儆效尤，而安良善。至附和各生盲从之咎，本自难辞，准予暂免惩罚，嗣后务宜审慎，恪遵校规为盼。"④

3月22日 致函日本外务省第一课课长藤田荣介，请助使日本退还庚子赔款分拨一部分给广东大学。⑤

△参加三校学生及教职员组织的大学同乐会。同乐会分为两个场地举行，地点均在国立广东高师。"各种游艺，亦甚饶于趣味。开会时有大学筹备主任邹鲁及梁龙、何春帆两先生演讲。"⑥

3月23日 参加广东大学经费运动委员会邀请会，并发表讲话。⑦

上午11时半，国立广东大学经费运动委员会邀请广东总工会、广州欧美

---

① 《国立广东大学筹备处第三次会议》，见"国立广东大学全宗"档案，全宗号31，目录号1，案卷号4，藏广东省档案馆。

② 戴书训：《愈经霜雪愈精神——邹鲁传》，近代中国出版社1983年10月初版，第94～95页。

③ 国立中山大学农学院推广部：《前广东公立农业专门学校学生会之运动纪要（民国十二年至十四年）》，中山大学农学院推广部1936年11月编印，第22页。

④ 《开除附中二年级学生潘考鉴学籍》，见"国立广东高等师范学校全宗"档案，全宗号33，案卷号10，藏广东省档案馆。

⑤ 陈哲三：《邹鲁研究初集》，华世出版社1980年2月初版，第112页。

⑥ 国立中山大学农学院推广部：《前广东公立农业专门学校学生会之运动纪要（民国十二年至十四年）》，中山大学农学院推广部1936年11月编印，第22页。

⑦ 《广州各界主广大争款》，见《申报》，1924年3月30日。

同学会、广东全省教育会、广州学生联合会、广东全省商会联合会、广东大学筹备会在国立广东高师钟楼举行会议。广东大学经费运动委员会请求一致赞助该会争回关余赔款，创办大学，以谋中国文化事业之建树。到会代表纷纷表示支持。广州学生会代表、商会联合会代表先后致辞。

随后，先生向大会介绍了此次争款兴学的种种经过，并指出若争款成功，将造福于广东、西南甚至整个社会和国家。“如争款成功之后，对于一切文化事业之进行，在大学方面，已都认为必要之务。”① 最后，各代表共同议决出争款办法。

△下午，听取孙中山在国立广东高师礼堂第三次演讲民权主义。②

△广东省教育厅厅长许崇清致函先生，奉省长公署训令，国立广东大学奉命筹备后，法科大学及农业专门学校校长自应即予取消由本署委任现状，以便先生及时接管办理。③

3月24日 主持召开国立广东大学筹备处第四次会议。④ 是日各筹备员因病或因公缺席者多，致未开议。

△签署大学布告。国立广东高师华侨班学生钟国鹏殴伤本校附小学生杨道新，“殊属品行不端，应即查照本校规则罚则第二条第一项，革除学籍，以儆效尤。”⑤

3月27日 致函广东日本居留民会长竹藤峰治。

函称：“庚子赔款，承贵国政府决定退回，用于中国文化事业。本国有识之士，对此公理正义之举动，尤宜表示诚恳之谢意。惟于设施上分配之地域，仅在于北部之北京、济南及中部之上海，而于南部可为发展文化中心点，若广东之省会者，反付之阙略，而不加注意，则又吾人所引为遗憾者也。顷者广东政府，经于本年二月合将广东高等师范校、广东法科大学、广东农业专门学校，合并改为国立广东大学，并派鲁为大学筹备主任，现正积极进行。前项合并之三校，在广州夙称最大而名誉甚佳，得此以为基础，目前拟定先设文理法农教育五科。以是吾人意见，以为退回庚子赔款，应拨分一部为广东大学经

---

① 《各界之教育经费观》，见《广州民国日报》，1924年3月24日。

② 国立中山大学校友会：《邹鲁全集》第（九）卷，三民书局股份有限公司1976年10月初版，第492页。

③ 《函知属省令法农师校合并改为大学前由署委任即予取消由大学主任接管查照由》，见“国立广东大学全宗”档案，全宗号31，目录号1，案卷号3，藏广东省档案馆。

④ 莫耀焜：《本校十年大事记》，见《国立中山大学九周年纪念大会日刊》，1933年11月12日。

⑤ 《开除钟国鹏学籍》，见“国立广东高等师范学校全宗”档案，全宗号33，案卷号10，藏广东省档案馆。

费，业经函请贵国驻粤总领事官，转请贵国政府酌办。吾人此种意见，实与贵国退回赔款为本国文化事业之用，目的完全相符，诚以直接将退回赔款拨交广东现在筹备之大学，以充经费，则所谓退回云者，循名责实，显见非虚，既可以消除从前一切隔阂之感情，复可以表示此后两国亲善之诚意，此其善一也。鲁二十年来追随本国先觉从事改革，以力求文化之进步，其实事求是之心，自信不敢后人，今承乏大学筹备主任，益当奋励图功，贵会诸君子不少知交，当邀许为肯负责任之人，若以退回赔款，资广东大学之建设，其程功效绩，当可计日以待，此其善二也。基此种种理由，用敢函请执事暨贵会诸君子，变更成议，请愿贵国政府，将退回庚子赔款分拨一部，于现在筹备之广东大学，以为经费，则非特广东及西南之本国国民，咸荷贵国政府之盛谊，非拜贵会诸君子之赐，亦与之用矢弗谖矣。”①

3 月 28 日　出席国立广东大学筹备处特别会议。②

会议出席人员还有梁龙、廖仲恺、陈耀祖、许崇清、邓植仪、黄昌谷、何春帆。会议讨论事项有十二项：（一）学科设置问题。决议：先设文理法农等四科；（二）现在之［之在］校学生之毕业问题。决议：设委员会□究审查之。推定邓植仪、许崇清、徐甘棠、梁龙为审查委员，邓植仪为起草委员；（三）各科采用学分制问题。决议：通过；（四）专门研究问题。（法科设备委员会提议）决议：法律、政治、经济各部于第四年设专门研究一科，对于所习科目做论文或译外国名著为主；（五）预科采用学分制问题。决议：通过；（六）修正法科大学预科课程表。决议：通过其效力至大学预科委员会议决，另有专章时止；（七）拉丁语、日本语问题。决议：取消拉丁语、日本语为第二外国语之一，改为随意科，不设学分；（八）法科学院拉丁语问题。决议：取消拉丁语，改为德语；（九）高等学院问题。决议：各科学院视为有必要时可以酌量设立，但不计学分；（十）改正开会日期。决议：由筹备主任酌办；（十一）设立财政委员会。决议：设立并决由主任聘请左列各人组织之：财政部长、建设部长、财政厅长、盐运司长、市政厅长、公安局长、财政局长、廖仲恺先生；（十二）请杨庶堪为筹备员。

3 月 29 日　聘请张乃益为预科筹备委员、张申甫为文科筹备委员。③

---

① 《邹鲁致留粤日人书》，见《广州民国日报》，1924 年 3 月 28 日；陈哲三：《邹鲁研究初集》，华世出版社 1980 年 2 月初版，第 112 页。

② 《国立广东大学筹备处特别会议》，见“国立广东大学全宗”档案，全宗号 31，目录号 1，案卷号 4，藏广东省档案馆。

③ 见“国立广东大学全宗”档案，全宗号 31，目录号 1，案卷号 12，藏广东省档案馆。

3月31日 主持召开国立广东大学筹备处第五次会议。①

会议出席人员还有陈耀祖、黄昌谷、程天固、廖仲恺、邓植仪、许崇清、梁龙、何春帆。此次会议除对于前次特别会议所讨论决议各事项复加研究外，决议设立预科委员会，举定徐甘棠为该委员会主任，许崇清、梁龙、陈耀祖、邓植仪为委员。又决议设立文科委员会，举定许崇清为该委员会主任，两委员会均得另聘委员，共同计划。

4月1日 复函吴敬恒。②

是日，先生在国立广东大学筹备处给吴敬恒复信，谈及“三二九”起义烈士姓名核实事宜。信件随附胡汉民给先生的关于七十二名烈士的姓名、籍贯、简介等资料的信函。

4月2日 聘请萧根性为理科筹备委员会委员。③

4月4日 聘请梁龙、许崇清、陈耀祖、邓植仪为预科委员会委员。④

4月7日 出席国立广东大学筹备处第六次筹备会议。

会议出席人员还有许崇清、梁龙、程天固、陈耀祖、何春帆。先生报告，“近来向各国领事馆交涉，请将关余及庚子赔款拨充大学经费，德领事允请德外交部转柏林大学代请教授及购置仪器，美领事谓关余非一国所能办到，至庚子赔款一部分拨充广东大学经费，伊甚赞成，并允立即转达当局代为请求，英领事已允将吾人意思转达该国当局。”⑤

会议讨论事项有三项：（一）对于不能出席会议的各筹备员应如何予以参加讨论的机会。决议：将各次会议之事项作为第一读会议决议，请各筹备员签注修改，随时复加讨论，并于暑假期中约集各处筹备员来粤，开一大会，将历次筹备会议议决事项再行复议决定，至大会时期须征求各筹备员一件，然后决定；（二）工科设置问题。决议：请议定工科先办土木、机械、电气，由工科设备委员会计划之，并推陈耀祖为该委员会主任；（三）大学正在草创，购置必多需款为巨，请设一委员会计划购置各事。（程天固提议）决议：设募捐购置委员会，公推程天固为主任，梁龙为委员。

---

① 《国立广东大学筹备处第五次会议》，见“国立广东大学全宗”档案，全宗号31，目录号1，案卷号4，藏广东省档案馆。

② 邹鲁：《回顾录》，岳麓书社2000年9月第1版，第246～254页。

③ 见“国立广东大学全宗”档案，全宗号31，目录号1，案卷号12，藏广东省档案馆。

④ 《聘请梁龙、许崇清、陈耀祖、邓植仪为本处预科委员会委员》见“国立广东大学全宗”档案，全宗号31，目录号1，案卷号12，藏广东省档案馆。

⑤ 《国立广东大学筹备处第六次会议》，见“国立广东大学全宗”档案，全宗号31，目录号1，案卷号4，藏广东省档案馆。

4月9日 加请徐信符为文科委员会委员。①

△聘请程天固为募捐购置委员会主任委员。②

4月11日 签署国立广东大学筹备处公函，拟定筹备主任统辖三学院（国立广东高师、广东法科大学、广东农业专门学校）暂行办法。③

4月12日 出席广州平民教育运动委员会大会。④

大会于中午12时半在第一公园举行，到会人员除先生外，还有杨庶堪、孙科、许崇智、金湘帆、王仁康等人，市立十余所小学学生七千余人、工商各团体数千人，合计万余人参加了大会。大会开始后，平民教育委员会委员长孙科宣布开会理由，并报告平民教育计划。先生也在会上发表了演说。演说结束后，与会人员进行了巡行。下午4时散会。

4月13日 听取孙中山在国立广东高师礼堂第四次演讲民权主义。⑤

4月14日 主持召开国立广东大学筹备处第七次会议。⑥

会议出席人员还有黄昌谷、许崇清、徐甘棠、邓植仪、陈耀祖、梁龙、何春帆、廖仲恺。会议讨论事项有四项：（一）用学年制抑学分制。决议：用学分制；（二）法科委员会提出之关于大学预科问题。决议：一律交预科委员会核办；（三）法科委员会章程案。决议：略加修改通过；（四）法科不设特别班。

△拟组织创办《广大周刊》。⑦ 该周刊于本月21日正式创刊。

4月17日 聘请周斯铭为工科筹备委员会委员。⑧

4月20日 听取孙中山在国立广东高师礼堂第五次演讲民权主义。⑨

4月中旬 先生为筹办国立广东大学募捐，“特函各军总司令，请其尽力

---

① 见“国立广东大学全宗”档案，全宗号31，目录号1，案卷号12，藏广东省档案馆。

② 《聘募捐购置委员会主任委员》，见“国立广东大学全宗”档案，全宗号31，目录号1，案卷号12，藏广东省档案馆。

③ 《拟定筹备主任统辖三学院暂行办法》，见“国立广东大学全宗”档案，全宗号31，目录号1，案卷号3，藏广东省档案馆。

④ 《广州平民教育运动》，见《申报》，1924年4月21日。

⑤ 国立中山大学校友会：《邹鲁全集》第（九）卷，三民书局股份有限公司1976年10月初版，第492页。

⑥ 《国立广东大学筹备处第七次会议纪录》，见“国立广东大学全宗”档案，全宗号31，目录号1，案卷号4，藏广东省档案馆。

⑦ 《将办广大周刊》，见《广州民国日报》，1924年4月14日。

⑧ 见“国立广东大学全宗”档案，全宗号31，目录号1，案卷号12，藏广东省档案馆。

⑨ 国立中山大学校友会：《邹鲁全集》第（九）卷，三民书局股份有限公司1976年10月初版，第492页。

欣助，俾收集腋之效，早日观成。”①

4月21日 主持召开国立广东大学筹备处第八次会议。②

会议出席人员还有邓植仪、黄昌谷、许崇清、梁龙。会议讨论事项有两项：（一）组织大学周刊问题。决议：即行举办，同时即将组织章程通过；（二）第二外国语问题。决议：第二外国语至大学本科时不必限定何年修习或一定几年修完，但以养成各学生至一种规定程度，能对于所习科目之参考书能自由译读，是也。惟本大学应随时观察情形，供给种种机会俾学生得随其程度分班修习。

△签署布告：前据国立广东高师学生会卫生组提议，设置游泳池一案，业经由校订定章程，布告办理在案。现将建筑泳池，改为建筑大学理化研究室之用。所拟游水池，暂缓办理云云。查原拟水池地点，在高师明远楼之侧，本已开掘，深盈尺许，今以前因，故又将地基填塞，复于昨日兴工整理墙基，搬运木料，从事建筑理化室矣。③

4月23日 夫人许剑魂出葬，多位师生前往致祭。④

4月26日 听取孙中山在国立广东高师礼堂第六次演讲民权主义。

在民族主义和民权主义讲完之后，孙中山对先生说：“民族民权两主义已经讲完，今后要讲民生主义，但民生主义的理论，比民族民权都深奥，我对民族民权两主义，可以随便演讲，但对民生主义，却不能不要充分时间准备一下，所以我想停讲若干时日，把民生主义演讲的大纲拟好后，再继续讲。同时你对于有关这类书籍，也须研究一下，读校时才更便利些。”⑤

△致函北京李大钊、李石曾、蒋梦麟、顾孟余、沈尹默等，请代表国立广东大学，相机进行，务使庚子退款兴学之议不致徒托空言，并要分配均平，挹注有赖，广东大学需款甚巨，所短尚多。⑥

4月28日 主持国立广东大学筹备处第九次筹备会议。⑦

---

① 《捐款助办大学》，见《广州民国日报》，1924年4月19日。

② 《国立广东大学筹备处第八次会议纪录》，见“国立广东大学全宗”档案，全宗号31，目录号1，案卷号4，藏广东省档案馆。

③ 《广大建理化室》，见《广州民国日报》，1924年4月21日。

④ 国立中山大学农学院推广部：《前广东公立农业专门学校学生会之运动纪要（民国十二年至十四年）》，中山大学农学院推广部1936年11月编印，第24页。

⑤ 国立中山大学校友会：《邹鲁全集》第（九）卷，三民书局股份有限公司1976年10月初版，第496页。

⑥ 陈哲三：《邹鲁研究初集》，华世出版社1980年2月初版，第112页。

⑦ 《国立广东大学筹备处第九次会议纪录》，见“国立广东大学全宗”档案，全宗号31，目录号1，案卷号4，藏广东省档案馆。

出席会议的筹备员还有梁龙、邓植仪、程天固、何春帆、张炯、陈耀祖。会议讨论事项有三项：（一）审查周刊编辑处简章（秘书张炯起草）。决议：略加修改通过；（二）农科学院计划草议。决议：俟详章议妥再议；（三）审议筹备委员许崇清、梁龙、邓植仪三人报告的《高师法大农专三校归并广东大学办法》。决议：略加修改通过。《高师法大农专三校归并广东大学办法》规定了八条具体合并办法。

△聘请林森、叶恭绰、郑洪年、邓泽如、陈其瑗、吴铁城为国立广东大学财政委员会委员。①

△致函英国驻广州总领事，请将庚款、关余一部分拨给国立广东大学。②

总领事于6月4日复函称，经转达驻京公使，驻京公使训令英款必用于有利中英两国的事业，至于关余乃中国内部自决之事。

4月29日 接见国立广东大学农科学生会人员。

上午，农科学生会正副会长张农、姚碧澄等人因为广州市市长孙科拟将农科农场开辟为马路一事前往大学筹备处，请先生向孙科市长严重交涉，阻止兴工。先生答复："本校农场，主权所在，当然要与交涉妥善，免致利彼损此，以全我西南最高学府之设施等语云。"③

△请江防司令部无线电台派出三位工匠到国立广东高师安装无线电话。电话以高师大钟楼顶的避雷针为接电杆，不日即配置妥当。④

4月下旬 国立广东高师学生阮绍元等数十人组织成立"民权社"。

曾参与民权社活动的陆宗骐回忆："这个'民权社'是怎么来的呢？是海滨先生来到高等师范学校之后，示意我们办的，这是希望高师里面能与党发生关系。"⑤

广州青年运动史研究委员会认为："国民党新、老右派都非常重视学生界的力量。他们认为'学生是革命的指导者'，破坏了学生运动，就能有效地破坏革命；赢得了学生力量，就可以帮助他们赢得天下。因此，新、老右派都把眼光瞄准广东大学、黄埔军校等这些'广州最重要的学校'，都极力争取这些

---

① 《聘请财政委员会委员》，见"国立广东大学全宗"档案，全宗号31，目录号1，案卷号12，藏广东省档案馆。

② 陈哲三：《邹鲁研究初集》，华世出版社1980年2月初版，第112~113页。

③ 国立中山大学农学院推广部：《前广东公立农业专门学校学生会之运动纪要（民国十二年至十四年）》，中山大学农学院推广部1936年11月编印，第28页。

④ 《高师装无线电》，见《广州民国日报》，1924年4月30日。

⑤ 黄肇珩、方鹏程、刘本炎：《邹海滨先生百年诞辰口述历史座谈会纪实》，见陈鹏仁：《百年忆述——先进先贤百年诞辰口述历史合辑》，近代中国出版社1999年6月25日初版，第50页。

学校的学生势力。邹鲁在兼广东大学校长期间，特别注意在学生中建立自己的亲信势力。他初时‘极力拉拢’新学生社，但新学生社不买他的帐，他就大力支持发展民权社，而民权社也没有完全听他的，他就在民权社中秘密建立自己的心腹组织——民社，并在青年学生中进行挑拨离间。”①

5月2日 广州各界20万人隆重公祭黄花岗先烈大会，先生作为广州革命政府官员参加了公祭仪式。②

△致函国立广东高师附小学生廖恩禄家长廖郎为，函告廖恩禄在学习期间品行不端，应予革除学籍，请即饬令廖回家为盼。③

5月3日 主持召开国立广东大学筹备处第十次会议。④

会议出席人员还有梁龙、何春帆、邓植仪。讨论事项有三项：（一）预科招生及校址问题。决议：文理法农四科均招预科学生，校址问题，法科之预科生在法科学院授课外，文理农三科之预科生均在旧高师授课；（二）本科招生问题。决议：原有三校毕业学生如有愿意复修大学课程者，准其照章入学，其章程由各学院分别定之；（三）审查周刊简章。决议：修改通过。

△签署大学布告，国立广东高师附小学生廖恩禄品行不端，革除学籍。⑤

5月5日 主持召开国立广东大学筹备处第十一次会议。⑥

会议出席人员还有陈耀祖、梁龙、何春帆、邓植仪、廖仲恺。讨论决议事项有五项：（一）师范院设置问题。决议：师范院不设置附设之初级师范，亦不再招新生，但本大学附设之高级中学将来分作两部教授，一部为入本大学之预备，一部教授关于教育科目，养成师资；（二）略；（三）预科招生名额问题。决议：法科三班180名，农科二班100人，文科二班120人，理工科二班100人；（四）大学章程问题。决议：查本处从前议定之各项章程及本国各大学章程编订有系统之章程；（五）本处会议改订时日问题。决议：改订每星期一及星期五午后四时会议。

---

① 广州青年运动史研究委员会：《1919～1949广州学生运动史》，华南理工大学出版社2002年4月第1版，第112页。

② 陈锡祺：《孙中山年谱长篇》，中华书局1991年8月第1版，第1900页。

③ 《布告附小学生廖恩禄行为乖戾，依照罚则革除》，见“国立广东高等师范学校全宗”档案，全宗号33，案卷号10，藏广东省档案馆。

④ 《国立广东大学筹备处第十次会议纪录》，见“国立广东大学全宗”档案，全宗号31，目录号1，案卷号4，藏广东省档案馆。

⑤ 《布告附小学生廖恩禄行为乖戾，依照罚则革除》，见“国立广东高等师范学校全宗”档案，全宗号33，案卷号10，藏广东省档案馆。

⑥ 《国立广东大学筹备处第十一次会议纪录》，见“国立广东大学全宗”档案，全宗号31，目录号1，案卷号4，藏广东省档案馆。

5月9日 主持召开国立广东大学筹备处第十二次会议。①

会议出席人员还有邓植仪、程天固、许崇清、黄昌谷、梁龙、陈耀祖、张崧年、何春帆。讨论决议事项有五项：（一）设置图书委员会问题。决议：请张崧年为主任，黄希声、陈宗南、吴康、徐信符、陈长乐、卢兴源、黄典元、王登云、邓植仪、黄植等10人为委员；（二）预科收费问题。决议：学费农科收毫洋24元，理工科收毫洋30元，法科、文科均收毫洋36元；（三）、（四）、（五）项，档案记录内容与第十一次会议的（三）、（四）、（五）项内容完全相同，疑印刷错误所致。

5月10日 聘请邓植仪代行国立广东大学预科主任职务，原主任徐甘棠因病无法主持工作。②

5月11日 出席法科学院十二年班班会联合成立大会。③

大会于中午12时在法科学院礼堂举行，宣布开会理由后，先生作为教育厅及大学代表发表训词，之后举行了游戏表演等项目。下午5时散会。

5月12日 主持国立广东大学筹备处第十三次会议。④

出席会议的还有何春帆、陈耀祖、邓植仪、梁龙，会议主要议题为讨论各科添聘教授问题。议决：理科主任1人，各科教授人数为：物理2人，化学2人，生物学2人，地质学1人，农科农业机械学1人，甘蔗棉作物1人，油糖制作1人，园艺1人（柑橘果谷专门）、植物病理1人，昆虫1人，森林2~3人，桑蚕2人（制丝1人，养蚕1人），畜牧1人，兽医1人，农业微菌学1人，文科心理学1人，中国史3人，中国文学3人，地理学1人，法科社会学1人，民法1人，刑法1人，商法1人，经济史1人，政治学1人，宪法1人，行政法1人。

5月15日 聘请张崧年为图书委员会主任，黄希声、黄典元、陈宗南、王登云、吴康、邓植仪、徐信符、黄植、陈长乐等人为图书委员会委员。⑤

---

① 《国立广东大学筹备处第十二次会议纪录》，见“国立广东大学全宗”档案，全宗号31，目录号1，案卷号4，藏广东省档案馆。

② 《牍函》，见“国立广东大学全宗”档案，全宗号31，目录号1，案卷号12，藏广东省档案馆。

③ 《法科班会成立》，见《广州民国日报》，1924年5月14日。

④ 《国立广东大学筹备处第十三次会议纪录》，见“国立广东大学全宗”档案，全宗号31，目录号1，案卷号4，藏广东省档案馆。

⑤ 《聘请图书委员会委员及主任》，见“国立广东大学全宗”档案，全宗号31，目录号1，案卷号12，藏广东省档案馆。

5 月 16 日 主持国立广东大学筹备处第十四次会议。①

△聘请黄晃为农科委员会委员。②

5 月 17 日 就争取庚子赔款用于国立广东大学教育经费一事致函美国国会。不久得到美国国会上院秘书复函，称先生函件已经转交美国国务总理。③

5 月 18 日 致函美国三藩市各埠中华会馆，请就近迅予具请美国政府，即将本年退还给中国的庚款指拨国立广东大学，以便在美国购置图书仪器之用。④

5 月 19 日 主持国立广东大学筹备处第十五次会议。⑤

出席会议的还有程天固、何春帆、陈耀祖、梁龙、廖仲恺、胡汉民、黄昌谷。会议议题：（一）本校各科毕业生升入本科后改科问题。决议：已学习之学科给予学分，未学习之学科给额补习；（二）本科第四学年学科问题。决议：本科四年级学生应注重应用学科；（三）本处开筹备大会问题。决议：会期自 7 月 15 日起至 7 月 25 日止，外省远来之筹备员到校后伙食由校供给，外来筹备员每人补助 300 元；（四）教员来校旅费问题。决议：本省教员不给，外省教员酌给，外国留学之公费生不给。

5 月 20 日 通函各校在国立广东大学举行演讲大会，请先生及邵元冲等人主讲。⑥

5 月 26 日 就争取庚子赔款用于广东大学教育经费一事致函英国外交部。⑦

先生于 7 月 24 日得到英外交部复函，称应拨允中国、中国大学及拨助国立广东大学基金一节，俟审查庚款用途委员会成立时，当提出讨论。

5 月 27 日 致函马君武、李石曾、蒋梦麟、易培基、李大钊、汪精卫、石瑛、熊希龄、胡适、范源濂、郭秉文、顾孟余、吴敬恒、任鸿隽、杨铨、胡

---

① 《国立广东大学筹备处第十二次会议纪录》，见“国立广东大学全宗”档案，全宗号 31，目录号 1，案卷号 4，藏广东省档案馆。目前没有找到本次会议的相关记录，时间为根据第十二次会议记录“每星期一及星期五午后四时会议”的时间约定推导而出。为表示对历史的审慎态度，凡尚未发现相关史料的国立广东大学筹备处第十六至十九次、二十四至二十六次、二十八次筹备会议，将不再推导。

② 《聘请黄晃为农科委员会委员》，见“国立广东大学全宗”档案，全宗号 31，目录号 1，案卷号 12，藏广东省档案馆。

③ 陈哲三：《邹鲁研究初集》，华世出版社 1980 年 2 月初版，第 113 页。

④ 陈哲三：《邹鲁研究初集》，华世出版社 1980 年 2 月初版，第 113 页。

⑤ 《国立广东大学筹备处第十五次会议纪录》，见“国立广东大学全宗”档案，全宗号 31，目录号 1，案卷号 4，藏广东省档案馆。

⑥ 陈哲三：《邹鲁研究初集》，华世出版社 1980 年 2 月初版，第 191 页。

⑦ 陈哲三：《邹鲁研究初集》，华世出版社 1980 年 2 月初版，第 113 页。

敦复等人，自7月15日至25日约集全体筹备员开筹备大会，议决国立广东大学筹备事宜。①

5月29日 法国里昂广东大学海外部同学会书记李昉荪致函先生，请拨款维持该校海外部。②

5月31日 呈报孙中山大元帅，请求通令各县筹备大学开办经费。

先生在呈文中写道："特是开办经费所差尚远，统计非有四十万元，不足以敷开办之用。拟请大元帅令行广东省长分令各县筹解，以各县之大小，定担任之多寡。此次筹设大学，在国家为振兴教育，提高文化起见；而在粤人则子弟得以深造，蔚成人材，是亦应有负担之责。各县绅商均可饬令酌量捐办理，如有捐助巨款者，由各该县长随案呈请奖叙，以昭激励。无论何县并应捐除成见，实力筹解，务于一个月解足。其办理得力依限解足之县，彙案由省长呈请奖励。此项解款除绅商捐款外，准在征收粮税项下拨足，由县迳解大学筹备处取具印收，呈请财政厅抵解。设遇交卸，由后任继续承认，庶期迅速集事。"③

先生随报将各县应解的捐款数目开具清折一扣，劝捐章程一份，同呈孙中山。

孙中山于6月7日发布大元帅指令第五六一号，准予先生呈请，令行广东省长通令各县筹解大学开办经费。④ 同日，孙中山训令广东省长杨庶堪，按先生拟呈的《国立广东大学劝捐章程》，通令各县按照所派数目，依限筹足缴解，以资该校开办。⑤

5月下旬 拜访英国驻粤总领事，争取将部分庚子赔款用于国立广东大学筹建。

当时，英国总领事尚在犹豫，担心款项被挪作别用，先生向其力陈孙中山大元帅注重教育的决心。此后，先生又拟订正式公函，请英领事转交该国驻北京公使转达英政府核办。先生还与胡汉民致电正在伦敦的蔡元培，请他作为代表去与英国政府交涉，"并声明此款用途，除一部分为广大扩大校舍建筑费外，余悉在英国购买机械、仪器、图书。"⑥

---

① 《函知自七月十五起开筹备大会，届时务希莅临》，见"国立广东大学全宗"档案，全宗号31，目录号1，案卷号3，藏广东省档案馆。

② 《里昂广大海外部请款》，见《广州民国日报》，1924年5月29日。

③ 中国国民党中央委员会党史委员会：《邹鲁先生文集》，中国国民党中央委员会党史委员会1984年6月30日出版，第363页。

④ 中国国民党中央委员会党史委员会：《邹鲁先生文集》，中国国民党中央委员会党史委员会1984年6月30日出版，第364页。

⑤ 陈锡祺：《孙中山年谱长篇》，中华书局1991年8月第1版，第1922页。

⑥ 《胡邹为广大力争校款》，见《广州民国日报》，1924年5月30日。

6月2日 向孙中山大元帅呈请令行广东省长转饬催收田土业佃保证费。①

先生在呈函中指出："窃查前奉钧令，指定广东全省田土业佃保证局收入为国立广东高等师范学校经费等因，曾经主任呈奉令行军政部、广东省长，通饬各县军警、地方官认真协助，并禁提借在案。现查该局收拨款项为数不多，虽缘青黄不接，暂时愆期，究属催收不力，有误要需。且开办伊始，全赖地方官实心协助。设或意存敷衍，必致滞碍进行。比者高师、法大、农专合并改组大学，成立在即，需款綦殷。适本年早稻收获期近，农有余裕，措缴匪难，亟应及时催收，用资接济。拟恳钧座俯赐令行广东省长转饬该局认真进行，并令各县县长极力协助。如有办理懈弛，协助不力，即予分别撤惩，并由省署布告全省田土业佃一体遵照。务尽早稻登场，扫数缴纳。倘有疲玩仍前观望，应由该管县局从严罚办，以示警戒，而维学款。理合具文恭请鉴核施行。"②

孙中山于6月10日发布大元帅指令第五六五号，准予先生呈请令行广东省长转饬催收田土业佃保证费等情，并令行广东省长查照办理。③ 同日，孙中山发布大元帅训令第二七六号，令广东省长杨庶堪察照办理先生提出的催收田土业佃保证费等情。④

△聘请赵静山为国立广东大学会计主任。⑤

6月3日 向孙中山大元帅呈报高师、法大、农专归并国立广东大学办法及招生计划。

呈文谓："呈为呈报事，案奉大元帅令，着将国立高等师范、广东法科大学、广东农业专门学校合并改为国立广东大学，并设国立广东大学筹备处，派鲁为国立广东大学筹备处主任，等因奉此。遵即将筹备处组织成立，并分聘省内外名流为筹备员，会同筹备，数月业经就绪。拟将高等师范改为文科、理科，广东法科大学改为法科，农业专门〈学校〉改为农科，而目前工科深切实用，只以尚无相当程度学生，故只先招预科。计下学年成立广东大学，除将现有三校学生改并外，亟应添招预科学生，先拟于暑假期内招文科预科学生一百二十名，理工农三科预科学生各一百名，法科预科学生一百名，而原有三校在学学生归入大学校，其待遇照旧，至各校原定毕业时期为止。如不愿履修大学课程者，得仍照未改大学以前各校之课程修业，其修毕时仅得到广东大学某

---

① 莫耀焜：《本校十年大事记》，见《国立中山大学九周年纪念大会日刊》，1933年11月12日。

② 易汉文：《孙中山与中山大学》，中山大学出版社1999年10月第1版，第19页。

③ 易汉文：《孙中山与中山大学》，中山大学出版社1999年10月第1版，第21页。

④ 易汉文：《孙中山与中山大学》，中山大学出版社1999年10月第1版，第19~20页。

⑤ 《聘请赵静山先生为本校会计主任》，见"国立广东大学全宗"档案，全宗号31，目录号1，案卷号13，藏广东省档案馆。

学院某科毕业证书，不给学位。至于大学条例职制及各项规程，虽历经筹备会议议决，仍拟于暑假时悉请外省各筹备员到粤开筹备大会，再行审定，另文呈报，以昭慎重。谨将高师、法大、农专三校合并改为国立广东大学办法各一份，理合备文呈报大元帅察核，仍候指令祇遵。实为公便。”①

先生随呈文附《高师法大农专三校归并广东大学办法》。

是月6日，孙中山发布大元帅指令第五五八号。令谓：

“令国立广东大学筹备主任邹鲁。

呈报高师、法大、农专三校合并，改为国立广东大学，及所定下学期成立，招收新生等情形，并附呈章程、办法乞示尊由。

呈及章程办法均悉。准如所拟办理。仰即知照。各件存。此令。”②

6月7日 以中上七校③经费委员会主席名义致函市财政委员会，请予维持省河筵席捐作教育经费。

陈哲三记述：“但自永春公司承包省河筵席捐后，积欠数月，延不缴交。自起饷承办迄六月，将及四阅月，只缴过一次饷项三万八千余元。此三万余元，除拨市校外，又需扣除拨还群益公司壹万元，仅收九千余元。该商原认饷项九十万元，至五月由财政委员会议决准减为年饷六十万元。以六十万元计，月应有五万元，询之市政厅，则第一军曾缴收十一万元有奇。第一军每日派有副官前赴该公司提取八百元为军费，‘摧残教育，莫此为甚！’邹鲁因此于六月七日以经费委员会主席名义致函财政委员会，请予维持。”④

6月8日 致函各省教育厅，为国立广东大学招考预科学生提供帮助。函件随附《预科招生简章》，对各科招生人数、报名要求、报名时间、考试形式等作出明确要求。⑤

6月9日 孙中山发布大元帅令：任命邹鲁为国立广东大学校长。⑥

△孙中山致函苏联驻北京全权代表加拉罕，告之现派先生任处理“俄国部分庚款委员会”的成员之一。先生在途期间，由国立北京大学易拉基教授

---

① 中国国民党中央委员会党史委员会：《邹鲁先生文集》，中国国民党中央委员会党史委员会1984年6月30日出版，第364～365页。

② 易汉文：《中山大学编年史（一九二四～二〇〇四）》，中山大学出版社2005年9月第1版，彩页第3页。

③ 中上七校：国立广东高师、公立农专、公立法专、省立第一中学、省立女师、省立甲种工业学校、省立宣讲员讲习所。

④ 陈哲三：《邹鲁研究初集》，华世出版社1980年2月初版，第104页。

⑤ 《广大托各省教厅招生》，见《广州民国日报》，1924年6月9日。

⑥ 易汉文：《中山大学编年史（一九二四～二〇〇四）》，中山大学出版社2005年9月第1版，第4页。

代行其职。①

《广州民国日报》报道："广东大学筹备主任邹鲁，对于大学筹办经费，筹措不遗余力，兹大元帅又拟特派赴北，与俄国交涉赔款，俾该款获早日拨回广东筹办大学之需云。"②

《申报》于25日载24日香港电："邹鲁日内赴京，因筹庚子赔款办学事。"③

△函复中华教育改进社，嘱填的中国图书馆调查表除径寄中华教育改进社外，相应填造本校师、法、农三科学院图书馆调查表函达。④

△出席国立广东大学筹备处第二十次会议。梁龙出席本次会议，本日因下雨，筹备员多未到，未曾开议。⑤

6月10日　敬延吴肇典、赵明基为国立广东大学打字员。⑥

6月11日　向孙中山呈报国立广东高师第十一届毕业试验。⑦

先生在呈报中指出，高师第十一届文史部、英语部、数理化部、博物部王德泰等99名学生至去年6月已修业期满，但当时单位不足，令其留级补习，所有各科功课均已教授完毕，照章应予毕业。请大元帅查核，准予毕业试验。随呈附各部学生名表一份。

是月14日，孙中山发布大元帅指令第五九〇号。指令先生，准予高师第十一届各部学生举行毕业试验。⑧

6月13日　出席国立广东大学筹备处第二十一次会议。出席人员还有梁龙、徐甘棠、陈耀祖、何春帆、邓植仪等人，会议议题为高师、法大、农专三校学生归并大学后给与［予］学分及复修学程办法，会议提出三点办法。⑨

---

① 陈锡祺：《孙中山年谱长篇》，中华书局1991年8月第1版，第1922页。

② 《邹鲁之特别任务》，见《广州民国日报》，1924年6月14日。

③ 《国内专电》，见《申报》，1924年6月25日。

④ 《国立广东大学筹备处第二十二次会议纪录》，见"国立广东大学全宗"档案，全宗号31，目录号1，案卷号1，藏广东省档案馆。

⑤ 《国立广东大学筹备处第二十次会议纪录》，见"国立广东大学全宗"档案，全宗号31，目录号1，案卷号4，藏广东省档案馆。

⑥ 《聘吴肇典、赵明基为打字员》，见"国立广东大学全宗"档案，全宗号31，目录号1，案卷号13，藏广东省档案馆。

⑦ 中国国民党中央委员会党史委员会：《邹鲁先生文集》，中国国民党中央委员会党史委员会1984年6月30日出版，第367页。

⑧ 陈锡祺：《孙中山年谱长篇》，中华书局1991年8月第1版，第1926页。

⑨ 《国立广东大学筹备处第二十一次会议纪录》，见"国立广东大学全宗"档案，全宗号31，目录号1，案卷号4，藏广东省档案馆。

6 月 16 日　主持国立广东大学筹备处第二十二次会议。①

会议议题包括：（一）审查农业专门学校归并广东大学农科后，原有在学学生及历届毕业（生）如欲复修大学课程，受［授］农学士或林学士学位者，依照后开各例修补科目案。决议：略加修改通过；（二）陈耀祖提出，审查理科规程大纲。决议：照原案通过；（三）审查理科物理学系课程表。决议：第一年课程交理科委员会审；（四）审查理科化学系课程表。决议：第一学年英文取消，余仍交理科委员会审查；（五）审查理科地质系课程表。决议：第一学年英文取消，因物理化发生疑问，仍交理科委员会审查；（六）审查理科数学系课程表。决议：第一年英文取消，余交理科委员会审查；（七）审查理科生物系课程表。决议：第一学年英文取消，第二学年有机化学改为 4 学分，余仍交理科委员会审查。

6 月 17 日　向孙中山大元帅呈报，请拨番禺学宫为国立广东大学宿舍。

先生在呈文指出，国立广东大学本年暑假招考预科学生共 520 名，“所有新招学生竟无宿舍居住，若任其在外散居，以目前广州旅舍价值高昂，习染恶劣，妨碍学生，实非浅鲜，是非急为筹备不可。但一时建筑财力恐有不能，时日亦恐不及。筹觅再四，查校舍后门对面有番禺学宫，尚有宽大堂屋，现为第三军卢（卢师谛）军长所部及湘军病院驻扎，除应移驻郊外之军队，所腾出堂屋请定为广大宿舍之用外，其有不在移驻郊外之军队，亦请令该军另觅地点移驻。庶无莘莘学子有所托足，而学校管理亦易奏效。”② 先生根据上述情况，请大元帅将番禺学宫及将其他军队除移驻郊外所腾出的堂屋，一并定为广大宿舍。

是月 21 日，孙中山发布大元帅指令第六一六号。准予拨番禺学宫堂屋为国立广东大学宿舍。此令行广东省长转饬广州市政厅、番禺县遵照备案，并令行湘军总司令谭延闿、中央直辖第三军军长卢师谛“即将各该部所驻堂屋让移，以备各生寄宿可也”③。

同日，孙中山发布大元帅训令第二九八号。训令广东省长廖仲恺、谭延闿及卢师谛：“准广大校长邹鲁呈请将番禺学宫堂屋拨为广东大学宿舍。仰广东省长转饬广州市厅、番禺县分别遵照备案，并令行谭总司令、卢军长，即将各

① 《国立广东大学筹备处第二十二次会议纪录》，见“国立广东大学全宗”档案，全宗号 31，目录号 1，案卷号 4，藏广东省档案馆。

② 中国国民党中央委员会党史委员会：《邹鲁先生文集》，中国国民党中央委员会党史委员会 1984 年 6 月 30 日出版，第 368 页。

③ 中国国民党中央委员会党史委员会：《邹鲁先生文集》，中国国民党中央委员会党史委员会 1984 年 6 月 30 日出版，第 368 ~ 369 页。

该部所驻堂屋让移，以备各生寄住。”[①]

△苏联代表加拉罕交孙中山一电给北京政府，任命先生为“俄国庚款委员会”委员长，先生到职前由李石曾代理。北京政府决定对该任命置之不理。[②]《申报》于次日刊登了该消息。[③]

6月18日 在家中与戴季陶、张继聊天，戴张二人因所聊话题政见不合而打骂，并使戴从黄埔军校政治部主任岗位上赌气出走上海。[④]

上午，戴季陶去先生家串门聊天。正巧国民党中央监察委员、老右派张继也在这里喝茶谈天。三人在闲聊中说到共产党，戴季陶无意之中说了几句公道话，这便激起张继的怨恨。张继是极力反对国共合作的，一听戴季陶此时还在为共产党说话，便指着戴季陶怒骂：“你是一条共产党的走狗!”戴毫不客气地回敬道：“你这个北洋军阀的走卒，也配来教训我!”张继曾为北洋政府的幕僚，戴季陶的这一骂正好触到他的软肋。张继恼羞成怒，破口骂道：“你从保皇党干到共产党，是一个十足的反复无常的小人！不要脸的东西!”并扬手给了戴季陶一记耳光，两个书生出身的国民党高级文官在先生家里厮打起来。戴季陶打不过张继，奈何他不得，回来后越想越委屈，次日便上了去上海的船，不辞而别。

△接吴敬恒函，对先生惠赠黄花岗烈士诸文件印稿表示感谢，指出印稿“详慎精核，搜讨靡遗，尽心备至，不胜钦仰。”[⑤]

6月20日 主持召开国立广东大学筹备处第二十三次会议。[⑥]

出席会议的还有张天才、邓植仪、陈宗南、黄昌谷、陈耀祖、梁龙、罗清滨、何春帆、许崇清、程天固等人，会议议程包括：（一）审查理科化学系课程表。决议：第四学年上学期加相对论2学分（选修），余照原案通过；（二）审查理科生物学系课程表。决议：第四学年上学期加显微镜学，1学分。余照原案通过；（三）审查理科数学系课程表。决议：照原案通过；（四）审查理科物理学系课程表。决议：第三学年下学期加摄影术2学分，每周3小时，余照原案通过；（五）审查理科地质学〈系〉课程表。决议：第二学年结晶学前加矿学一……；（六）本科各科学生征费问题。决议：学费，文科、法科各收

---

① 陈锡祺：《孙中山年谱长篇》，中华书局1991年8月第1版，第1932页。

② 广东省立中山图书馆：《民国广东大事记》，羊城晚报出版社2002年11月第1版，第209页。

③ 《国内专电》，见《申报》，1924年6月18日。

④ 王列平：《黄埔军校政治部主任》，见《党史纵览》2004年第3期。

⑤ 邹鲁：《回顾录》，岳麓书社2000年9月第1版，第256~257页。

⑥ 《国立广东大学筹备处第二十三次会议纪录》，见“国立广东大学全宗”档案，全宗号31，目录号1，案卷号4，藏广东省档案馆。

50元，理科、工科各40元，农科30元；实验费，每学分收费1元，其余各费照预科征收；（七）学生制服问题。

△致函广州市政厅，饬令市财政委员会制止教育经费被夺，即将朱培德提取永春公司筵席捐尅日停止。①

6月中旬 与孙科等人上书孙中山，请为伍廷芳纪念会捐款及为劝捐册作引言。②

是月23日为前广东革命政府外交部长兼广东省长伍廷芳博士殉难两周年纪念。伍廷芳纪念会总干事长孙科及干事先生、陈树人等发起劝捐17万元，并上呈孙中山，请捐两万元和为劝捐册作引言，以昭隆重。孙中山慷慨捐款两万元，并充任劝捐发起人，为《劝捐册》作序。

6月21日 向孙中山大元帅呈报就职国立广东大学校长任事文。

文谓："呈为呈报事：本月九日奉钧座任命邹鲁为国立广东大学校长此状。等因奉此，复于十四日大本营秘书处函送，颁发木质镶锡关防一颗，象牙小章一颗等由，准此，遵于本月二十一日就职任事，所有关防小章各一颗均经祗领，即日启用，理合备文呈报察核。"③

是月27日，孙中山发布大元帅指令第六四〇号。令谓："令国立广东大学校长邹鲁：呈报就职启用关防日期由。呈悉。此令。"④

△行国立广东大学校长就职礼及出席原三校应届毕业生典礼。⑤

毕业典礼原高师礼堂举行，参加典礼的除原国立广东高师、广东法科大学、广东农业专门学校师生及毕业生共约两千人外，还有党政要人胡汉民、陈树人、许崇清、程潜、张继等几十人。在先生行完就职礼后，大元帅府总参议胡汉民受孙中山委托，以大元帅名义向三校毕业生致辞："学海汪洋，毓仁作圣，大学毕业，此其发轫。植基既固，建业立名，登峰造极，有志竟成。为社会福，为邦家光，勖哉诸君，努力自强。"广东省政务厅长陈树人代表廖仲恺省长致辞："从前三院分立，学生向来未有联络，现三院能于广东最艰难困苦之际合组大学，实由大元帅注重教育所致。"他希望进行社会服务的同学们，"宜本其所学"，从正轨干去；继续升学的同学们，"则宜抱着一种正当的主

---

① 陈哲三：《邹鲁研究初集》，华世出版社1980年2月初版，第104页。

② 陈锡祺：《孙中山年谱长篇》，中华书局1991年8月第1版，第1931～1932页。

③ 中国国民党中央委员会党史委员会：《邹鲁先生文集》，中国国民党中央委员会党史委员会1984年6月30日出版，第451页。

④ 中国国民党中央委员会党史委员会：《邹鲁先生文集》，中国国民党中央委员会党史委员会1984年6月30日出版，第451～452页。

⑤ 黄义祥：《中山大学史稿》，中山大学出版社1999年10月第1版，第30～31页。

义”；而对母校，大家都应担负特别维持之责。张继在讲话中认为，广东教育应担负起全国革命人才的教育责任。徐谦、许崇清以及原三校教师朱秩如、潘震亚等陆续上台演说，勉励学生毕业出校以后，将所学贡献于国家。

先生在向毕业生讲话时，希望毕业生毕业后，“勿忘母校，时以所得之学问或良好之方针，贡献于母校。至其为社会服务者，则望勿抛弃其所学，须以在校所得之学问，改良国家，改良社会。”①

△向孙中山大元帅呈报农专四年级毕业试验文。②

呈文指出，查广东农业专门学校四年级学生李乃嫦等21人至本月修业期满，照章应先呈请考试毕业。随文备具学生名表一份。

次月4日，孙中山发布大元帅指令第六八一号。准许广东农业专门学校农科四年级学生举行毕业试验。③

6月22日　致函徐甘棠、邓植仪，聘请二人为本校出版委员会计划编辑的《国立广东大学一览表》总编辑。④

△致函朱公准、梁龙，聘请二人负责起草本校出版委员会章程。⑤

△致函彭国栋，说明厦门大学情况。

函称：“现接大函，备悉一切。惟是厦大现正在沪组织，实愿一致团结，俾底于成，教授不欲零碎收受转学，致启分裂之病，若至不能成立时，教授当为全校之援助，届时办法再当另定。区区之心，请为原谅。”⑥

△致函岑福祥，不准更名。

岑福祥先后两次呈函先生，希望更名复姓。先生认为：“流弊滋多，全国各校久已不行，本校不容独异。”⑦ 没有批准岑的请求。

△致函本校各科、附中、附师学长、附小主任，说明校医诊脉手续。⑧

---

① 《广大毕业纪盛》，见《广州民国日报》，1924年6月23日。

② 中国国民党中央委员会党史委员会：《邹鲁先生文集》，中国国民党中央委员会党史委员会1984年6月30日出版，第452页。

③ 陈锡祺：《孙中山年谱长篇》，中华书局1991年8月第1版，第1942页。

④ 中国国民党中央委员会党史委员会：《邹鲁先生文集》，中国国民党中央委员会党史委员会1984年6月30日出版，第370～371页。

⑤ 中国国民党中央委员会党史委员会：《邹鲁先生文集》，中国国民党中央委员会党史委员会1984年6月30日出版，第371页。

⑥ 中国国民党中央委员会党史委员会：《邹鲁先生文集》，中国国民党中央委员会党史委员会1984年6月30日出版，第371页。

⑦ 中国国民党中央委员会党史委员会：《邹鲁先生文集》，中国国民党中央委员会党史委员会1984年6月30日出版，第372页。

⑧ 中国国民党中央委员会党史委员会：《邹鲁先生文集》，中国国民党中央委员会党史委员会1984年6月30日出版，第372～373页。

△致函叶光史，准许叶匡烈士遗族由国立广东大学培植。

叶光史为叶匡烈士之父，此前致函先生，指出叶匡自从日本海军士官学校毕业后，奔走革命，为国夭殇。叶氏家产毁于战火，无力承担叶匡弟弟叶桂浓、儿子叶勋铭在国立广东大学的膳学各费，请予免缴。

先生函复叶光史，指出："叶烈士匡为国捐躯，倾家破产，可敬可悯。所请该烈士之弟桂浓及其子勋铭，由校培植，免缴学宿各费，应予照准，以示体恤。相应函复查照。"①

6 月 24 日　致函朱培德军长，请其转劝永春公司商人筹解筵席捐，并请其勿再干预追缴。②

6 月 25 日　致函广东财政厅，请提拨官产举捐一万元。③

△派程道宏前往香山，提收所征国立广东大学恢复契税之款。规复原章，每百元产价，断卖征式，典按征式，补税上尽仍征税金二元。④

6 月 26 日　中止北上。

先生赴港候轮北上北京，争取苏联退还部分庚款作办学经费。"嗣因一切校务尚待邹氏亲办者甚多"⑤，于是日乘省港夜轮折回广州。

《广州民国日报》认为，先生中止北上的原因是："驻京各国公使对于退还赔款态度，多已直接电复，表示或由驻粤领事转致，而于此款用作发展教育事业一层，自无须多此一次，况大学开学在即，一切事宜，尚待邹氏亲为办理，故北上之行，暂为中止。"⑥

6 月 27 日　接见厦门大学学生团代表雷荣汉，雷向先生面陈厦门大学学潮经过情形，并创办大厦大学事宜，"深得邹校长之同情，邹对于大夏大学尤愿来粤开办，并愿代觅校址，极力赞助。"⑦ 雷荣汉由于没有得到厦大总部的同意，因此没有做出切实答复，表示将电沪部磋商。

△敬延虞文灼、姚宝猷为本校图书馆管理员，甘伟才、吴荣楫为教务员，杜喆全为华侨班主任兼国文教员。⑧

---

① 中国国民党中央委员会党史委员会：《邹鲁先生文集》，中国国民党中央委员会党史委员会 1984 年 6 月 30 日出版，第 373 页。

② 陈哲三：《邹鲁研究初集》，华世出版社 1980 年 2 月初版，第 104 页。

③ 莫耀焜：《本校十年大事记》，见《国立中山大学九周年纪念大会日刊》，1933 年 11 月 12 日。

④ 《邹鲁派员赴香山收税》，见《广州民国日报》，1924 年 6 月 25 日。

⑤ 《邹鲁未即赴京原因》，见《广州民国日报》，1924 年 6 月 28 日。

⑥ 《邹鲁中止北上原因》，见《广州民国日报》，1924 年 7 月 18 日。

⑦ 《厦大学生谒邹鲁》，见《广州民国日报》，1924 年 6 月 28 日。

⑧ 《聘虞文灼、姚宝猷、甘伟才、吴荣楫、杜喆全为本校图书馆管理员、教务员、华侨班主任兼国文教员》，见"国立广东大学全宗"档案，全宗号 31，目录号 1，案卷号 13，藏广东省档案馆。

6月30日 出席国民党中央执委会一届第三十九次会议。①

会议通过了《农民运动第一步实施方案》，规定在广州开设一间农民运动讲习所，以培养农民运动人才。会议还议决：以阳历三月二十九日为黄花岗起义纪念日；以青天白日旗为党旗、军旗，青天白日满地红旗为国旗。

△聘钟建闳为本校英文秘书。②

6月 刘汉超秘报，先生出任国民党联共改组后在沪秘密执行总部财务部长。

刘汉超为步军统领衙门稽查处女密探员，其在情报中反映："汉超复察民党自改组与共产党联合以来，随在上海法界环龙路设立秘密执行总部，推举胡汉民、谢持、戴季陶为南部执行主任，张继、陈独秀、王亚樵为北部执行主任，……谢英伯、邹鲁为财务部长。……各委员专注重宣传主义，所有印刷发行均由民智书局办理，联络各处军、学、农、工无知好乱之徒，尤注意勾结军官毕业之学员，已赴粤派事者百有余人，与学校青年，铁路工厂之工人，农会工会之领袖，但其入党手续非常严重，须有五人以上之介绍盟誓□□□始准收入，发给三寸之手册，故侦察内容极不易得。"③

6月 聘定张真如、费鸿年、谢无量、周鲠生、皮宗石、张寒、严石莫、许崇清、周佛海、王雪艇、萧诚、黄国华等人为国立广东大学教授，"在敦促者尚有胡适之、蒋梦麟诸名流"④。

7月初 致电李石曾、石瑛、易培基。

电称："众议弟须候公等电到，方可赴京，如无赴京必要，一切请石曾、寅村（易培基）二公主持。衡公（石瑛）等卅电悉。旅费计收。"⑤

7月初 致电易培基，请其留京洽谈事情。电称："电悉。请留京接洽各事为要。"⑥

7月初 国民党中央农民部部长兼广东农品展览筹委会委员长彭素民致函

---

① 陈锡祺：《孙中山年谱长篇》，中华书局1991年8月第1版，第1939页。

② 《聘钟建闳为本校英文秘书》，见"国立广东大学全宗"档案，全宗号31，目录号1，案卷号13，藏广东省档案馆。

③ 中国第二历史档案馆：《中华民国档案资料汇编》第四辑（一），江苏古籍出版社1991年6月第2版，第249～250页。

④ 《广大教授之人才主义》，见《广州民国日报》，1924年7月1日。

⑤ 中国国民党中央委员会党史委员会：《邹鲁先生文集》，中国国民党中央委员会党史委员会1984年6月30日出版，第294页。

⑥ 中国国民党中央委员会党史委员会：《邹鲁先生文集》，中国国民党中央委员会党史委员会1984年6月30日出版，第294页。

先生，请其于7月5日下午2时派员出席农品展览会各部联席会。[①]

7月1日 委任李乃嫦为本校农科学院助手兼图书馆馆员。[②]

7月3日 组织本校学生进行沿门募捐。[③]

上午10时，所有原国立广东高师、附中、附小、华侨班等学生齐集原高师大礼堂，由先生进行募捐指导。指导结束后，随即发给襟章、旗帜等物，分队出发，每队约十余人，携带捐册一本，夹袋一个，沿门进行募捐。是日，廖仲恺、伍朝枢等要人都捐了100元，成绩较好。

△致函国民党中央执行委员会，请求设立国民党国立广东大学委员会。

函称："吾党目前要务：一宣传党义，二养成党才。去年，总理命鲁任高师，随合并法大、高师、农专三校为国立广东大学，悉本此旨。鲁受任以来，兢兢遵此进行，刻国立广东大学已告成立，对于宣传党义、养成党才，非得群策群力不为功。拟请本会设立国立广东大学委员会，以定校内教育方针及进行大计，俾鲁遵行，庶国立广东大学成为党之大学。是否有当，即请公决。"[④]函附国立广东高师党团本年经过情形表。[⑤]

△出席国民党中央执委会一届第四十次会议。[⑥]

先生以国民党中央青年部长身份向执委会会议递交提案《中国国民党对于各国退还赔款宣言草案》，争回一部分庚子赔款为国立广东大学经费，提案经修正通过。"此宣言主旨在指出庚款出自全民，现应用于全民，切不可落入军阀与官僚之手。至其用途筑路导准，皆不如用于兴学为富。"[⑦]"各国庚子赔款，定为教育经费，系吾党政纲。争庚子赔款一部为广东大学经费，系本会之决议案。现各国庚子赔款已陆续决定退回，军阀群思染指，……吾党亟宜本政纲决议，对内对外，严重宣言，一以打消军阀之阴谋，一以发皇吾党之主张。"[⑧]

国民党中央执行委员会于11日复函先生："案查贵部长提出对俄国退回

---

① 张建安：《彭素民与中共早期领导人的交往》，见《纵横》2007年第9期。

② 《委任李乃嫦为农科学院助手兼图书馆员》，见"国立广东大学全宗"档案，全宗号31，目录号1，案卷号13，藏广东省档案馆。

③ 《广大沿门募捐第一日》，见《广州民国日报》，1924年7月14日。

④ 中国国民党中央委员会党史委员会：《邹鲁先生文集》，中国国民党中央委员会党史委员会1984年6月30日出版，第293页。

⑤ 中国国民党中央委员会党史委员会：《邹鲁先生文集》，中国国民党中央委员会党史委员会1984年6月30日出版，第353页。

⑥ 陈哲三：《邹鲁研究初集》，华世出版社1980年2月初版，第111页。

⑦ 陈哲三：《邹鲁研究初集》，华世出版社1980年2月初版，第111页。

⑧ 《力争赔款为广大经费》，见《广州民国日报》，1924年7月11日。

庚子赔款组织委员会力争参加案，经本会第四十次会议讨论，决议结果，派青年部部长接洽办理等由，相应录案复请查照办理，是所至盼。此复青年部部长邹。”[1] 国民党中央所作的这一决议，是对国立广东大学的有力支持。不久，终于争回庚子赔款二十余万元，学校即将一部分款项向国内外购买图书仪器，另一部分由派往北京延揽著名学者来校任教的筹备员易培基在北方采购教材。

7月4日 出席国立广东大学筹备处第二十七次筹备会议。[2]

会议出席人员包括邓植仪、黄昌谷、陈耀祖、梁龙、徐甘棠、许崇清、先生等人，会议主要议题为：（一）学年及假期问题。决议：每年自7月1日起至次年6月30日止为一学年，暑假每年自7月1日起至8月31日止，寒假即假国庆国耻几年等，另以学年历规定，但全年至多不得过120日；（二）教员支给薪俸问题。决议：有徐甘棠、梁龙、邓植仪拟具办法再交筹备会议审查。

7月7日 向孙中山大元帅呈请将士敏土厂余利拨充大学经费。[3]

先生在呈文中指出，广州士敏土厂在岑春煊奉办时即声明所有收入余利指拨办学，光复后改变隶属关系，不再隶属教育部，并非设厂本旨。现呈请将该厂所得余利，连同北江各处矿石收入，全数拨充为大学经费。

是月16日，孙中山发布大元帅指令第七五八号，准呈将广州士敏土厂余利连同北江各处矿石收入全数拨充为大学经费。[4]

同日，孙中山发布大元帅训令第三五七号。训令大本营财政部长叶恭绰、广东省长廖仲恺，已准呈将广州士敏土厂余利连同北江各处矿石收入全数拨充为大学经费，以宏教育，即便遵照办理。[5]

△晚上，和胡汉民、汪精卫、廖仲恺等人柬请绅商要人霍芝廷、陈廉伯、谭礼廷、李宝祥、陈廉仲、陈恭受、李颂韶、邓介石等到省署赴宴，当场募得捐款7100元。[6]

△接北京来函，函件写道，7月初旬石瑛、李石曾两位筹备员及周鲠生、皮宗石、王雪艇等各位教授起程南来，又该校所争关余及赔款事，分向各方接

---

① 《邹鲁办理俄国赔款》，见《广州民国日报》，1924年7月12日。

② 《国立广东大学筹备处第二十七次会议纪录》，见“国立广东大学全宗”档案，全宗号31，目录号1，案卷号4，藏广东省档案馆。

③ 中国国民党中央委员会党史委员会：《邹鲁先生文集》，中国国民党中央委员会党史委员会1984年6月30日出版，第452～453页。

④ 中国国民党中央委员会党史委员会：《邹鲁先生文集》，中国国民党中央委员会党史委员会1984年6月30日出版，第453页。

⑤ 易汉文：《孙中山与中山大学》，中山大学出版社1999年10月第1版，第29～30页。

⑥ 《筵席上之广大筹款》，见《广州民国日报》，1924年7月10日。

洽，颇荷赞同。[①]

7月9日 陪同孙中山出席本校欢送大元帅北上大会。[②]

下午3时，孙中山在先生及廖仲恺等人的陪同下出席欢送大会。张农代表学生会致欢送辞，之后孙中山发表了长达两个小时的演说。大会由广东大学学生会组织。

7月10日 出席国民党中央执行委员会一届第四十二次会议。[③]

胡汉民、林祖涵、汪精卫、柏文蔚、邵元冲、先生等人出席会议，会议由胡汉民主持。在讨论事项中，先生代表青年部提出本党对于各国退还庚子赔款宣言草案，会议决议：照草案修正通过。

△聘任黄绍民为本校住校医生。[④]

7月11日 主持国立广东大学筹备处第二十九次会议。[⑤]

7月12日 致驻京各公使电，请将退还庚子赔款为教育费。

电云："北京分送荷、英、美、法、俄、日、比、意各国公使钧鉴：各国退回庚子赔款，用为教育经费，实各国之厚意，亦中国国民之公意。顷闻北方军阀欲借口筑路导淮，以便挪为军政费及私图，想贵使等必不为其所惑，务请本中国国民之公意，陈请中外委员会，悉以此款分配于教育用途。至中国委员，务由中国各大学选举教育界人员充之，其用途一切公开，方能完满达到各国退还此款之厚谊。谅为鉴察。"[⑥]

△广州市政厅致函管理中上七校经费委员会及先生，将该厅办理省河筵席捐情形及所收款项函达先生。[⑦]

△签署大学布告。公布本校十三年度学年历。[⑧]

7月14日 主持国民党中央执委会一届第四十三次会议。[⑨]

出席会议的还有廖仲恺、石瑛、胡汉民、汪精卫等人。会议报告事项有五

---

① 《广大将开课程会议》，见《广州民国日报》，1924年7月8日。

② 国立中山大学农学院推广部：《前广东公立农业专门学校学生会之运动纪要（民国十二年至十四年）》，中山大学农学院推广部1936年11月编印，第48页。

③ 《中央委员会会议记》，见《广州民国日报》，1924年7月21日。

④ 《敬聘黄绍民为本校住校医生》，见"国立广东大学全宗"档案，全宗号31，目录号1，案卷号13，藏广东省档案馆。

⑤ 中国国民党中央委员会党史委员会：《邹鲁先生文集》，中国国民党中央委员会党史委员会1984年6月30日出版，第602页。

⑥ 《邹鲁致驻京各公使电》，见《广州民国日报》，1924年7月12日。

⑦ 《市厅函七校领筵席捐》，见《广州民国日报》，1924年7月14日。

⑧ 《布告》，见"国立广东大学全宗"档案，全宗号31，目录号1，案卷号10，藏广东省档案馆。

⑨ 《中央委员会会议录》，见《广州民国日报》，1924年7月23日。

项，包括东京支部报告筹备组织支部，恳祈鉴核遵案等；讨论事项有五项，包括关于召集全体中央执行委员会委员讨论重要党务案。呈请孙中山召集全体委员会招待，寄宿舍于国立广东大学，开会期假定为10日。

7月15日至27日 主持召开国立广东大学全体筹备员大会。①

一连12天，先生主持召开筹备大会，对历次筹备会议通过的88件议案分别进行审查，作出决议。各科课程也稍有修改，又以高等师范改办文理两科，以后高级师范人才未免有缺乏之虑，议决设置师范特科。

夏（暑假） 搜集国民党党史资料。②

暑假，先生约原国立广东高师陆宗骐等十多个学生，指导他们依照事类，在原国立广东高师图书馆将书籍中有关党史的部分抄出。抄出后，指导秘书做成丛集，先生遍阅所收集的资料后，决定了党史专著的体例，并在分列章目后向孙中山请示，孙中山看后说道："很好。"

潘衍兴认为："这时，国父也接受了海滨先生的建议，在广东高等师范学校建立党史搜集组织，并由海滨先生负责。这就是今日中央委员会党史委员会的前身。"③

夏（暑假） 广州知用学社社友向先生商借3个课室，用于开办夏令馆（班），有学生一百余人入学。④

7月16日 父亲邹应森78岁寿庆。孙中山送来题写"硕德高年"的匾额，广东的国会议员请周震麟书写了胡汉民在1917年为邹应森71岁寿庆所做寿文作为寿礼。⑤

7月19日 孙中山派宋子文、先生、邓召荫、朱则、陈其瑗、鲍罗廷为税制整理委员会委员。⑥

7月中旬 致电李石曾，请其来粤。

---

① 易汉文：《中山大学编年史（一九二四～二〇〇四）》，中山大学出版社2005年9月第1版，第4页。

② 黄肇珩、方鹏程、刘本炎：《邹海滨先生百年诞辰口述历史座谈会纪实》，见陈鹏仁：《百年忆述——先进先贤百年诞辰口述历史合辑》，近代中国出版社1999年6月25日初版，第34、48～49页。

③ 黄肇珩、方鹏程、刘本炎：《邹海滨先生百年诞辰口述历史座谈会纪实》，见陈鹏仁：《百年忆述——先进先贤百年诞辰口述历史合辑》，近代中国出版社1999年6月25日初版，第53页。

④ 张瑞权：《知用学社和知用中学》，见广东省政协文化和文史资料委员会编《广东文史资料精编》上编第4卷，中国文史出版社2008年12月第1版，第36页。

⑤ 程焕文、张靖、周旎：《邹鲁未刊稿》下册，广西师范大学出版社2008年3月第1版，第779页。

⑥ 陈锡祺：《孙中山年谱长篇》，中华书局1991年8月第1版，第1951页。

电称："密。党务、校务、政务非请兄即到沪，偕稚晖（吴敬恒）先生来粤不可。"[①] 该电由先生与石瑛、周览、王世杰、王星拱等人共同署名。从时间上判断，该电应于国立广东大学全体筹备员大会临近开会或开会不久后发出。

7月21日 向孙中山大元帅呈报国立广东大学法科学院法律本科十六班、政治经济本科丁班学生至八月修业期满，呈请准予进行毕业试验，并造具学生一览表呈请鉴核。[②]

是月23日，孙中山发布大元帅指令第七八六号。准予国立广东大学法科学院法律本科十六班、政治经济本科丁班学生举行毕业试验。[③]

△广东省省长廖仲恺批准省财政厅长来函，自本年八月起所有九拱两海关带收加二税费，按月迳解国立广东大学先生查收。[④]

△出席国民党中央执委会一届第四十五次会议，在会上向中央提议组建学生军。[⑤]

7月24日 出席国民党中央执委会一届第四十六次会议。[⑥]

先生在会议上提出《函催俄国退款办法答复案》。中央执行委员会根据先生的提议，决议函询鲍罗廷，请其答复苏联退还庚款委员会的组成办法，力争三位委员中有一人为广州国民党政府的成员。[⑦]

△广东省财政厅财政委员会举行第四十五次常务会议，议决支持国立广东大学办学经费。

会议议决："盐运使署照拨二千元，九拱两关加二费约六七千元，自八月份起交邹校长转汇。其支配办法，另由财厅订定，函邹校长查照等因在案。除函盐运使自八月份起照拨二千元，交邹校长转汇外，相应函达查照。所有诚兴公司屠羊捐每月五百元及九拱两关加二费约六七千元应照案支配，订定办法，

---

① 中国国民党中央委员会党史委员会：《邹鲁先生文集》，中国国民党中央委员会党史委员会1984年6月30日出版，第294页。

② 中国国民党中央委员会党史委员会：《邹鲁先生文集》，中国国民党中央委员会党史委员会1984年6月30日出版，第454页。

③ 中国国民党中央委员会党史委员会：《邹鲁先生文集》，中国国民党中央委员会党史委员会1984年6月30日出版，第454页。

④ 中国国民党中央委员会党史委员会：《邹鲁先生文集》，中国国民党中央委员会党史委员会1984年6月30日出版，第380~381页。

⑤ 陈哲三：《邹鲁研究初集》，华世出版社1980年2月初版，第119页。

⑥ 陈哲三：《邹鲁研究初集》，华世出版社1980年2月初版，第111页。

⑦ 陈锡祺：《孙中山年谱长篇》，中华书局1991年8月第1版，第1954页。

函邹校长查照，并复会备案为荷。”①

7月27日 聘石光瑛为本校图书馆馆员。②

7月28日 国民党中央农民部假国立广东大学礼堂召开农民党员联欢会，广州近郊农民党员一千余人到会。孙中山在廖仲恺、彭湃等人陪同下出席检阅大会，并发表演说。③ 先生出席联欢会。

△致电长驻北京延揽人才的易培基，指出苏联庚款未交前，北京八校曾向借百万元支薪，请易与加拉罕商量，即借百万元为国立广东大学开办费。④

7月29日 致电易培基，电文写道：“秣陵、作宾（董作宾）两先生请照聘，并促即来。”⑤

7月30日 致函国民党上海执行部青年妇女部部长叶楚伧。

先生在函件中指出，中央党部青年部“现拟从事调查国内青年概况，以准备作全国青年之运动”⑥。因为担心所制作的调查表有所疏漏，所以函取上海执行部青年妇女部所作的调查表，以资参照。

7月底 与戴季陶联署提案，呈交国民党中央执行委员会。

提案写道：“总理演讲民生主义时，应由政府通令各文武机关，所有高级文武官吏，必须出席听讲。如有因病或其他重要事故，不能出席者，应先行请假。无故不出席听讲者，请政府加以处分。是否有当，请公决。”⑦

7月底 致函苏联驻京公使加拉罕及代表鲍罗廷，报载苏联退还庚款只分配给北方，请转请贵国政府分拨一部分为国立广东大学办学经费。⑧

8月1日 聘陈耀祖为本校秘书长、程鸿轩为秘书、梅冠豪为教授。⑨

8月2日 聘杨果庵、陈宗南、费鸿年、陈长乐、张天才、黄希声、徐甘

---

① 中国国民党中央委员会党史委员会：《邹鲁先生文集》，中国国民党中央委员会党史委员会1984年6月30日出版，第369页。

② 《聘石光瑛为本校图书馆馆员》，见“国立广东大学全宗”档案，全宗号31，目录号1，案卷号13，藏广东省档案馆。

③ 陈锡祺：《孙中山年谱长篇》，中华书局1991年8月第1版，第1956页。

④ 陈哲三：《邹鲁研究初集》，华世出版社1980年2月初版，第111页。

⑤ 陈哲三：《邹鲁研究初集》，华世出版社1980年2月初版，第91页。

⑥ 中国国民党中央委员会党史委员会：《邹鲁先生文集》，中国国民党中央委员会党史委员会1984年6月30日出版，第354页。

⑦ 陈哲三：《邹鲁研究初集》，华世出版社1980年2月初版，第45页。

⑧ 陈哲三：《邹鲁研究初集》，华世出版社1980年2月初版，第113页。

⑨ 《聘请陈耀祖先生为本大学秘书长、程鸿轩为本大学秘书、梅冠豪为本大学教授》，见“国立广东大学全宗”档案，全宗号31，目录号1，案卷号13，藏广东省档案馆。

棠为本校选科指导委员会委员。①

8月3日 听讲孙中山在原国立广东高师礼堂第一次演讲民生主义。②

先生率各校学生已先期恭候，上午10时，孙中山轻车简从抵达国立广东大学，随即开讲。当时，鲍罗廷也在座听讲。由于孙中山在演讲中"批评马克思以物质为历史重心，是不对的，社会问题才是历史的重心。社会中，又以生存为重心。尤其对马克思阶级斗争为社会进化原动力的学说，加以严厉批评。"这引起鲍罗廷的异议，在孙中山历时两小时结束演讲后到校长室休息，鲍罗廷即跟着进入校长室，先生听到"鲍罗廷向总理争论得很厉害，总理对鲍罗廷所提出的许多问题，总理均一一解答，大约有半小时之久，临走时都互无笑容。"③

是日至月底，先生对孙中山演讲的民生主义进行了校对。④ 孙中山在演讲三民主义时，先生一面读校，一面也作摘要。后来这些摘要一并呈送孙中山。孙中山看过后不但说好，还说将来三民主义出版时，这些摘要都可以附在后面。后来因为东奔西走，记载这些摘要的稿子不见了。

孙中山合计十六次演讲三民主义，均由先生负责读校。先生认为，能够受命负责读校三民主义，是他平生最引以为荣的一件事。《中央日报》对先生读校三民主义一事评价道："国父在广东大学演讲三民主义时，每次讲稿，即由先生校读。是先生之于三民主义的完成，实有功绩。这不能视为一件小事。这表明国父和先生的关系，表明国父之重视先生，认为先生是对主义有深刻的认识，所以才委以校读之责。知之深，乃能行之切。此后，先生服膺主义，矢志靡他，我们不能不承认这一段和国父校读三民主义因缘是有极大的影响。"⑤

8月4日 聘郭威白、刘泽垓、李加雪、刘蓉森、温展鹏、李峻寰、廖颂扬、麦秩勤、虞文灼、周琴舫、包惠僧、招奇伟、裼参化、冯品珏、李本章、刘君罴为本校附属师范学校教职员。⑥

---

① 《函聘选科指导委员会委员》，见"国立广东大学全宗"档案，全宗号31，目录号1，案卷号12，藏广东省档案馆。

② 《帅座赴广大演讲民生》，见《广州民国日报》，1924年8月4日；余齐昭：《孙中山文史图片考释》，广东省地图出版社1999年9月第1版，第354页。

③ 国立中山大学校友会：《邹鲁全集》第（九）卷，三民书局股份有限公司1976年10月初版，第496页。

④ 戴书训：《愈经霜雪愈精神——邹鲁传》，近代中国出版社1983年10月初版，第94～95页。

⑤ 陈哲三：《邹鲁研究初集》，华世出版社1980年2月初版，第41页。

⑥ 《聘附师教职员》，见"国立广东大学全宗"档案，全宗号31，目录号1，案卷号16，藏广东省档案馆。

△聘本校附小教员：①

汪宗湜为附小主任兼十三班至十八班公民教员；

郑彦棻为本校附小训育主任兼十六班至十八班自然研究教员；

王宗寰为附小教务主任兼十六班至十八班地理教员；

陈沛基为附小体育主任兼七班至十八班体育教员；

唐延纲为附小总务主任兼十三班及十五班公民教员。

8月5日 聘赵静山为本校会计部主任会计、赵湛若为会计部会计员。②

8月6日 聘吴荣煦为本校附属师范学校国文教员。③

8月7日 聘本校秘书处职员：④

陈大训、吴星若、蔡秋农、张炯、王淼、黄霖为秘书处文书部秘书；

罗宗孟为秘书处出版部主任；

谢达夫为秘书处注册部主任；

虞郎山为秘书处庶务部主任；

吴康兼秘书处出版部秘书。

△委任邹爱孚、邹镜泉为本校秘书处文书部事务员。⑤

8月8日 将募捐介绍书及捐册收条费用等交给本校法科学院梁龙主任，并请转交法科郑尘、郑翘芬、郑翘壁等人，不日到南洋募捐。⑥

8月9日 委任本校秘书处职员：⑦

杨炳文、周升培为秘书处出版部事务员；

韩炎、甘伟才、吴荣楫、邓毅、郑梓楠、张步先、邓翰藻、丘宝畴、梁逸云、李兆华为秘书处注册部事务员；

虞仰泉、刘筱山、潘文佳、罗介纯为秘书处庶务部庶务员。

---

① 《聘本校附小本学期教职员》，见“国立广东大学全宗”档案，全宗号31，目录号1，案卷号16，藏广东省档案馆。

② 《聘秘书暨各部主任》，见“国立广东大学全宗”档案，全宗号31，目录号1，案卷号13，藏广东省档案馆。

③ 《聘吴荣煦先生为附属师范学校国文教员》，见“国立广东大学全宗”档案，全宗号31，目录号1，案卷号16，藏广东省档案馆。

④ 《聘赵静山为本校会计部主任会计、赵湛若为会计员》，见“国立广东大学全宗”档案，全宗号31，目录号1，案卷号13，藏广东省档案馆。

⑤ 《委任邹爱孚等为本大学秘书处文书部事务员》，见“国立广东大学全宗”档案，全宗号31，目录号1，案卷号13，藏广东省档案馆。

⑥ 《广大女士赴南洋募捐》，见《广州民国日报》，1924年8月9日。

⑦ 《委任本大学职员》，见“国立广东大学全宗”档案，全宗号31，目录号1，案卷号13，藏广东省档案馆。

△委任本校职员：①

李其实为理化室助理兼管理员；

陆希澄为博物助理兼管理员；

林寿原、张义明为图书馆管理员；

梁春华、潘祖森、虞文灼、庄祖泽、姚华才、石兆瑛为图书馆助理员；

李峻寰为舍监兼舍务检察；

潘寿培为手工室管理员；

林松生为数学助理员；

刘锡龄为农场校园管理员；

伍卓南为矿物助理员；

吴肇典、赵明基、张希孟为秘书处注册部打字员；

李庆荣为现代室助理兼管理员；

刘少璧为秘书处事务员；委任黄秋、张和鄰、李学榜、管□球、黄坤培、梁惟一、刘茂青、孔宪轻、钟桃为农科助理员；

陈耘初为秘书处注册部事务员；

罗悸霖为农科宿舍事务员；

李乃嫦为图书馆助理员；

杜应魁为农科舍监；

杨伯英兼任蚕业讲习班学监；

饶潜夫、陈文静为图书馆馆员；

梁筠访为秘书处文书部事务员；

黄佩纶为预科学监。

8月10日 上午9时半至11时半，在本校礼堂听取孙中山第二次演讲民生主义。②

8月上旬 向孙中山建议请易培基代理先生调查北京政府是否进行内外勾结。③

自国民党实行联俄容共政策后，苏联政府屡次向国民党表示，不准备承认北京政府。但《中苏解决悬案大纲协定》于5月31日在外交部正式签字，意味着苏联与北京政府正式建议大使级外交关系。7月31日，苏联第一任大使

---

① 《委任本校学监、助理管理、打字员各职》，见“国立广东大学全宗”档案，全宗号31，目录号1，案卷号13，藏广东省档案馆。

② 《帅座昨日赴广大讲演》，见《广州民国日报》，1924年8月11日。

③ 邹鲁：《回顾录》，岳麓书社2000年9月第1版，第136页。

加拉罕向北京政府递交国书。孙中山为明了当时北京政府内外勾结的真相起见，想用接洽苏联退还庚子赔款补助教育经费的名义，派先生到北京去调查。但是，当时适逢准备北伐，觉得先生到北京去，恐怕不妥。于是，先生就建议在自己去北京之前，派易培基代理自己出任这个职务。因为当时易为先生派驻北京的国立广东大学代表，这样可以避免引起北京政府的注意。后来，段祺瑞组织政府，寻觅国民党人参加，加之易培基有此任务，便顺理成章地做了教育总长。

8月11日 聘刘蓉森为本校附属师范学校编纂员兼数学教员、曾贯之为附属师范学校教员。①

8月12日 委任徐少锵为本校会计处事务员。②

8月13日 孙中山发布大元帅训令第四二〇号，查《大学条例》业经制定公布，合行令仰先生查照遵行。③

《大学条例》是国立广东大学筹备处制定的《广东大学之宏规》中的《大学条例》，共八条。孙中山对原《大学条例》作了修改。

8月14日 委任缪哲芗为本校秘书处注册部事务员。④

8月15日 聘国立广东大学各科学长、各系主任：⑤

文科学长：杨寿昌；

中国文学系主任：杨寿昌；

英国文学系主任：陈长乐；

哲学系主任：黄希声；

史学系主任：萧鸣籁；

法科学长：梁龙；

法律系主任：卢兴源；

经济系主任：梁明致；

政治系主任：黄季陆；

---

① 《聘刘蓉森、曾贯之为本校附师教员》，见“国立广东大学全宗”档案，全宗号31，目录号1，案卷号16，藏广东省档案馆。

② 《委徐少锵为本校会计处事务员》，见“国立广东大学全宗”档案，全宗号31，目录号1，案卷号13，藏广东省档案馆。

③ 易汉文：《中山大学编年史（一九二四～二〇〇四）》，中山大学出版社2005年9月第1版，第4页。

④ 《委任缪哲芗为本大学秘书处注册部事务员》，见“国立广东大学全宗”档案，全宗号31，目录号1，案卷号13，藏广东省档案馆。

⑤ 莫耀焜：《本校十年大事记》，见《国立中山大学九周年纪念大会日刊》，1933年11月12日；《教职员表》，见《国立广东大学概览》，1925年版，第1～14页。

理科学长：徐甘棠；
数学系主任：徐甘棠；
物理系主任：柳金田；
化学系主任：陈宗南；
生物学系主任：费鸿年；
地质学系主任：黄著勋；
农科学长：邓植仪；
农艺系主任：欧华清；
农艺化学系主任：利寅；
推广部兼林学系主任：黄植。

8月15日至25日 出席国民党中央执行委员会一届二中全会。①

全会讨论的焦点之一是"容共"和"分共"问题，即如何解决国共两党之间的隔阂和纠纷。受会议委托，汪精卫、覃振、丁惟汾和先生四人起草了《有关容纳共产分子问题之训令》，特别解释了全会对解决国共两党之间的隔阂和纠纷的设想。《训令》称：监察委员提交之《中国社会主义青年团第二次大会决议案及宣言》，所以引起争议，"实不外乎党团作用之一点"。"本会讨论结果，以为党内共产派所以有党团作用之嫌疑者，由于此等印刷品其性质非属于公开，而属于秘密。既属于秘密，则无论其对于本党怀有善意，抑或有恶意，而常易被认为恶意。"因此，"中国共产党之活动，其有关国民革命者，本党实有周知之必要"；其对于加入本党之党员之指导，"本党更不能不过问"。"倘使中国共产党关于此等决议不付之秘密，本会敢信党团作用之嫌疑必无从发生。"惟鉴于"中国共产党员对于中国共产党之关系有守秘密之必要，而中国共产党对于第三国际之关系亦有守秘密之必要。本会有见于此，故决议在中央执行委员会政治委员会内设国际联络委员会"，以便与第三国际"直接协商中国共产党之活动与本党有关系者"，同时"一方面对于中国共产党负保守其秘密之义务；一方面对于本党党员负有了解本党与中国共产党之关系之义务。"②

约在全会召开期间，先生曾执笔给国民党中央的国民党人写了一封长信，谢持、张继、覃振、石瑛、茅祖权、傅汝霖等人署名，长信对国共合作后共产党和国民党"左"派力量的发展表现出"十分妒恨"的态度，信中说："在中

---

① 陈锡祺：《孙中山年谱长篇》，中华书局1991年8月第1版，第1977页。

② 《中央执行委员会全体会议对于全体党员之训令》（1924年8月），见《中国国民党周刊》第40期，1924年9月28日。

国之今日，非吾党主义革命不可”，但“党权不在最高党部之中央执行委员会，政权不在最高政治机关之国民政府，而悉集中于政治委员会。鲍罗廷乃以政治委员会顾问之资格，操纵其间，而鲍罗廷所有措施，复先决于共产党。……与其谓共产党同志加入本党，毋宁谓吾党附属于共产党之真实。……吾党同志若不大彻大悟，谋根本之救济，速与共产党同志划然分开，不使彼辈再行干涉吾党之事，则再过一年，恐青天白日旗，必化为红色矣。”①

8月16日 向国民党中央执行委员会一届二中全会提议催促苏联退还庚款悉数拨作教育经费，并请速拨一部为国立广东大学经费。会议经决议分函加拉罕大使及鲍罗廷落实此事。②

△委任郑梓楠为本校寄宿舍助理员、李家冕为寄宿舍事务员。③

△委任谢清为本校秘书处注册部事务员。④

8月17日 听取孙中山在本校礼堂第三次演讲民生主义。⑤

在演讲前，孙中山对先生说：“民生主义，渊深博杂，我须亲自来著，才得圆满，因此现在我暂不讲理论，因为理论是各有见解不同，往往引起无谓的争执，所以我从民生主义第三讲，先讲解决衣食住行的办法。但是理论方面，你却不要放弃，因为你这次读校，非常小心。所以我撰著完毕，再交你来读校。”⑥

8月18日 聘请谢达夫为本校文书部秘书、刘兼善为注册部主任。⑦

8月20日 委任伍燊本为本校事务员。⑧

△聘李本章、刘君罴为本校附设师范数学教员、徐守义为图画教员。⑨

---

① 广州青年运动史研究委员会：《1919～1949广州学生运动史》，华南理工大学出版社2002年4月第1版，第110页。

② 陈哲三：《邹鲁研究初集》，华世出版社1980年2月初版，第111页。

③ 《委任郑梓楠为本校寄宿舍助理员、李家冕为本校寄宿舍事务员》，见“国立广东大学全宗”档案，全宗号31，目录号1，案卷号13，藏广东省档案馆。

④ 《委任谢清为本大学秘书处注册部事务员》，见“国立广东大学全宗”档案，全宗号31，目录号1，案卷号13，藏广东省档案馆。

⑤ 国立中山大学校友会：《邹鲁全集》第（九）卷，三民书局股份有限公司1976年10月初版，第493页。

⑥ 国立中山大学校友会：《邹鲁全集》第（九）卷，三民书局股份有限公司1976年10月初版，第497页。

⑦ 《聘谢达夫为文书部秘书、刘兼善为注册部主任》，见“国立广东大学全宗”档案，全宗号31，目录号1，案卷号13，藏广东省档案馆。

⑧ 《聘李本章、徐守义、刘君罴为本校附师教员》，见“国立广东大学全宗”档案，全宗号31，目录号1，案卷号16，藏广东省档案馆。

⑨ 《聘附师教职员》，见“国立广东大学全宗”档案，全宗号31，目录号1，案卷号16，藏广东省档案馆。

8 月 21 日　致函广东财政厅长陈其瑗，催缴国立广东大学办学经费。[1]

广东财政厅据情后，特即下令为第三次催促，如仍不遵缴，即另行批商包承，以前缴过按饷，概照定章没收充公。随即，先生接到开建县[2]李汉勋县长邮电，说明已经备足五百元大学建设摊派款，拟派员迳解省财政厅，请财政厅将该款过校。[3]

8 月 22 日　向孙中山大元帅呈报国立广东大学规程等文。文称：

"呈为呈请事：

本年六月二日鲁呈报国立广东大学预科招生章程，及广东高师、法大、农专三校归并办法，文内曾经声明大学条例职制及各项规程，虽经筹备会议议决，仍拟于暑假时悉请省外各筹备员到粤开筹备大会，再行审定，另文呈报，以昭慎重等情在案。兹自七月十五日至七月二十五日止，由鲁与省外各筹备员石瑛、王星拱、王世杰、周览、皮宗石暨本省筹备员伍朝枢、廖仲恺、孙科、汪兆铭、许崇清、黄昌谷、梁龙、邓植仪、陈耀祖、何春帆、程天固等逐日开会悉以审查。谨将议决之国立广东大学规程、国立广东大学特别会计规程、国立广东大学预科各组、本科各系课程，备文呈报鉴核，是否有当，伏乞指令祇遵。谨呈陆海军大元帅。附呈《国立广东大学规程》一册、《国立广东大学特别会计规程》一册（略）、国立广东大学预科各组暨本科各系课程一册。"[4]

次月 1 日，孙中山发布大元帅指令第九八三号。指令谓："呈、册均悉。所订国立广东大学各规程及本、预科各课程均尚妥恰，应予照准，仰即知照。册存。"[5] 这个指令，宣告先生的筹备工作已基本完成任务。

8 月 24 日　听取孙中山第四次在本校礼堂演讲民生主义。[6]

上午 9 时，孙中山抵校，旋即登堂演讲，到会听讲者包括谭延闿、廖仲恺、邓泽如、吴铁城、先生等人。11 时 50 分，演讲结束。先生在礼堂楼上宴请孙中山等要员。12 时余，孙中山与谭延闿总司令离校回府。

是讲结束后，因为北方发生曹锟贿选总统事件，孙中山须亲自到韶关筹备北伐，声罪致讨。临行时，孙中山对先生说道："民生主义未讲完部分，只好

---

① 《催缴广大校经费》，见《广州民国日报》，1924 年 8 月 22 日。

② 开建县：位于今广东省肇庆市，1953 年与封川县合并为封开县。

③ 中国国民党中央委员会党史委员会：《邹鲁先生文集》，中国国民党中央委员会党史委员会 1984 年 6 月 30 日出版，第 372 页。

④ 《国立中山大学成立五十周年特刊》，中国台湾"国立中山大学校友会"编印，第 25 页，1974 年 11 月 11 日。

⑤ 黄义祥、易汉文：《中山大学大事记（征求意见稿）1924～1996》，1999 年 9 月印刷，第 3 页。

⑥ 《帅座昨日演讲之情形》，见《广州民国日报》，1924 年 8 月 25 日。

等待有机会时再继续讲。”①

8 月 27 日 出席国民党中央执委会一届第五十一次会议。②

汪精卫、瞿秋白、沈定一、先生、谭平山等人出席会议，会议由胡汉民主持。会议报告事项有四项，包括北京特别区党部选举结果等；讨论事项有九项，包括由汪精卫续任宣传部部长等。

△聘任费鸿年、卢兴源、黄枯桐为本校校务会议会员。③ 同时出任校务会议会员的还有：先生、秘书长陈耀祖、文科学长杨寿昌、法科学长梁龙、理科学长徐甘棠等。

8 月 28 日 续考新生在校试验，先生到场监试。

《广州民国日报》报道：“国立广东大学校长邹鲁，以该校今年开始创办，对于招考新生，不可不力求严格，以善将来。故前次招考新生时，取录极少，为数似觉不敷，且各属学生，多因交通阻梗赶考不及，屡函请准予续招。邹校长为普及教育，广育人才计，故复布告续招，自月之二十日起，开始报名，至昨二十五日止，计投考者二百七拾余人，已于今（二十八）上午在该校试验，闻此后将不再招云。”④

8 月 对本校童子军发表训词。⑤

训词称：“欧战以前，人人皆知世界系武装之假和平，故军国民主义，吾国亦不能外此潮流而不提倡。欧战以后，世人多为叠次平和会议所愚，以为列强消灭武力，此后干戈可化为玉帛，吾国士夫亦未尝无梦及者，须知叠次平和会议，正为解决远东问题，无论列强真正消灭武力也，即系消灭武力，亦只谋白种人之平和会议，于有色人种无与，于处分远东问题中之中国更无益也。

我国现处列强武力及经济压迫之下，如任人宰割也则已，否则军国民之教育，何能须臾缓？而欲实行军国民教育，则童子军实一重要之任务，尽中国之童子军，悉能成为军，则军国民之精神，即由此寄托于全国也，余其拭目以俟之。”⑥

先生对童子军的成立与训练等倾注了很多心血。冯汉樹记述：

---

① 国立中山大学校友会：《邹鲁全集》第（九）卷，三民书局股份有限公司 1976 年 10 月初版，第 497 页。

② 《本党五十一次会议录》，见《广州民国日报》，1924 年 8 月 28 日。

③ 冯双：《中山大学生命科学学院（生物学系）编年史 1924～2007》，中山大学出版社 2007 年 6 月第 1 版，彩页第 1 页。

④ 《广大续考新生情形》，见《广州民国日报》，1924 年 8 月 29 日。

⑤ 陈哲三：《邹鲁研究初集》，华世出版社 1980 年 2 月初版，第 118 页。

⑥ 中国国民党中央委员会党史委员会：《邹鲁先生文集》，中国国民党中央委员会党史委员会 1984 年 6 月 30 日出版，第 197 页。

“校长邹鲁海滨先生爱护青年学子，对童军、体育两部扶掖尤多。在东海堂建有童军营舍，拨后门之英吉利路、俄罗斯路两排房间为体育员宿舍，对两部莘莘学子备极优待。

邹校长赠大小骏马两匹与童军营，各人均效美国西方骑侠，手执马鬃策无鞍马，顾份自豪，有不可一世之慨。其时各人多进入大学部攻读，但由于性格活泼关系，一如孩童。每观美国西部影片或马戏团表演，辙返校模仿其动作，在营舍悬绳竹架上往返翻飞、追逐，更以辎重车各繫一马作罗马式赛车，驰骋于大操场上，使剩余精力消耗于有趣之游戏上，实胜于现代青年游玩至深夜不散为佳。”①

9月1日 在国民党中央执行委员会一届第五十二次会议上提出《应分别催促庚子赔款作教育经费案》。②

△主持召开本校第一次校务会议，商议争取庚子赔款事宜。③聘请周佛海、程天固、梁明致、梁龙等6人为争取庚子赔款委员会委员。④

△函聘黄枯桐、陈耀祖为本校学生纪律委员会委员。⑤

△敬延陈士蘅为本校附师国文教员。⑥

9月2日 函聘黄枯桐、利寅、朱公准、周佛海、黄著勋、陈宗南、吴康、黄希声、杨寅康等人为本校出版委员会委员。⑦

△敬延孙恩涛为本校附师历史教员，徐思达为附师国文经济教员。⑧

9月3日 广东省财政厅函复先生，是日将八月份九拱两海关带征加二鳌费解财政厅查收在案，请先生派人直接向厅长提收过校。⑨

---

① 冯汉樹：《六载黉宫童体生生散记》，见《国立中山大学成立五十周年特刊》，第196~199页。

② 陈哲三：《邹鲁研究初集》，华世出版社1980年2月初版，第111页。

③ 莫耀焜：《本校十年大事记》，见《国立中山大学九周年纪念大会日刊》，1933年11月12日。

④ 《函聘周佛海等为争取庚子赔款委员会委员》，见“国立广东大学全宗”档案，全宗号31，目录号1，案卷号12，藏广东省档案馆。

⑤ 《函聘黄枯桐等为学生纪律委员会委员》，见“国立广东大学全宗”档案，全宗号31，目录号1，案卷号12，藏广东省档案馆。

⑥ 《聘请陈士蘅先生为本校附师国文教员》，见“国立广东大学全宗”档案，全宗号31，目录号1，案卷号16，藏广东省档案馆。

⑦ 《函聘黄枯桐等为学生纪律委员会委员》，见“国立广东大学全宗”档案，全宗号31，目录号1，案卷号12，藏广东省档案馆。

⑧ 《聘孙恩涛、徐思达先生为本校附师教员》，见“国立广东大学全宗”档案，全宗号31，目录号1，案卷号16，藏广东省档案馆。

⑨ 中国国民党中央委员会党史委员会：《邹鲁先生文集》，中国国民党中央委员会党史委员会1984年6月30日出版，第381页。

△委任邹德高、梁柏川、陆宗骐为本校出版部事务员。[①]

9月4日 调谢达夫为本校秘书处秘书，注册部事务员由法科学长直接监督。委任邹擎明为秘书处文书部事务员。[②]

9月5日 函复本校秘书长陈耀祖，指示，谢达夫仍以秘书名义驻法科办事。[③]

△委派张沐深为本校会计处事务员。[④]

9月8日 为《国立广东大学半周刊》创刊号题写发刊辞。

文谓："群演愈进，争竞愈烈，争竞之的，随时不同，昔之争竞在强弱，故坚甲利兵尚焉；今之争竞在贫富，故经济拓殖尚焉；庸讵知今后之争竞，不在文化之高低，高者为主，低者为奴，高者役人，低者役于人乎？庸讵知高者不以先知先觉自任，取低者而启迪之，指导之，潜移默化，使失其固有之文化，忘其为本国之人乎？文化侵略之祸，将有恶于资本帝国主义之压逼也。

挽近环球各国，多节军费，事教育，以化其民；有余，则施诸外国，以拓殖其文化。美国对华文化事业，耗费岁以百万计。日本亦舍武力侵略之谋，而为文化宣传之业。莽莽神州，昔之以经济定势力圈者，今且变为文化势力圈矣。然美日二国，非有固有之文化者，美国文化，渊源于英，英其母国也；日本文化，其先本自吾国，明治维新以后，始浸淫欧化，融合而贯通之，至臻强盛。我华具数千年之历史，数千年之文化，不能发扬光大，贡献于世，且以产业不兴，工商凋敝，受经济压逼，成半殖民之地焉；教育不振，知识缺乏，受文化侵略，成半开文化之国焉。邦人君子，用是怵目惊心，注重教育，兴办学校；国之南北，以大学设立者，数凡二十有余，以有名无实言，固疑其多，以广土众民言，仍嫌其少；以人民知识之缺乏，国内文化之低劣言，则尤未能达补救于万一也。

虽然，大学为最高之学府，国之文化，所藉以为转移者也；举之不以其道，祸且烈焉。默观国内大势，新旧之分，划若鸿沟。骛新者，谓固有文化，不适应时，悉宜划除，师资欧美，其失在茹今不消；向旧者，谓周孔遗训，大义炳然，苟能发扬，驾越欧美，其失在食古不化；执是以举办大学，导扬文

---

① 《委任邹德高、梁柏川、陆宗骐为本大学出版部事务员》，见"国立广东大学全宗"档案，全宗号31，目录号1，案卷号13，藏广东省档案馆。

② 《委谢达夫、邹擎明等为秘书处注册部事务员》，见"国立广东大学全宗"档案，全宗号31，目录号1，案卷号13，藏广东省档案馆。

③ 见"国立广东大学全宗"档案，全宗号31，目录号1，案卷号13，藏广东省档案馆。

④ 《委派沐深为本大学会计处事务员》，见"国立广东大学全宗"档案，全宗号31，目录号1，案卷号13，藏广东省档案馆。

化，两失之矣。夫使欧美文化，悉可采纳，则大学之成，直剑桥牛津之分耳，非中国之大学也；使固有文化，悉可保留，则昔日书院之制，月课诸生，定其殿最，已是白雄，奚创立大学为？尽不能纳新于旧，以成适中之文化者，不能合于现在之国情；不能融合东西，以成世界之文化者，不能尽大学之职责，折衷于创造因袭之中，为可久可大之画，斯可已，本大学用是以为志焉。

本大学之设，地维广东，广东自尉佗归汉而后，始渐渍中原文化，历唐宋元明，文明日进，然历代闻人，寡有其俦，其无高深学术，以贡献于国也明甚；岂民才之不若中州，抑文化之提高乏术。海通以来，与外人接，吸收东西洋文化，贡献于国，凡国之新政制，新学术，新思想，多轫自广东，广东今且为文化之中心焉；广东既为新文化之中心，本大学又为最高学府，则文化之提高，理固宜然，然以人民智识之缺乏，徒事提高，而不谋所以普及之道，则提高仅为造成特殊阶级之具耳，于民众无裨也；故于文理法工农五科外，仍附设中小各校，以谋普及，经营数月，始底于成。兹刊之作，其始创也，兹篇之述，又其凡也，尽非以乐厥成，特以明创办之意云耳。”①

9月上中旬之间　致函法科学长、农科学长、预科主任，确定本校在本月19日开课。②

9月12日　主持召开本校第二次校务会议。③

△改委黄戴荣为本校文理科讲义室事务员。④

△吴敬恒应先生、汪精卫之请，自沪至港，出任调停孙中山、陈炯明和议事。⑤

是日，吴偕汪自港抵达广州，跪谒孙中山，请恕陈既往，许以北伐自新，旋即偕港商莫纪彭由港赴海丰劝陈炯明协讨曹（曹锟）吴（吴佩孚），并言孙中山决议对东江退兵，陈军如能同时入闽北伐，孙即放弃广东，尽率客军北伐。陈炯明表示如孙中山能率各客军北伐，以粤还粤民，他事尽可商量。

---

① 中国国民党中央委员会党史委员会：《邹鲁先生文集》，中国国民党中央委员会党史委员会1984年6月30日出版，第258～259页。

② 中国国民党中央委员会党史委员会：《邹鲁先生文集》，中国国民党中央委员会党史委员会1984年6月30日出版，第373页。

③ 莫耀焜：《本校十年大事记》，见《国立中山大学九周年纪念大会日刊》，1933年11月12日。

④ 《改委黄戴荣为文理科讲义室事务员》，见“国立广东大学全宗”档案，全宗号31，目录号1，案卷号13，藏广东省档案馆。

⑤ 中国社会科学院近代史研究所中华民国史组：《中华民国史资料丛稿大事记》第十辑，中华书局1986年12月第1版，第151～154页。

9月15日 委任梅玉灿为本校秘书处出版部打字员。①

9月16日 向孙中山大元帅呈请在省河盐税项下带收费拨充大学经费文。

呈文指出，自从国立广东大学筹备成立以来，经费支绌，务求节俭。“然职校为国家最高学府，若果太事简陋，则徒冒大学虚名，无以副钧座育才之本意，此校长所以旦夕遑遑而不能徒事司农仰屋空欢。”② 为此，先生提出借鉴韩江治河处及嘉应大学开办筹措经费的经验，即在桥盐税项下带收大学经费，并具体提出省河每盐一包带收四毫为大学经费。

孙中山于是月24日发布大元帅训令第四八五号。令两广盐运使邓泽如，指出先生拟请省河盐税每包带收大洋四角以充该校经费，已核准，仰该运使遵照办理。③

孙中山于是月25日发布大元帅指令第一〇五四号。同意先生提出的在省河盐税项下每盐一包带收大洋四角，拨充国立广东大学经费。④

不久，先生接到孙中山于10月14日发布的大元帅训令第五一三号，指出据两广盐运使邓泽如呈称，此前呈请将省河盐税附加大学经费案，目前办理既多窒碍，自应暂缓实行。⑤

△致函粤军总司令许崇智。请许部宪兵连迁出所借驻的本校农科学院篷厂，该篷厂将作为上课教室使用。⑥

许崇智于次日复函先生，表示将饬令宪兵连尅日迁出借驻的农科学院篷厂，以便整修使用。⑦

△与吴敬恒一起到韶关见孙中山，继续设法补救孙与陈炯明的关系。⑧

吴敬恒在广州对先生说：“关于陈炯明的事情，总要设法补救，总理北

---

① 《委梅玉灿为本校秘书处出版部打字员》，见“国立广东大学全宗”档案，全宗号31，目录号1，案卷号13，藏广东省档案馆。

② 中国国民党中央委员会党史委员会：《邹鲁先生文集》，中国国民党中央委员会党史委员会1984年6月30日出版，第519页。

③ 陈锡祺：《孙中山年谱长篇》，中华书局1991年8月第1版，第2014页。

④ 中国国民党中央委员会党史委员会：《邹鲁先生文集》，中国国民党中央委员会党史委员会1984年6月30日出版，第520页。

⑤ 陈锡祺：《孙中山年谱长篇》，中华书局1991年8月第1版，第2034页。

⑥ 中国国民党中央委员会党史委员会：《邹鲁先生文集》，中国国民党中央委员会党史委员会1984年6月30日出版，第374页。

⑦ 中国国民党中央委员会党史委员会：《邹鲁先生文集》，中国国民党中央委员会党史委员会1984年6月30日出版，第375页。

⑧ 汕尾市人物研究史料编纂委员会：《汕尾市人物研究史料（陈炯明与粤军研究史料）》第二辑，1994年3月印刷，第426页。

伐，才能无后顾之忧。我们最好到韶关去，面请总理恕陈炯明已往之罪。”①先生表示同意，即与吴同去韶关。在韶关车站驻地碰见孙中山，经过二人请求，孙中山“允下令告诫东江陈炯明军，若能东归，当许其自新；否则径率部赴闽，为浙声援，亦许其以功赎罪，特命东江征讨诸军撤惠围，并停各路进攻，以示网开三面。”② 孙中山同意宽恕陈炯明，但需陈写悔过书。次日，吴即赴港拟再往海丰劝陈。林虎的代表极力煽动在港陈军要员，否认此议，并不让调解人莫纪彭见吴。吴知调停有阻，即日离港返沪。③ 陈炯明拒绝写悔过书，最终走向败亡。

9月17日 主持国民党中央执委会一届第五十四次会议。④

出席会议的还有汪精卫、谭平山等人。会议报告事项有四项，讨论事项有十五项，包括先生提出解决工人工资及工人教育问题案，会议决议由提案人先行撤回；先生担任部长的国民党青年部请设广大特别区党部案，会议决议：照准。

9月20日 主持召开本校第三次校务会议。⑤

△致函广州各学校，转告广州体育比赛会拟举办比赛，并拟开会讨论此事。⑥

广州体育比赛会金曾澄、黄仁让致函先生，指出国立广东大学已经复课，正是联合各校举办体育比赛的好时间。先生将该倡议转致各学校，提出召集各校代表举行会议，讨论举行游泳、排球、绒球、田径赛、篮球、足球等比赛。

9月22日 委任王德明为本校秘书处出版部事务员。⑦ 聘范俊良担任附小级任。⑧

9月24日 致函本校各科学长及主任，注意学生缺席情况，并对缺席学

---

① 邹鲁：《回顾录》，岳麓书社2000年9月第1版，第135页。

② 汕尾市人物研究史料编纂委员会：《汕尾市人物研究史料（陈炯明与粤军研究史料）》第一辑，1994年3月印刷，第300页。

③ 中国社会科学院近代史研究所中华民国史组：《中华民国史资料丛稿大事记》第十辑，中华书局1986年12月第1版，第151～154页。

④ 《中央党部五十四次会议案》，见《广州民国日报》，1924年9月18日。

⑤ 莫耀焜：《本校十年大事记》，见《国立中山大学九周年纪念大会日刊》，1933年11月12日。

⑥ 中国国民党中央委员会党史委员会：《邹鲁先生文集》，中国国民党中央委员会党史委员会1984年6月30日出版，第382页。

⑦ 《委王德明为本校秘书处出版部事务员》，见“国立广东大学全宗”档案，全宗号31，目录号1，案卷号13，藏广东省档案馆。

⑧ 见“国立广东大学全宗”档案，全宗号31，目录号1，案卷号16，藏广东省档案馆。

生按照有关办法进行办理。①

9月25日 邀请黄著勋教授演讲《吾国目前地质人材之需要与今后本校之任务》。②

9月26日 出席国民党中央执委会一届第五十五次会议。③

胡汉民、谭平山等二十余人出席会议，会议由胡汉民主持。会议上，胡汉民、汪精卫提出确定中央执委会经费案，会议决议：通过此案，并推定汪精卫、廖仲恺、先生三位委员组织委员会办理此事。

9月27日 主持召开本校第四次校务会议。④

9月30日 呈函广东省省长廖仲恺，请准予总办筵席捐一事收归中上七校经费委员会办理。⑤

广州市政厅曾于7月派员总办筵席捐，以求整顿。经费委员会亦经派员为会办，会同办理。但是事情过了两个月，先生以市政厅办理不善为由，提出此呈。

△致函大本营财政部长廖仲恺，借用财政部购置并闲置的八度印刷机一台，用以印刷教授讲义。⑥

△复函本校法科学院预科学生。

此前，法科学院第十二年、十三年班全体预科学生致函先生，表示在宿舍及讲堂、学费、学科等方面存在学不适用、事未持平的现象，并请求变更。

先生在复函中表示，“所请各节经照提出第四次校务会议，议决照原定规则办理，不能率予变更，希为知照。”⑦

△签署大学布告。

本校开学后，各生住进宿舍，先生即发现木屐声盈耳，终日不绝，既扰秩序，尤碍观瞻，因此签署本布告禁之。布告文“至为佳妙”，写道：

“为布告事：本校为南方最高学府，凡有举动，万流具瞻，自当磨砺洗濯，相与日新，树之风声，垂为民矩。今当开学伊始，敢举一革新至易至要之

---

① 中国国民党中央委员会党史委员会：《邹鲁先生文集》，中国国民党中央委员会党史委员会1984年6月30日出版，第376～377页。

② 陈哲三：《邹鲁研究初集》，华世出版社1980年2月初版，第116页。

③ 《中央党部五十五次会议案》，见《广州民国日报》，1924年9月27日。

④ 莫耀焜：《本校十年大事记》，见《国立中山大学九周年纪念大会日刊》，1933年11月12日。

⑤ 陈哲三：《邹鲁研究初集》，华世出版社1980年2月初版，第104页。

⑥ 中国国民党中央委员会党史委员会：《邹鲁先生文集》，中国国民党中央委员会党史委员会1984年6月30日出版，第385～386页。

⑦ 中国国民党中央委员会党史委员会：《邹鲁先生文集》，中国国民党中央委员会党史委员会1984年6月30日出版，第387～389页。

事，开宗明义，为诸生敬告焉。

本校宿舍向有著屐之风，橐橐之声，常日不绝，至其尤甚，则声震屋瓦，响彻通衢，闾巷传为笑谈，来宾闻而错愕，既扰秩序，尤碍观瞻。校风如此，未见其可。其为学生切肤之痛，又有四焉。上课前后，乃藏修游息之时，屐声震耳，精神为之不宁，一也。

学问奥窔，恒在精思，嘈杂喧阗，何从致力，二也。

朋侪讨论，意兴方浓，为此怪物，败乃公事，三也。

校外交通，常用电话，接谈方始，障碍忽来，断续无期，废时失事，四也。

自余毛病，未可具陈，诸君亲受，当能详悉。

查此风开始，其端甚微，不过三数人著赴浴室，贪图便利。久而久之，仿效渐多，日恒穿此，习为常服，遂使本校屐化酿成。其间非无贤达学子，思矫此风，众寡悬殊，涓埃无補，遂亦颓然与之同化。语有之：'习俗移人，贤者不免。'每诵斯言，为之太息。

本校长对于此事，夙所痛心，博访周咨，得其窾要。须知诸生之著屐，不过为赴浴一时之便利，自此有拖鞋可代，何可用此扰秩序，碍观瞻，妨己妨人，百弊丛生之怪物。况拖鞋其价甚贱，其用亦能耐久。为经济计，亦无丝毫之困难。

今与诸生约，自十月十日起，一律禁止著屐。诸生在此修学，方务其远者大者，如种种利己利人之储备及实行，况此区区易如反掌，尚能从事，焕然一新，本校长有厚望焉。"①

9 月下旬　致函香山县县长林警魂，收到解缴协款。

是月 21 日，林警魂县长致函先生，筹解校款毫银 1000 元，派人送至国立广东大学，连同先前送达的 3000 元，希望广大一并给予正式文复。

先生复函表示已经收到缴纳协款合计 4000 元，"仍请贵县长依照摊派之款，源源报解，以副大元帅兴学育材之至意也。"②

9 月下旬　致函西江财政整理处五邑分处处长李基鸿，付讫新会筵席捐。③

此前，李基鸿致函先生，表示 8 月 11 日至 9 月 10 日一个月新会筵席捐毫银 1111 元 1 角，照数交付国立广东大学特派员余子青收讫。

---

① 陈哲三：《邹鲁研究初集》，华世出版社 1980 年 2 月初版，第 122 ~ 123 页。

② 中国国民党中央委员会党史委员会：《邹鲁先生文集》，中国国民党中央委员会党史委员会 1984 年 6 月 30 日出版，第 384 页。

③ 中国国民党中央委员会党史委员会：《邹鲁先生文集》，中国国民党中央委员会党史委员会 1984 年 6 月 30 日出版，第 384 ~ 385 页。

先生复函表示已经于是月23日如数收到五邑分处缴付的新会筵席捐。

9月 致函九龙关税司。[1]

先生在函中列出广东财政厅第三九一号公函，指出从7月10日准咨以粤省外留学外洋各生及烈士家属学费，由九拱两关收入有带收加二费一项，作为国立广东大学留学生及烈士家属学费专款，应转先生转汇处理。但是8月份九拱两关带征加收二费解往财政厅核收或与成案不符，九龙关税司查照原案以后应迳解国立广东大学核收。

9月 致函广东省省长廖仲恺，为国立广东大学学生李文焕辩诬。[2]

李文焕为本校法科学院民国十二年班学生，暑假期间回到家乡恩平县募捐。在返校途中，被族恶窜同本县第一区区长及警长诬蔑为土匪，拘拿回区，在回区途中将李身上银钱搜掠殆尽，在有识之士辩护证明下被缴款释放。

先生致函请廖仲恺省长饬令恩平县依法严办有关人员，追缴被搜掠款项。

9月 致函广东省省长廖仲恺，申请农产品专卖。

先生在信函中指出，本校农科学院系为前农业专门学校及省地方农林试验场改组扩充而成，历年研究成果颇优，应予以农产品专卖。“兹为提倡学术及公诸社会起见，拟设特制品总分销场，虽属营业而于发扬学术、促进教育，殊不无密切重大之关系。但以一经发售，或虑市侩藉名罔利伪造滋害，为杜绝流弊，及保持敝校名誉信仰计，拟援外国大学发明品特许专卖办法，请准政府特许专卖十年，在敝校固获积极进行，藉励学子，而政府惠而不费，亦未始非国家注重学术提倡发明之一道。”[3] 先生随函开列了特许专卖农产品名单，包括元白油、苏瓜等。

9月 致函广东省省长廖仲恺，请转拨国立广东大学经费。

先生在信函中指出，九拱两海关加二釐税本已议决直接提拨本校，作为里昂中法大学及留日学生学费。但是省财政厅却要求“迳解财政厅核收”，违反原案，“致令里昂中法大学协会代表古恒，强迫粤生离校”[4]，实属财政厅不是。先生恳请省长自九月份起将九拱两海关加二釐税直接提拨本校收领。

---

① 中国国民党中央委员会党史委员会：《邹鲁先生文集》，中国国民党中央委员会党史委员会1984年6月30日出版，第369～370页。

② 中国国民党中央委员会党史委员会：《邹鲁先生文集》，中国国民党中央委员会党史委员会1984年6月30日出版，第375～376页。

③ 中国国民党中央委员会党史委员会：《邹鲁先生文集》，中国国民党中央委员会党史委员会1984年6月30日出版，第377页。

④ 中国国民党中央委员会党史委员会：《邹鲁先生文集》，中国国民党中央委员会党史委员会1984年6月30日出版，第381页。

9月 致函广东省省长廖仲恺，收回广州石牌村岗用地。

函称："敝校农科，内部组织范围颇广，如农业、林业、蚕业各种，在在借属国计民生实业要图，所有教师之研究及学生之实习，非就地实验不可功。惟欲就地实验，则非有广大场所不可，但以原有实习农场极为偏隘，除以增筑宿舍等占去面积外，盈余无几。且近院各处公地已无，若购用民业，地价固昂，公款尤绌，当经函商广州市厅划拨收用石牌村北公私有岗地稻田以作第二农场，嗣准市财政局遵照令将该处已划定之小鸡笼岗等公有岗地及湖沼等计共面积贰千七百一十八亩七厘六毫六丝正，并管业执照一纸，函请接收到校，业经敝校教授黄晃会同财局暨番禺县委员会同点交接收在案。"① 先生随函附送地图一幅及管业执照一纸。

收回广州石牌村岗用地，原因其实不止信函中提到的这么简单，还有为日后建设石牌新校舍之考虑。先生曾在1933年5月5日进行的演讲中提到："讲起我们这新校舍的历史，自然是起于总理，因为民国十二年（1923年，实为1924年），总理命我创办广东大学以后，当时文理工三科因高师校舍之旧，法科因法大校舍之旧，农科依农专校舍之旧。一来觉得散漫；二来觉得校舍皆因陋就简，不甚合用；三来因地址太窄，不能发展；四来因学生宿舍不足，甚难管理；五来因地点在城市，既不适卫生，更难使学生安心读书；所以就命我择地来建新校舍，务以免去以上五点弊病为主。我如是在十三年（1924年）择到石牌的地方，就是现在的新校址。总理觉得非常妥当，就由省政府拨定。当时我就请邓院长植仪先生（当时也是他做农学院院长）来经营；现在的农场场长张农先生当时为学生，就来此经营的一人。此地离省城约四十余里，共有九千五百余亩，其面积大于现在文明路旧校九十五倍强。后枕白云山，前临珠江水，四山环抱，万木青葱，加以丘壑起伏，湖水荡漾，不特形势伟大，即风景亦美丽无伦，真是便宜于作学的地方。"②

9月 致函广府学宫明伦堂各绅士。

是月6日，广东全省士绅何藻翔等84人集会商议，认为国立广东大学因为拓展农科学院，拟借用广府学宫为宿舍及陈列场使用，但因该地办有教忠学校，不便借用，并因此致函先生。

先生在复函中认为，借用该场地实属"良非得已"，"且以学宫崇祀先圣贤哲之府，诸学子得朝夕瞻仰仪型，亦未始非勉励观摩之一道。"另外，借用

---

① 中国国民党中央委员会党史委员会：《邹鲁先生文集》，中国国民党中央委员会党史委员会1984年6月30日出版，第386页。

② 《邹校长双五节日巡视石牌新校舍》，见《国立中山大学日报》，1933年5月10日。

该场地事先已经派人到学宫进行了调查，“系属荒废”，请主持该地的明伦堂在一个月饬令搬迁，给本校农科学院使用。①

9 月 致函广东省教育厅长许崇清，欢迎市村瓒次郎到国立广东大学演讲。

此前，许崇清致函先生，日本东京帝国大学文学部教授市村瓒次郎博士来华搜集中国文献，并计划到国立广东大学演讲，询问先生是否可行。

先生在复函中表示，至为欢迎市村瓒次郎到本校演讲，“惟不以日本对华文化事务局代表宣传之资格招待”②。

9 月 聘请周佛海为本校兼职教授。③

先生给予周佛海的兼职待遇是月薪240块大洋，而本校别的教授月薪仅为220块大洋，属于相当高的，况且当时周主职为国民党中央宣传部秘书，并拿着200块大洋的月薪，先生的举动让周佛海感激不尽。由于周佛海在回国前贫困潦倒，是戴季陶函邀其回国服务，并给予其高薪，所以他在日本尚未完成学业就回国工作了。正因为如此，周认为，是戴季陶和先生帮了他大忙，他对二人当然感激不尽，并从此将二人视为知己，对二人言听计从，并在思想上追随二人。

周佛海从日本回国后不久，就给中共广州区执行委员会写信，要求脱离中国共产党。当时任黄埔军校政治部主任、广州区委执行委员的周恩来曾经多次找周佛海做思想工作，耐心帮助周佛海，但都被周佛海拒绝。1924 年 9 月，他正式退出共产党组织，是中国共产党“一大”13 名代表中第一个退出中国共产党的。从此，他投向国民党，成了蒋介石的心腹和“三民主义理论权威”。抗战爆发后，他又当了汪伪阵营的第三号大汉奸。

最新研究表明，周佛海主动提出脱离中国共产党，与戴季陶和先生的影响有直接关系。

10 月 1 日 委任李家冕为本校秘书处事务员，郭振声为附小建筑工程事务员。④

---

① 中国国民党中央委员会党史委员会：《邹鲁先生文集》，中国国民党中央委员会党史委员会1984 年6 月30 日出版，第378～380 页。

② 中国国民党中央委员会党史委员会：《邹鲁先生文集》，中国国民党中央委员会党史委员会1984 年6 月30 日出版，第383 页。

③ 苗体君、窦春芳：《周佛海退出中国共产党的原因新发现》，见博正学术网（http://www.xueshubook.com/Article/ShowArticle.asp?ArticleID=2679&Page=1），2006 年12 月6 日。

④ 《委李家冕为秘书处事务员，郭振声为附小建筑工程事务员》，见“国立广东大学全宗”档案，全宗号31，目录号1，案卷号13，藏广东省档案馆。

10月2日 致函中国气象学会筹备会。

中国气象学会筹备会此前致函本校农科学院附设观测所，拟将该所列为发起人，成立中国气象学会，并拟于是月10日在青岛召开成立大会。

先生在复函中表示，“筹备发起中国气象学会，事关学术公益，敝校自应如函参加，即请转达，以国立广东大学农科学院附设观测所名义，列入发起，至入会及年费各五元续当照纳。”①

△聘袁同礼为本校图书馆馆长。②

10月3日 向孙中山大元帅呈请将广东省田赋附加费拨为国立广东大学经费，并请通令军民机关不得挪移、截收及抵解。

先生在呈文中指出，“惟是本校每筹各项经费，均为军政暨民政各机关任意挪移截收，名为教育经费，实为军民各费，致使明令指定大学经费私毫不能接受，我西南最高学府因是未能发展，诚非意料所及。长此以往，将何以副大元帅兴学育材之至意也。”③ 基于上述背景，先生提出此呈。

孙中山于本月6日发布大元帅指令第一〇八八号。同意先生提出的呈请，将广东省田赋附加费拨为国立广东大学经费文。④

同日，孙中山发布大元帅训令第五〇二号。训令大本营各部长、省长、各军总司令、司令、军长、经理、财政委员会等，国立广东大学校长呈请将全省本年度田赋百分之三十附加费拨充该校经费，各军民机关不得挪移、截收，亦不得将抵纳费、债票抵解。所请应予照准，仰各即便转饬所属一体遵照。⑤

10月4日 邀请本校生物学系主任费鸿年教授演讲《杜舒里生机哲学及其批评》。⑥

10月7日 致函粤海关税务司，请对从日本进口价值日金2032元的6箱仪器予以免税放行。⑦

---

① 中国国民党中央委员会党史委员会：《邹鲁先生文集》，中国国民党中央委员会党史委员会1984年6月30日出版，第389~390页。

② 《聘袁同礼先生为本大学图书馆馆长》，见“国立广东大学全宗”档案，全宗号31，目录号1，案卷号13，藏广东省档案馆。

③ 中国国民党中央委员会党史委员会：《邹鲁先生文集》，中国国民党中央委员会党史委员会1984年6月30日出版，第520~521页。

④ 中国国民党中央委员会党史委员会：《邹鲁先生文集》，中国国民党中央委员会党史委员会1984年6月30日出版，第521页。

⑤ 陈锡祺：《孙中山年谱长篇》，中华书局1991年8月第1版，第2023页。

⑥ 陈哲三：《邹鲁研究初集》，华世出版社1980年2月初版，第116页。

⑦ 中国国民党中央委员会党史委员会：《邹鲁先生文集》，中国国民党中央委员会党史委员会1984年6月30日出版，第390页。

10月9日 聘请高鸣剑为本校附师教员。①

10月10日 在国庆日举办多项活动。

先生在是日邀请多位嘉宾进行演讲，分别邀请汪精卫演讲《辛亥革命之回顾》，马素演讲《中国人应破除迷信外人之弱点》，梁龙演讲《中国革命与世界民族政治之发达》，杨寿昌演讲《本校最近问题》，黄典元演讲《国家进化之原则与我国临时约法》，陈礼博演讲《国民革命之重要》。先生也在是日发表“沈痛之训辞”②。

10月11日 主持召开本校第五次校务会议。③

△签署大学布告，布告自是日晚上起，本校熄灯时间延长至11时，熄灯后不准再继烛，“于宽予自修之中而寓限制之意，以重卫生，而防危险。”④

10月12日 向孙中山大元帅呈请明定国立广东大学校长薪额及筹备建校时期的交际费标准。⑤

是月14日，孙中山发布大元帅指令第二〇一二号。明定国立广东大学校长月支薪俸为600元，筹备期内准月支交际费300元。⑥

10月17日 致函京师图书馆、国立北京大学图书馆等21家图书馆，请其将本馆书目、规程、周年报告及一切印刷品各检一份寄予本校图书馆，以资借镜。⑦

10月20日 向孙中山大元帅呈请省河筵席捐由中上七校经费委员会直接办理文。

先生在呈文中指出，省河筵席捐指定为中上七校经费，并由中上七校经费委员会直接管理。但广州市政厅提出变更办理程序，招商投承，致使实收数目与应收数目相差太远，切会计过会手续无从查考，“无非由州厅办理不善，致令中上七校职教员新旧之积薪延欠，未能清发，若不筹有妥善之方，终难期收

---

① 《聘请高鸣剑先生为本校附师教员》，见“国立广东大学全宗”档案，全宗号31，目录号1，案卷号16，藏广东省档案馆。

② 陈哲三：《邹鲁研究初集》，华世出版社1980年2月初版，第116页。

③ 莫耀焜：《本校十年大事记》，见《国立中山大学九周年纪念大会日刊》，1933年11月12日。

④ 陈哲三：《邹鲁研究初集》，华世出版社1980年2月初版，第124页。

⑤ 中国国民党中央委员会党史委员会：《邹鲁先生文集》，中国国民党中央委员会党史委员会1984年6月30日出版，第522页。

⑥ 中国国民党中央委员会党史委员会：《邹鲁先生文集》，中国国民党中央委员会党史委员会1984年6月30日出版，第522页。

⑦ 中国国民党中央委员会党史委员会：《邹鲁先生文集》，中国国民党中央委员会党史委员会1984年6月30日出版，第391页。

良好之效。”① 因此，先生提出该捐应继续由中上七校经费委员会直接管理。先生以国立广东大学校长兼中上七校经费委员会主席身份提出此呈。

是月23日，孙中山发布大元帅指令第二〇四〇号。照准先生提出的呈请省河筵席捐由中上七校经费委员会直接办理，并依原案尽先拨七校经费，其余额方照三分之一分拨市教育及其他经费由。②

同日，孙中山训令财政委员会及省长胡汉民，指出先生呈请省河筵席捐改由中上七校经费委员会接办，并依原案尽先拨七校经费，共余额方照三分之一拨市教育及其他经费案，已照准。仰该委员会、省长查照办理。③

先生于11月20日再次提出呈文，请孙中山大元帅维持省河筵席捐。呈文指出，在征收筵席捐过程中，有个别商店称筵席为军人定购，不肯纳捐，并出示各机关免捐字据以抵抗征收。“兹据稽查员缴呈核办前来，忖思凡属宴会，下箸动则万钱，军界长官断无吝比区区之捐款，故违定章，难保非奸商取巧假托吞瞒，惟市内军队如云，其直接间接之亲故何止恒河沙数，若乞得片纸只字便可免捐，固无以示公平，且商店藉一瞒百，流弊更不胜问，长此以往，势必收入愈微，教育将无从挹注。鲁为维持学款起见，合无仰恳大元帅俯准通令军政各机关嗣后如有宴会，须一律附加教育经费，不得给用免捐字据，致各商店藉以瞒吞，并令行广东省长布告各酒楼菜馆等遵照，对于此项捐款务饬负责抽收，所有各界免捐字据概作无效，否则作包庇抗论，从严处罚，以维教育而杜取巧。”④

孙中山于11月26日发布大元帅指令第二一四二号。照准先生提出的呈请通令军政各机关一律维持筵席捐附加教育经费，不得发用免捐字据。⑤

同日，孙中山发布大元帅训令第五九三号。令建国军滇军总司令杨希闵等军政长官，已照准先生提出的呈请通令军政各机关一律维持筵席捐附加教育经费，不得发用免捐字据，合行令仰该总司令、省长、部长、军长、司令、局长、委员会一体遵照。⑥

---

① 中国国民党中央委员会党史委员会：《邹鲁先生文集》，中国国民党中央委员会党史委员会1984年6月30日出版，第523页。

② 中国国民党中央委员会党史委员会：《邹鲁先生文集》，中国国民党中央委员会党史委员会1984年6月30日出版，第524页。

③ 陈锡祺：《孙中山年谱长篇》，中华书局1991年8月第1版，第2041页。

④ 中国国民党中央委员会党史委员会：《邹鲁先生文集》，中国国民党中央委员会党史委员会1984年6月30日出版，第524~525页。

⑤ 中国国民党中央委员会党史委员会：《邹鲁先生文集》，中国国民党中央委员会党史委员会1984年6月30日出版，第525页。

⑥ 易汉文：《孙中山与中山大学》，中山大学出版社1999年10月第1版，第59~60页。

10 月中旬 行文本校华侨管理班、附小主任、童子军办事处、军乐队及平民义学办事处，对于此前布告学生“一律不许穿著木屐”，要切实通告所属各生。①

10 月 21 日 致函国民党中央青年部，通知欢送大元帅北上。函称：“欢送大元帅北上，同时通知一中邹校长（广东省立第一中学邹卓然校长），工业萧校长（广东省立甲种工业学校萧冠英校长）。”②

△致函广东省省长胡汉民，请求关注国立广东大学购置仪器免税放行事宜。③

先生在信函中指出，本校从日本山越工作所购运物理仪器四箱，价银六百余元，担心可能被海关税务司扣留，请省长迅令海关监督，向海关税务司咨询，并予以免税放行。

△致函育才公司，催缴筵席捐。④

育才公司承办顺德全属筵席捐，但承办以来，应缴按饷已经过期，但捐款尚未缴纳，先生去函催缴，请其尅日会同监办将应缴按饷迳解本校。

△致函本校法科预科十三年班全体学生，解释关于宿舍、新生分班以及征改医药、图书、体育各费问题。⑤

10 月 22 日 召集本校预科生在大礼堂训话。⑥

10 月 23 日 出席国民党中央执委会一届第五十七次中执委、中监委联席会议。

先生在会议上提出“《向导》周报第八十五期议论国民党，涉于攻击污蔑，应如何对付案”。⑦ 该案经讨论后，决议：“致函《向导》周报，加以警告。”⑧

《向导》周报为中共中央机关刊物，创刊于 1922 年 9 月。

---

① 陈哲三：《邹鲁研究初集》，华世出版社 1980 年 2 月初版，第 123 页。

② 中国国民党中央委员会党史委员会：《邹鲁先生文集》，中国国民党中央委员会党史委员会 1984 年 6 月 30 日出版，第 295 页。

③ 中国国民党中央委员会党史委员会：《邹鲁先生文集》，中国国民党中央委员会党史委员会 1984 年 6 月 30 日出版，第 393 ~ 394 页。

④ 中国国民党中央委员会党史委员会：《邹鲁先生文集》，中国国民党中央委员会党史委员会 1984 年 6 月 30 日出版，第 394 ~ 395 页。

⑤ 中国国民党中央委员会党史委员会：《邹鲁先生文集》，中国国民党中央委员会党史委员会 1984 年 6 月 30 日出版，第 395 页。

⑥ 莫耀焜：《本校十年大事记》，见《国立中山大学九周年纪念大会日刊》，1933 年 11 月 12 日。

⑦ 陈哲三：《邹鲁研究初集》，华世出版社 1980 年 2 月初版，第 215 页。

⑧ 许继峰：《邹鲁与中国革命（西元一八八五 ~ 一九二五）》，正中书局 1981 年 1 月台初版，第 163 页。

△致函广东省省长胡汉民，请查照本校经费支配运用情况。①

先生在信函中指出，九拱两海关加二釐税自9月份起直接提拨本校核收，9月份实收费为5638.6元，分别支配用于汇寄留学日本、法国学生的学费及津贴费等，请胡省长及财政厅查照。

△致函九龙关税务司，请核收九月份加二厘费。②

10月24日 致函广东省省长胡汉民，请查正本校拟收用地面积。

此前，胡汉民曾致函先生，指出国立广东大学拟请收用东山火柴公司后民有荒地，测量面积与番禺县委员勘测不符，请求查复。

先生在复函中指出，之所以出现测量数据上差异，是因为当时碍于情形，没有勘测，以约算统计所致。数据以番禺县委员所勘测的华亩3亩2分7厘为准。③

△致函本校附师、附中、附小主任，抄发书目。④

先生在信函中表示，此前接到广东省教育厅函件，推荐江苏上海世界书局编写的中小学校教科书及儿童文艺读物，本校附师、附中、附小可酌量采用。函附教科用书及儿童用书名录。

△致函教育部总务厅，请寄送省县志及书籍目录。

先生在信函中指出："本大学成立伊始，关于图书馆应备之书籍，亟应从事搜集，藉资查考。伏审贵部储存各省省志及府县志颇多，用特函达尊处，务希饬知所管将贵部所有省志及府县志各检一部邮寄本大学为荷。"⑤ 对于教育部发售的书籍目录，先生也同函索取。

10月25日 复函广东省财政厅厅长廖仲恺，认为郁南县对于田赋附加费的解决办法可行。

此前，广东省财政厅转来郁南县县长刘觉非的呈函，称该县小学教育经费紧绌，但仍需按照财政厅要求缴纳大学教育经费，"绅民不欲乐输"。刘提出新建议，即丁米附加三成，地方小学和国立大学各半均收，解半留半，这样做

---

① 中国国民党中央委员会党史委员会：《邹鲁先生文集》，中国国民党中央委员会党史委员会1984年6月30日出版，第395～396页。

② 中国国民党中央委员会党史委员会：《邹鲁先生文集》，中国国民党中央委员会党史委员会1984年6月30日出版，第396页。

③ 中国国民党中央委员会党史委员会：《邹鲁先生文集》，中国国民党中央委员会党史委员会1984年6月30日出版，第397页。

④ 中国国民党中央委员会党史委员会：《邹鲁先生文集》，中国国民党中央委员会党史委员会1984年6月30日出版，第397～398页。

⑤ 中国国民党中央委员会党史委员会：《邹鲁先生文集》，中国国民党中央委员会党史委员会1984年6月30日出版，第399页。

庶使绅民服帖，较易征收，而裨实用。

先生复函称该办法自属可行，请省财政厅令行郁南县县长刘党非遵照执行。征求款中属于大学的部分，应该“按月专案迳解本大学核收”[①]。

△向国民党中央提议成立中国国民党广东大学特别区党部，并直属国民党中央领导。[②]

△主持召开本校第六次校务会议。[③]

△邀请廖仲恺莅临本校演讲《最近帝国主义与古代帝国主义之别》。[④]

10 月 27 日 致函陈耀祖，准辞本校秘书长。

陈耀祖是日致函先生，自本校成立以来，秘书处各部组织关系已经理顺，而其所任职的中学需要整理改善，一身难兼二职，请求辞去本校秘书长职务。先生即日复函，表示陈屡次请辞秘书长，“未便过事坚留”[⑤]，允许其辞职。

△聘李晓生为本校秘书长。[⑥]

10 月 28 日 聘请吴康代理本校图书馆馆长。馆长袁同礼回籍葬亲未返。[⑦]

10 月 29 日 上函国民党中央执行委员会，告之举办演讲会。[⑧]

国民党中央执行委员会致函先生，表示中央执行委员会一届第五十六次会议议决在广东大学内设立演讲会公开演讲，即由国立广东大学举办，并请先生查办。

先生复函表示，查本校演讲会早经举办，请中央执行委员会查照。

△出席国民党国立广东大学法科学院区分部成立大会，并发表训词。大会结束前，先生与参会人员合影留念。[⑨]

△致函鹤山县崔县长，说明丁米附加税征收为大学经费如何办理案。

---

① 中国国民党中央委员会党史委员会：《邹鲁先生文集》，中国国民党中央委员会党史委员会 1984 年 6 月 30 日出版，第 400 页。

② 吴定宇：《中山大学校史 1924～2004》，中山大学出版社 2006 年 5 月第 1 版，第 128 页。

③ 莫耀焜：《本校十年大事记》，见《国立中山大学九周年纪念大会日刊》，1933 年 11 月 12 日。

④ 陈哲三：《邹鲁研究初集》，华世出版社 1980 年 2 月初版，第 116 页。

⑤ 中国国民党中央委员会党史委员会：《邹鲁先生文集》，中国国民党中央委员会党史委员会 1984 年 6 月 30 日出版，第 401 页。

⑥ 《聘李晓生为本大学秘书长》，见“国立广东大学全宗”档案，全宗号 31，目录号 1，案卷号 13，藏广东省档案馆。

⑦ 《请吴康先生代理图书馆馆长》，见“国立广东大学全宗”档案，全宗号 31，目录号 1，案卷号 13，藏广东省档案馆。

⑧ 中国国民党中央委员会党史委员会：《邹鲁先生文集》，中国国民党中央委员会党史委员会 1984 年 6 月 30 日出版，第 402 页。

⑨ 《法科学院成立区分部》，见《广州民国日报》，1924 年 10 月 30 日。

鹤山县接到省财政厅田赋附加费指拨为国立广东大学经费的通知后，复函省财政厅，称该县于1919年丁米已附加二钱，今再附加一钱，作为大学经费，当于10月1日起收。

先生得到财政厅函知后，特于是日致函鹤山县崔县长，请其“如果征有成数，按月专案直接迳解本大学核收。”①

△发布通知，告之本校将组织体育会，定于本月30日下午3时在钟楼开会，邀请有关人员参会。②

10月31日 致函诚兴公司，请解缴屠羊捐。

先生在函件中表示，屠羊捐每月500元，已经过财政委员会议决，指拨为留学生及林复上烈士家属学费，并迳解本校核收。该税收由诚兴公司承办，但是该公司3个月来“未据解缴分文，殊属玩延。”③ 先生要求该公司将应缴的8月、9月、10月合计3个月的税收1500元，尽快如数缴清。

10月 致函高剑父，同意朱述堂烈士之子来本校就读。

是月6日，高剑父、李熙斌、胡少翰、谢英伯等人致函先生，指出先烈朱述堂早年加入同盟会，为革命慷慨捐躯，其子流离失学，希望先生能允许其到国立广东大学就读。

先生复函，对烈士之子流离失所，“抚今追昔，良用慨然。”并表示同意接收朱烈士之子，“请即促该生来校编入相当之学级授课可也”。④

10月 致函各教授，指出市内已经平静，本校学生均已齐集在校，请他们如常上课。⑤

11月1日 主持召开本校第七次校务会议。⑥

11月2日 致电冯玉祥、胡景翼、孙岳，请将曹锟交法庭按律严办。

电云：“曹锟、吴佩孚以武力制造非法国会，以金钱贿选非法总统，实构成刑法上之内乱罪犯。复凭其武力，肆毒全国。幸人心不死，各处义师一致声

---

① 中国国民党中央委员会党史委员会：《邹鲁先生文集》，中国国民党中央委员会党史委员会1984年6月30日出版，第403页。

② 中国国民党中央委员会党史委员会：《邹鲁先生文集》，中国国民党中央委员会党史委员会1984年6月30日出版，第402页。

③ 中国国民党中央委员会党史委员会：《邹鲁先生文集》，中国国民党中央委员会党史委员会1984年6月30日出版，第403～404页。

④ 中国国民党中央委员会党史委员会：《邹鲁先生文集》，中国国民党中央委员会党史委员会1984年6月30日出版，第392页。

⑤ 中国国民党中央委员会党史委员会：《邹鲁先生文集》，中国国民党中央委员会党史委员会1984年6月30日出版，第393页。

⑥ 莫耀焜：《本校十年大事记》，见《国立中山大学九周年纪念大会日刊》，1933年11月12日。

讨。尤仗公等回师燕京，直捣巢穴，将伪政府扫除，应请将曹锟即交法庭按律严办，以为恃武力金钱乱国纪者鉴。若仍许其安居三海，则万众倒戈，究何所为，甚至中外不察，疑为别有用心，将亦无以自解。公等明达，必能依法不阿也。”①

冯玉祥时为中华民国国民军总司令兼第一军军长，胡景翼为副司令兼第二军军长，孙岳为副司令兼第三军军长。

11 月 3 日 陪同孙中山视察黄埔军校。②

是日，孙中山第四次视察黄埔军校，并检阅军校学生。先生率领国立广东大学学生四百八十余人前往参观检阅。先生还与廖仲恺、蒋介石等人陪同孙中山检阅军校学生，并聆听了孙中山以《革命成功个人不能有自由团体要有自由》为题的告别演讲。

此前，本校外省学生五十二人，想看看孙中山的风采，聆听孙中山的教诲，特上书先生，由先生邀请孙中山到校演讲，“邹以孙氏入京期迫，要务待理，来校演讲，殊无暇晷，因乘黄埔阅操之便，亲率员生前往。布告一出，应者五百有奇，但限于文理二科，法农两院不与也。”③

11 月 4 日 聘请吴汉华为本校附师手工教员。④

11 月 5 日 聘请梁秉钧为本校会计部秘书、谭克敏为秘书处出版部秘书。⑤

11 月 6 日 致函教育厅厅长许崇清，请令筹备孙中山北上欢迎会。

函称：“曹（曹锟）吴（吴佩孚）败亡，北方政局又变。我总理孙先生拟日间北上，奠定国是，此举关系于党国之隆替匪轻。故我同志，对此亟须有所表示，以唤起社会之注意。佥议于日内举办欢送会，共祝我总理此行成功。特此函达台端，请即通告本市我党治下之学校，从速筹备为盼。至于时间地点，俟约定后，再由本部函知转达。”⑥

11 月 7 日 国民党中央执委会联合工农军学各界数千人，在广州第一公园举行庆祝苏联十月社会主义革命成功七周年纪念大会。孙中山及先生等党政

---

① 《邹鲁致冯玉祥电等》，见《广州民国日报》，1924 年 11 月 4 日。

② 余齐昭：《孙中山文史图片考释》，广东省地图出版社 1999 年月第 1 版，第 274 页。

③ 《粤孙临别赠言》，见《申报》，1924 年 11 月 10 日。

④ 《聘请吴汉华先生为附师手工教员》，见“国立广东大学全宗”档案，全宗号 31，目录号 1，案卷号 16，藏广东省档案馆。

⑤ 《聘梁秉钧为本校会计部秘书、谭克敏为本校秘书处出版部秘书》，见“国立广东大学全宗”档案，全宗号 31，目录号 1，案卷号 13，藏广东省档案馆。

⑥ 《各校举办帅座北上欢送会》，见《广州民国日报》，1924 年 11 月 7 日。

领导人出席会议。①

△聘请虞郎山兼任本校铜乐队管理员。②

11 月 8 日　致函广东省省长胡汉民，请准许进口电器机件。③

先生在函件中指出，本校于 10 月 21 日由交通丸载来电器机件四箱，内有无线电机一架，为本校理科学院试验电学所用，请胡省长给予护照，并行知海关税务司查照放行。

△主持召开本校第八次校务会议。④

△邓植仪致函先生，农科学院林学系四年级全班学生请求前往江西庐山实习，实习旅费等项经该院教授会议议决有案，是否施行，请先生明示。⑤

△聘请邓植仪兼任本校校园主任。⑥

11 月 10 日　致函陈耀祖，请其出任庚子赔款国立广东大学代表。⑦

本校秘书长陈耀祖辞职北上，先生特致此函。在函件中指出，本校关于庚子赔款事宜，前请易培基为全权代表。现逢陈赴京之便，请陈为代表，并与易培基磋商办理庚款事宜。

△在本校出版部主任罗宗孟因事请假一个月期间，所遗职务聘谭克敏代理。⑧

△聘请陈瑞麟为图书馆书记。⑨

11 月 11 日　主持国立广东大学补行成立典礼大会。⑩

上午，国立广东大学成立典礼在大礼堂（大学各科）、至公堂（中学）、雨操场（师范）、中华路（小学）等四地举行。上午 9 时半，教职员五百余

---

① 陈锡祺：《孙中山年谱长编》，中华书局 1991 年 8 月第 1 版，第 2053 ~ 2054 页。

② 《聘虞郎山为铜乐队管理员》，见“国立广东大学全宗”档案，全宗号 31，目录号 1，案卷号 13，藏广东省档案馆。

③ 中国国民党中央委员会党史委员会：《邹鲁先生文集》，中国国民党中央委员会党史委员会 1984 年 6 月 30 日出版，第 404 页。

④ 莫耀焜：《本校十年大事记》，见《国立中山大学九周年纪念大会日刊》，1933 年 11 月 12 日。

⑤ 《函校四年级学生请求往庐山实习，其旅费经教授会议议决，请核明示知》，见“国立广东大学全宗”档案，全宗号 31，目录号 1，案卷号 8，藏广东省档案馆。

⑥ 《请邓教授为本校校园主任》，见“国立广东大学全宗”档案，全宗号 31，目录号 1，案卷号 13，藏广东省档案馆。

⑦ 中国国民党中央委员会党史委员会：《邹鲁先生文集》，中国国民党中央委员会党史委员会 1984 年 6 月 30 日出版，第 404 页。

⑧ 《聘袁同礼先生为本大学图书馆馆长》，见“国立广东大学全宗”档案，全宗号 31，目录号 1，案卷号 13，藏广东省档案馆。

⑨ 《请陈瑞麟为图书馆书记》，见“国立广东大学全宗”档案，全宗号 31，目录号 1，案卷号 13，藏广东省档案馆。

⑩ 《广大举行成立典礼记》，见《广州国民日报》，1924 年 11 月 12 日。

人，大学各科学生二千余人齐集大操场，举行升旗礼后，即鱼贯进入大礼堂。10时，成立典礼开始，首先由先生报告国立广东大学筹备经过和开会的理由。接着请孙中山大元帅代表、广东省省长胡汉民致训词，孙中山因忙于北上准备事宜，不能到会，除特派胡汉民代致辞祝贺外，还亲书训词："博学、审问、慎思、明辨、笃行"①，该训词后成为中山大学校训。其后，汪精卫、廖仲恺、许崇清、刘震寰等人发表演说。苏联顾问鲍罗廷、日本驻广州总领事天羽英二、德国代表白仁德以及党、政、军及工商、外交各界要员出席。11时，参加典礼的来宾合影留念后散会。当晚，在校内举行了唱歌、跳舞、诵诗、白话剧等表演活动。

△撰写《国立广东大学成立特刊弁言》。

先生在弁言中认为，"本大学艰难创立，适于是时，用观阙成，内审学术之空虚，外览潮流之趋势，自度其今后任务之重大为何如者？则审其鹄的，尽有二事：

（一）研究及介绍高深之学术文化：西方学术偏于精究自然，东方学术长于研讨人事，此稍涉于问学之途者所知也；大学为最高学府，宜萃群英于此，知二者之不可偏废，则思如何为之比较研究，融会菁英，穿贯群义，媒介二者而通其问，俾游于此者得欢如，彼知其一者，复明其二，均获其有羡，而各济其不及，以树异日世界文化之先声，此本大学之所有事者一。

（二）养成有适应改造中国主义之人材：中国向来求学，其主旨大都扬名显亲，光前裕后，养成个人及家族主义之人材而已；其间虽不少如愿亭林天下兴亡，匹夫有责之倡导，究彼众我寡，莫挽狂澜。处今日列强帝国主义压迫之中国，国内军伐官僚，复为虎作伥，人民生机殆尽，非人材固不足以支危局；而人材无主义，非特无补，适以增祸。近年来，卖国济私，使列强帝国主义之压迫，日益长进，国内人民，日益痛苦，何莫非所谓东西毕业有学位之人士！本校已为国中之最高学府，即负国家社会改造之最大责任，即应养有适应改造国家社会主义之人材，此本大学之所有事者二。"②

11月12日 晚上，参加本校举行的欢送孙中山大元帅北上提灯大会。③

---

① 陈锡祺：《孙中山年谱长篇》，中华书局1991年8月第1版，第2058页。

② 中国国民党中央委员会党史委员会：《邹鲁先生文集》，中国国民党中央委员会党史委员会1984年6月30日出版，第260～261页。

③ 莫耀焜：《本校十年大事记》，见《国立中山大学九周年纪念大会日刊》，1933年11月12日。

11 月 13 日 送孙中山到黄埔。①

是日，孙中山从广州启程北上，解决国是。前往护送的除先生外，还有胡汉民、谭延闿、刘震寰、许崇智、杨希闵等国民党要员。晚上 6 时，孙中山乘船离开黄埔，前往香港。

11 月 14 日 到香港欢送孙中山北上。②

是日上午，孙中山及夫人在香港登上“春洋丸”邮轮北上。先生及杨希闵等人专程从广州赶到香港欢送，并与孙中山合影留念。

△收回省河筵席捐，直接办理。③

11 月 15 日 主持召开本校第九次校务会议。④

11 月 17 日 聘凌奇峰为本校秘书处文书部书记。⑤

11 月 18 日 复函蓉甫，请移种树苗。

蓉甫在此前致函先生，请拨栅槐两种树苗供种植。先生复函指出，因为农场所存树苗不多，可以移种者，计有榲树及秋枫各一百株可以移植，请照收。先生专门在复函中说明：“惟有须附及者，迩届隆冬，天气亢旱，据林务技师报告，似不宜移植，若待明春正二月之交，尤较妙善等语，如何，并冀裁之。”⑥

11 月 19 日 致函广东省省长胡汉民，告产品更改名称。⑦

先生在函件中指出，根据本校农科学院农艺化学系主任利寅教授报告，农科学院注册的各种制品与市场上已经销售的产品名称相似，为了避免混乱及被影射，请求更改名称。随函附更正农产品名单二张。

△致函朱培德军长，请将省河筵席捐款全数拨交国立广东大学。

是月 18 日，朱培德手书先生，提出将省河筵席捐款中部分款项转作军饷。

先生复函表达不同意见，指出：“诚以筵席捐定案，只系拨作教育经费，目前教育经费万分支绌，非比几难维持，以朱军长在粤甚久，社会共推儒将，

---

① 蒋永敬：《胡汉民先生年谱》，中国国民党中央委员会党史委员会 1978 年 11 月出版，第 314 页。

② 陈锡祺：《孙中山年谱长篇》，中华书局 1991 年 8 月第 1 版，第 2063 页。

③ 《邹鲁收回筵席捐直接办理》，见《广州国民日报》，1924 年 11 月 22 日。

④ 莫耀焜：《本校十年大事记》，见《国立中山大学九周年纪念大会日刊》，1933 年 11 月 12 日。

⑤ 《聘凌奇峰为书记》，见“国立广东大学全宗”档案，全宗号 31，目录号 1，案卷号 13，藏广东省档案馆。

⑥ 中国国民党中央委员会党史委员会：《邹鲁先生文集》，中国国民党中央委员会党史委员会 1984 年 6 月 30 日出版，第 405 页。

⑦ 中国国民党中央委员会党史委员会：《邹鲁先生文集》，中国国民党中央委员会党史委员会 1984 年 6 月 30 日出版，第 405 ~ 406 页。

必能体念学款重要，予以维持，倘有溢出二十二万元之数，自当尽先据付朱军长。至朱军长军饷紧急，则本会收回筵席捐，既经大元帅批准，分行财政委员会知照，财政委员会自当设法筹措，俾无缺乏等语。素仰我兄热心教育，当能原谅苦衷，准函前由，用特奉复，即希查照为荷。”①

11 月 20 日 致函廖仲恺，商借铜字模。

先生经过了解，法校以前有四号铜字模全副，几经周转，现保存在廖仲恺家中。函称：“现因本校讲义堆积，一时不能印发，拟欲扩充印字模，又因校款困难，无力购置，敢恳兄与伯铁兄商酌，可否将此项铜字模借交本校应用，端此奉商。”②

△签署大学布告。

国立广东大学宿舍常有人在晚上燃放串炮，“邹鲁以其扰乱治安，有妨安宁，且‘节届隆冬，物燥风高，万一祝融肆虐，为患奚堪。’故除派员严查外，又于十一月廿日布告，‘仰宿舍各学生及执事人等，此后对于宿舍务宜加意整肃治理，养成良好习惯，蔚为校内外仪型。此因诸生与各执事之隆誉，亦为吾校之光荣也。倘有不知自爱，仍前偷放炮竹及作各种扰乱公安之行为者，一经查出，定行按照情节，分别斥革惩办不贷。’”③

11 月 21 日 致函中央气象台气象科，将本校观测所测量所得的 10 月份雨计报单送上。④

11 月 22 日 主持召开本校第十次校务会议。⑤

11 月 25 日 致函广东省省长胡汉民，告东院巡官厅屋地被拆毁。

文明路国立广东大学校址旧东院巡官厅屋地系本校所有，曾借给广州市卫生局使用，客岁 8 月间已经奉省长公署令卫生局搬迁交还。近日竟有前鑑街顺昌建筑店将巡官厅屋地拆毁，在派人制止后，该店加速拆毁建筑。先生致函省长公署，“希请将该屋地尅日交还，并追赔其拆毁各材料损失，尤希彻究何人主使，严办以重法令，而儆效尤。”⑥

---

① 中国国民党中央委员会党史委员会：《邹鲁先生文集》，中国国民党中央委员会党史委员会 1984 年 6 月 30 日出版，第 406 页。

② 中国国民党中央委员会党史委员会：《邹鲁先生文集》，中国国民党中央委员会党史委员会 1984 年 6 月 30 日出版，第 407 页。

③ 陈哲三：《邹鲁研究初集》，华世出版社 1980 年 2 月初版，第 123 页。

④ 中国国民党中央委员会党史委员会：《邹鲁先生文集》，中国国民党中央委员会党史委员会 1984 年 6 月 30 日出版，第 407 页。

⑤ 莫耀焜：《本校十年大事记》，见《国立中山大学九周年纪念大会日刊》，1933 年 11 月 12 日。

⑥ 中国国民党中央委员会党史委员会：《邹鲁先生文集》，中国国民党中央委员会党史委员会 1984 年 6 月 30 日出版，第 408 页。

△致函粤汉铁路公司，拟收回试验场让地。[①]

本校农科学院因院地不够用，拟向该公司领回前试验场让地。先生致函指出，将派农科学院邓植仪院长与该公司接触面商此事，请予以接洽为盼。

11 月 27 日　致函顾孟余，请转告袁同礼返校理事。

顾孟余时在北京大学任职，此前曾致函先生。先生复函表示，袁同礼北归葬亲，理所当然，所遗图书馆职务，袁已委托吴康暂时代管。“如事毕，仍请先生转达袁先生返校襄助，事关教育，无分南北，彼此同情，不尽所云。”[②]

△致函杨果庵（杨寿昌），准予其告假。[③]

杨寿昌为本校文科学长及中文系主任，此前致函先生，告假回乡省亲。先生复函同意。同日，先生一并致函吴康，请其代理杨寿昌的文科学长及中文系主任职务。

△签署大学布告，因黄姓同学于 11 月 22 日在运动会中擅打职员，经取消其各种运动成绩，并记大过一次。[④]

11 月 29 日　主持召开国立广东大学第十一次校务会议。[⑤]

△致函许崇清，同意市村瓒次郎到国立广东大学演讲。[⑥]

广东省教育厅厅长许崇清在此前致函先生，指出东京帝国大学文学部教授市村瓒次郎博士来广东演讲，拟借本校大礼堂为演讲之地。先生复函同意。同时指出，由于本校听讲者已经有八百余人，请教育厅将演讲日期早日通知，以便及早公布为荷。

△致函邓植仪，准其两次函请事宜。[⑦]

此前，本校院长邓植仪教授分别于是月 8 日和 21 日两次致函先生，汇报了第八次农科学院教授会议议决林学系四年级全班学生前往庐山实习所涉费用

---

① 中国国民党中央委员会党史委员会：《邹鲁先生文集》，中国国民党中央委员会党史委员会 1984 年 6 月 30 日出版，第 408 页。

② 中国国民党中央委员会党史委员会：《邹鲁先生文集》，中国国民党中央委员会党史委员会 1984 年 6 月 30 日出版，第 409 页。

③ 中国国民党中央委员会党史委员会：《邹鲁先生文集》，中国国民党中央委员会党史委员会 1984 年 6 月 30 日出版，第 409 ~ 410 页。

④ 陈哲三：《邹鲁研究初集》，华世出版社 1980 年 2 月初版，第 124 页。

⑤ 莫耀焜：《本校十年大事记》，见《国立中山大学九周年纪念大会日刊》，1933 年 11 月 12 日。

⑥ 中国国民党中央委员会党史委员会：《邹鲁先生文集》，中国国民党中央委员会党史委员会 1984 年 6 月 30 日出版，第 410 页。

⑦ 中国国民党中央委员会党史委员会：《邹鲁先生文集》，中国国民党中央委员会党史委员会 1984 年 6 月 30 日出版，第 410 ~ 412 页。

及安排指导教授案，第九次教授会议议决临时购买实习各物，每日该院会计处至少结存款100元以备应用案。

先生复函表示，两次会议议决各事均可行，应准照办。①

12月1日 函复胡汉民，已落实选优质稻种寄送新疆事宜。②

上月26日，广东省省长胡汉民致函先生，表示新疆省省长公署转来新疆省实业厅厅长阎毓善的呈函，请求征集各地农产特别种子，在新疆进行试验，择优普及，希望广东省予以支持。胡汉民请先生查照选送特别种子邮寄新疆。

先生复函，表示已经饬令农科学院，拣选特产种子，照表填注说明，直接寄送新疆实业所查收交换。

12月2日 主持本校纪律委员会会议。③

出席会议的还有杨宙康、周佛海、高君栋、梁龙、黄枯桐、黄希声、利寅、陈宗南、李剑杰、邓植仪等人。先生报告，大学预科二年级学生近日对于吕子方发表各种反动言论，如何办理？会议经过要论，决议：（一）全班记大过一次；（二）全班率代表向吕先生表明悔过；（三）全班学生给学校出具悔过书；（四）为首的两名学生，情节较重，请校长核夺处置。

△致函新疆省实业所，寄送特产种子一包。④

先生在函件中表示，将按照广东省长公署公函，饬令本校农科学院拣选稻种五种、落花生一种寄送，请予查收。特产种子分别为小姑私谷、银粘谷、竹粘谷、大糯谷、黑米谷及珠豆落花生、大昆落花生。并请该所拣选新疆农林特产种子惠寄广大试验，藉收交换之益。

△复函本校出版部英文校对梁本立，照准辞职。⑤

△签署大学训令，本校会计处事务员王宗民另候委用。⑥

---

① 《教授联席会议记录》，见“国立广东大学全宗”档案，全宗号31，目录号1，案卷号8，藏广东省档案馆。

② 中国国民党中央委员会党史委员会：《邹鲁先生文集》，中国国民党中央委员会党史委员会1984年6月30日出版，第412～414页。

③ 《纪律委员会汇会员名》，见“国立广东大学全宗”档案，全宗号31，目录号1，案卷号9，藏广东省档案馆。

④ 中国国民党中央委员会党史委员会：《邹鲁先生文集》，中国国民党中央委员会党史委员会1984年6月30日出版，第414～415页。

⑤ 《函复英文校对梁本立应予辞职由》，见“国立广东大学全宗”档案，全宗号31，目录号1，案卷号13，藏广东省档案馆。

⑥ 《本校会计处事务员王宗民另候委用》，见“国立广东大学全宗”档案，全宗号31，目录号1，案卷号13，藏广东省档案馆。

△委任赵石桐为本校会计处事务员。[①]

12月3日 致函广东省省长胡汉民，请筹给考察旅费。[②]

先生在信函中表示，是月初接到本校农科学院林学系四年级学生韩芝垣等27人呈函，称不能闭门造车，需要进行考察旅行。先生函送省长公署，列举该班各生姓名、籍贯，请省长公署饬令省内各县及咨行外省饬令所属各县，依照成例为本县学生筹给银大洋100元或200元，于明年2月1日前直接汇来本校，以资助学生进行考察旅行。

是月10日，胡汉民复函表示“准此”。

12月4日 致函黄晃，请会同广州市财政局人员勘测本校第二农场。[③]

是月2日，广州财政局局长王棠给国立广东大学发来咨文，指出按照广东省省长公署指令、广州市市政厅呈件，划拨国立广东大学的小鸡笼、旋螺等九岗，除去其中丛葬地、石牌村北岗附近私产地应予保留外，其余确属官荒公产，属于划拨范围，照案拨归大学管理，请国立广东大学派员参加勘察。

先生致函本校农场主人黄晃，请其参加勘察活动。

12月4日至6日 连续三日邀请日本市村瓒次郎博士到校演讲《论环境与文化之关系并及儒教之体系》。[④]

12月6日 致函本校法科学院院长梁龙，请查照学生捐款。

是月1日，法科庶务股致函学校会计处、秘书长、庶务部，指出自从将该院宿舍撤销后，各生感觉十分不便。奉梁龙院长面嘱，拟将原宿舍重新修葺，以给向来勤学、成绩优著的学生住宿。经过估价后，工程费超过500元，是否有修葺之必要，或者如何办理，请明示。

先生在致梁龙的函中指出，修葺宿舍，“尚属可行”[⑤]，但是需要将学生所募捐款项如数缴交学校，以便修葺宿舍之需。

同日，先生致函法科学院学生筹款委员会，提出上述观点，希望委员会查照办理。

---

① 《委任赵石桐为本校会计处事务员》，见“国立广东大学全宗”档案，全宗号31，目录号1，案卷号13，藏广东省档案馆。

② 中国国民党中央委员会党史委员会：《邹鲁先生文集》，中国国民党中央委员会党史委员会1984年6月30日出版，第417页。

③ 中国国民党中央委员会党史委员会：《邹鲁先生文集》，中国国民党中央委员会党史委员会1984年6月30日出版，第419~420页。

④ 陈哲三：《邹鲁研究初集》，华世出版社1980年2月初版，第116页。

⑤ 中国国民党中央委员会党史委员会：《邹鲁先生文集》，中国国民党中央委员会党史委员会1984年6月30日出版，第420页。

12 月 9 日 向孙中山大元帅呈请派兵保护全省进口洋布匹头厘局文。①

孙中山此前批准将全省进口洋布匹头厘费每月收入饷费由承包商直接交至国立广东大学，作为办学经费。但据承包商协隆公司陈说，现在冬防吃紧，劫案索案频发，全省进口洋布匹头厘局需派兵保护，才能确保头厘费安全。先生据陈提交呈文。

是月 12 日，孙中山发布大元帅指令第二二三七号。国立广东大学校长呈请派部队保护全省进口洋布匹头厘局，并通令各军政机关不得索借提用此项厘费以重校款由，候令行各军政机关遵照办理，并着建国桂军总司令部酌派军队妥为保护。②

同日，孙中山发布大元帅训令第六二一号。令大本营军政部长程潜等军政要员，已准先生提出的呈请派部队保护全省进口洋布匹头厘局，并通令各军政机关不得索借提用此项厘费以重校款由，合行令仰该部长、省长、总司令、局长、军长、司令、委员会分别遵照，并转饬所属一体遵照办理。③

△致国立广东大学国民党同志通告，请尚未领取党证的同志在本周内办理完毕，并拟召开全体党员大会，讨论组织特别区党部事宜。④

△致函诚兴公司，请代购优惠船票。⑤

先生在信函中指出，本校农科学院林学系四年级全班学生 30 人、教授 2 人在明春二三月间赴江西庐山进行实习，届时将搭乘贵公司轮船，请在票价上予以优惠。

12 月 10 日 朱培德致函先生，表示："筵席捐每日拨第一军三百元，历经办理有案。"⑥ 这样先生请求朱培德部不要提取筵席捐的请求没有得到预期结果。

△邀请周佛海到校演讲《马克思学说》。⑦

△签署大学布告，因有学生 23 人妄行公布及通函本校教授，肆意攻击吕

---

① 中国国民党中央委员会党史委员会：《邹鲁先生文集》，中国国民党中央委员会党史委员会 1984 年 6 月 30 日出版，第 525 ~ 526 页。

② 中国国民党中央委员会党史委员会：《邹鲁先生文集》，中国国民党中央委员会党史委员会 1984 年 6 月 30 日出版，第 526 页。

③ 易汉文：《孙中山与中山大学》，中山大学出版社 1999 年 10 月第 1 版，第 62 ~ 63 页。

④ 中国国民党中央委员会党史委员会：《邹鲁先生文集》，中国国民党中央委员会党史委员会 1984 年 6 月 30 日出版，第 354 页。

⑤ 中国国民党中央委员会党史委员会：《邹鲁先生文集》，中国国民党中央委员会党史委员会 1984 年 6 月 30 日出版，第 423 页。

⑥ 陈哲三：《邹鲁研究初集》，华世出版社 1980 年 2 月初版，第 104 页。

⑦ 陈哲三：《邹鲁研究初集》，华世出版社 1980 年 2 月初版，第 116 页。

子方教授，给23人各记大过一次。先生在布告中写道："殊属不规已极，由纪律委员会议决各记大过一次，并令写悔过书及举代表向吕教授道歉。嗣后各生务宜遵师重道，万不可轻举妄动，致令贤者灰心。非特个人之学业有损，而于本校前途所关尤巨也。愿各生其勉旃。"①

12月11日 签署大学布告，有本校英文本科一年级彭姓学生及预科法一组林姓学生于12月5日进入教职员运动场，对于教职员有不敬行为，"实属目无师长"②，各记过一次。

△签署大学公函。定于本月13日下午1时在本校西堂合班教室开会。③

12月12日 致函在北京的国立广东大学同学会，赠送《国立广东大学半周刊》。

函称："诸君居京华之胜地，作金兰之盛会，虽所习之科学各殊，而精神团体一致，引领北望，欣慰奚似。在昔子贡使卫，不忘洙泗之珍；钟仪南音，时切乡关之思，尽心随境而兴，感情怀旧而弥笃者也。今者，会名校友，欣旧雨以同欢；志在琢磨，似羊城而共砚，他时成业，蔚为母校之光，此日南针，仍祈随时颂扬，所有章程，饬载入本校半周刊，并饬将该半周刊自第一期至第二十四期检送五份，希查收。嗣后仍陆续寄上。"④

△撰写《红花岗四烈士之建墓立碑》碑文。⑤

红花岗四烈士是指温生才、林冠慈、陈敬岳、钟明光，四人遇害后先后葬于红花岗。上文介绍了四位烈士就义的经过。

12月13日 致函明珠戏院卢总理及蔡司理，商借活动电影。

先生在信函中指出，"本校为研究科学，开通智识起见，拟向贵处借予活动影画机及最新画片，以资观摩，而引兴趣。"⑥ 并派体育部主任邝秉纲前往商借一事。

△邀请本校生物学系主任费鸿年教授演讲《生物进化之进化》。⑦

12月14日 上午12时，假座大礼堂，召开本校全体党员大会，讨论组

---

① 陈哲三：《邹鲁研究初集》，华世出版社1980年2月初版，第124页。

② 陈哲三：《邹鲁研究初集》，华世出版社1980年2月初版，第124页。

③ 《教授联席会议记录》，见"国立广东大学全宗"档案，全宗号31，目录号1，案卷号8，藏广东省档案馆。

④ 中国国民党中央委员会党史委员会：《邹鲁先生文集》，中国国民党中央委员会党史委员会1984年6月30日出版，第422~423页。

⑤ 邹鲁：《澄庐文选》，正中书局1948年5月初版，第400页。

⑥ 中国国民党中央委员会党史委员会：《邹鲁先生文集》，中国国民党中央委员会党史委员会1984年6月30日出版，第423页。

⑦ 陈哲三：《邹鲁研究初集》，华世出版社1980年2月初版，第116页。

织特别区党部事宜。①

12 月 16 日 致函中央执行委员会，表示可以随时协商民生植牧公司实施伐林垦荒事宜。②

此前，中央执行委员会曾致函先生，随函交来民生植牧公司森林荒土说明书折及有关章程 30 本，请审议。先生将来函内容及有关说明书、章程交本校农科学院审议后认为均尚妥适，并将此情况致函回复。

△致函本校文科、理科、农科、法科、预科教授会，请速编定第二学期课程表。③

△致函本校文科、法科、理科、农科学长，指出各科教授会已经成立，所有各系主任应依章由教授会成员互选，并经教授联席会议议决产生。④

△致函金陵关监督，请求对本校农科学院在南京定制的测量用平板准予照章免税购运。⑤

12 月 17 日 致函广东省省长胡汉民，说明旧贡院巡官厅屋地的学产事宜。⑥

先生在函件中指出，旧贡院巡官厅屋地划拨给本校使用，但被广州市卫生局借用，至今尚未办妥点交手续，请省署令行市政厅，饬催市卫生局从速办理。

△邀请黄典元在本校演讲《马克思学说》。⑦

12 月 18 日 主持召开本校第十二次校务会议。⑧

12 月 20 日 邀请谢瀛洲到校演讲《批评马克思学说》。⑨

---

① 中国国民党中央委员会党史委员会：《邹鲁先生文集》，中国国民党中央委员会党史委员会 1984 年 6 月 30 日出版，第 354 页。

② 中国国民党中央委员会党史委员会：《邹鲁先生文集》，中国国民党中央委员会党史委员会 1984 年 6 月 30 日出版，第 423 ~ 424 页。

③ 中国国民党中央委员会党史委员会：《邹鲁先生文集》，中国国民党中央委员会党史委员会 1984 年 6 月 30 日出版，第 424 页。

④ 中国国民党中央委员会党史委员会：《邹鲁先生文集》，中国国民党中央委员会党史委员会 1984 年 6 月 30 日出版，第 424 页。

⑤ 中国国民党中央委员会党史委员会：《邹鲁先生文集》，中国国民党中央委员会党史委员会 1984 年 6 月 30 日出版，第 424 ~ 425 页。

⑥ 中国国民党中央委员会党史委员会：《邹鲁先生文集》，中国国民党中央委员会党史委员会 1984 年 6 月 30 日出版，第 425 ~ 426 页。

⑦ 陈哲三：《邹鲁研究初集》，华世出版社 1980 年 2 月初版，第 116 页。

⑧ 莫耀焜：《本校十年大事记》，见《国立中山大学九周年纪念大会日刊》，1933 年 11 月 12 日。

⑨ 陈哲三：《邹鲁研究初集》，华世出版社 1980 年 2 月初版，第 116 页。

12月23日 主持本校纪律委员会会议。[①]

出席会议的还有利寅、周佛海、邓植仪、吴康、黄著勋、黄枯桐等人。会议决议事件为：数二学生抗议上吕子方教授课程，如何惩戒？决议如次：由校长约吕教授来校长室，再召集数二学生前来当面悔过。

12月24日 致函广东省省长胡汉民，说明第二区模范苗圃相关事宜。

此前，省长公署致函国立广东大学，根据省农林试验场呈请，广东大学第二区模范苗圃暂行停办，领款结束。至于各县协解经费，前准广东大学来函，查照饬令田土业佃保证局催收迳缴，所有积欠该苗圃1923年2月前经费应如何核发，请学校函复。

先生复函指出，“查各区苗圃经费，系指定各县协款拨用，前请令饬田土业佃保证局催收迳缴，无非为谋手续便捷起见，但自商定接理以来，至今尚未据报解。迩值款项支绌，挪移艰难，顷拟暂先结束，仍俟各县解缴有款，再将欠项核发。惟该圃停办已届一年，所有钤记文件，并苗木家私等项，似不能不即令赶速移交，以资结束，应如何之处，希请核复，至纫公谊。”[②]

△致函广东省省长胡汉民，允借本校操场。[③] 胡汉民此前致函先生，希望借用国立广东大学操场，以在明年3月举办全省运动大会。

12月27日 邀请黄慕松在本校演讲《经济的军备》。[④] 先生在自己署名的布告中对黄慕松的个人简历进行了特别介绍。

12月30日 致函李福林军长，请求协助解决第二农场遇到的困难。

先生在函件中指出，本校农科学院在番禺县鹿步司石牌开设第二农场，目的在于扩充经济及试验区域，但是当地的农民尚有不少误会之举，影响到农场的顺利建设。当地恰为李福林军长坐镇多年之区，希望李军长能够居中调停，使农民毋加反抗，尽快建成第二农场，“及提倡各种农业之计划，此不唯敝校农科之幸，实亦社会国家之幸。”[⑤]

△致函郭任远教授，邀请其出任本校心理学系主任。

函称：“敬启者：久闻先生以心理学镇绝之思，新辟之义，播诸著述，宏

---

① 《纪律委员会》，见“国立广东大学全宗”档案，全宗号31，目录号1，案卷号9，藏广东省档案馆。

② 中国国民党中央委员会党史委员会：《邹鲁先生文集》，中国国民党中央委员会党史委员会1984年6月30日出版，第426页。

③ 中国国民党中央委员会党史委员会：《邹鲁先生文集》，中国国民党中央委员会党史委员会1984年6月30日出版，第427页。

④ 陈哲三：《邹鲁研究初集》，华世出版社1980年2月初版，第117页。

⑤ 中国国民党中央委员会党史委员会：《邹鲁先生文集》，中国国民党中央委员会党史委员会1984年6月30日出版，第427～428页。

导儒林，遐想英才，每怀靡既。鲁自昨年奉命为国树人，经将旧有之广东高师及农专、法专诸校并为广东大学，分设文、理、法、政、农工诸科，经营筹划，行已逾年。及今大体虽已粗张，而设施仍嫌未备，心理课目暂附于文科哲学系中，而校中笃好此学者，实繁有徒，每盼望先生之南来，俾得独成一学系。兹特函达尊处，务希笃念桑梓，欣允南还，并命陈生书农面陈一是。端此，敬颂时绥。"① 1925 年 1 月 5 日出版的《国立广东大学周刊》一号一版刊登了该函。

12 月 31 日 致函许崇智总司令，请调驻篷厂卫队。

昨日，先生接报，本校工人在整理篷厂花卉标本园小桥时，与驻扎在此的许总司令卫队发生冲突，致使工作无法进行下去。先生在函件中说道："且查（卫队）所住篷厂，系本院教室及储藏室，原属一时权宜借与，现选科实习室亟须增加，始敷应用，可否函商许总司令将现驻本院篷厂之卫队调驻他处，俾本院得取应用，更免误会。"②

12 月 安插"民社"骨干进入广州平民教育运动委员会。③

新学生社执委郭寿华将开展平民教育运动的方案提交到国民党中央党部青年部，得到廖仲恺的大力支持，同意由广东省财政厅每年拨款两万元作为经费，并成立"国民党中央平民教育委员会"，由广东省教育厅长许崇清任主任、广州市教育局长王仁康任副主任，下设实施部、编辑部。当时的先生不想平民教育运动全由新学生社来领导，便安插了右派学生组织"民社"的骨干谢清、林柏生、吴荣楫、张农为"平教会"委员，由谢清出任编辑部部长，从事教科书的编辑工作。新学生社方面的四名委员陈永年、郭寿华、林丛郁、陈志文掌握了实施部，负责招生、管理教场和聘请教师，是"平教会"的中枢机构。

12 月 撰写《谭葛严三烈士碑》碑文。④

谭葛严三烈士指谭馥、葛谦、严国丰，三烈士于 1908 年谋求举兵广州不成，先后就义。孙中山在黄花岗三烈士原葬处建纪念碑，先生做此文以纪念。

---

① 中国国民党中央委员会党史委员会：《邹鲁先生文集》，中国国民党中央委员会党史委员会 1984 年 6 月 30 日出版，第 428 页。

② 中国国民党中央委员会党史委员会：《邹鲁先生文集》，中国国民党中央委员会党史委员会 1984 年 6 月 30 日出版，第 428 页。

③ 卜穗文：《新学生社与大革命时期广州平民教育运动》，见广州党史网（http://www.zggzds.gov.cn/）"党史研究"栏，"专题研究文章"子栏。

④ 邹鲁：《澄庐文选》，正中书局 1948 年 5 月初版，第 404 页。

冬 在主持本校工作的同时撰写党史，"积稿几盈二箧"①。

年底 接待日本御医入泽博士。

当时，入泽与中村进午博士来华调查教育，并与中国政府协商退回庚子赔款，帮助中国教育发展。入泽与中村进午抵达广州后，日本领事馆设宴招待，邀请先生及广东教育厅长许崇清、岭南大学校长钟荣光等人作陪。席间，入泽说明其来意："余奉政府令，来华商讨退回庚子赔款协助中国教育事宜，经过台湾与台湾总督详细商量以后，即由台湾到中国，由北而南，希望大家协助，俾余完成使命，达到退回庚款补助中国教育事宜。"话毕，先生突然发问："君等此来，为谋中日亲善欤？抑为谋侵华欤？"入泽颇感惊异，问先生何出此言。先生进一步解释说："你一再声称到台湾与台湾总督商量，台湾为我领土，系被日本占据，君等令来中国调查教育，而乃曰与台湾总督商量，非具侵略之心而何？"入泽再三予以解释。

之后，先生在本校设宴招待入泽、中村进午一行，胡汉民作陪，适逢日本教员学生寒假旅行团有二十余人抵粤，一并邀请。席间先生说明国民党的主义及革命的意义，并说明本校的教育即本此主义与意义而进行，此主义不仅可以救中国，救东亚，而且可以救世界，话语中多煽动日本革命的说法。席后，中村进午说道："余听此言，颇感兴趣。余此次来华，由北而南，在北方觉得死气沉沉，渐南而渐有生气。一到广州，即觉生气勃勃。将来北方政权，必为南方克服无疑。余生长为某地，日本维新革命，实以此地人为中心，今至革命策源地之广东，又听诸君各种革命高论，恍如余在故乡，心至愉快。"旅行团的学生也发言说："倾听诸先生教言，殊为兴奋。余等决诚心接受此思潮，回国后当努力赴之。"先生与胡汉民私下说："可见公理自在人心，毫无界限。"之后，先生引导客人参观本校校园。参观中，先生说："中日为同文同种兄弟之邦，须两国和好，始是东亚幸。如日本欲实施其吞并中国之野心，余敢断言纯是痴人说梦。纵令日本能侥幸得志于一时，结果必然不利。因为中国人民之众，土地之广，物产之多，无日本仍能独立；若日本无中国，日本本身已无中国所具之独立条件，则难以立国。希望日人能放大眼光为是。"② 入泽、中村进午均对先生观点表示赞成。

先生因与入泽有此关系，因此一到日本，入泽即殷勤招待。其后，入泽出版诗集，专门请先生为题，先生题一长古相赠。诗集出版后，入泽寄赠先生一

---

① 程焕文、张靖、周旎：《邹鲁未刊稿》下册，广西师范大学出版社 2008 年 3 月第 1 版，第 780 页。

② 邹鲁：《二十九国游记》，商务印书馆 1947 年 4 月初版，第 5 ~ 6 页。

本。入泽后来成为一名侵华者。

下半年 对广东大学“假国会”发表演说。

广东大学“假国会”开幕时，先生在开幕式上发表演说。在演说词中，先生简要介绍了中华民国国会的历史，并在最后说道：“故制定宪法的时候，应该晓得选举权以外，人民还应有罢官权，这是最紧要的。将来国会制定宪法为一切法律的根本的时候，宜注意法律和人民的利益的冲突，人民除了罢官权以外，仍须有复决权。人民对于法律之不良的，可以使用这个权力来拒绝他，人民有了罢官权，复决权，还须有创制权。议员看不见的，法律所没有的，人民就可以直接创造出来。这是今日我所希望于各位的。各位，必须做得很好，必须努力向前做去。”①

是年 重编《三二九革命史》，详细考订烈士姓名年谱。②

在重编前，先生进行了史料征集工作。本次征集的重点在有关死难事实的调查，从类集所得资料，将烈士姓名、籍贯列出，并对资料来源一一予以证明。第一批资料集齐后，由林森召集参与是役的广东革命同志会共同审查，第一次审查确定先烈56位。第二批征集资料收齐后，仍然依照第一次的办法，将烈士姓名、籍贯以及资料来源一一列出，由林森主持，召集参与此役的同志开会讨论，这次得到16位先烈名字，前后一共是72位。黄花岗列碑先烈姓名义例以及后来有所增添，都是由此而来。

是年 致函海外各党部，鼓励购备党务影片。③

先生在信函中指出，民新公司拍摄的关于国民党的各种影片，各党总支应购备各一套，其余党部能独购者最好，不能独立购买者，可合数党部共购一套。

是年 致电财政部长叶恭绰，请拨广东邮政盈余为国立广东大学经费。④

是年 致电易培基，请其交涉本校经费。

电称：“前电叶誉虎（叶恭绰）部长，请拨广东邮政盈余为广大经费。本日路透社电载，加收铁路邮政电话赈济之款，展期六个月以作国立学校经费，广大亦应占一份，统希交涉，并复。”⑤

---

① 中国国民党中央委员会党史委员会：《邹鲁先生文集》，中国国民党中央委员会党史委员会1984年6月30日出版，第199～200页。

② 戴书训：《愈经霜雪愈精神——邹鲁传》，近代中国出版社1983年10月初版，第122～123页。

③ 中国国民党中央委员会党史委员会：《邹鲁先生文集》，中国国民党中央委员会党史委员会1984年6月30日出版，第293页。

④ 中国国民党中央委员会党史委员会：《邹鲁先生文集》，中国国民党中央委员会党史委员会1984年6月30日出版，第295页。

⑤ 中国国民党中央委员会党史委员会：《邹鲁先生文集》，中国国民党中央委员会党史委员会1984年6月30日出版，第295页。

是年　与梁定慧结婚。[①]

梁定慧（1892～1983年），原名梁国体，因排行第五，也称梁五姑，广东香山唐家湾（今属珠海）人。生于富商之家，十多岁时因反对封建包办婚姻，离家出走到澳门，入读澳门“子褒学塾”（康有为弟子陈子褒创建），接受维新思想。1906年，其姐梁绮川在香港创办“实践女校”，令梁转香港就读。该校为同盟会香港分会的秘密机关，梁兄冠三，两姐绮川、绮德均为同盟会中坚，黄兴、胡汉民等也常在此秘密议事，梁深受革命思想熏陶。1909年，由父母做主，梁嫁给本乡侨商之子唐铁魂为妻。婚后不久，梁前往香港探望姐姐绮川，认识高剑父、朱述堂（同盟会广东主盟人），后经他们介绍于1910年加入同盟会，是中国最早参加同盟会的少数女会员之一。稍后，梁被派至广州同盟会秘密机关工作。1910年，梁与徐宗汉等人一起，参加新军起义的后勤与通讯工作。广州黄花岗起义，梁协助徐宗汉运送军火及联络工作。武昌首义成功，梁与丈夫唐铁魂受派参加惠州起义，胜利后又到汕头协助民军处理军务，唐铁魂不幸在兵变时牺牲。广东光复后，梁参加广东军政府组织的“广东北伐军”，被选为20名女子炸弹队队员之一。炸弹队随北伐军开赴前线，一直打到徐州，沿途群众称赞她们为“木兰军”。

“梁定慧与邹鲁相识多年，邹鲁的发妻也是梁定慧的同盟会友，后遇害逝世。邹鲁对梁定慧数年中鱼雁不绝，称梁定慧为‘新时代女性’，多次表达爱慕之情。梁定慧在从事民党活动中，邹鲁对其帮助很大，对邹鲁的才华也很赏识，但出自于对亡夫的恩爱深情，难于割舍，多次拒绝邹鲁的追求，复函中曾有‘缅怀故剑，忍觅新欢’之句。后经范其务和四姐梁绮德多方规劝，梁定慧才答应婚事，与邹鲁在香港结婚。”[②] 定慧之名也因为与先生结婚而改。梁与先生育有一女，取名邹杏。

20世纪30年代中期，梁创办“广东妇女传习所”，自任所长，收容无业妇女。1937年底，与中山大学部分抗日学生及早年革命的同盟会姐妹和亲属组织成立“中大抗日战地服务团”，任团长。梁率领中大战地服务团的同学曾到港澳地区进行义卖义演等活动，宣传抗战，募集了大批钱款、药品、器材、衣物等，支援抗日前线。梁还积极参与宋庆龄、何香凝等组织的抗日救国活动，为澳门抗日报刊《抗日晨钟》题词。1938年春，梁率服务团一行二十余人北上劳军。第一站到达武汉，受到周恩来、叶剑英、郭沫若等人的热烈欢

---

① 何志毅：《唐家湾镇志》，岭南美术出版社2006年8月第1版，第355～357页。

② 赵飞鹏：《大家闺秀出身　两嫁国民党高官——誓为秋瑾报仇　曾率“女子敢死队”》，见《南方都市报》，2009年9月3日。

迎。叶剑英对梁率领的这个服务团非常重视，像对待亲人一样，嘘寒问暖，关怀备至。他还高度赞扬战地服务团的爱国行动，帮助她们解决遇到的困难和问题，满足她们的种种要求，使她们的劳军工作开展得十分顺利。1940 年，梁在国民党海外部长陈树人的支持下，亲赴法属越南、英属新加坡等地，在华侨中开展抗日募款活动。1944 年，韶关沦陷，梁赴粤西、桂东南各地，在韶关创办“陈永军民医院”，医治抗日伤员，坚持为抗日后方服务直至胜利。1945 年抗日战争胜利后，梁到广州定居，任国民党广东省妇联主任。梁定居广州后，与赵淑嘉等先生家人关系不是很和睦，并出现家庭财产纠纷。

1949 年 10 月广州解放前夕，先生赴台，欲与梁同行。梁以“你先走，我后至”敷衍。先生到台后又多次函催，梁乃携庶子邹器、邹皿赴香港寓居。1954 年，先生在台北逝世时，梁到台湾奔丧，曾任台湾省妇联主席。后梁赴美随女儿邹杏生活了 6 年，20 世纪 70 年代返台湾定居。晚年皈依佛教。

1979 年，梁女儿邹杏遵母命，回大陆参加“广交会”后，专程赴北京，拜会廖承志副委员长。10 月 28 日，叶剑英委员长接见了邹杏，欢迎她回祖国做生意，说：“希望下一次能陪你妈妈同来。”邹杏将叶、廖的话转告梁，梁喜不自胜，惜天年不永，1983 年 1 月 17 日，梁在台湾病逝，享年 91 岁。

是年 好友张煊等人在广州华林寺创立佛化救世会，张煊为会长，聘汪精卫、伍朝枢及先生为名誉会长。①

1925 年（民国十四年 乙丑）四十一岁

1 月 5 日 主持召开本校第十三次校务会议。②

△聘请罗毓文、费鸿年、曹任远等人为本校国民会议委员。③

---

① 赵春晨、郭华清、伍玉西：《宗教与近代广东社会》，宗教文化出版社 2008 年 3 月第 1 版，第 49 页。

② 莫耀焜：《本校十年大事记》（续），见《国立中山大学九周年纪念大会日刊》，1933 年 11 月 13 日。

③ 《聘请国民会议委员》见“国立广东大学全宗”档案，全宗号 31，目录号 1，案卷号 12，藏广东省档案馆。

1月8日 在本校学生会成立典礼上发表训词。①

是日，国立广东大学学生会举行成立典礼，先生出席典礼并发表训词，在训词中对学生会提出三点殷切希望："第一，要拿主义为此会的精神，不要拿私人的意见为此会的精神。第二，要认清职员的责任，不要以是为争夺之点，如果分派别或班级而争职员，那是枉费精力，最无意识的。须知职员只是公仆，无利可享，要极力去做事的。我们不做职员的，对于问题发生，尽可公同研究，拿所得结果，贡献于学生会，这么一来，又安有意见不能发表贡献于团体的困难呢？第三，团体的事办得不好，我们要积极监视督促，切不可消极退守放任。"②

1月10日 致函日本驻粤总领事天羽英二，对日本外务省赠送的28册书籍表示感谢，并对此前清水副领事交来的《第二一号条约集》一册也表示感谢。③

△"国民党护党同志驻京办事处"披露先生、谢持等人起草的针对共产党员的《国民党内工作决议案》。

1月12日 向孙中山大元帅呈送高师第十一届文史部毕业生杜喆全等人成绩表，请求准予毕业，并准由校印发毕业证书。④

次日，孙中山发布大元帅指令第四五号，准予先生呈送的高师第十一届文史部毕业生杜喆全等人毕业，并准由该校印发毕业证书。⑤

1月14日 致函商标注册所，申请将本校农科学院发明制造的农产品注册商标，并请豁免注册费及发给证明费。函附商标图样五纸、商标印板一枚。⑥

1月17日 主持召开本校第十四次校务会议。⑦

---

① 莫耀焜：《本校十年大事记》（续），见《国立中山大学九周年纪念大会日刊》，1933年11月13日。

② 中国国民党中央委员会党史委员会：《邹鲁先生文集》，中国国民党中央委员会党史委员会1984年6月30日出版，第200～201页。

③ 中国国民党中央委员会党史委员会：《邹鲁先生文集》，中国国民党中央委员会党史委员会1984年6月30日出版，第429～430页。

④ 中国国民党中央委员会党史委员会：《邹鲁先生文集》，中国国民党中央委员会党史委员会1984年6月30日出版，第527～528页。

⑤ 中国国民党中央委员会党史委员会：《邹鲁先生文集》，中国国民党中央委员会党史委员会1984年6月30日出版，第528页。

⑥ 中国国民党中央委员会党史委员会：《邹鲁先生文集》，中国国民党中央委员会党史委员会1984年6月30日出版，第430～431页。

⑦ 莫耀焜：《本校十年大事记》（续），见《国立中山大学九周年纪念大会日刊》，1933年11月13日。

1月25日 决定继续推进广州平民教育运动。

《申报》登载："广州市平民教育，自第一届举行毕业后，因经费无着，停顿月余，已见记者十三日通信。兹悉中央执行委员会青年部部长邹鲁，决定起而继续办理，免至普及教育运动之进行，因之中断。业经聘定许崇清（教厅长）、王仁康（教局长）为正副主席，组织平教运动委员会，以便提挈进行，规划一切。昨日开第一次会议，讨论办理各事，议决如下：（一）开办及经常费用，由青年部担任；（二）就市辖各校为平民教育校舍，开设夜班，尽量收容失学男女，入学年龄，十四岁以上三十岁以下；（三）二月一日开始招生，七日开始授课，观此则广州平教，从此复兴，实平民之福音也。"①

1月29日 组织广州校长联合会。

《申报》报道："广州特约通信，此间各校校长，为便利学校行政及互通声气，共谋发达起见，特由广东大学校长兼民党青年部部长邹鲁发起，组织校长联合会。刻该会已告成立，近两星期来，迭闻会议，讨论教育经费独立问题。闻已议有头绪，再加以详细计划，即可见诸实行。又据某校校长对记者所云，则谓该会之设，尚有一种意思，因各校学生，均各有团体，而各校与各校之间，又有学生联合会，惟校长方面，则尚无何种会社，每遇特项问题，时感不便，故不能不从速组织，以便必要时，有所对付云云。细味其言，似甚有理，亦时势之要求使然也，兹采该会章程于次，以作各地教育界参考：

（一）定名：广州市校长联合会；

（二）宗旨：依国民党政纲，以促进教育事业为宗旨；

（三）会址：中央执行委员会青年部；

（四）会员：广州市公私立学校，其校长为国民党党员者，均为本会会员；

（五）职员：本会设主席一人，委员三人，组织执行委员会，办理本会一切事务，如有实际之需要，得组织特种委员会，其办事细则，由执行会订定之。本会主席，由青年部长任之，各委员任期半年，于寒假暑假前改造；

（六）会议：甲：每月开常会一次，遇有特别事项，得由执行会召集特别会议；乙：执行会每星期开会一次；

（七）工作：甲：执行指导一般青年，使明了国民党主义及赞助国民革命；乙：协助青年运动；丙：反对帝国主义的文化侵略；丁：运动收回教育权；戊：运动教育经费，并保障其独立；己：研究发展儿童本位之教育；庚：改善教材及教学法；辛：改良学生生活；壬：提倡平民教育，力图教育普及；

---

① 星星：《广州平教决定继续进行》，见《申报》，1925年2月1日。

癸：整理学制系统；

（八）会费：甲：基本金每人五元；乙：经常费每半年每人五毛；

（九）附则：本章程自通过日施行，如有未尽善处，得由大会修改之，又现届执行委员为廖冰筠、江沃、黄祖培、黎勇庄、沈道源等五人。"①

1月31日 向孙中山大元帅府报告北上，所有校务委托褚民谊教授代拆代行。②

次月4日，大元帅府发布大元帅指令第九十五号："令国立广东大学校长邹鲁：呈报因公北上校务委托褚教授民谊代拆代行请予备案由，如呈备案，此令。"③

△致函国民党中央执行委员会，指出自己因公北上，青年部部长职务不能兼顾，谨请许崇清同志代理。④

△分函许崇清，指出自己因为要北上侍疾，无暇兼顾国民党青年部部长，请许崇清代理青年部部务。⑤

△主持召开本校第十五次校务会议。⑥

1月底 借友人住宅，准备专心编辑国民党史。不料刚刚着手，因孙中山病重，需要北上侍疾而中断。⑦

2月初 致函广东省省长胡汉民，请协助本校进行全省农作物调查。⑧

先生在函件中指出，本校农科学院拟调查本省农作物品种及生产情形，着手提倡改良农业所用，并准备200份调查表，希望省署配合，饬令各县中小学校及农事机关填写。

2月初 致函广东省省长胡汉民，请求解决第二农场用地所遇到的困难。

先生在函件中指出，番禺县鹿步司石牌乡附近的小鸡笼、旋螺、猫尾、鹿

---

① 星星：《广州市组织校长联合会》，见《申报》，1925年2月4日。

② 《褚民谊带拆代行校长职务》，见"国立广东大学全宗"档案，全宗号31，目录号1，案卷号11，藏广东省档案馆。

③ 陈汝筑、易汉文：《巍巍中山——中山大学校史图集》，中山大学出版社2004年9月第1版，第6页。

④ 中国国民党中央委员会党史委员会：《邹鲁先生文集》，中国国民党中央委员会党史委员会1984年6月30日出版，第354～355页。

⑤ 中国国民党中央委员会党史委员会：《邹鲁先生文集》，中国国民党中央委员会党史委员会1984年6月30日出版，第295页。

⑥ 莫耀焜：《本校十年大事记》（续），见《国立中山大学九周年纪念大会日刊》，1933年11月13日。

⑦ 邹鲁：《回顾录》，岳麓书社2000年9月第1版，第236页。

⑧ 中国国民党中央委员会党史委员会：《邹鲁先生文集》，中国国民党中央委员会党史委员会1984年6月30日出版，第431～432页。

鸣等岗地，合计面积二千七百余亩，已经勘明为官荒地，划拨给国立广东大学农科学院开辟为第二农场用，并已经发给管业执照。但是何藻翔等人借口该地为丛葬地，呈请省署予以保留。经过本校与市财政局共同勘察，与何所报事实严重不符，“显系捏词耸听”。先生进一步写道：“本院为研究高深农业智识之学府，实无异为提倡农业之最高机关，对于农民农业劝奖扶植之不暇，更无虑有不利该地农民之举，惟查当时所以有少数反对者，原因一二乡曲地痞造谣煽惑，乡人智识薄弱，误为本院既拨辟各岗地之后，将来附近民田亦必圈入或加侵占，是以骤生疑惑。不知本院经指拨者，只系官荒岗地，决无案外自行圈入民田，纵令将来遇有需要，亦当备价斟酌购买，讵有强夺之理也。谨将查勘实在情形报请鉴核，并请函明省长，即将何藻翔等呈请保留全岗各节立予撤消，并饬行广州市政厅暨番禺县分别出示晓谕石牌各村农民，嗣后切勿轻信流言，致碍农政进行。”①

2月1日　上午，出席在本校召开的青年军人联合会成立大会。同时出席的国民党要员还有廖仲恺、胡汉民等人。

△向国民党中央执行委员会请假，到北京侍候病重的孙中山。②

孙中山在到达天津及北京后，肝病加重。是日，广州国民党中央及政府得到电报后，立刻派先生为代表，北上侍候孙中山。同日，先生递交请假函，请假一个月。③ 之后，即刻从广州赶赴香港。④

△聘请李晓生、曾仲鸣为本校海外部管理员。⑤

2月2日　凌晨5时，由香港乘轮船赶赴上海。

2月3日　致函大本营建设部部长林森，请豁免褒状费。

本校农科学院发明制造农产品10种，请求建设部特许专卖。建设部准许专卖，并给予褒状，但要收取褒状费5元。先生致函认为，“查敝校函请特许专卖原为发扬学术，激励学子，与普通之以商品营利者似有不同，兹已荷锡荣褒，可否予念事关教育，特将褒状费五元豁免，并即将褒状颁给，以便转送悬

---

① 中国国民党中央委员会党史委员会：《邹鲁先生文集》，中国国民党中央委员会党史委员会1984年6月30日出版，第432~433页。

② 中国国民党中央委员会党史委员会：《邹鲁先生文集》，中国国民党中央委员会党史委员会1984年6月30日出版，第296页。

③ 中国国民党中央委员会党史委员会：《邹鲁先生文集》，中国国民党中央委员会党史委员会1984年6月30日出版，第296页。

④ 莫耀焜：《本校十年大事记》（续），见《国立中山大学九周年纪念大会日刊》，1933年11月13日。

⑤ 《请李晓生、曾仲鸣先生为本校海外部管理员》，见“国立广东大学全宗”档案，全宗号31，目录号1，案卷号14，藏广东省档案馆。

挂，藉资兴感。”①

2月4日 向孙中山大元帅府呈请将里昂中法大学海外部定为国立广东大学海外部之一。

先生在呈文中指出：“窃查里昂中法大学广东大学海外部设立之初，原定为广东大学海外部之一，前因广东大学一时未能成立海外部，学生无从附丽，以致经费异常欠缺，自去年职校成立后，里昂中法大学学生即请依照原案作为职校海外部之一，将经费列入职校预算，嗣后由校接济等情。当时因财政委员会以此款为职校海外部经费，既归职校经理，故未呈请定案，但以前经理手续系属代办性质，名实尚未相符，兹为确定名义及权责起见，用再呈请钧座定案，并请明令将里昂中法大学之广东大学海外部为国立广东大学海外部之一，现有经费数目永远定为职校海外部经费之一，列入职校出入预算，其现有经费的款不得拨作别用，并永远以指定各项的款，每月所收多寡按照财政厅十三年（1924年）第三九一号公函所定，职校海外部经费及其他特定教育经费数目比例摊分，如将来其他特定教育经费须增加时，均宜另行筹拨，不得将职校海外部经费应得之额变更。至以后管理职校海外部经费及派遣督学生等事，悉由职校全权办理，在职校已可因于需要派遣何科学生及何国留学，使学术日见发达，在学生亦不至因经费而辍学，庶乎正名定义，事权统一。不特校务日渐增进，而于海外部学生亦不至有被迫离校情事之发生。所有拟请明令将里昂中法大学海外部依照原案，定为国立广东大学海外部之一，及确定管理权责，并永远不能将现有经费的款内应得之额变更各缘由，理合备文呈请钧座察核，准予照办，并令行广东省长遵照分行财政厅、教育厅遵照及里昂中法大学协会查照，仍祈指令祗遵。”②

是月6日，大元帅府发布大元帅指令第一〇四号，照准先生提出的将里昂中法大学海外部定为国立广东大学海外部之一，及确定管理权责，并永远不能将现有经费变更祈令。候令行广东省长胡汉民遵照，并转行财政厅、教育厅暨里昂中法大学协会查照可也。③ 同日，大元帅府发布大元帅训令第三八号，令广东省长胡汉民，已照准先生提出的上由。合行令仰该省长即便遵照，并转行财政厅、教育厅遵照，及里昂中法大学协会查照。切切。④

---

① 中国国民党中央委员会党史委员会：《邹鲁先生文集》，中国国民党中央委员会党史委员会1984年6月30日出版，第431页。

② 中国国民党中央委员会党史委员会：《邹鲁先生文集》，中国国民党中央委员会党史委员会1984年6月30日出版，第530～531页。

③ 陈锡祺：《孙中山年谱长篇》，中华书局1991年8月第1版，第2117页。

④ 易汉文：《孙中山与中山大学》，中山大学出版社1999年10月第1版，第67～69页。

△北上途中致电本校教职员。

下午3时，先生乘船抵达上海，但要在吴淞口停泊一夜，次日早晨方能上岸。先生在船上拟此电，电称："此行身虽离校，而精神则无刻而不萦绕于校也。大元帅病体稍佳，即当回校，计期总不出一月，校事诸仗教职员加意整理，无任切祷，肃此，顺请公安。"①

2月5日 早上，购买招商局属下新铭轮船票，并于上午9时半离沪北上。宋子文、戴季陶同行。②

2月9日 抵达北京。③ 开始侍奉孙中山。

2月17日 为在京侍奉孙中山，致函国立广东大学同学。

函称："同学诸君公鉴：鲁此次因大元帅病匆匆北上，抵京以来，除视大元帅病外，对于校中教才经费问题颇有进行，幸各方赞助甚力，业有相当途径，或能得一结果以还，亦未可定。但教才方面与诸君最为密切，不能不详述经过，请诸君特为留意。鲁到校后，常存'广大从未能聚世界之学者于一堂，亦当聚全国学者于一堂'之观念，故去年一年，四罗教才，甚至特请易培基先生专在北京及长江各处延揽，而在广东能应请者，更无不随时招请，卒之目的未能全达。简单言之则国中教才不足用，加以广东地方多故，天气语言复足令人却步故也。目前教才既不能满足，而教科又万不能任其长此缺乏，故去冬遂决定自己培养教才之法，即将里昂广东大学海外部应得之款请之政府，永远定为广东大学海外部经费，其派选学生由本校全权办理，其派学何科及何国完全由校应于需要而决定，毕业之后务须照章服务。计由本年暑假起派，预计五年，教才即可自行养成。至于现在之里昂广大海外部之学生，亦原系为广大养成教才而派选，但因派时非应于本校之学科需要而派，则毕业之后能供给本校之教才实未能必，故不能不望诸五年后者，此也。海外部之能完全供给教才，既须俟之五年，而此五年内缺乏之教才，万不能不设法补救。去年暑假鲁进行聘请外国教员以图救济，经过去年一年，聘请国内教员之不易，现在既万分决心，且以广大之环境察之，聘请外国教员非仅为救济此五年内教才缺乏之一点而已，惟是聘请外才，到京以后调查北京经过情形，有数点应须注意者：(一）外才而用翻译非特不经济，且难得翻译良材，况大学而不能直接听讲外国语教授，亦非所宜，若对于外国语之直接听讲不能全数便利，则对于外国教

① 中国国民党中央委员会党史委员会：《邹鲁先生文集》，中国国民党中央委员会党史委员会1984年6月30日出版，第431页。

② 《邹鲁宋子文昨日赴京》，见《申报》，1925年2月6日。

③ 陈哲三：《邹鲁研究初集》，华世出版社1980年2月初版，第192页。

员遂不能出生良好效果，此对于第一外国语、第二外国语不能不注意者；（二）外才之请必择良者，良者之教授专科必须普通科学基础完备，方能领悟，吾国普通科学学生多所忽略，遂对于良好教师受益不多，此对于普通科学不能不注意者；（三）外国学校纪律较严，外国教员在其本国成为习惯，一至中国觉学生纪律之不如，遂以为对其而生玩视，心颓然而减少其教授上之兴味，此对于学校内之纪律不能不注意者。要之本校为国中最高学府之一，一切学术不能不求胜于人，欲求学术胜人，一方自当聘请良好教才，一方尤须诸君努力学问，去年一年于地方多事之秋，校中常费颇得确定，至为私幸。本年益当于教才及购置建筑扩充诸端进行，总祈广大虽成立不在人先，而进步不至落人之，是则兢兢用以自励者。离校以来，身虽在外，而精神则无日不在校中，盼望诸君学业与时俱进，是所至祷。归期本拟一月，刻以大元帅之病尚未告愈，校费教才进行尚有未了事情，恐不能不稍延长，是则寸心所至怅怅者。匆匆草此，不尽所言。”①

2月18日 陪同孙中山从协和医院移居铁狮子胡同行馆。②

2月中旬 复函大本营建设部部长林森，表示随函照收褒状纸。③

本校农科学院发明制造农产品，获得建设部颁发的褒状，但是需缴费领取。先生曾致函建设部，请求豁免褒状费。建设部不久前函复同意，并送褒状纸过校。先生复函表示照收褒状。

2月22日 致函国民党中央执行委员会，报告总理孙中山的病情并请搜集关于党务进行的资料寄送北京党部。④

2月26日 致函广东省省长胡汉民，请求本省农事报告做改良农业的参考并请求协助征求各省种子。⑤

先生指出，本校农科学院认为，国内农业改良无多，国产土货恐怕将被洋货排挤，从事农业生产的国人也会被打击。有鉴于此，农科学院正在从事农产研究，期待农业逐渐得以改良。致函省长，请求饬令本省各农事试验场及农

---

① 中国国民党中央委员会党史委员会：《邹鲁先生文集》，中国国民党中央委员会党史委员会1984年6月30日出版，第296~298页。

② 中国社会科学院近代史研究所中华民国史组：《中华民国史资料丛稿大事记》第十一辑，中华书局1978年8月印刷，第28页。

③ 中国国民党中央委员会党史委员会：《邹鲁先生文集》，中国国民党中央委员会党史委员会1984年6月30日出版，第434页。

④ 中国国民党中央委员会党史委员会：《邹鲁先生文集》，中国国民党中央委员会党史委员会1984年6月30日出版，第298页。

⑤ 中国国民党中央委员会党史委员会：《邹鲁先生文集》，中国国民党中央委员会党史委员会1984年6月30日出版，第437~439页。

校，将农事报告表检送一份过校，以作为研究改良农业的参考资料；同时，函请省长转咨各省公署分别令行本省各农校、农会、苗圃及农事试验场等，依表选送种子数种，连同农事报告橐寄来粤转送本校。函件还表示可以交换本省种子。随函寄送种子表一份，请省长查明。

△致函高州同乡会，核准备案。

此前，高州同乡会致函先生，请求备案。先生复函认为，“该会以联络乡谊，砥砺学术，促进高属文化，用意甚善。”① 同意备案。

2月中下旬 向孙中山大元帅府呈请令湘军讲武堂让还番禺学宫文。②

先生在呈文中指出，此前已经呈请将番禺学宫拨定为广东大学学生宿舍，在即行动工整修时，发现湘军所驻的学宫中座尚未让出，影响到整修工作的进行。现查湘军病院已经迁出，而湘军讲武堂又设在学宫中座，并连同前卢师谛军长所部驻扎学宫西边之乡贤祠、日新斋、节孝祠等处已让移为职校的宿舍一并占驻，致使学校不能修葺该场地。呈请大元帅令行湘军总司令谭延闿转饬湘军讲武堂，将学宫西边乡贤祠等处让出给本校修整，以维教育。

是月25日，大元帅府发布大元帅指令第一六二号，称候令行湘军总司令转饬湘军讲武堂尅日迁让，以让广大修整。③

同日，大元帅府发布大元帅训令第六七号，令湘军总司令谭延闿，合行令该总司令即便转饬湘军讲武堂尅日迁让，以维教育。④

2月中下旬 致函本校海外部学生会，汇寄学生津贴。

此前，本校海外部学生会叠接致电先生，希望汇寄经费。先生复函表示，将照寄经费，并提出希望：“并望转告各同学安心求学，切勿中辍，是为至盼。”⑤

2月中下旬 致函本校农科学院院长邓植仪，索取该院发明农产品的商标印版，转送大本营建设部，依法办理商标注册事宜。⑥

---

① 中国国民党中央委员会党史委员会：《邹鲁先生文集》，中国国民党中央委员会党史委员会1984年6月30日出版，第439页。

② 中国国民党中央委员会党史委员会：《邹鲁先生文集》，中国国民党中央委员会党史委员会1984年6月30日出版，第532页。

③ 中国国民党中央委员会党史委员会：《邹鲁先生文集》，中国国民党中央委员会党史委员会1984年6月30日出版，第533页。

④ 易汉文：《孙中山与中山大学》，中山大学出版社1999年10月第1版，第71～72页。

⑤ 中国国民党中央委员会党史委员会：《邹鲁先生文集》，中国国民党中央委员会党史委员会1984年6月30日出版，第434～435页。

⑥ 中国国民党中央委员会党史委员会：《邹鲁先生文集》，中国国民党中央委员会党史委员会1984年6月30日出版，第435页。

2 月 向孙中山大元帅呈请令各军将所存废枪拨交国立广东大学。

呈文指出，“窃查学校设备体操一科，不仅训练学子之体魄精神，要亦军国民教育所由寄，职校对于体操一门原分普通及兵式两种，第兵式操法当采用正式枪械，而后教授上庶不至徒托空言；顾正式枪械为职校所无，因之授课时不免稍形缺点。查各军连年作战所存废枪为数必多，此项枪支苟用之以作战则不足，若用之为操具则颇合宜。理合呈请钧座，俯赐准予令行各军司令饬将所有旧存废枪，择其较为完好者，各检集壹百或数十枝，迳缴大本营转发职校备用。”①

大元帅府于 3 月 10 日发布大元帅指令，“呈悉。所请将各军废枪拨作该校教授体操之用，事属可行。仰候通令各军径行拨交该校备用可也。此令。”②

同日，大元帅府发布大元帅训令第九一号，令建国北伐军总司令谭延闿等，将各军废枪拨作国立广东大学教授体操之用。③

2 月 致函广东省省长公署、县长公署，请筹划学生考察津贴。④

本校农科学院农学部四年级全体学生即将进行毕业旅行，按照惯例，应该由学生原籍县署发给毕业旅行津贴。先生致函广东省省长公署、县长公署，请令知各位学生原籍县公署，筹给学生毕业旅行津贴 200 元，并在 5 月以前汇寄学校，以便转发。

2 月 致函广东省省长胡汉民，请协助本校进行农产品调查。

农业是立国之本，但是近年来兵事连连，农业受到很大影响。先生在函件中写道：“敝校农科有见于此，拟筹改良整顿之策，力加倡率，务期有益于耕农，惟欲求农业之改良，必先以调查为入手之办法。敝校现拟将本省农林产品出入口数目，先行着手查明，藉资研究，相应将拟调查表一纸，函送贵署，请予连表分别行知本省各项征税机关，对于农产品出入口情形详查明确，依表逐细填入，报由贵署橐送过校，以便从事研究，事关农业前途，谅亦省长所乐为倡率也。”⑤

3 月初 致电本校学生会及农科学生会，表示不会他就及尽快回校的愿

---

① 中国国民党中央委员会党史委员会：《邹鲁先生文集》，中国国民党中央委员会党史委员会 1984 年 6 月 30 日出版，第 533 页。

② 易汉文：《孙中山与中山大学》，中山大学出版社 1999 年 10 月第 1 版，第 74 页。

③ 易汉文：《孙中山与中山大学》，中山大学出版社 1999 年 10 月第 1 版，第 74 页。

④ 中国国民党中央委员会党史委员会：《邹鲁先生文集》，中国国民党中央委员会党史委员会 1984 年 6 月 30 日出版，第 436 页。

⑤ 中国国民党中央委员会党史委员会：《邹鲁先生文集》，中国国民党中央委员会党史委员会 1984 年 6 月 30 日出版，第 437 页。

望。

本校学生会在2月份致电先生，电称："报载先生另有要务驻京，拟辞校长职，生等骇甚，务请先生回校主持，定人心。帅病代问。盼复。"① 本校农科学院学生会也在同月致电先生，希望先生尽快回校办理校务。

先生在致本校学生会的复电中说道："鲁早以身许校，无论何处及何职务，决不他就；一俟帅病稍愈，及在北京进行校事，得一二结果即回。帅病服中药已日有进步，诸君电问已代达。"随后，先生致电农科学院学生会，电称："鲁之急欲回校，正与诸君同，但须俟大元帅病稍愈及校事在京进行有一二结果，即起程回校。"②

3月7日 国立广东大学教授联席会议召开。吕子方、曾济宽等人出席会议，会议由褚民谊主持。开会前，先生致本校的电报被抄录在黑板上："江（3日）电悉，鲁此次因大元帅病，不得已暂行来京，万无辞职之事，校中设备牵挂，乘机进行筹划基本金，以为设备之用，一俟大元帅病稍愈，款项得有结果，即行回校。校中各务□诸位先生加意整理为扣。鲁 支（4日）"③

3月上旬 致函广东省省长胡汉民，请查照交换树种。④

先生在函件中表示，福建闽海道道尹呈函，征集各地良种。本校接到省长公署转函后已经转饬农科学院检送秋枫、苦栋、水松、蒲葵、梧桐、缅甸合欢六种树种，填表寄送福建省长公署。同时，征请福建特产树种福州杉及樟树种子，以做交换。

3月上旬 致函广东省省长胡汉民，请查照本校本科毕业学生事宜。⑤

先生在函件中阐述了法律、政治经济本科学生毕业成绩及是否允许毕业情况。随函附送了上述本科学生的毕业成绩及毕业报告表，请省长公署查照办理。

3月11日 见证孙中山签署国事、家事遗嘱及致苏联政府遗书。⑥

---

① 中国国民党中央委员会党史委员会：《邹鲁先生文集》，中国国民党中央委员会党史委员会1984年6月30日出版，第440页。

② 中国国民党中央委员会党史委员会：《邹鲁先生文集》，中国国民党中央委员会党史委员会1984年6月30日出版，第439～440页。

③ 《教授联席会议记录》，见"国立广东大学全宗"档案，全宗号31，目录号1，案卷号8，藏广东省档案馆。

④ 中国国民党中央委员会党史委员会：《邹鲁先生文集》，中国国民党中央委员会党史委员会1984年6月30日出版，第440～441页。

⑤ 中国国民党中央委员会党史委员会：《邹鲁先生文集》，中国国民党中央委员会党史委员会1984年6月30日出版，第441～442页。

⑥ 陈锡祺：《孙中山年谱长篇》，中华书局1991年8月第1版，第2130页。

上午8时许，孙中山的病情已经十分严重，眼睛开始散光。于是，汪精卫征求宋庆龄意见并获得同意后，即刻召拢孙中山的家属及在京侍疾的党人宋子文、孙科、先生、邵元冲、孔祥熙、吴敬恒、何香凝、戴季陶、戴恩赛等，与宋庆龄一同来到孙中山病榻旁，时间已近中午，汪精卫赶紧拿出在2月24日起草好的两份遗嘱，呈给孙中山签署。孙中山签署后，汪精卫在笔记者下签名，宋子文、邵元冲、戴恩赛、孙科、吴敬恒、先生、何香凝、孔祥熙、戴季陶九人则在证明者下面署名证明。

△致电陈公博、杨希闵、谭延闿、许崇智、刘显丞、廖仲恺、蒋介石，报告孙中山的病情。①

△致电谭延闿、杨希闵、许崇智、范石生、廖仲恺、蒋介石等人及中央执行委员会，报告孙中山病情恶化。②

3月12日 孙中山病逝，先生侍立床侧。

上午9时30分，孙中山在北京铁狮子胡同行辕病逝。先生和宋庆龄、孙科夫妇、汪精卫、戴季陶、李烈钧、林森、李石曾、石青阳、于右任、杨庶堪、邵元冲、叶恭绰、黄昌谷以及日本友人山田纯三郎等侍立床侧守护。

△孙中山北京治丧处成立，由于右任、吴敬恒、宋子文、孔祥熙、李石曾、汪精卫、先生、孙科、林森九人组成。③

△与汪精卫一同致电胡汉民及中央执行委员会。电称：

“广州胡省长转中央执行委员会鉴：

总理于本日（12）上午九时三十分钟，在北京行辕逝世，特此痛告，并请转告各党部。

汪兆铭　邹鲁　侵（12日）”④

3月13日 致函本校教职员，要求到孙中山灵座前望祭。

函件要求在本月14日至19日期间，本校教职员每日到孙中山灵座前望祭一次。先生还对礼节程序作了明确要求：“（一）集合；（二）就位；（三）肃立；（四）俯首；（五）默哀一分钟；（六）向大元帅遗相［像］行三鞠躬；

---

① 中国国民党中央委员会党史委员会：《邹鲁先生文集》，中国国民党中央委员会党史委员会1984年6月30日出版，第298～299页。

② 中国国民党中央委员会党史委员会：《邹鲁先生文集》，中国国民党中央委员会党史委员会1984年6月30日出版，第299页。

③ 李松林等：《中国国民党大事记》，解放军出版社1988年8月第1版，第141页。

④ 《孙耗到粤后之广州市》，见《申报》，1925年3月17日。

（七）礼毕。”①

△致函本校师生，要求为了祭奠孙中山大元帅逝世，学校钢琴歌诗及附属学校音乐唱歌停课一周。②

△致函本校师生，为孙中山逝世服丧。“所有本校教职员及学生由今日起男左臂缠黑纱，女衿缀黑花一月，以志哀忱。”③

△致函本校师生，因为孙中山逝世，要求全省运动会改期至本月 20 日开始，学校放假日期也相应改为从本月 20 日至 24 日。④

3 月 14 日 致电广东省省长胡汉民，告诉总理孙中山灵柩移居北京中央公园。⑤

3 月 15 日 致电广东省省长胡汉民，告诉总理孙中山哀典筹备情形及灵柩停放安排。⑥

3 月 17 日 为追悼孙中山大元帅，签署大学布告两则。⑦

第一则为在本月 17 日、18 日、19 日三天停课，师生一律到校，按日举行哀典。

第二则为广东省第九次运动大会举行日期因在孙中山大元帅哀悼期内，提出运动会举行期间的注意事项，包括不得用乐器及唱歌、不得鼓掌欢呼、不再举行表演等。

△泪书国父手书三民主义自序原稿题跋。⑧

3 月 19 日 举孙中山灵柩到中央公园。⑨

上午 11 时，孙中山灵柩由北京协和医院移至中央公园社稷大殿。由孙中

---

① 中国国民党中央委员会党史委员会：《邹鲁先生文集》，中国国民党中央委员会党史委员会 1984 年 6 月 30 日出版，第 442 页。

② 中国国民党中央委员会党史委员会：《邹鲁先生文集》，中国国民党中央委员会党史委员会 1984 年 6 月 30 日出版，第 443 页。

③ 中国国民党中央委员会党史委员会：《邹鲁先生文集》，中国国民党中央委员会党史委员会 1984 年 6 月 30 日出版，第 443 页。

④ 中国国民党中央委员会党史委员会：《邹鲁先生文集》，中国国民党中央委员会党史委员会 1984 年 6 月 30 日出版，第 443 ~ 444 页。

⑤ 中国国民党中央委员会党史委员会：《邹鲁先生文集》，中国国民党中央委员会党史委员会 1984 年 6 月 30 日出版，第 299 页。

⑥ 中国国民党中央委员会党史委员会：《邹鲁先生文集》，中国国民党中央委员会党史委员会 1984 年 6 月 30 日出版，第 299 页。

⑦ 中国国民党中央委员会党史委员会：《邹鲁先生文集》，中国国民党中央委员会党史委员会 1984 年 6 月 30 日出版，第 444 ~ 445 页。

⑧ 国立中山大学校友会：《邹鲁全集》第（一）卷，三民书局股份有限公司 1976 年 10 月初版，彩页部分。

⑨ 戴书训：《愈经霜雪愈精神——邹鲁传》，近代中国出版社 1983 年 10 月初版，第 154 页。

山的亲近同志24人，分为三组举柩至中央公园。先生为24位举柩者之一，被分在第二组，同组的还有于右任、陈友仁、李大钊、白云梯、戴季陶、邵元冲、钮永建。先生感叹道："当举柩时，又体会到总理梭负荷之重大责任，均在吾人肩上，吾人应极求实现遗嘱所嘱，以慰总理在天之灵。而鲁举柩，生平止此一次。"①

3月中旬 致函本校师生，强调为孙中山哀悼期间放假三天是专为致哀所定，期内除因病外不得请假。②

3月中旬 致函本校师生，要求师生确实为孙中山服丧。

先生在函件中指出，教职员及学生均应向庶务部领取黑纱缠带，"如领取后不缠黑纱者，一经查觉，均作为校外人员论，所享权利概予取消。"③

3月20日至25日 第九次广东全省运动会在国立广东大学操场举行，先生任运动会会长，副会长为金曾澄。④

3月23日 黄行致函先生等人，请求将广东大学改名为中山大学。

国民党党员黄行给国民党中央党部致函《改广大为中山大学之提议》。函称："中央执行委员会诸君并转汪精卫、邹海滨先生暨诸同志鉴：噩电传来，天下太息，惟先生虽死，主义尤存。吾侪正宜鼓其余勇，努力三民，竟先生未竟之志，励后死之责也。顷阅报载北京同志改中央公园为中山公园，南京为中山城等语，景仰元老，人有同情。而吾粤为革命策源地，又为先生桑梓所在，更不可以无纪念，似宜将广东大学改为中山大学。查以党建国，为先生之特见，以党建校，实宣传之要图，是否有当，伏候公决。"⑤

3月24日 吊唁孙中山。

北京治丧处决定自20日起，孙中山遗体安灵三日，布置一切。24日至26日正式接受吊唁。24日上午10时，由宋庆龄率家属先行致祭，嗣后来宾按次入内行礼，有广东军政府代表先生，北京政府教育、海军、司法、陆军、交通、内务、财政各部长官及部员上殿致祭。其他各团体及个人来吊唁者，不计其数。

---

① 中国国民党中央委员会党史委员会：《邹鲁先生文集》，中国国民党中央委员会党史委员会1984年6月30日出版，第177页。

② 中国国民党中央委员会党史委员会：《邹鲁先生文集》，中国国民党中央委员会党史委员会1984年6月30日出版，第445~446页。

③ 中国国民党中央委员会党史委员会：《邹鲁先生文集》，中国国民党中央委员会党史委员会1984年6月30日出版，第446页。

④ 广东省立中山图书馆：《民国广东大事记》，羊城晚报出版社2002年11月第1版，第235页。

⑤ 《改广大为中山大学之提议》，见《广州民国日报》，1925年3月24日。

3 月 25 日 致函广州市财政局局长，要求尽快呈报解决本校第二农场土地案。①

此前，先生曾致函广州市财政局，请求尽快解决本校第二农场土地一案。但是事情已经过去三个月，广州市财政局尚未呈复广州市政厅转呈省长公署核办，以致悬案至今未能解决。此次为致函再次催促市财政局加快进行该项工作。

春 命令本校农科学院院长邓植仪规划本校石牌新校址的选定和农科学院第二农场的勘察。②

春 写信回校，在信中对北方学术空气浓厚，刊物如雨后春笋般涌现很有感慨，写道："本校出版物很少，希望各位此后对于言论上多所发表，使广大可为西南文化之策源地。"③

4 月 1 日 致电叶楚伧、王焕廷，请其在上海成立总理孙中山丧事筹备处，电报由先生及汪精卫、戴传贤等人共同署名。④

△签署布告，开除符姓学生。

先生主政国立广东大学后，对于华侨生特别优待，向例不收学费。但该生作为华侨学生，已为本校定为参加广东第九次运动大会选手，并为之纳费。讵料该生临时贪图私便，改用他种团体及个人名义入场，学校认为"似此行为直表示与本校脱离关系，在该生为既不尊重本校名誉，在本校亦不愿有此类学生。"结果予以"革除学籍"⑤。这是先生主政国立广东大学期间，开除的唯一一名大学生。

约 4 月 3 日 参加在苏联大使馆举行的会谈，反对承认库伦政府。⑥

是月，苏联驻华大使加拉罕请先生等人在苏联驻华大使馆会谈。参加会谈的有来自国民党的吴敬恒、戴传贤、于右任、先生、鲍罗廷，来自共产党的李大钊、于树德，以及所谓库伦政府的外交部长、政府委员等，共有十余人。先生以国民党中常委身份被邀请列席。

坐定后，加拉罕发表致辞，并介绍先生等人和所谓库伦政府的外交部长、

---

① 中国国民党中央委员会党史委员会：《邹鲁先生文集》，中国国民党中央委员会党史委员会1984 年 6 月 30 日出版，第 446 页。

② 东莞市政协：《邓植仪文选》，广东高等教育出版社 2006 年 10 月第 1 版，第 426 页。

③ 陈哲三：《邹鲁研究初集》，华世出版社 1980 年 2 月初版，第 117 页。

④ 中国国民党中央委员会党史委员会：《邹鲁先生文集》，中国国民党中央委员会党史委员会1984 年 6 月 30 日出版，第 300 页。

⑤ 陈哲三：《邹鲁研究初集》，华世出版社 1980 年 2 月初版，第 124 页。

⑥ 陈哲三：《邹鲁研究初集》，华世出版社 1980 年 2 月初版，第 194 页。

政府委员等相见。由于“邹鲁对于第三国际意图干涉控制中国国民党的情形极多反感”①，因此先生在当时已经有了很不愉快的感想：为什么加拉罕这样荒唐，把他们和所谓库伦政府的人员相等对待？介绍完毕，加拉罕便提出他的主张，说道：“苏联很希望国民党中央及政府能够承认库伦政府。”先生等人公推一位答复加拉罕，只表示了感谢招待的盛意，却没有提到承认库伦政府的事，含糊敷衍了事。在谈话中，加拉罕和所谓库伦政府外交部长又再三声明，并且说什么请国民党中央及政府承认所谓库伦政府，完全是根据孙中山的民族民权主义。先生忍无可忍，便起来反驳说：“总理确有民族民权主义，不过跟着有一句话，民族民权是造成中华民族。总理的民族主义的意义，固然不是大家来分割中华民国，更不是民族自决之后，把中华民国的土地并入他国的版图。”② 说罢，先生即与参加会谈的国民党其他要员辞别而去。

出大使馆后，戴传贤对先生说：“幸亏你这一盆冷水，泼得加拉罕、鲍罗廷和库伦伪政府的人员满头淋漓，狼狈不堪。”③“你说的话，我正想说，今天这会不如此说，便失去我们中央的体面和立场。”④

4月7日 向大元帅府呈请将广州中上七校经费委员会改名为中上四校经费委员会。⑤

先生在呈文中指出，由于裁撤、合并等原因，广州中上七校经费委员会已经名不符实。为名正言顺起见，改名为广州中上四校经费委员会，接管原广州中上七校经费委员会各费。

是月13日，大元帅府发布大元帅指令第二九二号，准予先生呈请，将中上七校经费委员会改名为中上四校经费委员会，并令行广东省长转令广东省财政厅、教育厅、广州市政厅暨粤海关监督知照。⑥

△在宛平县（今北京市丰台区、门头沟区等地）手书纪念孙中山的题

---

① 许继峰：《邹鲁与中国革命（西元一八八五～一九二五）》，正中书局1981年1月台初版，第166页。

② 邹鲁：《回顾录》，岳麓书社2000年9月第1版，第137页。

③ 中国国民党中央委员会党史委员会：《邹鲁先生文集》，中国国民党中央委员会党史委员会1984年6月30日出版，第585页。

④ 中国国民党中央委员会党史委员会：《邹鲁先生文集》，中国国民党中央委员会党史委员会1984年6月30日出版，第555页。

⑤ 中国国民党中央委员会党史委员会：《邹鲁先生文集》，中国国民党中央委员会党史委员会1984年6月30日出版，第535～536页。

⑥ 中国国民党中央委员会党史委员会：《邹鲁先生文集》，中国国民党中央委员会党史委员会1984年6月30日出版，第536页。

跋。[1]

4月8日　偕同叶楚伧乘早快车从南京前往上海，下午2时抵埠。此前，先生离京南下，顺道到南京视察中山墓地，事毕后，离开南京赴沪。而叶楚伧则专程从上海到南京，勘阅中山墓地。[2]

4月上旬　致函广东省省长胡汉民，请保护中山林。[3]

是月4日，为了纪念孙中山，本校农科学院师生到第二农场种植中山林，但担心被乡民放养的牛羊破坏，特致函省长，请出示告示予以保护。

4月上旬　致函本校师生，要求参加孙中山纪念活动。[4]

函件指出，国民党中央执行委员会已将本月9日至11日定为建设孙中山纪念堂及图书馆募捐期，12日为孙中山追悼会，本校自应照办。先生在函件中对各科各部出发售章的时间及参加追悼会的要求作了具体安排。

4月11日　向大元帅府呈请令滇军第二师不得向协隆公司提取学款。

先生根据协隆公司陈泰济呈称，建国滇军第二师司令部发来训令，以战事紧迫需用款项为由向该公司提取全省进口洋布匹头釐费，每日提取500元，该费原系解缴国立广东大学的经费。先生呈文，认为“查此项釐费拨充职校经费，经于去年十一月十八日奉帅座第二二八号指令照准，且通令各军不得截留在案。诚以经费为学校之命脉，若由他方夺取，势必立绝生机。况自开学以来，需款倍于往昔，而现时支绌情形已达极点，正赖此项釐费得以维持。廖师长对于此项釐费或未加帅令核准原案，致生误会，否则军费纵加如何紧急，断无将学款截留之理，为此呈请钧座迅赐令行滇军第二师即予制止，不得向该商提取职校学款，以维教育而符原案，实纫公便。”[5]

次月8日，大元帅府发布大元帅指令第三五六号，“候令行建国滇军杨（杨希闵）司令转饬第二师长勿得提取该项釐费以维学款。”[6]

---

① 孙穗芳：《国父孙中山先生纪念集》，华人国际新闻出版集团2003年9月第1版，第180页。

② 《国民党要人昨已到沪》，见《申报》，1925年4月9日。

③ 中国国民党中央委员会党史委员会：《邹鲁先生文集》，中国国民党中央委员会党史委员会1984年6月30日出版，第447页。

④ 中国国民党中央委员会党史委员会：《邹鲁先生文集》，中国国民党中央委员会党史委员会1984年6月30日出版，第447~448页。

⑤ 中国国民党中央委员会党史委员会：《邹鲁先生文集》，中国国民党中央委员会党史委员会1984年6月30日出版，第534页。

⑥ 中国国民党中央委员会党史委员会：《邹鲁先生文集》，中国国民党中央委员会党史委员会1984年6月30日出版，第535页。

4月13日 反对在北京召开国民党二大。①

国民党中央北京执行部不顾广州中央执行委员会的决议，擅自在帅府园开会讨论召集第二次全国代表大会的地点问题，丁惟汾任主席。于树德发言力排众议，说明北京处帝国主义及军阀势力之下，无集会自由，应在粤开会，遭受阻止。丁为居正等威势所迫，唱付表决。石瑛、居正、石青阳、李烈钧、覃振、邓家彦6人赞成在京开会及否决广州中央委员会的决议案，王法勤、于树德、戴传贤、先生4人反对。结果，在京开会案竟获得通过。其次讨论不许共产党跨党问题，于树德愤而退席，众人主张下次续议。

由于先生8日已抵上海，是否为请人在会上代为表决，尚需查证。

△在上海的国民党党员召开追悼孙中山大会，先生任主席。②

4月中旬 致函广东省省长胡汉民，请协助调查蔗糖业状况。

先生在函件中指出，本校农科学院新设立制糖学科，以期改良中国糖业落后的状况。“然欲改良，必先采集资料，从事研究，故分类调查之举，实属不能置为缓图。”③ 先生随函附送40份关于蔗糖业各种状况调查表，函请省长咨行各省省长公署，饬属转发填写，并迳送本校，以供研究使用。

4月21日至23日 邀请美国专家华尔德到校演讲《印度之挑战》、《俄罗斯之挑战》、《私有财产制度之将来》。④

4月27日 向大元帅府呈报中上四校经费委员会印信启用时期为本月27日，请察核备案。⑤

次月1日，大元帅府发布大元帅指令第三四四号，对先生呈报另刊钤记小章及启用日期准予备案。⑥

4月30日 邀请黄希声在本校作幻灯演讲《美国教育》。⑦

4月 邀请陈钟凡在本校演讲《儒家之态度及其精神》。⑧

---

① 中国社会科学院近代史研究所中华民国史组：《中华民国史资料丛稿大事记》第十一辑，中华书局1978年8月印刷，第59页。

② 《国民党要人昨已到沪》，见《申报》，1925年4月9日。

③ 中国国民党中央委员会党史委员会：《邹鲁先生文集》，中国国民党中央委员会党史委员会1984年6月30日出版，第448~449页。

④ 陈哲三：《邹鲁研究初集》，华世出版社1980年2月初版，第117页。

⑤ 中国国民党中央委员会党史委员会：《邹鲁先生文集》，中国国民党中央委员会党史委员会1984年6月30日出版，第537页。

⑥ 中国国民党中央委员会党史委员会：《邹鲁先生文集》，中国国民党中央委员会党史委员会1984年6月30日出版，第537页。

⑦ 陈哲三：《邹鲁研究初集》，华世出版社1980年2月初版，第117页。

⑧ 陈哲三：《邹鲁研究初集》，华世出版社1980年2月初版，第117页。

5月初　在北京召开的国民党中央执行委员会一届第三次全会作出决议，由先生带总理遗嘱原件回广州，交中央执行委员会保存。①

5月初　在回广州前，抽空赴法国公使馆商谈退回庚子赔款以补助教育。

陈哲三记述："当民国十四年二月（1925年2月）间英政府决定以庚款筑路，易培基自京电粤报告此事，广大即召集争取赔款委员会开会讨论对付。一致决议，电北京教育界表示一致反对进行，并请邹校长在京就近办理，并由程天固起草宣言提出反对。邹鲁在京并曾于十四年五月（1925年5月）初赴法公使馆商量庚款，结果为广大争取到二十万元。"②

本次约会，后来被人诬为先生勾结帝国主义。

5月2日　《北京晨报》载有署衔广东学界联合会的冬（2日）电，诋毁汪精卫、先生二人，"请扣存法国庚子赔款退还广东应得部分之款"。

《广州民国日报》18日登载广州学生联合会声明电，对冬电"不胜骇异，查广东并无学界联合会之组织，显系有人假借名义，至汪邹二先生匪特为广东一致尊重，即全国各界亦无不一致崇仰，诬捏之词，尤所共见。特此电达，伏维鉴察。"③

5月7日　因国耻纪念活动，与清水享互通信函。

是日，广东工农兵学界在国立广东大学操场召开"五七国耻"④ 纪念会，到场两万人。王一飞任主席，廖仲恺、谭平山、刘少奇、黄学增、徐宽、苏联加仑将军等讲了话，会后组织游行。⑤

日本驻广州代理总领事清水享在5月初致函先生，指出据《广州民国日报》报道，国立广东大学学生拟于5月7日所谓"国耻纪念日"发表演讲，"以期达到煽动排日风潮之计划"。先生为中国西南最高学府校长，不能"默不一言"。清水享还提出，日本国外务省文化事业部"致力沟通中日两国文化之崇高目的，诚不吝种种之援助"，在此时机举行"有碍贵大学声誉之举动，并其他行为，此后并希留意，盼切祷切。"⑥

是月上旬，先生复函清水享，认为"至本校学生对于五七运动，系属热

① 戴书训：《愈经霜雪愈精神——邹鲁传》，近代中国出版社1983年10月初版，第154页。

② 陈哲三：《邹鲁研究初集》，华世出版社1980年2月初版，第112页。

③ 《广州学生联合会之声明电》，见《广州民国日报》，1925年5月18日。

④ "五七国耻"：1915年5月7日下午3时，日提出袁政府接受二十一条的最后通牒，限袁世凯政府于5月9日午后6时前答复，是为"五七国耻"的由来。

⑤ 广东省立中山图书馆：《民国广东大事记》，羊城晚报出版社2002年11月第1版，第239页。

⑥ 中国国民党中央委员会党史委员会：《邹鲁先生文集》，中国国民党中央委员会党史委员会1984年6月30日出版，第301页。

心爱国，自由主张，莫非为免除中日两国亲善之障碍，及贯彻先生所抱亚洲民族合作主义之精神，凡属主张和平者，均应援助其成功也。知关锦注，用特函复查照。”①

5月10日 乘法国轮船自沪抵港。下榻英皇酒店。②

5月11日 早，乘金山日船从香港出发，下午3时，抵达省港轮码头。本校教职员及学生数百人到码头列队欢迎，先生随即乘汽车回学校稍憩。③

△下午，出席国民党中央执行委员会一届第八十次联席会议。

会议在报告事项中请丁惟汾、先生报告在北京召开的国民党中央执行委员会第三次全会的经过情形。出席会议的还有胡汉民、林森、恩克巴图等人。对于国父遗嘱，会议决议：“由中央执行委员会保存，暂托中央银行敬谨存放。”④

△向大元帅府呈报修正广州中上四校经费委员会章程文。⑤

先生在呈文中指出，广州中上七校经费委员会更名为中上四校经费委员会后，章程也应进行修正。先生将修正后的章程呈请查核备案。

大元帅府于是月15日发布大元帅指令第三七八号，对先生呈报修正中上四校经费委员会章程准予备案。⑥

5月12日 出席本校学生会举行的欢叙会。

下午2时半，本校学生会在大礼堂举行欢叙会，六百余人到场。会议由学生会中枢执行委员会黎兆葵主持，黎兆葵表示，“吾人亲爱的千呼万唤的邹校长回来矣，吾人对之，欢喜无限，特于此时开一欢叙会，以叙久别之情，并请邹校长赐以教诲。”此时，全体与会学生起立，向先生行一鞠躬礼。先生随即发表演说，谈了在京情形，约有四事：“一、中山先生病与死之情形；二、参观北京各大学后之感想；三、本校经费问题；四、其他杂谈。”⑦

---

① 中国国民党中央委员会党史委员会：《邹鲁先生文集》，中国国民党中央委员会党史委员会1984年6月30日出版，第301页。

② 《邹鲁林森经已抵省》，见《广州国民日报》，1925年5月12日。

③ 《邹鲁林森经已抵省》，见《广州国民日报》，1925年5月12日。

④ 陈哲三：《邹鲁研究初集》，华世出版社1980年2月初版，第195页。

⑤ 中国国民党中央委员会党史委员会：《邹鲁先生文集》，中国国民党中央委员会党史委员会1984年6月30日出版，第537~539页。

⑥ 中国国民党中央委员会党史委员会：《邹鲁先生文集》，中国国民党中央委员会党史委员会1984年6月30日出版，第540页。

⑦ 《广东大学开欢叙会》，见《广州国民日报》，1925年5月13日。

△致函国民党中央执行委员会，告之已回到青年部视事。①

5月14日 发布填设校警的布告二则。②

第一则为因为学校失窃案件叠出，均未破获，“似此疏忽，殊属不成事体。”特行填设校警，以资防范。并在布告中要求，自本月19日起，各生出入一律佩戴校章。

第一则为因为校园围墙多处崩塌，为避免闲杂人员深夜越墙入校，填设校警。

5月15日 以国民党青年部部长名义通告各县党部，请推广平民教育。

通告写道：“普及教育为国家要政，吾党政纲已郑重标明，本党根据党纲，规定为救济一般青年失学起见，已组织平民教育委员会，先在广州办理平民教育义学三十余所。查贵县失学青年，为数不少，倘不亟谋教育普及，于民治楷模，不无欠缺。为此通告。希即积极筹备，务希于最短期内，促其实现。民众幸福，国家前途，实利赖焉。兹寄平民教育运动步骤一册，推广计划一纸，统希查收，仿照办理。”③

5月16日 主持全校教授会议。④

出席会议的教授有梁龙、褚民谊等35人。会议讨论了修改下学期课程、俱乐部案、修改教授联席会议规则等事项。

5月17日 出席国民党中央执行委员全体谈话会暨中央执行委员会一届第八十二次会议。

会议讨论组织临时政治宣传委员会案，推定汪精卫等7人为委员；讨论中央执行委员会全体会议增加常委两人，推定丁惟汾、于树德为常委；规定中央执行委员会预备会议及全体会议时间案，决议自本月18日起每日上午10时至下午1时在大本营开会，风雨无阻。胡汉民、廖仲恺、先生等人出席会议。

5月18日至25日 出席国民党中央执行委员会一届第三次全体全会。⑤

国民党中央执委会第三次全会继续在广州召开，会议作出两项重要决议，一是决定接受孙中山遗嘱，二是重申容纳共产党员。全会于24日发表《中国

① 中国国民党中央委员会党史委员会：《邹鲁先生文集》，中国国民党中央委员会党史委员会1984年6月30日出版，第355页。

② 中国国民党中央委员会党史委员会：《邹鲁先生文集》，中国国民党中央委员会党史委员会1984年6月30日出版，第449页。

③ 《中央青年部通告各县党部》，见《广州国民日报》，1925年5月15日。

④ 《教授联席会议记录》，见“国立广东大学全宗”档案，全宗号31，目录号1，案卷号8，藏广东省档案馆。

⑤ 邹鲁：《回顾录》，岳麓书社2000年9月第1版，第138页。

国民党接受总理遗嘱宣言》，宣言要求所有党员的言论行动必须恪守中山先生遗教。

5 月 19 日 出席中央执委会第二次预备会议暨中央执委会一届第八十四次会议。会议讨论并通过第二次全国代表大会选举办法草案等。出席会议的还有汪精卫、丁惟汾、沈定一等人。会议由汪精卫主持。

△接本校农科学生会呈函。呈函叙述了农科院员生被石牌村民殴打，要求严促政府急速追凶严办。①

5 月 20 日 胡汉民派先生赴香港劝说杨希闵、刘震寰回广州。

《申报》是月 23 日刊登 22 日香港电："邹鲁哿日（20 日）再来港，疏通杨希闵、刘震寰。"②

先生赴港劝说杨、刘回粤的目的是希望他们能够回心转意，打消推翻政府的动机。③ 杨、刘于 5 月 22 日返回广州，布置军事，并于 24 日乘革命军主力东征之机，打着反对"共产"的旗号公开叛乱。

5 月中旬 复函欧阳达孝，谢赠书籍于国立广东大学。

是月 13 日，本校农科学院邓植仪教授来函，说明已故友人欧阳恒遗书 80 册，在丁颖教授的建议下，拟赠本校图书馆，以留纪念。4 月 30 日，农科学院教授会讨论后，认为"将书另用书橱装载，陈列于图书馆内，详载欧阳恒君历史，连同相片，标贴于橱上，请校长具函答谢，并由本校刊物发表颂扬。"④ 因此来函，请校长察照定夺。

先生给欧阳恒的弟弟欧阳达孝复函，对其捐赠举动，表示无任感激，并将其兄欧阳恒的相片、历史粘贴在赠书橱上，同时在本校周刊上登报表扬。

5 月 25 日 下午 3 时，以国民党青年部部长名义邀请广东省教育会长汪精卫到国立广东大学礼堂演讲孙中山的主义及报告孙中山病时状况。听讲者为执信学校、女子师范、市立师范、国立广东大学附属中学、市立职业、公益中学及保姆学校学生。⑤

---

① 国立中山大学农学院推广部：《前广东公立农业专门学校学生会之运动纪要（民国十二年至十四年）》，中山大学农学院推广部 1936 年 11 月编印，第 64 页。

② 汕尾市人物研究史料编纂委员会：《汕尾市人物研究史料（陈炯明与粤军研究史料）》第二辑，1994 年 3 月印刷，第 497 页。

③ 周聿峨、陈红民：《胡汉民》，广东人民出版社 1994 年 12 月第 1 版，第 176 页。

④ 中国国民党中央委员会党史委员会：《邹鲁先生文集》，中国国民党中央委员会党史委员会 1984 年 6 月 30 日出版，第 301 页。

⑤ 《青年部开演讲大会》，见《广州民国日报》，1925 年 5 月 22 日；《汪精卫在广大演讲》，见《广州民国日报》，1925 年 5 月 25 日。

△函复本校预科文法四组全体学生代表团，“数学应毋庸议”①。

预科文法四组全体学生代表团于14日及24日两次致函先生，请求取消数学科，改授与英文、法文两科相近的学科。先生函复指出，来函已经经第二十七次校务会议议决，照第十四次校务会议第一条议决案办理，碍难取消数学科目。

5月26日 出席广东省军政会议。

广东省政府已下定决心反对南联唐继尧，对于亲唐的刘震寰部将进行讨伐。而久处香港与联治派日谋活动的刘震寰于25日忽然回到广东省，杨希闵也于同时回到广州，广州气氛紧张，“识者咸以大局之变动，将接着杨刘二人回省而爆发。”②

广东省军政会议就是在这种背景下在东壩二沙头颐养院秘密举行，出席会议的有杨希闵、谭延闿、胡汉民、先生、汪精卫、戴传贤、廖仲恺等，会议内容，“外间虽未详悉，然据某要人传出消息，则谓一为应付联治问题，其二即为讨论大本营改制问题。”③

△以国民党青年部部长名义邀请广东省教育会长汪精卫及国民党中执委候补委员沈玄庐到国立广东大学礼堂演讲。听讲者为第一中学、国立广东大学附属师范、甲种工业学校、甲种商业学校、市立美术学校学生。④

5月27日 下午，以国民党青年部部长名义邀请戴传贤、沈定一到国立广东大学礼堂演讲。戴传贤演讲的题目是《中国国民党之历史的使命》，演讲历时两小时之久；沈定一演讲的题目是《俄国革命与中国》。听讲者为国立广东大学学生。⑤

△与国立北京大学、中法大学、国立东南大学、国立北洋大学、国立武昌大学、国立武昌商科大学等京内外七所大学校长发表宣言《法国庚款解决后与政府交涉教育经费之经过》。⑥

△接见本校学生军代表，先生对学生军“甚为嘉许，并允早日代觅精于军事学者为教练，枪械营房各件，亦担承请政府筹措。”⑦

5月28日 答复学生请愿代表。

---

① 见“国立广东大学全宗”档案，全宗号31，目录号1，案卷号9，藏广东省档案馆。

② 《粤政府会议讨唐》，见《申报》，1925年6月2日。

③ 《粤政府会议讨唐》，见《申报》，1925年6月2日。

④ 《青年部开演讲大会》，见《广州民国日报》，1925年5月22日。

⑤ 《广大演讲之第三日》，见《广州民国日报》，1925年5月28日。

⑥ 《京内外七校之宣言》，见《申报》，1925年6月1日。

⑦ 《广大学生军之进行》，见《广州民国日报》，1925年5月28日。

上午9时，本校预科文法科男同学共百余人向先生请愿，要求取消数学课程。先生到礼堂给予答复，大意为："余个人尽可容纳各位意见，惟经余提出校务会议，皆不通过，故余亦无办法。最后余更欲有语为诸君忠告，应即日上课，否则余惟有执行校规。"学生代表杨显之发言，指出学生不上数学课有"充足理由"，校务会议"不能压抑真理"。先生随即表示"无论如何，各位应即日上课。至汝等所持之理由，自以为甚是，容日当为诸君逐条证其谬误。余刻有事，不能再谈矣。"① 说完，先生退席。各位学生则以此事仍属没有解决，决议仍继续不上数学课。

△中午，接见广东公医请愿学生。

△下午，以国民党青年部部长名义邀请汪精卫到国立广东大学礼堂演讲。②

5月31日 签署大学布告，对本校预科文法组罢上数学课做出处理，杨显之停学一年，黄达权等记大过二次，李琳等记大过一次。先生在布告中指出："数学科为进修一切学术之基础，此为世界教育家所公认。"③

约5月 聘请姚雨平为国立广东大学军事训练部主任。④

是年冬，国立广东大学成立军事训练部，先生聘任姚雨平出任主任一职。当时姚前往北京办理孙中山逝世事宜，后从北京回来广州，事前先生曾征求姚的意见，姚认为他不是军事学校毕业，未允就任，后来先生说只是挂个名就可以，姚终于答应。先生还聘请余程万为副主任，聘请教官担任术科，以曾在救国会学生军毕业在校在学生如李子祥、曾宪昌、任其达、冯宝铭、张学博等为助教（免缴学费）。

6月初 离穗赴港，不忍心看到滇桂军走向覆亡。⑤

杨希闵和刘震寰领导的滇、桂军在第一次东征中，心怀异志，按兵不动，徒索军费，且欲勾结陈炯明，陷东征军于绝境。幸右翼黄埔军校、粤军各部奋勇杀敌，始告成功。及东征底定，杨、刘恃众五六万人，南联唐继尧，北结段祺瑞，阴谋割据广州。其通敌密电，均被右翼军查获。逆迹昭著，广东国民政府为巩固革命基地，不得不命蒋介石率军予以讨伐。

等先生从北京携带孙中山遗嘱原件回到广州时，军事对峙已相当紧张。滇

① 《广大预文法生风潮在志》，见《广州民国日报》，1925年5月29日。

② 《广大演讲之第三日》，见《广州民国日报》，1925年5月28日。

③ 《布告》，见"国立广东大学全宗"档案，全宗号31，目录号1，案卷号9，藏广东省档案馆。

④ 张学博：《中山大学军训回忆（1925～1931年）》，见广东省政协学习和文史资料委员会编《广东文史资料存稿选编》第六卷，广东人民出版社2005年12月第1版，第700页。

⑤ 戴书训：《愈经霜雪愈精神——邹鲁传》，近代中国出版社1983年10月初版，第98页。

桂军原本是先生为了讨伐陈炯明而极力策动来粤的，先生总是希望他们能悬崖勒马，尤其对于桂军的刘震寰，屡次为国民党建立功勋，先生更是有意救他。

其实，对于事件的解决方式，在政府内部也存在着和平解决与武力平叛两种意见。先生“自然力主和平解决，他亲自出马与杨刘交涉，但无力回天。”①但是事与愿违，到了不得不解决滇桂军的时候，先生也只有远走香港，不忍亲见他们走向覆亡。

是月14日，滇桂军阀杨希闵、刘震寰部被广东革命政府完全消灭。杨刘事件后许久，先生“一直怏怏不快”，这件事情埋下了先生“与革命政府矛盾激化，终于使他走上反叛的道路”②。

6月1日 为《国立广东大学十三年度概览》一书作序。

序言写道国立广东大学创校的艰辛，“其时教育经费为数甚少，三校合并计不过五十余万，且复时时欠缺，现状尚难维持，遑言改大。”先生还对本校提出要求及希望，“本校为大元帅手创，为大元帅三民主义之演讲地，入本校者务宜凛念大元帅如在其上，努力为大元帅三民主义而奋斗，此则不惜再三郑重声言者。”③

6月3日 接本校农科学院学生会负责人呈函，“呈为恳请添置汽车，修整球场，购备风琴，以利交通，而益身心事。”④

△签署大学布告，因本校农科学院失劫牛只，规定每夜晚12点起，所有行经院内外及农场马路一带者，务必携带灯火，以便查察。⑤

6月15日至30日 国民党中央会议召开，先生被推选为国立广东大学校长及惩吏院委员。⑥

中央会议在广州召开，中央执行委员、监察委员数十人出席会议。会议通过了《中华民国国民政府组织法》，决定成立监察院、惩吏院、国民党军事委员会，实现军权统一归于国民政府。先生被推选为国立广东大学校长及惩吏院

---

① 王崗：《邹鲁生平述略》，见广东省政协文史资料委员会编《近代广东名人录》第二辑，广东人民出版社1989年4月第1版，第117页。

② 王崗：《邹鲁生平述略》，见广东省政协文史资料委员会编《近代广东名人录》第二辑，广东人民出版社1989年4月第1版，第117页。

③ 舒宝明：《校影》，中山大学出版社2004年11月第1版，第41页。

④ 国立中山大学农学院推广部：《前广东公立农业专门学校学生会之运动纪要（民国十二年至十四年）》，中山大学农学院推广部1936年11月编印，第66页。

⑤ 陈哲三：《邹鲁研究初集》，华世出版社1980年2月初版，第124页。

⑥ 高晓星：《中国国民党历次代表大会和部分重要会议简况（上）》，见中国人民政治协商会议全国委员会文史资料委员会《文史资料选辑》编辑部：《文史资料选辑》，中国文史出版社1989年5月第1版，第176～177页。

委员。

6月16日 出席国民党中央执行委员会一届第八十六次会议。

会议讨论事项第三项为河南党员刘守中等函称，主张在广州开第二次全国代表大会，代表人选问题，宜半选半指半新半旧，请决定实行案。会议决议："复函推定邹鲁、林祖涵二委员起草。"第五项为江苏临时省党部函称，北政府于金佛郎款内拨五十万元为广大上大两校经费，由先生具领，请查明制止，并登报声明案。会议决议："交邹委员鲁起草函复。"① 会议由胡汉民主持。

6月18日 致函本校师生，要求参加全校员生大会。

函称："民族不振，国势凌夷，致遭五月卅日上海无辜之惨杀。现全国各界罢工、罢市、罢课，急赴声援，抱破釜沉舟之决心，为挽救亡国之运动。广州为革命策源地，本大学为西南文化中心，对于此事，自宜援助，无庸迟疑。前因战事关系，本校除发表通电，及教职员学生成立本校上海惨案后援会，于枪林弹雨之时，犹毅力进行种种运动外，而所以应援助者犹多缺憾。刻据该会代表报告，该会发起于战事时间，成立仓促，组织不备，请即日召集全校员生大会，讨论进行，并增选职员负责等语。用意办法均佳，吾人须知此次上海惨杀，实帝国主义者向我全民族进攻之表示，决不能视为一时一地之事，而漠不关心，必须全国民众，同一目标，同一步骤，急起直追，以作外交后盾，庶交涉可望胜利。本校此次运动，尤望教职员及同学，同心协力，踊跃从事，以示本校一致愤慨之精神。帝国主义者有进攻之能力，吾人亦岂可无反抗之决心？兹特定于六月十九日（星期五）下午一时在大礼堂开全体员生大会，务请按时出席，是为至盼。"②

6月19日 主持召开全校教职员生大会。

为了声援上海"五卅"反帝斗争，本校学生成立广东大学上海"五卅"惨案后援会。下午1时，先生主持召开大会，由学生会主席、后援会委员毕磊向大会作了后援会成立经过情形和开展活动情况的报告。大会经过讨论作出几项决定："（一）大学部休课，一律出发作救国运动。附校仍上课，以便随时召集；（二）请邹校长为后援会主席，并于该会原有文书、演讲、出版、庶务、筹款、理财六部外，复增研究、交际、调查三部。研究部由教授会选人负责，其余各部委员，除周佛海、谭克敏、周鼎培等十一人外，并补选吴康、胡

---

① 《国民党第八十六次会议纪》，见《广州民国日报》，1925年7月11日。

② 《邹鲁为沪案召集广大全校会议》，见《广州民国日报》，1925年6月20日；中国国民党中央委员会党史委员会：《邹鲁先生文集》，中国国民党中央委员会党史委员会1984年6月30日出版，第450页。

勉、杨宙康等三十人为各部委员；（三）组织全国总团体，由研究部商办；（四）通电全国军人，表示反抗日英帝国主义者；（五）派代表请愿革命政府，实力办理该案；（六）由执行委员会选出代表一人，参加对外协会。”①

△出席国民党中央执行委员会一届第八十七次会议。②

会议报告事项的第四项为先生提出本党一切宣传品及会之设备，并一切符号，凡有关于表象者：（一）两色蓝白为党徽表象；（二）三色红蓝白为国徽表象案。会议决议：通过。出席会议的还有廖仲恺、谭平山、林森等人，会议由廖仲恺主持。

6月22日 出席国民党中央执行委员会一届第八十八次会议。③

会议报告事项的第三项为先生以青年部部长名义报告，请陈公博为本部驻国立广东大学代表，派梁应能、林柏生为本部潮梅特派员，委郑志以为本部干事案。第四项为青年部报告委周佛海为本部秘书。出席会议的还有谭延闿、林祖涵（林伯渠）、廖仲恺等人，会议由汪精卫主持。

6月23日 组织参加广州各界支持上海“五卅惨案”爱国集会。④

上午12时，广州各界在东校场举行市民大会，以表达国民公意。会场分为三个区，分别为农工团体会场、商学界会场、军界会场，其中商学界由伍朝枢和先生担任主席。来自广州市内外以及香港、澳门的罢工工农商学兵十万余人到会，大家纷持“打倒帝国主义”、“收回领事裁判权”、“取消不平等条约”、“援助上海五卅惨案”等标语。各会场都提出废除一切不平等条约为解决惨案的根本办法。

午后1时举行示威游行，工人农民在前，学生商民教导团及湘粤各军居后，有数百团体五万多人参加。游行队伍由惠爱路转永汉路，出南堤至西濠口，沿途高呼口号，并无越轨行动。2时40分，当游行前队由沙基马路转入内街，后队进至沙基西桥口时，在隔河沙基西桥口，匍匐在沙包内的英军突然向游行队伍射击，法国租界内的兵警同时开枪助威，停泊在白鹅潭上的英法军舰也开炮响应，历时约一小时之久。一时血肉横飞，死亡52人，受伤117人，“沙基惨案”惨状之烈，前所未有。

“沙基惨案”发生后，先生以国立广东大学校长名义发表为《为沪汉广州各惨杀案对世界民众宣言》，说明五卅惨案、“沙基惨案”等发生的实际根源

---

① 《广大援助上海惨杀案之进行》，见《广州民国日报》，1925年6月22日。

② 《国民党第八十七次会议纪》，见《广州民国日报》，1925年7月14日。

③ 《国民党第八十八次会议纪》，见《广州民国日报》，1925年7月15日。

④ 中华文化复兴运动推行委员会：《中国近代现代史论集》第二十四编《护法与北伐》，台湾商务印书馆1986年6月初版，第608～609页。

在于不平等条约的存在，而为维持世界永久和平与谋民族间亲挚的交谊计，应废除一切不平等条约，重订双方平等互尊主权的条约。宣言用英、法、德文翻译刊登。①《宣言》指出："要之自本年五月以来，此等惨案接踵而起几遍于各地，吾人对此始终持容忍态度，谨守文明秩序，而不暴动，在事实上以证明吾人无'排外'之思想与行为矣。尽吾民族数千年来染濡于先哲和平礼让之思想，已养成宽容大度之国民性，故虽屡受横逆，不屑狭隘的复仇手段。此时国内因惨杀案而引起之运动，其主要目标仅为打倒帝国主义，所谓帝国主义绝非排斥任何外国人，特反对帝国主义之制度而已。总言之在普泛方面决意反对帝国主义之制度，在特殊方面则分别认定上述惨案之负责者，而以相当的和平手段对付之，此则吾人最近对外之态度也。吾人根据事实认定上海惨杀案负责任者为英日，汉口惨案为英国，而广州惨案则为英法，故目前吾人所建设者，除要求英日法当事人员赔偿抚恤之责及英日法之政府予此等官兵以严厉之惩罚外，吾人为消除帝国主义之毒害，巩固世界国际之交谊，而使此等不幸事件不至再见，则于废除不平等条约之实现，认为非常迫切而需要。盖就此次各地惨案而言，倘使不有上海、汉口、沙面等租界，倘使外国兵士无在中国境内自由屯驻与行动之权能，则此等惨案将无由发生，是以此等惨案之成立。其近因虽起于工人之罢工与学生同情之援助，而祸患之根源，实在于种种不平等条约也。此等不平等条约，远者订于七八十年前清朝时代，近者亦订于民国罪人袁世凯执政之际，其非出自国民之真意，至为明显。以今日中国与世界情境之迥异，此等条约，其不能自然顺利发生效力，盖已无疑。吾人深恐留此种邦交之障碍物，贻国际以未来之纠纷，故为维持世界永久之和平与民族间之亲挚交谊起见，最后仅以最坚决之态度主张，将前此种不平等条约，一律废除之，而与吾国更新订立双方平等互尊主权之条约。"②《宣言》发表在7月14日出版的《广州民国日报》上。

6月24日 签署大学布告，说明文法预科与数学的关系。

本校文法预科学生向先生请求取消数学，或者减少数学授课时间。③先生在布告中谈到文法科与数学的重要关系，指出："查数学为进修各种学术之基础，其关系重要，既经一再布告在案。兹再将文法科与数学之关系为诸生一详言之：（一）欧美各国学制，凡分文、实两科者，数学一课皆居文科中最重要之位置，以文科中各项学程皆应用数学的方法及其原理以说明之也；（二）文

① 邹鲁：《回顾录》，岳麓书社2000年9月第1版，第147～148页。

② 《邹鲁为惨杀案对世界民众宣言（二）》，见《广州民国日报》，1925年7月14日。

③ 《广大预文法风潮之近闻》，见《广州民国日报》，1925年5月28日。

法科各项学程，皆根据‘逻辑’以成立，普通逻辑者几何原理之说明，高等逻辑则数理哲学之结晶，尤非精通高深数学不可，不通逻辑不能治一切学术，即不明数理不能治一切学术也；（三）文法科中，凡研究现代或古代各项问题，必须征集材料，应用解析几何坐标法编制种种图表，所谓参伍以变错综其数，借以求得其盈虚消息之正因也；（四）近代学术最便利之研究法，莫大于统计，统计者应用积分法以求得各事实之正确的主因也；（五）孔德言：世界学术并由神学进为玄学，由玄学进而至于科学，近代学术界实科学之世界，非复玄学之世界也。欲明科学的方法及其原理，非深通数学不得其门而入；（六）非通《欧克立得》及《非欧克立得》相对论等学，不能了解近代的哲学，非通函数论不能了解近代心理学；（七）非深明解析几何的方法，不能编制图表，解释一般社会问题；（八）非明天文算术，不能研究地学、史学及推究古史中种种重要事实；（九）数学程度愈高，其用愈觉便利，其应用愈广，代数方程便于算术，微积便于代数，函数又便于微积分，余可类推。世界文化日进，社会事变日繁，学术内容日益精深，非通高等数学，决难研究一切高深学术也。根据上述九种理由，故预科算术非特不能废除，亦不能减少授课时间，并不便变更学程，惟有按照诸生程度设法补救而已，合再布告，仰即知照。”①

6 月 25 日 主持国民党中央执行委员会一届第八十九次会议。

会议报告事项有两项，讨论事项有第十三项，其中第十三项为先生提议，“凡各机关及团体有党部党团者，如各党员对于机关及团体有改革要求事件，须先提出党部党团决定后，方可公式提出，以免党员内部意见纷歧案。决议：通过。”② 出席会议的还有林森、林祖涵、邓泽如、谭平山、廖仲恺、陈公博等人。

6 月 27 日 向大元帅府呈请令使广东大学经费独立并增加文。

文谓：“窃维教育为立国之生命，经费为教育之血脉，血脉停滞，生命即随之而断。故本党对内政策有增高教育经费，并保障其独立之宣言。职校经费虽奉大元帅指定的款，由校直接经理，并通令各军民机关不得挪借截留；但比年来，财政紊乱，挪者自挪，截者自截，徒有独立及增高之名，并无独立及增高之实。似此血脉既滞，欲谋生命之康健，诚戛戛其难。现值政府革命新，维持教育亟不容缓，加以改大以来，理化室、图书馆、养蚕室、农场等及工料一

---

① 中国国民党中央委员会党史委员会：《邹鲁先生文集》，中国国民党中央委员会党史委员会 1984 年 6 月 30 日出版，第 540～541 页。

② 《国民党第八十九次会议纪》，见《广州民国日报》，1925 年 7 月 16 日。

切设备，均以无款未能着手进行，而讲堂宿舍之急需，亦无从增设，甚至小学已兴工之校舍，以款项不继，至今年余未能完工。日本考察团到吾国考察教育，对于北大之设备以为比之日本只及中学，况职校之设备逊于北大，若不增加经费，诚难奏完美之效。用敢依据党纲，备文呈请鉴核，伏恳迅赐令行广东省省长转饬财政厅，力予排障日前一切障碍，务使职校经费完全独立，并请将经费力予增加，以符党纲而维教育于不坠，是否有当，伫候指令祗遵。"①

大元帅府于次日发布大元帅指令第四八〇号，对先生呈请令行广东省长转饬财政厅，力予排除日前障碍，务使该校经费完全独立，并请将经费增加由为党政府对内政策之一，所请应予照准。②

6月28日 出席国民党中央执行委员会一届第九十次会议。③

会议报告事项有三项，包括成立湖南省党部案；讨论事项有第十三项，包括汉口市特别市党部函告成立，市党部情形并预算案。决议：自行筹款。出席会议的还有林祖涵、林森、胡汉民等人，会议由廖仲恺主持。

△接见请愿学生队伍，应学生要求同意接收广东公医大学。

"沙基惨案"发生后，国立广东大学学生又开展了收回广东公立医科大学教育权的斗争。当时，该校经费无着落，校方李树芬长期拖欠教职员薪金，负债甚巨，只好暗中私订卖校密约，请求美国煤油大王给予津贴。"沙基惨案"中，该校有几个学生受伤，学生对帝国主义的暴行十分痛恨，校长"不感觉帝国主义之手段惨酷，并大责学生参加民族运动"，"于是该校学生全体群起反抗，誓欲救国必先救校"。是月27日晚，该校学生会执委会召开会议决定："（一）将公医归并广大；（二）组织公医归并广大运动委员会（即席举出何仿等十四人为委员）；（三）自议决日起全体一致不承认李树芬为校长、陆镜辉为学监，于风潮未解决以前，学校一切报告及文件概无效力。"④

上午11时，该校学生会执委会在全体学生大会上提出上项决议案，结果全场通过。学生遂整队向国民党中央和国立广东大学校长请愿，受到中央党部代表陈公博、大元帅府代表李文范和先生的接见，均"表示实行由广大接收该校"。至"该日下午四时胡代帅即批令国立广大校长即日派员接收，并声明

---

① 中国国民党中央委员会党史委员会：《邹鲁先生文集》，中国国民党中央委员会党史委员会1984年6月30日出版，第541～542页。

② 中国国民党中央委员会党史委员会：《邹鲁先生文集》，中国国民党中央委员会党史委员会1984年6月30日出版，第542页。

③ 《国民党第九十次会议纪》，见《广州民国日报》，1925年7月17日。

④ 《公医全体学生之大请愿》，见《广州民国日报》，1925年6月30日。

不准将学校卖与外人。”①

29 日，代帅令，令国立广东大学接收广东公立医科大学。30 日，先生派员接收公医，未获接受。直至 7 月 16 日，国立广东大学才正式接收广东公医。②

△向大元帅府呈请拨定国立广东大学经费文。

先生在呈文中指出，本校成立以来，大元帅及广东省长拨定各县田赋附加费、筵席捐、士敏土厂余利等费用为办学经费。但是这些经费常被抵支挪用，抵支挪用者既不主动归还，有关职能部门也不予驳追，“徒使职校负筹款之名，而无得款之实，长此终古，经费永无独立之日，即大学永无发展之时，欲救其弊，惟有呈请帅座俯念学款困难，重申明令，将上列各款永远拨为大学经费。”③

是月 29 日，大元帅府发布大元帅指令第四八四号，对先生呈请将先后拨定的各县田赋附加等项费用永远拨为大学经费，准如所请办理。④

6 月 30 日 伍朝枢来访。⑤

是日，国民政府委员开会，选举国民政府主席。选举会上，11 名委员投票选举汪精卫为国民政府主席，汪精卫得到 11 票，出现自己选自己的情况。

当晚，伍朝枢拜访先生，把白天的选举情况告诉先生。先生本来对汪精卫相当敬重，因为其一贯主张不做官，不做议员，自命清高。但此次选举，先生认为汪是热心利禄的人，言行相违。“我从此就鄙薄汪兆铭了”⑥。

事情远非“鄙薄”二字这么简单。汪精卫被选举为国民政府主席和被推举为军事委员会主席，对于先生来说是一记沉重的打击。王崗认为：“邹鲁与胡汉民交往多年，自陈炯明叛变后，他与胡的关系在某种程度上超过了邹陈之交，除了是战友、上级、知交外，更多的是政治上的依存关系，邹鲁当然希望胡汉民能顺利出任国府主席，岂料只得了个外交部长。邹鲁、林森等对此怒不

---

① 黄义祥:《中山大学史稿》，中山大学出版社 1999 年 10 月第 1 版，第 80 页。

② 莫耀焜:《本校十年大事记》(续)，见《国立中山大学九周年纪念大会日刊》，1933 年 11 月 13 日。

③ 中国国民党中央委员会党史委员会:《邹鲁先生文集》，中国国民党中央委员会党史委员会 1984 年 6 月 30 日出版，第 543 页。

④ 中国国民党中央委员会党史委员会:《邹鲁先生文集》，中国国民党中央委员会党史委员会 1984 年 6 月 30 日出版，第 544 页。

⑤ 蒋永敬:《胡汉民先生年谱》，中国国民党中央委员会党史委员会 1978 年 11 月出版，第 335 页。

⑥ 邹鲁:《回顾录》，岳麓书社 2000 年 9 月第 1 版，第 140 页。

可遏，由邓泽如带头起草了弹劾案，试图推翻选举结果。”①

6月 致函湘军讲武堂陈堂长，请让出占用的番禺学宫。

先生在函件中指出，“现因暑假将届，招生在即，所有学生房舍或须建筑修葺，应于是时筹划妥善，方不有急遽之虞。应请贵堂长查照原案，将该学宫西边之乡贤祠、日新斋、节孝祠等处，先行让出，以便从事整理。如蒙贵堂将学宫全部让出，务请先期通知，俾便接管。”② 先生并派吕少珩前往协商此事。

6月 邀请对社会、政治研究甚深的陈公博定于每星期三、五下午七时在大礼堂演讲种种问题。③

至此，先生在执掌国立广东大学期间，邀请许多名师大家到校进行演讲。先生在自传中写道：“我对于做学问工夫，除自己用功外，最乐请专家研究。我主持学校后，尤想把这办法推到全校；所以当时对于每一个重大的问题都请校内外专家来演讲，使全体员生有彻底的了解。我亦同时在座听讲，在这种专题演讲里，关于检讨马克思主义的，——不论赞成或反对，——次数最多。”④

7月初 出席国民党右派会议，密谋让廖仲恺倒台。

会议在胡汉民家里召开，孙科、先生、伍朝枢、邓泽如、傅秉常、吴铁城、林直勉、胡毅生、林拯民、余和鸿等人参加。在这次会议上，右派集中攻击廖仲恺。他们认为廖仲恺“被人利用，祸害国民党”，“仲恺挑拨各方恶感”，“为防止仲恺为共产党利用，一定要把持全国代表大会，一定要在大会中做一些工夫”。所以他们运动把右派人选进入执行委员会做秘书长，把持会务，并且制造口实，诬蔑海陆丰共产党“刑人掠产”，广事宣传，同时还决定向苏联代表鲍罗廷表明态度，并具体指定专人去和鲍罗廷代表谈。他们为着更便于实现野心，对于把总理制改为委员制一点也是不赞成的。孙科虽然参加这些会议，不过孙科却说：“倒廖仲恺的台是要的，但是万万不能采用暗杀手段。”⑤ 由此可见当时这些会议讨论的是什么内容了。当时廖仲恺正是各种工作都在参加，自然成为右派的众矢之的。右派密谋反对廖仲恺的会议，接连开了十一次之多，每隔数日即开一次，参加的都是这十几个人，商量的事，大多与第一次集会时所谈者相同。由何香凝的回忆可以判断，先生可能参加过多次

---

① 王崗：《邹鲁生平述略》，见广东省政协文史资料委员会编《近代广东名人录》第二辑，广东人民出版社1989年4月第1版，第118页。

② 中国国民党中央委员会党史委员会：《邹鲁先生文集》，中国国民党中央委员会党史委员会1984年6月30日出版，第304页。

③ 陈哲三：《邹鲁研究初集》，华世出版社1980年2月初版，第117页。

④ 邹鲁：《回顾录》第（一）卷，三民书局有限公司1974年7月初版，第165~166页。

⑤ 何香凝：《我的回忆》，见《人民日报》，1961年10月7日。

倒廖会议。

7月1日 晨，林森来访。

晨，先生在看报时惊见《广州民国日报》刊登了国民政府成立的消息，并说明这是中央执行委员会的决议。先生为中央执行委员会常委，但是并不知情。此时，林森来到先生住处，即质问先生：

> 林（林森）：你们常务委员，为什么不把我们普通的执行委员放在眼里？
>
> 邹（邹鲁，惶恐地）：我向来对先生是尊重的，决不会做对不起先生的事。先生为什么说这种话呢？
>
> 林：国民政府成立，为什么我们执行委员都不知道，就已经发表了？
>
> 邹：呵！我也莫名其妙。因为昨天下午六时我才离开党部，并没有见到议决成立国民政府的一个字，正怀疑党报里为什么发表这个消息。你来得很好，今天刚好是常会，我们一起吃完早餐，就去开会，问明这个决议究竟是怎样来的。
>
> 林（惊奇地）：你们常务委员也不晓得吗？①

△上午，出席在广州中央党部召开的国民党中执委一届第九十一次会议。

会议报告事项有四项，讨论事项有第十七项。讨论事项第二项为政治委员会秘书伍朝枢函送政府改组决议案一份及改组政府成立后，应致政府密令一道，请付公决案。会议决议：此案已发表始交议，只能作为追认，惟改组政府成立后应付政府之密令，尚未送来，应由秘书处函促该政治委员会将密令即送本会，以备下次会议讨论。该案当日因送来迟滞，致发表之后，执行委员会始行收到，先生提议："此等重要法案，应先送表决而后发表，不能以紧急事件为诿。此种错误，已过者无可如何，但未来者，须努力注意。众赞成，并声明将此节载明议案中。"② 汪精卫对事情予以了解释，不过，先生的发言引起汪精卫和鲍罗廷的"怀恨"③。

讨论事项第八项为政治委员会临时提出推定汪精卫、胡汉民、张人杰等人为国民政府委员，通过中华民国国民政府组织法、省政府组织法、广州市市政

---

① 邹鲁：《回顾录》，岳麓书社2000年9月第1版，第141页。

② 《国民党第九十一次会议纪》，见《广州民国日报》，1925年7月18日。

③ 戴书训：《愈经霜雪愈精神——邹鲁传》，近代中国出版社1983年10月初版，第154页。

委员会暂行条例，请求公决案。决议：通过。

讨论事项第九项为临时公医学校请将该校收回政府自办案。决议：通过。

出席会议的还有林森、谭平山、廖仲恺等人，会议由胡汉民主持。

△下午3时，派本校徐甘澍医生，偕同庶务、会计、文牍数人，提携公事二封及布告一张，前往接收广东公医大学。①

△国民政府令：任命邹鲁为国立广东大学校长。②

7月2日 以青年部部长名义致函国民党中央执行委员会，请求指定专款，拨交广州市校组织委员会自行处理，以维持全市教育顺利进行。③

△以青年部部长名义致函国民党中央执行委员会，请求指定广州市娱乐场附加军费改充市教育经费。④

7月3日 呈报国民政府委员会，就任国立广东大学校长，是日理事。⑤

7月4日 出席国民党中央执行委员会一届第九十二次会议。⑥

会议报告事项有两项，讨论事项有第九项，其中第一项为政治委员会报告决议派汪精卫、胡汉民、伍朝枢等人为军事委员会委员，请通过案。决议：通过。出席会议的还有林祖涵、甘乃光、汪精卫等人，会议由廖仲恺主持。

7月6日 中午12时，出席国民政府军事委员会成立典礼。典礼在广州东校场举行，汪精卫、胡汉民、许崇智等军事委员及国民政府委员孙科、学界代表先生等多人出席典礼。⑦

7月7日 出席国民党中央执行委员会一届第九十三次会议。⑧

会议讨论事项第二项为政治委员会议决推定谢持、林祖涵等五人为监察院委员，徐谦、邓泽如、林翔、先生、林云陔五人为惩吏院委员，请通过案。决议：通过。出席会议的还有汪精卫、邓泽如、林祖涵等人，会议由胡汉民主持。

---

① 《广大派徐甘澍医生接收公医》，见《广州民国日报》，1925年7月2日。

② 《国民政府秘书处公函》见"国立广东大学全宗"档案，全宗号31，目录号1，案卷号11，藏广东省档案馆。

③ 中国国民党中央委员会党史委员会：《邹鲁先生文集》，中国国民党中央委员会党史委员会1984年6月30日出版，第355~356页。

④ 中国国民党中央委员会党史委员会：《邹鲁先生文集》，中国国民党中央委员会党史委员会1984年6月30日出版，第356~357页。

⑤ 《公函》，见"国立广东大学全宗"档案，全宗号31，目录号1，案卷号11，藏广东省档案馆。

⑥ 《国民党第九十二次会议纪》，见《广州民国日报》，1925年7月21日。

⑦ 《军事委员会举行成立典礼纪》，见《广州民国日报》，1925年7月7日。

⑧ 《国民党第九十三次会议纪》，见《广州民国日报》，1925年7月22日。

7月10日 出席国民党中央执行委员会一届第九十四次会议。①

会议讨论事项第六项为党代表廖仲恺请以周恩来为党军第一师党代表，包惠僧为党军第一师第三团党代表。决议：通过。出席会议的还有汪精卫、廖仲恺、邓泽如等人，会议由胡汉民主持。

7月上旬 出任本校救国会学生军团长。②

“沙基惨案”发生数日，本校发出通知，凡中等（初中三年级）以上学校的学生，都得报名参加军训，结果共有近二百人参加，定名为国立广东大学救国会学生军，先生任团长，黄埔军校教育长何应钦任副团长，共编四个区队。训练地点设在文明路本校校园内，以东讲堂作营舍。

7月13日 出席国民党中央执行委员会一届第九十五次会议。③

会议讨论事项第七、八、九项均为先生临时提议，第七项为国立广东大学教育方针决议，定为训练主义；第八项为财政统一与教育经费独立之界说案。决议：交政治委员会解释；第九项为公医接受案。决议：由先生与国民政府委员林森会商办理。出席会议的委员还有汪精卫、邓泽如、林森等人，会议由胡汉民主持。

先生提出的《教育经费独立》提案，由于建议教育经费独立而在国民党内引起很大争议，并因此与鲍罗廷等人发生争执。④

随着时间的推移，鲍罗廷与先生的分歧越来越明显。鲍罗廷对先生向国民党中央执委会常委会提出《教育经费独立》提案表示异议，他向国民党中央政治委员会建议说：“教育经费之独立，比较军队盘据财政，为害尤烈。”⑤ 于是政治委员会以统一财政的名义，要求接收国立广东大学的财源。国民政府则于是月9日颁令统一财政，国立广东大学经费收归财政部。⑥ 先生针对性地立刻向中央执行委员会提出统一财政与教育经费独立的解释，结果全案获得通过，交政委会复议。政治委员会在鲍罗廷的授意下，在复议文中第一句话就说：“国民政府之成立，即教育经费独立之保障。”针对此，先生又在中央执行委员会提出书面答复，切实驳斥，先生说道：“若云‘教育机关直接征收财

---

① 《国民党第九十四次会议纪》，见《广州民国日报》，1925年7月23日。

② 张学博：《中山大学军训回忆（1925～1931年）》，见广东省政协学习和文史资料委员会编《广东文史资料存稿选编》第六卷，广东人民出版社2005年12月第1版，第697页。

③ 《国民党第九十五次会议纪》，见《广州民国日报》，1925年7月28日。

④ 陈哲三：《邹鲁研究初集》，华世出版社1980年2月初版，第115页。

⑤ 戴书训：《愈经霜雪愈精神——邹鲁传》，近代中国出版社1983年10月初版，第106～107页。

⑥ 莫耀焜：《本校十年大事记》（续），见《国立中山大学九周年纪念大会日刊》，1933年11月13日。

政收入，破坏财政统一，决不可行。’则尤属过滤。夫‘财政统一’，政府应办之迫逼事件也。‘教育经费独立’，本党政策之特别规定也。从法律通义言之，特别优于普通法，则‘教育经费独立’之特别规定，其效力应强于‘财政统一’之普通事件，自无待言。而独立界说，则非直接收入，无以完成。总理在日，于教育经费之独立，许组织管理中上七校经费委员会，并许国立广东大学，依拨定之财源收入。命令积寸，对于教育经费独立，事实上之解释，意至明了。何至云‘直接征收财政收入’，即‘破坏财政统一’？欧美各国财政未尝不统一也，而教育机关直接征收基金收入，并未有诋为破坏财政统一者。况无论财政统一至何地步，终亦有事实须例外者。各国之有特别会计，固无论已；即以广东而论，房捐警费，固未尝不许警厅之特别收入也。若谓总理在时之直接收入，不限于教育机关，今若仍许教育机关直接收入，恐人援以为例，将至财政不能统一，是大不然。盖总理在时所许之教育机关直接征收，系本于教育经费独立之政策，与军队之占收截留，破坏财政统一者不同。甚而至于总理所许之独立教育经费，亦为人所截收，故讨杨（杨希闵）刘（刘震寰）时，四处号召，皆有‘增高教育经费’，‘教育经费独立’之标语。方冀肘腋之患既平，教育经费已独立者，保其现状，未独立者，益得独立。何图国民政府成立之第一声，即将粗具雏形之教育经费独立，存名去实？纵国民政府能为教育经费之保障，其如全国未尽在国民政府旗帜下何？其又何以树厥风声，为教育前途畅展生机乎？是则不能不望政治委员会，加以慎审之考虑也。”①

先生还提出两点建议：“（一）将原来拨定之教育经费财源，悉照原案，拨为各该学校教育基金，一切由各该学校管理之；（二）原来拨定之教育经费财源，仍拨归各该学校，各财源之定案，归财政机关；各财源之征收，归教育机关。”②

在先生看来，以上建议中的第二点，总要算是委曲求全的了。先生在《回顾录》中自述道，自己素来希望在可以容忍的范围以内，不和任何人发生争执，可是于理于法说不过的，却不愿意缄默。

先生的意见书提出后，在国民党中央执行委员会获得通过，再交政治委员会去议。鲍罗廷在政治委员会看见该意见书后，对意见书中强硬的语气表示强烈不满，立刻提出三条理由，要撤换先生的大学校长职务。其三条理由是：第一，是说先生在北京的时候，曾赴法国公使馆进行约会，请法国公使吃饭，这是和帝国主义勾结；第二，刘杨之役，先生主张调停，这是和军阀勾结。第

① 邹鲁：《回顾录》，岳麓书社2000年9月第1版，第143～144页。

② 邹鲁：《回顾录》，岳麓书社2000年9月第1版，第144页。

三，反对这次政治委员会教育经费独立的解释，这是反对政府。这些理由，都值得商榷。因此，政治委员会成员们不敢照办。“鲍罗廷就愤怒万分，以去就力争。由下午三时相持到晚上十时，汪兆铭复袒鲍，于是不得不采折中办法，就决定由政治委员会用书面向我严重警告。”①

先生在《中国国民党史稿》记述鲍罗廷愤怒的原因和目的：“尽怨邹不助共产党，去其校长，同时去其青年部长。”②

王崇在《邹鲁生平述略》中对先生坚持教育经费独立有不同认识：“在处理广东大学经费的问题上，邹鲁与国民政府的关系闹得很僵。广大筹备期间，由于滇桂各军把持税收，财政十分混乱，孙中山不得不采取权宜之计，将一些税收拨归各校自理。国民政府成立后，财政已经统一，政治委员会便决定取消教育经费独立，改由财政机关统一拨款，此事遭到邹鲁的坚决抵制，他认为此举无异于打破其把持教育界的局面，他提出一切悉照原案，至少也得保持原来中上七校经费委员会管理财源的状况。为此，他与鲍罗廷争论十分激烈，最后政治委员会决定以书面严重警告邹鲁，算是给他一个觉悟的机会。当时人民普遍认为，邹鲁坚持教育经费独立，无异于军阀截留税收。”③

这次书面警告，加上先生对政治委员会被鲍罗廷所把持以及所做出的多个决定的强烈不满，导致先生“对政治委员会极端仇视”④。

7月14日 汪精卫向先生解释书面警告的事宜。

清晨，汪精卫、胡汉民来拜会先生，汪精卫亲自向先生解释说：“昨晚的事因鲍罗廷力争，无法出此，实对汝不起。”⑤ 同时还提出两个要求：第一，不要使中央执行委员会和政治委员会冲突；第二，先生驳复政治委员会的意见书，不要向外发表。

先生答复说：“第一，我先要问政治委员会所争议之事，最高级的中央执行委员会能否再议？第二，我驳复政治委员会的意见书，已经中央执行委员会议决，那末这篇文字的责任已由中央委员会负了。这样，政治委员会对我的警告，其实不是警告我，而是警告中央执行委员会。试问政治委员会是否有这种权限？第三，须知鲍罗廷必欲去我，乃共产党与非共产党的政治问题，不是单

---

① 邹鲁：《回顾录》，岳麓书社2000年9月第1版，第145页。

② 邹鲁：《中国国民党史稿》第一册，中华书局1960年5月第1版，第358页。

③ 王崇：《邹鲁生平述略》，见广东省政协文史资料委员会编《近代广东名人录》第二辑，广东人民出版社1989年4月第1版，第118页。

④ 王崇：《邹鲁生平述略》，见广东省政协文史资料委员会编《近代广东名人录》第二辑，广东人民出版社1989年4月第1版，第118页。

⑤ 梅萼：《邹鲁文存》第五集，文海出版社有限公司1988年印行，第76页。

纯的个人问题。试问本党今日，是否非共产党派的就要离开？请你想想！第四，关于教育经费独立，是总理的意思，本党政策也有明文我不必多说，对于我个人问题和那篇驳复的文字发表与否的问题，都是次要的。”最后，先生又增加了一段声明说：“教育经费独立是本党政策所规定，也是全国及广东教育大会的议决案。我身为中央执行委员会委员，且为大学校长，若不力争，实无以对天下后世。现在因力争而受警告，我心甚安。天下事有受功而心不安，有受罪而心泰然者，即此便是。”①

△在本日召开的广东省政府省务会议第五次会议上，广东省建设厅厅长孙科提议由省政府委任市政委员 18 人，其中教育界 3 人，分别为先生、金曾澄等，3 人均请民政厅代为审查，本月 18 日审查完毕。②

7 月 16 日　出席国民党中央执行委员会一届第九十六次会议。③

会议报告事项第五项为政治委员会报告教育经费独立解释决议案，该案由先生提出；会议讨论事项第四项为国立广东大学法科毕业生郑翘壁等人呈请将在中央党部入党前的毕业生拨归国立广东大学法科学院，另设一区分部，以便办事案。决议：不许。出席会议的委员还有林森、林祖涵、谭平山等人，会议由汪精卫主持。

7 月 20 日　出席国民党中央执行委员会一届第九十七次会议。④

会议报告事项第三项为广东各界对外协会报告各界代表大会决议案，请察核施行案。出席会议的委员还有廖仲恺、汪精卫、林森等人，会议由胡汉民主持。

7 月 22 日　国民政府令：特任徐谦、邓泽如、林翔、邹鲁、林云陔为国民政府惩吏院委员。⑤

7 月 23 日　参加“沙基惨案”周月纪念大会。⑥

“沙基惨案”周月纪念大会在本校操场举行，有两千多人参加大会。大会由谭植棠主持，汪精卫、先生到会。先生在大会上发表演讲，说道：

“今日是沙基死难烈士一周月纪念日，烈士因何而致死呢？因谋废除不平

---

① 戴书训：《愈经霜雪愈精神——邹鲁传》，近代中国出版社 1983 年 10 月初版，第 107 ~ 108 页。

② 广东省档案馆：《民国时期广东省政府档案史料选编》第 1 卷，广东省档案馆自编自印 1987 年 8 月出版，第 7 页。

③ 《中国国民党第九十六次会议纪》，见《广州民国日报》，1925 年 7 月 29 日。

④ 《中国国民党第九十七次会议纪》，见《广州民国日报》，1925 年 7 月 30 日。

⑤ 中国社会科学院近代史研究所中华民国史组：《中华民国史资料丛稿大事记》第十一辑，中华书局 1978 年 8 月印刷，第 134 页。

⑥ 广东省立中山图书馆：《民国广东大事记》，羊城晚报出版社 2002 年 11 月第 1 版，第 246 页。

等条约而至于死的，所以我们今日的纪念，不止纪念死者，尤须谋废除不平等条约，继续死者的工作。然而废除不平等条约，非止一句空话便算了事，必须有一种实力。目下的实力在何处呢？战争而用枪用炮，便是实力。他的力量所以减少敌人的势力的。现在我们的工友罢工，犹之乎战争一样，能在减少帝国主义者十五万万的税收。即是他的大大损失，罢工虽然非拿枪炮来战争，然而拿枪炮来战争的胜利，未必高得过。现在可以计算胜利的工作，可以制他人死命的，切不可如被人所称五分钟的热度一样，必须要完成打倒帝国主义为止。各界知道这宗工作是工友们和外人来奋斗的，故应一致援助，以祈达到最后的胜利。一方在罢工的时候，一方要谋有真确的实力。罢工不过是消极的办法，而求实力乃是积极的办法。如刚才汪先生所讲的谋经济独立，不受人封锁，不受人压制，想法子各尽其所能，来实现经济独立的工作，这便是要紧的，积极的事情。各工友们，现在回来的，若能够发展交通，筑成粤汉铁路，或通江西的铁路，这便是大大的帮助。因为现在所烧的煤炭，多数是靠外国来的，若然长远受人家封锁，那么，电灯将要不着了，轮船将要不行了，其时便是大大的失败。故此应该想法子来开矿，找求原料。这样便是在消极过程之中，做积极地事，以充备实力。不止说是救济目前，将来民族力强固，也是根基在这一点。故应实力准备，开发交通，制造原料，其时有胜无败。现在全世界的帝国主义者，采一致的态度来压迫我，我们应要知道大家融合，一致反抗，力求自己自由平等，沙基死难烈士之为有价值之死，如胡部长所引泰山鸿毛的比喻，他便是重于泰山的。他是谋废除不平条约而死的，比如黄花岗，同是求平等自由的死。黄花岗当日的惨状，彷犹沙基的惨状，陈尸在地。然黄花岗更数日尚未收尸。我们收尸时候，见尸体已发了虫，这事在今日想起犹有心痛，他的牺牲促成武汉起义而推翻清朝。沙基的牺牲是促成我废除不平等条约，使国人知道努力奋斗，打倒帝国主义，废除不平等条约。在功作完成的时候，应以这纪念日为大大的纪念。沙基死难烈士永永不死！”①

会后举行了游行。为了配合纪念活动，全市休工、下半旗、缠黑纱、停宴会一天。

7月25日　主持召开本校第三十五次校务会议。②

7月27日　出席国民党中央执行委员会一届第九十九次会议。③

---

① 《国立广东大学校长邹海滨先生演说》，见《广州民国日报》，1925年8月3日。

② 莫耀焜：《本校十年大事记》（续），见《国立中山大学九周年纪念大会日刊》，1933年11月13日。

③ 《中国国民党第九十七次会议纪》，见《广州民国日报》，1925年7月30日。

会议报告事项第四项为先生函复办理“军校特别区党部建设整顿广大各事项”案，第五项为国立广东大学特别区党部呈报选出先生、梁龙为出席第二次全国代表大会代表案；会议讨论事项第十三、十四项均为先生临时提出，其中第十三项为先生对于政治委员会解释教育经费独立认为未妥之意见案。决议：送政治委员会。第十四项为各党部有毫无理由而拒人入党者，请议办法案。决议：通告各级党部，以后有此情形，从严处罚。出席会议的委员还有林森、林祖涵、谭平山等人，会议由胡汉民主持。

7月28日　主持召开本校第三十六次校务会议。①

7月30日　出席国民党中央执行委员会一届第一百次及监察委员、各部部长联席会议。②

会议讨论事项讨论了革命军刑事条例等。出席会议还有林祖涵、谭平山、甘乃光、林森、廖仲恺等人，会议由胡汉民主持。

7月　聘请孙朝南为本校附中公民教员。③

约7月　毕磊与国立广东大学一部分师生发起“倒邹运动”，这一运动“使邹鲁在师生面前陷入空前孤立”④。

7月至8月20日　多次到胡汉民住所聚会，商量重新检讨国共合作的问题。

在国民政府成立不久，先生“多次与邓泽如、林直励、伍朝枢等人在胡汉民住所聚会，商量对付共产党和国民政府的办法。期间，国民党沪方监察委员派人来粤，两方不谋而合，决定于8月10日召开国民党一届四中全会，重新讨论国共合作问题。”⑤ 但由于种种原因，会议没有开成，不久便发生了廖仲恺被刺一案。

8月1日　与胡汉民、孙科、廖仲恺、汪精卫四人联合致电北京沪案救济会熊希龄等人，提出在北京开国民会议预备会议等三项主张。先生等人还致电许世英谈召开国民会议预备会议的事宜。⑥

△致函汪精卫、胡汉民，指出原拟邀请两人担任暑期演讲会主讲，现因

① 莫耀焜：《本校十年大事记》（续），见《国立中山大学九周年纪念大会日刊》，1933年11月13日。

② 《中国国民党第一百次会议纪》，见《广州民国日报》，1925年8月5日。

③ 《聘孙朝南先生为附中教员》，见“国立广东大学全宗”档案，全宗号31，目录号1，案卷号16，藏广东省档案馆。

④ 黄义祥：《中山大学史稿1924～1949》，中山大学出版社1999年10月第1版，第81页。

⑤ 王嵩：《邹鲁生平述略》，见广东省政协文史资料委员会编《近代广东名人录》第二辑，广东人民出版社1989年4月第1版，第119页。

⑥ 广东省立中山图书馆：《民国广东大事记》，羊城晚报出版社2002年11月第1版，第247页。

"特别故障，不能如期举办"①，特函查照。

△主持召开本校第三十七次校务会议。②

8月3日 出席国民党中央执行委员会一届第一百零一次会议。

会议报告了监察院定期就职等事项。出席会议的委员还有邓泽如、林森、林祖涵等，会议由胡汉民主持。③

8月5日 致函呈请国民政府批准国立广东大学改为国立中山大学，由此被牵涉进国立广东大学"易名风波"。④

是日，先生主持召开本校第三十八次校务委员会会议，会议对《本大学改为国立中山大学案》进行讨论并作出决议。决议称："由本校申叙改为国立中山大学理由，提出国民会议及广东人民代表大会会议决定，以示郑重。"⑤先生据此致函国民政府，申明学校为先大元帅所手创，亦为先大元帅所演讲三民主义之地，拟改为国立中山大学，以作纪念，并拟将11月11日，也就是学校成立一周年纪念日这一天作为改名国立中山大学的日子。

国民党中央执行委员会一届第一百零八次会议议决此事。批示："呈悉，该校既经中央执行委员会议决改名为中山大学，自应积极筹备，俾名副其实。所请拟于本年十一月十一日成立，为期过促，应从缓议。"⑥

接受先生将广东大学改名的呈请后，国民党中央政治委员会于10月15日召开的第六十九次会议对此事进行了讨论。会议决定调查国立广东大学的办学情况，以制订更好的改名改制方案，促使学校更好地发展。国民政府为此特成立了调查广东大学委员会。调查学校的情况，本意是为了使改名工作更好地进行，但在当时一家颇有影响的媒体看来，则是另外一番情形。《广州民国日报》这样报道：广东大学为国民党所设立学校，各教员对于党义平日须研究有业，方能指导学生，为国民而奋斗。惟近查该校所有教员，多不明党义，且对于开支各种款项，亦不甚适宜，而各教员上课钟点，所定之薪水，尤不公允，党及政府故拟订调查该校内容，以求改良整顿之法。查办委员会之组织，拟由中央党部青年监察教育厅三机关组织之，昨日经政治委员会第六十九次会

① 中国国民党中央委员会党史委员会：《邹鲁先生文集》，中国国民党中央委员会党史委员会1984年6月30日出版，第357页。

② 莫耀焜：《本校十年大事记》（续），见《国立中山大学九周年纪念大会日刊》，1933年11月13日。

③ 《中国国民党第一百零一次会议纪》，见《广州民国日报》，1925年8月11日。

④ 吴定宇：《中山大学校史1924～2004》，中山大学出版社2006年5月出版，第41～43页。

⑤ 易汉文：《中山大学编年史（一九二四～二〇〇四）》，中山大学出版社2005年9月第1版，第6页。

⑥ 《广大实行改为中山大学》，见《广州民国日报》，1925年9月17日。

议议决，乃派甘乃光（监察院）马洪焕（教育厅）陈公博（青年部）等为调查广东大学委员，而以甘乃光为主席。

不难看出，在该报道中，已看不出改名与纪念孙中山之间的丝毫关系，“调查”反而成了整顿和治乱的需要。该报还刊发陈孚木的《调查广东大学之重要意义》，其立场观点与上文无异。

一石激起千层浪。广东大学师生立即对此作出回应。他们通过张贴标语、召开集会等方式来抗议该报纸的歪曲报道，最后还形成了四条共同意见：（一）发表宣言说明孙中山创办广东大学之真意义；（二）选代表询问政府究竟查办抑调查，如系调查，则民国日报实张大其词，呈请党部惩办；（三）民国日报编辑陈孚木16日的《调查广东大学之重要意义》有挑拨性质，呈请党部开除其党籍；（四）更正15日学务专栏内，广东大学校长问题之新闻，并查究其访员。广东大学师生还打算派代表前往报社编辑部进行严厉质问。

对此，《广州民国日报》于10月21日发表《广大学生蠢动之原原本本》对之进行回应，认为广东大学师生行动的导火线是该报报道，但其实质是保先生，怕调查广东大学使先生失去校长职位而殃及自己，他们于10月19日召集的学生联合会是闹剧。该报还发表社论《我们对于广大的态度》来对广东大学师生的言行进行了分析辩驳，并于22日刊发《广大学生纠纷内幕》，对此问题进行了详细报道。他们认为“原来是民社分子的内鼓动”。该报又于10月29日发表《值得查办的广东大学》，支持当局的查办行动。

国民党广东大学特别区党部因此组织召开了党员大会，马洪焕代表汪精卫解释了调查事由，暂时稳定了广东大学师生们的情绪。但此后教师们获悉调查委员会在10月31日给本校公函里署名仍为“查办委员会”，情绪又波动起来。校教授联席会于11月22日发表宣言，要求免去甘乃光等人的查办委员职务，并表明不惜辞职以示抗议。此时，先生在北京参加“西山会议”，被撤去校长职务。国民政府于11月24日任命北京大学顾孟余为主任，成立了汪精卫、谭延闿、伍朝枢、陈公博在内的国立广东大学管理委员会，并明示在顾未到任前由陈公博代理主任职务。

教授联席会成员的辞职举动引起了有关方面的极大震动，他们请求教授们复职。因为教授联席会成员辞职的本意在使学校能更好地发展，见有关方面的态度如此，大家于是在11月29日向广东大学管理委员会提出复职的三项条件：（一）恢复本年七月以前教育经费独立原状；（二）管理委员会之职权，只限于为本校筹款，学校内部行政不得加以干涉，实行教授治校；（三）教育方针，不采取党化主义。11月30日上午9时，又有两千余学生在广东大学大礼堂召开大会，讨论“本校各院院长及各教授辞职问题”。作出请愿政府撤甘乃光、保障本校教育经费独立等十项决议。同日下午，一百多名广东大学师生前往国民政府请愿，希望政府惩办甘乃光、维持广东大学教育经费独立。

鉴于学校的状况，广大特别区党部于12月2日又召开党员大会，请汪精卫就“调查”、“教育经费”及“撤换校长”等问题作具体说明。汪精卫解释说，9月份中央执行委员会接先生呈请将广东大学改为中山大学函，中央执行委员会将该事交中央政治委员会会议，政治委员会认为此事不能当即议决，需要设委员会进行调查后再作决议，调查学校一事纯属善意。关于校长问题，汪解释说自先生到北京之后，其言行不能为中央所接受，因此将其免职。这次报告会给了广东大学师生一个基本满意的说法，调查风波暂告一段落。

△广东大学学生会开中枢委员会议，议决赞成财政统一，与先生主张的教育经费独立持不同立场，会议还要求先生即日将反革命者梁龙撤职。①

8月6日 主持国民党中央执行委员会一届第一百零二次会议。②

会议讨论事项有七项，包括各类经费案等；会议报告事项有七项，包括党员处分案，修改本会证章案等。出席会议的委员有谭平山、邓泽如、何香凝、甘乃光、廖仲恺、林森、胡汉民等，会议由先生主持。

8月7日 以本校救国会学生军讲习所所长名义呈函国民政府委员会，国立广东大学学生军讲习所成立。

函称：“自沙基惨案发生后，职校救国会即有学生军讲习所之设立，以为全民武装一致对外之倡导。匝月已来，始克就绪。兹定于八月九日上午八时，在职校大礼堂举行成立典礼。用特敦请钧府届期派员莅会授旗，以昭隆重，实为德便。”③

△主持召开国立广东大学第三十九次校务会议。④

8月9日 出席在本校大礼堂举行的救国会学生军讲习所成立典礼。⑤

8月10日 出席国民党中央执行委员会一届第一百零三次会议。⑥

会议讨论事项有十四项，其中第十二项为先生提议，广东大学校党部党团定于学校开学后二十日改选案。决议：通过。出席会议的委员还有邓泽如、林

---

① 《广大学生会要求驱逐梁龙》，见《广州民国日报》，1925年8月6日。

② 《中国国民党第一百零二次会议纪》，见《广州民国日报》，1925年8月15日。

③ 中国第二历史档案馆：《中华民国档案资料汇编》第四辑（一），江苏古籍出版社1991年6月第2版，第444页。

④ 莫耀焜：《本校十年大事记》（续），见《国立中山大学九周年纪念大会日刊》，1933年11月13日。

⑤ 中国第二历史档案馆：《中华民国档案资料汇编》第四辑（一），江苏古籍出版社1991年6月第2版，第444页。

⑥ 《中国国民党第一百零三次会议纪》，见《广州民国日报》，1925年8月17日。

森、廖仲恺等，会议由胡汉民主持。

△与胡汉民等人商议召开一届四次中执委全会。

孙中山在北京病势后，国民党失去领导重心，右派认为国民党“党政实权皆为共党分子所把持”。是日，在粤的国民党中央执行委员会委员、监察委员会委员胡汉民、先生、邓泽如等顽固的右派代表人物商议后决定于9月15日在广州召开第四次中央执行委员会全体会议，“计划以会议之方式解决共党分子篡窃国民党领导权的阴谋。不料此决定为鲍罗廷所悉，乃多方破坏、阻挠此计划的进行。”①

8月11日 代表国民党中央接受“统一广东全省示威运动大会”代表递交的请愿书。②

广州各界对外协会等团体发起召开的“统一广东全省示威运动大会”在广州市第一公园（今广州市人民公园）举行，有五万多人到会。大会设两个会场，分别由胡汉民、谭植棠主持。潮惠梅、南路各地代表汇报了当地被蹂躏的情况。全总代表邓中夏、省农民协会代表彭湃、妇女代表邓颖超和留日学生代表作了讲话。会议通过了反对内外敌人，拥护国民党，收复叛军占领的地方，统一全省，进而统一全国的决议。会议进行游行，并到国民党中央党部递交请愿书，请愿书由先生和谭平山接受，二人表示接受大会意见。后国民党中央决定将请愿事交由国民政府执行。

8月13日 出席国民党中央执行委员会一届第一百零四次会议。③

会议报告事项有十四项，包括各类党务进展案；讨论事项有九项，包括警察党员分区案等。出席会议的委员还有何香凝、林祖涵、邓泽如等，会议由胡汉民主持。

8月15日 主持召开本校第四十次校务会议。④

8月17日 出席国民党中央执行委员会一届第一百零五次会议。⑤

会议讨论事项有十项，其中第二项为国立广东大学法科学院党团执行委员会报告，审查外间攻击梁龙同志之结果及决议案请核夺案。决议：照该党团决议通过。出席会议的委员还有廖仲恺、林森、林祖涵等，会议由胡汉民主持。

---

① 中华文化复兴运动推行委员会：《中国近代现代史论集》第二十四编《护法与北伐》，台湾商务印书馆1986年6月初版，第369～370页。

② 广东省立中山图书馆：《民国广东大事记》，羊城晚报出版社2002年11月第1版，第248页。

③ 《中国国民党第一百零四次会议纪》，见《广州民国日报》，1925年8月21日。

④ 莫耀焜：《本校十年大事记》（续），见《国立中山大学九周年纪念大会日刊》，1933年11月13日。

⑤ 《中国国民党第一百零五次会议纪》，见《广州民国日报》，1925年8月28日。

8月19日 国民党中央政治委员会指派先生和林森等人为“广东各界北上外交代表团”代表，北上以号召和组织全国“国民外交代表大会”。①

五卅惨案发生后，汉口、广州等地惨案不断发生，全国反帝国主义情绪极为热烈。此时，鲍罗廷示意国民党中央政治委员会指派先生、林森为北上宣传代表，林森出任代表团团长，先生为秘书长（一说为秘书②）。政治委员会于9月7日召开的第五十三次会议讨论后正式决定派林森为广东北上外交代表团主席，先生为秘书长，限期率领代表团北上。③ 林森和先生欣然就道，先生认为：“鲍罗廷借刀杀人，他自己想做曹操，把我当作祢衡，叫北京政府做黄祖……我何妨借这个机会，做一做带36个人入西域的班超呢。”④

国立台湾大学历史系教授李守孔在《北伐前后国民政府外交政策之研究——民国十三年元月至民国十六年三月》一文中却认为，“广东各界北上外交代表团”北上的目的是：“希望与北京政府成立联合战线，南北协力孤立英国。并督促北京政府召开国民会预备会议，及废除不平等条约。”⑤

8月20日 出席国民党特别联席会议。⑥

上午9时，国民党“左”派最重要的领导人廖仲恺在广州出席国民党中央执行委员会例会时被刺死。下午，国民党中央执行委员会、国民政府委员会、军事委员会等单位召开特别联席会议查办廖案，推汪精卫、许崇智和蒋介石三人组织特别委员会，授以军事、政治、警察全权，鲍罗廷为特别委员会顾问。

8月21日 鲍罗廷要求特别委员会逮捕先生等人。

是日，鲍罗廷开列一个名单，叫特别委员会拿办先生、胡汉民、邓泽如和谢持等十余人。蒋介石和许崇智以“毫无证据”⑦ 为由竭力反对，未予全部执行，仅胡汉民因堂弟胡毅生涉嫌此案而于9月22日被决议遣送莫斯科，但先

---

① 中华文化复兴运动推行委员会：《中国近代现代史论集》第二十四编《护法与北伐》，台湾商务印书馆1986年6月初版，第617页。

② 许继峰：《邹鲁与中国革命（西元一八八五～一九二五）》，正中书局1981年1月台初版，第169页。

③ 许继峰：《邹鲁与中国革命（西元一八八五～一九二五）》，正中书局1981年1月台初版，第169页。

④ 邹鲁：《回顾录》，岳麓书社2000年9月第1版，第147页。

⑤ 中华文化复兴运动推行委员会：《中国近代现代史论集》第二十四编《护法与北伐》，台湾商务印书馆1986年6月初版，第617页。

⑥ 许继峰：《邹鲁与中国革命（西元一八八五～一九二五）》，正中书局1981年1月台初版，第167页。

⑦ 戴书训：《愈经霜雪愈精神——邹鲁传》，近代中国出版社1983年10月初版，第108页。

生等人则被排挤离粤。

8月26日 广州市五万余人在本校大操场集会，哀悼为国牺牲的廖仲恺，并力求广州市秩序稳定。先生参加集会。

8月29日 以青年部部长名义致函国民党中央执行委员会，报告外交代表团学生代表名单。信函指出，广州学生联合会推选黎兆葵、余衍恒二人为外交代表团的学生代表，函请中央执行委员会核准，并请政治委员会查照。①

△主持召开本校第四十一次校务会议。②

8月31日 签署学校通告，公布本校参加国民政府委员廖仲恺、监察院委员陈秋霖祭奠安排。③

8月 为《法国里昂中法大学》一书作序，并为该书题写书名。

9月2日 函复本校医科学院院长褚民谊。谈及医院扩充计划及聘任各科医生情况，对于该学院聘任教授的薪金，应与校中各教授一样由学校支给，以便与其它教授薪金划一。④

9月5日 主持召开本校第四十二次校务会议。⑤

9月11日 国民党中央执行委员会一届第一百零七次会议召开，先生向会议推荐陈公博为中央农民部部长，获得会议一致通过。⑥

△致函国民党中央执行委员会，请改国立广东大学为国立中山大学。

函称："迳启者：

本大学为先总理所手创，亦为先总理所讲三民主义之地，拟改为国立中山大学，以留纪念。业经提出第二十八次校务会议议决，并拟于十一月十一日本大学成立之日，为改国立中山大学之期，应请贵会议决施行，相应函达查照办理。仍希见复为荷。"⑦

该函在是月14日举行的国民党中央执行委员会一届第一零八次会议上经

---

① 中国国民党中央委员会党史委员会：《邹鲁先生文集》，中国国民党中央委员会党史委员会1984年6月30日出版，第357页。

② 莫耀焜：《本校十年大事记》（续），见《国立中山大学九周年纪念大会日刊》，1933年11月13日。

③ 《广大学校通告》，见《广州民国日报》，1925年9月1日。

④ 见"国立广东大学全宗"档案，全宗号31，目录号1，案卷号15，藏广东省档案馆。

⑤ 莫耀焜：《本校十年大事记》（续），见《国立中山大学九周年纪念大会日刊》，1933年11月13日。

⑥ 《广大实行改为中山大学》，见《广州民国日报》，1925年9月17日；《陈公博为农民部长》，见《广州民国日报》，1925年9月17日。

⑦ 中国国民党中央委员会党史委员会：《邹鲁先生文集》，中国国民党中央委员会党史委员会1984年6月30日出版，第544页。

讨论后获得通过。①

9月13日 主持召开本校第四十三次校务会议。②

9月14日 国民党中央执行委员会一届第一百零八次会议通过补充汪精卫、林祖涵为中央执行委员会常委，以替代北上的林森、先生。③

△委任苏鄂元兼办本校附中训育主任，罗剑秋为附中训育部助理员。④

9月15日 晚上，在广东省省议会召开会议，因“行装未备”，原定17日北上的时间展期一天。⑤

△汪精卫向中央执行委员会常务委员会提出报告，拟派林森、先生参加北上外交代表团。

汪氏报告略云：“政治委员会派林森、邹鲁二委员参加北上外交代表团，其理由：因外交团中非有负一时名望之人在内，不能使人重视。前本拟使孙科同志担此职，后彼以经营总理墓地，来电请辞，故后请邹、林二委员率领各团体代表北上。抵京后，即可将此代表团交诸徐谦同志之手。两月内便须回粤，庶不误第二次全国代表大会会期。”⑥

林森和先生所扮演的名为“主席”、“秘书长”，实为“领队”；名为“被派”，实为“排挤”。至于鲍罗廷和汪精卫为什么排挤林森和先生离粤，李云汉作了精辟的分析：“一则因林、邹都是有名的‘右派’，自始即抱坚决反共的主张，尤其是邹鲁主持下的广东大学，当时已被俄人及共产党徒指为‘反革命的大本营’，共党分子已嚷著要给邹鲁‘一个觉悟的机会，从新改造’；一则因廖仲恺被刺杀，中央执行委员会于九月三日决议推林森继任廖氏所遗常务委员一职，大为鲍罗廷所忌。尽此际担任中央常务委员者有汪兆铭、廖仲恺、邹鲁、丁惟汾、于树德五人，丁、于已返北京，实际在广州负责者，仅汪、廖、邹三人。邹既反共，如再以反共之林森继廖，则中央常务委员必难为鲍、汪所控制，鲍、汪因决定并林、邹排而去之。邹、林既去，汪兆铭先后于九月十五日，二十八日向中央执行委员会提议以林祖涵、谭平山继之，于是中

---

① 易汉文：《中山大学编年史（一九二四～二〇〇四）》，中山大学出版社2005年9月第1版，第6页。陈哲三在《邹鲁研究初集》（华世出版社1980年2月初版第202页）中认为第一百零八次中常会于9月15日召开。

② 莫耀焜：《本校十年大事记》（续），见《国立中山大学九周年纪念大会日刊》，1933年11月13日。

③ 《中央党部常务委员之推定》，见《广州民国日报》，1925年9月18日。

④ 见“国立广东大学全宗”档案，全宗号31，目录号1，案卷号16，藏广东省档案馆。

⑤ 《外交代表团展期北上》，见《广州民国日报》，1925年9月17日。

⑥ 许继峰：《邹鲁与中国革命（西元一八八五～一九二五）》，正中书局1981年1月台初版，第168～169页。

央执行委员会遂为林祖涵、谭平山两个共产党所主宰，鲍罗廷控制国民党中枢的阴谋，遂告实现。”①

9月16日 以青年部部长名义致函国民党中央执行委员会，请求派孙甄陶为青年部代表，赴各属工作。②

△呈报国民政府委员会，在北上期间，校长职务由本校医科学院院长褚民谊代拆代行。③

△主持召开本校第四十四次校务会议。④

9月17日 主持召开本校第四十五次特别校务会议。⑤

△呈报国民政府委员会，校长职务改由校务会议代拆代行。

呈文写道：“鲁奉派为外交团代表，所有校长职务委托褚院长代拆代行，现业经呈报钧府备案。现褚院长因事繁剧，难以兼顾，辞去代拆代行校长职务，业经提出第四十五次特别校务会议议决，由校务会议代拆代行，校务事宜由文科学长陈钟凡、理科学长徐甘棠、法科学长程天固、农科学长邓植仪、医科学长褚民谊及预科主任黄著勋每周轮流主持，对外事务，除本校收支外，由医科学长褚民谊担任。除分函外，理合备文呈报。”⑥

国民政府委员会于25日函复，呈悉。

△召集全校学生在大礼堂叙别。⑦

9月18日 以青年部部长名义致函国民党中央执行委员会，请求更换外交代表团学生代表。⑧

先生北上前于是日接到广州学生联合会函，指出该会推选的黎兆葵代表因病不能北上，补充崔熹为代表，恳请政治委员会备案。先生接函后即刻上函中

---

① 李云汉：《从容共到清党》，台北中国学术著作奖助委员会1973年影印版，第414页。

② 中国国民党中央委员会党史委员会：《邹鲁先生文集》，中国国民党中央委员会党史委员会1984年6月30日出版，第358页。

③《呈报奉派外交团代表，不日北上，所有校务交医科院长褚民谊带拆代行》，见“国立广东大学全宗”档案，全宗号31，目录号1，案卷号11，藏广东省档案馆。

④ 莫耀焜：《本校十年大事记》（续），见《国立中山大学九周年纪念大会日刊》，1933年11月13日。

⑤ 莫耀焜：《本校十年大事记》（续），见《国立中山大学九周年纪念大会日刊》，1933年11月13日。

⑥《呈报校长职务改由校务会议代拆代行》，见“国立广东大学全宗”档案，全宗号31，目录号1，案卷号11，藏广东省档案馆。

⑦ 莫耀焜：《本校十年大事记》（续），见《国立中山大学九周年纪念大会日刊》，1933年11月13日。

⑧ 中国国民党中央委员会党史委员会：《邹鲁先生文集》，中国国民党中央委员会党史委员会1984年6月30日出版，第358页。

央执行委员会，请转行政治委员会查照示复。

△以国立广东大学校长名义致函国民党中央执行委员会，拟派郭寿华、姚碧澄、莫耀琨三位从广东大学毕业、成绩尚佳、热心党务的同志赴苏联留学，请中央执行委员会出具证书，并函达苏联代表知照苏联。①

△广东各界八万余人为北上外交代表团送行。②

代表团由林森任团长，先生任秘书长，合计有38人，团员还包括王一飞、李文范、崔熹等人，下午2时，乘招商局“广大”轮离穗北上。③

至于北上的原因，先生曾述说是“余因清党事去职”④。蒋介石则认为是：“共产党用唯物论和阶级斗争思想，来曲解三民主义，只有他们马克思主义，才算得是革命思想，反而指本党党员对三民主义的正确解释，为不革命或反革命。最显著的事件，就是排挤宣传部长戴传贤及青年部长邹鲁，致使其愤而离粤。”⑤

9月23日 率领广东各界北上外交代表团抵达上海，开始筹划反共。⑥

先生和林森被鲍罗廷排挤离粤后，“决心展开反共运动”⑦。是日晚抵达上海后，即与以前先后离粤的国民党右派谢持、邵元冲等人会商今后对于党务补救的办法。两天后，几人便商定，由林森、谢持、先生三人分别邀请各位国民党中央执行委员及监察委员来沪筹商办法。28日，邵元冲、林森、先生、谢持、叶楚伧、张继、戴传贤、孙科等人在谢持家“会议党事”。决定一方面派人秘密活动蒋介石、谭延闿等军事将领，争取同情，一方面集合多数中央执行委员及监察委员，到北京召开国民党第一届中央执行委员会第四次全体会议，筹议反对共产党。会议还商议先由谢持入京准备，林森、先生循原定计划，带着三十多位代表，溯江西而上，经过南京、九江、武汉，入北京。

《申报》于25日报道：“查该团来沪目的，专为报告广州沙基惨案及粤港反帝国主义罢工情形，并联络各省各团体，发起外交代表团入京组织全国外交代表团，促开国民会议，督促废除一切不平等条约，一面汇集各地惨案及罢工

---

① 中国国民党中央委员会党史委员会：《邹鲁先生文集》，中国国民党中央委员会党史委员会1984年6月30日出版，第450~451页。

② 广东省立中山图书馆：《民国广东大事记》，羊城晚报出版社2002年11月第1版，第251页。

③ 《外交代表团展期北上》，见《广州民国日报》，1925年9月17日。

④ 邹鲁：《回顾录》，岳麓书社2000年9月第1版，第326页。

⑤ 陈哲三：《邹鲁研究初集》，华世出版社1980年2月初版，第195页。

⑥ 周利生：《重评1925年“上海谈判”——兼论吴廷康、鲍罗廷的主张》，见《江西师范大学学报》，2004年第4期。

⑦ 戴书训：《愈经霜雪愈精神——邹鲁传》，近代中国出版社1983年10月初版，第109页。

案之一切要求条件，严重交涉，务得完满解决。”①

9月26日 到中国国民大学发表演讲。

应上海中国国民大学雷校长的邀请，先生到民大发表演讲，主题是《青年学术界今后应取之改造方针》。先生在演讲中略述三民主义，进而谈到引导青年学术界今后应该采取的两种改造方针：

“1. 尚武精神。武力政策非是不可提倡，果能彻底做去，实即国家最主要之一点。美国国民自经欧战以后，对于军事教育尤见注重，现海军大操，即以日本为将来交战国。日本为对付美国计，将陆军减少一千六百万军饷，专为扩充航空。高小以上之学校，即设有军事科，教授即为退伍军官，现任在职长官为教授，以资练习切要。其他英国扩张武备，即德国失败以来，尤见整军经武。强国尚如此，何况我弱小国家？今日计，决有赖于尚武精神之表现，尤以学生参加，方可以得最好的结果。雷校长谈到民大现象，殊见提倡体育，并不久教练学生军，实堪庆祝！兄弟担任广东大学校长，已将军事科加入必修科，其他各高小以上之学校，亦已实行军事准备。某英国人笑我，指为助长内乱。那时我告诉了他，纯为对外准备。此为我最希望于诸君者。

2. 专攻学术。武力政策固须贯彻，然在青年思想新颖时代，尤应当努力学业。现代科学昌明，如飞机战舰日新月异，已成交战国必要工具。诸君青年时代，求学务宜彻底，不应落空。孙先生唱三民主义，已费尽无穷心血，当民元（1912年）与民十一年（1922年）编订三民主义书本，所得各种学理，无不深加考虑。迄今三十年，三民主义宁传不朽，已可见孙先生对于学理无微不至。诸君最高学府，对于青年学术界今后应取之改造方针，必须注意于尚武精神与专攻学术两端，尤应当以孙先生毕生作为模范，方为切要。”② 该演讲词发表在本月30日出版的《民大月刊》第7期上。

9月27日 下午，出席孙中山总理葬事筹备委员会，讨论中山陵墓图案。

会议在上海成都路张人杰家里召开，参加会议的有张人杰、孔祥熙、叶楚伧、林焕廷、先生、林森和孙科，宋庆龄因病未到，会议由张人杰主持。会上把被评比为第一奖吕彦直的设计图和第二奖范文照的设计图，连同各人的说明书、估价表以及各方关于图案的意见，全部陈列在会场上，请到会人员进行研究比较。最后，大家一致赞成采用吕彦直的设计图案，并且决定聘请他担任中山陵墓的建筑师，主持中山陵的建筑工程。吕彦直因这次悬奖征求图案名列榜首而声名鹊起。

---

① 《粤外交代表团昨日抵沪》，见《申报》，1925年9月25日。

② 邹鲁：《青年学术界今后应取之改造方针》，见《民大月刊》1925年第7期，第98~99页。

9月29日 率领广东各界北上外交代表团抵达南京。①

9月 聘请郭冠杰为任本校法学院教授。②

10月6日 先生率领广东各界北上外交代表团抵达汉口。③

10月11日 致函国民党中央执行委员会，报告次日由武汉赴北京事宜。

先生在信函中指出，到达武汉后，“因力疾演讲数次，病大作。”④ 同时表示，将于次日赴京。随函附国民党汉口市委员会的要求条件，请中央执行委员会核办。

10月12日 由汉口乘京汉铁路赴北京。⑤

10月14日 抵达北京。⑥ 抵京后，先生等人“公然指责广州国民政府”⑦。先生和林森等人在京居住地位于竹竿巷，该地成为“西山会议”发动倒段（段祺瑞）运动“主动的总机关”⑧。

10月15日 出席北京国立八校欧美同学会举行的欢迎会。

参加本次欢迎会的北方重要教授有李石曾、顾孟余、王世杰、谭熙鸿、周鲠生、王星拱、徐炳昶等人。欢迎会除讨论北京国立各校和国立中山大学如何联系外，还谈到南北教育互通声气的一般问题。先生对此会有“更深的印象”⑨。

10月18日 国民政府以“中山大学派系斗争严重，邹鲁扶持私人势力，特派甘乃光、马洪焕、陈公博前往彻查，甘任主席。”⑩

10月21日 致函国民党中央执行委员会，请求中央助旅费200元以便湖北派外交团赴京，声援广东外交代表团。⑪

10月22日 新学生社国立广东大学支部发表第一篇关于广东大学改办中

---

① 广东省立中山图书馆：《民国广东大事记》，羊城晚报出版社2002年11月第1版，第251页。

② 《人物志》，见广东省情信息库网（http：//www.gd－info.gov.cn：8080/was40/detail？record＝14&channelid＝58844&searchword＝%D7%DE%C2%B3）。

③ 广东省立中山图书馆：《民国广东大事记》，羊城晚报出版社2002年11月第1版，第251页。

④ 中国国民党中央委员会党史委员会：《邹鲁先生文集》，中国国民党中央委员会党史委员会1984年6月30日出版，第304页。

⑤ 中国国民党中央委员会党史委员会：《邹鲁先生文集》，中国国民党中央委员会党史委员会1984年6月30日出版，第304页。

⑥ 戴书训：《愈经霜雪愈精神——邹鲁传》，近代中国出版社1983年10月初版，第109页。

⑦ 王光远：《第一次国共合作的楷模——纪念李大钊同志就义六十周年》，见《人民日报》，1987年5月7日。

⑧ 梅萼：《邹鲁文存》第三集，文海出版社有限公司1988年印行，第78页。

⑨ 邹鲁：《回顾录》，岳麓书社2000年9月第1版，第148页。

⑩ 广东省立中山图书馆：《民国广东大事记》，羊城晚报出版社2002年11月第1版，第256页。

⑪ 中国国民党中央委员会党史委员会：《邹鲁先生文集》，中国国民党中央委员会党史委员会1984年6月30日出版，第304～305页。

山大学的宣言，矛头直指先生。

宣言指出：东方民族革命领袖孙中山先生，奔走革命三十余年，深感在文化落后的中国，非常需要能担负起发扬民族精神和创造新中国文化使命的大学。他在革命澎湃之时，就下大决心创办了广东大学，正是抱着这样的无限希望。但很可惜，广东大学根本没有担负起它应有的民族使命，有辱孙中山的厚望。“广大不能振作的根本原因”，“应该归咎于学校办理不善”，学校负责人的根本错误，导致广东大学学科不完备、设备不周全、图书不丰富、教授很缺乏、员工不进去、学生很涣散，负不起民族使命。

新学生社在宣言中进一步说道：广东大学学生始终是要进步的，是革命的，所以“我们学生要自动起来，协同党和政府根本改造广大，同时要求教职员一齐起来完成真正能够担负光扬民族创造文化使命之中山大学。”为把广东大学改办成为“全国文化中心”、“能发扬民族精神和创造新中国文化”的中山大学，新学生社代表大多数学生向国民党中央和国民政府提出了财政公开、增制设备、增开学科、添聘教授、实行教授职员保障法、增加学术研究自由、实行讨论式和研究式教授法、增筑校舍、减免学费和宿费、学生实行自治和实行军事教育、学生选派代表参加校务会议等十三条“最低限度的要求”，以推进广东大学改革运动的开展。

新学生社的宣言马上引起国民党右派势力的反扑。“民社‘深恐查办结果邹将不保’，便与孙文主义学会在北园召开秘密会议，策划对抗运动。邹鲁身在外地，仍针对陈孚木发表的《值得查办的广东大学》文章和学生的宣言而写了《告孚木》和《致本校同事同学》两文进行抵赖。广东大学校内右派势力则组织围攻政府调查员，阻止调查深入进行；阻止教职员罢课以对抗；还通过孙文主义学会出版的《校声》大肆作反动宣传；造谣煽动说‘共产党人野心占据广大’等等。”①

10月24日 撰写《告孚木》一文。②

孚木为《广州民国日报》总编辑，他在《广州民国日报》上发表了一篇《调查广东大学之重大的意义》文章。先生身为广东大学校长，认为自己有必要答复孚木。

孚木在《调查广东大学之重大的意义》一文中提出以下几个观点：

---

① 广州青年运动史研究委员会：《1919～1949广州学生运动史》，华南理工大学出版社2002年4月第1版，第114～115页。

② 陈哲三：《邹鲁研究初集》，华世出版社1980年2月初版，第197页。陈哲三认为《告孚木文》发表在“到北京后”。

（一）“当知此为国民革命政府下唯一培养革命人才之所，亦即吾党、总理孙先生革命精神之所寄，如此校不能本主义以培养革命人才，则辜负政府设立此校之本旨；如此校颓废散漫，不能充满紧张革命之空气，即有玷污中山大学之名。”

（二）“吾人即知，党及政府乃感觉到广东大学所培养之人才，乃未能满足党及政府之所需要。”

（三）“广东大学，乃本党政府设立唯一之学校，而又在于孙先生主义发源昌盛之地，乃不能肩起发扬广大之责任，而须党部别立机关以扬之，又须赴外国（苏联）练习之，是吾党最伤心之事，亦吾党最耻辱之事也。”

先生在《告孚木》一文中首先说明了调查广东大学的意义，之后对孚木的观点进行逐条反驳。对于第一点，指出：“广东各处的革命运动，没有一处没有广大的学生在内”；对于第二点，先生认为是毕业生没有被重用的结果；对于第三点，则是言过其实，“试问现在广东方面，日日宣传，日日图谋实现孙先生主义者，是不是广大学生？”①

先生在此文中阐述的主要观点显系“攻击国民政府”②，反对联俄联共。他写到：“不好拿国民政府来做标题，尤其不好拿告国民党中央执行委员会做标题，犯着叛党的弥天大罪，就不能不委屈孚木一点……自从前年共产党加入国民党之后，又因国民党决定联俄的政策，共产党就与苏俄勾结一气，借国际以压迫党部及政府，更借党部及政府压迫党员及群众……所谓富于革命性的共产党，不过在后台挑拨离间，呵呵大笑，提灯结彩，庆祝成功罢。”③

10 月 25 日至 26 日　与林森、谢持、石瑛等人在北京翠花胡同八号国民党北京执行部召开中央执行委员会。④

会议于 25 日开始举行，第一天基本顺利进行。26 日，会议受到国民党中央执委会常委、北京执行部执委、共产党员于树德的反对，于树德集合一批人阻止先生等人在北京执行部开会，双方发生打斗。

于树德反对先生等人在北京开会早有迹象。先生和林森抵京后，初欲与北京执行部联系，由该部发出通告，邀请京沪各地中委来京开会。不过负责北京执行部的共产党员于树德反对这样做，先生等人数度交涉均无效果，终于发生 26 日反共党员与“左倾”人员在翠花胡同党部相互打斗的场面。

---

① 邹鲁：《澄庐文选》，正中书局 1948 年 5 月初版，第 73 ~ 74 页。

② 王崙：《邹鲁生平述略》，见广东省政协文史资料委员会编《近代广东名人录》第二辑，广东人民出版社 1989 年 4 月第 1 版，第 120 页。

③ 邹鲁：《澄庐文选》，正中书局 1948 年 5 月初版，第 70 ~ 75 页。

④ 陈哲三：《邹鲁研究初集》，华世出版社 1980 年 2 月初版，第 195 ~ 196 页。

10月26日 国民党中央执行委员林森、张继、谢持、石瑛、先生、茅祖权、傅汝霖7人，要求北京党部通知在京中央委员开会，未达目的。①

是日，由林森领衔，先生、张继等人副署发表通电（寝电），说明北京执行部阻止他们召开中央执行委员会的经过，并请中央执监委员于11月8日到张家口开全体委员会，解决一切。②

先生等人建议在张家口开会的目的是希望得到张家口驻军将领冯玉祥的支持。不过，当时冯玉祥正与加拉罕及徐谦联络，“意存袒共，因此对张家口集会之请，予以拒绝”③，先生等人只好将开会的地点改在北京西山碧云寺孙中山总理灵前举行。

10月 致函吴敬恒，约其参加在欧美同学会举行的关税谈话会。该函由先生和林森共同署名。④

11月4日 上午8时20分，与谢持、林森见冯玉祥，“谈广东外交事”⑤。上午10时半，三人在冯玉祥处吃饭。吃饭时在座的还有甘肃省省长薛笃弼等人。在赴绥远、包头途中，先生作《杂咏》、《河套皮舟》、《赵武灵王长城》诗。⑥

11月12日 戴传贤致电国民政府、国民党中央执行委员会、国立广东大学、《上海民国日报》并转先生，指出：“报载广大邹校长将被以出洋为理由开缺另任，并任传贤继职等由。广大为邹校长苦心经营，且系先大元帅中山先生所择任，即由考察出洋，亦宜延由本校主任会议代行，不宜徒召纠纷。各国大学及吾国北大先例俱有可征，至传贤个人更无论如何绝不出任此职。特此奉闻，伏维明察。”⑦

11月16日 先生与林森等人发出“铣”电。

电文谓：“上海执行部转在沪各委员同志鉴：据林委员森等寝（26日）电，于十一月八日在张家口开中央委员会全体会议。现委员等已于本月铣日

---

① 中国社会科学院近代史研究所中华民国史组：《中华民国史资料丛稿大事记》第十一辑，中华书局1978年8月印刷，第187页。

② 陈哲三：《邹鲁研究初集》，华世出版社1980年2月初版，第195～196页。

③ 许继峰：《邹鲁与中国革命（西元一八八五～一九二五）》，正中书局1981年1月台初版，第171页。

④ 中国国民党中央委员会党史委员会：《邹鲁先生文集》，中国国民党中央委员会党史委员会1984年6月30日出版，第300页。

⑤ 冯玉祥：《冯玉祥日记》（第二册），江苏古籍出版社1992年1月第1版，第126页。

⑥ 国立中山大学校友会：《邹鲁全集》第十卷，三民书局股份有限公司1976年10月初版，第2～3页。

⑦ 《电报》，见“国立广东大学全宗”档案，全宗号31，目录号1，案卷号11，藏广东省档案馆。

（16 日）在总理灵前集会，决定于本月梗日（23 日）在北京香山碧云寺总理灵前开正式中央执行委员会全体会议，除分电外，特此电知，务希到会。”①电末署名的有：林森、覃振、石瑛、居正、石青阳、先生、戴传贤、邵元冲、叶楚伧、沈定一、张继、谢持、茅祖权、吴敬恒、傅汝霖等。

△林森和先生致电广州汪精卫、林祖涵，说他们决定于本月 23 日在北京香山碧云寺总理灵前正式召开中央执行委员会全体会议。②

11 月 17 日 汪精卫致函先生，国民政府派余程万为国立广东大学学生军党代表。③

11 月 18 日 与林森、戴传贤、邵元冲、沈定一等人举行“西山会议”预备会议。

关于预备会议的情形，戴传贤在致蒋介石的信函中写道：“及预备会开，稚晖（吴敬恒）到会后，细述其意见者数小时，弟等四人（戴传贤、叶楚伧、邵元冲、沈定一）借决定以此为标准。稚晖所主张，对精卫（汪精卫）为劝告，而勿为弹劾；对共党之同志，宜邀守常（李大钊）等为切实之协商，而勿使为片面分裂之行动。弟等四人皆承认矣。”④

从戴传贤上述信函可以看出，参加“西山会议”的人员之间存在着歧见。是日，林森、先生、叶楚伧、戴传贤、邵元冲、沈定一、吴敬恒等举行预备会议，会中吴、戴主张采取缓和态度，为激烈反共的党员所误会；由于沈定一原系共产党员，外间不明其思想转变的经过，这两件事致使主张坚决反共的国民党同志俱乐部分子于 19 日到西山香云旅社绑架、殴打戴传贤、沈定一，此事使戴传贤、邵元冲等人于 20 日愤怒离京，戴氏则于 23 日南下，沈定一则留下继续参加“西山会议”。

11 月 19 日 国民政府令：国民政府惩吏院委员邹鲁另有任用，应免本职；任邓泽如、李章达为国民政府惩吏院委员。⑤

11 月 20 日 广州国民党中央政治委员会决定对先生进行查办。

先生等人拟开“西山会议”的消息遭到广州国民党中央政治委员会的强烈反弹。是日，广州国民党中央政治委员会召开会议，会议议决：“（一）邹

---

① 周利生：《重评 1925 年“上海谈判”——兼论吴廷康、鲍罗廷的主张》，见《江西师范大学学报》，2004 年第 4 期。

② 广东省立中山图书馆：《民国广东大事记》，羊城晚报出版社 2002 年 11 月第 1 版，第 258 页。

③ 见“国立广东大学全宗”档案，全宗号 31，目录号 1，案卷号 17，藏广东省档案馆。

④ 陈哲三：《邹鲁研究初集》，华世出版社 1980 年 2 月初版，第 196 页。

⑤ 中国社会科学院近代史研究所中华民国史组：《中华民国史资料丛稿大事记》第十一辑，中华书局 1978 年 8 月印刷，第 200 页。

鲁着交北京执行部查办；（二）邹鲁着即取消北上外交团代表。”① 国民政府即日致电林森，取消先生在国民政府北上外交代表团代表名义，着北京执行部查办。②

国民党中央执行委员会也于是日急电李大钊、王法勤、于右任等，驳斥“西山会议”，指责林森、先生等人的分裂行为。电文对即将召开“西山会议”的行径进行了驳斥：（一）全国代表大会及中央全会早已决定在广州召开，“何得违反前议”；（二）此举未得北京执行部之同意；（三）熊克武已被捕，如何能来北京？“以中央委员而此举若此，实为可耻。”③

11 月中旬 起草给广州国民党同志的密信。④

即将召开的“西山会议”主要议题是反共、清党，由于担心此举会造成国民党的分裂，出席“西山会议”的国民党要员决定由先生起草一封长信，并由谢持、张继、覃振、石瑛、茅祖权、傅汝霖诸人连署，给在广州方面的国民党同志汪精卫、谭延闿、邓泽如、程潜、伍朝枢、古应芬、朱培德、李福林、李济深。长信谈到了共产党在国民党内的表现及共产党的政策、国民党面临的危机、联俄立场等，希望广州国民党中央共同清党。信件对于共产党及共产主义领袖马克思等有许多不实及攻击之词。⑤

广州国民党中央因为政治环境的关系，没有采纳先生等人的意见，同时指出即将召开的“西山会议”是分裂国民党的行径，是非法的。

11 月中旬 吴铁城嘱人带话给先生，指出先生“不应发表侵伤总理文字”，先生当时“至为骇异”，即复书吴铁城，表示自己“并无侵伤总理之言论”。⑥ 待与吴铁城会晤后才知粤中有一小册子，虽非用先生名字发表，却与先生的文章一齐登载，使人误认为先生之文。

11 月 22 日 参加“西山会议”预备会议。⑦

是日，先生和邵元冲、叶楚伧、沈定一、谢持一起到商品陈列所开会，讨论次日在香山召开正式会议的事情。几个人只用了一两个小时就初步确定了次日开会的主要议题：（一）与共产派实行分离；（二）迁移中央党部于上海；

---

① 陈哲三：《邹鲁研究初集》，华世出版社 1980 年 2 月初版，第 196 页。

② 广东省立中山图书馆：《民国广东大事记》，羊城晚报出版社 2002 年 11 月第 1 版，第 259 页。

③ 广东省立中山图书馆：《民国广东大事记》，羊城晚报出版社 2002 年 11 月第 1 版，第 258 ~ 259 页。

④ 戴书训：《愈经霜雪愈精神——邹鲁传》，近代中国出版社 1983 年 10 月初版，第 110 ~ 113 页。

⑤ 梅萼：《邹鲁文存》第三集，文海出版社有限公司 1988 年印行，第 109 页。

⑥ 梅萼：《邹鲁文存》第三集，北华印书局 1930 年版，第 124 页。

⑦ 杨奎松：《“容共”还是“分共”？——1925 年国民党因“容共”而分裂之经过》，见《近代史研究》2002 年第 4 期。

（三）纠正政治委员会权限；（四）修改选举法等。

为了防备再有国民党北京同志俱乐部的人前来“捣乱”，大家决定一早就前往香山孙中山灵前行礼，礼毕即至石青阳寓所开会。

11月23日至12月2日 出席“西山会议”。①

林森和先生等人主张召开的“国民党一届四中全会”自11月23日在北京西山碧云寺举行，为期10天，共开会22次。会议通过了《取消共产派在本党之党籍案》、《鲍罗廷顾问解雇案》、《开除汪兆铭党籍案》、《决定本党此后对于苏联的态度案》、《开除中央执行委员之共产派李大钊等案》、《取消政治委员会案》、《移中央执行委员会于上海案》等决议案。会议由林森和先生主持，叶楚伧、茅祖权、先生、覃振分别担任记录。本次会议也称为“西山会议”。

先生对参加“西山会议”的情况叙述道：“此次会议既然是第一届中央执行委员会开会来谋挽救党国，所以到会的人，只有中央执监委员，计一届中央执行委员二十四人，除胡汉民先生在俄，熊克武先生在禁，李大钊、谭平山、于树德、林祖涵系共产党，不许列席外，实际上只有十八人。这十八人中出席西山会议的，有我和林先生（林森）、居正、覃振、石青阳、石瑛、戴传贤、沈定一、邵元冲、叶楚伧诸先生等十人（正式开会时，戴、邵两先生没有参加）。李烈钧先生虽未出席，却来电表示赞成。所以没有出席也没有表示赞成的，只有谭延闿、柏文蔚、王法勤、于右任、恩克巴图、丁惟汾六先生和汪兆铭（汪精卫）。监察委员共五人，出席西山会议的有谢持和张继②两先生。吴敬恒先生署名通电召集‘西山会议’，并于‘西山会议’第一次预备会出席，且做主席，所以吴先生说他是‘西山会议’派，就是这个原因。邓泽如先生虽没有到会，却暗中出过钱。这样监察委员五人中，只有李石曾先生和西山会议没有关系罢了。候补执行委员，出席者则有茅祖权、傅汝霖先生等。这些是西山会议的召集。”③ 会议决定在上海设立一个总部来执行会议的政策，先生等人常驻上海总部。上海总部的建立意味着国民党的正式分裂。④ 而“西山会议”的召开，“自是明显的国民党分裂的表征”⑤。

---

① 周利生：《重评1925年“上海谈判”——兼论吴廷康、鲍罗廷的主张》，见《江西师范大学学报》，2004年第4期。

② 张继因病并没有出席“西山会议”，但是张与先生及林森有共同主张，所以会议期间诸事皆请先生及林森二人代为签名。

③ 邹鲁：《回顾录》，岳麓书社2000年9月第1版，第152页。

④ 中华文化复兴运动推行委员会：《中国近代现代史论集》第二十四编《护法与北伐》，台湾商务印书馆1986年6月初版，第101页。

⑤ 陈哲三：《邹鲁研究初集》，华世出版社1980年2月初版，代序第6页。

在会议上，先生被选举为国民党中央执行委员会五位常务委员之一，成为“西山会议派”的一个首领，成为顽固地反对孙中山联俄联共政策的国民党右派，其反共态度在“西山会议”期间“自始至终表现得极为坚决”[①]。先生的反苏反共思想形成于何时，尚不太清楚，先生在《回顾录》等著作中亦未提到他在国共合作时的政治态度。[②]

先生及“西山会议派”反共，即刻遭到各地国民党党部通电反对，上海市第九区第二分部于11月28日发布通电反对；[③] 国民党军事委员会特别党部第四分部于12月2日通电反对；[④] 广东佛山市党部于12月7日通电反对；[⑤] 虎门市党部于12月9日发表拥护中央并请查办林森及先生等人宣言；[⑥] 中国青年军人联合会国民革命军第二军军官学校分校干部全体会员于12月12日通电请求国民党中央开除先生等人的党籍；[⑦] 陆军军官学校入伍生总队第七连队党部全体国民党员于12月18日致函中央党部，请对戴传贤、先生等人严厉执行党纪；[⑧] 郑州市党部于12月22日通电《北京国民新报》否认“西山会议”并加以驳斥；[⑨] 国民党农民运动讲习所特别区党部于12月26日通电国民党各级党部，请求严惩先生等人的叛党行为；[⑩] 夏城（古巴首都夏拿湾，今译为哈瓦那）分部执委会于1926年1月2日派函给国民政府委员，否认“西山会

---

① 许继峰：《邹鲁与中国革命（西元一八八五～一九二五）》，正中书局1981年1月台初版，第175页。

② 王尚：《邹鲁生平述略》，见广东省政协文史资料委员会编《近代广东名人录》第二辑，广东人民出版社1989年4月第1版，第116页。

③ 中国第二历史档案馆：《中华民国档案资料汇编》第四辑（一），江苏古籍出版社1991年6月第2版，第288页。

④ 中国第二历史档案馆：《中华民国档案资料汇编》第四辑（一），江苏古籍出版社1991年6月第2版，第289页。

⑤ 中国第二历史档案馆：《中华民国档案资料汇编》第四辑（一），江苏古籍出版社1991年6月第2版，第289页。

⑥ 中国第二历史档案馆：《中华民国档案资料汇编》第四辑（一），江苏古籍出版社1991年6月第2版，第290页。

⑦ 中国第二历史档案馆：《中华民国档案资料汇编》第四辑（一），江苏古籍出版社1991年6月第2版，第291页。

⑧ 中国第二历史档案馆：《中华民国档案资料汇编》第四辑（一），江苏古籍出版社1991年6月第2版，第292页。

⑨ 中国第二历史档案馆：《中华民国档案资料汇编》第四辑（一），江苏古籍出版社1991年6月第2版，第293页。

⑩ 中国第二历史档案馆：《中华民国档案资料汇编》第四辑（一），江苏古籍出版社1991年6月第2版，第295页。

议”；[①] 国民革命军独立第二师政治部于1926年1月6日通电反对“西山会议”。[②]

王尚认为：“他（邹鲁）的反共思想在一定程度上来源于其浓重的封建排他性，对共产党一直抱着提防与敌视的心理，如他对邓泽如说：‘我看历史，苏联对于皇党可以放松，但对于革命的社会民主党，绝对不肯放松，恐怕现在共产党对于也要同时处理。’行动上更是如此，作为广东大学校长和青年部长，他对学生和青年的思想、活动进行严格控制。当时共产党在青年界组织了新学生社，该组织在社会上影响不小，邹便在各校物色反共分子，秘密联络，建立国民党的组织，如民权社、民社等，并与各校的反共核心人物一道组织执行委员会，统一指挥和联络，专门对付新学生社。他为了把广州市学联的领导权控制在手，首先指示各校学生会清除共产党员及积极分子，再组织市学联，进而由市学联出面派人到各县学生会活动，建立反共的联盟，其手法可谓高明。他说：‘我不断地派人加入共产党，去侦察他们的情形，所以共产党的一切情形我都很明了。’”[③]

先生反共并没有得到好于自己预期的历史认可。“因为参加西山会议诸人士间存在著太多的歧见，使原本以反共为号召的会议，仅仅做到分共的要求。”[④] 罗敏认为：“邹鲁在国共合作之势最盛而自己又无一兵一卒的情况下，仅凭自己坚定反共的信念踏上了反共的不归路。这一选择，使得邹鲁此后成为一个既遭新革命者批判，亦为后来的国民党当权派所排斥的过时人物。”但是，“以邹鲁为首的西山会议派的存在客观上为蒋介石的反共提供了掩护。蒋介石后来虽然对共产党采取了限制、打击的措施，但由于他声称打倒‘西山会议派’，因此，中共和苏联一直视他为‘左’派，并把和西山派这一老右派集团作斗争当成主要任务，完全忽略了革命阵营中正在发展的新右派。”[⑤]

许继峰认为：“邹鲁是西山会议的主要发起人，也是自始至终表现最坚决反共的人士之一，因此他所受的误解远较他人为深，伤害也较其他人为重，甚

---

① 中国第二历史档案馆：《中华民国档案资料汇编》第四辑（一），江苏古籍出版社1991年6月第2版，第296页。

② 中国第二历史档案馆：《中华民国档案资料汇编》第四辑（一），江苏古籍出版社1991年6月第2版，第321页。

③ 王尚：《邹鲁生平述略》，见广东省政协文史资料委员会编《近代广东名人录》第二辑，广东人民出版社1989年4月第1版，第117页。

④ 许继峰：《邹鲁与中国革命（西元一八八五～一九二五）》，正中书局1981年1月台初版，第179页。

⑤ 罗敏：《1924～1927年邹鲁与蒋介石关系探微》，见《中国社会科学院研究生院学报》，2003年第6期。

至为未来现实政治的环境中，不断遭到冷酷的打击。"①

对于到底谁是"西山会议"的首领，史家众说不一，常在史书上出现的，有谢持说、林森说、张继说、邹鲁说等。多数史家认为，其首领应以先生较为准确。其理由有二：

（一）辈分、职位、反共时间方面：持谢持、林森说的原因是由于谢、林辈分高，民国初年两人职位都在先生之上。谢持生于1876年，于1919年就担任国民党党务部长，1920年任大总统府秘书长；林森资历更高，生于1867年，1917年任大元帅府外交部长，1918年当选为护法国会参议院议长，1921年5月5日孙中山就任非常大总统时，是林森代表国会授印并致辞。谢、林两位还是国民党"一大"时由孙中山指定的大会五人主席团成员。但是，谢持反共的时间较短，到"九一八"事变后他就主张全国统一抗战；林森自"西山会议"后不久就成为蒋介石的礼仪性人物；张继在国民党内职位比先生低。只有先生的反共时间最长，立场最为顽固，而且每在蒋介石反共最力时，他就联蒋拥蒋。②

（二）行动方面：据张继回忆："西山会议开会后，（西山会议派）设机关于翠花胡同，林（林森）邹（邹鲁）二君主持之。"③

11月23日 戴传贤致函吴敬恒、李石曾，请他们"念先生（孙中山）负托之重，与吾党历史生命之党护持，不避嫌怨与危险，稍稍劝告之。"其劝告的对象即为林森、先生："他人不足道矣！子超（林森）、海滨（邹鲁）终不宜见其日趋于危途而不之救。"④

△李大钊致电胡汉民，请其电劝戴传贤、先生、张继、林森等人放弃反共活动。胡汉民没有复电。⑤

11月24日 函呈国民政府，请求补助留苏孙文大学（莫斯科中山大学）学生治装费。函附王志鸿等18位学生名单。⑥

国民政府于12月2日发布政府令，"据此当批"，令广东财政厅长宋子文合行令仰迅速遵照办理。

---

① 许继峰：《邹鲁与中国革命（西元一八八五～一九二五）》，正中书局1981年1月台初版，第181页。

② 黄羡章：《潮汕民国人物评传》，广东人民出版社2008年8月第1版，第21～22页。

③ 张继：《张溥泉先生回忆录·日记》，文海出版社有限公司1988年印行，第16页。

④ 陈哲三：《邹鲁研究初集》，华世出版社1980年2月初版，第197～198页。

⑤ 蒋永敬：《胡汉民先生年谱》，中国国民党中央委员会党史委员会1978年11月出版，第359页。

⑥ 中国第二历史档案馆：《中华民国档案资料汇编》第四辑（二），江苏古籍出版社1991年6月第2版，第1640～1641页。

11 月 27 日 国民党中央执行委员汪精卫、谭延闿、谭平山、林祖涵、李大钊、于右任、于树德、王法勤、丁惟汾、恩克巴图等 12 人，候补中央执行委员毛泽东、瞿秋白、韩麟符、于方舟、张国焘等致电各级党部，严驳西山会议派。说“二大”和一届四中全会早定在广州召开，“若在北京开会，外则受军阀之压迫，内则有反动分子利用军阀以从中作梗……”①，并通知 12 月 11 日在广州开一届四中全会，明年元旦在广州开第二次全国代表大会，要求林森等人回粤参会。

11 月 30 日 国民党中央政治委员会会议以先生把持教育经费，阻挠政府政策而决定免去先生的国立广东大学校长本职。②

免职决定由国民党中央政治委员会成员、国民政府主席汪精卫签署，会议同时讨论任命顾孟余、汪精卫、谭延闿、伍朝枢、陈公博五人组成国立广东大学管理委员会，顾孟余为主任。顾未到校前由陈公博代理主任职务。③

△由先生起草，并与张继等人联名致函广州汪精卫、蒋介石等，公开说明政治主张。

函称：“总理许共产党加入也，为其能实行吾党主义也；总理之联俄也，为其以平等待我也。今悉违反总理之期望，吾党员于此若不毅然决然与之划分，俾党国不为所灭，犹复拘文索义以总理许共产党人加入本党之说以自误，则不惟失革命党之精神，且恐无以对总理在天之灵矣。”④ 该函署名人员还有林森、谢持、覃振、石瑛、茅祖权、傅汝霖等人。

11 月下旬 到日本驻华公使馆，警告日军不要干涉中国内政。⑤

是月，奉军将领郭松龄通电请张作霖下野，嗣机向关外进兵。在攻打新民县巨流河时，遭到日本关东军袭击，前进之路被阻。在参加“西山会议”期间，北京政治分会公推先生和林森为代表到日本驻华公使馆，严重警告日本的这种行为。

12 月 1 日 国民政府下令：免国立广东大学校长邹鲁本职。

令谓：“月前，广东大学校长邹鲁呈请中央执行委员会将广东大学改为中山大学，经决议通过。政治委员会以名义已定，不可不积极筹备，以期名实相

---

① 广东省立中山图书馆：《民国广东大事记》，羊城晚报出版社 2002 年 11 月第 1 版，第 259 页。

② 《广大校长问题》，见《广州国民日报》，1925 年 12 月 1 日。

③ 易汉文：《中山大学编年史（一九二四～二〇〇四）》，中山大学出版社 2005 年 9 月第 1 版，第 6 页。

④ 居正：《清党实录》，文海出版社有限公司 1985 年初版，第 32～34 页。

⑤ 邹鲁：《回顾录》，岳麓书社 2000 年 9 月第 1 版，第 158 页；林逸：《民国青芝老人林子超先生年谱》，台湾商务印书馆股份有限公司 1985 年 7 月初版，第 73 页。

符，故决议设调查委员会，调查广东大学之一切状况，以为实行改称中山大学之准备。乃邹鲁在北京突然发表文字，措辞荒谬，初犹以个人辩难之文辞，不足计较，不图十一月二十七日广东大学发表邹鲁致诸同事、同学之函，其措辞大略相类似，此造谣惑众，实堪诧异。今夏讨平杨（杨希闵）、刘（刘震寰）之役，邹鲁始则托言调和，继则避居香港，态度模棱。事定之后，始逡巡回省，日与无聊政客、失意军人相勾结，对于中央执行委员会、政治委员会及政府所施行之政策，往往藉端阻挠。例如此次邹鲁函中所资为抨击者，莫如谓政府破坏教育经费独立，然按之实际，邹鲁所斤斤致意者，特为教育经费之分割与教育经费独立，渺不相涉。数年以来，骄兵悍将分割财政，惟力是视，以致政纲解纽，民生憔悴，稍有常识莫不痛心。中上七［四］校感于经费无着，迫不得已，乃分割财政收入之一部，以资维持。此事远在邹鲁未任广东大学校长以前，邹鲁无从攘以为功。乃邹鲁任广东高等师范校长以后，提议合并法政、农林两校为广东大学，遂藉口筹备对于教育经费任意把持。广东大学一切收支数目，从不呈报政府，不特用途不明，即对于收入之种类数目，政府亦无从知悉，遂得以广植私人势力。前此大憝未除，政府自无暇整顿及此。及祸乱削平，政府依据中央执行委员会统一财政之决议，将从前骄兵悍将分割财政之恶习，悉予扫除。特颁明令：一切文武官吏皆不得截留财政，违者以军法从事。令出惟行，岂能于中上四校独存例外。且政府此举，固为一切经费计，亦即为教育经费计。盖必财政统一，然后预算可以确定，必预算确定，然后用度始得不匮。当推行财政统一之第一步，中上四校向来分割所得之经费，骤被收回，虽立形拮据，然推行至第二步，则财政收入较裕，对于支出，亦随以较丰。教育经费为国家作育人才之根本，中上四校更为广东全省高等教育机关，政府岂有恝然置之之理。迩者全省将次底定，财政整理亦已就绪，政府对于教育经费，将度其力所能至，日谋增加。以视邹鲁之斤斤于把持一部分之收入，既不能充中上四校之用，又不能使全省学校平均分配，而徒割裂财政，贻害无穷者，其得失利害，岂可同日而语。邹鲁徒虏财政统一之后收支公开，不复能加以前把持垄断，遂剽窃党纲，以文饰其私，且藉以为厚诬政府之具，其用心实为可鄙。最近以调查委员会成立，更虑阴私揭发，遂不惜对于中央执行委员会政治委员会及政府架词构陷，所称共产党云云，乃帝国主义及军阀所挟以为谣诼中伤之资。近来因事实不符，此种声响已归沉寂，邹鲁乃拾其唾余，用为构煽，可谓心劳日拙。邹鲁言论行动乖谬如此，不足以仪型多士，着即免去国立广东大学校长本职。”①

---

① 中国第二历史档案馆：《中华民国档案资料汇编》第四辑（二），江苏古籍出版社 1991 年 6 月第 2 版，第 1641～1643 页。

对于先生被撤职，汪精卫在广东大学特别党部全体党员大会上表示，先生是因犯政治错误而被撤职："自邹海滨到北京之后，其言动大不相同。当其告孚木一文时，已有许多中伤国民政府广州中央执行委员会及政治委员会之语，其时隐忍而不将他处分。""目前，又发现邹寄同事及同学一文，散布于广大，及函寄中央执行委员会、政治委员会，至此政府然后始将其免职，任用北大教授顾孟余来长斯校。"①

12月4日 国民党中央执行委员会发布宣言："查冯自由、邹鲁攻击本党政府曰共产，曰联俄，此帝国主义军阀用以离间一种策略，望同志勿为异说所惑。"②

12月5日 毛泽东在《政治周报》第一期（创刊号）上发表《邹鲁与革命》一文。

文章写道："邹鲁说：'我们国民党的同志应该觉悟，切不可因人家说旧同志不革命便抹杀一切。若不是我们同志屡仆屡起，那能有民团。若不是讨袁拥法讨贼北伐诸役一向无前，那能有今日的历史。这就是共产得意的工作焚毁商团，乃须要靠杨刘。打杨刘仍须要靠许梁。即今日之制许梁，又何莫非老同志。'很好！邹先生，就请你革命罢！实在没有一个人有本领敢于抹杀革命的老同志！须知单是'有民国''有历史'是不能算数的，须得现在还是革命，须得将来还是革命。若那老同志杨刘，老同志许梁，我看赶是少举例为好。"③

12月7日 新学生社发表对国立广东大学问题的第二次宣言，矛头继续指向先生。

第二次宣言进一步说明广东大学改革的重大意义，驳斥"共产党人赤化'广大'"的谣言。"指出'广大'改革，邹校长的去留，关系到'广大'能否成为如中山先生所期望、国民政府所需要的'能发扬民族精神和创造新中国文化'的大学的问题。那些妨碍改革进行的行为，都是我们大多数同学要起来作坚决反对的。"④

12月11日 冯友兰等多名国立广东大学教授在《上海民国日报》上刊登《广大离校教授来沪后之宣言》，《宣言》中谈及他们与先生的关系。

发表宣言的教授有38人，还有萧鸣籁、费鸿年、黄季陆、周佛海、曾济宽、杨宙康、程璟、刘光华、任中敏、郭冠杰等人。《宣言》对两千多名学生

---

① 《广大特别党部全体大会》，见《广州民国日报》，1925年12月3日。

② 广东省立中山图书馆：《民国广东大事记》，羊城晚报出版社2002年11月第1版，第260页。

③ 《邹鲁与革命》，见《政治周报》第1期。

④ 广州青年运动史研究委员会：《1919～1949广州学生运动史》，华南理工大学出版社2002年4月第1版，第115～116页。

的再三挽留而忍心离开学校深感是“一件最痛心的事”，也是“不得已的举动”。他们认为国立广东大学的创办“虽在国立各大学之后，然而规模之大，进步之速，实为全国国立各大学之冠”。在宣言中他们说明了辞职的真相，还特别声明他们并非先生之死党。“第一，我们和邹海滨同事，多的只是两年，少的只有两月，既没有深切的关系，怎成他的死党。况且我们辞职是在邹鲁免职之前，而辞职同人，大多外省人，反对关于这一点的造谣，明眼人自能鉴别。第二，我们大多数不是国民党党员，既不替‘左’派偏袒，更不为右派利用。我们本学者的良心，以教授的资格，发表言论，进行工作，决不会为那一系捧台，他们的造谣，也是枉言。”①

陈哲三对“查办风波”的来龙去脉进行过分析，他认为：先生在递交改国立广东大学为国立中山大学的提案在国民党中央执行委员会一届第一百零八次会议上获得通过，“但邹氏旋被排北上，于是鲍罗廷、汪兆铭（汪精卫）竟在政治会议中提议缓期成立中山大学，先派甘乃光、马洪焕、陈公博为调查员，对广大进行调查。甘等于十月三十一日致函广大，竟擅称为‘查办广东大学委员会’主席，因而引起广大教授不满，要求汪兆铭撤换甘等三人。汪不予理会，且于十一月二十四日向政治会议提出组织‘广东大学管理委员会’，以汪兆铭、谭延闿、伍朝枢、陈公博为委员，实际上汪、谭、伍均无暇过问校事，等于将广大交陈公博一人管理。广大教授反对陈公博，亦憎恶汪兆铭，因决定不承认‘广东大学管理委员会’的组织。汪一怒之下，遂于十一月三十日明令免除邹氏广大校长职务，任命尚在北京的顾孟余为校长。在顾未到任前，仍由陈公博代理。至是反对汪陈之三十八位教授遂不能不忍痛离校。离校教授到沪后发表宣言，指陈被排理由在被认系邹海滨死党及受右派利用。后因学生以退学要求政府表示挽留，政府方于十二月十二日有挽留之举，走沪者乃又返粤，回校上课。是十四年（1925 年）鲍罗廷、汪兆铭破坏广大之阴谋尚未能成功。”②

广东省立中山图书馆在《民国广东大事记》一书中则认为这些教授辞职的原因是“反对赤化教育”③。

上述辞职教授中，多人在抵达上海后，即为先期回上海筹备国民党上海中央党部执行部的叶楚伧所利用，成为建立上海中央党部的重要干部。“经推选

---

① 易汉文：《中山大学编年史（一九二四～二〇〇四）》，中山大学出版社 2005 年 9 月第 1 版，第 7 页。

② 陈哲三：《邹鲁研究初集》，华世出版社 1980 年 2 月初版，第 202～203 页。

③ 广东省立中山图书馆：《民国广东大事记》，羊城晚报出版社 2002 年 11 月第 1 版，第 260 页。

桂崇基为秘书长、刘芦隐为组织部长、周佛海为宣传部长、郎醒石为青年部长、马超俊为工人部长、刘启明（维炽）为商人部长、黄季陆为海外部长、沈仪彬为妇女部长。惟周佛海、沈仪彬不愿膺命，乃改以桂崇基接任宣传部长、王华芬接任妇女部长。”①

△广州国民党中央执监委员暨各部部长举行一届第一百二十六次联席会议，通过召集第二次全国代表大会宣言，重申孙中山于第一次代表大会确定之联俄、联共、扶助农工之根本方针；回顾党内反革命、假革命、不革命种种分子，与孙中山及其革命派之间摇摆与坚持根本方针的斗争经过，要求全党同志识破谢持、先生企图破坏孙中山根本方针的反动计划。②

12 月 12 日　北京孙文主义学会成立，到会两千余人。沈定一、先生等人在会上发表演说。③

△广州国民党中央执行委员会发出通电，以先生在京召集违法会议，议决给予查办；并谓其余列名北京“西山会议”诸人，“俟调查清楚，即报第二次全国代表大会议处。”④

12 月中旬　南下上海。⑤

“西山会议”闭会后，先生和谢持由京汉路乘车南下赴上海，参与上海中央党部的工作。在沿途各个车站，很多地方贴着“西山会议派”与段祺瑞政府和帝国主义勾结的标语、传单。抵达上海后，先生等人在上海环龙路四十四号另立“国民党中央党部”，与广州国民党中央对立。⑥

12 月　撰写《再告孚木》一文。⑦

12 月　致电国民党中央执行委员会，指出“国内外交通均阻，代表大会请展期。”⑧ 该电由先生和林森共同署名。

---

① 沈云飞：《林森、邹鲁、谢持与西山会议》，见《传记文学》1978 年 3 月号。

② 中国社会科学院近代史研究所中华民国史组：《中华民国史资料丛稿大事记》第十一辑，中华书局 1978 年 8 月印刷，第 215 页。

③ 中国社会科学院近代史研究所中华民国史组：《中华民国史资料丛稿大事记》第十一辑，中华书局 1978 年 8 月印刷，第 216 页。

④ 中国社会科学院近代史研究所中华民国史组：《中华民国史资料丛稿大事记》第十一辑，中华书局 1978 年 8 月印刷，第 216 页。

⑤ 邹鲁：《回顾录》，岳麓书社 2000 年 9 月第 1 版，第 157 页。

⑥ 程焕文、张靖、周旎：《邹鲁未刊稿》下册，广西师范大学出版社 2008 年 3 月第 1 版，第 781 页。

⑦ 邹鲁：《澄庐文选》，正中书局 1948 年 5 月初版，第 90 页。

⑧ 中国国民党中央委员会党史委员会：《邹鲁先生文集》，中国国民党中央委员会党史委员会 1984 年 6 月 30 日出版，第 300 页。

1926年（民国十五年　丙寅）四十二岁

1月1日　国民党上海特别市党部要求广州国民党“二全”开除先生。

国民党上海特别市党部举行成立大会，主席恽代英报告筹备经过。大会通过议案八项，主要有：要求第二次全国代表大会开除“西山会议”首领林森、先生、谢持，并分别惩戒其他参与之党员，警告孙文主义学会，遵照总理政策解决党内纠纷等。①

1月13日　广州国民党“二全”决定永远开除先生党籍。

下午，广州国民党第二次全国代表大会继续举行，大会讨论提案审查委员会《关于弹劾西山会议审查报告书》后，通过《弹劾西山会议决议案》，指出“西山会议”“纯属违法，并足以危害本党之基础，阻碍国民革命之前途，非加以严重之处分，不足以伸党纪而固吾党之团结。”大会决定永远开除谢持、先生的中国国民党党籍；居正、石青阳、石瑛、茅祖权、沈定一、覃振、傅汝霖、张继、林森、邵元冲、叶楚伧、张知本等12人由大会用书面“提出警告，指出其错误，责其改正，并限期两个月内具复于中央”，若有不接受大会警告者，中央即应开除其党籍；戴传贤“由大会予以恳切之训令促其猛醒”。②

会议对先生和谢持的处理最为严厉：“谢持、邹鲁二人，自民国十一年(1922年）即在北京组织民治主义同志会，其意即欲于本党之外，自成私人团体，以谋一己之利益，此次在京发布种种反对国民政府言论，诬蔑同志，破坏党、政府之信用，纵无西山会议，亦当处以严重处分。况此次西山会议，谢邹二人事前奔走联络，利用同志会之分子，捣乱北京执行部，更进而发起西山会议。事后又派遣党徒，分赴各地运动联络，攘夺党部。故谢持、邹鲁二人，纯为主动之人，其违反党纪，以此二人为最，谢持、邹鲁应永远开除党籍。”③

恽代英在1月19日国民党“二大”会议上发表演说，认为：“在这几天开会之时，最高兴的就是我们的党不特不因孙先生之死而涣散，反转更加团

---

① 中国社会科学院近代史研究所中华民国史研究室：《中华民国史资料丛稿大事记》第十二辑，中华书局1982年4月印刷，第2页。

② 中国社会科学院近代史研究所中华民国史研究室：《中华民国史资料丛稿大事记》第十二辑，中华书局1982年4月印刷，第11页。

③ 《政治周报》，1926年第6、7期合刊，第83～84页。

结；不特不因帝国主义者和军阀的反对而分散，反转更有精神、更有力量。从此以后，我们一定会见着本党一天一天的更加进步，三民主义也一天一天的更加明白，为一切被压迫的人们所了解、所信仰。最可怜也可笑的，是许多现在或者已经脱党的人，他们不知自己的主义是什么，天天说这个是共产党、那个是共产党。稍有一点意见和他不同，他马上就要说你共产党。一般老同志，常常说国民党如此下去，快就要亡党了，党给人家夺去了。如西山会议这班人，就是此种思想之代表。他们对于这回第二次大会的心理，就是说‘在广东开会的党员通通都是赤化的，国民党在这一回一定给共产党拿去了’。但我问问各位同志，你们都是已经赤化了么？究竟有给共产党拿去了没有？实实在在的说，本党虽创立十多年一直到现在，才真实能为三民主义而奋斗，才真实是实行三民主义的革命党。他们说亡党，不错。冯自由、谢持、邹鲁的党确实是已经亡了！至于孙总理的党，不但未亡，而且到现在为全国人民所了解、所信仰。什么是孙总理之党，就是信仰而是实行三民主义的党。这个党是没有亡的。亡了冯自由之党，这有甚么可惜呢？我们正在剧烈反对冯自由、谢持、邹鲁的党。我们要每个同志都能够明瞭要真正为总理的主义来奋斗，那才是〈真〉正的国民党。至于有相信冯自由、谢持、邹鲁的主义的人，我们请他走开，我们希望第二次大会以后再没有这等人。各位请看，冯自由跑了，广东便好了，我们要冯自由这等人做甚么呢？他们不有真正忠心于总理，忠心于三民主义，忠心于本党的。今天上午我们把这些人开除了许多，亦只是为这个原因。那末，或者在第三次大会时亦许要把我开除掉。如果我到那时是反对打倒帝国主义、反对打倒军阀、反对为被压迫的农工奋斗的，我承认我是应当被开除的。不过这次我在上海是已给他们（西山会议派）开除过了的，他们这种伪中央执行委员会的开除，我却不能承认。因为他们完全没有开除我的理由，只说我是共产派。但姑无论我是不是共产派，我要请问共产派是违背了民族主义或民权主义，或民生主义吗？如果没有违背三民主义，便是一个共产派亦没有被开除的理由。我相信我始终是站在总理的三民主义这一边的（不过，绝对不是站在冯自由的甚么主义一边）。如果各位同志发现我真正有违背三民主义的行为，当然可以马上开除我，开除冯自由等一样。”①

1月27日 戴传贤呈文广州国民党中央执监委，为先生等人鸣不平。

戴氏在呈文中恳请国民党广州“二全”大会对先生及谢持永远除名的处分应通电停止，为在第三次大会上平反留有余地。戴氏写道：

---

① 中国第二历史档案馆：《中华民国档案资料汇编》第四辑（一），江苏古籍出版社1991年6月第2版，第336～337页。

"大会对于邹谢两同志，处以永远除名，多年为党工作之同志，沦此境遇，中央必有所不忍。……

邹同志之努力于实际的革命工作，其勋绩固昭然炳存于民国之历史。前年改组以后，其热诚于党务之进行，应为粤中同志所皆承认。即就广大而论，若无邹同志之以全力组织，则并此校而无之，遑论其他。

执一说以奖功罪，乌能得其平？纠纷之来，决非一面之原因，不以中庸正道为衡，则父子兄弟可以为敌。愿今日继任诸公之一深长思也。就党事言，今日后进同志已多，或不必复忆及过去努力之人，而鸟尽弓藏，甚非持以慰问同志而化国人之道。大会决议处分，总章本有中央不执行不生效力之规定。传贤对于两同志受此最重处分，认为吾党之大不幸。请中央诸同志，回顾历史，瞻念将来，审查本党能有今日之由，尊重总理仁爱之德，查照总章，于同志永远除名之处分，迅速特令通电，停止执行，留第三次大会之余地。"①

国民党中央执行委员会于2月15日函复戴传贤，写道："至谢持、邹鲁两人，其开除党籍之处分，乃第二次全国代表大会所决议，本会不敢任意变更。"②

1月28日 出席国民党上海中央执行委员会招待茶会，并发表讲话。

下午2时，国民党上海中央执行委员会举行茶会，招待在沪新闻界及杂志界同人，到会二十余人，由居正、谢持、先生等出面招待。居正首先致辞，接着由先生报告此次西山会议经过及开除共产党人党籍的理由，说道："此次西山会议，议决开除共产党人党籍，实有两种意义：一属于党的，一属于国的。其属于党的，原孙先生允许共产党人加入，有两种条件，即共产党以个人资格加入，及必须信仰三民主义是也，尔时共产党人曾表示接受此两种条件。乃察其入党以后之行动，无非为党团作用，欲以阻隔国民党对农工界之活动，并破坏国民党之组织。而于主义方面，仍是为共产主义之宣传，此于共产党发行之小册子，已查有确据；至关于国家方面，中山先生在三民主义演讲中，曾言非能独立自由之民族，不足以言世界主义。故党中所标举者，曰国民革命，然共产党则固不恤断送国家者，举本党主张尤根本反对，用是此次毅然议决开除共产党人党籍，尤有言者，吾人觉苏俄之文化经济的侵略主义，实较其他帝国主义为尤烈，故当一律反对。"③

2月27日 到上海码头送别公派到里昂中法大学留学的国立广东大学学

---

① 陈哲三：《邹鲁研究初集》，华世出版社1980年2月初版，第199页。

② 陈哲三：《邹鲁研究初集》，华世出版社1980年2月初版，第199~200页。

③ 《国民党上海中央会招待新闻界》，见《申报》，1926年1月29日。

生。

这些留学生有12人，包括郑彦棻、黄绮文等人，他们在1925年即被学校决定派往法国留学，但是当他们一行12人在办理出国手续时，法国驻广州领事馆不肯替他们办理护照和签证。因此，他们不得不于1925年冬离粤赴沪，到上海办理签证手续，并最终成行。当他们留沪办理签证手续期间，先生也在沪。先生在农历新年约他们到杭州西湖游览，游兴至佳时曾赋五古长诗以纪其事，诗中有“偕行皆同学，春风舞雩侔，梅花正盛放，登山涉水求……同学皆年少，难为湖羁留，行将辞国去，且尽酒一瓯。吾华久不竞，西子失自由，力学以报国，雪此湖山羞”[①] 等语，对他们寄予殷切期望。返沪后，先生将此诗亲自笔书赠给他们留念。临别前，先生还要求这些留学生将刚刚出版的《三民主义》大字体本随带出国，随时研读。[②]

2月　《再告孚木》一文整理付印。先生在文中对孚木反驳《告孚木》一文的观点进行逐条反驳。[③] 该文的另一个名称为《共产党破坏国民党及国家的真相》。[④]

3月18日　震惊全国的“三一八”惨案发生，先生被推选为群众抗议大会主席团成员。[⑤]

是日为巴黎公社成立五十五周年纪念日，由中共北方区委、北京地委和共青团北方区委、北京地委同国民党北京特别市党部、北京总工会、北京学生联合会、北京反帝大联盟、“广东外交代表团”等六十多个团体、八十余所学校约计五千余人在天安门广场举行“反对八国最后通牒国民大会”。大会以林森、先生、李石曾、于右任等九人为主席团成员，但他们都没有到场。

大会议决：通电全国一致反对八国通牒，驱逐八国公使，废除一切不平等条约，撤退外国军舰；电告国民革命军为反对帝国主义侵略而战。会后，群众结队前往段祺瑞执政府请愿，要求段政府立即驳复八国通牒。当队伍来到铁狮子胡同段祺瑞执政府门前时，预伏军警竟开枪射击，打死四十七人，伤二百余人，制造了震惊中外的“三一八”惨案。惨案发生后，“广东外交代表团”被撤回广州。

---

① 黄仕忠：《老中大的故事》，江苏文艺出版社1998年12月第1版，第384页。

② 郑彦棻：《邹海滨先生的教育思想与反共斗争》，见《传记文学》1978年3月号。

③ 邹鲁：《澄庐文选》，正中书局1948年5月初版，第90页。

④ 梅萼：《邹鲁文存》第三集，北华印书局1930年版，第7页。

⑤ 王一飞：《我从黄埔军校到苏联的回忆》，见中国黄埔军校网（http://www.hoplite.cn/Templates/jxshhy0025.html）。

3 月 20 日　国民政府令：监察院委员谢持、惩吏院委员邹鲁免职。①

△中山舰事件发生，先生致函嘉勉蒋介石。

晨，蒋介石借口共产党阴谋暴动，下令广州城戒严，逮捕李之龙等共产党员五十余人，占领海军局和中山舰，包围省港罢工委员会和苏联顾问团的住宅，收缴了两处卫队的枪械，是为中山舰事件。② 中山舰事件发生后，先生致函蒋介石，对其限共"进行嘉勉"③。

3 月 24 日　致函汪精卫。

信函对汪精卫发表的谈话，认为先生"用国立广东大学校长名义，领很大批庚子赔款，在港力谋捣乱"、"为段祺瑞诱惑投降"、"拼命为帝国主义者走狗"、"在香港随处收买报馆"、"弟（邹鲁）等听了总理的演说不动心，听了总理临终时那种婉转的呼声，不能动他们恻隐之心，反而曲解求全，受敌人的诱惑。"④ 等言论一一进行反驳。

3 月 29 日至 4 月 10 日　出席上海国民党第二次全国代表大会。

会议在上海吕班路建国中学礼堂举行，出席会议的有全国 28 个省市的代表 77 人。大会推举张继、谢持、林森、先生、沈定一、覃振、傅汝霖为主席团成员，张继担任大会主席并致大会开幕辞，张继指出"国民党所进行的国民革命与共党所主张的阶级斗争判然有别，并点明苏俄欲假借中国的民族革命以遂行其世界革命阴谋的谬误。"⑤ 先生被推举报告党务。⑥

会议在听取各地区党务报告后，即进行对付共产党议题的讨论。会议通过了《训勉广州同志电》、《移粤继续开会案》、《派先遣特派员案》等。与会者对蒋介石发动"中山舰事件"表现得"极度兴奋"，并勉励蒋"袪恶必须彻底，与其图蔓，莫如徒薪。"但是蒋因为自己根基并未稳固，加上北伐仍离不开苏联的援助，所以在"中山舰事件"后决定仍然继续实行"联俄容共"政策。4 月 5 日，蒋在接到先生、谢持等人从上海发来的《移粤继续开会案》信息后，认为先生等人是"利用会议以捣乱"，并指责"西山会议派"在上海的

---

① 《本馆专电》，见《申报》，1926 年 3 月 21 日。

② 张宪文：《中华民国史》第一卷，南京大学出版社 2005 年 12 月第 1 版，第 546 页。

③ 王尚：《邹鲁生平述略》，见广东省政协文史资料委员会编《近代广东名人录》第二辑，广东人民出版社 1989 年 4 月第 1 版，第 122 页。

④ 梅萼：《邹鲁文存》第三集，文海出版社有限公司 1988 年印行，第 114～115 页。

⑤ 中华文化复兴运动推行委员会：《中国近代现代史论集》第二十四编《护法与北伐》，台湾商务印书馆 1986 年 6 月初版，第 371 页。

⑥ 《国民党今日纪念黄花岗烈士》，见《申报》，1926 年 3 月 29 日。

“二大”是“伪二大”，是“非法行为”。[1] 蒋一边抨击“西山会议派”，一边又暗中指使吴敬恒前往上海接洽与会人员。在“西山会议派”主持的上海“二大”闭幕后不久，吴敬恒前往上海对先生等人说：“广州中央预备成立五院，把在沪的同志安置在监察和考试两院内，特来请我们全体回去，共同合作。”先生等人则明确地表示：“此间同志唯一的希望就是清党。广州方面若实行清党，我们就无条件的回去合作，他非所问。”[2] 先生认为蒋介石此时之所以在清党问题上迟迟不前的原因有三：一是害怕因反共而影响孙中山生前制定的联俄政策；二是怕因步“西山会议派”的后尘反共而被时人怀疑与“反革命”的“西山会议派”相勾结；三是怕因清党而造成内部纠纷而影响北伐。[3]

上海“二全”大会由于比广州“二全”大会迟了一步，“因而在‘党统’上为广州“二全”大会作取代，致使西山会议派虽奋起反共而阻碍丛生。”[4]

4月8日 下午，上海国民党第二次代表大会举行大会，选举中央执行委员和监察委员。先生以过半数票数当选为中央执行委员会委员，并在委员名单中列林森之后，排在第二位。其他当选的中央执行委员会委员还有胡汉民、沈定一、张继、邵元冲、傅汝霖、林森、桂崇基、张知本、黄复生等。[5]

4月9日 国民政府发布命令，严令缉拿先生等人。

令谓：“前闻有少数叛徒蓄谋破坏本党基础，拟于三月二十九日在上海召集伪代表大会，以图藉名号召，遂其奸谋，政府为促其省悟起见，当经下令造谣煽惑，复拟派人来粤肆其离间挑拨伎俩，似此甘心作乱，实属罪无可宥，着广东省内各军警一体严缉，遇有上海伪代表大会派人来粤煽乱，即予拿解交法庭照叛逆治罪，以肃法纪。此令。”[6] 政府令同时公布了70名伪中央代表名单，先生被列为“未知其籍贯者”。

4月10日 国民党上海特别市党部揭发先生等人操纵上海“二全”大会。

国民党上海特别市党部在《申报》刊登通告，揭发“西山会议派”召开

---

① 罗敏：《1924～1927年邹鲁与蒋介石关系探微》，见《中国社会科学院研究生院学报》，2003年第6期。

② 邹鲁：《回顾录》，岳麓书社2000年9月第1版，第159页。

③ 罗敏：《1924～1927年邹鲁与蒋介石关系探微》，见《中国社会科学院研究生院学报》，2003年第6期。

④ 中华文化复兴运动推行委员会：《中国近代现代史论集》第二十四编《护法与北伐》，台湾商务印书馆1986年6月初版，第372页。

⑤ 《国民党二次大会第十日纪》，见《申报》，1926年4月9日。

⑥ 中国第二历史档案馆：《中华民国档案资料汇编》第四辑（一），江苏古籍出版社1991年6月第2版，第364～366页。

第二次全国代表大会黑幕："查本党叛乱分子谢持、邹鲁等三数人，勾结一小部分私人，并利用不明本党真相之青年，在沪私开党代表大会，已经本市党员大会宣言否认声讨，及广州国民政府登报明令通缉在案。谅为全国人士所共忿。本市党部复查得悉，伪代表大会选举出席代表，亦并未按照法定手续，滑稽儿戏至堪发嘘！查代表大会所谓各省区代表，实并非由各省区党员选出，而由邹（邹鲁）、谢（谢持）、沈（沈定一）等私人指派，即以各人之原籍何省即为何省代表。……该大会到代表九十余人，均为上海、南京两地人，而东南大学学生竟占三分之一。故此次该伪大会不特在纪律上为背叛本党，即在集会手续上亦甚欺骗党员，亵渎总理，蒙蔽国人。"①

4月13日 出席上海中国国民党二届一中全会。

全会公推谢持、先生、沈定一为中央执行委员会常务委员，各部负责人也同时推定，其中陈箇民任商人部部长，后离职，由先生兼代。会议"创刊《江南晚报》为宣传机关"。②③

4月 于上海创办中华法政大学。④

5月9日 致函胡汉民、张人杰、蒋介石。

先生在信函中表示，听闻胡汉民等人在清党方面尚未解决三个问题，致函提出个人解决建议：

关于"联俄问题"，主张不再进行，"今俄之不以平等待我，已一一见诸事实，是总理联俄之条件已消灭，吾党岂有再联之理。"

关于"与反革命勾结问题"，先生指出，"西山会议派"众人被称为反革命，辩解道："况弟等虽不才，屡次革命，无一不在第一火线站住，即去年清党运动，同时对于军阀，对于帝国主义进攻，无或稍懈。"

关于"影响北伐问题"，指出"不知清党不实行，纠纷尤甚，北伐更难见之事实。……倘一清党，则内部团结，全国对于吾党表同情者，一致起而拥护，事半功倍，有必然者，弟自信此点观察甚明，幸勿疑虑为要。"⑤

5月10日 担任上海民新影戏专门学校演讲嘉宾。⑥

上海民新影戏专门学校为民新影戏公司独立经营的产业，其办学目的以提高银幕艺术，养成国产影戏专门人才。侯曜校长为加强影响，聘请先生、谢英

---

① 《中国国民党上海特别市党部揭示伪代表大会黑幕通告》，见《申报》，1926年4月10日。

② 沈云飞：《林森、邹鲁、谢持与西山会议》，见《传记文学》1978年3月号。

③ 戴书训：《愈经霜雪愈精神——邹鲁传》，近代中国出版社1983年10月初版，第154页。

④ 戴书训：《愈经霜雪愈精神——邹鲁传》，近代中国出版社1983年10月初版，第154页。

⑤ 梅萼：《邹鲁文存》第三集，文海出版社有限公司1988年印行，第118～119页。

⑥ 《民新影戏学校之发起》，见《申报》，1926年5月10日。

伯、黎锦晖、郑振铎等人担任演讲嘉宾。

5月12日 致函张人杰及蒋介石，呼吁立即清党。

是月15日至22日，国民党将在广州召开二届二中全会，讨论调整国共关系的办法。先生听闻此消息后，马上写信给张人杰及蒋介石，呼吁立即清党。在信件中分三点说明必须立即清党的理由：（一）联俄问题。先生劝告蒋："清党为一事，联俄为一事，二者原不相连"，"况总理之联俄以平等待我为条件，今俄之不以平等待我（事实是如此）。吾党何必联之，以自破坏乎？"（二）与反革命勾结问题。先生解释称："凡有以正义制裁彼者，必彼目为反革命勾结，以钳制之。闻介石兄之处理中山舰，彼亦以此口调中之，致介石亦有所迟疑"，因此，"清党运动为一事，弟等是否反革命又为一事，清党只问共产党在本党有破坏本党之行为否？"（三）影响北伐问题。先生劝告蒋：若不实行清党，党内纠纷会更厉害，军阀会借"讨赤为名"反对北伐，使得"北伐更难见之事实"。最后，先生说只要广州清党，则"吾党同志固无丝毫隔阂于其间"，是"在广州一堆"，或是"在上海一堆"无关紧要。[①]

5月20日 致函指责蒋介石及张人杰，认为国民党二届二中全会制定的限制共产党政策不足。

国民党二届二中全会制定了八点"整理党事"的具体办法，对共产党进行一定限制。先生认为，"整理党事"的大部分内容是在"第一届第二次全体执行委员会议"和"第一届第三次全体执行委员会中申明纪律案"早已提出但未见成效的老办法。至于"凡他党党员之加入本党者，不得充任本党中央机关之部长"一条，"自然可以减少共产党之操纵。但此办法，行之二年前甚有效，今则彼之党羽，早已分妥各处，即不为部长庸何伤？"由此，先生认为："十五日之郑重大会，其效等于零。"[②]

先生在给蒋介石的信函中，"提出许多限制共产党的建议，使蒋甚为尴尬。蒋介石为了伪装自己，便在报刊杂志及各种公众场合发表声明、宣言，声色俱厉地痛斥西山会议派，表示与其反叛行为势不两立。"[③]

△撰写《广州三月二十九日革命史自序》，自序阐述了撰写《广州三月二十九日革命史》的经过。[④]

6月28日 父亲邹应森在广东省大埔县去世。

---

① 邹鲁：《澄庐文选》，正中书局1948年5月初版，第347～349页。

② 梅萼：《邹鲁文存》第三集，文海出版社有限公司1988年印行，第121～122页。

③ 王尚：《邹鲁生平述略》，见广东省政协文史资料委员会编《近代广东名人录》第二辑，广东人民出版社1989年4月第1版，第122页。

④ 邹鲁：《回顾录》，岳麓书社2000年9月第1版，第257页。

邹鲁因为牵绊在排共清党的纠纷中，也无法回家侍奉病中的老父，死后也不能亲眼看父亲入殓，使他一生中感到无穷地遗憾。①

先生在《二十九国游记》一书中十分遗憾地写道："是日为先严弃养三周年期，先严疾不能侍奉，没不能视殓，葬不能躬视，今忽三年，犹在万里外，每一念及，诚无以为子，记之以志哀痛。"②

6月 撰写《广州三月二十九日革命史》书稿。③ 将《广州三月二十九日革命史》书稿寄给胡汉民，请其修正后再行付印。④

约6月 撰写《复南昌一同志书》。该同志致书先生，指出先生所作文字"宜专攻共产党，不宜兼及同志。"⑤ 先生对此进行了辩解。

7月8日 写《北伐与赤化》一文。

在国民党决定北伐后，先生得到报告，知道共产党将随军北伐，由于担心北伐军被"赤化"而写该文。文中结论写道："质言之，北伐与赤化，泾渭判然。本党即不北伐，固当清党，以免人因怀疑而生反对。即为北伐计，容许貌赞成而实反对之共产党在内，更有溃决之一日。故本党无论北伐与否，皆当先行努力清党；而努力清党，必可促北伐之成功。凡我同志，急起直追。党之幸，亦国之幸。"⑥

先生撰写此文的目的之一是挑起事端，以进一步扩大蒋介石与共产党人之间的矛盾，为广州国共合作制造动荡。但是，先生的主张没有被广州国民党同志所接受。

7月9日 安插国民党右派人员进入北伐军。

是日，国民革命军总司令蒋介石在广州誓师，决定北伐。这时，主张清党的先生等人"分派同志，潜在国民革命军里参加工作"，防止北伐军被共产党"赤化"。⑦

7月24日 蒋介石复函张继，分化先生和张继等"西山会议派"。

蒋介石在信件中对张继与先生攻击他的性质作了区分，指出：张继攻击自己是因为"爱党"及"不敢轻徇私交"，所以为"真爱党者"，而先生的"放言高论"则是"反对革命势力之巩固与发展"。因此，"尤不愿同志为之也"，

---

① 邹鲁不能返回老家侍父的另一个主要原因是他当时正受国民政府通缉。

② 邹鲁：《二十九国游记》，商务印书馆1947年4月初版，第113页。

③ 邹鲁：《回顾录》，岳麓书社2000年9月第1版，第237页。

④ 邹鲁：《回顾录》，岳麓书社2000年9月第1版，第237页。

⑤ 梅萼：《邹鲁文存》第三集，北华印书局1930年版，第123页。

⑥ 邹鲁：《回顾录》，岳麓书社2000年9月第1版，第161~162页。

⑦ 戴书训：《愈经霜雪愈精神——邹鲁传》，近代中国出版社1983年10月初版，第120页。

指责先生为“反革命”之意已呼之欲出。[①]

7月 《广州三月二十九日革命史》由上海民智书局出版。[②] 本书的编辑者注明为“革命纪念会”。

7月 给胡汉民写信，询问《广州三月二十九日革命史》没有修改便行出版的原因。[③] 不久，先生得到胡汉民复信。说明已经将书稿详细读了三遍，认为全篇都妥当，没有地方需要修改，因此只字未改，直接交付出版。

8月25日 出席国民党上海中央执行委员会第二十九次常务会议。会议就蒋介石给张继的复函进行了专门讨论，决定由常务委员会负责与张继接洽，继续函复蒋介石，并对蒋提出警告。[④]

8月27日 出席国民党上海中央执行委员会第一次临时会议。[⑤]

会议议决修正《警告蒋介石案》，并推定谢持、先生等五人为审查委员。先生还在会上提议：对北伐各将领及有关系同志应致一函，并附送警告书一份。

8月底 代表沪方国民党中央执委会起草《警告蒋介石同志书》。[⑥]

先生对蒋介石写给张继的复函表示异常不满，亲自代表沪方中央执委会起草了言辞激烈的《警告蒋介石同志书》。认为蒋介石之所以迟迟未有“清共”的行动，不是“为人牵制”或对“共产党覆党之谋”“未尝深悉”，而是想在一段时间内利用共产党，以便“大权统于一人”，“攫党权、政权、军权集于一手”。对蒋介石愈来愈显露出的独裁野心，先生抨击道：“国民党乃党员公有之党，总理改组以后，尚云以党付之党员。今日同志乃欲个人独负其责，并将已废之总司令恢复之，而益崇其权。除总理外，须临时推举之党主席，今乃因而自兼之。举凡政权、党权、军权，均属于总司令俨然一专制之君主，比现代军阀而有加……直秦桧、吴三桂、李完用之断送国家。”[⑦]

---

① 罗敏：《1924～1927年邹鲁与蒋介石关系探微》，见《中国社会科学院研究生院学报》，2003年第6期。

② 邹鲁：《回顾录》，岳麓书社2000年9月第1版，第237页。

③ 邹鲁：《回顾录》，岳麓书社2000年9月第1版，第237页。

④ 罗敏：《1924～1927年邹鲁与蒋介石关系探微》，见《中国社会科学院研究生院学报》，2003年第6期。

⑤ 罗敏：《1924～1927年邹鲁与蒋介石关系探微》，见《中国社会科学院研究生院学报》，2003年第6期。

⑥ 梅萼：《邹鲁文存》第三集，北华印书局1930年版，第127页。

⑦ 罗敏：《1924～1927年邹鲁与蒋介石关系探微》，见《中国社会科学院研究生院学报》，2003年第6期。

9 月 友人将寄存北京的国民党历史资料送至先生在上海的住处。①

9 月 撰写《联俄的讨论序言》。

该序是为国立中山大学灏孙教授撰写的文稿《联俄的讨论》而作。先生写道："凡一国家站在国家利益上，对于他一国家联合，原算是很普通的事，况且中国处在次殖民地的地位，为着国民革命，联合其他的国家共同奋斗，更有必要。不过这里有一条件，就是中山先生所说的'联合世界以平等待我之民族共同奋斗'。'平等待我'四字，就是联合唯一条件。"②

12 月 撰写《苏俄与蒙古》一文。

先生在文中指出，"今据十五日新闻报特电，则谓苏俄新出之地图，已收外蒙列入苏俄属土中"，据此，先生表示出担心，"则今日苏俄之变外蒙之地图颜色，即他日变内蒙地图颜色之先兆。"③

是年 撰写《苏俄与新疆》一文。

新疆省长杨增新致电北京政府，认为科布多之蒙兵攻入新疆，图在兴河驻兵，自外蒙管理权落于苏俄之手后，蒙人时有犯境之象，请政府速向苏俄提出严重抗议，并招回驻蒙俄国军事顾问。

先生的文章即针对此事而做。文章指出，"苏俄侵略不得志于西欧，转向东陆，新疆早拟为囊橐中物，固世所共知，兹苏俄之与新疆，应注意者二事。一、苏俄素以扶助弱小民族为号召，以不侵略〈为〉号召，故其侵略虽本于国性民性，毫不变更俄皇政策，但其手段却变强暴而出以阴柔，几如狐之媚人，虽死而犹不明其奸者。……二、凡国家之用兵侵略也，虽得扩充版图，然死伤战士，虚耗财货，实为不可免之事。即得达目的矣，而所征服地之人民对之无限恶感，今苏俄用蒙兵以侵略新疆，败也，不特表里山河毫无损害，即一兵一器亦不牺牲；胜也，则安然将数千里之地画［划］归版图，且战争不任其卫，祸悉委诸蒙人，稍弄怀柔之术，已无征服人之迹，更易招人帖服之心。"在结论中，先生主张对苏联采取强硬态度，"一、依据总理遗嘱，联络世界上以平等待我之民族，共同奋斗，苏俄既不以平等待我，复厉行侵略政策，应即不在联络，毅然断绝国交。二、对于新疆，万不可用向来愚压主义，应开发其民智，为种种民众之组织，予民众以政治之权及发展其经济。"④

---

① 邹鲁：《回顾录》，岳麓书社 2000 年 9 月第 1 版，第 237 页。

② 梅萼：《邹鲁文存》第三集，文海出版社有限公司 1988 年印行，第 175 页。

③ 中国国民党中央委员会党史委员会：《邹鲁先生文集》，中国国民党中央委员会党史委员会 1984 年 6 月 30 日出版，第 112～113 页。

④ 中国国民党中央委员会党史委员会：《邹鲁先生文集》，中国国民党中央委员会党史委员会 1984 年 6 月 30 日出版，第 108～110 页。

是年 撰写《内争呢？国际战争呢?》。

先生在文中写道："十几年来，中国总算打得不亦乐乎了。讨袁呵，皖直呵，苏浙呵，奉直二次呵，去今二年之浙奉呵，冯张呵，北伐呵，以及各省零零碎碎的战事呵，中间确有一方是赤条条革命的行为，对方确没有不是外国人在那里做后台老板。至于双方面都是外国人做后台老板的，更不用说了。所以十几年来，中国的战争，悠想是各有为国为民的样子。究其实呢？没有不是为外国人来战争。外国人权利冲突的时候，战争就起了，外国人权利妥协的时候，战争也就停起来。那方与这方由战争而联合，却是因为某国与某国忽然权利生了冲突。这样说来与其说中国十几年是内争，不如说中国十几年来是国际战争较为直截了当。我国民呵，战事的一方或双方为着自己一时权利，甘做外国人的傀儡，我也不来责备他了，但我国民的生命财产却要供他牺牲，或竟要将中国弄完，使我国民做外国人的牛马奴隶，我国民那可再隔岸观火，不起来一致做国民革命？打倒军阀！打倒帝国主义！"[1]

是年 撰写《桀犬吠尧》。

先生恼怒地在文中指责广州国民党中央党部"对付上海本党中央党部三种办法"已经表明广州中央党部已"完全为共产党占有，作桀犬吠尧了"[2]。

是年 撰写《共产党断送民国与苏俄之一斑》一文。[3]

是年 撰写《共产党清党了》一文。[4]

是年 撰写《再说共产党清党了》一文。[5]

是年 撰写《伪党部之摧残海外党部》一文。[6]

是年 撰写《一个空间容不了两个物质》一文。[7]

是年 撰写《向导中的（反赤）（赤）》一文。[8]

是年 撰写《共产党势力下的广州失业工人》一文。[9]

是年 撰写《戴季陶为共产党做刽子手了》一文。[10]

是年 香港第一家电影公司——民新制造影画片有限公司宣布要拍摄先生

---

① 梅萼:《邹鲁文存》第三集，文海出版社有限公司 1988 年印行，第 25～26 页。
② 梅萼:《邹鲁文存》第三集，文海出版社有限公司 1988 年印行，第 26 页。
③ 梅萼:《邹鲁文存》第三集，文海出版社有限公司 1988 年印行，第 29 页。
④ 梅萼:《邹鲁文存》第三集，文海出版社有限公司 1988 年印行，第 32 页。
⑤ 梅萼:《邹鲁文存》第三集，文海出版社有限公司 1988 年印行，第 37 页。
⑥ 梅萼:《邹鲁文存》第三集，文海出版社有限公司 1988 年印行，第 43 页。
⑦ 梅萼:《邹鲁文存》第三集，文海出版社有限公司 1988 年印行，第 45 页。
⑧ 梅萼:《邹鲁文存》第三集，文海出版社有限公司 1988 年印行，第 46 页。
⑨ 梅萼:《邹鲁文存》第三集，文海出版社有限公司 1988 年印行，第 50 页。
⑩ 梅萼:《邹鲁文存》第三集，文海出版社有限公司 1988 年印行，第 55 页。

编剧的电影《革命伟人孙中山》。①

1927年（民国十六年　丁卯）四十三岁

1月1日　撰写《由一月一日感想到党国》一文。

文章写道："民国一切变乱，既是造因于袁世凯。袁世凯又为什么会乘机出来，则不能不怪革命不彻底。革命之后，轻易将政权让人，一班党员不能认清总理建国之三时期，还要说总理不让政权便是恋权。你说伤心不伤心呢？若是一月一日成立的政府不让给袁世凯，彻底做下去，按着总理三时期办理以党治国起来。敢信决没有民国以后的乱子。虽然前事不忘，后事之师，以前十五年，譬如昨日死。但愿十六年一月（1927年1月）以后，本党无忘以前之教训，这就是国家的幸福了。"②

1月底　撰写《举国一致反对之英兵来中国》一文。

是月3日，汉口英租界发生英国水兵枪杀参加集会的中国市民的严重事件，致使民情激愤，高喊"反对帝国主义"口号，要求收回英租界。在中国政府提出要收回汉口租界时，1月上旬，英国企图以武力恫吓，派军舰36艘在长江沿线游弋，其中在汉口港停泊各种舰艇8艘。英国政府还下令第八舰队向中国境内进发，水兵源源不断开往上海。

先生是在此背景下写此文的。文章指出，"最后有为英国告者，则我国国民已一致觉悟，拥护国权，以谋国家之独立自由，则无论任何国家，再不许其有帝国主义之行为，以妨碍中国之独立自由。顺此者悉认为友，逆此者悉认为敌，此种行为更非某一当局之主张，乃国民全体之主张，顺此而应付外交之当局则能存在，逆此而应付外交之当局则即消灭。明乎此，列国尤其是英国，固应改变其平日之帝国主义，更无容再谋与某一当局勾结，延长其帝国主义所得之不正确权利，务须大彻大悟无条件放弃一切不平等条约，更无取乎派兵之威吓主义。"③

---

① 黎锡：《崎岖的电影拓荒路——回忆我的父亲黎民伟》，见《当代电影》2005年第6期。

② 梅萼：《邹鲁文存》第三集，文海出版社有限公司1988年印行，第59~60页。

③ 中国国民党中央委员会党史委员会：《邹鲁先生文集》，中国国民党中央委员会党史委员会1984年6月30日出版，第116~117页。

1 月底 撰写《再论英国派兵来中国》一文。[1]

2 月 6 日 为四十三岁生辰作诗一首。

诗云："天空星球恒河沙，地球特为其中一。地球生物几万千，人类杂在其中出。地球已小况人类；人类竖有千古横九洲，我身处此不啻沧海之一沤。呱呱坠地纵百岁，如雾如烟如电逝；我今春秋四十三，渺乎少小安足计？但念已生天地灵为人，便须顶天立地永存真。夺取造化福万物，形有生灭神无沦。一身几欲撑天地，百岁应成不坏身。眼前富贵皆泡影，赤去赤来何所幸？眼前险阻甘如饴，动心忍性益猛省。忆我生时境实辛，父母忍饥冻鞠育乃成人；少年学书质钝无所得，弱冠拔剑仗义不啻秦；几经挫败遭放逐，屡仆屡起改造国家权归民。方谓国民从此登衽席，何期年来蜩螗痛逾昔？敢云只手挽乾坤，饥溺为怀鄙饱温。立身行己无他道，返我初生为人之元元；当兹四十有三初度日，有动于中为长言。一沤虽云小，百岁虽云促，暴弃敢自甘，致为人类辱；努力猛向前，日新毋自足。求为人类发异芒，天地同庆日月光，庶无负乎天地生我父母育我之佳祥，亦安乎我之为我之天良。"[2]

2 月下旬 撰写《汉浔租界收回之感言》一文。

是月 19 日、20 日，中英双方就收回英租界一案在协议书上签字，并定于 3 月 15 日将汉口和九江租界交还中国。先生认为，"收回租界是中国人最快心的事"，就此感言，指出，"当次民族自决的潮流正高涨时代，中国国民复经觉悟。此次收回租界已显出全国一致的态度。帝国主义者，欲用压迫主义，恐怕有害无利。为世界和平计，为两国亲善计，为各国商务计，惟有大觉特觉，将从前一切不平等条约，自动放弃，则前此的恶感可尽消，后此的善感从此起。依现在中国情形来论，发展实业，正靠各国，恐怕放弃了不平等条约，在中国所得商务的利益比以前为多。寓意中事，不然一天一天的由中国自动收回各主权，在势无可抗，即抗亦利不敌害。何如自动放弃之为妙呢？……现当为国民告的，就是废除一切不平等条约，是我们的大决心，固不必一定以惹出交涉为目的，尤其不是以收回租界之止境，更不可因为此次收回租界，便轻心临事。须知一切不平等条约固有即废的理，而我却须事事准备，使其有不能不废的势。尤其是已收回的主权，全万慎重行使，使国民满心，更不应使外国藉口，那才不致外强中干，贻银样腊枪头之诮，败坏国家的事呢。"[3]

---

① 中国国民党中央委员会党史委员会：《邹鲁先生文集》，中国国民党中央委员会党史委员会 1984 年 6 月 30 日出版，第 117 页。

② 邹鲁：《回顾录》第（一）卷，三民书局有限公司 1974 年 7 月初版，自序第 1 ~ 2 页。

③ 中国国民党中央委员会党史委员会：《邹鲁先生文集》，中国国民党中央委员会党史委员会 1984 年 6 月 30 日出版，第 114 ~ 115 页。

3月6日 得到报告，“谓鲍罗廷主张变更，即日倒兄（张人杰）等计划，谓目前预备未妥，倒兄等恐有失败，拟再与兄等妥协，以张作霖为共同目标云云。”①

3月7日 致函蒋介石、张人杰。

此前，蒋介石派人与先生等“西山会议派”代表联系，表示愿意共同反共。先生致函蒋介石、张人杰，要蒋、张等人“为党、为国，毅然决然将共产党肃清。”并表示“肃清共派后，此间同志，悉无条件，一致合作，……弟则不欲再涉身政治，为人借口，能得欧美一游，实至乐事。”②

3月 撰写《美国提上海为中立地问题》一文。

在汉口、九江租界收回事件发生后，上海等城市兵舰林立，颇有剑拔弩张之势，美国担心发生战争可能危及上海的美国侨民的生命及财产安全，提出划上海为中立地。先生指出，“须知租界收回，系中国全国一致心理；收回租界，使中国人消灭‘狗与华人不准入内’之观念，益足使外侨生命财产得其安全。”③ 据此，美国提上海为中立地实无必要。

4月2日 下午，黄埔军校毕业生周杜在驻沪黄埔军校同学欢迎蒋介石大会上提议，“《江南晚报》是邹鲁办的，请查禁。”大会议决：“请校长（蒋介石）办理”。④

4月5日 在家中与吴敬恒激烈争论“清党”办法。⑤

在先生与谢持等人积极筹划与蒋介石合作时，邵元冲却在是日委托吴敬恒亲自到先生家中“以半公式的性质”通知说：此次清党，决心无论精卫（汪精卫）如何缓和，共产党如何退让，终当彻底做去，惟表面仍称联俄容共及打倒西山会议派。先生对其“清共”决心表示赞同，但对其表面办法表示反对，并与吴敬恒激烈争论了三个多钟头。吴丝毫不做让步，坚决表示所定的主张不能变更，并拒绝了先生等人提议的党务统一办法。先生与吴敬恒类似争论，“连谈数日，每日数时。”⑥

4月12日 蒋介石一面借口“工友大肆械斗”及“为维持地方安宁秩序

---

① 梅萼：《邹鲁文存》第三集，文海出版社有限公司1988年印行，第117～118页。

② 梅萼：《邹鲁文存》第三集，文海出版社有限公司1988年印行，第118页。

③ 中国国民党中央委员会党史委员会：《邹鲁先生文集》，中国国民党中央委员会党史委员会1984年6月30日出版，第119页。

④ 《驻沪黄埔同学欢迎蒋校长大会记》，见《申报》，1927年4月3日。

⑤ 罗敏：《1924～1927年邹鲁与蒋介石关系探微》，见《中国社会科学院研究生院学报》，2003年第6期。

⑥ 沈云飞：《林森、邹鲁、谢持与西山会议》，见《传记文学》1978年3月号。

起见，不得不严行制止”，大肆屠杀共产党人和革命群众，一面通电称“环龙路四十四号为西山会议派非法机关”，并下令查封。① 蒋介石这种“既拉又打”的做法使先生“暴跳如雷”②。

约4月14日（夏） 撰写《与蒋介石诸同志讨论党务》一文。③

该函致蒋介石、吴敬恒、蔡元培、李石曾、胡汉民、张人杰、邓泽如、李烈钧、古应芬、谭延闿、柏文蔚、李济深、李宗仁、黄绍竑、陈铭枢、朱培德、白崇禧等人，先生苦劝蒋介石等人改变表面仍然称联俄容共，打倒“西山会议派”，实际却行清党的做法。

4月15日 致函蒋介石等人，严厉驳斥蒋等人指责上海环龙路四十四号为非法机关的通电。

蒋介石对“西山会议派”既打击又拉拢的两面派做法，使得先生对蒋表里不一、不择手段的品性和独裁野心有了更加深刻的认识。因而，当“西山会议派”诸人都以精神上的胜利聊以自慰，并对遭受打击的现实“密密不言”时，先生仅凭一己之力孤军奋战，冒险犯难。

先生于是日去信严厉驳斥蒋介石等人指责上海环龙路四十四号（上海国民党中央党部所在地）为非法机关的通电，称：“若云开会地点何不在粤，昔日之粤这共产派把持，犹夫今日之鄂。介石同志等手握党政军大权，今日不能赴鄂开会，又何责乎其时手无寸铁之各委员乎。若云开会人数不足，……在宁之十五会议，又真能使其人数满足，真欲使其开会成乎。同是委员，岂出诸有枪者则为合法，出诸无枪者便为非法乎。在此点言，以云合法则皆合法，以云非法则皆非法。他人可欺，鲁不可欺也”；对于蒋介石等人对“西山会议派”排斥和打击，他斥责道：“国民党忠实同志经共产派之用乙倒甲，用丙倒乙，一摘再摘，所存何几，若仍再加排挈，非特力分愈薄，相煎之痛，尤不忍言。岂以共产派在党时，曾以反革命、不革命与帝国主义者勾结、与军阀勾结之罪加诸西山会议，今日未便立反乎，则何以共产派在党时所谓反革命、不革命、与帝国主义勾结、与军阀勾结、应行枪毙之蒋介石（九江等处之标语）又可立反。徒令人疑有人为首领欲所迷，排除纯粹同志，使党内不能团结而已，安见其有法与非法问题也”；他还进一步指出：蒋介石等人之所以“清党”而“不执行西山会议议决案，又不坦白承认革命手段，仍欲假借种种会议，以求

---

① 罗敏：《1924～1927年邹鲁与蒋介石关系探微》，见《中国社会科学院研究生院学报》，2003年第6期。

② 王崗：《邹鲁生平述略》，见广东省政协文史资料委员会编《近代广东名人录》第二辑，广东人民出版社1989年4月第1版，第122页。

③ 梅萼：《邹鲁文存》第三集，北华印书局1930年版，第131页。

貌为合法，甚至以四十四号为非法发出查封文电”，是为了“自居合法”，因此，目前的“清党”，“非特清党无功，而党内之纠纷殆将愈甚，且诸同志进退失据，更恐有不久即覆之祸。”①

该函致蒋介石、胡汉民、吴敬恒、蔡元培、李石曾、李烈钧、柏文蔚、萧佛成、邓泽如、张人杰、古应芬、谭延闿、李济深、何应钦、朱培德、李宗仁、黄绍竑、白崇禧、陈铭枢。

4 月 18 日 致函蒋介石等人，继续对蒋介石清党活动的“两面派”做法进行指责。

先生指出：“此次清党事实，事实虽至可快，而态度暧昧，非特失总理光明磊落之精神，凡属革命党皆不应出此。……但名义上则仍号为容共，共产党所宣传之事，虽认为非，不敢平反，共产派所攻击之事，虽认为是，不敢主张。此言行相违，失光明磊落之态度一也。西山会议纯为清党救党之举，固诸同志所共认，参与是役者，诸同志直接间接亦不乏人，诸同志私谈之间，认为先觉者有人，认为先锋者有人，认为此次举动实执行西山会议议案者有人。杯酒往还，函言来往，不曰一致动作，即曰家宜速合，即在事实亦合作不少。甚至此次在宁开中央执行委员会，设临时中央执行委员会筹备处，亦无非重演西山会议之故技，亦中外所共见，非一人之私言也。但名义上则介石同志等演说，口口声声仍是‘打倒西山会议’，健生（白崇禧）同志竟发出查封四十四号之文电。此言行相违，失光明磊落之态度二也。精卫（汪精卫）于党有长久之历史，此固同志所共认，尤为弟私人所素钦，惟此次则党事悉败于其手，虽在亲爱亦莫能为之讳。其荒谬者无过于妄以首领自居，与陈独秀共发宣言。故诸同志认其为张邦昌、吴三桂者有人，认其为卖党叛党者有人，借刀供其自杀，譬之以狗者有人。此虽非中外所共见，然却非一人之私言也。但名义上介石同志将党政各权以一电私自授之，今日曰负责有人，明日曰合作到底，此言行相违，失光明磊落之态度三也。”②

该函致蒋介石、胡汉民、吴敬恒、蔡元培、李石曾、李烈钧、柏文蔚、萧佛成、邓泽如、张人杰、古应芬、谭延闿、朱培德、何应钦、白崇禧、李宗仁、李济深、黄绍竑、陈铭枢等人。

4 月 25 日 辞中华法政大学校长职。

《申报》是日报道：“西摩路中华法政大学，开办一年，成绩尚佳。校长

---

① 罗敏：《1924～1927 年邹鲁与蒋介石关系探微》，见《中国社会科学院研究生院学报》，2003 年第 6 期。

② 梅萼：《邹鲁文存》第三集，北华印书局 1930 年版，第 135 页。

邹鲁，迩来以事务日见纷忙，不能兼顾，拟向该校董事会辞职云。”①

4月至5月 继续整理编写中国国民党党史。② 虽赶上盛夏酷暑，先生犹自挥汗执笔，朝夕不辍。党史稿草成后，送给胡汉民修正。③

5月20日 致函国民革命军总政治部主任吴敬恒，抗议南京国民政府命令白崇禧查封上海中央党部的行为。

函称：“西山会议，先生原为参与之一人，继以清党问题，不能同意，只欲调和，遂致两歧。及先生由京抵沪，连谈数日，每日数时，对于弟等提出共产党打倒国民党之阴谋事实，以为非清党不可，终不见容纳。其时，介石同志在粤，正有清党计划，忽于先生到粤时，改变态度，此种事实与先生是否发生关系，不得而知。而时间相值，论者多为先生咎焉！及先生由粤回沪，仍间接向弟表示调和办法，谓将监察、考试两权，归诸西山会议派主持。弟等以为清党系救党，非以分权，终不得结果。自是以后，每与先生晤面，不复谈党事矣！及本年春，知先生已洞悉共产党一切打倒国民党计划，决心清党，乃欲晤先生，而先生亦表示欲晤弟，复蒙亲临敝寓，正式表示清党之决心与办法，并云表面仍主张联俄容共与打倒西山会议派。弟既表示赞成清党之决心，而对于联俄容共与打倒西山会议派之办法，认为太违背言行，期期以为不可，争论三小时有奇，而先生仍信为允妥。卒之，上海发动清党时，不敢明言清党，借题工人自相冲突。次日，某军官谈话，容共政策并无变更；同时，健生（白崇禧）同志发出查封四十四号之文电，于先生所言办法，不爽一毫。结果我不清共，共亦清我，武汉讨伐令一下，则清党问题不能不明揭矣，是何如自始即标明清党之义之为直捷了当也。今于西山会议问题，仍蒙混不清，在先生始终以为此次清党，实质即为执行西山会议案，西山会议派之一致合作，不过时间问题。然既已主张无二，而偏生裂痕，不特生出以后党中意见，且亦何以昭示中外？若怀挟私见，则不堪问矣。弟知先生此次举动，完全为党国问题，但办法错误，遂使自生荆棘，殊堪扼腕。况迄今月余，正气仍不张于党内，既恐正气未必终可压埋，万一竟被压埋，则党国前途之隐忧正大，更不暇为西山会议派哀矣！弟向所言动，深为人责，发之太早，万非明哲，但又安忍焦头烂额之为上客耶？”④

---

① 《中华法大校长辞职》，见《申报》，1927年4月25日。

② 黄肇珩、方鹏程、刘本炎：《邹海滨先生百年诞辰口述历史座谈会纪实》，见陈鹏仁：《百年忆述——先进先贤百年诞辰口述历史合辑》，近代中国出版社1999年6月25日初版，第35页。

③ 戴书训：《愈经霜雪愈精神——邹鲁传》，近代中国出版社1983年10月初版，第124页；邹鲁：《回顾录》，岳麓书社2000年9月第1版，第241页。

④ 沈云飞：《林森、邹鲁、谢持与西山会议》，见《传记文学》，1978年3月号。

5月25日 国立中山大学全体学生召开会议，反对先生复任校长。

《申报》报道："中大学生二十五日，全体会议反对邹鲁复任校长，促戴季陶回校主持。"①

《申报》同日报道："中大学生会是日开全体大会，到会者八百余人，议决十二案，最要为打倒西山派及严防右倾分子。"②

5月28日 《国民新闻》报上刊载《中大反邹鲁运动的高潮》一文。

国立中山大学植物学系主任郜重魁教授和动物学系主任黎国昌教授于是月31日在《国立中山大学日报》上发表郑重声明，对5月28日发行的《国民新闻》上刊载的《中大反邹鲁运动的高潮》一段文字中所说的郜重魁和黎国昌的"种种作为"做出驳斥，并对事件涉及的系列问题做出解释和说明。《中大反邹鲁运动的高潮》一文中涉及郜、黎教授的文字部分引起中山大学内部较大争议，国立中山大学学生会贴出标语，向学生通告并请学校"驱逐〈郜〉重魁、黎国昌"。为此，朱家骅委员长也于郜重魁和黎国昌教授发表郑重声明的同时在《国立中山大学日报》上刊登《朱家骅为郜重魁教授赴南京任务之声明》，对有关事件的真相做出说明，指出包括郜重魁教授在内的"教职员学生全体中绝对没有与外间反动派勾结之事"，号召大家"同心一德，助中大之发展，勿以感情而过动，勿紧节而滋大。"③

历史上对这件事情的记载并不多，但这件事情埋下了郜重魁和黎国昌两位著名教授在不久后离开国立中山大学的导火索。

5月 著《清党感言》一文。

先生在文章中对蒋介石"清党"问题发表了四点隐忧：（一）出发点不正，"此次清党自然是一般党员热烈运动，尤其是介石同志的大力主持，才有这个结果。但是，介石同志清党的出发点则完全不正"，"介石同志不是立在党上来清党，乃立在介石同志身上来清党。不然，何以共产党许多危害本党之事情发生，介石同志不惟不清党，还要卵翼着共产党来压迫同志。到了危害本身的时候，方剑及履及来清党。"（二）态度暧昧，"要杀要捕的共产党偏说要容，要一致合作的西山会议，偏说要打倒，说的与做的不同，究竟使人相信他的言，还是信他的行呢?""至于西山会议呢，现在清党的，言西山会议的话，行西山会议的事，用西山会议的人，并且认为先觉，认为先锋，认为正气，却

---

① 《专电》，见《申报》，1927年5月27日。

② 《专电》，见《申报》，1927年5月27日。

③ 《政治训育部为郜黎两教授事致中大学生会函》等，见《国立中山大学日报》，1927年5月31日。

口头里偏说要打倒，我料或者不久将有由某同志‘貌合神离’的说，进到‘神貌一致’的可能性。”（三）事实荒谬，“使向不接近党务的人来办清党的事，更不能不根据共产党所把持党员的名册，为党员根据，这样一办，共产党与非共产党都认不明了，所以共产党重要人都跑得精光，不是有名的共产党，却仍牢牢固固盘踞党的底下。”（四）个人拥护，“党员站在党里头做事，做得对是应该的，做得不对是要负责的，用不着人来拥护。这回清党前后‘拥护蒋介石’‘拥护汪精卫’的呼声，闹得我耳鼓欲穿，尤其是‘拥护蒋介石’每日新闻上总占了一大篇幅。此种个人的拥护热烈，党的趋势是不好的，今日可以拥护介石同志，明日就可拥护汪精卫个人，……这样一来，一党之中，只拿个人来代表，在责的党员拿着权，已失党之精神，犹背总理付托全体党员的意。”①

鉴于先生批评蒋介石的言辞过于激烈，为了不使宁沪分歧继续过大，在沪的“西山会议派”同人劝他：为了不与“介石同志伤了感情”，“请缓点发表”，甚至扣留了他写好要发表的文章，在宁的国民党老同志则截留了他责备蒋介石的书信。在这种情形下，先生亦“只得忍气不言”。②

5 月　在上海撰写《红花岗四烈士传记序》。③

6 月 7 日　南京国民党中执委常委会会议通过张人杰提议，查因纯粹反共而开除党籍之同志张继、谢持、林森、先生、居正等人，均应先恢复党籍，俟第三次全国代表大会开会提出追认。④ 是月 10 日，《民国日报》刊登了上述讯息。⑤

6 月 11 日　南京国民党中央党部通令恢复先生党籍。

南京国民党中央党部正式发出通令，取消“严防右倾分子”、“打倒西山会议派”、“打倒国家主义派”等口号，并恢复林森、张继、谢持、居正、先生、石瑛、覃振、石青阳、茅祖权、沈定一诸人党籍及启封环龙路四十四号中央党部，自是对“西山会议派”之隔阂已除，沪宁双方自此合流。⑥

---

① 罗敏：《1924～1927 年邹鲁与蒋介石关系探微》，见《中国社会科学院研究生院学报》，2003 年第 6 期。

② 罗敏：《1924～1927 年邹鲁与蒋介石关系探微》，见《中国社会科学院研究生院学报》，2003 年第 6 期。

③ 邹鲁：《澄庐文选》，正中书局 1948 年 5 月初版，第 289～290 页。

④ 罗敏：《1924～1927 年邹鲁与蒋介石关系探微》，见《中国社会科学院研究生院学报》，2003 年第 6 期；李松林等：《中国国民党大事记》，解放军出版社 1988 年 8 月第 1 版，第 165 页。

⑤ 中国社会科学院近代史研究所中华民国史研究室：《中华民国史资料丛稿大事记》第十三辑，中华书局 1984 年 7 月印刷，第 128 页。

⑥ 沈云飞：《林森、邹鲁、谢持与西山会议》，见《传记文学》，1978 年 3 月号。

7月7日 由先生、谢持等所主持的国民党中央上海党部召集第四次临时会议，决定与南京国民党中央协调统一党务办法，并推举张继、覃振、刘积学三人为代表，赴南京进行具体磋商。①

8月13日 胡汉民致函先生，对先生撰写的《中国国民党史稿》提出三点修改意见：

“一、分类当以组党、宣传、革命为三部。暗杀纳入革命，而海外纳入组党。如此则体裁既善，分量亦复相当。

二、绪论一章，似宜删割，因其不必要。且为此综合的批评，甚不容易也。

三、注宜用较小一体之字。例如原文用五号，则注用六号。”②

先生依照改正，至9月改正完成。再送胡汉民修正，胡立即答应。但是不久，胡与先生分途出国，此项工作又被搁置。③

8月18日 致函胡汉民，对其拒绝见面表示不解。

函略称：“弟有一言正告于兄：国人对于革命，不能立于旁观态度，此总理之言也。以兄为总理所寄托，党员所属望，今日忍视党国至此而袖手旁观，不特无以对总理，无以对党员，且亦辱没数十年之历史、革命之人格。此则完全爱兄之肺腑言，千万勿视为河汉。”④⑤

8月21日 致函胡汉民，对其屡次拒绝见面表示不解。

函称：“兄此次来沪，拒绝弟等晤面，特不可解。此次清党运动固出于救党，亦因兄充俄直接之因实不少。自信持正义而纯，在兄理宜一致进行，否则兄亦宜示其不妥，予以改正。兄非能外于党之人，更非可以加入共产党之人，袖手旁观，岂应如此？即舍公义而言私情，于弟之晤更为无伤，即无聊中凑凑打牌人数，亦何不可？奈何避之若浼引，如有正当理由，即答复，否则即示时

---

① 罗敏：《1924～1927年邹鲁与蒋介石关系探微》，见《中国社会科学院研究生院学报》，2003年第6期。

② 陈红民：《胡汉民未刊往来函电稿》第十四册附录三，广西师范大学出版社2005年12月第1版，第703～704页。

③ 黄肇珩、方鹏程、刘本炎：《邹海滨先生百年诞辰口述历史座谈会纪实》，见陈鹏仁：《百年忆述——先进先贤百年诞辰口述历史合辑》，近代中国出版社1999年6月初版，第35～36页。

④ 蒋永敬：《胡汉民先生年谱》，中国国民党中央委员会党史委员会1978年11月出版，第411～412页。

⑤ 该函原件只写了“十八日”，并未写明月份。陈红民著《胡汉民未刊往来函电稿》（第一册第三卷，广西师范大学出版社2005年12月第1版，第478页）认为该函写于1933年1月至4月间。但胡汉民于本年8月13日离宁赴沪，该函应为8月13日后写就。

示地相晤。”①②

9月11日 参加宁汉沪三方代表在上海举行的谈话会。③

是年7月以后，国民党内形成了宁、汉、沪三个集团：在南京，有蒋介石控制的“国民政府”和“中央党部”；在武汉，有汪精卫控制的“国民政府”和“中央党部”；在上海，“西山会议派”也以“中央党部”的名义进行活动。宁汉双方集中了国民党中最重要的一批领袖人物，又各自掌握着一个政府，拥有一支军队，割据着一大块地盘，因而成为最有分量的势力。他们为争夺最高权力明争暗斗，但很快在反共的基础上开始合流。他们为了实现“合作清党”、“统一党务”，进行了一系列酝酿和接触。冯玉祥从中牵线，与各方反复电商，于7月20日提出解决宁汉合作的具体办法。汪精卫等表示愿意“和平统一”，同意“迁都南京”。蒋介石、李宗仁、胡汉民等人欢迎武汉重要分子到南京“柄政”，赞成各方“共同北伐”。8月上旬，宁汉双方基本上达成了妥协。这时，汪精卫等虽然同意与宁方合作，但仍坚持反蒋态度，且声浪很大。同时，蒋介石排斥异己，引起桂系的不满，李宗仁、白崇禧等对蒋不再采取积极支持的态度。加之蒋介石亲自指挥的津浦线上战事的失败，使其陷入困境。蒋介石感到自己的地位还不巩固，便采取以退为进的策略，于8月13日发表下野宣言，宣布辞去国民革命军总司令职务，然后回浙江奉化。不久，东渡日本。蒋介石的下野，加快了宁汉合作的步伐。

上海谈话会即于此背景下在戈登路伍朝枢公馆召开，到13日结束。出席谈话会的有汪精卫、谭延闿、孙科、李宗仁、张人杰、蔡元培、李石曾、先生、张继、谢持、许崇智等21人，公推谭延闿为主席。宁方的蒋介石、吴敬恒、胡汉民和汉方的陈公博、顾孟余拒不出席。经激烈争吵，会议通过多项决议案：

第一，关于党务方面的：（一）组织中央特别委员会，统一党务；（二）特别委员会由宁汉沪三方共同推定若干人组成之；（三）宁汉沪三方中央党部将其职权委托于特别委员会；（四）特别委员会除施行中央执行委员会全体职权外，应负统一地方的中国国民党党部，并筹备第三次全国代表大会，最迟于1928年1月1日开会；（五）规定特别委员会委员32人，候补委员9人，三

---

① 蒋永敬：《胡汉民先生年谱》，中国国民党中央委员会党史委员会1978年11月出版，第411页。

② 该函原件只写了“二十一日”，并未写明月份。陈红民著《胡汉民未刊往来函电稿》（第一册第三卷，广西师范大学出版社2005年12月第1版，第478页）认为该函写于1933年1月至4月间。但胡汉民于本年8月13日离宁赴沪，该函应为8月13日后写就。

③ 《宁汉合流》，见百度百科网（http：//baike. baidu. com/view/35719. htm）。

方共同提出，全体人名，由中央执行委员会临时会议发表之；（六）中央各部长人选，由特别委员会决定之。

第二，关于政府方面的：（一）政府委员；（二）各部部长；（三）军事委员会委员；（四）宁汉两方政府合并改组方法并人选，由特别委员会决定之。

第三，统一宣言：推谭延闿、蔡元培、谢持三先生主持及汪精卫起草。

9月12日 出席上海谈话会第二次正式会议，被推举为特别委员会委员。①

第二次正式谈话会最重要的内容是推选特别委员会委员和候补委员。先生被推选为沪方6位特别委员之一，其余5位分别是林森、许崇智、居正、谢持、覃振。三方推选的特别委员合计有32人，候补特别委员有9人，均一致通过。

9月13日 出席上海谈话会第三次正式会议。②

会议议决：（一）在特别委员会中公推张继、于右任等5人，代行监察委员会职权；（二）抽签决定特别委员和候补委员的次序。

9月14日 从上海抵达南京，准备开特委会会议。乘专车同日抵达的还有蔡元培、程潜、谭延闿、李宗仁、朱培德、孙科、李烈钧、于右任、谢持、许崇智、张人杰、伍朝枢、张继等人。③

9月15日 出席沪方单独在紫金山中山陵园召开的会议。

会议经讨论，决定同意召开中央特别委员会，推选居正、覃振、许崇智和先生等4人为国府委员，但是政府各部会和机关，沪方的人员一律没有参加。④

△出席国民党中央执行委员、中央监察委员临时联席会议。⑤

会议在南京成贤街中央党部举行，宁汉沪三方代表合计20人出席。谭延闿任主席，会议报告设立“中国国民党中央特别委员会”，推定委员32人：沪方为林森、先生、许崇智、居正、谢持、覃振6人，候补茅祖权、刘积学、傅汝霖；宁方为李宗仁等6人，候补为叶楚伧等3人；汉方为谭延闿等6人，候补为顾孟余等3人；另外三方公推汪精卫、胡汉民、蒋介石等14人。特别

---

① 邹鲁：《回顾录》，岳麓书社2000年9月第1版，第168～169页。

② 邹鲁：《回顾录》，岳麓书社2000年9月第1版，第169页。

③ 邹鲁：《回顾录》，岳麓书社2000年9月第1版，第169页。

④ 邹鲁：《回顾录》，岳麓书社2000年9月第1版，第171页。

⑤ 中国社会科学院近代史研究所中华民国史研究室：《中华民国史资料丛稿大事记》第十三辑，中华书局1984年7月印刷，第205～206页。

委员会的任务及职权为：（一）受中央党部的委托，分别行使中央执行委员会、监察委员会的职权，至第三次全国代表大会开会时为止；（二）统一各地方国民党党部；（三）筹备第三次全国代表大会，以1928年1月1日为开会期。

9月16日 出席国民党中央特别委员会第一次会议。①

是日，国民党中央特别委员会在南京正式成立，并举行第一次大会。先生出席本次会议。会议决议要案多件：（一）发表修正后的国民党宣言；（二）改组中央党部，设秘书处及组织、宣传等八部；（三）改组国民政府，设立内政、外交等7部及大学院与军事委员会；（四）设置监察院；（五）推谭延闿等11人协商中央党部、国民政府及军事委员会人选。②

9月17日 出席国民党中央特别委员会第二次会议。③

会议通过改组国民政府及军事委员会案。议决推丁惟汾、于右任、先生等47人为国民政府委员，以汪精卫、胡汉民、李烈钧、蔡元培、谭延闿5人为常务委员；于右任等67人为国民政府军事委员会委员，以蒋介石、汪精卫等14人为主席团；通过大学院院长、各部部长名单。

9月19日 国民党中央特别委员会第三次大会召开，先生出任青年部委员。④

张继任会议主席，会议决定：（一）推汪精卫、蔡元培、谢持为常务委员，叶楚伧为秘书长；推定各部委员，其中傅汝霖、缪斌、先生、丁惟汾出任青年部委员；（二）中央政治会议或中央政治委员会及各地政治分会一律取消，其职权分别由中央党部、省党部、国民政府、省政府执行，各地政治分会限10月1日前取消；（三）以前各级党部及国民政府（指宁沪汉三中央党部及宁汉两政府）立即合并于新组织的中央党部及国民政府，所属机关立即移交。

9月20日 国民党中央特别委员会产生之国民政府委员及军事委员会委员同时在南京举行就职礼，并在小营阅兵。先生出席就职礼。⑤

---

① 邹鲁：《澄庐文选》，正中书局1948年5月初版，第359页。

② 中国社会科学院近代史研究所中华民国史研究室：《中华民国史资料丛稿大事记》第十三辑，中华书局1984年7月印刷，第206页。

③ 中国社会科学院近代史研究所中华民国史研究室：《中华民国史资料丛稿大事记》第十三辑，中华书局1984年7月印刷，第207页。

④ 《特委会第三次大会》，见《申报》，1927年9月20日。

⑤ 中国社会科学院近代史研究所中华民国史研究室：《中华民国史资料丛稿大事记》第十三辑，中华书局1984年7月印刷，第209页。

△胡汉民致函先生，表示已得手教，稿子可交林焕廷转交胡本人，以便执校勘之劳。[1]

9月中旬 赴南京任职。《中国国民党史稿》未编内容交胡汉民续成，并请之改正已编内容。[2]

9月 撰写《粤鄂学校停课的索隐》。[3]

9月 撰写《罗太夫人七十一寿序》，祝贺罗兼柔母亲寿辰。[4]

9月至10月 许崇智几次请先生转言给胡汉民，请胡汉民尽快出山，处理广东事务。[5]

10月10日 撰写《由双十节想到共产党》。[6]

10月17日 出席国民党中央特别委员会第六次大会。

大会于下午2时召开，谭延闿、蔡元培、程潜、伍朝枢、先生等人出席，蔡元培为会议主席。会议议决多个事项，其中第二个事项为："训政实施方案委员会案，决议推邹鲁、褚民谊、傅汝霖先起草该会组织大纲，然后发表名单。"[7] 先生等人起草的组织大纲在特委会第九次会议上获得修正通过。[8]

10月18日 出席国民政府第八次常务会议。

会议于上午9时召开，出席委员有谢持、先生、蒋作宾等14人，由谭延闿主持，会议通过了中央银行条例及多项人事任命案等。[9]

11月23日 召开谈话会，提出由国民政府迅速彻查"一一·二二惨案"的"主使与应负责任者"。[10]

"一一·二二惨案"，也称"南京惨案"，指南京各界于11月22日在公共体育馆举行讨唐（唐生智）胜利庆祝大会，通过"打倒西山会议派"、"取消特别委员会"等议案。会上中央党务学校代表（训育主任）谷正纲发表演说，

---

① 陈红民：《胡汉民未刊往来函电稿》第十四册附录三，广西师范大学出版社2005年12月第1版，第703页。

② 程焕文、张靖、周旎：《邹鲁未刊稿》下册，广西师范大学出版社2008年3月第1版，第783页。

③ 梅萼：《邹鲁文存》第三集，文海出版社有限公司1988年印行，第63页。

④ 梅萼：《邹鲁文存》第四集，文海出版社有限公司1988年印行，第27页。

⑤ 蒋永敬：《胡汉民先生年谱》，中国国民党中央委员会党史委员会1978年11月出版，第411页。

⑥ 梅萼：《邹鲁文存》第三集，文海出版社有限公司1988年印行，第68页。

⑦ 《中央特委会第六次会议》，见《申报》，1927年10月19日。

⑧ 《特委会通过训政会组织大纲》，见《申报》，1927年10月27日。

⑨ 《国民政府第八次常务会议》，见《申报》，1927年10月20日。

⑩ 中国社会科学院近代史研究所中华民国史研究室：《中华民国史资料丛稿大事记》第十三辑，中华书局1984年7月印刷，第264页。

大呼打倒“西山会议派”、打倒特委会，台下党务学校学生应声而和。会后游行，以党务学校学生居前列，行至复成桥，军警开枪，死 2 人，伤 75 人。① 惨案发生，有人称西山会议派先生、覃振、居正、谢持 4 人是惨案主使。先生与谢持等人，“为本党前途计，为慰民众计”②，于本日上午在中央党部开谈话会，提出由政府迅速彻查究办该案。

11 月 24 日 南京各界组成“一一·二二”惨案后援会，参加单位有南京各区党部、中央党务学校、学联等。是日该会派代表 5 人到沪，向四中全会谈话会（由谭延闿、蒋介石、汪精卫、李济深联名召集）陈述惨案经过，要求缉拿凶手，指出“西山会议派”的特别委员先生、居正、谢持、覃振、傅汝霖、潘宜之、王昆仑等人为该案主使者。③

全国学生总会也发表紧急宣言：请中央执监委员取消特别委员会，党员民众一致起来打倒“西山会议派”，枪毙屠杀民众的祸首先生、傅汝霖、谢持、王昆仑。

11 月 25 日 国民政府举行会议，讨论谢持、先生等人对南京事件的提案。

谭延闿主持会议，谢持、先生力主拿办凶犯及煽乱之人。谭称：“若单纯共产党暴动，悉行拿捕，自属易办。此事发动，由上海有人主持，实党内之争，为人所乘，拿捕愈加纠纷。”④ 可见，“政府力求审慎，期毋枉纵，使成信狱。”⑤ 不过，国民政府还是一面对于死者伤者明令抚恤，一面严令司法部、军事委员会分别侦察办理。

11 月 29 日 撰写《为特别委员会事宣言》。⑥

《宣言》由谢持、张继、居正、许崇智、先生、傅汝霖等人共同署名后公开发表。文章说明即将召开的所谓国民党二届四中全会建议取消由宁沪汉三方统一党务而设立的临时机构——特别委员会，叙述特别委员会成立的法律和事实根据，同时指出：“吾党同志诚爱党者，不宜妄指中央特别委员会为罪过，亦不宜横以莫须有之事丑诋吾人。中央特别委员会中，如果有不称职者，尽可

---

① 中国社会科学院近代史研究所中华民国史研究室：《中华民国史资料丛稿大事记》第十三辑，中华书局 1984 年 7 月印刷，第 252 页。

② 梅萼：《邹鲁文存》第三集，文海出版社有限公司 1988 年印行，第 163 页。

③ 中国社会科学院近代史研究所中华民国史研究室：《中华民国史资料丛稿大事记》第十三辑，中华书局 1984 年 7 月印刷，第 254 页。

④ 中国社会科学院近代史研究所中华民国史研究室：《中华民国史资料丛稿大事记》第十三辑，中华书局 1984 年 7 月印刷，第 255 页。

⑤ 梅萼：《邹鲁文存》第三集，文海出版社有限公司 1988 年印行，第 166 页。

⑥ 邹鲁：《回顾录》，岳麓书社 2000 年 9 月第 1 版，第 175 页。

更易；如谓委员人数未能充分容纳各方，则委员尽可增加人数。或言西山会议派对于党务，包办把持，尤乖事实。特别委员会系委员制，与西山会议有关系而为委员者，不及三分之一；中央常务委员会各部委员，与西山会议有关系者，充其量亦不过三分之一。”① 最后表示先生等人只求全党的团结，毫无个人权利和地位的观念，并且随时都可以引退。

《宣言》也被称为《告同志书》。②

12 月 3 日 国民党中央执监委员在上海举行二届四中全会第一次预备会。会议议决组织特别法庭审判“南京惨案”主使者，对该案被指控的谢持、先生、居正、傅汝霖、王昆仑、高方、葛建时、潘宜之、覃振、任西萍 10 人即行停职监视。③

12 月 5 日 与居正、覃振和谢持一起向国民政府递交关于“南京惨案”的提案。④

提案略谓曾于上月 23 日、25 日两次请政府讨论究办，迄今未得主使与应负责任者，而别有用心者遂“诬指邹鲁、覃振、居正、谢持四人为主使，其他同志某某等为实施，奔走呼号，传单标语应有尽有，大有造成积非成是之势，推彼辈用心，无非志在扩大范围，破坏党国大计。”⑤ 提案要求即付讨论，令催办理此案各机关迅速办理。

12 月 6 日 与谢持、许崇智、居正、傅汝霖联名发表《为特别委员会再告同志书》。

先生在书中详述中央特别委员会成立的经过，尤其注重汪精卫等与特别委员会成立的关系，声称：“中央特别委员会之成立，虽由沪宁汉三方之合并，但南京及武汉清党，乃由汉沪合作之议进为宁汉合作之议。清党之后，最初只有宁沪合作之议，终至于逼宁汉成立中央特别委员会。”⑥

12 月中下旬 向国民政府递交《与苏俄断绝国交之提案》。

先生在提案中指出是月 11 日爆发的广州起义为苏联驻广东领事馆指使共产党所为，为此提议，请国民政府即日宣告与苏联断绝国交。⑦

---

① 李松林等：《中国国民党大事记》，解放军出版社 1988 年 8 月第 1 版，第 171 页。

② 《谢持等告同志书》，见《申报》，1927 年 12 月 1 日。

③ 《居正等十人停职监视》，见《申报》，1927 年 12 月 4 日。

④ 中国社会科学院近代史研究所中华民国史研究室：《中华民国史资料丛稿大事记》第十三辑，中华书局 1984 年 7 月印刷，第 264 页。

⑤ 梅萼：《邹鲁文存》第三集，文海出版社有限公司 1988 年印行，第 166 页。

⑥ 中国社会科学院近代史研究所中华民国史研究室：《中华民国史资料丛稿大事记》第十三辑，中华书局 1984 年 7 月印刷，第 266 页。

⑦ 梅萼：《邹鲁文存》第三集，文海出版社有限公司 1988 年印行，第 171 页。

12 月 21 日 致函谭延闿等人，再催速办“南京惨案”。[①]

先生和谢持致函国民政府常委谭延闿、蔡元培、李烈钧：“本月十七日，上海各报发表，上海卫戍司令部在商务印书馆工人处，搜得共产党秘密文件中，有‘宜乘群众集会乱放手枪造成南京类似之惨案’一条，则此案由于共产党之乘机造成，了无疑义。然袭用共产党方法，在本党内部捣乱，而与共产党以造成此案之集会，遂复利用此案，以罗织异己，而供政争之工具，发展个人野心者，吾党中竟大有其人。政府既据当日在场军医之报告，又令行军政机关，经过旬日之侦查，个中真相，必已大明，即宜将所得实情及所获证据，公布于众。凡此案之间接及直接的真正主使与实施各犯，立予按名缉拿，归案惩办，万不可延缓，更不可瞻徇，亦无所用其顾忌。诚能持正从严，迅速办理，则党中枭桀，有所儆惩，而依草附木吠影吠声之徒，亦或憬然悟已往之非，还其本来面目，不致东倒西歪，长为他人之利用品。如此，乃能减少党事之纠纷，乃能保存几分之正气，否则本党内部之是非尚且不明，本党造乱之党员纵而不问，糊涂恣肆，莫敢谁问？是本党之根本已坏，将何以领导群众，戢治暴乱而建设国家，以党治国之精神，必为若辈毁灭殆尽，总理在天之灵，其何能瞑。持鲁等特专函，请诸公即将南京惨案真相发表，缉凶究治，实党国前途之幸，非为持鲁等个人横被诬枉计也，只惟裁察。”[②]

12 月 28 日 起草《为特别委员会事再宣言》。

由于国民党内纷争复杂，中央特别委员会于是日结束。先生起草《为特别委员会事再宣言》，由谢持、张继、居正、许崇智、傅汝霖等人共同署名后发表。《宣言》说明了特委会成立的经过，以便让外人明了特委会的真相。[③]在文中，先生“大发一通牢骚，随即与许崇智、居正等离沪赴日本，转赴欧美二十九国旅游……”[④]

12 月 29 日 撰写《高罗阳讨逆将士殉难碑》。

先生写道：“余既痛死者牺牲生命，以赴革命目的，尤痛革命尚未成功，无以副死者希望。执笔纪此，不禁哀从中来，益觉后死之责，有不可逃者。”[⑤]

△国民政府举行常务会议。其讨论事项第五项为：“邹鲁、谢持函为一一·二二惨案，请彻底查办党务学校学生谷正刚等，不能卸责，并将特别法庭

---

① 梅萼：《邹鲁文存》第三集，文海出版社有限公司 1988 年印行，第 171 ~ 172 页。

② 《谢鲁等再催速办首都惨案》，见《申报》，1927 年 12 月 24 日。

③ 邹鲁：《回顾录》，岳麓书社 2000 年 9 月第 1 版，第 175 页。

④ 王耑：《邹鲁生平述略》，见广东省政协文史资料委员会编《近代广东名人录》第二辑，广东人民出版社 1989 年 4 月第 1 版，第 121 页。

⑤ 梅萼：《邹鲁文存》第四集，文海出版社有限公司 1988 年印行，第 21 页。

之组织、急予修正，因建国大纲中人民只有选举等权，无裁判权。”[1]

12 月底 离开南京，前往上海。离开南京后，先生沿途游览了镇江、扬州、常州、苏州。[2]

12 月 胡汉民来函，表示已为《中国国民党史料》一书作一书签，并建议参照《明史稿》而将书名由《中国国民党史料》改为《中国国民党史稿》。[3]

12 月 撰写《西山会议》一文，把“西山会议”到特别委员会的经过情形，“很坦白地叙述”[4]。

是年 撰写《致陈真如同志函》。[5]

是年 先生文章《黎君民伟小传》刊登在《民新特刊》1927 年第 5 期《复活的玫瑰》号上。

1928 年（民国十七年　戊辰）四十四岁

1 月初 抵达上海。[6]

抵达上海后，先生决定出国游历。族兄邹敏初知道先生的想法后，资助了游费，并接济先生的家用。

至于先生决定出游的原因，一般认为先生自组织“西山会议”后，饱受各界批评，在政坛上过了一段不太如意的时光。在 1927 年 12 月，先生参加的中央特别委员会被推翻后，感到自维绵薄，无补时坚，正是实现十五年来在心中策划旅行的绝好机会。因此，先生决定暂时离开政坛，出国游历。

除上述原因，陈哲三还认为：“不意（民国十六年，1927 年）十一月二十二日，首都民众在公共体育场举行庆祝讨唐（唐生智）胜利大会，竟演成惨剧。而邹氏、居正、覃振等被指为主持之人。于是邹氏不得不于次年一月十四

---

① 《国府政务会议》，见《申报》，1927 年 12 月 30 日。

② 邹鲁：《回顾录》第（二）卷，三民书局有限公司 1974 年 7 月初版，第 245 页。

③ 邹鲁：《回顾录》，岳麓书社 2000 年 9 月第 1 版，第 239 页。

④ 邹鲁：《回顾录》，岳麓书社 2000 年 9 月第 1 版，第 175 页。

⑤ 梅萼：《邹鲁文存》第三集，文海出版社有限公司 1988 年印行，第 138 页。

⑥ 邹鲁：《回顾录》，岳麓书社 2000 年 9 月第 1 版，第 178 ~ 179 页。

日自上海出发东渡，作世界之游，同年十一月二十六日始自印度、安南返抵上海。”[①]

1月初 向江苏交涉署领取出国护照。[②]

1月8日 南京各界千余人开“欢迎中央委员及蒋总司令大会”，中央委员丁惟汾等人参加，褚民谊代表蒋介石出席。大会通过提案十项，其中包括：永久开除“西山会议派”人员国民党党籍；请中央全会立即拘捕“一一·二二”惨案主从犯谢持、先生等人。[③]

1月14日 午，乘大洋丸号，从上海启程赴日本神户，进行出国游历。

与先生同行的有许崇智及其家眷、居正、程天固、陈翰誉、内弟许少荣、日本友人山田纯三郎等人，送行的同志及亲友有数十人。船出吴淞口后，先生口占一绝：“谁云此壮行？斐迟歌去国。周游可兴观，吾愿师孔墨。”[④] 该诗既表达了先生内心的凄楚悲凉，也寄托了此次出国游历的愿望。

在船上，先生巧遇赴日留学的陈、丘、甘、梁君等国立中山大学员生以及前往神户任教的莫君等四五人，先生感觉“心神至畅”[⑤]。

1月16日 抵达神户。[⑥]

凌晨3点，游船过门司，进入内海。早餐后，与国立中山大学员生交谈。其后写信数封，包括写给黄绍兰、赵淑嘉的一封，告之即将抵达神户。[⑦] 入夜，邮船抵达神户。因为大雾，初时船不能停泊靠岸。不久，就见到水警登船，向先生表示：得内务部令，特来招待。水警还向先生询问了明天的日程，并为先生准备了两辆汽车使用。不久，一些同志、朋友及新闻记者登舟来访。

1月17日 上岸，赴大阪、京西游览。[⑧]

早，国民党同志杨寿彭、陈清机、杨尚之等人先后来访。日本友人菊池、水野、萱野等人及新闻记者均赶到船上来，寒暄后，偕居正、许崇智等人上岸

---

① 陈哲三：《邹鲁研究初集》，华世出版社1980年2月初版，第201页。

② 邹鲁：《回顾录》，岳麓书社2000年9月第1版，第179页。

③ 中国社会科学院近代史研究所中华民国史研究室：《中华民国史资料丛稿大事记》第十四辑，中华书局1985年1月印刷，第8页。

④ 国立中山大学校友会：《邹鲁全集》第（十）卷，三民书局股份有限公司1976年10月初版，第6页。诗歌中的第二句“斐迟歌去国”，在戴书训的《愈经霜雪愈精神——邹鲁传》一书中作“多难乃辞国”。

⑤ 邹海滨：《环游二十九国记》，世界书局1932年11月初版，“日本”第2页。

⑥ 邹鲁：《二十九国游记》，商务印书馆1947年4月初版，第1页。

⑦ 程焕文、张靖、周旎：《邹鲁未刊稿》下册，广西师范大学出版社2008年3月第1版，第597页。

⑧ 邹鲁：《二十九国游记》，商务印书馆1947年4月初版，第2页。

到同志处拜会。离开同志处，乘坐神户政府准备的汽车抵达大阪，先后参观了朝日新闻社、每日新闻社。离开每日新闻社，换火车至西京，游金阁寺，园林池沼，点缀至美。在参观游览途中，各地政府均派三名警察保护先生等人。是日夜，先生一行乘车赴东京。

1月18日 抵达东京游览。①

晨，先生等人乘车抵达东京。到站时，有很多国民党同志及日本友人前来欢迎。出站后，直接抵达帝国饭店，与同志、日本友人及新闻记者晤谈。嗣后，与居正、许崇智等人拜访日军参谋本部第二部部长松井石根中将。松井固司对华外交军事计划，对中国的野心在谈话中已经昭然若揭。先生对松井的印象很坏，认定松井将是侵华的急先锋。被先生不幸言中，松井后来指挥军队占领上海、南京等地，并大肆屠杀中国人民，双手沾满了中国人的鲜血。离开松井处，拜访了秋山夫人、犬养毅，并到寺尾墓地凭吊。秋山和寺尾两位故人都曾经帮助过国民党。晚上，与居正参加国民党东京总支部举行的欢迎会。松井在晚上回拜先生等人，由于先生参加欢迎会，委托许崇智招待松井。

1月19日 继续在东京游览。②

上午，在国立中山大学生物学系费鸿年教授的陪同下，参观帝国大学。帝国大学教授、御医入泽博士介绍了大学情况，并陪同参观。入泽此前奉命到中国时，在广州与先生有杯酒之缘。

下午，与同舟诸人乘车游览热海，途中在江之岛进行小憩，并到岛上神社参观。离开神社后，乘车到镰仓，到长谷佛寺游览。离开镰仓后，乘车返回热海，与众人一起洗温泉浴，此时已经是晚上8时多。

1月20日 在热海游览，离开横滨东行。③

上午，到热海的海滨、梅林游览。下午，乘车返回横滨，与许崇智、程天固、陈翰誉三人及许崇智的家眷乘原船赴美国，居正、许少荣欲留日本继续游历，与先生等人握别。

离开日本时，有多位国民党同志相送。上船不久，由于风浪，出现晕船现象，卧床休息。

△接到由美国三藩市发来的欢迎先生赴美游历的电报。

1月21日 乘船赴夏威夷。继续晕船，并出现腹痛现象，僵卧不能进

---

① 邹鲁：《二十九国游记》，商务印书馆1947年4月初版，第2页。

② 邹鲁：《二十九国游记》，商务印书馆1947年4月初版，第5~7页。

③ 邹鲁：《二十九国游记》，商务印书馆1947年4月初版，第7页。

食。①

1月22日 仍在赴夏威夷的海上航行，腹痛病愈。是日作诗一首："放舟太平洋，洪涛势欲狂。云是冷热流，于此一徊徨。平时已汹涌，况值风力强。海水襄船面，骇浪撼桅樯。柁楼试极目，八表皆昏茫。回顾操舟者，履险竟如常。居危不惊扰，荆棘自康庄。俄而风浪静，举舟喜相望。谋国亦如此，何为翻覆忙！"②

是日翻看日历，知为夏历除夕，"回忆儿时欢乐，为之怅然。"③

1月23日 黎明即起，倚船四望，大海茫茫，作诗一首："大洋茫茫，惟见朝阳。白波相接，碧水飞扬。楼船乘浪，梯米太仓。壶中天地，饮食安康。万物罗列，我心是王。何小不入，何大不藏。举头四望，渺乎八荒。"④

1月25日 仍在赴夏威夷的海上航行。起身后，看见白鸥在空中飞翔，作诗一首："白鸥款款傍船飞，云水苍茫何处归？我亦东西南北者，海天容与共忘机。"⑤

晚上，接到国民党三藩市总支部陈耀垣同志的欢迎电，陈电说已电檀香山总党部派人接船。

1月26日 仍在赴夏威夷的海上航行。同船的日本人请先生写字，因为先生认识其中的数位教授，包括入泽函介的左藤男爵等，先生尽量予以满足。晚上，日本人以食物见贻，以报答先生赠字。⑥

1月27日 接伍朝枢电报，得知其与胡汉民、孙科等人已于25日西行赴欧。是夜作诗一首："去国十余日，今宵见月明。朦胧云妒月，枨触故园情。"⑦

1月28日 四十四岁生日，作诗《月》以作纪念："东航逐度早逢寅，添日方能合历旬。却喜今番花样趣，一年竟得两生辰。"⑧

1月29日 在船上作画，准备在抵达檀香山后寄送国内亲友。⑨ 给黄绍

---

① 邹鲁：《二十九国游记》，商务印书馆1947年4月初版，第11页。

② 国立中山大学校友会：《邹鲁全集》第（十）卷，三民书局股份有限公司1976年10月初版，第6页。

③ 邹海滨：《环游二十九国记》，世界书局1932年11月初版，"日本"第4页。

④ 国立中山大学校友会：《邹鲁全集》第（十）卷，三民书局股份有限公司1976年10月初版，第6页。

⑤ 国立中山大学校友会：《邹鲁全集》第（十）卷，三民书局股份有限公司1976年10月初版，第6页。

⑥ 邹鲁：《二十九国游记》，商务印书馆1947年4月初版，第11页。

⑦ 邹鲁：《二十九国游记》，商务印书馆1947年4月初版，第11页。

⑧ 邹海滨：《环游二十九国记》，世界书局1932年11月初版，"日本"第6页。

⑨ 邹鲁：《二十九国游记》，商务印书馆1947年4月初版，第12页。

兰、赵淑嘉写信一封，告之次日可抵檀香山。[①]

1月30日 临近中午，船抵檀香山（Honolulu）。

抵达时，国民党檀香山总支部代表及各团体代表数十人，均佩戴欢迎徽章，前来码头迎接。中午12时，到自由戏院参加党部及全檀香山各团体欢迎会，并发表演说。午宴后，党部及团体代表乘车陪同游览巴里山脉、夏威夷大学等名胜。离开夏威夷大学后，乘车游览全市一周，对夏威夷的道路、交通、园林、建筑物等相当赞赏。下午4时，回到船上。是日晚，乘船前往美国。启航后，得到由三藩市（San Francisco，旧金山）拍来的欢迎先生赴美电报。[②]

1月31日至2月2日 乘船前往美国三藩市。[③]

2月3日 晚，参加邮船举行的盛大晚宴。[④]

2月4日 抵达三藩市。[⑤]

邮船抵达港口时，国民党三藩市总支部的同志已经与日本邮船公司的代表及各报记者前来欢迎。在码头上，同志们专门租用飞机，在轮船上空盘旋三匝，挥舞手巾、高呼口号，表示欢迎。站在码头上欢迎的同志及各团体代表有数百人。上岸后，欢迎同志组织了百余辆汽车，列队游行，直至旅馆。

2月5日 赴大中华戏院出席国民党三藩市总支部及支部举行的欢迎会。[⑥]

2月6日 赴中华会馆出席欢迎会。[⑦]

先生在三藩市停留数日，但是常需赶赴欢迎会和种种应酬，未克畅游。只是在夜间乘汽车游览公园一次，大约四十分钟；日间曾经环游全市，参观欧战纪念馆、博物馆、水族馆、三藩市商业中学等地。

2月11日 与许崇智、程天固、陈翰誉三人乘汽车从三藩市赴科特兰（Courtland），科特兰同志出城百里相迎。下午5时，抵达科特兰，即至党部稍息。5时半，出席同志举行的欢迎会，并发表演说。演说后，出席欢迎宴会。[⑧]

2月12日 从科特兰赶赴弗雷斯诺（Fresno）。[⑨]

上午10时，由科特兰起程赶赴弗雷斯诺，经过乐居埠（Locke），受到国

---

① 程焕文、张靖、周旎：《邹鲁未刊稿》下册，广西师范大学出版社2008年3月第1版，第598页。

② 邹鲁：《回顾录》，岳麓书社2000年9月第1版，第180～181页。

③ 邹鲁：《二十九国游记》，商务印书馆1947年4月初版，第14页。

④ 邹鲁：《二十九国游记》，商务印书馆1947年4月初版，第14页。

⑤ 邹鲁：《回顾录》，岳麓书社2000年9月第1版，第181页。

⑥ 邹鲁：《二十九国游记》，商务印书馆1947年4月初版，第15页。

⑦ 邹鲁：《二十九国游记》，商务印书馆1947年4月初版，第15页。

⑧ 邹鲁：《回顾录》，岳麓书社2000年9月第1版，第181页。

⑨ 邹鲁：《二十九国游记》，商务印书馆1947年4月初版，第18页。

民党分部同志的热忱欢迎，在欢迎会上，和许崇智分别发表演说。在经过斯托克顿（Stockton）时，多位同志表示欢迎，但由于时间关系，仅与同志交谈了二十多分钟即告别。下午5时，抵达弗雷斯诺。稍事休息后，出席党部欢迎会。

2月13日 参观高等学校、蔡园等地。晚上，当地同志在香江楼举行欢迎会，欢迎先生一行。①

2月14日 由弗雷斯诺返回三藩市，顺途参观硫黄池。7时半抵达三藩市。②

2月15日 参观美埃仑军港。③

在当地商会介绍及派人陪同下，先生一行乘船抵达美埃仑军港，驻军司令官济亚前来迎接，即乘海军大将地顿派来的汽车到公署，与地顿大将交谈。之后，由济亚引导，参观造船厂、木厂、铁厂、潜水艇厂等处。12时半，地顿大将在公署设宴款待先生一行。

2月16日 到三藩市市政厅、披诗度军营及加州大学参观。④

早，赴三藩市市政厅参观。市长罗夫及警察长、秘书长等十余人出面迎接，并与罗夫市长会谈。11时，由秘书长引导，到披诗度军营参观，陆军大将倾讨出面迎接，并派二位司令官引导参观营房及各要塞堡垒。下午2时，前往伯克利（Berkeley），参观加州大学。加州大学校长甘巴及副校长克地出面招待，并派员引导参观大学图书馆、课堂、钟楼、演讲堂、球场等地。

2月17日 上午，参观加州山坤顿监狱，副监狱官和顿出面接待。中午12时半，出席和顿举行的欢迎宴会。午宴后，参观女子监狱。⑤

2月18日 参观斯坦福大学。大学政治系主任出面迎接先生，先后参观了办公厅、课室、礼拜堂、图书馆、藏书楼、博物馆、美术馆、学生会、中国学生会、体育馆等地。⑥

2月20日 休息，写字赠送当地同志。⑦

2月21日 参观学校。⑧

---

① 邹鲁：《二十九国游记》，商务印书馆1947年4月初版，第18页。
② 邹鲁：《二十九国游记》，商务印书馆1947年4月初版，第18页。
③ 邹鲁：《二十九国游记》，商务印书馆1947年4月初版，第18页。
④ 邹鲁：《二十九国游记》，商务印书馆1947年4月初版，第19页。
⑤ 邹海滨：《环游二十九国记》，世界书局1932年11月初版，“美洲五国”第8页。
⑥ 邹鲁：《二十九国游记》，商务印书馆1947年4月初版，第20页。
⑦ 邹鲁：《二十九国游记》，商务印书馆1947年4月初版，第21页。
⑧ 邹鲁：《二十九国游记》，商务印书馆1947年4月初版，第21~22页。

上午，由教育局介绍，首先到华人设立的士作顿衾马学校参观，校长哥罗威路引导参观。之后，参观商业中学，副校长大国引导参观各个课室、速记室、礼堂。在参观速记室时，当场请先生亲自在留声筒前讲话，表示将速记下来以作纪念。

下午，原拟继续参观学校。但由于程天固曾与一名美国共和党要员有约，于是在下午2时由该要员亲自驾车引领参观俱乐部，深感该俱乐部的豪华、奢侈及黑暗。游览后，一人出一册属题，以留纪念，先生率题四语云："入世出世，尘襟洒然。深山大泽，龙蛇生焉。"① 晚上7时，该要员亲送先生返回驻地。

2月22日 收拾行李辞行。②

2月23日 从三藩市前往加州首府萨克拉门托（Sacramento）参观。③

行前，国民党萨克拉门托党部派三人到三藩市陪同先生前往萨克拉门托，三藩市党部也派数人相送。是夜，抵达萨克拉门托市。在旅馆稍事休息后，即出席萨克拉门托市党部及华侨各团体联合举行的欢迎会。欢迎会结束后参加宴会，宴会后，与当地同志畅谈党务工作，直至凌晨3时才休息。

2月24日 前往北加斐（Bakersfield）市参观。④

先生一行本计划在萨克拉门托参观一天，但因北加斐党部来电话催促，表示该市中西官民已经预备好欢迎会，非往不可，只好在萨克拉门托匆忙分头拜访一些同志。下午1时，先生及许崇智一起乘汽车前往北加斐，晚上10点抵达，市长、警长及同志、市立学校学生夹道欢迎。

2月25日 在北加斐市参观。⑤

上午，参观煤油井。午后，赴国民党北加斐市党部参加欢迎会。晚上，出席北加斐市举行的宴会，席间由一位西人代表全市市民致欢迎词。深夜2时半，从北加斐乘火车赶赴洛杉矶（Los Angeles）。

2月26日 早，抵达洛杉矶，因病未能赴国民党同志和侨胞举行的欢迎会、晚宴会。⑥

2月27日 上午，赴戚氏许家服药。午后，身体略好，乘车游览洛杉矶

---

① 邹海滨：《环游二十九国记》，世界书局1932年11月初版，"美洲五国"第12页。

② 邹海滨：《环游二十九国记》，世界书局1932年11月初版，"美洲五国"第12页。

③ 邹鲁：《二十九国游记》，商务印书馆1947年4月初版，第23页。

④ 邹鲁：《二十九国游记》，商务印书馆1947年4月初版，第23～24页。

⑤ 邹鲁：《二十九国游记》，商务印书馆1947年4月初版，第24页。

⑥ 邹鲁：《回顾录》，岳麓书社2000年9月第1版，第182页。

市外小城镇。晚上，赴国民党同志举行的欢迎宴会。①

2月28日 乘车赴河边镇游览。先后参观了橙园、红人学校等地。午餐后，参观就餐酒店。②

2月29日 与许崇智的亲戚到海边飞机场及各小埠游览。③

3月1日 应邀参观一家影戏公司。到该公司后，发现其准备拍摄香港风景的影片，“装饰许多不伦不类之华人，见之甚愤，不终览而去。”④

3月2日 参观西商会。出西商会，参观南加州大学，由该大学校长维夫比引导参观各办公室（社会研究室、哲学室等）、各科课室、学生会。⑤

△致书黄绍兰、赵淑嘉女士，询问原致函叙述旅行经过是否在《江南晚报》发表，并表示“此间同志感情至佳，反有因争欢迎演出意见。而考察各事，竟莫能进步，中心滋惧，于党无益，于己有损。决计先自东行，不再惊动各地同志，或能少减罪戾。”⑥

3月3日 上午，参观州立伯克利大学洛杉矶分校。下午，参观万国公园内的博物馆，在馆内看见有一个专门贮藏中国人使用的烟具的展架，先生认为美国暴露中国人的短处，随处可见，颇感不满。⑦

3月4日 白天，为同志作画。晚上，在中国式戏院内看电影。⑧

3月5日 白天，稍事休息。晚上，在当地党部内商议党务工作。⑨

3月6日 参观分科中学。该校的特点是一切校务由学生管理，只有当规程与州的法律相抵触时，校长才出面制止。参观完后，校长出面接待了先生一行。⑩

3月7日 白天到罗斯安极立斯名山游览。晚上，赴洛杉矶中国留学生会发表演讲。⑪

3月8日 到洛杉矶的小埠、海边、海港、图书馆游览，入夜始返。⑫

---

① 邹鲁：《二十九国游记》，商务印书馆1947年4月初版，第24页。
② 邹鲁：《二十九国游记》，商务印书馆1947年4月初版，第24~25页。
③ 邹鲁：《二十九国游记》，商务印书馆1947年4月初版，第25页。
④ 邹鲁：《二十九国游记》，商务印书馆1947年4月初版，第25页。
⑤ 邹鲁：《二十九国游记》，商务印书馆1947年4月初版，第25~26页。
⑥ 程焕文、张靖、周旎：《邹鲁未刊稿》下册，广西师范大学出版社2008年3月第1版，第598页。
⑦ 邹鲁：《二十九国游记》，商务印书馆1947年4月初版，第26~27页。
⑧ 邹鲁：《二十九国游记》，商务印书馆1947年4月初版，第27页。
⑨ 邹鲁：《二十九国游记》，商务印书馆1947年4月初版，第27页。
⑩ 邹鲁：《二十九国游记》，商务印书馆1947年4月初版，第27页。
⑪ 邹鲁：《二十九国游记》，商务印书馆1947年4月初版，第28页。
⑫ 邹鲁：《二十九国游记》，商务印书馆1947年4月初版，第28页。

3月9日 参观盲人小学、手工中学。①

3月10日 照顾腹痛的许崇智。②

3月11日 早，许崇智、陈翰誉及洛杉矶友人十余人，乘汽车游览威尔逊天文台。在山顶占诗一首："身在最高峰，洪涛万壑松。风云临足下，四望扩心胸。"③ 下午4时，乘车下山。晚上，在住宿的旅馆影戏院观看欧战电影。

3月12日 上午，在国民党分党部举行演讲，纪念孙中山逝世三周年。下午，步行游览洛杉矶街市。④

△撰写《留别西美同志书》。

先生在书中谈到自己对同志问题、侨众问题、青年问题、教育问题的看法，该书由先生与许崇智、程天固、陈翰誉共同署名。

对于侨众问题，写道："本党以外之侨众，其因祖国不振，备受痛苦，与同志同，则其爱国之心，未必或异。当救国之途未明时，或有误入歧途者。今则三民主义，即救国主义，为侨众所共认，而总理之遗嘱，复言唤起民众，共同奋斗，则今日吾人对于侨胞，宜改向来隔阂态度，事事予以接近，而引导之实，至不可缓之事，若因其前有异，致视作敌人；若因其向未从同，等诸陌路。似皆未合总理与人为善之怀。……其余一切侨众觉悟者，宜引其一致参加革命；未觉悟者宜促其认识本党主义，而吾同志尤宜多行加入侨众团体中，使民众多一部分唤起，即革命进程少一部分阻力。"

对于青年问题，写道："吾党革命，须赖青年继起，此莫能外之定理也，故青年实为吾党之新生命，当此恶劣环境中，青年意志，或有薄弱，行为或有出轨，夫岂能免。若因其弊而惧之，则何异因噎废食，故目前吾党宜吸引青年，使后继日盛。加以青年之气盛力强，能得其用，奏效实捷。至于青年学生，或有以为在海外不过数年之留学时期，于海外党务，无甚关系者，此亦非宜。因青年学生海外留学之日虽短，归国办事之时甚长，当青年留学之时，正思想抉择之候，苟能引其入党，陶以党义，俾成党之人才，则党治之完成，必裨益之浅。否则，少年怀才，不之秦，则之楚，为渊驱鱼，为业驱雀，吾党反不能不引起咎。"

对于教育问题，写道："曾在三藩市询吾侨一小学生曰：'汝何国人?'答曰：'美国人。'尽美国所设之学堂，所投之历史，如此也。倘再不于教育上

---

① 邹鲁：《二十九国游记》，商务印书馆1947年4月初版，第28页。

② 邹鲁：《二十九国游记》，商务印书馆1947年4月初版，第28页。

③ 邹鲁：《二十九国游记》，商务印书馆1947年4月初版，第29页。

④ 邹鲁：《二十九国游记》，商务印书馆1947年4月初版，第30页。

着手，恐吾侨胞，再过百十年，不识祖国矣。又闻吾侨之土生，今且有羞语华语者，长此以往，恐此种华侨，将为祖国之敌矣。幼年子弟何足怪，美国日以教育使之同化，吾国复无教育以挽救之，欲逃此劫，其何能免。本党复救国之责，即负有以教育培植华侨子弟之责。故凡党部，均宜设立学校，或专校，或补习，使华侨童皆得机缘受本国教育，既可认识其为中国人，不至再认为美国人，更可使知祖国之文化，俾其生爱国之心，如是则侨胞永为中国国民。人才可为中国国用，一转移间，利害有若天渊，且可以此实行党化教育，海外教育普及之日，即吾党主义普及海外之日，就为一举两得。”①

3月13日 料理行李，撰写信函。②

3月14日 早，乘火车抵达美国西方军港圣迭戈（San Diego）。③ 圣迭戈市市长、中学校长、军官学校校长及国民党同志及侨胞两三百人在车站迎接先生一行，同车至党部后，在学务委员、中学校长引导下参观圣迭戈中学、圣迭戈大学。午餐后，参加当地同志举行的欢迎会。是日，华侨“休业一日”，以欢迎先生的到来，先生认为，这是“劳民伤财”④。

3月15日 在圣迭戈参观。

由海军提督派书记担任导游，引导先生一行游览海军署，在海军署与海军提督会晤，确定参观程序，之后到海军陆战队教练所、海军教练所参观。中午，参加西商会举行的宴会，圣迭戈市市长参加了宴会，并致欢迎词。宴会结束后，由陆军学校校长引导，参观陆军学校，并行阅兵礼。离开学校后，参观圣迭戈军港。晚上，陪同许崇智参加谭家公所为许举行的宴会。⑤

△从圣迭戈军港致书黄绍兰、赵淑嘉女士，告之抵达圣迭戈后的情况及次日行程安排。⑥

3月16日 早，由圣迭戈抵达墨西哥提华纳市（Tijuana）。⑦

应国民党分部邀请，先生一行由圣迭戈乘汽车前往墨西哥提华纳市。抵达美墨交界处时，有数百名同志及华侨前来欢迎，市长及当地军官也派人参加到欢迎队伍中。抵达提华纳市后，直接到市政厅与市长会晤。简短会晤后，到国

---

① 梅萼：《邹鲁文存》第三集，文海出版社有限公司1988年印行，第139~142页。

② 邹鲁：《二十九国游记》，商务印书馆1947年4月初版，第30页。

③ 邹鲁：《二十九国游记》，商务印书馆1947年4月初版，第30页。

④ 程焕文、张靖、周旎：《邹鲁未刊稿》下册，广西师范大学出版社2008年3月第1版，第599页。

⑤ 邹鲁：《回顾录》，岳麓书社2000年9月第1版，第182页。

⑥ 程焕文、张靖、周旎：《邹鲁未刊稿》下册，广西师范大学出版社2008年3月第1版，第599页。

⑦ 邹鲁：《二十九国游记》，商务印书馆1947年4月初版，第32页。

民党分部同志举行的欢迎会上发表演说。中午 12 时，返回圣迭戈。在圣迭戈午餐后，前往墨西哥墨西卡利市（Mexicali）。抵达后，到当地国民党党部赴宴，宴会后在党部谈话，直至夜晚 12 时多才相继散去。

△在启程赴墨西哥前，致书黄绍兰、赵淑嘉女士，告之不日将赴欧，并在启行赴墨西哥前接到由应强转发的信函，先生随即复一明信片。①

3 月 17 日 早，赴墨西卡利市中华会馆参加欢迎会。午餐后，赴国民党墨西卡利市党部参加欢迎会。晚上 8 时，乘火车赶回加州。②

3 月 18 日 早，返抵洛杉矶。日间结束各事。晚上 9 时，乘满洲船，准备前往纽约。

先生在美国西部停留了一个多月，对美国西部的印象，先生总结为："美国西方教育发达至可羡，物质进化至可惊；然社会一切为物质所压，则至可虑。若墨国所到之地，叫娼赌酒斗四字，可以尽之。"③

在游览洛杉矶期间，先生曾占诗一首《罗省春感》。④

△致书黄绍兰、赵淑嘉，叙述近日行程安排。

先生在信中感慨地写道："在此数日，往复美墨二国四次。中隔一木栅，交通房屋固判若天渊，甚至牛马之皮毛、花草之色彩，亦无一可仿佛。始知天助自助，而政治力量实足以改变天然，思之为之悚然。至询考察教育情形，无多心得可以奉你。西美各处学校，更无男女之别，特女子多习教育，而工业方面则只有男子，此其大较也。业承督促，敢不尽力。所至冀有以副雅望，尤请示南针，匡我不逮，是所至祷。"⑤

3 月 19 日 早 7 时，乘满洲船离开洛杉矶港口，由太平洋南行，前往中美。所乘之船，环境、饮食极为恶劣。⑥

3 月 25 日 晚上，因拿热水壶时不慎，将右手烫伤，"但所伤甚微，犹能

---

① 程焕文、张靖、周旎：《邹鲁未刊稿》下册，广西师范大学出版社 2008 年 3 月第 1 版，第 600 页。

② 邹鲁：《二十九国游记》，商务印书馆 1947 年 4 月初版，第 32 ~ 33 页。

③ 邹鲁：《回顾录》，岳麓书社 2000 年 9 月第 1 版，第 182 页。

④ 国立中山大学校友会：《邹鲁全集》第（十）卷，三民书局股份有限公司 1976 年 10 月初版，第 7 页。

⑤ 程焕文、张靖、周旎：《邹鲁未刊稿》下册，广西师范大学出版社 2008 年 3 月第 1 版，第600 ~ 601 页。

⑥ 程焕文、张靖、周旎：《邹鲁未刊稿》下册，广西师范大学出版社 2008 年 3 月第 1 版，第 784 页。

执笔作书，可无过滤耳。”①

3月26日 致书黄绍兰、赵淑嘉，叙述近日行程安排。并表示，曾在不久前致函张继，请其将先生游记代送报社发表。②

3月27日 中午，抵达巴拿马巴鲁播（Baalbek）。③

轮船抵达后，有国民党同志及同胞数百名，手持国旗在岸上欢迎。登岸后，得到海关特许，乘车游览巴拿马首都巴拿马城。之后，应邀赶赴巴拿马外交部，会晤外交部长。会晤后，游览了法国纪念碑、巴鲁播纪念铜像。晚宴后，参加同志举行的欢迎大会。深夜12时，回船休息。

3月28日 早7时，乘原船通过巴拿马运河。下午3时，抵达运河北面出口科伦（Callo）。因为轮船只停10分钟，只能与前来欢迎的国民党同志及同胞合影留念。④

3月31日 抵达古巴游览。⑤

先生原计划由古巴乘原船赴纽约，但是由于国民党同志及同胞坚留而不得不改变行程。抵达古巴首都哈瓦那后，海关人员代表古巴政府欢迎先生一行。稍后乘车游览哈瓦那郊区。

4月1日 上午，拜访参加欢迎会的各团体。下午2时，到国民党党部参加欢迎会。晚上6时，参加中华会馆举行的晚宴。晚上8时，参加党部举行的跳舞欢迎会。期间，提前离场，乘车游览郊外。⑥

4月2日 上午，乘车游览哈瓦那市，下午到国民党党部参加谈话会。⑦

在古巴游览期间，先生为赵君著作题诗一首：“异国锦河山，吾侨惨膏血。述之告世人，未语先呜咽。”⑧

4月3日 参观古巴大学、中学及孤儿院等。晚上，参加当地党部执监委举行的欢迎宴会。⑨

4月4日 午，赴安定堂茶会。下午2时，参观《民声报》举行的欢迎

---

① 程焕文、张靖、周旎：《邹鲁未刊稿》下册，广西师范大学出版社2008年3月第1版，第601页。

② 程焕文、张靖、周旎：《邹鲁未刊稿》下册，广西师范大学出版社2008年3月第1版，第601页。

③ 邹鲁：《二十九国游记》，商务印书馆1947年4月初版，第35页。

④ 邹鲁：《回顾录》，岳麓书社2000年9月第1版，第182~183页。

⑤ 邹鲁：《回顾录》，岳麓书社2000年9月第1版，第183、217页。

⑥ 邹海滨：《环游二十九国记》，世界书局1932年11月初版，“美洲五国”第44~45页。

⑦ 邹鲁：《二十九国游记》，商务印书馆1947年4月初版，第43页。

⑧ 邹海滨：《环游二十九国记》，世界书局1932年11月初版，“美洲五国”第48页。

⑨ 邹鲁：《二十九国游记》，商务印书馆1947年4月初版，第45~47页。

会。晚上赴国民党支分部党员举行的欢迎宴会。①

△接古巴大学信函，函请先生在 15 日前往古巴大学参观。因行期已定，无法答应。②

4 月 5 日 参加吴氏家族举行的茶会。同日，乘车到哈瓦那附近的小埠参观。③

4 月 6 日 早，乘船渡海，到马坦萨斯（Matanzas）游览。游览了庙宇、石岩等景点。参观结束后，赴国民党党部欢迎会。欢迎会后，回哈瓦那休息。④

4 月 7 日 参加昭伦堂举行的欢迎会。⑤

4 月 8 日 赴国民党阿特米萨（Artemisa）党部，出席欢迎会。⑥

4 月 9 日 上午 10 时，由古亚湾渡佛罗里达海峡，到达美国南部避寒胜地基维司（Key West），乘汽车周游全镇。下午 6 时，乘火车赶赴华盛顿。⑦

4 月 11 日 晨 4 时，抵达华盛顿，坐汽车游览全市。⑧

△是日接到应强转来的黄绍兰、赵淑嘉写的书信两封。⑨

4 月 12 日 上午，到华盛顿市内动物园游览。下午，到华盛顿故居游览。⑩

4 月 13 日 上午，参观华盛顿美术馆、博物馆。下午，到国会参观下议院及上议院、国会图书馆、林肯纪念堂、林肯植物园等名胜。稍作休息后，到波多玛瀑布游览。⑪

4 月 14 日 亚美利加大学法科主任来旅馆，邀请先生参观亚美利加大学。⑫

△致函黄绍兰、赵淑嘉，对其来信表示感谢，叙述自己在精神上的感受。函略称：“远道得此，较之空谷足音，其喜当加百倍。此行物质上所见皆

---

① 邹鲁：《二十九国游记》，商务印书馆 1947 年 4 月初版，第 47 页。

② 邹鲁：《二十九国游记》，商务印书馆 1947 年 4 月初版，第 47 页。

③ 邹鲁：《二十九国游记》，商务印书馆 1947 年 4 月初版，第 47～48 页。

④ 邹鲁：《二十九国游记》，商务印书馆 1947 年 4 月初版，第 48 页。

⑤ 邹鲁：《二十九国游记》，商务印书馆 1947 年 4 月初版，第 49 页。

⑥ 邹鲁：《回顾录》，岳麓书社 2000 年 9 月第 1 版，第 183 页。

⑦ 邹鲁：《二十九国游记》，商务印书馆 1947 年 4 月初版，第 49 页。

⑧ 邹鲁：《二十九国游记》，商务印书馆 1947 年 4 月初版，第 50 页。

⑨ 程焕文、张靖、周旎：《邹鲁未刊稿》下册，广西师范大学出版社 2008 年 3 月第 1 版，第 602 页。

⑩ 邹鲁：《二十九国游记》，商务印书馆 1947 年 4 月初版，第 50 页。

⑪ 邹鲁：《二十九国游记》，商务印书馆 1947 年 4 月初版，第 51～52 页。

⑫ 邹鲁：《二十九国游记》，商务印书馆 1947 年 4 月初版，第 53 页。

能满意，而精神上则缺憾殊多。在报所载各节游记，先生当经赐阅，不识以为有当否。足迹所至，虽能耳目一新，形体精神上不免受苦。昨计腰围已减一寸，再经数月归来，先生得勿讶其人比黄花瘦否？”①

4 月 15 日 游览白宫。出白宫后，参观美国财政部、外交部、海陆军部。之后，参观林肯纪念堂、登华盛顿纪功塔。②

4 月 16 日 参观军人养老院。从养老院出来后，乘车游览市外，参观印铸厂，该厂专门印制纸币及邮票。之后，参观万物标准评定处。晚上回到住处后，收拾行李，准备明日前往纽约。③

4 月 17 日 早 9 时，乘火车赴费城（Philadelphia）游览，12 时余抵达费城。午餐后，参观独立厅、国会聚议处。之后，继续乘火车赴纽约，深夜抵达纽约。④

4 月 18 日 乘车游览纽约，之后到市郊拜访孙中山故交许文。⑤

4 月 19 日 参观博物院及美术馆。出美术馆后，到哥伦比亚大学参观。傍晚，沿海边回到住处。⑥

4 月 20 日 游览位于哈得森河边的格兰总统墓地。离开墓地后，参观楼高达 56 层的世界有名的高楼，并到楼内的交易所、律师写字楼等地参观。之后，到纽约市政厅、教育局参观，先生对纽约投入巨资办教育感到十分“羡慕”。在纽约教育局局长的函介下，先生还参观了一所小学。⑦

4 月 21 日 前往汇丰银行领取广东省政府汇来的旅费。之后，乘车游览纽约市。⑧

4 月 22 日 早上 7 时半，乘汽车游览纽约中央公园。之后，与朋友曾友豪乘车前往尼亚加拉大瀑布游览。

晚上 7 时，先生一行抵达布法罗（Buffalo）市。晚餐后冒雨徒步游览街市。在游览过程，先生感叹道：“最令人感触者，则电灯最明之广告，即吾国人所开之杂碎馆，吾国不惟无殖民政策，政府且从而摧残之，而美洲所到之处，无不见吾国人足迹，且大都有中国街焉。吾国民族之殖民天性，真足令人

---

① 程焕文、张靖、周旋：《邹鲁未刊稿》下册，广西师范大学出版社 2008 年 3 月第 1 版，第 602 页。

② 邹鲁：《二十九国游记》，商务印书馆 1947 年 4 月初版，第 53 页。

③ 邹鲁：《二十九国游记》，商务印书馆 1947 年 4 月初版，第 54 页。

④ 邹鲁：《二十九国游记》，商务印书馆 1947 年 4 月初版，第 54 页。

⑤ 邹鲁：《二十九国游记》，商务印书馆 1947 年 4 月初版，第 55 页。

⑥ 邹鲁：《二十九国游记》，商务印书馆 1947 年 4 月初版，第 55 页。

⑦ 邹鲁：《二十九国游记》，商务印书馆 1947 年 4 月初版，第 55 ~ 56 页。

⑧ 邹鲁：《二十九国游记》，商务印书馆 1947 年 4 月初版，第 56 页。

崇佩者。"①

4月23日 晨，雇佣汽车，与曾友豪到尼亚加拉大瀑布游览。

在回程路上，顺路到加拿大境内游览，还参观位于美国境内瀑布旁边的水电厂。水电厂仅有7人进行管理工作，所发电量却可供应200余万人使用。先生心生感想："今假定一处有210万人，复假定每1人挑水可供应30人之使用，则210万人之用水，须7万人挑水方足，今用机器，只须7人管理，而此200余万人，即用水不竭，是运用机器，一人之力，可抵10万人，以4万人之力，即可抵吾国4万万人矣，吾国若不力重科学，使用机器，其能再以4万万人口之数，自豪其力量哉？虽机器之用，或有地有时而穷，而管理之省人，亦未必悉如此水力厂，然举此以推，吾人能不猛醒乎？"②

出水电厂后，先生一行还参观了市政厅。出市政厅后，参观教育局，局长陪同参观。晚上，乘车前往纽黑文（New Haven）。

4月24日 早上6时，抵达纽黑文，早餐后前往耶鲁大学参观。③

在耶鲁大学，先生针对东方学校多为男女分校，西方学校则多为男女合校，何者为佳？学生回答说：分校不至分心，可用功。午餐后，参观大学食堂、兄弟会所，出会所后，参观一中学，该中学副校长出面接待。在管理方面，先生感慨："西方人闻新即试，用军队式，以学生管学生，名自由，实则否。若我东方，则一切示学生以法规，非至犯事，学校不予干涉，乃真自由也。"④ 出中学后，参观一商科学校。下午4时，乘火车赴波士顿（Boston）。

4月25日 早上，参观麻省理工大学。离开麻省理工后，参观哈佛大学。离开哈佛大学，参观拉丁中学，校长陪同参观。

参观哈佛大学及拉丁中学，先生对比东西方学生管理后认为："询学生自治会事，彼此举西方学校放任学生而痛诋之。询军事教育事，据云：'波士顿已行强迫制矣。'美国学校对于学生，东方中学以上男女多分校，即合校亦多分班，西方则男女生都合校合班；至学生自治会，西方权颇大，东方则非学校允许范围内，一切无权，而学校允许之范围，多不出学生体育之事。而美国之谈教育者，则普通皆抑西而扬东焉。"⑤

离开拉丁中学，先生一行匆匆游览了独立纪念碑、海军港、海关、礼拜堂、市政厅。晚上，乘火车返回纽约。

---

① 邹鲁：《二十九国游记》，商务印书馆1947年4月初版，第56页。

② 邹鲁：《二十九国游记》，商务印书馆1947年4月初版，第58～59页。

③ 邹鲁：《二十九国游记》，商务印书馆1947年4月初版，第59页。

④ 邹海滨：《环游二十九国记》，世界书局1932年11月初版，"美洲五国"第75页。

⑤ 邹鲁：《二十九国游记》，商务印书馆1947年4月初版，第61页。

4月26日 誊写函件，并完成已经答应友人的字债。收拾行李，准备到欧洲游览。①

4月27日 上午，料理行装。下午，游览动物园、植物园。晚上8时，上轮船，深夜1时轮渡大西洋，赴欧洲旅游。

在美洲旅游期间，国民党美洲各党部函电纷招，先生多未能前往。甚至国民党加拿大总支部、墨西哥总支部也是来函邀请，先生也无法前往。“此则身虽离去美，而精神无日不萦回者。”②

先生对美国注重教育的感触最为深刻：

“……惟观于美利坚教育之注重，则千万请国人留意取镜焉。

美国教育经费，多者占地方三分之一，少者占五〈分〉之一，其额数则纽约一市，去年由市收入拨出者，占一万万美金，由其市教育产业值三万万余元所生息之收入尚在外。卜技利一大学，年占千余万美金，罗省一中学，年占四百八十万美金，建筑费均尚在外。全国几无失学儿童，穷乡僻壤，亦使儿童有机就学。学以实用为归，各处中学，大半一如工厂。中学毕业者，大半入大学。省立市立之学校，中学以上多强迫军事教育，政府另有军事体育会，以奖励其国学生加入，此尤不能不予特别注意者。”③

4月28日至5月4日 在赴欧洲旅途中。先生乘坐的是“一等之次”舱位，“饮食起居一如恒”④。

5月4日 上午10时，乘船抵达法国北方军港斜布尔（Cherbourg）。⑤

国民党同志张掖、王灿芬等人从巴黎赶来斜布尔接船，下船后转乘火车赴巴黎，抵达巴黎前，张掖已经为先生寻找到住处。胡汉民、伍朝枢、孙科、王宠惠已经先行抵达。晚上7时，抵达巴黎。国民党驻法国总支部同志赶到车站迎接，即刻前往已经先期抵达巴黎的胡汉民住处，“谈次甚畅”。

5月5日 上午，多位国民党同志前来会晤，“驻法国同志向来对党主张一致，故相谈甚快。”⑥ 下午，会晤胡汉民、伍朝枢。傍晚，王宠惠来访。

5月6日 参观卢浮宫博物馆、刚果鲁都场、塞纳河上的亚力山大第三桥、埃菲尔铁塔、布迪说蒙公园，并乘坐地铁返回旅馆休息。⑦

---

① 邹鲁：《二十九国游记》，商务印书馆1947年4月初版，第61页。
② 邹鲁：《二十九国游记》，商务印书馆1947年4月初版，第61页。
③ 邹鲁：《二十九国游记》，商务印书馆1947年4月初版，第61~62页。
④ 邹鲁：《二十九国游记》，商务印书馆1947年4月初版，第65页。
⑤ 邹鲁：《二十九国游记》，商务印书馆1947年4月初版，第65页。
⑥ 邹鲁：《二十九国游记》，商务印书馆1947年4月初版，第66页。
⑦ 邹鲁：《二十九国游记》，商务印书馆1947年4月初版，第66~67页。

5月7日 赴国民党法国总支部与同志晤面。晤面后，参观凯旋门及无名英雄墓。出凯旋门，参观布伦大道、巴特布伦森林、拿破仑一世墓、废兵院、十四区大学区。晚上，胡汉民、伍朝枢、王宠惠、孙科及由马赛特地前往欢迎的同志来寓所共进晚餐，一直畅叙至深夜12时。①

5月8日 参观伟人庙。出伟人庙，参观卢森堡博物院、小宫博物院、大宫博物院、贾那华勒博物院、国立图书馆、文案库、圣心大寺、巴黎圣母院、总法院等地。晚上，到奥杯拿国家戏院看戏。②

5月9日 乘火车抵达凡尔赛（Versailles）游览，参观了凡尔赛故宫。晚上，到旅法全体华侨及国民党驻法国总支部所举办的反对日本出兵山东大会上发表演说，"主张一致对日"③。

△致函黄绍兰、赵淑嘉，诉说旅游感受。函称："〈为〉先生诉者，语言不通，一也；对西餐欲哭，二也；见他人政治良，三也；可与言人无二三，四也。幸羡壮游之余，有以教我为叩。"④ 此信虽为是日寄出，但根据先生在《回顾录》中描述的情况，此信应写于巴黎。

5月10日 参观美术学校，该校秘书长出面接待了先生一行。该校办学经费每年只有五十万法郎，先生感言："参观美国学校，见其经费之多，情为之急；参观法国学校，见其经费之少，气为之壮。"⑤ 出美术学校后，到矿业学校、工艺学校、中央美术大学参观。在中央美术大学，该校秘书长及总务长引导参观。

5月11日 参观巴斯德微生物学院，该学院总务长引导参观。出巴斯德微生物学院，参观光学应用专校，该校校长引领参观。出光学应用专校后，参观女子大学及其附属中小学，该校校长及主任引导参观。原国立广东大学女留学生李佩秀、黄绮文寄宿在该校，二人向先生表示，学校对她们待遇至为亲切。⑥

5月12日 参观众议院。出众议院后，参观巴黎大学，该校视学出面招待，先生向视学询问了法国搞大学区的利弊，该视学说："其利因地制宜，其

---

① 邹鲁：《二十九国游记》，商务印书馆1947年4月初版，第68页。

② 邹鲁：《二十九国游记》，商务印书馆1947年4月初版，第69页。

③ 邹鲁：《二十九国游记》，商务印书馆1947年4月初版，第70页。

④ 程焕文、张靖、周旋：《邹鲁未刊稿》下册，广西师范大学出版社2008年3月第1版，第602页。

⑤ 邹鲁：《二十九国游记》，商务印书馆1947年4月初版，第71页。

⑥ 邹鲁：《二十九国游记》，商务印书馆1947年4月初版，第72页。

弊则人才往往有区域之限。”[①] 先生还了解了其他一些教育问题。

5月13日 参加国民党驻法国总支部巴黎支部古映比支部举办的欢迎会。午餐后，游览巴特布伦森林。晚上11时，乘火车赴里昂。[②]

在巴黎期间，大埔同乡张掖正在巴黎大学读书，两人“日夕相处”[③]。

5月14日 早，抵达里昂。[④]

有多位同志、同学来车站迎接先生。先生下车后前往与国立中山大学有密切关系的里昂中法大学参观，该校校长出面接待先生一行，并引领先生参观了巴黎大学，巴黎大学医科主任及一位教授出面接待。出巴黎大学，在归途中游览了里昂公园，感觉体力不支，返回驻地休息。晚上，应邀出席里昂中法大学校长举行的家宴。晚宴后，到中法大学举行的欢迎会上发表演讲。

5月15日 在里昂参观游览。[⑤]

参观里昂新中学时，该校校长出面引领参观。出里昂新中学后，到市立图书馆参观。出图书馆，参加国民党里昂支部举行的欢迎会。晚上，参加国立中山大学海外部学生举行的茶会。

在里昂期间，法国《进步报》记者对先生进行了采访，“余以法报载山东日兵横暴事，每多为日本所蔽。彼间有何证据?”先生回答：“日本不能出兵山东，犹中国之不能出兵东京横滨，今日本竟蔑公理而出此，则当其出兵时，即其横暴时，何至杀我官民，而法报尚为所蒙也。”法报记者唯唯，次日刊载先生的谈话，登了一半，隐了一半。先生认为：“我不自强，决无公理可言，我国人同志千万以理自裁，庶内固而外能竞，万勿惟势惟权之自争，拱手让帝国主义及军阀官僚之张目。”[⑥]

5月16日 乘车返回巴黎，在归途中，夜宿枫丹白露。[⑦]

5月17日 早上，乘车游览枫丹白露森林及街市。上午10时，参观枫丹白露故宫。参观后，先生有两个感想：“（一）建筑与用品借至精良，与吾国清宫，良恶不一者，迥不同；（二）法国数百年前之帝王陈设，犹依旧，吾国总理骨尚未寒，居处用物，业非旧观。”[⑧] 午餐后，乘车返回巴黎。

---

① 邹鲁：《二十九国游记》，商务印书馆1947年4月初版，第73页。

② 邹鲁：《二十九国游记》，商务印书馆1947年4月初版，第73页。

③ 张掖：《1924～1935年国立中山大学派系斗争概述》，见广东省政协文化和文史资料委员会编《广东文史资料精编》上编第4卷，中国文史出版社2008年12月第1版，第87页。

④ 邹鲁：《二十九国游记》，商务印书馆1947年4月初版，第73～74页。

⑤ 邹鲁：《二十九国游记》，商务印书馆1947年4月初版，第74页。

⑥ 邹鲁：《二十九国游记》，商务印书馆1947年4月初版，第77页。

⑦ 邹鲁：《二十九国游记》，商务印书馆1947年4月初版，第74页。

⑧ 邹鲁：《二十九国游记》，商务印书馆1947年4月初版，第74～75页。

5月18日 上午，缮写函件。下午，许崇智等人由美国来到法国，与先生畅谈。①

5月19日 陪同陈翰誉重游卢浮宫博物院。中午，与许崇智、陈翰誉一起赴同志举行的宴会。宴会后，参观巴黎商品展览会。②

5月20日 乘汽车再次游览巴特布伦森林。负责开车的人自言为俄罗斯贵族，流离法国，因为车速太快，险些发生车祸。③

5月21日 参观参议院。出参议院后，到东方文化院参观，因该院未开，转到动植物园参观。④

5月22日 参观巴黎市政厅。出市政厅后，到巴士底狱旧址参观。⑤

5月23日 收拾行李，准备起程赴瑞士参观游览。当日，与许崇智、王宠惠长谈。⑥

5月24日 前往芳森森林游览，并与张掖在森林的人工湖上泛舟。回到住处后，见到从上海送来的报纸，阅读数时。

先生总结巴黎之行，认为："巴黎之游，不觉浃旬。非特山水秀丽，房屋齐整，即人物亦较儒雅，特事事不免守旧性重耳。处处皆现美术，道路建筑，书壁雕石，最为显著。至其学校，管理甚严，复注意养成人之优美性情，而注意体育及职业则不如美。至其教授，为学不倦，终其身于教育，不以薪微而变志，尤足令人感佩者。余因叹美法教育家，均能为教育而耐穷苦矣。"⑦

5月25日 上午11时多，与萧锡三乘火车赴瑞士日内瓦。晚上抵达瑞士，住在日内瓦湖畔的一间旅馆，安顿后，到日内瓦湖边散步游览。⑧

5月26日 乘船游览日内瓦湖，在曼涂罗登陆，到锡永城堡游览。傍晚9时，回到寓所，游兴未尽，再到湖中小岛参观卢梭铜像。⑨

5月27日 上午到洛桑游览。下午游览街市、大学。下午3时，上山观看乡村竞赛。午餐后游览森林。下午5时余，乘船到日内瓦湖南岸的法国亚美昂游览，乘车环游城市一周。离开亚美昂，乘车返回日内瓦。⑩

---

① 邹鲁：《二十九国游记》，商务印书馆1947年4月初版，第75页。
② 邹鲁：《二十九国游记》，商务印书馆1947年4月初版，第75页。
③ 邹鲁：《二十九国游记》，商务印书馆1947年4月初版，第75页。
④ 邹鲁：《二十九国游记》，商务印书馆1947年4月初版，第75页。
⑤ 邹鲁：《二十九国游记》，商务印书馆1947年4月初版，第76页。
⑥ 邹鲁：《二十九国游记》，商务印书馆1947年4月初版，第76页。
⑦ 邹鲁：《回顾录》，岳麓书社2000年9月第1版，第185~186页。
⑧ 邹鲁：《二十九国游记》，商务印书馆1947年4月初版，第78页。
⑨ 邹鲁：《二十九国游记》，商务印书馆1947年4月初版，第78~79页。
⑩ 邹鲁：《二十九国游记》，商务印书馆1947年4月初版，第80页。

5月28日 上午8时，乘车前往阿尔卑斯山的最高峰——白山游览。因为白山积雪，改登柏珍山。①

5月29日 参观日内瓦大学，该大学秘书长出面接待先生一行。离开日内瓦大学后，前往钟表店购买钟表以作纪念。离开钟表店后，前往州立钟表学校参观，该校校长及秘书长出面接待。②

5月30日 上午，收拾行李，缮写函件。下午2时，乘火车前往瑞士首都伯尔尼，下午4时抵达。安顿后，乘车游览公园，出公园后，到国会参议院参观。③

5月31日 上午，步行游览公园。下午，乘火车赴硫森（Luzern）游览，抵达硫森后，环市游览一周。④

6月1日 早晨，乘轮船游览硫森湖、丽吉山。⑤

6月2日 上午9时，乘轮船由硫森湖到特斯巴拉特（Tellsplatte）游览。11时抵达后，前往威斯特尔古迹及人工岩穴参观。傍晚，赶往祖立希（Zurich）。抵达后，步行参观街道。⑥

6月3日 早，乘汽车在祖立希全市游览，并乘登山车，登上琉璃白山。先生感慨："欧美人士，每逢星期，无不作郊外游，登山者有焉，临水者有焉，入林者有焉，往往举家前往。每人多背负一囊，一日之饮食及雨具，咸备于斯。上自老叟，下至乳婴，亦有往者，而学生尤多。其怡情山水，较之其他，实至可取。"⑦

下午参观博物院，美术展览会。在归途中，乘船游览湖泊。傍晚，由北岸回，抵岸后，步行游览森林。入夜，始回住处。⑧

6月4日 参观国立高等杂艺专门学校，该校秘书长引领参观。出该校后，前往祖立希大学参观，该校秘书长出面接待。⑨

参观结束后，驱车过阿尔卑斯山，前往意大利米兰游览。夜晚10时，抵达米兰。

6月5日 因为身体不适，仅在晚上乘汽车游览不到半小时，便不支而

---

① 邹鲁：《二十九国游记》，商务印书馆1947年4月初版，第80～81页。
② 邹鲁：《二十九国游记》，商务印书馆1947年4月初版，第81～83页。
③ 邹鲁：《二十九国游记》，商务印书馆1947年4月初版，第85～86页。
④ 邹鲁：《二十九国游记》，商务印书馆1947年4月初版，第86～87页。
⑤ 邹鲁：《二十九国游记》，商务印书馆1947年4月初版，第87～88页。
⑥ 邹鲁：《二十九国游记》，商务印书馆1947年4月初版，第89页。
⑦ 邹海滨：《环游二十九国记》，世界书局1932年11月初版，"瑞士"第22页。
⑧ 邹海滨：《环游二十九国记》，世界书局1932年11月初版，"瑞士"第22～23页。
⑨ 邹鲁：《二十九国游记》，商务印书馆1947年4月初版，第90～94页。

回。萧锡三煮粥照料。[①]

6月6日 下午，乘坐公共旅游车在米兰游览大教堂。[②]

6月7日 精神不佳，赴热那亚市（Genova）游览、休息。抵达后，乘马车游览热那亚市。[③]

6月8日 参观热那亚市美术馆。出美术馆后，前往丽吉山游览。[④]

6月9日 上午，国立中山大学海外部学生黄履健由米兰来访。下午，乘车到热那亚海边游览，参观哥伦布石像、哥伦布园。[⑤]

6月10日 因为精神欠佳，加之热那亚气候太热，改道先游摩纳哥及法国南部。是日，乘车到摩纳哥及法国南部游览。在摩纳哥，参观了赌场。出摩纳哥后，已入夜，乘车前往法国南部著名的避寒地尼斯（Nice）游览。[⑥]

6月11日 游览坎市（Cannes）中学。

该中学为华法教育会接收中国学生处。萧锡三曾肄业于此，因此该校校长见面后甚为亲切。该校长对先生说，华法教育会尚欠该校四千法郎，请先生代为催偿。先生认为："以前留法勤工俭学生及半官费学生，因主持者最初计算不周，以后复无法善后，遂使各处欠人学费，而学生中亦不少因费缺而致死者，此事在国时，已饱有所闻，到法国闻之尤痛心，诚愿以后主持者，加以慎重为要。"[⑦]

6月12日 乘汽车游览格拉斯（Grasse）。游览结束后返回尼斯住宿。[⑧]

6月13日 再次到摩纳哥游览。参观了王宫、水产博物馆。傍晚，返回尼斯住宿。[⑨]

6月14日 由法国尼斯沿山路返回意大利热那亚。[⑩]

6月15日 参观热那亚大学，该校校长引领介绍。先生向该校长询问了关于教育方针等方面的问题。[⑪]

---

① 邹鲁：《二十九国游记》，商务印书馆1947年4月初版，第95页。

② 邹鲁：《回顾录》，岳麓书社2000年9月第1版，第187页。

③ 邹鲁：《二十九国游记》，商务印书馆1947年4月初版，第96页。

④ 邹鲁：《二十九国游记》，商务印书馆1947年4月初版，第97页。

⑤ 邹鲁：《二十九国游记》，商务印书馆1947年4月初版，第97页。

⑥ 邹鲁：《二十九国游记》，商务印书馆1947年4月初版，第97~98页。

⑦ 邹鲁：《二十九国游记》，商务印书馆1947年4月初版，第98~99页。

⑧ 邹鲁：《二十九国游记》，商务印书馆1947年4月初版，第99~100页。

⑨ 邹鲁：《二十九国游记》，商务印书馆1947年4月初版，第100页。

⑩ 邹鲁：《回顾录》，岳麓书社2000年9月第1版，第188页。

⑪ 邹鲁：《二十九国游记》，商务印书馆1947年4月初版，第101~102页。

6月16日 早，到意大利首都罗马游览。①

抵达后，漫游全市一周。在漫游过程中，每到一处，车夫皆欲以诈取财，令先生颇为反感。在罗马游览期间，先生花1000元意大利里拉购买了一张美女油画，并戏吟诗词一首。在乘坐公共游客车游览后也戏吟诗一首。

6月17日 乘车到罗马郊外游览。初至罗马皇帝海特林旧皇宫，出旧皇宫后，到塞平山瀑布游览。在回程中，参观奥地利太子别第。②

6月18日 参观圣彼得堡大教堂、梵蒂冈宫、圆形斗兽场、圣恩剧院。③

6月19日 参观教堂。出教堂后，参观国家博物院、伟人庙、动植物园。先生感叹道："意大利地极尘嚣，但一至教堂，则织尘不染，万籁无声，真别有天地。历观罗马建筑物，水道、隧道、城垣，虽工程伟大，吾国长城运河，尚能过之，其宫殿则秦汉未必不如；不过彼尚存故物，我只有空文，尤以若干万人之公众场所，如剧场浴场之类，则吾国竟无从觅得矣。罗马当年之雄，二千年后，徘徊其遗址，犹令人想像得之。"④

6月20日 参观罗马大学，校长 Prof. Federico Milloscrich 及东方学院教授华嘉（Vacca）出面接待。先生还由罗马大学代约，在东方学院教授陪同下前往党务学校参观。⑤ 晚上，离开罗马前往那不勒斯（Naples）。

6月21日 早，在那不勒斯乘火车到庞贝古城游览。离开古城，在归途中到维苏威火山游览。

是日，先生接到意大利棒喝团党部常务委员兼秘书长杜拉度发自18日的约晤函，但由于邮局在两日后才送到，此时先生已经离开罗马。同日致函杜拉度表示谢意。⑥

6月22日 上午，到那不勒斯水族馆、博物馆参观。出博物馆后，乘升降机到那不勒斯山顶游览。下午，到索华打（Solfata）旧火山游览。晚上，乘车到佛罗伦萨（Florence）。⑦

6月23日 游览佛罗伦萨全城，对洗礼堂、教堂及博物馆印象深刻。傍晚，在游览了佛罗伦萨的大森林后回到旅馆休息。⑧

---

① 国立中山大学校友会:《邹鲁全集》第（十）卷，三民书局股份有限公司1976年10月初版，第7页。

② 邹鲁:《二十九国游记》，商务印书馆1947年4月初版，第102～103页。

③ 邹鲁:《二十九国游记》，商务印书馆1947年4月初版，第103～104页。

④ 邹鲁:《二十九国游记》，商务印书馆1947年4月初版，第104页。

⑤ 邹鲁:《二十九国游记》，商务印书馆1947年4月初版，第104～107页。

⑥ 邹鲁:《二十九国游记》，商务印书馆1947年4月初版，第108～110页。

⑦ 邹鲁:《二十九国游记》，商务印书馆1947年4月初版，第110页。

⑧ 邹鲁:《二十九国游记》，商务印书馆1947年4月初版，第110～111页。

6月24日 下午，抵达水城威尼斯游览。①

6月25日 参观威尼斯圣马克教堂，对人鸽和平相处印象深刻。傍晚，到水城对面的利它（Lido）岛看海。②

6月26日 移居利它岛。原定本日赴奥地利游览，因为没有卧铺车，改至28日前往，“心颇不快”③。

6月27日 是日接到车辆公司的答复，说明在28日仍无卧铺车前往奥地利，请先生继续等候。拟前往游览的游戏场发生火灾，改在旅馆休息。④

6月28日 利它岛出现飓风，终日没有好好休息。是日，安慰遭到火灾的游戏场老板，该老板非常感动，其后专门陪同先生到威尼斯游览。⑤

△国民党广东省党务指导委员会致电国民党中央，说华侨协会建议召胡汉民、孙科、李石曾、伍朝枢、许崇智、先生、萧佛成回国任职，并建议定都南京。⑥

6月29日 回到威尼斯居住。徒步到美术馆参观，出美术馆后，参观玻璃制造公司、织造学校及医院。⑦

6月30日 参观美术展览会。离开展览会后，登圣马克塔游览，威尼斯全景尽在目中。下塔后，参观横跨大河的桥梁。⑧

7月1日 乘火车离开意大利，前往奥地利游览。

谈及在意大利游览的感受，先生写道：“在意大利盘桓几二十日，全国只见棒喝团之运用，亦只见慕沙里尼（墨索里尼）之运用，名虽王国，王特慕沙里尼之工具而已。棒喝团本与宗教气味不投，今和缓者，闻慕沙里尼欲并教皇而利用之耳。慕沙里尼亦怪物哉！其对外肆其纵横，联英吉利、西班牙、南斯拉夫、希腊等，以对付土耳其，联奥地利、法兰西，冀遂其无厌之侵略；对内用其权势压抑一切，故侧目者甚多。惟其党之组织严紧，与其教育建设二费日增，不无可取法耳。至其人民浮嚣猥琐，与当年罗马之雄风，及少年意大利之标榜，似不类，奇哉！”⑨

---

① 邹鲁：《二十九国游记》，商务印书馆1947年4月初版，第111页。
② 邹鲁：《二十九国游记》，商务印书馆1947年4月初版，第112页。
③ 邹鲁：《二十九国游记》，商务印书馆1947年4月初版，第113页。
④ 邹鲁：《二十九国游记》，商务印书馆1947年4月初版，第113页。
⑤ 邹鲁：《二十九国游记》，商务印书馆1947年4月初版，第113~114页。
⑥ 广东省立中山图书馆：《民国广东大事记》，羊城晚报出版社2002年11月第1版，第359页。
⑦ 邹鲁：《二十九国游记》，商务印书馆1947年4月初版，第113页。
⑧ 邹鲁：《二十九国游记》，商务印书馆1947年4月初版，第113~114页。
⑨ 邹鲁：《二十九国游记》，商务印书馆1947年4月初版，第116页。

7月2日 早，抵达奥地利首都维也纳。①

入住旅馆后，适逢胡汉民、孙科已经由匈牙利回到维也纳，与先生同住一处。随后，乘公共游览车游览全城。之后，还游览了皇宫、位于郊区的旧宫。

7月3日 参观奥地利植物学院，会晤了科主任 Dr. Handel-Mazzetli，Handel-Mazzetli 曾在云南工作五年，对于植物学有较深造诣，与先生在教育、政治等方面进行了深入交谈。出植物学院后，参观维也纳大学，该大学校长 Dr. Heinrich Pcham 抱病出面招待。出维也纳大学后，到郊外一处旧皇宫游览。②

7月4日 参观维也纳大学化学院，由该校校长预告该院 Vorstoud 教授出面接待。出化学院后，到郊外的森林游览。回到市区后，到士得芳教堂游览。夜晚，在游戏场散步。③

7月5日 乘公共汽车到奥地利南部的阿尔卑斯山脉游览。④

7月6日 与教育学教授马斯德（Meister）会晤。会晤后，到旧皇宫、博物院游览。傍晚，乘火车赴匈牙利首都布达佩斯游览。晚上10时，抵达布达佩斯。⑤

7月7日 在布达佩斯游览。

首先到位于旧城的皇宫游览。出皇宫后，参观一座教堂。出教堂后，约晤匈牙利首都大学校长，因其正拟赴国会开会，在得知来意后，约改日再谈。稍后，到国会、圣儿拉旅馆参观。出旅馆后，到麻姑岛游览。⑥

7月8日 早，到布达佩斯的公园游览。中午，应匈牙利首都大学校长 Dr. Francis Eruö 的约定，到该大学参观，并就大学及匈牙利的教育情形进行了沟通。晚上，与匈牙利首都大学文学教授 Dr. Prohle Vilmos 在所住旅馆共进晚餐，双方就中匈两国关系及所研究的内容进行了交谈。⑦

7月9日 早，由布达佩斯乘火车西返，赴奥地利首都维也纳。午餐后，参观奥地利国会。下午5时，乘火车北行，赴捷克斯洛伐克首都布拉格。晚上11时，抵达布拉格。⑧

---

① 邹鲁：《二十九国游记》，商务印书馆1947年4月初版，第116~117页。
② 邹鲁：《二十九国游记》，商务印书馆1947年4月初版，第117~119页。
③ 邹鲁：《二十九国游记》，商务印书馆1947年4月初版，第120页。
④ 邹鲁：《二十九国游记》，商务印书馆1947年4月初版，第120页。
⑤ 邹鲁：《二十九国游记》，商务印书馆1947年4月初版，第121页。
⑥ 邹鲁：《二十九国游记》，商务印书馆1947年4月初版，第122~123页。
⑦ 邹鲁：《二十九国游记》，商务印书馆1947年4月初版，第123~125页。
⑧ 邹鲁：《二十九国游记》，商务印书馆1947年4月初版，第126页。

7月10日 参观捷克规模最大的查理第四大学，该大学秘书长 Jaroslov Cech 出面接待。先生因为久闻捷克总统玛萨里克教授大名，欲一见其人，但因玛萨里克总统在山间修养，只见到总统秘书长 Dr. Vladiuin Kucera，先生和秘书长就立国政策、财政收支、工人居住、政党情形等话题进行了交谈。离开总统府后，前往查里第四桥、废王宫游览。①

7月11日 参观布拉格市政厅、俄国难民室、国会和博物院等地。②

7月12日 早，乘火车从布拉格前往德国南部工业重地德累斯顿，下午2时抵达德累斯顿，开始了在德国的第一阶段游历。安顿好后，即刻前往市政工业建设展览会，到晚上才回到宾馆休息。③

7月13日 乘汽车游览德勒斯顿全市，先后参观了美术馆、王宫陈列所。下午，乘火车前往德国首都柏林。④

下午6时，抵达柏林。许崇智、陈翰誉、曾友豪等已先期抵达，大家相见甚快。柏林的同志为先生举行了热烈的欢迎会。

7月14日 上午，与柏林同志聚会。下午，参观水族馆。晚上，赴国民党驻德支部举行的欢迎会。⑤

7月15日 应国民党萨克森州党部约请，与张掖、张近芬同志赴利比瑟（Leipzig），参加州党部全体党员举行的庆祝北伐胜利会和先生欢迎会。欢迎会后，参观市政厅及游览拿破仑一世纪念塔。夜晚，乘车返回柏林居住。⑥

7月16日 送许崇智、陈翰誉、曾友豪赴瑞士参观。嗣后，到湾细（Wansée）湖游览。晚上，返回居住地。⑦

7月17日 上午，会晤德国教育部一主任，双方就德国教育状况进行了交谈。下午，参观卫生展览会。晚上，到游戏场游览。⑧

7月18日 在中华民国驻德意志大使馆代办蒋兆钰陪同下，参观西门子工厂。出工厂后，到战胜纪念塔游览。⑨

7月19日 上午，参观爱意智工厂，感受到德国工人生活的艰苦及劳动任务的繁重。下午，德国社会民主党党报记者来访，除了询问先生游历欧美的

---

① 邹鲁：《二十九国游记》，商务印书馆1947年4月初版，第126~131页。
② 邹鲁：《二十九国游记》，商务印书馆1947年4月初版，第131页。
③ 邹鲁：《二十九国游记》，商务印书馆1947年4月初版，第134~135页。
④ 邹鲁：《二十九国游记》，商务印书馆1947年4月初版，第135页。
⑤ 邹鲁：《二十九国游记》，商务印书馆1947年4月初版，第136页。
⑥ 邹鲁：《二十九国游记》，商务印书馆1947年4月初版，第136~137页。
⑦ 邹鲁：《二十九国游记》，商务印书馆1947年4月初版，第137页。
⑧ 邹鲁：《二十九国游记》，商务印书馆1947年4月初版，第137~138页。
⑨ 邹鲁：《二十九国游记》，商务印书馆1947年4月初版，第139页。

感受外，还就德奥联邦、泛欧洲主义等话题进行了采访。①

7月20日 参观柏林大学，该校校长出面接待。晚上，欣赏矮人演戏。②

7月21日 乘轮船到波士丹游览。登教堂，游无忧宫，到晚上乘船而回。③

7月22日 游览威廉第一夫妇及其父母的墓地。④

7月23日 上午，参观柏林最大的印刷所，对整个印刷流程进行了观摩学习。下午，乘车游览柏林城。⑤

7月24日 参观德国高等工业学校中规模最大的柏林高等工业学校，由从该校毕业的潘尹、王思濂作为向导引领参观。⑥

7月25日 与爱意智工厂的一名职员谈德国工人情形。会谈后，到博物馆、教堂、皇宫、突里不多游戏场游览。⑦

7月26日 参观德国社会民主党党部，与社民党秘书就该党在政府中采取的政策、工人现状、农民情形、党员成分、各党关系等问题交换了意见。⑧

7月27日 早，与张掖乘火车从柏林前往瑞典游览。晚上8时左右，抵达瑞典最南端的城市突里勒波（Trelleborg）。在突里勒波乘车于深夜10时抵达瑞典第三大城市马尔默（Malmo）。⑨

7月28日 早，到瑞典著名的伦德大学参观。该校校长Axel Moberg出面接待，先生详细询问了伦德大学学制、教授、学生数、经费、考试等情况。下午，在Axel Moberg校长的陪同下，漫游马尔默市。夜晚10时，离开马尔默市，乘火车前往瑞典首都斯德哥尔摩游览。⑩

7月29日 早，抵达斯德哥尔摩。上午，步行漫游全市。先生在旅游过程中深刻感受到瑞典人的和厚好客。⑪

7月30日 早，乘公共游客车游览全市，并参观了市政厅、王宫。下午，

---

① 邹鲁：《二十九国游记》，商务印书馆1947年4月初版，第140页。
② 邹鲁：《二十九国游记》，商务印书馆1947年4月初版，第140~141页。
③ 邹鲁：《二十九国游记》，商务印书馆1947年4月初版，第141页。
④ 邹鲁：《二十九国游记》，商务印书馆1947年4月初版，第141页。
⑤ 邹鲁：《二十九国游记》，商务印书馆1947年4月初版，第141~142页。
⑥ 邹鲁：《二十九国游记》，商务印书馆1947年4月初版，第142页。
⑦ 邹鲁：《二十九国游记》，商务印书馆1947年4月初版，第142~143页。
⑧ 邹鲁：《二十九国游记》，商务印书馆1947年4月初版，第144页。
⑨ 邹鲁：《二十九国游记》，商务印书馆1947年4月初版，第146页。
⑩ 邹鲁：《二十九国游记》，商务印书馆1947年4月初版，第146~148页。
⑪ 邹鲁：《二十九国游记》，商务印书馆1947年4月初版，第148页。

游览瑞典国王乡居的夏宫。夜晚，乘卧铺车赴挪威游览。①

7月31日 在奥斯陆游览。

早，抵达挪威首都奥斯陆游览。下午，乘车游览奥斯陆西郊及都里菲恋湖。该地每年有七个月的时间为冰天雪地，人民为严寒所苦。先生由挪威的寒冷感叹到："始知天惠中国之厚，若不振作，其欲免象齿焚身难哉？"②

△函约奥斯陆大学校长，拟于次日前往该校参观。③

8月1日 乘车到奥斯陆郊区山峰游览。在归途中，参观1880年发掘的木船。下山后，前往奥斯陆大学参观，由于大学在放假，未能见到校长。傍晚，乘火车南下，赴丹麦首都哥本哈根游览。④

8月2日 上午，抵达丹麦首都哥本哈根。抵达后乘车出游，参观哥本哈根的岛滑生市美术馆、博物院。下午，参观格里士特阿拿第四旧王宫，离开旧王宫后，参观国家美术馆，出美术馆，步行游览北郊森林。⑤

8月3日 原拟前往哥本哈根大学参观，因为该大学校长放假离校，未能成行。即与张掖前往公园及植物园游览。晚上，乘火车赴德国汉堡。⑥

8月4日 晨，抵达德国罗斯托克市。中午，抵达汉堡。下午，乘车游览汉堡市。晚上，石南锡同志从柏林赶来会晤先生，并告之德国社会民主党约会先生赴比利时首都，在国际社会民主党大会会场与先生晤谈。⑦

8月5日 上午，到汉堡市闻名于世的哈根伯动物园游览。中午，汉堡的同志前来先生住处，欲挽留先生在汉堡多住一两日，表示将召开欢迎会欢迎先生的到来，但先生表示行期已定，不便多留。下午，冒雨乘车游览国家公园。晚上，乘车赴荷兰。⑧

在德国旅游考察，先生认为值得特别注意的有六点：

"（一）足履德境深觉'林益密，田益治，甚至石山，翠柏丛生。'而由罗斯托克岸至卢卑格市（Lubeck）之沿途，较之北欧三国未受战祸者，尤觉勃勃有生气，由柏林至利比瑟向南偏西行，一路林青麦黄，乡村复多传导电流之铁柱，使小乡村亦有电用。想见其农村经济之繁荣；（二）汉堡一市，煤烟所

① 邹鲁：《二十九国游记》，商务印书馆1947年4月初版，第148~150页。
② 邹鲁：《二十九国游记》，商务印书馆1947年4月初版，第151页。
③ 邹鲁：《二十九国游记》，商务印书馆1947年4月初版，第151页。
④ 邹鲁：《二十九国游记》，商务印书馆1947年4月初版，第151~152页。
⑤ 邹鲁：《二十九国游记》，商务印书馆1947年4月初版，第153~154页。
⑥ 邹鲁：《二十九国游记》，商务印书馆1947年4月初版，第154页。
⑦ 邹鲁：《二十九国游记》，商务印书馆1947年4月初版，第156~157页。
⑧ 邹鲁：《二十九国游记》，商务印书馆1947年4月初版，第157页。

结，俨然大雾横江，但见码头如齿，轮船如织，起重机如森林，电线如蛛网，雷声隐隐，则制船厂作工之声也，山丘重重，则码头堆积之货也。想见其工商业之繁盛；（三）德意志工厂，工人午餐，工人就座而食，不过自带之牛油面包，夹肉者甚少，间有兼购牛奶咖啡者，则厂中出售甚廉，不过二十五分尼，食后无几，又复工作，为状甚苦，想见其苦干之精神；（四）全国教育经费，约占全国收入三分之一，较战前数目则增加三倍。想见其教育之发达；（五）至柏林见其铁路之四座战胜纪念塔，至柏林大学见其镌有拉丁文三语之欧战死亡员生纪念碑，至汉堡见其双手握大剑之俾士麦铜像，此外则到处建塑战神，想见其民族之尚武精神；（六）寓兵于学校，极力提倡体育，全国增设无数体育场，想见其用心良苦。至荷兰参观万国运动会，德国学生之表演，独有处处表现以军法部署其动作，不须人发命，而动作一致，不禁为之神往。更闻全国武装警察，多至十五万人，日事枪术研究，以不瞄准而能命中为旨，此复无的而放矢乎？”①

8月6日　上午11时，抵达荷兰首都海牙。抵达后，随即乘车赴荷兰旧国都阿姆斯特丹，与同志会晤后，步行游览全市，游览了王宫、邮局、市政厅、教堂等处。②

8月7日　上午，徒步在海牙游览。下午，赴阿姆斯特丹与数位同志参观了正在举行中的奥运会。观看了普通体操比赛。是日，赴国民党党部参加欢迎会。③

8月8日　由海牙赴莱登（Leiden）游览。④

抵达莱登后，在同志、莱登大学助教严圃青的陪同下，到莱登大学及国立博物馆参观游览，并与莱登大学戴闻达教授会晤，从北平燕京大学来荷的博晨光教授会晤时在座。戴闻达教授担心自己所介绍的情况不够详细，专门约会教育部的一位科长亲来与先生继续交谈，大家就荷兰教育状况及教育经验进行了沟通交流。谈话结束后，先生到海牙附近的什文宁根海边游乐场游玩。在晚上返回住处后，接到来自比利时首都布鲁塞尔的同志发来的函电数封，说国际社会民主党在比利时首都开大会，并已派定代表，约先生谈话。先生因此决定就道南行，并函请国民党党部同志将已约好参观船厂的计划取消。

午夜，抵达比利时首都布鲁塞尔。

---

① 邹鲁：《二十九国游记》，商务印书馆1947年4月初版，第157～158页。
② 邹鲁：《二十九国游记》，商务印书馆1947年4月初版，第164页。
③ 邹鲁：《二十九国游记》，商务印书馆1947年4月初版，第164～169页。
④ 邹鲁：《二十九国游记》，商务印书馆1947年4月初版，第169～172页。

8月9日 上午，黄坚、丁孚远、方棣棠三位同志前来会晤。

三人均为国民党驻法总支部派应国际社会民主党会议的约者，他们带来消息，国际社会民主党决定今天下午4时半招待晤谈，先生在邀请名单之列。先生“末希望明了社民党真相，在国际上互助，尤其对于现在中国取消不平等条约，立即实行，助其达到。为时约三十分钟，嗣问答问题，由黄、丁、方、张各同志分译成，以便明早送去。至十时有奇，方各归寝。”①

8月10日 到滑铁卢古战场凭吊。

先生在观后占诗一首《滑铁卢》：“盖世英雄唤奈何，铁狮高耸费摩挲。当时铸就九州错，谁使普军竟返戈。胜负由来本不常，何须凭吊叹拿皇。威廉项羽称无敌，一例倾亡在战场。”②

8月11日 上午，乘车游览布鲁塞尔市。先后参观独立纪念柱、国会、博物院、商品展览室、军械陈列室、国立演武厅、维埃特美术馆、大理院等地。下午，乘火车赴列日（Liege），参观1914年第一次世界大战战场，包括伦新炮台、驻兵处。晚上，返回布鲁塞尔市。黄坚前来会晤先生，并反映国际社会民主党议决对中国问题的态度，即取消不平等条约，将各国租界归还中国。③

在比利时游览期间，占诗两首《比利时凭吊欧战各国战士坟》、《亦培陵市》。④

8月12日 上午10时，乘车赴卢森堡公国。抵达后，步行游览卢森堡街衢。⑤

8月13日 乘车在卢森堡市郊、公园、公爵宫院及议院等地游览。下午4时，返回布鲁塞尔市居住。⑥

8月14日 晨，由布鲁塞尔市乘车西行，抵达比利时奥斯坦德（Ostende）。下午，步行游览海岸，乘马车游览全市。⑦

8月15日 赴亦倍陵（Ypres）等处观看战场。⑧

8月16日 晨，由奥斯坦德赴法国北部城市里尔（Lille），中午抵达里

---

① 邹鲁：《二十九国游记》，商务印书馆1947年4月初版，第175页。

② 邹鲁：《二十九国游记》，商务印书馆1947年4月初版，第176页。

③ 邹鲁：《二十九国游记》，商务印书馆1947年4月初版，第176～178页。

④ 国立中山大学校友会：《邹鲁全集》第（十）卷，三民书局股份有限公司1976年10月初版，第8页。

⑤ 邹鲁：《二十九国游记》，商务印书馆1947年4月初版，第178页。

⑥ 邹鲁：《二十九国游记》，商务印书馆1947年4月初版，第178页。

⑦ 邹鲁：《二十九国游记》，商务印书馆1947年4月初版，第178～179页。

⑧ 邹鲁：《二十九国游记》，商务印书馆1947年4月初版，第179～180页。

尔，乘汽车游览工人区等处，晚上回到住处。①

8 月 17 日 晨，由里尔赴英国首都伦敦游览。车辆首先抵达法国加莱（Calais），乘换船之机，先生步行到加莱游览。之后，渡英吉利海峡，抵达英国多维尔（Deauville），再换乘车火车赴伦敦。先生对伦敦的感觉可用一个字形容：静。②

8 月 18 日 乘车游览伦敦全市。参观的主要景点有泰得美术院、国会、韦司名司脱教堂、维拉士博物馆、英国古物图书馆。③

8 月 19 日 在傅尚霖的陪同下到伦敦大学访问布鲁士教授，因为周末休息未遇，改为步行游览海德公园、顷新顿公园、克林公园。④

8 月 20 日 到伦敦市政厅、伦敦古垒、圣保罗教堂、伦敦博物馆、国家美术院等地游览。⑤

8 月 21 日 出伦敦到维棱王宫游览。午餐后，参观爱丁学院。⑥

8 月 22 日 到剑桥大学参观。在剑桥大学访问了中国通翟理斯教授，并参观了图书馆、各个学院。⑦

8 月 23 日 上午，到牛津大学参观。离开牛津大学后，到市政厅、牛津总图书馆参观。离开牛津总图书馆后，乘马车游览牛津。⑧

8 月 24 日 冒雨到伦敦大学参观。因为函约的副校长赴美，由其秘书接待先生，双方就伦敦大学的组成、经费来源等情况进行了交谈。中午，应伦敦大学布鲁士教授邀请，共进午餐，双方就教育问题进行了交谈。下午 4 时，离开伦敦，前往巴黎，午夜抵达巴黎。⑨

至此，先生对欧洲的游历做了总结："游伦敦数日，觉其市甚静；而巴黎则甚闲，柏林则甚忙；捷克国都有似伦敦，奥地利国都有似柏林，匈牙利国都有似巴黎；入瑞士则见其乐，入意大利则见其紧；瑞典则见其和，挪威则见其疲；荷兰则漫，比利时则肃。"⑩

---

① 邹鲁：《二十九国游记》，商务印书馆 1947 年 4 月初版，第 180～181 页。
② 邹鲁：《二十九国游记》，商务印书馆 1947 年 4 月初版，第 183 页。
③ 邹鲁：《二十九国游记》，商务印书馆 1947 年 4 月初版，第 184～186 页。
④ 邹鲁：《二十九国游记》，商务印书馆 1947 年 4 月初版，第 186～187 页。
⑤ 邹鲁：《二十九国游记》，商务印书馆 1947 年 4 月初版，第 187～188 页。
⑥ 邹鲁：《二十九国游记》，商务印书馆 1947 年 4 月初版，第 188～189 页。
⑦ 邹鲁：《二十九国游记》，商务印书馆 1947 年 4 月初版，第 189～190 页。
⑧ 邹鲁：《二十九国游记》，商务印书馆 1947 年 4 月初版，第 190～192 页。
⑨ 邹鲁：《二十九国游记》，商务印书馆 1947 年 4 月初版，第 192～194 页。
⑩ 邹鲁：《回顾录》，岳麓书社 2000 年 9 月第 1 版，第 191 页。

8月25日 从巴黎的旅馆移居租住的房屋，拟休息数日，再作旅行计划。①

8月26日至30日 在租屋休息，除与同志晤谈及与各同志小游街市外，即商榷其后的游览计划。②

8月31日 参观巴黎工程学校。③

9月1日 到巴黎西南郊外名胜森苦路游览。下山后，乘船返回住处。④

9月2日 上午，乘车到巴黎南部的鲁滨逊新村游览。下午，乘车到巴黎西郊的森叶孟盎累的国家古物院和森叶孟大森林游览。⑤

9月3日 白天，在巴黎购物及收拾行李。晚上，参加巴黎各同志举行的欢迎会。⑥

9月4日 晨，由巴黎起程，进行伊布林半岛之游，开始在欧洲的第二段游程。行程的前奏是游览法国西部的波尔多海港和著名的避暑胜地比亚里茨市(Biarritz)。⑦

9月5日 上午，乘马车在比亚里茨市游览。下午，到比亚里茨市附近乡市游览。先后抵达盎格勒市（Anglet）、拜浓市（Bauonne）。下午3时返回比亚里茨市，应葡京大学一位教授之约，双方会晤，就教育、国内政治情形等话题进行了交谈。⑧

9月6日 下午6时，抵达葡萄牙首都里斯本。⑨

9月7日 晨，到里斯本公园游览。下午，到避暑名地忆忠多里山游览。晚上，到剧场看戏。⑩

9月8日 上午，参观葡京大学，大学秘书长出面接待先生一行。下午，步行游览街市，参观了独立纪念碑等地。晚上，到公使馆参加王子琦公使举行的欢迎晚宴。出席宴会的有捷克公使，先生向其赠送了捷克关于政治财政体育各方面书籍十余种。当其得知先生明日将到琴德拉山游览后，相约一同前

---

① 邹鲁：《二十九国游记》，商务印书馆1947年4月初版，第197页。
② 邹鲁：《二十九国游记》，商务印书馆1947年4月初版，第197页。
③ 邹鲁：《二十九国游记》，商务印书馆1947年4月初版，第197～198页。
④ 邹鲁：《二十九国游记》，商务印书馆1947年4月初版，第198页。
⑤ 邹鲁：《二十九国游记》，商务印书馆1947年4月初版，第198～199页。
⑥ 邹鲁：《二十九国游记》，商务印书馆1947年4月初版，第199页。
⑦ 邹鲁：《回顾录》，岳麓书社2000年9月第1版，第191页。
⑧ 邹鲁：《二十九国游记》，商务印书馆1947年4月初版，第200～201页。
⑨ 邹鲁：《二十九国游记》，商务印书馆1947年4月初版，第202页。
⑩ 邹鲁：《二十九国游记》，商务印书馆1947年4月初版，第202～204页。

往。①

9月9日 在王子琦公使及捷克公使的陪同下，到位于琴德拉山的王宫游览。下午4时，乘车赴西班牙游览。②

9月10日 上午8时多，抵达西班牙首都马德里。安顿后，请张掖前往马德里大学联系参观事宜。下午，前往马德里大学参观，校长及秘书长均出面接待。③

9月11日 上午，在马德里大学秘书长的秘书陪同下，继续参观马德里中学、高等工艺学校。下午6时，中国驻西班牙公使馆刘秘书来访，并陪同先生游览全市。先生对马德里的彩票和乞丐表示出厌恶情绪。④

9月12日 上午，游览马德里美术院。离开马德里后，游览了西班牙故都多勒多（Toledo），参观壮丽的教堂、希腊哥屋、犹太教堂及武库陈列室等地，并赴斗牛场观看斗牛表演。晚上，乘火车前往号称西班牙第一商埠巴塞罗那（Barcelona）游览。⑤

9月13日 上午9时，抵达巴塞罗那。即游览全市，并到郊外的梦禹易诗山游览。⑥

9月14日 从巴塞罗那乘车赴法国，入夜，抵达法国城市蒙彼利埃（Montpellier），夜宿该市。⑦

9月15日 上午，参观蒙彼利埃大学，该校秘书长出面接待。先生详细询问了大学情形。下午，游览全市，并参观蒙彼利埃农科学校。晚上，乘火车赴马赛。深夜，抵达马赛。⑧

9月16日 上午，在马赛的国民党同志前来看望。下午，与张掖游览马赛动物园。⑨

9月17日 上午，与数同志偕游圣母院。下午，乘船到海上游览。晚上，参加马赛同志举行的欢迎会。⑩

9月18日 下午，由马赛乘船，开始地中海航程，进行巴尔干半岛及小

---

① 邹鲁：《二十九国游记》，商务印书馆1947年4月初版，第204～205页。
② 邹鲁：《二十九国游记》，商务印书馆1947年4月初版，第205～206页。
③ 邹鲁：《二十九国游记》，商务印书馆1947年4月初版，第207～208页。
④ 邹鲁：《二十九国游记》，商务印书馆1947年4月初版，第208～209页。
⑤ 邹鲁：《二十九国游记》，商务印书馆1947年4月初版，第210～212页。
⑥ 邹鲁：《二十九国游记》，商务印书馆1947年4月初版，第212～213页。
⑦ 邹鲁：《二十九国游记》，商务印书馆1947年4月初版，第213页。
⑧ 邹鲁：《二十九国游记》，商务印书馆1947年4月初版，第213～214页。
⑨ 邹鲁：《二十九国游记》，商务印书馆1947年4月初版，第216页。
⑩ 邹鲁：《二十九国游记》，商务印书馆1947年4月初版，第216～217页。

亚细亚之游。①

9月19日 在地中海航行期间，目睹了拿破仑出生地科西嘉岛和他被囚禁的地点厄尔巴岛。②

9月20日 航船抵达意大利时，上岸赴梭蓝多（Sorrento）游览，凭吊十六世纪诗人塔索生长的地方。③

9月21日至22日 继续在地中海航行。④

9月23日 上午，乘船进入比里犹斯湾，上岸后登车到希腊首都雅典游历。先登爱克路柏立斯卫城参观，继游帕瑞弄寺院、无翼战胜寺院、爱拉逊寺院、运动场、乔辟脱奥林柏斯寺院及全市，并参观了博物院、学校等地。傍晚，上船继续前行。⑤

9月24日 乘船前往土耳其游览。⑥

9月25日 抵达土耳其旧都君士坦丁堡游历。

上午，抵达君士坦丁堡新城，后达旧城。游览了阿明夷旦场、亚默回教堂、圣稣非回教堂、马扎市场。下午，到博斯普鲁斯海峡游览，游兴所致，作诗一首："亚洲依旧我归来，处处河山笑面开。应是故园逢故主，禽鱼草木在春台。"⑦

9月26日 继续在君士坦丁堡游览。上午，首先到博物院游览，离开博物院后，到君士坦丁堡大学参观。下午，渡过博斯普鲁斯海峡，到位于亚洲部分的斯库台里游览，到大学医科参观，阿多兰伯锐教授出面引领介绍。⑧

9月27日 乘船抵达土耳其伊兹密尔港游历。⑨

9月28日 在伊兹密尔港游览回教堂、博物院等地。下午，前往意大利属罗得岛游历。⑩

9月29日 早，船抵罗得岛。上岛游览。下午，乘船前往塞浦路斯游

---

① 邹鲁：《二十九国游记》，商务印书馆1947年4月初版，第217页。

② 邹鲁：《二十九国游记》，商务印书馆1947年4月初版，第217～218页。

③ 邹鲁：《回顾录》，岳麓书社2000年9月第1版，第192页。

④ 邹鲁：《二十九国游记》，商务印书馆1947年4月初版，第219页。

⑤ 邹鲁：《回顾录》，岳麓书社2000年9月第1版，第192页。

⑥ 邹鲁：《二十九国游记》，商务印书馆1947年4月初版，第225页。

⑦ 国立中山大学校友会：《邹鲁全集》第（十）卷，三民书局股份有限公司1976年10月初版，第8页。

⑧ 邹鲁：《二十九国游记》，商务印书馆1947年4月初版，第228页。

⑨ 邹鲁：《回顾录》，岳麓书社2000年9月第1版，第193页。

⑩ 邹鲁：《二十九国游记》，商务印书馆1947年4月初版，第232页。

览。①

9月30日 下午2时，抵达英属塞普洛斯岛的拉那加（Lamaca）港。上岸后，乘车前往华吗梧斯打城参观古迹，傍晚返回拉那加港，乘船前往叙利亚。②

10月1日 早，抵达叙利亚亚历山大市。入海关时，法籍人员检查时有诸多刁难，先生认为："此次旅行，经欧美各国，行李虽多，悉未被查，今乃一影相机不免查者，何故？尽帝国主义者，在其本国，尚挂文明国面具，一至属地，则面具脱尽，务尽酷辣，方显威风也。曾闻人询法兵在安南之野蛮于法人，法人对曰：'法兵须进地中海后，始可与言道理。'法人在欧，比较宽大，其言尚如此，可见一切自由平等博爱人道之良好名辞，只能适用于其本国，不能适用于他国，即再三扩充言之，亦只能适用于白人，再不能适用于非白人，吾中国人其猛省！吾黄人其猛省！凡非白色人，均宜猛省！"③ 过海关后，雇马车游览一小时后回到船上。中午后，乘船赴贝鲁特游览。

10月2日 早，抵达大吕班代管国首都贝鲁特游历。上岸后，游览内地二城巴鲁默的日神庙和酒神庙以及叙利亚首都大马士革。在大马士革，参观了贝鲁特大学。④

10月3日 早，游览大马士革全城。正午，赶回贝鲁特，参观美国教会在贝鲁特所创办的大学。离开大学后，到贝鲁特全城小游。傍晚，乘船前往英属叙利亚之巴勒斯坦。⑤

10月4日 早，抵达巴勒斯坦海法港（今以色列海法市）。本来拟游览耶路撒冷，观基督墓、穆罕默德升天岩，但是由于所乘的法船只停留数小时，不能前往。午后，乘船离开亚洲西向，前往非洲的亚历山大港游历。⑥

10月5日 中午，抵达埃及亚历山大港，开始埃及古国的游览。上岸后，游览亚历山大港的城市广场、纪功碑、博物馆、公园等地。⑦

10月6日 上午9时，乘火车赴埃及首都开罗。⑧

赴开罗途中，经尼罗河出口处的三角洲，目睹埃及最肥沃富饶的地区景

---

① 邹鲁：《二十九国游记》，商务印书馆1947年4月初版，第233页。
② 邹鲁：《回顾录》，岳麓书社2000年9月第1版，第193页。
③ 邹鲁：《二十九国游记》，商务印书馆1947年4月初版，第235～236页。
④ 邹鲁：《回顾录》，岳麓书社2000年9月第1版，第193、218页。
⑤ 邹鲁：《二十九国游记》，商务印书馆1947年4月初版，第238～240页。
⑥ 邹鲁：《回顾录》，岳麓书社2000年9月第1版，第193页。
⑦ 邹鲁：《二十九国游记》，商务印书馆1947年4月初版，第243～245页。
⑧ 邹鲁：《回顾录》，岳麓书社2000年9月第1版，第193～194、218页。

色。抵达开罗后，首先请萧锡三前往约晤埃及国民党领袖那哈斯，并定于次日中午会晤。之后，乘车至奇塞，骑骆驼游览金字塔、狮身人面像。傍晚，从金字塔乘车返回开罗。

10月7日　早，游览开罗市的公园、博物院、罗大岛、回教小学。中午，应埃及国民党那哈斯之约，前往国民党党部与之会晤。在国民党党部，先生与那哈斯、被解散国会的议长、副议长、常委等人会晤，双方就中埃邦交、东方各民族的关系进行了交谈。下午3时，乘车到基督教教堂、回教堂、古宫等地游览。①

10月8日　早，乘车游览新开罗。②

在新开罗参观了埃及回教大学。离开回教大学后，复游回教堂及埃及王墓。正午，参观埃及大学，文科院长美楚（Michaud）、理科院长等人先后出面接待。

10月9日　上午11时，乘火车前往苏伊士运河北端的海港波赛游历。抵达后，乘马车游览全市。③

10月10日　早，偕萧锡三乘法国邮船案得勒罗本号（Andre Lebon）经苏伊士运河回国。④

10月11日　早6时，船抵伊士运港，因为停留时间短而未上岸。正午，船开向红海，进入海航行程。⑤

10月15日　早，船驶出红海，抵达法属索马里首府吉布提市（Djibouti，今吉布提首都吉布提市），上岸游览全市。夜晚，船抵亚丁港，上岸夜游。⑥

10月16日　早，船离亚丁港。此后一直到22日均航行在茫茫大海上。⑦

在印度洋航行期间，占诗两首《印度洋中戏吟》、《印度洋次韵友人见赠诗》。⑧

10月17日　在航行于印度洋的船上致函黄绍兰、赵淑嘉。函称："此函到沪，鲁经入国门，在粤稍事盘桓，即当赴沪。晤教匪遥，诸容面罄，特此奉

---

① 邹鲁：《二十九国游记》，商务印书馆1947年4月初版，第249～250页。
② 邹鲁：《二十九国游记》，商务印书馆1947年4月初版，第250～251页。
③ 邹鲁：《二十九国游记》，商务印书馆1947年4月初版，第253～254页。
④ 邹鲁：《二十九国游记》，商务印书馆1947年4月初版，第254页。
⑤ 邹鲁：《二十九国游记》，商务印书馆1947年4月初版，第259页。
⑥ 邹鲁：《二十九国游记》，商务印书馆1947年4月初版，第259～260页。
⑦ 邹鲁：《二十九国游记》，商务印书馆1947年4月初版，第261页。
⑧ 国立中山大学校友会：《邹鲁全集》第（十）卷，三民书局股份有限公司1976年10月初版，第8页。

达，不尽缕缕。”①

10 月 22 日　正午，船抵锡兰（今斯里兰卡）首府科伦坡。上岸后乘车前往圣城康提，路途中游览动物园，抵达康提后，游览其植物园、佛寺等地。夜晚，返回船上休息。②

10 月 23 日　早，船离科伦坡，驶往新加坡。

先生离开波赛二十余日，感触良多：“欧人至东方者，皆视东方为属地，视东方人大有以主人翁自居之态度，尤以曾至东方者为甚，可恨之至。不知东方人何时始雪此耻？最可恶者，有一法国人，自云系代表法国各飞机厂，来中国出卖飞机者，竟敢以专制时代呼囚犯之名词，呼吾国之海员。”③

10 月 28 日　抵达新加坡。④

早，船抵新加坡时，有很多国民党同志及同乡前来港口迎接。上岸后，先后到同志同乡各机关会晤。中午，参加客属总会举行的欢迎宴会。宴会后，赴怡和轩图书室参加茶会。林美顺、陈嘉庚赶来相会，先生与陈嘉庚就教育话题进行了深入交谈。先生认为中国教育不得好果，其弊有二：“（一）则由于学生本身，因中国人做官思想过深，不论所学者为化学、为农学、为牙科，无一不以一做知事秘书为荣，此弊近来已大减少；（二）则由于国家，因中国交通不便，实业不兴，盗贼不靖，今假定一学工者欲就其所学者得一工厂营办，有乎？无有也。学农者欲得一农场试验，能乎？不能也。其有能力之学生自办小工厂，自办小农场，即有出品，又无铁路轮船运至销场，亦惟有坐以待毙。偶有起色，盗贼即来垂涎，是更数年成之而不足，一日败之而有余。精密计算，为国既不能，为个人计，则仍以作知事秘书为妥，是则可谓国家残贼人才。故此后，既深盼国家多培人才，尤必用其所学，更须使能施其所学……”⑤

下午，同德书报社（即党部）同志及张永福与各机关同志前来送行。由于同志同乡约聚的很多，因此没有时间调查教育及游览风景寺院。

10 月 29 日　乘船前往越南西贡。⑥

10 月 30 日　下午 4 时，抵达西贡。船到岸后，潮州同乡前来迎接，分赴

---

① 程焕文、张靖、周旎：《邹鲁未刊稿》下册，广西师范大学出版社 2008 年 3 月第 1 版，第 603 页。

② 邹鲁：《二十九国游记》，商务印书馆 1947 年 4 月初版，第 263 ~ 264 页。

③ 邹鲁：《二十九国游记》，商务印书馆 1947 年 4 月初版，第 267 页。

④ 邹鲁：《回顾录》，岳麓书社 2000 年 9 月第 1 版，第 194 页。

⑤ 邹鲁：《二十九国游记》，商务印书馆 1947 年 4 月初版，第 269 页。

⑥ 邹鲁：《二十九国游记》，商务印书馆 1947 年 4 月初版，第 272 页。

各地参加欢迎会。①

10 月 31 日 早，各位同志同乡纷来约请先生前往赴会。上午，赴义安学校、崇正学校参观。下午，参加国民党驻安南总支部举行的欢迎会。嗣后，赴总商会晤谈。晚上，赴总商会会长举行的晚宴。②

11 月 1 日 上午，参观三民学校、坤德女学、振华女学、穗城学校、日夜平民义学、福建学校等学校。先生认为，华侨教育问题，"不在经费，一在教材缺乏，二在内地教科书不适用，三在当局少予提倡奖励。"③

下午，参观中法学校。该校为华侨出资所办，监督为法国军人。该校科学五分之三教法文，五分之二教中文，而升学复以法文的成绩为标准。先生会晤学校监督，质问其课程系按照何国中学课程编定？对方语塞，推卸为经费不足，学生不愿意高求学问所致。先生继续质问，"以即目前之经费，目前之学生，何不可按照各国中学课程编定功课，以教学生？"④ 对方无语而言他。

离开中法学校后，参观怡昌、通盛两间米厂和美利坚织布厂。下午 4 时，参加国民党安南总支部第十分部举行的欢迎会。晚上，参加第十分部、第九分部联合举行的宴会、各客属同乡举行的欢迎会及宴会。深夜 12 时，始回旅馆休息。

11 月 2 日 上午，乘车到头顿游览猿人居栖地及炮台海港。晚上，参加通合公司、客帮帮长举行的欢迎晚宴。⑤

11 月 3 日 在返国前夕，撰写《致海外各党部诸同志书》。

先生在书中对党部同志的盛情款待表示感谢，并简述了十月旅行的所观所感。最后，先生总结指出："深察世界去和平尚远，吾国危机，有如一发千钧，及今而图，仅可为力，若再稍纵，决难挽回。而图救之方，历考各国，无有善于吾党总理所造之三民主义。而措施之序，目前宜实行训政，督自治之完成。而入手要端，首在裁兵，即以所裁之兵费兴教育、办建设，则三民主义始可实现，福国利民，始可达到。今当返国，既告平安，远慰锦注，复掬诚陈言，万望凡我同志团成一块，共策其成，则所以答诸同志者在此，所以报党国者亦在此，维诸同志其共鉴之。"⑥

---

① 邹鲁：《二十九国游记》，商务印书馆 1947 年 4 月初版，第 274 页。

② 邹鲁：《二十九国游记》，商务印书馆 1947 年 4 月初版，第 274 页。

③ 邹鲁：《二十九国游记》，商务印书馆 1947 年 4 月初版，第 275 页。

④ 邹鲁：《二十九国游记》，商务印书馆 1947 年 4 月初版，第 275 页。

⑤ 邹鲁：《二十九国游记》，商务印书馆 1947 年 4 月初版，第 275～276 页。

⑥ 中国国民党中央委员会党史委员会：《邹鲁先生文集》，中国国民党中央委员会党史委员会 1984 年 6 月 30 日出版，第 306 页。

△乘船从越南前往香港。①

11月6日 早，抵达香港。②

广州各界代表同志及香港同志百余人到港口欢迎。上岸后，参加广州各界代表同志举行的欢迎会。晚上，参加胡青瑞、程鸿轩举行的欢迎晚宴，广州各界代表同志一同参加。先生在香港休息4日。

11月10日 上午，乘船返回广州。

下午2时多，抵达广州。广州各机关、团体、同志到码头欢迎。“欢迎者人山人海，旗帜纷扬，爆竹四响，汽车则以百计。”③ 夜晚，参加广东省政府冯祝万、陈济棠举行的欢迎宴会。先生在宴会上对广东省政府资助本次旅费表示感谢。

11月11日 中午，出席广东省立女子中学开幕礼。开幕礼结束后，赴国立中山大学校长戴传贤、副校长朱家骅联合举行的午宴。晚上，参加广东省党部举行的晚宴，并到党务训练所发表演讲。④

△撰写《二十九国游记自序》。⑤

11月12日 上午，赴黄埔军校参加总理生辰纪念会及欢迎会。中午，出席中央银行奠基礼。下午，参加广州市区各党部举行的欢迎会。晚上，参加革命纪念会举行的晚宴。⑥

11月13日 中午，出席广州各界举行的欢迎会。下午，参加广东省教育厅黄晦闻厅长举行的宴会。晚上，出席黄昭雄、徐景唐、邓世增、马超俊、陈策等同志举行的欢迎宴会。⑦

11月14日 中午，出席律师公会、国立广东大学旧同人举行的欢迎宴会。晚上，出席张文、李炯、李民欣、李青诸同志举行的宴会。⑧

11月15日 早，乘船前往香港。

返粤数日，先生写了一首诗《抵粤喜赋》：“去国倏十月，离乡已四年。一朝返乡国，不尽意缠绵。旧雨重携手，新知快比肩。河山仍锦绣，天日净云烟。红花树日长，黄花花正妍。桃李昔手植，相对更欣然。物我忘形迹，此乐

---

① 邹鲁：《二十九国游记》，商务印书馆1947年4月初版，第278页。

② 邹鲁：《二十九国游记》，商务印书馆1947年4月初版，第278页。

③ 邹鲁：《二十九国游记》，商务印书馆1947年4月初版，第278页。

④ 邹鲁：《二十九国游记》，商务印书馆1947年4月初版，第278页。

⑤ 邹鲁：《二十九国游记》，商务印书馆1947年4月初版，序言第1页。

⑥ 邹鲁：《二十九国游记》，商务印书馆1947年4月初版，第278页。

⑦ 邹鲁：《二十九国游记》，商务印书馆1947年4月初版，第278页。

⑧ 邹鲁：《二十九国游记》，商务印书馆1947年4月初版，第278～279页。

言难宣。”①

11月21日 下午5时，乘德国邮船珂碧兰号离港赴沪。②

11月23日 乘船抵达台湾打狗港（今台湾省高雄市）。

上岸后，雇汽车游览。南行至台南，拜谒了郑成功祠，先生感慨道：“以先生（郑成功）当年逐荷兰而据台湾，以存明祀敌清朝，曾几何时，并此地亦为清朝断送于人，先生有知，其何能瞑目地下？犹记台湾之初割也，刘永福、丘逢甲二先生，以台湾独立，宣布共和，抗拒日本，功虽不成，义声四布。岂其以义声卓越之地，终沦于人耶？”③ 下午4时，返回船上。

11月26日 抵达上海，计318日的二十九国游程结束。

正午12点50分，先生所乘邮船停泊到虹口公和祥码头，二百余人到码头欢迎先生的到来，先生与欢迎人群一一握手后，即乘汽车到静安寺路沧州饭店228号房下榻。随即，先生对访问者发表了最近政见及此次游历的感想：

“此次漫游世界二十九国，对于他人诋我为半开化国，我几不□不受。举例言之，人之教育，早普及强迫教育，日事增长期，而我国国民，大半不识字；人之交通，遍及天空地底，我之地面，尚未通行；人之地无弃利，我则地面之山野多未垦植，地中之各矿，尚行封闭；其他图书馆、博物馆、动物园、植物园、医院、森林、公园，他人随地而有者，我则凤毛麟角，安在而能免人诋为半开化国哉？至于国际，竞言平和，竞言戢战，实则各国皆秣马厉兵，并寓军事于学校，敢决去大同甚远。欧人深知之，并鉴于欧战受祸之烈，不欲欧洲自为战争，乃大倡泛欧洲主义。泛欧洲主义者，欧人互相团结，不事战争也，于是‘磨利以需’之利器，乃不向欧洲以内，而像欧洲以外。有必然者，环顾世界，物皆有主，此向外之利器，不向半开化之我国，又将向谁？且日人谋我东三省甚急，益足以启各国之野心，则亡国之祸，即在目前，非为危言，乃系事实。故今日中国问题，一如何免亡国，二如何免为半开化国。欲免以上二者，自非依照总理孙中山先生之遗教，努力奋斗，万无侥幸。至目前着手之方，则在裁兵与教育，事建设。尽兵不裁，政权无权，皆在兵权之下，万难上正大□道。兵不裁，则一切财源，皆竭于兵，万难以事其他一切建设事业。兵不裁，则人民一切负担，不能减轻，无力发展生机。况今日吾国军队之组织，未能对外，尽人而知。□军器言之，人已研究以毒气光线微菌供战争，我犹以

---

① 国立中山大学校友会：《邹鲁全集》第（十）卷，三民书局股份有限公司1976年10月初版，第8页。

② 邹鲁：《二十九国游记》，商务印书馆1947年4月初版，第279页；《邹鲁昨午到沪》，见《申报》，1928年11月27日。

③ 邹鲁：《二十九国游记》，商务印书馆1947年4月初版，第279页。

购得他人欧战前之枪械，视为利器，虽有百万久练之师，亦将无以决胜于疆场。矧交通粮食种种不如人乎？尽今日战争纯乎科学战争。若然在中国统一之后，仍拥多兵，并酿成内争不可，凡革命之军，岂可供人内争而病国乎？是此则兵更要裁，尽兵为革命而来，救国也，为建设而裁，亦为救国，否则为救国不彻底，为功不补过。至非革命之军，更应裁无论矣。然民国以来，裁兵非不言之十余年，卒之愈裁而兵愈多，即今日亦非不竞言裁兵，卒之所裁几何？故今日之裁兵，一切改变名目，如缩军为师，缩师为旅，皆非切实之图。若裁他人之兵，而增自己之兵，则心尤不可问，其切要者，则每月将军费公用，本月每军一百万军费者，下月能减至八十万，再下月能减至六十万，斯真裁兵，否则终欺而祸国，且以自祸也。民国以来，拥兵不自焚者，究何人哉！一部以兴教育，一部以办建设，敢信不出十五年，全国皆兵，全国皆为兵之组织，而同时民智已足，民族民权民生亦同时一致解决。昔越王勾践之复仇也，期以十年生聚，十年教训，今中国人口四万万，无待于生聚，以十五年为教训，谁能亡我国？谁能轻视吾为半开化国哉！再过十五年，则世界上一切被压民族，皆将愿中国为解放矣。”①

在环游之际，先生将所见所闻详细记录，并加入自己的感想，逐一寄给上海《江南晚报》发表。环游世界归来后，先生将赵淑嘉女士为其保存在游历期间发表于报端的游记合编成《二十九国游记》刊行出版。②

先生在《二十九国游记》序言中写道：“此次旅行归国，人问有所得乎？则肃然对曰：吾斯之未能信。自惟进德修业，有志未逮；不能以温良恭俭让之感召，与闻国之政；而言文扞格，时日匆遽，安敢云有所得乎？然而一履其境，则学校、工厂、医院、公园、森林、道路、田亩、牧场，无一不接于目而警于心；甚至一禽一兽，一草一木，均足以资吾启发；益以同志侨胞，随事指导，友邦贤达，备予咨询；安敢云无所得乎？于是信笔而书，取便记忆；而见仁见智，藉以就政于高明。盖斯篇所记，纯为事实，不加论断。愿国人由事实而鉴别，由鉴别而取舍，而不囿于一人之见也。嗟夫！论科学建设，则贵趋变随时；而道德人纪，则我有数千年之文化在。故因人之问，申其言以冠吾游记之首。”③

在书末，先生写道：“此次环游世界二十九国，见凡向上之国家，无一不力求教育普及，及提高教育，教育经费甚至有占全国支出三分之一。若为人压

① 《邹鲁昨午到沪》，见《申报》，1928 年 11 月 27 日。

② 张靖、周旎：《邹鲁未刊稿述略》，见《中山大学学报（社会科学版）》，2007 年第 2 期。

③ 邹鲁：《回顾录》，岳麓书社 2000 年 9 月第 1 版，第 221 ~ 222 页。

迫之国，压迫者莫不由教育着手，不使其教育发展，及缩减其教育经费；若夫属地，更无教育之可言。至于教育之方，首求实用，实用之方，在因地方需要而设科，故其国家之政治工商农林交通卫生等等，无不预备于教育，即军事武备，亦无不预备于教育。返观吾国，国民不识字者居其大半，虽有学校，能免洋八股之识者有几。教育经费，不能以十分之几计，只能以百分之几计，几何而不一与人竞，即居劣败，为人视等半开化之人哉？为今之计，只有迎头痛赶，痛赶之法，只有大裁军费，以增加教育经费；否则，今日我不自行增加，恐异日他人将不许我增加，奥地利教育当局，埃及政治当局，固会为我垂涕而道者。夫用兵以革命为国也，裁兵以事教育以为国，假定有兵而不裁者，其最上目的，无非为历史上身后赫赫之名耳。然此种兵之组织，未能敌外国，无论今日任何统兵者，均有自知之明，其结果则为内争。鹬蚌相持，渔人乃得其利，古今中外之亡国，无不同一路线，斯时中国历史且无有，何有于诸公身后赫赫之名？恐欲免为奴隶牛马，亦不可得；则今日统兵以革命之功，其足以抵罪耶！非革命之兵，更无论矣！若云世界未能和平，即和平亦非武装不可，此说至有见地；然亦知今日之战争，决非只数兵额而足，军械交通粮食原料，无一不为战争要素，甚至战争利器，已改为毒气光线微菌，凡此何一不具于科学？又舍教育，其将何从？各国知其然，所以无一不在教育上预备，我又安可不急急师也。故裁兵费，以办教育，即谓之预备兵焉可也。美利坚中学以上，即强迫军事教育，德意志于全国教育皆寓以兵，其用意至为明显。倘明今日军队之组织，未能对外，能裁至尽，以治安之责，完全付之警察与民团，尤为军队改革上根本之图。此外则交通、农林、工商及医院、公园、图书馆、博物馆、动物园、植物园等，亦无不当分头兼程并进，亦即可于所裁兵费中，拨一部分办其最要之事。此中有生利者，有不生利者，即可以生利者之有余，补不生利者之不足，以中国地大物博人众，全国一心一德，厉行十五年，则可追纵各国，再行十五年，敢谓过之，斯时则今日筚路蓝缕之人，皆历史上身后赫赫有名之人，则舍今日裁兵，以事教育建设者，其谁与归？深愿以决心出之！以公心处之！则事无不济者。以上所言，振兴教育，举办各政，皆当仿效欧美各国，迎头追赶者；然则欧美各国政俗，尽可法乎？是又不然。吾党总理孙中山，数周大地，洞烛世界各情，对于事物方面，力倡追纵欧美，而于政治哲理，则以为世界无如我国‘修身齐家治国平天下’之圆满者，并极力提倡吾国旧道德，如诚、如忠、如孝、如信、如仁义、如和平等等，并郑重言曰：‘今日当采外国之长，补我所短’，则当保我之长，勿学人所短，彰彰明显。

欧美思想，大都根于物质，既为物质是求，则物质有所比较固不能满，即物质无所比较亦不能满，盖人固不满之器也。于是自国家言之，为满其物质，不能不侵略，当其未得也，固充满杀机，即其已得也，亦充满杀机，前者见于战争国家，后者见于各国属地。盖各国对于属地，上焉者使属地之人民供牛马，下焉者并其人种亦将消灭之。各国属地之有色人种，不增而减，甚至须设法保存者，皆此类也。若夫个人，更只知物质，不知道德，亲如父子，一月见面数次者视为孝，数年数月不一见视为常。爱如夫妇，计财产而嫁，计财产而娶，分合常视财产之得丧，至于朋友更无论矣。似此则人生只有物质之快活，并无精神之快活。年壮者尚可鸡鸣而起，孳孳为利，精神虽苦，物质可满；若夫老废之人，则举目无亲，谁与为欢哉？至中国则去侵略而爱和平至久，故所有属地，从未加以搜刮，更不凌其人民，于个人则天伦之情至厚，普通不以贫富为苦乐，竞以人格相砥砺，甚至有以民胞与为怀，今再不宜引各国侵略之杀机入中国，尤不宜使中国人再竞物质为禽兽相食。故最后结论，则欲吾国人深体孙先生之言，采欧美之长，勿采其短，去我所短，勿去其长，则中国其庶乎有豸！”①②

先生同时对旅行的重要性给予肯定，认为：“旅行之足以增识见，拓心胸，古今中外，无间是言。以故欧美学者政治家实业家，莫不特重旅行，即东邻日本，近来亦已足迹满地球。此次旅途所见，各国各种人随处均有，独我国除先后出国之十余人外，德国曾遇四人，瑞典曾遇一人，其余所经二十余国，则一无所遇。虽语文地理习惯关系，未必非吾国少旅行之故，然故与人竞存，终须国人多见多闻，此所以盼吾国人多旅行。”③

考察期间，先生曾参观各级学校八十多所。“在参观访问中，他遍访各国教育官员和名校校长，除仔细参观所到国家和地区各学校的教室、宿舍、食堂、运动场、会议室、植物室、实验室、影像室、物理室、图书馆、博物馆、美术馆、展览馆、礼堂及各种造纸室、分析室、机械室等硬件设备，还注意了解各学校的教育学制系统、教育经费、教育普及率、教职员与学生人数、教育内容和教学方法、教职员待遇、男女同校的利弊，以及学生毕业后的出路等等，还注意了解每一个学校的特点。”④ 可见，先生环游世界，也可说是一次环球教育考察。

李海冬认为，这次环球教育考察，对于先生教育思想的形成有巨大帮助作用：“特别是当时以杜威实用主义教育与斯宾塞的科学教育为主流的教育思想

---

① 邹鲁：《二十九国游记》，商务印书馆1947年4月初版，第281～283页。

② 中国社会科学院近代史研究所中华民国史组：《中华民国史资料丛稿大事记》第十四辑，中华书局1985年1月印刷，第310～311页。

③ 邹鲁：《二十九国游记》，商务印书馆1947年4月初版，第284页。

④ 李海冬：《邹鲁教育思想研究》，未刊稿（硕士论文），第14页。

正在西方盛行，美国进步教育运动与欧洲新教育运动正如火如荼的展开。这些教育理论和实际必定给邹鲁留下了深刻的印象，使他对西方新式教育有了丰富的认识和积累，为他日后的教育思想提供了理论与制度的胚模。这次出国游访对邹鲁产生了重大影响，开始形成他的教育思想。”①

11 月 27 日 致函黄绍兰、赵淑嘉，送上在欧洲购买的新旧印影画。②

11 月 28 日 出席上海国民党同志举行的欢宴，主张“裁兵兴学”③。

下午 6 时，国民党党员多人假座大东旅社，欢宴先生，到席者有覃振、何世桢、傅汝霖、陈剑如、陈逸云等六十余人，由覃振为主席。宴会开始后，覃振首先致欢迎辞，接着由先生报告旅游感想，谈到：“（一）欧洲各国文明进步，甚为猛速，中国几有望尘莫及之势，然如能全国上下一致，努力于实现三民主义之工作，仍有无限希望。惟此项任务，须三民主义之忠实信徒负其领导全责，便克完成。此次旅行经过共二十九国，其中数国，亦如中国，甫经革命，或重新振作者，如土耳其、意大利等国即是，考其政治皆渐入轨道，皆在负政治责任者，即以前负创造新事业之党员，而不为所谓人才主义所蒙蔽，引用反动派分子；（二）各国进步猛速之原因固多，其最重要者，在政府能尽力于各种教育事业，使人民皆得受相当教育，而社会上一般对于教育之施设，无不尽善尽美，全国民众皆有智识，其社会组织状况，自易趋于完美，政治亦得清明，上下皆有余力以致力科学文化等事业。反观今日中国之教育事业，即足见其国内状况紊乱，党员非积极努力于此不可；（三）建设工作，当以交通为首要，中国水陆交通，皆落乎人后，故工商业不易发展；（四）惟裁兵以节省经费，方可整理财政，努力教育建设事业。”④ 先生演说历时 50 分钟。此后多人发表演说，晚上 9 时，宴会尽欢而散。

11 月 29 日 致函黄绍兰、赵淑嘉，为编纂游记之奉稿致谢。⑤

11 月 作留别西美同志书。

先生在游历西美过程中，深感华侨教育的偏差，认为如再不从教育上着手挽救，可能再过百十年，侨胞已经不认识祖国，或者将反为中国之敌。文章写道：“本党负救国之责，即负有教育培植华侨之责，故凡党部，均宜设立学

---

① 李海冬：《邹鲁教育思想研究》，未刊稿（硕士论文），第 14 页。

② 程焕文、张靖、周旎：《邹鲁未刊稿》下册，广西师范大学出版社 2008 年 3 月第 1 版，第 603 页。

③ 梅萼：《邹鲁文存》第五集，文海出版社有限公司 1988 年印行，第 79 页。

④ 《国民党员昨宴邹鲁》，见《申报》，1928 年 11 月 29 日。

⑤ 程焕文、张靖、周旎：《邹鲁未刊稿》下册，广西师范大学出版社 2008 年 3 月第 1 版，第 604 页。

校，或专科，或补习，使侨胞儿童，得有机会受本国教育，已可认识其为中国人，不至再认识为美国人，更可使知祖国文化，俾其生爱国之心，如是则侨胞永为中国国民，人才可为中国国用，一转移间，利害有若天渊。且可以此实行党化教育，海外教育普及之日，即吾党主义普及海外之日，实为一举两得。”①

12 月 1 日　胡汉民复函先生，建议《中国国民党史稿》可以出版。

函称：“革命史稿，即嘱人检还（或其中有一二文件，须摘抄，然已嘱其从速）。弟等外游，不曾工作。余人似太慎。现在弟意，似不宜过于求全；只于纲领章次，如暗杀等纳入革命起义之类，稍加厘改，便可以初稿出版。不审以为如何？”②

此前，先生致函胡汉民，询问对于党史稿的修改意见。接到胡复函后，“邹先生日夜工作，将原稿整理就绪。”③④

△致函黄绍兰、赵淑嘉，为编纂游记之剪稿甚悔。

函称：“手示奉悉，邮寄之单张画片一张亦未取回。因见整齐保存不忍取来，或至遗失污损也。惟成本者剪出三张，剪后甚悔，只得携去付印，后仍当将原物归赵，以赎罪于万一。”⑤

12 月 2 日　应约前往黄绍兰、赵淑嘉处畅谈。⑥

12 月 13 日　胡汉民致函先生，提出对于《中国国民党史料》一书的五点修改意见。此前，先生致函胡汉民，请其为《中国国民党史料》一书作序及书写封面，并说在脱稿之后，预备寄给他修正和补充所遗漏的重要材料。该信件委托林业明交给胡汉民。⑦

△与易培基一起前往拜访吴敬恒，“未晤为怅”⑧。

12 月 15 日　致函吴敬恒，请其为所编《中国国民党史稿》作序。⑨

---

① 邹鲁：《二十九国游记》，商务印书馆 1947 年 4 月初版，第 22 页。

② 邹鲁：《回顾录》，岳麓书社 2000 年 9 月第 1 版，第 237～238 页。

③ 黄肇珩、方鹏程、刘本炎：《邹海滨先生百年诞辰口述历史座谈会纪实》，见陈鹏仁：《百年忆述——先进先贤百年诞辰口述历史合辑》，近代中国出版社 1999 年 6 月 25 日初版，第 36 页。

④ 戴书训：《愈经霜雪愈精神——邹鲁传》，近代中国出版社 1983 年 10 月初版，第 124 页。

⑤ 程焕文、张靖、周旎：《邹鲁未刊稿》下册，广西师范大学出版社 2008 年 3 月第 1 版，第 604 页。

⑥ 程焕文、张靖、周旎：《邹鲁未刊稿》下册，广西师范大学出版社 2008 年 3 月第 1 版，第 604 页。

⑦ 邹鲁：《回顾录》，岳麓书社 2000 年 9 月第 1 版，第 238～239 页。

⑧ 中国国民党中央委员会党史委员会：《邹鲁先生文集》，中国国民党中央委员会党史委员会 1984 年 6 月 30 日出版，第 306 页。

⑨ 中国国民党中央委员会党史委员会：《邹鲁先生文集》，中国国民党中央委员会党史委员会 1984 年 6 月 30 日出版，第 306～307 页。

12月29日 致函吴敬恒，告之《中国国民党史稿》一书已经交付民智书局印刷。①

12月 致函黄绍兰、赵淑嘉。

函称："告别而精神仍依左右，知先生感人之深。兹送还手粘游记一本，请查收。另蜜饯人参一罐，系前日先生所询者，请试服，系于箧中检得之件也。"②

冬 临华山碑赠赵淑嘉女士。③

1929年（民国十八年　己巳）四十五岁

1月初 胡汉民致函先生，表示："叠接手教，令作一书签，再三书之，仅能如此。《史稿》之名，则协之（陈融）兄亦以为当。盖如万季野之《明史稿》，固炳耀数百年也。"④

1月13日 致函吴敬恒，将为《中国国民党史稿》所作的序文附上，请其斧正，同时便于吴了解论著撰写的经过情形。函件同时指出，如果吴为《中国国民党史稿》所作序言已写好，请一并赐还。⑤

1月27日 接胡汉民信函，得知吴敬恒已经返抵上海。⑥

1月28日 致函吴敬恒，再请其为《中国国民党史稿》作序。随函附《中国国民党史稿》原稿一部，分别为第三次校对稿和抄余稿。⑦

---

① 中国国民党中央委员会党史委员会：《邹鲁先生文集》，中国国民党中央委员会党史委员会1984年6月30日出版，第307～308页。

② 程焕文、张靖、周旋：《邹鲁未刊稿》下册，广西师范大学出版社2008年3月第1版，第604页。

③ 程焕文、张靖、周旋：《邹鲁未刊稿》上册，广西师范大学出版社2008年3月第1版，第29页。

④ 陈红民：《胡汉民未刊往来函电稿》第十四册附录三，广西师范大学出版社2005年12月第1版，第705页。

⑤ 中国国民党中央委员会党史委员会：《邹鲁先生文集》，中国国民党中央委员会党史委员会1984年6月30日出版，第307页。

⑥ 中国国民党中央委员会党史委员会：《邹鲁先生文集》，中国国民党中央委员会党史委员会1984年6月30日出版，第308页。

⑦ 中国国民党中央委员会党史委员会：《邹鲁先生文集》，中国国民党中央委员会党史委员会1984年6月30日出版，第308页。

2月2日 为著作《中国国民党史稿》初版撰写自序。

在序言中，先生叙述了编写《中国国民党史稿》的动机是由总理孙中山提议的，资料收集经过了在党刊上刊登广告，并向海内外广泛征集而成，孙中山也时有见赐；编写过程历尽艰辛，包括经历了赴京侍疾、“西山会议”、先父弃养、清党、统一党务、出国游历等；对于著作中的缺漏也予以提及：“吾党历史，有四十年长，党务遍于全球。党史不获在总理生前秉承一切而编成之，缺漏至多，实为遗憾。”①

2月16日 登门拜谒吴敬恒，门者向先生表示，吴正在接待客人，未与通报，先生“未获聆教为怅”②。

2月17日 致函吴敬恒，仍请其为《中国国民党史稿》作序。③

经过先生屡次求教，吴终于决定为本书撰写序言。序言写道：“国民党之历史，中山先生常恐其不正确，故以为与其使人见仁见智，各言其所知，以为揣测，不若直自自记其已往之迹，有则言有，无则言无，俾后世能知其正确而得适当之归纳。遂于学说中，曾有自传，于不讳、不饰、不诬枉，则已示吾人以模楷矣。惟一党之大，四十年已往陈迹，中山先生只在机务极繁之暇，执笔有所载，自不能极详。于是作党史者纷起，即无有敢为讳饰与诬枉，然终难于传误。且大都仓卒为之，更必有无可讳言之疏漏：如是即定为党史，决不能言已尽夫厥职。幸而中山先生既于自传示其不讳、不饰、不诬枉之模楷矣。复知将来传误疏漏之不能免，又讳命海滨邹先生，征集材料，为大规模之编纂。于是积之年载，所得綦多。邹先生着手整理者逾三年。虽中间小有所辍，而用力不可谓不勤。然而仍不敢定之为史，止拟名之为史料，虽经展堂胡先生鉴别其正确，劝名为史稿。然曰料、曰稿，欲出版而后有待于当世同志之批评。向有讳饰诬枉否乎？有否传误者乎？如皆得免之矣，知各地同志见闻所及，必有可以补益疏漏者。如是而泐之为史，庶乎尽正确之能事……。”④

2月下旬 著作《中国国民党史稿》初版由上海民智书局出版发行。

《中国国民党史稿》分为上下两册，先生出版本书的用意“在征集材料，以备编成完善党史。”⑤ 书稿编妥之后，先生便离开上海，关于印刷的事情，

① 邹鲁：《回顾录》，岳麓书社2000年9月第1版，第241～242页。

② 中国国民党中央委员会党史委员会：《邹鲁先生文集》，中国国民党中央委员会党史委员会1984年6月30日出版，第308页。

③ 中国国民党中央委员会党史委员会：《邹鲁先生文集》，中国国民党中央委员会党史委员会1984年6月30日出版，第308页。

④ 戴书训：《愈经霜雪愈精神——邹鲁传》，近代中国出版社1983年10月初版，第124～125页。

⑤ 邹鲁：《澄庐文选》，正中书局1948年5月初版，第312页。

委托胡汉民办理。胡汉民特别嘱咐民智书局专请某著名大学的一位教授负责校对，不料该教授不久出国，转将此事委托其夫人代校，结果出现很多错误。同时，民智书局将先生交给的插图、照片、文件丢失大半，这些都影响了书籍的出版质量。

虽然如此，先生作为中国国民党党史研究第一人的历史地位得到确定。陈立夫认为："海滨先生是第一位写党史的人，所以，我认为他不但是一位党史学者，同时也是一位历史学家。"①

2 月 撰写《罗李陈三烈士殉国纪念碑》碑文。②

罗李陈三烈士分别指罗侃亭、李一球、陈巨海，三烈士谋倒龙（龙济光）以倒袁（袁世凯），苦心经营潮汕义举数月，及期事泄，同以身殉。纪念碑建立在三烈士于汕头殉难处。

3 月 2 日 前往赵淑嘉处，与赵淑嘉及黄绍兰告别。当夜"镇夜作梦"③。

3 月 3 日 早晨，乘船离沪前往青岛，并计划转赴河南新乡。④

在船上十分辛苦。先生在致黄绍兰、赵淑嘉的信函中表示："昨早乘船，身行而心不行。船开又睡，睡又作梦。至下午昏昏沉沉，梦醒不分。至晚见餐而怕，始知久健之躯，业已有病。强自争持，欲勉一食，率不下咽。仍然再睡，再睡再梦。"⑤

先生此行是应冯玉祥的邀请。行前，冯玉祥专门派代表王鸿一到上海见先生和其他同志，表示愿意与先生等人进行会谈，目的在于联纵反蒋。当时在上海方面的同志因为怀疑冯为共产党而对是否前往新乡表现犹豫。先生却认为，不能道听途说冯是否为共产党，最好当面开诚布公地谈一次，于是决定应邀前往新乡。离开上海后，经青岛、大连、天津、北平到达新乡。⑥

3 月 4 日 约下午 2 时，抵达青岛。上岸后，振作精神，乘汽车漫游。下午 5 时，继续乘船前往河南的行程。先生曾记得船为 6 时开，因为游兴不佳，

---

① 黄肇珩、方鹏程、刘本炎：《邹海滨先生百年诞辰口述历史座谈会纪实》，见陈鹏仁：《百年忆述——先进先贤百年诞辰口述历史合辑》，近代中国出版社 1999 年 6 月 25 日初版，第 26 页。

② 邹鲁：《澄庐文选》，正中书局 1948 年 5 月初版，第 404 页。

③ 程焕文、张靖、周旎：《邹鲁未刊稿》下册，广西师范大学出版社 2008 年 3 月第 1 版，第 788 页。

④ 程焕文、张靖、周旎：《邹鲁未刊稿》下册，广西师范大学出版社 2008 年 3 月第 1 版，第 605 页。

⑤ 程焕文、张靖、周旎：《邹鲁未刊稿》下册，广西师范大学出版社 2008 年 3 月第 1 版，第 605 页。

⑥ 张靖、周旎：《邹鲁未刊稿述略》，见《中山大学学报（社会科学版）》，2007 年第 2 期。

提前1小时回船，否则将被迫在青岛停留。[①]

△致函黄绍兰、赵淑嘉，叙述前往青岛旅途因病而极其辛苦之状："至今晨侍者唤食，始由梦中惊醒。食来仍不能食，只好仍是卧床入梦，以破烦郁。今又午矣，梦醒依床作此书，草草，幸恕我不恭。"[②]

3月5日 抵达大连。在大连，先生致函黄绍兰、赵淑嘉，叙述行程情况：抵达大连后，"小游即睡，梦达通宵。在沪惟虑多梦受病，现则惟虑少梦更受病。尚幸者犹不衰，梦来不辍，特不识有抵清神否耳。顷十时又将乘船赴津，特闻。"[③]

3月6日 由大连赴天津。[④]

△致函黄绍兰、赵淑嘉，叙述乘船行程。[⑤]

3月8日 由天津乘车抵达北平。[⑥] 在北平，先生"行止颇隐"[⑦]，多日未给黄绍兰、赵淑嘉写信。在北平期间，先生曾会晤大愚法师，法师授予先生一咒。[⑧]

3月9日 致函黄绍兰、赵淑嘉，叙述从天津前往北平的观感。

函称："昨日由津来平，极力振作精神至清。见车傍有人挟桃李花枝者，知春满北平，无限兴怀。深惜沪江春色正浓，未能与先生等同赏。又惜先生未能北来，共饱此间花红柳绿。天之限人，固如是耶。"[⑨]

3月19日 在国民党第三次全国代表大会第三次会议上被恢复国民党党籍。

---

① 程焕文、张靖、周旎：《邹鲁未刊稿》下册，广西师范大学出版社2008年3月第1版，第605页。

② 程焕文、张靖、周旎：《邹鲁未刊稿》下册，广西师范大学出版社2008年3月第1版，第605页。

③ 程焕文、张靖、周旎：《邹鲁未刊稿》下册，广西师范大学出版社2008年3月第1版，第606页。

④ 程焕文、张靖、周旎：《邹鲁未刊稿》下册，广西师范大学出版社2008年3月第1版，第788页。

⑤ 程焕文、张靖、周旎：《邹鲁未刊稿》下册，广西师范大学出版社2008年3月第1版，第606页。

⑥ 程焕文、张靖、周旎：《邹鲁未刊稿》下册，广西师范大学出版社2008年3月第1版，第606页。

⑦ 程焕文、张靖、周旎：《邹鲁未刊稿》下册，广西师范大学出版社2008年3月第1版，第607页。

⑧ 程焕文、张靖、周旎：《邹鲁未刊稿》下册，广西师范大学出版社2008年3月第1版，第642页。

⑨ 程焕文、张靖、周旎：《邹鲁未刊稿》下册，广西师范大学出版社2008年3月第1版，第606页。

国民党蒋派主持于3月15日在南京召开国民党“三大”，会议彻底推翻第一、第二次全国代表大会所作的决议和“联共”、“容共”政策。

是日下午2时，“三大”第三次会议召开，讨论事项第六项为：“中央执行委员会第九十七次常务会议决议，因反共而开除党籍之同志林森等十人，先行恢复党籍案，请追认案。决议：追认。”① 该案追认“西山会议派”人员林森、张继、谢持、先生等人恢复国民党党籍。

作为国民党资深元老，先生“在国民党三大上遭排斥”②，并未入选中央执行委员会、中央监察委员会，况且此次大会选举产生的中央执行委员会已经扩大到36人。

沈云飞认为：“及至十八年三月（1929年3月）国民党举行‘三全’大会于南京，选举中央执监委员，西山会议派及改组派之著名人物，俱被排除。自是而后，西山会议派已成为一历史名词，虽该派部分同志与改组派携手曾先后参与十九年（1930年）以阎锡山、冯玉祥为中心之北平扩大会议，及二十年（1931年）因胡汉民汤山事件引起而依附陈济棠之广州非常会议，造成宁、粤分裂，但俱属私人政治恩怨的一时结合，无复当年以反共为主旨之本来面目！”③

3月20日 抵达河南开封。与冯玉祥相处融洽。④

在与冯玉祥第一次见面的时候，先生很坦白地说：“我是革命党人，我相信你也是革命党人，我们的态度应该光明磊落。在谈论一切问题之前，我想先问你一句话，希望你以革命党人的态度来答复我。”⑤ 在冯表示确实不是共产党员的身份后，先生与冯进行了深入交流。

3月21日 致函黄绍兰、赵淑嘉，表示今日将由河南开封前往北平。

函略称：“日前小游河南，本日又将由河南返北平。精神虽不振，然勉自支持，当无大碍，特腰围已减一寸矣。特不识先生近况如何，念念。”⑥

是日，抵达北平。在北平接到赵淑嘉于是月14日、17日寄出的信件，

---

① 中国第二历史档案馆：《中央周刊》，南京出版社1997年7月第1版，第2－421页。

② 王崇：《邹鲁生平述略》，见广东省政协文史资料委员会编《近代广东名人录》第二辑，广东人民出版社1989年4月第1版，第122页。

③ 沈云飞：《林森、邹鲁、谢持与西山会议》，见《传记文学》，1978年3月号。

④ 程焕文、张靖、周旎：《邹鲁未刊稿》下册，广西师范大学出版社2008年3月第1版，第788页。

⑤ 邹鲁：《回顾录》，岳麓书社2000年9月第1版，第259～260页。

⑥ 程焕文、张靖、周旎：《邹鲁未刊稿》下册，广西师范大学出版社2008年3月第1版，第607页。

"喜慰无似，别来笑眉之开，所当记者。"[①]

3月22日 中午，由北平抵达天津。[②]

抵津后，先生将赵淑嘉于是月14日、17日寄出的信件圈好，并将黄绍兰的诗附上，保存好。在天津期间，先生专心编写先父事略，遂将胡汉民为先父所作的书序及江瑔、高超两人为先父七十一岁时所作征文序，均用楷书写成册页。[③]

△是日，致函赵淑嘉。[④]

△中国国民党第三次全国代表大会发布大会公函，追认恢复先生等人党籍。

函称："致函中央执行委员会（中字一〇五号）

迳复者：准中央执行委员会第九十七次常务会议决议，查因纯粹反共而开除党籍之同志，林森，张继，谢持，邹鲁，居正，覃振，石青阳，茅祖权，沈定一，均应先行恢复党籍，俟第三次全国代表大会开会时，提出追认，特请追认等因，经提出本会十八年三月十九日第四次会议，决议追认，相应录案函复，即希查照。此致

中央执行委员

第三次全国代表大会 三月二十二日"[⑤]

3月28日 致函赵淑嘉，叙述蛰居天津之惜春色。[⑥]

3月29日 胡汉民在演讲中对《中国国民党史稿》予以肯定。

是日为黄花岗起义十八周年纪念日，胡汉民在纪念日演讲中说道："此役经过，已有许多同志著书记述，但没有十分完备的。这也难怪，因为此役事太复杂，私人记载不易完备。其比较详细的，还算邹海滨先生著的《中国国民党史稿》。这部书兄弟曾经代他校订过，后来付印又有印错的地方，前几天又校了一遍。现已派人将校正抄出付印，供同志们参考。"[⑦]

---

① 程焕文、张靖、周旎：《邹鲁未刊稿》下册，广西师范大学出版社2008年3月第1版，第607页。

② 程焕文、张靖、周旎：《邹鲁未刊稿》下册，广西师范大学出版社2008年3月第1版，第607页。

③ 邹鲁：《回顾录》，岳麓书社2000年9月第1版，第260页。

④ 程焕文、张靖、周旎：《邹鲁未刊稿》下册，广西师范大学出版社2008年3月第1版，第607页。

⑤ 中国第二历史档案馆：《中央周刊》，南京出版社1997年7月第1版，第2－456页。

⑥ 程焕文、张靖、周旎：《邹鲁未刊稿》下册，广西师范大学出版社2008年3月第1版，第608页。

⑦ 邹鲁：《回顾录》，岳麓书社2000年9月第1版，第243页。

3月31日 致函赵淑嘉，叙述蛰居天津之连日小恙。

函称："连日小恙，北行以来固早知有此，惟本日已减轻，决无碍。所事总不如意，殊恼人也。此间气候殊温，数日前曾至西沽观桃，数里花红，娇艳无比，实大观也，然终让凭窗可眺之桃李耳。"①

是日，精神转佳。

3月下旬 复函朋友，说明在津不问政治的缘由。

在天津期间，先生不问一切政治。期间接到朋友来函，询问为何如此。先生复函表示："自中央特别委员会解散后，我决定抱着暂时不问政治的态度，好让中央专心去做。在环游世界的时候，我看见强盛国家的国民，在国外处处占着上风，于是到了法国之后，我便写信给在上海的同志，叫大家让现在中央的人去整顿政治，不要扰他。目前还是这样。因为一国政治的改进，决不是短时期内所能见功。假如不到时候，就责备人，未免近于冲动，实非福国利民者应持的态度。"②

4月1日 致函黄绍兰、赵淑嘉，表示蛰居天津，以书字消遣。③

4月5日 致函赵淑嘉，写曹全诗寄给赵淑嘉及胡汉民。④

4月7日 致函赵淑嘉，作《昨夜狂风忆西沽桃花感赋》。

《感赋》写道："天津西沽有桃源，数里一色无杂根。我来正值春明媚，曾经一度屐留痕。万花含苞方欲吐，春在枝头元气浑。好花原在未开时，此意难为俗人知。心心密契盘桓久，花应许我为至友。不忍竟别订重来，清明结伴赏花开。千红万紫霞一片，相对应尽酒百杯。不虞爱花复忧花，竟尔为花旅病加。届时预约未能践，只对卧榻念奇葩。心期花久病乃暂，病□□□细窥瞰。花应有情为我留，花如垂怜更无憾。何来昨夜忽狂风，扬尘飞砂天地蒙。娇花那许风姨暴，辗转终宵虑满衷。花若未开犹自可，花若开时落尽红。花若半开初开际，花容亦难保盈丰。春光正美花减美，我为桃花感五中。桃花岂是真薄命，燮理无乃乏人功。何时有权司造化，护花不用金铃借。春融场使花不谢，阴浓绿叶扶在下。待子满枝多如稼，与汝长对乐不夜。"⑤

---

① 程焕文、张靖、周旎：《邹鲁未刊稿》下册，广西师范大学出版社2008年3月第1版，第608页。

② 邹鲁：《回顾录》，岳麓书社2000年9月第1版，第260页。

③ 程焕文、张靖、周旎：《邹鲁未刊稿》下册，广西师范大学出版社2008年3月第1版，第609页。

④ 程焕文、张靖、周旎：《邹鲁未刊稿》下册，广西师范大学出版社2008年3月第1版，第609~610页。

⑤ 程焕文、张靖、周旎：《邹鲁未刊稿》下册，广西师范大学出版社2008年3月第1版，第610~611页。

4月8日 赵淑嘉致函先生，送手书先生诗作13首。这些诗作于环游世界旅途中，包括《出吴淞口》、《横滨出发遇风》等。①

4月16日 致函赵淑嘉。感谢赵八夕手书及抄诗，提出抄诗尚缺两首，分别为《比利时咏拿破仑威廉失败于此》、《咏坐公众游客车无分种族国家界》，请其赐补。同时，先生指出："日间精神稍佳，仍当漫行。"② 对于索诗，请赵寄北平较妥。

4月22日 致函赵淑嘉，叙述蛰居天津的心情及天气情况。③

4月26日 致函赵淑嘉，说明寄来的《明晖五子弥月图》已收。函中提到："近来所接邮寄，多被检查，深恐失落也。此后函仍寄天津医院较捷，姓名仍照旧书。澄虽出院，彼当代为收函也。病早告愈，惟穿衣较人为多，斯可憾耳。"④

4月28日 致函赵淑嘉，说明蛰居天津，精神无一日安适。

函称："书到必即奉还，若未奉还，必已失落。所接来信被查甚多，殊可怪。北来本来畅游，到平有人四伏锄麑。嗣拟赴沈，闻又有人张罗，遂乃暂蛰津门。然沈晋当局均有招迎之函，姑俟以待之。北行以来，精神无一日安适，而所事之成败利钝不与焉。我既如此，人何以堪？我诚罪人哉！诗请绍兰先生改好，另抄寄下为祷。尚有一集曹全之诗，函未提，收得否？返家省亲，必多快乐，能见告否？近来想学业与时俱进也。"⑤

先生记述北行时的状况："澄北行时，精神至苦，故多以戏院消磨精神，结果仍不免病，且不能告人。除有一二日无法抬头、不能起床外，每日总起床，仍如常应酬。……及出医院，乃上午日作楷书，下午仍然看〈戏〉，夜间有梦尚好。"⑥

---

① 程焕文、张靖、周旎：《邹鲁未刊稿》下册，广西师范大学出版社2008年3月第1版，第611～614页。

② 程焕文、张靖、周旎：《邹鲁未刊稿》下册，广西师范大学出版社2008年3月第1版，第614页。

③ 程焕文、张靖、周旎：《邹鲁未刊稿》下册，广西师范大学出版社2008年3月第1版，第615页。

④ 程焕文、张靖、周旎：《邹鲁未刊稿》下册，广西师范大学出版社2008年3月第1版，第615页。

⑤ 程焕文、张靖、周旎：《邹鲁未刊稿》下册，广西师范大学出版社2008年3月第1版，第616页。

⑥ 程焕文、张靖、周旎：《邹鲁未刊稿》下册，广西师范大学出版社2008年3月第1版，第624页。

5月初 与世界书局商议《环游二十九国记》再版事宜。[①]《环游二十九国记》再版3000部，改用道林纸，均订平装，定价照旧，而讹字予以更正。[②]

5月6日 接到由北平转来的数封函件，"悉被邮局扣去"[③]。

5月8日 致函赵淑嘉，说明"东洋之游，明日起程。"[④]

△致函赵淑嘉。函称："书发即由平转到四月廿八日手书，并相思豆二粒，欢喜无量。所教尤佩，东洋之行即有此意。盖滔滔者天下借是，不才如澄，岂能以一手挽狂澜哉？因欲成行理装，未克详罄一切。"[⑤]

5月9日 收拾行装，前往日本。[⑥]

先生在天津住了一段时间后，觉得那里始终是个是非之场。赵淑嘉建议先生出国一游，外避党政是非，内求清心养性。于是，先生决定前往日本。[⑦]

5月10日 从天津上船，前往日本之行首站门司。上船后，日探诘问先生姓名、职业等。先生回答名澄星，为文博女子学校教员。"苦索名片不可得，乃倾箱箧而检查。"[⑧]

△致函黄绍兰、赵淑嘉，叙述上船首日情况。[⑨]

5月12日 致函赵淑嘉，叙述上船第二日情况。

函称："船中二日矣，风〈平〉浪静，起居如恒，可以告慰。自天津自病［出］后，每日写楷，减少思虑不少，故以体魄言则早复原矣。北行二月有奇，殊无所得，惟游记北方销流颇多，每次到书，不几日即尽。近来世界书局再版斯书，望之可喜者。赐来红豆，藏之内衣。此次上船，改服洋装，次日想

---

① 程焕文、张靖、周旎：《邹鲁未刊稿》下册，广西师范大学出版社2008年3月第1版，第788页。

② 程焕文、张靖、周旎：《邹鲁未刊稿》下册，广西师范大学出版社2008年3月第1版，第703页。

③ 程焕文、张靖、周旎：《邹鲁未刊稿》下册，广西师范大学出版社2008年3月第1版，第617页。

④ 程焕文、张靖、周旎：《邹鲁未刊稿》下册，广西师范大学出版社2008年3月第1版，第617页。

⑤ 程焕文、张靖、周旎：《邹鲁未刊稿》下册，广西师范大学出版社2008年3月第1版，第617页。

⑥ 程焕文、张靖、周旎：《邹鲁未刊稿》下册，广西师范大学出版社2008年3月第1版，第617页。

⑦ 张靖、周旎：《邹鲁未刊稿述略》，见《中山大学学报（社会科学版）》，2007年第2期。

⑧ 程焕文、张靖、周旎：《邹鲁未刊稿》下册，广西师范大学出版社2008年3月第1版，第618页。

⑨ 程焕文、张靖、周旎：《邹鲁未刊稿》下册，广西师范大学出版社2008年3月第1版，第618页。

起，惶恐万分。后仍觅得，可以告慰。”①

5月13日 船抵日本门司，并从门司起程前往神户。船刚刚离开门司，先生即被日本《朝日新闻》记者认出，先生自述：“时适开船，未与多谈，恐至神户必有一番饶舌矣。”②

△致函赵淑嘉。函中表示在从天津至门司的三天旅途中，看完《中国政治史要》、《各国教育比较》、《中国新教育行政批评》三本书，“颇用自慰”③。

6月1日 致函赵淑嘉，表示来日后形体颇适。

先生同时在信函中指出：“国中叠电促归，悉已谢绝，盖扰扰尚未得真是非也。现观唐史一，研究其当时纷乱情形，以作今日之参考，有得再奉闻。”④

此时，先生已在一个很清静的地方——箱根的强罗住下，每天读书写字，逍遥自在。在强罗，先生温习了《资治通鉴》，还临摹了几次石鼓文，复应许多日本人请求，写字绘画，高兴时则吟诗。《宽庐以西湖漫兴诗见寄次韵》长诗及《芦之湖》、《临石鼓文已竟集其字成诗》二首即在此时所作。⑤ 先生在强罗的收信地址是：日本神奈川强罗泰济方冻清（收）。⑥

由于先生屡次谢绝国内催归电报，其超世态度引起一些朋友的不满，见其好像“无怀氏之民，葛天氏之民”一样，写信责备他，说他软化。先生用樱桃汁画成一幅菊花，并题诗一首答复他们：“摘取樱桃作紫红，染成秋菊付飞鸿。好教心事传将去，犹是棱棱傲骨躬。”⑦

6月7日 致函赵淑嘉，表示居日后形体稍肥，颇喜。⑧

6月11日 致函赵淑嘉，寄出山居日本后所作的14首诗，请赵及黄绍兰改正。这些诗取名为《日本山居》。在函中特意提醒赵：“顷与主人稍延居住

---

① 程焕文、张靖、周旎：《邹鲁未刊稿》下册，广西师范大学出版社2008年3月第1版，第618～619页。

② 程焕文、张靖、周旎：《邹鲁未刊稿》下册，广西师范大学出版社2008年3月第1版，第619页。

③ 程焕文、张靖、周旎：《邹鲁未刊稿》下册，广西师范大学出版社2008年3月第1版，第619页。

④ 程焕文、张靖、周旎：《邹鲁未刊稿》下册，广西师范大学出版社2008年3月第1版，第620页。

⑤ 国立中山大学校友会：《邹鲁全集》第（十）卷，三民书局股份有限公司1976年10月初版，第10～12页。

⑥ 程焕文、张靖、周旎：《邹鲁未刊稿》下册，广西师范大学出版社2008年3月第1版，第621页。

⑦ 邹鲁：《回顾录》，岳麓书社2000年9月第1版，第260～261页。

⑧ 程焕文、张靖、周旎：《邹鲁未刊稿》下册，广西师范大学出版社2008年3月第1版，第620页。

时日，函件可请照赐，但勿另告人知，别来烦扰，是所至叩。”[①]

6月14日 致函赵淑嘉，表示已经接到赵于6月1日寄出的信函，对赵淑嘉及黄绍兰因调护亦致病而问安。[②]

6月16日 致函赵淑嘉，表示山居日本，得知赵病，深感忧虑。“然自接先生函后，二夜不能安寐，又恐再发生病，盖心中惭愧，总觉罪过至大，精神时时督责不安也。”[③] 先生对知道赵病后，所复两函“语多唐突”而自责。

6月 撰写《国民党治下的教育经费问题》一文。

文章指出教育最重要的就是经费问题，并呼吁：“要我们全体教育界、全体国民，根据国民党的政策，督促实现下列三件事：增高教育经费、保障教育经费独立、庚子赔款完全化作教育经费。”[④]

7月 撰写《载兰言归序》。[⑤]

中东路事件发生后，“俄以绝交相迫”，先生血液沸腾，决定“束装回国”。回国前一日，得到居正寄赠的玉版宣纸一包，在一日之内，画完一百幅兰花图，编成一册专辑，题曰：“载兰言归”，并撰写自序。

离开箱根前，作诗一首《别箱根》：“又趁秋风事远征，林园山水不胜情。来时风雨归时月，散尽阴霾一路明。”[⑥] 在日本期间，作有诗集《扶桑集》。[⑦]

约8月中下旬 从日本经朝鲜回国。[⑧]

先生由釜山搭乘火车，取道朝鲜回到东三省。在火车上，看见日本军官飞扬跋扈，朝鲜人民的痛苦情形，写诗多首，成《朝鲜集》，以志观感。这些诗包括《釜山即事》、《釜京车中》、《韩京杂咏》、《谒箕子陵》，其中一首《釜京车中》写道：“车从釜山发，北向京城行。沿途见民舍，最足动我情。东斜复西倒，荒芜杂荆棘。茅茨殊不治，四壁涂泥成。宽广不数丈，支持乏一楹。

---

① 程焕文、张靖、周旎：《邹鲁未刊稿》下册，广西师范大学出版社2008年3月第1版，第621页。

② 程焕文、张靖、周旎：《邹鲁未刊稿》下册，广西师范大学出版社2008年3月第1版，第623～624页。

③ 程焕文、张靖、周旎：《邹鲁未刊稿》下册，广西师范大学出版社2008年3月第1版，第624页。

④ 梅萼：《邹鲁文存》第五集，北华书局1930年版，第83页。

⑤ 戴书训：《愈经霜雪愈精神——邹鲁传》，近代中国出版社1983年10月初版，第146页。

⑥ 国立中山大学校友会：《邹鲁全集》第（十）卷，三民书局股份有限公司1976年10月初版，第13页。

⑦ 程焕文、张靖、周旎：《邹鲁未刊稿》下册，广西师范大学出版社2008年3月第1版，第789页。

⑧ 国立中山大学校友会：《邹鲁全集》第（十）卷，三民书局股份有限公司1976年10月初版，第7页。

萧条空无物，乱草肆纵横。牛马同寝处，鸡鹜共杯羹。山河虽信美，居者不聊生。禾麦离离实，耕者不得烹。此情一何惨，哀哉亡国民！”①

在汉城期间，先生游览了动物园、博物馆、汉江桥、野外军营等地，并成《韩京杂咏》诗八首。②

抵达平壤后，先生游览了箕子陵，并作诗《谒箕子陵》。③

到沈阳后，先生将这些诗用化名送给一家报馆。次晨，报馆将这些诗都发表出来，但是凡是涉及日本的字句，不是改过，就用××符号来代替。先生看了后，非常愤慨，写信将报馆训了一番。

秋 到达沈阳。在沈阳，先生居住在一家僻静的旅馆，房金每天只有五角，饭由旅馆买来，菜是自己烧的。朋友罗文干看见后，很叹异地说：“你厕身政界二三十年，竟能安于这种生活，真是难得。”④

秋 在沈阳与张学良晤面。⑤

先生向张学良表示此来系因中东路事件，希望到前线观察对苏联战事。此议被张学良坚决拒绝，表示：“他人可去，你独不可去。”先生不明此话的意思。回旅馆后，罗文干来访，说是传闻有秘密赏格拿先生，一旦发生意外，恐怕外人说故意想出花样拿此赏格，因此张将军不同意先生到前线。罗文干还劝先生最好住在沈阳的日本区，以防万一。先生没有接受罗的劝告。但是在听了有秘密赏格拿人的话后，产生很多感想，作诗一首：“猛虎在深山，势令百兽慑。蛟龙潜海中，时有云气接。声威足惊人，牛后真臣妾。平生重意气，岂为好游侠？自由霖雨怀，济川作舟楫。头颅价十万，所到人骇慑。终当起栋梁，宁忍甘同压。”⑥

在有人知晓先生有被缉拿的可能时，打抱不平，说先生从事革命数十年，成功后不但没有享受权利，反而可能被缉拿，相比那些反对革命，却享受高官厚禄，实在不公平。先生听了后再作诗一首以示人：“阅尽沧桑百感平，由来世态反人情。养蚕尚不衣罗绮，饱饭何曾事种耕？季达孔穷原有例，颜殇跖寿莫相惊。君将历史从头看，消长机枢总可明。”⑦

---

① 邹鲁：《回顾录》，岳麓书社2000年9月第1版，第261页。

② 国立中山大学校友会：《邹鲁全集》第（十）卷，三民书局股份有限公司1976年10月初版，第13～14页。

③ 国立中山大学校友会：《邹鲁全集》第（十）卷，三民书局股份有限公司1976年10月初版，第14页。

④ 邹鲁：《回顾录》，岳麓书社2000年9月第1版，第261～262页。

⑤ 戴书训：《愈经霜雪愈精神——邹鲁传》，近代中国出版社1983年10月初版，第155页。

⑥ 邹鲁：《回顾录》，岳麓书社2000年9月第1版，第262页。

⑦ 邹鲁：《回顾录》，岳麓书社2000年9月第1版，第262页。

秋 在东北进行考察。[①]

与张学良见面后，先生决定对东北进行考察。考察路线为从沈阳乘火车，经吉林到齐齐哈尔，再由齐齐哈尔返回沈阳。看到东北三省地大物博，可惜人力不加，旷土甚广，计划筹集资本，在东北经营实业。

在辽阳考察期间，作诗一首《辽阳访华表柱故址不得其处》。[②]

秋 游山海关，参观了忠魂碑、角山、国防军驻地等地。作《山海关杂咏》六首。[③]

10月上旬 从沈阳赴天津，在火车上遇见冯玉祥的亲信，游说先生前往太原。

先生离开沈阳之际，适逢冯玉祥率领第二集团军联合阎锡山对中央作战。冯玉祥的一个亲信前来天津要求先生前往太原，恰好在火车上遇见。先生问："此次你来，是冯先生的意见呢？还是阎先生的意思呢？"他答道："是冯阎两先生的意思。"先生又问："这次用兵的意义怎样？"来人说："中央无缘无故与苏联闹出乱子，出了乱子，又不派兵出关抗敌，只是天天要裁异己的军队，排除异己的人才，迫不得已，才有此次的用兵。"[④] 先生感慨良多，决定居中调停，化干戈为玉帛，日后前往太原与冯阎见面。

10月上旬 在太原见冯玉祥和阎锡山，调停其与国民党中央的战事。[⑤]

先生在太原见到冯玉祥和阎锡山后，提出党权归诸全党和订定基本法与民共守的原则，二人满口答应。当时在郑州作战的只有冯玉祥的军队，阎锡山只负责接济饷械。双方战事正烈的时候，何应钦到了太原，阎锡山谅解中央。

不久，冯玉祥在五台县建安村的寓所就被派兵保护，冯玉祥失去出入自由，军事行动也归于失败。当时，先生和冯玉祥一起住在冯在建安县建安村的寓所。在其他人离冯而去时，先生坚持不离开，没有抛弃朋友，二人遂成为至交。

10月20日 上午11时，与熊孟宾一起见冯玉祥，"谈沪上最近情形"[⑥]。

10月22日 下午6时，冯玉祥到先生住处闲谈。[⑦]

---

① 邹鲁：《回顾录》，岳麓书社2000年9月第1版，第263页。

② 国立中山大学校友会：《邹鲁全集》第（十）卷，三民书局股份有限公司1976年10月初版，第15页。

③ 国立中山大学校友会：《邹鲁全集》第（十）卷，三民书局股份有限公司1976年10月初版，第15页。

④ 邹鲁：《回顾录》，岳麓书社2000年9月第1版，第264页。

⑤ 邹鲁：《回顾录》，岳麓书社2000年9月第1版，第264页。

⑥ 冯玉祥：《冯玉祥日记》第三册，江苏古籍出版社1992年1月第1版，第67页。

⑦ 冯玉祥：《冯玉祥日记》第三册，江苏古籍出版社1992年1月第1版，第68页。

10 月 30 日 下午 2 时，到冯玉祥住处拜访，赠送著作《二十九国环游记》多本。①

11 月 5 日 下午 2 时，与冯玉祥交谈多时，“相与感慨，国民党之躯壳徒存，精神早失，总理有知，当为痛哭九泉。国民党之分子，秘密时代尚多少具有革命性，自军事发展以后，兼收并容，甚至从前反对中山、为北伐对象之人，亦皆荣膺中委，遂竟不幸一变而为贪污土劣政客军阀之大集团。即夙昔号称忠实分子之同志，亦相率不胜环境之引诱，日趋腐化。长此以往，不加整理，吾恐将为他人革命对象，又焉望其能胜利领导中国革命之重担子耶？”②

11 月 12 日 上午 9 时，冯玉祥赴先生住处，“谈戴季陶在上海与孙夫人谈话，反对现政府不革命行为。”③

11 月 18 日 下午 2 时，到冯玉祥住处拜访。先生对冯玉祥说道：“三民主义适合中国国情，其力量发展起来，非共产主义所能当，因共产主义原则虽好，但对目前工业落后，整个的受资本帝国主义压迫之中国，殊不适宜，将来我辈子孙或可行之。并谓中山先生人格伟大，除其思想才干超人外，尤在正大光明四字。如以共党政策为‘阴谋’，则中山先生当可称为阳谋云。”④

11 月 29 日 致函赵淑嘉，寄上写于五台的《晋游感事》诗。⑤ 诗谓：“瀛海归来兴尚浓，又从代北记游踪。太行东走关山壮，汾水南迴险阻重。谲术晋文羞创霸，戏言唐叔溯初封。苍茫感念今和古，立马山头数乱峰。”⑥

12 月 6 日 计划与贾景德从建安前往太原。晚上 7 点，冯玉祥到先生住处，为先生一行送别。⑦

12 月 8 日 上午 11 时，冯玉祥再到先生住处，欢送先生一行前往太原。⑧

12 月 12 日 上午 8 时，国民党中央执行委员会三届第五十六次常务委员会会议召开，戴传贤、谭延闿、胡汉民等人出席，会议讨论事项有三项，其第二项为：“许崇智、邹鲁、居正、谢持，阴谋反动，危害党国，交国民政府通

---

① 冯玉祥：《冯玉祥日记》第三册，江苏古籍出版社 1992 年 1 月第 1 版，第 71 页。

② 冯玉祥：《冯玉祥日记》第三册，江苏古籍出版社 1992 年 1 月第 1 版，第 74 页。

③ 冯玉祥：《冯玉祥日记》第三册，江苏古籍出版社 1992 年 1 月第 1 版，第 75 页。

④ 冯玉祥：《冯玉祥日记》第三册，江苏古籍出版社 1992 年 1 月第 1 版，第 79 页。

⑤ 程焕文、张靖、周旎：《邹鲁未刊稿》下册，广西师范大学出版社 2008 年 3 月第 1 版，第 625 页。

⑥ 国立中山大学校友会：《邹鲁全集》第（十）卷，三民书局股份有限公司 1976 年 10 月初版，第 15 页。

⑦ 冯玉祥：《冯玉祥日记》第三册，江苏古籍出版社 1992 年 1 月第 1 版，第 86 页。

⑧ 冯玉祥：《冯玉祥日记》第三册，江苏古籍出版社 1992 年 1 月第 1 版，第 87 页。

缉。”①

王岿在《邹鲁生平述略》中认为：“邹鲁生性好发高论，牢骚满腹，难免指桑骂槐，何况邹自认地位不在蒋之下，不免骂座使气，得罪了蒋，于是再次遭通缉。”②

△致函赵淑嘉。

函称：“诊得诸脉平和，但三五至一停，或二三至一停不等，乃心气不足，脾肾受劳故也。证现心悸、食不消、气少，思虑过度所致。（我为汝憔悴，我得汝函，觉我之憔悴为不虚，我精神飞到汝身上矣。）药宜桂枝汤加减试之。调养宜静心少思，以上之证乃劳问，切记。（余到此只能停留数日，又须为东北之行，不能调养。不听汝言，又入旋涡，得此烦恼，奈何奈何。日间即有详函奉呈。）”③

12 月 15 日　致函赵淑嘉，函称：“洁君④如晤。”⑤

△致函黄绍兰，函称：“敬祝芳辰。”⑥ 是日为先生密友黄绍兰的生日。

12 月 19 日　致函赵淑嘉，将日夕所服的滩羊皮相寄。函略谓：“先生当能察其心，不为呵责并哂纳也。”⑦

12 月 20 日　国民政府令：“查许崇智、邹鲁、居正、谢持，阴谋反动，危害党国，著京内外各机关一体严缉，获务归案究办，以惩叛逆，而肃纲纪。”⑧

12 月 21 日　致函赵淑嘉，函称：“正点行装，接来手书，快慰无似，珍重寄上，珍藏。”⑨

---

① 中国第二历史档案馆：《中央周刊》，南京出版社 1997 年 7 月第 1 版，第 4－495 页。

② 王岿：《邹鲁生平述略》，见广东省政协文史资料委员会编《近代广东名人录》第二辑，广东人民出版社 1989 年 4 月第 1 版，第 122～123 页。

③ 程焕文、张靖、周旎：《邹鲁未刊稿》下册，广西师范大学出版社 2008 年 3 月第 1 版，第 626 页。

④ 邹鲁与赵淑嘉互称并自称“洁”或“洁君”。

⑤ 程焕文、张靖、周旎：《邹鲁未刊稿》下册，广西师范大学出版社 2008 年 3 月第 1 版，第 626 页。

⑥ 程焕文、张靖、周旎：《邹鲁未刊稿》下册，广西师范大学出版社 2008 年 3 月第 1 版，第 626 页。

⑦ 程焕文、张靖、周旎：《邹鲁未刊稿》下册，广西师范大学出版社 2008 年 3 月第 1 版，第 627 页。

⑧ 《命令》，见《申报》，1929 年 12 月 21 日。

⑨ 程焕文、张靖、周旎：《邹鲁未刊稿》下册，广西师范大学出版社 2008 年 3 月第 1 版，第 627 页。

12 月 22 日　致函赵淑嘉，函称："相逢佳节倍思亲"[①]。是日为冬至。

12 月 23 日　离开山西赴沈阳。[②]

是年中秋，阎锡山准备对中央兴兵，冯玉祥予以支持，并和唐生智约好一起行动。冯阎二人请先生赴东北会晤张学良，请张合作对抗中央。[③]

△致函赵淑嘉，函称："病体告愈，是日赴沈。"[④]

12 月 27 日　在乘车过榆关[⑤]口时致函赵淑嘉。寄上占诗一首《车过榆关口》："又过榆关口，千山白尽头。天边无赖月，不管惹人愁。"[⑥]

先生在《回顾录》中自述："十九年元旦，大风大雪，我从太原动身，经雁门关赴辽宁。"[⑦] 该自述与先生寄给夫人赵淑嘉的信函中的时间不一致，应是自述有误。

《澄庐诗集》中有《再过山海关》诗，且注明为民国十九年作："雪压榆关道，千山白尽头。天边一样月，到此惹人愁。"[⑧]

是年　撰写《最近对于党政意见》一文。[⑨]

先生在文章中提出对于解决党事和国事的意见，其中对于解决国事的意见，提出三点主张：恢复国民自信力以完成国民革命、保障国民公权私权以安社会秩序、实行造产豁免苛税以裕民生。

是年　书法上，专临石鼓文，复临钟鼎。[⑩]

---

① 程焕文、张靖、周旎：《邹鲁未刊稿》下册，广西师范大学出版社 2008 年 3 月第 1 版，第 627 页。

② 程焕文、张靖、周旎：《邹鲁未刊稿》下册，广西师范大学出版社 2008 年 3 月第 1 版，第 628 页。

③ 邹鲁：《回顾录》，岳麓书社 2000 年 9 月第 1 版，第 265 页。

④ 程焕文、张靖、周旎：《邹鲁未刊稿》下册，广西师范大学出版社 2008 年 3 月第 1 版，第 628 页。

⑤ 榆关：山海关的古称。

⑥ 程焕文、张靖、周旎：《邹鲁未刊稿》下册，广西师范大学出版社 2008 年 3 月第 1 版，第 628 页。

⑦ 邹鲁：《回顾录》，岳麓书社 2000 年 9 月第 1 版，第 265 页。

⑧ 国立中山大学校友会：《邹鲁全集》第（十）卷，三民书局股份有限公司 1976 年 10 月初版，第 15 ~ 16 页。

⑨ 梅萼：《邹鲁文存》第三集，文海出版社有限公司 1988 年印行，第 90 页。

⑩ 张靖、周旎：《邹鲁未刊稿述略》，见《中山大学学报（社会科学版）》，2007 年第 2 期。

1930年（民国十九年　庚午）四十六岁

1月1日　致函黄绍兰，寄新年诗。

诗谓："天容黯黯又新年，万里无家百感缠。握手路逢人祝福，调羹谁为我开筵。生平漂泊虽开惯，湖海孤零总自怜。今夜灯花偏大放，红鸾有喜卜金钱。"①

1月3日　致函赵淑嘉，告之明日赴沈，并寄送诗作《游晋祠》。②

1月4日　离开太原前往沈阳。③ 是为先生近日第二次由并赴沈。

1月7日　黄绍兰致先生，寄送奉和诗二首。④

1月11日　致函赵淑嘉，告诉赵旅居无事。在函中表示："我回平时总在阴历二十左右，此函到时不可再来函此地为要。"⑤

1月25日　返回太原。⑥

1月28日　晚上，到建安村与冯玉祥会谈时局。王朝俊、李书城会谈时在座。⑦

1月29日　中午，在建安村与冯玉祥、王朝俊会谈时局。随即，冯玉祥欢送先生等人返回太原，并请先生转达冯对阎锡山的建议，促阎"应当机立断，速则制人，迟则见制于人。余决心始终反蒋，任其以何为饵，皆不妥协，请其放心。"⑧

△是日为除夕，作诗一首《沈阳旅次旧历元夕记事》："辽东作客报新年，

---

① 程焕文、张靖、周旎：《邹鲁未刊稿》下册，广西师范大学出版社2008年3月第1版，第629页。

② 程焕文、张靖、周旎：《邹鲁未刊稿》下册，广西师范大学出版社2008年3月第1版，第629页。

③ 程焕文、张靖、周旎：《邹鲁未刊稿》下册，广西师范大学出版社2008年3月第1版，第629页。

④ 程焕文、张靖、周旎：《邹鲁未刊稿》下册，广西师范大学出版社2008年3月第1版，第630页。

⑤ 程焕文、张靖、周旎：《邹鲁未刊稿》下册，广西师范大学出版社2008年3月第1版，第631页。

⑥ 冯玉祥：《冯玉祥日记》第三册，江苏古籍出版社1992年1月第1版，第111页。

⑦ 冯玉祥：《冯玉祥日记》第三册，江苏古籍出版社1992年1月第1版，第112页。

⑧ 冯玉祥：《冯玉祥日记》第三册，江苏古籍出版社1992年1月第1版，第112页。

检点行囊有酒钱。今夜直须拼一醉，怕教归梦惹情牵。生年自愧不知音，今夕何来隔院琴。弹罢似闻微欢息，满天星斗起栖禽。”①

2月1日 受阎锡山派遣，拟赴沈阳见张学良。

陈继淹在是日下午2点向冯玉祥报告：“所定计划无大变更。阎（阎锡山）通电已拟就，刻拟请邹海滨（邹鲁）赴奉，赵藏青赴汴，刘星甫赴潼，与各方接洽。俟赞同后，即行拍发。阎拟请汪精卫来晋晤商，麦焕章仍在太原云。”②

2月9日 先生记述：“刻又抵沈，并告平安。此次由太原越雁门关而至大同，复由大同经张家口至北平，转天津而到此。途经别辟，又多结识无数山水。”③

△致二函给赵淑嘉，其中一函中写道：“比来人事颇繁，匆匆奉此。”④ 另一函为点读游记。

2月中旬 一日深夜，张学良派人约见，与先生谈了约一小时。先生对张表达了希望他严守中立，对国内政治不偏袒任何一方，把国土保护好的建议，得到张的赞成。⑤

2月中旬 给张学良写信，劝其改变生活情形，负起保家卫国的责任。

张学良生于富贵，养成了诸多不良生活习性，如好牌习赌、起居无常等。“张每日早晨始就寝，下午四时左右才起床，非深夜不能见客。”⑥ 其生活情形，引起先生无限感慨，于是在与张会晤后挥笔写了一封长信，信谓：“东三省北俄南日，虎视眈眈，即使励精图治，巩固我国，尚不敢保其无事。今先生身膺疆域，不知注意国防，惟纵情于声色犬马之乐，起居无节，号令不时。弟与先生交情虽浅，但为国家前途计，终不敢缄默无言。尚望先生能及时努力，振作精神，负起捍卫国家之责任。不然，一旦变起仓卒，将何应战，固我边圉？东三省一失，藩篱撤去，国家不免受累，先生讵能免于国人之指斥乎？”⑦

不久，张学良复函，表示读过先生的信件后深为感动，愿意从此改过自

---

① 国立中山大学校友会：《邹鲁全集》第（十）卷，三民书局股份有限公司1976年10月初版，第16页。

② 冯玉祥：《冯玉祥日记》第三册，江苏古籍出版社1992年1月第1版，第113页。

③ 程焕文、张靖、周旎：《邹鲁未刊稿》下册，广西师范大学出版社2008年3月第1版，第631页。

④ 程焕文、张靖、周旎：《邹鲁未刊稿》下册，广西师范大学出版社2008年3月第1版，第631～632页。

⑤ 邹鲁：《回顾录》，岳麓书社2000年9月第1版，第265页。

⑥ 邹鲁：《回顾录》，岳麓书社2000年9月第1版，第265页。

⑦ 邹鲁：《回顾录》，岳麓书社2000年9月第1版，第265页。

新。但是当先生离开沈阳时，得知张学良生活依旧，料想东北可能要出事了。在沈期间，先生数次会晤张学良。[①]

2月中旬 罗文干和汤尔和来访。[②]

二人看见先生写的劝解张学良改变生活习惯的信函，罗认为张年少气盛，与言无益，汤则认为或可动其天良。

2月22日 致赵淑嘉家书，内容为老家人于升[③]已经从上海回来，得姊妹各物，“用者用，食者食，自无问题，惟抛鞋一双则仍留以有待。”[④]

2月 致函赵淑嘉，说明是日收到赵及黄绍兰多封函件的感受，包括与赵之间的称呼是否失当、黄绍兰称为“阿鹊”的至妙之处等。[⑤]

2月 致函赵淑嘉，寄送情诗一首。诗谓：“何时握手诉衷心，轻薄也须细细箴。料想令人深感处，不加呵语转矜音。”[⑥]

2月 致函赵淑嘉，寄诗一首，诗名《草》，该诗后被收入《澄庐诗集》。[⑦] 在即将离开沈阳之际，先生还作诗《沧桑》、《猛虎》，也均被收入《澄庐诗集》。[⑧]

3月初 阎锡山电邀先生等人赴太原共议国事。[⑨]

3月1日 在沈阳致赵淑嘉家书，告之明日赴大连，并问候黄允中等人。[⑩]

3月2日 离开沈阳赴大连。[⑪]

3月3日 蒋介石复张学良江（3日）电，请阎锡山将先生和谢持驱逐出北平和天津。

---

① 《邹鲁个人之电责》，见《申报》，1931年11月21日。

② 邹鲁：《回顾录》，岳麓书社2000年9月第1版，第265页。

③ 于升：先生的老家人，跟随先生多年，与先生一家人十分亲近。

④ 程焕文、张靖、周旎：《邹鲁未刊稿》下册，广西师范大学出版社2008年3月第1版，第635页。

⑤ 程焕文、张靖、周旎：《邹鲁未刊稿》下册，广西师范大学出版社2008年3月第1版，第633页。

⑥ 程焕文、张靖、周旎：《邹鲁未刊稿》下册，广西师范大学出版社2008年3月第1版，第633页。

⑦ 程焕文、张靖、周旎：《邹鲁未刊稿》下册，广西师范大学出版社2008年3月第1版，第633页。

⑧ 国立中山大学校友会：《邹鲁全集》第（十）卷，三民书局股份有限公司1976年10月初版，第16页。

⑨ 贺德宏：《邹鲁、谢持在傅公祠的活动》，见《文史月刊》，2005年第9期。

⑩ 程焕文、张靖、周旎：《邹鲁未刊稿》下册，广西师范大学出版社2008年3月第1版，第635页。

⑪ 程焕文、张靖、周旎：《邹鲁未刊稿》下册，广西师范大学出版社2008年3月第1版，第635页。

蒋介石在复电中仍一味指责阎锡山反抗中央，并提出实现和平解决阎锡山问题的七个条件，其中第六条为要求阎锡山“驱逐邹鲁、谢持、王法勤、郭春涛等反动分子”①。

先生盛怒之下，复电蒋介石，称自己“为手创民国之一人，尤为国民党三十年来最前线革命奋斗之一人……再深论之，能以广东为最后革命根据地，实由总理委弟为特派员，与各方同志主持讨逆，得回广东。既兄之被委为党军主持人也，亦由弟在中央执行委员会为常委委员所委托。然讨逆之事，全由党之力量，始能成功。委兄之事，亦由党之意思，始成事实。弟适当其局，皆非弟个人之力。弟亦未敢引为己力而贪天之功。明乎此，则知兄之握兵柄而成统一也，非兄之力量，乃党之力量，非兄之意思，乃党之意思。”② 言下之意自然是蒋忘恩负义，因而要蒋“午夜清思”，以路易十六为前车之鉴。

3月14日 鹿钟麟等诸将领致先生寒（14日）电。

先生在复鹿钟麟等诸将电中表示：“诚为今日蒋介石无可讳言之事实，尽蒋向来弄智窃权，谋窃党国为私有，位未高时，事事排逐长官；位已高时，事事消除同事，年来之挑拨离间各集团，以为各个击破之计划。遂其蒋介石党国之私图，尤复害国残民，水深火热，最为显著。卒之图穷而匕首见。二、三、四集团诸同志，一致洞其阴谋，互相结合，叠其罪状，予以警告，爱国爱党，亦所以爱蒋介石。深望诸同志以党国为重，尤勿以全国全党所统一之国，断送于蒋介石一人之手，即以全国所托付之军队，全党所托付之军队，而为救国救党之军队，是所切盼。”③

△在天津致赵淑嘉家书。写道：“来因萍踪无定，未能静读书也，此节真对我洁不起。我致介（蒋介石）电有见否？此局未判，未能中止，奈何奈何！苦我洁操心矣。甚至函亦不能常写，写亦不能尽意。总请我洁谅之，千万千万！”④ 先生在函末留下的收信地址是：天津日租界速浪路十三号张德海转杨瑞人。

3月20日 阎锡山派代表赵丕廉赴天津，迎陈公博、王法勤、先生、谢

---

① 张友坤、钱进、李学群：《张学良年谱》（修订版），社会科学文献出版社2009年2月第1版，第315页。

② 梅萼：《邹鲁文存》第三集，文海出版社有限公司1988年印行，第145~146页。

③ 梅萼：《邹鲁文存》第三集，文海出版社有限公司1988年印行，第146~147页。

④ 程焕文、张靖、周旎：《邹鲁未刊稿》下册，广西师范大学出版社2008年3月第1版，第636页。

持、傅汝霖、覃振等到太原共商联合反蒋大计。①

《申报》报道："数日以前（28日以前），谢持、邹鲁、王法勤、陈公博等二十三名，在天津会议，决议关于树立新政府，仍沿袭国民政府，并继承党部，又议决在北平纠合各委员，开会议决定党之内容，且设立中央党部秘书处，尽西山派与改组派因鉴于山西派内反对树立新政府之空气渐次浓厚，故张共同战线，表示对抗山西派之气势。"②

△先生参与筹建的太原各党部联合办事处正式迎汪讨蒋。汪精卫北来太原后，也表示接纳阎锡山的主张。

△在天津致赵淑嘉家书。写道："接函知我洁已返沪。现又有一事请我洁办理。即请上海所见有关我之文字剪寄（以前以后的均要）。不管反对与赞成，尤其是有对我出版物批评之文字，即前《史稿》出版在各〈报〉登之广告，亦请补剪寄来。近来又不能居津矣，或当移平。日来对我镜，颇讶消瘦，而衣带日缓则早已觉之。北地树已吐芽，花又放苞，反至不愿出门，多增感慨。余未赘。"③

3月22日　在天津致黄绍兰函，寄奉和诗一首。④

3月27日　从天津抵达北平。⑤

同日抵达的还有国民党"改组派"和"西山会议派"的陈公博、王法勤、谢持、覃振、傅汝霖等人，他们均应阎锡山的邀请到北平。

是日，"改组派"、"西山会议派"在党统问题上有争论，陈公博等主张恢复广东二届中央执委会职权，在平组织国民党中央党部扩大会议，推选常委会，产生政治会议和政府，先生、谢持认为既然合作反蒋，上海二届中央也应参加联合召集扩大会议。嗣因陈公博、王法勤接受先生、谢持先在北平成立中央干部秘书处的主张，党务争论告一段落。⑥

3月29日　陈公博、王法勤与先生、谢持在北平什刹海开会，议商决定先在北平成立中央干部秘书处，由第一、第二、第三届中央执行委员发表共同

---

① 中国社会科学院近代史研究所中华民国史组：《中华民国史资料丛稿大事记》第十六辑，中华书局1989年1月第1版，第48页。

② 《北方进行诡谲组织》，见《申报》，1930年3月29日。

③ 程焕文、张靖、周旎：《邹鲁未刊稿》下册，广西师范大学出版社2008年3月第1版，第636页。

④ 程焕文、张靖、周旎：《邹鲁未刊稿》下册，广西师范大学出版社2008年3月第1版，第637页。

⑤ 广东省立中山图书馆：《民国广东大事记》，羊城晚报出版社2002年11月第1版，第405页。

⑥ 中国社会科学院近代史研究所中华民国史组：《中华民国史资料丛稿大事记》第十六辑，中华书局1989年1月第1版，第52页。

宣言，并由一、二、三届中央执行委员组织国民党中央扩大委员会，解决今后党政问题。①

《申报》31日载《新晨报》报道："此项宣言，邹（邹鲁）业已脱稿，日内由陈（陈公博）等携往太原，呈阎核夺，再行发表等语。"②

3月30日 致赵淑嘉函。函称："刻移居平寓，特先奉告，余容续闻，不尽缕缕。寄剪稿函请勿夹信为要（现各报有登告白亦请剪寄）。"③

4月1日 离开北平，前往天津。④

△《申报》登载北平1日专电："陈公博与邹鲁等已商定，开扩大会议，先成立中央干部，产生政治会议，容纳各派人物组织之，桂代表卢蔚乾亦参与此议。"⑤

4月3日 和谢持、覃振、许崇智联电祝贺阎锡山、冯玉祥、李宗仁就陆海空军副总司令职。⑥

△致函赵淑嘉。函称："日来所住之屋，园中桃花初放，柳叶渐长，春色惹人，颇觉烦恼。附件请加封，嘱人送至《江南晚报》（寄恐不到），以便其更正。前嘱剪稿至今无一到，想为人检查去矣。"⑦

4月7日 著《对党事国事之意见》一文。⑧

粤二届中委王法勤等人为反对蒋介石召开国民党"三全"大会，在上海组织"中国国民党各省市党部海外总支部联合办事处"，于4月3日在北平正式成立中国国民党各省省市党部海外总支部平津执行部。6日，该部发表措辞激烈的成立宣言，主张粤二届中执监委为正统。是日，先生撰本文予以驳斥。

△赵丕廉电北平："百公（阎锡山）渴望诸老同志来晋，早商妥善办法。派员欢迎谢慧生（谢持）、邹海滨（邹鲁）、覃理鸣（覃振）、傅沫波（傅汝

---

① 中国社会科学院近代史研究所中华民国史组：《中华民国史资料丛稿大事记》第十六辑，中华书局1989年1月第1版，第52页。

② 《陈公博邹鲁等将发共同宣言》，见《申报》，1930年3月31日。

③ 程焕文、张靖、周旎：《邹鲁未刊稿》下册，广西师范大学出版社2008年3月第1版，第637页。

④ 广东省立中山图书馆：《民国广东大事记》，羊城晚报出版社2002年11月第1版，第405页。

⑤ 《各派政客筹组北方政府》，见《申报》，1930年4月2日。

⑥ 中国社会科学院近代史研究所中华民国史组：《中华民国史资料丛稿大事记》第十六辑，中华书局1989年1月第1版，第56页。

⑦ 程焕文、张靖、周旎：《邹鲁未刊稿》下册，广西师范大学出版社2008年3月第1版，第637页。

⑧ 中国社会科学院近代史研究所中华民国史组：《中华民国史资料丛稿大事记》第十六辑，中华书局1989年1月第1版，第57页。

霖)、茅泳薰（茅祖权）联袂命驾来此，共策进行，盼望甚殷，伫候明教。”①该电发表在8日出版的《申报》上。

4月8日 出席党统问题会议。

上午，会议在北平丰盛胡同30号举行，出席会议的有先生、谢持、陶冶公、卢蔚乾、傅汝霖、徐邦杰等人，先生、谢持等西山派仍主沪二届为正统。下午，双方观点“似稍接近”。②

此时，阎锡山派来的欢迎先生等人的代表已三次催请，并只好在北平等候。

4月9日 孔繁蔚是日拜访卢蔚乾，请先生、谢持与陈公博、王法勤“互助互让，在此军事期间，尤不应多起争执，致予对方以分析离间集会。”③

4月10日 傍晚，从北平出发前往山西。④

△《申报》登载9日北平专电：“阎（阎锡山）迎汪（汪精卫）电稿，经阎亲修正后，专员送来，将与谢（谢持）邹（邹鲁）接洽后，再行发出。”⑤

4月11日 《申报》登载10日北平专电：“汪（汪精卫）近电陈公博，对邹（邹鲁）谢（谢持）谓最好不谈党统，说老实话，大家联合起来，取得政权，则号召力大云。”⑥

4月12日 和谢持应阎锡山邀请，是日从天津抵达太原，与陈公博、阎锡山等会商党务，陈公博有让步表示。⑦

先生到太原的目的是参与筹建党部，反抗蒋介石。当时，阎锡山已经约集汪精卫一派在一起，商议速成立党部，以资号召反对中央。汪精卫主张以粤二届执监委为基本，加上先生等人成立党部，并于是日就北方党务争执问题电北平各省区党部联合处，声称亡党之痛，甚于个人失位，主张牺牲成见。先生则认为，在特别委员会被推翻后，党统已经不复存在，因此主张从根本上打破党统观念，就事实而谋全党的团结。⑧ 先生和谢持抵达太原后，住在傅公祠。

4月13日 晨，与谢持见阎锡山。与阎会面后，拜访各位代表，“将在太

① 《邹谢准备赴晋》，见《申报》，1930年4月8日。
② 《邹谢尚未赴晋》，见《申报》，1930年4月10日。
③ 《邹谢尚未赴晋》，见《申报》，1930年4月10日。
④ 《阎催邹谢赴晋》，见《申报》，1930年4月11日。
⑤ 《邹谢尚未赴晋》，见《申报》，1930年4月10日。
⑥ 《阎催邹谢赴晋》，见《申报》，1930年4月11日。
⑦ 广东省立中山图书馆：《民国广东大事记》，羊城晚报出版社2002年11月第1版，第406页。
⑧ 邹鲁：《回顾录》，岳麓书社2000年9月第1版，第265～266页。

原开党务会议，由陈（陈公博）王（王法勤）邹（邹鲁）谢（谢持）主持一切。”①

4月14日 太原的各位代表在大饭店开会，“陈（陈公博）邹（邹鲁）意见融洽，均愿牺牲主义以归一致，恳阎（阎锡山）速组政府。”②

4月15日 与阎锡山商谈党务。

晨，阎锡山到傅公祠拜访先生和谢持，双方交谈甚久，“邹（邹鲁）谢（谢持）阎（阎锡山）对党务均主注重事实，不必候汪（汪精卫）北来，先行筹备一切，一面再劝汪驾。至陈公博主张先组军政府问题，邹谢以财政外交有无准备为言，阎主稍缓，因以晋一省之财，供各方需要，究有偏枯，不得不通盘筹划，现先从整理着手。至外交不成问题，外交完全在事实云。”③ 双方还商定19日召开党务会议，由代表中每省推一人代表党，共商办法。

4月16日 先生与“西山会议派”、“改组派”代表再晤阎锡山，促速组织政府，阎锡山称个人对此事，并无特别意见。④

4月16日至21日 先生与陈公博对粤、沪二届党统争论激烈。

陈公博最初坚持粤二届为正统，认为扩大会议应由广州二届中央召集，后承汪精卫意，让步至会合一、二、三届中央委员组成扩大会议；先生与谢持则坚持既然合作反蒋，上海二届中委也要参加召集，认为“欲团结整个的党，只有就一届，或粤沪两个二届，或合各方各届之执监委员，组织一种委员会，以执行党之职务，最为适当。”谈判成为僵局。16日，山西省政府主席商震电北平覃振赴并调停。18日，阎锡山派人迎接覃振赴并。同日，陶冶公由并致函覃振称，“陈邹辩论二届问题甚力，弟从事调停，恐力不逮，盼兄速来并。”⑤ 先生与陈公博的讨论直延至21日，终无结果。

4月17日 阎锡山宴请先生、陈公博，决定原有县市党部停止活动。⑥

4月18日 陈公博邀请先生、谢持等人赴潼关，会晤冯玉祥。先生应允，谢持以体胖不适合长途旅行而作罢。⑦

---

① 《邹谢抵晋晤阎》，见《申报》，1930年4月14日。

② 《陈邹会晤结果》，见《申报》，1930年4月16日。

③ 《阎与邹谢会晤》，见《申报》，1930年4月17日。

④ 中国社会科学院近代史研究所中华民国史组：《中华民国史资料丛稿大事记》第十六辑，中华书局1989年1月第1版，第64页。

⑤ 中国社会科学院近代史研究所中华民国史组：《中华民国史资料丛稿大事记》第十六辑，中华书局1989年1月第1版，第64页。

⑥ 中国社会科学院近代史研究所中华民国史组：《中华民国史资料丛稿大事记》第十六辑，中华书局1989年1月第1版，第64页。

⑦ 《陈公博邹鲁将赴潼关晤冯》，见《申报》，1930年4月19日。

4月20日 致函赵淑嘉，函称："敬告平安，请宽爱念。"①

4月24日 致电冯玉祥，攻击改组派"不配再言党统"，内称："党事未能商妥之故，由于改组派必欲存其彼方之二届，而否认沪方之二届"。"沪二届本团结之精神，不否认改组派二届于人人排斥之时，而改组派乃必否认沪二届于人人言团结之际，究不知是何用心。"②

4月27日 晚上，商震、薛笃弼、赵戴文、赵丕廉、陈公博、先生等及各方代表五十余人在太原集会交换党政意见，决定先邀汪精卫及党中负责人到北平，共商进行办法。③

4月 在太原期间作诗多首，包括《游晋祠感怀》、《晋祠四咏》等。④

5月5日 覃振、张知本、茅祖权等人自天津电太原，邀请王法勤、谢持、先生、白云梯及赵戴文、薛笃弼、商震、赵丕廉等赴北平，商决召开国民会议，制定约法等事宜。⑤

5月9日 在太原致函赵淑嘉，告之卧病数日。⑥

△在太原致函赵淑嘉，告之卧病数日，今告愈。特急告，请宽念。⑦

5月15日 在太原致函赵淑嘉，告之"多三数日即回北平，知注敬闻。"⑧

5月19日 和赵丕廉由晋抵达北平，参加党务讨论。⑨

5月20日 在北平中南海怀仁堂参加党务讨论，发表联合宣言与发起成立中央党部扩大会议问题。因最近汪精卫来电主张"团结须依党统"，而"西

---

① 程焕文、张靖、周旎：《邹鲁未刊稿》下册，广西师范大学出版社2008年3月第1版，第638页。

② 中国社会科学院近代史研究所中华民国史组：《中华民国史资料丛稿大事记》第十六辑，中华书局1989年1月第1版，第69页。

③ 中国社会科学院近代史研究所中华民国史组：《中华民国史资料丛稿大事记》第十六辑，中华书局1989年1月第1版，第70~71页。

④ 国立中山大学校友会：《邹鲁全集》第（十）卷，三民书局股份有限公司1976年10月初版，第16~17页。

⑤ 中国社会科学院近代史研究所中华民国史组：《中华民国史资料丛稿大事记》第十六辑，中华书局1989年1月第1版，第74~75页。

⑥ 程焕文、张靖、周旎：《邹鲁未刊稿》下册，广西师范大学出版社2008年3月第1版，第638页。

⑦ 程焕文、张靖、周旎：《邹鲁未刊稿》下册，广西师范大学出版社2008年3月第1版，第638页。

⑧ 程焕文、张靖、周旎：《邹鲁未刊稿》下册，广西师范大学出版社2008年3月第1版，第638页。

⑨ 广东省立中山图书馆：《民国广东大事记》，羊城晚报出版社2002年11月第1版，第408页。

山派”则坚持汪既然合作，就应迁就事实，抛弃党统，讨论会“无结果”[①]。

5月21日 致函赵淑嘉。函略谓：“到晋曾卧病数日，稍愈即奉闻，计达左右。病愈起程，并即奉告。途中劳苦，病又再生，到平三日，病又告愈。”[②]

5月25日 致函赵淑嘉。

函称：“日间于君（于升）南下，带去各物，有数事相告于左：

（一）宝贤堂法贴共两函，请收藏。第一卷中（篇首）有数语，阅之便悉；（二）图章三，中有二大颗请转阿姊，其小者请我洁自用。其印文买来即有，我更喜其合用，不消另刊；（三）嘱于购狮子猫（本日嘱买，买得否未定，买不得则无法带去），购得即与阿珪[③]看，明年又生子生孙矣；（四）嘱买膏药，明日买得一齐带去。”[④]

△再函赵淑嘉。函称：“宝贤堂法贴、小章一系遗我洁者，大图章二请转阿姊。狮子猫未购得，改以笔四枝贻伯瑜。膏药请照收。附上《四库备要》取书证，即往妥取，并证一齐存妥。附上《游记》、《史稿》版税纸，即存妥。”[⑤]

5月27日 北方党务争执经赵丕廉斡旋有解决希望，陈公博、白云梯、王法勤、覃振、傅汝霖等在北平赵宅密议，商定由汪精卫、阎锡山、王法勤、冯玉祥、邓泽如、先生、谢持等31人联名发表宣言。29日，北方下级党部反对联名宣言，主张以粤二届为党务最高机关。[⑥]

5月31日 接赵淑嘉电，问候先生病情如何。先生未复。[⑦]

5月 赵淑嘉致函先生。函称：“我打了电，写了信，问汝的病，汝为什么不复电复信，使我急得难受？原来因为于升走了，我的电、我的信汝接得迟。接道之后，又以为于升业已抵沪，可以将汝的信、汝的物交我，交给我可以明白一切，不劳多此一复。谁知他到得迟，足足急了我数日。这种赔偿，除

---

① 广东省立中山图书馆：《民国广东大事记》，羊城晚报出版社2002年11月第1版，第408页。

② 程焕文、张靖、周旎：《邹鲁未刊稿》下册，广西师范大学出版社2008年3月第1版，第639页。

③ 阿珪：黄绍兰与黄侃的女儿，学名黄允中。

④ 程焕文、张靖、周旎：《邹鲁未刊稿》下册，广西师范大学出版社2008年3月第1版，第639~640页。

⑤ 程焕文、张靖、周旎：《邹鲁未刊稿》下册，广西师范大学出版社2008年3月第1版，第640页。

⑥ 中国社会科学院近代史研究所中华民国史组：《中华民国史资料丛稿大事记》第十六辑，中华书局1989年1月第1版，第88页。

⑦ 程焕文、张靖、周旎：《邹鲁未刊稿》下册，广西师范大学出版社2008年3月第1版，第641页。

非汝把心交给我，是不能令我精神满足的。汝说是不是呢？阿弥陀佛！”①

6月2日 复函黄绍兰，叙述炖鸡补身之法。② 黄绍兰于5月22日致函先生。

6月5日 与谢持复电汪精卫。“粤二届已满期失效，党统早断，倘君十四年（1925年）能随西山派清共，何致酿成今日东南之共祸；倘君能十六年（1927年）冬随西山派合作，何致动今日之师。凡此旧账，不应再算。惟有打破党统，专就事实，拥护主张整个的党者，主持时局。今若再言党统，致政府不能成立，贻误大局，谁尸其咎？沪二届仍顾本团结精神，再商适宜办法，以达开会产政府之目的。”③

△发表通电，驳斥汪精卫的主张。④

是月1日，汪精卫通电主张即开中央党部扩大会议解决党务问题，并筹备召开第三次全国代表大会，但仍坚持粤二届为合法党统，不承认沪二届地位，致再次引起“西山会议派”不满。是日，先生、谢持通电驳斥，主张打破党统，沪、粤二届合作：“汪仍执二届正统之主张，不无遗憾，居今言党，一须察人民向背，二须顾虑军事环境，三应觉悟泯去派别，故阎（阎锡山）总司令有整个的党主张，须知非打破党统，不能整个团结，度平扩大会议可开，使党权还诸党员，政权还诸国民，望全体同志，共同努力以赴之。”⑤

6月7日 由于谢持、先生通电对汪精卫东（1日）电不放弃粤二届党统有所指摘，是日，察绥晋三省党部联合以书面警告谢持、先生。⑥

6月8日 致函黄绍兰，叙述佛家咒法。⑦

6月10日 先生等人创办的《江南晚报》停刊。⑧

6月12日 先生对外界表示：“若再讲党统，对不起前线武装同志，请速

① 程焕文、张靖、周旎：《邹鲁未刊稿》下册，广西师范大学出版社2008年3月第1版，第640～641页。

② 程焕文、张靖、周旎：《邹鲁未刊稿》下册，广西师范大学出版社2008年3月第1版，第641页。

③ 《北方党务纠纷》，见《申报》，1930年6月6日。

④ 中国社会科学院近代史研究所中华民国史组：《中华民国史资料丛稿大事记》第十六辑，中华书局1989年1月第1版，第91页。

⑤ 《北方党务纠纷》，见《申报》，1930年6月6日。

⑥ 中国社会科学院近代史研究所中华民国史组：《中华民国史资料丛稿大事记》第十六辑，中华书局1989年1月第1版，第93页。

⑦ 程焕文、张靖、周旎：《邹鲁未刊稿》下册，广西师范大学出版社2008年3月第1版，第642页。

⑧ 程焕文、张靖、周旎：《邹鲁未刊稿》下册，广西师范大学出版社2008年3月第1版，第598页。

讲事实，早成政府。”①

6 月 13 日 参加北平“扩大会议”。②

当时，阎锡山部已经和平接收北平和天津的各个机关。是日，汪精卫、阎锡山和先生等反蒋各派代表在北平召开扩大会议，产生政府，对抗蒋介石。

在会议上，先生发表《党统问题》、《最近对于党政的意见》等言论，在党的方面，主张党权归党，所以预备召集国民党“四全”大会；政的方面，主张政权还民，其目的“是要蒋介石交出权力”③，并因此急忙成立了约法起草委员会，拟订约法。

6 月 14 日 谢持与先生发表声明：“赵丕廉、傅汝霖，日来虽有对于党事之协商，只提发表宣言，并未涉及汪氏（汪精卫）东（1 日）电，亦无何种电稿交予阅看，至汪东电以粤二届为主体，成立扩大会议一节，我等已有歌电，认为不当，倘汪精卫、陈公博不另生枝节，则宣言发表不成问题。”④

△《申报》14 日北平专电写道：“至邹（邹鲁）谢（谢持）已就阎（阎锡山）顾问，月薪五百。”⑤

6 月 30 日 阎锡山连日与各方代表商议组织政府，拟推阎锡山、冯玉祥、张学良、李宗仁、汪精卫、唐绍仪、许崇智 7 人为政府委员。因党务问题未决，是日派代表赵丕廉、冀贡泉到北平，劝谢持、先生让步，以便由党部产生政府。⑥

6 月 赠赵淑嘉照片一幅。⑦

7 月 1 日 夜，谢持、先生、覃振、茅祖权拜访赵丕廉，继续谈论党务问题。双方认为，“因汪（汪精卫）来电迄无北来意，许崇智亦为某方所未欢迎，拟就在北一、二、三届党委及其他实力派与代表团中，组扩大会议，以便产生政府，免迁延下去，影响军事，所谓党政同时解决者此也。若汪果诚意北来，则先党后政亦可，当快电阎（阎锡山）请示。”⑧

---

① 《北方谈党声浪渐低》，见《申报》，1930 年 6 月 13 日。

② 戴书训：《愈经霜雪愈精神——邹鲁传》，近代中国出版社 1983 年 10 月初版，第 155 页。

③ 王崇：《邹鲁生平述略》，见广东省政协文史资料委员会编《近代广东名人录》第二辑，广东人民出版社 1989 年 4 月第 1 版，第 121 页。

④ 《草拟贵大会议宣言　邹谢发表正式宣言》，见《申报》，1930 年 6 月 15 日。

⑤ 《草拟贵大会议宣言　邹谢发表正式宣言》，见《申报》，1930 年 6 月 15 日。

⑥ 中国社会科学院近代史研究所中华民国史组：《中华民国史资料丛稿大事记》第十六辑，中华书局 1989 年 1 月第 1 版，第 106 页。

⑦ 程焕文、张靖、周旎：《邹鲁未刊稿》上册，广西师范大学出版社 2008 年 3 月第 1 版，第 3 页。

⑧ 《阎锡山筹备组织政府》，见《申报》，1930 年 7 月 3 日。

7月4日 致函赵淑嘉。函称："此间股东意见不一，反党无事。但预备办货，搜集行情，仍不免录录耳。若仍未能即事开张，或有名山之游，届时再当奉告。"①

7月7日 国民党中央执行委员会发布通告《谢持等为五人并未取得本党党籍已失其为本党党员之资格》。

通告写道："案查谢持、邹鲁、居正、覃振、茅祖权等五人，虽经第三次全国代表大会追认恢复总登记以前之党籍，惟迄未履行总登记手续，依照党员总登记条例第十六条之规定，仍失其为本党党员之资格。近迭据各地党部呈请开除谢持等党籍前来，足征未明真相，是仍误认为若辈为本党党员。为特通告该 执照，并转饬所属党员一体知照，为要！"②

7月12日 致函赵淑嘉，请赵催促黄绍兰，使先生托黄所办之事办成。③

△致函黄绍兰，请黄代请章太炎"为先考妣作传"④。

7月13日 参加北平国民党中央党部扩大会议预备会。⑤

下午，会议在中南海怀仁堂召开。出席会议的中央委员仅有先生、谢持、覃振等10人，另有代表郭泰祺、冀贡泉等5人。会议由王法勤主持，赵丕廉宣读由汪精卫、阎锡山、冯玉祥等30人署名发表的联合宣言，即日成立中央党部扩大会议。至此，由以先生、谢持为代表的"西山会议派"和以陈公博、王法勤为代表的"改组派"在"党统"问题上的争论初步达成一致。北平、天津悬旗三日志庆。

△致函赵淑嘉，感叹致赵多函付洪乔。

函称："妹妹归家，当有许多家中事相告。写函至此，二日下午之函又到。但云六月以来仅接所批命单暨代书之函款，殊怪。盖六月以来，哥寄妹书要不下十封，岂付洪乔耶？时局日非，影响及于兄妹，查函亦可慨矣。"⑥

---

① 程焕文、张靖、周旎：《邹鲁未刊稿》下册，广西师范大学出版社2008年3月第1版，第642页。

② 中国第二历史档案馆：《中央党务月刊》，南京出版社1994年12月第1版，第10－268页。

③ 程焕文、张靖、周旎：《邹鲁未刊稿》下册，广西师范大学出版社2008年3月第1版，第643页。

④ 程焕文、张靖、周旎：《邹鲁未刊稿》下册，广西师范大学出版社2008年3月第1版，第643页。

⑤ 中国社会科学院近代史研究所中华民国史组：《中华民国史资料丛稿大事记》第十六辑，中华书局1989年1月第1版，第115页。

⑥ 程焕文、张靖、周旎：《邹鲁未刊稿》下册，广西师范大学出版社2008年3月第1版，第643～644页。

7月14日 出席扩大会议，会议议定委员公费及党费内容暂不发表。①

7月15日 出席在北平东方饭店举行的扩大会议，协调党务，先生在会上再谈以党治军，"谓如果认定一个人来独裁，必致弄成个人独裁制。"②

7月16日 致函黄绍兰，请其代请章太炎先生为父母作传。③

7月18日 致函赵淑嘉。

函称："前寄上先考妣事略，如未妥，请姊姊谓改，改好妹为誊正，再送章（章太炎）先生处。豫人先生昨还家，不久仍来平，知注特闻。妹有暇请妹至汇克路登贤里建国月刊社检查《建国》杂志，凡有党史之册，皆为买好，用挂号寄来。中有兴中会史陈少白述者，尤不可缺。……再到泰东书〈局〉购《民国杂志》（民三在日本出版者）二期以下各册寄来。约共出六七册，第一册已有。"④

7月19日 国民党南京市党部通电攻击北平扩大会议，略谓："西山派本诋汪（汪精卫）、陈（陈公博）为赤化，改组派则诋邹（邹鲁）、谢（谢持）为叛徒，而阎（阎锡山）之与冯（冯玉祥），积不相能，又为国人所共见。以历史上互相水火之人，竟称同志开会议，为一时利害之结合，目的只在于产生伪党部、伪政府，以遂其害国殃民之诡计，与袁（袁世凯）之筹安会、段（段祺瑞）之善后会，尚复何异。"⑤

7月19日 在致赵淑嘉的函中自述："与李小姐倾谈二次，婚事已成实。尤令哥感激者，则姊竟以身命为哥争此一段婚事。"⑥

7月20日 在致赵淑嘉的函中自述："本日所组织之店开张，但是股东意见以后终恐难免，且看数日营业情形再说。"⑦

△致函赵淑嘉。⑧

---

① 《扩委协议党政》，见《申报》，1930年7月16日。

② 《扩委协议党政》，见《申报》，1930年7月16日。

③ 程焕文、张靖、周旎：《邹鲁未刊稿》下册，广西师范大学出版社2008年3月第1版，第790页。

④ 程焕文、张靖、周旎：《邹鲁未刊稿》下册，广西师范大学出版社2008年3月第1版，第644页。

⑤ 中国社会科学院近代史研究所中华民国史组：《中华民国史资料丛稿大事记》第十六辑，中华书局1989年1月第1版，第118页。

⑥ 程焕文、张靖、周旎：《邹鲁未刊稿》下册，广西师范大学出版社2008年3月第1版，第645页。

⑦ 程焕文、张靖、周旎：《邹鲁未刊稿》下册，广西师范大学出版社2008年3月第1版，第645页。

⑧ 程焕文、张靖、周旎：《邹鲁未刊稿》下册，广西师范大学出版社2008年3月第1版，第645页。

△致电黄绍兰，请其勿来北平。[①]

7月21日 致函赵淑嘉，指出李小姐各事已办妥。[②] 是日得赵于13日寄出的家书一封。

7月23日 从北平赴天津。[③]

△晨8时15分，从天津乘车赴塘沽码头迎接汪精卫、顾孟余等人。同车人员有天津市长崔廷献、扩大会议委员陈公博、王法勤、傅汝霖等，总计四十余人。[④]

下午5时，先生及陈公博、傅汝霖、王法勤、陶冶公等人等车，陪同汪精卫等人前往北平。5时半，车开。晚上8时15分抵达北平。省市政府及各团体均有代表前往车站欢迎。[⑤]

△晚上，汪精卫在铁狮子胡同中山行馆召开全体扩大委员会议，定期开盛大欢迎会。

7月24日 致函赵淑嘉，指出赴天津后，"结果尚佳，若然则生意或可有望。"[⑥]

7月29日 致函赵淑嘉，告之"李小姐前日回平，家事料妥。昨日赴津南行，不久当可与姊妹会面，径至婚事情形，当能详奉也。"[⑦]

是日收到赵于20日从上海寄来的家书，得知黄绍兰病，当即电询。

7月30日 致函赵淑嘉，略谓："近日公司尚好，货色亦佳，颇堪告慰。"[⑧]

8月1日 从北平赴天津。[⑨]

---

① 程焕文、张靖、周旋：《邹鲁未刊稿》下册，广西师范大学出版社2008年3月第1版，第645页。

② 程焕文、张靖、周旋：《邹鲁未刊稿》下册，广西师范大学出版社2008年3月第1版，第645页。

③ 程焕文、张靖、周旋：《邹鲁未刊稿》下册，广西师范大学出版社2008年3月第1版，第645页。

④ 《汪精卫昨过津抵平》，见《益世报》，1930年7月24日。

⑤ 《汪精卫昨过津抵平》，见《益世报》，1930年7月24日。

⑥ 程焕文、张靖、周旋：《邹鲁未刊稿》下册，广西师范大学出版社2008年3月第1版，第645页。

⑦ 程焕文、张靖、周旋：《邹鲁未刊稿》下册，广西师范大学出版社2008年3月第1版，第646页。

⑧ 程焕文、张靖、周旋：《邹鲁未刊稿》下册，广西师范大学出版社2008年3月第1版，第646页。

⑨ 程焕文、张靖、周旋：《邹鲁未刊稿》下册，广西师范大学出版社2008年3月第1版，第647页。

8月2日 从天津返回北平。①

8月3日 对外发表谈话。

先生说道："扩会组织，明日怀仁堂再开谈话会后，即将人选发表，近来军事要人方纷电办事处，不曰吾等于革命有伟大功绩，即曰于党内有深远历史，应请加入。扩会各委员，迎拒两感困难，只好留待将来讨论，今扩委随汪（汪精卫）赴石谒阎（阎锡山）者数不少，对组政府事，当有一种详细讨论，冯（冯玉祥）何日北行，尚无缺信。"先生还谈道，"七日扩会宣言，长三千余字，叙七基础条件，详细解释，及总理国民会议主张，及今后恢复民主政治，系汪亲笔起草。"②

△从北平前往石家庄。③ 与先生同行的有汪精卫、陈公博、覃振、薛笃弼、赵丕廉等。

△致函赵淑嘉，叙述近日风尘仆仆的情形。④

8月4日 抵达石家庄。⑤

△扩大会议组织的国民党中央党部各部组织及人选公布，中央党部常务委员为汪精卫、谢持等5人，先生为组织部委员及民众组织委员。⑥

8月5日 致函赵淑嘉，叙述李小姐归家。⑦

8月7日 参加北平扩大会议第一次正式会议。⑧

上午10时，反蒋各派在北平召开的"中国国民党中央党部扩大会议"（扩大会议第一次正式会议）召开。会议发表宣言，对之前在北平国民党中央党部扩大会议第一次谈话会商定的党政七项基础条件加以具体解释，并通过《扩大会议组织大纲》、《中央政治会议规则》。会议决定组织与南京政府对立的国民政府，以汪精卫等7人为常务会员，推举阎锡山为国民政府主席。汪精

---

① 程焕文、张靖、周旎：《邹鲁未刊稿》下册，广西师范大学出版社2008年3月第1版，第647页。

② 《扩会各部会确定委员人数》，见《申报》，1930年8月4日。

③ 程焕文、张靖、周旎：《邹鲁未刊稿》下册，广西师范大学出版社2008年3月第1版，第647页。

④ 程焕文、张靖、周旎：《邹鲁未刊稿》下册，广西师范大学出版社2008年3月第1版，第647页。

⑤ 中国社会科学院近代史研究所中华民国史组：《中华民国史资料丛稿大事记》第十六辑，中华书局1989年1月第1版，第129页。

⑥ 《扩会各部会确定委员人数》，见《申报》，1930年8月4日。

⑦ 程焕文、张靖、周旎：《邹鲁未刊稿》下册，广西师范大学出版社2008年3月第1版，第647页。

⑧ 中国社会科学院近代史研究所中华民国史组：《中华民国史资料丛稿大事记》第十六辑，中华书局1989年1月第1版，第132～133页。

卫、先生、陈公博、赵丕廉、朱霁青为中央执行委员会常务委员会组织部委员，汪为秘书主任；顾孟余等人为宣传委员，覃振等人为民众训练委员。会议宣称要“依法”召开国民党第三次全国代表大会和筹备召开国民会议，制定约法。①

8月9日 致函赵淑嘉，告之收到《建国》杂志一大包，函中同时写道：“此间曾寄杂志前往，中有所作文，不识能收得否，阅之或能见真相。目前各事尚妥，但一入实际，麻烦尤甚耳。”②

8月10日 致二函与赵淑嘉，第一函告之与黄一美、黄一欧晤面；第二函告之为店事，或有关外之行。③

8月15日 以汪精卫为主席的约法起草委员会在北平成立，张知本、茅祖权、冀贡泉、陈公博、先生、顾孟余为委员。④

北平中央党部扩大会议于9月8日通过《约法起草委员会组织条例》，约法起草委员会于9月13日通电全国，征询关于约法的意见。

8月17日 致函赵淑嘉，请在上海代为购买商务印书馆出版的百衲本《二十四史》。⑤

8月29日 扩大会议推汪精卫、先生、陈公博、冀贡泉起草《国民政府组织大纲》。⑥

9月1日 出席北平扩大会议第五次会议，会议通过《国民政府组织大纲》。⑦

9月6日 阎锡山、冯玉祥代表在沈见张学良，征求新政府各部长人选方案，方案中先生拟任教育部长。⑧

罗文干、顾维钧与阎、冯代表贾景德、薛笃弼于5日离平赴沈，是日晨抵

---

① 李松林等：《中国国民党大事记》，解放军出版社1988年8月第1版，第202页。

② 程焕文、张靖、周旎：《邹鲁未刊稿》下册，广西师范大学出版社2008年3月第1版，第648页。

③ 程焕文、张靖、周旎：《邹鲁未刊稿》下册，广西师范大学出版社2008年3月第1版，第648～649页。黄一美为黄兴三子，黄一欧为黄兴长子。

④ 何明：《五十一位中国国民党中常委的最后结局》，中共党史出版社2008年3月第1版，第170页。

⑤ 程焕文、张靖、周旎：《邹鲁未刊稿》下册，广西师范大学出版社2008年3月第1版，第649页。

⑥ 中国第二历史档案馆：《中央周刊》，南京出版社1997年7月第1版，第10－434页。

⑦ 程焕文、张靖、周旎：《邹鲁未刊稿》下册，广西师范大学出版社2008年3月第1版，第819页。

⑧ 张友坤、钱进、李学群：《张学良年谱》（修订版），社会科学文献出版社2009年2月第1版，第340页。

沈阳。贾、薛携带征求张学良意见之新政府各部长人选方案：外交部长顾维钧、司法部长罗文干、农矿部长汤尔和、海军部长沈鸿烈（上述四人系东北人），交通部长贾景德、财政部长梁汝舟、工商部长赵丕廉（上述三人系山西人），内政部长薛笃弼、陆军部长鹿钟麟（上述二人系西北系），教育部长邹鲁（西山派），国营事业部长胡宗铎（广西派），高等法院院长冀贡泉、侨务委员长陈树人、蒙藏委员长白云梯（上述三人为改组派），财政委员长罗文干兼。次日，贾景德、薛笃弼、孔繁蔚往访张学良，转达阎、冯愿以察、绥、平、津永久让与为条件请求援助，被张婉拒，再次征求对新政府部长意见，张未便表态。8日，贾、薛、孔又访何丰林，希望何向张进言。该三氏复又访晤张，张仍无具体表示。

9月18日 致函赵淑嘉。函略谓："刻印文稿①来月可印成，届时当寄上请妹及姊一阅，亦足悉二十年间劳劳大致。但稿件芜杂，请姊及妹严加修正为叩。"②

9月19日 下午，在中南海怀仁堂会商应付时局的方针。③

△谢持与先生、覃振致电张学良，提出开国民会议解决国是、开代表大会解决党是、制定国家根本大法、"防剿"湘、鄂、赣共产党等四项意见。④

9月20日 赵戴文到北平，传达阎锡山意决守山西，邀扩大会议中央委员赴晋。⑤

汪精卫、陈公博、王法勤、先生等人因东北军已入关，即随赵戴文仓皇赶赴石家庄。车至琉璃河，为冯玉祥所派的邓哲熙、王化初所阻，要求北平扩大会议诸中委留平震慑。赵戴文等十余人随即偕邓、王折回北平，汪精卫、谢持、先生等六人继续南行。23日，张学良部和平接收北平。

9月22日 从郑州转道赴开封。⑥

9月23日 由开封转道郑州，再转道卫辉回石家庄。"此行全为生意，却

---

① 指《中国国民党史稿》。

② 程焕文、张靖、周旎：《邹鲁未刊稿》下册，广西师范大学出版社2008年3月第1版，第650页。

③ 中国社会科学院近代史研究所中华民国史组：《中华民国史资料丛稿大事记》第十六辑，中华书局1989年1月第1版，第159页。

④ 中国社会科学院近代史研究所中华民国史组：《中华民国史资料丛稿大事记》第十六辑，中华书局1989年1月第1版，第159页。

⑤ 中国社会科学院近代史研究所中华民国史组：《中华民国史资料丛稿大事记》第十六辑，中华书局1989年1月第1版，第161页。

⑥ 程焕文、张靖、周旎：《邹鲁未刊稿》下册，广西师范大学出版社2008年3月第1版，第650页。

见郑州等处无数乱掷炸人，殊无人道，可叹也。此次虽在军事，生意却无妨碍，至可安心。”①

9月30日 抵达山西太原。②

秋初 戴传贤向中央建议设立国立中山大学董事会，自愿担任董事长，另请先生、胡汉民、孙科、朱家骅为董事。该建议得到中央同意。③

国立中山大学虽然于1929年秋决议成立董事会，然而未能即时成立。④

10月1日 是日开始，连日在太原傅公祠参加扩大会议，继续研究起草约法工作。⑤

10月16日 参加阎锡山主持的会议。⑥

阎锡山由石家庄返回太原后，晚上8时许，召见冯玉祥、汪精卫、陈公博、先生、谢持等各要员开会，决定根据微（5日）电主张的停战策略，在蒋介石对于开国民会议，制定约法及另行召集全国代表大会诸点表示赞成的情况下，已下令前线各军一律撤回黄河北岸，并希望张学良暨国内贤达将和平解决的具体办法早日实现。如果和平解决一切，阎冯将同时自动下野，军政大权将交给才力优裕的大员接任。

△致函赵淑嘉。告之过半月左右将寄《邹鲁文存》千部，嘱为其寄予长江一带凡中学以上的学校图书馆。⑦

10月19日 致函赵淑嘉，请赵代办书籍再版事宜。⑧

10月20日 致函黄绍兰、赵淑嘉，对二人来北平表示感激，“若便我当回平津晤面，否则请姊妹来并。”⑨

---

① 程焕文、张靖、周旎：《邹鲁未刊稿》下册，广西师范大学出版社2008年3月第1版，第650页。

② 程焕文、张靖、周旎：《邹鲁未刊稿》下册，广西师范大学出版社2008年3月第1版，第790页。

③ 陈哲三：《邹鲁研究初集》，华世出版社1980年2月初版，第206页。

④ 陈哲三：《邹鲁研究初集》，华世出版社1980年2月初版，第151页。

⑤ 中国社会科学院近代史研究所中华民国史组：《中华民国史资料丛稿大事记》第十六辑，中华书局1989年1月第1版，第168页。

⑥ 中国社会科学院近代史研究所中华民国史组：《中华民国史资料丛稿大事记》第十六辑，中华书局1989年1月第1版，第179～180页。

⑦ 程焕文、张靖、周旎：《邹鲁未刊稿》下册，广西师范大学出版社2008年3月第1版，第651页。

⑧ 程焕文、张靖、周旎：《邹鲁未刊稿》下册，广西师范大学出版社2008年3月第1版，第651页。

⑨ 程焕文、张靖、周旎：《邹鲁未刊稿》下册，广西师范大学出版社2008年3月第1版，第652页。

10月23日 致函黄绍兰、赵淑嘉，表示即将赴天津，请二人在天津等候。①

10月25日 与谢持抵达大连。

△致函赵淑嘉。表示在抵大连后无法转赴天津，殊为苦闷。“刻不日赴津，如妹身体能坐船者，请即至津，否则一月后我当来沪也，如何请妹酌之。”②

10月26日 早，致函赵淑嘉，请赵赴天津租屋等候先生到来。此时，赵已经抵达北平，先生“快慰无似”③。

10月27日 扩大会议在太原召开，会议通过先生主持起草的《中华民国约法草案》及代拟的会议《宣言》。

是日，扩大会议在太原傅公祠召开正式会议，汪精卫任主席，会议通过约法起草委员会所拟就的约法草案全文，草案全文有八章二百一十一条，会议同时发表征求对该约法草案意见的宣言，以三个月为期，征求全国人民的意见。

此次草拟约法时，有一部分人因为军事不利，未免灰心；有一部分人对于约法本来就没有多大兴趣，所以本次约法之成，自始至终，先生是最努力的人。④

约法草案的基本精神是：“中央党部披阅草案，详加核议，认为草案全部，实能恪守总理遗教，适应于训政时期之设施。盖草案全部，以《建国大纲》为纲领，而根据之以定条目。《建国大纲》注重于满足人民之需要，训导人民之智识能力，使之能自决自治；故草案于人民之自由权利义务一章，详为保障与规定，使能自动的完成个人之人格，而担当国民之大任。《建国大纲》注重于以县为自治单位，及中央与省之权限，采均权制度；故草案于国权及中央制度地方制度诸章，悉准此旨以为厘定。务期扫荡十九年来军人主政及割据地方之恶习，及使人民得有行使直接民权之根据。此外更依据总理遗教，见诸《建国方略》及《第一次全国代表大会宣言》者，订为教育、生计两章，以期养成民德、民智、民力而驯致于民生主义实行之战。”⑤

---

① 程焕文、张靖、周旎：《邹鲁未刊稿》下册，广西师范大学出版社2008年3月第1版，第652页。

② 程焕文、张靖、周旎：《邹鲁未刊稿》下册，广西师范大学出版社2008年3月第1版，第652~653页。

③ 程焕文、张靖、周旎：《邹鲁未刊稿》下册，广西师范大学出版社2008年3月第1版，第653页。

④ 张靖、周旎：《邹鲁未刊稿述略》，见《中山大学学报（社会科学版）》，2007年第2期。

⑤ 邹鲁：《回顾录》，岳麓书社2000年9月第1版，第266~267页。

《中华民国约法草案》的历史作用得到史学界认可："据研究，此约法实为后来之《五五宪章》及三十六年（1947年）公布之《中华民国宪法》所大量采用。尽自民元约法被破坏以后，国家根本大法之确立，时刻不容缓者也。"①

是日，扩大会议"公布《宣言》，即告停会。"②《宣言》即为《中国国民党中央执行委员会宣言》，由先生代拟，先生在《宣言》中指责蒋介石"用不正当手段，破坏团结之党，以摄党政之权。……借本党之名，肆个人之欲，一切行为，实违反本党主义；一切用人，悉属自己爪牙，以致对外则丧权肇祸，对内则残民害众。"针对这种情况，先生提出"尤非有团结全党之组织不可，为此赞成汪精卫及负责革命诸同志提议，应一致参加。除原有委员外，凡前在中央及现在负重要责任之同志，均可经由公推，参列会议，以期中枢充实，克荷艰巨，并筹备第三次全国代表大会，以奠定党国之基础。"③

次晨，汪精卫离开太原南下，扩大会议其他要员也相继离开太原，"扩大会议随之消灭"④。

10月 撰写《致吴稚晖同志书》。

吴敬恒（字稚晖）在致赵次陇（赵戴文）的敬（24日）电中提到"邹海滨（邹鲁）之徒，失职反复，不问主义，可怜也。"⑤ 先生在信中对此说法进行了反驳。

10月 由梅萼主编的《邹鲁文存》一书由北华书局出版，该书将先生历年文件言论著述汇编，分为六集，共一册。⑥

11月9日 致两函给赵淑嘉。分别表达对赵的惦念之情，提醒赵勿急寄《邹鲁文存》及《邹鲁文存》改寄200本即可。⑦

11月 撰写《太原约法解释》一文。该文次日在《大公报》发表。该文对《建国大纲》的一些章条进行了解释说明。⑧

---

① 陈哲三：《邹鲁研究初集》，华世出版社1980年2月初版，代序第8页。

② 李松林等：《中国国民党大事记》，解放军出版社1988年8月第1版，第204页。

③ 梅萼：《邹鲁文存》第三集，文海出版社有限公司1988年印行，第163页。

④ 中国社会科学院近代史研究所中华民国史组：《中华民国史资料丛稿大事记》第十六辑，中华书局1989年1月第1版，第186页。

⑤ 梅萼：《邹鲁文存》第三集，文海出版社有限公司1988年印行，第147页。

⑥ 国立中山大学校友会：《邹鲁全集》第（一）卷，三民书局股份有限公司1976年10月初版，《邹鲁全集编印经过》第2页。

⑦ 程焕文、张靖、周旎：《邹鲁未刊稿》下册，广西师范大学出版社2008年3月第1版，第654页。

⑧ 邹鲁：《回顾录》，岳麓书社2000年9月第1版，第267页。

11 月 《太原约法解释》一文《大公报》发表后，先生觉得“仓卒草成，尚遗漏一重要答案，兹再补答于左。”① 又用同样的题目，再写一篇，仍送次日出版的《大公报》发表。②

11 月 北平扩大会议无形解散后，先生和谢持间道由大连抵达天津。③

11 月 在天津与赵淑嘉女士结婚。④

赵淑嘉（1898～1984 年），字敬若，闺名启宝，江苏常熟人。毕业于上海美术专门学校，曾任上海文博女校校长、上海女权运动同盟常务理事。1932 年淞沪之战中，与汤国梨、黄绍兰等人共创十九路军伤病医院，设在康脑脱路（今康定路）。抗日战争爆发后担任中国妇女慰劳自卫抗战将士总会常务理事、全国战时儿童保育会四川分会常务理事、经济委员会主任，并在重庆陈家桥白鹤洞（今陈家桥镇白鹤村）创办兴华小学。抗战胜利后历任华侨银行常务董事、广东省参议员、制宪国民大会代表、宪政实施促进会委员。到台湾后，担任立法委员等要职。⑤

先生是在上海通过黄绍兰女士认识赵淑嘉的，当是黄、赵二人在上海开办文博女学。在环游世界期间，先生与赵淑嘉鸿雁传书，二人关系日渐亲密。在山居日本箱根町强罗的时候，二人“经红豆定情”，感情稳步发展。先生回到上海后，二人在上海喜结秦晋。赵淑嘉生子邹永、女邹方，领养义子邹雷，义女黎佩兰（沈昌焕夫人）。1984 年 3 月 31 日，赵淑嘉于美国弗吉尼亚逝世。

11 月 撰写《治乱之机》一文，说明心平政平的道路，即说如果中央政府能心平政平，为党国造福，使中国能强盛，即为一国民，亦至荣快意。⑥

12 月 9 日 致函黄绍兰，请黄确定日期。⑦

12 月 21 日 张学良接何成浚电，电称：“闻汪（汪精卫）、陈（陈公博）、邹（邹鲁）、谢（谢持）及其党羽，仍多匿居天津，冀图再逞，若阎（阎锡山）、冯（冯玉祥）不速出国，恐生变故，望驱迫阎、冯出国速行，并设法限制汪、谢余党活动，以杜祸根。”张学良于 23 日复电：“阎已于昨自津

---

① 邹鲁：《澄庐文选》，正中书局 1948 年 5 月初版，第 96 页。

② 邹鲁：《回顾录》，岳麓书社 2000 年 9 月第 1 版，第 267 页。

③ 邹鲁：《回顾录》，岳麓书社 2000 年 9 月第 1 版，第 267 页。

④ 关于先生与赵淑嘉结婚的确切时间，先生和赵本人都没有在史料中具体说明。邹鲁：《回顾录》，岳麓书社 2000 年 9 月第 1 版，第 241～242 页。

⑤ 程焕文、张靖、周旎：《邹鲁未刊稿》下册，广西师范大学出版社 2008 年 3 月第 1 版，第 788 页。

⑥ 邹鲁：《回顾录》，岳麓书社 2000 年 9 月第 1 版，第 267 页。

⑦ 程焕文、张靖、周旎：《邹鲁未刊稿》下册，广西师范大学出版社 2008 年 3 月第 1 版，第 655 页。

赴大连，冯密到津讯，已饬属严密侦查，尚无确报。至汪党羽，已派便衣侦探严为监视。"①

12 月 25 日 致函黄绍兰。请黄代办衣物。信中表示，自己"向厌洋服"。②

是年 土肥原首次前来游说先生。③

是年 陈树人、经亨颐等画家在西山晋祠开画会，邀请先生参加。作画"桂花多子菊延年"。④

1931 年（民国二十年　辛未）四十七岁

1 月 于天津将《太平洋舟中望朝阳》及《环游归国抵粤》二首诗题写于书法条幅上。⑤

2 月 3 日 致函赵淑嘉。表示如果赵"来时如便，可将所购得之书带来，以免负书，因在津拟较长期住也。"⑥ 信中还谈了购买家私事宜。

2 月 4 日 致函赵淑嘉，提醒赵给黄绍兰汇款及注意着装防寒。该信直接写在赵在 1 月 30 日寄给先生的信件的背面。⑦

2 月 6 日 凌晨 4 时，因夜不能寐，起床为太原约法题诗一首："百万头颅换得来，行间字里血成堆。漫天大法均须价，举国疮痍剧可哀。"⑧

△到天津日租界三岛街四号（今天津和平区新疆路）查看租房的门牌。

---

① 张友坤、钱进、李学群：《张学良年谱》（修订版），社会科学文献出版社 2009 年 2 月第 1 版，第 369 页。

② 程焕文、张靖、周旎：《邹鲁未刊稿》下册，广西师范大学出版社 2008 年 3 月第 1 版，第 655 页。

③ 戴书训：《愈经霜雪愈精神——邹鲁传》，近代中国出版社 1983 年 10 月初版，第 155 页。

④ 戴书训：《愈经霜雪愈精神——邹鲁传》，近代中国出版社 1983 年 10 月初版，第 146 页。

⑤ 程焕文、张靖、周旎：《邹鲁未刊稿》上册，广西师范大学出版社 2008 年 3 月第 1 版，第 35 页。

⑥ 程焕文、张靖、周旎：《邹鲁未刊稿》下册，广西师范大学出版社 2008 年 3 月第 1 版，第 655 页。

⑦ 程焕文、张靖、周旎：《邹鲁未刊稿》下册，广西师范大学出版社 2008 年 3 月第 1 版，第 656 页。

⑧ 程焕文、张靖、周旎：《邹鲁未刊稿》下册，广西师范大学出版社 2008 年 3 月第 1 版，第 657 页。

该房不是先生原拟租位于“明德里”的住房（今天津和平区青年路）。①

△致函赵淑嘉，说明关于租房居住事宜。②

2月7日 致函赵淑嘉，表示即将到新租的房子居住，原租房屋仍保留给赵居住。③

3月初 离津赴港，营救胡汉民。④

立法院院长胡汉民因为反对蒋介石制订约法而于2月28日被蒋软禁在南京汤山。先生不愿意再保持缄默态度，即由天津赴香港和陈济棠等人商量营救胡汉民的对策。众人商议决定首先由中央监察委员邓泽如、古应芬、萧佛成等人提出对蒋的弹劾案。

此次乘船赴港，途经汕头，在上岸休息时拜谒了罗（侃亭）李（一球）陈（巨海）三烈士纪念碑，并作诗《谒罗李陈三烈士纪念碑》，同时，还作了《舟过汕头赋寄志陆菊魂颂庭志人诸友》诗4首。⑤

广东省立中山图书馆编《民国广东大事记》写道：“古应芬不满蒋介石囚禁胡汉民，潜逃来穗，于是日（3月7日）致电国民政府辞文官长职，表示病愈后出洋。西山会议派分子和孙科的‘再造派’骨干也先后来到穗、港。再造派还在广州出刊《中央导报》。”⑥

春 从港返粤。⑦

4月5日 致函赵淑嘉，表达对赵惦念之情。信中同时表示，张继已经搬到先生租的房子同住，“可不寂寞矣”⑧。

4月10日 致函赵淑嘉，表示已经得知赵安全抵沪。⑨

---

① 程焕文、张靖、周旎：《邹鲁未刊稿》下册，广西师范大学出版社2008年3月第1版，第657页。

② 程焕文、张靖、周旎：《邹鲁未刊稿》下册，广西师范大学出版社2008年3月第1版，第657页。

③ 程焕文、张靖、周旎：《邹鲁未刊稿》下册，广西师范大学出版社2008年3月第1版，第657～658页。

④ 邹鲁：《回顾录》，岳麓书社2000年9月第1版，第267～268页。

⑤ 国立中山大学校友会：《邹鲁全集》第（十）卷，三民书局股份有限公司1976年10月初版，第18页。

⑥ 广东省立中山图书馆：《民国广东大事记》，羊城晚报出版社2002年11月第1版，第421页。

⑦ 张镜影：《邹鲁传》，见国立中山大学校友会：《邹鲁全集》第（一）卷，三民书局股份有限公司1976年10月初版，第6页。

⑧ 程焕文、张靖、周旎：《邹鲁未刊稿》下册，广西师范大学出版社2008年3月第1版，第658页。

⑨ 程焕文、张靖、周旎：《邹鲁未刊稿》下册，广西师范大学出版社2008年3月第1版，第659页。

4月16日 致函赵淑嘉，告之："此间事较有眉目"[①]。

4月19日 致函赵淑嘉，表示："俟察环境再定行止，至于丧权辱国之条约，决不至订。盖'打倒不平等条约，缔结平等条约'实吾党之口号也，一笑。"[②]

4月25日 致函赵淑嘉，表示赵寄出的3本书已收悉。[③]

4月26日 致函赵淑嘉，嘱咐道："妹千万对人无论用何方式，皆不必与人相攻。"[④]

4月29日 致函赵淑嘉，表示："生意今明又开张"[⑤]。

5月2日 致函赵淑嘉，表示："生意已开张，惜贷办得不整齐。但只要开张，即徐图改良发展，不必虑也。"[⑥]

5月3日 致函赵淑嘉，表示："此间生意开张，内容当甚复杂，但于我方必日有利，绝无疑者。此时应付，不过殊费力耳。"[⑦]

5月4日 致函赵淑嘉，表示："生意已开张，我因董事局未合法，故尚未往。然不久必可改善，改善后当前往一看，再定办法，但事务目前不免较多耳。"[⑧]

5月5日 致函赵淑嘉，表示本日用清宫红笺画就一兰，祝贺赵寿辰。[⑨]

5月6日 致函赵淑嘉，表示"此间生意已开张，叠奉告。姊函接得时，

① 程焕文、张靖、周旎：《邹鲁未刊稿》下册，广西师范大学出版社2008年3月第1版，第659页。

② 程焕文、张靖、周旎：《邹鲁未刊稿》下册，广西师范大学出版社2008年3月第1版，第660页。

③ 程焕文、张靖、周旎：《邹鲁未刊稿》下册，广西师范大学出版社2008年3月第1版，第660页。

④ 程焕文、张靖、周旎：《邹鲁未刊稿》下册，广西师范大学出版社2008年3月第1版，第661页。

⑤ 程焕文、张靖、周旎：《邹鲁未刊稿》下册，广西师范大学出版社2008年3月第1版，第661页。

⑥ 程焕文、张靖、周旎：《邹鲁未刊稿》下册，广西师范大学出版社2008年3月第1版，第661页。

⑦ 程焕文、张靖、周旎：《邹鲁未刊稿》下册，广西师范大学出版社2008年3月第1版，第662页。

⑧ 程焕文、张靖、周旎：《邹鲁未刊稿》下册，广西师范大学出版社2008年3月第1版，第662页。

⑨ 程焕文、张靖、周旎：《邹鲁未刊稿》下册，广西师范大学出版社2008年3月第1版，第663页。

此间事已妥，请妹一切宽心，哥知为妹保重也。”①

△致函邹和、邹梅，嘱咐他们听母亲教导。②

5月7日 致函赵淑嘉，表示“生意开张，办货不甚适销，殊为焦急。但津号能妥办货，则一切又无问题。”③

5月9日 致函赵淑嘉，表示生意已有发展。④

△致函邹越，表示“得禀喜悉儿毕业高中，尤喜儿禀所言之事事合理也。”⑤

5月11日 致函赵淑嘉，表示“此间生意大致已妥，不过理事会之组织，其人数、人员在商洽中耳。”⑥

5月13日 致函赵淑嘉，表示知赵病近痊愈，稍感安慰，务必延医治至痊愈为止。⑦

5月14日 姚韬叔致函先生，对先生铭感不已。⑧

5月15日 致函赵淑嘉，表示“生意事仍沉闷，盖此次拟为骨子里人，不特不得力，反生阻力也。”⑨

5月16日 致函赵淑嘉，讨论生活用款及孩子入学事宜。⑩

5月17日 致函赵淑嘉，分配区国梁送给赵的咸鱼，同时表示“此间生

---

① 程焕文、张靖、周旎：《邹鲁未刊稿》下册，广西师范大学出版社2008年3月第1版，第663页。

② 程焕文、张靖、周旎：《邹鲁未刊稿》下册，广西师范大学出版社2008年3月第1版，第664页。

③ 程焕文、张靖、周旎：《邹鲁未刊稿》下册，广西师范大学出版社2008年3月第1版，第664页。

④ 程焕文、张靖、周旎：《邹鲁未刊稿》下册，广西师范大学出版社2008年3月第1版，第665页。

⑤ 程焕文、张靖、周旎：《邹鲁未刊稿》下册，广西师范大学出版社2008年3月第1版，第665页。

⑥ 程焕文、张靖、周旎：《邹鲁未刊稿》下册，广西师范大学出版社2008年3月第1版，第665页。

⑦ 程焕文、张靖、周旎：《邹鲁未刊稿》下册，广西师范大学出版社2008年3月第1版，第666页。

⑧ 程焕文、张靖、周旎：《邹鲁未刊稿》下册，广西师范大学出版社2008年3月第1版，第704页。

⑨ 程焕文、张靖、周旎：《邹鲁未刊稿》下册，广西师范大学出版社2008年3月第1版，第666页。

⑩ 程焕文、张靖、周旎：《邹鲁未刊稿》下册，广西师范大学出版社2008年3月第1版，第666~667页。

意商组织董事会，久未得妥，二三日商益急，尚未妥，亦至闷者。”[①]

5月20日 致函赵淑嘉，表示生意事无大进步。[②]

5月中旬 被广东方面安排营救胡汉民。[③]

胡汉民被软禁后，广东方面除公开要求释放胡汉民外，尚制定了营救胡的秘密计划。大致是：由先生等人转托熊克武、但懋辛等人设法营救胡汉民。由于负责看守胡的卞稚珊与熊克武私交甚笃，对胡也有敬佩之意，卞稚珊受托后制定了三个帮胡脱险的办法，经与胡汉民协商，决定采取其中之一：先选择可靠心腹冒充监视胡的警卫，要他们利用值班机会，掩护胡化妆脱身，再坐上等在外面的汽车直驱火车站，乘火车赴上海。这一计划已实施了一部分，即选择了两位精明强干的人到胡住处充当警卫。后来“九一八”事变突然爆发，胡遂获释，营救计划自然不用而废。

5月22日 致函赵淑嘉，表示广州方面已经约先生尽量赴穗，参与营救胡汉民，“或当于一二日内偕各人同往也”[④]。

5月23日 致函赵淑嘉，表示“本日沪上原拟有数人来，来则或定一齐上省。现此数人须明日方到，俟到后方决定行止，届时或即一齐北上省亦未可知。”[⑤]

5月24日 抵达广州，住在惠福东盐运西二街区国梁家。本日“至深夜始得休息”[⑥]。

5月25日 唐绍仪、古应芬、林森、孙科、先生等22人在广州联名通电，要求蒋介石在48小时内下野，“放弃党国所付与之职责”[⑦]。

△致函赵淑嘉，表示“本日应酬甚繁，几无余暇，恐此数日亦有此状况。”[⑧]

---

① 程焕文、张靖、周旎：《邹鲁未刊稿》下册，广西师范大学出版社2008年3月第1版，第667页。

② 程焕文、张靖、周旎：《邹鲁未刊稿》下册，广西师范大学出版社2008年3月第1版，第667页。

③ 周聿峨、陈红民：《胡汉民》，广东人民出版社1994年12月第1版，第248页。

④ 程焕文、张靖、周旎：《邹鲁未刊稿》下册，广西师范大学出版社2008年3月第1版，第668页。

⑤ 程焕文、张靖、周旎：《邹鲁未刊稿》下册，广西师范大学出版社2008年3月第1版，第668页。

⑥ 程焕文、张靖、周旎：《邹鲁未刊稿》下册，广西师范大学出版社2008年3月第1版，第668页。

⑦ 广东省立中山图书馆：《民国广东大事记》，羊城晚报出版社2002年11月第1版，第425页。

⑧ 程焕文、张靖、周旎：《邹鲁未刊稿》下册，广西师范大学出版社2008年3月第1版，第668页。

5月26日 致函赵淑嘉，表示“到省各事尚可人意，此间消息，妹当于电告可见。一二日公司可成立矣，会多事多，未克详述。”①

5月27日 出任广州国民党中央执监委员非常会议常务委员。

国民党第一、第二、第三届中央执监委中的胡汉民派、汪精卫派、孙科派、“西山会议派”、两广军人等各种反蒋势力合计28人在“救护党国”、“打倒独裁”的旗号下云集广州，组成“国民党中央执监委员非常会议”，是日召开第一次会议，推选汪精卫、邓泽如、孙科、李文范、先生为常务委员，委员有唐绍仪、许崇智、傅汝霖、伍朝枢、陈友仁、陈树人、刘纪文、经亨颐、陈济棠、柏文蔚、覃振、阎锡山、冯玉祥、萧佛成、古应芬、林森、邓青阳、陈璧君、谢持、张知本、李宗仁、李福林、林云陔，秘书长梁寒操。会议发表了《中国国民党中央执监委员会非常会议宣言》，称其主要任务是“打倒蒋介石，完成国民革命。”②

广州国民党中央执监委非常会议经过讨论，决定成立“国民政府”，与南京政府唱对台戏，形成争吵分裂局面。“国民政府”选举唐绍仪、汪精卫、孙科、古应芬、先生、陈济棠、邓泽如、萧佛成、林森、李宗仁、许崇智、蒋尊簋、陈友仁、熊克武等16人为委员，伍朝枢辞驻美公使回国后被加推为委员，并公布《国民政府组织大纲》。

次日，广州“国民政府”发表《中华民国国民政府成立宣言》，宣称南京政府已成为蒋介石独裁的工具，“广州国民政府，自今日始，事事当反蒋中正之私，而向于总理之公”；对于军人“信赏必罚”；对于财政，“收入支出，一切公开”。③《宣言》认为蒋介石“背党祸国，罪状昭著”、“一日不去，党国一日不安”，并警告蒋介石，限他“四十八小时即行引退，勿以一身为党国硬。”④

当时，胡汉民提出抗日、倒蒋、反共的三大主张，先生表示拥护，并被认为“是反蒋调子唱得最高，最卖力气的人之一，他利用各种场合发表反蒋言论。……邹鲁参加反蒋阵营，是国民党内部军政力量分离组合的需要，具体地

---

① 程焕文、张靖、周旎：《邹鲁未刊稿》下册，广西师范大学出版社2008年3月第1版，第669页。

② 广东省立中山图书馆：《民国广东大事记》，羊城晚报出版社2002年11月第1版，第425页。

③ 中国人民政治协商会议广东省委员会文史资料研究委员会：《粤系军事史大事记》，广东人民出版社1986年10月第1版，第67页。

④ 刘东华：《胡汉民被禁始末》，见《文史春秋》，2006年第8期。

说，除了诸如蒋胡矛盾等背景外，邹鲁与蒋介石亦有不少夙怨。”①

△致函赵淑嘉。表示本日总公司成立，各伙伴尚佳，可慰也。同时写道“此间各事纷繁，尚未就绪”。②

5月28日 晚上，致函赵淑嘉。表示已知邹和病足，嘱咐赵安排好邹和、邹梅二子的起居及饮食事宜。③

△致函邹和、邹梅，嘱咐邹和、邹梅二子注意起居及饮食事宜。④

5月29日 出席广州“国民政府”第一次会议，推举孙科、汪精卫、古应芬等5人为常务委员。

△吴敬恒对时局发表谈话，把25日唐绍仪领衔通电，先生等人参加的22人分为六派。超然派有唐绍仪、王宠惠、林森、李烈钧；右派有古应芬、陈济棠、陈策、马超俊、李文范、刘纪文、林云陔、邓泽如、萧佛成、陈耀垣、邓青阳；“西山会议派”有孙科、许崇智、先生；改组派有汪精卫、唐生智；桂系有李宗仁；第三党有陈友仁。⑤

5月30日 致函赵淑嘉，表示不想在店中负实责，“以便行步及免他人见忌”⑥。

5月31日 先生等人在广州宣誓就任“国民政府”委员。⑦

先生等人在就职通电中强调三点：（一）反对武力统一和中央集权，当以建设求统一，以均权求共治；（二）不主张以武力解决危局。如有以武力相压迫者，亦所不惧；（三）国民政府委员尚待补充。

△致函赵淑嘉，表示校事妥适。⑧

---

① 王崇：《邹鲁生平述略》，见广东省政协文史资料委员会编《近代广东名人录》第二辑，广东人民出版社1989年4月第1版，第122页。

② 程焕文、张靖、周旎：《邹鲁未刊稿》下册，广西师范大学出版社2008年3月第1版，第669页。

③ 程焕文、张靖、周旎：《邹鲁未刊稿》下册，广西师范大学出版社2008年3月第1版，第669页。

④ 程焕文、张靖、周旎：《邹鲁未刊稿》下册，广西师范大学出版社2008年3月第1版，第670页。

⑤ 广东省立中山图书馆：《民国广东大事记》，羊城晚报出版社2002年11月第1版，第426页。

⑥ 程焕文、张靖、周旎：《邹鲁未刊稿》下册，广西师范大学出版社2008年3月第1版，第670页。

⑦ 广东省立中山图书馆：《民国广东大事记》，羊城晚报出版社2002年11月第1版，第425～426页。

⑧ 程焕文、张靖、周旎：《邹鲁未刊稿》下册，广西师范大学出版社2008年3月第1版，第670～671页。

6月2日 出任国立中山大学董事会董事。①

在广州的国民党中央执监委员会非常会议改派胡汉民、古应芬、孙科、许崇清、汪精卫、先生、戴传贤、陈铭枢、李文范等九人组成中山大学董事会，孙科任董事会主席。许崇清代理国立中山大学校长。

邱平回忆：对于国立中山大学校长人选，起初呼声最高的并非许崇清，而是先生。先生是“西山会议派”召集人之一，当过中山大学前身广东大学的校长，又与胡汉民亲近，在西南“国民政府”中担任“国府委员”，具有这一系列有利条件，因此呼声很高。但在当时西南政府中，其他派系头面人物如孙科、汪精卫等人认为先生曾组织“西山会议”，与他们对立，几年来互相水火，因此反对先生出长中大；而西南实力派军人陈济棠、李宗仁等人，“与邹（邹鲁）还有厉害矛盾，对邹的接长中大也有意见，因此，邹鲁未能如愿以偿。”②

当时西南最大的实权人物陈济棠手下两个亲信谋士之一的林翼中渴想攫取广东省“民政厅长”一职，但当时担任这一职务的是许崇清，许为广东教育界耆宿，在广东搞过十多年教育行政，许担任民政厅长，只是作为各方面的缓冲。林翼中既然想取而代之，又碍于许的声望，不便公然把许撵走，必须为许安排一合适出处，于是便建议由许接任中大校长，然后自己出任民政厅长。这个办法恰好适合当时西南政要们的胃口，他们正考虑找一个易于应付的人来主持中大，“许在教育界的声誉比邹鲁强，会博得中大教职员学生的好感”③，因此，出乎许多人的意料，最后由许崇清接长中大。

许崇清出长中大的主要原因的另一说是西南当局要拉拢许崇智返穗参加西南反蒋运动。

△致函赵淑嘉，表示在广州期间，生活得到各兄弟关照。④

6月4日 致函赵淑嘉，谈到昨日邹谠食积发热，正在治疗。⑤

6月9日 致函赵淑嘉。在信中表示：“此间店事恐有一场清算，此时事

---

① 易汉文：《中山大学编年史（一九二四～二〇〇四）》，中山大学出版社2005年9月第1版，第20页。

② 邱平：《西南政变后中山大学的两次易长》，见广东省政协文化和文史资料委员会编《广东文史资料精编》上编第4卷，中国文史出版社2008年12月第1版，第98页。

③ 邱平：《西南政变后中山大学的两次易长》，见广东省政协文化和文史资料委员会编《广东文史资料精编》上编第4卷，中国文史出版社2008年12月第1版，第98～99页。

④ 程焕文、张靖、周旎：《邹鲁未刊稿》下册，广西师范大学出版社2008年3月第1版，第671页。

⑤ 程焕文、张靖、周旎：《邹鲁未刊稿》下册，广西师范大学出版社2008年3月第1版，第671页。

务骤多，环境亦至不佳，请妹一切谅我行动，千万千万。移居事请妹决定。此时计算，店如妥，我于三个月左右可来沪；若店有必要派人即北行时，我或于最近时间北上，亦未可定。”①

△致函赵淑嘉，表示本日前往大连。② 后因事未能按时出发。

6月10日 致函赵淑嘉，表示妹苦状，哥深知。③

6月11日 对新闻记者发表谈话。

是日，广州国民党中央执监委员非常会议招待新闻记者，先生发表谈话，称非常会议和广州国民政府要“根据总理的主张，养成民主制度，巩固民主势力”，主张“分共”、“反蒋”，当能团结一致。④

6月15日 出席陈济棠在广州召开的紧急会议。⑤

会议商讨对付十九路军办法。香翰屏、李振球、叶肇、张惠长、陈策、张瑞贵等实力派主张设法与之联络，唐绍仪、孙科、汪精卫、先生、邓泽如等文治派主张用断然手段处置。最后议定：令十九路军在广州后方办事处一律解散，卫兵缴械改编为工程队，派往燕塘开掘战壕，职员遣散。该路军在各地所募新兵一律扣留，其原官兵在韶关以南者亦均扣留。

6月17日 《申报》香港16日电：“邹鲁亦两日不出席非常会议”，在粤表现“消极”。⑥

6月18日 出席中山大学董事会第一次会议。⑦

会议假座广州国民政府会议厅召开，由董事会主席孙科主持。会议讨论了革新校务、人事等工作，决议增加教授薪俸，并减免学生学杂各费。

△致函赵淑嘉。在信中表示：“此间环境恶劣，妹所悬悬，我宁不知？特大计所关，稍为隐忍，不得已之事也，亦请妹谅之。所以主移沪不主移粤者，亦以此故，盖恐增环境之不佳也。……每日事颇多，竟至无时可休息。”⑧

---

① 程焕文、张靖、周旎：《邹鲁未刊稿》下册，广西师范大学出版社2008年3月第1版，第672页。

② 程焕文、张靖、周旎：《邹鲁未刊稿》下册，广西师范大学出版社2008年3月第1版，第672页。

③ 程焕文、张靖、周旎：《邹鲁未刊稿》下册，广西师范大学出版社2008年3月第1版，第673页。

④ 广东省立中山图书馆：《民国广东大事记》，羊城晚报出版社2002年11月第1版，第427页。

⑤ 中国人民政治协商会议广东省委员会文史资料研究委员会：《粤系军事史大事记》，广东人民出版社1986年10月第1版，第70~71页。

⑥ 《许邹在粤消极》，见《申报》，1931年6月17日。

⑦ 黄义祥：《中山大学1924~1949》，中山大学出版社1999年10月第1版，第163页。

⑧ 程焕文、张靖、周旎：《邹鲁未刊稿》下册，广西师范大学出版社2008年3月第1版，第673页。

7月1日 在《中央导报》（广州）上发表《讨蒋进行中中央之要图》一文。

先生在文章中提到："如是则一方面为倒蒋种种之进行，一方面不能不查究蒋介石造成专制之结核，而为之对症下药，使蒋介石倒，而永无继起之蒋介石。此则中央非常会议所以敬谨将事，祈于最短时间，开第四次全国代表大会，办理地方自治，开国民会议，及制定约法，以解决党事及政治也。"①

8月4日 抵达天津。

晨，先生抵达塘沽。下午，搭乘八次车抵达天津市区，住在日本租借内，"行踪极密"②。先生是从香港乘坐日本邮轮北上，经大连，抵达塘沽的。

由于两广军政将领主张武力解决与蒋介石的矛盾，大家推举先生北上，联络阎锡山、冯玉祥及北方诸部，共同抗蒋。③ 在天津，先生身份是驻津军事联络专员。④

约8月底 致函赵淑嘉，嘱赵让邹越进入燕京大学学习。⑤

夏 土肥原来访。

先生到天津后，受到日本人的欢迎。在日本租界租房后刚刚搬进去，日本少壮派军人土肥原即来访，并安排士兵在先生门前进行军事演习，以表示欢迎。嗣后，在平津的日本人频频来访。有一次还组织了很大规模的欢迎宴会，叫许多舞女前来助兴。先生对日本人，已经看清楚了他们的侵略观念以及挑拨离间的伎俩，但是不明白其真实用意为何。

一天，土肥原对先生说："张学良整天在烟赌场中，什么事也不管，对于中日两国防俄防共的战线上，有很大的危机。我们准备拥护你主持东三省，把张学良赶走。你是西南人，我们认为最理想最合适的。"先生立即严词拒绝了土肥原，并且警告他说："稍有智识的人，决不愿出卖民族国家。至于张学良，他是我国的官，行为如何，我们自会处置。东三省是中国的领土，政治良窳是中国的内政问题，用不着你们来过问；至那儿的主持长官，更轮不到你们来拥护。"⑥

---

① 邹鲁：《讨蒋进行中中央之要图》，见《中央导报》（广州）1931年第1期，第20页。

② 《邹鲁秘密抵津》，见《申报》，1931年8月5日。

③ 邹鲁：《回顾录》，岳麓书社2000年9月第1版，第268页。

④ 罗敏：《九一八事变后的邹鲁与蒋介石》，见近代中国研究网（http：//jds. cass. cn/Article/20051029151256. asp），2005年10月29日。

⑤ 程焕文、张靖、周旎：《邹鲁未刊稿》下册，广西师范大学出版社2008年3月第1版，第674页。

⑥ 邹鲁：《回顾录》，岳麓书社2000年9月第1版，第268页。

虽然先生拒绝了土肥原的建议，但是日本人仍不死心，土肥原、驻天津的日本领事和政客军人仍不时来纠缠。土肥原还两三次带东三省蒙古会党领袖来见先生，有一次还同白俄罗斯的领袖前来，这些人都表示拥护先生主持东三省。先生深知日本人侵占我国东三省的野心，至此时已经箭在弦上，便向土肥原提出严重警告，不要对中国领土妄想染指。先生说："中日是亚洲仅有的两个大国，应该互相协助，共维护亚洲和平，不该互相残杀。就事实而论，偌大的中国，断不是日本所能吞下的，互相纠缠的结果，只有两败俱伤，这固是中国的不幸，也非日本之福。"① 土肥原感觉到无法利用先生，就渐渐疏远了，找别人做打算了。

9月1日 为了统一北方各派反蒋武装，广州国府国务会议议决："北方党务已有天津执行部负责。关于军事政务应有统一机关，以专责成。著在天津设北方军事政务委员会，以阎锡山、冯玉祥、韩复榘、王法勤、邹鲁、覃振、王葆真、傅汝霖、徐景唐、刘维炽、张文、胡宗铎、王懋功为委员。阎、冯、韩三同志不在天津，请派代表出席。"②

9月21日 撰写《国难时期中应如何纪念朱执信先生》一文。

是日为朱执信遇难十二周年。先生认为纪念朱执信要学习两点，"第一便要学习他决死殉国的精神"，"第二便要学他刻苦俭约的生活"。"以上两点，是我个人认为在国难时期应学朱执信先生的最基本事物。因为大家若具有决死殉国的精神，便有勇气来为国奋斗；所谓置之死地而后生，便是这个道理。大家若能过刻苦俭约的生活，直接对于个人方面可以养成纯洁的操守，间接对于国民经济方面也会发生良好的影响，同时对日经济制裁才能持久。至于可学朱执信先生之处还多，例如他的崇高、他的纯洁以及奋勉勤学、任侠奋勇等等，都是在国难时期所应每饭不忘的。"③

该文被收录到《朱执信先生殉国十二周年纪念周刊》。

9月 会见萱野长知。④

"九一八"事变发生后，日本内阁总理犬养毅派代表萱野长知来到上海，找居正及先生等同志秘密商议及早解决东三省问题的办法。

萱野长知表示，"九一八"事变不单是中国的不幸，也是日本的不幸，如

---

① 邹鲁：《回顾录》，岳麓书社2000年9月第1版，第269页。

② 金以林：《宁粤对峙前后的冯玉祥》，见近代中国研究网（http://jds.cass.cn/Article/20051029170344.asp），2005年10月29日。

③ 中国国民党中央委员会党史委员会：《邹鲁先生文集》，中国国民党中央委员会党史委员会1984年6月30日出版，第120~123页。

④ 邹鲁：《回顾录》，岳麓书社2000年9月第1版，第552~553页。

果事实完全成功，日本正常的政治将为日本军人所摧毁。萱野长知提出解决东三省事宜的建议是东三省领土权完全归还中国，不平等条约及内河航运均取消，日本在东三省驻军也撤回，但允许日本在东三省拥有商租权，以便搪塞日本军人之口。

先生等人认为这个办法可以商量。在商议过程中，日军又攻打锦州，为秘谈造成障碍。至1932年5月15日，犬养毅总理被暗杀，此办法遂无法议谈下去。

10月3日 致函赵淑嘉，表示已漫游至苏，不日回家，“仍愿行踪不另告人也”①。

10月15日 被广州国民政府推选为参加上海和平统一会议的粤方代表。②

“九一八”事变爆发后，全国民众运动又出现新的高涨，蒋介石成了众矢之的。蒋在内外交困的情况下，为了缓和舆论谴责，以中央执行委员会名义致电粤方，要求“罢兵歇争，共赴国难。”广州国民政府对蒋电作出反应，表示愿在适当条件下，息争御侮，并提出解决时局问题的三项原则：（1）蒋通电下野；（2）广州国民政府通电取消；（3）召开和平统一会议，另行组织统一政府。蒋介石即派吴敬恒、张继等人到香港摸底，然后派比较超然的蔡元培和过去与胡汉民及两广都有关系的陈铭枢为正式代表，以“国难当头团结合作”为招牌，提议在上海举行和平统一会议，并在陈铭枢的建议下释放了被软禁的胡汉民。

粤方见到参加和平统一会议的条件已经基本成熟，于是日召集非常会议，决定：（一）推选汪精卫、孙科、邓泽如、许崇智、萧佛成、先生、谢持、覃振、林森、李文范、熊克武、顾孟余12人为粤方出席上海统一会议；（二）萧佛成、陈济棠、李宗仁代表国民政府常务委员；（三）经亨颐、石青阳、覃振代表非常会议常委；（四）派汪精卫、孙科、邓泽如、古应芬（邓、古均未成行）、李文范、先生（在沪）、伍朝枢、陈友仁为代表，偕同宁方代表蔡元培、张继先赴上海与宁方和谈。③

---

① 程焕文、张靖、周旎：《邹鲁未刊稿》下册，广西师范大学出版社2008年3月第1版，第675页。

② 刘凤舞：《民国春秋》，见东南大学无锡分校网（http://wxseu.cn/wenxue/china-wenxue/xd/lishi/xs/l/liufengwu/mingguo/102.htm/）。

③ 广东省立中山图书馆：《民国广东大事记》，羊城晚报出版社2002年11月第1版，第433页。

10月18日[①] 离津赴沪，走津浦铁路到上海参加和平统一会议。[②]

10月19日 早，致函赵淑嘉，嘱赵在临盆前注意身体，表示将“刻安抵沪”[③]。

10月20日 卯时，子邹永在天津出生。[④]

邹永，早年就读于圣光中学和国立中山大学附属中学，1950年后赴美国及西班牙留学，学习医学，毕业后一直从事医生职业。2009年8月24日病逝于上海。妻居蜜，为居正孙女，美国哈佛大学历史学博士，现任美国国会图书馆亚洲部学术研究主任。

10月21日 抵达上海。[⑤]

△到上海海关码头欢迎抵沪的粤方和谈代表团。[⑥]

上午7时余，先生及国民政府代表贺耀祖、邵元冲，蒋介石代表陈铭枢、杨啸天，监察院院长于右任、中央执行委员吴铁城、李石曾、朱培德、张群、褚民谊、邵力子、周启刚、恩克巴图及各界代表、新闻记者三百余人乘多艘小轮赴麦迪逊轮欢迎粤方和谈代表。10时许，麦迪逊轮抵达码头。随轮抵达粤方代表包括汪精卫、孙科、伍朝枢、李文范、陈友仁及随员、眷属等计一百六十余人。汪精卫等代表在麦迪逊轮客厅与各欢迎者一一握手为礼，随即与先生等人下轮，改乘天桥号小轮驶赴法大马路外滩，11时余在法大码头登陆。

△广州“非常会议”致电在上海的先生，请先生担任粤方出席和平统一会议代表。[⑦]

△致函赵淑嘉，得知爱子出世，喜慰之至。[⑧]

---

① 中国第二历史档案馆编《中央周刊》（南京出版社1997年7月第1版，第14－343页）认为：先生于10月19日离津赴沪。

② 罗敏：《九一八事变后的邹鲁与蒋介石》，见近代中国研究网（http://jds.cass.cn/Article/20051029151256.asp），2005年10月29日。

③ 程焕文、张靖、周旎：《邹鲁未刊稿》下册，广西师范大学出版社2008年3月第1版，第675页。

④ 程焕文、张靖、周旎：《邹鲁未刊稿》下册，广西师范大学出版社2008年3月第1版，第791～792页。

⑤ 蒋永敬：《胡汉民先生年谱》，中国国民党中央委员会党史委员会1978年11月出版，第510页。

⑥ 中国第二历史档案馆：《中央周刊》，南京出版社1997年7月第1版，第14－332～333页。

⑦ 中国人民政治协商会议广东省委员会文史资料研究委员会：《粤系军事史大事记》，广东人民出版社1986年10月第1版，第80页。

⑧ 程焕文、张靖、周旎：《邹鲁未刊稿》下册，广西师范大学出版社2008年3月第1版，第676页。

10 月 22 日　参加宁粤双方对话会。①

上午，蒋介石由南京飞抵上海，同粤方代表在上海孙科住宅会谈。会谈于下午 2 时余举行，宁方出席者为蒋介石、于右任、蔡元培、李石曾、张继、张人杰、陈铭枢、邵元冲，粤方为汪精卫、孙科、伍朝枢、李文范、陈友仁、先生及胡汉民。会谈商定：（一）外交方面决先求得一致，以利共赴国难；（二）党政军诸方面问题，俟南京推定代表来沪与粤方代表先开预备会共议详细草案，然后再赴南京开正式会议决定。蒋介石表面表示极佳，认为可采纳粤方主张，用会议形式，会商党务政治等诸多问题。

谈话会历时一小时半，约于下午 4 时许结束，蒋随即离开孙宅，返回南京。先生对蒋介石缺乏诚意的态度颇为失望。之后，汪精卫、胡汉民、先生等粤方人员继续商谈半小时，至 5 时许散会。② 谈话结果随即形成书面信函，以粤方六代表名义致函蒋介石，并由蔡元培、张人杰带到南京，交给蒋。③ 信函对政局提出七点主张：

“一、为共赴国难计，先谋外交之一致行动。

二、关于党国诸疑难问题，拟请尊处派出代表数人在沪与弟详细讨论解决方法，俟彼此同意，乃开正式会议，以决定实行。

三、弟等认定党国根本问题，最要在集权于党，而按照建国大纲所定程序，以完成民主政治。

四、关于党务，拟召集一、二、三届中央委员，共谋产生健全的第四次全国代表大会，务扫除过去纠纷，以确定将来基础。

五、国民政府主席，拟仿法、德总统制，以年高德劭之同志任之，现役军人不宜当选。

六、陆海空军总司令一职，拟废除之，另设军事机关，其详另定之。

七、关于目前在粤所拟双方通电，其用意在使从前纠纷得一结束，决非彼此抛弃责任，故会议决定以前，彼此应尽之责任，应照常担负，至于此后对于党国如何服务，一听命于会议。

以上各点，诚未足概今日待解决问题之全部，但先举其大者，余可于讨论时继续提出。至于居觉生（居正）、方叔平（方振武）诸同志之恢复自由，及邮电新闻之免除检查，俾自由意志得以从容展布，既承面允，尤盼早赐施

---

① 中国人民政治协商会议广东省委员会文史资料研究委员会：《粤系军事史大事记》，广东人民出版社 1986 年 10 月第 1 版，第 80 页。

② 中国第二历史档案馆：《中央周刊》，南京出版社 1997 年 7 月第 1 版，第 14－334 页。

③ 存萃学社：《1927～1934 年的反蒋战争》，大东图书公司 1978 年 7 月第 1 版，第 470～471 页。

行。”①

罗敏认为：上述七项主张表明，先生等人的主旨不仅仅为“人的问题”，更主要是“制度的问题”，欲推翻滋生独裁的现有制度，使独裁倒后，不再有继起的独裁者出现。

对粤方推翻现有组织的做法，蒋介石非常气恼，当日在日记中记述：与各中委相见，乃知对方提推倒中央现有组织，否认根本法纪，是胡汉民有意捣乱，使其进退两难，而若辈既不敢负此重责，又不愿置之不问，可痛、可鄙、可恶、可嗤、可怜，莫甚于此，而反以为得计，不仅壁上观火，下井推石，必欲使一切罪恶责任归之一身，置党国败亡于不顾，立待国家纷乱而后快，此种卑劣政客，既陷害总理于前，今日毁卖党国，不顾一切，胡奸之罪，是在灭绝党国于其一人之手也。

蒋之所以反应如此激烈，主要原因是外来之侮引发了蒋对救国之道的思考。关于抗日依靠的力量，经过默察熟虑后，蒋认为：我国民固有之勇气与决心，早已丧失殆尽，徒凭一时之兴奋，不具长期之坚持，非维于国无益，而且反速其亡。因此，国民无可恃也，所恃者在其一己之良心与人格，以及革命之精神与主义而已，并深信有其一人的牺牲精神，必可由此一战，得以解决国家一切纠纷，湔雪民族积久的羞耻，完成其生平未成之志愿。既然认定只有凭借一己的良心与人格方能挽救国家的危亡，因此，在蒋的逻辑看来，为了国家的命运，他决不应放弃个人权力，相反，他认为此时救国，惟有其不引退这一种方法，而欲让他引退，唯有改为军事时期，一切政治皆受军事支配，而听命其一人，则国始能救。基于这种救国心态，蒋认为粤方所提的主张苛刻无理，简直是与倭夷攻守同盟以倾中央，因此，对此叛逆，不可再以理喻，惟有负责坚持，死报党国，岂有退步的余地！

蒋介石于10月24日复函粤方代表，希望汪精卫、先生等人能与中央一致对外，救国救党，而对于党国内部问题，可以开诚相见，从容商谈。在国事艰危之时，请先生等人即日命驾赴京，共赴国难。②

10月23日 下午3时，粤方代表孙科、先生等6人假戈登路29号伍朝枢宅招待新闻记者，汪精卫和孙科分别作了长时间的报告，并解答了记者的提问。③

△复函于右任。

---

① 《汪精卫等函》（1931年10月22日），见《历史档案》，1982年第1期，第70页。

② 《蒋介石函》（1931年10月24日），见《历史档案》，1982年第1期，第71～72页。

③ 存萃学社：《1927～1934年的反蒋战争》，大东图书公司1978年7月第1版，第474页。

特种外交委员会是日致电上海，请上海市长张群亲译后转交于右任，请其于接电后即刻亲往，面见汪精卫、孙科、先生等粤方代表，劝先生等人晚上赴南京，商议外交问题。先生、李文范、伍朝枢、孙科、汪精卫、陈友仁等6位粤方代表为了不被蒋介石势力包围，保持对等协商与自由讨论的氛围，坚决拒绝赴京要求，回电称："弟等会议结果，以为弟等此来，系负责讨论和平统一问题，如于此问题得到解决，即为对于外交之绝大援助，故仍守昨日与介石先生暨诸先生之约，在沪候诸同志会商。关于外交问题，如承特种外交委员会赐示消息，弟等臆虑所及，必当竭诚贡献也。"①

△复电蔡元培、张继，拒绝他们提出的进京赴会要求。

蔡元培、张继是日通过上海张群市长转函汪精卫、孙科、先生等粤方代表，称"外交紧急，今晚有重要外交会议，请兄等推派代表来京参加会议。何时来京，盼复。"② 先生等人当晚复函："弟等此来，系负责讨论和平统一问题，如此问题能得到解决，则即所以交付外交，故仍守昨日谈话结果，专候诸先生驾临会议。关于外交消息，尚祈随时赐示，弟等臆虑所及，必当竭诚贡献也。"③

△致函赵淑嘉，嘱其注意产后调理。④

10月24日 晚，邵力子受蒋介石命来沪，与汪精卫、孙科、先生等粤方代表及胡汉民等人具体磋商合作办法。⑤

10月25日 先生等粤方代表在沪继续会商各种方案，"根据树立民主政治之原则，讨论根本改善党务政治军事外交等项之现行制度，预备提交和平会议讨论。"⑥

△蒋介石致函先生等粤方代表。

函称："目前第一要义，厥在以一致对外之精神，表现之于事实，使国际视听得以转移，国民期望得以安慰，救国救党，惟此最为急务。至关于党国根本问题，如何斟酌至善，藉立此后良好之基础，而不种将来之恶因。事关内部，无不可以开诚相见，从容商谈。在沪晤教之际，此意经已详陈。兹为便利在沪与兄等接洽商谈起见，已请石曾（李石曾）、静江（张人杰）、浦泉（张

---

① 《邹鲁等函》（1931年10月23日），见《历史档案》，1982年第1期，第71页。

② 《蔡元培、张继等电》（1931年10月23日），见《历史档案》，1982年第1期，第71页。

③ 《汪精卫等电》（1931年10月23日），见《历史档案》，1982年第1期，第71页。

④ 程焕文、张靖、周旎：《邹鲁未刊稿》下册，广西师范大学出版社2008年3月第1版，第676页。

⑤ 存萃学社：《1927～1934年的反蒋战争》，大东图书公司1978年7月第1版，第476页。

⑥ 存萃学社：《1927～1934年的反蒋战争》，大东图书公司1978年7月第1版，第477页。

继）、孑民（蔡元培）、真如（陈铭枢）五同志，就近接洽，并请展堂（胡汉民）先生共同商酌。切盼体念国事艰危，迅与石曾诸先生商定后，即日命驾来京，共赴国难，并请电示行期，以慰群望。”① 该函写于 24 日，直至 25 日始由张继携带入沪，交给粤方代表。

△致函赵淑嘉，表示“连日苦于会议与见面，较在津时忙数倍。各事进行，只须对方有诚意，便可乐观。”②

10 月 26 日 出席宁粤双方谈话会。

出席谈话会的双方代表有粤方汪精卫、孙科、伍朝枢、李文范、先生和陈友仁，宁方张人杰、张继、蔡元培、陈铭枢，由于宁方代表李石曾没有到会，双方商定本次会谈不作第一次会议，只作共同谈话性质。最先讨论的是外交问题，经全体同意者有两点：“1. 甚感国联能主张公道。闻外间有主张退出国联者，想系国民一时激于爱国热诚之愤慨语。此次日本侵占东三省，系绝对无理行动，不只侵犯我国领土主权，且系违反国联约章及非战公约，吾人应使世界人士均明了此意，并与吾人一致反对日本此次之行为，盖此不仅有关系中国之领土主张而已，实关系国联之将来及非战公约签字各国之尊严，故国联及非战公约签字各国，均有应负之责任。吾国人民应明了，日本现已处于孤立之地位，不但不应有退出国联之主张，且应督促国联贯彻其主张公道之精神，以抑日本之横暴。2. 又闻外间有主张即日与俄复交者，此系另属一问题，不必与对日问题相提并论。此次谈话，足以表示国民党一致对外之精神。此外，虽尚谈及其他问题，但尚在交换意见中。”③

10 月 27 日 出席上海“和平统一”会议第一次会议。④

上午 9 时，京粤代表齐集伍朝枢住宅，准备出席第一次正式会议。京方代表李石曾却没有按时到会，嗣后，李自南京来电称不能到沪，托吴铁城代表参加，即由张继约请吴到伍宅，11 时正式开始商谈，⑤ 会议主席为蔡元培。首先进行报告事项：（一）由李石曾电达蔡元培、张继并转吴铁城，请吴铁城出席；会议经过讨论，认为双方代表会商和平统一之经过应作成录案；（二）双方通电原稿应何时发表案；（三）会议决议：定于 28 日上午 9 时开第二次大会。

---

① 存萃学社：《1927～1934 年的反蒋战争》，大东图书公司 1978 年 7 月第 1 版，第 476 页。

② 程焕文、张靖、周旎：《邹鲁未刊稿》下册，广西师范大学出版社 2008 年 3 月第 1 版，第 676 页。

③ 《十月二十六日谈话纪要》（1931 年 10 月 26 日），见《历史档案》，1982 年第 1 期，第 72 页。

④ 存萃学社：《1927～1934 年的反蒋战争》，大东图书公司 1978 年 7 月第 1 版，第 478～479 页。

⑤ 中国第二历史档案馆：《中央周刊》，南京出版社 1997 年 7 月第 1 版，第 14－380 页。

10月28日 出席上海“和平统一”会议第二次会议。①

会议原定于上午9时正式召开，因李石曾姗姗来迟，致使会议至10时才能正式开始，主席为汪精卫，会议报告事项有六项，讨论事项有五项。12时，会议始散。会议决议事项：“（一）此次会商之目的，在彼此讨论办法，拟定具体方案，其最后之决定权仍在中央；（二）关于外交事件，其交涉进行，由国民政府任之，现所讨论之方针及原则，非必要时不向外发表；（三）复首都各界抗日救国会函。略谓此次会商仅为交换意见，各界代表未便参加，惟讨论及议决各项，必随时披露报端，以资各界参考。”②

是日，首都抗日会要求列席会议，冀图捣乱。同日，阎锡山致俭（28日）电给和谈代表，祝代表们努力完成整个的党，统一的国，协力御外，以救危亡。

10月29日至30日 因患喉病，没有出席上海“和平统一”会议第三次至第四次会议。③

10月31日 晨，粤方代表汪精卫、孙科、伍朝枢、李文范、先生、陈友仁发表共同谈话，回应蒋介石冬戍电，表示在蒋确定下野的情况，粤方有诚意与宁方合作，“相信从前纠纷，可得结果。故毅然以议和值任属之同人，而同人亦毅然任之而不辞也。”④

△因患喉病，继续缺席上海“和平统一”会议第五次会议，但请李文范代为签名。⑤

10月下旬 与胡汉民商议组织“新国民党”事宜。⑥

“九一八”事变后，胡汉民认为国民党已完全为蒋介石个人所把持，丧失其“革命精神”，而西南、海外及流散在各地反蒋国民党人士甚多，可以把他们组织起来，“重振”国民党。胡汉民的想法得到先生支持，先生到上海后，开始与胡汉民探讨组织“新国民党”事宜。

11月2日 致函赵淑嘉，将赵所生儿子取名为邹永。⑦

11月4日 出席上海“和平统一”会议第六次会议。⑧

---

① 存萃学社：《1927～1934年的反蒋战争》，大东图书公司1978年7月第1版，第478～479页。

② 中国第二历史档案馆：《中央周刊》，南京出版社1997年7月第1版，第14－381页。

③ 存萃学社：《1927～1934年的反蒋战争》，大东图书公司1978年7月第1版，第479页。

④《京粤代表昨开第五次预备会议》，见《申报》，1931年11月1日。

⑤《京粤代表昨开第五次预备会议》，见《申报》，1931年11月1日。

⑥ 周聿峨、陈红民：《胡汉民》，广东人民出版社1994年12月第1版，第287页。

⑦ 程焕文、张靖、周旎：《邹鲁未刊稿》下册，广西师范大学出版社2008年3月第1版，第677页。

⑧ 存萃学社：《1927～1934年的反蒋战争》，大东图书公司1978年7月第1版，第484～485页。

粤方代表于上午9时抵达伍朝枢宅，在10时京方代表到场后谈话会才开始。双方商议召开国民党“四全”大会事宜，由京粤代表各自请示中央。粤方代表由于要等候粤非常会议复电，不能及时给予答复，第六次会议暂告延会，等候粤非常会议复电到达后再行决定开会。

△致函赵淑嘉，表示（喉）病已略愈，“所事殊无进步，焦急之至。”①

11月6日 上午9时，出席在汪精卫住宅召开的京粤代表谈话会，讨论国民党“四全”大会召开问题。②

△继续出席上海“和平统一”会议第六次会议。③

下午5时，第六次会议继续召开，主席为汪精卫。会议报告事项有三十四项，讨论事项主要包括中国国民党第四次全国代表大会开会案、关于中央银行案等两项。

粤方在和平会议期间撰写的《保障人民自由权利提案》原拟在第六次会议上提出，由于大会进展基本符合粤方意愿，因此会议对该提案没有进行讨论，从该提案油印原件上注明“未提出会议”可以明证。由于第一提案人为先生，因此该提案应为先生执笔。提案写道：

“训政时期之要旨，在训练民众行使政权；欲达到此要旨，人民政权，固当依建国大纲所定程序依次获得，而人民一切权利，入身体、财产、及集会、结社、言论、出版之自由等等，均当予以确实之保障，始能解专制之余毒，成民主之新治。故藉口军事，对于人民滥行逮捕处罚，使人民精神身体随时随地皆受威胁，此等现状，应彻底禁止。至于假藉党部名义，对于人民横加非法之压迫，则是使党部结怨于人民，于党治前途，妨害更甚。兹为阐明党治之真义及保障人权，特提议如左：

第一，人民除依戒严法所规定外，不受军事机关或军事法庭之逮捕审判或处罚。

第二，党部不得逮捕或处罚人民，或没收财产，或封闭人民之营业、非营业机关。

第三，人民有集会之自由，如无携带武器或直接扰乱社会秩序情事时，不得干涉。

第四，人民得用语言、文书、图画及其他方法自由发表意见。一切印刷品

---

① 程焕文、张靖、周旎：《邹鲁未刊稿》下册，广西师范大学出版社2008年3月第1版，第677页。

② 存萃学社：《1927～1934年的反蒋战争》，大东图书公司1978年7月第1版，第486页。

③ 存萃学社：《1927～1934年的反蒋战争》，大东图书公司1978年7月第1版，第486页。

非经法院审判确定，不得禁止发行，但无确实负责人之印刷品不在此限。

人民公私权利应予保障者，固不止此数端，但于此数端，若尚无保障，则其他更无从谈起。且所谓保障，不仅有恃法律之规定，尤恃法庭能独立行使职权，监察院能尽其监察之能事，有不法者起而纠弹；同时，更盼社会有严正之监督，切实之制裁，庶几民权得以确立，民主政治得以养成也。"①

11月7日 出席上海"和平统一"会议第七次会议。

会议于上午10时半开始，主席为蔡元培。会议报告事项有十五项，讨论事项主要包括军事案等。会议议决京粤双方以合作精神，各于所在地克期开第四次全国代表大会，开会时双方发表通电，表示本党统一，双方"四全"大会一切提案，均交第四届中央执行委员会，在南京开第一次全体会议时处理之等。会议在结束前发表了致各级党部、各同志、各团体、各报馆的通电。

约11月8日 致函陈济棠，希望军事进行未可遽停。

函称："和议虽云结束，前途实难乐观，故军事进行未可遽停。长江方面军事负责人员情形复杂，统系尤紊。以弟等所见，似仍任之若周（王若周）为妥。若有重要关系事情，若周可随时来商于弟等，则一切困难，当可解决。如兄同意，请即电若周办理。"②

11月13日 致电蔡元培等人。

汪精卫、伍朝枢和先生3人致电南京和会蔡元培等6位代表，请转主管者进行正当防御："黑龙江主席马占山，明守土之义，尽捍卫之责，较之手握兵符而弃地逃避，外力侵凌而不抵抗者，相去何啻霄坏！日来报载日本增兵图黑，马主席势极危险，应请转达主管者迅速增援，勿使爱国良士陷于绝境。查和会席上，粤方代表于外交统一中，曾声明对于为外人侵犯而不抵抗之政策，不能赞同。诸先生亦以为然，且外人侵犯领土，而我抵抗之，国际认为正当防御，乃绝对合法之行动，均请迅予转达施行，并赐复为荷。"③

11月18日 陈铭枢由宁抵沪，与汪精卫、先生、伍朝枢等磋商国民党"四全"大会有关内政、外交要案，希望广州"四全"大会与南京"四全"大会同时选举中央执监委员。先生等人随即致电广州孙科等人，转达陈铭枢意

---

① 《粤方关于"保障人民自由权利提案"》，见《历史档案》，1982年第1期，第76、31页。

② 陈红民：《胡汉民未刊往来函电稿》第七册第二十一卷，广西师范大学出版社2005年12月第1版，第436页。

③ 《和会代表汪伍邹要点》，见《申报》，1931年11月14日。

见。①

是日，粤方国民党第四次全国代表大会在广州召开。会议颇多曲折，多名代表会中退出。大会于12月5日结束。

11月19日 下午5时，汪精卫、先生和伍朝枢三人在迈尔西爱路伍朝枢寓进行会商，即决定共同致电粤政府，速予马占山有力援助。电文于晚上拟就发出。② 次日，广州“四全”大会议决致电马占山，予以嘉勉，并捐五万元犒劳马军。③

△酉时，接孙科、李文范、陈友仁电，表示广州“四全”大会至早须24日以后才能举行中央执监委员选举。④

11月20日 戌时，与汪精卫、伍朝枢致电陈铭枢，将19日酉时广州孙科、李文范、陈友仁复电转告。⑤

△为黑龙江省失陷致电张学良，促其下野，以谢国人。

电文写道：“弟去岁两次赴沈数度晤先生，曾函劝先生，以先生起居无节，号令不时，声色犬马，荒淫无度，政治生命，多则三年，少则一年，非力改善，必害己害国。蒙先生函复采纳，良深喜慰。嗣闻利用先生者，引诱有加，先生亦骄满益甚，变本加厉，知东北各省，必因此易蹈危机。本夏在连，曾函劝先生，全师出关，俾固国防，不蒙采纳，致生暴力之心而来侵占之举。以先生父子相继受东北边防之任者十余年，拥兵数十万，致沈吉二省失之祟朝，律以守土之义，先生应早有以自处。乃闻先生荒逸如故，失地不谋恢复，马将军之急，不闻一援，今黑省又告失矣，数省之地，由先生断送，为国家纪纲计，为国民义愤计，为国家观瞻计，先生将必有以谢国人，庶不失为汉子。明知交浅，不可以言深，更明知忠言处处逆耳，要不能不进最后之忠告，幸先生有以处之。”⑥

△汪精卫、先生和伍朝枢三人再次致电蔡元培等人，指责南京政府不再坚持日本撤兵，而主张与日方直接谈判中日条约为“最大失策”，应令在巴黎参

---

① 中国人民政治协商会议广东省委员会文史资料研究委员会：《粤系军事史大事记》，广东人民出版社1986年10月第1版，第85页；《粤四全会须于二十四日后举行选举》，见《申报》，1931年11月23日。

② 中国第二历史档案馆：《中央周刊》，南京出版社1997年7月第1版，第14～526页；《粤代表昨电粤援黑》，见《申报》，1931年11月20日。

③ 存萃学社：《1927～1934年的反蒋战争》，大东图书公司1978年7月第1版，第500页。

④ 《粤四全会须于二十四日后举行选举》，见《申报》，1931年11月23日。

⑤ 《粤四全会须于二十四日后举行选举》，见《申报》，1931年11月23日。

⑥ 《邹鲁个人之电责》，见《申报》，1931年11月21日。

加国联行政院会议的中国政府代表施肇基“只讨论撤兵，不能谈及别事。”①

△粤方推派马超俊、覃振迎接胡汉民、汪精卫、先生、伍朝枢等赴粤出席“四全”大会。是日，马、覃抵沪。②

广州“四全”大会曾发号电请胡汉民、汪精卫返粤出席，并指导各案。汪精卫于次日复电，指出：“义当出席大会，只以和会互推孙（孙科）、陈（陈友仁）、李（李文范）回粤报告，本人及伍（伍朝枢）、邹（邹鲁）留沪接洽。职责所在，未便擅离。”③

11 月 21 日 汪精卫、先生和伍朝枢三人致电蔡元培、李石曾、张继、吴铁城等人，鉴于广州“四全”大会至早须 24 日以后才能举行中央执监委员选举，希望南京“四全”大会延期闭会，以期与广州“四全”大会一致。④

11 月 28 日 致函赵淑嘉。

函称：“近日本又攻天津，殊愤！不识有惊慌否，念念。请妹由善群（邹善群）交来文稿中查本夏在连致张汉卿（张学良）之函，抄出一份（恐寄去故须抄出），即用快函寄来为要。”⑤

12 月 4 日 发表谈话，反对设立中立区。⑥

先生在谈话中说道，报载宁方于日本对锦州将有军事行动，向国联行政院提出紧急提案，主张立刻设立中立区域。又本日报载，施肇基氏于参加国联行政院会议时，提出国际委员会应接受天津行政之建设，并请中国政府准备最可恃而最好之华兵五百人至一千人交国际委员会遣用。两项重要提案，宁方未有通知，诚如报载，实不能默然。试问锦州设立中立区，锦州以东之中国土地，是吾政府无形中默认放弃；至天津行政，忽然建议，归国际接受，表示中国无维持地方志能力，复启列强共管中国之野心。此种建议，实不知当局是何用意？想全国人民当无不共同怀疑者也。此次和会，因国难当前，以办理外交之权，付之宁方，乃在和会告终，统一政府未成立之时，有此种种违反民意同情之外交，实出吾人意料之外，诚愿宁方当局，不至有此种谬举，尤愿全国在和平统一中，共图救国，万不愿在和平统一中，共图亡国之云。

---

① 广东省立中山图书馆：《民国广东大事记》，羊城晚报出版社 2002 年 11 月第 1 版，第 435 页；《汪伍邹电京发表外交主张》，见《申报》，1931 年 11 月 20 日。

② 中国社会科学院近代史研究所中华民国史研究室编：《中华民国史资料丛稿大事记》第十七辑，中华书局 1983 年 3 月印刷，第 217 页。

③ 存萃学社：《1927～1934 年的反蒋战争》，大东图书公司 1978 年 7 月第 1 版，第 500 页。

④ 《粤四全会须于二十四日后举行选举》，见《申报》，1931 年 11 月 23 日。

⑤ 程焕文、张靖、周旋：《邹鲁未刊稿》下册，广西师范大学出版社 2008 年 3 月第 1 版，第 678 页。

⑥ 《反对设立中立区》，见《申报》，1931 年 12 月 5 日。

12月6日 与汪精卫接蔡元培、李石曾、张继等人自南京发来的鱼电（6日），请先生等人就近邀集各中委，集中南京，举行第一次全会，以解决一切党政军问题，建立一致对外的统一政府。①

次日，先生将将该鱼电转发广州孙科、伍朝枢、李文范、陈友仁，征求在粤委员对鱼电意见。② 同日，先生与汪精卫复电蔡元培等人，表示已将蔡等发来的鱼电转电广州，并已约同在沪及在各处同人，俟广州同人到时，会同入京。③

12月7日 先生担任常委的广州国民党中央执监委员非常会议结束。④

12月8日 发表谈话，批驳南京政府的外交政策。

先生对远东社记者发表谈话，认为："南京政府新外交政策之不诚，殊可惋惜。顾维钧博士提议在锦州之东北设立缓冲区，本系一种重大之错误，因顾氏此举，是否即将满洲简单的完全奉让日人，颇引起人之疑虑也。南京政府，因全国民众一致反对其新外交政策，又忽食言否认有此主张，是则不但对国人为不忠实，且使世界人士亦不知其外交政策之意向果为何若矣，至学生及民众之运动，本完全受爱国心之驱使，而南京欲压迫民众之爱国运动，是反足增加人民怨恨政府之心耳。南京之拘禁学生，长沙之枪杀学生七人，严令禁止铁路职员运送学生赴宁请愿，凡此种种，皆反足增加中国民众及青年之刺激，而使之失去对于政府之信仰而已。"⑤

12月10日 粤方代表孙科等人到沪，会同汪精卫、先生与宁方代表陈铭枢会商。孙科首先声明，召开四届一中全会的前提是蒋介石必须下野，代理人选必须获得粤方同意。⑥

12月11日 致阎锡山密电，表示在即将召开的国民党四届一中全会上，粤方将推举林森为国民政府主席。⑦

△与孙科、伍朝枢等人致电胡汉民（真电），商议在蒋介石下野后，西南

---

① 《汪邹昨电京粤两方》，见《申报》，1931年12月8日。

② 《汪邹昨电京粤两方》，见《申报》，1931年12月8日。

③ 《汪邹昨电京粤两方》，见《申报》，1931年12月8日。

④ 广东省立中山图书馆：《民国广东大事记》，羊城晚报出版社2002年11月第1版，第436页。

⑤ 《邹鲁发表谈话》，见《申报》，1931年12月9日。

⑥ 金以林：《论蒋介石第二次下野与再起》，见天益网（http：//www.tecn.cn/data/13056.html），2007年1月28日。

⑦ 金以林：《论蒋介石第二次下野与再起》，见天益网（http：//www.tecn.cn/data/13056.html），2007年1月28日。

采取的对策。①

12月12日 与孙科、伍朝枢等人再次致电胡汉民（文电），商议蒋介石下野后的应付内外策略。13日，胡汉民针对真电和文电合复一电，表示，“蒋如下野，则依弟等前后所商议办法进行，自可应付内外。惟后方不可不顾，弟既暂难上省，仍望梯兄（伍朝枢）践约速回。”②

△致函赵淑嘉。函称：“津耗频来，令人悬念。叠商姊姊，于必要时可移法界。（但非必要仍以不移为家［妥］，盖寄人家中不如己家为便也）……哥所事大致告妥，身体顷甚健，勿念。”③

12月14日 与孙科、伍朝枢等致电胡汉民，表示留沪中委主张将来统一政府成立时，召集国民救国会议，其任务与政府合力应付国难，并为过渡到宪政之民意机关，征求胡意见。次日早、晚，胡汉民连复两电给孙科、伍朝枢、先生等人，说明其对召集国民救国会议、粤方参加四届一中全会的立场，包括国民党主席人选、行政院长人选、代表大会宣言及对于党政军之决议案意见等。④

△发表谈话，响应汪精卫国民救国会议，表示个人对目前时局的主张：“共谋应付目前困难，选举代表参与政治，结束训政实现宪政。”⑤

△致函赵淑嘉。表示已从信函得知赵搬至法租界居住。⑥

12月15日 中午，出席黄绍兰生日庆祝会，赠兰画一幅。⑦

△晚上，出席在伍朝枢住宅举行的宴会。一同出席的还有孙科、陈友仁、李文范等粤方代表，大家商定明晚或后天早晨赴南京。⑧

△粤方代表发表共同谈话。

在蒋介石辞职后，先生等粤方六位代表发表共同谈话。指出，二十年来政

---

① 陈红民：《胡汉民未刊往来函电稿》第七册第二十一卷，广西师范大学出版社2005年12月第1版，第428页。

② 陈红民：《胡汉民未刊往来函电稿》第七册第二十一卷，广西师范大学出版社2005年12月第1版，第428页。

③ 程焕文、张靖、周旎：《邹鲁未刊稿》下册，广西师范大学出版社2008年3月第1版，第678页。

④ 陈红民：《胡汉民未刊往来函电稿》第七册第二十一卷，广西师范大学出版社2005年12月第1版，第426～427页。

⑤ 《邹鲁发表响应国民救国会谈话》，见《申报》，1931年12月15日。

⑥ 程焕文、张靖、周旎：《邹鲁未刊稿》下册，广西师范大学出版社2008年3月第1版，第679页。

⑦ 程焕文、张靖、周旎：《邹鲁未刊稿》下册，广西师范大学出版社2008年3月第1版，第679页。

⑧ 《孙科等定今晨晋京》，见《申报》，1931年12月17日。

局更迭，多以军事为转移，实国家最不幸现象。蒋能决然自动下野，实政治家应有态度。同人本允蒋下野即当入京参加一中全会，使统一政府早日产生。今蒋既践言去位，同人亦自当履约入京。“本日在沪粤方中委谈话，曾共同决定将向一中全会提议，拟于统一政府成立，即召集国民救国会议，或称国民代表会，该会性质大要：（甲）为与政府共同负责，共同赴国难；（乙）为完成训政，筹备宪政人民代表机关。尽本党素日主张民权主义，非全体人民共同参与国事，不足救国家于危亡。当此国难，尤非一致合作，不足以负艰巨。至统一政府成立之后，同人以为欲谋国人一致团结，须：（一）尊重民意；（二）保障人权；（三）政治公开。而合议决定政制改革各方案，尤须积极实施，始能补救过去错误，为中国政治开一光明大道。”①

△致阎锡山密电，向阎请示在蒋下野后的斗争方针。②

△致函赵淑嘉，表示赵尚未搬到法租界，不如不搬。③

△容肇祖到访，向先生叙述天津情形。④

12 月 16 日　上午 11 时，孙科约先生等留沪粤委在伍朝枢住宅会商参加四届一中全会事宜，决定 17 日上午 9 时乘坐京沪早车晋京。⑤

△下午 3 时许，南京国民党中央代表贺耀祖偕同何应钦到迈尔西爱路拜访李文范及先生，两人均外出，贺氏留刺转达，邀请先生等人即刻晋京，共商国是。⑥

△在寓所接受新声社记者采访。

记者：“粤方各中委，何日可北上？先生接到报告否？”

先生：“据粤方各同志来电，于十八日可以启程来沪。”

记者：“先生等入京后，对于对日问题交涉，将如何进行？”

先生：“根据和平会议议决议案，一方以主权领土完整为原则，一方即采用正当防卫之抵抗主义，以与周旋。”

记者：“昨日消息，有哲生（孙科）保荐刘纪文长财政之说，可确否？”

---

① 存萃学社：《1927～1934 年的反蒋战争》，大东图书公司 1978 年 7 月第 1 版，第 537 页。

② 罗敏：《九一八事变后的邹鲁与蒋介石》，见近代中国研究网（http：//jds. cass. cn/Article/20051029151256. asp），2005 年 10 月 29 日。

③ 程焕文、张靖、周旎：《邹鲁未刊稿》下册，广西师范大学出版社 2008 年 3 月第 1 版，第 679 页。

④ 程焕文、张靖、周旎：《邹鲁未刊稿》下册，广西师范大学出版社 2008 年 3 月第 1 版，第 679 页。

⑤ 存萃学社：《1927～1934 年的反蒋战争》，大东图书公司 1978 年 7 月第 1 版，第 539～540 页；《孙科等定今晨晋京》，见《申报》，1931 年 12 月 17 日。

⑥ 《孙科等定今晨晋京》，见《申报》，1931 年 12 月 17 日。

先生："关于人的问题，在政府未有改组前，绝对尚谈不到，且知此说完全系传闻之误，实属不确。"①

△海员工会发表通电，敦促蔡元培、张继、汪精卫、孙科、先生等人一切纠纷，从速扫除，尽快入京制定安内攘外的国策。②

12 月 17 日 赴京出席国民党四届一中全会。③

早上 8 时，贺耀祖即到车站招待各代表、中委晋京。是日起程的粤方人员有孙科、陈友仁、先生及随员等二百余人，分乘花车多辆，其中孙科、伍朝枢、先生、李文范、陈友仁、傅秉常、陈剑如、钟天心、贺耀祖等人合坐 1PCm2 号车。《申报》报道："邹鲁莅站观义勇军精神抖擞，鹤立相送，邹氏即致训勉励抱歉意后，即匆匆登车。"④

上午 9 时半，车队开行。在车内，《申报》记者采访了先生，先生谈道，"本日同行约九十余人。汪先生（汪精卫）在二三天内，恐尚难启身，至其病状，与前相同，惟稍见轻一点。谢慧生（谢持）先生刻在杭养病，谅日内得讯，亦将晋京，一中全会，决定二十一日开幕，余俟会后或须来沪一行，胡展堂（胡汉民）先生尚未悉离港日期，现上海当派参军冯次祺、梁庆云二人负责，招待来粤各中委。"⑤

下午 3 时 45 分，车队抵达南京。南京国民政府派乐队到车站欢迎，欢迎者包括党政军代表等一万余人。花车抵达后，林森、陈铭枢、吴铁城等要员纷纷登车，与各位要员握手，即由陈铭枢引导下车，出站后即乘车赴铁道部官邸休息，并随即发表共同谈话，对来京目的、外交问题、东三省问题发表了意见。

抵京后，先生发表谈话："自汪精卫先生发起国民救国会议后，各界纷纷响应，将来此会成立，实足以树立民主政治之基础。关于此会之职责，余意以为应将其扩大，即不但可以讨论应付国难之方法，并且可以选举代表参与中央政治，同时又为结束训政，实现宪政之枢纽，尽为谋推民治之发展，及完成国家建设，非此不为功也。"⑥

12 月 19 日 出席第四届国民党中央执监委员谈话会。⑦

---

① 《孙科等定今晨晋京》，见《申报》，1931 年 12 月 17 日。
② 《孙科等定今晨晋京》，见《申报》，1931 年 12 月 17 日。
③ 存萃学社：《1927～1934 年的反蒋战争》，大东图书公司 1978 年 7 月第 1 版，第 539～540 页。
④ 《孙科等一行昨晨晋京》，见《申报》，1931 年 12 月 18 日。
⑤ 《孙科等一行昨晨晋京》，见《申报》，1931 年 12 月 18 日。
⑥ 中国第二历史档案馆：《中央周刊》，南京出版社 1997 年 7 月第 1 版，第 15－152 页。
⑦ 中国第二历史档案馆：《中央周刊》，南京出版社 1997 年 7 月第 1 版，第 15－151 页。

谈话会于上午10时在中央党部会议厅举行，到会委员有于右任、蒋介石、先生、伍朝枢等49人，公推于右任为临时主席。会议议决组织第四届中央执行委员会第一次会议秘书处，推吴铁城为秘书长，梁寒操、陈布雷、程天放、曾仲鸣为秘书。此外对其他重要问题，各委员自由交换意见，至12时40分散会。

△胡汉民致电伍朝枢、先生，表示粤中多数委员均已赴沪，应请两人就近妥商办法。①

12月22日 国民党四届一中全会开幕，先生被承认为中央执行委员。②

南京、广州、上海三方国民党中执委、中监委在蒋介石宣布下野的情况下，联合在南京召开四届一中全会，宣告党的统一。上午9时，全会开幕典礼在中央党部举行，于右任致开幕辞。会议对宁、粤、沪三方大会选出的委员一概承认，先生为粤方选出的中央执行委员之一。③ 全会共通过各类提案39件，基本上是按照京粤代表会议的建议讨论通过各项议案。

△出席四届一中全会第一次预备会议。④

下午2时，全会第一次预备会议在中央党部举行，出席委员有先生等95人，会议临时主席为于右任。会议通过决议，推举孙科等7位同志组成全会主席团，组织提案审查委员会，全体会期定为5日。先生及陈果夫、叶楚伧等37人被提名为提案审查委员会党务组成员，先生和叶楚伧为召集人。

12月23日 出席四届一中全会第二次预备会议。⑤

下午3时，第二次预备会议在中央党部第一会议厅举行，出席委员为先生等87人，主席为何应钦。会议公推伍朝枢代理特种外交委员会委员，公推顾孟余、先生、李文范3人加入为特种外交委员会委员；增加中央候补委员12人，增加中央候补监委6人。

12月24日 出席四届一中全会第一次大会。⑥

第一次大会于上午8时在中央党部第一会议厅举行，先生等100人出席，主席为孙科。会议首先宣读第一、二次预备会议决议案，无异议通过。随即专议上海和谈期间粤方提出的《中央政制改革案》，该案实际是以先生为主提

---

① 陈红民：《胡汉民未刊往来函电稿》第七册第二十二卷，广西师范大学出版社2005年12月第1版，第478页。

② 中国第二历史档案馆：《中央周刊》，南京出版社1997年7月第1版，第15－191页。

③ 李松林等：《中国国民党大事记》，解放军出版社1988年8月第1版，第589页。

④ 中国第二历史档案馆：《中央周刊》，南京出版社1997年7月第1版，第15－193页。

⑤ 中国第二历史档案馆：《中央周刊》，南京出版社1997年7月第1版，第15－193～194页。

⑥ 中国第二历史档案馆：《中央周刊》，南京出版社1997年7月第1版，第15－194页。

出。[1] 该案希望从制度层面限制蒋介石垄断政权，其要点为："一、国府主席为国家元首，不负实际行政责任，不兼其他公职，以年满五十岁众望素孚者任之，任期二年，可连任一次；二、国府委员会为国家最高权力机关，设常委三人；三、行政院负实际责任；四、立法、司法、考试、监察四院不与行政院负连带责任；五、行政院各部长按才录用，不必限于国民党员。"[2] 对此，吴敬恒首先反对，他说：本席以为上海和会的决议应该尊重，南京方面的"四全"大会曾决定原则接受，但对于过去法令及约法有抵触者不能接受。吴氏的发言立即引来粤方的激烈反驳，李烈钧坚持应拿上海和会的决议作基础，邹鲁则称："和会决议或不免与各方面的法律有抵触，但现在我们只能处处从共同方面着想，尤应注意的就是不要使和会决议发生摇动，否则散漫无归，一定得不到结果。"[3] 会议决定由各委补充意见，未能一致而散，留次日第二次大会继续讨论。

△胡汉民致电先生，推荐先生出任国立中山大学校长。

电云："弟病亟须休养，中大事殊无能为役。抵粤后，弟曾拟推兄长校，众意佥同，惟恐远略，不克分身，故暂以云陔（林云陔）承乏，既云陔复辞，因又拟天固（程天固）。如兄能俯允，则驾轻就熟，必能措置裕如。如何，候复。"[4] 此前，先生曾致电胡汉民，希望胡能执掌中大。

12 月 25 日 出席四届二中全会第二次大会。

上午 8 时，第二次大会在中央党部第一会议厅举行，先生等 102 人出席，主席为于右任。全会继续讨论《中央政制改革案》，并修正通过，但该案主体思想"没有被择纳"[5]。修正后的《中央政制改革案》全文为："（一）国民政府主席为中华民国元首，对内对外代表国家，但不负实际政治责任，并不兼其他官职，任期二年，得连任一次。但于宪法颁布时，应依法改选之；（二）国民政府委员会设委员若干人；（三）在宪法未颁布以前，行政、立法、司法、监察、考试各院，各自对中央执行委员会负其责任；（四）行政院长负实际行政责任；（五）司法行政改隶行政院，设部管理；（六）国府主席及委员、五

---

① 《纪念周邹校长之演词》，见《国立中山大学日报》，1933 年 12 月 16 日。

② 中国社会科学院近代史研究所中华民国史研究室编：《中华民国史资料丛稿大事记》第十七辑，中华书局 1983 年 3 月印刷，第 246 页。

③ 《中国国民党第四届中央执行委员会第一次全体会议第一次会议速记录》，1931 年 12 月 24 日，台北中国国民党党史馆藏毛笔原件。

④ 陈红民：《胡汉民未刊往来函电稿》第七册第二十二卷，广西师范大学出版社 2005 年 12 月第 1 版，第 466 页。

⑤ 《纪念周邹校长之演词》，见《国立中山大学日报》，1933 年 12 月 16 日。

院院长，由中央执行委员会选任之。”[①]

下午，孙科因为对吴敬恒等人对《中央政制改革案》“竟发许多离奇怪诞言论，极尽挑拨离间能事，帮同附和者极少数”[②] 等原因，一气之下乘下午4时半的车离宁赴沪。会议还通过了李烈钧、白云梯、焦易堂等提出的提案。

△先生等人致电胡汉民（有电），征询粤方在四届一中全会的策略。

胡于29日复电，“弟意必须将我方各按案完全通过，始许转圜，万不能敷衍从事，堕其术中。来电‘失国民同情’云云，此似过虑。年高得劭之议，为改革政制，防止独裁之中心。今彼一意推翻，是适自暴其拥蒋复出之阴谋。至袒庇小张（张学良），尤为舆论所不值。……总之，主张必求贯彻，正义必有同情。如真无可为，自当与哲兄（孙科）一致行动，粤中同志必当为兄等后盾也。”[③] 31日，胡汉民再次致电孙科、先生、伍朝枢、李文范，表示：“有电奉悉，力持正气，极深佩慰。此时彼方是否尚有悔悟，转图无望，即宜鸣鼓而攻，至希观察形势，与精卫（汪精卫）、德邻（李宗仁）诸兄熟商决定。粤中同人当一致为兄等后盾也。”[④]

12月26日 出席四届一中全会第三次大会。[⑤]

会议于上午8时在中央党部第一会议厅举行，先生等100人出席，主席为于右任。会议通过修正《国民政府组织法》、《国民政府主席选举标准》等案。

会议在讨论党务案后，推选陈铭枢和先生赴沪与汪精卫、孙科洽商，促留沪粤方中委速赴京参加一中全会。中午，先生和陈铭枢携带林森、朱培德、杨树庄等多位国民党元老挽留孙科的信函赴沪。次日，孙科与李宗仁等回南京继续出席四届一中全会，惟汪精卫、张发奎仍留沪。[⑥]

△胡汉民、邓泽如致电孙科、先生、伍朝枢、李文范、马超俊、刘芦隐，希望先生等人一定坚持将粤方提交给四届一中全会的各案完全通过，方有转圜余地。[⑦]

---

① 中国第二历史档案馆：《中央周刊》，南京出版社1997年7月第1版，第15－195页。

② 存萃学社：《1927～1934年的反蒋战争》，大东图书公司1978年7月第1版，第546页。

③ 陈红民：《胡汉民未刊往来函电稿》第七册第二十二卷，广西师范大学出版社2005年12月第1版，第469页。

④ 陈红民：《胡汉民未刊往来函电稿》第七册第二十二卷，广西师范大学出版社2005年12月第1版，第475页。

⑤ 中国第二历史档案馆：《中央周刊》，南京出版社1997年7月第1版，第15－237页。

⑥ 中国人民政治协商会议广东省委员会文史资料研究委员会：《粤系军事史大事记》，广东人民出版社1986年10月第1版，第90页。

⑦ 陈红民：《胡汉民未刊往来函电稿》第七册第二十二卷，广西师范大学出版社2005年12月第1版，第466页。

12月27日 致电胡汉民，征求对先生出任国立中山大学校长的意见。

胡于30日复电，写道："沁电悉。前言所谓彼一时此一时也。辞官而就教，何善如之？敬望贾其余勇。弟即约粤中同人推兄矣。"胡还在该电文上批注："可抄来往电带省，并请联名电哲（孙科）推邹（邹鲁）。"王养冲注："已办。冲。"①

12月28日 出席四届一中全会第四次大会。②

会议于下午2时在中央党部第一会议室举行，先生等120人出席会议，主席为居正。会议推选胡汉民等9人为中央执行委员会常委，先生则为72位中央执行委员会委员之一；会议选任国民政府主席、委员及五院院长会议，先生及蒋介石、汪精卫、胡汉民等33人被选任为国民政府委员，林森为国民政府主席，孙科为行政院院长。会议还通过其他多项议程。

△胡汉民致电孙科、伍朝枢、李文范，表达对新政府人事安排的看法，推举先生为立法院副院长。③

孙科内阁希望胡汉民出任立法院院长，胡汉民致电表示不就，并推荐居正或谢持出任院长，先生出任副院长。全会代表认为先生是代表广东的，又和胡汉民亲近，在胡汉民坚决不肯就任的情况下，由先生来接他的职务最为适当，一定要先生出任。先生始终同情蒋介石，认为蒋没有出山负责一部分党政责任，终非国家之福，局势仍不稳定，不肯接受，并推荐覃振接替。

12月29日 出席四届一中全会闭幕式。④

上午9时，全会闭幕式在中央大礼堂举行，先生等97位中央委员出席，主席为居正，孙科致闭幕辞，于右任宣读大会宣言，冯玉祥、李济深在大会上发表了演说。会议通过决议，新任国府主席、委员及五院院长、副院长等定二十一年元旦晨9时举行宣誓就职礼。

△列席国民党第四届中央执行委员会第一次常务会议。⑤

会议于上午10时举行，孙科、陈果夫等6人出席，先生等92人列席。会议推吴铁城、陈立夫、先生等16人为中央组织委员会委员，以吴铁城为主任委员，陈立夫为副主任委员。会议还推举了其他委员会的组成人选等。

---

① 陈红民：《胡汉民未刊往来函电稿》第七册第二十二卷，广西师范大学出版社2005年12月第1版，第474页。

② 中国第二历史档案馆：《中央周刊》，南京出版社1997年7月第1版，第15－237～238页。

③ 陈红民：《函电里的人际关系与政治：读哈佛—燕京图书馆藏"胡汉民往来函电稿"》，生活·读书·新知三联书店2003年9月第1版，第99页。

④ 中国第二历史档案馆：《中央周刊》，南京出版社1997年7月第1版，第15－239页。

⑤ 中国第二历史档案馆：《中央周刊》，南京出版社1997年7月第1版，第15－272～273页。

△下午，在铁道部官邸与冯玉祥晤谈。[1]

△孙科、伍朝枢、先生、李文范联名密电粤国民政府唐绍仪、萧佛成、邓泽如、陈济棠，请将粤国民政府依约通电取消。电称："国民政府组织法，已照和会原则修正，人选亦已通过，新政府现定元旦成立，我方国府，应即依约届时通电取消，以符原议，乞复。"[2]

唐绍仪等于30日复电，表示："艳电敬悉，今晨中央国府联席会议，议决广东国民政府及所属各部会，于统一政府成立之日，即日宣告结束，现新政府既定元旦成立，此间自当照办，特复。"[3]

广州国民政府解散时，国府剩款50万元交萧佛成、邓泽如共同负责存用，由邓泽如负责管理。"这笔钱是胡汉民、邹鲁等人的'小金库'"[4]。

12月30日 致电胡汉民，表示："昨日中常委、国委院长选举均选出。介石下野，和平统一使命业已达到。此次原拟立法正、弟副，以八哥必理兄不任，弟亦力辞不任，虽未能与兄同进，却与兄同退。一笑。"[5]

约12月 蔡廷锴先生来访，约请先生北上抗日。[6]

由于日军计划攻打锦州，锦州问题已经十分严重，蔡来访的目的希望先生协助他统率一部分十九路军北上抗日。想法得到先生赞同。

年底 出任第一集团军总部顾问。[7]

是年 作诗《题傅青主先生遗墨》。[8]

约是年 发表《蒋介石的十八大罪状》一文。[9]

约是年 发表《蒋介石投日真相》一文。[10]

---

① 中国第二历史档案馆：《中央周刊》，南京出版社1997年7月第1版，第15－251页。

② 中国第二历史档案馆：《中央周刊》，南京出版社1997年7月第1版，第15－248页。

③ 中国第二历史档案馆：《中央周刊》，南京出版社1997年7月第1版，第15－248页。

④ 陈红民：《函电里的人际关系与政治：读哈佛—燕京图书馆藏"胡汉民往来函电稿"》，生活·读书·新知三联书店2003年9月第1版，第157～158页。

⑤ 陈红民：《胡汉民未刊往来函电稿》第七册第二十三卷，广西师范大学出版社2005年12月第1版，第551页。

⑥ 邹鲁：《回顾录》，岳麓书社2000年9月第1版，第270页。

⑦ 王崙：《邹鲁生平述略》，见广东省政协文史资料委员会编《近代广东名人录》第二辑，广东人民出版社1989年4月第1版，第121页。

⑧ 国立中山大学校友会：《邹鲁全集》第（十）卷，三民书局股份有限公司1976年10月初版，第17页。

⑨ 王崙：《邹鲁生平述略》，见广东省政协文史资料委员会编《近代广东名人录》第二辑，广东人民出版社1989年4月第1版，第122页。

⑩ 王崙：《邹鲁生平述略》，见广东省政协文史资料委员会编《近代广东名人录》第二辑，广东人民出版社1989年4月第1版，第122页。

1932年（民国二十一年　壬申）四十八岁

1月1日　正午，国民政府主席、委员及各院院长、各部会长官在国府大礼堂举行宣誓就职典礼。先生宣誓就任国府委员。[①]

△出任西南政务委员会委员、西南执行部委员。

是日，唐绍仪、胡汉民、汪精卫、孙科及先生等60人联名通电，取消广州两首脑机关："本党自十四年出师北伐，经长期间之奋斗，及国民赞助，乃得于十七年间扫除军阀，统一全国。方期奉行总理遗教，实施训政，树民治之初基，期政权还诸人民，不同草创之始，政治未臻于完备，运用遂失其均衡，个人独裁，因之形成，民治精神，遂即消失。同人等惧大业之中坠，党命之垂危，乃集合广州，组织中央执监非常会议，产生中枢，即以荡除个人独裁及确立民主政治基础，昭示国人，而以建设谋统一，均权求共治，尤昕夕不遑，以求其实现。其后强邻乘隙占我东陲，同人等以为丁此时局，非统一一致，无以御外侮而救危亡，南京方面亦适有通电，如蒋中正同时下野，以统一会议产生统一政府，则现在广州之国民政府即行取消。兹幸上海和平会议告成，第四届全国代表大会，亦已完成其使命，蒋中正同时复能勉从国人之期望翩然下野，统一政府经本日成立于南京，本会（中央执监委员非常会议）及本政府（广州国民政府），谨践前言，同日取消。自兹以往，以党权统一于中央，以治权还诸统一政府，并遵四全大会决议案，设立中央执行委员会西南执行部，西南政务委员会，西南军事分会，负均权共治之责，以努力于剿灭'共匪'，巩固国防，与夫政训期内种种工作，而促地方党务之发展，政治之修明，同人等职责于已解除。凡我同志，凡我国民，务各一德一心，共赴国难，同人等个人责任所在，亦当竭其一得之愚，以贡献党国也。"[②] 该通电于5日下午才发出。

西南执行部以胡汉民、陈济棠、李宗仁、白崇禧、刘纪文、陈策、李阳敬为常委，刘纪文（后刘芦隐）为秘书长，先生等人为委员，综管粤、桂、黔、闽党务。西南政务委员会有委员27人，以唐绍仪、邓泽如、萧佛成、陈济棠、李宗仁为常务委员，委员有先生、林云陔、刘纪文等人。军事委员会西南分会

---

① 存萃学社：《1927～1934年的反蒋战争》，大东图书公司1978年7月第1版，第550页。

② 存萃学社：《1927～1934年的反蒋战争》，大东图书公司1978年7月第1版，第550～551页。

委员有27人，以陈济棠为委员长。政务委员会除地方税收外，还截留了国税的关、盐、统税及邮电、铁路收入，月税收借贷约得七百余万毫银。

张镜影认为："其时西南党政事宜，胡汉民在港，邓泽如、萧佛成年事已高，遂丛集公（邹鲁）身，然御事井然，大计无废……"① 可见，先生实际执掌西南党务政务工作。

1月4日 在国民党中央政治委员会会议上提出惩办张学良案。由于当时惩张空气已行沉寂，行政院及中央党部均无提出，因此先生的惩张主张也终因南京方面的反对而不了了之。②

1月5日 胡汉民致电先生，表示诸事待商，亟盼先生归粤。③

1月8日 为东北军将领通电一事发表声明。

东北军将领在锦州失守时，曾联名通电，陈述因中央无饷弹等接济，迫不得已而退兵，并认为东北事，因先生等卖国，引狼入室而造成。先生对此特发表声明："见报有东北将领通电，谓余卖国及引狼入室等等。东北将领，未见署名，谓之匿名揭帖亦可。若张学良失去东三省，欲轻轻以一电推卖国于人，三尺童子，皆不为其所欺。尽积案至数百件，酿成暴日之借口，张学良父子，与日本缔结多少密约，致酿成东北之外交，甚而至于暴日来侵辽吉，不行抵抗，致数小时内失去二省。马占山孤军拒战，拥兵十余万，不行增援，致失黑省。锦州之守，中央严令厉行抗抵，乃违令撤兵。此种事实，万目共见，虽欲诬人卖国，诬人引狼入室，其可得耶？至余人所以招此通电者，因二月前，余电张学良，以东北边防司令，失去东北土地，应急自处，以谢国民。锦州撤兵之后，余电中央严办张学良，完全欲张学良明责谢人，保丈夫态度。至请严办张学良，完全为肃纪纲，明是非，非有私憾于张学良也。国人统观前后事实，自可明了，故不须为之辩也。"④

1月12日 出席孙科召集的会议。⑤

会议于上午10时在上海孙科住宅内召开，由孙科召集，陈铭枢、李济深、李宗仁、冯玉祥、先生、马超俊、李文范、陈友仁等人参加。孙科首先谈到，

---

① 张镜影：《邹鲁传》，见国立中山大学校友会：《邹鲁全集》第（一）卷，三民书局股份有限公司1976年10月初版，第7页。

② 罗敏：《九一八事变后的邹鲁与蒋介石》，见近代中国研究网（http：//jds. cass. cn/Article/20051029151256. asp），2005年10月29日。

③ 陈红民：《胡汉民未刊往来函电稿》第七册第二十三卷，广西师范大学出版社2005年12月第1版，第556页。

④《邹鲁为东北将领通电之声明》，见《申报》，1932年1月8日。

⑤ 中国第二历史档案馆：《中央周刊》，南京出版社1997年7月第1版，第15－345页。

政府目前困难，外交紧急，中枢负责无人，应设法充实力量。会议议决：于14日联名向国民党中央执委会常委会提议在中央政治委员会下设立特种委员会，共同负责中央一切政治责任，除汪精卫、蒋介石、胡汉民为当然委员外，另推孙科、何应钦等9人为委员，并决议留沪中委于13日晨9时一律入京。

1月13日 随孙科等人离沪赴宁。①

1月15日 国民政府行政院召开第四次会议（临时会议），会议由院长孙科主持，其讨论事项第三项为“决议请任命邹鲁为国立中山大学校长”②。

1月17日 胡汉民致电先生、何世桢、陈群，要求先生等人支持孙科内阁的抗日剿共政策。③

1月18日 致函赵淑嘉。写道：“昨日下午四时抵京，一切平安，请宽念。屋搬好，举民（吴举民）候信来京，因现寄居铁道部，住人颇挤也。”信中还提及各子学习、生活中的注意事项。④

1月19日 国民政府令：任命邹鲁为国立中山大学校长。⑤

先生出任中大校长的原因，先生之子邹永认为：“当时有西南政府［务］委员会，那个时候我父亲帮了蒋介石一个忙，就是调停西南政府［务］委员会的事，蒋介石因此感激我父亲，就派我父亲回去做中山大学校长。”⑥

张掖认为：先生出任中大校长的原因，是国民政府“为敷衍邹氏的面子，改任邹鲁再长中大。”⑦

邱平认为，先生接长中大有其客观原因：当时，宁粤合作已达成分赃式协议。广州方面取消国民党中央执监会非常会议，代之以西南执行部；取消国民政府，另行成立西南政务委员会。先生是西南执行部常委、西南政委会常委，自然不能不给先生面子。另外，胡汉民从上海迁回香港，卜居岛上半山的妙高台，以西南元老领袖资格指挥西南党政。事实上，两广还是保持小朝廷的割剧

---

① 中国第二历史档案馆：《中央周刊》，南京出版社1997年7月第1版，第15－353页。

② 《行政院第四次会议》，见《申报》，1932年1月16日。

③ 陈红民：《胡汉民未刊往来函电稿》第七册第二十三卷，广西师范大学出版社2005年12月第1版，第538页。

④ 程焕文、张靖、周旎：《邹鲁未刊稿》下册，广西师范大学出版社2008年3月第1版，第683页。

⑤ 易汉文：《中山大学编年史（一九二四～二〇〇四）》，中山大学出版社2005年9月第1版，第21页。

⑥ 程焕文、张靖、周旎：《邹鲁未刊稿》下册，广西师范大学出版社2008年3月第1版，第834页。

⑦ 张掖：《1924～1935年国立中山大学派系斗争概述》，见广东省政协文化和文史资料委员会编《广东文史资料精编》上编第4卷，中国文史出版社2008年12月第1版，第90页。

局面，不能不有先生这样一个与胡汉民同调的来共同支撑，这些条件促成了先生继任中大校长。[1]

△致电刘芦隐。电称："弟廿南行，请兄即日回。关于焕公（冯玉祥）事，仲芝（邓哲熙）先生在沪专与兄接洽也。"[2]

1月20日 晚，乘昌兴公司加拿大皇后号邮船，离沪赴港。公子等人同行。[3]

△复电国立中山大学全体员生工友大会。

中大全体员生工友大会于19日致电先生，对于先生执掌中大表示"深庆得人，不胜雀跃，谨电欢迎，并恳尅日命驾莅校主持为祷。"[4]

先生是日复电："总理生时命鲁创办此校，总理逝世，以此校纪念总理，今承国府长校之命，加以诸同事同学之敦促，谨当即日回校视事，竭其绵薄，与同事同学共完成总理创办此校之旨，聚首匪遥，特先电复。"[5]

1月21日 中山大学校内发现反对先生长校的标语。[6]

1月22日 在船中给赵淑嘉写信。说明《邹鲁文存》、在沪信函处理方式及到港安排等事。该信在香港寄出。[7]

1月23日 晨，抵达香港。[8]

1月24日 上午，从香港乘快车前往广州，中午抵穗。[9]

先生在广州的居住地点是东皋大道五号一栋三层楼的洋房，"相当宽敞，处在一个很好的区域。……家里当时相当兴旺，宾客来回不绝。不说三日一小宴，五日一大宴，至少一个星期或是每十天就有一次宴会。平常有各种客人，

---

① 邱平：《西南政变后中山大学的再次易长》，见广东省政协文化和文史资料委员会编《广东文史资料精编》上编第4卷，中国文史出版社2008年12月第1版，第103页。

② 陈红民：《胡汉民未刊往来函电稿》第七册第二十二卷，广西师范大学出版社2005年12月第1版，第496页。

③ 程焕文、张靖、周旎：《邹鲁未刊稿》下册，广西师范大学出版社2008年3月第1版，第680页；《邹鲁已赴粤就中大校长》，见《申报》，1932年1月23日。

④ 《邹鲁即将赴粤长中大》，见《申报》，1932年1月21日。

⑤ 《邹鲁即将赴粤长中大》，见《申报》，1932年1月21日。

⑥ 《粤大发现反邹标语》，见《申报》，1932年1月22日。

⑦ 程焕文、张靖、周旎：《邹鲁未刊稿》下册，广西师范大学出版社2008年3月第1版，第680页。

⑧ 《本校学生昨开会欢迎新校长志略》，见《国立中山大学日报》，1932年1月26日。

⑨ 《本校学生昨开会欢迎新校长志略》，见《国立中山大学日报》，1932年1月26日；《邹鲁将就中山校长》，见《申报》，1932年1月25日。

包括学校里的教授。……在广州的时候，是我们邹家最旺的时候。”① “我们最快乐的时候是二十世纪三十年代初，父亲当中山大学校长的时候，他也是最喜欢这个职务的。”②

1月25日 中大学生开会欢迎先生就任校长。

下午3时，欢迎会在学校大礼堂举行。欢迎会上，先生发表演说，“态度措词，均极诚挚。”③ 周鼎培作为教师代表发表演说，学生代表进行了答辞。

△致函赵淑嘉。表示“连日接粤对和议不全接受，焦急万分，已由胡（胡汉民）伍（伍朝枢）回粤挽救，能到如何地步尚未可知。而强邻肆虐，复日甚一日，正不知如何是好。”④

△致函赵淑嘉，表示“连日会晤同学同事颇忙，拟二月一日就成。”⑤

△胡汉民致电先生。电称：“军费不减，无事可办，锐减太过，则虑难实行。……望以兄意告梯兄（伍朝枢），力求公平兼顾大局。”⑥

1月26日 国立中山大学一区六区分部聚会欢迎先生就任中大校长。⑦

下午2时，国立中山大学一区六区分部假座学校至公堂，开会欢迎先生就任国立中山大学校长。会场贴满“欢迎邹同志来粤主持纪念总理的最高革命学府”、“欢迎党国先进及本党革命领袖邹”等标语，数百人出席大会，张仲绛主持大会并致欢迎词。先生致训词，演说者有范锜等人，最后由黎德操代表分部致答辞。先生在训词中表示，中大“是受总理的教诲最为亲切，在党的责任，比任何都重。”⑧

△致电胡汉民。

电称：“哲生（孙科）辞职，在个人则进退光明，在大局则泾渭划清，此时态度宜赞助其对日绝交案，唤起国人同情，但对南京不宜即施，以免其减价

---

① 程焕文、张靖、周旋：《邹鲁未刊稿》下册，广西师范大学出版社2008年3月第1版，第850～851页。

② 程焕文、张靖、周旋：《邹鲁未刊稿》下册，广西师范大学出版社2008年3月第1版，第859页。

③ 《本校学生昨开会欢迎新校长志略》，见《国立中山大学日报》，1932年1月26日。

④ 程焕文、张靖、周旋：《邹鲁未刊稿》下册，广西师范大学出版社2008年3月第1版，第680～681页。

⑤ 程焕文、张靖、周旋：《邹鲁未刊稿》下册，广西师范大学出版社2008年3月第1版，第681页。

⑥ 陈红民：《胡汉民未刊往来函电稿》第七册第二十三卷，广西师范大学出版社2005年12月第1版，第534页。

⑦ 《一区六区分部欢迎邹海滨同志纪》，见《国立中山大学日报》，1932年1月28日。

⑧ 《邹海滨先生在区分部欢迎会演说补志》，见《国立中山大学日报》，1932年1月30日。

求哲生回京，仍作护符。仍盼示复，以资遵照。”①

△致电胡汉民。

电称：“梯兄（伍朝枢）就职，以裁军饷为条件，伯兄（陈济棠）亦主张裁军饷者。梯兄欲二月底裁四十万，三月底裁五十万，十月底裁五十万，伯兄则拟至十月底共裁一百二十万，所差不过期限，而主张则完全相同。梯已赴港，请兄就近妥商，彼时梯兄未得面，不克转达。并闻。”②

1月27日 国立中山大学致函先生定期接事。

函称：“现奉十二月卅一日国民政府训令内开：案据国立中山大学校长林云陔呈请辞职，经议决照准；并任命邹鲁为国立中山大学校长在案。除明令任免外，合行令仰该校，即便知照。此令。等因；奉此，除饬各院部处造具移交清册外，相应函达希烦查照，迅即定期莅校接收，并盼见复，为荷。此致新任国立中山大学校长邹。”③

△接本校舍务处主任虞仰泉函报，请求转函广州市土地局，制止登记预科宿舍为民产，并请领取抗议书，以便及时填报抗议。先生得到函报后，即函请广州市土地局先制止有关登记，并发抗议书给虞仰泉。④

△胡汉民致电萧佛成、邓泽如、先生、陈济棠、张惠长，电云：“弟意宜即由各中委及各界通电，拥护哲生（孙科）政策，并密电邀哲生回粤。一面促梯云（伍朝枢）就职，共维粤治。促德邻（李宗仁）返，共谋大局。对宁虽不必即施攻击，亦不可无实力之准备。望兄等亟以一致之精神图之。”⑤

1月28日 复函国立中山大学校长许崇清，定于2月1日上午11时到校接事，并举行就职校长典礼。⑥

1月29日 国立中山大学校长许崇清签署大学布告，宣布新任校长邹鲁定于2月1日上午11时到校接事。⑦

△晨，胡汉民、萧佛成、邓泽如与先生一起致电李宗仁，电云：“蒋（蒋介石）怙恶不悛，不惜卖国求容［荣］，破坏统一，以便其私。诚如尊电所

---

① 陈红民：《胡汉民未刊往来函电稿》第二册第七卷，广西师范大学出版社2005年12月第1版，第397页。

② 陈红民：《胡汉民未刊往来函电稿》第七册第二十二卷，广西师范大学出版社2005年12月第1版，第490页。

③ 《函新任邹校长请定期接事》，见《国立中山大学日报》，1932年1月28日。

④ 《函土地局制止登记预科宿舍》，见《国立中山大学日报》，1932年1月28日。

⑤ 陈红民：《胡汉民未刊往来函电稿》第七册第二十一卷，广西师范大学出版社2005年12月第1版，第456页。

⑥ 《邹校长定期举行就职典礼》，见《国立中山大学日报》，1932年1月30日。

⑦ 《大学布告》，见《国立中山大学日报》，1932年1月30日。

指，此间已去电哲兄（孙科），表示拥护。此时即宜集合同志，重申大义，救国救民。惟师出不可无名，实力尤须预计。弟等共商，以为能即行讨伐上也；其次则先充实执行部、政委会等机关，俾得主持负责，而以抗日、剿共两方案分别进行，似亦不失中策。时局严重，愿先生速有以教之。尤其盼在沪与哲兄等接商后，即速命驾南旋，共维大局。"①

△致函赵淑嘉。表示家中各事，请随时详告为要。②

1月31日 晨，致电蔡廷锴军长，慰问十九路军。电称："暴日侵沪，知兄悉力抵抗，为国家干城，即为民族吐气，务请再接再厉，驱尽敌人，还我净土，战情请随时电示为荷。"③

△再次致电蔡廷锴军长，拟援助十九路军。

电称："本日晨电计达，顷与在粤同志决定唤起民众，援助十九路军，并电政府就近援应。本晚八时约商会及各团体开会，筹助十九路军费，海外并同时进行。得汕电，暴日借报载批评日皇事，准二月一日对汕攻击，憬然兄（蒋光鼐）同此。"④

"一·二八"事变发生后，国民党中央欲避敌人耳目，顾虑国际形势，除令第五军配合作战外，未能积极增援。而民众方面，却尽最大努力予以支持。先生于月底接到十九路军将领报告，请设法接济十九路军将士。得此报告后，先生认为蒋介石应对没有及时接济十九路军一事负责，因此在回广州就职途中发表了一些对国民党中央不满的意见，认为只有抵抗才能遏止日本的进一步侵略，只有抵抗才能引起世界舆论的正义感和友邦的同情心。先生到广州后，再三设法接济十九路军。⑤

△蔡元培、刘光华、先生、蒋梦麟、王世杰、梅贻琦六位文化界人士致电国联文化合作委员会，要求制止日军暴行。

电略谓："比日日本陆战队及飞机二十余架，叠在上海之闸北江湾等区域，横施暴行，并故意摧毁文化机关，即日中国最大出版事业之商务印书馆、东方图书馆、暨南大学等，均被焚毁殆尽，同人等，谨代表中央研究院、中央大学、中山大学、北京大学、清华大学等，恳请贵会，转请国际联合会、行政

---

① 陈红民：《胡汉民未刊往来函电稿》第七册第二十一卷，广西师范大学出版社2005年12月第1版，第456页。

② 程焕文、张靖、周旎：《邹鲁未刊稿》下册，广西师范大学出版社2008年3月第1版，第682页。

③ 中国第二历史档案馆：《中央周刊》，南京出版社1997年7月第1版，第15-520页。

④ 中国第二历史档案馆：《中央周刊》，南京出版社1997年7月第1版，第15-520页。

⑤ 邹鲁：《回顾录》，岳麓书社2000年9月第1版，第270~271页。

院，迅速采取有效方法，制止日军此类破坏文化事业及人类进步之残暴行为。”①

2月1日 到国立中山大学宣誓就任校长。

这是先生第二次执掌国立中山大学。宣誓就职典礼于上午11时在学校大礼堂举行。国民党中央执行委员邓泽如和萧佛成分别代表西南执行部和西南政务委员会监誓，广西大学校长马君武，广东民政厅长林翼中，中大教授古直、张根仁等分别在典礼上发表演说。典礼程序有十三项：（一）奏乐；（二）齐集，监誓员就位，先生就位；（三）唱党歌；（四）向国旗、党旗、总理遗像行三鞠躬礼；（五）监誓员恭读总理遗嘱；（六）宣誓，先生举右手恭读誓词；（七）许崇清校长授印；（八）先生接印；（九）监誓员邓泽如训词、萧佛成训词；（十）先生答辞；（十一）演说；（十二）奏乐；（十三）拍照鸣炮礼成。

邓泽如在训词中说道：“今天是邹校长海滨宣誓就职的日子，兄弟代表中国国民党西南执行部到来监誓，并和各位讲几句话。国立中山大学是由广东大学改组而来的，而广东大学是由总理于民国十二年（1923年）冬，经如许艰难，亲手将高师、法政、农林、医药专门合并为广东大学。当时担任校长办其事者，就是邹海滨同志，所以邹同志对于这个学校，是有创办的历史，相当的功劳，伟大的成绩，和各种预定发展计划。后来至民国十四年（1925年）间，共党得势，以大学为青年运动之要地，俄人鲍罗廷拟去邹校长，而以陈公博或顾孟余为继，设法派邹同志往北京，为外交之宣传，于是年九月间，离开广州，以致功亏一篑，非常痛心，非常可惜。这间学校以纪念总理改广大为中大，希望各学生一方面就应该一心一德去信任，去拥护总理当日委任的邹校长，以完成种种未成的发展；一方面就应该矢勤矢勇的去研究学问，发扬光大的主义，负起以建民国以进大同的事业，方不愧为中山大学的学生。现在邹同志重长这个大学，相信必能把以前预定的计划，次第实施，使中山大学前途，更加发扬光大，以副总理手创这个大学的苦心，以副总理当日委任校长的希望，这就是勉励于邹校长的。”②

先生在答辞中说道：“总理在创办这间大学的时候，正当军事倥偬，环境困难的中华民国十二年（1923年）：那时外有帝国主义者的压迫，在内除广州外皆是敌人，总理不避艰苦，就在这个时机来创办这大学，他的立意是很远大的！

---

① 中国第二历史档案馆：《中央周刊》，南京出版社1997年7月第1版，第15－492页。

② 《本校邹校长昨日就职盛况》，见《国立中山大学日报》，1932年2月2日。

……

现在，暴日肆虐，国难当前。在这个抗日当中，有许多学校的学生，完全没有上课，专做那口头上的工作，这是无济于事的。我们试观现代的战争，完全是科学的斗争：如果，自己的智识阶级不努力于科学的研究，那么，我们的救国目的，也是渺渺前途，没有成功之希望的。所以，我们学生在这国家危急存亡之秋，应当加紧工作，加倍努力！

兄弟从前到各国考察的时候，在美国参观各大学，他们中等以上的学校通通都有军事训练，养成学生战斗能力，到德国，当时德国受协约国的军备限制，因此，它便从学校训练着手，无论什么学校完全以军事方式布置，一如战时状态。到奥国，它和德国环境相同，也是从学校做工夫。有一次到一间学校的化学室参观，他们学生完全在研究绿［氯］气，预备用科学去战争。从这种种观察，他们救国，完全以学校军训，科学研究基础，这一点我们可以借镜的。这回日本侵略我国土，屠杀我民众，我们想报仇雪耻，抵抗到底，应当努力于救国根本的企图，即大家同学努力研究科学，增加战斗力量，时时刻刻都要想方法来增加自己的学问，锻炼自己的体魄，以为救国的根本能力；有了救国的根本能力，那报仇雪耻的希望，才可以达到。因此，我们要把这间大学，造成为科学研究的唯一机关，增进国家的力量；同时，发挥光大总理的主张，实行成为三民主义的大学。”①

先生再次出任校长后，开始拟定计划，筹备建设国立中山大学石牌永久校址。石牌新校的建设规模与标准，先生将它定位在“不但求之中国不落后，即求之世界各国中亦不落后。”根据世界一流标准，先生拟定了一个六年建设计划，每两年为一期，共分三期完成全部建校计划。② 此外，先生“草拟了一个方案，向西南政务委员会建议，设立西南改革教育委员会［西南教育改革委员会］，从事教育改革。”③

下午2时许，典礼在拍照鸣炮后结束。

△聘任徐甘棠为本校教务主任，何春帆为事务管理处主任兼义勇军办事处（原军训部）主任，周谷城为社会学系主任。④

曾任国立中山大学校长助理秘书的曾纪蔚回忆：何春帆能被先生任命为事务管理处主任，是因为何与当时陈济棠手下红人之一的广东财政厅厅长兼广东

---

① 《本校邹校长昨日就职盛况》，见《国立中山大学日报》，1932年2月2日。

② 《邹鲁与国立中山大学石牌校区》，见中山大学网（http：//www. sysu. edu. cn/zdcq/xz1. htm）。

③ 郑彦棻：《邹海滨先生的教育思想与反共斗争》，见《传记文学》1978年3月号。

④ 易汉文：《中山大学编年史（一九二四～二〇〇四）》，中山大学出版社2005年9月第1版，第21～22页。

财政特派员区芳浦有交情。中大经费名义上每月为18万多元，仅次于当时的南京中央大学，但经费常常不能按月领到，即使过期签发，都是零零星星分批拨领的。先生之用何，就是要他不时亲到广东财政特派员公署向区芳浦面催，待区下条子，然后到银行去提款。①

△签署大学布告。公布2月1日至7日为寒假，全校休业七天。

2月2日 中大学生会改筹会在《国立中山大学日报》上发表宣言，欢迎先生就任中大校长。

宣言对先生在筹办中大过程中所做出的历史贡献给予高度评价："如果我们没有忘记的话，当还会记得总理在创办本校的时候，是如何的艰巨，与本校所负的使命，是如何的重大。然而，这一切当时都交给我们的邹先生负起了。真的，邹先生是本党的先进，青年的指导者，虽则当时在职的时候不多，可是邹先生确已替我们在中大短短的历史上，写着光荣的一页了。"② 宣言还对先生重新执掌中大提出了很高期望，"我们可以确信邹先生是当会应用他丰富的教育经验来改善中大荒废的校务的，和运用他伟大的魄力来建设中大的新基，更必会充满他革命的热血来领导我们抗日救国去！"③

2月4日 胡汉民、伍朝枢致电汪精卫、先生，电云："德邻（李宗仁）到港，即谓某方无论如何，大局总难遽定，应求保存对抗势力。到省与各人晤谈，大抵亦以此为忧。弟等因提议党务、政治、军事三案，在目前则保持各方反某战线，不使一时消散。在将来则以均权求统一，抵制独裁。此为沪粤一贯主张，但恐彼方仍爱集权，将有致疑割据，而于报纸宣传作反对论者，请就近破之。"④

2月5日 电请浙江大学罗膺中来中大担任教授。⑤

罗膺中教授在去年秋天离开中山大学，到杭州西子湖畔疗养，并到浙江大学任教。先生仰慕罗的为人为教，先后四次去函请罗尽快来粤复教，是为第一次。

先生于4月8日接到中文系学生来函，请催促中文系主任罗膺中早日返系主持事务。先生接函后，当即第二次函请罗膺中，并附聘书，请其来校担任文

---

① 曾纪蔚：《邹鲁在中山大学任内》，见广东省政协文化和文史资料委员会编《广东文史资料精编》上编第4卷，中国文史出版社2008年12月第1版，第105页。

② 《学生会改筹会欢迎邹校长宣言》，见《国立中山大学日报》，1932年2月2日。

③ 《学生会改筹会欢迎邹校长宣言》，见《国立中山大学日报》，1932年2月2日。

④ 陈红民：《胡汉民未刊往来函电稿》第七册第二十二卷，广西师范大学出版社2005年12月第1版，第464页。

⑤ 《电黄罗两先生来校担任教授》，见《国立中山大学日报》，1932年2月10日。

学院教授。函称：

"膺中先生大鉴：

久怀清德，未奉光仪，翘首云天，时劳延伫。前承掌教文院，学子翕然风从。客岁台驾赴杭，莫不惘然若失。竭诚攀挽，于今益挚！嗣蒙俞允，当于五月回校，鼎言一诺，深慰群情。故二月微（5 日）电奉催，实冀贤者必至，拳拳在念，谅邀明察。现此间候驾之切，有如望岁。文院同学，向慕弥笃。鲁僅再申三拜之请，恳即惠然肯来，行见桃李盈门，长沾化雨之泽。菁莪乐育，共仰人师之贤。临颖神驰，无任企祷。聘书一帖，并先附函奉上，务祈鉴谅愚诚，收赐复，幸甚！幸甚！耑此奉达，只颂文安。弟邹鲁拜启，四月八日。"①

先生于 4 月 23 日委托李达潮带亲笔函，到杭劝驾罗膺中教授早日回校。这已经是先生在两个月内第三次函劝罗尽快来校。函称："膺中先生台鉴：比奉聘书，谅登记室，兹再拜托医学院李教授达潮先生到杭，虔致瓣香，专诚劝驾，祈勿固却为幸。国学衰微，端赖贤者兴起，力振颓靡，彼间国学渊博之士，仍希代为物色，详细开示，以凭敦聘，实所拜祷。耑此奉陈，只颂道安。"②

罗膺中教授于 5 月 5 日函复先生，详细叙述了留杭治疗疾病的经过，并称将于 6 月中旬南行返校。

先生接函后，即于当日随函寄送 1932 年度聘书，函称："顷接玉音，远承金诺。既还辕之有日，当下榻以先迎。谨将廿一年度聘书随函送达，希烦查照。何时南下，请先见复，以便欢迎。"是为第四次函请罗膺中教授。

△胡汉民致电先生。电称："云陔（林云陔）仍使视事不易，或另推一较能负责之省委代理如何？此时以军事为重，大局为重，对伍（伍朝枢）亦不必过急。"③

2 月 6 日　致函赵淑嘉，祝福旧历元旦。④

2 月 9 日　电请广东省教育厅厅长黄晦闻担任中大文学院教授。⑤

△中大教授、农学院院长兼农场主任沈鹏飞致函先生，呈辞兼任农学院院长及农场主任职务。先生复函沈鹏飞教授，同意其辞去兼任的农学院院长职

---

① 《校长昨再函罗鹰中来校任教授》，见《国立中山大学日报》，1932 年 4 月 11 日。

② 《李达潮教授劝驾罗膺中先生回校》，见《国立中山大学日报》，1932 年 4 月 25 日。

③ 陈红民：《胡汉民未刊往来函电稿》第七册第二十三卷，广西师范大学出版社 2005 年 12 月第 1 版，第 524 ~ 525 页。

④ 程焕文、张靖、周旎：《邹鲁未刊稿》下册，广西师范大学出版社 2008 年 3 月第 1 版，第 682 页。

⑤ 《电黄罗两先生来校担任教授》，见《国立中山大学日报》，1932 年 2 月 10 日。

务，另聘邓植仪继任农学院院长。①

△中大附属初中主任唐现之副教授致函先生，呈请辞职，回桂办师范专科学院。先生据唐函，照准其辞职，另聘黄佩纶继任中大附属初中主任。②

△蔡元培致函伍朝枢和先生。

2月10日 主持本校二十年度第十次教务会议。③

上午10时，教务会议开始。先生在恭读总理遗嘱后，报告学校开课，而教授仍未回校者，应即通知各学院，另觅他人代授，以维持学生学业。先生随后交议六个议题：（一）高中学生自治筹备会，请求免试升大学。议决结果：依照教育部定章办理；（二）现有学生请求复学者多起，应如何办理？议决结果：依照复学规则办理；（三）现各大学多有请求转学前来者，应如何办理？议决结果：在开课后两星期内，各地因国难转学前来之学生，由教务处查核后，准收作特别旁听生；（四）上海光华大学学生汤拔山，请求借读案。议决结果：着该生具缴原校借读通知书前来，再行核办；（五）化学工程系学生张国馨，请求转入文科教育系续读案。议决结果：照转学规则办理；（六）省立女中学生黄恩善、郑淑容请求转学本校高中案。议决结果：照准。

2月11日 与文学院院长刘奇峰教授一起致电，请文学院前教授沈刚伯即日来校上课。沈刚伯在中大任教时，颇得同学敬重，因事赴南京，日久未归。④

△接到上海各大学赴东北义勇军司令部特派闽粤募捐代表高郁文等5人来函，函称来穗筹款，无法顺利返沪，到中大暂避，请求予以关照。先生经即复函："诸君复上海各大学赴东北义勇军司令部使命，来粤集款，为国奔走，热诚堪佩，膳宿事项，当粗为准备。疏慢之处，尚希原谅云。"⑤

2月13日 聘胡乾体教授暂代本校社会学系主任。⑥

2月14日 出席中大毕业留校同学会成立大会。

下午1时，大会开始。先生发表训话，对同学会的成立提出期望，指出："……我认为这个集会，是应该要组织的，因为我们在社会做事，要有互助精神，才可以干得好；……况一间大学，不只是文化中心，而且是政治中心。如果大学办不好，则足以影响国家社会，我国现在如此混乱，都因没有精密的组

---

① 《农学院院长沈鹏飞先生函请辞职》，见《国立中山大学日报》，1932年2月10日。
② 《聘黄佩纶为本校附属初中主任》，见《国立中山大学日报》，1932年2月10日。
③ 《二十年度第十次教务会议纪事录》，见《国立中山大学日报》，1932年2月13日。
④ 《本校电请沈刚伯先生回校》，见《国立中山大学日报》，1932年2月12日。
⑤ 《本校招待沪大特派闽粤募捐代表》，见《国立中山大学日报》，1932年2月12日。
⑥ 《大学布告（一）》，见《国立中山大学日报》，1932年2月17日。

织。兄弟很希望把这种团体，精密组织起来，但我们断不可藉团体名义，来营私舞弊。同时更希望你们设法组织全校同学会，来发展母校，革新国家社会，这样组织才有意义。”①

△聘请张掖教授兼任本校出版部主任。②

△国立中山大学社会学会执委会致函先生，请即电前教授周谷城早日回校任社会学系主任。

社会学系自黄文山主任赴上海养病后，迄今尚未有人承接主任职务。先生接到函呈后，经即致电周谷城，“请执事即行返校主持社会学系”③。

△本校工程办事处主任黄肇翔呈函先生，因事冗繁杂，恳请辞职。先生据函呈，函复准予辞职，并另聘方棣棠继任。④

2月15日 致电朱显祯教授，请其即日来中大重执教鞭。⑤

朱显祯曾任法学院法律系教授，在该系讲授民法总则亲属继承法多年，学问渊博，法理精通，素为该系各班学生所爱戴。去年9月因事北上，该系学生挽留不成。是日，该系学生张仲绛、周承文等数十人发起挽留朱显祯教授活动，并呈请法学院薛祀光院长转呈先生致电给朱显祯教授。

2月16日 签署大学布告。公布本校特别旁听生临时规则。⑥

2月17日 出席中大附属小学下学期第一次教职员会议，并发表演讲，演讲内容为各国小学的教育方针。⑦

△准本校法学院院长薛祀光申请，同意法学院于次日上课。⑧

△签署大学布告。公布查本学期学生有请转科转系者，因前学期有特别情形，当经照准在案，现各科已开课，所有呈请转科转系者，悉照校章办理。⑨

2月18日 签署大学布告。公布修正特别旁听生临时规则。⑩

△接本校农学院院长邓植仪教授函报，请求每月划出经费500元，作为滑水山第二模范林场筹办费之用，一旦下年度经费确认后，再将两林场经费划分，以利发展。拟建的滑水山林场位于广东省英德县（今广东省英德市）。先

---

① 《本校毕业留校同学会成立志盛》，见《国立中山大学日报》，1932年2月16日。
② 《本校出版部积极整理之要迅》，见《国立中山大学日报》，1932年2月17日。
③ 《电周谷城先生返校主持社会学系》，见《国立中山大学日报》，1932年2月15日。
④ 《本校工程办事处黄主任辞职》，见《国立中山大学日报》，1932年2月15日。
⑤ 《法律系学生挽留朱显祯教授》，见《国立中山大学日报》，1932年2月16日。
⑥ 《大学布告（二）》，见《国立中山大学日报》，1932年2月17日。
⑦ 《附小下学期第一次教职员会议录》，见《国立中山大学日报》，1932年2月22日。
⑧ 《本校文理工两学院昨日照常上课》，见《国立中山大学日报》，1932年2月18日。
⑨ 《大学布告》，见《国立中山大学日报》，1932年2月18日。
⑩ 《大学布告》，见《国立中山大学日报》，1932年2月19日。

生接呈函后，即刻决定划出经费建设滑水山第二林场。①

△呈函广东财政特派员区芳浦，由于本校积欠甚多，请求先予填发5万元支付通知单送校，以凭具领，藉济眉急。②

先生在函件中表示，本校顷以去年四五月欠领经费20万元，除经由广东财政特派员公署先后发给5万元外，尚欠15万元，而前任积欠教职员薪俸，为数甚巨。各学院上年度向外国订购仪器设备书籍，多已运到。值兹上课伊始，亟须将用品起运，以利教务进行。又各项建筑修缮工程，需费亦多。上项账目，非将旧欠经费，先行清楚，实在无从应付。

△本校经济调查处主任黄荫普，函请法学院院长薛祀光，转函先生请广东省政府设法补助该处经费。③ 先生据薛函，即去函省政府，请求补助中大经济调查处经费。④

广东省政府在一四五次会议上曾议决，每月补助中大经济调查处经费200元，但只领支三次即被省财政厅发布公函停支。本次去函，希望能继续予以补助。

△致函赵淑嘉，询问何故11日不见来函。⑤

2月19日 转函本校两广地质调查所，请其查收广西省国库拨付的调查所1931年12月经费大洋2000元。⑥

2月21日 函复第五师副师长兼第十三团团长李振良，其送来化验的矿苗为黄铁矿，可制硫酸用。⑦

李振良率部进驻龙门后，在距离龙门县城一百二十里的南昆山发现很多矿苗，并将该矿苗采集了四五斤，送来中大化验，以了解其开采价值。

△本校注册部主任函报先生，因为保管难题及没有保管的必要，请求焚毁存储的历年考取新生的试卷。⑧

先生准许注册部主任函报，准予照办。但要求近三年内试卷及历年各科前三名考生试卷，仍须分别保存，以备查考。⑨

---

① 《本校拨款筹办滑水山第二林场》，见《国立中山大学日报》，1932年2月19日。

② 《函财政特派员拨发本校欠领经费》，见《国立中山大学日报》，1932年2月19日。

③ 《函省政府请补助经济调查处经费》，见《国立中山大学日报》，1932年2月19日。

④ 《函省政府请补助经济调查处经费》，见《国立中山大学日报》，1932年2月19日。

⑤ 程焕文、张靖、周旎：《邹鲁未刊稿》下册，广西师范大学出版社2008年3月第1版，第682页。

⑥ 《两广地质调查所经费桂省已汇寄》，见《国立中山大学日报》，1932年2月20日。

⑦ 《第五师李副师长函校化验矿苗》，见《国立中山大学日报》，1932年2月22日。

⑧ 《本校焚毁历年考取新生试卷迅》，见《国立中山大学日报》，1932年2月22日。

⑨ 《本校焚毁历年考取新生试卷迅》，见《国立中山大学日报》，1932年2月22日。

2月22日 为在永汉事件中受重伤的本校理工学院地质系学生姚国桢捐款银毫20元。①

△赠送“健步如飞”银鼎一座给广东全省体育协进会第三次环市长途赛跑优胜者。②

△本校高中部学生自治会筹备会呈请先生，指出本校高中部原与大学相衔接，既然如此，在高中部毕业，当可直接升入本科，无须再经考试。同时，筹备会请求减少学费，每学期杂费各费减办，享受与大学生同等待遇。

先生据高中部学生自治会筹备会公函，复函指出，对于免试升学事，经提交本年度第十次教务会议议决，照教育部定章办理；减少学费一项，则批复，前经布告暂准减半征收有案。③

△接河南农产品展览会会长来函，请求为于2月21日至27日举行的河南农产品展览会捐助奖品。先生接函后，安排中大总务处制作“务本于农”银鼎一座，赠送河南农产品展览会，作为奖品。④

本处提到的“河南”，指广州市区珠江南岸地区。

2月23日 下午3时，主持本校二十年度第十一次教务会议。在会议上报告特别旁听生临时规则已于2月17日公布实施，并于18日修正公布。⑤

△致电在上海的杨东蕙、张栗原两位教授即来本校社会学系任教。⑥

△签署大学公函。规定统一的学分制办法。⑦

2月24日 本校体育部主任郭颂棠拟订各种体育计划，函请先生鉴核。先生据郭颂棠呈函后，复函批准按照计划执行。⑧

△本校农科毕业同学会呈函农学院转呈先生，请划拨校地，建筑同学会会址。先生据函后，当即函复，未便照准。⑨

△学校反日救国运动大会呈函给先生，称该会执行委员会第二十九次会议决定本月26日上午9时在大礼堂举行全体员生工友大会，请准予届时停课三小时，以便相关人员出席大会。⑩

---

① 《事务处捐助姚国桢款之总报告》，见《国立中山大学日报》，1932年2月22日。
② 《第三次环市长途赛跑定期举行》，见《国立中山大学日报》，1932年2月22日。
③ 《高中学生会呈请免试升大详志》，见《国立中山大学日报》，1932年2月23日。
④ 《邹校长赠河南农品展览会银鼎》，见《国立中山大学日报》，1932年2月23日。
⑤ 《二十年度第十一次教务会议纪》，见《国立中山大学日报》，1932年2月29日。
⑥ 《社会学系主任周谷城昨已抵校》，见《国立中山大学日报》，1932年2月27日。
⑦ 《大学公函》，见《国立中山大学日报》，1932年2月23日。
⑧ 《体育部拟订本学期体育训练计划》，见《国立中山大学日报》，1932年2月25日。
⑨ 《农科同学会请拨校地建筑会址》，见《国立中山大学日报》，1932年2月25日。
⑩ 《大学布告（一）》，见《国立中山大学日报》，1932年2月26日。

△农学院院长邓植仪教授函报先生，请聘左景烈为农学院农林植物研究所技师，聘江肖范为农学院蚕业推广所主任兼缫丝工场监理。先生函复邓植仪，同意聘任左景烈、江肖范。①

2月25日 签署两份大学布告。（一）公布留日归国学生转学办法；②（二）要求学校反日救国运动大会全体员生工友大会应由本月26日上午9时改在下午3时至5时举行，以免“有碍功课”。③

△与范锜等20位教职员发起募捐，支援十九路军将士抗日。

公启如下：“公启者：暴日逞凶，称兵犯境，既侵占我东北，复袭击我沪宁。痛寇深之日迫，悲国命之濒危。幸我十九军将士忠勇御敌，迭奏奇功。扫荡强寇，振我国威。听捷报之传来，极人心之快慰。今者举国民众莫不争先恐后，解囊筹捐，藉献犒劳，而供粟□。同人等诚以我校同事抗日救国之忱，素不后人，爰发起募捐之举。为此函达台端，深愿鼎立输将，持交会计部收存，以便早日汇集巨款，挥寄前方，用示敌忾同仇，义奋共激。是所厚望也。”

2月26日 签署两份大学布告。（一）本校上课时间，各生均须依时到堂，不得擅行缺课，并不得在上课时间开一切会议，以重学业；（二）公布特别旁听生编级试验办法。④

△发布校长公函。公布接广东各界救国筹款委员会函，函称希望中大捐款救国。先生指出，“查捐款救国一事，昨经由本校职教员发起，准函前由，自应照办，兹定于二月份发薪时，由会计部照收。除分函外，相应查照。”⑤

2月27日 签署大学布告及致函各学院院长、附校主任、反日会，指出根据教育部训令，定于2月29日全校停课一天，开哀悼国难大会，并为上海抗日阵亡将士及死难同胞致哀。⑥

△致函各学院院长、教务处、事物管理处、注册部各主任，聘请他们为特别旁听生编级考试委员会委员。⑦

△签署大学布告。指出总理纪念周定由本月起，于每星期一上午8时在大礼堂举行。⑧

---

① 《聘左景烈为农林植物研究所技师》，见《国立中山大学日报》，1932年2月26日。

② 《大学布告》，见《国立中山大学日报》，1932年2月26日。

③ 《大学布告（一）》，见《国立中山大学日报》，1932年2月26日。

④ 《大学布告（二）》，见《国立中山大学日报》，1932年2月27日。

⑤ 《校长公函》，见《国立中山大学日报》，1932年2月29日。

⑥ 《本校通告》，见《国立中山大学日报》，1932年2月29日。

⑦ 《组织特别旁听生编级考试委员会》，见《国立中山大学日报》，1932年2月29日。

⑧ 《大学布告（二）》，见《国立中山大学日报》，1932年2月29日。

△复函本校西南研究会。

此前，西南研究会特函聘请先生为该会名誉顾问。先生复函同意。函称："接准来函，并会章刊物等项，只悉贵会组织宗旨均极完善，至来函所称，西南边疆问题，关系国家命脉，喊起国人注意，应由西南最高学府负责云云，尤见贵会精神抱负宏大。鲁忝长斯校，企望同人努力救国学术正殷，有此妥善组织，并获随时参与末席，与诸同事同学讨究一堂，忻慰奚似，尚望益加努力，务使国人对于边疆问题咸加注意，西南文化发扬光大，国家甚幸，是不独本校之光，鲁亦与有荣施焉，端复西南研究会理事会。"①

2月28日 接法学院院长薛祀光教授函报，请求聘任李泰初、郑里镇、万灿三人为经济调查处委员。先生当即函复照办。②

△胡汉民致电先生，请先生暂将转移的国立暨南大学学生转入中山大学就读。③

3月1日 下午5时，收到蒋光鼐、蔡廷锴致先生俭（28日）电，极为赞同粤桂闽联合出兵北上抗日，蔡廷锴愿任统军之责，由粤桂两方面各就统兵者择一为副，请先生等人裁示见复。④

△会晤德国驻粤总领事华纳根，谈及歌德逝世百年纪念等事宜。⑤

△致函各学院院长、附校主任，说明根据教务主任提议，上学期期末考试已经举行，学生成绩应如何结束案，公布解决办法。⑥

△致函各学院院长、各系、各处、各部主任，公布特别旁听生编级试验定于3月3日至5日举行，请其到场监考。⑦

△致函各学院院长、各处部主任，特别旁听生编级试验定于3月3日至5日举行，请其在3日至5日晚上7时到大钟楼会议室参加考试委员会会议。⑧

△签署三份大学布告。（一）公布学生停课抗日的有关事宜。奉西南政务委员会训令第一三九号开，未停课者照常上课，已停课者即日复课。（二）本校特别旁听生编级试验办法已经公布，现将各学院及高中部试验时间表布

---

① 《西南研究会请邹校长为名誉顾问》，见《国立中山大学日报》，1932年2月29日。

② 《聘请李泰初等为经济调查处委员》，见《国立中山大学日报》，1932年3月1日。

③ 陈红民：《胡汉民未刊往来函电稿》第九册第二十八卷，广西师范大学出版社2005年12月第1版，第465页。

④ 陈红民：《胡汉民未刊往来函电稿》第七册第二十二卷，广西师范大学出版社2005年12月第1版，第490页。

⑤ 《事物处通告》，见《国立中山大学日报》，1932年3月8日。

⑥ 《大学公函》，见《国立中山大学日报》，1932年3月2日。

⑦ 《大学公函（一）》，见《国立中山大学日报》，1932年3月3日。

⑧ 《大学公函（二）》，见《国立中山大学日报》，1932年3月3日。

告，希望各生分别依照规定时间来校试验。（三）公布特别旁听生临时证明办法。①

3月2日 签署四份大学布告。（一）本校特别旁听生编级试验日期业经布告，兹将应考各生姓名、座位号数榜列，希各遵照；②（二）本校举行特别旁听生编级试验，现将医学院试验时间表布告，请应试各生依照规定时间表来校试验；③（三）案奉教育部令，全文公布《中央告全国学生书》，并印一万张，发给各学生及分送各大学；④（四）案奉教育部令，公布学生义勇军教育纲领。⑤

△广州市教育局长兼国立中山大学教务处主任徐甘棠致函先生，请求辞去教务处主任职务。先生接函后，再三慰留，并于次日亲自到市教育局劝徐甘棠打消辞意，无奈徐主任辞意甚坚，先生不得已准予其辞职，并另聘前广东工业专门学校校长萧冠英接任。⑥

△胡汉民致电刘芦隐，促其回广州，并称先生等人"在省对党事已商有头绪，盼兄速来，俾更详商具体办法。"⑦

3月3日 函令本校化学系各教授详细研究各种毒气的防御方法、中毒治疗、救护方法等，并研制适合的防毒面具。函附前陆海空军总司令谕移送程恩光给蒋介石的原函一件。⑧

△接本校体育部主任郭颂棠函报，指出体育部接广东全省体育协进会函，指出学校有六名选手入选省港篮球埠际比赛阵容，为按时参加比赛，函请先生给予公假。同时，体育部接香港南华体育会来函，"以省港篮球埠际比赛，定于本星期六日在港举行，闻贵校球员有六位在被选之列，足见人材济济，钦佩莫名！敝队拟约贵队于星期一晚在青年会健身室举行筹款比赛请收入拨赈沪难。素仰贵队热诚爱国，定邀俯允。"郭颂棠以事关救济难民及切磋艺术，似可照办，特呈报先生。先生据函批准选手并领队赵善性，由3月5日（星期六）下午起至7日（星期一）止给予公假三天。⑨

---

① 《大学布告》，见《国立中山大学日报》，1932年3月2日。

② 《大学布告（一）》，见《国立中山大学日报》，1932年3月3日。

③ 《大学布告（二）》，见《国立中山大学日报》，1932年3月3日。

④ 《大学布告（三）》，见《国立中山大学日报》，1932年3月3日。

⑤ 《大学布告（四）》，见《国立中山大学日报》，1932年3月3日。

⑥ 《教务处主任徐甘棠先生函请辞职》，见《国立中山大学日报》，1932年3月5日。

⑦ 陈红民：《函电里的人际关系与政治：读哈佛—燕京图书馆藏"胡汉民往来函电稿"》，生活·读书·新知三联书店2003年9月第1版，第150页。

⑧ 《大学布告（一）》，见《国立中山大学日报》，1932年3月5日。

⑨ 《本校篮球队给公假参加埠际比赛》，见《国立中山大学日报》，1932年3月5日。

△接农学院院长邓植仪函，指出农学院农林植物研究所主任陈焕镛拟派采集员长期到广东南路采集标本，特函请先生另备公函给云浮、罗定、信宜、茂名、化县、海康、徐闻等县县长，请求他们妥为照料保护采集队员，以免因当地匪风颇炽而遭到意外。先生准函照办，并分缮致云浮等县县长公函多函交陈焕镛处理。①

3月4日 签署两份大学布告。（一）提出对学生停课宣传抗日办法，宣传时间由本月3日起，至11日止；如已出发外乡或外县市宣传者，依期继续工作，由学抗联合函请市党部派员指导；尚未出发宣传者，高中以上一律旅行军事或救护训练，初中以下未有军事训练组织，即一律上课；因工作致缺之课，工作完毕后仍须补足。②（二）为抗日救国，组设本校学生义勇军办事处。布告指出："查本校军事训练，本学期奉令改组学生义勇军，当将军事训练部暂行结束。现关于学生军事事宜，经已筹备就绪，即日组设本校学生义勇军办事处，直接由校长指挥，并聘事务处主任何春帆兼任义勇军办事处主任，赶紧编制训练，以为抗日救国之需。"③

△函复李洁之。

是日，虎门要塞司令李洁之来函，指出虎门要塞各炮台树木稀疏，童山濯濯，飞机俯瞰指掌了然。拟乘春令，请拨有加利树苗一万五千株、石栗五千株广为栽植，他日成林，要塞得屏蔽之功，军民得棠荫之乐。

先生复函同意，并指出："查虎门一带土质，对于种有加利、石栗等树，均属适宜。惟石栗树抗风力不强，只宜在炮台附近有房舍地方载植，若种在山上及当风之处，则容易折断；最好均种有加利，且该树生长甚速，木材亦极有用。至拨树苗一节，敝校农场向例，对于各机关领取树苗，均照原价八折计算，兹准台函需甲万株以上，自当特别廉价，有加利高度五尺至六尺者，每株均计八仙（银计），以示优待。石栗树苗，现已无存。有加利树苗有二三十万株，需用若干请派员备价到敝校农场办事处领取。至交树地点，则在石牌第二农场。所有运费，由购者自理。"④

3月5日 签署大学布告。本月7日上午9时举行学生义勇军成立典礼，希望本校员生一体参加。⑤

△接德国驻粤总领事华纳根来函，函称本月22日为德国诗人歌德逝世百

---

① 《农林植物研究所派员赴南路采集》，见《国立中山大学日报》，1932年3月5日。

② 《大学布告（一）》，见《国立中山大学日报》，1932年3月5日。

③ 《大学布告（二）》，见《国立中山大学日报》，1932年3月5日。

④ 《虎门要塞司令函请拨大帮树苗》，见《国立中山大学日报》，1932年3月7日。

⑤ 《大学布告》，见《国立中山大学日报》，1932年3月7日。

年纪念，德国旅粤同人，将于当日及次日在广州沙面波楼剧场表演浮士德戏剧数幕，随函附送请柬一份。①

3月7日　主持中大学生义勇军成立典礼。②

典礼于上午9时在学校大礼堂举行的，各界来宾、学校师生共约两千人参加典礼。典礼由先生主持并发表致辞，在致辞中指出：

"今日为本校义勇军举行成立典礼之期，当此国难深厉，暴日肆其全力图我之候，我人应当全国一致作强有力之奋斗，以求民族及国家之安存。故本校此番组织义勇军，郑重将事，严厉实行！

凡一国家之存在，其条件甚多，尤以武装自卫为最重要。世界日谈和平，实在战机四伏，故各国充分准备武力，全不稍懈。美国最谈和平，而准备武事，竟不遗余力，中等以上即授军事教育。德国自欧洲大战以还，军事因受列强限制，无法发展，乃于学校中施行其军队化之教育，整个国家之动作，无一而非武装化，其其所以汲汲于此者，尽所以图存也。其他如英法奥日诸国，亦亟亟于军事之准备，凡可以助军事上之需要者，无不竭力已赴之。故世上之和平高调，尽可以唱入云霄，而暗里之武力布置，常刻意不歇。环境如斯，我人非□国难，亦应群起力谋武事之充分。况当此危急存亡之秋，炮火临门之际，犹文恬武嬉，则民族国家，将历万劫而不复。朝鲜安南之覆辙，可作我人之前车。船舰弗远，足为寒心！

本校应时势之需要，爰于本日成立义勇军，以资捍卫国家，挽救危亡。今后各位应当遵守军纪，一律武装起来，鼓励勇气，切实做法，严吾纪律，勿存敷衍之念，莫作儿戏之态。总理有云：'军队无自由，学校无自由'，愿全校同学，共体斯旨，屏绝一切敷衍了事之观念。

国难临头，危机一发，愿大众一致武装，同心同德，坚忍刻苦，严厉纪律，共作种种救国之图。故在兹成立开始之日，谨向各位同学致如上之勉辞！"③

随后，义勇军办事处何春帆主任、国民革命军陆军第三军军长李阳敬分别致辞。典礼在高呼口号、奏乐、鸣炮后结束。

△签署大学布告。布告指出："查各地大学及高中学生，前因国难来粤，求学无所，本校为爱护青年起见，准予特别旁听，以资救济。业经订定规则，公布施行，并限于开课后两星期报名，以便编级试验，即于本月三四五日举行

---

① 《事物处通告》，见《国立中山大学日报》，1932年3月8日。

② 《本校义勇军举行宣誓典礼纪详》，见《国立中山大学日报》，1932年3月10日。

③ 《本校义勇军举行成立典礼之盛况》，见《国立中山大学日报》，1932年3月8日。

试验。自此次考验结束以后，不论以任何名义请求入学者，概不收容。"①

△函复林云陔。

日前，广东省政府委员会主席林云陔致函先生，称番禺县萧岗乡耆民关智文等呈请增加关何两姓旧管山场面积及转饬中大林场林警不要轻易放枪。因涉及中大管理的模范林场，未便照准，当经中大转交农学院核复。

先生函复林云陔，指出："（一）林场山地，系经前政治会议广州分会核准，令饬广州市政府拨给有案，本校未便变更。界外部分既未经划入林场范围，故准予保留葬山，至其面积大小，实与本校无涉；（二）据称关何两姓旧管山场，所植松株，及时斩伐，为办党学团餐费用等语。查山上现有松株，不过树龄之谱，尚须十数年后，始有微利可图。党学团餐费，每年须有支出，亟能久待，显系饰词耸听。且白云山场既经政府认为官荒，划给林场管理，人民如欲栽植树木，亦当依照手续，向别处承认领官荒垦植，不得与政府划定之场地争界。至林界内现尚准附近乡民割草应用，该姓人民自可在相当范围内，从事樵采。若修坟整墓，则林场界外可供葬坟之山尚多，该乡民自可另觅地点，工作度活……（四）林场区域界限，早经政府于十六年（1927 年）划定有案，不过当时草创，经营未周，故未树立标识，并非展拓林场。该民等对于山场，如有管业契据，尽可持去政府验明，听候另行划抵价也等由，查所复各节，均属实情，该民等请将关何两姓旧管山场面积给予半数，似未便照准。"②

3 月 8 日　签署大学布告。根据西南政务委员会和西南执行部秘书处公函，对标语悬贴及取缔办法一案，查照办理。③

3 月 9 日　出席香翰屏演讲会。

学校义勇军成立后，先生和何春帆主任邀请香翰屏军长前来中大演讲军队纪律化。先生在演讲前致辞，简要介绍香翰屏军长的革命历史与奋斗经历，并期待义勇军在此国难当中"留心研究，俾有所得，以为党国效力。"④

△接理工学院院长陈宗南函报，地质系张席禔主任函开，准备前往郁南县考查新地层，请校长备办证明书及致郁南县公文，请其沿途保护，并作为来往舟车费半价的证明。先生接函后，随即缮备证明书及给郁南县的公文，请陈宗南转交张席禔，以备及时前往郁南考查。⑤

△接赵鋈锋电，得知谭启秀平安。

---

① 《大学布告》，见《国立中山大学日报》，1932 年 3 月 8 日。

② 《番禺县萧岗乡请给予旧管山场》，见《国立中山大学日报》，1932 年 3 月 11 日。

③ 《大学布告》，见《国立中山大学日报》，1932 年 3 月 9 日。

④ 《香军长昨在本校演讲军事学纪要》，见《国立中山大学日报》，1932 年 3 月 10 日。

⑤ 《地质系主任拟日间赴连滩考查》，见《国立中山大学日报》，1932 年 3 月 11 日。

赵电云："某密，现接启秀哥来电云，与继旃（肖组）兄平安抵苏，特电告，并转告戚友。"先生接电后，得知吴淞口要塞司令谭启秀并未如传说中遇难，而是已经安全抵达苏州。先生高兴之余，"爰亟披露原电如次，以慰邦人。"①

3月10日 签署两份大学布告。（一）本月12日为孙中山逝世七周年纪念日，西南政务委员会和西南执行部将于中山纪念堂举行纪念大会，并于会后举行植树活动，要求本校员生参加；（二）公布本校特别旁听生取录名单。②

3月14日 主持本校二十年度第十二次教务会议。③

会议于上午10时召开，沈鹏飞、萧冠英等人出席会议，会议讨论了学生请假、草拟休学及复学规则、借读生、旁听生及特别旁听生是否接受军事训练、学生义勇军军事训练学分案等八项议题。至11时半，先生提前退席，会议由萧冠英继续主持。

△签署大学布告。"查本校学生义勇军编练大纲编制项下，规定本校高中一年级以上及大学一二三四年级之女生，编为救护队，其编练纲领另定之。等语，除函医学院古（古底克，Kudicke）林（林椿年）院长拟订救护队编练纲领送校审核并请义勇军办事处联络员负责办理救护队一切事宜外，合行布告，仰应受编练女生一体知照，俟该纲领送到核定后，即颁布施行。"④

3月16日 签署大学布告。公布修正后的休学及复学规则。⑤

3月17日 签署大学布告。公布经教务会议议决通过的本学期借读生办法。⑥

3月19日 签署两份大学布告。（一）公布定于下星期开始进行义勇军军事训练；（二）要求所有新入校的借读生，特别是旁听生及普通生，限于本月31日以前注册。⑦

△签署大学公函。函称为便于整饬本校义勇军军纪起见，特由本校义勇军办事处指派周翘芳、祁克武为文学院军训管理员，赵革洪、罗北海为理工学院军训管理员，桂云津、卢汉光为法学院军训管理员，张鼎、徐福海为农学院军训管理员，邓鸿勋、黄纯为医学院军训管理员，李元、潘鼎新为高中部军训管

---

① 《邹校长昨接谭司令安抵苏州电》，见《国立中山大学日报》，1932年3月15日。
② 《大学布告》，见《国立中山大学日报》，1932年3月11日。
③ 《二十年度第十二次教务会议记》，见《国立中山大学日报》，1932年3月15日。
④ 《大学布告》，见《国立中山大学日报》，1932年3月15日。
⑤ 《大学布告》，见《国立中山大学日报》，1932年3月17日。
⑥ 《大学布告》，见《国立中山大学日报》，1932年3月18日。
⑦ 《大学布告》，见《国立中山大学日报》，1932年3月21日。

理员。①

△转函第一集团军总司令部及广东省政府，请发考察护照。②

日前，本校两广地质调查所所长朱庭祐呈报先生，指出本年春将派技士黄士弘等五员分赴广东各县调查地质矿产，呈请先生转函第一集团军总司令部及广东省政府，请发考察护照。先生随即转函两处，查询该批护照是否已发。

3月22日 呈报西南政务委员会，请对本校成立的学生义勇军准予备案。③

△签署大学布告。要求所有欠缴学费各生在4月15日前清缴各费，逾期即将注册取消。④

△允就华南区大学运动会名誉副会长。

是日，先生接到华南区大学（由香港大学、岭南大学、中山大学三校组成）运动会会长刘云樵来函，表示“素仰先生对于体育之热忱”⑤，希望先生出任华南区大学运动会名誉副会长一职。先生即日复函允就，并送去银鼎一座，精刻“猛著先鞭”四字，作为优胜者的奖品。

3月23日 国民革命军陆军独立第二师政治训练处主任李照榴致函先生，请迅即查明中大有无陈桂英其人。⑥

国民革命军陆军独立第二师进攻围剿位于潮阳、普宁、惠来三县交界处的大南山中共革命根据地，他们在根据地指挥部拾获已封妥尚未寄出的写明寄往“广州市国立中山大学陈桂英女士收启”的函件。拆开后发现装有：中国共产党中央委员会1931年10月□日发表的《为日本帝国主义强暴占领东三省事件宣言》、东江工农革命军事委员会1931年10月5日发表的《东江工农革命军事委员会为反对国民党勾结日帝国主义强占东三省宣言》、东江工农革命军事委员会政治部1931年10月25日印制的《反对广州反动政府十月十日大屠杀劳苦工农及革命的学生》、中国共产主义青年团东江特别委员会印制的《纪念十月革命告苏区青年群众》、东江工农革命委员会绘印的有6条标语的苏联和中国地图（均是钢板刻写的油印件）。

是日，李照榴亲笔致函先生，并随函附有上述5个文件。先生委托学校事

---

① 《大学公函》，见《国立中山大学日报》，1932年3月21日。

② 《总司令部函送调查所护照过校》，见《国立中山大学日报》，1932年3月21日。

③ 《呈西南政委会报告成立义勇军》，见《国立中山大学日报》，1932年3月24日。

④ 《大学布告》，见《国立中山大学日报》，1932年3月23日。

⑤ 《邹校长允就华南大学运动会》，见《国立中山大学日报》，1932年3月24日。

⑥ 易汉文：《中山大学编年史（一九二四～二〇〇四）》，中山大学出版社2005年9月第1版，第22页。

务主任梁祖诰、教务主任萧冠英及注册部查询，其结果均为查无此人。

△函复伍朝枢，派罗清生教授为琼崖实业调查员。

是日，先生接到琼崖特别区长官伍朝枢来函，表示不日将赴琼崖特别区上任，但是在琼崖举办实业，须有精密的调查，请先生派员参加建设厅组织的琼崖实业调查团。先生即日准函，“以开发实业关系国计民生，自当照办。”① 即派农学院罗清生教授为琼崖实业调查团调查员。

△签署大学布告。要求师生参加谭启秀演讲会。“此次暴日破弃国联盟约，横攻上海，幸我十九路军将士，忠勇奋发，抗日守土，为民族争光！是时谭司令启秀正率劲旅力守吴淞，数创顽敌，称誉友邦。今从前线归来，本校特定于本月二十五日（星期五）下午三时，请谭司令在大礼堂演讲抗日战况，仰全体员生，届时踊跃出席为要。”②

3 月 24 日　先生及留粤中央委员致电洛阳国民党中央及国民政府，贡献抗日意见。

先生及留粤中央委员萧佛成、邓泽如、伍朝枢等 22 人致电洛阳国民党中央及国民政府，“闻日提议于沪二十里内设中立区，禁止一切抗日运动，接受满蒙密约之和平协定，实万难签认。即撤兵原则三项，亦期期以为不可，尽军事失败，背城借一，事尚可为；若外交失败，则丧权辱国，亘古难复。民族兴亡，间不容发，务望中央坚持宁为玉碎不为瓦全态度，贯彻长期抗日主张，战则迅派劲旅以相从，和亦以不丧权辱国为原则，党国前途，实利赖之。同时通电全国，请一致主张，以救危亡。”③ 中央执行委员会于 4 月 2 日复电，表示处理沪停战谈判主旨，与留粤中委“初无异致”。

3 月 25 日　主持谭启秀演讲会。④

十九路军七十八师副师长兼吴淞要塞司令谭启秀因公务来广州，中大除派员迎接外，并邀其在本校大礼堂演讲淞沪抗日情况。是日下午 3 时，大礼堂听众人山人海，先生主持了演讲会，在致辞后即请谭司令作抗日讲演。谭对于此次淞沪战况，报告颇为详尽，还希望全国人民团结一致，长期抗日。

△电复福建省教育厅，告之本校不收转学生。⑤

日前学校接到福建省教育厅来函，介绍上海东南大学医学院闽籍学生吴德

---

① 《派罗清生教授为琼崖实业调查员》，见《国立中山大学日报》，1932 年 3 月 24 日。

② 《大学布告》，见《国立中山大学日报》，1932 年 3 月 25 日。

③ 中国第二历史档案馆：《中央周刊》，南京出版社 1997 年 7 月第 1 版，第 16－262 页。

④ 黄义祥：《国立中山大学与十九路军抗日》，见中国广州网（http：//www. guangzhou. gov. cn/node_ 392/node_ 401/node_ 404/node_ 613/2006－01/113679371986804. shtml），2006 年 1 月 9 日。

⑤ 《电闽教厅本校不收转学生》，见《国立中山大学日报》，1932 年 3 月 28 日。

犀等8人来校转学，正在核办，复于是日接到该厅来电催办。先生以本校前次教务会议曾经议决，本学期不再接收转学生为由，遂复电告之。

3月26日 下午2时，主持召开本校二十年度第十三次教务会议。①

会议在学校钟楼会议室举行，主席由先生和萧冠英担任。会议报告事项有一项，讨论事项有八项，包括高中部三年级改称预科案、国立暨南大学学生借读案等。

△签署大学布告。布告革命先烈纪念日（三月二十九日革命）本校活动安排。②

△签署大学公函。指出由于经费紧张，全校应节约开支。函称："迳启者：本校经费，前经奉准由二十年九月（1931年9月）份起，每月增加四万五千元，由财政部拨给。自国府改组，财部北迁，所增经费，即无着落，虽多方交涉，尚无头绪。本年一月份起，每月仅领十四万元，复须搭发库券，更兼在三月份方能领到二月份经费，以致维持现状，亦极感困难。丁此校款奇绌之秋，非属日常必需用品，一律停止购置，俾薪工发收，不致无所措手。关于一切印刷品物及其他维支需费在五十元以上，均须学校核准，始得开支。上学期各院部预算数额，不能再作用费标准。本校同人应各体念时艰，极端樽节，藉资维持。至各院部校著述品物，经核准印刷者，统应交由出版部付印，以一事权，而便稽考。"③

△聘请李达潮教授为本校第一附属医院主任，并函知陈翼平教授不再兼代主任一职。④

3月30日 签署大学布告。为布告事，学校救护队编练纲领已经编写完成，受编练学生一律由下星期起，按照编练课程要求到医学院解剖学研究所实施训练。⑤

△致函本校各单位，指出广东财政特派员公署发来公函六三五号，要求各行政机关遵奉西南政务委员会训令，编制民国二十一年度预算，各学院、部处、附校遵照执行。⑥

3月 聘请梁伯强为医学院教授。

先生再任中大校长后，"对于本校医学院积极整理，而对于教授之聘请，

---

① 《二十年度第十三次教务会议纪》，见《国立中山大学日报》，1932年3月30日。

② 《大学布告》，见《国立中山大学日报》，1932年3月26日。

③ 《大学公函》，见《国立中山大学日报》，1932年3月28日。

④ 《聘李达潮为本校第一医院主任》，见《国立中山大学日报》，1932年3月28日。

⑤ 《大学布告》，见《国立中山大学日报》，1932年3月31日。

⑥ 《大学公函》，见《国立中山大学日报》，1932年3月31日。

尤为认真物色。"[①] 医学院病理学教授一职虚职颇久，先生聘请梁伯强充任后，梁对医学院的发展作出重大贡献，并于1955年被选聘为中国科学院学部委员。

3月 同意在学校第一农场农林路西南角拨地一亩，为农学院农科毕业同学会建筑会所。[②]

4月1日 签署大学布告。4月4日至6日为春假，全校放假三天。[③]

4月2日 出席本校中文研究会会员欢宴大会。[④]

下午4时，中文研究会假座广州美洲酒店举行会员欢宴大会。先生应邀参加，并在宴会上发表训话，训话谈及"治学"、"做人"等问题。宴会开始前，先生和出席人员一起合影留念。

△函复黄佩纶，准许开除附中学生梁卓谋等人的学籍。

本校附属初级中学校主任黄佩纶呈函先生，指出附中学生梁卓谋、古安华、朱嘉勋、徐善源等人煽动学潮，应一律开除学籍。先生函复指出："查总理逝世七周年纪念日，举国同哀，是日该附校举行纪念大会，自应全体静默，以志哀思！该生梁卓谋乃敢煽动同学，肆意要挟，本应如请开除学籍。姑念该生年龄尚少，特着记大过二次。查该生前已记大过一次，照章合共记大过三次，应即开除学籍。但该生古安华、朱嘉勋、徐善源三名，擅发宣言，鼓励校潮，致令员生增加恶咸，亦属不合。但该生古朱徐等，已经自弃学籍，免予置议。"[⑤]

△聘请黄枯桐为农学院教授。[⑥] 黄枯桐曾为农学院教授，1927年辞职任浙江大学教授。先生重掌中大后，即电请黄教授回校主持教务。

4月7日 聘请居励今为附属初中主任。[⑦]

是日为居励今上任附属初中主任之日。居励今为先生密友、时任司法院院长居正的胞弟。

△批准理工学院建筑金木工厂。该厂是日在学校工程处公开招标。[⑧]

4月8日 函复黄佩纶，准许附属初中停止学生自治会职权。[⑨]

日前，附属初级中学校主任黄佩纶报告先生，指出附中学生自治会叠次开

---

① 《医学病理学梁伯强教授日间抵校》，见《国立中山大学日报》，1932年3月25日。

② 《拨定建筑农科毕业同学会地址》，见《国立中山大学日报》，1932年3月28日。

③ 《大学布告》，见《国立中山大学日报》，1932年4月2日。

④ 《中文研究会会员欢宴大会志盛》，见《国立中山大学日报》，1932年4月9日。

⑤ 《本校办理附属初中校潮经过详讯》，见《国立中山大学日报》，1932年4月2日。

⑥ 《黄教授枯桐先生返校》，见《国立中山大学日报》，1932年4月7日。

⑦ 《居励今先生接任附中》，见《国立中山大学日报》，1932年4月7日。

⑧ 《理工学院金木工厂日间开工建筑》，见《国立中山大学日报》，1932年4月15日。

⑨ 《函附属初中停止学生自治会职权》，见《国立中山大学日报》，1932年4月11日。

会，干涉学校行政，并擅发宣言特刊，言论均越出学生自治会范围，殊多不合。先生据报后，以该会此种行动，实违背自治会第三条的规定，应即停止职权，并遵照定章，另行改组，经于是日函复黄佩纶妥办。

4月9日 签署大学布告。本学期每星期一上午八时在大礼堂举行总理纪念周，本校员生一律参加。①

△通过校长室秘书处发布启事，规范工作时间。

是日，校长室秘书处发布启事，指出："校长为便于办公及会客起见，现订定每日上午（除星期一九时后有纪念周，星期二有会议外）为办公及接见教职员时间。下午三时至四时，为会见学生时间。星期二、四、六下午二时至三时为会见外客时间。（除有特约者外）"②

4月10日 接医学院古底克院长、林椿年副两院长函请，报告梁伯强教授经于上月28日到校报到，当日接收病理研究所，并于30日正式授课。同日，古林两院长函报先生，调解剖研究所助教潘士华往第二医院外科部担任助教，得到先生批准。③

△接农学院邓植仪院长函报，以该院桑蚕技术员曾泽堂因事辞职，遗缺拟请派仲恺农工学校桑蚕科毕业生邓如补充；桑蚕科练习生谭同因病辞职，遗缺拟请派茂名蚕业中学毕业生梁萃英补充。先生均予照委。④

4月14日 同意重修明珠楼。⑤

是日，先生接学校工程办事处方棣棠主任函报，谓白云山明珠楼工程因为设计错误，以致楼层动摇，学校工程办事处查出错误后，拟重修。先生据报后，准予备案，并要求该项增加支出，应由捐款盈余项下拨支。

4月17日 出席本校历史学系员生联欢会。

下午4时，先生应邀出席历史学系员生在广州小北甘泉山馆举行的联欢会。联欢会开始后，先生首先发表训话，内容主要为三点："（一）本校近来经济之竭蹶状况；（二）补考问题之解释；（三）本校今后建设之企图。"⑥ 训话中，先生还提及编辑国民党党史一事，认为该项工作迄未竣工，深欲该系同学，予以帮助。在联欢会上，学生代表张华痕向先生询问该系聘请教授事宜。先生当即面复，说明沈刚伯、萧一山两先生的下学年聘书业已提前签发，刻复

---

① 《大学布告》，见《国立中山大学日报》，1932年4月11日。

② 《秘书处启事》，见《国立中山大学日报》，1932年4月11日。

③ 《本校最近琐闻一束》，见《国立中山大学日报》，1932年4月11日。

④ 《本校最近琐闻一束》，见《国立中山大学日报》，1932年4月11日。

⑤ 《本校工程办事处重修白云明珠楼》，见《国立中山大学日报》，1932年4月15日。

⑥ 《本校史学系员生甘泉山馆联欢记》，见《国立中山大学日报》，1932年4月20日。

将托人物色另外一位专史家，但是该事未得确实，不便详说。联欢会在晚上7时结束。

4月18日 函复挽留徐绪。

徐绪为学校附属第一医院外科助教、医生兼附属护士学校主任，日前函报先生，提出因事务繁杂，精力有限而辞去护士学校主任。先生据报后，是日复函挽留。函称："台端学有擅长，经验宏富，护士学校，深赖规划，正冀继续主持，使校务长促进展。所拟辞去护士学校主任一职，合予敬留，至盼打消辞意，仍旧任职。"①

△签署大学布告。请江西籍学生余坦波、高应星等5人到会计部填据收领江西省政府发放的津贴费。

4月22日 为中央航空第六队副队长黄毓全、飞行员赵甫明两位空难烈士诔以挽联。

挽黄毓全烈士联：

"忍教淞沪沦亡，奋□扫倭氛，壮志堪牟戚大保。

俯瞰河山残破，捐躯殉国难，伤心空吊李将军。"②

挽赵甫明烈士联：

"乔司市独御倭机，戎狄是膺，将军若从天而下。

广济院惊传噩耗，匈奴为灭，精禽有恨海难填！"③

△为教育系毕业生请各县补助考察费。④

教育系毕业班学生联呈先生，请先生转函各省政府，并请转饬各县，补助本县籍该班学生以进行毕业考察。先生据呈后，以本校历届毕业生于修业期满时，各生原籍县署筹给旅行费200元，赴各地考察办理有案，该生等所请，自应照办，特转函广东、福建、广西、湖南、江西等省政府查照转饬各生原籍县署将此项毕业考察旅行费筹汇转给具领，以资津贴。

4月23日 同意本校附属第一医院李达潮主任函报，在李赴京向财政部部长面商欠发经费期间，由皮肤花柳科主任李其芳代理第一医院主任职务。⑤

4月24日 同意生物学系主任罗宗洛教授函报，聘请张作人教授到生物学系任教。⑥

---

① 《慰留第一医院附属护士学校主任》，见《国立中山大学日报》，1932年4月20日。
② 《邹校长何主任挽航空殉难烈士联》，见《国立中山大学日报》，1932年4月23日。
③ 《邹校长何主任挽航空殉难烈士联》，见《国立中山大学日报》，1932年4月23日。
④ 《教育系毕业生请各县补助考察费》，见《国立中山大学日报》，1932年4月26日。
⑤ 《李其芳代理第一医院院务经照准》，见《国立中山大学日报》，1932年4月25日。
⑥ 《本校聘请张作人为生物学系教授》，见《国立中山大学日报》，1932年4月25日。

4月25日 签署大学布告。嗣后本校义勇军学员上课，务须一律穿着军服，以资整肃。[①]

4月27日 签署大学布告。要求本校应受军训各生，一体上课出操。

为布告事："现据本校学生义勇军办事处报告称：窃查职处训练开始，行将匝月，而学生上课到操，尚属廖廖。计大学部应受军训者，法学院有三百一十人，医学院有六十人，农学院有一百三十二人，理工学院有三百二十六人，文学院三百一十三人，每日上课出操，各院不过十数人。惟高中部及高级训练班上课出操，占全数之八九，比较踊跃，差强人意。际兹国难当前，陆沉为惧，安内攘外，端赖军训。本校为西南最高学府，青年学子，为国家中坚，文、理工、法、农、医各院之军训，突呈此颓靡不振之象，不但不能执戈御侮，为国干城，而国难解决之前途，亦将具莫大之隐忧。查军训一科，曾经部令列为必修，明定学分在案，学生有缺课至五分之一者，不予升级及毕业，而本省中等以上学校军事训练委员会，对于军训亦有同样之规定，是军训之与学生自身学业，具有莫大之关系，其理甚明。讵学生尚有认为多事铺张，等功令如弁髦，甘自暴弃至此者。拟请钧座重申部令，明定学分之旨，宣示裁制忽视军训之例，以促学生之注意，并戒其怠惰，则军训幸甚，学校幸甚等情，查军事训练已经部令列为必修科目，明定学分，其不受军训者，以旷课论，经于三月五日布告有案。自布告后，各生奉行者固多，而徘徊观望者，仍属不少，殊与举办学生义勇军之旨相连，亟应再行布告，仰本校应受军训各生，切实遵奉部令，一体上课出操，免致有碍自身升学及毕业之前途，为要。"[②]

4月28日 分函各单位负责人，参加于30日上午举行的下年度预算编造及支配会议。[③]

4月29日（春[④]） 致函胡汉民，请示北方党务计划及对熊观民的工作安排，写道："观民兄已入党。"[⑤]

此处所写的"入党"，指加入"新国民党"，该函的重要意义在于其落款日期为目前所见关于"新国民党"成立的最早确切日期，由此可以确定"新国民党"成立日期在本年4月29日之前。

---

① 《大学布告》，见《国立中山大学日报》，1932年4月26日。

② 《大学布告》，见《国立中山大学日报》，1932年4月28日。

③ 《本校今日召开下年度预算会议讯》，见《国立中山大学日报》，1932年4月30日。

④ 方一戈在《胡汉民与昙花一现的"新国民党"》（见《文史春秋》2004年第12期）一文中认为是本年春成立"新国民党"。

⑤ 陈红民：《胡汉民未刊往来函电稿》第十一册第三十五卷，广西师范大学出版社2005年12月第1版，第479页。

"新国民党"成立未曾举行任何会议或仪式,"极简率"。胡汉民任主席,先生为书记长(分管党务),中央一级的骨干还有萧佛成、邓泽如、刘芦隐、林云陔等人,中央领导机关("中央干部")设在广州。"新国民党"拥护胡汉民的抗日、倒蒋、剿共三大主张,发展的党员均需宣誓,并且只要反蒋最坚决的人。在组织方面,"新国民党"主要有两方面的工作:一是登记联络,着重调查西南地区以外还有多少反蒋的国民党人士,有多少反蒋而又对他们的政治主张感兴趣的青年人,然后派人去联络。为此专门成立了由先生负责的专门委员会,发展了冯玉祥、阎锡山、程潜、柏文蔚、蔡廷锴、宋哲元、韩复榘、王家烈、方振武等一批国民党军政界中上层角色。胡汉民曾一度宣称"联络沪及西北中委极为完满,且有实力作后盾。"二是在两广以外发展地方组织。截至1934年10月,"新国民党"登记在册的党员已经超过两千七百人。1933年11月,胡汉民在"新国民党"内搞了一次"党务改革"。起因是他感觉"新国民党"成立以来,扩张太快,急需切实整肃。而手头上经费日益紧窘,则是胡决意改革的另一个重要原因:自胡离宁来粤,总领西南,两广的实力派人物尽管在政治上大体认同胡的主张,尊其为精神领袖,但私底下,又都各自揣着地方利益集团的小算盘,财政上并不听胡的指挥。广东的陈济棠允诺给"新国民党"的月度经费常常延欠搪塞,弄得胡汉民面对各地求援穷极应付。他深知秘党经济毫无基础,只能仰息陈济棠,不得已,惟有自施手术,砍掉一批浮滥的"地方干部"(改设"交通处"),取消了一批京中要人在"新国民党"暗领"津贴"的优待——这些人拿了"新国民党"的好处,有的并不忠诚于西南,迟迟不肯与南京公开反目。更让胡汉民气恼的是"新国民党"的党员在恢复他所提倡的"民十三年(1924年)以前那种自动革命之精神"方面几乎无效,举凡国民党内有的弊习,"新国民党"中照样有。

先生、刘芦隐等人根据胡汉民的整党想法,随即出台《中国国民党党务进行纲领》,洋洋十四条,在党内贯彻"改革"。1934年11月,胡汉民对"党务改革"的总结居然是"内部同志间之纠纷竟较以前为甚,就党言党,非改途易辙不可"。言下之意,经过了一年改革的"新国民党",其现状反而越发不如先前。1935年下半年,胡汉民出国,先生等转而与蒋介石合作,"新国民党"日渐式微。胡汉民逝世后,"新国民党"便无影无踪了。①

△致函沈刚伯、萧一山。

沈刚伯为本校文学院史学系教授,执教该系年余,才长识博,诱掖有方,深得该系学生爱戴。客秋因事离粤,迄未返校。先生就任校长后,曾经去电促

① 方一戈:《胡汉民与昙花一现的"新国民党"》,见《文史春秋》2004年第12期。

归，沈刚伯曾经电复允许，并推荐萧一山同来。为了两位教授早日来校，先生拟此两函：

致沈刚伯函："久仰芳徽，时深渴慕。执事偏栽桃李，沐化雨而潜滋，遽入桑梓，望停云而惆怅。鲁莅校之初，驾已先发，慨辖投之无自，惟发握以先迎，路可识于梦中，珍久聘于席上，私衷窃幸，请来千里之车，后进裁成，有待五言之化。谨此函达，希为查照，并候示复，无任盼祷，此颂台祺。"①

致萧一山函："久仰盛名，未亲雅范。执事以金张之门第，擅王谢之才华，芍药千篇竟洗南朝金粉，葡萄巨幅直空北地胭脂。逖听下风，钦迟无任，自惭末学，忝长国庠，窃念树人必计及百年，成城端于众志，愧乏万间广厦，庇多士之欢颜，只留一片冰心，慰良朋之清问，用是不揣冒昧，敬布真诚，特虚左以相邀，岂居中而自见，望得千金之诺，不辞万里之游。谨具芜函，希为荃照，併颂台祺。"②

△签署大学布告。公布本学期校历。③

△本校同德会第五次执委会会议决定推举先生为同德会当然委员，并在执委会开会时任主席。④

5月2日　在中山大学举行的总理纪念周上做报告。

上午8时，中大举行总理纪念周，参加人员有教务处萧冠英主任、事务处何春帆主任、各部处职员及义勇军受训全体学生，计数百人。先生任主席，周鼎培任司仪。

先生在纪念周上做报告，谈到经费筹集、聘请教授、学生义勇军、学生集会的感想等方面。对于学校经费问题，"本校经费，由财政部拨给之四万五千元，自国府北迁后，未发已数月，故日前特请第一医院主任李达潮先生赴京，面请财政部清发，以维校务。"关于聘请教授，"现在学年将届结束，关于各教授亦已开始发聘，同时并电促罗膺中先生返校，并添聘沈刚伯先生、萧一山先生来校担任文学院教授。"关于学生义勇军，"自墓日侵我领土后，全国同胞，无不急筹抵抗，但抵抗之方，首重军事，教育部有见及此，特令各校组织学生义勇军，且以军事训练为一种必修科，规定军训不及格，则升学将发生问题，所以对于军事训练，不可不注意。尤其是在国难当中，更应自动受军事训练。回忆同盟会时，我党同志日以风枪秘密练习瞄准，可想见当年练习之苦。

---

① 《邹校长致沈刚伯萧一山两先生函》，见《国立中山大学日报》，1932年4月30日。

② 《邹校长致沈刚伯萧一山两先生函》，见《国立中山大学日报》，1932年4月30日。

③ 《大学布告》，见《国立中山大学日报》，1932年4月30日。

④ 《同德会第五次执委会议纪》，见《国立中山大学日报》，1932年5月3日。

现在义勇军有富于军事学识之教官担任教授，我人可不于国难当中刻苦受训乎？所以希望各位同学以后一致到操课去。”对于学生集会之感想，“近来本校许多班会成立，查其宗旨不外研究学术，联络感情，目的非常良善。但班会成立之时，多系每人费几块钱，去酒楼举行，须知一人几元，十人几十元，一班如是，班班如是，损耗金钱不少。际兹国民经济行将破产之时，我人应要万分节俭，况且班会目的，既系研究学术，若在酒楼，实乏研究机会。至于联络感情，亦不在乎酒肉也。故希望各同学，以后似宜在校内同德会或教室举行，较为妥善云。”①

5月3日　签署大学布告。5月5日为中华民国政府成立纪念日，全校休业一天。②

5月7日　主持本校二十年度第十四次教务会议。③

下午2时，教务会议举行。会议合计讨论了十二项议题，其中先生交议的议题有七项：（一）注册部函送1929年度毕业书表，有应先事考虑者，列请讨论案。议决：由注册部向各该生原校追取成绩，并呈教育部声明。（二）农学院函送本年度第十三次教授会议议决审议专修课程案，又送专修必修科目课程表请核示案。议决：照第二案办理（推教务主任，各学院院长，高中部主任，注册部主任，组织委员会，修改大学规程、各院部学则暨各种规章）。（三）本校第六届毕业筹备会，呈请免试国学、体育两科及免予再受义勇军训练，请核示案。议决：国学体育两科，准予免考；但义勇军训练，仍照部令办理。（四）本校第六届毕业筹备会，呈请准予提前于5月20日举行毕业考试案。议决：请校长核办。（五）医学院函送修改初级考试规则，请核行案。议决：照第二案办理。（六）本校第六届毕业筹备会，呈请给假一星期，以便旅行参观案。议决：请校长办理。（七）本校高中第一届毕业筹备会，呈请准予提前于6月1日起，举行毕业试验案。议决：请校长办理。

5月8日　批准本校生物学会成立。④

△接张作人教授复电，允诺于日间起程来校，先生将该电转理工学院陈宗南院长查照。⑤

5月9日　在本校总理纪念周上作报告。

上午8时，本校总理纪念周在大礼堂举行，先生任主席并作报告。在报告

---

① 《本校昨晨总理纪念周校长之报告》，见《国立中山大学日报》，1932年5月3日。

② 《大学布告》，见《国立中山大学日报》，1932年5月4日。

③ 《二十年度第十四次教务会议纪》，见《国立中山大学日报》，1932年5月11日。

④ 《理工学院生物学会学校准予备案》，见《国立中山大学日报》，1932年5月9日。

⑤ 《理工学院新教授张作人电允来校》，见《国立中山大学日报》，1932年5月9日。

中谈道学生军事训练问题，认为："在国难当中，如果我们只靠政府空言长期抵抗，是全无实效的。我们要知长期抵抗，不但粮食交通等等都要好好预备，就是军队也要不断的增加。因为政府的军队是有限的，以有限的军队，来作长期抵抗，结果不是全部消灭，也却渐渐缺乏作战能力了。故我们只靠政府来抵抗，实在是一件很危险的事。所以我希望各位同学努力研究军事，养成长期抵抗的技能。……我们又可看看法、美、意各强国，他们规定中等以上学校学生，必要受军事训练的，就是德国自从欧战打败以后，被列强监视军事，可是他们仍很刻苦地在学校里面加紧军事训练，到了现在，差不多全德国的国民，都有军事学识，列强已不敢再轻视了他了。由此可知军事训练在国家里面是很重要的。本校是纪念总理的学校，而又是西南最高的学府，一举一动，都令人注目的。如果我们放弃军训，其他各省市学校，相率效尤，那就太不成样了。如果各位一点军事学识都没有，还说甚么长期抵抗？这不特违背总理的主张，而且不佩称为西南最高学府。所以希望诸位同学，以后不要放弃军训，大家到操场去切实地受训练吧！"①

△萧佛成、唐绍仪、先生、邓泽如、陈济棠、李宗仁等人发出"佳电"，反对签订上海停战协定，认为该协定和袁世凯签订二十一条同为秘密卖国。②

△签署大学布告。转发教育部第二七七三号训令，重新修订借读生救济办法公布，仰各借读生一体知照。③

△接本校高中部第一届毕业筹备会呈报，请于5月15日前结束军训，以便节省时间，顺利毕业。先生批复，查军训结束应与高中部功课同时办理，所请提前结束一事，碍难照准。④

5月10日　参加本校两期军训干部生合行毕业典礼，并发表训词。

下午3时，中大两期军训干部生合行毕业典礼在礼堂举行。先生在典礼上发表训词《为官贪财足以亡国》，之后向毕业生颁发毕业证书，典礼于4时20分结束。典礼上，先生与毕业生合影留念。⑤

△接广东省教育厅来函，邀请先生出任广东全省体育协进会委员，先生即日复函应允。⑥

---

① 《昨纪念周邹校长及何主任之报告》，见《国立中山大学日报》，1932年5月10日。
② 广东省立中山图书馆：《民国广东大事记》，羊城晚报出版社2002年11月第1版，第447页。
③ 《大学布告》，见《国立中山大学日报》，1932年5月10日。
④ 《高中毕业会昨请将军训提前结束》，见《国立中山大学日报》，1932年5月10日。
⑤ 《军训干部生昨补行毕业典礼纪盛》，见《国立中山大学日报》，1932年5月11日。
⑥ 《邹校长允就全省体育协进会委员》，见《国立中山大学日报》，1932年5月11日。

5月上旬 到香港，与胡汉民等同志协商重新整理党务。①

是月5日，蒋介石政府与日本政府签署了屈辱的不平等条约《淞沪协定》。先生认定日本的侵略是要灭亡中华民族，若不力予抵抗，则国家民族必将陷于万劫不复之地。所以，先生对于蒋介石政府的外交政策表示十分愤慨，决定到香港和胡汉民等人协商，约集志同道合的同志，重新把国民党整理起来。

5月12日 与萧佛成一起致冯玉祥的信件在是日午后5时通过裴鸣宇转交到冯玉祥手中。②

5月13日 签署大学布告。转发安徽省教育厅公函，请本校皖籍学生迅速将本人详细情况报告交该省教育厅，以便考核发放奖学金。布告附粘皖省准补奖学金学生报告办法。③

5月14日 萧佛成、邓泽如、唐绍仪、陈济棠、李宗仁、先生等人致电南京国民政府，质问："传榆关九门口、石门寨等为日军强占，而张学良不抵抗，致失要口，究竟中央方针如何，事关吾国存亡，不容漠视，立盼电复。"④

△签署大学布告。转发国立武汉大学公函，易雨国等同学1931年度下学期津贴只能半数筹发。请易雨国等同学携带证章及印花，前往会计部领取武汉大学寄汇的津贴。⑤

△致冯玉祥的信函是日通过熊观民转交到冯玉祥手中。同时转交的还有陈济棠、胡汉民、萧佛成分别致冯玉祥的信函。冯在日记中记载："他们对南京的意见均一致也"⑥。

5月15日 制备挽联，寄交苏州十九路军抗日阵亡将士追悼会筹备处，纪念抗日阵亡将士。挽联写道：

"取以义，成以仁，拔剑冲天，洒遍沪江流碧血；

直为壮，曲为老，挥戈反日，振兴华族醒黄魂。"⑦

5月16日至17日 出席西南执行部及西南政务委员会联席会议。⑧

联席会议讨论蒋军南移及进攻陈策问题。会议决定任命南路绥靖主任陈章

---

① 邹鲁：《回顾录》，岳麓书社2000年9月第1版，第272页。

② 冯玉祥：《冯玉祥日记》第三册，江苏古籍出版社1992年1月第1版，第623页。

③ 《大学布告》，见《国立中山大学日报》，1932年5月14日。

④ 中国社会科学院近代史研究所中华民国史研究室编：《中华民国史资料丛稿大事记》第十八辑，中华书局1989年8月第1版，第97页。

⑤ 《大学布告》，见《国立中山大学日报》，1932年5月16日。

⑥ 冯玉祥：《冯玉祥日记》第三册，江苏古籍出版社1992年1月第1版，第625页。

⑦ 《邹校长何主任挽抗日阵亡将士联》，见《国立中山大学日报》，1932年5月16日。

⑧ 广东省立中山图书馆：《民国广东大事记》，羊城晚报出版社2002年11月第1版，第447页。

甫为琼崖“剿匪”司令，负责攻打琼崖红军及解决陈策部队；调陈汉光部返省，拱卫省城；李汉魂负责西江防务，以防桂军侵粤。

5 月 19 日 主持召开教育讨论会。

正午 12 时，先生延请广东省教育专家莅校，会商广东省教育事宜，并设宴款待各位专家一行。到会的专家有广东省政府委员金曾澄、许崇清、省教育厅厅长谢瀛洲、岭南大学校长钟荣光、广州市教育局局长陆幼刚以及学校教务主任萧冠英、理工学院院长陈宗南、图书馆主任范锜、教育学系主任庄泽宣、教授崔载阳、唐惜分、黄希声等十余人。讨论会在大钟楼会议室举行，到下午 3 时结束。会议讨论结果如下：

“1. 停办文法科，或减少数量，同时多设职业学校，以适应社会生活之需要。

2. 编订教科书（用文言文）。查现行教科书虽由教育部审定，但其内容，悉由书店编纂，以营利为目的，其书不尽适合于地方。且小学之教科书，多用语体文，不识文言文，便不能阅读古书，行之日久，则中国文化必致衰落，自宜另编读本，以辅助教科书之缺憾。又三民主义一科，宜归纳于各学科之内。

3. 改订学制及课程，以提高其进度。查本省教育程度，比别省稍逊，必须严定课程标准，随时考核，督促进程，以免落后。

4. 少办大学，多设专门学校及职业学校。

5. 以上主端，拟由邹校长呈请西南政务委员会组织委员会办理。”①

△为了促进石牌新校舍早日落成，向西南政务委员会提交呈文，呈请西南政务委员会转令广东财政特派员按月拨发建筑费三万元。

同日，先生致函学校建筑董事孙科、宋子文、陈铭枢三位先生，就近转请政府拨款济急。函件写道：“查本校各学院堂舍建筑已久，日就颓废，前经呈准中央拨给建筑费二百万元，于民国二十年（1931 年）内拨足。嗣以国库支绌，迄未拨发。旋由董事会商议将各学院舍分期建筑以便举行，并以新校舍地址既经指定在石牌农场，种种布置，于农学院方面较为密切，决将农学院校舍先行规划建筑。经由杨锡宗工程师详为计划，农学院新校舍建筑费约需八十八万六千元。当于去年董事会第四次会议议决农学院及学生宿舍等预算约八十八万六千元，分三十个月建筑完竣，请政府由十月份起每月拨款三万元，以便兴工。经由贵董事孙董事，呈请国府核准，该项建筑费自二十年十月份（1931 年 10 月）起，由财政部在关于项下照拨。该建筑临时费，已领至去年十二月共九万元，自财部奉令结束，由本年一月份起已积欠数月。查本校农学院新校

① 《校长召开教育会议》，见《国立中山大学日报》，1932 年 5 月 20 日。

舍全部工程建筑预算约需八十八万六千元，依照杨工程师计划，系分数期建筑，去年兴工者为第一期工程，计建筑农学院课堂一座，简易蚕室一座，调桑室一座，男职员宿舍一座，女职员宿舍一座，廿四尺环路一条，凡六项，建筑费照开投最低价目共毫银二十二万五千四百元（另打椿费约一万五千元），订明由去年十一月十六日订立合约日起，十个月竣工。现历时五月，各项工程均依照合约期限进行，若遽然停顿，不独将已用之建筑费付诸东流，即将来招商兴筑，亦蒙极大影响，况因承商催款甚急，不能再事延宕，务恳惠赐协助，会仝建筑董事，转请政府迅予筹拨建筑费二拾万元，早日汇校，俾得支付工料各费，使第一期工程得以完成，不胜祈祷之至。”①

△致函各学院院长，查各学系必修及选修课目及其时数学分数，自应明白规定，或有课程重复者，亦宜合并，亟应先事调查，以资整理。②

△函复陈宗南。③

是日，陈宗南教授致函先生，表示自己任中华文化基金会化学科教席已经满六年，按该会规定可以休假一年，拟计划前往欧美考察及研究一年，恳请先生批准。先生随即复函批准，允许陈宗南教授休假一年并出国考察及研究。

5月23日 在本校总理纪念周上发表关于职业教育问题的演讲。

先生说道：“前周本校举行一个很重要的教育会议，到会的人有教育厅长、教育局长、岭南大学校长及广州教育名家、本校教育系各教授，现在把会议的重要意旨，对各位说说。

兄弟在未出国之前与在回国之后，对于本国教育的见解改变很大。当未出国之前，以为把中国现在的教育普及起来，便足以救中国。及至出国之后，从事调查各国教育的实况，觉得中国现在的教育，幸得还没有普及，如果真是普及起来，不但不能够救中国，而且会弄到亡中国！诸君倘有怀疑的话，请诸君试问问自己，若在学校毕业之后，要到社会上做什么事，社会上哪一种事业，是容许自己干的？又哪一种事业，是自己还能够干得来的？想诸君定然没有把握，茫茫不知所之，连自己都不能切实解答得来。一个受了学校教育的人，在社会上作事没把握，推至于全国个个受了学校教育的人，也是没把握。质言之，一国之内，凡受过学校教育的人，仍然无出路，没得个依靠，那么，这个国家，还有什么可依靠！哪有不亡国的道理！所以兄弟说，像中国现在的教育，幸得还没有普及，倘真是普及起来，便足以亡国。至于外国的教育，便与

① 《呈函交催本校新校舍建筑费》，见《国立中山大学日报》，1932年5月20日。

② 《大学公函》，见《国立中山大学日报》，1932年5月21日。

③ 《陈教授宗南下年度决赴欧美考察》，见《国立中山大学日报》，1932年5月28日。

我国的教育大不相同，如美国在藤业发达的地方，他的学校所设施之教育，除学校基本教育之外，并教以实习该地方的藤业知识和技能；在法国也是这样，如在种葡萄的地方，他的学校所设施教育，除学校基本教育之外，并教以实习该地方的种葡萄的知识和技能。小学有初等职业教育，中学有中等职业教育，大学也有高等职业教育，所以其国民，在求学的时候，有力量升学的入升学教育，无的入职业教育，在学校毕了业，马上在社会上就有独立生活的技能，像这样的教育，才是兴国的教育，不是亡国的教育。反观吾国现在的教育，在小学毕业的，便是小游氓；中学毕业的，便是中等游氓；在大学毕业的，便是个高等游氓。因为一般在学校受过教育的学生，只受过一种升学的教育，并没有受过职业的教育，在学校毕业之后，如不能升学，因无实习职业的训练，便不能在地方上找个职业来做。在乡村如此，在都市也是如此，在小学、中学毕业后如此，就在大学毕业之后也仍然是如此。弄到一般读书的人，在他自己乡村原有的各种职业，不能去做，来致力于人与天争之事业，反而一群一群的跑出都是来瞎撞，从事于人与人争的生活。（岭南大学校长钟荣光先生在会议席上，曾讲过一段罗罔洞的故事，罗罔洞的地方，出产荔枝很多，他到那个地方的学校去调查，便询问在那个学校念书的学生，你将来毕业之后，要立志做什么事呢？不料他的答案，是要到大地方去做大人物，担当天下大事，连问几个，都是一样的说法，并没有一个，愿在他自己的地方，去发展荔枝的实业的。）结果各乡村地方的各种原有的职业，一天没落一天，都市的斗争的生活，一天剧烈一天，争来争去，民生问题仍然不能得到正当的解决，游氓的集团，反而整千整万的源源不绝，像中国现在的教育，成形了这样制造游氓的勾当，连自己办教育的人，都觉得所努力期求的目的非常渺茫，不晓得将来做到个甚么归宿。

再把中国现在的教育，过细考较起来，个直是殖民地的教育，甚么是殖民地的教育呢？就是只教成一般人民，能接受物质发达国家的物质而不能教自己国民生产物质，中国现在的教育，恰恰就是这样。所有受过教育的人，如穿西装，着皮鞋吃西菜，嗜食金山橙，样样都懂，然而自己却不能设法生产那种的物质出来。这个殖民地的教育，如果普及得愈快，国家也快要亡了！所以前星期于本校开个教育会议想把中国现在的教育，从根本上来设法补救，大家的意见，都以为欲使亡国的教育变为兴国的教育，制造游氓的教育变为实用的教育，殖民地的教育变为增加生产物质的教育，必然要于升学的基本教育之外，再加上一种职业教育。

此种教育方针之改变关系于国家存亡兴废甚大，亟宜群策群力，急起直追，以求实现。深望诸君，如有怀疑的地方，尽管提出来质问，并望诸君随时注意研讨，使吾国教育能够进步，幸甚，幸甚！”①

先生的演讲随即受到学生质疑。学生陈振祺于25日撰写了质疑稿件，交学校事务管理处出版部，出版部及时将稿件转交先生，“校长喜欢有此种质疑，故嘱登在前面，校长正拟此种教育改革方案，拟好后，就可发表。”②

陈振祺认为：

“只要我们一读邹先生的纪念周演讲词（校报五月廿四日），我们心里自然曾觉知邹先生不和别人一样醉生梦死，而是一位有心于社会的革命家。同时邹先生对他自己的意见还准人家‘尽量提出质问’，这更加是可钦敬的了！所以我就本邹先生‘泰山不让土壤’之美意，敬请先生指教。

先生的逻辑是这样的：

‘中国现在的教育’不良，就会使学生毕业后到社会去，都‘没有出路’而成为社会的种种病态，故欲去此种种病态，便应先改良教育。

我的逻辑是这样的：

社会组织不良，就会使学生毕业后到社会去都没有出路而成为社会的种种病态，故欲去此种种病态，便应先改良社会组织。

这个‘茫茫不知所之’而‘无出路’的社会现象，研究真因何在呢？

先生的救世教育方针是‘职业教育’，便是说学校设办职业教育，学生学会职业技能，智识界便可有出路不致失业，所以‘会不会’是这个社会现象的真因。

我归咎于社会组织，便是说：纵然你学会了什么什么，你只是走了一半路，社会的组织准你尽力之所能吗？所以‘有没有机会’是这社会现象的真因。

中国的智识界失业而为‘流氓’之原因，究竟是他们都不会干呢还是因为社会组织不给他们机会去干呢？难道他们没一个有学识或者中国社会完全不要人才。再推而至全世界失业之六千万工人，何以会在经济兴旺时期，便各人都有才干，一至经济恐慌时期，便各人都没才干了呢？这似乎要用社会组织的观点才能解释此问题了。

尤其是政治未上轨道的中国，‘会不会’与失业问题愈不发生关系。我们举个小小的例子：达官政客在滥用私人的时候，当然顾不到‘会不会’的问题，只要和他有关系，越不识字，职任越兼得多。多一个不识字的人有位置，便多一个智识界做‘流氓’。要是在中国这种社会情形底下，智识界失业，是

① 《昨晨纪念周中邹校长之重要演讲》，见《国立中山大学日报》，1932年5月24日。

② 《对邹校长职业教育问题质疑》，见《国立中山大学日报》，1932年5月27日。

必然而无奇的，职业教育是无能为的呀！

还有，我们看见过许多理学士博士医师去做县长省长，许多法学士博士去教书去做老板，许多教育学士博士去当买办，社会的职位和人才的关系绝对陷入无政府状态，机会主义，这不是智识界失业的社会原因吗？

先生的职业教育的对象是‘独立生活的技能’，这种‘独立生活的技能’大概是上文所提的‘制藤业’、‘种葡萄’这一类的手工业或许亦是工场工业。然而中国现在经济情形以大学生中学生的力量工场的工业是不可能，至若要训练中学生大学生毕业后而从事手工业，这不能把历史前进之轮倒转三数世纪吗？且无论何种工业者要与其他的社会情形在相互关联中决定其自身，生产流通都要依赖其他社会条件。如现在普遍经济恐慌，任何工业部门都不景象，难道各国失业工人，都没‘独立生活技能’之人吗？

只有‘独立生活技能’才算职业，实在把职业意义定得太狭小了！

‘宇宙间一切智识之个部门，只要社会有需要，都是职业’这是我之职业观。

职业根据社会需要而形成的，有适应社会需求的智识，实施之则为职业。所以教育、美学、哲学、法律、政治，都和先生所提之狭义之职业有同等效能，足应社会需求而为智识界之职业。因为他们虽不能直接‘增加生产物质’，然能生产精神。因此，我们不能（例如）以宦涂人物拥塞，而不研究这些拥塞宦途者是否为真正之政治人才，及社会之时代背景如何，而以政治科为‘亡国之教育’，我们更不能离开社会组织而奢望狭义之职业教育能于紊乱之社会状态中拯救失业！

至先生所提之‘人与人争’及‘人与天争’之问题，则人与人争，实乃社会数千年之病态，而人与天争乃社会学理论最后之归宿。这一着，更非根本改变社会组织不可。因篇幅所限，不敢多及！

总之，先生是革命领袖，当能明其中旨趣，所以我们希望先生引导大家去革命，职业教育实其枝末也！

耑请先生交校报发表，并作纸上教训，以释群疑。”①

△广东省政府主席林云陔函复中山大学，函称现准贵校日字二二号公函附送第六届毕业生名籍表一份，请查照转饬各该生原籍县署照案拨给考察费等由，准此，除令行教育厅转饬各该生原籍县政府筹给外，相应函复查照。②

此前，本校第六届毕业筹备会前会长呈请先生转函广东省政府，转饬各生

① 《对邹校长职业教育问题质疑》，见《国立中山大学日报》，1932年5月27日。

② 《本校毕业生考察费省政府函复照转》，见《国立中山大学日报》，1932年5月24日。

县籍拨发考察费，先生及时予以照转。

△中文系学生黄恩沛等人有感于南中国文坛荒寂，特发起组织南中国文学会，藉资共同研求，以谋今后新文学的发展。日前具文呈报先生，请求备案。先生将会章修正核准后同意备案。①

5 月 25 日 签署大学布告。江苏如皋县教育局发来公函，因该县教育经费异常竭蹶，本县籍学生游学津贴、贷金一律停止支给，二十一年度预算册内也不予再列，仰如皋籍学生一体知照。②

5 月 27 日 呈请西南政务委员会组织西南教育改革委员会。

先生在是月 19 日主持召开教育讨论会后，再次努力运作推动教育改革进程。是日呈文西南政务委员会，请组织教育改革委员会，以便改善教育方策。呈文谓："为呈请组织教育改革委员会，改善教育方策，俾学能适用，人尽其才，以济民生，而维国本事。

窃查吾国学校教育，三十年来，糜费公帑以亿万计，学多未适于用，人多未尽其才。所有小学、中学、大学各校毕业之学生，于学校修业时代，一律施以升学教育，并无顾及一般未能升学之学生，宜施以地方上各种需要之职业教育，一至毕业之后，类以所学不适于社会要求，少关于民生实用，甚难得地方上各种之相当职业。即地方上之各种职业，亦随之惨淡没落，江河日下。于是一学不能用一艺之长，一人不能尽一才之用，莫不奔竞市朝，钻营利禄。一校如是，各校亦如是；一地如是，举国亦如是。浸成无业游氓，不能为国生产物质，数千年文明先进之教化，竟沦夷递降，形成今日殖民地之教育，固无补干于个人身家，亦无益于国家社会。极其弊，不惟无济民生，反而累及民生，不惟不能兴国，甚且足以亡国。伏惟总理当以兴学劝教之要略，昭示于国人。以为欧洲富强之本，不尽喜于船坚炮利，垒固兵强，而在于人不尽其人，地能尽其利，物能尽其用，货能畅其流，此四事者，皆为富强之大经之本，而有赖于教育之养成。然环顾今日吾国之教育，几无不能此四事。背道而驰，若不改善，国本将倾，瞻念前途，覆压是惧。

本校为总理手创之最高学府，挽救今日教育之危机，实属责无旁贷。爰于本校邀集教育专家及教育行政长官，讨论改善方策，约有数端，兹谨为钧会陈之：（一）注重实科之发展，其学科尤应注意当地之生产与需要；（二）改订学制及课程，以增设职业学校之系统，□课目务求切于实用；（三）多设专门学校或职业学校，以期造就专门实用人材，为国家社会服务；（四）就中国南

① 《本校南中国文学会已核准备案》，见《国立中山大学日报》，1932 年 5 月 24 日。

② 《大学布告》，见《国立中山大学日报》，1932 年 5 月 27 日。

部之生产现状，计划实施生产教育之具体方案；（五）编订教科书，改用浅白之语言，取材则求适于地方之环境；（六）发扬三民主义，而将其精神要旨，融贯于各科之中，使读者自能感受主义，默□心通。上述各端，业已再三讨论所得之结果，并推鲁呈请。

钧曾组织教育改革委员会，共筹改善方策，务使学能适用，人尽其才，于以利济民生，纲维国本，共赴先总理诏示之鹄的，为全国改善教育之楷模，所有集会议决教育改善方案缘由。理合备文呈请察核，组会讨论，颁布施行，教育幸甚，国家幸甚。"①

5月28日 萧佛成、先生等16人致电国民党中央，略谓"此次（上海）停战协定未送立法院审查，乃行政院及中政会既违法于先，而中政会在职常委又自行袒庇于后，况此丧权辱国之协定乃由违法而签订，则尤难曲恕，伏望中央不畏强御，执法以绳。"②

△签署大学布告。公布福建省教育厅经过审查合格的本省籍获得二十年度津贴的学生名单。

5月29日 复函林云陔，答应由中山大学委派专家继修省志。

是日，广东省政府主席林云陔致函中山大学，称："按照本府第六届委员会第八七次会议，以本省修志未成，贵校文科，不乏宿学之士，堪操革削之任。经议决，将修志事宜，委托该科办理在案。……即希婉商文科俯允担任，使乡邦文献，不致代远无征。而贵校美誉，亦将与志书永垂不朽。"③

先生当即复函答允："查本省自改革以还，代有兴废，礼有损益，不修省志，曷由参稽。贵政府虑文献之无征，委以褒贬之大任，敬遵台命，愧非麟革之严；叨附末光，或显骥尾之行。兹准前由，相应函复，希为查照。"④

△复函高剑父，感谢其向中山大学赠送花种。

是日，画家高剑父致函先生，表示自己在参加世界教育大会的亚洲教育会议时，到喜马拉雅山游览时采集了一些奇花异卉种子，赠送六包给中山大学以试种。

先生复函："现准台函，以出席世界教育大会之亚洲教育会议，曾于喜马拉雅山发见奇花异卉，采其种子，分送本校农场试种等由，附送喜马拉雅山花种六包，植物标本十种，准此，执事以艺术专家，擅王宰丹青之笔；古风起

---

① 《校长呈请政府组织教育改革委员会》，见《国立中山大学日报》，1932年5月28日。

② 中国社会科学院近代史研究所中华民国史研究室编：《中华民国史资料丛稿大事记》第十八辑，中华书局1989年8月第1版，第105页。

③ 《本校昨函省政府允任修省志事宜》，见《国立中山大学日报》，1932年5月30日。

④ 《本校昨函省政府允任修省志事宜》，见《国立中山大学日报》，1932年5月30日。

咏，游齐都绿翠之山；又复异种采求，分科标识，俾益学术，嘉惠士林，实深感谢！除转送本校生物系研究外，相应函复查照。”①

△法学院经济调查处黄荫普主任，以该处近期正在研究本市与金融有关的典当业，拟派助教前往按押业公会参观及搜集材料，特函请先生转函该同业公会，征求其同意。先生于当日致函该同业会主席袁次明查照协助。②

△嘱咐学校体育部主任郭颂棠，将学校乒乓球、绒球等比赛奖品及奖金额，一并拟具办法，以备参考。③

此前，郭颂棠致函先生，请核夺对刚刚结束的学校全体学生乒乓球比赛颁发何种奖品及奖额为多少。

5月31日 为《淞沪血战经过》一书作序。

该书为莫克明撰写，详载淞沪血战始末。莫克明是日致函先生，请为该书作序。先生函复允许，并撰定序文：“我国苦倭寇，久矣！嘉靖以远，浙东江北，以及福建，屡被侵掠。时有张经、戚继光等，竭力御侮，寇以宁息。逮清朝甲午之役，我国战败，割让台湾，而唐景崇、丘逢甲等，倡议独立，民气激昂；降及民国，五卅惨案，济南惨案，史不绝书。最近如九一八事变，尤为痛心！但举国梦梦，若鱼之游釜，燕之处堂，虽有马占山将军，孤军奋斗，博得国人，多少同情。以视十九路军守卫淞沪，血战兼旬，中外瞩目，足以转移国际之视听，厥功尤伟！日本以陆军称雄于世界，乃江湾吴淞诸役，我以少数兵万，当日本倾国之师，屡为我败。十九路军声誉，震于寰球，我国人畏敌惧外之心理，为之一振。我国国际地位，亦因而提高，中华民族之不亡，赖有此乎，是不可以不记。莫君克明，有见及此，思有以表彰之，搜集与于斯役者，各种照片，及十九路军全体军官姓名，与夫当日事情，日报新闻，一一备载，一唤起国人注意，宣传日本暴行，俾世界舆论，表同情于我国。三寸之管，雄于百万之师，是亦抗日救亡之道也。其收效岂浅鲜哉！用缀数言，以志不朽。”④

△致函教育部长朱家骅，请拨庚款一部分，作为中山大学建设之用。

函称：“骝先先生勋鉴：

各国退还庚子赔款，原指定以大部分为发展我国教育之用。年来此款用诸发展大学教育者亦不菲，惟对于总理手创之本校，除经弟在广大任内拨得一部

① 《高剑父先生函赠喜马拉雅山花种》，见《国立中山大学日报》，1932年5月30日。

② 《经济调查处拟派员调查典当事业》，见《国立中山大学日报》，1932年5月30日。

③ 《体育部将拟具乒乓球赛给奖办法》，见《国立中山大学日报》，1932年5月30日。

④ 《邹校长为〈淞沪血战经过〉一书作序》，见《国立中山大学日报》，1932年6月1日。

法国退款外，以后悉付阙如，甚至董事亦不能参加，诚堪浩欢！曩闻先生谓以中山大学地位，应得庚款补助，以为发展各种建设之需，深知先生对于以前处分退还庚款之不平，及对于本校之爱护。现中大新校舍既已进行建筑，工料亦已有二年级生，一切进行，扼于经费，而先生适长教部，深盼本其向日料本校应得庚款之主张，早拨庚款接济，无任切祷。否则庚款之负担粤实有责，则退款之分，粤岂无分，况中大为纪念总理之校乎？至各庚款数年来情形，尤盼详示为荷！耑此奉达，敬颂勋祺。”①

约5月 胡汉民致函先生，请西南执行部对前非常会议热河省、察哈尔省、绥远省党务特派员吕仲良等四位同志酌予补助。②

6月1日 为《国立中山大学第六届毕业同学录》作序。

序文写道：“孔子曰：有教无类；孟子曰：得天下英才而教育之，为三乐。故鹅湖讲学，虎观谈经，后世传为盛事。今诸君负笈来游，星霜屡易，业经第六届毕业后矣。学成致用，实为欣幸！但此后天涯海角，远隔关河，瞻望白云，山牵□恨；俯临珠海，水带离情；以视昔之相磋琢磨，一堂晤对，不免感慨系之！爰刊同学录，记姓氏，别□居，志不忘也。属序于余。余重长斯校，与诸生共晨夕，赏奇晰疑，亦有年矣！兹值国难方殷，时局混乱，诸生懔匹夫有责之义，怀全我其谁之志，投袂而起，为国效劳，其或服务社会，生聚教训，振兴实业，利用厚生，地尽其利，人尽其才，使我文明华胄，日升月恒，夫岂特宗族交游光宠，本校亦与有荣焉。此余所望于诸生者也。诸生勉乎哉。”③

6月2日 接广东省教育厅聘函，聘请先生出任甄别试验委员会委员，先生即日复函允予担任。④

6月3日 复函里昂中大海外部同学会。

近期，学校叠接里昂中大海外部同学会呈函，以积欠学费过多，致使频年颠沛，身在异国，举目无亲，可怜之状，可以想见。并谓暑假前，学费仍无着落，全体留学生恐怕将会被驱逐回国。

先生据函后，除饬令会计部，陆续汇款接济外，并致函勉励。函称：“案据来呈，及海外部郭主任、高中部刘主任等转呈诸君学费窘乏，弥用系念，即经转饬会计部陆续汇款，源源接济。然当此校款支绌，罗掘俱穷之际，有不能

---

① 《函朱部长请拨庚款补助本校建设》，见《国立中山大学日报》，1932年6月1日。

② 陈红民：《胡汉民未刊往来函电稿》第三册第一卷，广西师范大学出版社2005年12月第1版，第439页。

③ 《邹校长序本校第六届毕业同学录》，见《国立中山大学日报》，1932年6月2日。

④ 《邹校长允就甄别试验委员会委员》，见《国立中山大学日报》，1932年6月3日。

不为诸君告者：年来粤省用兵，度支浩繁，节缩各机关行政经费，以供剜补，犹积欠千数百万。本校经临支出，原赖国库拨给维持，陡受节缩，拮据万分。现又值剿共严重时期，军费负担，实比各省为重。政府方面，业已通令各行政机关，于本年六月一日起，实行裁员减薪，悉力节流，以资挹注。而本校所有呈奉政府核准额领之款，迄今积欠数月，尚未清发，竭蹶奇穷，亦为前此所未有。查许前任积欠教职员去年十二月薪俸，为数甚巨，延搁至今，乃于无可如何之中，设法清理，定每逢星期三日，划出二千元，填发宿欠。至本年各教职员薪俸，亦复迟月延压，刚发三月，环逼坐雇，窘急万状，忍痛支持，实非得已！幸赖各教职员及诸同学，均能仰体总理手创最高之学府，缔造艰难，相与扶持，共渡难关，虽已备极辛劳，犹然絃诵不辍。所望诸君，充此艰苦卓绝之精神，益共奋厉，竟成学业。鲁有一日在校，当尽其力之所及，为诸君筹措生活安全之保障也！掬诚相告，尚祈共勉，为幸。”①

6月5日　到医学院参加欢送范卡两教授大会。②

上午9时，欢送范卡两教授大会在医学院礼堂举行，先生、医学院古底克院长及百余名师生参加了欢送大会。先生在欢送大会上发表演说，对范卡两教授表示感谢，并在该院学生分送的两幅中堂上题字“学术大同”、“天下为公”。11时，先生与范卡两教授等人摄影留念。

6月6日　主持召开西南教育改革委员会第一次会议。

下午2时，西南教育改革委员会第一次会议在中山大学举行，出席人员有钟荣光、谢瀛洲、卫中、邓植仪、陆幼刚、金曾澄、许崇清、林砺儒，先生任会议主席。会议议决的事项有八个：“（一）学制不变更，但须改变入学观念；（二）各级教育，注重实科；（三）乡村注重农业教育，城市注重工商业教育；（四）职业教育，按其性质定期限；（五）计划培养职业教育师资；（六）职业教育目前进行，分下列两项办法：甲、由广东省教育厅，广州市教育局，特设专校。乙、选择职业教育师资，举办巡回教育；（七）公推谢瀛洲委员、邓植仪委员、陆幼刚委员，并加请广东省立工业专门学校校长柳金田负责起草上列各项推行职业教育之具体方案，由谢委员召集；（八）关于职业教育课程，及编辑各级教育教科书方案，并由谢委员、邓委员、陆委员、柳校长负责起草。”③

△致函中国驻德、法、意、瑞士、丹麦等国公使，于本校教育系主任庄泽

① 《本校允源源筹拨海外部留学经费》，见《国立中山大学日报》，1932年6月4日。
② 《医学院欢送范卡两教授回国纪略》，见《国立中山大学日报》，1932年6月7日。
③ 《教育改革委员会第一次会议纪详》，见《国立中山大学日报》，1932年6月8日。

宣到该公使所驻境内时，妥为照料，并引导谒见驻在国教育当局及介绍各学校、各文化机关，以资借镜。①

庄泽宣经学校派往法国出席国际新教育会议，并拟顺道前往德、法等国考察教育。

6月7日 文学院中文系民二四年班干事会呈请先生，随呈文将该班拟成立班会的会章及职员名单一并呈报，当日得到先生批准，同意备案。②

6月8日 允就省立女中校舍建筑委员。③

广东省立第一女子中学以该校原有校舍不敷应用，曾由该校拟具计划，呈请省政府核准在广州市小北外另行建造新校舍，以图扩充，并聘请地方行政长官及当地教育家为该校校舍建筑委员，先生是日接该校函聘为校舍建筑委员。先生以事关地方教育，自应力予赞助，以图发展，当日正式复函允予担任。

△致函附属第一医院李达潮主任："现为明了各部院每月收支确况以便统计起见，对于各部院收支总细各目，亟须详加调查，以凭编计。查该院诊症留医所有收支各款，尚无接旬具报之举，兹将制定收入旬报表式一纸，随函颁发，希即依照表列事项，逐一填明，按旬具报。如表列事项，间有未尽善之处，即由该院斟酌损益，予以修改，期其至尽，仍请先将改定表式送校，为荷！"④

△签署大学布告。为布告事预防流行霍乱的三条意见，并饬令校医拟具预防霍乱的方法、购用疫苗的数量及价格。⑤

6月9日 在香港发表谈话，称中苏可复交，复交绝非联苏。复交后政府仍抱防共之旨。⑥ 先生同时谈道，西南当局对劾汪（汪精卫）案，或再有进一步表示。⑦

△接文学院刘奇峰院长转教育系主任庄泽宣函报，在庄出国期间，教育系主任商请崔载阳教授代理，教育学研究所事务委托胡毅教授主持。⑧

6月10日 嘱咐教务处主任萧冠英劝刘奇峰打消辞意。⑨

文学院院长刘奇峰在先生就职校长后，曾一度函请辞职，经先生慰留，得

---

① 《本校为庄教授出国事函驻外公使》，见《国立中山大学日报》，1932年6月7日。
② 《中文系民二四年班班会准予备案》，见《国立中山大学日报》，1932年6月8日。
③ 《邹校长允就省女中校舍建筑委员》，见《国立中山大学日报》，1932年6月9日。
④ 《本校昨拟定第一医院按旬具报表》，见《国立中山大学日报》，1932年6月9日。
⑤ 《大学布告》，见《国立中山大学日报》，1932年6月10日。
⑥ 广东省立中山图书馆：《民国广东大事记》，羊城晚报出版社2002年11月第1版，第448页。
⑦ 《邹鲁谈中俄复交问题》，见《申报》，1932年6月10日。
⑧ 《庄泽宣教授出国后任务交人代理》，见《国立中山大学日报》，1932年6月10日。
⑨ 《文学院长刘奇峰先生函请辞职》，见《国立中山大学日报》，1932年6月11日。

以留任。是日，刘奇峰以体弱多病，不胜繁剧为由，再度请辞文学院院长等本兼各职。先生嘱咐萧冠英到刘公馆劝刘奇峰打消辞意。

6 月 11 日　经先生批准，生物学系同学会获准成立。①

6 月 13 日　签署大学布告。转发教育部第三九三〇号训令，指出东北事变以后，留日学生纷纷回国，并经教育部安排陆续转送各大学旁听，并规定待遇办法暂时救济在案。现中日纠纷未已，各旁听生多不愿意重返原校就读，而拟转学国内程度相当的学校肄业。布告告事教育部发布的旁听生投考时间及转学后待遇办法。②

△致函各县政府，推荐本校毕业生。

函称："为国储才，原属百年大计，学成致用，岂徒独善其身。本校阐三民主义之精神，负世界大同之使命，继鹅湖而讲学，会虎观以谈经。开校已历九周年，毕业复经六届，人才济济，无非廓庙之英；学子莘莘，悉是栋梁之选，但请缨无路，致慨终军，纵脱颖可期，又惭毛遂，倘使投闲置散，则人尽灰心，虽日用行舍藏，又士各有志，在本校长愧无万间广厦，庇多士只欢颜，在贵县长不必千金筑台，招四方之贤士，用是书贻一纸，为国荐贤，还期器使量才，化耕足禄，相应检附本校第六届毕业生名表函达，希为查照，酌予录用，至纫公谊。"③

△与古底克商议医学院外科整顿办法，并极力物色德国外科专家。④

在本校医学院外科专家卡那华教授聘约期满之际，先生为整顿医学院外科起见，日前约该院古底克院长商议整顿办法，并决定仍从德国聘请专家。先生和古底克专函德国领事，请转电柏林大学，介绍一位著名的外科专家来中山大学担任教授。

6 月 15 日　致函番禺县政府，拟即收回番禺学宫，改建为本校宿舍。

函称："近查乡村学校行将他迁，敝校为遵奉部令展拓宿舍，及免学生散居学旅，妨碍修起见，自应将学宫正座全部收回，以广客纳。至大成殿设有孔子及先贤牌位，自可照保留以备地方人士于纪念时节，举行祭祀之需。相应函达，希烦查照。"⑤

---

① 《本校生物学系同学会准予备案》，见《国立中山大学日报》，1932 年 6 月 11 日。

② 《大学布告》，见《国立中山大学日报》，1932 年 6 月 14 日。

③ 《本校函各县政府推荐本校毕业生》，见《国立中山大学日报》，1932 年 6 月 14 日。

④ 《邹校长极力物色德国外科专家》，见《国立中山大学日报》，1932 年 6 月 14 日。

⑤ 《本校拟即收回番禺学宫改建宿舍》，见《国立中山大学日报》，1932 年 6 月 16 日。

6月18日 函复本校附属第二医院杨子骧主任，准派黄锦瑶为护士。[①]

6月20日 专函广东财政特派员公署，请求设局征收舶来肥料特税附加按月拨给过校，以为建筑新校舍及购置工学院设备之用。

是日，经广东财政特派员公署转报广东省政府并呈请西南政务委员会核准先生函请。先生函略称："现查舶来肥料，运销广东，年达数千万元，致原有土制肥料，如各种麸饼，日形滞销，损失甚大。且舶来肥料，十分之九为硫酸铔，类偏含淡素，缺乏有机质，农民因无学识，不能善用，而贪图价廉速效，连年单用，致土壤损坏，农业衰颓，此其为害至大。然肥料之输运贸易，为国际所公认，不便禁止，似应一面由本校农科予以指导，一面由政府征收相当特税以限制之，亦即采寓禁于征之办法，直接堵塞漏卮，维持豆麸等国产肥料销路，间接维持土豆、花生等产业，同时农科予以指导，可以减免损坏一切弊害。为此拟请贵署酌定税率，从速设局征收舶来肥料特税，并将此项税收指定按月拨给过校，以为中大建筑新校舍及工学院设备费之用，实纫公谊。"[②]

西南政务委员会第二十次会议决定准许在舶来肥料附加相当特税，作为中山大学建筑使用，但规定其中以10%为中大农科改良农业使用。

6月21日 致函广东省政府主席林云陔，请照国有条例承垦茂名白屋塘302亩土地为官荒地，以扩充南路蚕业试验场。[③]

6月23日 聘张源祥为本校教席。[④]

6月28日 签署大学布告。要求"无论何时及宿舍内有无空位，概不得容留外人寄宿，以正校规。"[⑤]

6月29日 到车站迎接蔡廷锴，并邀请蔡到中大做讲演。[⑥]

十九路军军长蔡廷锴，因公务于是日抵达广州，受到先生及中大员生在内的广东各界人士的热烈欢迎。先生等赴广九车站迎接蔡廷锴后，还一起赴西南政务委员会欢叙。

同日，先生签署大学布告，邀请蔡将军于次日上午到中大礼堂出席欢迎大

---

① 《函复第二医院准派黄锦瑶为护士》，见"国立中山大学全宗"档案，全宗号20，目录号2，案卷号201，藏广东省档案馆。

② 《邹校长筹划新校舍建筑费之要讯》，见《国立中山大学日报》，1932年6月21日。

③ 《本校积极扩充南路蚕业试验场》，见《国立中山大学日报》，1932年6月22日。

④ 陈汝筑、易汉文：《巍巍中山——中山大学校史图集》，中山大学出版社2004年9月第1版，第37页。

⑤ 《大学布告》，见《国立中山大学日报》，1932年6月30日。

⑥ 黄义祥：《国立中山大学与十九路军抗日》，见中国广州网（http://www.guangzhou.gov.cn/node_392/node_401/node_404/node_613/2006-01/113679371986804.shtml），2006年1月9日。

会，并向全校师生员工做抗日讲演。[①]

6月30日 主持蔡廷锴将军中大讲演会。

是日，中大礼堂布置得十分隆重，“务求瑰玮璀灿，以表示景慕民族英雄之敬意。”上午7时许，本校员生已鱼贯入座，至8时已拥挤不堪，座无余隙。先生陪同蔡廷锴将军到大会会场后，亲自主持演讲会，并致欢迎辞：“本校今日开会欢迎抗日救国为民族争光荣之蔡军长。关于十九路军抗日光荣战史已迭见报载，各位已知其详，无俟赘述。惟其最令我等景仰者，係在全国大部分军队主张不抵抗主义声中，而能为民族国家安危起见，守土抗日，屡败日军，使日人知我国人未可轻侮，尤足振起我民族精神。惟昨日听蔡军长曾述数言，甚足令人注意者。谓日军被俘放出以后，往往自杀；飞机被我军击坠，机师侥幸未死者，亦投火自焚，其民族性之强，有如此者。此次在沪抗日，纯以勇敢团结之精神，战胜凶猛科学之器械，而全体民众同仇敌忾，踊跃赴援，亦足以鼓励军心，誓死沸渝，争回我民族之光荣也。”[②] 其后，蔡廷锴发表了演讲。

7月初 聘请黄锡雄博士任本校化学系主任兼化学工程系主任。[③]

7月1日 函呈西南执行部，请派员出席本校毕业典礼。

函称：“敬呈者：本校现定本月5日下午1时在大礼堂举行本科第六届、高中部第一届毕业典礼，敬请钧部届时派员莅临训话，俾资循式，是祷。此上中央执监委员会西南执行部。”[④]

△签署两份大学布告。（一）为布告事本科及高中暑假时间；（二）本月5日下午1时在大礼堂举行本科第六届高中部第一届毕业典礼，希本校全体员生，届时一律出席。[⑤]

7月5日 主持本校本科第六届、高中部第一届毕业典礼。

下午1时，本校本科第六届、高中部第一届毕业典礼在大礼堂隆重举行。西南执行部代表李宗仁总司令、西南政务委员会代表邓青阳参加毕业典礼并致辞，典礼由先生主持。先生在恭读总理遗嘱后，宣布开会。先生介绍道：“今天是本校本科第六届及高中部第一届举行毕业典礼之期，诸君在本校研究数年，现已学成一个段落。诸君在中山大学读书，对于中山先生所首创之三民主

---

① 《大学布告》，见《国立中山大学日报》，1932年6月30日。

② 黄义祥：《国立中山大学与十九路军抗日》，见中国广州网（http：//www. guangzhou. gov. cn/node_ 392/node_ 401/node_ 404/node_ 613/2006 -01/113679371986804. shtml），2006年1月9日。

③ 《聘黄博士锡雄任化学系主任兼化学工程系主任》，见《国立中山大学日报》，1932年7月2日。

④ 《本校筹备第六届毕业典礼之种种》，见《国立中山大学日报》，1932年7月4日。

⑤ 《大学布告》，见《国立中山大学日报》，1932年7月2日。

义，自然认识深长，则学成以后，自当秉承三民主义，努力做救国工作。……诸同学有许多面受总理教训，有许多甚服膺总理之主义者，故望诸君出校而后，要为总理主义奋斗，以期拯救中国之危难。”①

随后，先生向毕业生颁发毕业证书并发表训词，在训词中指出：“各位应知道学校的环境是好的，社会环境是坏的，如果出了社会后，便存应适社会的心理，那么诸君必然失败。如果出了学校之门，仍存在学校的精神，应付社会，使社会成为学校化，则诸君必有成功之希望。不过欲求达到成功的手段，应有下列的条件：（一）时时刻刻不要忘记学问。在学校的学问，不过是一个门径，学问是无止境，随时随地，都可以求得的。除书本外，一切社会事情，都可以供给我们做研究学问的材料。刻下有一个好榜样，足以为诸君引作模范，就是我们的总理，无论他在执政时或亡命时，无时无刻都求得学问。民国元年（1912 年），他做总统时，常常于政务匆忙之际，研究学问，任铁路总办时，他的房间，四面都是书本。民国十三年（1924 年）在元帅府内，他又著作五权宪法，三民主义。那时他虽［负］重大的政治责任，但他仍然时时抽空来本校演讲三民主义。如果诸位离校他去，不本总理为学的精神，不再研究学问，就是自暴自弃的。诸君学有专攻，毕业后，亦应本其所学，而专心致力于所事。如果学而不致用，便有违背求学的本旨，幸负数年来刻苦研究之精神了。（二）应有容人的心理。中国最近社会，非常混沌，二十年来，能在社会政治上捣乱者，多是甚聪明的人。所以然的道理，是因为他们常为聪明所累，往往追逐权利，其结果，遂发生人位之争，不肯稍存‘容人’的见解，彼此才识相消，人才因而损失，这是国家元气的损失。一念之差，遗害如此，望诸位须时存容人之心，互相提携，使人材日起，国家之福，即在于这里了。（三）应力避浮华。近年来学生界，竞尚浮华，风气不好，结果造成社会上不安的现象。在此一切落后的中国，应该有勤俭朴实的风气，算是社会中领导阶级的人物，应把俭朴之风，广为提倡。（四）应有坚忍的精神。在战争上最后五分钟，便是成败决定的关键，在社会服务的方法亦然。各位到社会时，遇着困难必多，苟能持以坚忍之精神，应付一切事业，无不成者。如果各人能本坚忍的精神，发挥所学，则社会事业日益进步，国富民康，胥是赖之了。”② 毕业典礼在进行拍照后于 5 时结束。

7 月上旬 函请万灿教授代理法学院院长。③

---

① 《本校昨举行第六届毕业典礼详情》，见《国立中山大学日报》，1932 年 7 月 6 日。

② 《邹校长训词》，见《国立中山大学日报》，1932 年 7 月 7 日。

③ 《万灿教授代理法学院院长》，见《国立中山大学日报》，1932 年 7 月 12 日。

7月11日 致函萧冠英等人，聘萧冠英、何春帆、古底克、吴康、何衍璿、邓植仪、薛祀光、林椿年、万灿、黄希声、古直、刘克平等先生兼任招生委员会委员，萧冠英为主席。①

△从广州前往香港。②

7月16日 从香港返回广州。③

7月18日 致函赵淑嘉。表示已经接到赵的函电，嘱咐邹说试后即回家。④

7月19日 签署两份大学布告。（一）公布本校学生转院转系规则；（二）公布毕业生借书办法。⑤

7月20日 致函国立中央大学、国立交通大学，派法学院郭冠杰教授前往两校办理本年度国立中山大学在京沪招生事宜，请予接洽。⑥

△写给冯玉祥的信件通过某君于是日转交给冯。信件内容“谈两广与闽方已一致”⑦。

7月 聘请萧冠英、何衍璿等11人为工学院筹备委员，萧冠英为筹备委员会主席。⑧

夏 聘何文炯为本校附中教员。⑨

8月1日 广东通志馆正式移交给国立中山大学，先生兼任馆长。⑩

8月3日 傅汝霖到冯玉祥处谈话，傅谈到西南目前的状况时表示，“邹（邹鲁）作华之历史过程”⑪。

8月4日 签署大学布告。转发行政院、教育部会电，“查本校学生马景

---

① 《大学公函》，见《国立中山大学日报》，1932年7月12日。

② 程焕文、张靖、周旎：《邹鲁未刊稿》下册，广西师范大学出版社2008年3月第1版，第683页。

③ 程焕文、张靖、周旎：《邹鲁未刊稿》下册，广西师范大学出版社2008年3月第1版，第683页。

④ 程焕文、张靖、周旎：《邹鲁未刊稿》下册，广西师范大学出版社2008年3月第1版，第683页。

⑤ 《大学布告》，见《国立中山大学日报》，1932年7月21日。

⑥ 《派郭冠杰教授办理京沪招生事宜》，见《国立中山大学日报》，1932年7月21日。

⑦ 冯玉祥：《冯玉祥日记》第三册，江苏古籍出版社1992年1月第1版，第658页。

⑧ 《邹校长报告本校概况》，见《国立中山大学日报》，1932年9月14日。

⑨ 《何左二先生赴美留学志略》，见《国立中山大学日报》，1935年8月26日。

⑩ 易汉文：《中山大学编年史（一九二四～二〇〇四）》，中山大学出版社2005年9月第1版，第22页。

⑪ 冯玉祥：《冯玉祥日记》第三册，江苏古籍出版社1992年1月第1版，第665页。

田等11名，习气甚深，不堪栽成，应予开除学籍，以肃校规。”①

8月6日 批准设立重组工学院筹备委员会。②

8月13日 费鸿年教授呈函先生，请辞代理生物学系主任一职。③ 先生于本月17日函复费鸿年，表示“生物系主任一职仍请执事”④，没有同意其辞职请求。

8月15日 签署大学布告。合行榜示旁听生取录为正式生的学生名单。仰榜示正式生如有志来校可依照校历缴费注册上课，其余未经取录各生径到注册部候领成绩证。⑤

△签署大学公函。“查暑期将满，工作渐多，各部分职员应自本星期起照常上下午返校办公。”⑥

8月17日 将筹办工学院预备委员会主席石质小章送交萧冠英启用。⑦

8月20日 签署大学布告。组织军事训练部，规划军训事宜，聘请何春帆为军事训练部主任。⑧

8月24日 附属初中主任居励今函报先生，附中计划招收15名女生，以组成女生班。先生当日复函批准照办。⑨

8月26日 签署两份大学布告。（一）对于在高中招生复试时因为偶尔事故造成缺考的学生准许补试，同时公布补行复试办法；（二）在孔子诞辰纪念日，本校放假一天。⑩

8月29日 接农学院院长邓植仪教授函报，查广东省政府日前颁布的白云山保护林草行条例，原规定不准人在林场内再葬坟墓。但是附近人民因无公共坟场营葬，以致林场内常有偷葬等事发生，似宜另行增订办法以便于管理。兹由模范林场侯过主任拟具暂行坟场管理办法两项请核前来，谨检同原办法一份函请察核。如属可行，即请转函广东省政府转饬广州市政府及番禺布告附近

---

① 《大学布告》，见《国立中山大学日报》，1932年8月8日。

② 《大学布告》，见《国立中山大学日报》，1934年7月10日。

③ 参见费鸿年给邹鲁校长的信件，见“国立中山大学全宗”档案，全宗号20，目录号2，案卷号89，藏广东省档案馆。

④ 参见邹鲁校长给费鸿年的回信，见“国立中山大学全宗”档案，全宗号20，目录号2，案卷号89，藏广东省档案馆。

⑤ 《大学布告》，见《国立中山大学日报》，1932年8月18日。

⑥ 《大学公函》，见《国立中山大学日报》，1932年8月18日。

⑦ 《萧教务长兼工学院筹预会主席》，见《国立中山大学日报》，1932年8月18日。

⑧ 《大学布告》，见《国立中山大学日报》，1932年8月22日。

⑨ 《本校附属初中继招新生经准备案》，见《国立中山大学日报》，1932年8月25日。

⑩ 《大学布告》，见《国立中山大学日报》，1932年8月29日。

人民周知，俾资遵守。

先生据函后，“以所拟办法，尚属妥行，特于昨廿九日将该暂行坟墓管理办法函呈省政府林云陔主席查照办理云。”①

△签署两份大学布告。（一）为救济侨生失学起见，所有此次来校报考但未经取录的华侨生，一律准予按照后开时间携同报考收据，到大学教务处检验，并领取报名通知书，到注册部免费报名。本校按照其程度，分别编入相当学级补习，以免失学，而造宏就。（二）规定自本学期开课日起，所有各级学生到校上课，均应穿着遵照教育部所定学生制服，用土布制成，夏白冬黑，以昭一律；如敢故违，即作缺课论。兹再行将教育部制定各级学校男女学生制服规程图样布告，以便新旧各生一体知照。②

8月30日 签署两份大学布告。（一）公布本校招考新生取录名单，并要求各生准时前来体检、报到；（二）公布本校高中乙部毕业生参加入学复试后获得取录资格的19名学生名单。③

8月31日 签署大学布告。本校高中第一学期开学典礼改于9月8日与大学本科一齐举行，注册上课悉照校历办理。④

8月 西南政务委员会第三十一次政务会议审议裁撤中等以上学校军事训练委员会，经交由先生、陈济棠、李宗仁、谢瀛洲等委员审查，予以裁撤。⑤

8月 聘任邹善群为图书馆主任。⑥ 邹善群，先生夭折之兄领养子，广东大埔人，毕业于日本早稻田大学政治经济科。

约8月 胡汉民致函先生、林直勉，函介上海曾子严趋前面见，商议罗致港粤等处联义社忠实及有历史的同志，重新进行团结，恢复联义社活动。胡汉民认为，这对“建筑交通网之基础上甚属切要”⑦。

9月1日 签署大学布告。定于9月2、3两日为免试升学生到校注册部注册日期，9月5日上午9时为到东山本校附属第一医院检验日期。⑧

9月3日 召集附小教职员谈话并出席附属小学开学典礼。

---

① 《函省府送林场暂行坟墓管理办法》，见《国立中山大学日报》，1932年9月1日。

② 《大学布告》，见《国立中山大学日报》，1932年9月1日。

③ 《大学布告》，见《国立中山大学日报》，1932年9月1日。

④ 《大学布告》，见《国立中山大学日报》，1932年9月1日。

⑤ 《政委会令知裁撤中上军事训委会》，见《国立中山大学日报》，1932年9月7日。

⑥ 程焕文、张靖、周旎：《邹鲁未刊稿》下册，广西师范大学出版社2008年3月第1版，第867页。

⑦ 陈红民：《胡汉民未刊往来函电稿》第三册第二卷，广西师范大学出版社2005年12月第1版，第484页。

⑧ 《大学布告》，见《国立中山大学日报》，1932年9月3日。

上午9时，先生在同德会召集附小全体教职员谈话，讨论整理附小的各办法。“讨论结果，甚为完满。”① 先生还出席附属小学开学典礼，并发表训话。

9月4日 与陈济棠一起拜访萧佛成，商议国民党四届三中全会提案。访谈后，萧即赴香港拜访胡汉民，商议西南政局。②

9月5日 签署大学布告。公布本校征收校服制服费事宜。③

9月6日 广东全省第五次水上运动会会长林云陔致函先生，请先生向即将举行的水上运动会捐赠奖品。先生即经饬庶务部制作银鼎一座，致送该会，题字“浪里健儿”。④

△签署三份大学布告。（一）定于9月8日上午8时在大礼堂举行开学典礼，要求本校全体员生届时一律参加；（二）准法学院院长薛祀光呈函，公布该院转学生编级试验的科目试验日期；⑤（三）准李宗仁函开，桂省现为广植医学人才起见，凡现在中山大学肄业之桂籍学生，不论现属何科何级，其有志学医，程度合格者，均可依照前定桂籍生投考中大医科津贴办法待遇，即祈察照办理，择优编录，用符造就等由。准此，请本校桂籍学生一体知照，如愿意学医，于本月10日以前到注册部注册，以便办理。⑥

9月7日 致函各院部处所负责人，指出“本校业经开学，各院部处所所有事务，亟应认真整理，各部职员，亦应努力从公。近查各部职员，间有未按时到校办公者，似此行为不特与国难期间，应有勤奋之旨有背，即与奉公服务，应有尽职之义亦复不符。”为此，要求各部院处所领导，“严厉督率所属，淬励从事。倘有怠惰之员，望即随时报告。”⑦

△签署大学布告。请福建籍学生陈再安等4人于9月20日以前携带同学证前往文书部领取福建省教育厅发放的二十年度上学期津贴费。⑧

9月8日 主持中大开学典礼。⑨

上午8时，开学典礼举行，先生及萧冠英教务长、各学院院长、师生依时莅会，先生任主席。典礼开始后，先生领读总理遗嘱并发表训词《学生应注

---

① 《邹校长昨召附小教职员开谈话会》，见《国立中山大学日报》，1932年9月5日。

② 中国人民政治协商会议广东省委员会文史资料研究委员会：《粤系军事史大事记》，广东人民出版社1986年10月第1版，第110页。

③ 《大学布告》，见《国立中山大学日报》，1932年9月7日。

④ 《邹校长赠全省五次水上运动银鼎》，见《国立中山大学日报》，1932年9月7日。

⑤ 《大学布告》，见《国立中山大学日报》，1932年9月7日。

⑥ 《大学布告》，见《国立中山大学日报》，1932年9月8日。

⑦ 《大学公函》，见《国立中山大学日报》，1932年9月8日。

⑧ 《大学布告》，见《国立中山大学日报》，1932年9月9日。

⑨ 《本校昨举行开学典礼之盛况》，见《国立中山大学日报》，1932年9月9日。

重实际工作以救国》。在训词中提到："要而言之，学生是社会的指导者，负有救国的责任。而欲成为真诚的社会引导者，及真诚的负起救国的责任，便须有强健的体魄，有高深的学问，更能本着忠孝、仁爱、信义、和平做起。而救国之事实不尚空谈，由最微细的一衣一食力行，所以穿制服，节宴饮，即是救国之方法。能如是，加以力学，则中国庶乎有豸。"① 上午10时，典礼结束。

△签署大学布告。照准二、三、四年级各生陈请，免缴制服费。惟学生上课，须着制服，如违以缺课论。如有缺制服者，应即照所布式样新制。②

9月9日　呈请教育部部长朱家骅，察核钟英发学历。③

教育部训令中大核查钟英发学历一案，查钟英发于民国十四年（1925年）秋季呈请前广大校长准予入法预科肄业，十五年度在预科毕业，十六年度升入法科一年级肄业，十九年度在法科经济系毕业。先生呈复朱家骅察核。

9月12日　在西南政务委员会各机关联合总理纪念周上做报告。

上午9时，联合纪念周准时举行，先生做报告，题目是《中山大学概况》，报告从精神、事实、农科、理科、文科、法科、医科、高中等八个方面详细介绍了校务兴革及各学院概况。报告略谓："精神方面：（一）提起学生求学精神：年来学生视停课为常事，竟有一学期上课不及一月者。及至考试，则要求免考，给学分。即平日上课，学生自由开会，可以辍课。接事之际，此风尤炽。乃抱定一不准停课，二不准免试给学分，三不准于上课时间开会之主张，督促学生。结果上半年除政府准令停课外，未尝自停一小时课。学生开会，复不于上课时间，前学期末考试者，并悉行补考。弦歌不辍，黉舍荒芜，可为告慰。（二）勉励学生救国须先自救：年来全国学生，用救国二字为其轨外行为之护符，甚至本分内之功课，亦可以救国停止之。倘有政治上人每月为元千之津贴，更不惜成群结队，作猪仔式为其工具。教育破产，无过此极。故接事以来，日以救国先从自救入手励学生。自救之道，欲其认清学生地位至高，须顶天立地，须旋转乾坤，目前危机存亡之中国，非我学生负责不能救。要造救国之学问，须将中国之旧道德力行起来，将世界之新科学迎头赶上。要造救国事实，须从一衣一食做起，学生服用土布制服，节省一切宴请，即是实行救国。"④

9月13日　签署大学布告。定于本月15、16日在文明路本校内举行入学

① 程焕文：《邹鲁校长治校文集》，中山大学出版社2004年11月第1版，第116页。

② 《大学布告》，见《国立中山大学日报》，1932年9月10日。

③ 见"国立中山大学全宗"档案，全宗号20，目录号1，案卷号81，藏广东省档案馆。

④ 《邹校长报告本校概况》，见《国立中山大学日报》，1932年9月14日。

试验，仰前准第四集团军送考医学院及高中乙部一年级考生准时参加。[①]

△接本校军事训练部何春帆主任函报，请对该部各教官予以聘委。先生经予照办。[②]

9月14日 签署两份大学布告。（一）公布外省籍考录中大本科及高中新生体检展缓等事宜；（二）公布学生军训要求。[③]

△接本校抗日剧社呈报，该社拟于九一八周年纪念日举行公演，以广宣传，特呈请暂借附小礼堂并酌情补助经费。该呈得到先生批准。[④]

9月15日 下午2时，出席法学院本年度第一次教授会议。[⑤]

9月16日 签署大学布告。“兹定于是日上午九时在大礼堂开纪念九一八国难大会，凡属本校员生，均应一致出席，旧生并须穿着制服，以肃观瞻，会后即由军事训练部率队前往东校场参加广东各界纪念九一八国难大会，并于散会后，列队巡行，以蕲唤起民众，共赴国难。丁此寇祸方张，国命艰危之际，本校为总理手创南方最高学府，救国之责，义不后人！仰全校员生共体斯旨，一致踊跃参加，有厚望焉。”[⑥]

9月18日 检阅参加纪念“九一八国难”大会的中山大学师生。[⑦]

上午10时前，中山大学在大礼堂举行纪念“九一八国难”大会。会后，师生到操场集合接受先生检阅。检阅后，师生到东校场参加广州各界纪念“九一八国难”大会。

9月19日 在中大总理纪念周上发表演讲《力学救国》。

上午9时，中大总理纪念周举行，先生发表演讲。在演讲中指出：“各位恐怕没有出国门，只在国内看见中国的学生好像很漂亮，很聪明，风头十足。但在外国所见的学生，只有埋头埋脑读书，很少好出风头的。乃在中国则反是，抑似中国的学生胜过外国的样子，殊不知大家趋向出风头，把自己的真实学业荒废去了，结果什么都研究不出来。现在看见学界的现状更糟，不问是非，只顾派别，甲以为红者，乙必以为白，丙以为方者，丁必以为圆，互相倾轧，所谓两力相消，就将各种力量都消失了。……近来一个朋友对我说：‘你为什么致力在教育界，不注意在政治的活动?’我答谓：‘我看中国将亡，做

① 《大学布告》，见《国立中山大学日报》，1932年9月14日。

② 《本校军事训练部教官昨已照委》，见《国立中山大学日报》，1932年9月14日。

③ 《大学布告》，见《国立中山大学日报》，1932年9月15日。

④ 《抗日剧社九一八纪念日举行公演》，见《国立中山大学日报》，1932年9月15日。

⑤ 《法学院本年度第一次教授会议纪》，见《国立中山大学日报》，1932年9月22日。

⑥ 《大学布告》，见《国立中山大学日报》，1932年9月15日。

⑦ 《本校昨举行纪念九一八国难大会》，见《国立中山大学日报》，1932年9月20日。

点教育事业，或是还能够亡羊补牢。’那朋友对我说：‘你做孔老二的教育吗?’我对他说：‘我乃要做黄宗羲、顾炎武等的教育。盖我看中国将亡，从一般青年灌输一些民族精神，培养一些科学能力，作亡国后的复国运动，那就是我今日所抱有的愿望。’”①

△签署大学布告。公布李宗仁来函，将桂籍学生报考中山大学医科的名额由20名增加到40名，以宏造就。并希望学校于现在肄业医科或别科转学医科愿受领津贴的桂籍学生额数外，尚有余额的话，请在本届应试生取录。布告同时公布愿学医科而受领第四集团军津贴的条件。②

9月20日 签署大学布告。公布法学院曹妩妒等8名转学生获得取录，并转入政治系一年级等。③

9月21日 接农学院院长邓植仪函报，同意模范林场驻能仁寺工警迁回黄婆洞办事处住宿。④

9月25日 接广东省教育厅厅长谢瀛洲函，聘请先生为广东全省第三次教育会议会员。先生函复允诺应聘。⑤

9月26日 签署两份大学布告。（一）根据转院转系规则规定，自本月27日截止，逾期不再受理转院转系事宜；（二）定于本月28日上午9时起举行桂籍学生转医学院试验。⑥

9月27日 签署三份大学布告。（一）公告取录到医学院的桂籍学生依照第四集团军驻粤办事处的规定，均应各填具志愿保证书3份，交纳相片3张，在10月3日前缴还注册部，以转送第四集团军驻粤办事处；（二）公告理学院一年级转学生编级试验已经办理完毕，厦门大学借读生尹次明等3人编入土木工程系二年级等；（三）法学院助教规程已经在法学院本年度第一次教授会议上通过，合行布告。⑦

9月29日 函复国民政府首都建设委员会，同意补任该委员会当然委员。⑧

△函复文学院，同意其拟选任各学院博学长才教授若干人组成国学考试委

---

① 《总理纪念周中邹校长之重要演词》，见《国立中山大学日报》，1932年9月22日。
② 《大学布告》，见《国立中山大学日报》，1932年9月20日。
③ 《大学布告》，见《国立中山大学日报》，1932年9月21日。
④ 《林场驻能仁寺工警经回宿黄婆洞》，见《国立中山大学日报》，1932年9月22日。
⑤ 《邹校长允应聘为教育会议会员》，见《国立中山大学日报》，1932年9月26日。
⑥ 《大学布告》，见《国立中山大学日报》，1932年9月27日。
⑦ 《大学布告》，见《国立中山大学日报》，1932年9月29日。
⑧ 《邹校长函建委会补任当然委员》，见《国立中山大学日报》，1932年9月30日。

员会。同时，函聘徐信符、罗献修、陈述叔、朱希祖、朱谦之、范锜、李沧萍、曾运乾等人为国学考试委员会委员。①

△接本校附属初中主任居励今函报，指出附属初中校舍年久失修，重以月前水患，崩坏益多，经过召商估价，呈请学校给费维修。得到先生批准。②

△函复居励今，同意聘任附属初中各年级级任，并分发聘书。③

△签署三份大学布告。

布告一：案奉西南政务委员会训令，各机关学校以后购用纸张、制服，悉用土纸、土制布帛，自应遵办，合行布告。

布告二："查本校各院部实习仪器，时有毁损，核计此项耗费，年达万金之数，前经订定学生实习仪器使用及保管规则布告在案。乃近年仪器之毁损，仍未少减，在学校方面，须行重新补购，但因校款支绌，往往不能即办。而于学生方面缺乏仪器之实习，为学理之印证，亦直接蒙其不利。现在开学伊始，诸生之使用实习仪器，务宜顾念仪器购置之匪易，一有毁损，即于学校经济上及学生研究学术上，发生种种之困难与不利，应即随时随地加意爱护，毋稍玩忽。兹为保护公物起见，用特重申布告，并补订限制办法两则：（一）自二十一年度起，凡上学期毁损仪器者，限三月一日以前赔偿价值；下学期损失仪器者，限七月一日以前赔偿价值。（二）如不依起赔偿，则损失价值总数在五十元以上者，着令退学；在五十元以下者，将实习成绩作废，仍追缴毁损仪器价值。合行布告，仰各生一体遵照。"④

布告三：以"平日驰逐外务，旷废学业，行为刺谬，违背校规"为由，开除法学院经济系三年级学生颜昌澍学籍。⑤

9月30日 接农学院邓植仪院长函报，建议裁撤林场办事处，请核示。先生据函准拟裁撤。对于另在农场办事室右侧建筑办事所一节，则函复如需房舍为办事处，可由农学院设法拨用。⑥

△致函各学院、附校，要求接函单位各派两人参加广州市内各机关团体联合总理纪念周，函附广州市内各机关团体联合举行总理纪念周办法。⑦

△签署大学布告。公布农学院拟具的本科教授英日文之标准及考试办法，

---

① 《本校函聘国学考试委员会委员》，见《国立中山大学日报》，1932年9月30日。
② 《附中居主任函报修葺校舍情形》，见《国立中山大学日报》，1932年9月30日。
③ 《函聘附属初级中学各年级级任》，见《国立中山大学日报》，1932年9月30日。
④ 《大学布告》，见《国立中山大学日报》，1932年9月30日。
⑤ 《大学布告》，见《国立中山大学日报》，1932年10月1日。
⑥ 《函复农学院准裁撤林场办事处》，见《国立中山大学日报》，1932年10月1日。
⑦ 《大学公函》，见《国立中山大学日报》，1932年10月1日。

仰本校农科学院一体知照。[①]

9月 为《两广地址调查所概览》作序。[②]

10月1日 签署两份大学布告。(一)规定本校大钟楼上电钟为全校标准时刻;(二)要求全校诸生阅览教育部训令《九一八纪念告全国学生书》。[③]

10月3日 签署两份大学布告。(一)公布本校职员宿舍规则及本校学生宿舍规则;(二)公布法学院助教规程修改事宜。[④]

△签署大学公函。准会计部函开,由10月份起,凡关于各院部处之一切设备杂支等费,依照规定数目,统一交由庶务部支发,以昭划一,而便统计。[⑤]

10月5日 签署大学布告。为清查本校积欠各商店账目起见,所有本年2月起至9月止,各院部处场附校经手订购或付印物品,未付价者,或仅积欠部分款项者,均应详细查明,分别列报,以便统计。[⑥]

10月6日 在广东全省教育会议上发表演讲《改革现行教育制度》。[⑦]

应广东省教育厅谢瀛洲厅长邀请,先生抱病参加广东全省教育会议,并发表主题为《改革现行教育制度》的演讲。先生指出,不重实科教育,不重职业教育的弊病,徒使教育造成无数的"流氓"。自从出国考察后,对教育已经产生出新的观念,"在未出国以前,我常以为中国的教育如能普及,便可以救中国的。殊知出国以后,深觉得中国以前的教育,果真普及的话,不见得能救国。何以呢?因为以前中国的教育,染了殖民地教育的色彩,往往一个人进了学校,便有两种的动摇:(一)是对国家观念;(二)是做人观念。"针对这种情况,先生认为,"今日的教育应该养成国民对国家有正确的观念和良好的科学智识,踏实地步,从小的地方做起",教育要本着三点方针进行改革,"(一)改革教科书以适应环境为主旨;(二)改革教育制度。把现在注重升学的教育,改为注重职业的教育:在城市的,设立工业教育;在乡村的,设立农业教育,而以后者为最重要。因为中国系以农立国,农业的振兴,便是一切经济赖以活动的枢纽,如果农业有办法,工商业自然有所寄托,随之而日兴月盛的。此次教育改革委员会,想把中国现在的教育,从根本上设法补救,大家的

---

① 《大学布告》,见《国立中山大学日报》,1932年10月1日。

② 邹鲁:《澄庐文选》,正中书局1948年5月初版,第157~161页。

③ 《大学布告》,见《国立中山大学日报》,1932年10月3日。

④ 《大学布告》,见《国立中山大学日报》,1932年10月4日。

⑤ 《大学公函》,见《国立中山大学日报》,1932年10月4日。

⑥ 《大学布告》,见《国立中山大学日报》,1932年10月6日。

⑦ 陈哲三:《邹鲁研究初集》,华世出版社1980年2月初版,第71页。

意见都以为欲使误国的教育变成兴国的教育，制造游民的教育变为实用的教育，必然要于升学的基本教育之外，再加上一种职业教育；（三）不放暑假。”①

△签署两份大学布告。（一）桂籍学生谭履仁等12人已经通过物理、化学、生物三科考试，达到医学院转院要求，应于本月10日以前，到注册部申请转院注册，并于11日起到医学院上课。再谭履仁等12人本学年内应于课外或假日，迅行补习德文，以便随班听讲。由于医学院学生宿舍床位已满，上述学生应在外寄宿，不得向医学院再事请编床位。（二）查本校高中部桂籍学生愿意接受第四集团军津贴而报名学医的有农沛畴等8人，尚未填写志愿保证书，应于本月10日以前，到注册部迅行填缴，以凭转送，切勿延误。②

10月7日 从香港回到广州，与唐绍仪、陈济棠等人商讨对《国联调查团报告书》意见。先生同意胡汉民意见，唐主张揭露日本阴谋，陈称绝不能接受。③

是月2日，以英国人李顿为首的国际联盟远东调查团在日本、南京、北平、东北调查半年，于是日发表了《李顿报告书》。该报告书虽斥责日本侵略我东三省，却又承认日本在我东北的特殊利益，而且大骂共产党。调查团还建议成立自治政府，国际共管东三省。此报告后来未能实行。

是月4日，胡汉民在香港就《国联调查团报告书》发表意见，认为调查团草此报告为自毁立场，应否认有所谓满洲政府的存在及所谓满洲国境的存在。东北问题的最终解决，不在国联，不在公约，而在我国人民最后的自决。

10月8日 签署大学布告。公布参加中大总理纪念周、国庆纪念大会及总理伦敦蒙难纪念大会安排。④

10月10日 出席本校总理纪念周暨双十节联合纪念大会。⑤

大会于上午9时在大礼堂举行，先生担任主席。先生在恭读总理遗嘱后，向大会致辞。由于病未痊愈，先生略致数语，转由詹显哲教授进行演说。上午10时，活动结束，随即宣布照常上课。

10月11日 签署两份大学布告。（一）公布军训学生及训练人员穿着制服办法；（二）要求赣籍学生于本月20日以前携同相片到注册部填写赣籍学

---

① 《邹校长在全省教育会议演说词》，见《国立中山大学日报》，1932年10月15日。

② 《大学布告》，见《国立中山大学日报》，1932年10月7日。

③ 广东省立中山图书馆：《民国广东大事记》，羊城晚报出版社2002年11月第1版，第454页。

④ 《大学布告》，见《国立中山大学日报》，1932年10月10日。

⑤ 《本校昨纪念周暨双十节联合举行》，见《国立中山大学日报》，1932年10月11日。

生调查表，以便汇转江西省教育厅。①

10 月 13 日 函复朱家骅。

教育部长朱家骅乘陈剑修专员来粤视察高等教育之便，特于 9 月 30 日致函先生，详细询问本校经济情形，答允为中大解决办学经费。

是日，先生特拟长函汇报。指出：中大为政府所有，已准增之经临各费共七万五千元，乃十阅月，未发一文。本学期起，中央对于各大学一律不再拖欠经费，而对中大则视同外化，即庚款为全国所负担，而广东负担尤重，今各国还款办学，亦未蒙沾润，在理不能平，在情尤不能通。加之学校董事会议决由 1931 年起开办工科及增加教授薪金，如果不增加经费，无从措办。再由学校建设新校舍，所需建筑费甚巨，学校已经“备历困难，债累日增，无法支持。近来所领十四万元经费（先生接长中大以来每月所领办学费用），尤多拖欠，学校情势，更形岌岌。虽尽心整顿，竭力筹维，然因厄于经费，不独无由进展，维持现状，亦感万难！”②

△函复慰留何春帆。

学校军事训练部主任何春帆日前函报先生，以“军训难得良好成绩”为由引咎辞职。是日，先生复函慰留，指出“查本校学生，忽视军训，端赖随时督劝，以期逐渐改善。自执事从事整理以来，教练已有起色，正殷倚畀，曷遽言辞！请抑退思，勉任其难，是荷。”③

△签署大学公函。转发西南政务委员会训令，要求本大学会计人员嗣后造报计算书类附送单据给西南政务委员会审计处，必须遵行国历。④

10 月 15 日 主持临时委员会会议。⑤

正午 12 时，临时委员会会议在钟楼会议室举行，会议由先生主持。先生报告两个事项：一是报告广东省政府委员会议决委托本校兼办广东修志事宜，业经将广东通志馆接收，应如何进行案。会议议决：由校长聘请委员组织修志委员会；二是党义教授问题，应如何核定案。议决：本科一年级生，必须上课，二三年级及医学院四年级，均指定范围研究党义，每学期予以考试，毕业时提出论文，至学分计算，一年级 2 学分，二三年级及医学院四年级各 1 学分，毕业论文 2 学分。下午 2 时，先生退席。

△签署大学布告。定自 11 月 1 日起，不论新旧各生均须穿着制服上课，

---

① 《大学布告》，见《国立中山大学日报》，1932 年 10 月 12 日。

② 《朱部长邹校长最近函商本校财政》，见《国立中山大学日报》，1932 年 10 月 14 日。

③ 《本校慰留军事训练部何春帆主任》，见《国立中山大学日报》，1932 年 10 月 14 日。

④ 《大学公函》，见《国立中山大学日报》，1932 年 10 月 15 日。

⑤ 《临时委员会会议录》，见《国立中山大学日报》，1932 年 10 月 18 日。

倘有故违，当即以缺课论，决不宽贷。①

10月17日 下午，接前线军事电告，我军克复朝阳镇，"日军死伤数千，现仍继续进展。"②

△函复黄旭初。③

日前，学校接广西省政府主席黄旭初来函，请学校派员赴该省调查各地矿产，以资发展。先生函转两广地质调查所查照办理，由该所函报遵照派人赴桂调查。是日，先生函复黄旭初主席查照。

△签署大学布告。转发广州市调查人口委员会函，希望中大学生踊跃承担调查员工作。布告指出："查调查人口，为完成地方自治之先务，在训政时期，最为重要。总理所著建国大纲第八项，已恺切言之。本校为总理手创最高学府，对本市此次举办市内人口调查，自当努力勷赞，俾作各校楷模，而成善举。除将本校大学高中学生及初中三年级学生名册总分队长姓名送曾查核，另候该会曾订定表籍办法过校，及将送来调查员须知小册，分送各院部附校照发外，为此布告。"④

10月19日 致函各学院院长、高中、附中主任，对于广州市人口调查委员会请派学生参与收集人口调查表工作予以支持。⑤

△签署两份大学布告。（一）定于本月20日下午7时，邀请詹菊似到校演讲广州市调查人口问题，仰各生届时到大礼堂听讲；（二）要求凡是本校员生工人在校内寄宿者，如收到人口调查表后，务依期照式在10月22日填妥，员生方面将表缴送各该院舍务员；工人方面，则将表缴送各该院场所庶务员，候照章于23日收集缴回。⑥

10月20日 致两函给胡汉民，为刘显臣北上联系阎锡山筹措经费请示办法。⑦

△签署大学布告。准本校国学考试委员会召集委员吴康函，规定《诗经》、《周易》、《论语》、《孟子》、《老子》、《庄子》、《荀子》、《墨子》、《韩非子》、《左传》、《史记》、《前汉书》、《后汉书》、《三国志》、《资治通鉴》、

---

① 《大学布告》，见《国立中山大学日报》，1932年10月17日。

② 《邹校长昨接前方电告克复朝阳镇》，见《国立中山大学日报》，1932年10月18日。

③ 《广西政府函本校派员赴该省调查》，见《国立中山大学日报》，1932年10月18日。

④ 《大学布告》，见《国立中山大学日报》，1932年10月18日。

⑤ 《大学公函》，见《国立中山大学日报》，1932年10月20日。

⑥ 《大学布告》，见《国立中山大学日报》，1932年10月20日。

⑦ 陈红民：《胡汉民未刊往来函电稿》第十一册第三十五卷，广西师范大学出版社2005年12月第1版，第500、501页。

《三通》、《昭明文选》等为毕业生国学考试必读之书，由学生任选一种，作为札记，或论文，缴交所属学院，由各该院商请本校国学教授评定成绩在案，自当照办，公布实施。①

10 月 21 日　签署大学布告。要求本校参加广州市人口调查教职员生体念所负责任重大，务须依照历次通告事项，准时出发办理，幸勿放弃，以观阙成，有厚望焉。②

10 月 22 日　在广州市播音台发表演讲。

先生演讲的题目为《人口调查的意义》，说道："本来人口调查与人口的本身有莫大意义，因为人口本身是一种有机物，他是不断的在变化中，例如他的外形，时时刻刻因为出生死亡与迁移而起莫大的变更（人口变迁）。他的内质，则因为时代、年龄及其他各种的事实如疾病、灾祸、婚嫁、财产变动，职业改易，失业等等而生无穷的分化，这种种自然的和社会分配形成了人口的全体，人口调查即须以此全体为对象。而政治之施设，又必须以此对象为转移，因此我们可以断定人口不弄清楚，不独人口的增加和减少的趋势与需要莫明其妙，即最低限度的实际政治，也无从开始行使。"先生还对人口调查的分层、方法、理论等方面谈了自己的见解。最后，先生对中大学生在本次人口调查中的作用提出了希望："我对于学生尚有几句话要说，就是中山先生在广东大学讲演勉励学生，本所学以做实事，就说广州人口尚未调查，若学生能够出来调查清楚，就是做事之一种。今当地政府请学生出来调查人口，我学生有此机会，一来可为国家社会做一种事，二来可完成中山先生教学生的一种事，一举两得，我学生应该特别努力，为要。"③

△签署两份大学布告。（一）查学生古耀庭仅为复旦大学高中三年级特别生，未经毕业，尚未取得入大学资格，竟冒称复旦大学本科商学院会计系一年级生，藉口沪难，请求转学，欺诈获选，行为悖谬，应予开学学籍，以肃校规；（二）本校定于 24 日下午 1 时，请政治学专家、前本校政治学系教授、现广西省政府秘书长王恒来校讲演《道德的干涉与自由》。④

10 月 24 日　主持中大总理纪念周活动。⑤

上午 9 时，学校在大礼堂举行总理纪念周，先生担任主席，并在行礼如仪

---

① 《大学布告》，见《国立中山大学日报》，1932 年 10 月 21 日。

② 《大学布告》，见《国立中山大学日报》，1932 年 10 月 22 日。

③ 邹鲁：《人口调查的意义——本月廿二日在本市播音台讲》，见《国立中山大学日报》，1932 年 10 月 26 日。

④ 《大学布告》，见《国立中山大学日报》，1932 年 10 月 24 日。

⑤ 《本校昨晨举行总理纪念周纪略》，见《国立中山大学日报》，1932 年 10 月 25 日。

后发表训话。先生在训话中指出：

“中国现在的国民性，很有亡国的象征！这不是一句愤激的话，而实在是一般的事实，会使我们发生这样感想的，旁的且不必说，我们先就我们学校的范围内来检查一下，究竟有没有上述的象征呢？我将无疑的回答说：‘有！决有！’试举数事来做例证：

一、同学们忽视军事训练。……

二、不穿着制服。……各位要知道，学校之举动，足影响全国的风气。学生如果在实践上做工夫，全国的社会风俗，亦自然而然会跟着走的。故此，我们既然无形的为社会的领导者，我们无疑地要肩起救国的责任！然而我们要救国，我们必先要自救！我们要自救，我们必先从实践上做工夫。我这样的希望各位，实在并非奢望，这种小的事，人人都可做得到。我国的政治哲学，所谓修身齐家治国平天下的几句话，希望各位同学如此等事，一一自己力行起来，自然中国可以救了！”①

△签署大学布告。要求欠缴二十一年度上学期各费学生在11月10日前向会计部清缴，切勿逾期。②

10月25日 致函各学院院长、注册部主任，奉教育部训令，明年招考新生最早应在7月下旬举行，以免高中毕业生投考时发生困难。③

10月26日 接本校两广地质调查所函报，该所将派员赴广西工作，请求填发护照及转函广西省政府照调查所提供的表格分颁护照，以利执行。④

△签署四份大学布告。(一) 对于学生欠缴学杂各费，其已毕业在校任职者，应于薪金项下抵扣；其毕业离校者，应扣发其文凭，并函追其家属清还；其在校肄业者，布告限于11月20日以前，一律清缴，逾期不缴者，取消其注册在案；(二) 国民革命军第一集团军总司令部拟具本省各校军训人员服式证章亟须改正完善一案，函转学校军事训练部照办；⑤ (三) 根据福建省教育厅制订的清寒学生大学奖学金暂行规程及第一届考选办法，原定20名考选名额，现定于寒假期间考选10名，其余10名合并到下年度暑假中办理。仰本校闽籍学生知照；(四) 公布《高中部训育概要》。⑥

---

① 《邹校长训辞——十月廿四日上午九时本校总理纪念周讲》，见《国立中山大学日报》，1932年11月1日。

② 《大学布告》，见《国立中山大学日报》，1932年10月26日。

③ 《大学公函》，见《国立中山大学日报》，1932年10月27日。

④ 《本校地质调查所派员赴广西工作》，见《国立中山大学日报》，1932年10月27日。

⑤ 《大学布告》，见《国立中山大学日报》，1932年10月27日。

⑥ 《大学布告》，见《国立中山大学日报》，1932年10月28日。

△签署大学公函。油印本校新规程草案，分送各单位。①

10 月 27 日 冯玉祥致电先生。②

10 月 28 日 签署两份大学布告。（一）公布党义课程安排；③（二）现准安徽省教育厅公函，本校有四个大学肄业生奖学金名额，要求肄业本科一年期满，成绩在乙等以上者按照成绩依次叙补。除将各表函送注册部，以便各生填报，并由校开列上年度上下两期总成绩证明书外，合行公布，仰本校皖籍生知照，前赴注册部照表填报，以便汇送。④

10 月 29 日 签署两份大学布告。（一）“为布告事：照得业精于勤，唯惜寸惜分而自励。学以致道，即己千己百以何妨！智愚纵有不齐，成功本无二致。本校长对于莘莘学子，爱护有加，其成绩优良者，尤须劝勉。芝兰玉树，不必生于阶庭，棫朴菁莪，已流芳于庠序，允宜特颁奖励，昭示来兹。兹查有文学院学生刘美昌、邓明达，理工学院学生史勳济、何廷茂、何廷弼、陈国达，医学院学生石寿馥、张梦石、曹毅、俞绍基、吴坤平，农学院学生赵善欢，高中部学生钟远蕃、刘汝修、何启昌、尹全坤等 16 名，上年成绩优异，各奖免学费一年。已缴者照发还，未缴者应予豁免。纵升斗难苏于涸鲋，而声价已重于登龙。寒士庇厦而欢颜，懦夫闻风而立志。矢勤共励，文化则赶上迎头。有志竟成，努力而后来居上。有厚望奄！除分函外，合行布告知照。此布。”⑤（二）公布总理纪念周轮值表，请届期出席演讲。在该表中，先生负责 1933 年 1 月 23 日总理纪念周的报告。

10 月 31 日 在中大农学院总理纪念周上发表演讲《农业救国》。

在演讲中说道：“我们自奋的目标在救国，我们救国的途径，在研究自给自足的先决问题。我们因为研究这个问题，先要着眼注意农村，我们要救济改造和复兴农村，必先要储蓄这一类的学术。现在农科的教授，都是经验丰富，学问渊博的人材，希望各同学在各教授指导之下，一心一德去努力做研究的工作，以为实施的预备。须知中国存亡，都在各位同学身上，请各位同学不要忽略了自己的责任。还有一点要注意，就是我们读书是为救国而读书，不可为自己名利而读书，若以名利为前提，则不特对国家和社会丝毫没有利益，且因读书得了智识，干他自己发展名利的勾当，国家和社会反而蒙其祸害。”⑥

---

① 《大学公函》，见《国立中山大学日报》，1932 年 10 月 28 日。

② 冯玉祥：《冯玉祥日记》第三册，江苏古籍出版社 1992 年 1 月第 1 版，第 713 页。

③ 《大学布告》，见《国立中山大学日报》，1932 年 10 月 29 日。

④ 《大学布告》，见《国立中山大学日报》，1932 年 10 月 31 日。

⑤ 《大学布告》，见《国立中山大学日报》，1932 年 10 月 31 日。

⑥ 《邹校长在农科纪念周演讲农业救国》，见《国立中山大学日报》，1932 年 11 月 7 日。

先生是日演讲词发表在11月7日出版的《国立中山大学日报》上，连同发表在11月1日出版的《国立中山大学日报》上的演讲词（10月24日在中大总理纪念周上发表的演讲词）被抄袭，发表在上海《主潮》旬刊第一卷第五六期合刊上，题目分别被篡改为《自己自足与农村问题》及《救亡之一准备》。中大出版部主任张掖为此专门去函该刊严质，函云：

"《主潮》编辑先生大鉴，现查贵刊第一卷第五六期合刊第一篇署名记者所作的《自己自足与农村问题》，第二篇署名伟民所作的《救亡之一准备》两篇文字，完全抄袭去年11月1日及7日本大学日报所登载邹校长在本校纪念周及农学院纪念周的演讲词。贵报此项办法，究竟是何用意？含何作用？似此将他人的演词，作为个人的论著，修斗换尾，改变姓名发表，殊足混淆观听，变易事实。阁下既不能文，何苦编辑杂志。本主任职责所在，不能不提出严重质问。希于最短时间内，明白登报答复，为要，此致上海《主潮》旬刊。"①

10月 对汪精卫指责张学良不抵达的政策发表看法。

国民政府行政院长汪精卫于8月6日从上海致电张学良，指责其去年放弃沈阳，再失锦州，致使数十万平方公里土地陷于敌手。今年毋使热河平津为锦州之续。10月，汪辞职行政院长，前往法国。

汪氏电文发出后，先生对此事，"曾不谓然，认为张不抵抗，不自今始，何以行政院不提惩办，事急乃以辞职了之。且去年锦州失陷，曾有人提议惩张案，汪则反对，可见汪氏前后矛盾。"②

10月 聘罗香林为校长办公室校长秘书兼广东通志馆纂修。

11月初 聘朱希祖教授为本校文史研究所主任。③

11月1日 在医科学院总理纪念周上演讲《医学救国》。

在演讲中说道："现在想社会国家秩序安宁，平民生计充裕，人口数量增加，学术建设进步，都惟医学是赖，故我第一件的希望便是本校医科的同学要负起医学救国的责任。第二的希望是什么呢？是负担改良中医药的责任。改良中医药，从国粹、经济和气候着想，均有改良的必要。……各位师生如能切实去研究，将来必能在中国医学上表现一种异彩，范仲淹说：'不为良相，当为良医。'总理也是一个医学家，他用医德仁慈恻隐博爱的精神救我们中国，足见医学家和国民关系的重大了。救国和改良中医的担子正放在各位同学肩上，

---

① 《张主任严质主潮旬刊编辑人》，见《国立中山大学日报》，1933年1月5日。

② 蒋永敬：《胡汉民先生年谱》，中国国民党中央委员会党史委员会1978年11月出版，第520页。

③ 易汉文：《中山大学编年史（一九二四～二〇〇四）》，中山大学出版社2005年9月第1版，第22页。

愿大家效法范仲淹和总理救国救民的热情，振刷精神，努力担起来罢！”①

11月3日 签署大学布告。遵照广西省教育厅公函，请桂籍学生到注册部领取该厅制定的上学年度成绩调查表，填写后汇总，报送广西省教育厅，以便申请广西留学省外学生奖学金。②

11月4日 主持本校附属广东通志馆第一次委员会议。

下午4时，会议在钟楼会议厅举行，到会有徐甘棠、朱希祖、朱谦之等人，会议由先生主持。会议讨论事项主要有现修之志应否续阮志？议决：“（一）各事项续阮志；（二）阮志原文谬误者可删改辨证之；（三）补采明末清初事补阮志之缺；（四）历史长而阮志未包者，可悉记其原委；（五）新志编修只修至民国为止。”③

△签署大学布告。顷据校中各学院员生来请考察调查旅行者多种，定于本月8日至10日，各给公假一天，以便学生分别前往目的地考察调查或旅行，假满即照常上课。④

11月7日 致函各附属学校主任，内容除与上述布告相同外，还指出届时率同员生及童军列队赴纪念大会，会后在大操场举行童军检阅式。⑤

△签署大学布告。查本月11日为本校成立八周年纪念日，12日为总理诞辰。兹定于11日上午8时30分，在大礼堂同时举行庆祝纪念大会，本校员生应一律参加行礼，礼毕在大操场举行童军检阅式，藉伸庆典。至11日、12日，照校历休息两天。⑥

11月10日 午，与陈济棠、邓泽如、唐绍仪等人在西南政务委员会宴请林海东，讨论外交问题。⑦

△对外发表谈话，表示在粤中委除因要务需处理者外，其余委员全体赴京出席四届三中全会。先生和邓泽如决定出席，陈济棠、胡汉民决定不出席。萧佛成来电表示，赶于12月15日前返粤，赴京出席，其余各位委员决定12月初北上，提案正由陈融起草中，将专注抗日剿共及应付李顿报告书等。⑧

△签署大学布告。公布厉行节约革除陋俗标准。⑨

---

① 《邹校长在医科纪念周讲医学救国》，见《国立中山大学日报》，1932年11月15日。
② 《大学布告》，见《国立中山大学日报》，1932年11月5日。
③ 《本校附属广东通志馆最近进行讯》，见《国立中山大学日报》，1932年11月19日。
④ 《大学布告》，见《国立中山大学日报》，1932年11月5日。
⑤ 《大学公函》，见《国立中山大学日报》，1932年11月8日。
⑥ 《大学布告》，见《国立中山大学日报》，1932年11月8日。
⑦ 《邹鲁等决定出席三中全会》，见《申报》，1932年11月11日。
⑧ 《邹鲁等决定出席三中全会》，见《申报》，1932年11月11日。
⑨ 《大学布告》，见《国立中山大学日报》，1932年11月15日。

11月11日 在中大成立八周年及总理诞生联合纪念会上发表演讲。

演讲于上午8时半进行，先生演讲的主题是《总理伟大人格与中大特质》。在讲到孙中山总理的人格和主义时认为，总理在人格方面“很光明伟大，如同白日经天一样，他只知道有国家社会的利益，世界人群的福利，绝无私人的利益观念!”总理的主义就是三民主义，“我们要负起救世救国的责任，就要学总理勤力读书，因为勤力读书，就是救世救国的基础，我们在总理手创及纪念总理的学校读书，定要这样做去，方能对得起自己和对得住总理。今天在这两种纪念同时在此举行庆典的当中，所以我把孙总理的人格主义和各位讲讲，由此以认识孙总理的特别精神，亦即本校的特质。”①

△在《国立中山大学日报——总理诞生六六、本大学成立八周年纪念日联合增刊》上发表《如何纪念总理诞辰》一文。

在文章中写道：“从前总理生时，我们尚可以事事推诿总理，现在总理不在了，我们事事就不能不依靠自己，我们试思自从总理离开了我们一直到现在，我们究竟已实现了些什么？主义又实现了多少！

诚实惭愧的我们必定不期然而然的异口同声的说：‘我们未尝实现丝毫’，固然十五年（1926年）北伐，人们不能不归功于我们‘铲除了军阀，统一了中国，恫吓了帝国主义……’我们自己也觉得‘同志牺牲了，党权扩大了，主义普及了。’实则我们平心而论，其结果则不能不使我们痛心疾首：‘军阀仍然活跃，中国仍然破碎，帝国主义仍然狞恶。’而同志自相残杀，惟见营私自利的小组，不见同心同德的同志。党权日益旁落，惟见个人独裁的高涨。主义随人误解，惟见阳奉阴违的附和。党内纲纪堕落，党外信仰未立。犹有进者：‘军阀割据苛敛甚于前，共匪烧杀扰民甚于前’，更加以‘独裁专制和帝国主义双重压迫’，不但使我们感觉‘未尝实现丝毫’，并且因为我们所见的是人民的痛苦，所听的是人民的哀呼，根本有使我们不得不反省我们的过失而奋起使三民主义终有重新实现的可能。

近年来北方旱灾动则死人数百万，长江水患动则死人数千万……。日本侵占我东三省，直接间接又不知死我民若干万。各帝国主义经济之侵略，吸吮我膏血，剥夺我生路，又不知死我民若干万。综此数点，可见我们民族的地位是如何危险！因此我们受国内军阀专制的压迫，我们不能不力求民权之伸张；我们受帝国主义的压迫，不能不求民族的独立；我们受生产落后的压迫，不能不求民生的解决。

中国民族目下的历史任务，仍与孙中山先生时所指示我们的三种连环性要

---

① 《邹校长在联合纪念庆典中之演辞》，见《国立中山大学日报》，1932年11月22日。

求一样，始终未改变丝毫：1. 发展国家资本，解决土地问题，提高生产，使人民有衣食住行之保障；2. 铲除独裁，恢复党权，实行民主政治，复兴国民党建立人民的重心；3. 打倒军阀，'剿灭共匪'，实力抗日，发扬文化以谋民族之自由独立。

本党同志既受总理遗嘱的负托，誓必继续完成此历史的任务，惟有能完成此历史的任务，方能明了总理之诞生对此历史的任务有极重大关系。国民党的同志们！我们要知道总理适生于帝国主义开始宰割中国而中国民族复兴运动正受一大打击的时候，尚思挽救中国，而我们却适生于帝国主义已深入中国的腹心而中国民族的复兴将无望的时候，我们尚不知完成此历史任务吗！总理的诞生不是偶然的，我们要知道他的诞生即是我们斗争的开始，他诞生是予中国民族复兴运动一线曙光，我们要向这曙光追去，要使这曙光发扬光大达到他原来的历史任务。"①

△撰写《本校成立八周年的回顾及将来》，该文发表在 11 月 15 日出版的《国立中山大学日报》上。

先生在开篇指出中大的玉汝于成及自己的期望："诞生了八周年（要记清不是五周年）的本校，照年龄来说，自然还是一个小生命，但是这个小生命的长成是经过了无限心血的培养，无数风波的历程，不断的政治背景的波动和震撼。再后呢，尚期待着它像植物般嫩芽的滋长繁荣，结成适应革命需求和解决党政问题的佳果，同时又是学术中心。社会进化本来是波状的进展，任他屈折推挠，它的回力更加强大，这是毫无怀疑的。"②

11 月 15 日　在《三民主义月刊》第二卷第五期上发表《由方振武抗日失败的经过来证明卖国政府的降日》一文。

11 月 16 日　签署大学布告。公布加强本校员生团体旅行管理事宜。③

11 月 17 日　出席本校董事会及建筑董事联席会第一次会议。④

会议于上午 9 时在学校会议厅召开，出席人员有陈济棠、林云陔、邓泽如、先生、许崇清、区芳浦，林云陔任会议主席。会议讨论事项有五项：（一）国立中山大学规程草案。决议：修正通过，全文六十五条；（二）大学经费短欠甚多，应如何维持，请公决案。决议：（甲）关于大学经常费二十二年一月（1933 年 1 月）以前短发之数，暂由所收肥料税款项下，每月挪支四

① 《如何纪念总理诞辰》，见《国立中山大学日报》，1932 年 11 月 11 日。

② 《本校成立八周年的回顾及将来》，见《国立中山大学日报》，1932 年 11 月 15 日。

③ 《大学布告》，见《国立中山大学日报》，1932 年 11 月 25 日。

④ 国立中山大学出版部：《国立中山大学现状》，国立中山大学出版部 1936 年版，第 444 ~ 445 页；《本校董事会及建筑董事联席会议》，见《国立中山大学日报》，1932 年 11 月 21 日。

万元，俟领得积欠，即行归垫；自二十二年一月起，由广东财政特派员每月于十四万元经常费外，加拨四万元。（乙）关于广东财政特派员公署积欠之款，请广东财政特派员提前清发。（三）筹建工学院请讨论案。（附新校舍建筑及工学院筹备之近况）决议：工学院应即分部建筑，至宿舍建筑费，暂由各董事分行募捐。（四）聘德国人马丁为外科教授案。决议：照所拟修改之约聘请。（五）沙和中学筹办处代表胡毅，函请划拨林场内荒枯坪地段，以建筑校舍一事，请公决案。决议：如须建筑学校，准予借用，但不建学〈校〉时，应即收回，其借用办法，由大学核定。

△致函各学院院长，函附中华民国权度标准方案度量衡法全国度量衡划一程序，及标准器全份价目单各一纸到校，请各学院查照酌购。①

△签署大学布告。准国民革命军第四集团军总司令部公函，本校肄业医科或别科转学医科愿受领津贴的桂籍学生，除黎炳垣、潘朝昌 2 名自请退出，蒋澄等 5 名未填具保证书，及谭履仁等 3 名系属女性，不便在军队服务，均未便津贴外，其余应候对保，再行函达。除将谭履仁等 3 名女生保证书发交敝部驻粤办事处发还外，相应函复，请烦查照，并希转饬各该生知照等由，合行布告，仰本校曾愿受第四集团军津贴各生，一体知照。②

11 月 19 日 签署大学布告。查教育系二年级学生陈怀天，呈凶殴伤校役陈介，似此行为，殊属谬妄，应记大过一次，并不准在校寄宿，以示惩戒。兹限于本月 21 日以前迁出宿舍，仰即遵照，勿违。③

11 月 20 日 出席西南政务委员会会议。④

西南政务委员会召集四川、云南、贵州代表合计 7 人到会，交换意见。陈济棠、邓泽如、先生等人出席会议，由先生宣布西南对外交及时局方针，并表示西南执行部定于 12 月初召集各中委协商向国民党四届三中全会递交提案及赴京出席全会等问题。

11 月 21 日 在中大高中乙二 C 班班会成立典礼上发表训词《读书要义》。

先生在训词中指出："要知读书的本旨，是想将一切不好的改为好的，将没有智识改为有智识。换句话说，即是想把自己个人充实了学问，增进了智能，成就了健全的国民，将来好去和国家社会服务。"⑤ 同时，向同学们提出

---

① 《大学公函》，见《国立中山大学日报》，1932 年 11 月 18 日。

② 《大学布告》，见《国立中山大学日报》，1932 年 11 月 19 日。

③ 《大学布告》，见《国立中山大学日报》，1932 年 11 月 21 日。

④ 《西南各省代表交换意见》，见《申报》，1932 年 11 月 21 日。

⑤ 程焕文：《邹鲁校长治校文集》，中山大学出版社 2004 年 11 月第 1 版，第 217 ~ 218 页。

三点要求，首先，对于学校所有的使用科学，要加以十二分的努力研究；其次，不但要深刻研究科学，同时还要注意去修养人格；最后，要注意锻炼体魄，要有强健的身体，能够任重投艰。

△签署大学布告。公布本校第二次运动大会章程。①

△签署大学公函。转内政部公函，本校申请出版登记的校报等应各检定两册，填具申请登记书表，送由发行所在地的省市政府，再转向内政部登记，方符合有关规定。函转理工学院、法学院、出版部，随函附抄出版法及出版法施行细则各一份。②

△《申报》20日香港专电："邹鲁决短期内筹五十万接济东北义军。"③

11月22日 致函胡汉民，商议海南岛"新国民党"党务。

函称："琼州党事，弟拟嘱甄陶（孙甄陶）往办，但前此不能言，此次可言未有机缘。请兄先径派往，使琼州方面得布种子为要。"④

11月23日 签署大学布告。奉教育部训令，国难方殷，应切实团结，各种刊物，不得稍存侮视任何宗教。⑤

11月26日 签署大学布告。各生清缴学杂各费时间展期至12月底。逾期不缴者，决取消其注册资格。⑥

11月28日 签署大学布告。准国民革命军第四集团军驻粤办事处公函，中大医科预科学生白治苍等10人既经存保属实，准先给予津贴。其余除女生外，在粤不能觅保者，应饬向本县觅保呈核再夺，可也。转知白治苍等来办事处具领；其余各生仍请分饬从速觅保送办事处，以便呈候核办。仰本校愿受第四集团军津贴的桂籍学生一体知照。⑦

11月29日 晚上，抵达香港，会晤胡汉民及刘芦隐、柏文蔚、张知本三位沪中委，协商出席国民党四届三中全会问题。刘芦隐等主张在沪粤中委全数出席四届三中全会，以抵制独裁复活。胡汉民秘书王养冲在次日向报界发表谈话，表示胡汉民决不出席四届三中全会。⑧

---

① 《大学布告》，见《国立中山大学日报》，1932年11月22日。

② 《大学公函》，见《国立中山大学日报》，1932年11月24日。

③ 《西南各省代表交换意见》，见《申报》，1932年11月21日。

④ 陈红民：《胡汉民未刊往来函电稿》第十一册第三十五卷，广西师范大学出版社2005年12月第1版，第500页。

⑤ 《大学布告》，见《国立中山大学日报》，1932年11月24日。

⑥ 《大学布告》，见《国立中山大学日报》，1932年11月28日。

⑦ 《大学布告》，见《国立中山大学日报》，1932年11月29日。

⑧ 《陈济棠派区香入京》，见《申报》，1932年12月1日。

△函饬学校会计部，将之前学生缴交的军训书籍费4元发还各生。①

11月30日 函复慰留学校军训部主任何春帆。

军训部主任何春帆日前函请先生准予辞职。先生函复慰留。函称："叠接来函，以军训一事，迭经整顿，苦无振作，请准予辞去主任一职，另聘贤能，新其视听，等由。查本校学生忽视军训，自经执事多方劝导，一面充实课程，增进学生兴趣，缺席者已渐减少，可见事有可为，并非徒劳无功。敢请执事鼓其余勇，继续勉任，幸勿再萌退志，有厚望焉！"②

△致函各学院院长、附校主任，务于12月底以前将本院、附校历届毕业生及在学学生成绩，抄录一份送教务处，转交注册部总集记存。③

△函复附属第三医院桂毓泰主任，准派谭蕙芳接充女护士，同时训令准予郑惠蓉辞职。④

△签署两份大学布告。（一）准国民革命军第四集团军驻粤办事处公函，凡是本校桂籍学生愿领受该军津贴者，应亲持校长介绍函到领，以资证明，而免冒领。领受津贴各生应列册送该军办事处，再各生每年津贴，分两学期支给；⑤（二）准湖南慈利县教育局公函，公布该局修改过的大学学生津贴章程，仰本校慈利县籍学生知照。⑥

△备函处理本校学生沈作柱父亲被劫掠案。

上月21日，理工学院土木工程系一年级学生沈作柱致函先生，表示其父前往福建省诏安县收账时被黄意鱼、黄水囚等十余名著匪劫掠，生死未明。函请先生转呈福建省绥靖公署，速令诏安县长及当地防军派队痛剿追放，以为生命财产保障事。先生于11月30日签署批示，"拟函转福建绥靖公署缉匪追赃起掠。"⑦ 驻闽绥靖主任公署主任蒋光鼐于12月26日致函先生，准函据学生沈作柱呈报称父被抢劫，请饬县缉究一案已严令缉究。先生于12月28日签署公函，致函学生沈作柱，表示其父被抢劫一案，已致函驻闽绥靖主任公署主任蒋光鼐严令缉究，现得蒋光鼐复函表示准函照办。

11月 《环游二十九国记》一书由世界书局出版发行。

---

① 《会计部启事》，见《国立中山大学日报》，1932年11月30日。

② 《本校军训部何主任辞职经予慰留》，见《国立中山大学日报》，1932年12月2日。

③ 《大学公函》，见《国立中山大学日报》，1932年12月1日。

④ 《函复第三医院准派谭惠芳接充女护士郑惠蓉，训令郑惠蓉准予辞职》，见"国立中山大学全宗"档案，全宗号20，目录号2，案卷号201，藏广东省档案馆。

⑤ 《大学布告》，见《国立中山大学日报》，1932年12月1日。

⑥ 《大学布告》，见《国立中山大学日报》，1932年12月2日。

⑦ 见"国立中山大学全宗"档案，全宗号20，目录号1，案卷号81，藏广东省档案馆。

12 月 1 日 接农学院院长邓植仪函报，该院派稻作试验场技助陈仕慈赴南京中央农业实验所参加第一次冬季农作物改良讨论会。①

12 月 4 日 国民党中央执行委员程潜、柏文蔚、刘芦隐、张知本抵达广州，与陈济棠、邓泽如、先生等商谈召开国民党四届三中全会问题。②

双方详细商议了四届三中全会的提案问题，还对反对提高国府主席职权、应付国联、收复失地及惩办东北失地将领等问题进行了讨论。桂方代表黄旭初、张任民也参加了会议。粤方决定派崔广秀、李绮庵、关素人、邓青阳出席四届三中全会。③

12 月 6 日 致函学校董事会林云陔董事。④

函称：因校董事会驻校秘书沈鹏飞在京都教育部任职，返粤无期，董事会拟就近改聘萧冠英教务长接任，并已先行通知。先生表示赞同，并将补办有关手续。现将补聘公文函稿二件送请核阅，判行后交回缮发。

12 月 9 日 致函校内各机关，拟编辑出版本校一览，即希查照办理。⑤

△致函各学院院长，为谋学校与学生密切联络起见，决定各学院各系学生应每级选出代表一人，以便随时接洽，而利进行。相应检附选举票式样函达各学院院长查照，希于下年 1 月 14 日以前，派员指导各系各级学生选出代表，并将办理情形及各代表姓名具报备案，为荷。⑥

△签署三份大学布告。（一）“为布告事：现闻医学院学生王慕祥、石寿馥煽动组织清科运动委员会，迭次集议，干与［预］学校行政，越出学生范围。查该会未经呈准立案，乃竟擅行集会，已属不合。又复妄贴标语，滥发通函，强迫同学退学，跡其举动，尤越常轨。应将该会立行解散，不准再有集议。至学生王慕祥、石寿馥等二名，煽动同学，破坏秩序，应予各记大过一次，以示惩儆。”⑦（二）准云南省教育会函，公布云南省教育会征集云南问题参考图籍办法；（三）准广东省教育会函，该会定于民国二十二年（1933 年）元旦举行市内中上各校独幕剧第三次比赛，业经订定简章，俾资依据。合行布告，仰本校剧团一体知照。⑧

---

① 《农学院派员赴京中央农业实验所》，见《国立中山大学日报》，1932 年 12 月 2 日。

② 广东省立中山图书馆：《民国广东大事记》，羊城晚报出版社 2002 年 11 月第 1 版，第 456 页。

③ 中国人民政治协商会议广东省委员会文史资料研究委员会：《粤系军事史大事记》，广东人民出版社 1986 年 10 月第 1 版，第 113 页。

④ 见“国立中山大学全宗”档案，全宗号 20，目录号 1，案卷号 66，藏广东省档案馆。

⑤ 《大学公函》，见《国立中山大学日报》，1932 年 12 月 12 日。

⑥ 《大学公函》，见《国立中山大学日报》，1933 年 1 月 12 日。

⑦ 《大学布告（一）》，见《国立中山大学日报》，1932 年 12 月 10 日。

⑧ 《大学布告（二）》、《大学布告（三）》，见《国立中山大学日报》，1932 年 12 月 10 日。

12 月 10 日 和文学院全体教职员合影留念。[1]

△致函军事训练部、附属初级中学、初级小学、童军办事处、国技教师，需先期准备完善，以便学生军、童子军、幼稚生、千人操、国技参加本校第二次运动大会表演。[2]

12 月 12 日 出席本校总理纪念周，并发表训话。

上午9时，本校总理纪念周在大礼堂举行，纪念周由先生主持。行礼如仪后，首先由先生训话，其后由出版部主任张掖报告本校出版事项概况。先生在训话中说道：

“各位同学，在此一星期间，国家危亡已迫在眉睫，而各位同学仍安然处之，未有若何感觉！须知横在目前有两个危机：

第一，国联在去年两次会议决议案，尚稍能秉公处断，顾存体面，不太予我国以难堪。自李顿调查团成立后，迄今经一年间之工作，所撰报告书，对我国未见有若何利益！结论建议部分，竟倡议设中立区，若稳有共管的情势，已惹起全国人士之非难，岂知提出今次国联大会，各强国竟然不肯主持公道，匪特对日本强横无理之侵略行为，不敢秉公指斥，即满洲国之伪组织，亦不敢否认，征诸英外相西门氏之论调，真堪痛恨！国事至此，诸同学岂可不憬然觉悟，奋起救国，以尽我国民责任乎？

第二，我国危殆，不绝如缕，其赖以维系于俄顷间者，幸有牺牲救国，奋起抗日之东北义勇军，如苏（苏炳文）、马（马占山）、丁（丁超）、李（李杜）诸将军而已！在此一星期间，苏炳文将军，竟以弹尽粮绝，被暴日压迫，穷退俄边，几至全军覆没！夫苏军在东北，夙称劲旅，勇敢善战，人数甚众。徒以困于素持不抵抗主义之北方当局，坐视不救，未尝以一兵一弹相援，至此东北干城之师，一旦消灭，宁不痛心！

在此两大危机当中，吾人当豁然醒悟于国际联盟，实不足恃，不能为弱小国家主持公道，所谓国际名称，不过系强国欺骗弱国之语。苟弱国本身，不力图振作，发奋自强，以提高其国家地位，徒望国联扶助，必不可能。今后救国利器，惟有两途：一曰充实义勇军力量，一曰厉行经济绝交。吾辈须明白日本能在三数日间强占东三省，经一年间之施设，竟可以消灭义勇军力量，确定东三省地位，而国联亦不能否认之。照此类推，则吾粤在三数年后，亦何难为东三省之续。观于近日日寇，扰热侵榆，野心无已。又观淞沪事起，如非十九路军奋勇抵抗，则闽粤以次，必遭蹂躏。可知日人处心积虑，无时无地不欲蚕食

---

① 舒宝明：《校影》，中山大学出版社2004年11月第1版，第62页。

② 《大学公函》，见《国立中山大学日报》，1932年12月12日。

华土，以实行其大陆政策也。一般人往往以为国土为强敌占割，未必有若何痛苦，岂知国土被占，其地人民，即为占领国之奴隶，宰制由人，不克自立，譬如朝鲜、安南诸地，其高楼大厦及教育机关，多系日人及法人自奉之场所，此外更吸剥奴隶之膏血，供其娱乐。茅茨土阶，与牛马同处者，斯为亡国奴隶之所居，苟曾亲至韩、越南地精细考察者，靡不戚然痛心。故特竭诚为诸君告：在此国联无望，义军垂危，国命危亡系于一发之际，惟有我辈学人，自强不息，勇迈精进，一方面勤守军训，一方面努力科学，以立救国基础！时时刻刻，提心吊胆，誓雪国耻，以挽救中华民族垂危之生命，无负总理殷切之嘱望，亦本校之光也。”①

△先生、邓泽如、李宗仁、刘芦隐等 14 人致电国民党四届三中全会，以“职守羁身”为由，不出席全会。希望今后“执行第四次全国代表大会及一中全会之各项对外对内决议案，永远阻止独裁，协同剿共，实行抗日。”②

△接地质系四年级学生李肇支、孙定一等人呈函，以进行毕业考察为名，请转函各该生原籍省县政府，补助考察费。先生照转函给李肇支等各生原籍省县政府，请予资助考察费。③

12 月 13 日　签署大学布告。在严寒天气下，准予各生穿着长夹袍或棉袍上课，惟仍须依照原定校服色质，男生一律以天青色土布，女生一律以宝蓝色土布为之，以昭划一。④

12 月 14 日　撰写提案《请设法拨款建筑中山大学新校舍并请财政部清除积欠经费案》，拟向国民党四届三中全会提交，请全会督促政府，维护国立中山大学校务。

提案写道：“为提议事：窃国立中山大学为总理手创之学校，亦纪念总理唯一之大学，以故中山大学直接由党办理，所有董事亦由中央党部委派，是中山大学荣枯关系本党前途甚大。鲁奉命再长此校，对于总理亲自计划之石牌新校，不能不极力设法完成，对于维持生命之经常经费，不能不极力设法筹措，用将真情向钧会陈请，即请赐予决定分别创办，俾总理之手创大学，不致经常费用无着，以至发生障碍。总理所计划之石牌新校，得以早日完成，不至负总理筹办之苦心，是不特鲁应有之责，亦同志应有之责也。

（一）本校各院舍多近城市，教育设施实非所宜，且各校舍均建筑有年，

---

① 《本校昨日举行总理纪念周情形》，见《国立中山大学日报》，1932 年 12 月 13 日。

② 广东省立中山图书馆：《民国广东大事记》，羊城晚报出版社 2002 年 11 月第 1 版，第 457 页。

③ 《地质系四年级生转函拨给考察费》，见《国立中山大学日报》，1932 年 12 月 13 日。

④ 《大学布告》，见《国立中山大学日报》，1932 年 12 月 14 日。

朽腐日甚。本校创立之初，总理即鉴于此，指定石牌为建设新校舍地点。总理逝世之后，久延未能实行。戴（戴传贤）前校长曾呈奉中央核准拨给新校舍首次建筑费200万元，由财政铁道两部负责筹拨，于民国二十年（1931年）内拨足，旋以国库支绌，迄未拨发。本校各董事以新校舍建筑刻不容缓，经数度磋商，改为分部建筑，以便举行，并以新校舍地址，既经指定在石牌农场，种种布置，于农科较为密切，决将农学院校舍规划建筑，经详细计划，决定农学院新校舍建筑费约需八十八万六千元。许（许崇清）前校长莅任，于去年第四次董事会议提出讨论，议决农学院及学生宿舍等预算约八十八万六千元，分三十个月建筑完竣，请政府由十月份起每月拨款三万元，以便兴工。当经董事会呈奉国府核准，该项建筑费自二十年十月份（1931年10月）起由财部照拨，并经本校造具临时支付预算书，呈由［西南］政务委员会核转财部拨给在案。此项建筑费自去年十月份至十二月份仅领过九万元，本年一月份起，即因财部结束，与所增每月经常费同时停拨。虽经本校勉力筹维，稍为挹注，然承商方面，以建费延发，工程延宕，自无待言。查本校旧校舍既不适用，且工学院亦经中央议决十九年（1930年）秋季必须开办，其设备费五十万元，由是年十一月份起，每月拨给五万元，惟迭请拨给，均无款到。延至去年，始由董事会议决实行开办，但以经费无着，仅在理科增设土木工程、化学工程两学系，改为理工学院，以为设办工学院之基础。现工程系学生已由一年升进二年，工学院与理学院分立，一切计划，经已筹备就绪。原有校舍既感不敷，则工学院之建筑，自应与农学院新校舍同时进行，以免顾此失彼。忖思本校为纪念总理之学校，而新校舍复为总理手所计划，若不早日筹款建成，实无以副总理创设此校之意旨。查本校原有文理法医农五学院，再增工科共成六学院，除医学院仍拟照旧外，其建筑费农学院一院亦须八十八万余元。若将五院合计，总理纪念堂图书馆工厂及连各种附属机关一切建筑设备费合计，非一千万元不能措办。现拟将全部建筑，约分三期举办，每期定为两年，由明年起算，约在六年内完成。是项建筑费，每年约需一百七十万元。计第一期建筑农工学院及附属机关农科已筑建进行中，工科明年一月即行兴工，其余各科则欠第继筑。广东虽附加舶来肥田料以为新校建筑费，年约八十万元，不敷尚巨，若非中央设法拨款举办，则本校建筑大计，均徒托空言，此为本校吁请钧会援助督促政府维护校务者一也。

（二）本校规模广阔，需用浩繁，在十九年度以前，每月均由广东财政特派员公署拨发一十四万元，入不敷支，积欠甚巨，叠由中央特予补助，稍减困难。去年编造二十年度预算时，因董事会议决由二十年度起增设工科，并实行改良教授待遇，增加薪金，复因种种缘由，非增加经费无从措办。经由本校召集各学院主要人员开预算委员会，详细讨论，核实支配，佥以每月非领足经费二十万元无能支持。迨将预算编就，并将请求增加理由一再陈述，始奉国府核准自二十年度九月份起，于原领一十四万元外，每月由财部拨给经常费四万五千元，此项奉准增加经常费，如能按月领足，仍须极端撙节，始克维持，讵由九月份至十一月份仅领过三个月一十三万五千元，十二月份领过三千元，即遇财部结束，停止支发。历经函电中央财政部宋（宋子文）部长照案继拨给，迄无切实答复，亦未拨过分文，以致一年以来，虽裁减人员，停止一切购置，万般节省，积欠薪金帐项数达五六十万元，现在索薪催账，急如星火，若中央方面再无解救办法，其势必致生出障碍。所有本年政府欠发本校经常费每月四万五千元，务请财政部清发，并请以后照案继续拨给，此为本校吁请钧会援助督促政府维护校务者二也。

要之本校为总理手创唯一学府，全国学术所关，亦中外观瞻所系，且由党直接委派董事主持，与其他学术机关不同，校务之兴衰，与全国党务关系最切。现本校命脉不绝如缕，而鲁前奉总理命办理此校，此次复命重长此校，若不沥请钧会赐予维持，则此纪念总理之大学，稍有不振，何以对总理！何以对党国！用将本校困急情形缕述，伏祈察核议决办法，转交政府从速实行，不胜屏营待命之至。谨上中国国民党中央执行委员会第三次全体会议。”①

先生于17日致电国民党四届三中全会，表示将向大会提出提案。② 22日，先生将正式提案书寄到全会，连署人为关素人、李绮庵、崔广秀、邓青阳。③全会对先生等人提案讨论后决议：“交国民政府转行政院核办”④。

△批复同意生物学系“民国廿五年班同学会”成立。⑤

12月16日 签署大学布告。

布告称：“查本校设立附属第一第二医院，系以发扬医科，实验学术及普利一般市民治病为主旨。兹特参照国内外各大学附属医院诊病治疗办法，将以前所订门诊医药各费，分别减折，从新改订，并定于民国二十二年一月一日（1933年1月1日）起，开始实行，务使一般市民，来院诊病，以最廉之代价，得良医之治疗。庶几芸芸众生，均沾实惠，而本校医科之实验学术，亦于以日臻进步，扬声四表，本校长有厚望焉。除将新订诊病治疗办法及减折药费

---

① 《本校向三中全会提议请维持校务》，见《国立中山大学日报》，1932年12月23日。
② 陈哲三：《邹鲁研究初集》，华世出版社1980年2月初版，第157页。
③ 吴定宇：《中山大学校史1924～2004》，中山大学出版社2006年5月第1版，第73页。
④ 陈哲三：《邹鲁研究初集》，华世出版社1980年2月初版，第158页。
⑤ 《生物系组织民廿五年级班会消息》，见《国立中山大学日报》，1932年12月15日。

表，检发第一第二医院照办外，合行布告，仰各知照。”①

12月17日 签署大学布告。准国立武汉大学公函，对在中山大学读书的易琳等12名学生的成绩核实后，允许发放津贴；邓镇辅同学因解剖学补试成绩仍不及格，该生津贴应俟二年级一切科目考试及格后，再行核发。现定于本月19日上午发给该项津贴，仰即易琳等12名同学依期携同学证小章及印花到会计部领取。②

12月18日 邀请温廷敬游览白云山黄婆洞。③

温廷敬为岭东宿儒，现被聘为广东修志馆专职撰修。是日为星期日，先生邀其同游黄婆洞，文学院吴康院长、罗献修教授陪同游览。抵达黄婆洞后，先生以明珠楼额及松涛阁松风亭联多弗惬意，乃由温廷敬更明珠为环崔，罗献修易亭阁诸联。是日，先生一行还补植梅柳等树木并摄影留念。

△法国东方学者伯希和致函中山大学文学院院长吴康教授，请其转达谢意给先生，感谢先生盛情邀请其来中山大学讲学，表示来校演讲一事，将俟到北平后再函商。④

一周前，先生和吴康院长分别致电伯希和，邀请其前来中山大学进行演讲。

12月19日 签署三份大学布告。（一）准本校第二次运动大会来函，仰全校学生自即日起，至运动会闭会日止，停止一切旅行参观事项，以便集中训练；（二）将修正后的《本大学规程》全文在校报发表；⑤（三）以后无论何人不得携枪来校进行实弹射击，以免干咎。⑥

12月21日 允任广州市市辖学校第五次运动大会名誉会长。

广州市市辖学校第五次运动大会会长刘纪文、副会长陆幼刚是日函聘先生为名誉会长，函略云：“广州市辖中小学校决于廿二年一月十日（1933年1月10日）起一连四天，在大东路省公共运动场举行市辖第五次运动大会，公推钧座为名誉会长。素仰钧座党国彦硕，万流共仰，敬恳俯就指导进行，市校体育前途，实深利赖。”⑦ 先生是日函复允予担任。

---

① 《大学布告》，见《国立中山大学日报》，1932年12月17日。

② 《大学布告》，见《国立中山大学日报》，1932年12月20日。

③ 《邹吴温罗四先生远足黄婆洞杂记》，见《国立中山大学日报》，1932年12月22日；《邹吴温罗四先生远足黄婆洞续记》，见《国立中山大学日报》，1932年12月23日。

④ 《本校电约伯希和来校讲演继讯》，见《国立中山大学日报》，1932年12月21日。

⑤ 《大学布告》，见《国立中山大学日报》，1932年12月20日。

⑥ 《大学布告》，见《国立中山大学日报》，1932年12月21日。

⑦ 《邹校长允任市校五运会名誉会长》，见《国立中山大学日报》，1932年12月22日。

△接本校女生励进会筹委会李汉超等人呈报，请先生准予该会备案。先生“以该会章程，大致尚妥，准予备案。”[①]

12 月 22 日　主持本校附属广东通志馆编纂委员会第二次会议。[②]

会议于下午 2 时在钟楼会议厅举行，先生、徐甘棠、朱谦之、朱希祖、吴康等出席，专任编修温廷敬列席，会议由先生主持。会议讨论事项为起草委员会所提略例与总目应如何审订案？议决：（一）新志不必冠以“民国”两字，仍沿用“广东通志”之名；（二）略例照所拟通过；（三）总目大致照所拟通过，惟其中关于“录”一部分交朱希祖委员，“传”一部分交温廷敬先生另行拟具意见再提出讨论。

△签署大学布告。准中央航空学校公函，希望本校有志于航空者报名应考该校。附该校飞行科招生简章一份。[③]

△国民党中央执行委员会第四届第三次全体会议致电先生及蒋作宾、孔祥熙等未及到会的中央执监委员，表达全会慰问之意。[④]

12 月 24 日　出席学校董事会及建筑董事联席会第二次会议。[⑤]

会议于上午 9 时在中大会议厅召开，出席人员有陈济棠、林翼中、区芳浦、许崇清、先生、林云陔，林云陔为会议主席。会议讨论事项有：

“（一）会核本校工学院建筑工料章程。（附章程）决议：1. 建筑事宜，由学校负责办理，其不能解决者，请由董事会决定。2. 所有章程内关于管工事项，由学校派员办理，有不明了，得随时向则师询问。3. 所有章程内关于进行工程中应备之图则花样各大图大样现未附来者，应由则师先行齐全制出，俾得照样施工。又承建商人于总价之外，应备列各种单价，以为日后增减工料标准。4. 各种图则及章程分送各董事，分招承建商人于半个月内报由本会集议审核。

（二）会核本校募捐章程。（附募捐缘起及章程）决议：募捐改为劝捐，缘起及章程，照案通过，并由各董事出面分电有关系之中央委员赞助列名发起劝捐。

（三）审议农业专门部及高中部减收学杂费案（附公函乙件表二纸）。……决议：照原案减半征收。

---

① 《本校女生励进会呈缴会章准备案》，见《国立中山大学日报》，1932 年 12 月 22 日。

② 《本校附属广东通志馆最近要讯》，见《国立中山大学日报》，1933 年 1 月 12 日。

③ 《大学布告》，见《国立中山大学日报》，1932 年 12 月 24 日。

④ 中国第二历史档案馆：《中央周刊》，南京出版社 1997 年 7 月第 1 版，第 20－12 页。

⑤ 国立中山大学出版部：《国立中山大学现状》，国立中山大学出版部 1936 年版，第 445～447 页。

临时动议：

（四）近日天花流行，为防止传染，维护市民安全起见，拟筑临时病院收容医治案。决议：照办。”①

△出席本校中国社会问题研究会成立典礼，并发表训话。

下午1时，本校中国社会问题研究会成立典礼在学校同德会举行。先生、文学院院长吴康、中大特别区党部常务委员梅萼、指导委员会主任张农、社会学系教授黄菩及会员数十人出席典礼。先生在典礼上发表训话，说道：

“今天中国社会问题研究会开成立典礼大会，我来参加是非常喜欢的。本会成立的主旨，刚才主席已经说明，可见现在中国目前的各种问题自然以社会问题为最重要。但我们要研究现在中国的社会问题，应先有我们的立场和出发点。立场不正常或出发点错误，则研究出来的结论也一定是不正当和错误。拿着不正当和错误的结论以见之实行，则社会的各种问题，不但没有得到正当的解决，甚至反会发生种种困难和弊害，这是大家应注意的第一点。我们究应用甚么来做我们研究社会问题的立场呢？中国现在有采撷古今中外学说的精华而集大成的一个伟大的革命体系，用这个体系做立场和出发点，则不但现在中国的各种社会问题有了正当解决的方法，并可以拯救濒于危亡的国家和民族和匡扶日趋没落的世界和人类。这个伟大的革命体系便是三民主义的体系。三民主义曾经全国民众信仰和拥护，后因中国国民党的一部分执政者没有切实奉行总理遗教，以致有人对之发生怀疑，但这并不是主义之过。三民主义这个体系里面所蕴藏含蓄的许多崇高伟大的理想，仍有待我辈的研究，使之发皇，使之现实。诸位要研究中国社会问题，如果能以三民主义为立场，我相信将来自有良好的成绩而不会走入歧途以陷于错误的结论。这是大家应注意的第二点。

现在社会有些人的错误仍然和总理在生时一样，总理演讲三民主义时已曾加以驳斥。我现在要贡献各位的，也只有把总理所说的话重新提出来请大家注意。

此种错误便是误信世界主义或国家主义而忽略民族主义。世界主义或国际主义一方面是帝国主义用以消灭弱国和弱小民族的国家观念和民族意识，另一方面是第三国际用以麻醉世界无产阶级使之集合于其营垒之下以供其利用。中国现在国际地位的危险，已突过甲午以后，世界各帝国主义又重新提出其共管中国的口号，我们若不愿做亡国奴，只有加强我们的国家观念和民族意识，世界主义和国际主义绝不是我们现在这个危殆的国家和民族所应提倡的。

其次还有一种错误，这个错误便是提倡阶级斗争的理论，因为中国只有大

① 《本校董事会及建筑董事联席会议记》，见《国立中山大学日报》，1932年12月29日。

贫小贫说不到有资本家即说不到阶级斗争，故目前中国只有努力于生产但为防资本家发生用总理的方法节制资本，以发展国家资本，平均地权以禁止不劳而获的利益已足以达到此目的。

所以总理所实行的国民革命是要联合民族资本和全国的民众来共同努力的，不是阶级斗争问题，在整个民族方受帝国主义政治上和经济上的重大压迫和榨取的时候应全体站在同一战线上以求民族解放，所以在中国现时提倡阶级斗争的人们简直是中华民族的大敌人，我们对于这种危害国家和民族的学说自然应加摈弃。

诸位研究中国社会问题若能不蹈这些人的错误，定有裨益国家和民族的优良成绩。国势阽危正是大家奋起以报国家和民族的时候，愿各位努力猛进！”①

△致函胡汉民，函称：“刘文清同志系原湘分部委员，兹因嘱其归陈（陈嘉祐）、程（程潜）、萧（萧佛成）指导，特来请详。已将一切详情告知，并嘱其归沪晤陈、程二位。特介绍晋谒，请兄有一教之。”②

△签署五份大学布告。（一）为预防疫菌传染起见，特定于办公时间内，在本校后门中华路西侧校医室，举行施种痘苗。③（二）嗣后本校教职员学生各团体遇事须行募捐，应先拟具章程，呈候批准，方得举行。④（三）奉教育部训令，公布学生因原籍遭受重大灾祸，申请减免学费的相关要求。（四）准中比庚款委员会公函，该委员会每年拨款三千元，举办大学论文奖金，仰本校本科毕业班学生，一体知照。附论文试题及规程细则于后。⑤（五）奉教育部训令，对来自赣省并遭受匪灾县区的学生，酌予免减学费，以本年度为限。自应遵办，合抄赣省遭受匪灾县区调查表一份，布告于后，仰赣籍各生一体知照。⑥

12月25日　应允担任崇正体育会征求队长。⑦

香港崇正体育会会长邹敏初及主席叶贵松以该会同人大会议决公推先生为征求队长，特于是日致书先生，请允予担任，以便发展会务。先生函复照办，共策进行。

---

① 《大学布告》，见《国立中山大学日报》，1932年12月26日。

② 陈红民：《胡汉民未刊往来函电稿》第十一册第三十五卷，广西师范大学出版社2005年12月第1版，第479页。

③ 《中国社研会成立典礼之情形补志》，见《国立中山大学日报》，1933年1月4日。

④ 《大学布告》，见《国立中山大学日报》，1932年12月26日。

⑤ 《大学布告》，见《国立中山大学日报》，1932年12月27日。

⑥ 《大学布告》，见《国立中山大学日报》，1932年12月28日。

⑦ 《邹校长允任崇正体育会征求队长》，见《国立中山大学日报》，1932年12月26日。

12 月 26 日 胡汉民、先生等人分电各地国民党中央执行委员，请列名发起为本校劝捐。[①]

电云："国立中山大学为总理手创唯一最高学府，亦为总理躬亲演讲三民主义之所也。自总理逝世，即以本校纪念总理，并直接由党办理，所有董事，均由中央党部委派，萃同志之群力，以继创作之精神。溯本校开办之初，即奉总理指定石牌地方建筑校舍地点，第经营伊始，矩款难筹，乃以从前高师、法专、农专原有校舍为校址，勉树规模。嗣以校舍陈腐日甚，且密迩市区，教育设施，极非所宜，非实现总理生前计划建筑新校，无以培成良好教育，更无以竟主义救国之全功。民国十八年（1929 年）奉中央核准拨给建筑费二百万元，惟历时数载，未获发给。迨各自董事商议决定分部建筑，呈请国府给费先建农学院，始于去年实行兴建，由十月起，每月由财部拨给建筑费三万元。讵施工数月，即遇财部结束，建费停发，建筑工程，势将中辍！同人等竭力筹维，由广东征收舶来肥料附加费每年可八九十万元，始可继续进行，但农学院既已兴工，工学院亦须赶筑，最近工程，需费至巨，实非区区附加费所能应付。且其他各学院，势需次第建筑，以免迁延时日，贻误将来。预计全部建筑共分三期，每期二年，限六年内完成，其建筑设备费，当在二千万元以上，款项筹集，断难专倚一方。本校为纪念总理之大学，亦为本党发扬文化之枢机，本党同志，均有维持之责，同人等不揣谫陋，拟举行国内外大规模劝捐，冀收群擎易举之效。业经草就缘起及全部建筑计划，敬请列名发起，庶寰宇闻风，咸相乐助。倘蒙俞允，祈即于本年底电复。

胡汉民、邓泽如、萧佛成、陈济棠、林云陔、林翼中、区芳浦、许崇清、邹鲁，叩宥。"[②]

至次年 1 月 4 日，复电赞成列名的人有林森、于右任、阎锡山、冯玉祥、赵戴文、白崇禧、李宗仁等 40 人。"独蒋介石与其派系的中央委员都没有来电赞成"[③]。

12 月 27 日 签署大学布告。按校历规定，民国二十二年一月一日至三日（1933 年 1 月 1 日至 3 日）放年假三天。[④]

12 月 28 日 广东全省第十二次运动大会筹备委员会致函先生，略谓该会第二次会议议决敦请先生为广东省第十二次运动会名誉会长，敬祈俞允。先生

---

① 《本校劝捐建筑新校舍之进行消息》，见《国立中山大学日报》，1933 年 1 月 5 日。

② 《本校各董事发起捐筑新校舍原电》，见《国立中山大学日报》，1932 年 12 月 30 日。

③ 张掖：《1924～1935 年国立中山大学派系斗争概述》，见广东省政协文化和文史资料委员会编《广东文史资料精编》上编第 4 卷，中国文史出版社 2008 年 12 月第 1 版，第 90 页。

④ 《大学布告》，见《国立中山大学日报》，1932 年 12 月 26 日。

函复允为担任。[①]

△接农学院院长邓植仪转呈该院本科二年级同学组织稷社申请，批准立案。[②]

12 月 29 日 签署两份大学布告。（一）公布修正后的旁听生规则；[③]（二）公布学生修学旅行与调查参观规则。[④]

12 月 30 日 中大出版部在《国立中山大学日报》发布广告，先生有四部著作出版。广告内容为：

"邹校长近著：

《中国国民党史稿》，民智书局出版，定价大洋二元八角；

《广州三月二十九革命史》，民智书局出版，定价大洋八角五分；

《红花岗四烈士传》，民智书局出版，定价大洋三角五分；

《环游二十九国记》，世界书局出版，定价大洋一元五角。"[⑤]

△签署大学布告。准中比庚款委员会函，公布更正后的大学论文奖金规程和细则及土木工程系试题一纸，仰本校本科毕业班学生，一体知照。[⑥]

△签署大学通告，公布职员请假应照请假规则办理。[⑦]

△签署大学公函。奉西南政务委员会训令，因国省两库支绌，原定各机关裁员减薪一案推展三个月，至民国二十二年三月（1933 年 3 月）止。自应照办。[⑧]

12 月 31 日 到罗岗洞赏梅。

是日，中大因领不到款而无法依期发放教职员薪金，先生只好"避债无台作洞游"。一同游览的有浙江薛祀光教授，在游览时巧遇伍朝枢、铁禅和尚（广州六榕寺僧人）。游览后作诗一首赠蒲涧寺僧人。

先生逾十年前曾经来此处游览，当时同游的有伍廷芳、陈炯明[⑨]、廖仲恺、伍朝枢等人。先生睹景思人，感叹道："再度来游逾十年，梅花依旧世推

---

① 《邹校长允任广东全运会名誉会长》，见《国立中山大学日报》，1932 年 12 月 29 日。

② 《农学院本科二年级同学组织稷社》，见《国立中山大学日报》，1932 年 12 月 29 日。

③ 《大学布告》，见《国立中山大学日报》，1932 年 12 月 30 日。

④ 《大学布告》，见《国立中山大学日报》，1932 年 12 月 30 日。

⑤ 出版部启事，见《国立中山大学日报》，1932 年 12 月 30 日。

⑥ 《大学布告》，见《国立中山大学日报》，1932 年 12 月 31 日。

⑦ 《大学通告》，见《国立中山大学日报》，1932 年 12 月 31 日。

⑧ 《大学公函》，见《国立中山大学日报》，1932 年 12 月 31 日。

⑨ 在 1933 年 1 月 4 日出版的《国立中山大学日报》（第五版）记述的同游人中无"陈竞存"；但在 1939 年，经张掖修订，先生订定出版的《澄庐诗集》（见国立中山大学校友会编《邹鲁全集》第（十）卷，三民书局股份有限公司 1976 年 10 月初版，第 19 页）所记述的同游人中有"陈竞存"。

迁。老僧能说当时事，数度同游倍黯然。”①

△签署大学布告。凡因事或因病必须请假者，务宜照章呈由所属院部办理，毋得越级，是为至要。②

是年 撰写《再论寒假暑假及缩短修业年限》一文。③

先生在文中提出了根据废除寒暑假，缩短修业年限，议定新规程中遇到的三个疑难和六个解决办法，并提出新学制的施行规程，合计二章十四条。

是年 增订改编《中国国民党史稿》。④

是年 日本驻广州总领事河合宴请先生。

席间，先生问河合，中日原来如同兄弟，今日日本处心积虑侵略中国，是什么原因？河合指出，“日本教育已普及，程度又高，本国内不足发展，安得不向贵国生心？”先生由此认识到，“然则中华民族欲谋生存独立于世界，对于教育事业，可不急起直追乎？”⑤

是年 到东莞访蒋光鼐。

蒋专门介绍农民引种中山大学稻作试验场经过改良的稻种“中山白”，可以增收百分之三十，农民们争相推广。先生曾在十周年校庆时专门为此作诗祝贺：“稻作精研十数年，居然成绩著南天。农人争种中山白，我自乡间听互传。”⑥

是年 创作中大校歌歌词。

校歌由先生作词，陈洪作曲。写道：“中华文化，源远流长。吾校矗立，蔚为国光。国父手创，遗泽余芳。三民主义，仪行四方。民国基础，大同梯航。莘莘学子，济济一堂。学以致用，不息自强。发扬光大，贯彻主张。懿欤勉旃，勿堕勿忘。”该校歌一直使用到1949年，在当时历史条件下，对激励和团结中山大学广大师生员工和校友，为贯彻孙中山先生的主张，勤奋学习，奋发自强，发挥过积极的作用。

是年 致函庚戌起义负有重要任务各同志，请其为编史委员。

函称：“迳启者：本会同志于庚戌正月之役，首倡革命，奋不顾身，与满

---

① 国立中山大学校友会：《邹鲁全集》第（十）卷，三民书局股份有限公司1976年10月初版，第19页。

② 《大学布告》，见《国立中山大学日报》，1932年12月31日。

③ 邹鲁：《澄庐文选》，正中书局1948年5月初版，第190～196页。

④ 戴书训：《愈经霜雪愈精神——邹鲁传》，近代中国出版社1983年10月初版，第155页。

⑤ 邹鲁：《二十九国游记》，商务印书馆1947年4月初版，第6～7页。

⑥ 国立中山大学校友会：《邹鲁全集》第（十）卷，三民书局股份有限公司1976年10月初版，第30页。

虏作殊死战。虽因弹绝无援，功败垂成，然由此唤起民众，树军人革命之先声，于民国史上，当占有光荣一页。前年曾由伍君剑夫辑成首义史略，但革命事业，当时严守秘密，办事时地各有不同，难得详确。仓卒出版，心殊未安。兹由黄董事功武提议，应速编广东陆军庚戌首义信史，以垂永久。业经会议表决，公推徐维扬、潘林雄、吴明洸三同志，负责征求是役负有重要任务之同志组织编史委员会，从事编纂在案。现据潘同志林雄报称，查得贵同志在庚戌首义时系负重要任务，尤复努力工作。应即聘请为编史委员会委员。共同从事，俾成信史。"① 信函由胡毅生、林直勉、谢英伯、先生等43位同志签名发出，由于该函陆续发出，因此没有明确日期。

是年 为《弘法社刊》题词：三界唯心，万法唯识。该题词刊登在《弘法社刊》第十九期上。

① 仇江：《广东新军庚戌起义资料汇编》，中山大学出版社1990年12月第1版，第124页。

中山大学图书馆学术丛书第三种

邹鲁年谱

下卷

冯双 编著

中山大学出版社
·广州·

图书在版编目（CIP）数据

邹鲁年谱/冯双编著.—广州：中山大学出版社，2010.2
ISBN 978-7-306-03513-4

Ⅰ.邹…　Ⅱ.冯…　Ⅲ.邹鲁（1885～1954）—年谱　Ⅳ.K825.46

中国版本图书馆CIP数据核字（2009）第192017号

出 版 人：祁　军
策划编辑：张礼凤
责任编辑：张礼凤
封面设计：贾　萌
责任校对：曾育林
责任技编：何雅涛
出版发行：中山大学出版社
电　　话：编辑部 020-84111996，84111997，84113349，84110779
　　　　　发行部 020-84111998，84111981，84111160
地　　址：广州市新港西路135号
邮　　编：510275　　传　真：020-84036565
网　　址：http://www.zsup.com.cn　E-mail：zdcbs@mail.sysu.edu.cn
印 刷 者：佛山市南海印刷厂有限公司
规　　格：787mm×960mm　1/16　73.75印张　1400千字
版次印次：2010年2月第1版　2010年2月第1次印刷
印　　数：1-1500册　　定　价：198.00元（共2册）

目 录

1933年（民国二十二年　癸酉）四十九岁

1月3日　到罗岗洞游览。①

应吴敬轩约请，先生与罗鬻月、朱遇先、温廷敬、蔡秋农、萧冠英等人再游罗岗洞，静山在罗岗洞中设宴款待先生一行，萧冠英拿出家酿黄酒助兴。游览过程中，大家在梅花下的石堆上合影留念，先生做诗以纪念。

1月4日　与全校教职员为榆关事变发表紧急通电。

是月1日，日军进攻榆关（山海关），消息传来，全国震怒！先生及本校全体教职员以时局危急，风云万变，榆关一失，平津即入日人之手，则黄河以北，非复我有，即由先生、各学院院长及全体教职员联名拍发通电。电云：

"全国各公私立大学、各报馆及全国同胞公鉴：东北失地，瞬逾一年，日人野心，侵略无已。比日复在榆关启衅，消息传来，全国震怒。当兹外患逼迫，惟抗战可以图存。愿我全国同胞，万众一心，同御外侮，督促政府，指日出师。保我边疆，收复东省，如有踌躇异议，愿与国人共诛之。"②

1月5日　与全校教职员分别致电国民党中央及国民政府，全国各报馆转全国海陆空军将士，请尅日出兵抗日。

致国民党中央、国民政府电略云："南京中央执行委员会、国民政府钧鉴：东省沦后，瞬逾一年，日人野心，侵略不已。比日复在榆关藉端启衅，进窥海疆，消息传来，全国震怒。际兹外患逼迫，惟抗战可以图存。同德一心，义无反顾。愿中央当机立断，指日出师，毋再迟疑，以昭尤祸。庶机旌旗所指，万众归心，保障边疆，完我国土。同人等誓挽危局，与国存亡，恳切陈辞，敬乞公鉴。临电悲愤，不尽欲言。"③

致全国各报馆转全国海陆空军将士电略云："全国各报馆转全国海陆空军将士公鉴：榆关失守，薄海震怒，凡在同袍，宜赴国难。日人蔑视公理，背弃信义，颟顸无状，事实昭章。诸君或坐镇域中，或身膺疆寄，披坚执锐，为国

---

① 《二十二年元月三日应吴敬轩先生之约与罗鬻月朱遇先温丹铭蔡秋农萧菊魂诸先生再游罗岗洞》，见《国立中山大学日报》，1933年1月4日。

② 《本校全体教职员为榆关事变紧急通电》，见《国立中山大学日报》，1933年1月5日。

③ 《本校昨发两要电补志》，见《国立中山大学日报》，1933年1月12日。

干城。当兹风声鹤唳之秋，宁守壁立旁观之势？愿立下决心，请缨效命。会师东向，靖我海疆。不让马（马占山）苏（苏炳文）丁（丁超）李（李杜）诸公扬徽音于东北，蒋（蒋光鼐）蔡（蔡廷锴）十九路军驰壮誉于淞沪也。夫援危乃战略枢机，报国是军人天职。诸君英勇素著，忠义为怀，当国家颠危之秋，正志士成仁之日。昔汉光武一专制时代之帝王耳，尚能奋蹶威武，见小敌怯，见大敌勇，卒诛篡统，遂成王业。今诸君则共和时代之革命军也，如不能抵御外患，捍卫边疆，他日国家沦亡，卒亦同归于尽，则不忠不智，徒为二千年前之专制帝王所讪笑，其蒙耻被垢为何如也？北望榆关，战云弥漫，愿决大计，指日会师。热河乃东省咽喉，幽燕是中原保障，守土之责，非诸君其谁与归？国家存亡，在此一举，剀切陈词，敬乞公鉴。"①

△密电冯玉祥。电称："榆关已失，华北危急，抗日救国，万难刻缓。请公力为提携并示方针，以便一致动作。"②

△函复王云五，同意出任商务印书馆大学丛书委员会委员。

上海商务印书馆总经理王云五在年前致函先生，表示该馆拟集合国内专门学者编译大学应用书籍及各种专门名著，特组织大学丛书委员会，以资办理。特致函先生，表示"素仰先生提倡学术，俾敝馆之大学丛书计划，得在专家指导之下，积极进行，尅期实现，则受嘉惠者，岂仅敝馆已也。如蒙俯允担任，尚希早日拨冗示复，为幸。"③ 先生是日复函表示同意。

1月6日 签署三份大学布告。（一）定于本月8日至10日，停课三天，以便学生参加运动，并希本校员生于本月8日上午9时参加运动大会开幕礼；④（二）定于本月18日至24日为各学院及高中部学期考试时期。合行布告；（三）准本校董事会函开，同意学校函请，将高中及农专生学费减半征收。⑤

1月7日 主持本校附属广东通志馆编纂委员会第三次会议。⑥

会议于下午3时在钟楼会议厅举行，范锜、徐甘棠、朱希祖、吴康等人出席，专任编修温廷敬列席，会议由先生主持。

会议议决事项：（一）"录"全部废弃之（因此关于前次会议通过之新志略例关于"录"之部分亦删弃之）；（二）新志既不冠以"民国"二字，则揭

---

① 《本校昨发两要电补志》，见《国立中山大学日报》，1933年1月12日。

② 钟海涛：《百年家族——冯玉祥》，河北教育出版社2006年12月第1版，第163页。

③ 《邹校长允任商务大学丛书委员》，见《国立中山大学日报》，1933年1月6日。

④ 《大学布告》，见《国立中山大学日报》，1933年1月7日。

⑤ 《大学布告》，见《国立中山大学日报》，1933年1月12日。

⑥ 《本校附属广东通志馆最近要讯》，见《国立中山大学日报》，1933年1月12日。

明讫止时期应定为“民国二十一年（1932年）底止”；（三）“文物略”中细目原题“教育、学艺、宗教、书藏、物藏”。今决改为“学校、书院、书藏（公私图书馆）、物藏（博物馆及私家所藏各物）、建筑（如纪念堂黄花岗等）、寺观、教堂”。（四）将“传”分类为：名宦、谏宦、耆旧、学术、艺术、宗教、货殖、孝友、忠义、隐逸、列女、流寓、外侨等十三目（因此种修改之影响，则前次会议通过之新志略例中关于“传”一部分亦有修改之必要，决交朱希祖委员负责）。

会议临时动议：关于新志材料征访条例如何拟订案？议决：联同新志略例之修正与各细目之界说统交朱希祖委员负责先行拟定，下次会议讨论。

△西南政务委员会教育改革委员会通告，改革学制大纲。

通告写道：（一）废止寒假暑假制；（二）修学年限初级教育五年，中等教育五年，高等教育三年；（三）一学年分为四学期，第一学期七月至九月，第二学期十月至十二月，第三学期一月至三月，第四学期四月至六月；（四）每学期终，休假一星期。

先生以教育改革委员会主席的身份发表意见：“寒假暑假不过一种习惯，实无特殊理由。若谓因严寒酷热之故，则瑞典、挪威应半年读书，半年休假；南洋、非洲应不能设立学校，而事实上不然，况中国大部居温带，并无严寒酷热，更不应发生此问题。若谓因休养心身之故，则社会不独有士，何以农工商皆无寒假暑假，即谓士系劳心，而社会服务心者不止士。况废止寒假暑假后，除星期假外，尚有每学期终之七日，较之农工商及其他社会服务劳心者，休养正多。况求学如逆水行舟，不进则退。数日暴之，数日寒之，所成有几。根此理由，故主张废止寒假暑假，并主张缩短学年，即初级教育五年，中等教育五年，高等教育三年。尽有寒假暑假，中小学每学年只修业四十周，六学年共得二百四十周；大学每学年只修业三十六周，四学年共得一百四十四周。若废止寒暑假，中小学每年修业得四十八周，五年得二百四十周；大学每学年修业四十八周，三学年共得一百四十四周，如是修业时间同，而毕业时间大减：一、于国家财政有利；二、于国民经济有利；三、教育易于普及；四、人才易于广造。在此国难时间，国民应加紧工作，时期尤必要也。但此制实行，必须增加教员薪金，以为教育备款，或休养金，尤应实行教员休假规则，俾数年授课，得一年休养，藉以为增进学识及休养身心之集会云。”①

△致函各教授、讲师、教员，依据校历定于本月18日至24日严格举行期

---

① 《西南政务委员教育改革委员会通告改革学制大纲》，见《申报》，1933年1月8日。

考，并请于本月31日以前，将学生成绩缴送所在院部存纪。①

△签署大学布告。准湖南省教育厅公函，案查湖南省省内外专科以上学校本省学生奖学金暂行规程已经获准通过，相应检送两份函请中大查照，布告周知，并希将在校湘籍学生姓名、年龄、籍贯、科别、年级造册见示。自当照办，除饬注册部造册送复外，合将规程公布，仰本校湘籍学生，一体知照。②

1月8日 出席中大第二次运动大会。

上午9时，大会开幕礼准时举行，全体教职员、学生、来宾及国民党广东省党部代表程壁金、广州市党部代表林松年等五六千人齐集会场，热闹景象可谓盛极一时。

典礼开始后，首先由先生领导全体教职员及运动员绕行操场一周，然后由先生致开幕辞，在拍照后，鸣放礼炮以壮礼，随后运动会正式开始。

先生在开幕辞中说道："今天是本校开第二次运动大会，我们知道这不是关系一个人或一个学校的事，而是关系全民族全国的事。一个民族国家的强弱盛衰，视其体魄的强弱而定。人民的体力强，其民族亦强，体力弱，民族必弱。试看我国对于体育，因历来不受注意，遂致数千年来，多受外人的压迫。自海禁开后，外国之压迫日甚一日，我们现在若不提倡体育，一定不能抵抗世界，近来哪里能够谈到和平？但是战争的危机日迫，这种时时潜伏在国际间的战争危机不必说，去年'九一八'日本侵占我们的东三省，侵平津，攻上海，最近又攻榆关。我们民族的危急，现在已达极点，民族的生命全局，全视我们能抵抗与否，如果能抵抗，则可以生存，不能抵抗，则就亡国。所以我说今天的运动，不是一人一校的事，是关系整个民族的事。我们应该锻炼我们的体魄和暴日斗争，以达到收复失地之目的。我们都要知道练兵是非常重要的事，但试看美国大战前的常备军数目却不多，他们平日把军事的精神灌输到体育，极力提倡运动，在战争的时候，随时可以召集，所以欧战的时候，美国在最短时间内便可以调数十万兵，实在是不奇怪的事。欧战后，德国因为列强限制，军备不能发展，所以把全副精神去提倡体育，寓兵于运动。我从前游历德国时，彼邦的长官对予说，因为各国限制我国军备，我们在受压迫中，只能极力发展体育，以补此缺憾。后来我到荷兰，参加万国运动会，在这会场中，见德国运动员之体育精神，确为军队式，其训练之成绩，极为惊人。那么，德国在军缩会中，敢提出军备平等的话来，这种要求，并不是平时没有预备可以说出来的。德国是因为受列强限制，不能练兵，所以用体育来代替。我们现在还可以

① 《大学公函》，见《国立中山大学日报》，1933年1月13日。
② 《大学布告》，见《国立中山大学日报》，1933年1月13日。

自由练兵，若不于此时注意体力的锻炼，将来定不可救药，所以今天便要大家努力，把身体练好，以后仍要继续努力。在这国难当中，尤应奋起锻炼体魄，以打倒强暴的日本！”①

下午1时，举行学生军检阅礼，受阅学生近千人。参加检阅的要人有阅兵长官、校董陈济棠、邓泽如、林翼中以及先生，军事训练部主任、各学院院长等数十人也参加了检阅。学生军精神焕发，步伐整齐，首先举行阅兵式，然后举行分列式，最后列队到礼台前听候训话。陈济棠、邓泽如、林翼中及先生先后发表训话，先生在训话中略云：“今日本校举行运动大会及军训检阅，蒙陈总司令、邓委员、林委员贲临指导，深觉欣幸。同时更得三董事，训迫周详，希望大家诚意接受。”② 同时，先生指出，国难益亟，大家准备枪头，与敌人拼命。训话后，学生军变换队形，依次归队而散。

1月9日 出席中大第二次运动大会。

上午，先生在阅兵台上欣赏比赛。先生“竟日参观，笑容满面，绝无倦态，时与萧（萧冠英）教务长，邹（邹就丞）事务长，何（何衍濬）院长等批评指点场上角逐之大小英雄各种优越技艺，状甚欣慰。”③

下午1时至2时为国技表演时间，表演群体为大学及高中部学生，共分为两组进行表演。学生表演结束后，由先生和本校粟豁蒙教授表演太极拳，以资倡导国技，“一时掌声如雷”④。

△签署大学布告。查理工学院土木工程系一年级学生黎永逸行为不端，难堪造就，应即开除学籍，以肃校规。⑤

1月10日 出席中大第二次运动大会。

下午1时许，附中、附小童子军进行表演，莅校检阅的要人有广州市教育局局长陆幼刚、宪兵司令林时清、广东省党部委员黄麟书、广州市党部委员黄河、先生及萧冠英教务长等十余人。数百名童子军步伐整齐，动作灵敏，态度活泼，服装整洁，令观众十分满意。检阅后，还进行了种种生活表演，最后由各检阅官陆幼刚、林时清、黄麟书、黄河、先生等相继进行训话，先生说道：

“今天得各位委员长官来此教训小同学，实甚可喜。各位来此读书，但未知明了其意义否？各位知你辈所入何校乎？乃中山大学也。中山大学纪念何人乎？纪念中山先生也。中山先生生平所做何事？救国工作也。故凡入此校者，

---

① 《本校第二次运动大会纪》，见《国立中山大学日报》，1933年1月12日。

② 《本校第二次运动大会纪·本校军训检阅纪》，见《国立中山大学日报》，1933年1月12日。

③ 《本校第二次运动大会纪·第二日之情形》，见《国立中山大学日报》，1933年1月12日。

④ 《本校第二次运动大会纪·国技表演》，见《国立中山大学日报》，1933年1月12日。

⑤ 《大学布告》，见《国立中山大学日报》，1933年1月14日。

当负救国之责，以救国为己任。救国之责，非大人始当负之。年纪小者亦宜负责，因今日之幼者，即他年之大者也。故自少时，即应从事训练，将来始能救国。童子军虽不是正式军队，但应时时预备，时时训练，以备国家之需。

自去年‘九一八’日本侵略东三省扰平津上海热河以后，今年又攻榆关。去年今年既可以如此横行，则将来自可以打广东，故各位应时时检阅能否负起救国责任，若不能负起救国责任则不独国家民族不能生存，即各位小朋友亦无生存之望，所以诸君应时时练习。在战事发生时，后方工作，尤有赖于童子军也。

诸君在平日练习时，应以我们仇敌为目标，时时刻刻不忘。将来若得雪耻，国家民族以至于小朋友们皆得生存。各位阅报当知榆关陷后之屠杀惨状，我们切不可忘记。时刻把复仇决心［体现］。

去年十月，本校童子军曾检阅一次，精神甚好，今年再在此地检阅，亦觉进步。希望各位继续努力，养成坚强之体力，以救国家。并当时刻预备与日本决斗。”①

△致函粤海关税务司，请将缉获的毒药及其他走税药品赠送给中大附属医院。②

是日，先生接附属第一医院主任欧阳慧函报，略谓查粤海关每有缉获违禁毒药及其他走税没收之药品，积至相当分量，即行焚毁。有时各医院函请赠送为治疗之用，亦蒙允许。属院病人甚多，对于三等及贫苦病者，每日赠医给药，为数甚巨，亟须设法弥补。拟请先生致函海关，如有缉获，请赠送附属医院为治疗及研究之用，在海关既免焚毁之烦，而在属院得此亦可以嘉惠市民，庶一举数善。先生除分函照准外，特于是日致函海关税务司查照办理。

1月12日 出席西南政务委员会与西南执行部联席会议。

是日起，西南政务委员会连日在广州开联席会议，参加者有广东陈济棠、先生、邓泽如、刘芦隐、刘纪文、林云陔，广西李宗仁、马君武、刘朝玑，福建李孝侯、赵一肩，云南张冲，贵州杨秋帆、甘嘉仪，四川张鸣九、但懋辛，湖南戴静国，冯玉祥代表王建屏，胡汉民（时在香港）代表胡木兰，热河义勇军代表何民魂等。会议作出决定：（一）促中央履行国民常四届三中全会决议，出兵抗日，收复国土；（二）拟西南大联合，筹组西南国防委员会；（三）扩大政委会。后来实际上没有实行。③

---

① 《本校第二次运动大会纪·第三日之情形》，见《国立中山大学日报》，1933年1月12日。

② 《函海关如缉获毒药请赠本校医院》，见《国立中山大学日报》，1933年1月12日。

③ 《大事记——1933年（民国二十二年）》，见广州地方志之窗网（http：//www.gzsdfz.org.cn/gzsz/02/dsj/sz02dsj0222.htm）。

本次会议上，先生等人提议将西南政务委员会和西南执行部变成类似影子政府一样的机构，推胡汉民为政治领袖，李济深为军事领袖。但是胡汉民认为时机未到，加以阻止。①

本次会议受到广东实力派陈济棠的阻挠，陈担心西南联合成功后，他的个人利益反会受损，因此尽力阻挠会议取得实际成果。他还设法阻隔胡汉民与各代表的联系，使得西南联合没有取得实质性进展。

△致函各学院院长，定于本月内组织成立校务会议，以为校务之促进。除当然出席人员外，还需进行教授代表选举，希各学院于本月 14 日以前由各院汇齐选举票送至教务处，并请于 15 日上午 10 时莅临钟楼会议室，监理开票，以得票多数者当选，并依照各学院应得代表名额进行分配。先生为校务会议当然出席人员。②

△接农学院院长邓植仪函报，滑水山第二模范林场附设蕉石乡村小学校奉先生令结束，合将办理经过情形呈请先生察核备案。③

1 月 13 日　致函校产整委会各委员，定于 14 日下午 2 时召开第一次校产整理委员会会议，希依时出席。④

1 月 15 日　改革教育计划方案，发表《改革现行学制之商榷》一文。⑤

方案包括以下四点：

（一）废除寒暑假并缩短修业期限。其具体办法是：1. 每学年分四学期，每学期三阅月。2. 每学期终结得一星期之休假。3. 每年以一月二月三月为一学期，依次推算。4. 修业年限定为小学五年，中学五年，大学三年，共成十三年之系统。5. 严格考核学生成绩，而以一学期为留级单位。⑥ 这个新学制如能实行，好处有两点：1. 学校得以大量培育学生，对国家财政有利。2. 学生得以及早完成学业，于国民经济有益。同时教育亦易于普及，人才易于广泛造就，可以养成刻苦奋发的学风。

（二）注重实科教育。我国是一个产业落后的国家，多培养实科人才，才能发展生产建设事业，社会才会进步，青年才有更多就业机会。

（三）编审中小学教科书。当时各级学校的教科书任由书肆编印，书肆偏于牟利，内容不合各地区情况和需要，外国材料摭拾太多，神话材料太多。因

---

① 周聿峨、陈红民：《胡汉民》，广东人民出版社 1994 年 12 月第 1 版，第 286 页。

② 《大学公函》，见《国立中山大学日报》，1933 年 1 月 13 日。

③ 《滑水山蕉石乡村小学结束之情形》，见《国立中山大学日报》，1933 年 1 月 14 日。

④ 《校产整委会公函》，见《国立中山大学日报》，1933 年 1 月 13 日。

⑤ 邹鲁：《改革现行学制之商榷》，见《三民主义月刊》第一卷第一期，第 9 页。

⑥ 邹鲁：《再论寒假暑假及缩短修业年限》，见《三民主义月刊》第一卷第二期，第 94 页。

此先生主张由政府组织教科书编审委员会，专门负责办理此事，务必使所有教科书的内容，在消极方面避免上述缺点；积极方面须将三民主义的要义，融化于各科教科书中，使与学生思想学问生活融成一片。

（四）编译科学书籍。主要是由于我国科学落后，国内当时科学书籍过少，若完全采用外国科学书籍，一来价钱高，二来外国文字只有懂外文者能读，再则学术必须适合国情，外国书籍探讨事物，论列是非所根据者与我国既无关联，自难应用于我国家社会。因此先生主张另设机构，集中人才，做有计划的、大规模的编译科学书籍，吸收外国科学精华以为我用。

该文陆续发布在1933年1月15日至4月15日发行的《三民主义月刊》第一卷第一期至第一卷第四期上。

1月16日　出席学校总理纪念周，并发表训话。①

上午9时，本校总理纪念周在大礼堂举行，先生任主席，并在纪念周上发表训话。先生说道：

“今日所报告，系对付日本问题，我与各位谈对日事件，已有多次。总之如能抵抗日本，则中华民族尚有生机，否则必至灭亡！自东北沦丧，淞沪蹂躏，日寇时时可到广东。现在榆关失守，平津动摇，其侵略政策，是否即终止于是乎！试观长江日舰集中芜湖，实有全吞中国之意，我国必须全力抵抗，乃可图存。日人虽有精良军械，但不必畏惧。试看十九路军淞沪血战，支持月余，屡获奇功，使当时军事委员会蒋主席能尽力帮助，或不致失败。东三省之义勇军，多非正式军队，饷械俱绌，尚可支持年余，此可证明抵抗足以图存。但政府主持军事者，不予助力，绾兵符者，又意存观望，致为各个击破耳！我国能积极抵抗，乃可望各国主持正义。最近日内瓦我国代表亦有电来，请以武力收复榆关。故欲外交胜利，非实力抵抗不可！今后仍不抵抗，则前年亡东三省，今年亡榆关，明年亦可亡广东，对豕长蛇，宁不可惧！前年日舰到汕，已有窥伺广东之意，幸十九路军在淞沪与之周旋，计不得逞。况广东为西南精华所萃，日人岂能忘情，故吾人现在决定抵抗日本，即沿海有失，可于距离海岸三百里三千里之地，支持至二十年，纵日本场场获胜，最后亦必失败，此即俄罗斯对付拿破仑之法也。尽敌我皆在内地作战，物质不足供给，运输又感不便，其困难相等，我以逸待劳，必可制胜。所以全国均应具此决心，乃可挽回厄运。诸君来学，宗旨在救国，救国之道，惟有誓死抗日，方有出路。苟能人同此心，相与号召，中华民族，庶其有豸！现在寒假将届，诸君不日返乡，希望将抗日决心，扩大宣传，唤起国人注意，同时各位已受军事训练，并将各处

① 《本校昨举行总理纪念周志略》，见《国立中山大学日报》，1933年1月17日。

民团组织起来，则国可不亡。此为今日最痛切之事，愿与诸君共勉！

其次，为新校舍建设问题：我长广大时，总理曾指定石牌地方为建筑新校基址，我离开本校七八年，至今尚未实现。今重回本校，总想各位精神上训练纯全，并于物质上建设完备。我以为在大学生地位，应以领导民众为职志，如欲领导民众，必须请求学问，苟不学无术，则国家或社会有所付托，亦殊难担任。次为做人问题，如信义、仁爱、勇敢，为我国固有之道德，必须具备，互信然后团结，刻苦乃有进步，此皆精神上之所宜注意者也。同时，对于学校务求设备完善，现在政府所拨经费，不能足额，维持十分困难，但无论如何困难，仪器图书，均陆续添购，有名教授，复尽量罗致。新校亦经积极筹建，西南政委会已准拨肥田料附加费指定为建校之用，年可八九十万元，先筑农工两院，今年可迁到石牌新校，理学院明年亦可迁去，三五年内，各学院均可迁去。但学校设备，并不如是简单。现定六年计划，约需二千万元，筹款方法：(一) 肥田料附加费；(二) 各省捐款；(三) 华侨捐款；(四) 各县捐款；(五) 同学劝捐。广大创办时，经费支绌，与现在无异，除政府拨支外，亦赖各同学劝募，今日座中周鼎培、莫耀焜二者，皆前时为本校努力劝捐者。现在新校募捐，亦照此办法，并订定奖励，如能募得巨款，可予奖免学费。山不让土，海不择流，集腋自可为裘，成城端资众志。兹乘寒假余暇，诸君返乡返家之便，特赋予劝捐之责，希望大众努力，共襄盛举，或不必待至六年，已完成此计划矣！"①

△签署大学布告。公布修正后的本校学生奖励规则。②

1月17日 允任广东体育委员会委员。

是日，广东教育厅谢瀛洲厅长致函先生，略谓"素仰执事提倡体育，夙具热诚"③，聘请先生为广东省体育委员会委员。先生复函允予担任，共策广东体育进行。

△接本校军事训练部主任何春帆函报，拟聘请符望森教官兼术科主任，黄玑为教官兼军训学科主任。先生函复照办，并检同聘书二件随函送发。④

1月18日 与全校教职员工致电中央，请求出兵收复失地。

电云："南京中央执行委员会、国民政府公鉴：榆关失守，已逾一旬，华北形势，危在旦夕，不为抗战，无法图存。夫国家置军，所以固国防，御外

---

① 《邹校长在昨晨纪念周之重要报告》，见《国立中山大学日报》，1933年1月18日。

② 《大学布告》，见《国立中山大学日报》，1933年1月17日。

③ 《邹校长允任广东体育委员会委员》，见《国立中山大学日报》，1933年1月19日。

④ 《聘符黄两先生为军训学术科主任》，见《国立中山大学日报》，1933年1月19日。

侮，非徒以比炫耀长内争也。况乃一国将帅，总率师下，躬膺疆寄，守土之责，岂俟明言？望中央当机立断，迅定方略，明令军事委员长副委员长率其他将帅躬赴前敌，督师进攻，指日克复榆关，壮我士气。庶几旌旗所指，东省归心，伪国危朝，立归消灭。周年耻辱，雪于一朝，至时外交折衡，亦可转祸为福。昨读吉林丁（丁超）李（李杜）二将军通电，东北义军，冒雪苦战，粮尽援绝，可为痛心。夫榆关失守于前，义军垂绝于后，国家大势，比于累卵，华北危亡，已在旦夕。望中央秉承全国民意，指日命将督师，毋再犹疑，致贻危祸。存亡之机，间不容发，剀切陈词，敬乞公鉴。”①

△接本校医学院古底克院长、林椿年副院长函报，呈请成立医学院自然剧社。先生函复准予备案。②

1月19日 函复广州市美国足球研究会，允诺署名发起美国足球会。③

△致函各学院院长、主任，学校为推广劝捐起见，将印就劝捐小册及捐款收据，分送各院部附校转发各生每人一份，利用寒假起见，分别劝募，以便筹集巨款，而利进行。希烦按名册分发，剀切训导进行。至于停学休学请假期间之学生，附件不便送逞，仍请将原附件送还，以免散失，将来寒假期满各生回校时，所有捐款及收据存根，并请核明汇交会计部查收具报。④

△接本校文学院吴康院长转函，英国多罗治（Darroch）女士愿入本校教育研究所充当研究生，当经该所会议通过，准予收容，函转先生审批。先生复函，照准该女士入读。⑤

1月21日 签署两份大学布告。（一）现以新校舍规模宏大，工程浩繁，需款颇巨，全部预算为二千万元，期以六年完成。惟兹事体大，除由政府及董事会策划外，本校员生关怀倍切，自非群策群力，难以早观厥成。兹为推广劝捐起见，特将印就劝捐小册及捐款收据分送各院部附校转发各生每人一份，利用寒假休业期间，分头劝捐，将来寒假期满各生回校时，应即将所有捐款及收据簿送交所属院部汇转会计部查收；其在寒假期内能捐得三百元者，免缴其学杂费一年，捐得六百元者，免缴其学杂费两年，余照此类推，以示本校奖勉之意。诸生爱护母校，当有同情，愿各皆奋发精神，尽力劝募，俾得集腋成裘，以成美举，有厚望焉。⑥（二）本月25日至31日为校历规定寒假之期，合行

---

① 《本校教职员电中央出兵收复失地》，见《国立中山大学日报》，1933年1月19日。
② 《本校医学院自然剧社准予备案》，见《国立中山大学日报》，1933年1月20日。
③ 《邹校长允署名发起美国足球会》，见《国立中山大学日报》，1933年1月20日。
④ 《大学公函》，见《国立中山大学日报》，1933年1月21日。
⑤ 《英女士多罗治愿入本校充研究生》，见《国立中山大学日报》，1933年1月21日。
⑥ 《大学布告》，见《国立中山大学日报》，1933年1月17日。

布告。①

1月23日 致函各院部、附中、附小各主任，奉西南政务委员会令，公务人员支持东北义勇军抗战月捐，特将月捐额数表令发，仰各大学即便遵照并转饬所属一体遵照。自本年一月起按月径解广东民众援助东北义勇军大会核收，切切。此令计发公务人员月捐额数表一纸到校。又奉训令，为令遵事查公务人员按月捐薪援助东北义勇军办法前经本会将月捐额数表令发有案。兹查该表内漏列简任第四级一项，其捐额与第三级同，合行补正。仰各大学遵照此令。本校遵照办理。②

△签署大学布告。准广西省教育厅公函，定于本月24日发给留学省外桂籍学生奖学金，仰本校桂籍学生依期径赴本校会计部具领为要。③

约1月 胡汉民致函先生、刘芦隐，函介凌昌炎、贾佛生趋前面见，报告华北近情，并拟联合西南民众团体于抗日工作共图策进。④

约1月 胡汉民致函先生，请先生裁夺积欠三个月并曾允诺给凌昌炎办理华北宣传工作的经费事宜。⑤

2月1日 致函胡汉民。

函称："昨日议案另抄附上，请察核。其中注意者为广西加派常务事。此事似可变通，惟原章须改为常委三人至五人耳，仍请裁示，以便决定。其余各事亦请示一切。日来将星云聚，各事均如愿解决，最可喜国防委员会明日可正式成立，经济委员会当时有人不主张闽加入，此事几起闽、桂误会。弟拟于无形中消弥之，必可办到，亦拟明日即行发表。要之，此二事必当于蔡（蔡廷锴）在粤时办妥，以免夜长梦多。二事妥，则西南局面定矣。以后当按美国旧例，有赞成之省逐一加，可以不战而定全国。华北各事均易解决，惟增经费事又头痛耳，冯（冯玉祥）处要款，说亦无用，故嘱熊（熊克武）不说，即五万元之拨一部，亦尚须加工夫，方能达到。兄能加来一函尤妙。

前日对松翁（陈融）转达之语，今日为李（李宗仁）、白（白崇禧）直言，彼亦甚韪之，云当逐暂变更其观念，无使以后军高一切，除此，则未敢向

---

① 《大学布告》，见《国立中山大学日报》，1933年1月23日。

② 《大学公函》，见《国立中山大学日报》，1933年1月24日。

③ 《大学布告》，见《国立中山大学日报》，1933年1月24日。

④ 陈红民：《胡汉民未刊往来函电稿》第三册第三卷，广西师范大学出版社2005年12月第1版，第517页。

⑤ 陈红民：《胡汉民未刊往来函电稿》第三册第三卷，广西师范大学出版社2005年12月第1版，第517页。

余人谈矣。”①

2月2日 致函胡汉民。

函称：“（一）张蕴良往黔时已履行手续，并嘱其邀绍武（王家烈）、万宗震、李维企、刘涤□、张蕴良为分部委员，并推张为书记长，请委任等情。本日中央开会照委。王叔度、甘嘉仪、简书随派往加入；（二）高老（蔡廷锴）已允加入，其手续欲由小心馀（蒋光鼐）履行，请兄即电小心馀。如小心馀无条约等，即由港寄去。”②

先生希望以党的权威来约束军人的言行，然而“新国民党”充其量只是个松散的联盟，党员基本不受束缚。

2月3日 致函香港总督贝璐爵士，函内附聘请拟到香港游览的萧伯纳来国立中山大学进行公开演讲的信函，请贝璐爵士代为转达。③

△致函会计部区主任，奉教育部训令，统一会计制度展期实行。④

2月4日 致函各学院院长、附校主任，每单位发放由西南执行部主持，在广州中山纪念堂举行的联合总理纪念周布质证章两枚，请安排人员佩带出席。⑤

2月6日 出席本校总理纪念周，并行本校廿一年度下学期开课典礼。

上午9时，纪念周及典礼活动在大礼堂举行，先生及萧冠英教务长、各学院院长及其他员生济济一堂。行礼如仪后，先生发表训话，说道：

“今日为廿一年度下学期开课之期，前学期结束未久，本学期今又上课矣。时光易逝，岁月如流，百年光阴，除老年及幼年时期外，求学机会甚少，吾人如不及时奋勉，将来出而应世，为国家社会服务，或贻不学无术之机。近代科学昌明，功课繁重，苟非刻苦自励，殊难应付。有人谓大学毕业生不达世务，即公署科员，亦难胜任云云。所说或不免过当，但吾人出而问世，必须有真实学问，然后物来有应，事至不惑。古人云‘勿谓今日不学而有来日，勿谓今年不学而有来年，日月逝矣，岁不我与，呜乎老矣，是谁之愆’，吾人应以之自儆，并须检查上期成绩有无进步，操行有无缺憾，本期益加勤勉。至如检查国事，‘九一八’以前，山河无恙，‘九一八’以后，东三省陷落，上学

---

① 陈红民：《胡汉民未刊往来函电稿》第十一册第三十五卷，广西师范大学出版社2005年12月第1版，第482页。

② 陈红民：《胡汉民未刊往来函电稿》第十一册第三十五卷，广西师范大学出版社2005年12月第1版，第483页。

③ 《校长函请萧伯纳来校演讲》，见《国立中山大学日报》，1933年2月4日。

④ 《统一会计制度展期实行》，见《国立中山大学日报》，1933年2月4日。

⑤ 《大学公函》，见《国立中山大学日报》，1933年2月6日。

期锦州失守，今又失榆关矣。查榆关为长城之起点，依山为城，山峰至高，异常险要，故云天下第一关，殆非虚誉，今已失陷，平津震动，热河告急，不及两年，版图多已变色，举国上下，覆亡是惧。当榆关陷落时，我国同胞，无论男女老幼，均遭屠戮，亡国惨痛，概可想见。试游历朝鲜，见有高楼大厦，均居日人，韩人所居者仅咫尺之地，且杂以牛马。又查朝鲜物产富饶，但日人皆食稻粱兼以贩卖，韩人只啖糠壳而已。工厂出品非不美备，韩人均不能享受，且有学校而不能读书。回溯朝鲜未亡时，进止自由，今则一如奴隶牛马。东省榆关，何以异是，我国当以朝鲜为前车之鉴。榆关已破，华北动摇，黄河流域如此，长江何独不然，长江流域如此，珠江何独不然。假令亡国以后，吾人尚能享自由幸福否乎？其必为牛马为奴隶已耳，故当亟谋自存。我国能否自存，视乎青年之力量如何，苟人以天下为己任，即当勤求学问，时时不忘朝鲜及东三省之覆辙庶乎其可。东三省人民，前二年尚能读书，今则能乎不能。榆关屠杀殆尽，伤心惨目，均为最近之痛史。吾人欲免亡国惨祸，应努力求学，尤应致力于军事训练。世界各国日言缩军，日言和平，但征之事实则否。试看列强，日日扩张军备，世界大战，一触即发，故吾人应预习军训。希望诸生既受军训后，出而领导民众，训练地方民团，日人入寇，即可借以抵御，即世界大战，不致束手无策。以后战事发生，须全国动员，届时将官，必不敷分配，吾辈青年出任领导，此又责无旁贷者也。

日本积极扩张军备，战时则全国皆兵。彼为侵略国，其军备充实如此，我为被侵略国，且非行征兵制，苟不注意军备，后将噬脐。吾人应提起精神，为自救之道，由个人而推之全校，以及全国，则国可救。又须时时以亡国自儆，尝胆卧薪，越勾践因而称霸，敬教勤学，衡文公遂以中兴。务使全校奋起，整齐划一，以御外侮，以振国魂，庶廿年之计完成，即九世之仇可复。须知救国大事，非一人之事，国家存亡，民族兴废，千钧一发。今值国难时期，希望诸生加倍努力，须知个人动作，息息与国家相通，我青年学生能以救国自励，则我国前途，庶其有豸！”①

△出席学校董事会及建筑董事联席会第三次会议。

会议于上午11时在西南政务委员会办事处召开，出席人员有林云陔、陈济棠、邓泽如、林翼中、区芳浦、许崇清、先生。会议讨论事项为“各公司承建工学院四学系馆及马路暨承建农学院简易蚕桑室、调桑室及男女生工人宿舍厕所等各项工程估价事项，付审查公决案，附各公司估价单列表油印粘后。决议：将各公司送来估价单分别将价目列表登录后抄送各董事，其公司殷实

① 《昨晨本校纪念周盛纪》，见《国立中山大学日报》，1933年2月7日。

否，由林董事云陔审查。其应交何公司承筑，由邓董事泽如、邹董事鲁分别再行与审定之公司面订后决定去取。”①

会议临时动议有两个：一为拟聘赖际熙为本校建筑新校舍驻港劝捐员，月送伕马费毫银150元案。决议通过。二为拟分函香港太平绅士曹善元、周寿臣、周竣粘、罗旭初各位捐助新校建筑费并为本校劝捐员，推广劝捐案。决议通过。

△签署两份大学布告。（一）准广东省体育委员会通告，一年一度的公开环市长跑定期在2月25日举行，仰本校学生一体知照，踊跃报名参加；②（二）准云南省教育厅公函，公布修正后的云南省政府教育补给本省高中毕业生升学国内大学专科学校奖学金规程。③

2月7日 允任广州市展览会名誉会长。④

广州市政府为了策划工商，发展文化，决定举办广州市展览会。该会会长刘纪文为使展览会得到美满发展，于是日函聘先生为该会名誉会长，先生当即复函允予担任。

△致函各单位，函称：“关于本校各部分职员应依时到校办公一事，前经通函请为严厉督率在案。现查各部分职员仍有不依办公时间到校服务者，处此国难危急当中，殊非勤奋惕励之道。应自即日起，认真振饬，凡无故迟到早退经三次以上者即行记过一次，经三次之记过即行撤职。为此函达，即希查照，通告所属各职员依时到校办公，毋稍玩忽，仍将考勤监率情形随时具报察核为荷。”⑤

△致函各院长等负责人，准广州市展览会公函，本校代为劝销200张入场券，希各院等将代销情形于本月15日以前具报，以凭汇转。⑥

2月8日 签署大学公函。公布当选为校务会议代表的教授名单，崔载阳等13位教授当选。⑦

2月9日 主持西南教育改革委员会第十次会议。⑧

会议于下午2时在中山大学举行，许崇清、林砺儒、邓植仪等委员出席会

---

① 《本校董事会及建筑董事联席会议纪录》，见《国立中山大学日报》，1933年2月10日。
② 《大学布告》，见《国立中山大学日报》，1933年2月8日。
③ 《大学布告》，见《国立中山大学日报》，1933年2月8日。
④ 《邹校长允任广州市展览会名誉会长》，见《国立中山大学日报》，1933年2月9日。
⑤ 《大学公函》，见《国立中山大学日报》，1933年2月8日。
⑥ 《大学公函》，见《国立中山大学日报》，1933年2月9日。
⑦ 《大学公函》，见《国立中山大学日报》，1933年2月9日。
⑧ 《教育改革委员会第十次会议》，见《国立中山大学日报》，1933年2月15日。

议，广西绥靖副主任白崇禧列席会议，先生任会议主席。会议首先进行报告事项，先生报告，“今次会议，请白健生（白崇禧）莅临演述广西军事训练情形，广西迩来寓将于学，寓兵于团，其成绩至有可观也。”白崇禧紧接着讲述了广西军事训练情形。会议在讨论事项方面有两个议题：一是审查教科书编审委员介绍人选案。决议：制定调查表分发各介绍人转交介绍之人，详确具填送，复汇交下次会议决定。二是讨论行政院新颁的中学法、小学法、师范学校法、职业学校法案。决议：行政院新颁布的中学法、小学法、师范学校法、职业学校法所规定的修业年限与本会议定的新学制有所差别，若在试验新学制的学校，应照新学制办法办理，无在非试验学制的学校，自可照行政院所颁各法施行。

2月10日 接体育部郭颂棠主任呈报，本校第二次运动大会各项成绩已分别评定，各项奖品分配妥当，请先生批准备案。先生复函批准，并以自己著作为奖品，颁发给获得较好名次的学生。①

获得先生赠送《二十九国游记》奖品的学生有：②

女子甲组50米第四名，赵翠琴；女子甲组100米第四名，梅美卿；女子甲组400米第三名，谢元劭；女子乙组高跳第一名，廖献贞。

获得先生赠送《邹鲁文存》奖品的学生有：③

女子甲组200米第三名，王仪真；女子甲组铅球第一名，许桂馨；男子丁组50米第一名，张国威；男子丁组50米第二名，邝义明；男子丁组50米第四名，李寿南；男子丁组跳远第二名，余国枢；男子丁组跳远第三名，徐庆剑；女子丙组50米第四名，梁丽德；女子丁组50米第一名，邝在琴；女子丁组50米第二名，欧阳机；女子丁组50米第三名，胡国梅；女子丁组50米第四名，江玉琼。

获得先生赠送《广州三月廿九革命史》奖品的学生有：④

女子甲组高跳第四名，麦美娇；男子丙组50米第二名，江忠；男子丙组50米第四名，谢穗栋；男子丙组100米第三名，张绍新；男子丙组200米第二名，冯汉善；男子丙组高跳第三名，麦启炘；男子丙组高跳第四名，余曾

---

① 《本校第二次运动大会奖品分配》，见《国立中山大学日报》，1933年2月11日。

② 《本校第二次运动大会奖品分配表（续）》，见《国立中山大学日报》，1933年2月13日、15日、16日。

③ 《本校第二次运动大会奖品分配表（续）》，见《国立中山大学日报》，1933年2月13日、15日、16日。

④ 《本校第二次运动大会奖品分配表（续）》，见《国立中山大学日报》，1933年2月13日、15日、16日。

铭；女子丙组50米第二名，刘素云；女子丙组50米第三名，罗少妹；女子丙组100米第四名，胡永芳。

获得先生赠送《中国国民党党史》奖品的学生有：①

女子乙组100米第三名，邱锦绣；女子乙组100米第四名，赵瑞仙；女子乙组50米第二名，王月华；女子乙组50米第三名，徐志华；女子乙组掷垒球第二名，胡洁茹；女子乙组掷垒球第三名，卢帼雄；女子乙组铅球第四名，梁宝德；男子乙组200米第四名，黄荣许；男子乙组400米第一名，谢复生；男子乙组100米第三名，余国溶。

获得先生赠送《红花岗四烈士传》奖品的学生有：②

女子乙组50米第四名，戴汝梅；女子乙组200米第四名，陈双十；女子乙组跳远第四名，李庆顺；女子乙组掷垒球第一名，黄梅彬；女子乙组掷垒球第四名，黄可珍；男子乙组100米第一名，吴乃赓；男子乙组100米第四名，叶焜寰；男子乙组跳远第四名，邓粤寅；男子丙组50米第三名，张虹；男子丙组200米第四名，冯汉善。

△签署大学布告。准广东省县长考试典试委员会公函，现在本省举行县长考试，经将开始考试及报告日期布告周知在案，查各应试人于报名时应具缴保证书，该项保证书须有省市党部委员或荐任以上公务员、中学以上校长、大学教授两人以上签名盖章之保证，自应由各机关通知各保证人，先将印鉴送会以凭核对等由，合行布告，希本校教授一体知照。③

2月13日　向陆海空三校运动会赠送奖品。④

陆海空三校定于三月间举行第二届联合运动会，是日该大会筹备处特致函先生，征集奖品。先生接函后，决定送赠著作《二十九国游记》10部作为奖品。

△签署两份大学布告。（一）现接本校第二次运动大会函称，本校第二次运动大会结束会议，议决定期2月18日下午1时在本校大礼堂举行颁奖礼，希全校员生届时一律出席。同时，附中附小主任率同员生童军乐队等列队到场参加；（二）准广州基督教青年会函，为唤起民众奋起抗日救亡精神，特举办"抗日图画展览及比赛"，征求各处画家作品参展，希本校员生一体知照。附

---

① 《本校第二次运动大会奖品分配表（续）》，见《国立中山大学日报》，1933年2月13日、15日、16日。

② 《本校第二次运动大会奖品分配表（续）》，见《国立中山大学日报》，1933年2月13日、15日、16日。

③ 《大学布告》，见《国立中山大学日报》，1933年2月13日。

④ 《校长赠送陆海空三校运动会奖品》，见《国立中山大学日报》，1933年2月14日。

抗日图画展览及比赛章程。①

△签署大学布告及向各院长发出大学公函。接军事训练部何春帆主任函，称本学期军训多重术科，而于野外演习，尤为注重。现查各生制服多未制备，似此服装参差，实不足以壮军容而肃观瞻，且于教练方面，尤有莫大影响。特致函各院部，希各院部学生于本学期内尚为制具制服者，应早日赶制齐全，以为上军训之用。②

2月14日 冯玉祥致电胡汉民和先生。

冯玉祥在电文中说，国民政府自榆关失陷以来，表面上虽有大军开赴前线之举，而实际上如兵站之设置，弹药之补充，军费之筹拨等等迄未筹办，是无异驱十万大军于绝境，此云抗日，真欺人之谈。他劝胡汉民和先生等人“应时势之要求，顺人民之意向，奋起救亡。”③

2月16日 签署大学布告。定于本月20日由东北义军代表王理等人来校报告东北义军抗日最近状况，合行布告。④

2月18日 出席本校第二次运动大会颁奖礼，并发表演讲。

颁奖礼于下午1时在本校大礼堂举行，先生出席，并发表演讲，说道：

“各位同学：今天是本校第二次运动大会颁奖的日子，我们深知这次运动会，只是一部分同学来参加，殊以体育未能普遍为恨。但这次运动会，竟能打破全省以及全国几次记录，实为最荣幸之事，这都是各同学努力奋斗的结果。至童子军的表演成绩也令人欣慰，虽训练不久，而能如此整齐，如此精神，也是各同学努力的结果。

目前世界的情势，像我随时和同学讲过的，是时时在准备战争。虽然一般人都在希望和平，呼吁和平，但不免是骗人的，事实上则准备伟大的战争。在将来的战争中，非全国总动员不可，这种趋势，实非军官学校所可为力，必须全国国民参加才可。在将来战争中，胜负当决于科学发达与否，因为堪为战争武器决不只枪炮，而在化学光学等，所以战争随科学的进步而益为猛烈。当目前科学有长足进步的时候，各同学要努力的赶上去。最新的发明也要能立即追得上，这才可以把我国保持在生存的水平线上。至于战斗员尤其要加紧训练，其训练方法应注重体育的训练，否则平时对体育不加注意，走起路来不能行，那还说什么保国强种呢？晒一下又说头昏，冷一下又说伤风，那还如何去和别

---

① 《大学布告（二）》，见《国立中山大学日报》，1933年2月14日。

② 《大学布告（三）》、《大学公函》，见《国立中山大学日报》，1933年2月14日。

③ 广东省立中山图书馆：《民国广东大事记》，羊城晚报出版社2002年11月第1版，第460页。

④ 《大学布告》，见《国立中山大学日报》，1933年2月17日。

人打仗？对于训练，要从中小学做起，由中小学努力起直到大学，使人人康强壮健，那才可以谈到救国救族。所以这次运动会虽属满意，到底是一部分同学参加，未能普遍，希望以后各同学都须一致起来！努力起来！使各个都能于身心上平均发展，那才是我们最后的希望！

同时，此次童子军虽然很整齐，但仍未敢说为完善。至军事训练，有些同学固能很努力，可是有些同学对之却很冷淡。当现在国难日深，东三省沦亡，榆关失守，热河告急的时候，我们应如［何］去应付此种危亟情势?!我们不可不谋全国一致武装起来为国家图生存。自小学起就应常使之武装化，童子军便是最适当之训练方法，使到了中学大学后再加以军事训练，以养成完善爱国卫国的青年，这样中国才有办法的，这些都不得不期望诸同学一致努力的！

须知，如前所说，将来世界大战是要全国总动员的，到那时不独需要大量的兵士，也要多量的军官，兵士是要全国壮丁武装起来，军官却如何临时补充呢？这种情况，想专期于军官学校是不可能的，因为如果制造大批军官，在战时固可用，但在平时那些军官将作何用呢？平时如不从军官学校制造大批军官，那战时又如何找来呢？这种必然的困难，在学校中军事训练的科目上得到解决，因为学校学生都是个专科的学生，军事训练有成绩，战时人人可以做很好的军官，那时候军官便不愁少；而在平时，各个都是专门人才，自可于本行内去找职业，于是军官又不愁多，这样岂不两全其美吗？比较在军官学校中，长年去训练大批军官，战时既感缺少，而平时他门［们］却无职业可做，岂不是美满些吗？这种情形，深望诸位加以注意，认真体育学校附设军事训练的苦心，和诸位救国的责任重大。

对于这种情形，广西的设施，异常值得我们注意，他们有两个口号：一是寓兵于团；一个是寓将于学。前一个口号是我国古代的老办法，使平时人民无伤其生产事业，而举国经济不受征调的影响，而在战时便可全国皆兵，人人可以上战场。后一个口号，却更值得我们留意，因寓将于学，便是使各个在学青年，于战时都可上战场带兵杀敌，而平时既无伤于所学，也无害于其专门学识的职业，这就是我在上面所说的学校军事训练的最后目的。现在广西一面加紧学校的军事训练，一面编练民团使农工商都在一定的规定时间受严格的军事训练，于是一方面不妨害人民的职业，而举省皆可为兵。关于广西这两种口号已经逐步实施，而且成绩非常好，听说不独于战时可养成军官于普通学校，即将来平时的军官，也可从普通学校养成，以其专门的军官学校，制造出的军官，在平时感着过剩，在战时感着不足，何不督促一般学校的军事训练，使有成绩，都不独军官不会不足，或过剩，即社会一切事业也得正当的发展，国家也可节省一笔专门制造军官的用费，这不是一举数得吗？

军训还不是只为专门对外国作战而进行，即没有战事时也要未雨绸缪，使投笔可以执枪，执枪可以找寻另一专门职业，在现在国难紧亟的今日，诸位应如何去体会此种意义！

今天是颁奖的日期，使我异常兴奋，说了许多话，这都不外希望各同学作一进步的努力，把体育、军训，努力干去，对个人对国家，都伏着极大的意义在里面的。如果体育能普遍化，而军训复有好成绩，人人都能执干戈以卫社稷，那国难可以挽救，国耻也可以早日宣雪了。

现在颁奖时，很喜欢对各同学说这几句话，希望各同学从此努力下去！"①

△签署大学布告。准中国科学社函，该社设立"高女士纪念奖金"，每年征求科学论文一次，今年征求地学科论文，仰本校学生一体知照。附征文办法。②

2月20日 致函各院部处等部门，公布学校校产整理委员会函，查照办理校产整理事宜。③

2月22日 签署大学公函。奉教育部训令，嘉奖郭仙洲等6名在1932年捐资助学有功人员。④

△签署两份大学布告。（一）公布各学院当选为级代表的学生名单；⑤（二）公布华南区大学联合运动会函，征求奖章图式。⑥

2月23日 致函各院部处等部门，本校举行清查校产一事，现距开始清查日期甚迩，查该办法第三条"各部分接到通知应即指定人员协助，俾清查员到查时，协助办理，并先将指定员名函知事务管理处"一节，与清查工作极有关系，为此函达希烦查照，即将（一）房产田地；（二）仪器标本；（三）家私器具；（四）图书古物四项协助清查员指定。务于本月27日以前，将各员名表函知事务管理处，以便进行为荷。⑦

△致函各学院，高中部，附校，附属第一、二医院、两广地质调查所，本校举行清查校产一事，无于3月15日前将本院标本一项列报清册，送事务管理处。⑧

---

① 《本校第二次运动大会颁奖礼中邹校长之演词》，见《国立中山大学日报》，1933年2月23日。
② 《大学布告》，见《国立中山大学日报》，1933年2月21日。
③ 《大学公函》，见《国立中山大学日报》，1933年2月21日。
④ 《大学公函》，见《国立中山大学日报》，1933年2月22日。
⑤ 《大学布告》，见《国立中山大学日报》，1933年2月23日。
⑥ 《大学布告》，见《国立中山大学日报》，1933年2月24日。
⑦ 《大学公函（一）》，见《国立中山大学日报》，1933年2月24日。
⑧ 《大学公函（二）》，见《国立中山大学日报》，1933年2月24日。

△《冯玉祥日记》记载："熊观民先生回来，带到胡（胡汉民）、邹（邹鲁）、李（李宗仁）、薛（薛笃弼）、曹（曹任远）六封信，并带图标六纸，所说关系各方，极详。"①

2月24日 广州市翰屏杯排球赛会是日致函先生，请先生为比赛捐赠奖品。先生接函后，以事属提倡体育，自当照办，特于是日函送《二十九国游记》5部，聊助奖勉。②

2月26日 何世桢、陈群致函胡汉民，对胡汉民和先生在"新国民党"党务发展工作中崇尚空谈而无办法颇有意见。

信函指出，各地代表从香港、广州返回时"似少满意"，各地代表要去香港见胡汉民后再转广州见先生，先生对各地代表"除酬酢外，殊少办法"。他们建议胡"在港设一机关，综理一切，客来即确定办法，着手进行，庶处事较为实在。"③

2月底 接农学院院长转函黄婆洞模范林场侯过函报林场各年度进行状况及收支预算，请先生察核。先生察核后，"准此，查侯主任为林场谋一确实收入起见，拟在场内经营一果树木，事属可行，谨检同计划书及区域各一份，函请核明，准予照办，为荷。"④

3月1日 签署两份大学布告。（一）对遗失建筑石牌校舍捐款册及捐款收据的土木工程系学生欧阳悦给予记过一次处分，并登报声明该捐册收据号码作废；（二）附属高中部华侨生潘佩德于补考时托人代作代交，应予记大过一次，留校察看，以观后效。函复附属高中部刘克平主任周知。⑤

3月3日 致函各院部，由西南执行部主持，在广州中山纪念堂举行的联合总理纪念周将于3月6日举行，兹送给本校布质出席证章16枚，请分给参加纪念周的人员，届时佩戴出席。自应照办，除分函外，相应检同出席等证章两枚，随函送达各院部，即希查照分发参加纪念周人员，届时请安排人员佩带出席。⑥

3月4日 胡汉民致函陈济棠、萧佛成、先生等人，分析北方反蒋抗日形势，商讨策略，提出在张学良被迫去职后，西南应速简军北上参加抗日等四条

---

① 冯玉祥：《冯玉祥日记》第四册，江苏古籍出版社1992年1月第1版，第33页。

② 《邹校长赠送翰屏杯排球赛会奖品》，见《国立中山大学日报》，1933年2月28日。

③ 陈红民：《函电里的人际关系与政治：读哈佛—燕京图书馆藏"胡汉民往来函电稿"》，生活·读书·新知三联书店2003年9月第1版，第196页。

④ 《黄婆洞林场拟经营速效果树林》，见《国立中山大学日报》，1933年3月3日。

⑤ 《大学布告》，见《国立中山大学日报》，1933年3月3日。

⑥ 《大学公函》，见《国立中山大学日报》，1933年3月4日。

建议。①

△签署大学布告。奉西南政务委员会令，3 月 12 日为孙中山总理逝世纪念日，全国一律举行追悼纪念，停止娱乐活动。②

3 月 6 日 与本校全体教职员联名致电国民党中央及国民政府等机关，要求政府出兵抗日。

电文写道："南京中央党部、国民政府、西南执行部、西南政务委员会钧鉴：昨报敌寇深入，承德失守，噩耗传来，全国骇愤！华北形势，危在旦夕。望中央当机立断，秉承全国公意，迅令最高军事长官，率军北上，驰赴前敌，并令各省增兵赴援，指日克复失地。至热河主席汤玉麟，总率师旅，弃城潜逃，遂至万里河山，拱手让敌，实予全国民族以前古未有之奇耻大辱，请中央即明令治以通敌卖国之罪，以儆效尤。尤望全国同胞，一致奋起，督促政府，联合全国实力，与敌周旋。国家存亡，在此一举。临电悲愤，不尽欲言。"③

△签署大学布告。地质系三年级学生郑渭川于补考时夹带，违犯考试规则，记大过一次，以示惩戒。④

3 月 7 日 与本校全体教职员联名致电张学良，促其率部驰赴前线抗敌，戴罪立功。

电文写道："北平张汉卿先生鉴：此次承德失守，普海痛恨执事总率师于，负东北国防重责，如此疏忽，咎将离归！望即引咎自请处分，并同时督率所部驰赴前线应敌，尅日收复失地戴罪立功，以图后效。专电奉勉，愿为雪国耻，尽前惩奋斗。"⑤

△签署大学公函。规定总理纪念周轮值办法，以解决礼堂座位有限的矛盾。函附本学期文理法学院及高中部举行总理纪念周轮值表。⑥

3 月 8 日 复电谭启秀。表示粤方决心出兵抗日。⑦ 谭于 5 日致密电给先生，说明谭部抗日部队出发时间、编队安排等。⑧

---

① 陈红民：《胡汉民未刊往来函电稿》第三册第三卷，广西师范大学出版社 2005 年 12 月第 1 版，第 528 页。

② 《大学布告》，见《国立中山大学日报》，1933 年 3 月 6 日。

③ 《本校教职员对承德失守之紧急通电》，见《国立中山大学日报》，1933 年 3 月 7 日。

④ 《大学布告》，见《国立中山大学日报》，1933 年 3 月 9 日。

⑤ 《本校教职员电促张学良戴罪立功》，见《国立中山大学日报》，1933 年 3 月 8 日。

⑥ 《大学公函》，见《国立中山大学日报》，1933 年 3 月 8 日。

⑦ 陈红民：《胡汉民未刊往来函电稿》第二册第七卷，广西师范大学出版社 2005 年 12 月第 1 版，第 404 页。

⑧ 陈红民：《胡汉民未刊往来函电稿》第二册第七卷，广西师范大学出版社 2005 年 12 月第 1 版，第 406 页。

△致电胡汉民。将复谭启秀电，表示粤方决心出兵的内容转发给胡汉民。[①]

3月9日 签署三份大学布告。（一）定本星期六（11日）下午1时，在本校大礼堂，请本校海外部毕业生，现任日内瓦国际联盟会秘书郑彦棻演讲国联最近状况及国际情形。[②] 在郑彦棻回国休假期间，先生曾奉劝郑彦棻回母校服务，但因为郑只是回国休假，不能不回去，只好婉辞。[③]（二）本月12日为总理逝世八周年纪念，定是日上午9时半在本校大礼堂举行纪念大会，凡本校员生务须依时出席，以志哀思。散会后，各学院、高中、附中、附小派定代表在大操场集合，乘汽车赴中山公路西瓜𠯿参加植树典礼。（三）对遗失石牌新校舍捐款册及捐款收据的教育系学生崔幼新给予记过一次处分。[④]

3月10日 签署大学布告。公布奉议县留学省内外学生奖学金暂行规程，仰本校广西省奉议县籍学生一体知照。[⑤]

3月11日 出席郑彦棻在本校大礼堂举行的演讲会。[⑥]

3月12日 上午9时半，出席在本校大礼堂举行的孙中山逝世八周年纪念大会。[⑦]

△检阅本校童军，并参观石牌新建校舍。[⑧]

上午11时半，先生乘车抵达石牌童子军露营地，检阅童子军露营训练情况。检阅后，在皮上题写“武装救国”四字，并对各队训话。礼毕，先生领同各教练参观石牌新校舍。

3月14日 与全体教职员致电宋哲元军长，对其在抗日战争中取得的胜利表示祝贺。

电称：“宋哲元军长勋鉴：日寇深入，华北濒危。得贵军浴血抗战，要塞天险，复入我手。英风壮烈，薄海同钦。更盼振作精神，再接再厉，努力杀贼，为国家民族争光。专电驰贺，敬乞勋鉴。”[⑨]

---

① 陈红民：《胡汉民未刊往来函电稿》第二册第七卷，广西师范大学出版社2005年12月第1版，第404页。

② 《大学布告》，见《国立中山大学日报》，1933年3月10日。

③ 郑彦棻：《邹海滨先生的教育思想与反共斗争》，见《传记文学》1978年3月号。

④ 《大学布告》，见《国立中山大学日报》，1933年3月11日。

⑤ 《大学布告》，见《国立中山大学日报》，1933年3月13日。

⑥ 郑彦棻：《邹海滨先生的教育思想与反共斗争》，见《传记文学》1978年3月号。

⑦ 《大学布告》，见《国立中山大学日报》，1933年3月11日。

⑧ 《附小童军石牌露营经过》，见《国立中山大学日报》，1933年3月15日。

⑨ 《本校全体教职员电勗宋军长哲元》，见《国立中山大学日报》，1933年3月15日。

△批准理工学院土木工程学系第二届班会备案。①

△签署大学布告。公布缺席总理纪念周的处分办法。②

3月15日 签署大学布告。定于本月16日下午7时再请郑彦棻续讲国联近况及国际情形，合行布告。③

3月16日 签署两份大学布告。（一）准江西省教育厅公函，对毛文斋等31名赣籍学生发放津贴费，发放时间定于本月20日，合将名单公布，仰各生携带学生证及小章依期到会计部领取；④（二）奉教育部训令开：查本部上年训令规定凡学生因原籍地方受重大灾祸系指各该生家属财产直接受重大灾祸而言，又开呈由原籍县市政府查明实在情形，系指查明所受灾祸足资证明的具体事实而言。乃查近来各校学生，多以现时我国各地方通常灾情，率请县政府备函证明，县政府亦多加以笼统按语，率为转达，殊与原令不符。合亟将原令分别说明，令仰该大学知照，并布告学生一体知照等因，奉此，自应照办。合行布告，仰各生一体知照。⑤

3月18日 签署大学布告。公布河南省教育厅奖励国内豫籍研究生暂行办法，仰本校豫籍学生，一体知照。⑥

3月21日 公布《国立中山大学抗日会章程提案》，请全校员生工友投票表决。

提案写道："怒前一切社团集会，均可云虚伪。到会人数，既无规定；表决人数，复无标准；表决方法，更无一定。遂酿成一部分人操纵其间，而以全体之名挟持异己，异己者不服，遂生争夺，争夺而得，仍用他人之故技，以为自己之措施，因而循环相煎，而大多数人则如秦越之相视，或欲表示大多数之意见而无从，甚至一部分藉社团以营私，大多数人亦无法以制止。如是力量不能集中向外发展，且或为内部之相消，目前一切之社团如此，不特吾中山大学社团为然也。鲁因服膺总理直接民权之行使，并游历世界各国，见行直接民权如瑞士等国，一国如一家如一人，觉中山大学有实行此种制度之必要，爰提议由抗日会组织实行起。尽打破虚伪之集会，庶不致内力相消，俾吾全校精神团结，一致抗日也。鲁拟将总理治国之方术，在本校试验，即希望同人同学本试验之所得，以为将来治国之设施。兹特具拟章程于左，请全校员生工友一齐投

---

① 《土木系第二届班会已准予备案》，见《国立中山大学日报》，1933年3月15日。

② 《大学布告》，见《国立中山大学日报》，1933年3月15日。

③ 《大学布告》，见《国立中山大学日报》，1933年3月16日。

④ 《大学布告》，见《国立中山大学日报》，1933年3月17日。

⑤ 《大学布告》，见《国立中山大学日报》，1933年3月18日。

⑥ 《大学布告》，见《国立中山大学日报》，1933年3月22日。

票表决，如多数赞成，即日实行，希我全校员生工友鉴焉。”①

3月22日 参加本校抗日会章程提案投票。

3月24日 签署大学布告。公布本校抗日会获得西南执行部批准成立暨分区选举代表安排，以便组织委员会。②

3月25日 签署两份大学布告。（一）奉国民政府西南政务委员会训令，查3月29日为革命先烈纪念日，是日休假一天；③（二）准湖南省教育厅公函，检送修改后的湖南省省内外专科以上学校本省学生奖学金暂行规程到校，并希将在校专科以上湘籍学生姓名、性别、年龄、籍贯、科别、年级造册见示。自当照办，仰湘籍学生，一体知照。④

3月27日 接省立女子中学函，以该校即将召开第二次全校运动会，请先生赐赠奖品。先生函复送本人著作《环游二十九国记》10部，聊资奖品。⑤

3月28日 签署大学布告。准甘肃省教育厅公函，公布甘肃省国内留学生奖学金暂行规程，仰本校甘籍学生，一体知照。⑥

3月29日 接农学院院长邓植仪函报，本校拟在惠阳西湖古榕寺开办苗圃，请先生转函广东省政府令饬惠阳县政府协助进行。先生函复准予照办。⑦

3月30日 为瑞士苏黎世大学成立百年致贺词。

是年4月29日为瑞士苏黎世大学成立百年纪念，该大学董事会及瑞士教育部共同议决该日普邀世界各国学者，共聚一堂，以资观感，而联情谊。特致函先生，届时派员莅会。先生于是日特致词祝贺。词云：“瑞士风景，山明水媚；毓秀钟灵，广仁益智；科学日新，百年树人。惟趣里希（苏黎世），恰值良辰；风声所播，殊途同轨；怀哉怀哉，西方彼美！”⑧

3月31日 签署三份大学布告。（一）现接军事训练部何春帆主任函报，高中二年级学生朱集禧于军事训练野外操习时挟枪离队，不守纪律，请酌予处分等由，该生应予记大过一次，以肃军训纪律；（二）准广东省教育厅公函，转知本校高中以上毕业生报考中央陆军军官学校第十期事宜；⑨（三）准国立武汉大学公函，前武昌中大医科学生张铨等11人本学期津贴汇到，仰各该生

① 《国立中山大学抗日会章程提案》，见《国立中山大学日报》，1933年3月21日。
② 《大学布告（一）》，见《国立中山大学日报》，1933年3月25日。
③ 《大学布告（二）》，见《国立中山大学日报》，1933年3月25日。
④ 《大学布告》，见《国立中山大学日报》，1933年3月28日。
⑤ 《函送省立女子中学运动大会奖品》，见《国立中山大学日报》，1933年3月31日。
⑥ 《大学布告》，见《国立中山大学日报》，1933年3月31日。
⑦ 《本校在惠阳西湖古榕寺开办苗圃》，见《国立中山大学日报》，1933年3月31日。
⑧ 《邹校长致瑞士大学百年纪念祝词》，见《国立中山大学日报》，1933年3月31日。
⑨ 《大学布告》，见《国立中山大学日报》，1933年4月1日。

到会计部领取。①

3月 为陈安仁著作《中国近代政治史》一书作序。

序言写道："章实齐氏有言，通古今之变而成一家言者，必有详人之所略，异人之所同，重人之所经，而忽人之作谨，循诵斯语，而后知史才之不易也。我国史家著述，浩如烟海，其有宏识孤怀明于世变得失足为观往察来之资者，左马以下，稍索然矣。后世官修之史，往往限于定式，若徒为私人著谱牒者，而章实齐独有取于纪事本末之体，尽包举广运，因事屈伸，而立详略重轻之则，撰述之难，于斯为极。夫执器者有定形，而知道者无达例，此良史之所以不世出也。欧西史家之作，其卓卓有声者，如吉朋之罗马帝国衰亡史，加莱尔之法兰西革命史，大抵皆与纪世本末同科，流风所被，俨成定式，其为吾人著史借镜之资，未尝无所启发。近来我国学人兼治欧西史学，有所编著，亦多比附其体裁，佳者往往纲举目张，令观者欣然忘倦，兹安仁先生复有中国近代政治史之作以记述三百年来政治递嬗之迹，尽欲使近代历史之运转因果，豁然呈露，俾览者感发兴起，知其旧而惟新是图，其用心可谓卓荦不群矣。我国近数百年，世变之剧，迈于前古，值政俗之杂越，当中外之错综，上结历代已成之局，而下极开阖动变不主故常之观，非有高识远览之史才，掉运经营于其间，则泥古而陆沈，执今而盲瞽者，其将何以起之；慨焉永怀，伫与有作，则安仁先生此书所以鼓荡激发，郁为宏编者，所系不綦重欤，爰乐而序之。"

3月 石牌新校舍第一期工程开始建设。本期预算费用为国币200万元，但是可靠款项只有西南政务委员会拨给的舶来肥田料捐及洋米捐，共计10万元，缺口很大。学校在粤董事发起向海内外的募捐，承各界人士和侨胞的热烈赞助，结果非常圆满。②

4月1日 签署大学布告。公布当选为本校抗日会代表名单，并定于4月3日总理纪念周后举行各代表宣誓就职典礼。③

4月3日 在西南各机关联合总理纪念周上作报告《中山大学本年度之概况》。④

纪念周在广州中山纪念堂举行，到会的党政要员有唐绍仪、邓泽如、林云陔、刘纪文及其他代表数千人，先生主持纪念周。行礼如仪后，先生报告中山大学最近进行情况，报告分组织之扩展、学生之增加、筹建校舍、分期建筑、

① 《大学布告》，见《国立中山大学日报》，1933年4月3日。

② 戴书训：《愈经霜雪愈精神——邹鲁传》，近代中国出版社1983年10月初版，第86页。

③ 《大学布告》，见《国立中山大学日报》，1933年4月3日。

④ 《本校本年度之概况》，见《国立中山大学日报》，1933年4月11日。

计划说明等五个部分。

△签署两份大学布告。（一）照得本校校历规定4月5日至8日为春假休业日期，放假四天；（二）对遗失本校石牌新校舍建筑捐款册及捐款收据的社会学系一年级学生崔俭良予以记过一次处分。①

4月4日　与唐绍仪、胡汉民等人合署通电，反对蒋介石召开所谓国民党临时全国代表大会。

通电写道："近接中央艳（29日）电，决于本年七月一日召开临时全国代表大会，共决救国大计。夫今日救国大计，无过于抗日剿共，而抗日剿共，则已早决于第四次全国代表及历次中央全体会议，亦且为全国民众所要求。今不努力贯彻此等抗日剿共之救国方案，乃欲别求所谓大计者，此予国人怀疑莫释，而国家目前危机存亡之情势所万不容许者也！第四次全国代表大会决定对日不能再失寸土。曾几何时，关外抗日诸义军以始终未得政府之救援而相继失败！榆关、热河亦以政府始终不定抗战之计而相继失陷！今日，敌复有进窃华北之企图，而政府犹不如［知］反省已往之失策，对于长城附近抗日诸军，仍未闻加以补充与接济，一若务必短抗战之士气，长敌寇之锋焰，方足以验证其不能抵抗之预言为得计者。政府对于抗日之决议既如此，第一、二、三各次中央全体会议除抗日之外，决定剿共各案，已予国人以'共见'……夫国家当前之大难！既莫急于日敌与'共匪'，则政府之责任，惟有努力贯彻抗日剿共已成之政策。舍此政策而不行，尚欲召开临时全国代表大会，别求途径，诚不知其用心如何！若政府不能努力贯彻此已成立政策，则惟有深自引咎，以谢国民。今不自引咎，反欲召开临时全国代表大会，以为代已分过之工具，此其乖谬，实陷党国于灭亡！同人等于此认为，临时全国代表大会之召集，不独无此必要，且不当行。尚希全党同志一致反对，并希全国国民共喻此旨，党国幸甚。"②

△签署大学布告。准广东省教育厅公函，公布报考中央陆军军官学校事宜，仰本校本年暑假高中毕业生一体知照。③

4月5日　是日中山大学开始放春假，先生由穗赴港休假，校警长吴举民

① 《大学布告》，见《国立中山大学日报》，1933年4月4日。

② 中国第二历史档案馆：《中华民国档案资料汇编》第五辑，第一编，政治（二），江苏古籍出版社1994年6月第2版，第812～813页。

③ 《大学布告》，见《国立中山大学日报》，1933年4月10日。

随行。① 先生赴港目的除休假外，主要目的是“向资本家募捐”②。

4月8日 先生“为了便于自己掌握林场”③，派校警室一队校警到黄婆洞去接替原有林警，并派邹礼炳为林警队长。因既没有事先知会林场侯过主任，也没有携带任何公文。原有林警拒绝移走，便冲突起来，结果校警被林警驱逐下山。林场主任侯过闻讯即去林场查询冲突情况，到林场办公室后，受一校警指问，侯过说：“你们去请邹校长处理。”④ 侯过说完即下山回校，邹礼炳也跟随下山。待抵达文明路校本部时，一入校门，校警即殴打随着侯过返校的林场技工黄维炎、赖泰中，其中赖被打伤。侯过随即冲入校长室，询知先生尚未回校，乃打电话给教务长萧冠英说明情形。萧在电话中大发脾气，说即电请先生迅速回校处理。晚上，农学院学生得知校警殴打林场技工，群情愤慨，四处奔走呼号，召开大会，酝酿风潮。

4月9日 接萧冠英电话，由港返穗。⑤ 下午抵校后，即日将邹礼炳撤差，送政府严办。

△胡汉民致电唐绍仪、萧佛成、邓泽如、陈济棠、李宗仁、先生，就南京政府对日妥协一事征求西南意见。胡认为此时应先联合西南诸省，向国际通电声明否认宁日间任何密约，并盼先生等人致电福建蒋光鼐、蔡廷锴，冀与西南采取一致行动。⑥

4月10日 到附属第一医院慰问被打伤的赖泰中技助，并表示歉意。⑦

早上7点，先生到医院探望被打伤的赖泰中。随后，先生将与此事有牵连的本校事务员邹华文扣留，送政府严办。先生随即计划到林场主任侯过处询问有关情况，因不知侯过现在何处，便致专函表示道歉及叙述处置林警队长的情形。

△出席西南执行部会议。⑧

---

① 《大学布告（一）》，见《国立中山大学日报》，1933年4月12日。

② 张掖：《1924～1935年国立中山大学派系斗争概述》，见广东省政协文化和文史资料委员会编《广东文史资料精编》上编第4卷，中国文史出版社2008年12月第1版，第91页。

③ 张掖：《1924～1935年国立中山大学派系斗争概述》，见广东省政协文化和文史资料委员会编《广东文史资料精编》上编第4卷，中国文史出版社2008年12月第1版，第91页。

④ 侯过：《中山大学林场风潮始末》，见广东省政协文化和文史资料委员会编《广东文史资料精编》上编第4卷，中国文史出版社2008年12月第1版，第94页。

⑤ 《大学布告（一）》，见《国立中山大学日报》，1933年4月12日。

⑥ 陈红民：《胡汉民未刊往来函电稿》第八册第二十四卷，广西师范大学出版社2005年12月第1版，第475～476页。

⑦ 《大学布告（一）》，见《国立中山大学日报》，1933年4月12日。

⑧ 《大学布告（一）》，见《国立中山大学日报》，1933年4月12日。

上午，会议尚未结束，先生即接到教务长萧冠英的电话，表示农学院学生来校请愿，因此等会议结束，先生即行回校处理。到校后，萧冠英拿出来校请愿学生的五点要求给先生，先生分别做了答复，并当面向数十位农科学生解释事件处理进展。下午，农学院院长邓植仪、林场主任侯过、农学院教授张农均赶到请愿现场，先生又当着他们的面将处理情况作了解释，邓植仪等人认为先生处理得当。请愿学生不久相继散去。

4 月 11 日 签署大学布告，详细叙述林场警队长伤人及先生对此事的处理意见及看法。

布告写道："为布告事，顷因林场警队长发生不法事端，有少数人借事生端，以致大多数同学发生误会，致有开会罢课之举，深为惋惜。兹特将真象［相］为诸同学陈之：查本月 8 日晚，因林场警队长竟因不遵林场主任缴林警枪之命，反而对于职员赖泰中、黄维炎有殴打之事。鲁本月 9 日由港回校，闻悉之下，深为愤慨，即日将林警队长撤差，送政府严办。10 日早 7 时，亲至第一医院向赖泰中技助慰问及致抱歉，并询其当日情形，据云，当时系林警队长及一长随鲁出入之人。查向来长随出入之人，一为事务员华文，一为校警长吴举民，吴举民此次随鲁春假赴港，因将华文扣留。所幸赖技助伤势尚轻，无皮破骨伤之害，并知黄维炎技助无甚伤情，即欲赴侯过主任处，因不知侯主任在林场，抑在农学院，抑在家中，故即先行专致一函，向之道歉，并述处置林警队长情形。嗣赴西南执行部会议，会议未终，接教务长电话云，农学院学生来校请愿，因于会议终了，即行回校，教务长交出农科学生要求五款：

（一）请校长负责枪毙主犯邹某等及其他各犯，如各犯在逃亦要校长负责追缉；（二）请校长撤换邹事务长就丞；（三）学校当局应向伤者道歉；（四）学校应保以后不再有此事情发生；（五）军警不得随便在学校扰乱。

鲁对其第一项答复云：林场警长邹某及华文业经撤差，悉已扣留，并即送政府依法严办，至是否应枪毙，其权在政府，校长惟请其依法严办而已。对于第二项答复云：据所得报告，事务长后到林场处理，若询明侯主任，若有不法情事，当即撤换。对于第三项之答复云：此事虽发生于林场，然鲁实负其责，不俟诸同学要求早于今晨 7 时到赖技助处慰问及道歉，并致亲笔函于侯主任道歉，及言处理此事之经过矣。对于第四点之答复云：当然担保此后不再有此等事情发生。对于第五点之答复云：此后对于校警当益严监督，若军警则向未有在此扰乱。

自问以上各点之答复，至为披诚，至为切实。嗣邓院长侯主任张教授来，均以为处理无过于是，侯主任并声明事务长不特为过，且谓其当日处理适宜，侯主任遂发出启事，登诸本日校报，声明此事圆满解决，并声明外传受辱绝非事实。以为就事论事，可以无事矣，不图本日上午乃又有人鼓励在大礼堂开大会，决议案于下：1. 请校长将凶手邹等交由大会监解公安局执行枪决。2. 请校长将庇凶作恶之事务长撤职严办。3. 全校一致罢课力争。罢课到事情完全解决为限，否则永远罢课。4. 请校长担保以后无此种事情发生，及外处军警不得随便到校捣乱。5. 请校长向侯主任黄赖两职员及全体同学登报道歉。6. 要校长负被伤者之医药费及担保其生命安全。7. 撤换及严办大学本部校警警长。

临时的提案：1. 由全体同学之保证金每人扣除二毫为本会经费。郑秀芳、王礼金、李大同提出：2. 将凶案经过情形通电全国学术机关。3. 成立中山大学全体员生援助林场惨案委员会。4. 由大会发出宣言交委会办理。5. 在事未解决之前，关于四大运动会决不参加。6. 即日由本会发出宣言罢课。

观于以上各决议案，因知鼓动者之别有用心，而益叹大学教育之失败。尽此事不过发生于林场，不过林场警队殴打技助，与不遵主任之命令而已，夫固完全学校行政之事也，何与于学生出而干涉，已属越轨行动。而干涉之要求，一则曰校长负责枪毙主犯邹某等，再则曰请校长将凶手邹某等交由大会监解公安局执行枪毙，夫有罪无罪，及罪之轻重，自应听候主管机关，依法办理。今一则曰请校长负责枪毙主犯等，再则曰交由大会监解公安局执行枪毙云云，实最低常识而无有，宁不为大学教育痛哭乎！此事本系林场问题，乃借端扩至农科，扩至全校，今日谓撤换事务长，明日谓撤换严办校警长，今日谓学校当局应向伤者道歉，明日曰请校长向侯主任、黄赖两职员及全体同学登报道歉，抑若口含天宪者，此种毫无理智之言，不图出于受大学教育者，实中国最大伤心之事！尤可笑者，则成立所谓援助林场惨案委员会，通电全国不参与四大运动，及罢课力争等项，查此次既已无杀人致死事实发生，何得谓之惨案，又事既了结，何须有援助委员会之成立，即使林场队长等有罪，亦既人犯解送政府，应否枪毙，自有法在。今试问设会力争，果为何事，为撤事务长乎，则侯主任已证明事务长无过，若查明有过，决不为一人惜，若谓校长应向侯主任及赖黄技助道歉乎，则校长向各人道歉，早在诸生开会之前，至谓校长应向诸同学道歉乎，则此事完全行政范围之事，不知校长有何罪名应向诸同学道歉？至其他各事，更不成问题。今纵使枪毙主犯，撤换事务长，校长应向侯主任、赖黄两技助及诸同学道歉都成问题，但以一致罢课力争，且以永远罢课为期，毋乃牺牲过于太大，况乎此小小行政范围之事，侯主任已于昨日启事，认为圆满解决，而学生乃事扩大，且通电，且立惨案会，恐此电一出，此会一成，大学生之荣誉从兹扫地。鲁今为诸同学惜，不能不如上为诸同学恳切详陈，使多数同学，认明真象［相］，无为少数同学所蔽。但为诸同学计，不能不为下之切实告诫，林场殴人之事，系教育行政范围，且早已完结，若仍有借端罢课集会等事，希图鼓风潮者，鲁为学校计，当执法以绳，诸生懔之。此布。校长邹鲁。"①

从布告可以看出先生对此事的处理得当。西南政务委员会对先生的处理结果表示满意，该委员会在第一二七〇号指令中表示："查林场事件，已经该校长适当处理，其有假借名义，意图反动，怙恶不悛者，轻则斥革，重则查究，以维校纪。"②

△签署大学布告。准华南区大学联合运动大会函，于4月15日至17日两日下午在本校操场举行华南区大学联合运动会，期间停课，仰本校各生，一体知照。③

4月12日 致函各学院院长、高中部、附属初中、小学主任，"查林场事件，业已了结，昨经布告在案，希转知各教授、教员，务须照常授课，学生不上课，照缺席论。如有阻挠上课者，即行查明函知，以凭严办。除布告暨分函外，相应函达，即希查照办理。"④

△签署三份大学布告。⑤

（一）查本校林场事件，已经了结，昨经详细布告在案。兹再剀切晓谕各生照常上课，如不上课者，以缺课论；其阻挠上课者，从严究办，决不宽贷。仰各生一体遵照，毋违，切切；

（二）现闻有借事生端组织援助林场惨案委员会，查该会既背事实，又未经区党部及学校立案，应即解散。嗣后如仍有集会，或用该会名义散发传单及通电等，应将主持人严行究办，决不宽贷。切切；

（三）为布告学生照常上课勿误学业事：此次因林场警长及事务员殴打林场警员，竟有最少数人鼓动开大会议决罢课力争，经于昨日恳切详细说明殴人者已撤差，并送政府严办。侯主任前日启事已认为圆满解决，此完全行政范围之事，且事已了结，学生不宜为人所蔽，设会罢课，致误学业。兹更深切为诸生痛陈之：自'九一八'以来，日敌占我关外，扰我津沪，据我榆关，夺我热河。东北四省之青年，陷于敌人残杀之下，不特无书可读，而且生命难保。即黄河长江流域，亦岌岌不安，难于安心读书。环视全国在国难期中，仍觉稍可读书者，当在西南。故本校长常对诸生言，我等在此有书读，当念东北青年

---

① 《大学布告》，见《国立中山大学日报》，1933年4月12日。

② 《大学布告（一）》，见《国立中山大学日报》，1933年5月20日。

③ 《大学布告》，见《国立中山大学日报》，1933年4月12日。

④ 《大学公函》，见《国立中山大学日报》，1933年4月13日。

⑤ 《大学布告（三）》，见《国立中山大学日报》，1933年4月13日。

无书读，便应加倍读书，以救国家，使东北青年，亦能有书读如我等，始尽厥责。不图安全年余之学校，今乃因林场职员已了结之争，而议罢课，问心何安？至此事之发生，本校长之愤慨，实较诸生为甚，故九日下午到校闻悉，即将林警长撤差扣留。次早至医院，除向赖技助致歉外，并向侯主任道歉。复向赖技助问明当日情形，后又将事务员华文扣留，并即送至公安局，请其依法严办。殴人之犯，已交政府，学校之责已尽，至应否执行枪毙，此则法律问题，非学校问题。故侯主任即于十日启事说明学校处理各事经过及认为圆满解决。事已解决矣，而诸生始罢课要求，静心思之，宁不哑然失笑！深愿诸生以后对于一事，加以考虑及加以考查，方不为人所蔽，陷于盲动。即如此次之事，侯主任已声明绝无被辱矣，而鼓动者，犹曰侯主任被打。赖技助不特未伤骨，且皮亦未破，而鼓动者犹曰肋骨已断。犯人早送公安局矣，而鼓动者，尚云请交大会监解公安局执行枪毙。侯主任及赖技助等，本校长早向之道歉矣，而鼓动者尚云请校长向侯主任及赖黄而君道歉。而诸生竟以耳为目，亦竟决议要求学校已办过之事，在学校近而易见之事，尚易为人所蔽，则将来国家社会大事，在诸生肩上时，宁不为之悚然！尤有一事不能不为诸生告者，半月前政务委员会接得南京密报，有人派人至本校运动学生发生风潮，当即转嘱各院长密为防备，不图安定年余之学校，今日竟见之事实，为之浩欢！在最少数有政治背景者，别有所图，有所驱遣，不惜为人工具，废己学业，搅乱学校，既属可痛；若大多数无政治背景者，为所蔽惑，供人傀儡，实非为情！故不能不将一种诡谋为诸生揭之，即以此次之事实言之，十日以前殴人犯已撤差送公安局依法严办，校长亦早向当事者道歉，农科学生数十人来时已为面言，下午邓院长侯主任各教授复为详言，事已圆满解决，而戴家齐、江一勋、张进煊、王佐仁等仍不惜取已办过之事实，鼓惑同学，于十一日开会要求学校以为罢课之口实，若非别有用心，何以出此，是所望于诸生洞烛之也。而最要之言，则愿诸生念国难之日亟，求学之困难，勿失时光，照常上课，以便学成救国，有厚望焉。

4月13日 致函文法学院院长、高中、初中部主任、图书馆、各部主任，务于本月20日以前，将本单位一览材料径交教务处，为重编本大学概览使用。①

△签署两份大学布告。（一）将因林场事件而煽动学生罢课的戴家齐、江一勋、张进煊、王佐仁、郑以镛、古谔、陈彬等7人开除学籍，限即日离校，

① 《大学公函》，见《国立中山大学日报》，1933年4月14日。

其余各生，务希一律安心上课，为要，切切；（二）公布修正后的理工学院学则。①

4月14日 签署大学布告。准安徽省教育厅公函，公布该厅发送的准补奖学金学生报告办法，仰本校皖籍学生，一体知照。②

4月15日 出席学校董事会及建筑董事联席会第四次会议。③

会议于上午10时在西南政务委员会办事处召开，出席人员有林云陔、许崇清、区芳浦、邓泽如、先生。会议主要议题包括讨论农学院建筑工程等事项等。

△出席华南区第三届大学联合运动会开幕式。

先生出任运动会会长并在开幕式上致辞。本次运动会于是日至17日在中山大学大操场举行，中大派出了36名经过精心挑选的运动员参赛，获得团体冠军。④

△签署两份大学布告。（一）公布修正后的文学院学则；（二）公布修正后的农学院学则。⑤

4月18日 签署大学布告。公布本校遣派医学院助教留学德国暂行规则。⑥

4月19日 接本校文学院院长吴康教授自北平来函，该函托转法国汉学家伯希和致先生的谢函。

伯希和谢函略云："余以学术研究，息影北部，使余预定留滞远东之期，不能不延其岁月。开封、南京、广东各国立大学，电聘鄙人讲演，竟无由分身答报。贵校邹校长延请盛意，不胜感纫，千万乞代致谢忱。余决本月下旬回沪，买棹西归，至时乞枉过香江，面晤一切……"⑦

△签署大学布告。奉国民政府西南政务委员会训令，公布各界救国月捐办法，"事关输金救国，自应照办。"⑧

4月20日 被中大集会学生要求辞去校长职务。

---

① 《大学布告（二）》，见《国立中山大学日报》，1933年4月14日。

② 《大学布告》，见《国立中山大学日报》，1933年4月15日。

③ 国立中山大学出版部：《国立中山大学现状》，国立中山大学出版部1936年版，第448～449页。

④ 《华南区大学联合运动会盛纪》，见《国立中山大学日报》，1933年4月17日；《华南区大学联运会开幕礼补志》，见《国立中山大学日报》，1933年4月19日。

⑤ 《大学布告》，见《国立中山大学日报》，1933年4月17日。

⑥ 《大学布告》，见《国立中山大学日报》，1933年4月19日。

⑦ 《法国汉学家伯希和昨函谢邹校长》，见《国立中山大学日报》，1933年4月20日。

⑧ 《大学布告》，见《国立中山大学日报》，1933年4月20日。

是日，千余名中大学生集会，进行罢课，反对校方无故开除学生，组成“驱邹救校委员会”①，要求先生辞去中大校长职务，并对外发表通电、宣言。同日及22日，胡汉民、萧佛成、邓泽如、陈济棠、林云陔等8人以中山大学董事名义函告中大学生，要求即日一律上课。28日，学生复课。

4月21日 致函官仁，感谢其为本校建筑新校舍劝捐。

函略谓：“官仁先生伟鉴：藉甚声名，时怀虚眷，下风逖听，无任钦迟。顷由马汉桢先生赍送捐册收据各一份，承执事俞允赞助为本校进行劝捐，筹建石牌新校事宜，义薄云天，不胜佩慰。所望广为劝捐，同怀君子之风，慨助兼金，敬拜吉人之赐。专泐奉布，祈颂台祺。”②

4月22日 致函马立群，感谢其捐助本校新校舍建筑费。

函略谓：“立群先生伟鉴：顷晤汉桢先生，藉随函赍送尊处，蒙执事热诚赞助，乐捐毫洋伍佰元，并承俞允为本校驻暹劝捐专员，广为劝募，仰慕风义，感佩殊深！除登校报鸣谢外，专泐布悃，并颂台祺，统祈垂照，不宣。”③

4月24日 《社会新闻》发表《时事特讯：西南要人的私生活——萧佛成和邹鲁》一文。

作者念宇自香港将该文寄到《社会新闻》发表，该文认为“邹鲁好用亲族”，写道：“现任广州中山大学校长邹海滨，为西山会议派的领袖。他在广州，虽然名为办学，实际他在政治上是另有所企图的。他尤其好发大言，常常发表通电谈话之类，来攻击南京政府，但是很少人睬他，就是陈济棠这一派对他也是很敷衍的。不过在先已请他来，现在不便叫他走，由他在那里胡闹罢了。邹氏是广东大埔县人，他自做了中山大学校长之后，就把他的私亲子侄，统统请来，不过此辈全为乡里人，没资格任教授，因此事务小职员，甚至当校役校警的也很多，总共不下二百多人。故现在的中山大学，一般人有大埔会馆，或邹家祠堂之称。邹鲁之好用同乡，于此可见了！又他在学生中，组织了一个民社，来替他做爪牙，而民社的干部分子，又多是他的大埔贵同乡。现闻大部分纯洁的学生，以邹氏任用私人，收买学生，极为不满，正酝酿驱邹的运动。此时当校警之邹姪邹礼东［炳］，突然殴打了农学院院长［技助］成伤，此南中国最高学府已在一幕壮烈的学潮发生中！”④

---

① 《大事记——1933年（民国二十二年）》，见广州地方志之窗网（http：//www. gzsdfz. org. cn/gzsz/02/dsj/sz02dsj0222. htm）。

② 《函谢马官两先生赞助捐助新校舍》，见《国立中山大学日报》，1933年4月24日。

③ 《函谢马官两先生赞助捐助新校舍》，见《国立中山大学日报》，1933年4月24日。

④ 念宇：《西南要人的私生活》，见《社会新闻》第三卷第八期，1933年4月24日。

4月25日 本校全体学生大会发表护校复课宣言。①

上午10时，一千三百余名拥护先生的学生在大礼堂开会，发表护校复课宣言。会议议决：（一）撤销援助林场惨案委员会；（二）即日宣告一律复课；（三）通过组织护校委员会；（四）用大会名义发表“护校复课宣言”。“宣言”指责蒋介石派运用蓝衣青年社进行倒邹（宣言上说“谋乱中大”）的活动，并提出一些反蒋拥邹的口号，如“打倒谋乱中大的军阀政客”，“肃清供军阀政客利用回校捣乱的暴徒”，“拥护校长邹海滨先生”等等。会后，学生照常上课。②

△签署大学布告。接本校农场来函，请饬转石牌新建电机合堂地盘内坟主于15日内迅速迁移，毋稍违延。③

4月26日 签署三份大学布告。（一）为布告事：现奉国民政府西南政务委员会第一二七零号指令，呈为属校此次因林场警长等殴伤技助等，即拘凶解究，乃有少数不肖学生，借此鼓动风潮，业经将为首戴家齐等7人开除学籍，经安定上课。讵连日复有校外人李铁魂等假借名义，在校内散发传单，并殴打复课学生，扰乱秩序，藉为鼓动口号，非严行究办，无以维持教育，请察核示遵由，令开呈悉：查林场事件，已经该校长适当处理，学生戴家齐等犹敢滋生事端，鼓动罢课，自应开除，以肃校风。学校已经安定上课，竟有校外人李铁魂等假借名义，加入扰乱，实属不法已极。除转饬公安局查明严拿究办外，并应由该校长切实负责办理，随时严密查察，其学生有被诱迫附和者，加以劝导；其有意图反动怙恶不悛者，轻则斥革，重则查究，以维校纪，仰即遵照等因，奉此，自应遵照办理。除分函外，合行布告，仰本校学生一体知照。（二）因林场事件被开除学籍的古谔、陈彬两同学，表示愿痛改前非，准予改为各记大过一次，留校察看，以观后效。（三）准广东全省第十二次运动大会函，对于参会运动员、参观员、服务人员，酌给公假。④

4月27日 签署大学布告。准中比庚款委员会公函，转知本校各生，务须将论文及时送到该会，以参加国内各大学论文奖金评比。⑤

4月29日 签署大学公函。奉西南政务委员会训令，公布广东民众援助

---

① 《本校全体学生大会护校复课宣言》，见《国立中山大学日报》，1933年4月26日。

② 张掖：《1924～1935年国立中山大学派系斗争概述》，见广东省政协文化和文史资料委员会编《广东文史资料精编》上编第4卷，中国文史出版社2008年12月第1版，第91页。

③ 《大学布告》，见《国立中山大学日报》，1933年4月26日。

④ 《大学布告》，见《国立中山大学日报》，1933年4月27日。

⑤ 《大学布告》，见《国立中山大学日报》，1933年4月28日。

东北义勇军月捐办法。[①]

5月1日 应邀为附属初中三年级毕业同学录作序。

序文写道："本校初中三年级，本年暑假将届毕业，例有同学录之刊，请序于余，予维同学录之为用，可沟通声气，切磋学问。今诸生于毕业后，必将各有所就，势似由聚而之散，然得是藉也，则可据情愫若面整，则又似由散而之聚。夫聚散本无常，但能互相砥砺，以遂进于成功之域，兹同学录为不虚利也。是为序。"[②]

5月2日 签署四份大学布告。（一）公布修正后的国立中山大学优待华侨学生规则；[③]（二）5月5日为中华民国政府纪念日，是日休业一天；（三）准广东全省第十二次运动大会函，酌定5月13、15日为本校员生参观运动会之期，一律给予公假两天，以便参加；（四）接本校抗日会函，提议加紧国货运动案，应予照办。希本校员生工友，自本月10日起，一律穿着国货服装，为要。[④]

5月3日 签署两份大学布告。（一）奉教育部令，令各校注重体育锻炼，自当遵办。仰本校学生知照，务须致力体育，为要；[⑤]（二）准寰球中国学生会总干事朱少屏函，函称如有欲出洋游学需要襄助者，该会愿为之助理一切，尚祈转达。[⑥]

5月4日 批复本校第七届毕业筹备委员会，准予该会备案。[⑦]

△致函各教授，请早日将上学期指导学生及整理教务的工作造送学院及校长室。[⑧]

△签署大学布告。奉教育部命，自今年起，各生所用译名，必须依据教育国语统一筹备委员会所编之国音常用字汇，仍照本国习惯，姓之排列务在名前，姓名全写，勿用缩简，并勿另取外国姓名，以昭划一，而资便利。至各生日常书写姓名，非遇必须用译名时，一律不得参用译名。[⑨]

5月5日 巡视石牌新校舍。

上午，先生率领农学院邓植仪院长、各学院教授主任及各班同学代表百余

---

① 《大学公函》，见《国立中山大学日报》，1933年5月1日。

② 《邹校长序附属初中三毕业同学录》，见《国立中山大学日报》，1933年5月9日。

③ 《大学布告》，见《国立中山大学日报》，1933年5月2日。

④ 《大学布告》，见《国立中山大学日报》，1933年5月3日。

⑤ 《大学布告》，见《国立中山大学日报》，1933年5月4日。

⑥ 《大学布告》，见《国立中山大学日报》，1933年5月6日。

⑦ 《第七届毕业筹备会昨批复准备案》，见《国立中山大学日报》，1933年5月6日。

⑧ 《大学公函》，见《国立中山大学日报》，1933年5月6日。

⑨ 《大学布告》，见《国立中山大学日报》，1933年5月6日。

人到石牌农场新校舍巡视。中午，由农场膳堂招待午饭。饭后，先生对师生发表演讲，详述中大石牌农场新校舍的历史及进行建筑的伟大计划。先生表示，若无其他障碍，中大“则五年之后，可成为中国唯一之大学，十年以外，可列为世界之一等大学。”① 其中颇多劝勉学生之语。演讲后，先生率众人参观了石牌新校舍建筑。

5月6日 到香港迎接从欧洲游历回国的国民政府委员、原交通部部长陈铭枢。② 一同前往迎接的要员还有蔡廷锴、香翰屏。陈铭枢表示：十九路军负民族的使命，继续抗日，份所当然。③

△签署两份大学布告。（一）学生江一勋具呈悔过，并经农学院院长教授及同学担保，姑准减轻处分，着记大过二次，留校察看，以观后效；（二）公布本校各学院高中部附属初中及小学校历。④

5月8日 胡汉民致函萧佛成、先生，特函介绍孙殿英的代表张和宣秘密南来，报告华北情形及华北一部分将领对于今后大局的意见。⑤

△签署大学布告。公布工学院学则。⑥

5月9日 致函各院部负责人，催交本校一览稿件。⑦

△致函各教授，准德国外交杂志编辑 Richard Passke 函，索取文章及照片以供发表。自可照办，各教授如有著作，可径寄该杂志发表。⑧

△在南京的中山大学一些同学以留京中大同学代表名义向教育部请愿，要求撤换先生。⑨

5月10日 签署大学公函。对助教及技助服务办理速要事件及加班补薪作出规定。⑩

5月12日 签署大学布告。对于本校石牌新建电机合堂地址内的坟主迁移，展期至本月底止，届时如该地段内坟主，仍不将山坟他移，即由学校农场

---

① 《邹校长双五节日巡视石牌新校舍》，见《国立中山大学日报》，1933年5月10日。

② 广东省立中山图书馆：《民国广东大事记》，羊城晚报出版社2002年11月第1版，第464页。

③ 中国人民政治协商会议广东省委员会文史资料研究委员会：《粤系军事史大事记》，广东人民出版社1986年10月第1版，第120页。

④ 《大学布告（二）》，见《国立中山大学日报》，1933年5月8日。

⑤ 陈红民：《胡汉民未刊往来函电稿》第三册第四卷，广西师范大学出版社2005年12月第1版，第559页。

⑥ 《大学布告》，见《国立中山大学日报》，1933年5月10日。

⑦ 《大学公函》，见《国立中山大学日报》，1933年5月10日。

⑧ 《大学公函》，见《国立中山大学日报》，1933年5月10日。

⑨ 侯过：《中山大学林场风潮始末》，见广东省政协文化和文史资料委员会编《广东文史资料精编》上编第4卷，中国文史出版社2008年12月第1版，第97页。

⑩ 《大学公函》，见《国立中山大学日报》，1933年5月11日。

饬工代移。[①]

5月15日 在《三民主义月刊》上发表《阶级斗争不能解决中国社会问题》一文。先生在文中认为，三民主义才能解决中国存在社会问题。[②]

5月16日 签署大学公函。奉西南政务委员会训令，定期于本月17日上午11时在中山大学运动场举行广东各界欢送粤桂闽军队北上抗日大会。[③]

△拥护先生的"护校委员会"致电全国各学校、各报馆、各社会团体，"说中大林场事件的风潮系受南京派来的人鼓动所引起，风潮平息后，又有所谓换邹的请愿，指南京政府为中大风潮的幕后操纵者。"[④]

5月17日 出席广东各界欢送粤桂闽军队北上抗日大会。[⑤]

上午11时，大会在中大运动场举行，大会以"忠勇杀敌"锦旗三面分赠各师。粤桂闽三省抗日军即"援热先遣队"由邓龙光、谭启秀、张炎率领，北上抗日。

△委托萧冠英教务长接见陶道进一行。

广西大猺山金秀瑶头[⑥]陶道进，率领两名同村人来国立中山大学参观。受先生委托，萧冠英教务长亲切接见了陶道进一行，对陶道进等瑶胞多次为生物学系标本采集队提供帮助表示真诚感谢，并指出"邹校长对该民族生活情形，亦极留意。"[⑦] 生物学系助教范曾浩陪同陶道进一行参观了广州市主要风景名胜地。生物学系此前到大猺山采集标本，进驻金秀时，均下榻陶道进家中，获其助力良多。

△签署大学布告及大学公函。据文学院学生郑以镛，农学院学生张进煊分别呈函，表示已悔过自新，请予恢复学籍，经教授、学生担保，并"查郑张两生，藉端鼓动风潮，破坏学校秩序，本属咎有应得。惟念其年少无知，一时盲从，尚无其他作用，且有教授及同学保证，姑准减轻处分，着各记大过二次，留校察看，以观后效。除批复暨分函外，合行布告知照。"[⑧] 同时，致函文学院、农学院院长知照。[⑨]

---

① 《大学布告》，见《国立中山大学日报》，1933年5月12日。

② 邹鲁：《阶级斗争不能解决中国社会问题》，见《三民主义月刊》第一卷第五期，第35页。

③ 《大学公函》，见《国立中山大学日报》，1933年5月17日。

④ 张掖：《1924～1935年国立中山大学派系斗争概述》，见广东省政协文化和文史资料委员会编《广东文史资料精编》上编第4卷，中国文史出版社2008年12月第1版，第92页。

⑤ 广东省立中山图书馆：《民国广东大事记》，羊城晚报出版社2002年11月第1版，第464页。

⑥ 瑶头，也称团总，是瑶族各村的领袖，对本村大小事务，有一言九鼎的决定权。

⑦ 《广西猺山金秀瑶人日昨来校参观》，见《国立中山大学日报》，1933年5月22日。

⑧ 《大学布告》，见《国立中山大学日报》，1933年5月18日。

⑨ 《大学公函》，见《国立中山大学日报》，1933年5月18日。

5月18日　与唐绍仪、萧佛成、邓泽如、陈济棠、李宗仁等西南政务委员会常委致电国联及九国公约国、苏联，指出满洲及热河乃中国整个领土的一部分，中国不能容忍其被分割出去。[①]

△签署两份大学布告。（一）公布学生开办暑期学校暂行规则；（二）奉教育部训令，公布国外留学规程。[②]

5月19日　签署大学布告。对于散发传单，鼓动风潮的袁石之、吴秉楠、李才基3人开除学籍，并呈请政府严办。[③] 3人分别于5月16日、18日召集学生开会，散发驱逐先生传单。[④]

5月20日　撰写十九路军抗日阵亡诸将士公坟纪念牌。

先生写道："呜呼！此为我英勇十九路军在沪抗日而死诸将士之公墓也！当民国二十年九月十八日（1931年9月18日），日本陆军之来侵也，中央当局，地方长官，有敌不抗，遂使辽吉两省，不崇朝而失。日本烛见其隐，乃占黑龙江，占锦州，中央当局地方长官，贯彻其不抗主张，乃弃之如遗。日本狃于关外诸役，加以彼海军不欲陆军独有功，因有进迫上海之举，其主张且声言四小时内决占上海，中央当局已令上海市长订约屈服，并以宪兵接十九路军防地。讵日本兵于一月二十八晚，当宪兵来接防前，先一时来袭我，十九路军以守土有责，更以国家民族生存所关，迳与抵抗，敌军叠败。日本以海军不济，加调陆军来助，我十九路孤军抗战，战无不胜，国人始知日本原可抵抗，日本始知中国未可全侮，而各国视听，亦因而变更。蒋介石所云与日本抗战三日可亡之说，更属无稽。风声所播，凡有血气，皆为兴起，助款助力者无间海内外。而中央当局，仍作壁上观，既不援以兵，又不给以饷，坐视十九路军支持三十四日，中央乃达其与日本妥协之政策。而诸将士即在此三十四日中，以血肉之躯与顽敌强兵利器抗战而死者，亦即为国家民族争生存而死者。似此精神，既可曰军神，又可曰国魂。今则榆关不守，热河继失，长城各军，中央贯彻其对日不抵抗，对日谋妥协之政策，悉令撤退，华北已无险可守，九泉有知，愤恨何如！安得起英灵而再与杀贼，更安得全国军人全国民众一如诸将士之精神，使振臂一呼，全国一致，有抗敌，无妥协，敢决最后胜利，必归于我，不特既失山河，可以恢复，而国家民族之独立自由，亦如是系之。执笔记此，不自知其痛恨几许，兴奋几许，又岂仅留为后人纪念凭吊已哉！中华民国

---

① 《西南政会电国联及各国》，见《申报》，1933年5月20日。

② 《大学布告（三）》，见《国立中山大学日报》，1933年5月20日。

③ 《大学布告（一）》，见《国立中山大学日报》，1933年5月20日。

④ 张掖：《1924～1935年国立中山大学派系斗争概述》，见广东省政协文化和文史资料委员会编《广东文史资料精编》上编第4卷，中国文史出版社2008年12月第1版，第92页。

二十二年五月二十日。”①

△“护校委员会”再次致电全国各学校、各报馆、各社会团体，拥护先生，指责南京政府。②

至此，林场事件基本平息 。林场事件的背景，张掖回忆：“据说，半个月前，南京派有人到来广州，运动中大学生发动倒邹风潮。为什么蒋介石一系对邹鲁要这样做呢？除了大家所知的政治矛盾之外，还有近因，那就是：当时适值热河承德失守，全国人民要求抗战，对蒋介石‘安内攘外’节节退守的投降政策表示愤怒，邹鲁……已电南京政府出兵收复失地，复表扬宋哲元守土抗日，暗中指责蒋介石不抵抗之罪……蒋派受此打击，自不能容忍，于是派人到香港、广州策动倒邹运动。”③

5月22日 在西南政务委员会联合纪念周上发表演讲《蒋中正降日真相》。

先生在演讲中痛斥蒋介石的降日卖国行为，指出：“从蒋中正空言抗日，以及压迫其他军队的经过，都可以证明蒋日妥协，千真万确，所以西南政务委员会此次通电反对，并不因为对日妥协者为蒋中正，而始加以反对，而是因为此种卖国的勾当和亡国的手段，无论出之任何人任何机关，也是誓死反对的。因为中国若能抗日，便可以不亡，证以十九路军宋哲元、孙殿英、商震，甚而至于义勇军，皆曾以孤军抗战而收极大的效果。而蒋竟甘心降日，不愿抵抗，而陷中华民国于万劫不复之境，这是全国的民众都应同声一致的反对的。假使我国能抗战，未必即败，即由抗战而失败，尚能振起民气，及得国际同情，仍能于事后再图光复。因为世界各国费了无限苦心，才由国联议决不承认伪满洲国，而我军事当局，竟自甘以事实的承认伪满为妥协先决条件，以后还能希望国际对我国有所援助么？我们恐怕其他各帝国主义见我国人心已死，群起效暴日之所为，实行共管（即系瓜分），则中国还能存在于世界么？蒋日此种妥协，不特全国人民所反对，实亦世界各国人士所贬责。故此我们坚决主张，誓死反对蒋日妥协，我们宁可抗战而死，绝不愿中华民族由卖国贼假手黄郛签订卖身契约。蒋日妥协成功，中国民气即不消沉，日本亦应助他铲除，那时中国民族真是陷于十八层地狱。中外古今不少亡国之例，但战而亡，或亡而尚反抗，故尚有复兴之希望，波兰亡国之后，卒能复兴，若中国照蒋中正这样亡

---

① 《十九路军抗日阵亡诸将士公坟纪念牌》，见《国立中山大学日报》，1933年5月27日。

② 张掖：《1924～1935年国立中山大学派系斗争概述》，见广东省政协文化和文史资料委员会编《广东文史资料精编》上编第4卷，中国文史出版社2008年12月第1版，第92页。

③ 张掖：《1924～1935年国立中山大学派系斗争概述》，见广东省政协文化和文史资料委员会编《广东文史资料精编》上编第4卷，中国文史出版社2008年12月第1版，第92页。

国，则中国此后绝无复兴的希望。我愿全国民众看清这一点，立即努力制止此种亡国的行为！”①

5月25日 签署大学布告。公布法学院学则。②

5月26日 胡汉民致函萧佛成、邓泽如、先生、刘芦隐，对自加拿大归国的华侨侯民一设法为助。③

5月27日 对法学院成绩优良的学生黎秉仁、林习经等18人进行奖励，每人奖励一部先生著作《环游二十九国记》。④

5月29日 西南政务委员会常委萧佛成、邓泽如、唐绍仪、陈济棠、李宗仁、先生致电冯玉祥，支持冯组织抗日同盟军抗日杀敌，表示西南当力图为后盾。⑤ 次日，吴铁城向汪精卫报告，谓已将此电扣留。⑥

△致函各校务委员，于本月31日下午3时出席第一次校务会议。⑦

△签署大学布告。公布高中部学则。⑧

5月31日 主持本校二十一年度第一次校务会议。⑨

会议于下午3时在钟楼会议厅举行，校务委员出席了会议。会议的讨论事项有6个，其中有3个为先生交议，分别为：“各学院及高中部学则经修订公布，再付本会议讨论，以求尽善案。”议决：文学院学则第一条、理工学院学则第二十五条进行简单修正，其余学则照案通过；“新校舍筹建规划，应如何改善促进案?”议决：组织建筑委员会，其委员由校长、教务长、事务长、各学院院长及每学院推出教授一人任之，其章程推薛祀光院长拟订；“二十二年度预算之审议案。”议决：照案通过。

△与董爽秋教授等人联合呈函西南政务委员会教育改革委员会，痛斥光华医学院罗广庭教授的荒谬学术观点，提出与其进行当场辩论及验证“生物能自然发生”说。

函称：“敬启者：大学系最高学府，其关系于学术思想社会变迁至巨，影

---

① 《蒋中正降日真相》，见《国立中山大学日报》，1933年5月24日。

② 《大学布告》，见《国立中山大学日报》，1933年5月26日。

③ 陈红民：《函电里的人际关系与政治：读哈佛—燕京图书馆藏“胡汉民往来函电稿”》，生活·读书·新知三联书店2003年9月第1版，第233页。

④ 《邹校长奖励法学院成绩优良学生》，见《国立中山大学日报》，1933年5月29日。

⑤ 广东省立中山图书馆：《民国广东大事记》，羊城晚报出版社2002年11月第1版，第465页。

⑥ 中国人民政治协商会议广东省委员会文史资料研究委员会：《粤系军事史大事记》，广东人民出版社1986年10月第1版，第121页。

⑦ 《大学公函》，见《国立中山大学日报》，1933年5月30日。

⑧ 《大学布告》，见《国立中山大学日报》，1933年5月30日。

⑨ 《本校二十一年度第一次校务会议》，见《国立中山大学日报》，1933年6月3日。

响所及，每出乎常人意料之外。五四以还，全国风气，每视其地之大学教育而定，其事至显，此孙先生所以有本校之创立也。大学教授，除指导青年，尤负有研究学术，殚发真理，判别虚伪，纠正诳妄之重责。此在国外，莫不皆然，是故一学说之兴也，必经学术机关、各教授、各专家，共同讨论，相互辩难，苟属真理，则承认之，说明之，推广之，宣传之，反是而有理论上实验上之错误，甚或有欺骗之行为者，则须负道德上之责任，甚且有法律上之处分。诚以星星之火，可以燎原，涓涓不塞，将成江河，科学学说，其影响于社会秩序，民众生命者，至密且切，稍一不慎，其祸有不堪设想者，此世人所公认，非同人等故甚其词，以耸听闻也。自达尔文集生物进化学说之大成，举凡一切学术思想，莫不大受其影响，推崇之者，至谓应称十九世纪为达尔文世纪，尽其理论建筑于解剖学、胎生学、古生物学、分类学，各种实质科学之上。时至今日，虽其理论或有变更，但生物进化之事实，则不容否认者也。自巴斯德氏证明生物非自种子不能发生以后，医药上、工业上、生物学上，应用其原理，得解决种种之困难，且从未发生与此矛盾之事实，果有之，则必为实验手续上之错误。

近顷本市罗广庭君，忽以久埋深圹之自然发生说，重加吹嘘，且自诩为罗君独得之发明，发行小册，登之报端，陈列于市展览会，真不免知者齿冷。即退一万步言，自然发生，果能成为事实，则先罗君而言之者，不知凡几，罗君又安能强颜大言以为己功乎。自巴斯德用严密之手术实验证明培养液只能助长生物，而不能发生生物，其实验之培养液，保存于巴斯德学院，迄今已历四十余年，未见其腐烂败坏。发生何种生物，世界之大学者之多，越数十年之久，未闻有一事实与巴斯德之实验相背谬。罗君之实验，据罗君自言，仅能限于广州，欲以之推翻数十年来世界各地所公认之事实，近且更欲以之推翻进化论，天下事之滑稽，殆未有甚于此者矣！同人认罗君不仅有实验上之错误，且有存心欺骗民众沽名钓誉之道德上的责任。昆虫可以在消毒之培养液中发生，此为必无之事，必罗君有意欺人，故作此不可忠实之言论，以炫耀于世。罗君之不忠实，观其曲译法国国家医学院及巴斯德学院麦数教授致渠之函件，可以知之。麦教授曾反复言之，‘你的发明太革命了’，‘你没有当许多专家之前，证实你的手续是对的，没有一个杂志，愿意替你发表。’‘你不相信你的实验是错的吗?’‘你可到欧洲来重做一次’。但罗君之翻译，确能尽其欺骗之能事，且罗君已对本校经利彬、张作人两教授明言之，自然发生，仅广州可以从事实验，即北京亦属不能，遑论巴黎。张作人君曾邀罗君到同在广州之中大实验，中大生物系培养原动物之培养液，消毒后均能长期保存，从未见一与罗君相同之事实发生，但罗不向中大医学院、农学院、理工学院，岭南大学之理学院、农学院陈列，而偏陈列于市展览会，其欺骗民众之心理，昭然若揭。本校学生姜哲夫君，及市民翟君，曾于民国日报痛加驳斥。罗君除移动论点，大肆谩骂外，几全无答复。罗君为本市光华医学教授，其学殖之荒落如彼，其态度之不忠实又如此，庸医杀人，法律犹加以制裁，况专门制造庸医之人乎！同人等为民众生命计，此不能默尔而息者一也。学术思想，关系国家社会之荣誉。罗君以其不成熟之论文，妄投于国际学术机关，其影响于国家之荣誉，殆无疑义。近且投登于商业化之东方杂志，以广宣传，淆惑听闻，同人等为学术真理计，不能默尔而息者二也。同人等忝任教职，指导青年，平时讲学，对于进化事实，进化学说，及巴斯德之发明，均有所引据，果罗君所谓发明为真，则同人等所讲授者当系错误，为自身责任计，不能默尔而息者三也。犹忆十四年之顷，沪江大学某美籍教授，代上海商会化验中国银币报告之结果，谓成色较低，其后中国化学家所得之结果，则谓成色十足，双方重验之后，美籍教授立即自请解职，表示负道德上之责任。一年前，有一荷兰人，谓能自沙中变金，当众实验之结果，法政府予以监禁之处分。同人不敏，佥谓此事关系至大，应函请校长转请西南政务委员会教育改革委员会，请其招集本市学术机关，各专家，及本市著名医师，并一面通知罗君，着其前来大会，当即宣布其所谓发明，共同讨论，并当众实验，其实验手续地点，须经各专家之规定，以明真相。同人等愿以某美籍教授之态度自勉，愿政府亦以法政府之处置为可法也。万一罗君藉故推辞而不出席，以后同人等对该谬说作文更正时，罗君则不得诡辩置辩。如再乱言惑众，以假乱真，罗君固应负道德上、法律上之责任，而政府亦不能容此不学庸医存在于社会也。此上。国立中山大学校长邹。国立中山大学生物系植物学教授董爽秋……"①

6月初 召集粤桂闽三省国民党负责人到广州开会，主张推翻蒋介石政府，实行抗日救国的政策。②

在华北危急的情况下，蒋介石政府软弱妥协，接受了日本政府“停战”谈判的条件，并于5月31日与日本政府签订了丧权辱国的《塘沽协定》。协定规定，中国军队撤退到延庆、昌平、高丽营、顺义、通州、香河、宝坻、林亭口、宁河、芦台所连之线以西、以南之地区，以后不得越过该线。该协定实际上承认了日本对中国东北及热河的占领，为日军进一步向华北入侵洞开了大门。

先生认为日本军阀贪求无厌，蒋介石政府一再忍让，绝不是办法。于是，

---

① 《本校教授痛斥光华教授罗广庭》，见《国立中山大学日报》，1933年6月1日。

② 邹鲁：《回顾录》，岳麓书社2000年9月第1版，第272页。

先生极力主张推翻蒋介石政府，进行抗日救国，因此召集本次会议。广西和福建方面都派代表到达广州，对于先生的主张，极端赞同，但是主持广东军事的陈济棠从担心自己利益受损的角度出发，不同意这样做。

6月1日 致电蒋光鼐、陈铭枢、蔡廷锴。

电称："蒋日妥协，我抗日军正应挺进，以表民族正气。况焕章（冯玉祥）已起于此，盼我军呼应正切。本日叔平（方振武）代表到，详述焕章此举已得韩向方（韩复榘）及北方诸将领同意，变化即在目前。奈何撤回抗日之师，以阻全国之气节。必不得已，亦请屯师原地，俟真如（陈铭枢）、贤初（蔡廷锴）二兄到粤，商定大计后，再定行止。千万千万。"①

抗日军的目的是援助热河抗日部队，其主体是十九路军，粤桂也派部队加入，公推蔡廷锴为援热（热河）联军前敌总指挥。不料先头部队在广东境内竟遭阻拦和监视，这使蔡倍感失望。十九路军不得已从耒阳忍痛回师时，陈济棠又视为"大忌"，设法阻止。先生本电苦劝十九路军不能退兵。②

△为萧冠英著《机械原件学》一书作序。

先生在序言中写道："今我国出版之关于科学载籍者，既如是其甚少，然则夙其发明的天才者，将由何道以发挥其天才乎？是非入专门学校不可，否则非先通外国文购读外国籍不可。然试问此等事岂能求之于一般人乎？然则编辑外国科学书籍，且求其普及，求其通俗化，为刻不容缓矣。否则吾国夙具发明的天才者，非流连于诗酒丝竹六博蹴踘等事以抒其情，即束缚于米盐琐屑之事以困其志。昔人有言：'贫贱则慑于饥寒，富贵则流于逸欲，遂萦目前之乐，而忘千载之功，忽然与万物迁化：斯亦志士之所大痛也！'就个人言，可谓之自贼以贼人；就国家言，可谓之贼民以自贼。其损失之巨可胜量哉！此教育改革委员会所以有编译科学书籍之计划也。"

顷菊魂（萧冠英）弟以其年来所撰《机械原件学》一书见示，并索序于余，余喜其适应世用而与余编译计划同也，拟由中山大学出版部附印，并廉价出售，以济世之急。菊魂慨然允诺，余尤感之。忆民国十四年（1925年）余长广东大学时，菊魂曾以其所著《六十年来之岭东纪略》嘱余序而行之。嗣是我国统计载籍亦次第出现。今此《机械原件学》出世，其亦将引起国人之兴趣，将努力于科学，尤其是应用科学书籍之编译乎！果尔则夙具发明的天才

---

① 陈红民：《胡汉民未刊往来函电稿》第十一册第三十五卷，广西师范大学出版社2005年12月第1版，第495页。

② 陈红民：《函电里的人际关系与政治：读哈佛—燕京图书馆藏"胡汉民往来函电稿"》，生活·读书·新知三联书店2003年9月第1版，第242页。

者，得有所养，以成其千载之功，而一般人亦得汲其流以泽其业而善其事，是岂非国家社会之大幸也哉！[①] 该书出版后，先生亲笔签名，赠送给国内多个图书馆存阅。

6月2日 签署大学布告。接教务处函，对学生因亲丧、重病而缺课逾限者，予以通融，另定标准为三分之一在案，自当照办。[②]

6月5日 接农学院院长邓植仪函报，指出该院农林植物研究所主任陈焕镛拟派员到清远飞来寺采集植物标本苗木，请先生饬部缮发证明书及致函粤汉铁路南段管理局折半收取车票费。先生函复照办。[③]

△签署两份大学布告。（一）准广东省教育会秘书处函，查6月6日为教师节，拟举行庆祝活动，邀集本校教师参加，故是日休假一天；（二）查第一次校务会议，关于各学院及高中部学则经讨论后，决定对文学院学则第一条、理工学院学则第十五条进行修正，自当照办。[④]

6月6日 签署两份大学布告。（一）接军训部函报，第二期军训学生拟自本月16日至28日在北较场原有靶场演习实弹射击，并附各院部射击日期分配表，应予照办。除分函及分知外，合将日期分配表，布告于后，仰本校军训学生，一体知照。[⑤]（二）准福建省教育厅公函，定于本年暑假考选20名学生，发放清寒学生大学奖学金，检送《福建省教育厅清寒学生大学奖学金暂行章程》一份到校。合行布告于后，仰本校闽籍学生，一体知照。[⑥]

6月8日 参加西南政务委员会谈话会。[⑦]

为交换对时局的意见，西南政务委员会召开谈话会，陈济棠、先生等人出席。是日，陈铭枢、蒋光鼐从香港前来广州，再次做陈济棠的工作，并与李宗仁等一起讨论粤桂闽三省一起倒蒋。陈铭枢、蒋光鼐也出席了谈话会。谈话会上，陈济棠主张为国家留元气，反对内战。因陈济棠掌握实际决定权，陈既消极，先生等人也就认为问题重大，要从长计议，发动倒蒋仍需等待时机。

当晚，李宗仁、陈济棠、先生、萧佛成到广州东山蔡廷锴的寓所回访住在此处的陈铭枢、蒋光鼐。陈铭枢再次同大家分析了国内形势和反蒋的必要性，

---

① 萧菊魂：《机械原件学》，国立中山大学出版部1933年9月初版，《邹海滨先生序》。

② 《大学布告》，见《国立中山大学日报》，1933年6月3日。

③ 《农林植物研究所派员赴清远采集》，见《国立中山大学日报》，1933年6月7日。

④ 《大学布告》，见《国立中山大学日报》，1933年6月7日。

⑤ 《大学布告》，见《国立中山大学日报》，1933年6月7日。

⑥ 《大学布告》，见《国立中山大学日报》，1933年6月8日。

⑦ 朱宗震、汪朝先：《铁军名将——陈铭枢》，兰州大学出版社1996年4月第1版，第133～134页。

但谈得很不投机。陈铭枢不客气地强调，如果诸位不干，十九路军也要在福建干，到那时，只希望你们不要在我后门捣乱。陈济棠听后当即拂袖而去。

△签署两份大学布告。（一）准广东省体育委员会函，附国立国术体育传习所简章，仰本校合乎条件学生遵章报考；① （二）公布修正后的医学院学则。②

6月9日 签署大学布告。准顺德县管理青云文社财产委员会公函，该会补助本校顺德籍学生1000元毫洋，请顺德籍本科学生领用，自当照办。兹定于本月16日发给该项补助费，除分知外，合行布告，仰本校各学院本科顺德籍学生届时前来领取。③

6月10日 与萧冠英、邓植仪等共同发布启事，为利寅教授集资设置纪念学额。

启事略云："本校教授利寅先生，学博思精，年高德邵，毕业于伦敦大学，任职自宣统元年。化雨敷施，在校则历年廿五。春风普被，及门则从者三千。鹅湖之日月方长，鹿洞之风光增胜。况复澹泊以明志，惕厉以自修，抱膝啸吟，不求闻达，潜心学问，多所发明，允宜崇德报功，庶几振顽起懦。故开会庆祝，既雅集于同人。给奖褒扬，复申请于政府。至若本校教职员先生，或无雅一日，或共事多年，尽申授粲之诚，且尽同舟之谊。愿纪念宜于永久，力行不在多言。兹拟捐集巨货，贮存商号，为利先生设置纪念学额，即为本大学奖励优秀学生，藉以表彰，资为□式。但同人等有心彰善，无力支持，窃念海大不让细流，城成端资众志，用是联名义起，聊为将伯之呼。深望略表同情，自可成人之美，兼金乐助，盛举同勷。他日者雨露同沾，泮水之□芹并；茂风声所树，故园之桃李皆春。岂不懿欤，是所望也。"④

6月11日 接农学院院长邓植仪函报，请先生转请各省政府及各农林机关，优待录用本校农学院毕业生。先生函复分别照转。⑤

6月15日 在《三民主义月刊》上发表《世界经济会议之前幕与中国民族的出路》一文。

先生在文章中写道："中国的自由独立总而言之是要依靠自己去争得。世界上断无一个国家是可靠，没有一个是肯替我们牺牲，替我们来争取自由独立者，我们今后止［只］须问我们今后是否愿意与帝国主义顽抗到底，抑或投

---

① 《大学布告》，见《国立中山大学日报》，1933年6月9日。

② 《大学布告》，见《国立中山大学日报》，1933年6月10日。

③ 《大学布告》，见《国立中山大学日报》，1933年6月10日。

④ 《本校拟开利教授廿五周年纪念会》，见《国立中山大学日报》，1933年6月13日。

⑤ 《农学院函请校长荐用本届毕业生》，见《国立中山大学日报》，1933年6月13日。

降帝国主义，变作帝国主义的家奴？如果我们誓死抵抗到底，我们的经济我们自己一定有解决办法，不要人家代庖，更不需向人家叩头下跪来抱抱佛教就算了事。

我们止［只］有根据总理的主张，消除帝国主义在华的经济统治势力，立刻要蒋政府将独裁的政权交还给人民，由人民自动武装抗日剿共，由人民自己建设国民经济的条件：

1. 关税权绝对自主，利用高度保护关税政策以保育本国工业的发展，并同时救济农村的衰亡。

2. 一切银行、铁路、通讯机关、矿山及其他由外资经营及外人管理的大企业，使成为国家经营。

3. 没收一切在帝国主义掩护之下搜刮人民而来的资本，建立国家资本，发展国营生产，以达到民生主义之建设。”①

△签署大学布告。对募捐得到超过300元的理工学院学生李开梁等人，根据募捐金额给予免缴一定年限学杂费的奖励。②

6月16日　致函医学院林椿年副院长。函称：“查阅于该学院三年级全体同学呈报，俞绍基开除班会会员籍一案，应请贵副院长善为劝等，不必多生枝节为荷。”③

医学院三年级全体同学于5月30日呈报先生，认为该班同学俞绍基“生性狡猾，廉耻毫无，以造谣离间同学感情，冒充代表，假公济私，诋谤同学，并经屡次劝告均置之不理。”该班为维持名誉及同学利益，计经全班同学公决，根据班会会章将俞绍基开除班会会员。

△签署大学布告。对殴打讲义室事务员的学生卫侃中予以记小过一次的处分。④

6月20日　签署大学布告。奉西南政务委员会训令，批准中山大学修正本校组织大纲，将第十七条修正以社会学系仍旧隶属文学院，第二十九条第二项理工学院之工学系八学期并满十二个月之工厂实习，修正为工学院八学期并满十二个月之工厂实习。⑤

6月21日　函谕本校昆虫学会，该会拟就的《解决广东害虫程序方案大

---

① 邹鲁：《世界经济会议之前幕与中国民族的出路》，见《三民主义月刊》第一卷第六期，第26页。

② 《大学布告》，见《国立中山大学日报》，1933年6月16日。

③ 见“国立中山大学全宗”档案，全宗号20，目录号1，案卷号81，藏广东省档案馆。

④ 《大学布告》，见《国立中山大学日报》，1933年6月17日。

⑤ 《大学布告》，见《国立中山大学日报》，1933年6月21日。

纲》经转函广东省政府办理，现准省政府函开，略谓函悉，业经令建设厅察核施行。①

△签署两份大学布告。（一）鼓励学生为建筑石牌新校舍进行劝捐，“诸生关怀母校，任重在肩，宜集腋以成裘，亦驾轻而就熟，作始虽简，收效至宏，各其勉旃，有厚望焉。”（二）定期本月25日下午2时举行利寅教授在本校任职二十五年庆祝大会，希全体员生届时一律出席参加，以崇庆典。②

6月23日 签署大学布告。公布各学院、高中部暑假放假时间。③

6月26日 签署两份大学布告。（一）公布新校舍建筑委员会章程；④（二）奉教育部训令，对未立案及已停闭之私立专科以上学校转学生参加甄别试验，以获得转学资格一事需作出新规定。⑤

6月27日 批复同意召集专家，在本校大礼堂辩论“生物是种子发生”抑“生物能自然发生”问题。

光华医学院教授罗广庭博士的著作《生物自然发生之发明》于春夏间出版，罗同时将其“自然发生”的实验在广州市展览会里布置专室，陈列器具，特设委员，引人参观，并“示明五天自然发生”的经过。这种非科学性的学术观点及治学态度，立即引起了中大同行教授的注意。朱洗与董爽秋、张作人、费鸿年、张席禔、林椿年等教授联名呈请先生转函西南政务委员会教育改革委员会，召集有关专家及名医讨论罗广庭的所谓“发明”，获准后由西南教育改革委员会出面组织科学辩论会。会上，朱洗教授向罗广庭博士提出诸多质疑，罗无言以对。朱还在报刊连载文章，揭露罗广庭博士的真面目。⑥

△接军训部何春帆主任呈报，本年度各院部学生军训成绩及应扣考学生姓名，除抽存外，分别函知各有关院部查照办理。⑦

△签署大学布告。公布附属小学章程。⑧

6月28日 发表谈话，表示西南政务委员会对时局连日开谈话会讨论，但今日无会，尽已妥定一切办法。⑨

---

① 《昆虫学会拟就除虫害大纲案续讯》，见《国立中山大学日报》，1933年6月22日。

② 《大学布告》，见《国立中山大学日报》，1933年6月22日。

③ 《大学布告》，见《国立中山大学日报》，1933年6月24日。

④ 《大学布告（一）》，见《国立中山大学日报》，1933年6月28日。

⑤ 《大学布告（二）》，见《国立中山大学日报》，1933年6月28日。

⑥ 易汉文：《中山大学编年史（一九二四～二〇〇四）》，中山大学出版社2005年9月第1版，第23页。

⑦ 《军事训练部昨呈报扣考生名册》，见《国立中山大学日报》，1933年6月28日。

⑧ 《大学布告（一）》，见《国立中山大学日报》，1933年6月28日。

⑨ 《西南政会对时局有办法》，见《申报》，1933年6月29日。

6月29日 签署大学两份公函。（一）公布暑假办公时间及注意事项。[①]（二）奉西南政务委员会训令，按规定各机关长官及经营出纳人员交代时，应将经营款项及物品详列交代清册移交接管人员，由该机关长官呈报上级机关转送审计机关备查。自应遵照办理。[②]

6月30日 签署大学布告。公布借读规则自二十二年度起废止。[③]

6月 签署大学公函。奉教育部训令，抄送《总理纪念周条例》，在进行总理纪念周时遵照使用。[④]

夏 为《国立中山大学第七届毕业同学录》作序。[⑤]

夏 聘何文炯为本校附中训育主任。[⑥]

7月1日 函聘的本校法学院院长郭冠杰到院视事。[⑦]

△签署两份大学布告。（一）公布本大学第七届暨高中第二届毕业典礼定于本月5日上午10时举行，本校员生务须依时到会，同勷盛典；[⑧]（二）奉教育部训令，公布民国二十二年度考试选清华留美公费生办法纲要，定于7月1日至15日为本校报名时间，报名结束，将由教务会议核定保送应试名额，希本校员生一体知照。[⑨]

7月3日 致函各院部负责人，接出版部张掖函称，查本校历年所制就各科图式电版不少，惟散放各院系部处所，无从查处，以致随时重复制版，既费财力，又需时间。兹拟将职部及各院系部处所制就的电版，分别归类，编列号数，印出若干份，分送各院系部处所备查，如将来要用该电版时，即可检用，无庸再行制版，学校每年可省节许多费用。用特函请钧长通函各院系部处所将现存电版迅即编列号数送交职部收管，以便付印等由，应予照办。除函复及分函外，相应函请查照办理为荷。[⑩]

7月5日 主持本校学生毕业典礼。

上午10时，本校大学部第七届及高中部第二届学生毕业典礼在大礼堂举行。先生、萧冠英教务长、各学院院长及全体员生、毕业生均到场参加典礼，

---

① 《大学公函（一）》，见《国立中山大学日报》，1933年6月30日。
② 《大学公函（二）》，见《国立中山大学日报》，1933年6月30日。
③ 《大学布告（二）》，见《国立中山大学日报》，1933年7月3日。
④ 《大学公函》，见《国立中山大学日报》，1933年6月14日。
⑤ 程焕文：《邹鲁校长治校文集》，中山大学出版社2004年11月第1版，第272页。
⑥ 《何左二先生赴美留学志略》，见《国立中山大学日报》，1935年8月26日。
⑦ 《法学院布告》，见《国立中山大学日报》，1933年7月6日。
⑧ 《大学布告（一）》，见《国立中山大学日报》，1933年7月3日。
⑨ 《大学布告》，见《国立中山大学日报》，1933年7月10日。
⑩ 《大学公函》，见《国立中山大学日报》，1933年7月4日。

邓青阳委员代表西南执行部到场训话，广东省教育厅谢瀛洲厅长到场观礼。

典礼由先生主持，首先由先生恭读总理遗嘱，并宣布开会、致开幕辞。开幕辞略云："（1）今日为本校第七届及高中第二届举行毕业典礼之期，荷蒙政府派邓委员到会训话及谢厅长到场指导，觉得荣幸异常！（2）本校为总理所手创，又为纪念总理之大学；所以，各同学所负之使命，比之任何人为重大；（3）各毕业同学在校年期，有由小学而到大学的，有由中学而到大学的，也有由高中而升大学的，已有长期的训练，今兹出校，应当本其所学为社会国家服务；（4）现在之环境，非常恶劣，希望各同学创造新环境，勿为恶劣之环境所囿，然后可以成大功；（5）丁此国家危亡之存急秋，河山破碎之日，各毕业同学责任重大，为国家为民族，都应该努力奋斗，努力向前，去做革命工作。"①

之后，邓青阳代表西南执行部作了训话。训话结束后为颁发毕业证书程序，各位毕业生按照安排鱼贯到讲坛上，先向先生行一鞠躬礼，再向教职员及同学行二鞠躬礼，再由先生亲自向各位毕业生颁发毕业证书，历时三十分钟。在宣布毕业论文题目后，先生发表了训话，指出："（1）各位同学应本所创造自己环境，不随环境变更；（2）确定努力目标，放大眼光，以国家民族之繁荣为愿念；（3）大家应精神团结，内部一致，然后力量宏伟，方足以旋转乾坤；（4）方今国势凌夷，山河已有一部变色，而卖国者仍迈进其勾结帝国主义之工作，此种卖国者，胥为我人之敌人，应起来打倒之；（5）切勿顾目前利益，供人利用，而至断送人格，此非受本党主义熏陶之本校同学所应做的。"②

典礼还进行了颁发奖品程序，由先生亲自为获奖者颁奖。典礼在拍照留念后结束。

△致函各院部负责人，查本校历届学年告终，各院部校每有依章为其所属职员陈请加薪之举，现值学年终结，此类来文日来收到颇多，原拟参照向定办法，对于各部服务勤奋职员酌予加薪，以资激励。惟查本校经费预算职员薪俸项下已无盈余，又奉政府通令各机关公务员八成支薪，是以未便呈请追加。现届各部分请求加薪一事，因厄于经费，暂从缓议。本校各职员洞达校情，想能体念时艰，尽心职守，共维校务。③

7月8日 出席学校董事会及建筑董事联席会第五次会议。④

---

① 《本校昨日举行毕业典礼之盛况》，见《国立中山大学日报》，1933年7月6日。

② 《本校昨日举行毕业典礼之盛况》，见《国立中山大学日报》，1933年7月6日。

③ 《大学公函》，见《国立中山大学日报》，1933年7月6日。

④ 国立中山大学出版部：《国立中山大学现状》，国立中山大学出版部1936年版，第449～452页。

会议于上午10时在西南政务委员会办事处召开，出席人员有林云陔、林翼中、许崇清、区芳浦、先生、邓泽如。会议主要议题为讨论新校所有既兴工之各项工程费不敷尚巨，应如何救济案等。

△致电胡汉民，商议政务。9日，胡回复密电，表示详情由陈融归报。①

7月13日 签署大学布告及公函。奉教育部训令，公布修正限制学生更名改姓办法。②

△签署大学布告。准台山县政府公函，附汇本校台山籍毕业生考察旅费毫洋1000元，定于19日发放，仰本校台山籍毕业生依期前赴会计部具领。③

7月14日 签署大学布告。奉教育部训令，公布国外留学规程修正条文。④

7月15日 致函胡汉民。

函称："弟致憬（蒋光鼐）电及憬复电计早达览。伯（陈济棠）处以百万有难色，且以事无此简单，云当派人与憬面商，但德（李宗仁）意见如何未悉，请兄就近商后见告，以便复憬为荷。"⑤

△在《三民主义月刊》第二卷第一期上发表《序中兴学会译革命之印度》一文。⑥

7月16日 接广东建设厅农林局水产系主任陈同白经由本校农学院转函，借用本校农场试验水产。先生以该项工作系一种科学试验，进行时期，非有相当，难期奏功，故业函复照办。⑦

7月17日 签署大学布告。准广东民众援助东北义勇军大会执行委员会函，按照全省市公私学校学生援助东北义勇军月捐办法，各生务于下半年度开学时，除补缴未缴月捐外，应照案预缴下年度月捐6个月。⑧

7月18日 《申报》17日香港专电："邹鲁谈，收编三舰具体办法，18

---

① 陈红民：《胡汉民未刊往来函电稿》第九册第二十八卷，广西师范大学出版社2005年12月第1版，第455页。

② 《大学布告（一）》，见《国立中山大学日报》，1933年7月17日；《大学公函》，见《国立中山大学日报》，1933年7月17日。

③ 《大学布告（二）》，见《国立中山大学日报》，1933年7月17日。

④ 《大学布告（三）》，见《国立中山大学日报》，1933年7月17日。

⑤ 陈红民：《胡汉民未刊往来函电稿》第十一册第三十五卷，广西师范大学出版社2005年12月第1版，第484页。

⑥ 邹鲁：《序中兴学会译革命之印度》，见《三民主义月刊》第二卷第一期，第106页。

⑦ 《农林局展期借用农场试验水产》，见《国立中山大学日报》，1933年7月17日。

⑧ 《大学布告》，见《国立中山大学日报》，1933年7月20日。

〈日〉提出政会讨论后，始决定。”①

7月19日 函复商务印书馆总经理王云五。

函称：“大函附送《中国文字学》及《中国文字之原始及其构造》两书请审查，见复，等由。查二书自有其美善之处，可供学者参考，相应检还原书函复，即希查照，为荷。”

7月20日 与唐绍仪、萧佛成、邓泽如、陈济棠、李宗仁等联名致电南京中央党部、国民政府，“政府不思攘外安内，媚外以重其祸，是直纷乱是非，颠倒功罪，自毁纲纪，而速覆亡也。中央政府苟不能有效制止军事当局调关冯宠诸将入察之兵，并不能予冯方向同志抗日各军以接济，是堕尽中华民族之人格，中央自失其政府之资格，则西南各省必不能漠然坐视，必当率领全国，采正当之办法以主持正义，以捍卫国家，以保存中华民族之人格。特进忠言，惟希鉴察。”②

7月25日 《申报》刊登是日中央社电：“邹鲁、萧佛成、邓泽如等，主张迎胡甚力。陈济棠因恐妨碍剿匪进行，特嘱林云陔来港谒胡汉民，代达此意，并劝胡仍以暂在港休养为佳。邹鲁等会商邀白崇禧来港，以政会常委一席饵之，即补伍朝枢缺。”③

7月27日 电贺张炎就任陆军第四十九师师长。

十九路军抗日先遣队第一纵队长张炎，自四师抵达永定后，即奉命将先遣队一二两纵队及原抗日张贞部合编为陆军第四十九师，以张为师长，在永定防次就职，并将就职及改编情形向先生报告。

先生是日致电驰贺，电云：“来函备悉。执事奋抗日余威，作于城重寄，奠七闽于磐石，海宇澄清；握两旅之军符，河山带砺！鸿仪在望，燕贺宜申。”④

7月29日 胡汉民致函先生，谈及沪干部变更事宜。⑤

△签署大学布告。准注册部主任黄希声来函，将本校大学招生报名日期展至8月10日止，高中招生报名日期展至8月3日止。⑥

---

① 《邹鲁谈收编三舰办法》，见《申报》，1933年7月18日。三舰：指东北海军主力舰海圻舰、海琛舰、肇和舰，6月24日深夜，三舰叛离东北海军。

② 存萃学社：《1927～1934年的反蒋战争》，大东图书公司1978年7月第1版，第619～620页。

③ 《邹鲁等主迎胡》，见《申报》，1933年7月26日。

④ 《邹校长电贺张炎就四九师师职》，见《国立中山大学日报》，1933年7月31日。

⑤ 陈红民：《胡汉民未刊往来函电稿》第三册第五卷，广西师范大学出版社2005年12月第1版，第592页。

⑥ 《大学布告（一）》，见《国立中山大学日报》，1933年8月3日。

7月31日 致函各院部处馆负责人，本届新生入学考试，应派监考委员，各单位将在校教务员名单，于8月3日以前开送教务处，以便选派。①

△签署两份大学布告。（一）奉国民政府西南政务委员会训令，同意对本校组织大纲第二十八条进行修正；（二）准广西教育厅公函，给予本校陈诗纲等132人广西留学省外学生奖学金，仰本校桂籍学生一体知照。②

7月底 先生等人起草在粤召集国民党“五全”大会的计划和预算。

倒蒋计划因格于实力派主张而成不生不死的状态。是月底，萧佛成、先生、邓泽如等人决定作最后搏击，他们秉承胡汉民的意见，在广州起草召集国民党“五全”大会的计划和预算。其内容关于计划方面，注重联络海内外各地党部，以为将来争取出席代表人数，对一般失意党人则尽数收罗。关于经费方面，海外组预算，因招待海外代表耗费独多，故总共需要11万余元，组织宣传两组，则各自需要六七万元，共计由筹备开会至闭会之日止，约需要35万多元。至于反对中央召集“五全”的理由，主要有萧佛成的“蓝衣社包办”路线及先生提出的认为中央“纵容卖国”、“丧失地位”及“中央不配召集”等。③

两广为对抗南京召开“五全”大会，曾搜罗各省市有影响的党员到广州，准备唱对台戏。此后，在广州开会的计划成为泡影，各地代表不愿白跑一趟，借机闹事，向西南执行部“请愿”。如何处置此事，“新国民党”上层有分歧。先生主张息事宁人，“遣拨时不宜仅以遣散名目行之，宜作为因党务或军事派出各人往各方办事。”萧佛成则斥之为“流氓”行径，反对给予名义，理由是“由军党各事派出，则必有工作，将来此班大贪继续要求，则如何能够继续供给?”胡汉民也同意萧佛成的看法。此事反映出“新国民党”内部矛盾重重，各级干部中均有为权位、经费支配而钩心斗角之事。④

8月1日 函聘黄枯桐为农学院教授兼第一模范林场主任，黄是日到林场视事。⑤

△签署大学布告。准军事训练部函报，高中一二年级学生军训服装、书籍费合共8元左右，请学校函知各生家长预备该费用，入校时缴交，仰高中一二

---

① 《大学公函》，见《国立中山大学日报》，1933年8月3日。

② 《大学布告（三）》，见《国立中山大学日报》，1933年8月3日。

③ 《西南政客不放松机会》，见《晨报》（北平），1933年8月16日。

④ 陈红民：《函电里的人际关系与政治：读哈佛—燕京图书馆藏“胡汉民往来函电稿”》，生活·读书·新知三联书店2003年9月第1版，第206页。

⑤ 《农学院模范林场布告》，见《国立中山大学日报》，1933年8月3日。

两年级学生一体知照。[1]

8月3日 签署大学布告。奉西南政务委员会训令，为筹设省市党部基金公库，公布广东省市党部筹集基金方案，要求各员生将应收基金按月汇收会计部汇转。[2]

△谭启秀致电萧佛成、邓泽如、先生，电称："河兄沿途阻，冬日始抵闽来厦。函及述各情怀藉悉，伯公（陈济棠）态度一变至此，非公等之诚感无有今日也。伯公既能推诚，此间谅无问题。惟憬（蒋光鼐）、贤（蔡廷锴）两总座均在鼓山避暑河兄，今晨前赴奉商。如何再电，知注先闻。"[3]

8月4日 致函中大各部分职员，查暑假将满，工作渐多，各部分职员应自8月4日起照常上下午返校办公。[4]

△致函各监考员，本校招考高中新生，定于8月7日、8日举行入学考试，依时莅临监考。[5]

△致函各阅卷员，于本月9日上午8时到钟楼阅卷。[6]

8月7日 函复文学院古直代院长，同意中文系招考研究生。[7]

文学院古直代院长近感我国文风颓废，为挽救狂澜于既倒，特于下半年度招考文学研究生若干名，以冀拔取高材，效用于国。经拟具招考文学研究生简章八则，于7月31日函请先生核夺施行。是日，先生函复同意。

△函复附属第二医院桂毓泰主任，关于该院女护士辞职一事准由该院觅人代理。[8]

8月7日至8日 上下午均到本校高中部新生入学考试各试室巡视。[9]

8月9日 签署大学布告。奉西南政务委员会训令，公布总理纪念周秩序表，转饬所属知照。[10]

8月10日 表态反对中央党部召开"五全"的通告。

---

① 《大学布告（四）》，见《国立中山大学日报》，1933年8月3日。

② 《大学布告》，见《国立中山大学日报》，1933年8月7日。

③ 陈红民：《胡汉民未刊往来函电稿》第八册第二十四卷，广西师范大学出版社2005年12月第1版，第468页。

④ 《大学公函（一）》，见《国立中山大学日报》，1933年8月7日。

⑤ 《大学公函（二）》，见《国立中山大学日报》，1933年8月7日。

⑥ 《大学公函（三）》，见《国立中山大学日报》，1933年8月7日。

⑦ 《文学院中文系招考研究生要讯》，见《国立中山大学日报》，1933年8月14日。

⑧ 《函复第二医院关于该院女护士辞职一事准由该院觅人代理》，见"国立广东大学全宗"档案，全宗号31，目录号1，案卷号13，藏广东省档案馆。

⑨ 《招考高中新生入学初试情形》，见《国立中山大学日报》，1933年8月10日。

⑩ 《大学布告（二）》，见《国立中山大学日报》，1933年8月14日。

是日，西南执行部接到中央党部定期11月召开国民党第五次全国代表大会的正式通告后，先生及其他西南中委“以中央对于历次会议决议之抗日方案，既不实行，反屡次发起在宁召集代会，宁方现在独裁势力支配之下，其结果必不免权操于一人，而诿过于全党”，因此通电“绝对反对而不承认者也”。①

公开表明反对态度后，西南元老开始为在粤召开国民党“五全”大会造势。一面利用宣传机关大造“在蒋氏势力范围以外之地域开会”② 的舆论，一面授意“护党同志会”、“全国民众救国团体联合会”等团体电请西南执行部在粤开“五全”大会，同时更电召留沪中委南来声援。③

△签署两份大学布告。（一）公布取录附属小学一年级生及幼稚生名单，仰取录生于8月21日到附属小学办事处报到并照章缴纳各费；④（二）奉广东合作总社筹备处公函，检同该社章程及社员入社登记表过校，即希本校服务人员多认社股，以早日完成创社美举。转饬所属凡认股者，务于文到半月内，携同登记表到会计部缴纳股金为荷。⑤

8月12日　签署大学布告。公布获得复试资格的本校附属初中招考新生名单，仰取录生于8月14日到附属初中复试。⑥

8月14日　致函胡汉民，请胡审查广州3月29日革命记文。⑦

△签署大学布告。公布获得复试资格的本校附属高中一年级新生名单，仰取录生于8月16、17两日到附属高中复试，并对投考甲、乙部进行说明。⑧

8月15日　致函胡汉民，为湘事经费缺乏请示解决办法。⑨

△在《三民主义月刊》上发表《国民党党员目前应取之态度》一文。在文中指出国民党党员目前应取的三种态度：讨蒋（蒋介石）、斥汪（汪精卫）、

---

① 《西南中委反对在宁召开五全会》，见《民国日报》（广州），1933年8月11日。

② 清寰：《宁府将向五全大会提议容纳蓝衣社活动》，见《中兴报》（香港），1933年8月26日。

③ 罗敏：《从对立走向交涉——福建事变前后的西南与中央》，见中国社会科学院近代史研究所：《中国社会科学院近代史研究所青年学术论坛（2005年卷）》，社会科学文献出版社2006年10月第1版。

④ 《大学布告》，见《国立中山大学日报》，1933年8月10日。

⑤ 《大学布告（三）》，见《国立中山大学日报》，1933年8月14日。

⑥ 《大学布告（一）》，见《国立中山大学日报》，1933年8月14日。

⑦ 陈红民：《胡汉民未刊往来函电稿》第十一册第三十五卷，广西师范大学出版社2005年12月第1版，第483页。

⑧ 《大学布告》，见《国立中山大学日报》，1933年8月16日。

⑨ 陈红民：《胡汉民未刊往来函电稿》第十二册第三十八卷，广西师范大学出版社2005年12月第1版，第510页。

援冯（冯玉祥）。①

△签署大学公函。准广东全省教育成绩展览会函，该会定于本月15日至24日在光孝街国立法学院内举行展览，并设弹棋、象棋、围棋、乒乓球等比赛，即日在寺内该会办事处布置预行报名，准此，查照为荷。②

8月17日 胡汉民致函先生，特函介绍余缵庚子女拟即补入中大附小读书，亟事设法容纳。③

△签署大学布告。公布本校附属初中取录名单。仰各生于本月28日、29日两日到附属初中缴费注册。④

△签署大学公函。本校概览现经指定蔡秋农等6人专编，并限10日内编成，各学院，各附校，各场所馆应即日专派一熟悉本单位事务之人到教务处、事务处，以备咨询及搜集材料。⑤

8月21日 签署两份大学布告。（一）榜示本大学各学院通过新生初试的名单，仰取录各生，于本月23日上午8时亲到复试，并依照榜列试室及座位号就座，各毋延误；⑥（二）照得本校高中部毕业生升大转院者，须参与入学复试。兹将该生等座号试室布告于后，仰各生遵照于本月23日来校参与复试。⑦

8月22日 签署三份大学布告。（一）照得本届来校转学各学院学生，业经参与新生入学初试，现已核定成绩，计取录吴伯端等16名，合行榜示，仰各赴所属学院听候编级考试；⑧（二）照得本校高中一年级取录新生，计甲部31名，乙部227名，合行榜示，仰取录各生遵照教务会议议决，先到军训部报名，经过训练后，再到注册部注册；（三）本校为严格训练起见，特将本届取录高中一年级学生，于入校前集中训练一星期，俾以后一般易遵轨范，合将新生军训应遵照事项公布，仰取录各生一体遵照。⑨

8月25日 函复附属第二医院桂毓泰主任，准护士谭蕙芳于9月1日辞

---

① 邹鲁：《国民党党员目前应取之态度》，见《三民主义月刊》第二卷第二期，第25页。

② 《大学公函》，见《国立中山大学日报》，1933年8月16日。

③ 陈红民：《胡汉民未刊往来函电稿》第三册第五卷，广西师范大学出版社2005年12月第1版，第599页。

④ 《大学布告》，见《国立中山大学日报》，1933年8月21日。

⑤ 《大学公函》，见《国立中山大学日报》，1933年8月21日。

⑥ 《大学布告（一）》，见《国立中山大学日报》，1933年8月23日。

⑦ 《大学布告（二）》，见《国立中山大学日报》，1933年8月23日。

⑧ 《大学布告（三）》，见《国立中山大学日报》，1933年8月23日。

⑨ 《大学布告（二）》，见《国立中山大学日报》，1933年8月24日。

职，同时训令谭蕙芳准辞。①

约8月26日 到香港见胡汉民，对时局表示不满，计划出国远游，被胡汉民劝阻。

先生主张在粤召集国民党“五全”大会的努力遭到陈济棠反对后，气愤之极，与其他元老派出走香港，去见胡汉民。先生说：“中央对日屈服，已至极点。假使我们以抗日救国为职责，那么今日就是出师抗日的时期。不料广东军事当局，畏首畏尾，我们还唱什么抗日口号！维持下去，还有什么意义。‘即不能令，又不受命’，绝对不是办法。我决意出国远游，不再过问国事，让他们去畅所欲为罢！”胡汉民不赞成先生意见，并劝嘱先生仍回广州，说：“无论如何，你要回去，代我主持这个局面。最要紧的，关于我们西南的政治主张，要维持到和以前的一样。”② 先生无法拒绝，只得回到广州。

与胡汉民见面期间，先生作《和不匮室主人③见赠难字韵诗》赠胡汉民。胡汉民也赠诗给先生。④ 在香港期间，先生曾到九龙青山寺、宋王台等地游览，并作诗《游九龙青山寺四叠难字韵》。⑤

陈红民认为，先生赴港，是应胡汉民之约。由于福建方面摩拳擦掌，起事已无可避免，而陈济棠则再三推诿出兵，胡汉民于8月底专门约桂、闽两省军政要人与先生等人到香港商量办法，他为此曾用电报征求白崇禧的意见：“南宁白副总司令健生兄大鉴：密。伯南（陈济棠）至今仍托词不干，佛成（萧佛成）、泽如（邓泽如）、海滨（邹鲁）三兄已于前星期来港与德邻（李宗仁）、任潮（李济深）、真如（陈铭枢）三兄磋商桂闽出师湖南办法，……”⑥

根据先生在《据十月一日的特电来证蒋汪卖国》一文中记述，先生此行在香港停留十余日。⑦

8月30日 与萧佛成一起致密电谭启秀转蒋光鼐、蔡廷锴，写道：“启秀

---

① 《函复第二医院准护士谭蕙芳于九月一日辞职，训令谭蕙芳准辞职》，见“国立广东大学全宗”档案，全宗号31，目录号1，案卷号13，藏广东省档案馆。

② 邹鲁：《回顾录》，岳麓书社2000年9月第1版，第272～273页。

③ “不匮室主人”为胡汉民号。

④ 国立中山大学校友会：《邹鲁全集》第（十）卷，三民书局股份有限公司1976年10月初版，第21页。

⑤ 国立中山大学校友会：《邹鲁全集》第（十）卷，三民书局股份有限公司1976年10月初版，第20页。

⑥ 陈红民：《函电里的人际关系与政治：读哈佛—燕京图书馆藏“胡汉民往来函电稿”》，生活·读书·新知三联书店2003年9月第1版，第244页。

⑦ 邹鲁：《据十月一日的特电来证蒋汪卖国》，见《三民主义月刊》第二卷第四期，第20页。

兄函电均悉，伯南（陈济棠）至今仍托词不干，弟等与泽公（邓泽如）早于前星期来港，连日与德邻（李宗仁）、任潮（李济深）、真如（陈铭枢）磋商闽桂共同出师办法，仍盼憬（蒋光鼐）、贤（蔡廷锴）二兄照任（李济深）、真（陈铭枢）二兄之去电，即日派人参加，以便早见事实为荷。”①

8月31日 西南政委会于30日晨召开谈话会，陈济棠、林云陔、林冀中等人出席，讨论重要时局问题及进行步骤，中午散会。是日，政委会将所议各项，交陈融带往香港，转交胡汉民、萧佛成、先生等人征询意见。②

《申报》9月1日登载31日中央社电：“萧佛成、邹鲁愤然离粤后，陈济棠态度仍不稍变，始终以仅留两机关及不反对五全代会，为与元老派合作条件。元老初甚倔强，并求胡汉民谋一最后应付方法，以拆陈济棠之台。奈胡等连日会议，亦无结果，萧邹等乃软化，允接受陈济棠之条件，先后返省，各任原职。”③

8月 为《国立中山大学二十一年度概览》一书题写书名。

9月1日 与胡汉民一起致电陈章甫主任、陈汉光旅长，保释被捕的原崖县县长王鸣亚。④

9月3日 接理工学院院长何衍璿函请，从廿二年度上学期起，应限制本院学生选修他学院课目，庶免放弃原学系课目，以后拟规定本学院学生，每学期选修他学院课目，最高额不得超过4个学分。先生经即照办。⑤

△接理工学院院长何衍璿转物理学系主任朱志滁函请，新开电话学一课目，每周授课3小时，得到先生批准。先生并聘请留法学者邓焕华为该课目讲师。⑥

9月4日 签署大学布告。合行榜示本届报考农业专修班新生通过初试者名单，仰取录各生于本月6日、7日上午8时亲到农学院复试，各毋延误。⑦

9月5日 接商务印书馆函，请先生转函本校各教授，量为采用该馆出版

---

① 陈红民：《胡汉民未刊往来函电稿》第九册第二十八卷，广西师范大学出版社2005年12月第1版，第464页。

② 《萧邹等允返省》，见《申报》，1933年9月1日。

③ 《萧邹等允返省》，见《申报》，1933年9月1日。

④ 陈红民：《胡汉民未刊往来函电稿》第八册第二十四卷，广西师范大学出版社2005年12月第1版，第467页。

⑤ 《何院长函请限制选修课目》，见《国立中山大学日报》，1933年9月5日。

⑥ 《理工学院新开电话学》，见《国立中山大学日报》，1933年9月5日。

⑦ 《大学布告》，见《国立中山大学日报》，1933年9月5日。

的大学丛书。先生当即照办。①

△签署大学布告。照得农业专修科新生入学复试定于6日、7日举行，合将考试时间及地点公布于后，仰初试取录各生，一体知照。②

9月6日 胡汉民和先生致函王德林总司令，介绍王虚吾同志到该部工作。③

△签署大学布告。照得本年度大学第一学期开学典礼，改于本月11日上午10时举行，合行布告。④

9月7日 接文学院代院长古直函请，对本院廿一年度成绩优异者给予奖励。先生准以《三民主义月刊》奖励。⑤

△签署大学布告。照得农业专修科新生复试成绩业经评定，计取录饶涤生等30名，合行榜示，仰取录各生于本月9日上午9时开始进行体检及注册。⑥

9月8日 与胡汉民一起致电陈汉光，再次保释被捕的王鸣亚县长。⑦

9月9日 向紫金县赠送农作物种子。⑧

是日，先生接紫金县何县长来函，请先生赠送本校农学院出产的各种作物种子，以进行试验。先生接函后，即命人将梧桐、仁豆、蒲葵、菠菜、芥蓝、菜心等种子寄去，以示支持。

△致函文、法、理、工学院院长及高中部主任，公布本学期总理纪念周轮值表，以利进行。⑨

9月11日 签署大学布告。奉教育部训令，如期办理每届学生毕业证书及临时毕业证书，希本校各生一体知照。⑩

9月12日 致密电给"新国民党"上海天津干部，请将该处干部及各分部、各小组、各所属团体、各刊物负责人员及经、临各费即行电复。该电由陈

---

① 《商务印书馆函请采用大学丛书》，见《国立中山大学日报》，1933年9月6日。

② 《大学布告》，见《国立中山大学日报》，1933年9月6日。

③ 陈红民：《胡汉民未刊往来函电稿》第三册第五卷，广西师范大学出版社2005年12月第1版，第606页。

④ 《大学布告》，见《国立中山大学日报》，1933年9月8日。

⑤ 《文学院请奖励成绩优异学生》，见《国立中山大学日报》，1933年9月8日。

⑥ 《大学布告》，见《国立中山大学日报》，1933年9月9日。

⑦ 陈红民：《胡汉民未刊往来函电稿》第八册第二十四卷，广西师范大学出版社2005年12月第1版，第468页。

⑧ 《紫金县长请赠送农作物种子》，见《国立中山大学日报》，1933年9月11日。

⑨ 《大学布告》，见《国立中山大学日报》，1933年9月11日。

⑩ 《大学布告》，见《国立中山大学日报》，1933年9月13日。

融带往上海及天津。[①]

△签署大学布告。奉教育部训令，除东北四省外的高校学生不再继续因灾免缴学费，希本校各生一体知照。[②]

9月15日 在《三民主义月刊》第二卷第三期上发表《日本之对华经济统治政策与中国之危机》一文。[③]

9月17日 签署大学布告。榜示本校本届在闽招生名录，计取录理工学院一年级生余祖熙、陈国钦二名。[④]

9月18日 出席本校举行的“九一八”国难纪念会，并发表演讲《杀贼救亡》。

先生说道：“中华民国自经蒋中正公开拍卖民族利益而后，把立国的资格完全丧失无余。当世界各国在国联共同议决不承认伪〈满洲〉国时，蒋中正却用《塘沽协定》，对伪国加以事实上的承认，这样我们若不起来打倒卖国贼蒋中正，则我国还想在国际之林立足吗？然而全国的人民，全国的民党的同志，竟无人声讨国贼，这岂不是表示中国人民和中国国民党员都赞成同蒋贼卖国？但我不相信中国的民气真个被蒋贼摧残而消沉净尽！我更确信全国的人民都是与蒋贼势不两立，如果一旦揭起讨贼的旗帜，则蒋中正的政权未有不立即土崩瓦解的。但此时在表面上则好像中国的人心已死，坐视国中卖国贼于二年间断送中国东北四省，若照这样卖下去，则在不久的将来，岂不会把整个中国断送净尽了么？所以我们要急起直追，领导全国人民共同从事救国运动，而这个责任自然落在我们中大的学生身上，因为中大是总理手创的大学，总理的三民主义是救国主义，各位既是中山大学的学生，自然应该实行总理的救国主义。我们要实行救国，便应该先自立志，进而造成全国一致的意志，对内铲除独裁及其他军阀官僚，对外抵抗暴日及其他帝国主义，以完成三民主义国家的建设。在国中若容卖国贼一日存在，便是全国人民一日无意志的表示，所谓‘君子道消，小人道长’，便是这个道理。对于全国人民一致意志的养成是非常重要的，德意志、土耳其虽经惨败，而卒能复制，亦未始于不是他们能够结合有了一致的意志，得以共同救国的缘故。所以我们现在要下最大决心，团结救国的同志，以打倒共同敌人的卖国贼，然后才能对敌人抗战，才能洗雪

---

① 陈红民：《胡汉民未刊往来函电稿》第八册第二十四卷，广西师范大学出版社2005年12月第1版，第492页。

② 《大学布告》，见《国立中山大学日报》，1933年9月14日。

③ 邹鲁：《日本之对华经济统治政策与中国之危机》，见《三民主义月刊》第二卷第三期，第23页。

④ 《大学布告（二）》，见《国立中山大学日报》，1933年9月18日。

‘九一八’的奇耻大辱。我们能救国，这便是为青年找寻一条大出路，因为青年的出路只有民族能解放，国家能强盛才有解决的办法，否则国家灭亡，覆巢之下，焉有完卵，还能够谈甚么青年出路的问题吗？故此我们中大学生无论其所学为文科，为实科，大家都要秉着总理的三民主义努力救国。从前德国败法，日本败俄，都归功于教育，我们中山大学的员生，若不能肩负救国的大任，那还配为革命最高学府么？我们能在纪念‘九一八’的国难和国耻的今天，下了这个讨伐卖国贼以救国的决心，才不枉我们在这里开这个热烈悲壮的大会。”①

是日，先生用清宫藏宣手书岳飞《满江红》，以示纪念。同时，手书“十年教训”四字，“树武夷山高处以励诸生”②。

△签署两份大学布告。（一）“为布告事：‘九一八’国难，倏届二周年。空前耻辱，刻国难忘。本校为纪念国难，以示不忘起见，决定于是日分别举行纪念大会。凡农学院医学院附属初中，则于该院校纪念周后，随即举行；附属小学，则于朝会七时半举行；至文学院法学院理工学院高中部，则于上午十时在本校大操场举行；举行后随即上课，本校为总理手创南方最高学府，救国之责，义不后人。仰全校员生，共体斯旨，一致踊跃参加，有厚望焉。”③（二）准江西省教育厅函，公布新订赣籍奖学生规程，仰本校赣籍学生，一体知照。④

9月19日　对外发表谈话，“西南现惟贯彻抗日剿共主张，对中央召五全会事，不过问。”⑤

△签署大学公函。奉西南政务委员会训令，本月21日为朱执信殉国13周年纪念日，西南政务委员会将召开纪念会，本校将派员参加。⑥

9月21日　签署大学布告。定本月25日举行总理纪念周，仰各学院及高中部新生出席。⑦

9月22日　签署大学公函。对于本月21日至23日参加广东全省第六次

---

① 《本校举行“九一八”国难纪念会中之邹校长演词》，见《国立中山大学日报》，1933年9月20日。

② 国立中山大学校友会：《邹鲁全集》第（十）卷，三民书局股份有限公司1976年10月初版，第28页。

③ 《大学布告（一）》，见《国立中山大学日报》，1933年9月18日。

④ 《大学布告》，见《国立中山大学日报》，1933年9月19日。

⑤ 《各中委商时局》，见《申报》，1933年9月20日。

⑥ 《大学公函》，见《国立中山大学日报》，1933年9月20日。

⑦ 《大学布告》，见《国立中山大学日报》，1933年9月22日。

水上运动会的本校学生黄纪良等9人准予公假。①

△大学同学、曾为密友的陈炯明病死于香港。

9月23日 签署两份大学布告。（一）本月25日为总理纪念周，仰各生务于是日上午齐集风雨操场参加；（二）根据军训部正副主任呈函，开除不遵守校令的高中乙部一年级新生方峰正学籍。②

9月25日 出席中大总理纪念周，并发表演讲。③

上午9时，先生及教务长、各学院院长、各部主任、各学院及高中部新生参加了在雨操场举行的总理纪念周。9时10分，先生宣布纪念周开始，行礼如仪后，先生发表演说。10时30分散会。

△主持召开本校成立九周年纪念大会筹备会。

下午4时，先生在钟楼会议室主持召开本校成立九周年纪念大会筹备会，萧冠英、各学院院长等人参加。会议议决事项有十项，分别为："（一）全校设第九周年纪念大会筹备总会，各院部各设分会；（二）第九周年纪念大会之内容如下：（甲）总理铜像揭露典礼（在石牌新校舍）；（乙）新校舍奠基典礼（在石牌）；（丙）成绩展览会；（丁）运动会；（戊）学生军、童子军检阅；（三）总理铜像揭幕典礼及新校舍奠基典礼，定期11月11日上午举行。全校员生，列队步行前往参加；（四）展览会、运动会、学生军、童子军检阅，定期11月11日、12日、13日，共举行3天。（五）展览会地点在大学本部，农医两学院、高中小学及第一农场［展览会地点］在原地；（初中并入高中展览）（六）运动会及学生军、童子军检阅地点在大操场；（七）纪念费经费预算规定如下……；（八）纪念会章程推莫耀焜起草。（九）全校学生应习熟党歌校歌，由各院部分别负责办理。"④ 先生出任筹备总会会长，林云陔、胡汉民、邓泽如等8人担任名誉会长，萧冠英、何春帆等人为委员。⑤

△函复浙江省民政厅。

浙江省民政厅厅长吕苾筹于7月19日致函中山大学，指出中大医学院三年级全体学生来函，以该厅保送学生俞绍基人格卑鄙，生性狡诈，业经全班同学大会议决将其开除班籍。吕苾筹函请中大查明俞绍基是否屡犯校规，见复为荷。

---

① 《大学公函》，见《国立中山大学日报》，1933年9月23日。

② 《大学布告》，见《国立中山大学日报》，1933年9月25日。

③ 《本校昨晨举行总理纪念周详志》，见《国立中山大学日报》，1933年9月26日。

④ 《本校昨开九周〈年〉纪念大会筹备会议》，见《国立中山大学日报》，1933年9月26日。

⑤ 《中山大学九周年纪念大会职员一览表》，见《国立中山大学九周年纪念大会日刊》，1933年11月12日。

是日，先生复函，“查该生行动为同学所不满，但本校并无加以惩罚。”①

△致函各学院院长，于本月26日以前，推出教授一人任建筑委员会委员，并函报备案。②

△致函各部主任，准西南执行部秘书处公函，10月2日为总理纪念周，检送座位表、纠察证、出席证章，分给本校纠察员及参加纪念周人员佩带出席。③

△签署三份大学布告。（一）招生研究国学。“为布告事：照得文以足言，守永叔三多之言；文能载道，居孔门四教之先。本校长以文未丧天，道将坠地，特招生研究，欲继往以开来，并规定范围，务就班而按部。又复优给津贴，订定年期，本裁成后进之心，尽提倡国学之责。兹准中文系古主任送到考生试卷及成绩册，披览之余，至堪嘉慰！琳琅满目，佳卷殊多，玉尺量才，择优选录，现经审定，计取录朱子范、黎开云二名，仰即到注册部注册，填具志愿及保证书，听候中文系主任示期入校研究，除分行外；合行布告知照。”④（二）公布定制军服要求；⑤（三）规定凡军训生在雨操场训练时，不得在场内打球，以维秩序，而利军训。⑥

9月26日 接章炳麟函。章函大意为推荐友人陈翊林，请先生函聘陈为国立中山大学教授。先生据函后，去电聘陈为中大社会学及教育学教授。⑦

△致函中大各院长、主任，查各部分解职事务人员，间有交代手续，尚未清楚，遽行领薪他去者，殊属不合。兹为慎重公务起见，凡事务人员解职，须得主管人证明交代手续清楚，缮发函证，送会计查照，始得支薪，以重公务。⑧

△签署大学布告。准理工学院院长何衍璿函，要求“各学院学生，务宜勤奋向学，不得向教授讲师要求多给学分，函院更改成绩，以端士习，而正学风，仰各知照。”⑨

9月27日 签署两份大学布告。（一）准本校抗日会函，兹定于本月30日照章分区选举抗日会代表，10月4日以前，概行照章选出，以便组织委员

---

① 见“国立中山大学全宗”档案，全宗号20，目录号1，案卷号81，藏广东省档案馆。

② 《大学公函（一）》，见《国立中山大学日报》，1933年9月27日。

③ 《大学公函（二）》，见《国立中山大学日报》，1933年9月27日。

④ 《大学布告（一）》，见《国立中山大学日报》，1933年9月26日。

⑤ 《大学布告（二）》，见《国立中山大学日报》，1933年9月26日。

⑥ 《大学布告（三）》，见《国立中山大学日报》，1933年9月26日。

⑦ 《本校电聘陈翊林为文学院教授》，见《国立中山大学日报》，1933年9月27日。

⑧ 《大学公函》，见《国立中山大学日报》，1933年9月28日。

⑨ 《大学布告》，见《国立中山大学日报》，1933年9月27日。

会，希全校员生工警，一体知照；（二）公布本届文史研究所招考史学研究生录取名单，并公布注册及报到注意事项。[①]

9月28日 主持西南教育改革委员会第十三次会议。

下午2时，会议在中山大学举行，范锜、杜益谦、许崇清、陆幼刚、梁华基、谢瀛洲、邓植仪、先生及林砺儒出席了会议，朱洗等人列席会议，会议由先生主持。会议的报告事项有：邓植仪报告生物自然发生说试验经过。大意为：曾邀集罗广庭及中山大学生物学、医学教授、广州市医学专家在中山大学开大会讨论，试验程序，经决议组织实验生物自然发生监督保管委员会负责办理。该委员会已开会多次，进行实验，惟各委员签认罗君实验方法不妥，曾函本会陈述在案。其中详情，可请今日列席的该会委员报告。朱洗、李其芳、何炽昌、董道蕴委员相继报告了实验经过，大致为：因为罗广庭不肯依照委员会所决定的方法进行实验，为委曲求全计，只得由罗广庭用其自定方法实验，惟罗广庭所用方法不妥，与科学抵触，消毒不清，封固不密，所放存地方只有一个大水缸，将发生小虫蚊蝇。计自7月25日实验至今，已经历时两个月，实验室内必极不清洁，将来结果，必不可靠。同人等对此，已经有详细陈述，函报贵会，至于罗广庭在著作中所言，亦多不合科学。

会议决议事项：“（一）生物自然发生说之实验，俟得结果后，再讨论解决；（二）新学制所定每年分四学期，现拟改为三学期，以便施行；请钟委员荣光草拟方案，交下次会议审议；（三）关于由中山大学、广东省教育厅、广州市教育局会同办理编辑教律书一案，仍请陆委员幼刚草拟方案，交下次会议审议；（四）关于将经义编入教科书案，交下次会议讨论。”[②]

△接本校高中部第二届乙部B班班会筹备会函，邀请先生参加该班会成立典礼。[③]

9月29日 致函各学院院长，因组织第二届校务委员会之需，请各学院在本月底之前选举本院教授代表，并于10月2日到钟楼会议室监理开票。[④]

9月30日 签署大学布告。定于10月9日起，本校所有各级学生，到校上课，或参加各种典礼与纪念等，均须穿着部定学生制服。如敢故违，即由各学院附校酌予处分。[⑤]

△《社会新闻》发表文章《邹鲁为方振［武］撑腰》。

---

① 《大学布告》，见《国立中山大学日报》，1933年9月29日。

② 《教育改革委员会第十三次会议》，见《国立中山大学日报》，1933年10月3日。

③ 《高中二届B班将举行成立班会典礼》，见《国立中山大学日报》，1933年9月30日。

④ 《大学公函》，见《国立中山大学日报》，1933年10月2日。

⑤ 《大学布告》，见《国立中山大学日报》，1933年10月2日。

文章写道："现在滦东与土匪打成一片，声势汹汹，大有联合老耗子（张魁元）、吉鸿昌、石友三等匪军打入北平之势的方振武。这种行动，西南元老竟说他是抗日可嘉。邹海滨（邹鲁）竟在政务会上提议，任方振武为'西北抗日联军总司令'。一般政委，对邹此种反常谬举，原欲加以申斥。但以邹为中大吞款事，已弄得极其没趣，近且行将（原是宣传性）出洋，姑且让其放一起马炮，并将给以中大筹款专员名义，使其早日实行出洋的诺言云。"①

9月 为《国立中山大学二十一年度概览》撰写序文。

序文写道："总理革命数十年，其主旨在救国。故三民主义演讲，开宗明义即曰'三民主义即救国主义'。唯是有救国主义，尤贵有救国之人才，否则主义终无由见诸事实。此总理所以有本校之创办也。

溯本校创办之初，广州一隅之地，四面皆敌，列强兵舰麇集珠江，尤欲助彼敌人铲此革命根苗而后快。而将士之专横，财政之枯竭。复不堪言状。

总理乃于内外夹击中，从容筹划本校，规模既求其伟大，经费复许以独立，广罗专门人材，多购图书仪器，以故成立虽未在人之先，而进步独不居人之后。更于军政万机之余，来校演讲三民主义，所冀养成人材以负救国责任，用意至殷，用心良苦。

今本校成立既历九年，毕业学生亦复不少，究竟能否副总理之期望，实为一大问题。况自'九一八'以还，东北四省以不抵抗弃诸敌人，尤复订立《塘沽协定》为敌保障，并将长城以南各要地为敌缓冲。又恐欧美列强责言，更不惜遍借外债，授人共管。而环顾国内政治不良，旧符满地，四民失业，转徙流离。从军事上政治上经济上观察中国现状，较之总理在时，危急愈甚，则本校应负救国之责任亦愈重。

顾救国又岂空言所能奏效。苟非有高尚之人格，不足以领导救国；苟非有高深之学术，不足以担任救国。在经济落后中，更非有法解决民生，不足以完成救国；在四面楚歌中，尤非极力提倡民族，不足以一致救国。凡此皆中国国家、中华民族生死存亡之问题，亦即本校独一无二应负之责任。故当二十一年度本校概览刊行之时，申其义以为本校员生励。亦以亲受总理命而创此校，知其义较详，不能不为本校员生告也。至一切内容，详诸本览，不赘焉。"②

9月 接高中部学生组织的民众教育服务社呈报，请先生对该社准予备案。先生批复照准。③

---

① 《邹鲁为方振（武）撑腰》，见《社会新闻》第四卷第三十期，1933年9月30日。

② 《邹校长序本校新刊概览文》，见《国立中山大学日报》，1933年9月29日。

③ 《高中部学生积极筹备组织民众教育服务社》，见《国立中山大学日报》，1933年10月4日。

9月　为《国立中山大学学生须知》一书题写书名。

9月　为《广东化学肥料营业使用概况调查报告书》一书题写书名。

10月1日　撰写《据十月一日的特电来证蒋汪卖国》一文，发表10月15日发行的《三民主义月刊》第二卷第四期上。①

△《三民主义月刊》编辑来先生住处催要稿件。②

10月2日　主持本校法学院总理纪念周。③

早晨，总理纪念周在学校大礼堂举行，先生、法学院院长郭冠杰及员生六七百人参加。先生任主席，并发表演说。10时许散会。

△签署大学布告。准云南省教育厅公函，为发放本省国内留学奖学金，现调查本校于本年秋季开学已经注册上课并经审查合格的学生，附送调查表迅予填写寄回。自当照办，仰滇籍学生，一体知照。④

10月3日　签署大学布告。

为布告事："照得本校女生制服，前奉教育部令饬施行，迭经布告在案。兹查各生能依照制用者固多，而未能遵行者亦不少，殊与教育部划一制服，整饬学风之本意相违。诸生在求学时期，悉属分利份子，其应兀兀勤学者，厥为有用之知识，而非徒惊于外观也。若以父兄血汗之资，耗于争奇斗丽之用，匪特贻讥大雅，且恐习染浮薄。矧诸生既就学于总理手创之南中最高学府，服用与居群流瞻式，苟能敦崇俭朴，方杜奢风，树厥嘉模，为国人范，则足以挽颓风而励末俗，岂可随流而靡不自振拔。抑我国丁兹经济落后，国难当前之秋，凡属国民，均应抱定救国决心，拒用外货，提倡节俭。庶几休风所被，举国翕然，民族精神，于焉振起。学人为国民先导，其责尤重。本校长蒿目时艰，为挽救颓风起见，用再剀切布告，抑全校女生，共体斯旨，有厚望焉。"⑤

△致函各学院校务会议代表当选人，公布各学院当选为校务会议代表教授名单。⑥

△签署大学公函。定于本月5日下午3时召开本校成立九周年纪念第二次筹备会议，函请相关人员出席。⑦

10月4日　签署两份大学布告。（一）奉西南政务委员会训令，公布国庆

① 邹鲁：《据十月一日的特电来证蒋汪卖国》，见《三民主义月刊》第二卷第四期，第20页。
② 邹鲁：《据十月一日的特电来证蒋汪卖国》，见《三民主义月刊》第二卷第四期，第20页。
③《昨晨举行总理纪念周详志》，见《国立中山大学日报》，1933年10月3日。
④《大学布告》，见《国立中山大学日报》，1933年10月3日。
⑤《大学布告》，见《国立中山大学日报》，1933年10月4日。
⑥《大学公函（一）》，见《国立中山大学日报》，1933年10月4日。
⑦《大学公函（二）》，见《国立中山大学日报》，1933年10月4日。

纪念日（10月10日）本校举行集会以进行庆祝；[①]（二）准广西容县政府公函，公布容县奖学金分发暂行规程，请本校容县籍学生填具调查表，以便汇办，申请容县留学省内外奖学金。[②]

10月5日 胡汉民致函萧佛成、先生，请设法在经济方面量予补助组织民间武力抗日的王蕴萍部。[③]

△是日《国立中山大学日报》刊载："本校文学院中文系王茀桥、李全佳，英文系陈蕙纕、凌子鎏、包三易等，均于上年度毕业。查王茀桥等，籍隶河北省，邹校长为谋同学出路，曾经有函致该省教育厅，请转饬该省各中等以上学校，分别酌予录用。闻该省教育厅据函后，业经将王茀桥等函荐各机关录用，并将其姓名登载于该厅公报云。"[④]

△签署大学布告及公函。查本月10日为国庆纪念，是日休假，并定于上午9时在大操场开纪念会及举行高中初中学生军及初中小学童子军会操，藉申庆典，合行布告，希全校员生知照。[⑤]

10月6日 胡汉民致函萧佛成、先生，介绍抗日同志张学骞趋谒。[⑥]

△胡汉民致函先生，希予招待张学骞，拨给北返旅费，并酌夺是否介绍与陈济棠见面。[⑦]

10月7日 出席学校董事会及建筑董事联席会第六次会议。[⑧]

会议于上午10时在西南政务委员会办事处召开，出席人员有先生、许崇清、陈济棠、林云陔，会议主要议题为讨论石牌新校舍建筑费尚欠款项如何筹足案等。

10月8日 致函教务长、事务长、各学院院长、各附校主任，说明成立建校九周年纪念大会筹备委员会事宜。[⑨]

---

① 《大学布告（一）》，见《国立中山大学日报》，1933年10月5日。

② 《大学报（布）告（二）》，见《国立中山大学日报》，1933年10月5日。

③ 陈红民：《胡汉民未刊往来函电稿》第四册第六卷，广西师范大学出版社2005年12月第1版，第348页。

④ 《河北教育厅录用本校毕业生》，见《国立中山大学日报》，1933年10月5日。

⑤ 《大学布告》，见《国立中山大学日报》，1933年10月6日；《大学公函》，见《国立中山大学日报》，1933年10月10日。

⑥ 陈红民：《胡汉民未刊往来函电稿》第四册第六卷，广西师范大学出版社2005年12月第1版，第348～349页。

⑦ 陈红民：《胡汉民未刊往来函电稿》第四册第六卷，广西师范大学出版社2005年12月第1版，第349页。

⑧ 国立中山大学出版部：《国立中山大学现状》，国立中山大学出版部1936年版，第452～453页。

⑨ 《大学公函》，见《国立中山大学日报》，1933年10月9日。

10 月 9 日 胡汉民致函萧佛成、先生，介绍冯玉祥的代表谌小岑晋省趋谒左右，面陈华北各情。①

△出席中文系研究生入学典礼。

典礼仪节如次："谒先师孔子三鞠躬，（1）校长就位；（最前列）（2）各师长就位；（次列）（3）文学生就位。（后列）各就位定后，赞礼者唱：一鞠躬。二鞠躬。三鞠躬。其度皆磬折，谒圣礼毕。赞者唱，校长各师长面南向，文学生面北向，肃立，向校长各师长行二鞠躬礼。礼毕。赞礼者唱：文学生东西对向，行一鞠躬礼。礼成。谒先总理礼。其礼式如谒先师礼。谨志曰：孟子有言：上无礼，下无学，贼民兴，丧无日矣。"② 礼仪的目的是使中文系研究生成为文质彬彬之士，博文以外，尤当约之以礼。

△致函黎时雍等人，聘任其为本校创立九周年纪念大会文书部主任等职。③

10 月 10 日 出席双十国庆纪念大会。④

上午 9 时，本校全体员生两千多人在前门大操场举行双十国庆纪念会大会。校钟长鸣后，先生及萧冠英教务长、何春帆事务长、各学院院长等人齐集大操场参加大会，大会由先生主持。大会首先检阅学生军及童子军，再由先生恭读总理遗嘱。9 时 30 分，先生致开会辞，任启珊教授发表演说。在拍照等礼节后，纪念大会结束。

△致函本校九周年纪念大会各部主任，定于每星期三、星期六下午 3 时召开会务会议。⑤

10 月 12 日 胡汉民致函萧佛成、邓泽如、先生，黎重生代表东北民众讨倭义勇军领袖张海天南来报告抗日各情，希望先生等人在经济方面倘能请后援会救国各会按月量予接济，其他各项，统盼商决。⑥

△致函本校成立九周年纪念大会委员会各部主任、副主任，各部部章及笺封等均已刊就，部章随函送达，笺封径向庶务部领取。⑦

△致函校务委员，定于本月 13 日下午 3 时，在大钟楼会议厅开廿二年度

---

① 陈红民：《胡汉民未刊往来函电稿》第四册第六卷，广西师范大学出版社 2005 年 12 月第 1 版，第 350 页。

② 《中文系研究生昨日举行入学典礼》，见《国立中山大学日报》，1933 年 10 月 10 日。

③ 《大学公函》，见《国立中山大学日报》，1933 年 10 月 10 日。

④ 《本校昨日举行双十国庆纪念大会》，见《国立中山大学日报》，1933 年 10 月 12 日。

⑤ 《大学公函》，见《国立中山大学日报》，1933 年 10 月 11 日。

⑥ 陈红民：《胡汉民未刊往来函电稿》第四册第六卷，广西师范大学出版社 2005 年 12 月第 1 版，第 350 页。

⑦ 《大学公函（一）》，见《国立中山大学日报》，1933 年 10 月 13 日。

第一次校务会议，务请届时出席。①

10 月 13 日 下午三时，在大钟楼会议厅主持召开廿二年度第一次校务会议。②

△签署大学布告。公布教职员区、学生区、工友区当选为本校抗日会委员的名单，并定于10月16日举行宣誓就职典礼。③

△签署大学公函。公布新校舍建筑委员会各学院教授所推举的代表名单，随函附本校新校舍建筑委员会章程一份。④

10 月 15 日 接农学院院长邓植仪教授函报本校模范林场黄枯桐主任接收模范林场情形。随函附送移交清册、书籍清册、公文清册、家私清册各3本，请先生核明，并分别存转。⑤

10 月 16 日 出席理工学院第二次轮值总理纪念周，并发表演讲。

上午9时，纪念周准时开始，先生和理工学院院长何衍璿、事务长何春帆、各系部主任及教授、学生等五百余人参加。纪念周由何衍璿院长主持。行礼如仪后，先生发表演讲《日人最近在华南暴行》：

“各位同事，各位同学，现在报告一件对于我们有切身关系而极为严重的事情。我们今天在这里共同研究学问，大概以为极其安乐，极其太平，殊不知危险急迫像‘九一八’前东三省一样的事实，已在我们的目前了。在前星期有某种人在汕头捣乱救国会，把所扣留的鱼翅提去。我汕当局即向领署交涉，他却否认，这是一件事。又上星期三日在东山福音村，有日人到该地的屋中查问朝鲜人。不料星期五那天，竟有七八名乘坐汽车，到该处将一认为朴姓者，强扶上车，风驰向西疾驶。至百子路口，与长途汽车相碰，被掳者即行呼救，岗警闻声驰至，正欲向前盘问，惟时该车仅受微伤，仍能驾驶，见警至，即开机疾驰而去。岗警制止无效，仅将该车号数记录。后查悉该车系某领事署的，至今朴姓者仍被拘未放。大家试想想：中国现尚未亡，而领土之内，他人竟敢强行提货掳人。我们常可知道已往的东三省的事件，现在已经开始在广东表现了。我们又追溯去年日本军舰到汕头，有沿途测量的事，这可知日人心目中，实已无中国存在，可以随意侵略，随意宰割，随意残杀。但是在日人最初侵略东三省的时候，我国政府，苟稍具抵抗决心，则日人断不易长驱直入，坐长骄心。取了辽吉还不够，还要黑龙江、锦州、山海关、热河，所以弄到这个田

---

① 《大学公函（二）》，见《国立中山大学日报》，1933年10月13日。

② 《大学公函（二）》，见《国立中山大学日报》，1933年10月13日。

③ 《大学布告》，见《国立中山大学日报》，1933年10月16日。

④ 《大学公函》，见《国立中山大学日报》，1933年10月14日。

⑤ 《农学院呈报模范林场接收之经过》，见《国立中山大学日报》，1933年10月16日。

地，南京政府实在不能辞其咎。现在日人已到广东掳人了，我们要取什么态度呢？我们退让吗？日人的野心，实无止境。今日我让一步，则日人明日进一步。明日让一步，则日人后日将再进一步。辽宁、吉林让了他们，则进占黑龙江、锦州、山海关。黑龙江、锦州、山海关，让了他们，则又进占热河。假如广州可让，则西南各地均可让，其结果必至灭尽中国。所以现在我们只有一条路可走，就是要抵抗。因为能够去抵抗，还又生机；不能去抵抗，便是死亡。要生要死，我们应该当机立断了。

或者有等人自以为是文弱书生，冲锋陷阵，出生入死的事情，自己是做不到的。不知到国亡的时候，个个都得受罢，个个都得到比死还难受的侮辱。与其那时欲死都不能，何如现在奋起去拼一拼呢。所以我们每个人时时刻刻都应预备着决死的精神，去对付我们的敌人。如果人人都是这种精神，我敢说谁都不敢轻视我们，更不敢侵略我们。

……我曾亲到德国考察，只见他们举国上下，都用极度的精神和毅力，去振兴本国，所以数年之间，国际地位日高。近且提出军备平等之要求，遇到阻碍，便据理力争，不得直，便不惜退出国联，退出军备会议。反观我国，人民大抵都是奄奄无生气，无精神。政府在他人侵略之下，不知抵抗，步步退让，甚至缔结卖国条约。这样，连立国的条件都没有，更怎能和人家争短长呢？所以现在最要紧的，便是要有好的政府来领导我们，我们应该知道能够领导我们自卫对外的政府，才真是我们的政府，否则便不配做我们的政府。我们时时刻刻都是在被宰割下的人，国难当前，人人都应倍加努力，断断不容放弃的。

……现在南京政府所采取的对日政策，是投降政策。东北数省已不要了，长江黄河流域一带地方民众抗日的机关，都被裁撤压抑。在上海天津日人大造兵房，南京政府绝不过问，只知一味投降，压迫民众。所以日人大可高枕无忧，不必顾虑。但是西南政府尚不屈不挠增涨，那又难怪敌人，要移他的力量南来呢。

现在把汕头事件、东山事件，报告各同学，使知道日人图谋侵略中国的野心。事［时］机紧迫，已达极点。我们如其不愿丧失为独立国人的资格的话，我们就应该起来唤起民众，一致抗日，以达自救的目的。”① 先生的演讲“极为淋漓尽致，听者莫不愤激。”②

△致函本校各董事，聘其为建校九周年纪念大会名誉会长。③

---

① 程焕文：《邹鲁校长治校文集》，中山大学出版社 2004 年 11 月第 1 版，第 238 页。

② 《本校昨晨举行总理纪念周详志》，见《国立中山大学日报》，1933 年 10 月 17 日。

③ 《大学公函》，见《国立中山大学日报》，1933 年 10 月 17 日。

△致函胡汉民。函称："（一）根据改进大纲，请兄指定中心小组人选；（二）根据大纲，经费支配请兄列其纲要，以便分配。"①

△介绍华侨陈某谒见冯玉祥。陈某向冯玉祥表示，他是为"助抗日经费来的"。冯玉祥在是日的日记中记载："谈后知他没有结果"②。

10 月 18 日 胡汉民致函先生，为《三民主义月刊》出"反蓝专号"约稿，请先生撰写一篇就时局现状及本党主义、历史等等，总论南京军阀实行蓝化中国政策的错谬。③

10 月 19 日 主持召开石牌新校舍建筑委员会第一次会议。④

下午 4 时，会议在大钟楼会议室举行，出席委员有邓植仪、萧鸣籁、方棣棠、黄枯桐、邓孝慈、何春帆、何衍璿等 11 人，由先生主持。会议首先由先生报告石牌新校舍筹建情形及其计划，会议议决：（一）决定二十三年度，理、工、农三学院径到新校舍，届时教室、宿舍之编配由三学院院长会商办理；（二）决定二十三年度，建筑文、法两学院及添筑理工、农各教室预算为 180 万元。

10 月 20 日 主持召开西南教育改革委员会第十四次会议。⑤

会议于下午 3 时在中山大学举行，出席会议的委员有钟荣光、范琦、邓植仪、林砺儒、梁华基、许崇清等人，由先生主持。会议讨论事项有四项：（一）西南政务委员会令发教育部规定各省市各类中学校设置及其经费支配标准，仰本会议复案。议决：交谢瀛洲、陆幼刚拟复。（二）审议一学年改为三学期制方案案。议决：下次会议再行讨论决定，附带提议，关于小学入学年龄应定为满 8 岁，中小学毕业会考得提前一个月举行。（三）审议编审教科书办法案。议决：交钟荣光、许崇清、林砺儒审查。（四）讨论生物自然发〈生〉说案。议决：呈请西南政务委员会公布生物自然说之谬妄，及警告罗广庭以后不得再行说惑案。

△签署大学布告。准安徽省教育厅公函，该省二十二年度给本校两个肄业大学生奖学金名额，布告公布申请资格、填表呈报办法及摘录修正规程两条，

---

① 陈红民：《胡汉民未刊往来函电稿》第十一册第三十五卷，广西师范大学出版社 2005 年 12 月第 1 版，第 492 页。

② 冯玉祥：《冯玉祥日记》第四册，江苏古籍出版社 1992 年 1 月第 1 版，第 206 页。

③ 陈红民：《胡汉民未刊往来函电稿》第五册第十卷，广西师范大学出版社 2005 年 12 月第 1 版，第 399 页。

④《石牌新校舍建筑委员会第一次会议》，见《国立中山大学日报》，1933 年 10 月 23 日。

⑤《教育改革委员会第十四次会议》，见《国立中山大学日报》，1933 年 10 月 24 日。

仰本校皖籍学生亲到文书部领表填报。[1]

10月中旬 一大学副校长来本校参观，先生出面接待。[2]

10月21日 主持本校九周年纪念会委员会第二次会议。[3]

会议于下午4时在大钟楼会议室举行。出席委员有何衍璿、梅蕚、任启珊等22人，会议由先生主持。会议报告事项有八项，为各学院展览布置进展情形等。会议讨论事项有八项，包括本校历届毕业同学应否邀请参加本会案等。

会议同时公布先生亲自审定的总理纪念铜像揭幕暨新校奠基礼秩序：（一）齐集；（二）奏乐；（三）唱党歌；（四）向党旗国旗总理遗像行三鞠躬礼；（五）主席恭读总理遗嘱；（六）升本校成立九周年纪念大会会旗；（七）总理铜像揭幕；（八）向总理铜像行三鞠躬礼；（九）新校舍奠基；（十）主席致开会辞；（十一）演说；（十二）读祝辞；（十三）唱校歌；（十四）拍照；（十五）鸣炮；（十六）礼成。

△致电"新国民党"天津干部，公布党务改组方案，取消干部，改设交通处，确定其成员的分工与经费。[4]

△冯玉祥致电汪精卫、孙科、先生等人，对时局发表具体主张，包括抗日救国、防止独裁、实现民主政治等。[5]

10月23日 出席文学院第二次轮值总理纪念周，并发表训话。

上午9时，纪念周举行，先生、文学院院长吴康、中文系主任古直以及莽大龄教授和八百九十余名师生出席了纪念周，古直主任主持仪式。在行礼如仪后，首先请先生训话，先生说道：

"各位同学：前星期我来这里报告过一件事情：那就是日人在广州东山捕拿朴义一的事件，在同周中，汕头亦发生有人抢回劣货的事情。我当时即提醒诸位：这种行动与东三省'九一八'的时候一样。诸位都已知道：东三省的居民自'九一八'以后，饭也没有得食，衣也没有得穿，书也没有得读。现在广州发现日人这样的行动，随时都可以使我们没有衣穿，没有饭食，没有书读。我们若不发奋救国，则亡国无日了。那件捕拿朴义一的事情，当初日本人还想否认，但是因为有日本领事馆的汽车为证，不能不承认。那个朴义一虽是

---

① 《大学布告》，见《国立中山大学日报》，1933年10月21日。

② 《昨晨总理纪念周中邹校长演说词》，见《国立中山大学日报》，1933年10月25日。

③ 《本校九周纪念会委员会二次会议》，见《国立中山大学日报》，1933年10月25日。

④ 陈红民：《胡汉民未刊往来函电稿》第十一册第三十五卷，广西师范大学出版社2005年12月第1版，第487页。

⑤ 存萃学社：《1927～1934年的反蒋战争》，大东图书公司1978年7月第1版，第575页。

韩国人，但已经入了中国籍的，而且在中国境内随便拿人，实属目无中国，所以各国领事都不直日本所为。这种行动充分表现了中国已经不被人认作一个国家了。

世界上最危险的国家，莫如欧战后的德国及土耳其。土耳其国民咸感国内政治之腐败，国际地位之低落，亟思有以改革之。故在安哥那首义以后，一面推翻政府，一面和希腊打仗，卒恢复国家的独立。又如德国，自欧战后，国势很弱，但其国民俱有兴国的心理，所以虽然人家限制他的军备，但他注全力于教育。而教育经费增加中，以体育费增加为最大，我到德国参观时，看见他们的体育完全系用军事方法来实施。近年国势逐渐强起来了，于是要求加入国际联盟，国联也不能拒其所请。以后更向国联要求列为一等国，要求军备上的平等。最近因为国联不允以军事上平等的要求，于本月 14 日退出国联。这都是德国国民不肯亡国的表示。所以他们的国家终会有复兴的一天。

反观我国则怎样呢？现在广东发生这样的事情，各人还是熟视无睹，殊可痛心！最近日本公使重光葵，在东三省做事的杉村，都说要到广东来，诸位试看看外国的亡国奴，即可以晓得亡国的惨痛。安南朝鲜不必说了，就看看×××（原文如此），也可知道此中苦况。上星期××大学副校长来本校参观，当时他对我说：‘××的政事概由政府去办，不许人民参加意见的’。文学院英文系张主任问他××大学的设备为什么这样不完备。他很爽快的答道：‘我们半殖民地的教育与办祖国的教育是不同的’。诸位听了，将做什么感想。

现在的青年都有一种慕外的心理，无论什么东西，只要是外国的，认为是好的，把中国固有的文化学术完全否认，那真是一种亡国心理。我们要复兴中国，就要首先从心理造起。德国和土耳其都可以作我们的模范。我国具有这样大的土地，这样多的人民，这样长的历史，这样高的文化，我们还不能使国家复兴起来，真是失了做国民的资格了。”① 先生“词极沉痛透彻，听众动容。”② 其后，莽大龄教授发表了演讲。10 时许，纪念周结束。

△致函各教授，本校定于 11 月 11 日至 14 日举行成立九周年纪念大会，函请各教授于 11 月 5 日以前赐予宏著，以光篇幅。③

△致电“新国民党”天津交通处，奉主席（胡汉民）指定，曹任远、张岱岑两同志每月一切费用各 500 元正，裴鸣宇同志每月 200 元正。④

---

① 《昨晨总理纪念周中邹校长演说词》，见《国立中山大学日报》，1933 年 10 月 25 日。

② 《本校昨晨举行总理纪念周详志》，见《国立中山大学日报》，1933 年 10 月 24 日。

③ 《大学公函》，见《国立中山大学日报》，1933 年 10 月 24 日。

④ 陈红民：《胡汉民未刊往来函电稿》第十一册第三十五卷，广西师范大学出版社 2005 年 12 月第 1 版，第 486～487 页。

△致电”新国民党”上海交通处陈嘉祐，干部分部人员津贴标准，一律发给半数。[1] 陈嘉祐于本月20日致电先生，请示上海交通处干部分部人员的津贴标准如何确定。

△签署大学布告。公布本校石牌玉棠岗女宿舍工程段山坟迁移通告。[2]

△签署文告。公布修正后的经济调查处简章公布。[3]

10月25日 致函各学院院长、教务长、事务长、附属学校主任、两广地质调查所所长，请为本校第三次运动大会捐赠奖品。[4]

10月26日 致函胡汉民，商议上海、天津、湖北、湖南、江西等省市“新国民党”党务经费分配等事宜。[5]

△签署大学布告。公布捐款委员会委员组成，并公布组织章程。[6]

10月28日 出席本校九周年纪念大会委员会第三次会议。[7]

会议于下午4时在钟楼会议室举行，由何春帆事务长担任主席。会议的报告事项有十一项，讨论事项有五项。

10月30日 在法学院总理纪念周上发表演讲《最近蒋介石对日直接交涉两重要事实》。

上午9时，法学院本学期第二次轮值总理纪念周举行，先生和法学院院长郭冠杰、各系主任、教授及全体师生共四百余人出席，活动由郭冠杰主持。行礼如仪后，请先生发表演讲。先生在演讲中指出：“蒋介石已一意孤行，欲将我们全中国的土地、人民卖给日本人了。我们现在已然知道蒋介石是卖国卖民族的，但我们对这卖国家民族的国家罪人，应该取怎样的态度呢?”先生列举了方振武抗日事件和宋子文辞职事件来进一步揭露蒋介石卖国卖民族的罪行，指出“至若救国之道，第一要先从吾人心理改造上做起，吾人民族遗传性上的苟安、因袭、保守、依赖等根性及由社会环境所激成的偏激、消极、享乐、虚荣、权利等心理皆须改造的。人人能认识人间生存的价值，由民族国家而向人类社会去奋斗，然后国家才可以有救的。如认为他人破坏，他人卖国，与己

---

① 陈红民：《胡汉民未刊往来函电稿》第十一册第三十五卷，广西师范大学出版社2005年12月第1版，第487页。

② 《大学布告》，见《国立中山大学日报》，1933年10月24日。

③ 《文告》，见《国立中山大学日报》，1933年10月25日。

④ 《大学公函》，见《国立中山大学日报》，1933年10月26日。

⑤ 陈红民：《胡汉民未刊往来函电稿》第十一册第三十五卷，广西师范大学出版社2005年12月第1版，第492页。

⑥ 《大学布告》，见《国立中山大学日报》，1933年10月27日。

⑦ 《本校九周（年）纪念大会委员会第三次会议》，见《国立中山大学日报》，1933年11月1日。

无干而不思拯救，则国家就危殆了。现在当此外有强敌，内有国贼的今日，不提起自己的全副精神，对国贼强敌作殊死的奋斗，将整个的国家救起来，恐将来欲救亦将不能救了！”① 先生的演讲“词极透彻沉痛，听者莫不愤激。”② 9时40分，先生和大家一起在大操场拍照后散会。

10月31日 与本校董事胡汉民、萧佛成等人致函中法教育基金委员会中国代表团，希望拨汇庚款补助石牌新校舍建筑工程。该团于12月30日复函，表示：“查本会每年收入款项，本属无多，加以近来美金跌价，现在固有之预算，已感不敷支配，一时实无力拨款补助，一俟将来经济稍裕，必当竭力设法，用副遵命，相应函复，查照为荷。”③

11月2日 致函胡汉民，对北方各省党务经费安排及重新恢复各省党务工作进行请示。④

“新国民党”党务改革进展并不顺利，其阻力来自要取消的各地党部。一些主持地方党务的人员，只因未被南京重用，不甘寂寞，而被先生等人网络入“新国民党”，他们有着强烈的功利心。一旦地方党部取消，他们权力丧失，津贴减少，便叫苦连天。先生等人为人情所困，处理起来畏首畏尾。各省党部被取消不久，先生即写信给胡汉民，提出“各省有继续进行之必要”，理由是“各省党务人员皆当地奋斗之人”，所支经费不多。先生要求“去名存实，而经费亦只许减不许增”的前提下，重新恢复各省党务。这一要求使党务改革的核心内容实际上流于形式，党务改革不能有所成就是意料之中的事。⑤

△致函胡汉民，派秘书谢明章赴南洋募捐新校建筑费，拟并使其进行党务。对南洋党务应如何进行，并请详为指示。⑥

11月3日 致函各展览部负责人，展览会场由童军维持秩序，由运动会部负责办理指挥一切，即希各展览部将该部需用童军数额及站岗地点等项，径报运动会部登记，以便该部计划办理。⑦

11月5日 致函本校董事胡汉民、萧佛成等人，聘请他们为本校成立九

---

① 《本校昨晨举行总理纪念周详志》，见《国立中山大学日报》，1933年11月1日。

② 《本校昨晨举行总理纪念周详志》，见《国立中山大学日报》，1933年10月31日。

③ 《筹建石牌新校舍各方所复之电函》，见《国立中山大学日报》，1934年1月12日。

④ 陈红民：《胡汉民未刊往来函电稿》第十一册第三十五卷，广西师范大学出版社2005年12月第1版，第486页。

⑤ 陈红民：《函电里的人际关系与政治：读哈佛—燕京图书馆藏“胡汉民往来函电稿”》，生活·读书·新知三联书店2003年9月第1版，第199页。

⑥ 陈红民：《胡汉民未刊往来函电稿》第十二册第三十八卷，广西师范大学出版社2005年12月第1版，第509页。

⑦ 《大学公函》，见《国立中山大学日报》，1933年11月4日。

周年纪念委员会名誉会长，并送襟章一枚。①

11月6日 与中大董事会在粤董事胡汉民、萧佛成、邓泽如、林云陔、陈济棠、许崇清、林翼中、区芳浦等联名致电铁道部部长顾孟余，请其协助解决中大建设款项问题。

顾孟余于28日复电，表示“中大建筑校舍，嘱为协款，倘可为力，亟当如命。惟年来国有各路，遭受侵扰，残破不堪，一切培养修补之费，尚虞无从。婉薛棣由中央党部筹拨款项一案，迄今未准财教两部咨商，似仍宜电请中央查案核办，以符原案。如何即希亮察是幸。”②

△签署大学布告。本校成立九周年纪念大会改定11月11日正午12时在石牌新校舍举行，公布师生员工前往新校舍的出发办法。③

11月7日 致函运动会部负责人等，指出本校成立九周年纪念大会，内有全校第三次运动大会，期间有学生军及童军会操、国技表演、幼稚生表演等诸多项目，关于通告召集表演方式等项，应由运动会部、军训部、童军办事处、初中、附小及国技教师，各有关部分协定一切，并由运动会部负责办理。④

△致函各学院院长等人，准捐款委员会送该会第一次会议录一份，请鉴核并转饬会计部查照议决案，第一项“本校教职员月薪满100元及100元以上者，扣百分之一，由会计部在是年11月份薪水扣存，作捐款之用，将来用罄，再行继续办理；月薪在100元以下者免扣。”将各教职员薪水，照数扣存备用；并通函各部分知照等由，准此，应予照办。⑤

11月9日 签署两份大学布告。（一）公布前往石牌新校舍参加本校成立九周年纪念大会的时间要求及队列顺序；（二）自本月11日起休业四天，希全校员生踊跃参加本校成立九周年纪念大会等活动。⑥

11月11日 出席中大成立九周年纪念大会。

先生在大会上发表演讲《中山大学员生之使命》，鼓励学生学有所成，肩负救国使命。⑦ 同日，先生在《国立中山大学日报》上发表文章《本校九周年纪念开会词》，文章写道：

---

① 《大学公函》，见《国立中山大学日报》，1933年11月6日。

② 《筹建石牌新校舍各方所复之电函》，见《国立中山大学日报》，1934年1月12日。

③ 《大学布告》，见《国立中山大学日报》，1933年11月7日。

④ 《大学公函》，见《国立中山大学日报》，1933年11月8日。

⑤ 《大学公函》，见《国立中山大学日报》，1933年11月9日。

⑥ 《大学布告》，见《国立中山大学日报》，1933年11月10日。

⑦ 程焕文：《邹鲁校长治校文集》，中山大学出版社2004年11月第1版，第71页。

“今日为本校成立九周年纪念，亦即举行总理铜像开幕、石牌新校舍奠基之日，同时并开全校第二届展览大会、第三届运动大会，爰将本校之使命为本校员生及全国人士陈之。

总理生平揭橥三民主义以救国，而救国大任，非赖人材，无以完成。故当年以广州一隅之地，于内外夹攻之时，不惜排万难以成立本校，复不惜于军政万机之余，定期来校演讲三民主义，俾本校员生暸然救国之兴趣与方法，更计虑悠长，指定规模宏大之石牌校基，为本校员生谋教读之良好环境，使其学业有专成以复救国责任，则其所期望于本校，且深之切也明矣。

总理逝世而后，外患日深，内忧日迫，三民主义乃为人所假借以争权夺利之工具，甚至总理所藉以救国之三民主义，转有一部分人资之以卖国。东北云亡，燕冀危殆，祸机且伏于全国，举目四顾，哀痛何极！环境之恶劣如此，国家民族之危急如此，而本校之责任乃更重。不有洗濯，无以光复三民主义，即无以达到救国之目的。故当兹九周年纪念之期，隆重举行总理铜像揭幕典礼，使此后总理之仪容朝夕在目，一如当年之耳提面命，俾全校员生时有总理，如在其上，如在其左右，以为策励。又举行新校舍奠基典礼，使知总理撑此好环境畀本校员生。教育之深心，而入斯校者，应相奋励，使学有专成，足以肩负救国使命，以副总理之期许。同时开展览大会，一以表示总理创造本校之伟大规模，一以检阅过去有无进展，将来如何改良，使由此所成之人材足以完成救国主义。又开运动大会，使体育发达，人人有健全身体，以力举救国，以荷戈杀敌，无负十年教训之旨，使国家民族能对敌人雪耻报仇，能在国际独立自由。凡此皆本校九周年纪念之意义，亦即本校应有之使命。故乘此纪念日，表而出之，以为本校员生励，亦即为全国人士陈焉。”①

先生还参加了石牌新校舍农学院农学馆等建筑奠基礼②及总理孙中山铜像揭幕礼③。

农学院农学馆（今华南农业大学3号楼）建于1931年11月16日。该楼坐西朝东，通宽44米，通深24米，占地面积1056平方米，是一座中西合璧的3层宫殿式建筑。正面右墙角有连州青石碑，高80厘米，宽1米，上刻：“中华民国二十二年十一月十一日（1933年11月11日）国立中山大学农学院奠基于此。董事胡汉民、萧佛成、邓泽如、林云陔、陈济棠、许崇清、林翼

① 《本校九周年开会词》，见《国立中山大学日报》，1933年11月11日。

② 邹鲁：《回顾录》，岳麓书社2000年9月第1版，第326页。

③ 国立中山大学校友会：《邹鲁全集》第（十）卷，三民书局股份有限公司1976年10月初版，第29页。

中、区芳浦、邹鲁立石。校长邹鲁书石。”①

△接广西省教育厅厅长雷沛鸿贺电，祝贺中山大学建校九周年。

贺电写道：“中山大学邹校长勋鉴：大函敬悉，贵校为总理纪念学府铸像以全师表，万世永垂楷模。于九周年纪念之日，举行揭幕典礼，并奠新校始基，擘画精详，规模宏达。同时提倡运动，发扬体育。宏开展览，藉作观摩，竞赛会操，奖掖后进。百年树人，壮鸿猷于岭表。千秋垂训，振学术于天南。逖听之风，莫名忭颂！承征著作，以胜大刊，道远其迫，末由奉教，谨电驰贺，藉表微忱。”②

11 月 12 日 为是日出版的《国立中山大学日报》题写《国立中山大学九周年纪念大会会场日刊》刊名。③

11 月 13 日 检阅童子军。

下午 2 时 30 分，附属中学、附属小学男女童子军千人，列队赴大操场行检阅礼。由先生率领教职员巡视检阅。随由童子军会操并表演。表演结束后，童子军齐集司令台前，恭聆先生训话，先生“勉以锻炼身体，努力读书，以备将来致力社会，自救救国。”④ 训话后，检阅礼随之结束。

△为学校第三次运动大会赠送奖品。奖品为：《广州三月二十九革命史》10 本，《红花岗四烈士传》10 本，《中国国民党史稿》10 部，《环游二十九国记》10 部，《机械原件学》若干部。⑤

△戴传贤致先生贺电。贺电写道：“闸中得尊书，知本大学举行九周年纪念及总理铜像揭幕典礼，不胜庆幸！敬致遥祝，并颂全校同学进步！”⑥

11 月 14 日 出席本校第三次运动大会闭幕礼，并致闭会词。

闭幕礼于下午 5 时于大操场举行，由先生任主席。行礼如仪后，先生致闭会词：“各位来宾，各同事同学，此次本校九周年纪念大会举行运动会，各院部同学皆有参加，运动员人数较第二次增多，计有五百余人，而成绩亦有破上届全校记录及第五届全国运动会记录者，觉得非常的欣忭。在各处展览部，童军维持秩序甚好也值得欣慰的，希望以后好处要保存。而体育也要普遍化，技能求进步，养成良好体格，才可读书，才可救国。现在日本侵略东北几省，尤

---

① 《中山大学石牌旧址建筑群》，见广州市天河区地方志编纂委员会办公室网（http：//quzhi. thnet. gov. cn/thqq/thls/wwgj/200712/t20071211_ 211512. html），2007 年 12 月 11 日。

② 《本校九周（年）纪念大会题词祝词补志》，见《国立中山大学日报》，1933 年 11 月 21 日。

③ 《国立中山大学九周年纪念大会日刊》，见《国立中山大学日报》，1933 年 11 月 12 日。

④ 《邹校长检阅童子军》，见《国立中山大学九周年纪念大会日刊》，1933 年 11 月 14 日。

⑤ 《邹校长及萧教务长奖品》，见《国立中山大学九周年纪念大会日刊》，1933 年 11 月 14 日。

⑥ 《戴前校长季陶贺电》，见《国立中山大学九周年纪念大会日刊》，1933 年 11 月 15 日。

其革命策源地的本校同学，要把身体锻炼好来，去和日本打仗，才可使我国得到国际平等地位。”① 之后，理工学院何衍璿院长、任启珊教授等相继发表演说。5 时 40 分，闭幕礼结束。

△出席欢迎广州商会全体委员及同业公会代表宴会。

是日，先生派邹就丞、张农、黄佩纶、梅萼为代表，于下午 1 时乘车到广州市商会欢迎各商界领袖来校参观，计有广州商会全体委员及同业公会代表百余人来石牌新校、农学院、医学院参观，下午 4 时回到大学本部，稍作休息后，又到文理工各展览部参观。至晚上 6 时，在附属小学礼堂参加欢迎宴会。席间，先生致欢迎辞，“略述总理创校育才救国之苦心与吾人今后须努力完成总理生前所指定石牌新校舍，赶紧造成救国人才，以作第二次世界大战之准备，尤其是中大与广州市市民关系最密切，有宏伟之大举，然后市民子弟，才能得深造之学问，希望各代表努力帮助建筑新校舍云云。”嗣后由市商会代表赵静山先生致答辞，“语多称赞邹校长举办之努力与成绩优良云云。”②

11 月 15 日　《国立中山大学九周年纪念大会日刊》继续公布先生为第三次全校运动会提供奖品。奖品包括：对联 3 对，篆字中堂 3 幅，中堂 3 幅，画兰 1 幅，画蝶 1 幅，《三民主义月刊》第一卷第二期 17 本、第三期 8 本、第四期 17 本、第五期 21 本、第六期 26 本，《三民主义月刊》第二卷第一期 30 本、第二期 30 本、第三期 27 本、第四期 18 本。③

11 月 19 日　早晨，陈济棠在住宅召萧佛成、先生、缪培南、余汉谋、林云陔等人会商闽事。会商甚久，决定对闽局暂取静观态度。④

次日，李济深、陈铭枢、蒋光鼐、蔡廷锴等人以第十九路军为主力，在福州召开中国人民临时代表大会，发表《人民权利宣言》，“福建事变”爆发，也称“闽变”。21 日，李济深等通电脱离国民党，随后联合第三党和神州国光社成员发起成立生产人民党，以陈铭枢为总书记。22 日，中华共和国人民革命政府宣告成立，由李济深、陈铭枢、陈友仁等 11 人任委员，李济深任主席，改中华民国 22 年为“中华共和国元年”，并宣布革命政府的中心任务是外求民族解放，排除帝国主义在华势力；内求打倒军阀，推翻国民党统治，实现人民民主自由，发展国民经济，解放工农劳苦群众。

---

① 《昨日举行运动会闭幕礼》，见《国立中山大学九周年纪念大会日刊》，1933 年 11 月 15 日。

② 《欢迎广州各商会代表》，见《国立中山大学九周年纪念大会日刊》，1933 年 11 月 15 日。

③ 《邹校长及罗翼群先生奖品》，见《国立中山大学九周年纪念大会日刊》，1933 年 11 月 15 日。

④ 《形势紧逼　福州宣布戒严》，见《申报》，1933 年 11 月 20 日。

11月22日 通电李济深、陈铭枢等人，促其放弃独立举动。①

“闽变”发生后，先生会同胡汉民、萧佛成、邓泽如、陈济棠、李宗仁、白崇禧向李济深、陈铭枢、蒋光鼐、蔡廷锴等人发出联名通电，要求李济深等人不要背国民党而去。是月28日，先生等人接到陈铭枢等人的复电，为“闽变”辩护。②“粤桂的不合作不支持，在政治上、财政上，特别是战略上对福建方面打击尤大，是其失败的原因之一。”③

△致函会计部主任等人，转发广东省财政厅关于纸币兑现的公函，自应照办。④

11月23日 致电国民政府主席林森，提请饬拨国立中山大学建筑石牌新校舍及设备等费250万元案。⑤

△致电财政部部长孔祥熙，提出石牌新校舍建筑费案。

孔祥熙于26日复函，表示“中大，西南最高学府，连年经营发展，煞费诸公苦心，至深佩慰！建筑校舍需费，力之所及，自当勉为筹助。前奉邹校长函，经即奉复谅达。一俟与铁部商得办法，当即电闻也。”⑥

11月24日 发表谈话：“闽省政府所行之政策，殊难适合中国之情势，桂、黔两省对闽事，将与粤省取一致行动。”⑦

△致电管理中英庚款董事会董事长朱家骅，提出石牌新校舍建筑费案。次日，朱家骅复函，表示目前英庚款积息仅四十二万三千余元，尚未到补助教育文化事业时期，一旦将来获息示增开始，自当尽先提会讨论。⑧

△致函各院长，制定学生旅行参观预定表乙宗，随函送达，即希查照分发所属学系，除市内旅行不计外，将本年度各该学系学生，约需旅行参观费等，照表列事项逐一详填，由该院汇收，转送来校，以凭核办。⑨

11月25日 致电林森，请拨款支持中大建设。

是日，先生与中大董事会在粤董事胡汉民、萧佛成、邓泽如、林云陔、陈

---

① 蒋永敬：《胡汉民先生年谱》，中国国民党中央委员会党史委员会1978年11月出版，第526页。

② 蒋永敬：《胡汉民先生年谱》，中国国民党中央委员会党史委员会1978年11月出版，第527页。

③ 周聿峨、陈红民：《胡汉民》，广东人民出版社1994年12月第1版，第295页。

④ 《大学公函》，见《国立中山大学日报》，1933年11月24日。

⑤ 《筹建石牌新校舍各方所复之电函》，见《国立中山大学日报》，1934年1月12日。

⑥ 《筹建石牌新校舍各方所复之电函》，见《国立中山大学日报》，1934年1月12日。

⑦ 《邹鲁萧佛成之谈话》，见《申报》，1933年11月25日。

⑧ 《筹建石牌新校舍各方所复之电函》，见《国立中山大学日报》，1934年1月12日。

⑨ 《大学公函》，见《国立中山大学日报》，1933年11月25日。

济棠、许崇清、林翼中、区芳浦等联名致电国民政府主席林森，陈述石牌新校舍第一期工程尚欠四百余万元，请迅予筹措，俾毋负当年中山先生创办该校的苦心及国民党以该校纪念中山先生的初意。①

林森于26日给胡汉民复电并转国立中山大学各董事，指出："梗（23日）有（25日）两电奉悉，关于饬拨国立中山大学建筑石牌新校舍及设备等费二百五十万元一案，刻经饬交行政院在案。兹再饬并交行政院矣。特电奉复。"② 林森还将该函转给文官长魏怀。12月30日，魏怀复电，表示："……并准贵校胡董事展堂（胡汉民）先生等，先后来电催拨该款，均经奉交行政院。据复此案前经饬据教育部呈复，以准铁道部咨复，无力分担。财政部咨复，无法另行增拨，业已呈明国府转送中央党部有案。准函前由，特将原送预算表等检还前来，又经转送中央执行委员会秘书处呈并案核示在案。"③

11月26日 与中大董事会董事胡汉民、萧佛成等人致电孔祥熙，提请财政部拨款支持中大发展。

财政部部长孔祥熙于27日复电，表示"密宥（26日）电奉悉，现届年关，中央财政困难，实已山穷水尽。前汇之款，原属擅自腾挪。闽变赣乱，军用为艰。承嘱一节，正商筹款办法。力之所及，自当勉竭绵薄，以副台命，知注傥复。"④

先生还委托邹敏初到南京，直接向孔祥熙奉上手书，希望对石牌新校舍建筑费予以支持。孔祥熙于12月26日复函先生，表示："贵校建筑费，需用既切，重以鼎嘱，自应设法筹济。惟现值库储奇绌，经于无可设法之中，勉筹统税库卷十万元，现款五万元，藉应急需。"⑤ 此函发出后，孔祥熙于当日再次复函先生，表示此前先生所发电文收悉，"中大为纪念总理之唯一事业，近年又由吾兄主持发展，言公言私，皆愿竭诚协助。远承藻饬，弥为惭悚。中央财政困难，已至山水俱穷。日前酌拨公债国币，已属于万难中设法筹措，年内再拨一节，殊苦力难如愿。至于嗣后月拨，则数目不敢预定，但至多十万，至少五万，必当竭力设法筹拨，以为协助。凡此情形，实为财政实况所限，苟能设法，无不竭其绵薄也。"⑥

11月27日 致电张继、马超俊、陈肇英、王陆一四人，请协助催拨中大

---

① 陈哲三：《邹鲁研究初集》，华世出版社1980年2月初版，第158～159页。
② 《筹建石牌新校舍各方所复之电函》，见《国立中山大学日报》，1934年1月12日。
③ 《筹建石牌新校舍各方所复之电函》，见《国立中山大学日报》，1934年1月12日。
④ 《筹建石牌新校舍各方所复之电函》，见《国立中山大学日报》，1934年1月12日。
⑤ 《筹建石牌新校舍各方所复之电函》，见《国立中山大学日报》，1934年1月12日。
⑥ 《筹建石牌新校舍各方所复之电函》，见《国立中山大学日报》，1934年1月12日。

新校舍建筑费。不久，张继等人复电先生，表示："中大建筑费事，已商之庸之（孔祥熙）部长，允于一月份起，按月拨付五万元至十万元，至整数拨付，此间实感困难。而粤海海关，亦无可拨之款也。弟等决再切催庸之兄，尽量设法，期报大命。而中央各同人，以公之遴育剌创，劳瘁不辞，莫不佩念甚至也。谨先复闻。"①

11 月 28 日 签署大学布告。准上海中华国民拒毒会函，邀请本校学生参加本届扩大拒毒论文比赛，并附扩大全国学生拒毒论文比赛章程及报名单，仰本校学生一体知照，如欲报名，即到文书部领单填报。②

11 月 29 日 致函各院、部、场、所、馆主任等，"现据本校会计部签呈称：职部以国库积欠经费薪水，未能依期清发，当经签呈察核在案。兹届月终，10 月、11 月份经费积欠如故，9 月份尾数，仍未清发，所有届期应发薪水，不得不再事展期。以现在观察，领款既如此濡滞，发薪日期，自难确定。拟请钧长分函各部份知照，所有各员薪水，俟领到经费时，再行通告给领，以免观望。等情，据此，应予照办。除分函外，相应函达查照，并希转饬所属一体知照。"③

11 月下旬 提出在西南建立"第三政府"的主张。④

"福建事变"发生时，胡汉民等人想利用形势，提出八项主张，别有所图。先生宣称，将依胡汉民提出的八项主张，在西南建立有别于南京、福州的"第三政府"。但是西南实力派陈济棠自认无力与蒋介石长期对抗，只想在两广偏安一隅，没有支持先生的提议。

11 月 出席"新国民党""中央党务会议"。⑤

会议由先生、刘芦隐、林冀中、林云陔等人召开，主要目的是制定党务改革后"新国民党"的党务进行方针，制定了《中国国民党党务进行纲领》，呈报胡汉民审阅确定。《纲领》共十四条，全面明确地规定了"新国民党"各项具体工作，是一份相当完整的纲领。

11 月 秘密通知郭冠杰马上离开广州，躲避抓捕。⑥

---

① 《筹建石牌新校舍各方所复之电函》，见《国立中山大学日报》，1934 年 1 月 12 日。

② 《大学布告》，见《国立中山大学日报》，1933 年 11 月 29 日。

③ 《大学公函》，见《国立中山大学日报》，1933 年 12 月 1 日。

④ 周聿峨、陈红民：《胡汉民》，广东人民出版社 1994 年 12 月第 1 版，第 286 页。

⑤ 陈红民：《函电里的人际关系与政治：读哈佛—燕京图书馆藏"胡汉民往来函电稿"》，生活·读书·新知三联书店 2003 年 9 月第 1 版，第 198 页。

⑥ 《人物志》，见广东省情信息库网（http：//www. gd - info. gov. cn：8080/was40/detail? record = 14&channelid = 58844&searchword = % D7% DE% C2% B3）。

郭冠杰为广东梅县人，为先生同乡，1908年由先生介绍加入同盟会，参加革命，并于1925年9月被先生聘为国立广东大学法学院教授，与先生交情甚笃。本月，以反蒋抗日为旗帜的“福建事变”爆发，广东当局拟密捕与反蒋活动有关联的郭冠杰，此事为先生所悉，于是秘密通知郭马上离开广州，郭遂经香港逃往福建躲避。

12月初 为筹集石牌新校舍建筑费，派秘书谢明章前赴澳大利亚向侨胞募捐。①

12月3日 签署大学布告。公布修正参观天文台规则。②

12月4日 出席高中部总理纪念周，并发表报告。

上午8时55分，高中部教职员及学生合计一千零六十余人在学校礼堂举行总理纪念周。行礼如仪后，首先由先生报告国内政治现势及对闽省事件提出批评意见，“指示我们在此国难严重时期中应取之态度，听者极为动容。”③ 继由法学院任启珊教授等人发表演讲，10时齐唱校歌后散会。

12月5日 致函胡汉民，介绍刘求南、潘旦明等同志赴港谒见。④

12月7日 出席西南政务委员会谈话会。⑤

谈话会于上午10时开始，先生等人参加。会后，先生会晤记者，指出西南对闽变仍望陈友仁、李济深觉悟，自动取消伪政府。外界传言西南进行调解，此说不确。孙科近日有电来粤，劝精诚团结，此间绝对没有与中央商议解决闽变事宜，外传提出五条件之说不确切。四中全会，在粤中委出席否，现在尚未确定。

12月8日 与胡汉民等人呈请国民政府转令财政、铁道两部将国立中山大学建筑及设备费共250万元，尅日拨派，以应要需。⑥

△致函胡汉民，商议接济各省同志一万元大洋如何办理。⑦

12月11日 出席理工学院总理纪念周，并发表报告。

晨，理工学院轮值总理纪念周在学校大礼堂举行。先生、理工学院院长何衍璿、数学天文系、地质系等系的系主任、教授及学生等参加了纪念周。行礼

---

① 《校长函勗谢秘明章在澳努力为新校募捐》，见《国立中山大学日报》，1934年2月8日。

② 《大学布告》，见《国立中山大学日报》，1933年12月4日。

③ 《昨日高中部举行总理纪念周志》，见《国立中山大学日报》，1933年12月5日。

④ 陈红民：《胡汉民未刊往来函电稿》第十二册第三十八卷，广西师范大学出版社2005年12月第1版，第509页。

⑤ 《西南仍望陈李觉悟》，见《申报》，1933年12月8日。

⑥ 陈哲三：《邹鲁研究初集》，华世出版社1980年2月初版，第159页。

⑦ 陈红民：《胡汉民未刊往来函电稿》第十二册第三十八卷，广西师范大学出版社2005年12月第1版，第508页。

如仪后，由先生报告《对于闽变之意见及推测》，先生说道：

“这一次闽省所揭橥的主张，第一是打倒南京政府，这一层当然是对的。近年来我国内政窳陋，外交失败，莫非由蒋氏把持下的南京政府所造成，所以提倡打倒南京政府，不但可得到一部人的赞同，就是全国人也都赞同的。

第二个主张是开放政权。这一层对不对，可分两方面说：一是纯粹的法律论，它是根据总理所定的建国大纲的建国程序——军政、训政、宪政三个时期的。基于这个论点，训政时期未告终结便开放政权，自是不合。一个是政治论。基于这个论点，认为中国的政治弄到这样腐败，要想改革，算只有开放政权——将政权公诸人民。我在民国十九年（1930 年）时就主张开放政权，曾有人何以身为国民党员而主张开放政权，我当时简单地对他说：训政的事‘有伊尹之志则可，无伊尹之志则篡’。申言之，训政原是一种独裁制，要是有像总理般的以利国福民为前提，大公无私的人以从事，由训政而达于宪政，是最好不过的事。若以之为私，训政就被个人利用来做独裁，而任性作恶。所以与其沦于个人独裁的政局，不如早些开放政权，而且藉此也可以减少国民党中某一部人想作恶的念头。二十年（1931 年）‘四全’代表会时我亦提出这问题来讨论，后来会中没有择纳，我以后就对于这事不再说了。故依我个人的意思，以为开放政权诚不是完全不对的一回事。

其次，他们主张取消国民党，这一层也当分个清楚的。说国民党的南京中央党部不好，这是不庸为讳的。自《塘沽协定》以后我就常指斥南京中央党部为卖国的集团，主张根本推翻也。不过南京的中央党部诚然，但并非国民党不好，更非三民主义不好，南京政府挂羊头卖狗肉所造成的罪孽不能归到三民主义去的。所以说中央党部不好，要彻底整理他，是应该的名义，就说国民党曾有过兴中会、同盟会、中华革命党等名称上的倘能坚持党的实质和精神亦未尝不有相当理由。但现在他们却根本不要国民党，甚至并国旗党旗也随之而废，总理遗像及三民主义也加以烧毁，这真是万分的错误。

我们知道现在闽省的主要人物，在十一月二十日闽变之前大多数还自命是国民党忠实党员，是服膺三民主义的。可是在闽变发生后的短促期间中，竟毅然毁总理遗像，烧三民主义书籍，真是怪谬极了！须知为国民党员时，可以研究其他主义，甚如我们是反对共产党的，对于马克思主义也大可研究。何以十一月二十日以前服膺三民主义的，十一月二十日以后就非烧去不可了。那么，‘后之视今，亦犹今之视昔’，说不定他们还会再来一次变更，令人如何措手足呢，这是使人对他们个人根本不发生信仰的。

他们尤其不对的一点是擅将国名变更。试问中华共和国和中华民国究竟有什么分别？就说是要实行农工政策，又有什么一定要改变国名以变国徽呢？试看欧美各国更可明了，即以英国论，他无论是工党执政也好，自由党执政也好，主义和政策尽管不同，却不曾有过更改国名及国徽的事实。但现在他们居然变更了国名和国徽，如果各人反对政府就来变更国体，必定国家愈弄愈糟。

再则，他们主张联共，这也是错的。据我所得消息，他们在联共之初，派人和上海的共党总机关接洽。但他不敢答应，说要等第三国际决定。后来第三国际复电，说不能用整个共党和他们对等讲话，只可和他们有军事上的联络。而后来的订约，也只由一位红军司令官叫彭德怀的和他们订定，内容自然是属于军事方面的。所以说他们容共，这话却欠真确性。实在是他们不配容共，并且共产党也不愿容他们，关于使彭德怀与十九路军订约可以明白。当国民党容共时，共产党徒都会宣言愿以个人的资格加入国民党，结果尚且给了我们个创巨痛深的教训。何况现在不是容共，而是为共党所不容，将来为害更不知要到何种地步了。

上面是说他们对当和国所取的态度的是非问题，现在回过来从事实方面去观察罢。

他们现在主张实行农工政策，但现在我国工人的程度，点未达到俄国的工人那样的一步。譬如广州市可说是中国顶繁盛的一个地方，就只有自来水厂、士敏土厂、电力厂收容着相当的工人，那么，我国工人的程度就可想而知了。就农人说，所谓大地主这一种人，东三省或许有多少，其余如南方的农人差不多都是自耕农，或者自耕农而兼佃农，纯然的佃农是极少的。现在他们谬然模仿外国，高唱农工政策，以为藉此可以得到农工的拥护，怕结果不会如他们所期望，反招来农工的抱怨罢了。

他们根据所定的农工政策，实行计口分田办法。所谓计口分田，就是井田制，这是很古的时候已经有了的。我国谈了几千年的井田制，读书人无不熟谙这办法，但当他执政时就把他丢在脑后，这并非是他们善忘的原故，是因为知道了实行这种制度要有人数少地方多这一个条件才行，在他们更懂了我国的情形后才知道我国不能实行这种办法。要是照样施之于福建，是行不通的，所以11月20日宣布计口授田，26日就行取消。现在因为有这种办法的倡行，农工已没有拥护，农工以外的已吓走不少，他们带了资财迁到别处去，这可说是坚壁清野的办法。福建诸人始则禁金银出口，继则禁人出口，始则屏弃商人，继则邀请商人开会，数日之间，号令数易，其狼狈情事可想见。

最近有位自厦门来的朋友说：自十一月廿至卅日，厦门方面单由银行汇出的金钱就一千多万。不是由银行汇出的当然还有很大的数目。又漳泉方面当然也有相当的数目的流出。合起来的数目自然很大了。这可见事实上福建经济已是十分危险了的。我们更可想得到的是会因此而牵动军心。由此种事实所得结果，吾人应知书中理论，外国事实，未必尽可见诸实行。而实行之际，尤须顾及客观环境。今闽方诸人硬将书中理想及外国政治方式，施诸我国，而对于我国社会情形，从不顾及，故有此错。即以苏俄而论，人皆以为系实行马克思主义，而不知彼已试行失败，而改用新经济政策，故苏俄政治已不曰马克思主义而曰列宁主义。帝俄时代，有大地主以压榨农民。其工业之进步，亦远非我国现在情形所及。故其国之农人工人所处情形，亦与我国今日工农所处情形不同，然苏俄政策尚有新经济之改变观，察至此恍然，诸同学现在求学时期，对于学理固应研究，而尤应毋忽了事实。"① 纪念周于上午10时结束。

12月13日 上午10时，南京方面代表张继、马超俊、陈肇英、王陆一等人抵达西南政委会大楼，萧佛成、先生在二楼花厅接待。张继等人此行南来，代表国民党中央，谋求西南精诚团结，一致戡乱。交谈不久，张继等人赴第一集团军总部拜访陈济棠。②

中午，西南政委会以常委名义招待张继一行，先生等人作陪。晚上，西南执行部、西南政委会联合在政委会大楼花厅设宴款待张继一行，先生等人作陪。

12月14日 参加西南执行部、西南政务委员会联席会议。③

上午9时，西南执行部、西南政务委员会临时联席会议在政委会会议厅举行，南京方面代表张继、马超俊、陈肇英、王陆一列席会议。先生致欢迎辞，张继即席陈述中央意旨及南来意趣，主要为与西南党政要员商量宁粤团结问题，解决闽变办法。中午12时，与会人员赴广东省府，省府主席林云陔设宴款待与会人员。宴会结束后已为下午2时，萧佛成约张继等四中委与陈济棠、先生、邓泽如、林云陔、林冀中等人继续召开会议，会议地点改在萧佛成在梅花村的私邸，下午3时半散会。同日香港电称："萧佛成十四日午约张等四中委及陈济棠、邹鲁、邓泽如、林云陔、林冀中、刘纪文等人，在梅花村私邸商谈时局问题，结果甚佳。"④

张继等人在会谈时力促驻粤中央委员出席国民党四届四中全会。先生将与胡汉民接洽协商西南中委是否出席四中全会的结果告诉张继等人，主张西南各委员应推无职务者出席全会，但现在全会改期，国内外政局出现新变化，已有

---

① 《纪念周邹校长之演词》，见《国立中山大学日报》，1933年12月16日。

② 中国第二历史档案馆：《中央周刊》，南京出版社1997年7月第1版，第23-131~133页。

③ 中国第二历史档案馆：《中央周刊》，南京出版社1997年7月第1版，第23-133页。

④ 中国第二历史档案馆：《中央周刊》，南京出版社1997年7月第1版，第23-133页。

从容时间进行考量，届时西南各委员能来南京开会者定会出席。①

会后，先生对新声社记者发表谈话："余等以胡（胡汉民）意见为意见"②。

联席会议后，先生陪同张继、马超俊、陈肇英、王陆一及萧佛成赴中大石牌新校参观，并以茶点款待张继一行，旋即陪同张继到退思园休息。③ 下午5时，先生和萧佛成陪同张继一行返回西南执行部，稍事休息后，即赴政委会与邓泽如等人密谈。晚上6时，先生等人参加陈济棠在梅花村私邸举行的宴会。

12月15日 在《三民主义月刊》上发表论述《美俄复交与太平洋问题及吾国应取之态度》。

先生在文中写道："综合以上的事实，可得一个简单的结论：就是假定美俄复交，以至世界大战一旦爆发，我们如果不持对付的方针，则无法立足于世界，如果不推倒蒋介石于大战发生之前，也无法变更外交方针。故我们不欲在未来世界大战中，求其民族之生存则已，如其不然，推有先行打倒欢颜事仇的蒋介石；尽东北四省之沦亡，非兵不利，战不善，而原因完全在蒋介石不抵抗。现在德国希特拉氏之再选，法俄之联盟，欧洲目前之局势，或许日趋恶化。而在太平洋问题，又因美俄复交而益严重，战机四伏，大有一触即发之虞。我们应在国际关系日形对立的形势，立即采取自主的外交原则，在此大战中，求民族生存的出路。然欲为民族求生存的出路，必须建立我们自主的外交政策，欲建立自主的外交政策，必须先发动民众的伟大力量，打到投降日本的南京军阀统治，而建立起真正的三民主义的革命政府，为人民谋幸福，同时我们更要明白只有用三民主义领导民族自觉的奋斗才是民族生存唯一的出路。只有民族自觉的大无畏精神，才能战胜一切的恶劣环境——亦只有民众的武力，才能保障民族战争中最后的胜利。"④

△在《三民主义月刊》上发表论述《中东路问题》。先生在文章中从历史角度考察认为，苏联绝不会放弃中东路，并进一步分析了苏与日伪争夺中东路的现时纠纷。⑤

12月16日 出席符佑之教授追悼会。

---

① 蒋永敬：《胡汉民先生年谱》，中国国民党中央委员会党史委员会1978年11月出版，第529页。

② 《西南执部政会举行联席会议》，见《申报》，1933年12月15日。

③ 《西南执部政会举行联席会议》，见《申报》，1933年12月15日。

④ 邹鲁：《论述：美俄复交与太平洋问题及吾国应取之态度》，见《三民主义月刊》第二卷第六期，第15页。

⑤ 邹鲁：《论述：中东路问题》，见《三民主义月刊》第二卷第六期，第23页。

符佑之（W. J. B. Fletcher）为中大英文系教授，于11月在香港投海自杀。12月3日，符的尸体在香港被发现。英文系师生以符在该系任教多年，德高望重，特于是日下午1时在本校大礼堂举行追悼大会，先生及文学院院长吴康、教授任启珊、符佑之夫人及英文系全体员生等数百人参加。先生在追悼会上发表演说，“大意谓一个人在世间所占之地位极为微小，且生命过得极速，纵其生命有百年，亦属渺小之极，惟有真精神方为永远不灭。符先生对人之负责认真，对己之努力研究学问，此种精神，真属永远不灭者，吾人应以符先生之精神为楷模云。”先生还向追悼会敬献挽联：“君似李青莲，乘月不远，苍天谁问。我惭贾六傅，望风凭吊，碧水无情。”[①] 约3时，追悼会在摄影留念后散会。

12月17日　离穗赴港，谒见胡汉民，商讨时局。[②]

在港期间，先生发表谈话：“粤请中央拨一千五百万事诚有之，但数目微有不符，且此款仅用以维持纸币，非作军用。”[③]

△本校天文台张云主任特将参加万国经度测量经过及对于将来迁至石牌后天文台处置意见函报先生。先生接函后，随即复函，“大意俟新校工程告竣，当设法推进云。”[④]

12月19日　中午，由旅社迁居胡汉民住宅。[⑤]

△向港商筹借一千五百万元巨款，“为维持纸币用，抵押品由中央制定。”[⑥]

△《申报》是日香港专电：“闻西南对时局将有表示，俟邹（邹鲁）返省后发表。”[⑦]

12月20日　离港返穗。[⑧]

△致函各学院院长，函略谓：“现查各院系主任，对于附省旅行参观，仍有请求发给补助费者，值此财政困难之时，固无从补助。尤恐养成学生凡百不能刻苦之习，为此函达查照，并转知各系主任，以后学生请求核发附省旅行参观补助费时，予以劝勉，并勿再予转请为荷。”[⑨]

---

① 《昨日本校追悼符佑之教授大会纪》，见《国立中山大学日报》，1933年12月19日。

② 《邹鲁抵港谒胡》，见《申报》，1933年12月18日。

③ 《邹鲁抵港谒胡》，见《申报》，1933年12月18日。

④ 《天文台张主任函报参加万国经度测量经过》，见《国立中山大学日报》，1933年12月18日。

⑤ 《西南方面对时局将有表示》，见《申报》，1933年12月20日。

⑥ 《西南方面对时局将有表示》，见《申报》，1933年12月20日。

⑦ 《西南方面对时局将有表示》，见《申报》，1933年12月20日。

⑧ 《西南方面对时局将有表示》，见《申报》，1933年12月20日。

⑨ 《大学公函》，见《国立中山大学日报》，1933年12月21日。

12月21日 张继、马超俊、陈肇英、王陆一拜访先生等人，为此次西南之行辞行。[①] 先生签署关于呈请拨给中山大学建筑费的文件由张继等四位同志携带送交国民党中央执行委员会秘书厅。[②]

△教育部部长王世杰致电先生。电称："日前居励今先生来，奉手书，并详谈中山大学近况，藉悉先生殚心校务，擘划周详，至为欣慰！中大新校舍建筑费，自当尽力援助，近向财政部催拨，已得允可先拨一部分，其余当再设法。知关廑注，特先奉闻。"[③]

12月22日 胡汉民致函萧佛成、唐绍仪、邓泽如、陈济棠、先生，指出张学良近期首途归国，特电派陈言南来奉候，并代表致意。函介趋前，希予延接指导。[④]

△致函初中、附小主任，派童子军参加于明年元旦在石牌鸡笼山、大庾山一带举行的广州市第二次童子军大露营。[⑤]

12月23日 签署大学布告。公布英国佛莱女士分别于本月26日及27日在本校演讲英国教育，希本校员生届时前往听讲。[⑥]

12月25日 出席法学院第四次轮值总理纪念周，并发表演讲。[⑦]

上午9时，纪念周在大礼堂举行，先生及法学院师生共四百余人出席。行礼如仪后，由先生发表训话《由闽省事变讲到吾人读书时所要注意之点》，10时5分，纪念周结束。

△致函胡汉民，奉陈以现有工作人员已有专责，未再加派于克勋同志。[⑧]

△致函胡汉民，商议黔、蜀两地党务人事安排。[⑨]

12月26日 致函胡汉民，介绍樊剑夫同志谒见。[⑩]

---

① 中国第二历史档案馆：《中央周刊》，南京出版社1997年7月第1版，第23－189页。

② 中国国民党中央委员会党史委员会：《邹鲁先生文集》，中国国民党中央委员会党史委员会1984年6月30日出版，第309页。

③ 《筹建石牌新校舍各方所复之电函》，见《国立中山大学日报》，1934年1月12日。

④ 陈红民：《胡汉民未刊往来函电稿》第四册第六卷，广西师范大学出版社2005年12月第1版，第376页。

⑤ 《大学公函》，见《国立中山大学日报》，1933年12月23日。

⑥ 《大学布告》，见《国立中山大学日报》，1933年12月25日。

⑦ 《本校昨晨举行总理纪念周略志》，见《国立中山大学日报》，1933年12月26日。

⑧ 陈红民：《胡汉民未刊往来函电稿》第十一册第三十五卷，广西师范大学出版社2005年12月第1版，第487页。

⑨ 陈红民：《胡汉民未刊往来函电稿》第十一册第三十五卷，广西师范大学出版社2005年12月第1版，第488～489页。

⑩ 陈红民：《胡汉民未刊往来函电稿》第十一册第三十五卷，广西师范大学出版社2005年12月第1版，第488页。

△函复爱希华教授。①

医学院于本年暑假内，增聘德国教授多人，主持院务，成绩斐然。惟眼耳鼻喉各科，尚须物色教授二人，学校前已委托爱希华、史梅尔代为物色。爱希华以离国太久，拟托忽列特曼教授代聘，并于昨日致函先生。先生接函后随即复函表示允诺。

12月27日 致函文学院、农学院、会计部等单位，奉教育部训令，催将该部所发的甲、乙两种表式速填，并报送学校汇呈。②

△签署大学布告。准江西省教育厅公函，定于本月29日发给赣籍学生津贴费，合将名单及募捐办法布告于后，仰赣籍学生依期前赴会计部具领为要。附抄赣籍学生津贴费清单及募捐办法于后。③

12月28日 签署大学布告。奉西南政务委员会训令，民国23年1月1日（1934年1月1日）为中华民国成立纪念日，照成案放假三天。④

12月29日 致函胡汉民，樊剑夫同志尚未履行手续，在省履行手续，应由会议决定。此数日中央未能开会，请径由胡处为之履行。⑤

△致函各学院院长，奉教育部训令，公布学生毕业试验要求。⑥

12月30日 签署大学布告。为明了各免费生在学情况起见，特制就免费生调查表，分送各院院长各部附校主任，负责调查。仰本校各级免费生，一体遵照。于布告日起，限十五天内，亲到各该院部附校，照表详细查填，仍由各该院部附校汇收具报，以凭考核为要。⑦

12月31日 胡汉民致电先生，请先生迅予设法，务求日内接济积极作军事行动的任瑞洲、岳相如部。⑧

12月 尽力营救十九路军将士，没有成功。

中华共和国人民革命政府成立后，受到各地民众和海外华侨的拥护，但同时也遭到蒋介石政府的舆论攻击和军事镇压。12月下旬，蒋介石抽调进攻江

---

① 《爱希华先生函请转托忽列特曼教授代聘德国教授》，见《国立中山大学日报》，1933年12月27日。

② 《大学公函》，见《国立中山大学日报》，1933年12月28日。

③ 《大学布告（二）》，见《国立中山大学日报》，1933年12月29日。

④ 《大学布告（一）》，见《国立中山大学日报》，1933年12月29日。

⑤ 陈红民：《胡汉民未刊往来函电稿》第十一册第三十五卷，广西师范大学出版社2005年12月第1版，第488页。

⑥ 《大学公函》，见《国立中山大学日报》，1933年12月30日。

⑦ 《大学布告》，见《国立中山大学日报》，1934年1月4日。

⑧ 陈红民：《胡汉民未刊往来函电稿》第九册第二十八卷，广西师范大学出版社2005年12月第1版，第474页。

西苏区的嫡系部队十余万人，以蒋鼎文为前敌总指挥，在海、空军的配合下，由赣东和浙江分路进攻福建延平、古田等地。次年1月上中旬，延平、古田、福州先后被蒋军占领，中华共和国人民革命政府和十九路军总部分别迁往漳州和泉州。21日，泉州、漳州相继失守，福建事变终告失败。李济深、陈铭枢、蒋光鼐、蔡廷锴逃往香港，第十九路军的番号被取消，军队被蒋介石改编。①

十九路军遭到围剿的消息传到广州后，先生十分震惊，因为从公谊言，他们是抗日最热烈的军队，而且曾经为抗日流血牺牲，应该庇护他们；从私谊言，十九路军将领和先生有特殊的关系，先生不愿意见其失败。于是想尽办法，想把他们从火坑中救出来，终属愿大力微，无法挽救。②

是年　致函胡汉民。函称："兄次此来沪，不欲晤此间人之故，系为将来接近粤会中人，易于运用之故，是否未可知。前上二函计达，回函即交兄庚□□三十一号便得。"③

是年　唐宝锷借开律师会之名到粤，专访先生。

唐宝锷是中日法律问题专家、大律师，为有意与日本"合作"的中国人。唐问先生，西南"对门（蒋介石）对日态度如何"，如日助西南倒蒋，"则西南态度又如何"。唐自称系日本与吴景濂之间的牵线人，"日军事当局策略欲造成华北新局面"，以政治受吴景濂，以军事受吴佩孚，要求西南"谅解"，并称"如粤师伐门（蒋介石），可借款五千万，军械在外"。反之，"西南如不谅解，则门神（蒋介石）将率部众以解决西南而无障碍，西南解决则彼之势力亦孤耳。"先生一时不明深浅，"以表面语答之"。在与萧佛成协商后认为，"此事体大"，不可贸然回答，要向胡汉民报告"不欲以我人之语冒昧传之日人也"④。

是年　为《国立中山大学农学院二十一年年报》一书题写书名。

---

① 《福建事变》，见百度百科网（http：//baike. baidu. com/view/141961. html）。

② 邹鲁：《回顾录》，岳麓书社2000年9月第1版，第273页。

③ 陈红民：《胡汉民未刊往来函电稿》第一册第三卷，广西师范大学出版社2005年12月第1版，第480页。

④ 陈红民：《函电里的人际关系与政治：读哈佛—燕京图书馆藏"胡汉民往来函电稿"》，生活·读书·新知三联书店2003年9月第1版，第286页。

1934年（民国二十三年　甲戌）五十岁

1月3日　致函胡汉民，冯逸铮代表杨虎城南来，并拟赴桂，请胡示以机宜。①

1月4日　胡汉民致函萧佛成、先生，筹拨经费支持张学骞在东北组织抗日义举。②

△胡汉民致函萧佛成、邓泽如、先生，指出陈古枝南来，详报北方抗日情形，函介陈趋前面报种切，并希筹拨北方军会经费。③

1月6日　在香港与胡汉民磋商政局。

《申报》刊登6日路透社电："因西南各领袖刻仍在讨论中央精诚团结之提议，现仍在香港与胡汉民磋商一切，在彼等未返省前，大局不致有若何变化。"④

1月8日　戴传贤致函先生。

先生除大力向国民党中央及政府部门申请建校款项外，还分函在南京的国民党要人戴传贤等，说明建校计划，请鼎立促成此事。戴传贤获悉此项建校计划后，欣幸万分，认为他在任中大校长时的建校计划终将有圆满成就之日了。戴于是日复函说："弟自来所忧者，惟在无人继承完此项工程，今得创立者回校任事，岂不大快。……当年总理手创文武两校，军校规模，已得今日之发达，而大学尚未建设成功，此数年中，得海滨先生回校，从事建设，行见全国第一之大学基础，必得成就。"⑤

1月10日　撰写《日本对华铁路侵略的检述》一文。

先生在文中分析了日本专管铁路、中日合办铁路、日本借款所建铁路、日

---

① 陈红民：《胡汉民未刊往来函电稿》第九册第二十八卷，广西师范大学出版社2005年12月第1版，第498～499页。

② 陈红民：《胡汉民未刊往来函电稿》第四册第七卷，广西师范大学出版社2005年12月第1版，第385页。

③ 陈红民：《胡汉民未刊往来函电稿》第四册第七卷，广西师范大学出版社2005年12月第1版，第387页。

④ 《西南讨论精诚团结》，见《申报》，1934年1月7日。

⑤ 陈哲三：《邹鲁研究初集》，华世出版社1980年2月初版，第159～160页。

本占夺铁路、中日铁路联络条约、日本阻挠我国铁路的统一、“九一八”后肆攘东北铁路等情况，在结论中指出：

“帝国主义者的侵略人国，决然不是偶然的行为，而是有其最终远大的期望。换句话说，帝国主义的侵略人国之最终目的，系在殖民地的获得。所谓市场的寻觅，不过是其获得殖民地的过渡行为。因为市场为各国共通的，有竞争的性质，对于自国生产制造虽有裨利，究非所以策进自国繁荣发达的长久之道。殖民地则为自国独有的，有垄断性的性质，可以永远地满足自国货物及原料的需要与供给。所以领土的占据，可以说是帝国主义者侵略人国的最终目的，市场的寻觅，只可看为达到目的一种手段。

帝国主义者为实现其最终目的，因发明种种侵略人国的如武力、政治、经济、文化诸方式。在这些方式的施展，作者已于导言中说过，‘无疑义的要以经济侵略方式为最狠毒’。而经济侵略方式的诸行为，作者并经同时说明‘除关税协定为其基本武器外，则应以铁路侵略为其先锋健儿。’的确的，关税协定与铁路侵略对于侵略者的贡献，实可称为如人有左右手。关税协定的效能，可使被侵略国的实业，无法抬头，国民生计由是日趋危殆；而铁路侵略的效能，至少能有不可思议的三端，就是：

（一）自国剩余货品，得有深入被侵略国腹地倾销的功效；

（二）自国需要原料，得有深入被侵略国穷乡榨掠的功效；

（三）铁路经过的区域，便是自国势力范围的地带，一而可以阻遏他国势力的侵进，一而可乘有事时机，藉口出兵而作武力、政治、经济绪［续］侵略的措施。（日本最常利用这种方策，即今东北现状，亦为这种方策所促成。）

基此三端，我人对于铁路侵略的利害，已可完全认识其真面目了。由这认识，用为总衡本文前述日本对华铁路侵略事迹的危机，应得喻为周身痈疽的时期，将来抑是不幸病亡，还是恢复健康，尚有待于回天有术扁鹊华佗的诊治。即是完全藉赖国人自身的努力。也就是要看我们所奋斗而求其实现之国民革命能否如愿成功。”①

本文发表在2月15日出版的《三民主义月刊》第三卷第二期上。

△签署大学布告。案查本学期因办理九周年纪念会，停课多日，各科功课，尚未依期授竣，应将学期考试展缓举行。合亟修正本年度学校历公布于后，希各知照。②

1月11日 出席学校土木工程学会成立大会，并发表训话。

---

① 邹鲁：《日本对华铁路侵略的检述》，见《三民主义月刊》第三卷第一期，第66～67页。

② 《大学布告》，见《国立中山大学日报》，1934年1月11日。

下午1时，理工学院土木工程学会成立大会在学校大礼堂举行成立典礼，先生、萧冠英教务长、中大党部代表赖元宝等应邀出席典礼。典礼开始后，首先举行学会干事宣誓就职仪式，继由先生等人相继发表训话，“对于该会会员勉勖有加”①，典礼在拍照留念后散去。

1月12日 致函胡汉民，商议经济事。

函称：“（一）《民兴报》刘同志被暗杀，已用兄嘱中央名义电唁，及恤款三百元，另由津部挪出四百元，以二百元为其葬费，另二百元为二位伤者医费。但此事不能视为寻常，拟仍予严诘。如何进行，仍请示。

（二）孙殿英津贴事面商伯南（陈济棠），云月底始能汇去。

（三）叔平（方振武）来函，与弟云其旧部流散津、沪、粤、港不少，拟予维持。弟商伯南，欲于后援会拨一二万元济之，未见允。若不设法再为维持，将寒同志之心。其驻沪三人，弟已函沪予以维持，但沪无款，仍问中央，故不如统为区处，对于叔平每月援友仁（陈友仁）例，予以港纸币千元，其三百元之委员（政委会委员）津贴则汇沪，济其驻沪三人。虽缺憾甚多，亦使有一数目可指定，如以为然，则示协之（陈融）先生处办理（泽公处无款，协之先生处尚义为力，故请示协之先生）。

（四）津之军事特驻员，能裁则裁，不能裁则拟组一军事委员，多容北方有力或能接洽各方之人为佳，其人选如岳相如（殿英关系）、傅觉民（山西关系）、任瑞洲（樊旧部关系）、李锡九（此人前助汪现反汪，北方也有信用）、刘治洲（冯与陕关系）、孙汉臣（于学忠关系）、李兴中（冯关系）、余亚农（叔平此次之军长）、刘风竹（东北关系）。似皆应注意者，每月每人津贴二百元，较之派廿人前往各处其收效实大，不至于所派之人尚须人介绍始能进其门也。（九人不过千八百元，以二千五百元计之，尚余七百，即为锦帆及刘襄之津贴。锦帆除此三百五十元外，尚有中委之津贴三百元，似亦勉强可支持。否则即加数百元为其活动费，能多得数人负责，亦甚佳）。

（五）津部四人他丑德齐，莫能相下。以前会议制虽有间言，仍能相安，现各进行相攻益急，似仍用会议制以为补救。如何，请示。

（六）孙文主义之款，前允一万元，弟后以无款改允其五千元，现五千元叠向协之先生筹付，昨允付数百元，似此未免失信于人。此十数人事小，而失信事大，请兄有以补救之。

（七）弟近来觉应付各方诸感困难，尤以经济为甚，每日向人弹琴（此系佛老奚弟之言），不特使人厌烦，亦使弟太失人格，请以后关于经济一事另命

---

① 《土木工程学会昨日举行成立大会》，见《国立中山大学日报》，1934年1月12日。

人应付，其余一切弟仍不敢不勉力。

（八）以上各节，统请分别即行示办。”①

先生在第（七）点所表达的意思实际上是抱怨邓泽如在经费使用上处处设限，使他为难，因此要求胡汉民“请以后关于经济一事另命人应付”，潜台词是要胡汉民撤换邓泽如。正因为经费短缺，掌管“新国民党”经费者成为众矢之的，邓泽如过世后，胡汉民推举林云陔继任此事，林多次推脱不成，方勉强接手。②

此前，陈融曾向胡汉民报告先生不顾经费困难，出手“大方”：“海老（邹鲁）每派出参议、咨议之流，动要给数百薪金，经婉词推却者已属不少，而间接硬要者辞色不同，弟亦不敢强驳，以生内部之恶感。”③

△胡汉民致函先生，说明天津党部工作存在的各种问题，建议先生将该党部中负责交通处工作且与各方情感不合的曹任远调使返粤，在大学中任职，并将天津党部工作计划及经费支配重新厘定，彻底整顿为事，择人切事进行。④

△函复附属第二医院桂毓泰主任，准护士黄锦瑶辞职，以李雪莲接充。⑤

1 月 14 日 致函国民党中央四届四中全会。⑥

函称：“四中全会诸同志均鉴：

敬启者：国立中山大学为总理手创之唯一大学，亦为本党纪念总理之唯一大学。总理创办此校时，以原有校舍，既窄且旧，不便扩充。市区繁杂，不便修学，因计划在石牌建设新校舍。总理逝世以后，本党以中大纪念总理，复郑重设立董事会，由中央派员专司建设之事，并于十八年（1929 年）秋，由中央党部第三十七次常务会议议决，拨新校建筑费及工学院设备费，共二百五十万元，以为分期建设之用。鲁重长中大，知总理当时擗画之计划，因与在粤董事胡汉民、萧佛成、邓泽如、陈济棠、林云陔、许崇清、林翼中、区芳浦诸同志，决定六年建设计划，共计经费在二千万元以上。（详工程预算表）计目前

① 陈红民：《胡汉民未刊往来函电稿》第九册第二十八卷，广西师范大学出版社 2005 年 12 月第 1 版，第 497～498 页。

② 陈红民：《函电里的人际关系与政治：读哈佛—燕京图书馆藏“胡汉民往来函电稿”》，生活·读书·新知三联书店 2003 年 9 月第 1 版，第 158～159 页。

③ 陈红民：《函电里的人际关系与政治：读哈佛—燕京图书馆藏“胡汉民往来函电稿”》，生活·读书·新知三联书店 2003 年 9 月第 1 版，第 158 页。

④ 陈红民：《胡汉民未刊往来函电稿》第四册第七卷，广西师范大学出版社 2005 年 12 月第 1 版，第 393～394 页。

⑤ 《函复第二医院》，见“国立中山大学全宗”档案，全宗号 20，目录号 2，案卷号 201，藏广东省档案馆。

⑥ 陈哲三：《邹鲁研究初集》，华世出版社 1980 年 2 月初版，第 159 页。

石牌新校舍自兴工以来，已成者有农学院之养蚕室、调桑室，及附属男女宿舍各一座，第一农场之稻作试验场，南路之稻作育种场，炮楼肥料室等二十一座，将成者有农学院之农学馆，正盖天面者，有工学院之电气机械两工程学系教室，已过二楼工程者，有工学院之土木工程学系教室，理学院之化学教室，男女宿舍四座。溥泉（张继）、雄夫（陈肇英）、陆一（王陆一）、超俊（马超俊）、哲生（孙科）各同志，先后南来，皆亲自目见。（计地址共九千六百余亩，址内已成马路，有二十二万三千八百八十四市尺，溥泉、哲生等各同志，皆许为规模伟大。）计各教室订约本年五月完工，各宿舍本年八月完工，决于本年秋季，将农理工三学院迁入，统计建筑中工程，共需银一百六十多万元，现计除支付外，尚欠工程费一百二十余万元，（详既造建筑物一览表）及急需新建或续建工程及设备给费，需叁佰六十余万元，（详急需兴建概数表及设备费预算表）共需四百八十余万元。（详细数目，详于溥泉同志等所携回中大董事胡汉民同志等上中央党部书。）因前恃为建筑费之肥田料捐开办后，差额将至百万；汕头捐得之十五万元，又因汕市银业风潮，未能收得。目前广东纸币风潮，更无能为役，似此非请四全会决定将中央十八年秋，议决拨付之建筑费及设备费二百五十万元，即赐拨足，并每月由海关关余项下，拨出十万元，以为建筑及设备费不为切。夫中大为本党直接办理建设之大学，即有他种款项为助，中央尚应负其专责，况所恃之他种款项，生出变化，中央又乌能再有袖手之余地哉？所以建设计划，定为二千万元者，因原有校舍之建筑设备数目，已达千百万元。在广州之私立岭南大学，只建筑费一项，已达五百万元，然皆在十年二十年三十年前，价廉工贱时之计算，倘新校建筑设备，非有此二千万元之数，实不足以改进现有之状况，所以建设计划定为六年者，亦冀在吾党执政期内完成，俾本党得完成中大纪念总理之主旨，不使总理手创之唯一大学，本党不能继志述事也。所以定本年秋季，将农理工迁入新校者，欲使总理掰画之新校舍，得早日实现。同志及国人注意此事，得共同努力完成全部工程也。尤有进者，则总理掰画此新校舍，业已十年，吾党统一全国政权，亦已十年，国事已不堪问，党事复不堪问。并此总理手创之唯一大学，及本党纪念总理之唯一大学，亦不能完成，吾党同志，将何以对总理在天之灵乎？藉曰：总理功德在民，本党归政国民之日，国民党经之营之，不日成之。然吾党同志负总理多矣！现中央历年，未拨款为中大建设者，唯一口实，皆曰财政困难。后之视今，犹今之视昔，岂以财政困难，终于不完成总理之新校计划乎！吾党执政，财政纵极困难，支出亦已数十万万，奈何吝此纪念总理之大学千百万元建设费乎？即事有轻重之别，而完成总理遗志，以阐扬三民主义，研究高深学术，培植专门人材，发扬社会文化者，其事固不重于其他一切乎？吾党同志乎！值此内忧外患，岌岌不可终日之时，吾党尤在风雨飘摇之中，即诸同志共同努力以赴，犹恐未能完成。此种事业，稍有迁移，则今日鲁之呼吁于诸同志而不得者，他日诸同志呼吁于人，其能尽得乎？此尤鲁所不忍言也。倘诸同志中，有以鲁之政治主张不尽相同，不能见信者，则鲁所欲完成者总理之新校计划耳。中央尽可按照中大董事章程，派员专理建设事宜，则尤鲁所日夕祈祝者。鲁于此事，三全会时，经有呼吁，未能实行。此后于中央党部国民政府及中央有关系各部分及个人，无不力竭声嘶。始于去年冬，得孔同志庸之（孔祥熙）在财政部拨到国币五万元，公债十万元，并允每月拨国币五万元，至十万元，然事巨款少，决不足以应目前之事实。现在目前工程，因欠款未付，农学馆已停工；承建理工两学院及宿舍之公司较大，尚勉强支持，如不急有以应付，则亦难以继续，此又不能为诸同志切实报告者，势迫情急，故惟有力请中央即日照十八年中央党部第三十七次常务会议议决案，一次拨足国币二百五十万元，及以后每月由粤海关关余项下，拨足国币十万元，俾总理手创之唯一大学，及本党纪念总理之唯一大学，得以早日完成新校舍，是则鲁馨香祈祝于诸同志者，维诸同志其鉴察之！

再有启者：中大六年计划，计共二千余万元，即中央一次拨足国币二百五十万元，及每月由粤海关关余项下，拨足国币十万元，所差数额尚巨，仍非有他种款项补助，不能完成此种工程，故需有赖于捐款之一途。且捐款一途，不特可以集资，并足以表示各方对于总理之爱戴。每座建筑物少者大洋不足十万元，多者约二十万元。某省能捐建筑物一座，即以该建筑物为某省纪念。各省如此，而二十余座建筑物成，即全国得以普遍纪念总理。每一党部或一同志，能捐建筑物一座，即以该建筑物为某党部及某同志之纪念，而各地党部及各同志，皆得以普遍纪念总理。似此则此纪念总理唯一之大学，更足以表现其伟大。广西穷省也，尚能捐宿舍一座，中央同志中陈中孚同志，非必富有者，亦捐宿舍一座，人之乐善，谁不如此。尤愿诸同志在大会通过，使中央及各省各党部各机关各同志，广为捐款，似此登高一呼，共同努力，则白云山侧，珠江水滨，巍巍纪念总理之大学，指日可观阙成焉。”①

△胡汉民致函先生，痛陈北方党务弊端，提出改进意见。该函提出了胡汉民改革“新国民党”的基本观念。②

先生于21日复函，指出人员调整幅度过大，“似反不妙，即其对各方亦

---

① 《邹校长致四中全会函》，见《国立中山大学日报》，1934年1月17日。

② 陈红民：《胡汉民未刊往来函电稿》第四册第七卷，广西师范大学出版社2005年12月第1版，第394～395页。

恐减少信用。"[①] 结果只将曹任远调回广州。

△胡汉民致函先生，商谈天津党部所办《民兴报》收束、支持孙殿英部款项等事。[②]

1月15日 在《三民主义月刊》发表《闽变的联想》一文。

先生在文章中指出："我因闽变说农工为国家主干，遂联想到马克思阶级斗争，马克思阶级斗争之出发点全是为利，因想利不是可以满人类的欲的，同时想到阶级斗争即不能解决阶级，遂联想到斗争亦不能解决人类。若斗争助以进化的科学，人类将至消灭。因想挽救人类，遂欲改变人类之思想出发点，其改变人类之思想出发点在哪里呢？是以义，不以利。以互助，不以斗争。此是吾全篇的大意。"[③]

△在《三民主义月刊》发表《中国农村经济的破产原因及复兴方策》一文。

文章分为五章，第一、二章分析了农村经济的意义、中国农村经济的现状。第三章指出中国农村经济破产的原因有六点：（一）帝国主义者的侵入；（二）军阀官僚的横暴；（三）盗匪肆虐；（四）乡城都市化；（五）乡民离村他住；（六）天灾频降。第四章提出中国农村经济复兴的六点方策：（一）安定农村秩序；（二）施行孙总理七大增加生产方法；（三）奖励垦植及牧畜；（四）提倡合作事业；（五）恢复义仓制度；（六）创设农民银行。

先生在结语中指出："帝国主义军阀官僚盗匪等等，交互继续加诸农民身上之暴虐的压榨及摧残，弄到农民连气都转不过来，时在呻吟于垂死的病榻，大概除开盲眼之徒，我想总能有相当的认识吧。

我国是个'以农立国'的国家，农村经济的盛衰，当然也就是整个国家的盛衰。因为农村经济，系国民经济的建筑基础，基础苟生动摇，整个国民经济自受影响，这为决然不可避免的因果关系。故有破产的农村经济，始有老弱终难恢复健康的病国。

谁能忍听整国农民之痛哭流涕的悲号？更谁能忍度供人刀俎之牛马奴隶的惨境？我国农村经济破产的严重性，如不及早图之，恐将噬脐莫及。最近国内学者对于救国的论列，多是着重于上层的建筑，而忽略下层的基础；一般政治的措施，能将去全神集中到复兴农村问题上者更鲜。这种现象，作者觉得很是

---

① 陈红民：《胡汉民未刊往来函电稿》第十一册第三十五卷，广西师范大学出版社2005年12月第1版，第492页。

② 陈红民：《胡汉民未刊往来函电稿》第四册第七卷，广西师范大学出版社2005年12月第1版，第396页。

③ 邹鲁：《闽变的联想》，见《三民主义月刊》第三卷第一期，第13页。

危险，故特抽出时间撰就本文，以期藉此唤起国人注视，进而督促政府努力农村复兴的政绩，则中国其庶几有豸。”①

△签署大学布告。准江西省教育厅公函，公布江西省教育厅为施行奖学金规程通告省外各大学专科学校赣籍学生书。②

△胡汉民致函先生、陈融，函介全国民众救国团体联合会代表倪羲抱到省谒见左右，向西南执行部催款支持该会活动事宜。③

1 月 16 日 胡汉民致函先生，希酌给石友三代表李钧北返旅费。④ 李钧在广州滞留数月，与先生晤面多次。

1 月 17 日 致函胡汉民。汇报“新国民党”天津、浙江党务工作，请示中央改组指定人选。⑤

1 月 18 日 致函胡汉民。汇报“新国民党”天津、福建党部工作，建议中央人选似以刘芦隐为宜。⑥

△胡汉民致函先生、陈济棠，王鞠尊经过两粤回滇，希延见为幸。⑦

△胡汉民致函先生、陈融，商谈如何应付福建事变。⑧

△签署大学布告。奉西南政务委员会训令，当以公自费生，出洋留学，须呈请该管教育机关审核，呈由省府转呈该会发给留学证书后，再赴公安局请领留学证照，并由本会将发给证书缘由，函教育部备案。奉此，合行布告，仰本校学生，一体知照。⑨

1 月 19 日 西南政务委员会委员先生等人表达西南对闽善后的态度，并分电各方：劝告宁闽先行停战，闽应取消伪组织，恢复党徽、国徽，照前抗日

---

① 邹鲁：《中国农村经济的破产原因及复兴方策》，见《三民主义月刊》第三卷第一期，第 24 ~ 55 页。

② 《大学布告》，见《国立中山大学日报》，1934 年 1 月 16 日。

③ 陈红民：《胡汉民未刊往来函电稿》第四册第七卷，广西师范大学出版社 2005 年 12 月第 1 版，第 396 页。

④ 陈红民：《胡汉民未刊往来函电稿》第四册第七卷，广西师范大学出版社 2005 年 12 月第 1 版，第 397 页。

⑤ 陈红民：《胡汉民未刊往来函电稿》第十一册第三十五卷，广西师范大学出版社 2005 年 12 月第 1 版，第 494 页。

⑥ 陈红民：《胡汉民未刊往来函电稿》第十一册第三十五卷，广西师范大学出版社 2005 年 12 月第 1 版，第 495 页。

⑦ 陈红民：《胡汉民未刊往来函电稿》第四册第七卷，广西师范大学出版社 2005 年 12 月第 1 版，第 397 页。

⑧ 陈红民：《胡汉民未刊往来函电稿》第五册第十三卷，广西师范大学出版社 2005 年 12 月第 1 版，第 475 页。

⑨ 《大学布告》，见《国立中山大学日报》，1934 年 1 月 18 日。

旧制，改编十九路军。[①]

《申报》刊登19日香港电："邹鲁谈西南赞同胡（胡汉民）对闽善后主张，如十九路取消伪府，西南当设法保存十九路名义。又谓，四全会可望通过胡八项主张。"[②]

△致函文、理工、农学院院长，查该学院列送各学系旅行参观预定表，尚觉详晰，惟此项用费，各学院合计为数甚巨。现值学校经费积欠数月，一切开支，均极困难，此项预定费额，一时未能核定。目前只有采用紧缩方法，非于学术研究确须实地考察者，暂勿举行。如必要时，仍须事前造具用费表送核。若各学系在本市或附近地调查参观，均应依照前次通函，勿为转请给费。[③]

1月20日 致函南京国民党中央执行委员会秘书厅。

函称："前月由溥泉（张继）、超俊（马超俊）、雄夫（陈肇英）、陆一（王陆一）四同志携上呈请拨给中山大学建筑费文件，请转提四中全会是荷。"[④] 该函由中山大学在粤董事胡汉民、萧佛成、邓泽如、林云陔、陈济棠、林翼中、区芳浦等共同署名。

△李济深、陈铭枢、蒋光鼐致电胡汉民、先生，愿意接受胡汉民的建议，取消独立立场，以保全十九路军。[⑤]

两广方面得此电后，立即致电立法院孙科等，请求阻止宁军再行迫近，并计划由西南政务委员会、西南执行部发表正式通电，宣布"十九路军正式自动归西南"，以此使蒋军投鼠忌器，不至对十九路军赶尽杀绝。无奈此时的局面，并不取决于福建方面的态度，蒋军得势不饶人，胡汉民和先生等人的"调停"既无空间也无时间，根本没有成功的可能。

1月21日 胡汉民致函陈融、先生，商谈如何应付福建事变。胡在函件中指出，陈铭枢等人拟取消一切组织，回十九路军本来面目，希望蒋军停止进攻，"至两粤应否即发电为之仗义执言，则请海兄（邹鲁）审之。"[⑥]

---

① 中国人民政治协商会议广东省委员会文史资料研究委员会：《粤系军事史大事记》，广东人民出版社1986年10月第1版，第138页。

② 《粤高级将领会商各绥靖区存废问题》，见《申报》，1934年1月20日。

③ 《大学公函》，见《国立中山大学日报》，1934年1月20日。

④ 中国国民党中央委员会党史委员会：《邹鲁先生文集》，中国国民党中央委员会党史委员会1984年6月30日出版，第309页。

⑤ 陈红民：《函电里的人际关系与政治：读哈佛—燕京图书馆藏"胡汉民往来函电稿"》，生活·读书·新知三联书店2003年9月第1版，第257~258页。

⑥ 陈红民：《胡汉民未刊往来函电稿》第五册第十二卷，广西师范大学出版社2005年12月第1版，第445页。

1月22日 胡汉民致函先生、陈融，继续商谈如何应付福建事变。①

△聘请张君励为文学院哲学教授兼法学院政治系教授。张于是日到校报到。②

先生于23日发布大学布告，指出张君励教授定于本月24日在本校举行以《民族复兴之精神的基础》的公开演讲，号召员生前去听讲。③

1月23日 国民党四届四中全会召开第二次会议，听取各组审查提案意见。先生提交的国立中山大学经费案列在教育组审查，审查意见为“交国民政府转行政院连同第三次全会所交并案核办。”④

虽然先生在提案中申请的二百五十万元建校费没有一次照拨，但是财政部每月均拨五万至十万元，终使第一期建校工程于1934年9月先后竣工。⑤

△签署大学布告。准广西省教育厅公函，定于本月24日发给留学省外桂籍学生奖学金，仰本校桂籍学生携同学生证及小章径赴本校会计部具领为要。⑥

1月25日 胡汉民致函先生、陈融，继续商谈如何应付福建事变。⑦

△签署大学布告。准云南省教育厅公函，公布核准补给滇籍学生奖学金名单及具体要求。⑧

1月26日 致函事务长、教务长、各学院院长等人，定于本月27日下午2时，在本校钟楼会议室开第二次新校舍建筑委员会会议。⑨

1月28日 签署大学布告。准教育部高等教育司函，奉部长交下英国爱丁堡大学医学院院长史密斯来函，述明该院入学手续等由，合行布告，仰本校医学院学生一体知照。⑩

1月29日 签署大学布告。准上海银行业同业公会联合准备委员会函，合行布告该会征文启事，仰各知照。⑪

1月31日 撰写《国际联盟的透视》一文。

---

① 陈红民：《胡汉民未刊往来函电稿》第五册第十二卷，广西师范大学出版社2005年12月第1版，第444页。

② 《本校聘张君励先生任教授》，见《国立中山大学日报》，1934年1月23日。

③ 《大学布告》，见《国立中山大学日报》，1934年1月24日。

④ 中国第二历史档案馆：《中央周刊》，南京出版社1997年7月第1版，第23－436页。

⑤ 陈哲三：《邹鲁研究初集》，华世出版社1980年2月初版，第159页。

⑥ 《大学布告》，见《国立中山大学日报》，1933年1月24日。

⑦ 陈红民：《胡汉民未刊往来函电稿》第五册第十二卷，广西师范大学出版社2005年12月第1版，第449页。

⑧ 《大学布告》，见《国立中山大学日报》，1934年1月26日。

⑨ 《大学布告》，见《国立中山大学日报》，1934年1月26日。

⑩ 《大学布告》，见《国立中山大学日报》，1934年1月29日。

⑪ 《大学布告》，见《国立中山大学日报》，1934年1月30日。

先生在文章中讲述了国际联盟的渊源、国联处理事件的述评、日德退盟与意倡改组等情况，并在结论中对国际联盟的地位进行了估量，指出：

“国际联盟的学说，无疑义的是世界人类生活的最高原理。国际盟约的精神，无疑义的是世界人类共同生活的高尚要求。

国际联盟的实现，无疑义的是人道主义的曙光。

尽自近世科学昌明以后，从前穷年累代而老死不相往来的社会，经已完全消灭；古人以前必不可期之四海为家的理想，今皆次第完成。而大工业制度的发达，尤便专业的利便日著，分工的范围日广，古昔一国所用，取之一国所出而有余，今则要赖各国的供给始能满足，一部分区域的所产，常常分配于全世界的人类，而一部分人类的需要，都是仰给予世界的诸国。于是工商的业专，互易的事频，曩昔狭小地方市场的自给经济组织，现皆扩充成庞大国际市场的他给经济组织。在这经济现象场合下的任何民族，各国孤立的经济生活，不复存在，交综错杂，混为一团，成一个国际的共同生活之社会，国际的共同生活之社会已成，则公认的组织及共守的规律，自然不能一日有所缺乏。且人类社会进化的原因，不在互争，而在互助，互争虽不至即使社会灭亡，但至少要使社会的进化停滞、不前或倒退，有众多的死伤人类，有偌大的损失金钱，便是最明显的例证。互助可使社会生活安利，人类行为都有秩序，虽不能即使社会有急遽的进化，但其行程当能确保继续永恒，然欲以互助代互争，苟无公认的组织及共守的规律，终是无法发皇互助的运用。因这种种缘故，所以我个人对于国联的学说，绝对赞同；对于国联的联约无限珍贵，对于国联的实现，更欢呼庆祝也。

愿我谓我们尽管‘赞同’、‘珍贵’、‘欢呼庆祝’，他却报我‘失望’、‘怀疑’、‘厌恶轻鄙’。诚然，国联曾有设立许多附属机关，如政治、经济、财政、法律、交通、军事、卫生、文化、拒毒、社会等机关，研究增进国际各种事业的专门问题，并且常常召集会议，交换各国代表对于各种事业的意见，我们由这些事实，固可毫不迟疑地说，国联对于国际生活的思想的传播，应称经竭尽其能事，而确是他很大的成绩。然而不能依据盟约达到他的最高理想，不能执行盟约建树世界永久的和平，任何大会员国的反对，都可使行政院或大会的决议不能发生效力，强者仍可以凌弱，战端还不能免除，所谓‘增进国际互助，保障国际和平与安全’的理想，完全成为空破，国际盟约的精神，我们总应目为轻已撕毁无余，即是国联组织的原意，已经完全失败，也就是提示吾们国联仍不过是个强国御用为侵略弱国的机关。国联神圣的盟约，经已撕毁无余，则国联的根本价值，也就随之概行消灭，国联的地位，自将毫无存在的意义了。且加入国际联盟的国家，表面上虽有五十余国，而实际上却是常任理事英法德日意五大强国支配其全权，这五大强国，无异就是国联的五个老虎，现在五个老虎因争噬之故，日德两国已相互退盟，意则提出改组案，亦等同日德退盟的行动，是则五大个常任理事经去其三，国联地位，究将何所藉口维持？一向徒供牺牲的我国，逢着这种场合，赞同意国提议而改组国联使各强国如虎添翼固不可，赞同法美主张，而维持国联现状，有如投鼠忌器亦何益，左右思维，惟有自己努力之一法，惟有自己努力，同时努力于唤醒全世界的被压迫民族，联合起来，共同奋斗之一法。

惟其能自己努力，能唤醒全世界的被压迫民族联合起来，共同奋斗，不特可赞同法美之主张维持国联，尤赞成意大利之主张改组国联。因国联的意义，却为人道正义，国联的组织，却合进化法理。故理应如法美之主张维持，但不是要维持五个老虎，凭着深山来噬人的现状。而有待于赞成意大利的改组主张。但改组绝对不是学意大利缩小小国的权利，而是主张凡是加盟国联的各国，权利一律平等。那才不失国联的真意义。那才不失我们主张的真正国联。”① 该文发表在2月15日出版的《三民主义月刊》第三卷第二期上。

△复函中华教育文化基金董事会，接准大函，附送本年度本校植物学科学教席第三期设备补助费，国币250元支票一纸及收据一纸，请查收转发，并将据签字盖印寄返，等由。自当照办，除将该款转发备用外，相应检同收据一纸，随函送复，希烦查照。②

1月下旬 核准教育研究所主任崔载阳报请，取录钱苹、谭允恩、张捷学3人为该所研究生。③

1月 著作《澄庐文集》由国立中山大学出版部张掖主任编辑完成，是月付印。④

2月初 函准地理学系师生寒假前往东江实地考察。⑤

理工学院地理学系拟乘寒假期间，由卞沙教授率同助教、学生等前往东江作地理考察，业由该院何衍璿院长转请先生核准，并由学校拨给旅费，协助进行。现该系员生，因期考完竣，出发在即，特请何衍璿院长再次转请先生，发给考察证明书、介绍函、舟车半费函等，以利进行。先生据请后，经准照发给，并分别函请所经过各县市政府惠予指导，并饬属一体保护；同时函请各舟车公司，优待本校地理系考察员生，减半征收舟车费。

---

① 邹鲁：《国际联盟的透视》，见《三民主义月刊》第三卷第二期，第35～36页。

② 《大学公函》，见《国立中山大学日报》，1934年2月1日。

③ 《本校取录教育研究所研究生》，见《国立中山大学日报》，1934年2月7日。

④ 《邹校长之著作出版》，见《国立中山大学日报》，1934年10月9日。

⑤ 《理工学院地理学系员生寒假往东江实地考察》，见《国立中山大学日报》，1934年2月8日。

2月1日 签署两份大学布告。（一）合行榜示教育研究所招考小学实验班一年级合格新生名单及复试时间安排；① （二）准高中部主任刘克平报告，本日下午开始生物学科考试，有华侨补习班学生雷美英，串同校外人员到校传递答案，请予惩戒。准此，查该生雷美英，串同外人传递答案，违犯校规，实属不堪造就，应即开除学籍，以肃学风。②

2月2日 胡汉民致函邓泽如、先生，青海二十九旗王公总代表雅清斋及青海二十九旗盟长代表朱乐三南来报告青海情形，关于党务事宜，也有所商承，希延洽为荷。③

△致函番禺县县长，案准贵府公函，以本校建筑农林两场道路，收用民田一案，请拟具计划书及给地图各两份送府，以凭转请核示办理等由，自当照办。相应检同计划书及地图各两份，随函复请查照，转请省政府核准收用，见复。④

△签署大学布告。照得此次教育研究所招考小学实验班一年级新生，复试成绩业经评定，计取录30名，合行榜示。仰取录各生于本月3日上午8时至12时，妥觅保人，来校报告缴费。⑤

2月3日 签署大学布告。查本月8日至17日，为修正校历规定寒假之期，合行布告，希本校员生，一体知照。⑥

2月5日 签署大学布告。准山东省教育厅公函，公布修正后的该省补助留学省外学生规程，仰本校鲁籍学生一体知照。⑦

2月6日 致函胡汉民，介绍龙幼田谒见。⑧

△电聘本校留德考获医学博士的两位助教返国任医学院研究所主任。⑨

本校医学院助教李挺、梁仲谋于1932年和1933年先后由本校资助派往德国留学，查两人于去年秋冬间先后在汉堡大学考获医学博士学位。先生为罗致

---

① 《大学布告》，见《国立中山大学日报》，1934年2月2日。

② 《大学布告》，见《国立中山大学日报》，1934年2月3日。

③ 陈红民：《胡汉民未刊往来函电稿》第四册第七卷，广西师范大学出版社2005年12月第1版，第409页。

④ 《大学公函》，见《国立中山大学日报》，1934年2月3日。

⑤ 《大学布告（二）》，见《国立中山大学日报》，1934年2月5日。

⑥ 《大学布告（一）》，见《国立中山大学日报》，1934年2月5日。

⑦ 《大学布告（二）》，见《国立中山大学日报》，1934年2月7日。

⑧ 陈红民：《胡汉民未刊往来函电稿》第九册第二十八卷，广西师范大学出版社2005年12月第1版，第496页。

⑨ 《电聘本校留德考获医学博士两助教返国任医学院研究所主任》，见《国立中山大学日报》，1934年2月7日。

人材起见，是日特去电聘请两人回国，任本校医学院研究所主任。

△签署大学布告。查文学院英国语言文学系四年级学生崔焕，于本学期考试十九世纪英国文学史时，夹带抄书，违犯校章，除将该科扣考外，应予记大过一次，以示惩戒。①

2月7日 函勗谢明章。

秘书谢明章被先生派往澳大利亚为新校舍劝捐后，工作勤力，先生特于是日致函勉励。函略称："叠接腊月念（廿）九日及元月十二日，由雪梨（悉尼）先后来书，并附雪梨各分部地址一纸，备悉一一。现石牌新校，经始将及一年，理工农三学院，工事垂成，决于本年暑假，一并迁入。此为党国树人，系属最根本，最切实之伟大建设。无论中外同志，均负有一份责任。最近四全会诸同志，对于本校清款建校之提案，亦有一致共表赞同。总之吾人为总理兴建唯一纪念学府，虽已备极辛勤，仍当始终不懈，冀底于成。惟老弟勉之！"②

△签署大学布告。为了便利市民到医院留医起见，再将各科手术费及病房价值，酌量当地情形，分别核定，以求适合，予以公布，并定于2月8日开始实行。③

2月8日 致函医学院马丁院长、附属第一医院柏文蔚主任，指出："本校为国立教育机关，所有内外文书，须用本国文字。查贵院系属本校附属部分之一，来往文书，自应遵用本国文字。又各种曾议之讨论与记录，亦应以本国语言文字为主，但遇必要时，均可附外国文译本。"④

2月上旬 画兰并题诗，贺萧佛成七十二岁生辰。⑤

2月12日 胡汉民致函先生、陈融，请对生活窘迫的杨美延同志量予资助。⑥

△胡汉民致函先生，附奉黄振家、刘培英两同志来函，请先生察阅。⑦

2月16日 致函农学院邓植仪院长，准广州市政府公函，因本月17日、

---

① 《大学布告（一）》，见《国立中山大学日报》，1934年2月7日。

② 《校长函勗谢秘明章在澳努力为新校募捐》，见《国立中山大学日报》，1934年2月8日。

③ 《大学布告》，见《国立中山大学日报》，1934年2月8日。

④ 《大学公函》，见《国立中山大学日报》，1934年2月8日。

⑤ 国立中山大学校友会：《邹鲁全集》第（十）卷，三民书局股份有限公司1976年10月初版，第23页。

⑥ 陈红民：《胡汉民未刊往来函电稿》第四册第七卷，广西师范大学出版社2005年12月第1版，第411页。

⑦ 陈红民：《胡汉民未刊往来函电稿》第四册第七卷，广西师范大学出版社2005年12月第1版，第411页。

18 日举行赛马比赛，需进行交通管制，请予以关照协助。[①]

2 月 18 日 致函农学院邓植仪院长，准广东省政府公函，转发调查表一帙，请按委托试验稻种办法要求进行填写。[②]

2 月 19 日 致函法学院、文学院、理工学院院长及高中部主任，公布编定的本学期总理纪念周轮值办法，希为查照办理。[③]

2 月 20 日 致函番禺县严县长，因建筑石牌新校舍蓄水池，需占用该县土地 12 亩，拟依法收用，相应检同建筑计划书及地图各两份，随函送请查照，转请广东省政府核准收用。[④]

△致函农学院邓植仪院长，准全国经济委员会蚕丝改良委员会公函，该会为改进蚕丝事业起见，特请全国经济委员会顾问玛利博士前往广州考察，请予以协助进行。[⑤]

2 月 21 日 签署两份大学布告。（一）公布广西省外留学生奖学金暂行规程，仰本校桂籍学生一体知照；[⑥]（二）奉教育部训令，令仰本校对于在校拟赴日本自费留学各生，剀切开导，务令于出国前，遵章请发留学证书，出国后，即将所领留学证书向驻日留学生监督处呈验报到。以重法令，而免流弊。附抄发驻日留学生监督处原呈一件，仰各知照。[⑦]

2 月 22 日 允任伍朝枢追悼会发起人。[⑧]

国民党中央执行委员伍朝枢于 1 月 2 日在香港仙逝，中山文化教育馆孙科等暨该馆各理事联名发起追悼会，并函邀海内外党国名流参加发起，以隆哀典。先生亦被邀参加发起。先生接函后，经函复允任该追悼会发起人。

△签署大学布告。奉教育部训令，尽量采用国货运动用品为要，仰本校员生，一体知照。[⑨]

2 月 23 日 续聘安得来苏为医学院解剖学及胎生学教授。[⑩]

△签署大学布告。准陕西省教育厅公函，公布陕西省国内各大学校院陕籍

---

① 《大学公函（二）》，见《国立中山大学日报》，1934 年 2 月 19 日。
② 《大学公函（一）》，见《国立中山大学日报》，1934 年 2 月 19 日。
③ 《大学公函》，见《国立中山大学日报》，1934 年 2 月 20 日。
④ 《大学公函（一）》，见《国立中山大学日报》，1934 年 2 月 21 日。
⑤ 《大学公函（二）》，见《国立中山大学日报》，1934 年 2 月 21 日。
⑥ 《大学布告》，见《国立中山大学日报》，1934 年 2 月 22 日。
⑦ 《大学布告》，见《国立中山大学日报》，1934 年 2 月 23 日。
⑧ 《邹校长允任伍梯云先生追悼会发起人》，见《国立中山大学日报》，1934 年 2 月 23 日。
⑨ 《大学布告（二）》，见《国立中山大学日报》，1934 年 2 月 24 日。
⑩ 《本校续聘安得来苏教授》，见《国立中山大学日报》，1934 年 2 月 23 日。

肄业生奖学金规程，仰本校陕籍学生，一体知照。[①]

2 月 24 日　赴港，与胡汉民商议重组“新国民党”。

吴铁城于2 月 25 日给南京政府行政院院长汪精卫的密电写道：“特急。南京。汪院长钧鉴：行密。顷接港讯如下：胡（胡汉民）因党领袖问题，决重组中华革命党，自任领袖。经密召邹（邹鲁）等来港商决，以元老为基础，智识份子为中坚，民众为号召。俟组党完成，再谋取得政权。现对政局暂取缄默态度。等语。谨闻。铁城叩。宥未。印。”[②]

吴在密电中提到的中华革命党即指“新国民党”。

2 月 25 日　致函农学院邓植仪院长，案准番禺县政府公函，奉广东省政府令，准许因为建设农林两场通路而需征用荔枝岗等民田三处，请依照程序办理有关手续。[③]

2 月 26 日　向教育部部长王世杰呈报本校教员录及学生名册。[④]

△发表谈话：“省府改制及恢复领袖制尚未接中央电告，真相不明，西南未便发表意见。粤借千五万维持纸币，亦未得中央切实答复。”[⑤]

2 月 28 日　胡汉民致函先生，孙殿英的代表靖任秋南来报告最近情形并请示今后进行方针，函介趋谒。[⑥]

△致函注册部黄主任，指出二十一年度医学院毕业生，经该院院长核定，须受新学则规定，实习一年，该生等证书，自可暂缓制发。[⑦]

△致函事务长何春帆等人，定于 3 月 2 日下午 3 时在钟楼会议室开第三次新校舍建筑委员会会议。[⑧]

2 月　特派林青山专员赴荷属各埠（印度尼西亚）为石牌新校舍进行募捐。[⑨]

3 月初　出席西南政委会联合总理纪念周，并发表演讲。

先生在演讲中说道：“这几年的日本，却有如太岁凶神一般，遇着它的必

---

① 《大学布告（一）》，见《国立中山大学日报》，1934 年 2 月 24 日。

② 中国第二历史档案馆：《中华民国档案资料汇编》第五辑第一编，政治（二），江苏古籍出版社 1994 年 6 月第 2 版，第 816 页。

③ 《大学公函》，见《国立中山大学日报》，1934 年 2 月 26 日。

④ 《大学呈文》，见《国立中山大学日报》，1934 年 2 月 27 日。

⑤ 《邹鲁谈改省制》，见《申报》，1934 年 2 月 27 日。

⑥ 陈红民：《胡汉民未刊往来函电稿》第四册第七卷，广西师范大学出版社 2005 年 12 月第 1 版，第 417 页。

⑦ 《大学公函》，见《国立中山大学日报》，1934 年 3 月 1 日。

⑧ 《大学公函（一）》，见《国立中山大学日报》，1934 年 3 月 2 日。

⑨ 《林专员赴荷属募新校建筑费近讯》，见《国立中山大学日报》，1934 年 4 月 19 日。

有凶祸。马占山、王德林、李杜等一般人，在东北抗日，因为力量打日本不过而致失败，本来说不到命运使然。可是十九路军和冯玉祥、方振武、孙殿英等，也曾抗日打过胜仗，而现在皆归消灭，这似乎就有命运了。何以呢？就是消灭他们的不是日本人，却为自己的人替日本人来复仇，把他来消灭。”①

3月1日 允任广州市运动大会顾问。

广州市第一次运动大会拟于本月24日至30日举行。该会遍请教育名流为顾问，期收集思广益之效。先生也在被聘之列，先生接到请函后，“以际兹国难之殷，提倡体育，振我国威，义不容辞”②，经函复该会，允任顾问之聘。

△致函本校农场张农主任、农学院邓植仪院长，案准广东省公安局公函，准本校为农场作地，日渐扩充，需收集广州市东山区垃圾及粪尿肥料，自当照办。③

3月2日 出席新校舍建筑委员会第四次会议。④

下午3时，会议在旧校钟楼会议室举行，先生及黄枯桐、吴康等人参加，会议由何春帆主持。报告事项为文学院新校舍各种建筑计划，讨论及议决事项为农理工三学院新校舍教室、实验室如何支配案，蓄水池建设应如何进行等两项。

△胡汉民致函先生，表示柏文蔚希望皖省党务派谭惟洋负责，其意暂从缓议；樊剑父来电应如何办理，希先生酌复。⑤

△准本校区党部函请，在举行全区党员大会时，对出席参加人员给予公假半天，以便出席。⑥

3月3日 出席中大区党部党员大会，并发表致辞。

下午2时，大会在学校大礼堂举行，到会者有西南执行部指导员吴大同、先生及全区党员等百余人。大会电请国民党中央迅即讨伐伪国，并通过重要议案九件。先生在大会上发表致辞，说道：

“我现在对各位所讲的，仍然是说‘各位的工作不够’那些旧话，因为我们平常见到党国的事情弄得不好，就会责备党国负责的人，但是我们自己本身的事，何尝都是好呢？譬如刚才训练科报告，本校现有的团体很多，我们能否

---

① 邹鲁：《呜呼抗日军》，见《三民主义月刊》第三卷第四期，第22页。

② 《邹校长任市运动大会顾问》，见《国立中山大学日报》，1934年3月1日。

③ 《大学公函（二）》，见《国立中山大学日报》，1934年3月2日。

④ 《新校舍建筑委员会第四次会议录》，见《国立中山大学日报》，1934年3月7日。

⑤ 陈红民：《胡汉民未刊往来函电稿》第四册第七卷，广西师范大学出版社2005年12月第1版，第418页。

⑥ 《明日本校开全区党员大会》，见《国立中山大学日报》，1934年3月2日。

领导各个团体，去走他们应走的正常路途？又例如：在大会里所见得到的毛病：（一）本校全区党员有二百多人，现在出席的，仅得百余人，显然是有许多放弃不出席的党员；（二）我们未能十足依照原定的时间开会，这是我们做事疏懈的表示；（三）刚才我们所推举的大会临时主席，彼此都要退让，这或许是各位谦让的缘故，但仍然是缺乏训练的表证。我们只知责人，不知责己，自己本身的事，尚且不能弄得好，我们将来怎能把党国的大事弄得好呢？中山大学是总理亲手所创办的学校，也是西南最高的学府，我们对于国民革命，个个都有特殊的使命。我们想将来把党国的大事办得好，就要先把我们自己本校的事去办好才行。这是我所希望于各位的！”①

△致函广西省教育厅，本校法学院经济系桂籍学生卢家荣等13人应领取贵省商科奖学金，请核办示复。②

△签署大学两份布告。（一）聘高剑父教授画学，每逢星期五、星期六下午3时至5时为授课时间。凡各学院学生志愿学习者，仰于本月10日以前到文学院报名，以便定期开课。惟该课目前无学分，且选习需自备应用画图版及画具。（二）准安徽省教育厅公函，案查该省欧美留学公费生考试，业经定于本年四月举行，并将留学名额、考试科目及应考各事项公布在案，仰本校皖籍学生，一体知照。③

3月5日　出席文学院总理纪念周，并发表演讲。④

上午9时，文学院本学期第一次轮值总理纪念周在本校大礼堂举行，先生及文学院吴康院长及该院师生八百余人参加。先生在纪念周上发表演讲《溥仪登极与现代青年责任》，说道：

“今天想对诸位讲的，是溥仪做皇帝的事情。溥仪登极之日，日本军队在东三省大操，甚至在上海和天津的日军，也在此四川路和津浦路一带操练。同时我国方面，则先后举行接收山海关、古北口的庆典。这种对照，我们作什么感想呢？日本这种行动，一方面表示占据东三省之成功，另一方面则表示日本随处可以侵略中国，这是何等痛心的事！

我们追溯‘九一八’之不抵抗，与及日本之退出国联，国联对于伪满一切不予承认，而我国反与日本订立《塘沽协定》，这真是最可痛恨的事！

青年是国家的命脉，国家有无转机，视乎青年之有无觉悟。现在中国的青

① 《区党部党员大会详志》，见《国立中山大学日报》，1934年3月5日。

② 《大学公函》，见《国立中山大学日报》，1934年3月5日。

③ 《大学布告（二）》，见《国立中山大学日报》，1934年3月5日。

④ 《昨晨举行总理纪念周情形略志》，见《国立中山大学日报》，1934年3月6日。

年，大都醉生梦死，语云：‘哀莫大于心死’，所以我们如果欲救中国，必须首先打破这种亡国的心理。有了救国的决心，而尤须有救国的能力，要有救国的能力，就须要努力研究学问。

我们救国，不是空言可以办到的，尤须注意实践，一举一动都要注意，一衣一食都要念到得来之不易。否则国家财政如此枯竭，社会经济如此落后，我们的父兄家长，节衣缩食，甚至胼才胝足，来供我们读书，我们又何忍再华丽其衣服，奢侈其饮食，而玩忽读书呢？”①

△撰写《傀儡登场的严重性》一文，揭发日本搬演“满洲国”的傀儡戏及强迫我国接受通车通邮的要求。该文发表在3月15日出版的《三民主义月刊》第三卷第三期上。②

3月6日 签署大学布告。奉西南政务委员会训令，定清明节、重阳节为例假。③

3月7日 致函各学院院长，于3月17日之前照案派员指导各系各级学生选举产生各级代表，并将办理情形及各代表姓名具报备案。④

3月9日 出席学校董事会及建筑董事联席会第七次会议。⑤

会议于上午10时在西南政务委员会办事处召开，出席人员有许崇清、区芳浦、邓泽如、先生、陈济棠。会议主要议题包括讨论先生送来的宏益公司承建农学院蚕桑部各款额外工程价目单一纸，所涉及费用请核定案等。

△签署两份大学布告。（一）奉西南政务委员会训令，案查3月12日为总理逝世纪念日，是日休假一天，并在中山纪念堂举行总理纪念周，自应遵照，合行布告；（二）现请司法部罗文干部长于本月10日下午2时至4时在大礼堂演讲《新疆问题》，希本校员生届时踊跃出席听讲。⑥

3月10日 出席罗文干演讲会。⑦

先生为增长本校员生见闻起见，特函邀请司法部部长罗文干于本月10日及17日莅临学校演讲《新疆问题》。是日为罗文干第一次莅校演讲。下午2时，先生及法学院院长郭冠杰引导罗文干到座无虚席的礼堂讲坛上，休息片刻

---

① 《昨晨纪念周邹校长演说词》，见《国立中山大学日报》，1934年3月7日。

② 邹鲁：《傀儡登场的严重性》，见《三民主义月刊》第三卷第三期，第16页。

③ 《大学布告》，见《国立中山大学日报》，1934年3月7日。

④ 《大学公函》，见《国立中山大学日报》，1934年3月9日。

⑤ 国立中山大学出版部：《国立中山大学现状》，国立中山大学出版部1936年版，第453～457页。

⑥ 《大学布告（二）》，见《国立中山大学日报》，1934年3月10日。

⑦ 《罗部长昨日莅校演讲新疆问题》，见《国立中山大学日报》，1934年3月13日。

后，即由先生起立介绍罗部长，之后由罗开始演讲。至3时半，演讲结束后，由先生代表全校师生向罗部长致谢，始行散会。

△致函各院、部、附校，奉西南政务委员会训令，案查3月12日在中山纪念堂举行总理纪念周，届时派员出席，以志哀悼。①

△致函各院、部、附校，奉西南政务委员会训令，嗣后凡有开支修建工程或购置服装等费，除法令另有规定仍应遵照办理外，其余价值在300元以上者，均应一律公开投承。②

△蒋鼎文携带蒋介石亲笔信到广州，其中一信为致陈济棠、李宗仁、白崇禧、胡汉民、先生、唐绍仪等人，征求今后对"剿共"计划和对统一全国军队编制的意见。③

3月12日 胡汉民致函先生，为刘培英同志介绍工作，以维生计。④

3月13日 致函附属学校负责人，准本校区党部执行委员会函，该会举办党义论文比赛，相应检同章程函达，即希查照办理。⑤

3月14日 函复文学院院长吴康，照准请假赴法出席国际会议并进行讲学。是日5日，吴康致函先生，提出上述申请。⑥

3月15日 函复体育部，准予在体育保管费下拨支50元，以奖励四获环市长跑赛冠军的文学院赵辉同学。⑦

△致函教务处、注册部，奉教育部训令，案据福建省教育厅电，该省二十二年度上学期中学毕业生因闽变发生，未举行会考，均由学校举行毕业试验，事关本省特殊情形，此项毕业生应请准其毕业升学。奉此，相应函请查照。⑧

△签署大学布告。现请司法部罗文干部长于本月17日下午2时来校续讲《新疆问题》，合行布告。⑨

3月17日 本校附属高中部主任刘克平呈函先生，请转函邀请司法部部长罗文干于本月19日高中部轮值总理纪念周时来校演讲外交问题，先生经准

---

① 《大学公函》，见《国立中山大学日报》，1934年3月13日。

② 《大学公函》，见《国立中山大学日报》，1934年3月13日。

③ 广东省立中山图书馆：《民国广东大事记》，羊城晚报出版社2002年11月第1版，第482页。

④ 陈红民：《胡汉民未刊往来函电稿》第四册第七卷，广西师范大学出版社2005年12月第1版，第421页。

⑤ 《大学公函》，见《国立中山大学日报》，1934年3月14日。

⑥ 见"国立中山大学全宗"档案，全宗号20，目录号1，案卷号23，藏广东省档案馆。

⑦ 《本校奖励赵辉君》，见《国立中山大学日报》，1934年3月15日。

⑧ 《大学公函》，见《国立中山大学日报》，1934年3月17日。

⑨ 《大学布告》，见《国立中山大学日报》，1934年3月17日。

照转函敦请。[①]

△签署大学布告。准河南省教育厅公函，公布修订该省各县津贴大学教育等系及师范职业学校学生毕业参观旅费办法。[②]

△致函附中、附小主任，准本校区党部执行委员会公函，附送党义论文比赛章程暨党部执行委员会理事会第一次会议录，自当照办。[③]

3 月 18 日 聘请高剑父来本校教授画学。[④]

3 月 19 日 根据法学院呈请，函复给予编有译著社会科学论丛 6 册的法学院政治系四年级学生龙世雄 60 元奖励；根据农学院呈请，函复给予编著《中国农产问题之研究》一书的农学院四年级学生翟克 70 元奖励。[⑤]

△致函广州市商会，查本校拟假座贵商会投标农学院背后地段，业经函复照办在案。兹定 4 月 9 日为开投日期，该项章程图则，亦经印就，相应各检 100 份，随函送达，尚希察收，以备取阅。[⑥]

3 月 21 日 签署大学布告。奉西南政务委员会训令，案查 3 月 29 日为革命先烈纪念日，是日休假一天，并举行纪念活动。[⑦]

3 月 22 日 签署大学布告。公布高剑父上课地点更改通知。[⑧]

3 月 23 日 出席黄元彬教授演讲会。[⑨]

白银协定问题，关于我国国民经济至重。先生为使本校员生对此问题有深刻的认识与了解，特于是日下午 2 时请本校法学院经济学系主任黄元彬教授在大礼堂演讲《由六十年来之银价说到白银协定并我国今后之应付方法》。演讲会开始后，首先由先生说明该问题与我国的关系，随后介绍黄教授，演讲到 3 时 10 分结束。

△接广东全省体育协进会公函，请先生对参加第十届远东运动会预选会的中大球员给予公假，以便训练。先生接函后，“以各球员准备参加远东运动会，系为国争光，经函复照办云。”[⑩]

---

① 《本校敦请罗部长演讲〈外交问题〉》，见《国立中山大学日报》，1934 年 3 月 17 日。

② 《大学布告》，见《国立中山大学日报》，1934 年 3 月 19 日。

③ 《大学公函》，见《国立中山大学日报》，1934 年 3 月 20 日。

④ 《高教授定期来校教授画学》，见《国立中山大学日报》，1934 年 3 月 19 日。

⑤ 《本校奖励法农两同学译著》，见《国立中山大学日报》，1934 年 3 月 19 日。

⑥ 《大学公函》，见《国立中山大学日报》，1934 年 3 月 21 日。

⑦ 《大学布告》，见《国立中山大学日报》，1934 年 3 月 22 日。

⑧ 《大学布告》，见《国立中山大学日报》，1934 年 3 月 23 日。

⑨ 《黄元彬教授昨日讲白银协定问题》，见《国立中山大学日报》，1934 年 3 月 24 日。

⑩ 《第十届远东运动会本校被选基本球员准给公假》，见《国立中山大学日报》，1934 年 3 月 24 日。

△签署大学布告。准本校救国会函称：窃查本校抗日会，奉国民党中大区党部执委会令，饬于3月7日起改为救国会名称，并奉发改正为救国会名称的章程一份及新印一颗，函达先生查照，合行布告。①

3月24日 签署大学布告。奉教育部通令，公布军训扣考生补修办法及各院部二十一年度军训扣考学生名表。②

3月25日 胡汉民致函邓泽如、先生、陈融，希为杨芷泉在贵州办毅成中学在粤筹募经费一事筹划。③

3月26日 在法学院总理纪念周上发表演讲《读书的方法》。

上午9时，法学院本学期第二次轮值总理纪念周举行，先生在纪念周上发表演讲，说道："故我以为读书的方法：第一要认清本国的地位，第二要明了当前的需要，第三要认识演进的事实，世界一切的学说，要尽量接受，却是一切学说要细心研究。古人说：'读书不受古人欺'，我以为尤不要受今人欺，更不要受帝国主义欺。……可见我们现在读书，最好要在认识读书的，第一不要受人欺，其次注重剥肤存液，去粗取精的卓见，勿为成说所移，诡言所惑。至现在我要叫大家组织模拟国民代表大会研究宪法，此意就是想各同学能将所读的法律，参酌现在的事实，演成一个可以实现的方案，这是注重学理与事实，双方并顾的研讨的好方法。本校此后无论对于公开演讲，或公开练习，统要随时做个有系统的举行，那才不枉费研究的心血，而使学问随时能见诸实用，中西真理不碍于贯通，这种工作，是实际得到读书的益处之一方法。"④纪念周于10时结束。

△接伍朝枢先生追悼大会筹备会由沪来函，以伍梯云先生功在党国，除开会追悼外，并谋永久纪念，包括办梯云奖学金等，请先生慨赐特捐50元，即日汇沪，以资应用。先生经即函复如数汇款。⑤

3月27日 胡汉民致函先生，商议接收西北书局及合作办报等事宜。⑥

△致函各学院院长，奉西南政务委员会训令，本校组织人员参加3月29日革命先烈纪念大会，每院派遣代表二人参加，以崇纪念。⑦

---

① 《大学布告》，见《国立中山大学日报》，1934年3月24日。

② 《大学布告》，见《国立中山大学日报》，1934年3月26日。

③ 陈红民：《胡汉民未刊往来函电稿》第四册第七卷，广西师范大学出版社2005年12月第1版，第423页。

④ 《邹校长在纪念周演讲读书的方法》，见《国立中山大学日报》，1934年4月2日。

⑤ 《邹校长捐款办梯云奖学金》，见《国立中山大学日报》，1934年3月27日。

⑥ 陈红民：《胡汉民未刊往来函电稿》第四册第八卷，广西师范大学出版社2005年12月第1版，第426页。

⑦ 《大学公函》，见《国立中山大学日报》，1934年3月30日。

△签署大学布告。本校定于3月29日前往黄花岗致祭革命先烈，所有高中军事训练学生齐集参加。附中、附小学生，则由各该附校自行酌定时间，前往致祭。①

3月27日至30日 出席西南执行部及西南政务委员会常委联席会议。②

出席会议的主要人员有陈济棠、邓泽如、先生等，会议主要议题是讨论宁粤关系、西南执行部及政务会两机关存废问题。李宗仁于27日上午抵达广州出席。会议决定：（一）执行部和政委会维持原状；（二）广东改行省长制，改制后广东首任省长推定陈济棠充任；（三）由先生、林云陔等七人组成宪草研究委员会。胡汉民的代表李晓生表示，不反对成立军委分会。李宗仁称听从陈济棠意见。

3月29日 撰写《广州辛亥三月二十九日革命记》。③ 同时还撰写了《烈士就义表》，经西南执行部审查后，由国民党中央执行委员会拨款树碑于黄花岗七十二烈士墓坊后的正中位置。

3月30日 致函新校舍建筑委员会委员，定本月31日正午12时在钟楼会议室开第五次新校舍建筑委员会会议，请准时参加。④

△函复附属第二医院桂毓泰主任，同意其呈函中关于护士调整事宜。⑤

△签署大学布告。公布法学院教授任启珊等人的演讲时间、地点，希各员生届时踊跃参加。⑥

3月31日 正午12时，出席新校舍建筑委员会第五次会议。会议在钟楼会议室举行，由事务长何春帆主持。会议讨论及议决的事项有四项，包括农法工三学院搬迁到新校舍、文学院新校舍计划与建筑案等。⑦

春 撰写《澄庐诗集自序》。⑧

《澄庐诗集》是张掖教授收集了先生自民国十年以来所写的诗，根据时间顺序，分为五卷。先生以“澄庐主人”之名在《自序》中叙述了自己从厌诗，到习诗，再到以诗铭志的过程。

4月初 是月3日，陈炯明被安葬在惠州西湖。先生撰写挽联：“愧未植

---

① 《大学布告》，见《国立中山大学日报》，1934年3月28日。

② 广东省立中山图书馆：《民国广东大事记》，羊城晚报出版社2002年11月第1版，第483页。

③ 邹鲁：《广州三月二十九革命史》，帕米尔书店1974年1月再版，第81页。

④ 《大学公函》，见《国立中山大学日报》，1934年3月31日。

⑤ 《函复第二医院》，见“国立中山大学全宗”档案，全宗号20，目录号2，案卷号201，藏广东省档案馆。

⑥ 《大学布告》，见《国立中山大学日报》，1934年3月31日。

⑦ 《新校舍建筑委员会第五次会议》，见《国立中山大学日报》，1934年4月2日。

⑧ 邹鲁：《澄庐文选》，正中书局1948年5月初版，第295页。

花酬家侧，记曾衣锦过东江。”[①]

4月初 接欧洲外交友人信函，该函对溥仪登极这样的大事，中国竟没有向国联递交一个提案，全国人民没有一种热烈悲痛的表现，实为骇人听闻的事。[②]

4月2日 致函各学院院长、各附校主任，奉西南政务委员会训令，推销西南各界赈济江西“共祸”区域总会发行的赈济奖卷。[③]

4月3日 签署大学布告。照得本校校历规定4月5日起至8日止为春假休业日期，应放假四天。[④]

△致函文学院院长吴康，表示吴来函请先生核夺建筑文学院新校舍的意见已提交本校新校舍建筑委员会第五次会议，议决：“照该学院各学系及研究所现在实际需要情况，先行设计，徐图扩充。”在案。相应录案函复查照。[⑤]

4月6日 乘轮抵港，径赴胡汉民住宅，与胡商议宪法草案及时局问题。[⑥]

4月7日 胡汉民致函先生、邓泽如，希发给拟北返的郑千里同志的三月份工作经费，使其成行。[⑦]

4月9日 同意筹备招待教育文化基金会视察员事宜。[⑧]

中华教育文化基金董事会拟于日间派该会任鸿隽干事长偕同专家秉农山南下视察，本校教育研究所崔载阳主任以该会斯举与教育事业极其重要，特函请学校拟照向例，予以招待。先生接函后，以该会派员南下视察，关系本校受其补助部分前途甚大，经函复照办，并函知事务长何春帆、各学院及受该会津贴各部分会同筹备招待。

4月10日 致函教务长萧冠英等人，接西南各界赈济江西“共祸”区域总会公函，代销券2000元，准此，“查事关救济灾民，自应照办。”[⑨]

4月11日 与胡汉民、萧佛成、邓泽如一起电慰孙殿英。

电文写道：“闻驾抵平，私衷甚慰。此次吾兄西进，此间精神物莫能援助，以致孤军奋斗，未竟所志，至为愧怍。但吾兄讨贼壮志与救国苦心早为天

---

① 《陈炯明葬礼一瞥》，见香港《循环报》，1934年4月4日。

② 邹鲁：《呜呼抗日军》，见《三民主义月刊》第三卷第四期，第24页。

③ 《大学公函》，见《国立中山大学日报》，1934年4月3日。

④ 《大学布告》，见《国立中山大学日报》，1934年4月4日。

⑤ 《大学公函》，见《国立中山大学日报》，1934年4月4日。

⑥ 《邹胡会商宪草及时局》，见《申报》，1934年4月7日。

⑦ 陈红民：《胡汉民未刊往来函电稿》第四册第八卷，广西师范大学出版社2005年12月第1版，第427页。

⑧ 《本校筹备招待教育文化基金会视察员》，见《国立中山大学日报》，1934年4月10日。

⑨ 《大学公函》，见《国立中山大学日报》，1934年4月11日。

下所共仰。蒋逆积恶日甚，理无久存，愿与吾兄共抱坚心，同相努力，最后胜利必有可期。务望善抚所部，以俟时机，是所切祷。”①

△致函法学院邓孝慈院长，应准该院政治系二十三年班政治经济考察团苏无逸等呈请给予公假，以利外出考察，公假为35天，但回校后仍需补课。②

△签署大学布告。本校现请法学院张君励教授于本月12日下午7时在大礼堂演讲《宪法之前提》，合行布告，希本校员生届时出席听讲。③

4月12日 致函各学院院长、各附校主任，于4月12日遣派两人参加西南执行部在中山纪念堂举行的清党纪念活动。④

△致函各学院院长、各附校主任，奉教育部训令，应一致团结，挽回国难，并严防汉奸在案。⑤

4月15日 在《三民主义月刊》上发表《呜呼抗日军》一文。在文中对抗日部队遭到国民政府的消灭表示愤慨。⑥

△分函各省政府，以本校第八届毕业试验瞬将举行，所有毕业各生亟待领款前赴各地考察，特检同本届毕业生籍贯姓名表随函送达，请各省政府转饬各该生原籍县政府，照案拨给考察费每名国币300元，以利进行。⑦

4月17日 签署大学布告。公布重订附属第一医院各科手术费及病房价值表。⑧

4月18日 致函附属第一医院柏文蔚主任，查医院领取药品办法，尚未能尽其妥适，兹为慎重公物，划一取领起见，特订领药办法三条，以资遵守。相应检同现行药房领药办法一份，随函送达，即希查照办理，并转饬所属一体遵照。⑨

△致函各县政府，该县籍本校毕业生请转函贵府证明资格，以便商请拨发考察费前来，相应备函证明，交由该生送请查照，惠予接洽。⑩

---

① 陈红民：《胡汉民未刊往来函电稿》第八册第二十四卷，广西师范大学出版社2005年12月第1版，第515页。

② 《大学公函》，见《国立中山大学日报》，1934年4月12日。

③ 《大学布告》，见《国立中山大学日报》，1934年4月12日。

④ 《大学公函》，见《国立中山大学日报》，1934年4月13日。

⑤ 《大学公函》，见《国立中山大学日报》，1934年4月13日。

⑥ 邹鲁：《呜呼抗日军》，见《三民主义月刊》第三卷第四期，第22页。

⑦ 《本校函各省政府饬县照案拨给本届毕业生考察费》，见《国立中山大学日报》，1934年4月16日。

⑧ 《大学布告》，见《国立中山大学日报》，1934年4月18日。

⑨ 《大学公函》，见《国立中山大学日报》，1934年4月19日。

⑩ 《大学公函》，见《国立中山大学日报》，1934年4月20日。

4月19日 函勗林青山努力劝捐，并分函荷属各埠（印度尼西亚）各中华商会鼎立赞勷。

先生于前月派林青山专员赴荷属各地为新校舍建筑募捐，是日，先生以林青山努力劝捐，成绩卓著，特去函勗励。又以建筑新校，工巨费繁，需支孔亟，分别函请林君及巴城商会将经收捐款，早日汇收汇校，以应急需。同时，分函泗水等地各中华商会，请协助林专员，广为劝捐。先生在致林专员的信函中写道："青山兄鉴，顷得本月六日自巴城寄来手书，并附巴城侨胞捐款表一张，商会收据一张，通知单共五十张，具悉执事在巴城努力劝捐，各界侨胞，均乐助黄金，踊跃解囊，毅力热诚，良深佩慰。当此世运艰屯之会，乐为慷慨输将之举，而出于海外荷属之侨胞，义薄云天，艰能可贵，仰见总理主义之沦浃于人心者，千秋遗爱，久而弥彰。而吾人今日之继志建校，所以备极辛勤，祈求实现总理主义之种种父物声教，皆有赖于新校舍之建立，集其大成，信之已笃，行之益，力终当锲而不舍，积极经营，于以昌斯世而光荣褶者也。现查第一期建筑计划，已次第竣工，农法工三学院，定期今年暑假迁进石牌新校。第二期建筑计划，亦准备开始建筑。惟工巨费繁，需支孔亟，务望执事将经收巴城捐款国币叁仟七百一十元，尅汇来校，以应急需，无任企盼。至巴城各界侨胞捐款，经照来表刊登校报鸣谢，通知单五十张，商会财政郭天如君收据一张，亦经存案。巴城总商会处，并已另函接洽，所有代收捐款，额数国币三千三百八十元，催请汇校。除将校报鸣谢启事，分别检寄巴城、泗水、三宝台、巨港、万隆、日里、棉兰各商会外；兹将校报五份，随函送请查照。仍祈推广劝捐，努力进行，所有各处劝捐情形，并请随时具报，是所感盼。专此布复，只颂义祺。各界热心侨胞，均此代致敬意。"①

△签署大学布告。准广东省立民众教育馆函开，该馆定于本月22日举行演讲《中国民族之过去与未来》，主讲人为张君励，仰本校学生一体知照。②

4月21日 签署大学布告。准本校地质系张席禔主任函送该系各教授所组织的地质矿冶顾问处简章，附地质系出售矿物矿产岩石化石标本及各种模型简章，修正后布告于后，希各知照。③

是月17日，地质系主任张席禔致函先生，提出上述简章，呈请查阅核准。同日，先生复函张席禔。对张提交的简章进行了修改，并表示将在修改后布告实施。

---

① 《邹校长函勗林专员青山努力劝捐》，见《国立中山大学日报》，1934年4月26日。

② 《大学布告》，见《国立中山大学日报》，1934年4月20日。

③ 见"国立中山大学全宗"档案，全宗号20，目录号1，案卷号66，藏广东省档案馆。

4月22日 致函教育部部长、中英庚款管委会董事长朱家骅，请拨款补助中大农工两学院。

函称："数日前中华教育文化基金董事会干事长任鸿隽先生偕秉农山先生来敝校农学院视察，该院邓院长曾向任先生等谈及文化基金会补助该院稻作试验场及农林植物研究所补助费，本年度期满，拟请继续补助事。据任先生云，以后关于补助农工等教育文化事业，经由中央庚款联合会议，定由英庚款援助等语。查敝校农学院所办之稻作试验场及植物研究所，自得文化基金会由廿年（1931年）起，按年补助大洋二万五千元后，其研究试验成绩甚著。唯补助只以三年为期（由廿年度起至本年度止），倘此后停止补助，而敝校校款支绌，经营其他事业尚多，对于该场所经费，由不能尽量供给，则业务进行，势将停顿，似此功亏一篑，殊为可惜。又该院自接办广东土壤调查所以来，已从事于广东全省土壤之调查及为有系统之研究，并经出有数县之详细报告。又现以广东丝业衰落，亟待挽救，亦拟有扩充蚕桑教育及研究计划。再次则西南各省各源林之研究问题，关系地方保安至重，亦拟着手办理，只因经费不足，设备人材两形缺乏，以致诸事进行，不无窒碍。凡以上所述，均与教育文化生产事业，息息相关，为文化普及计，为发展农林业计，该院诚有不能不为继续补助及新增补助之请，拟请由廿三年度起，年共补助数万金，以资办理。更有请者，敝校化学工程及土木工程两学系，前以经费关系，暂附设于理工学院。基础新立，设备不周，且下年度该两学系学生，即升进四年级，各种设备，尤待扩充，势难从缓。而矿冶工程、机械工程、电机工程等学系，又待开设，用敢一并请求英庚款管理董事会，拨助十二万元，分三年拨付，以便进行。素仰台端提倡教育，推进文化，不遗余力，而于敝校经济状况及农学院办理研究试验事业情形，谅亦深悉。除日间由农工两学院，向英庚款管理董事会，正式请求外，用特函请台端，对于此事，鼎立赞助，俾该两学院得获充分补助，以资发展，不胜感荷！如何之处，并盼示复。"①

△文学院社会学系学生梁鉴波因搜集都市社会学材料，需向广州市所有业社会局查录在该局登记的社会团体的相关信息，特请社会学系主任转请学校函介前往查录。先生据请后，经备函交梁君赍送该局，请惠予查录的便利。②

4月23日 胡汉民致函先生，范观光催索先生原允月助其200元经费，

① 《本校请庚款管委会补助农工两学院》，见《国立中山大学日报》，1934年4月23日。

② 《社会系调查本市职业团体》，见《国立中山大学日报》，1934年4月23日。

是否即补给之。①

4月25日 胡汉民致函先生，转奉黄日兴、黄日雄两人学历，拟入中大医科肄业，希有以遂其愿，应如何办理，仍候裁酌。②

△签署两份大学布告。（一）接本校救国会来函，公布新当选救国会代表名单，并定于4月30日举行各代表宣誓就职典礼；③（二）公布本校地质系函送的地质矿产顾问处简章，附出售矿物矿产岩石化石标本模型简章。④

4月27日 签署大学布告。定自5月1日起，改穿夏季制服。⑤

4月28日 签署大学布告。现准教育部东北青年教育救济处公函，仰本校东北勤苦学生，遵照东北勤苦学生暂行办法暨申请书，填报后务于5月7日以前汇送该处。⑥

4月 杜月笙为其兄作七十冥寿，"新国民党"在上海的一班人制锦屏为礼，并将胡汉民、邓泽如、萧佛成、先生与陈济棠列名其上。⑦

5月初 批准地理系本届毕业同学组织华中华北地理考察团，外出考察。⑧

5月2日 致函各院系部处馆台场所附校等主任，定于5月3日下午在钟楼会议室集议讨论本校农学院余地推销事宜。⑨

△签署大学布告。奉西南政务委员会训令，5月5日为中华民国政府成立纪念日，照校历规定，休业一天。⑩

5月3日 接林青山函称，现已在万隆共募得新校舍建筑费大洋1700元。先生接函后，经分别函复林专员暨万隆中华商会各同志，"以表敬意，而申谢悃云。"⑪

5月10日 致函广东省民政厅林翼中厅长，请转饬各县政府尽力协助本校通志馆，对于职馆所发各种公文表册，以最速时间完满答复，以便编纂广东

---

① 陈红民：《胡汉民未刊往来函电稿》第四册第八卷，广西师范大学出版社2005年12月第1版，第434页。

② 陈红民：《胡汉民未刊往来函电稿》第四册第八卷，广西师范大学出版社2005年12月第1版，第435页。

③ 《大学布告》，见《国立中山大学日报》，1934年4月26日。

④ 《大学布告》，见《国立中山大学日报》，1934年4月27日。

⑤ 《大学布告》，见《国立中山大学日报》，1934年4月28日。

⑥ 《大学布告》，见《国立中山大学日报》，1934年4月30日。

⑦ 陈红民：《函电里的人际关系与政治：读哈佛—燕京图书馆藏"胡汉民往来函电稿"》，生活·读书·新知三联书店2003年9月第1版，第104页。

⑧ 《地理考察团昨已返校》，见《国立中山大学日报》，1934年6月11日。

⑨ 《大学公函》，见《国立中山大学日报》，1934年5月3日。

⑩ 《大学布告》，见《国立中山大学日报》，1934年5月3日。

⑪ 《林专员赴荷属募捐续讯》，见《国立中山大学日报》，1934年5月4日。

通志。[①]

△致函事务长何春帆等人，定于5月12日上午11时半在钟楼会议室开第六次新校舍建筑委员会会议。[②]

5月12日 致函萱野长知，请助中山大学接洽日本退还庚款。[③]

萱野长知为孙中山的老友，在中山大学建筑石牌新校舍遇到巨大困难之际，先生请萱野协助接洽日本有关方面，退还部分庚款，充为中山大学校舍建筑费。先生在信函中指出："爰特派何思敬教授专赴贵国，请拨庚子赔款还款为助。中山大学为孙先生手创之唯一大学，亦为孙先生纪念之唯一大学，鲁为孙先生信徒，今日努力完成其计划，先生为孙先生老友，必乐于援手，早观厥成也。"[④]

5月14日 分电菲律宾第十届远东运动会，致贺各国选手团及我国选手团。

电称："菲列滨远东运动会各国选手团公鉴：韶华十度，远运重开，本友爱之精神，为智勇之表演，临风欢忭，敬祝健康！"

"菲列滨远东运动会中华选手团公鉴：诸君参与远运，角逐争雄，发扬蹈厉，为我国光，至深佩慰。望以坚忍卓越之精神，获最后之胜利，谨祝！"[⑤]

△致函粤汉铁路管理局，本校农场由英德陆续装运竹苗34卡返省，荷承垂助，饬员细心照拂，俾得依时运到栽植，至为感纫，为此专函驰谢。[⑥]

△签署大学布告。据军训部李主任函，公布二十一年度下学期军训一科缺考应考学生名单，拟定本月27日在大礼堂举行考试。[⑦]

5月15日 在《三民主义月刊》上发表《对于四月十七日日本对外声明应有之认识》一文。

日本外务省情报部长天羽英二于4月17日发表"天羽声明"：（一）日本与中国有特殊关系，故日本应与各国不同，要完成它在东亚的特殊责任；（二）维护东亚和平及秩序，是日本单独之责任，无需他国干涉；（三）如果中国用以夷制夷的政策，日本就惟有加以排击；（四）如果各国暗助中国抗击

---

① 《大学公函》，见《国立中山大学日报》，1934年5月11日。

② 《大学公函》，见《国立中山大学日报》，1934年5月12日。

③ 中国国民党中央委员会党史委员会：《邹鲁先生文集》，中国国民党中央委员会党史委员会1984年6月30日出版，第309～310页。

④ 陈哲三：《邹鲁研究初集》，华世出版社1980年2月初版，邹鲁墨迹之三。

⑤ 《邹校长分电贺远运会选手》，见《国立中山大学日报》，1934年5月18日。

⑥ 《大学公函》，见《国立中山大学日报》，1934年5月15日。

⑦ 《大学布告》，见《国立中山大学日报》，1934年5月15日。

日本，那么纵令其名目为财政或技术援助，日本亦不得不反对。

先生在文中指出，日本的声明是目无中国，目无世界，“不特侮辱中国的独立主权，实且蔑视国际条约的信义，更将为横霸远东而吞并世界的炮声。……总之日本不惟是横蛮绝伦的国家，且是国际信义绝灭无余的国家，……寄语列强毋再受其花言巧语的欺骗，徒贻后悔之羞，已经达到当机立断的严重生死关头了！”①

△在《三民主义月刊》上发表《日本对华经济侵略》一文。②

文章详细分析了日本帝国主义的形成、侵华主要原因、日本殖民手段等，数据翔实，论证有力，成为揭露日本侵华的力作。该文篇幅大，撰写时间长，先后发表在《三民主义月刊》于1934年5月15日出版的第三卷第五期、6月15日出版的第三卷第六期、7月15日出版的第四卷第一期、8月15日出版的第四卷第二期、9月15日出版的第四卷第三期、11月15日出版的第四卷第五期及1935年1月15日出版的第五卷第一期。

在5月15日出版的第五卷第五期上，编辑部公布《本刊启事》：“邹鲁先生著《日本对华经济侵略》一稿现另印单行本，不久出版，本刊不再续登，即希读者诸君见谅。”不久，这些论文以《日本对华经济侵略史》为书名，由国立中山大学出版部出版发行。郑彦棻在《邹鲁全集编印经过》一书中认为：该书“业已失传，遍寻不获。”③

△致函军事训练部、高中部，准广东省教育厅公函，附送军事训练学生制服标识办法一纸、胸章式样及佩戴规则各一纸，自当照办。④

5月16日 胡汉民致函先生，商议黔事如何进行。⑤

△胡汉民致函先生，请先生筹集经费，以使方振武能顺利起草军事工作计划。⑥

5月17日 函谢澳洲域省中医公会，对该会为本校新校舍建筑募捐英二

---

① 邹鲁：《对于四月十七日日本对外声明应有之认识》，见《三民主义月刊》第三卷第五期，第10～20页。

② 邹鲁：《日本对华经济侵略》，见《三民主义月刊》第三卷第五期，第36页。

③ 国立中山大学校友会：《邹鲁全集》第（一）卷，三民书局股份有限公司1976年10月初版，《邹鲁全集编印经过》第4页。

④ 《大学公函》，见《国立中山大学日报》，1934年5月16日。

⑤ 陈红民：《胡汉民未刊往来函电稿》第四册第八卷，广西师范大学出版社2005年12月第1版，第449页。

⑥ 陈红民：《胡汉民未刊往来函电稿》第四册第八卷，广西师范大学出版社2005年12月第1版，第450页。

一金三百镑零四司令表示感谢。[1]

5月18日 致函胡汉民，商议“新国民党”党务工作如何促进。[2] 胡汉民于19日复函，表示党务工作宜秘密进行，重在实际。

△签署大学布告。公布指定的本届毕业筹备会常务执行委员名单及分任职务。[3]

5月20日 在文农两学院总理纪念周上发表演讲《国立中山大学建筑新校之困难》。在演讲中陈述了建筑石牌新校的艰难，呼吁同学们积极伸出援助之手。[4]

5月23日 签署大学布告。本校现在石牌麓山续建学生宿舍及膳堂共五座，查建筑地界内有山坟数座，应于七日内悉行迁移，以免妨碍工程，逾期由本校农场就近代为择地迁葬。[5]

5月24日 签署两份大学布告。（一）对于参加定于本月26日下午全区党员大会的教职员学生工友党员，是日下午给予半天公假，以便出席会议；[6]（二）公布本校及附校二十三年度校历。[7]

△致函教务长萧冠英等人，定于本月26日正午12时在钟楼会议室开第七次新校舍建筑委员会会议。[8]

5月26日 出席国民党中大区党部全区党员大会。[9]

下午2时，全区党员大会在本校大礼堂举行，改选第二届执监委员，全区280多位党员出席了大会。先生以西南执行部委员的身份出席。会议主席方棣棠宣布开会并做工作报告后，由先生发表训词，说道：

“第一，中山大学区党部是占很重要的地位，因为本校是西南人才集中的地方，我们所做出来的，都要给人家做个表率，若果党务理得没有成绩，那就直接间接影响到全国了。这样，我们的责任是很重大的呵！

第二，刚才听见主席报告，本校区党部这一年来的工作，不大紧张，这是无可讳言的。究竟工作何以会不紧张呢？照我个人的观察，借由内部的意见还

---

① 《本校派员赴澳洲募建新校费近讯》，见《国立中山大学日报》，1934年5月19日。

② 陈红民：《胡汉民未刊往来函电稿》第四册第八卷，广西师范大学出版社2005年12月第1版，第451页。

③ 《大学布告》，见《国立中山大学日报》，1934年5月21日。

④ 程焕文：《邹鲁校长治校文集》，中山大学出版社2004年11月第1版，第41～43页。

⑤ 《大学布告》，见《国立中山大学日报》，1934年5月24日。

⑥ 《大学布告》，见《国立中山大学日报》，1934年5月25日。

⑦ 《大学布告》，见《国立中山大学日报》，1934年5月26日。

⑧ 《大学公函》，见《国立中山大学日报》，1934年5月26日。

⑨ 《区党部昨开全区党员大会详情》，见《国立中山大学日报》，1934年5月28日。

未能完全统一，往往坚持个人的成见，不肯迁就一切，因此便妨害到党务的进行，我们必定要捐除成见，统一主张，大家协力做去，然后党务才有发展的希望。

第三，要注意到组织方面，在今日的中国社会，弄到纷乱不堪，政治仍然未上轨道，其原因是由于组织的不完善，所以我们党员应该要有朝气，要有勇气，同时更要有严密的组织。本校区党部，过去一年来，除了开过几次党员大会之外，党员间的联络甚少，虽然因为大家的工作和区域的关系，不能时常见面，但是我们总要在组织方面去想法子来补救。

总之，中山大学是全国知识分子集中的地方，如果我们的党部办得好，跟着，全国的党部也会办得好的。所以我希望大家以后要切实努力，更希望将来第二届的执监委员加倍的努力，以竟未完之功。”①

会议于6时结束。黄佩伦等七人当选为区党部第二届执委。

△签署大学布告。现接农学院邓植仪院长转农场张农主任函，有歹徒破坏农场树竹，实属不法，应予严禁，以维场务。为此布告，希以后各界人等，不得再事残害该场树木，如敢故违，定予拘究不贷。②

5月27日 胡汉民致函先生、谢瀛洲，函介区国良应聘中大法学院教职。区国良曾留学日本东京大学，任国民政府立法院秘书，因对宁府不满，解职回粤，赋闲在家。③

△应农学院邓植仪院长请求，函谢广东省会公安局何局长每日将广州东山垃圾百余担拨给农学院，作为垦荒用肥料。④

5月29日 签署大学布告。为布告事，本校现在石牌麓山续建学生宿舍及膳堂共五座，查建筑地界内有山坟数座，应于七日内悉行迁移。现期限届满，仍有未将该界内山坟迁葬者，为此再行布告，自本月30日起至6月1日止，展期三天。务望界内各坟主迅将属有山坟迁移，逾期当照案执行，幸勿延误。⑤

5月30日 签署大学布告。现准韩城县政府公函，公布韩城县省内外中等以上肄业生奖学金规程，仰本校韩籍学生，一体知照。⑥

---

① 《邹委员海滨在本校区党部党员大会训词》，见《国立中山大学日报》，1934年5月30日。

② 《大学布告》，见《国立中山大学日报》，1934年5月28日。

③ 陈红民：《胡汉民未刊往来函电稿》第四册第八卷，广西师范大学出版社2005年12月第1版，第455页。

④ 《邹校长函谢何局长拨给农院肥料》，见《国立中山大学日报》，1934年5月28日。

⑤ 《大学布告》，见《国立中山大学日报》，1934年5月30日。

⑥ 《大学布告》，见《国立中山大学日报》，1934年6月1日。

5 月 发表题为《国民应站在政府外交之前头去奋斗》的演讲。

在演讲中提出："现在我们中国外交方针，应执甚么态度？应该使全国人民知道，照现在世界的情况看来，目前最重要的就是太平洋问题和东北大陆问题。"在分析太平洋问题和东北大陆问题后，指出国民应对外交内政的应付有清晰认识，避免被日本与各国"厚饵诱我，作他的利用品"，否则"只有亡国"。①

该演讲词被收录在军事新闻社出版的《当代党国名人演讲集》中。

5 月 派吴印禅赴德国柏林大学学习。

5 月 转函广东省内各机关，对本校理工学院土木工程系各生暑期实习提供帮助。②

夏初 参加张农主任在石牌新校园洞庭湖上湖中亭设立的宴会。

先生后来曾作诗提及此事："一亭峙立水中央，消夏曾来备酒浆。傍晚归时轻掉桨，微波荡漾入斜阳。"③

6 月 1 日 签署大学布告。奉西南政务委员会令，用财政特派员名义办理中山大学建筑奖券，现公布该奖券推销办法，希本校员生，一体知照。④

6 月 2 日 胡汉民致函先生，商议将争取北方军人的秘密工作委托给方振武负责。⑤

6 月 3 日 胡汉民致函邓泽如、先生，商议"新国民党"西北党务如何推行。⑥

6 月 4 日 致函事务长何春帆等人，接西南各界赈济江西"共祸"区域总会函称，前请本校代销赈济奖券定于 7 月 1 日开奖，毋论销去若干，均请于本月 5 日以前将所有券款存根及未销余券一概送本校会计部核收，以凭汇转。⑦

△聘陈鼎忠为文学院教授。⑧

---

① 中国国民党中央委员会党史委员会：《邹鲁先生文集》，中国国民党中央委员会党史委员会 1984 年 6 月 30 日出版，第 201～203 页。

② 《粤汉路欢迎本校土木工程生前往实习》，见《国立中山大学日报》，1934 年 5 月 18 日。

③ 国立中山大学校友会：《邹鲁全集》第（十）卷，三民书局股份有限公司 1976 年 10 月初版，第 32 页。

④ 《大学布告》，见《国立中山大学日报》，1934 年 6 月 2 日。

⑤ 陈红民：《胡汉民未刊往来函电稿》第四册第九卷，广西师范大学出版社 2005 年 12 月第 1 版，第 457 页。

⑥ 陈红民：《胡汉民未刊往来函电稿》第四册第九卷，广西师范大学出版社 2005 年 12 月第 1 版，第 460 页。

⑦ 《大学公函》，见《国立中山大学日报》，1934 年 6 月 5 日。

⑧ 《聘书》，见"国立中山大学全宗"档案，全宗号 20，目录号 2，案卷号 140，藏广东省档案馆。

6月5日 教育部长王世杰函复先生，准拨中英庚款15万元，分三年拨付，准作中大暑假迁往石牌的费用。①

△签署三份大学布告。（一）现准江西省教育厅公函，公布赣籍学生廿二年度上学期津贴费名单。（二）准云南省教育厅公函，转知本年度夏季毕业滇籍学生于毕业时，呈请学校证明，函厅照章发给回者旅费，领到旅费后，即速回滇，以尽桑梓义务。仰本校本届滇籍毕业生，一体知照。②（三）准山东乡村建设研究院公函，公布山东乡村建设研究院研究部第二届、训练部第三届招生简章，仰各知照。③

6月6日 胡汉民致函先生，请先生裁夺岳相如、甘凤章拟组织“中华民族自救会”。④

6月7日 接见一位来自东北的同学。先生向其询问对于广东的观感，该生表示现在广东学生对于组织上和学业上，都不如东北的学生，先生“很希望西南当局注意这一点”⑤。

△致函萧冠英委员等，定于本月8日下午3时，在大钟楼会议室开第一次高初中毕业会考委员会会议，为此函达，届时出席。⑥

△签署大学布告。公布本校高初中毕业会考委员会组织大纲及本年度会考章程。⑦

6月8日 上午，接见一位来自定远的实验教育家。先生在与其交谈后表示，“很希望改革教育的方针，本诸实事求是，革除学生以往读书的裹颓习气。”⑧

△出席救国会恳亲会暨欢送毕业同学会。⑨

下午1时，本校各班代表及救国会各班代表恳亲会暨欢送第八届毕业同学会在旧校大礼堂举行，先生特地从石牌校园赶回参加。大会主席任启珊致开会

---

① 《大事记——1934年（民国二十三年）》，见广州地方志之窗网（http：//www. gzsdfz. org. cn/gzsz/02/dsj/sz02dsj0223. htm）。

② 《大学布告》，见《国立中山大学日报》，1934年6月6日。

③ 《大学布告》，见《国立中山大学日报》，1934年6月7日。

④ 陈红民：《胡汉民未刊往来函电稿》第四册第九卷，广西师范大学出版社2005年12月第1版，第462页。

⑤ 《邹校长在班代表恳亲会中欢送毕业同学演讲词》，见《国立中山大学日报》，1934年6月13日。

⑥ 《大学公函》，见《国立中山大学日报》，1934年6月8日。

⑦ 《大学布告》，见《国立中山大学日报》，1934年6月8日。

⑧ 《邹校长在班代表恳亲会中欢送毕业同学演讲词》，见《国立中山大学日报》，1934年6月13日。

⑨ 《救国会代表恳亲会暨欢送毕业同学纪盛》，见《国立中山大学日报》，1934年6月11日。

词后，请先生致训词，先生说道："我很希望各位毕业同学，离开学校后，应本着国家民族基础所需要的而做救国工作。同时对于救国工作要有一个整个的计划，按着去做，不应有亡国之心理，时时努力于救国的工作，那么中国才有希望。末后还希望诸位同学，在校时口口声声说打倒军阀政客贪官污吏，而自己一到社会，不要就变成了军阀贪官污吏政客才好。"①

△主持高中毕业会考委员会第一次会议。②

会议于下午3时在钟楼会议室举行，先生任主席。会议报告事项有一项，为此次高中参加会考的学生考场安排及考试时间。讨论事项有三项，分别为高中会考各科命题委员应如何决定案、如何召集、各科试题决定后应如何汇交封存案。

△应理工学院院长何衍璿函请，转函各学院，支持中国科学社征集论文。③

△特聘理工学院院长何衍璿为本年暑期中等学校理科教员讲习班班主任。④

△签署两份大学布告。（一）公布学生积欠学费处理方式；（二）由各学院选出三年级代表二人筹办本年暑期学校。⑤

6月10日 胡汉民致函先生，函称："宣传标准经为审定，另抄如别纸，即乞裁夺，并望秘密油印若干份，交港备用。"⑥

△胡汉民致函先生，对倪羲抱函报全国民众救国团体联合会的工作表示满意，拟继续做去，请先生继续汇款。⑦

6月11日 出席西南政务委员会常务会议，同时参加的还有陈济棠、李宗仁、林云陔、刘纪文、萧佛成、余汉谋、林翼中、邓泽如、区芳蒲等人，会议讨论了近期西南局势。⑧

---

① 《邹校长在班代表恳亲会中欢送毕业同学演讲词》，见《国立中山大学日报》，1934年6月13日。

② 《高中毕业会考委员第一次会议录》，见《国立中山大学日报》，1934年6月9日。

③ 《中国科学社征集论文》，见《国立中山大学日报》，1934年6月9日。

④ 《聘暑期中等学校理论教育讲习班主任》，见《国立中山大学日报》，1934年6月9日。

⑤ 《大学布告》，见《国立中山大学日报》，1934年6月9日。

⑥ 陈红民：《胡汉民未刊往来函电稿》第四册第九卷，广西师范大学出版社2005年12月第1版，第466页。

⑦ 陈红民：《胡汉民未刊往来函电稿》第四册第九卷，广西师范大学出版社2005年12月第1版，第466页。

⑧ 广东省立中山图书馆：《民国广东大事记》，羊城晚报出版社2002年11月第1版，第487页。

△签署大学布告。公布毕业学生考察基金筹缴事宜。[①]

△接附属小学刘主任呈请，该小学拟筹办暑期补习班，呈具办法章程。先生准予照办。[②]

6月15日 在《三民主义月刊》第三卷第六期上发表《白银协定与美国抬高银价对于我国产业之影响》一文。[③]

△签署大学布告。现准福建省教育厅公函，公布福建省政府教育厅清寒学生大学奖学金第三届考选办法，仰本校闽籍学生，一体知照。[④]

6月16日 胡汉民致函先生，商议民族自救会如何发展事。此前，先生致函胡，表示已经为民族自救会筹集6000元经费。[⑤]

6月18日 在高中部总理纪念周上发表演讲《学生在暑期回乡的责任》。

上午9时至9时50分，高中部轮值总理纪念周举行，先生在纪念周上发表演说，说道：

"我们试想，每样都落后之中国，能有机会受高中教育者，究有多少人？若有机会受高中以上教育之青年，不能担负起救国责任，则国家民族前途，实危险万分。在此情势之下，实绝无个人利益之可言，即个人欲作任何企图，亦必终归失败的。目前一般学生读书之毛病，只在于考试绩分，求能及格，求能毕业，如此便以为达到读书之目的，而未肯奋励苦学以求适应社会事业。故中国教育数十年来，愈办愈离开社会，所造就之学生，读完小学者，则不安于家；读完中学者，则不安于乡村；读完专门或大学者，则留恋于都市；留学外国回来者，甚或非租界不能住！其实中国以农立国，民族之生命线在于农村，故我们得了学问替国家社会做事，须深入乡间及农村去，方是学以致用之目的。

现在暑期中，大家回到乡间，希望各位本此精神，于瘁励自学外，更做下列两件事：即（1）进行乡村实况调查，如农村作业，山麓森林，水利灌溉，土壤地质，实业兴败，物价涨落，人口增减，风俗良浇，人民生活近山者如何，凭海者又如何，教育如何，交通如何，卫生如何，在在皆足以增加吾人对中国社会组织实际情形之基础智识，而可为今后改革社会挽救国家之张本，且

① 《大学布告》，见《国立中山大学日报》，1934年6月12日。

② 《本校附小筹办暑期补习班》，见《国立中山大学日报》，1934年6月12日。

③ 邹鲁：《白银协定与美国抬高银价对于我国产业之影响》，见《三民主义月刊》第三卷第六期，第12页。

④ 《大学布告》，见《国立中山大学日报》，1934年6月18日。

⑤ 陈红民：《胡汉民未刊往来函电稿》第四册第九卷，广西师范大学出版社2005年12月第1版，第467页。

因本身对乡间情形之熟悉，更使调查进行容易而结果确实。（2）抗日及拒用日货。暴日侵略及压迫我国之残酷，农村人民尚未尽明了者，如前年可亡东三省，去年可夺热河及压迫华北，现在便可以图华南及到广东来，救国原不一定要担枪才行，努力宣传以激发国民爱国心，使之敌忾同仇。尤其是对于日货予以严厉之拒绝，则此种国民经济之与敌人奋斗，实较枪炮还来得切实。千万大家不要忽略，一衣一食之微，抗日的办法在此，救国的办法亦在此。”①

6月19日 分别致函广东各机关学校，对本校本届毕业同学前往各该机关学校参观，请派员指导。②

6月20日 签署两份大学布告。（一）查本校广东通志馆制有各县之城市、衙署、警政等调查表，以便调查，而利汇编。现暑假已届，各生于还乡或旅行之便，甚望为该馆臂助，领取上项各表，就所至地方，作考察研究，以其所得，依表填记，一俟假满回校，将表缴送所属院部，汇转该馆，藉利馆务，一则服务修志，一以广博见闻，计亦良得，合行布告。③ 先生同日致函各学院、高中部，将布告事宜函知。④（二）“为布告事：照得石牌新校，现已落成，三院迁移，亦经决定。苟完苟美，蔚竹苞松茂之观，美奂美轮，呈鸟革翚飞之状，既藏修之有所，觉设备之宜充。查各省县市，不少芳草甘木，亦有异兽珍禽，跃渊之鱼，登门有价，踰淮之橘，迁地尤良，允宜搜罗，移置新校，庶息游所自观感斯兴。兹值暑假休闲，诸生各返乡土，希各搜集土宜，俾资陈列，不必弱枝之枣，房陵之李，九真之麟，大宛之马，其或三竿两竿之竹，一寸两寸之鱼，靡不尽量搜求，陈诸新校，庶群策群力，多识于鸟兽草木之名，移遂移郊，益昌夫礼乐诗画之教。为此布告，希各遵照。”⑤

6月21日 下午2时，中大区党部第二届执监委员宣誓仪式在大礼堂举行，先生代表西南执行部莅场监誓，并发表训词。⑥

△理工学院土木工程系第四次系务会议议决，请先生分别致函国内各机关，征集各种工程计划图表及报告书等，以资供该系参考。该院据情转请先生核办，先生接函后，业经照办。⑦

---

① 程焕文：《邹鲁校长治校文集》，中山大学出版社2004年11月第1版，第135～136页。
② 《本届毕业同学参观各机关学校》，见《国立中山大学日报》，1934年6月20日。
③ 《大学布告》，见《国立中山大学日报》，1934年6月20日。
④ 《大学公函》，见《国立中山大学日报》，1934年6月20日。
⑤ 《大学布告》，见《国立中山大学日报》，1934年6月21日。
⑥ 《二届区党委昨日宣誓就职情形》，见《国立中山大学日报》，1934年6月22日。
⑦ 《本校征集各种工程实施材料》，见《国立中山大学日报》，1934年6月22日。

6月23日 签署大学布告。公布大学、高中、初中、小学暑假日期。①

6月25日 出席西南执行部会议。②

会议于上午进行，一同出席的还有陈济棠、李宗仁、邓泽如、萧佛成、唐绍仪、崔广秀、邓青阳、李绮庵、李仙根、刘纪文等人，白崇禧列席会议。会议的主要议题是配合湘桂粤三省联合"剿共"，研究如何"剿共"。此后6月底至7月初，西南执行部多次开会，研究此类问题。

△设宴招待参观本校农场的军政当局官员。③

正午，先生在中大农场办事处设宴招待应邀参观农场的湘桂粤三省军政当局官员，包括何键、李宗仁、白崇禧、陈济棠、唐绍仪、萧佛成、邓泽如、杨熙绩、邹敏初、刘为章、邱昌渭、凌达如、何浩若、张沛乾、熊士晁、胡文虎，陪同的中大人员有教务长萧冠英、农学院院长邓植仪、事务长何春帆、农场主任张农等。大家济济一堂，交杯畅叙，下午2时始散席。散席后，先生引导来宾参观农场林地、竹地、茶园、蕉园、果园、桑园、稻田、棉田、蕉田及新校理工农各学院教室、宿舍等地，大家均赞不绝口，并题字相赠。

△签署大学布告。公布高中新生军训、注册安排。④

6月27日 致函何思敬，令其尽速回国。⑤

在日本向两广伸出"橄榄枝"时，先生产生了从日本筹款以济建筑石牌新校园款项奇缺的想法，除向到粤的日方人士游说外，还派留学归国的何思敬重返日本，试图说服日本朝野摹仿美国，拨出部分庚子赔款用于中国教育事业。何思敬到东京后，与各方联络，并未得到多少响应，在筹款方面只有神田正雄颇示好意，帮忙不少。神田建议由中山大学先聘数位日本在自然科学方面的名教授赴粤，再由这些教授将中山大学的筹款要求报告政府，则日本政府可有正式的决定。先生得到何思敬于6月16日写的函报后，认为日本是玩弄通过援助渗入中山大学的"骗技"，复函写道：

"思敬先生大鉴：

来奉手教，至惊日人阴谋，非特萱野中日化国界之说谎谬绝伦，即神田先请日教授之说，亦完全骗技。盖中大之建筑金未可知，而日之教授先已入我堂

---

① 《大学布告》，见《国立中山大学日报》，1934年6月25日。

② 广东省立中山图书馆：《民国广东大事记》，羊城晚报出版社2002年11月第1版，第488页。

③ 《邹校长招待军政当局参观本校农场》，见《国立中山大学日报》，1934年7月5日。

④ 《大学布告》，见《国立中山大学日报》，1934年6月26日。

⑤ 陈红民：《"抗日反蒋"与"联日制蒋"：胡汉民与两广的"抗日"口号与实践（1932～1936）》，见蒋介石与近代中国研究中心网（http：//www. ch. zju. edu. cn/jjsandchina/ display. php？ menu =150&cid =47），2007年4月3日。

奥。况乎我之建筑费急在本暑假内，过此即日人欲以庚款为建筑费，我受与否尚成问题，况有日教授之请乎？况仍须日教授之报告乎？故先生顷宜毅然决定，勿稍犹豫，即行向日本在朝在野及私人正经晤面者一一正式作断然之告别回国式，并严重致辞曰：‘余此次代表中大校长邹鲁君及中大校董胡汉民君等到日，完全交涉将日本退还庚子赔款之一部作中山先生手创之惟一大学、纪念中山先生之惟一大学、中国南部之最高学府、中国国立中山大学之新校舍建筑费，月余以来，未得结果，则中日两国间一切失望，即此几微之文化关系，亦完全失望，既决于某日乘某船（须先查明船号），回国复命，特此告别。’词须郑重，千万千万，至先生留学之事，回国之后，自当为之妥办也。”①

何思敬回国时，似带回日方的新建议，“对于庚子赔款，只想用小小款寄付中大，大款则欲此间买伊货，买得多少，可借多少。甚至多买时所借可不完（疑为“还”）（数在百万以上）。”先生深具戒心，“恐未见其利，先见其害”，嘱何思敬“坚决谢之”。先生并将此事向胡汉民报告，结果是不了了之。②

△签署大学布告。准广西省政府公函，公布广西省公费留学国外学生暂行章程。③

△胡汉民致函先生，为刘芦隐弟弟刘有莘介绍教职。刘有莘为美国芝加哥大学经济学硕士。④

6月28日 签署大学布告。现准清华大学公函，公布考选留美公费生规程及报考报名事项。⑤

△致函暑期学校办事处，查本届暑期学校，系用大学三年级学生统一办理，自应标明三年级生合办字样。既非学校举办，不得用中山大学名义，以免混淆，而正观听，希将《广州民国日报》及其他日报本日登载告白一段，即于次日更正为要。⑥

△签署大学公函。查专任教员不得兼校外职务，业经规定在案，自应切实执行。执事如兼校外职，希即审择去就，倘为本校查知，即将聘约撤废。⑦

---

① 陈红民：《胡汉民未刊往来函电稿》第十一册第三十三卷，广西师范大学出版社2005年12月第1版，第421页。

② 陈红民：《函电里的人际关系与政治：读哈佛—燕京图书馆藏“胡汉民往来函电稿”》，生活·读书·新知三联书店2003年9月第1版，第298页。

③ 《大学布告》，见《国立中山大学日报》，1934年7月2日。

④ 陈红民：《胡汉民未刊往来函电稿》第四册第九卷，广西师范大学出版社2005年12月第1版，第470页。

⑤ 《大学布告》，见《国立中山大学日报》，1934年6月29日。

⑥ 《大学公函》，见《国立中山大学日报》，1934年6月29日。

⑦ 《大学公函》，见《国立中山大学日报》，1934年7月2日。

△聘古直为文学院教授。[①] 梁伯强、左维明为医学院教授。[②]

6月29日 签署大学布告。奉西南政务委员会训令，公布限制官吏兼职条例补充条例，自应照办，所有全校教职员，均限七日内遵照补充条例第一条规定办理。[③]

6月30日 胡汉民致函先生，指出在经费允许的情况，可准民族救国会成立。[④]

7月1日 接农学院邓植仪院长函请，该院拟附设女子蚕桑讲习班，请先生察核备案。先生据函后，批准备案。[⑤]

△聘邓昌权、祝伯英、雷通群、朱谦之、陈廷璠、萧鸣籁、张掖为文学院教授，许逢熙为文学院教育学系教授；蔡源明为理学院地理系教授，古文捷为理学院物理系教授。[⑥] 黄荫普为法学院教授；侯过、王毓瓒为农学院教授；桂毓泰为医学院教授。[⑦] 李仲涵为二十三年度附属初中专任教员，周炳照为二十三年度附属初中地理专任教员。[⑧]

7月2日 签署大学布告。本校各部分书记，均应一律予以试验，以资考成，现定7月5日上午9时至12时为考试时间，凡在本校服务各书记，应即先向所属部分领取报考表，先期填就，届时携同笔墨及报考表（附粘相片），到大礼堂参加考试。[⑨]

△接柏林 Alexander von Humboldt Stiftung 会来函，表示该会决定为中大学生设一免费学额。[⑩]

次日，先生签署大学布告：现准德国驻广州总领事官阿登伯函开，柏林 Alexander von Humboldt Stiftung 会拟资助本校学生前往德国留学，合将原函译文布告于后，仰本校学生，一体知照，如志愿赴德国学者，希于十日内到注册

---

① 《聘书》，见“国立中山大学全宗”档案，全宗号20，目录号2，案卷号140，藏广东省档案馆。

② 《聘书》，见“国立中山大学全宗”档案，全宗号20，目录号2，案卷号92，藏广东省档案馆。

③ 《大学布告》，见《国立中山大学日报》，1934年6月30日。

④ 陈红民：《胡汉民未刊往来函电稿》第四册第九卷，广西师范大学出版社2005年12月第1版，第472～473页。

⑤ 《农学院附设女子蚕桑讲习班》，见《国立中山大学日报》，1934年7月2日。

⑥ 《聘书》，见“国立中山大学全宗”档案，全宗号20，目录号2，案卷号140，藏广东省档案馆。

⑦ 《聘书》，见“国立中山大学全宗”档案，全宗号20，目录号2，案卷号92，藏广东省档案馆。

⑧ 《初中教员应聘书》，见“国立中山大学全宗”档案，全宗号20，目录号2，案卷号213，藏广东省档案馆。

⑨ 《大学布告》，见《国立中山大学日报》，1934年7月2日。

⑩ 《大学布告》，见《国立中山大学日报》，1934年7月16日。

部报名，以凭核派。[①]

△聘胡毅为文学院教授，吴康为文学院哲学系教授；朱志滌为理学院教授；罗雄才为理学院兼工学院教授。[②] 丘琳为法学院教授；刘均衡为工学院电气工程系教授；李子祥为工学院教授；刘瑢、孟宪蕙为医学院教授。[③]

7月3日 聘黎东方为文学院史学系教授，黄学勤、居励今为文学院教授；张云为理学院数天系教授；吴鲁强、萧锡三为理学院兼工学院教授。[④] 杨光湛为法学院法律系教授；徐学澥为工学院教授；黄枯桐为农学院农学系教授。[⑤]

7月4日 接本校附小呈请，拟开办童军队长暑期训练班。先生接函后，批准照办。[⑥]

△聘陈志强、朱志泠为理学院教授；李翼纯为理学院化学系兼工学院化学工程系教授；曾广弼为理学院兼工学院教授。[⑦] 任启珊为法学院教授；方棣棠为工学院土木工程系教授。[⑧] 黄焕新为二十三年度附属初中国文专任教员。[⑨] 曹鸿寿为二十三年度附属初中国文专任教员。[⑩]

7月5日 签署两份大学布告。（一）本大学第八届暨高中第三届毕业典礼定期本月10日上午10时在大礼堂举行，希本校员生，依时出席，同勷盛典；（二）成立工学院，并任命萧冠英兼任工学院院长。理工学院即日改称理学院，并将原理工学院土木工程学系与化学工程学系改隶工学院，惟一年级新生，则与其二、三、四年级，仍照理学院学则，采用年级与学分混合制，工学院本年度设机械工程学系与电气工程学系，均由一年级起，依照工学院学则，

---

① 《大学布告》，见《国立中山大学日报》，1934年7月16日。

② 《聘书》，见“国立中山大学全宗”档案，全宗号20，目录号2，案卷号140，藏广东省档案馆。

③ 《聘书》，见“国立中山大学全宗”档案，全宗号20，目录号2，案卷号92，藏广东省档案馆。

④ 《聘书》，见“国立中山大学全宗”档案，全宗号20，目录号2，案卷号140，藏广东省档案馆。

⑤ 《聘书》，见“国立中山大学全宗”档案，全宗号20，目录号2，案卷号92，藏广东省档案馆。

⑥ 《本校附小办童军队长暑期训练班》，见《国立中山大学日报》，1934年7月5日。

⑦ 《聘书》，见“国立中山大学全宗”档案，全宗号20，目录号2，案卷号140，藏广东省档案馆。

⑧ 《聘书》，见“国立中山大学全宗”档案，全宗号20，目录号2，案卷号92，藏广东省档案馆。

⑨ 《初中教员应聘书》，见“国立中山大学全宗”档案，全宗号20，目录号2，案卷号213，藏广东省档案馆。

⑩ 《初中教员应聘书》，见“国立中山大学全宗”档案，全宗号20，目录号2，案卷号213，藏广东省档案馆。

采用年级制。[①]

△聘王越为文学院教授；胡金昌、何衍璿为理学院教授。[②] 李算珏为法学院教授；丘秉敏为工学院土木工程学系教授；张公一、胡慕瑗为工学院教授，黄秉哲为工学院机械工程学系教授；温文光、刘荣基为农学院教授，黄范孝为农学院林学系教授；李挺为医学院教授。[③] 唐灿明为二十三年度附属初中国文、历史专任教员，钟贺同为体育专任教员。[④]

7月6日 签署大学布告。奉西南政务委员会训令，查7月9日为国民革命军誓师纪念日，是日休业一天。[⑤]

△聘洪绂、柳金田为理学院教授，黄著勋为理学院地质系教授；戴恩荣为二十三年度讲师。[⑥] 彭家元为农学院农林化学系教授。[⑦]

7月7日 签署大学布告。准河南省教育厅公函，公布河南省教育厅助学贷金暂行规程及借约暨请愿书格式，仰本校豫籍学生，一体知照。[⑧]

△聘刘俊贤为理学院教授；黄锡雄、姚万年、吴思敏为理学院兼工学院教授。[⑨] 薛祀光、黄元彬、黄震廷为法学院教授；邓植仪、杨邦杰为农学院教授。[⑩]

7月8日 巡察石牌新校舍建筑及农场工作。上午，在巡察至农场森林股时，适遇来此参观的农学院毕业同学会成员，应邀作短时间训话。[⑪]

△聘罗大凡为农学院教授。[⑫]

7月9日 上午，与农学院毕业同学会成员一起参观黄婆洞本校模范林场。午餐后，中午12时半，假林场的白云楼举行农学院毕业同学会会所落成

---

① 《大学布告》，见《国立中山大学日报》，1934年7月10日。

② 《聘书》，见"国立中山大学全宗"档案，全宗号20，目录号2，案卷号140，藏广东省档案馆。

③ 《聘书》，见"国立中山大学全宗"档案，全宗号20，目录号2，案卷号92，藏广东省档案馆。

④ 《初中教员应聘书》，见"国立中山大学全宗"档案，全宗号20，目录号2，案卷号213，藏广东省档案馆。

⑤ 《大学布告》，见《国立中山大学日报》，1934年7月10日。

⑥ 《聘书》，见"国立中山大学全宗"档案，全宗号20，目录号2，案卷号140，藏广东省档案馆。

⑦ 《聘书》，见"国立中山大学全宗"档案，全宗号20，目录号2，案卷号92，藏广东省档案馆。

⑧ 《大学布告》，见《国立中山大学日报》，1934年7月12日。

⑨ 《聘书》，见"国立中山大学全宗"档案，全宗号20，目录号2，案卷号140，藏广东省档案馆。

⑩ 《聘书》，见"国立中山大学全宗"档案，全宗号20，目录号2，案卷号92，藏广东省档案馆。

⑪ 《本校农科毕业同学会年会盛况》，见《国立中山大学日报》，1934年7月19日。

⑫ 《聘书》，见"国立中山大学全宗"档案，全宗号20，目录号2，案卷号92，藏广东省档案馆。

一周年纪念仪式，仪式由张农主持，首先请先生发表训话，然后各会员自由发表意见。末乃摄影及游兴，至日晡而返。①

△将本校设立工学院与理工学院改称理学院各情，备文呈报教育部及西南政务委员会察核备案。②

△聘傅尚霖为文学院教授。③ 徐炆、余群宗、邓世隆、伍英树为法学院教授；郭舒然为工学院教授。④

7月10日 主持本校大学部第八届暨高中第三届毕业典礼，并训话。

上午10时，第八届暨高中第三届毕业典礼在大礼堂举行，毕业生、教职员及来宾上千人参加典礼。西南执行部委员黄季陆、西南政务委员会代表杨熙绩委员应邀出席，典礼由先生主持。会议开始后，首先由先生恭读总理遗嘱，并宣布开会，本校大学各学院及高中乙部本届毕业生人数共596人，接着由先生颁发毕业证书，大学毕业生代表刘美昌，高中毕业生代表朱集禧相继前往讲坛前，向先生行礼致敬，领受全部毕业证明书。在宣布毕业论文后，由黄季陆、杨熙绩委员及先生相继发表训话。典礼直至下午1时始行散会。先生在训话中说道：

"今天是大学部第八届、高中部第三届毕业。我们数年朝夕切磋的同学，毕业后就要分开，在社会里或许可以时常会面，可是今天的聚会却再没有了。

许多人总不肯承认自己忘记国家，其实口头说来是如此，事实告诉我们的并不是这样。自从'九一八'后失地几何？《塘沽协定》到现在又如何？目前南京政府通车通邮的感想又如何？国人无非抱着隔岸观火的态度，好像东三省、热河、北平都不是中国的领土一样，哪里有维护国家收复失地的思想!？所以我觉得大家都把国家忘记了。外国人说中国人五分钟热血，又何可韪言呢!？

何以不忘记国家呢？因为人民和国家有密切的关系，国家能够自由独立，人民到处都可以得到自由独立的快乐。反之，人民到处感受人凌辱的痛苦。一个国家灭亡以后，人民所受的痛苦自然更惨不忍言，苦死一生得不到丰衣足食，就是交通的轮船火车，也不能同等的享受，朝鲜和安南就是这样，最近东北四省的中国人，又何尝不是种种都受日人的压迫，我希望大家不要把它忽略了。

---

① 《本校农科毕业同学会年会盛况》，见《国立中山大学日报》，1934年7月19日。

② 《本校工学院昨经成立》，见《国立中山大学日报》，1934年7月10日。

③ 《聘书》，见"国立中山大学全宗"档案，全宗号20，目录号2，案卷号140，藏广东省档案馆。

④ 《聘书》，见"国立中山大学全宗"档案，全宗号20，目录号2，案卷号92，藏广东省档案馆。

本来，一人的生存靠自己的能力，勤劳就可以得到独立的，但和国家也有很大的关系。好像在香港一元可买布十码，这样低廉的价钱，除工人的工钱外，连买棉纱也不够，何以它的价钱竟如此低廉呢？它的原因是由于他的国家对于他们的工业有津贴，即有损失也是国家的损失，可知现在已从个人与个人竞争的时代变为国家与国家竞争的时代，如果大家不去维护自己的国家，当然不能立足，再也不能生存了。

这次本校同学到日本参观回来说：‘日本人教小学生的方法，是用一件东西来教他们的，比方他拿雪梨分给小学生吃，吃过了便问他们好吃吗？等到他们答了好吃后，他便说雪梨是天津出产的，天津是中国的地方，大家想雪梨吃便要到天津去，到中国去！就是广东的荔枝，他们教小学生也是这样。’这样看来，他们简直不把中国人当作是人了。所以我们要保持人的尊严，便要维护国家和维护自己，救国家即是救自己哩！所以我说我们第一不要忘记国家。

第二我们不要忘记自己。我们遇事不能说没有办法，我们说没有办法就是忘记自己。我们要想一想自己是受过高等教育的，要来担任支持社会和国家的责任。曾国藩说：‘一命之士，可以转移风气’，我们不能说没有办法，不要忘掉自己，应该认为把自己加入去就有办法才好。孟子说：‘当今之世，舍我其谁’，范文正（范仲淹）说：‘天下兴亡，匹夫有责’（原文如此。此句最早为顾炎武所说），这都是不忘自己的。

我们不要过于重视现成的事业。毕业后就现成的事业谋出路，可以说是抢饭碗，抢饭碗是人食人的勾当，这种人食人的社会是要不得的。我们要入乡村去谋生活，不论农业也好，林业也好，矿业也好，渔业也好，我们都可以加入去，这是人与天争，人与地争，是何等天宽地扩呢？国家和人民的发达，也从这点做起，望我们勿再忽略了。

现在我国可以说处于国步艰危的时候，挽救国家的责任，当然由学生——尤其是中大学生来担任。挽救的方法，就是不贪现成之局和都市的事业，要到乡村去，一面不忘国家，一面不忘自己。

同时，我们做事要团结，如不团结，不但少数的毕业生不能和他人竞争，就是纵有四万万毕业生也没有用。大家能团结起来，指导国人，那么国家就可以得到独立自由，达到总理三民主义的途径。”①

△签署大学布告。公布工学院学则。②

---

① 《本校昨日举行毕业典礼盛况》，见《国立中山大学日报》，1934 年 7 月 12 日。

② 《大学布告》，见《国立中山大学日报》，1934 年 7 月 16 日。

△聘姚宝猷为文学院教授；袁武烈、李敦化为理学院兼工学院教授；郑振文、何杰、孙席禔为理学院教授，黄希声为理学院师范部教授。[①] 杨之春、朱显祯为法学院教授，刘求南为法学院政治系教授；萧冠英为工学院教授；桂应祥、冯子章为农学院教授；程鸿浩为法学院副教授；林家齐为农学院副教授。[②]

7月上旬　派理学院助教吕逸卿赴菲律宾马尼拉中央观象台实习。[③]

7月12日　聘康辛元为理学院兼工学院教授。[④]

7月13日　聘伍子车为文学院社会学系教授。[⑤]

7月15日　农学院院长邓植仪将本院各类毕业生列具名单，函报先生转请各省政府，通令所属农林机关及农业学校酌予录用。先生据报，经转函各省政府查照办理见复。[⑥]

7月16日　致函各学院院长、各学系主任、师范部主任，本校现为增进行政效率起见，规定各学院只设办事处一所，所属学系事物统由该办事处办理。查各学系之办事处，应即取消，改为研究室。所有事务人员，应即分别调裁，以资节省。[⑦]

△《东方报》以《举足轻重之胡汉民出洋问题》为题，登载上海方面消息，称，“中央拟请胡汉民出洋视察海外党务，胡有允意。”然萧佛成“劝胡勿去，以镇西南政局。邹（邹鲁）邓（邓泽如）诸元老均同此意。”[⑧]

7月17日　聘杨划福为文学院教授。[⑨]

7月18日　分别函复谢明章及林青山，对其在海外为新校舍募捐建筑费并取得成绩表示谢忱。[⑩]

△致函各省县政府，酌予录用本校毕业生。

---

① 《聘书》，见“国立中山大学全宗”档案，全宗号20，目录号2，案卷号140，藏广东省档案馆。

② 《聘书》，见“国立中山大学全宗”档案，全宗号20，目录号2，案卷号92，藏广东省档案馆。

③ 《理学院助教吕逸卿赴菲实习观测略讯》，见《国立中山大学日报》，1934年8月9日。

④ 《聘书》，见“国立中山大学全宗”档案，全宗号20，目录号2，案卷号140，藏广东省档案馆。

⑤ 《聘书》，见“国立中山大学全宗”档案，全宗号20，目录号2，案卷号140，藏广东省档案馆。

⑥ 《本校函各省政府录用农院毕业生》，见《国立中山大学日报》，1934年7月16日。

⑦ 《大学公函》，见《国立中山大学日报》，1934年7月23日。

⑧ 《举足轻重之胡汉民出洋问题》，见《东方报》，1934年7月16日。

⑨ 《聘书》，见“国立中山大学全宗”档案，全宗号20，目录号2，案卷号140，藏广东省档案馆。

⑩ 《本校派员赴海外募新校建筑费近讯》，见《国立中山大学日报》，1934年7月19日。

本校第八届毕业筹备委员会，以在校求学，已毕所业，亟应本平日所学效力党国，特录案呈请学校负责介绍到各机关服务，以免赋闲。先生据呈后，是日经开列本届文理法医各学院毕业生名单，分别函介各省政府及各县政府，酌予录用。函称："查本校开办，已历十年，毕业现经八届，培育人才，于斯为盛，但学优则仕，韫玉自当求沽，用人惟贤，席珍允宜待聘。素仰贵政府改革庶政，延揽群英，用特举贤不避，愿诸生共庆弹冠，尤冀器使无遗，俾多士咸欣脱颖。除分函外，相应开列本届文理法医各学院毕业生名单，随函送达，希烦查照酌予录用，俾各展所长为荷！"[①]

△胡汉民致函邓泽如、萧佛成、先生，表达对"新国民党"党务意见。胡汉民对党务现状极端不满，以为"非极端郑重不可"，提出要改进的几乎包括了党务的各个方面。[②]

△聘崔载阳为文学院教授。[③]

7月19日 聘伦绛雪为文学院教授。[④]

7月20日 聘陈良猷为文学院教授。[⑤] 崔龙光为工学院教授。[⑥]

7月23日 胡汉民致函先生，函附美洲党部函稿一件，乞检。顷并依该函之意，分函南洋及欧洲各地同志。[⑦]

7月24日 聘曾运乾为文学院教授。[⑧]

7月25日 批准设立图书总分馆委员会。[⑨]

农学院院长邓植仪日前向先生陈实，拟组织本校图书总馆及分馆图书委员会，以利督促进行。经奉先生面谕拟具该会章程，送交各学院校阅，均认为可行，并即检同该项章程，函请先生察核，以便由本年度起实行。先生是日批准

---

① 《邹校长关怀本校毕业生职业问题》，见《国立中山大学日报》，1934年7月19日。

② 陈红民：《胡汉民未刊往来函电稿》第四册第九卷，广西师范大学出版社2005年12月第1版，第477页。

③ 《聘书》，见"国立中山大学全宗"档案，全宗号20，目录号2，案卷号140，藏广东省档案馆。

④ 《聘书》，见"国立中山大学全宗"档案，全宗号20，目录号2，案卷号140，藏广东省档案馆。

⑤ 《聘书》，见"国立中山大学全宗"档案，全宗号20，目录号2，案卷号140，藏广东省档案馆。

⑥ 《聘书》，见"国立中山大学全宗"档案，全宗号20，目录号2，案卷号92，藏广东省档案馆。

⑦ 陈红民：《胡汉民未刊往来函电稿》第四册第九卷，广西师范大学出版社2005年12月第1版，第478页。

⑧ 《聘书》，见"国立中山大学全宗"档案，全宗号20，目录号2，案卷号140，藏广东省档案馆。

⑨ 《本校组织图书总分馆委员会》，见《国立中山大学日报》，1934年7月26日。

照办。

7月26日 聘梁仲谋为医学院教授。①

7月27日 聘范扬为法学院教授。②

7月28日 聘林圣端为工学院教授。③ 邓峻璧为二十三年度文学院小学实验班主任教员。④

7月29日 函复中华教育文化基金董事会，同意陈焕镛教授担任该会植物学研究教授。⑤

中华教育文化基金董事会议决增加植物学研究教授一席，聘本校陈焕镛教授担任，任期定为三年，研究工作分别在本校及广西大学两处施行，其详细办法，由陈焕镛教授与本校商洽办理。是日，中华教育文化基金董事会特检同科学研究教授席办法，函送来校，征求本校意见。先生据函后，经函复同意。

△农学院为研究防除害虫起见，特派员生分赴番禺县属各区调查害虫状况，院长邓植仪为便利各该员生进行计，是日函请学校发给证明书，及函请番禺县梁县长转饬所属，遇该员等到境，妥予指导保护。先生据函照办。⑥

7月30日 胡汉民致函先生，提出改进"新国民党"党务事宜。表示今后工作重点仍要从严密组织与增进宣传两方面着手。针对以往征集党员追求数量，质量过滥的情形，胡汉民明确提出，可暂行停止发展党员。⑦

△聘张宝树为文学院教授；黄巽为理学院教授。⑧

△签署大学布告。公布改订工学院化学工程系课程。⑨

7月31日 聘施来福为医学院教授。⑩

7月 为《国立中山大学第八届毕业同学录》作序。⑪

序言写道："本校第八届毕业录成，请序于余。余以为诸同学在校数年，

---

① 《聘书》，见"国立中山大学全宗"档案，全宗号20，目录号2，案卷号92，藏广东省档案馆。

② 《聘书》，见"国立中山大学全宗"档案，全宗号20，目录号2，案卷号92，藏广东省档案馆。

③ 《聘书》，见"国立中山大学全宗"档案，全宗号20，目录号2，案卷号92，藏广东省档案馆。

④ 《聘书》，见"国立中山大学全宗"档案，全宗号20，目录号2，案卷号140，藏广东省档案馆。

⑤ 《文化基金会聘陈焕镛任植物研究教授》，见《国立中山大学日报》，1934年7月30日。

⑥ 《本校派员赴番禺调查害虫状况》，见《国立中山大学日报》，1934年7月30日。

⑦ 陈红民：《胡汉民未刊往来函电稿》第四册第九卷，广西师范大学出版社2005年12月第1版，第479～480页。

⑧ 《聘书》，见"国立中山大学全宗"档案，全宗号20，目录号2，案卷号140，藏广东省档案馆。

⑨ 《大学布告》，见《国立中山大学日报》，1934年8月2日。

⑩ 《聘书》，见"国立中山大学全宗"档案，全宗号20，目录号2，案卷号92，藏广东省档案馆。

⑪ 程焕文：《邹鲁校长治校文集》，中山大学出版社2004年11月第1版，第273页。

有贤师益友之切磋，其学科知识自当与时俱进，固无待言，虽然诸同学之进本校与本校之希望于同学者，又岂只此而已哉。总理演讲三民主义，开宗明义曰三民主义即救国主义，而手创本校即培植救国人才。值此东北云亡，华北汲汲，一国横噬，各国环伺之今日，诸同学在总理手创之大学陶冶数年，而不能以所得之学科智识本总理之精神以救国，不惟负诸同学来学本校之心，尤失总理创办本校之旨，斯诚本校之失败，亦即整个教育之失败。夫学科智识犹利刃也，善用之固可杀敌，不善用之或竟自杀。尽利用一切新学科新智识不共同为中国之公利是谋，而各别为个人之私图是竞。相角相消，非同归于尽不可，卒之个人失败，而中国随之，则所私者何在。反之，以所得之新学科新智识本总理之精神，一致努力，不集中都市，竞争个人权利，多深入乡村，发展国民能力。民力已充，则中国可以转危为安，转弱为强。迨整个民族繁荣，个人夫岂独外，则向之大公，实为至私。此义居恒固曾为诸同学屡言，今当离校之际，再申其义，愿与诸同志共勉之，是为序。”① 该序文刊登在 1935 年 2 月 19 日出版的《国立中山大学日报》上。

7 月　在广州会见萱野长知。

7 月　聘李沧萍、徐信符、陈安仁为文学院教授；董绍良为理学院教授。②

8 月 1 日　聘朱亦松为文学院社会学系教授。③

8 月 2 日　胡汉民致函邓泽如、萧佛成、先生，介绍陈辨惑趋前报告加拿大党务，务希延接指示，并于其在粤期间，多予协助便利。④

△聘胡章为工学院教授。⑤ 李崎山为理学院地质系教授兼两广地质调查所技士。⑥

△签署大学布告。现准广西省政府公函，公布广西留学省外学生应领二十二年度奖学金一览表，仰本校桂籍学生，一体知照。⑦

8 月 3 日　胡汉民致函先生，陈辨惑因公归国，照准呈请辞职，遗缺由甄

---

① 《邹校长序第八届毕业同学录》，见《国立中山大学日报》，1935 年 2 月 19 日。

② 《聘书》，见“国立中山大学全宗”档案，全宗号 20，目录号 2，案卷号 140，藏广东省档案馆。

③ 《聘书》，见“国立中山大学全宗”档案，全宗号 20，目录号 2，案卷号 140，藏广东省档案馆。

④ 陈红民：《胡汉民未刊往来函电稿》第四册第九卷，广西师范大学出版社 2005 年 12 月第 1 版，第 481～481 页。

⑤ 《聘书》，见“国立中山大学全宗”档案，全宗号 20，目录号 2，案卷号 92，藏广东省档案馆。

⑥ 《聘书》，见“国立中山大学全宗”档案，全宗号 20，目录号 2，案卷号 140，藏广东省档案馆。

⑦ 《大学布告》，见《国立中山大学日报》，1934 年 8 月 6 日。

一怒补充。①

8月4日 胡汉民致函邓泽如、先生，倪羲抱同志南来，报告过去两月工作经过，前与先生等所定三月之约，闻在经费方面已收到一个半月，而有一个半月之款需用甚急，拟乞如约设法筹给。此为关于特务工作之扩大及善后事项，亦经略谈，统嘱其趋前就商，即乞延晤指示为幸。②

△聘梁贞为法学院副教授。③

8月6日 在西南各机关联合总理纪念周上发表演讲《国立中山大学之刷新与建设》。④

8月7日 签署两份大学布告。（一）准云南省教育厅通告，该省各界均感人材缺乏，凡在外学习毕业学生，均应有回省服务之义务。仰本校滇籍毕业生知照。（二）准云南省教育厅公函，计汇邓遵六等7人奖学金及马速升毕业回滇旅费，合计410元到校，兹定本月9日转发该项奖学金及旅费，仰各该生依期前赴会计部具领。⑤

△聘彭玉书为医学院教授。⑥

8月8日 聘李奎为工学院教授。⑦

8月9日 签署大学布告。公布本届幼稚生正取、备取名单，仰正取各生于9月4日来校注册缴费。⑧

8月10日 聘黄昆仑为农学院副教授。⑨

8月11日 出席本校董事会及建筑董事联席会第八次会议。

会议于正午12时在石牌新校舍化学工程馆召开，出席人员有萧佛成、邓泽如、先生、林云陔、区芳浦、许崇清。会议主要议题包括新校舍工程款如何筹足案等。⑩

△致函西南政务委员会委员邓泽如、杨熙绩，定于本月13日下午2时会

---

① 陈红民：《胡汉民未刊往来函电稿》第四册第九卷，广西师范大学出版社2005年12月第1版，第481页。

② 陈红民：《胡汉民未刊往来函电稿》第四册第九卷，广西师范大学出版社2005年12月第1版，第483页。

③ 《聘书》，见“国立中山大学全宗”档案，全宗号20，目录号2，案卷号92，藏广东省档案馆。

④ 程焕文：《邹鲁校长治校文集》，中山大学出版社2004年11月第1版，第38～40页。

⑤ 《大学布告》，见《国立中山大学日报》，1934年8月9日。

⑥ 《聘书》，见“国立中山大学全宗”档案，全宗号20，目录号2，案卷号92，藏广东省档案馆。

⑦ 《聘书》，见“国立中山大学全宗”档案，全宗号20，目录号2，案卷号92，藏广东省档案馆。

⑧ 《大学布告》，见《国立中山大学日报》，1934年8月12日。

⑨ 《聘书》，见“国立中山大学全宗”档案，全宗号20，目录号2，案卷号92，藏广东省档案馆。

⑩ 国立中山大学出版部：《国立中山大学现状》，国立中山大学出版部1936年版，第457～458页。

商本校新生入学考试会考事宜，敬请参加。①

8月12日 胡汉民致函先生，倪羲抱同志谈上海特务工作事，布明于器械方面此间设法协济，闻承允可，究将如何办理，即乞裁定，并示知之璜同志为荷。②

△聘张伯豪为文学院英文系教授。③

8月13日 致函各教授及教务长等人，安排新生入学考试阅卷、巡视、监考事宜。④

△聘萧祖用为文学院英文系教授、何耀东为文学院副教授。⑤

8月14日 胡汉民致函先生，函介陈江同志趋前面陈日本党务。该函反映胡汉民有将"新国民党"党务扩展到日本的想法。⑥

△签署大学布告。各学院本届招考新生，定期本月15日、16日举行初试。合将试场规则、考试时间表及考生分院榜、同姓榜布告于后，仰各考生一体知照，务需依照日期来校应试，并依照编定试室号数就座。⑦

8月15日 早7时以前，先生到校主持新生入学考试，并与到场典试的西南政务委员会委员邓泽如、杨熙绩分别到各试室巡查。⑧

△出席广东省参议会第一届第一次会议开幕式。

开幕式在广州中山纪念堂举行，出席的西南党政要员还有林云陔、陈济棠、林翼中、刘纪文、黄麟书等人。陈济棠作军事报告，林云陔作广东省政府三年工作报告。⑨

△签署大学布告。准湖南省会同县教育局公函开，核减会同籍学员津贴。仰本校会同县籍学生，一体知照。⑩

△在《三民主义月刊》上发表研究论文《中国所受租界租借地政治经济

---

① 《大学公函》，见《国立中山大学日报》，1934年8月16日。

② 陈红民：《胡汉民未刊往来函电稿》第四册第九卷，广西师范大学出版社2005年12月第1版，第485页。

③ 《聘书》，见"国立中山大学全宗"档案，全宗号20，目录号2，案卷号140，藏广东省档案馆。

④ 《大学公函》，见《国立中山大学日报》，1934年8月16日。

⑤ 《聘书》，见"国立中山大学全宗"档案，全宗号20，目录号2，案卷号140，藏广东省档案馆。

⑥ 陈红民：《胡汉民未刊往来函电稿》第四册第九卷，广西师范大学出版社2005年12月第1版，第485~486页。

⑦ 《大学布告》，见《国立中山大学日报》，1934年8月16日。

⑧ 《廿三年度招考新生初试情形》，见《国立中山大学日报》，1934年8月16日。

⑨ 广东省立中山图书馆：《民国广东大事记》，羊城晚报出版社2002年11月第1版，第491页。

⑩ 《大学布告》，见《国立中山大学日报》，1934年8月20日。

之压迫》，在论文中研究了帝国主义者攫取我国租界租借地的动机及其结果。[①]

8月16日 胡汉民致函萧佛成、邓泽如、先生，旧参议会议员陈勤宣南来，希望于西南方面得一名义，为活动效力之地。特函介绍，尚希裁夺为幸。[②]

△到校主持新生入学考试，是日考外国文及数学。[③]

△致函各阅卷委员，本届新生入学考试阅卷尤宜审慎周详，积分之核给，必求正确，而标准务须划一，毋或失之太严，或失之太宽，庶能显真才，杜幸进，而使甄录有所准绳。[④]

△签署两份大学布告。（一）公布新生入学考试初试合格名单，并定于22日参加复试；（二）奉西南政务委员会训令，查限制官吏兼职条例补充条例规定，凡服务于政府机关人员，除政务官外，一律须映具正面四寸半身相片2张，送该会审计处。希本校教职员，统于本月27日以前将各人相片亲自签名盖章，并注明职别，交由所属部分，转送来校。[⑤]

8月17日 致函文学院院长吴康等人，奉西南政务委员会训令，所有长官及全体公务人员，务须一律参加总理纪念周，并不能无故连续缺席至3次以上，违者即严予分别处罪。奉此，自当遵照。[⑥]

8月17日至18日 在新生入学考试阅卷现场监视阅卷工作。[⑦]

8月20日 陈济棠首次公开与先生等西南元老面商国民党“五全”大会事宜。元老方面显然有备而来，先生先将胡汉民的电文示人，但“各人均无附和者”。因陈不表态，表示“仍须用脑”，会议了无结果。[⑧]

8月21日 签署大学布告。准广西省政府公函，已汇发本校医科学生罗致桓等7人二十二年度奖学金到校，兹定于本月23日转发，仰各该生依期前赴会计部具领。[⑨]

---

① 邹鲁：《研究：中国所受租界租借地政治经济之压迫》，见《三民主义月刊》第四卷第二期，第58页。

② 陈红民：《胡汉民未刊往来函电稿》第四册第九卷，广西师范大学出版社2005年12月第1版，第486页。

③ 《本校招生初试续讯》，见《国立中山大学日报》，1934年8月20日。

④ 《大学公函》，见《国立中山大学日报》，1934年8月20日。

⑤ 《大学布告》，见《国立中山大学日报》，1934年8月20日。

⑥ 《大学公函》，见《国立中山大学日报》，1934年8月23日。

⑦ 《本校招生初试续讯》，见《国立中山大学日报》，1934年8月20日。

⑧ 罗敏：《四届五中全会前后的胡汉民与西南政局》，见《近代史研究》，2007年第5期。

⑨ 《大学布告》，见《国立中山大学日报》，1934年8月23日。

8月23日 签署大学布告。公布本年度录取新生名单及入学报到程序。①

△聘董爽秋为理学院生物系教授。②

8月24日 胡汉民致函萧佛成、先生，函介孔雪雄趋前面恰浙江省党务工作，并希由粤省教育费项下补助其出国完成学业。③

△致函全国各公私大学校长，本校组织工学院，先设土木工程等四学系，并将理工学院改称理学院，业经呈奉教育部核准备案，并已聘定萧冠英教授兼任院长，尅日成立工学院。④

△签署大学布告。奉教育部训令，公布先师孔子诞辰纪念办法及先师孔子诞辰纪念会秩序单，自当遵办。⑤

8月25日 胡汉民复函先生，李茂秋同志来港，经已接谈，关于《民主旬刊》事，李意仍拟继续出版，自可照准。此前，先生曾致函给胡汉民，谈及此事。⑥

△签署两份大学布告。（一）8月27日为先师孔子诞生纪念日，是日休假一天；⑦（二）准教育部东北青年教育救济处公函，准本校函送现肄业的东北勤苦学生申请3份，发放补助款洋135元。公布本校应受补助各生名单及东北青年教育救济处管理受救济学生暂行规则，仰各生知照。⑧

△聘陈本端为工学院土木工程学系教授。⑨

8月26日 胡汉民致函先生，照转倪羲抱来函，希能依原与先生商议诸事，即行办理。⑩

△胡汉民致函先生，表示涂成洁为已故同志、辛亥之役参与者涂哲元的哲嗣，远道投考中大，未能被录取，不知能否与特别生一样仍准其入试读书。倘

---

① 《大学布告》，见《国立中山大学日报》，1934年8月27日。

② 《聘书》，见“国立中山大学全宗”档案，全宗号20，目录号2，案卷号140，藏广东省档案馆。

③ 陈红民：《胡汉民未刊往来函电稿》第四册第九卷，广西师范大学出版社2005年12月第1版，第487页。

④ 《大学公函》，见《国立中山大学日报》，1934年8月27日。

⑤ 《大学布告》，见《国立中山大学日报》，1934年8月27日。

⑥ 陈红民：《胡汉民未刊往来函电稿》第四册第九卷，广西师范大学出版社2005年12月第1版，第488页。

⑦ 《大学布告》，见《国立中山大学日报》，1934年8月27日。

⑧ 《大学布告》，见《国立中山大学日报》，1934年9月15日。

⑨ 《聘书》，见“国立中山大学全宗”档案，全宗号20，目录号2，案卷号92，藏广东省档案馆。

⑩ 陈红民：《胡汉民未刊往来函电稿》第四册第九卷，广西师范大学出版社2005年12月第1版，第491页。

能成全其志，幸甚。①

8月28日 就国民党“五全”大会问题再次与西南元老及陈济棠等实力派进行磋商。②

陈济棠认为关于此事，对外仍不宜有所表示，盖不宜使对方知我人之意。在陈看来，在此情形之下，西南执行部和政务委员会两机关当是安然无恙，其所最担心者，是目前西南军队的编制最难想得出必要存在的理由，盖在军制内讲话，不易善为说辞。为此，陈欲与李宗仁商议拟一电稿，以“勿开此会”相要求，试探宁方态度。此时，元老方面不仅要暗防陈济棠以军难政易为辞，撇开元老派单独与宁方妥协；更令他们担忧的是，素来“倒蒋之志极坚”的李宗仁，近来对陈济棠也有所迁就，“不似向来之强毅”。此时西南的政治气候，如8月间的岭南天气，闷热难耐。

△胡汉民致函先生，嘱李德纯趋前面报湖北党务，即希近晤。③

△聘何思敬为文学院教授。④

8月29日 致函文学院院长吴康等人，奉西南政务委员会训令，公布广州市电力整理委员会组织简章及整理电费办法，即希查照办理。⑤

8月30日 冯玉祥委托邓初民给先生、胡汉民、李宗仁等人带来《察哈尔抗日实录》数本。⑥

8月 聘曾志民为医学院教授。⑦

9月1日 签署两份大学布告。（一）公布学生制服的有关规定；⑧（二）准广东省教育厅公函，该厅规定资派学生10名分赴欧美各国专习工程科学，兹公布公费留学生服务章程及广东省考选公费留学生章程，仰本校粤籍毕业生，一体知照。⑨

△聘潘祖欣为工学院化学工程系教授。⑩ 聘姚碧澄为医学院教授兼新校舍

---

① 陈红民：《胡汉民未刊往来函电稿》第四册第九卷，广西师范大学出版社2005年12月第1版，第490页。

② 罗敏：《四届五中全会前后的胡汉民与西南政局》，见《近代史研究》，2007年第5期。

③ 陈红民：《胡汉民未刊往来函电稿》第四册第九卷，广西师范大学出版社2005年12月第1版，第492页。

④ 《聘书》，见“国立中山大学全宗”档案，全宗号20，目录号2，案卷号140，藏广东省档案馆。

⑤ 《大学公函》，见《国立中山大学日报》，1934年9月5日。

⑥ 冯玉祥：《冯玉祥日记》第四册，江苏古籍出版社1992年1月第1版，第391页。

⑦ 《聘书》，见“国立中山大学全宗”档案，全宗号20，目录号2，案卷号92，藏广东省档案馆。

⑧ 《大学布告》，见《国立中山大学日报》，1934年9月3日。

⑨ 《大学布告》，见《国立中山大学日报》，1934年9月5日。

⑩ 《聘书》，见“国立中山大学全宗”档案，全宗号20，目录号2，案卷号92，藏广东省档案馆。

校医。[1] 马采为中山大学二十三年度上学期文学院讲师。[2]

9月2日 胡汉民致函邓泽如、先生，协商加快“新国民党”党证发放、加强宣传工作等事宜。[3]

△聘李超桓为法学院教授。[4] 李超桓后被先生辞退，被辞退的原因是李“有进步表现”，陈济棠以“防止赤化为名，迫使邹鲁辞退”李。[5]

9月3日 出席广东省参议会第一届第一次会议闭幕式。

闭幕式在广州中山纪念堂举行，出席的党政要员还有林云陔、陈济棠、林翼中、刘纪文、黄麟书等人，陈济棠发表训词。[6]

△先生等驻粤国民党中央执行委员于中山大学石牌新校舍开会，商议如何应对国民党“五全”大会。[7]

此时由于宁方在闽、湘方面增加重兵，陈济棠认为宁方的意图在威胁两广，于是对“五全”大会的态度转而积极，斩钉截铁地表示：两广武装同志唯知正义之所在，决不为利诱威胁。惟对于党政之进行，则请诸中委发表意见。黄季陆当即提议在参加“五全”大会之前，西南应将主张先行电宁及国内外各党部，如宁方拒绝西南主张，则西南可以不派代表出席。于是“众皆赞成”，特联署具函，推黄赴港向胡汉民请示。

△签署给杨鹤龄的褒恤令。[8]

杨鹤龄，最早鼓吹推翻清朝腐朽统治的“四大寇”之一，孙中山的战友。晚年因为贫困交侵，于是年8月29日病逝于澳门。澳门国民党支部电请西南执行部及西南政务委员会明令褒奖。是日，西南执行部发布褒恤令，对杨鹤龄的历史功绩给予肯定，先生与陈济棠、胡汉民、白崇禧、刘纪文、林翼中共同签署该令。

△签署大学布告。准四川省巴县政府教育科公函，公布巴县学生留学贷费

---

① 《聘书》，见“国立中山大学全宗”档案，全宗号20，目录号2，案卷号92，藏广东省档案馆。

② 《聘书》，见“国立中山大学全宗”档案，全宗号20，目录号2，案卷号140，藏广东省档案馆。

③ 陈红民：《胡汉民未刊往来函电稿》第四册第九卷，广西师范大学出版社2005年12月第1版，第495页。

④ 《聘书》，见“国立中山大学全宗”档案，全宗号20，目录号2，案卷号92，藏广东省档案馆。

⑤ 李洁之：《陈济棠统治广东真相》，见广东省政协文化和文史资料委员会编《广东文史资料精编》上编第1卷，中国文史出版社2008年12月第1版，第39页。

⑥ 广东省立中山图书馆：《民国广东大事记》，羊城晚报出版社2002年11月第1版，第491页。

⑦ 罗敏：《四届五中全会前后的胡汉民与西南政局》，见《近代史研究》，2007年第5期。

⑧ 《杨鹤龄先生昨出殡》，香港《中兴报》，1934年9月6日。

安排事宜。①

△聘李涵谷为文学院教授。② 聘陈振纯为二十三年度上学期法学院经济系讲师。③

9月4日 签署三份大学布告。（一）公布石牌新校学生宿舍规则及本校各宿舍室长区长舍长服务规则。（二）准江西省教育厅公函，发放成绩调查表到校供赣籍学生填写，作为领取奖学金之用。自当照办，除候各赣籍新生填妥调查表，再由校填注成绩及将领取津贴有案各赣籍学生上学期成绩班次等项列送外，合行布告，仰本校二十二年度入学赣籍新生，限于9月10日以前，到文书部领表填注，以便汇送。④（三）准西南各界赈济江西“共祸”区域总会公函，公布赈济奖券对奖事宜。⑤

△聘孙宕越为理学院教授；吴尚时为理学院地理系教授；岑麒祥为文学院副教授。⑥

9月5日 对中大新生发表第一次训词《读书，救国，抗日!》。⑦

是日为新生军训的第一日，上午，先生在学校大礼堂对新生发表训词，首先说明创办本校的使命，然后指出读书的方针“是应负实现三民主义的义务，即应负救国的义务。”救国即抗日，先生在最后指出：“我国目前要能抗日，始能救国，事理至明。希望各位能够认识现实的国情，本着孙中山先生创设本校养成三民主义革命人才的主旨，确定读书救国的路径，要这样才不辜负各位在本校求学的宝贵光阴。”⑧

9月6日 对中大新生发表第二次训词《军事训练的意义》。⑨

训话于上午在学校大礼堂举行，先生首先指出学生军事训练的两个意义：一是“‘教民战’的道路，最低限度要使中等以上学生受过军事训练之后，能有做排长、连长、营长的学识经验，然后一旦外犯时候，全国国民能武装起

---

① 《大学布告》，见《国立中山大学日报》，1934年9月10日。

② 《聘书》，见“国立中山大学全宗”档案，全宗号20，目录号2，案卷号140，藏广东省档案馆。

③ 《聘书》，见“国立中山大学全宗”档案，全宗号20，目录号2，案卷号92，藏广东省档案馆。

④ 《大学布告》，见《国立中山大学日报》，1934年9月5日。

⑤ 《大学布告》，见《国立中山大学日报》，1934年9月10日。

⑥ 《聘书》，见“国立中山大学全宗”档案，全宗号20，目录号2，案卷号140，藏广东省档案馆。

⑦ 程焕文：《邹鲁校长治校文集》，中山大学出版社2004年11月第1版，第95~98页。

⑧ 《邹校长对本校二十三年度新生开始军训训词》，见《国立中山大学日报》，1934年9月10日。

⑨ 程焕文：《邹鲁校长治校文集》，中山大学出版社2004年11月第1版，第204~207页。

来。”二是“诸生都能谨守校规，尊重公共团体的道德，渐由学校推及社会。”①

△签署两份大学布告。（一）准广东省教育厅公函，公布军事训练学生制服标识办法及军训学生佩带军训胸章规则，仰各知照；（二）公布学生欠费担保处理事宜。②

9月7日 对中大新生发表第三次训词《学生和学校之关系》。③

训话于上午在学校大礼堂进行，先生对学生爱护学校提出了三点最低限度的行为标准：第一，尊敬师长；第二，学生互爱；第三，珍惜校物。“以上三点，为诸生入本校后，应该深切认识而力行的问题。因为诸生与学校的关系是密切的，已为中大的学生，便应认定系中大的主人，终身与学校发生关系，不要误认为顾客与商店，买货出了门便汝我为才是。要如此，然后能把全体学生的零散心力，结合成学校的整个心力。也要如此，然后能够利用学校的整个心力，负起光大刷新西南文化政治的责任，负起光大刷新中国文化政治的责任。”④

9月8日 对中大新生发表第四次训词《读书的方法》。

训话于上午在学校大礼堂进行，先生在训词中谈到读书的方法主要有两点：第一，“‘尽信书，则不如无书。’古书如是，今书亦如是，欧美书更如是。”第二，“我人读书，不是读过了便算完事，还要注意实行。”“读书的场所，原来非只限于学校，求学时期，亦不是限于在学时期。不过，人生只有数十年的光阴，在学校求学如不做出学问基础，则可以说以后学问甚难精进。”⑤

△与胡汉民、陈济棠、李宗仁等为补充国民党“五全”大会议题电致南京国民党中央执监委员会。⑥

电文补充的议题有四个：（一）整饬政治风纪，惩戒丧权辱国之军政当局案；（二）严惩一切混淆社会、危害党国祸首案；（三）确立外交方针并国防计划，以维护国家之生存案；（四）确定最低限度生产建设计划，取消破坏本国之商业及国民生计发展之媚外关税税则，并整理财政，救济农村案。

---

① 《邹校长对新生军训第二日演讲军事训练的意义》，见《国立中山大学日报》，1934年9月10日。

② 《大学布告》，见《国立中山大学日报》，1934年9月10日。

③ 程焕文：《邹鲁校长治校文集》，中山大学出版社2004年11月第1版，第160～161页。

④ 《邹校长对新生军训第三日演讲学生与学校之关系》，见《国立中山大学日报》，1934年9月13日。

⑤ 程焕文：《邹鲁校长治校文集》，中山大学出版社2004年11月第1版，第226～227页。

⑥ 中国第二历史档案馆：《中华民国档案资料汇编》第五辑，第一编，政治（二），江苏古籍出版社1994年6月第2版，第817～818页。

△签署两份大学布告。（一）强调定必实行男女学生冬夏季校服军服等定制办法，仰各生一体知照；（二）公布高中一、二年级及初中一至三年级女生制服要求。①

△接文学院函请，请增拨课室六间，以供该院各系组学生分班上课之需。②

△聘黄士辉为农学院副教授。③ 郑荫为二十三年度理学院物理系专任讲师；邓焕华为二十三年度上学期讲师。④ 朱荣羡为二十三年度上学期讲师。⑤

9月9日 在总理首次革命纪念大会上发表演讲。

纪念大会在广州中山纪念堂举行。先生说道："我们要纪念总理第一次革命如何艰难困苦，造成中华民国，我们便应对目前握军政最高大权的人，这样的媚外求荣应有深刻的认识。总理革命系为求民族解放，目前最高军政当局，且将民族生机日加摧毁。总理革命系为救国，而目前最高军政当局却是卖国。总理革命系光复故物，而目前最高军政当局乃丧失国土。总理革命系欲使中国在国际得独立自由之平等地位，而最高军政当局乃使中国在国际地位日低，故4月17日日本外务省敢发出狂妄的声明书。总理第一次革命，物质如此缺乏，卒能成上述之功，目前最高军政当局，物质如此丰富，乃肇亡国之祸。我们纪念第一次革命，遂生出无限的痛恨，苏老泉（苏秦）立国论云：'思厥先祖父，暴霜露，斩荆棘，以有尺寸之地。子孙视之，亦不甚惜，举以予人，如弃草芥，今日割五城，明日割十城，然后得一夕安寝，起视四境，而秦兵又至矣。'上几句不啻为总理第一次革命写照，下几句则不啻为今日军政当局写照。'夫六国与秦皆诸侯，其势弱于秦，而犹有可以不赂而胜之之势，苟以天下之大，下如纵六国破亡之故事，是又在六国之下矣。'是又不啻为今日军政欢惜也者。今日最高军政当局，到了这种田地，不思总理第一次至屡次之革命如何困难，一以不抵抗断送国土为主旨，自以为可保高官厚禄，得一夕安寝矣。曾亦思'以地事秦，犹抱薪救火，薪不尽，火不灭'吗？将见如杜牧之阿房宫赋所云。燕赵之收藏，韩魏之经营，齐楚之精英，几世几年取掠其人，倚叠如山，一旦不能有，轮来其间。究何所得呢？反一句话来说，如苏老泉所云：'以赂秦之地，封天下之谋臣，以事秦之心，礼天下之奇才，并力西向，

① 《大学布告》，见《国立中山大学日报》，1934年9月10日。

② 《文学院廿三年度上学期大事记》，见《国立中山大学日报》，1935年3月16日。

③ 《聘书》，见"国立中山大学全宗"档案，全宗号20，目录号2，案卷号92，藏广东省档案馆。

④ 《聘书》，见"国立中山大学全宗"档案，全宗号20，目录号2，案卷号140，藏广东省档案馆。

⑤ 《聘书》，见"国立中山大学全宗"档案，全宗号20，目录号2，案卷号92，藏广东省档案馆。

则吾恐秦人食之不得下咽也。’何去何从!? 吾个无望于目前之最高军政当局，还是靠我同志，靠我国民，本着总理第一次革命的精神，向前进，向前进!”①

9月10日 对中大新生发表第五次训词《处世的修养》。

训话于上午在学校大礼堂进行，先生在训词中以本人为人处世的经验来劝喻同学们加强修养：“我人修养最要的，是要将得失看得透，才能谈到其他，故遇一事之来，必须熟为考虑。但考虑不宜在成败，应在是非，是非已判定，便毅然做去。虽至失败，亦自天君坦然。有了这个精神，自然生出大智大仁大勇来任国家社会的事。况且成败不是一时的毁誉与地位，是千秋的褒贬与功业。……总而言之，个人厕身社会，最先要有修养，始能有坚定主旨，始能不受环境支配，而能支配环境，改造环境。”②

△聘曾志民博士为儿科教授兼附属第一医院小儿科主任。③ 聘吴国良博士任精神病学科主任教授。④

△签署两份大学布告。（一）定本月24日、25日为高中一年级生注册之期，届时凡注册者，须持有军训部发出之许可证，否则不许注册；⑤（二）奉教育部训令，更正孔子生辰时间，以利纪念。⑥

△聘赵浩公为文学院国画教授；古澜荫为二十三年度文学院讲师；杨源为二十三年度上学期第一外国语讲师。⑦

9月上旬 派侯民一专员赴美筹募新校舍建筑费。⑧

9月11日 对中大新生发表第六次训词《职业问题》。

训话于上午在学校大礼堂进行，先生在训词中指出：“吾人以前的职业途径，都是走做官，走都市，走吃现成饭的途径，这种途径，即人吃人的途径。今后应向乡村路上走，实业路上走，创造路上走，是人同天同地争的途径。如此而后国家有复兴独立的希望，如此而后国民以及诸生的职业问题才是真解决。”⑨

△文学院吴康院长及理学院何衍璿院长依照本校学生奖励规则规定，将二

---

① 《邹校长在总理首次革命纪念大会演讲词》，见《国立中山大学日报》，1934年9月14日。

② 《邹校长对新生军训第五日演讲处世的修养》，见《国立中山大学日报》，1934年9月15日。

③ 《本校聘曾博士志民充任儿科教授兼主任》，见《国立中山大学日报》，1934年9月10日。

④ 《本校聘吴博士国良任精神病学教授》，见《国立中山大学日报》，1934年9月10日。

⑤ 《大学布告》，见《国立中山大学日报》，1934年9月11日。

⑥ 《大学布告》，见《国立中山大学日报》，1934年9月12日。

⑦ 《聘书》，见“国立中山大学全宗”档案，全宗号20，目录号2，案卷号140，藏广东省档案馆。

⑧ 《本校派侯专员赴美募建校费》，见《国立中山大学日报》，1934年9月12日。

⑨ 程焕文：《邹鲁校长治校文集》，中山大学出版社2004年11月第1版，第214页。

十二年度各该院各系级学生成绩优异者，函请学校准予照章给奖，以资鼓励。先生据请后，函复照办。[①]

9月12日　对中大新生发表第七次训词《新旧文化问题》。[②] 训话于上午在学校大礼堂进行，先生在训词中提到既不可将本国文化全部否定，也不可悉行拒绝一切外来文化。[③]

△签署大学布告。公布高中一年级新生入学须知六条。[④]

△致函胡汉民。介绍王持华前往陈述要务，请予接见。[⑤]

△致函胡汉民。

函称："（一）大局问题已是大踏步做去，联甲攻乙，联乙攻丙之事，此时非所需要，仍拟整做进行之办法为荷。请定办法后，告湄（刘芦隐）及诸同志为要；（二）电发后三次各津沪及各处响应宣传，并出特刊或小册子，属其愈多愈妙。省中已属省市党部响应矣；（三）现用季陆（黄季陆）办法，先由各省各地争非常会议之党员名册，使酿成局面，以为对五全会不出席及另开之预备；（四）《青军同盟周刊》款，已商泽公（邓泽如）照付，即可开办；（五）电毅各电均不发表，已如命办理矣；（六）党员名册即日属人送上。"[⑥]

△聘谢永生为二十三年度上学期农学院日文讲师。[⑦]

9月13日　对中大新生发表第八次训词《严格训练与学生》。[⑧]

训话于上午在学校大礼堂进行，先生在训词中提出："本校严格训练的施行，不惟要严厉检查功课，即宿舍的一切起居饮食，都要使他秩序化、纪律化。我们深信要这样的严格训练，始能养成有刻苦精神的好人才，亦惟要有这样刻苦精神的好人才，中国才需要他。希望诸生亦能互相约束起来。诚如是，本校学风可在教育界辟一新纪年，中国前途庶乎有豸。"[⑨]

△签署大学布告。公布文学院、理学院、高中部二十三年度上学期总理纪

---

① 《文理两学院成绩优异生奖免学费》，见《国立中山大学日报》，1934年9月12日。

② 《邹校长对新生军训演讲新旧文化问题》，见《国立中山大学日报》，1934年10月5日。

③ 程焕文：《邹鲁校长治校文集》，中山大学出版社2004年11月第1版，第197～198页。

④ 《大学布告》，见《国立中山大学日报》，1934年9月13日。

⑤ 陈红民：《胡汉民未刊往来函电稿》第十一册第三十五卷，广西师范大学出版社2005年12月第1版，第501页。

⑥ 陈红民：《胡汉民未刊往来函电稿》第十一册第三十五卷，广西师范大学出版社2005年12月第1版，第516页。

⑦ 《聘书》，见"国立中山大学全宗"档案，全宗号20，目录号2，案卷号92，藏广东省档案馆。

⑧ 《邹校长对新生军训演讲严格训练与学生》，见《国立中山大学日报》，1934年10月3日。

⑨ 程焕文：《邹鲁校长治校文集》，中山大学出版社2004年11月第1版，第187页。

念周轮值表。[①]

△聘杨星岩为二十三年度上学期讲师。[②]

9月14日 签署大学布告及大学公函。定于15日上午9时在本校大礼堂举行大学本学期开学典礼，凡大学及高中员生，届时务希一律出席。[③]

△聘李搏为法学院教授。[④] 聘贡恒珍为二十三年度上学期讲师。[⑤]

9月15日 出席本校开学典礼，并发表训话。[⑥]

上午9时，本学期开学典礼在大礼堂举行，先生及教务长、事务长、各学院院长等出席典礼。在典礼上，先生发表训话，首先讲述国际帝国主义狰狞面目，其次说道我国危殆情形，指出总理创办本校的主旨是在救国家、救世界，最后勗勉学生，欲救国救世，须勤敏求学。

△聘李炳芬、李像元为二十三年度上学期讲师。[⑦]

9月16日 胡汉民致函先生，协商补助刘求南在皖办务实女子中学添建校舍事宜。[⑧]

△聘郭结贤为二十三年度上学期农科讲师；陈鼎新为二十三年度第一学期讲师。[⑨]

9月17日 胡汉民致函先生，协商帮助林青山事宜。[⑩]

△签署大学布告。奉西南政务委员会训令，9月18日为暴日开始寇袭我东北三省之日，是日休假一天。兹定于是日上午9时在本校大礼堂开纪念会，以志不忘。[⑪]

9月18日 出席中大"九一八"纪念大会，并发表演讲《要抗日必先倒

---

① 《大学布告》，见《国立中山大学日报》，1934年9月14日。

② 《聘书》，见"国立中山大学全宗"档案，全宗号20，目录号2，案卷号92，藏广东省档案馆。

③ 《大学布告》，见《国立中山大学日报》，1934年9月15日；《大学公函》，见《国立中山大学日报》，1934年9月15日。

④ 《聘书》，见"国立中山大学全宗"档案，全宗号20，目录号2，案卷号92，藏广东省档案馆。

⑤ 《聘书》，见"国立中山大学全宗"档案，全宗号20，目录号2，案卷号140，藏广东省档案馆。

⑥ 《本校举行开学典礼情形》，见《国立中山大学日报》，1934年9月17日。

⑦ 《聘书》，见"国立中山大学全宗"档案，全宗号20，目录号2，案卷号92，藏广东省档案馆。

⑧ 陈红民：《胡汉民未刊往来函电稿》第四册第九卷，广西师范大学出版社2005年12月第1版，第502页。

⑨ 《聘书》，见"国立中山大学全宗"档案，全宗号20，目录号2，案卷号92，藏广东省档案馆。

⑩ 陈红民：《胡汉民未刊往来函电稿》第四册第九卷，广西师范大学出版社2005年12月第1版，第503页。

⑪ 《大学布告》，见《国立中山大学日报》，1934年9月19日。

蒋》。①

纪念大会于上午9时在大操场举行，先生及全校教职工、学生不下五千人参加大会。行礼如仪后，先生向员生沉痛致辞，“全场革命空气，异常紧张”，直至10时，大家齐唱校歌后散会。先生在演讲中说道：

“我们今日纪念‘九一八’，要晓得东四省何以失陷，东北诸省现在又何以会岌岌可危？这都是卖国的蒋介石不抵抗的结果。他们明明对日屈辱投降，但蒋介石偏偏要说：‘一面抵抗’。汪精卫与蒋氏，原是一丘之貉，但他也偏偏要说：‘长期抵抗’。这岂不是掩耳盗铃么？他勿具论，就以自东四省失陷以来而言，稍远的如《淞沪协定》、《塘沽协定》，较近的像通邮通车，至于最近，又和日本改订新税则，哪一件不是丧权辱国!？哪一件不是卖国勾当!？哪一件不是投降日本!？蒋氏既决心屈辱降日，所以对日本极力迁就，对我们的抗日军，反尽情压迫。像十九路军和冯玉祥、方振武、孙殿英诸将军，都肯牺牲救国，拼命和日本作殊死战，而蒋氏对这些抗日军队，不独不设法接济援助，反而极力摧残，结果把他们一个一个消灭殆尽！

从上述种种事实看来，蒋介石到底是救国呢，还是卖国？是抗日呢，还是降日？虽三尺童子，颇能道之，无待余之词费了。他们却欲欺骗我们国民，说：‘一面抵抗’或‘长期抵抗’。其欺谁？欺天乎!？

我们今日在这里开会纪念‘九一八’，须恢复已失的东四省，打倒日本帝国主义。但欲实现这些目的，要打倒卖国降日的蒋介石才行。否则我们纵年年开会，而蒋氏失地求和的事件，层出不穷，今日失东四省，明日会失黄河流域，来年又会失长江珠江两流域，这样年复一年，吾恐非把整个的中国，都尽送到日本手里不可！所以我们今日在这里开会纪念‘九一八’，我们要把卖国降日的蒋介石打倒，要大家同心同德，精诚团结，养成抗日的技能，讲求抗日的学问，收复已失的东北四省，打倒日本帝国主义，才是！”②

△签署两份大学布告。（一）公布本学期因迁校，须购寄宿用物，学杂费筹缴，已感困难，恳请采用购卷，用膳旧制，免收膳费，并请准予免缴制服费等情况的处理意见；③（二）公布理学院学则。④

△蔡廷锴致函胡汉民、先生等四人，表示蔡虽出国，“再图追随诸公之

---

① 《本校昨开九一八纪念大会详情》，见《国立中山大学日报》，1934年9月19日。

② 程焕文：《邹鲁校长治校文集》，中山大学出版社2004年11月第1版，第255页。

③ 《大学布告》，见《国立中山大学日报》，1934年9月19日。

④ 《大学布告》，见《国立中山大学日报》，1934年9月20日。

后。现国势至此，先派启秀（谭启秀）兄回国听候诸公训示一切。”①

9月19日 聘龙振祺为工学院英文副教授。②

9月20日 聘陈钟凡、周葆儒为文学院教授。③ 吴信达为二十三年度法学院劳工法讲师。④

9月21日 签署两份大学布告。（一）为便利学生和学校接洽起见，特规定本校与在校学生间公文来往办法予以公布；（二）准河南省教育厅公函，公布河南省教育厅奖励国内豫籍研究生暂行办法，仰本校豫籍研究生，一体知照。⑤

9月22日 胡汉民致函萧佛成、邓泽如、先生等人，关于解决美东党报事及量予解决为此事回国的李觉之的工作问题，以帮其渡过难关。⑥

△致函黄佩纶秘书、邹就丞秘书、梅萼专员及各学院院长等人，兹定本校劝捐事项，统交黄秘书佩纶，梅专员萼，及邹秘书就丞办理，又本校一切交际事宜，交由黄秘书佩纶专办。⑦

9月24日 出席文学院轮值总理纪念周，并发表训词。⑧

纪念周于上午8时举行，先生及文学院师生八百余人出席。先生在纪念周上发表训话，首先分析了国家近八个月的巨大海关进出口赤字及现存白银量缺乏的局面，然后指出：

“我们要救中国，就要时时刻刻注意这种事体，首先从自身做起，比方我国现在入超四万万余元，平均每个人要负担一元，我们就要反躬自问，我们有用过一元洋货没有？有用过一元以上洋货没有？假如有这种事实，即是表示我们增加外货的输入，而促成国民经济的破产！”进而，先生说道：

“本年本校取录新生，凡女生有涂脂抹粉，卷发露臂者，男生有油头粉面，服装艳丽者，概将试卷先行检去。因在读书时期，尚不能刻苦，尚要如此消费，安望其能尽力学问，安望其能求得学问来救国家社会！希望各同学对于

---

① 陈红民：《胡汉民未刊往来函电稿》第二册第九卷，广西师范大学出版社2005年12月第1版，第450页。

② 《聘书》，见“国立中山大学全宗”档案，全宗号20，目录号2，案卷号92，藏广东省档案馆。

③ 《聘书》，见“国立中山大学全宗”档案，全宗号20，目录号2，案卷号140，藏广东省档案馆。

④ 《聘书》，见“国立中山大学全宗”档案，全宗号20，目录号2，案卷号92，藏广东省档案馆。

⑤ 《大学布告》，见《国立中山大学日报》，1934年9月24日。

⑥ 陈红民：《胡汉民未刊往来函电稿》第五册第十卷，广西师范大学出版社2005年12月第1版，第387页。

⑦ 《大学公函》，见《国立中山大学日报》，1934年9月24日。

⑧ 《本校昨晨举行总理纪念周详情》，见《国立中山大学日报》，1934年9月25日。

此种弊病，有则改之，无则加勉！

我们的同学，每每对于公共的事情，漠不关心，而对于自己的事情，则锱铢计较，所以购物但求自己便宜，而不问其是否洋货，不问我们买了洋货，对于公共有什么影响。各位同学对国家如是，对学校亦然。比方建筑新校舍，对于诸位本来是有切身关系的，但是去年建筑新校捐款，大学同学募捐的结果，真令人非常失望，由此可见诸位对于公共事情之不关心，毫不觉得自己有一种责任。诸位在校如是，将来对于社会国家的事情也是如是，无怪日本人胆敢肆意侵略，握政权的人胆敢卖国。

亡国之事就在目前，现在所举不过其中一种，就此一种，即关系如此，请各位猛醒，猛醒！”①

△签署大学布告。公布本校办公厅组织大纲。②

9月25日 胡汉民致函先生，函介张慕韩晋谒面陈励进社社务。③

△签署大学布告及大学公函。公布实验保证金征收事宜。④

△致函各学院部处馆场所医院附校，查关于奉令各部分职教员，不得在外兼职，并应将各人相片二纸，缴送来校汇转一事，前经一再通函办理在案。除未缴相片人员，应由该学院等催缴外，为此函请查明，切实报告该学院等有无在外兼职人员，具报为荷。⑤

△致函各学院院长等人，本校现经派蔡秋农、丘式如、萧俊英等人为中山大学现状编辑，如遇各该先生等前来有所商洽，务请供给材料，并随时协助。⑥

△接本校医学院刘璟院长函请，据章奖励本院成绩优异学生杨简等。先生据请后，经函复准予照章给奖。⑦

△聘谭锡鸿为二十三年度上学期畜牧讲师。⑧

9月26日 在中大总理纪念周上发表演讲《国货与救国》。⑨

---

① 《邹校长在昨晨总理纪念周之演词》，见《国立中山大学日报》，1934年9月26日。

② 《大学布告》，见《国立中山大学日报》，1934年9月25日。

③ 陈红民：《胡汉民未刊往来函电稿》第五册第十卷，广西师范大学出版社2005年12月第1版，第389页。

④ 《大学布告》，见《国立中山大学日报》，1934年9月26日；《大学公函》，见《国立中山大学日报》，1934年9月26日。

⑤ 《大学公函》，见《国立中山大学日报》，1934年9月26日。

⑥ 《大学公函》，见《国立中山大学日报》，1934年9月28日。

⑦ 《本校奖励医学院成绩优异生》，见《国立中山大学日报》，1934年9月26日。

⑧ 《聘书》，见“国立中山大学全宗”档案，全宗号20，目录号2，案卷号92，藏广东省档案馆。

⑨ 程焕文：《邹鲁校长治校文集》，中山大学出版社2004年11月第1版，第264页。

9月27日 聘谢循贯为理学院教授。①

9月28日 函复黄希声教授，同意其辞去注册部主任兼职，改聘萧锡三教授兼任。本月27日，黄希声教授呈函先生，提出辞呈。②

△签署两份大学批示。（一）复钟玉龄，据呈请准予随班升入土木工程系三年级肄业等情，未便照准；③（二）复吴乾南，准予免受军训及注册。④

9月29日 签署大学布告。聘定傅振嵩担任国技教师，并定于10月1日起上课。合将授课时间表公布于后，诸生有愿习国技者，务须依时上课。⑤

△签署6份大学批示。（一）复林抱珠，照准发给成绩及转学证明书。（二）复谢林炎，准入化学系，仍为一年级旁听生。（三）复赵君哲、蔡汶，据呈请准予入校肄业等情，已悉。查前奉教育部令发东北学生暨转学暂行办法第三条，试验合格各生由救济处发给升学证明书，以便请插各校相当年级等语。该生等有无升学证明书，仰即分别具报，并指定愿入学院，再行核办。（四）复唐海强，照准转入医学院肄业。（五）复陈祥，据呈以廿二年度上学期无正式成绩，请念原籍灾情奇重，准予酌量减免学什费等情，核与定例不符，所请未便照准。⑥（六）复何柏曜，据呈请将以前所未补修之二十一年度军事训练补行补修等请，已悉。现时未便各个补修，应俟学年终结，拟定补修计划，然后布告。⑦

9月30日 胡汉民致函萧佛成、邓泽如、先生等人，商议选举代表出席国民党第五次全国代表大会事宜。⑧

9月 著作《澄庐文集》由国立中山大学出版部出版。⑨

该书由中大出版部主任张掖主编，汇集先生自1913年至1933年的言论，分上下两册，共7集，千余页，使用上等道林纸，印刷非常精美。定价仅为国

---

① 《聘书》，见“国立中山大学全宗”档案，全宗号20，目录号2，案卷号140，藏广东省档案馆。

② 《函黄希声教授》，见“国立中山大学全宗”档案，全宗号20，目录号2，案卷号114，藏广东省档案馆。

③ 《大学批示》，见《国立中山大学日报》，1934年9月29日。

④ 《大学批示》，见《国立中山大学日报》，1934年10月3日。

⑤ 《大学布告》，见《国立中山大学日报》，1934年10月1日。

⑥ 《大学批示》，见《国立中山大学日报》，1934年10月1日。

⑦ 《大学批示》，见《国立中山大学日报》，1934年10月2日。

⑧ 陈红民：《胡汉民未刊往来函电稿》第五册第十卷，广西师范大学出版社2005年12月第1版，第391～392页。

⑨ 国立中山大学校友会：《邹鲁全集》第（一）卷，三民书局股份有限公司1976年10月初版，《邹鲁全集编印经过》第2～3页。

币2元。[1] 张掖专门为该书作序，序言写道：

“澄庐文集为邹校长海滨先生所著，固先生数十年来一切主张所表见者也。先生革命事业，中外共悉，无俟赘述。其精神最足令人钦佩者，厥为事烛几先：举天下是之而能判其非，举天下非之而能判其是。更能以不妥协之精神蔑视一切权位，冒天下之大不韪而迳行其所信，虽遭通缉严捕而益锐进。卒之，最初先生一人独是者，其后天下皆是之；最初先生一人独非者，其后天下皆非之，如‘清共’及‘反对独裁’其最著者也。而先生之能具此大无谓之精神者，则因先生纯抱救国家救民族之意志，而个人之死生利害，遂一切置之度外也。先生遇事之来，必熟考虑，而所考虑者，非利害，乃是非。是非已定，毅然首倡，昧者不能明，弱者不能助，黠者反因而利用，遂使先生之主张，往往不能立时实现，及至众人觉悟，而图补救，而大局不可收拾矣。目今‘共祸’蔓延，军人跋扈，以至东北舆图变色，谁为为之，孰令致之，又安得不欢先生之卓识哉！先生富建设才，即以教育一端而论，年十九（前清光绪廿九年，1903年）即在大埔创办乐群中学及两等小学。年廿一，创办大埔在城小学。翌年，在广州创办潮嘉师范学校。民国十三年（1924年）奉总理命创办国立广东大学，二十一年（1932年）重长国立中山大学即建筑石牌新校舍，然莫不在经济极困难之时。数十年来国事蜩螗，个人颠沛不能容其建设，斯更非先生个人之损失，实国家民族之损失。凡兹所言，一切事实俱在。当知世人决不以余为阿其所燬于辛亥广州光复之役，无从收集。民国以后之文，亦只从众议院公报及各杂志各出版书籍搜出。尽先生不自珍惜，其所自存者至鲜也。然先生之精神已可于此集见之。至先生所著之中国国民党史稿，广州三月二十九日革命史，红花岗四烈士传记，环游二十九国记，已有专集者，此集则概未采焉。”[2]

9月 会见罗马大学教授。[3]

罗马大学一位教授到本校说代表罗马大学与热不那大学，欲与本校交换学生及教授。对于交换学生，对方提出免收学费，船费减十分之三，车费减半。先生当即允诺，并云本年即可派学生去，同时对该代表表示意大利学生到来，本校亦予同样待遇。其后，先生照外交手续，函请意大利领事转达此意于意大利政府，意领事已经照办。

9月 聘何湘为二十三年度上学期文学院英文讲师；唐汉基为二十三年度

① 《邹校长之著作出版》，见《国立中山大学日报》，1934年10月9日。

② 《澄庐文集序》，见《国立中山大学日报》，1934年10月15日。

③ 《邹校长在石牌新校第一次纪念周演讲词》，见《国立中山大学日报》，1934年10月20日。

上学期讲师。①

10月1日 出席理学院轮值总理纪念周，并发表训话。

纪念周于上午8时举行，先生及理学院师生二百余人出席，理学院院长何衍璿主持纪念周。行礼如仪后，由先生训话，“大意略谓各国有各国的宣传政策，无论说得如何漂亮，如何动听，要不外为他们自己的便利着想，我们读书看报，千万勿上了他们的当。引证详确，发挥透辟。”② 纪念周于9时结束。

△定于本月11日下午1时在本校招投第二起石牌新校各建筑工程，为慎重办理，先生是日呈请西南政务委员会届时派员来校监视开投，以昭大公。③

△签署大学布告。更正本校石牌新校学生宿舍规则部分条款。④

△聘庆善骙为二十三年度上学期热力学讲师。⑤

10月2日 核准石牌新校关于厨房、洗衣、食品、理发各种业务招商投承结果，指定何春帆事务长分别签约。⑥

△致函各学院院长及事务长、高中部主任、附属初中、附属小学主任，兹请台端为石牌新校落成暨本校第十周年纪念筹备会委员。⑦

△致函各学院院长，准教育部社会教育司函称，为美国 Pittsburgh Sun Telegraph 报馆图书教育栏征集材料，即希查照。⑧

10月3日 核准照办本校体育部呈奉的高中男女生体育标准。⑨

10月5日 签署5份大学布告。（一）本校现拟在石牌衡山及萌绪领界址内建筑文法学院及学生宿舍，查该地界内有池、董等各姓及无碑坟墓数百穴，应由本月5日起至14日止悉行迁移。逾期由本校代迁。（二）准广九铁路管理局公函，公布最新行车时间表。⑩（三）查石牌新校教职员宿舍及食堂厨房等，均经布置就绪，所有法农工三学院教职员在校住宿者，均可于本月7日迁入新校办事及住宿，并向新校办公室李家思庶务接洽一切。（四）公布石牌新

---

① 《聘书》，见“国立中山大学全宗”档案，全宗号20，目录号2，案卷号140，藏广东省档案馆。

② 《本校昨晨举行总理纪念周略志》，见《国立中山大学日报》，1934年10月2日。

③ 《本校招投石牌新校建筑工程》，见《国立中山大学日报》，1934年10月2日。

④ 《大学布告》，见《国立中山大学日报》，1934年10月3日。

⑤ 《聘书》，见“国立中山大学全宗”档案，全宗号20，目录号2，案卷号140，藏广东省档案馆。

⑥ 《石牌新校膳食洗衣等已投承竣事》，见《国立中山大学日报》，1934年10月2日。

⑦ 《大学公函（一）》，见《国立中山大学日报》，1934年10月4日。

⑧ 《大学公函（二）》，见《国立中山大学日报》，1934年10月4日。

⑨ 《高中部规定男女生体育标准》，见《国立中山大学日报》，1934年10月4日。

⑩ 《大学布告》，见《国立中山大学日报》，1934年10月6日。

校指导员及舍务员办事细则。（五）接广州市美术展览会负责人函，该会定于国庆日举办美术展览会，向本校征集展品。希本校员生，如有艺术名作可供展览者，照章送展。附广州市美术展览会征集出品办法。①

△致函教务长等人，查新校学生课余指导与宿舍管理暨治安交通各事宜，已划归专管监督学生事务张我东秘书负责管理，本校农林场与新校校舍，地势相连，所有校警、场警、林警自应联成一气，同受一处管辖，俾便统筹兼顾，嗣后关于农场场警、林场场警，督率训练及支配服务各事宜，暨校车行驶与新校洁净卫生诸事，悉归张秘书统辖办理，以专绩成。②

△是日，《国立中山大学日报》刊登消息，先生在医学院产妇科教授去职后，驰函德国各大学，征聘产妇科教授。③

10 月 6 日 致函本校附属高初中主任、军训部主任，定国庆日高中一、二年级及初中三年级受军训学生在石牌野操。④

△签署两份大学布告。（一）定于本月 15 日起，所有各级学生到校上课，或参加各种典礼与纪念会等，均须穿着制服，以昭划一，而壮观瞻；（二）本大学农工法三学院迁校事宜，现经办理完竣。兹定于本月 11 日在石牌新校上课，凡农工法三院学生，除化学工程学系外，准于本月 8 日、9 日迁入石牌新校宿舍。⑤

△签署大学通告。查本校直属区党部，因奉令变更组织。嗣后各团体，凡关于呈请立案、监选、指导、补助经费、审查刊物、申请组织及其他一切请求事项，统径呈学校办理，无庸呈送党部。⑥

△聘胡汉瑞为法学院教授。⑦

10 月 8 日 签署大学布告。定于 10 月 10 日国庆日上午 11 时举行本校新校舍落成暨农工法三学院迁校典礼。文理医三学院学生在文明路原校大礼堂举行庆祝典礼，农工法三学院学生则在石牌新校举行庆祝典礼。⑧

△致函文学院中文系三年级生余超原，准湖南省江华县教育局公函，公布该县留学于省内外初中以上学校学生奖学金暂行规程，仰即知照。⑨

---

① 《大学布告》，见《国立中山大学日报》，1934 年 10 月 8 日。

② 《大学公函》，见《国立中山大学日报》，1934 年 10 月 8 日。

③ 《本校电聘德国产妇科教授消息》，见《国立中山大学日报》，1934 年 10 月 5 日。

④ 《大学公函》，见《国立中山大学日报》，1934 年 10 月 8 日。

⑤ 《大学布告》，见《国立中山大学日报》，1934 年 10 月 8 日。

⑥ 《大学通告》，见《国立中山大学日报》，1934 年 10 月 8 日。

⑦ 《聘书》，见“国立中山大学全宗”档案，全宗号20，目录号2，案卷号92，藏广东省档案馆。

⑧ 《大学布告》，见《国立中山大学日报》，1934 年 10 月 9 日。

⑨ 《大学公函》，见《国立中山大学日报》，1934 年 10 月 9 日。

△致函各学院院长、各附校主任，奉西南政务委员会训令，于10月11日派员参加西南执行部举办的总理蒙难纪念大会。①

△致函本校军事训练部李蔚然主任，照准高中一年级生伍汉志免受军训术科。②

△签署三份大学批示。（一）据呈请于教育部令未奉到前，暂准由学校查照革命功勋子女入学免费条例第二条甲项及第三条之规定，准予免缴学杂费及津贴各费，先行注册上课。等情，未便照准。③（二）复梁金华，补行侨生注册申请，未便照准。（三）复叶国魂，照准转入电气工程系肄业。④

10月9日 致函农学院邓植仪院长，照准农本一年级生黄开天休学期满复学。⑤

△聘吕逸卿为理学院副教授。⑥

10月10日 出席“双十国庆纪念”暨石牌新校舍落成、农工法三学院迁入新校开幕典礼。⑦

典礼于上午11时在石牌新校举行，会场设在理学院左侧空地，先生及各学院院长、教师、员生等不下5000人参加典礼。新校舍正座纪念活动由先生支持，主席致开幕辞后，发布致辞，说道：“今日是国庆纪念，同时是本校庆祝新校舍落成暨农工法三学院迁入新校典礼。现在将筹建新校经过、目前状况及将来希望讲讲：总理在十余年前，以为欲救中国，要养成救国人材，欲养成救国人材，要设立革命的最高学府。所以在民国十三年（1924年），即命鲁负责筹设广东大学。总理并于百忙之中，抽暇来本校演讲三民主义，无非欲以救国的主义，输入我们青年的脑海中，希望我们负起革命救国的大任。又以本校原有校舍设在市内，不大适宜读书，故命鲁择石牌为建筑新校舍地点。斯时对于筹建新校，本已着手进行，旋以时局影响，本人因事离校。自是十年来，学校一再易长，对于筹建新校，均未能进行。迨民国廿一年（1932年），鲁重长本校，始重行积极筹建新校。计由去年三月起兴工建筑，迄今已建成农理工学院三座，员生宿舍七座，农工法三学院现已迁入新校，此时可告一部分成功。

① 《大学公函》，见《国立中山大学日报》，1934年10月10日。

② 《大学公函》，见《国立中山大学日报》，1934年10月11日。

③ 《大学批示》，见《国立中山大学日报》，1934年10月9日。

④ 《大学批示》，见《国立中山大学日报》，1934年10月10日。

⑤ 《大学公函》，见《国立中山大学日报》，1934年10月11日。

⑥ 《聘书》，见“国立中山大学全宗”档案，全宗号20，目录号2，案卷号140，藏广东省档案馆。

⑦ 陈汝筑、易汉文：《巍巍中山——中山大学校史图集》，中山大学出版社2004年9月第1版，第46～48页。

现正继续建筑文法两学院，及补充农理工三学院之未成部分，此种建筑明年可以完成，即继建大礼堂、图书馆、博物馆、天文台等。现在农工理及文法各学院，均自为一所，以便由五千学生，扩充到十万八万学生时，均可尽量容纳。同时经营生产教育，希望学校将来可以自给自足。计现在农场已种竹及果树二百万株，林场种树百余万株，此项计划成功，可由消费教育，变成生产教育。现在校地划成各区，各路以各省省名冠之。又就各区由原有山水，各以我国大山之名冠之，以期引起学生国家观念。总之总理之所以创立本校，及新校之所以落成，均为贯彻总理救国主义。我们来校求学，要负起救国责任，实行救国主义，才不失总理创校救国意旨。”①

礼成后为正午12时，先生即在石牌新校舍临时大礼堂设宴招待全校教职员，赴宴教职员八百余人，酒菜为60席，济济一堂，极一时之盛。酒半酣，先生起立演讲，说道：“今日兄弟乘国庆纪念暨新校落成、农工法三学院迁入新校典礼，设宴邀约各同事欢叙，蒙各位联翩戾止，觉得非常高兴。总理创办本校，目的在于救国。各位同事，不论在本校担任教书或办事，均负有指导学生，完成救国事业之责任。常念总理逝世，行将十年，在此十年中，我们匪独未能对内彻底铲除军阀，对外打倒帝国主义，取消不平等条约，达到中国国际地位平等、政治地位平等、经济地位平等，救人民于衽席之上，反弄成旧军阀刚刚肃清，新军阀即相继复起。我国以前之割让地、租借地，匪惟未能收复，东四省反相继沦陷，军阀对内尽情压迫，对外曲意媚敌，卖国祸殃民之事，屡见叠出，良堪浩叹！我们既在此救国的最高学府共事，既须指导学生，共负救国责任，打倒国际帝国主义，铲除卖国殃民军阀，完成救国使命，这是兄弟所希望诸位的。末了，我们大家站起共饮一杯。”② 全场鼓掌，起立共饮，赴宴者无不兴高烈采，随后尽欢而散。先生还在典礼上与师生合影留念。③

10月11日 签署大学通告。公布星期日学生乘车时刻表及本校交通校车条例。④

△函复理学院何衍璿院长转来地理学系主任孙云铸教授呈请，准予照办该

---

① 《昨日本校举行国庆纪念暨庆祝新校落成农工法迁校典礼纪盛》，见《国立中山大学日报》，1934年10月11日。

② 《昨日本校举行国庆纪念暨庆祝新校落成农工法迁校典礼纪盛》，见《国立中山大学日报》，1934年10月11日。

③ 陈汝筑、易汉文：《巍巍中山——中山大学校史图集》，中山大学出版社2004年9月第1版，第46～48页。

④ 《大学通告》，见《国立中山大学日报》，1934年10月12日。

系向北平地质调查所购买地质刊物付款事宜。[①]

△接事务长何春帆因目疾需调理而递交的请假函，经准给假，以资调养。[②]

△照准本校附属高中乙部一年级生周昌敏申请保留学籍，延至明年入学。[③]

10月12日 签署大学批示。复理学院陈良型、法学院柯榉，照准发给廿二年度下学期成绩证。[④]

△聘何永佶为社会学系讲师。[⑤]

10月13日 签署大学通告。兹自10月1日起，所有该前直属区党部核准各团体每月之补助费，一律暂行停止补助。[⑥]

△签署大学批示。复陈泰巍，准予免缴本学期学什宿及图书等费，以示该生家遭灾后的体恤。[⑦]

10月15日 在石牌新校第一次总理纪念周上发表演讲《人人要有公德心》。

先生在演讲中说道："大家在这里念书不要把学校只看做学校，要把他看做一个国家。在这个小规模的国家里，大家合作实地练习国家各种事务，而且读书不止在讲堂，用了脑还要用了力，这一点将来要请各院长各教授督责诸生实行。譬如这样大的农场就要使农科学生本其所学实地锄泥种植去实习，尤不要拿着洋遮，只看工人工作，致有实习之名无实习之实。至于工科同学，就要将整个校地去实施计划，筑路修池，安灯用水，甚至建筑学生需要之房舍，自挖避飞机的土窖，凡此之类，都是工学生应有之实地工作。至读法科的，更要将整个大学如何划区自治，如何实施卫生、交通、治安，种种计划，使今日在本校实行者，将来就可在国家社会实行。以上话多了。总之有新校舍须有新精神，有新精神然后就能将新校舍有秩序的发展，在学校如此，国家社会即能如此。如是由此新校舍之精神推而至于新国家社会，那是国家民族之光，亦不负总理创造本校之旨及建此新校之旨了。"[⑧]

---

① 《地理系购置地质教材》，见《国立中山大学日报》，1934年10月12日。

② 《何事务长因目疾请假》，见《国立中山大学日报》，1934年10月15日。

③ 《大学批示》，见《国立中山大学日报》，1934年10月18日。

④ 《大学批示》，见《国立中山大学日报》，1934年10月13日。

⑤ 《聘书》，见"国立中山大学全宗"档案，全宗号20，目录号2，案卷号140，藏广东省档案馆。

⑥ 《大学通告》，见《国立中山大学日报》，1934年10月15日。

⑦ 《大学批示》，见《国立中山大学日报》，1934年10月15日。

⑧ 《邹校长在石牌新校第一次纪念周演讲词》，见《国立中山大学日报》，1934年10月20日。

△签署大学布告。本月16日为重阳节，按校历规定休假一天。①

10月16日 在《国立中山大学日报》上公布《征诗文图画启》。

启事内容为："昔子瞻筑陕右，喜雨亦以名亭，元之移都齐安，竹楼因而作记，故有喜则以名物，纪念不可无书。本年十一月十一日，为我校十周年纪念，适逢新校舍落成，农工法三学院迁校隆仪，文法两院奠基盛典，同时庆祝，全校胪欢，允宜特出专刊，垂诸久远。无论诗文图画，尽量旁搜，凡属教职员生，关怀倍切，或工绘事，或能文章，或怀元祐之才，或拟黄初之体，务希踊跃投稿，各展所长，并请于本月二十六日以前交校长室汇收。兹将新校舍记录送，俾资参考。"②

10月17日 签署7份大学批示。（一）复李师竹，据呈附缴证明书二纸，以家遭旱匪惨灾，经济困难，请准予豁免本学期各费等情；查桂阳县教育局来函证明该生家遭灾困属实，又查生物学系主任来函证明该生上学期成绩总平均分为七十六分有零，品行端良，核与本校前定灾区贫苦学生免费办法尚属相符，应准该生免缴本学期学什宿及图书等费，以示体恤；（二）复陈华，准予因筹款困难致延迟返校而补行注册；（三）复穆文彬，照准将前列保证限期清缴旧欠办法二项撤销；（四）复法律系二年级生金昌国，未便照准外宿；（五）复文学院英文系一年级生谢海平，准予转入法学院法律系一年级肄业；③（六）复高中乙部二年级生林绳勋、甲部二年级生陈荣沾，照准发给转学证书；（七）复法学院生曾传，照准该生免缴本学期学什宿及图书等费，以示对灾区贫苦学生体恤。④

10月18日 签署大学公函。公布法农工三学院每逢星期一日下午一点钟总理纪念周轮值日期表及法农工三学院联合总理纪念周日期表。⑤

△签署两份大学批示。（一）分别致数学天文系学生崔夔龙、何东耀，照准再休学一年，但须于二十四年度上学期回校复学，为四年级生；⑥（二）复陈小澄、李庆，照准免缴学费，并将已缴学费照数发还。⑦

10月19日 聘定何尹及博士为教授，承担社会学系社会研究方法及农村

---

① 《大学布告》，见《国立中山大学日报》，1934年10月17日。

② 《征诗文图画启》，见《国立中山大学日报》，1934年10月17日。

③ 《大学批示》，见《国立中山大学日报》，1934年10月18日。

④ 《大学批示》，见《国立中山大学日报》，1934年10月19日。

⑤ 《大学公函》，见《国立中山大学日报》，1934年10月19日。

⑥ 《大学批示》，见《国立中山大学日报》，1934年10月19日。

⑦ 《大学批示》，见《国立中山大学日报》，1934年10月20日。

社会学两科功课的讲授任务。①

10 月 20 日 签署大学布告。兹限至 11 月 5 日止，未经度校服各生，务须在期内妥办，毋再迟延。②

△签署 6 份大学批示。（一）复法学院生王挺，照准该生免缴本学期学什费，以示对灾区贫苦学生体恤；（二）复文学院生蒋增洋，照准该生免缴本学期学什宿及图书等费，以示对灾区贫苦学生体恤；③（三）复中文系二年级生曾伟贤，未便照准转入法学院法律系二年级肄业；（四）复社会系一年级生温耀文，据呈请准予转入法学院经济系一年级肄业，现转院期限已过，所请未便照准；（五）复高中乙部毕业生李式金，照准休学一年，但须于二十四年度上学期回校复学，为数学天文系一年级生；（六）复法律系学生黄燮尧，据呈附收试卷证六纸，请准予查明成绩程度，编入何级肄业或再行补修何种课目。查该生所缴收试卷证中，如刑事诉讼法一科，徐焕教授素未担任，显有伪造，所请碍难照准。④

10 月 22 日 致函萱野长知，请其参加中山大学建校十周年纪念活动。⑤先生在信函中指出："窃念本校所负使命至为重大，以鲁樗庸，虽夙夜兢惧，亦恐规划未周。敬请届时惠然肯来，指导一切，赐以南针，俾有遵循。"⑥

△签署大学批示。复法律系三年级生张定勋，据呈请准予补假并补考德文及行政法总论二科，查该生在二科缺课时数太多，学则所限，未便准予补考。⑦

10 月 23 日 为促进新校舍早日建筑完竣起见，特函请萧冠英、邓植仪、何衍璿等 10 人为本校新校建筑管理委员会成员，专司新校设计及监工事宜。另派王作舟，郑葆廉为新校建筑管理委员会助理，以专责成。⑧

△签署两份大学布告。（一）查中国语言文字研究会等 31 个团体多已工作停顿，无人负责，兹为重新整理起见，仰该各团体自通告日起一星期内，签署负责人姓名到校声请登记，以凭核办。倘逾期未见声请，即将该团体撤销，以符名实。（二）聘赵浩公为国画教授，全校员生均可自由选习，不计学分。

---

① 《何尹及博士任社会学系教授》，见《国立中山大学日报》，1934 年 10 月 20 日。

② 《大学布告》，见《国立中山大学日报》，1934 年 10 月 22 日。

③ 《大学批示》，见《国立中山大学日报》，1934 年 10 月 22 日。

④ 《大学批示》，见《国立中山大学日报》，1934 年 10 月 23 日。

⑤ 陈哲三：《邹鲁研究初集》，华世出版社 1980 年 2 月初版，第 172 页。

⑥ 中国国民党中央委员会党史委员会：《邹鲁先生文集》，中国国民党中央委员会党史委员会 1984 年 6 月 30 日出版，第 310 页。

⑦ 《大学批示》，见《国立中山大学日报》，1934 年 10 月 23 日。

⑧ 《本校组建建筑管理委员会》，见《国立中山大学日报》，1934 年 10 月 24 日。

兹规定农工法三学院及所属部分员生志愿选修国画者，希于11月10日前，到新校总办公厅签名，以便统计，俟编定课程时间，再行布告上课。①

△致函农学院邓植仪院长，照准该院本科三年级生冉进兮休学一年。②

△致函附属高中部刘克平主任，该乙部三年级生谢宗贵函请休学一年，经予照准备案。③

△致函理学院何衍璿院长，现接附属初中部居励今主任呈称，属校自然科学原有各项动植物标本，不敷应用，教学方面时感困难。且校款支绌，添购匪易，用敢具呈钧座，请转饬生物学系，对于该系所采集之动植物已整理完善，作为标本者，各检送一份下校应用，岂独得舒教学困难，于公帑亦可节省。等由；相应函达，即希查照酌办。④

△签署四份大学批示。（一）复医学院学生穆文彬，据呈称社会学系四年级生杨纶因病未能如期到校，代请准予续假10天，未便照准；（二）复化学工程系一年级生王启霖，据呈请准予转入农林化学系一年级肄业，现转院期限已过，所请未便照准；⑤（三）复李端茂、林荣又，应准予发给历年成绩，以便报考；（四）复前高等师范学校毕业生罗朗湖，据呈请补发毕业证书。查学生遗失证书应先登报一月声明作废，并将报纸二份呈缴，及书明毕业年月，再行核办。⑥

10月24日 签署大学批示。复医学院生王典义、邱畲泽、邓镇辅，照准王典义、邱畲泽免缴廿二年度下学期及本学期学什宿及图书等费。邓镇辅免缴本学期学什宿及图书等费，以示对灾区贫苦学生体恤。⑦

10月25日 签署三份大学批示。（一）化学工程系二年级全体学生，据呈请准予设立级会，应由负责人署名盖章，呈由工学院院长核转；（二）复英文系三年级生钟隽，据呈请准予休学一年，并将已缴学杂制服等费保留至下年度上学期复学时移交。仰迳呈文学院院长核办；（三）复高中一年级生钟汉波，据呈请准予休学一年。查该生由附属初中毕业升入高中，尚未注册，所请休学，与学则不符，应准予保留学籍一年。⑧

---

① 《大学布告》，见《国立中山大学日报》，1934年10月24日。
② 《大学公函》，见《国立中山大学日报》，1934年10月24日。
③ 《大学公函》，见《国立中山大学日报》，1934年10月24日。
④ 《大学公函》，见《国立中山大学日报》，1934年10月25日。
⑤ 《大学批示》，见《国立中山大学日报》，1934年10月24日。
⑥ 《大学批示》，见《国立中山大学日报》，1934年10月25日。
⑦ 《大学批示》，见《国立中山大学日报》，1934年10月25日。
⑧ 《大学批示》，见《国立中山大学日报》，1934年10月26日。

△签署大学布告。公布教职员学生建设奖券换券时间地点表。[①]

10月26日 签署两份大学批示。（一）分别复文学院生张为纲、法学院生易炳文、文学院生罗时赐，应准该生免缴本学期学什宿及图书等费，以示对灾区贫苦学生体恤；（二）复工学院生袁家骥，应准该生免缴本学期学什费，以示对灾区贫苦学生体恤。[②]

△签署两份大学布告。（一）为便利交通起见，特批由林佩公司承办石牌新校补助交通业务，现经订立合约，开始营业。合将该公司赁车价目表，布告于后；[③]（二）公布本校农场生产物品保护规则。[④]

△致函附属高中部刘克平主任，照准该乙部一年级生陈桂华，函请休学一年，经予照准备案。[⑤]

10月27日 分函军政当局及各机关学校，征求图书器物或捐建书堂，以资纪念。[⑥]

函称："迳启者：窃以百年大计，首在树人，广厦万间，方能庇士。本校为总理手创南中国最高学府，亦即本党纪念总理唯一大学。总理创办本校后，以石牌地处郊外，景物清和，既便修养，又易发展，即拨为新校校址。幅员万亩，初辟为农场，去岁三月，乃经始营构。今秋新校，一部落成，农工法三学院，业经迁入，爰续建文法两学院。兹乘11月11日本校成立十周年纪念之辰，同时举行庆祝石牌新校舍落成，农理工三学院开幕，农工法三学院迁入新校，文法两学院奠基，第四次全校运动大会开幕典礼。用是敬征贤达，荣赐嘉贶，以资纪念。所望赐以兰台图史，石室龟文，或科学要需，或居处器用，俾邃研究，更切实益。如有芳草甘木，异兽珍禽，移置校园，亦欣众赏，倘荷恩涵庶士。捐建书室，则叨感隆施，曷胜距跃！庶几菁莪乐育，欢胜多士之颜，桃李成荫，敬拜诸君之赐矣。为此函达，即请查照，并候赐复，为荷！"[⑦]

△致电戴传贤，恳切邀请其回校参加中山大学建校十周年庆典。

戴传贤于11月7日及10日，两次复电先生，表示申贺，并赞扬先生在中山大学取得的成绩。戴在11月7日致先生的电文写道："感（27日）电敬悉。石牌校舍落成，文法两院奠基，凡属同志，莫不腾欢。贤承乏有年，关怀倍

---

① 《大学布告》，见《国立中山大学日报》，1934年10月27日。

② 《大学批示》，见《国立中山大学日报》，1934年10月27日。

③ 《大学布告》，见《国立中山大学日报》，1934年10月29日。

④ 《大学布告》，见《国立中山大学日报》，1934年11月10日。

⑤ 《大学公函》，见《国立中山大学日报》，1934年10月29日。

⑥ 《祝贺电函》，见《中大成立十周年及新校舍落成纪念特刊》，1934年11月11日。

⑦ 《石牌新校征求图书器物》，见《国立中山大学日报》，1934年10月31日。

切，惠闻庆典，喜跃尤殷。”11月10日，戴再次致电先生及全体同学：“而邹先生即秉承总理化民成俗之旨，苦心孤诣，努力于本大学之创设，自无而有，其艰难困苦，实足赞叹。……此数年间，邹校长重回本校，努力奋勉，建树新基，今石牌校舍已告落成，万世不易之基础，益加巩固。岂独同志闻而欢欣，亦实全国国民与世界人类之所共赞者也。”①

△签署大学布告。公布本校各种团体组织规则。②

△签署三份大学批示。（一）复李祖材，据呈附原函乙件，请准予代领罗季芬之桂省府奖学金100元，应予照准。（二）复土木工程系一年级学生马瑞富，请准予转入机械工程系肄业。查机械工程系一年级学额，原定40名，现多开至50名，额满碍难收容。（三）复赵君哲，据呈附高中毕业证书一纸，请准予入文学院英文系一年级肄业。应准予先行入学。③

△胡汉民致函邓泽如、先生，谈及拨款支持中华革命中兴会，并指导该会工作进行事宜。④ 该会是“新国名党”在欧洲的组织，成员多为两广当局派出的留学生。

10月28日 胡汉民致函先生，查明补对入（新国民）党登记证。⑤ 从先生此前提供给胡汉民的“新国民党”全部党员的名册、登记证分析，此时登记在册的“新国民党”党员至少有2700人以上。

10月29日 签署三份大学批示。（一）复林嘉秀、邓贞文、李琼珍，据呈以在地理学系肄业，请准予照章免缴学费，并将已缴学费发还。查地理学系肄业学生免费学额定10人为限，现已满额，所请碍难照准。⑥（二）复经济系四年级生刘清一，应准发给在学证明书，以便领取贷费。（三）复医学院五年级生袁业鉴，应准该生免缴廿二年度下学期及本学期学什宿及图书等费，以示对灾区贫苦学生体恤。⑦

10月30日 接建设委员会委员张人杰、山东省教育厅厅长何思源、国民政府赈务委员会委员长许世英、国立山东大学校长赵畸、河南大学校长杜俊贺

---

① 陈哲三：《邹鲁研究初集》，华世出版社1980年2月初版，第161页。

② 《大学布告》，见《国立中山大学日报》，1934年10月27日。

③ 《大学批示》，见《国立中山大学日报》，1934年10月30日。

④ 陈红民：《胡汉民未刊往来函电稿》第五册第十卷，广西师范大学出版社2005年12月第1版，第402页。

⑤ 陈红民：《胡汉民未刊往来函电稿》第五册第十卷，广西师范大学出版社2005年12月第1版，第402页。

⑥ 《大学批示》，见《国立中山大学日报》，1934年10月30日。

⑦ 《大学批示》，见《国立中山大学日报》，1934年10月31日。

电，庆祝中山大学建校十周年。[①]

10 月 31 日 接国府立法院院长孙科、国府实业部部长陈公博、广西省政府主席黄旭初、抗日将领宋哲元、陕西省政府主席邵力子、山东省建设厅厅长张鸿烈、青海省建设厅厅长马麟、北平师大校长李蒸、国立北洋工学院院长李书田贺电，庆祝中山大学建校十周年。[②]

△签署大学通告。查本校各团体，其中多有工作荒懈，精神涣散，殊于团体工作进行，不无窒碍。现在学期开始，为健全各团体组织起见，自通告日起，仰中国教育问题研究会等 40 个团体，一律重新改选，并限于本年 11 月 30 日以前，一律改选完竣，仍将改选日期，先行呈报来校，为要。[③]

10 月 为《国立中山大学现状（中华民国二十三年）》一书题写书名并作序，序言介绍了中大石牌新校舍建设情况。

10 月 商聘冒广生为中山大学词学教授。[④]

11 月 1 日 接国民政府主席林森、山东省政府主席韩复榘、湖南省政府主席何键、四川省政府主席刘湘、湖北省政府主席张群、武汉大学贺电，庆祝中山大学建校十周年。[⑤]

△签署两份大学布告。（一）准安徽省教育厅公函，该省本年度有一名奖学金名额给本大学，仰本校各学院皖籍二至五年级生，前赴文书部自填报表，以便列送成绩；[⑥]（二）准顺德县管理青云文社财产委员会公函，发放二十三年度上学期中山先生纪念奖学金，仰本校顺德籍学生知照具领。[⑦]

11 月 2 日 接国府司法院院长居正、贵州省政府委员兼财政厅厅长郑先辛、青岛市市长沈鸿烈、广西绥靖主任李宗仁及副主任白崇禧联名贺电，庆祝中山大学建校十周年。[⑧]

△签署大学批示。复物理学系二年级生尹贤宁，据呈请转函江西省教育厅发给奖学金，应予照准，除将该生二十二年度上下学期成绩照送外，仰即知照。[⑨]

11 月 3 日 接西京筹备委员会委员石青阳、宁夏省党务指导委员会贺电，

---

① 《祝贺电函》，见《中大成立十周年及新校舍落成纪念特刊》，1934 年 11 月 11 日。
② 《祝贺电函》，见《中大成立十周年及新校舍落成纪念特刊》，1934 年 11 月 11 日。
③ 《大学通告》，见《国立中山大学日报》，1934 年 11 月 1 日。
④ 冒怀苏：《冒鹤亭先生年谱》，学林出版社 1998 年 5 月第 1 版，第 367 页。
⑤ 《祝贺电函》，见《中大成立十周年及新校舍落成纪念特刊》，1934 年 11 月 11 日。
⑥ 《大学布告》，见《国立中山大学日报》，1934 年 11 月 2 日。
⑦ 《大学布告》，见《国立中山大学日报》，1934 年 11 月 5 日。
⑧ 《祝贺电函》，见《中大成立十周年及新校舍落成纪念特刊》，1934 年 11 月 11 日。
⑨ 《大学批示》，见《国立中山大学日报》，1934 年 11 月 3 日。

庆祝中山大学建校十周年。①

△签署两份大学布告。（一）公布校服度衣事宜。②（二）准国立武汉大学公函，医科转学生二十三年度上学期津贴已经汇转到校，兹定本月6日转发该项津贴，仰各生具领。③

△签署大学公函。公布校道分站表及晚间行车限制办法。④

△签署三份大学批示。（一）复社会学系四年级生杨纶，照准补行注册；⑤（二）复高中毕业生梁亮，照准休学一年；（三）复工学院化学工程学系二年级生李静，据呈以转入化学工程学系一年级肄业，未曾寄宿，请将已缴宿费发还。应予照准。⑥

△胡汉民致函先生，函介余亚农、唐理宏晋谒，陈述工作。⑦

11月5日 接云南省政府主席龙云贺电，庆祝中山大学建校十周年。⑧

△签署两份大学布告。（一）兹定11月25日为换教育建设奖券截止日期，凡属员生，务希于止截期前，迅行换券，以清手续；⑨（二）现准广西邕宁县政府公函，拟由廿三年度起取消毕业参观费，仰本校邕籍学生，一体知照。⑩

△签署两份大学批示。（一）复生物学会，据呈报修改会章，选举干事经过情形，附会章一份，请核准备案等情；应准备案；（二）复化学工程学系四年级生谷光相，据呈请发给在校证明书，俾领津贴等情。查该生曾于10月20日领去在校证明书一张，所请未便照准。⑪

△胡汉民致函先生，函介张达、伍世觉两同志代表湘南革命同志及各民众团体南来，报告湘南情形，并有所请示，至乞延见并予指示为幸。⑫

---

① 《祝贺电函》，见《中大成立十周年及新校舍落成纪念特刊》，1934年11月11日；《十周纪念贺电补志》，见《国立中山大学日报》，1934年11月22日。

② 《大学布告》，见《国立中山大学日报》，1934年11月5日。

③ 《大学布告》，见《国立中山大学日报》，1934年11月6日。

④ 《大学公函》，见《国立中山大学日报》，1934年11月5日。

⑤ 《大学批示》，见《国立中山大学日报》，1934年11月5日。

⑥ 《大学布告》，见《国立中山大学日报》，1934年11月6日。

⑦ 陈红民：《胡汉民未刊往来函电稿》第五册第十卷，广西师范大学出版社2005年12月第1版，第404页。

⑧ 《祝贺电函》，见《中大成立十周年及新校舍落成纪念特刊》，1934年11月11日。

⑨ 《大学布告》，见《国立中山大学日报》，1934年11月6日。

⑩ 《大学布告》，见《国立中山大学日报》，1934年11月8日。

⑪ 《大学批示》，见《国立中山大学日报》，1934年11月7日。

⑫ 陈红民：《胡汉民未刊往来函电稿》第五册第十卷，广西师范大学出版社2005年12月第1版，第406页。

11 月 6 日 接国府考试院院长戴传贤、国防部参谋本部贺电，庆祝中山大学建校十周年。①

△签署大学批示。复学生沈厚韶等，据呈请将旧校医室拨充画室之用等情，应准俟校医室搬迁后，暂予借用，遇需要时，仍当随时收回。②

△胡汉民致函先生，商议励进社社务。③

△胡汉民致函先生，函介张慕韩趋前面陈励进社社务。④

△胡汉民致函先生，函介黎重生趋前面华北党务等事。⑤

△胡汉民致函萧佛成、先生，请给予革命同志柳聘农以名义，使其生活有所资助。⑥

△胡汉民致函唐绍仪、李宗仁、萧佛成、陈济棠、邓泽如、先生，请拨给喻华韩同志母亲治丧费若干，以安死者，且慰生者。喻华韩为辛亥革命喻培伦烈士的兄弟。⑦

11 月 7 日 接国府教育部部长王世杰、安徽省政府主席刘镇华率省政府委员联名贺电，庆祝中山大学建校十周年。⑧

△函复意大利驻香港总领事拜可尼（Bianconi）。⑨

意大利为沟通中意及其他东亚各国文化，特创设“意大利远东中亚学院”，并表示欢迎我国名流领袖赴意。是日由意大利驻香港总领事拜可尼来附送该学院章程一份，致函先生，道达一切，说如有我国广州方面的名流领袖前往意大利者，请先行通知，以便招待，有益中意亲善。先生接函后业经函复照办。

△签署大学布告。准安徽省教育厅公函，公布该省专科以上学校清寒优秀学生助金贷金章程及国内大学奖学金生递年应减名额及经费数目表，仰本校皖

---

① 《祝贺电函》，见《中大成立十周年及新校舍落成纪念特刊》，1934 年 11 月 11 日。

② 《大学批示》，见《国立中山大学日报》，1934 年 11 月 8 日。

③ 陈红民：《胡汉民未刊往来函电稿》第五册第十卷，广西师范大学出版社 2005 年 12 月第 1 版，第 407 页。

④ 陈红民：《胡汉民未刊往来函电稿》第五册第十卷，广西师范大学出版社 2005 年 12 月第 1 版，第 408 页。

⑤ 陈红民：《胡汉民未刊往来函电稿》第五册第十卷，广西师范大学出版社 2005 年 12 月第 1 版，第 408 页。

⑥ 陈红民：《胡汉民未刊往来函电稿》第五册第十卷，广西师范大学出版社 2005 年 12 月第 1 版，第 409 页。

⑦ 陈红民：《胡汉民未刊往来函电稿》第五册第十卷，广西师范大学出版社 2005 年 12 月第 1 版，第 409 页。

⑧ 《祝贺电函》，见《中大成立十周年及新校舍落成纪念特刊》，1934 年 11 月 11 日。

⑨ 《意设远东中亚学院沟通中意文化》，见《国立中山大学日报》，1934 年 11 月 8 日。

籍学生，一体知照。①

11月8日 接国府行政院副院长兼财政部部长孔祥熙、交通大学校长黎照寰、四川大学校长王兆荣贺电，庆祝中山大学建校十周年。②

△签署大学批示。复法律学系二年级生陈泰巍、农学系二年级生陈生香，据呈请将该生等廿二年度上学期成绩，转送江西省教育厅，俾便发给奖学金，等情。查该生等廿二年度成绩，经函送江西省教育厅有案。③

11月9日 接王世杰第二封贺电、财政部次长邹琳贺电，庆祝中山大学建校十周年。④

△签署大学布告。公布到石牌参加本校成立十周年纪念大会安排。⑤

△签署两份大学批示。（一）复法律学系二年级生张永泉，据呈请将廿二年度上学期成绩，转送江西省教育厅，以便给领奖学金等情。查该生廿二年度成绩，经函送江西省教育厅在案。⑥（二）复地理学系一年级生林嘉秀、邓贞子、李琼珍，据呈请照例发还学费。本案前据该生呈同前情，当经批复："查地理学系肄业学生免费学额，定十人为限，现已满额，所请碍难照准。"本案仍应照前批办理。⑦

11月10日 接国府交通部长朱家骅贺电、中央大学校长罗家伦、检察院秘书长王陆一、厦门大学校长林文庆、河北第一博物院院长严智怡贺电，庆祝中山大学建校十周年。⑧

△签署大学布告。准教育部高等社会教育司函，拟组织电影教学团体，征询有志于电影教学者，由学校汇呈转知，以便着手组织。⑨

△签署大学批示。复物理系四年级生吴天赞，应准予休学一年，呈请将已缴学什各费保留为复学之用，碍难照准。⑩

△聘陈良土为二十三年度上学期讲师。⑪

11月上旬 接河南省政府、教育部总务司司长雷震、南开大学校长张伯

---

① 《大学布告》，见《国立中山大学日报》，1934年11月9日。
② 《祝贺电函》，见《中大成立十周年及新校舍落成纪念特刊》，1934年11月11日。
③ 《大学批示》，见《国立中山大学日报》，1934年11月9日。
④ 《祝贺电函》，见《中大成立十周年及新校舍落成纪念特刊》，1934年11月11日。
⑤ 《大学布告》，见《国立中山大学日报》，1934年11月10日。
⑥ 《大学批示》，见《国立中山大学日报》，1934年11月9日。
⑦ 《大学批示》，见《国立中山大学日报》，1934年11月10日。
⑧ 《祝贺电函》，见《中大成立十周年及新校舍落成纪念特刊》，1934年11月11日、12日。
⑨ 《大学布告》，见《国立中山大学日报》，1934年11月14日。
⑩ 《大学批示》，见《国立中山大学日报》，1934年11月14日。
⑪ 《聘书》，见"国立中山大学全宗"档案，全宗号20，目录号2，案卷号92，藏广东省档案馆。

芩、南京市市长马超俊、立法委员王用宾、侨界领袖朱盎声、商界领袖黄广田贺电，庆祝中山大学建校十周年。①

11月11日 出席国立中山大学成立十周年及新校舍落成纪念大会，并在大会上致辞。②

上午10时半，中山大学建校十周年校庆及新校落成典礼、农理工三学院开幕、农工法三学院迁入新校、文法两学院奠基、第四次全校运动大会开幕典礼在石牌新校区隆重举行。到会的各界人士有西南执行部代表刘芦隐、西南政务委员会代表区芳浦、本校董事邓泽如、先生及教职员工、学生、香港绅商及其他各界代表合计共约6000人。纪念大会由邓泽如主持，议程合计19项，其中第十项为由先生致开会辞，在致辞中详细介绍了新校舍建设情况，并对各方支持表示感谢。③

林森等政府要员、中央大学罗家伦校长、吴康、古直、陈安仁、方孝岳、王越、陈钟凡等学者都纷纷发来贺电，写出贺诗、贺词，高剑父、赵浩公等画家赠送了贺画，李宗仁、白崇禧、陈济棠、于学忠、余汉谋等赠送了时钟、银鼎、银盾和书刊。④其中，先生及西南政务委员会唐绍仪、萧佛成、邓泽如、陈济棠、李宗仁的联名致辞刊登在《中大成立十周年及新校舍落成纪念特刊》的显著位置。⑤先生因感蒲留仙（蒲松龄）言“从此不作诗，是亦藏拙之一道”，故自1933年起欲守戒不作诗，已达年余。但中大建校一期工程完工，高兴之余，竟忘禁戒，一口气吟成50首杂诗，以示纪念。⑥第一首即表达了对孙中山的追怀之意，并对自己不辱使命甚感欣慰：“簧舌纵横入望中，十周刚届庆竣工。从来缔造非容易，令我低徊国父功。”⑦

石牌新校区占地约一万亩，除建筑物外，均为农场。占地面积之大，当时流行有“中山大学校，半座广州城”之语。先生手书的碑文《国立中山大学新校舍记》石刻也于是日落成。石刻位于今华南理工大学2号楼东侧墙上，为汉白玉碑，宽1.4米，高2.8米。碑文如下：

“国立中山大学新校舍记

---

① 《祝贺电函》，见《中大成立十周年及新校舍落成纪念特刊》，1934年11月11日、12日。

② 程焕文：《邹鲁校长治校文集》，中山大学出版社2004年11月第1版，彩图部分第3页。

③ 《本校十周年纪念大会详情》，见《中大成立十周年及新校舍落成纪念特刊》，1934年11月12日。

④ 吴定宇：《中山大学校史1924～2004》，中山大学出版社2006年5月第1版，第80页。

⑤ 《祝贺电函》，见《中大成立十周年及新校舍落成纪念特刊》，1934年11月11日。

⑥ 陈哲三：《邹鲁研究初集》，华世出版社1980年2月初版，第162页；国立中山大学校友会：《邹鲁全集》第（十）卷，三民书局股份有限公司1976年10月初版，第33页。

⑦ 陈哲三：《邹鲁研究初集》，华世出版社1980年2月初版，第162页。

中华民国十三年（1924 年）春，吾党总理孙中山先生命鲁创办国立广东大学，是年秋成立。总理以原有校舍散处市区，不适藏修，尤难发展，复命鲁择定石牌为新校址。甫事经营，而总理薨逝，本校遂易今名，以资纪念。十四年（1925 年）秋，余以清党事去职，自是新校建筑，虽有计划，莫之实行。二十年（1931 年）冬，曾兴筑农学馆，未三月而终止。二十一年（1932 年）春，鲁复长本校，以新校计划亲受命于总理，不敢不勉力筹建，始终其事。乃先后请准西南政务委员会，拨舶来肥田料捐及洋米捐之一部为建校费，复与本校在粤诸董事发起募捐，遂于二十二年三月（1933 年 3 月）兴工建筑，于十一月十一日本校九周年纪念日行奠基礼。由是年十二月开始，财政部复按月拨款补助。迄本年九月止，先后竣工者，有总理铜像一座、农学院之农学馆一座、简易蚕室、调桑室及附属房舍数座、稻作场办公室及附属房舍数座、理学院之化学教室一座、工学院之电器工程机械工程教室共一座、土木工程教室一座、男宿舍六座、女宿舍一座、膳堂二座；除缘附建筑物之公路外，全校可通车之公路凡七十余里，发电厂及自来水厂，则尚在建筑中。农工法三学院则于本年秋季迁入新校开学焉。现复兴建大门石牌坊一座、文学院全座、法学院全座、农学院之农林化学馆一座、园艺温室一座、农场总务股办事处一座、森林股办事处一座、农场贮藏室一座、蚕学馆一座、乳牛房一座、理学院之数学天文物理教室共一座、生物地质地理教室共一座、工学院之化学工程教室一座、工厂数座、宿舍数座，计期明年七月可以竣工。若夫礼堂、图书馆、博物馆、天文台、体育馆、总办公厅、农学院之林学馆、农林植物研究所、蚕种冷藏库、教职员宿舍等，兴工建筑，则有待于明年。全校建筑物之位置，礼堂居中，左为文学院，右为法学院，礼堂正北为农学院，其东南为理学院，西南为工学院，礼堂之南则总理铜像巍然在目。像东为图书馆，西为博物院，礼堂东南高峰为天文台，其西南则为大门，门之左为稻作场。礼堂之西北隅，湖光潋滟，湖之东为女生宿舍，湖之西南为蚕学馆、调桑室，男生宿舍则居礼堂东北隅，据数平冈，错若置棋。教职员宿舍则聚处图书馆东南隅，运动场、游泳场则散居各处。凡兹计划，使各学院等自成一区，分途发展而不相妨焉。以言夫形势，则白云山环其侧，珠江绕其前。校内冈峦起伏，池沼荡漾。分划区段，以我国诸行省分名其区。复因各区之岗峦池沼，附以行省内山川湖泽名号，使入本校者，悠然生爱国之心，即毅然负兴国之责。全校占地万余亩，除建筑物外，均为农场，凡植竹果树二百万株有奇。复辟道路至白云山林场，连贯为一。林场植树一百六十余万株，是不特可增山河之美丽，而资全校师生之修养，亦有足多焉。预计五年后，有收益者可得五十万株，每年每株以一元计，则年可得五十万元。十年后，三百万株皆有收益，每年每株以一元计，则年可得三百余万元，畜牧园艺，尚不与焉。盖欲使向来消费之教育，化为生产之教育。此后理工医各科，亦将分门规划，达此目的，是则鲁积年之教育主张也。溯总理之创办本校也，除广州一隅外，四境皆敌。当日财政复为军人所据，终排万难而创立本校，且划定石牌为新校基，其高瞻远瞩为何如哉！余亲承总理之教，复受命计划建筑新校，故不惮于世界经济不振、全国经济不振、广东经济不振之今日，毅然决然，兴工建筑，幸获在粤诸董事及财政部长之助，得以经营有成，而个人忍辱迈进，降心从事。每当困难纷沓之际，则绕室彷徨，寝不安、食不饱，岂有他哉？亦欲完成总理之付托，为党为国，树一最高学府，以救中国救民族而已。但作始甚简，若本总理创造本校之旨，发扬而光大之，则其责又诸同志及国人所应共负者也。兹乘本校成立十周年纪念，又庆新校落成，农工法三学院迁入，及文法两学院奠基之时，综厥始末记之，已告成事，且督后功。

中华民国二十三年十一月十一日（1934 年 11 月 11 日）校长邹鲁谨志并书。”①

上述碑文于是年 10 月 17 日前即已拟就，刊登在该日出版的《国立中山大学日报》第四版上。先生于是日书石奠基的建筑物还有法学院楼、工学院机械电气工程教室、文学院楼、正门牌坊等。

工学院机械电气工程教室（今华南理工大学峨眉山路 8 号楼）建于 1933 年 3 月 1 日，1934 年竣工。该楼为中西合璧的红墙绿瓦宫殿式风格。墙上有花岗岩石匾，上刻：“中华民国二十一年十一月十一日（1932 年 11 月 11 日）国立中山大学工学院奠基于此，胡汉民、萧佛成、邓泽如、林云陔、陈济棠、许崇清、林翼中、区芳浦、邹鲁立石，校长邹鲁书石。”②

法学院楼（今华南理工大学西山东路 12 号楼）始建于 1933 年 10 月 10 日，1935 年竣工，由海外同胞捐资建造，是一座中西合璧的红墙绿瓦的宫殿式建筑。台阶右边墙壁上嵌一石碑，上刻：“中华民国二十三年十一月十一日（1934 年 11 月 11 日）国立中山大学法学院奠基于此，董事胡汉民、萧佛成、邓泽如、陈济棠、许崇清、林翼中、区芳蒲、邹鲁立石，校长邹鲁书石。”③

文学院楼（今华南理工大学泰山路 5 号楼）始建于 1934 年 10 月 19 日，

---

① 《国立中山大学新校舍记》，见《国立中山大学日报》，1934 年 11 月 11 日。

② 《中山大学石牌旧址建筑群》，见广州市天河区地方志编纂委员会办公室网（http：//quzhi. thnet. gov. cn/thqq/thls/wwgj/200712/t20071211_ 211512. html），2007 年 12 月 11 日。

③ 《中山大学石牌旧址建筑群》，见广州市天河区地方志编纂委员会办公室网（http：//quzhi. thnet. gov. cn/thqq/thls/wwgj/200712/t20071211_ 211512. html），2007 年 12 月 11 日。

1935年竣工，由全省党政军各机关人员按薪捐助建造，为红墙绿瓦中西合璧宫殿式建筑。大门左侧大理石碑刻："中华民国二十三年十一月十一日（1934年11月11日）国立中山大学文学院奠基于此。董事胡汉民、萧佛成、邓泽如、林云陔、陈济棠、许崇清、林翼中、区芳浦、邹鲁立石。校长邹鲁书石"①

正门牌坊（位于今广州市天河区五山路斜坡处）建于1935年，它融合了西方建筑的风格，在细部的装饰又有中国传统建筑的风格。中门柱内侧镶嵌有一块大理石，上面刻有中山大学校门奠基时间以及学校董事的名单："中华民国二十三年十一月十一日（1934年11月11日），国立中山大学校门奠基于此。董事：胡汉民、萧佛成、邓泽如、林云陔、陈济棠、许崇清、林翼中、区芳浦、邹鲁立石，校长邹鲁书石。"② 牌坊正面额板上书写有"国立中山大学"六个大字。

△胡汉民致函先生，函介田见龙同志趋前面报东北、华北近状。③

△胡汉民致函先生，拟请资助原拟赴闽计划闽南军事，现困广州的马公武同志三数百元，稍苏其困。④

11月12日 签署大学布告。准云南省教育厅公函，本校滇籍学生邓遵六等人廿三年度夏季奖学金已经汇发到校，仰各该生依期到会计部具领。⑤

△签署大学批示。复中文系民廿三年班班会，据呈请在原旧法工两学院指定一室为该会会址。查该处房舍均有用途，所请碍难照准。⑥

11月14日 向国民党四届五中全会提出《请由财政部每月拨十万元为中山大学新校建筑经费暂以三年为期案》，提案列举中山大学建筑新校舍的详情及存在的困难，请求中央拨款。议案经议决交行政院查案办理。同署此案的还有胡汉民、萧佛成、陈济棠等人。⑦

---

① 《中山大学石牌旧址建筑群》，见广州市天河区地方志编纂委员会办公室网（http://quzhi.thnet.gov.cn/thqq/thls/wwgj/200712/t20071211_211512.html），2007年12月11日。

② 《中山大学石牌旧址建筑群》，见广州市天河区地方志编纂委员会办公室网（http://quzhi.thnet.gov.cn/thqq/thls/wwgj/200712/t20071211_211512.html），2007年12月11日。

③ 陈红民：《胡汉民未刊往来函电稿》第五册第十卷，广西师范大学出版社2005年12月第1版，第413页。

④ 陈红民：《胡汉民未刊往来函电稿》第五册第十卷，广西师范大学出版社2005年12月第1版，第413~414页。

⑤ 《大学布告》，见《国立中山大学日报》，1934年11月16日。

⑥ 《大学批示》，见《国立中山大学日报》，1934年12月1日。

⑦ 陈哲三：《邹鲁研究初集》，华世出版社1980年2月初版，第172页；中国国民党中央委员会党史委员会：《邹鲁先生文集》，中国国民党中央委员会党史委员会1984年6月30日出版，第4~7页。

△签署大学布告。公布摄制全校教职员活动影片安排。①

△签署大学批示。复物理学系二年级生邓述熯，据呈以家遭匪祸，经济困难，请拨房舍居住，并准予免缴学宿等费。应径向舍务处请求办理，至请免费一节，应取具所属地方长官证明该生确因灾困苦函，及所属学院填列该生廿二年度下学期成绩单，并呈核办。②

△接薛笃弼委员贺函，祝贺中山大学建校十周年。③

11月15日 签署大学布告。公布摄制全校教职员活动影片的进一步安排。④

△聘金肇组为二十三年度上学期土木工程系讲师。⑤

11月16日 签署大学批示。复教育系一年级生高想，据呈称经济困难，请准予休息一年，仰径呈文学院院长核办。⑥

△签署大学公函。准广西邕宁县政府公函，致经济学系三年级生群显材，查其成绩未能获得二十二年度奖学金。⑦

11月17日 签署大学布告。奉西南政务委员会训令，以后凡纪念日举行纪念，不准放假。⑧

△签署大学批示。复高中乙部一年级生吕泳华，据呈请转函第四集团军总部，叙明本校高中部德文班，即属医科预科，并准领津贴等情。查高中德文班，系预备升入之法医各学院，升入医科者虽占多数，但非一定升入医学院，该生所请，应自向第四集团军陈明。⑨

11月19日 签署两份大学布告。（一）凡属本校学生，如有携带或收藏各种违禁物品，一经查觉，概予取缔没收，分别究处；⑩（二）准私立福建协和学院函，兹有美国新史社向亚洲青年征文，希各知照。⑪

△签署大学批示。致高中部学生民众教育服务社，据准予新选举产生的第

---

① 《大学布告》，见《国立中山大学日报》，1934年11月15日。

② 《大学批示》，见《国立中山大学日报》，1934年11月15日。

③ 《十周纪念贺函补志》，见《国立中山大学日报》，1934年11月23日。

④ 《大学布告》，见《国立中山大学日报》，1934年11月16日。

⑤ 《聘书》，见“国立中山大学全宗”档案，全宗号20，目录号2，案卷号92，藏广东省档案馆。

⑥ 《大学批示》，见《国立中山大学日报》，1934年11月17日。

⑦ 《大学公函》，见《国立中山大学日报》，1934年11月17日。

⑧ 《大学布告》，见《国立中山大学日报》，1934年11月19日。

⑨ 《大学批示》，见《国立中山大学日报》，1934年11月15日。

⑩ 《大学布告》，见《国立中山大学日报》，1934年11月19日。

⑪ 《大学布告》，见《国立中山大学日报》，1934年11月20日。

三届执行委员会委员备案。[①]

11 月 20 日 签署大学批示。复政治系四年级生王大枚，来呈阅悉，该生改过自新，殊堪嘉许，进德修业，有厚望焉。至所请收回记过成命，未便照准。[②]

△胡汉民致函先生，商议改进“新国民党”党务工作。[③]

胡汉民指出，一年多的改革措施未能完全做到，内部同志间的纠纷较以前更甚，改革几无成效，“全部党务在机构上失其灵便，就党而言，非改途易辙不可。”胡汉民为此亲自拟定三条八款的《纲要》，作为党工作的基础，要求以《纲要》为准则，“将全部党务组织及党务经费重行审核分配”。

11 月 22 日 致函各学院院长，准意大利驻香港总领事馆函，公布推荐学生赴意大利留学事宜。[④]

11 月 23 日 签署大学布告。仰各生以后切勿采摘农场内产品，以免违规，致干究处。[⑤]

△胡汉民致函先生，介绍焦达人趋前乞予指示，并请酌予川资。[⑥]

△胡汉民致函先生，李西屏介绍洪门中人向海潜、蓝绍亭、叶保和 3 人，求予名义及接济，酌办为荷。[⑦]

11 月 24 日 致函胡汉民，介绍万和璋前往谒见。[⑧]

△签署大学布告。公布国画教授赵浩公上课安排。[⑨]

11 月 25 日 胡汉民致函先生，转奉杨熙绩来函，商议如何解决湘党务内部纠纷。指示先生可以暂停湖南党务。[⑩]

---

① 《大学批示》，见《国立中山大学日报》，1934 年 11 月 21 日。

② 《大学批示》，见《国立中山大学日报》，1934 年 11 月 21 日。

③ 陈红民：《胡汉民未刊往来函电稿》第五册第十卷，广西师范大学出版社 2005 年 12 月第 1 版，第 418 ~ 419 页。

④ 《大学公函》，见《国立中山大学日报》，1934 年 11 月 23 日。

⑤ 《大学布告》，见《国立中山大学日报》，1934 年 11 月 24 日。

⑥ 陈红民：《胡汉民未刊往来函电稿》第五册第十卷，广西师范大学出版社 2005 年 12 月第 1 版，第 422 页。

⑦ 陈红民：《胡汉民未刊往来函电稿》第五册第十卷，广西师范大学出版社 2005 年 12 月第 1 版，第 422 页。

⑧ 陈红民：《胡汉民未刊往来函电稿》第九册第二十八卷，广西师范大学出版社 2005 年 12 月第 1 版，第 498 页。

⑨ 《大学布告》，见《国立中山大学日报》，1934 年 11 月 27 日。

⑩ 陈红民：《胡汉民未刊往来函电稿》第五册第十卷，广西师范大学出版社 2005 年 12 月第 1 版，第 423 页。

约 11 月 26 日 胡汉民致函先生，介绍陈国梁趋前陈述飞机制造事宜。[①]

11 月 27 日 胡汉民致函萧佛成、先生，商议党务宣传工作，并请王卓山将方案带至。[②]

11 月 28 日 致函胡汉民，商议以金维洁办理安徽省“新国民党”党务，以张拱辰办理南京“新国民党”党务。[③]

11 月 30 日 签署两份大学批示。（一）复法律系二年级生蔡笃方，所请补选国画一科，查选修国画学生编配已定，所请未便照准；[④]（二）复英文学系毕业生郑建楠，照准发给成绩证明书，以便赴日留学。[⑤]

△签署大学通告。奉西南执行部通告，公布未参加区分部工作的国民党党员和预备党员分配工作事宜。[⑥]

秋 手书国立中山大学校训刻石及手植柏树。

中山大学校训刻石（今华南理工大学北校区学生宿舍区一小山包上）刻于 1934 年，刻在一个天然巨石上，巨石成一个不规则蛋形。底部最宽处约 10.5 米，最高处约 5 米，最宽处约 4 米，向东南处削平后刻字。石刻内容为 1924 年孙中山建校时题的校训，竖排无标点，繁体书写，前五“之”字为大字，各字边长 0.7 米，后为小字，各字边长 0.2 米。刻石内容如下：

“博学之审问之慎思之明辨之笃行之。

本校成立时总理曾以四书语博学之审问之慎思之明辨之笃行之贻本校。今当新校落成，照书其文，同志遗教。

邹鲁敬书

民国二十三年（1934 年）秋”[⑦]

12 月 1 日 签署大学布告。公布换领制衣证事宜。[⑧]

△签署三份大学批示。（一）复教育系三年级生张雄，应准发给成绩证及

---

① 陈红民：《胡汉民未刊往来函电稿》第五册第十卷，广西师范大学出版社 2005 年 12 月第 1 版，第 424 页。

② 陈红民：《胡汉民未刊往来函电稿》第五册第十卷，广西师范大学出版社 2005 年 12 月第 1 版，第 425 页。

③ 陈红民：《胡汉民未刊往来函电稿》第十三册第三十九卷，广西师范大学出版社 2005 年 12 月第 1 版，第 463 页。

④ 《大学批示》，见《国立中山大学日报》，1934 年 12 月 1 日。

⑤ 《大学批示》，见《国立中山大学日报》，1934 年 12 月 3 日。

⑥ 《大学通告》，见《国立中山大学日报》，1934 年 12 月 1 日。

⑦ 《中山大学石牌旧址建筑群》，见广州市天河区地方志编纂委员会办公室网（http：//quzhi. thnet. gov. cn/thqq/thls/wwgj/200712/t20071211_ 211512. html），2007 年 12 月 11 日。

⑧ 《大学布告》，见《国立中山大学日报》，1934 年 12 月 3 日。

在校证明书各一纸，以便呈请广西省教育厅办理贷款事宜；（二）复教育系二年级生邹肃廉，应准发在学证明书，以便请贷学金；（三）复社会学系三年级生周祖培、理科师范部三年级生李镇业，应准予各发在学证明书及历年成绩证，以便领取贷学金。①

△聘叶少芙为医学院教授。②

12 月 3 日 晚上，接孙科、王宠惠打来的电话，交换对时局的意见，谋求全国精诚团结。③

12 月 4 日 签署大学布告。公布石牌新校校医处办事细则。④

12 月 5 日 晚上 7 时半，陈济棠在广州市府宾馆设宴款待孙科、王宠惠一行，先生及李宗仁、萧佛成、邓泽如等人作陪，畅谈时局，深夜始散。⑤

△签署大学批示。复英文系二年级生宁湖，应准照发上学期成绩证及本学期在学证明书。⑥

12 月 6 日 晨 7 时，王宠惠前往先生住处拜访，双方会谈时间约为一小时。⑦

△上午 10 时，在西南政委会与孙科、王宠惠正式商谈时局，陈济棠等人参加，直至中午 12 时许始散会。散会后，与会人员均“拒发谈话”。大家摄影留念后，陈济棠在梅花村私邸设宴款待孙科、王宠惠，萧佛成与先生、邓泽如、林云陔、刘纪文、林翼中等人应邀作陪。⑧

△致电国民党四届五中全会。⑨

是日，胡汉民就孙科、王宠惠、傅秉常来穗、港商谈“和平统一”一事，向北平法国《政闻社》记者发表谈话，略谓：“今日所争者，为国家民族存亡之问题及主义政策之实行问题，决不能徒以情感两字掩盖一切。”指责蒋介石以“所谓均权政治好名词欺饰外内，骨子里实行军制。”“蒋如果真正无意图南，应移兵入川‘剿共’。”“如宁方接受齐（8 日）、有（25 日）两电，一切可迎刃而解。”胡汉民要求履行 1931 年和平会议及第四次全国代表大会决定之方案，以期达到真正之和平统一均权，并做到：（一）须开放人民言论集会出

---

① 《大学批示》，见《国立中山大学日报》，1934 年 12 月 4 日。
② 《聘书》，见“国立中山大学全宗”档案，全宗号 20，目录号 2，案卷号 92，藏广东省档案馆。
③ 中国第二历史档案馆：《中央周刊》，南京出版社 1997 年 7 月第 1 版，第 28 - 452 页。
④ 《大学布告》，见《国立中山大学日报》，1934 年 12 月 7 日。
⑤ 中国第二历史档案馆：《中央周刊》，南京出版社 1997 年 7 月第 1 版，第 28 - 453 页。
⑥ 《大学批示》，见《国立中山大学日报》，1934 年 12 月 8 日。
⑦ 中国第二历史档案馆：《中央周刊》，南京出版社 1997 年 7 月第 1 版，第 28 - 453 页。
⑧ 中国第二历史档案馆：《中央周刊》，南京出版社 1997 年 7 月第 1 版，第 28 - 453 页。
⑨ 广东省立中山图书馆：《民国广东大事记》，羊城晚报出版社 2002 年 11 月第 1 版，第 497 页。

版之自由；（二）须确定人川“剿共”，对西南各省不作大兵压境威胁；（三）对朋友、同志不得敌视暗杀，立即解散杀人之组织。

同日，胡汉民、陈济棠、李宗仁、唐绍仪、白崇禧、林云陔、先生、黄旭初、萧佛成、邓泽如等致电国民党四届五中全会，提出：“欲和平统一，须实行均权，履行一九三一年上海和平会议成案，别求他径，徒滋党国纠纷。”① 7日又提出议案，其内容大致和胡汉民谈话内容相同，提案亦与齐、有两电一致。同时表示说如果条件未获接受，将不出席全会。

△签署两份大学布告。（一）准国立大学鄂籍学生补助基金董事会函，公布国立大学鄂籍学生补助基金董事会各种章则，仰本校鄂籍学生一体知照；②（二）公布各学院学生级代表当选人名单。③

12月7日 出任中山文化委员会委员。④

是日，中山文化委员会成立。萧佛成、先生、林云陔、林翼中、陈耀垣等人出任该会委员。该会建立后，中山纪念堂、中山纪念碑、中山图书馆等均由该会接管。

12月8日 签署大学布告。公布本校办理教育建设奖券开奖日期改期。⑤

△签署大学批示。复土木工程系三年级生杨巨棣、谭明高，照准发给在学证明书及历年成绩表，以便请求贷费。⑥

12月9日 签署大学批示。复地理系二年级生刘定，准予各发在学证明书及上学年成绩证，以便请贷学金。⑦

12月10日 致函胡汉民，函称：“许多时孟光已接梁鸿案，我辈以暗驭明，虽有张良、陈平之谋，亦何补于刘璋？故我辈此时先求立场，庶进退裕如。在此时机一经放过，少老前车为可鉴耳。兄其以为如何？”⑧

△聘朱裕璧为医学院副教授。⑨

---

① 中国人民政治协商会议广东省委员会文史资料研究委员会：《粤系军事史大事记》，广东人民出版社1986年10月第1版，第165页。

② 《大学布告》，见《国立中山大学日报》，1934年12月8日。

③ 《大学布告》，见《国立中山大学日报》，1934年12月10日。

④ 中国人民政治协商会议广东省委员会文史资料研究委员会：《粤系军事史大事记》，广东人民出版社1986年10月第1版，第165页。

⑤ 《大学布告》，见《国立中山大学日报》，1934年12月11日。

⑥ 《大学批示》，见《国立中山大学日报》，1934年12月11日。

⑦ 《大学批示》，见《国立中山大学日报》，1934年12月15日。

⑧ 陈红民：《胡汉民未刊往来函电稿》第十册第三十二卷，广西师范大学出版社2005年12月第1版，第507~508页。

⑨ 《聘书》，见“国立中山大学全宗”档案，全宗号20，目录号2，案卷号92，藏广东省档案馆。

12 月 11 日 签署大学布告。致会计部程主任，应准照办本校建设奖券管业执照及领据式样。①

12 月 12 日 约见本校法科毕业同学会代表。②

上午 10 时，本校法科毕业同学会推派代表梁贞等 5 人到校谒见先生，请依照农科毕业同学会前例，在法政路旧法学院，即现附属中学地址拨地为该会建筑会所之用。先生对于该会筹建会所，用以联络感情毕业同学感情甚表赞同。惟以碍于种种困难，未便在附中校址拨地，查经面允在石牌新校划出地段，尽量供给该会为建筑会所之用。该会各代表以此事得到相当结果，即向先生告别。

△晚上，与陈融、李晓生一同乘车抵港，谒见胡汉民，会商时局。③

△签署两份大学布告。（一）公布应撤销的本校园艺研究会等 40 家团体名称；④（二）准江西省政府公函，公布二十二年度赣籍学生津贴费发放事宜。⑤

△函请邓植仪、高剑父、赵浩公、陈焕镛、温文光、吴康、徐学澥、张农为本校新校景设计委员会委员，由邓植仪召集。⑥

12 月 14 日 上午，国民党四届五中全会举行第四次会议。其讨论教育组审查报告第五项为先生、胡汉民、萧佛成等 21 人提出的《请由财政部每月拨十万元为中山大学新校建筑经费暂以三年为期案》，会议决议："交行政院查案办理。"⑦

12 月 16 日 白天，王宠惠拜访先生。⑧

△晚上，与谭启秀一起离港返穗。⑨

12 月 17 日 晨，抵达广州。随即出席西南执行部会议，报告在港与王宠惠接洽经过。⑩

12 月 18 日 签署大学布告。由本月起，凡延不缴费各生应缴各费，统在

---

① 《大学布告》，见《国立中山大学日报》，1934 年 12 月 15 日。

② 《校长拨地法科毕业会建筑会所》，见《国立中山大学日报》，1934 年 12 月 13 日。

③ 《邹鲁等到港与胡汉民商时局》，见《申报》，1934 年 12 月 13 日。

④ 《大学布告》，见《国立中山大学日报》，1934 年 12 月 13 日。

⑤ 《大学布告》，见《国立中山大学日报》，1934 年 12 月 14 日。

⑥ 《大学公函》，见《国立中山大学日报》，1934 年 12 月 14 日。

⑦ 中国第二历史档案馆：《中央周刊》，南京出版社 1997 年 7 月第 1 版，第 28－501～502 页。

⑧ 《王宠惠在港再访胡邹》，见《申报》，1934 年 12 月 17 日。

⑨ 《王宠惠在港再访胡邹》，见《申报》，1934 年 12 月 17 日；《邹鲁返省报告在港接洽经过》，见《申报》，1934 年 12 月 18 日。

⑩ 《邹鲁返省报告在港接洽经过》，见《申报》，1934 年 12 月 18 日。

担保人薪水项下照扣。①

12月19日 密友、本校董事邓泽如逝世。邓逝世后，先生作诗以示纪念。诗谓："泽公新居落成，曾许画梅为贺，及装成，而公逝，因题一律，奉诸灵石右，以志痛焉。

举世泥扬浊，斯人梅共清。我方偿宿诺，天遽坏长城。不尽折秮痛，聊同悬剑情。九原无驿使，扑笔泪纵横。"②

△签署大学公函。定于本月20日上午在永汉影城试影本校成立十周年纪念暨庆祝石牌新校落成典礼大会活动影片，并酌定字幕编配，届时凭函参加。③

12月21日 致函胡汉民，请示工作。

函称："（一）附件附函阅后，请示办法，及可否向他人报告。附函即嘱人送往，以便续有所得；（二）泽公（邓泽如）逝世，财政之人只有咳翁（林云陔）可继，可否重新再行由兄发表职责，以便更始进行。"④

△诗作《游九龙宋王台》刊登在是日出版的《国立中山大学日报》上。

12月23日 胡汉民在致陈融的函件中表示，"门（蒋介石）病果重，收拾大局亦成问题，然无可轻率前往之理。……愚意倘有必要，则是湄记（刘芦隐）到沪，衣记（邹鲁）到宁，援以方略应付目前，再定进止。"⑤

12月24日 出席文学院轮值总理纪念周，并发表训话。⑥

上午8时，文学院本学期第五次轮值总理纪念周在本校大礼堂举行，先生及文学院师生七百余人出席。活动由文学院院长吴康教授主持，行礼如仪后，首先由先生发表训话，其次由朱亦松教授等发表演讲。活动于9时结束。

△致函各学院院长，公布廿三年度各学院教授互选校务会议代表安排。⑦

12月26日 致函各学院院长等人，接广东仁爱善堂陈济棠董事长来函，公布该堂第一届征求社员募集基金办法，希各单位于本月29日以前派员到事务处分别领取社员入社缴费收据等件，积极进行。⑧

---

① 《大学布告》，见《国立中山大学日报》，1934年12月19日。

② 《挽邓董事泽如先生诗》，见《国立中山大学日报》，1934年12月29日。

③ 《大学公函》，见《国立中山大学日报》，1934年12月20日。

④ 陈红民：《胡汉民未刊往来函电稿》第九册第二十八卷，广西师范大学出版社2005年12月第1版，第499页。

⑤ 陈红民：《函电里的人际关系与政治：读哈佛—燕京图书馆藏"胡汉民往来函电稿"》，生活·读书·新知三联书店2003年9月第1版，第108页。

⑥ 《本校昨晨举行总理纪念周详情》，见《国立中山大学日报》，1934年12月25日。

⑦ 《大学公函》，见《国立中山大学日报》，1934年12月25日。

⑧ 《大学公函》，见《国立中山大学日报》，1934年12月27日。

12月28日 签署大学布告。公布本月31日举行农工法三学院联合总理纪念周安排。①

是年 发表文章《国立中山大学新校舍第二期建筑劝捐缘起》。②

是年 聘石光瑛、陈洵为文学院教授；徐甘棠为理学院教授；区声白为二十三年度上学期讲师。③ 黄季陆、邓孝慈为法学院教授。④ 罗莲君为二十三年度附属初中专任教员。⑤

1935年（民国二十四年　乙亥）五十一岁

1月5日 签署大学布告。公布邀请胡适来校演讲安排。⑥

1月8日 托吴康带信给胡适，请其不要再来国立中山大学演讲，以免引起麻烦。

元旦刚过，胡适前往香港大学接受该校授予他的名誉法学博士学位。6日，他在香港华侨教育会用国语作演讲，报纸根据记者记录发表了演讲内容。胡适在演讲中批评广东当局复古读经，并在分析广东为何如此守旧的原因时不客气地说："一个地方的文化传到它的殖民地或边境，本地方已经变了，而边境或殖民地仍是保留著它祖宗的遗物。广东自古是中国的殖民地，中原的文化许多都变了，而广东尚保留著。"⑦ 胡适虽然没指名道姓，但锋芒无疑是指向当时的"南天王"、粤军总司令陈济棠，因为陈当时正在广东境内提倡"读经"。

为了不得罪广东当局，先生在胡适还没到广州，便让文学院院长吴康带信

---

① 《大学布告》，见《国立中山大学日报》，1934年12月28日。

② 程焕文：《邹鲁校长治校文集》，中山大学出版社2004年11月第1版，第23页。

③ 《聘书》，见"国立中山大学全宗"档案，全宗号20，目录号2，案卷号140，藏广东省档案馆。

④ 《聘书》，见"国立中山大学全宗"档案，全宗号20，目录号2，案卷号92，藏广东省档案馆。

⑤ 《初中教员应聘书》，见"国立中山大学全宗"档案，全宗号20，目录号2，案卷号213，藏广东省档案馆。

⑥ 《大学布告》，见《国立中山大学日报》，1935年1月8日。

⑦ 何宇：《史海钩沉：陈济棠驱逐胡适出广东》，见金羊网（http：//www.ycwb.com/big5/ycwb/2006-10/26/content_1258101.htm），2006年10月26日。

给胡适，请他“今日快车离省，暂勿演讲，以免发生纠纷。”[①] 但胡适未予理睬，仍按计划于1月9日来到广州。广东当局见状，就来个釜底抽薪，以先生的名义于9日在校园内贴出大学布告，宣称“前定本星期四五两日下午二时请胡适演讲，业经布告在案。现阅香港《华字日报》，胡适此次南来接受香港大学博士学位之后，在港华侨教育会所发表之言论，竟谓香港最高教育当局，也想改进中国的文化，又谓各位应该把它做成南方的文化中心，复以广东自古为中国的殖民地等语。此等言论，在中国国家立场言之，胡适为认人作父，在广东人民地位言之，胡适竟以吾粤为生番蛮族，实失学者态度，应即停止其在本校演讲。合行布告，仰各学院各附校员生，一体知照，届时照常上课。”[②]

胡一声记述：“当年胡适到香港接受香港大学所授的博士学位，在港发表演讲，极力向英帝献媚，竟谓华南中国人不会办教育，只有香港才配作华南教育中心，又极力诬蔑广东文化。古直对此奴颜婢膝，崇洋媚外之徒极表痛恨。适见中山大学亦出布告，拟于过几天胡适来穗时，请他到中山大学演讲。古直立即往见邹鲁校长，谓胡适是洋奴少正卯，在香港发表的演讲有辱国家民族，坚决反对请他到中山大学来演讲，以维护中山先生的革命爱国精神。邹鲁幡然醒悟，即刻复出布告，谓胡适‘认贼作父’，应即取消请其来中山大学演说之议。”[③]

△签署大学布告。准中央政治学校附设计政学院公函，该院拟招收会计审计班及统计班，并公布招生简章，仰本校毕业生一体知照。[④]

1月9日 高冠吾、曾宪明、陈耀焜、张拱辰致先生转胡汉民电，“拟即成立团体，联合宣言，以展公（胡汉民）顾念内忧外患日急，请即命驾，挽兹危局。”[⑤]

1月11日 致函胡汉民。

函称：“旧历年关以前，非有五十万不足以应付中大建筑（现计欠建筑公司已四十余万），顷尚无着，几至寝食不安。盖非有此数，一到旧历新年必至停工也。此为中大建筑生死关头，务请兄促王（王宠惠）、孔（孔祥熙）、孙

---

① 何宇：《史海钩沉：陈济棠驱逐胡适出广东》，见金羊网（http：//www. ycwb. com/big5/ycwb/2006 - 10/26/content_ 1258101. htm），2006年10月26日。

② 《大学布告》，见《国立中山大学日报》，1935年1月10日。

③ 胡一声：《民主革命宣传教育家古直传略》，见广东省政协学习和文史资料委员会编《广东文史资料存稿选编》第四卷，广东人民出版社2005年12月第1版，第81页。

④ 《大学布告》，见《国立中山大学日报》，1935年1月9日。

⑤ 陈红民：《胡汉民未刊往来函电稿》第十四册第四十二卷，广西师范大学出版社2005年12月第1版，第120页。

（孙科）在最近期内汇足工科设备费五十万元，及由十二月起补足现洋十万元，方能解此倒悬。”①

△聘罗云峰为中大二十三年度下学期理学院兼工学院讲师。②

1月12日 签发电文，文谓：“南京中英庚款委员会马锡尔先生，鉴兹代表中山大学请台端与英籍委员诸君协同促去年十二月廿五日本校所提之议案能早日实现。”③

1月19日 签署三份大学布告。（一）公布换领度衣证延期事宜；（二）准安徽省教育厅公函，公布该厅举办第一届专科以上学校清寒优秀学生助学贷金考试事宜；④（三）公布本校教职员乘车特别证换证事宜。⑤

1月21日 在中大石牌新校总理纪念周上发表演讲《学生须振作民族精神来负救国责任》。

先生在演讲中说道：“但是我们在这里是不是只求学问智识的进步呢？我绝不只希望你们得了学问智识拿去找饭吃就算了事，我以为我们在这里除了研求学问智识之外，还有一种重要的，那就是民族精神的激进。因为在我们私人之外，还有我们民族，还有国家，如果只顾私人，则仍未能尽中山大学之责。大家在这里求学，最要注意的，就是国家和民族的精神。……各位同学是大学生，各位亦要负起复兴中国之责。我们由一校做起，进而至于全国，自然可救。反之，如缺乏此精神，则中国无论地方怎么大，人口怎么多，终必至于灭亡。所以各位时时还有互相勉励，在学问外，还要振作民族精神，这才不负为中山大学的学生。学校里面科学固甚重要，然科学之外，务须要有此精神，此种精神亦即是孙先生的精神，亦即是救国精神，亦即是中山大学的精神。”⑥

1月22日 接邹敏初从南京发来的养电，汇报孔祥熙已承诺支持中大新校建筑费。⑦

△签署两份大学布告。（一）公布参加邓泽如公葬典礼事宜；⑧（二）准

---

① 陈红民：《胡汉民未刊往来函电稿》第十一册第三十五卷，广西师范大学出版社2005年12月第1版，第495页。

② 《聘书》，见“国立中山大学全宗”档案，全宗号20，目录号2，案卷号140，藏广东省档案馆。

③ 见“国立中山大学全宗”档案，全宗号20，目录号1，案卷号81，藏广东省档案馆。

④ 《大学布告》，见《国立中山大学日报》，1935年1月21日。

⑤ 《大学布告》，见《国立中山大学日报》，1935年1月22日。

⑥ 程焕文：《邹鲁校长治校文集》，中山大学出版社2004年11月第1版，第104～106页。

⑦ 陈红民：《胡汉民未刊往来函电稿》第十一册第三十五卷，广西师范大学出版社2005年12月第1版，第497页。

⑧ 《大学布告》，见《国立中山大学日报》，1935年1月23日。

山东省教育厅公函，公布鲁籍学生刘发誉津贴发放事宜。①

1月23日 致电孔祥熙，对其承诺支持中大新校建筑费表示感谢。②

△致函胡汉民。函称："顷接敏初养电，谓庸之（孔祥熙）对中大款事已允办。庸之并嘱敏电兄及弟，谓对中大事当尽力帮忙。敏初已入京晤亮畴（王宠惠）。敏初欲兄径电孔鼓励之（弟已电孔致谢），则此款即可达到目的。此事关系中大建筑生死关头，故敢情再电亮畴与庸之，以成其事为叩。"③

△致函胡汉民。函称："胡俊同志赴美前，请予以党务视察之责，俾其得顺便促党务进步为荷。"④

1月24日 签署大学布告。公布广东财政特派员公署教育建设奖券推销安排。⑤

1月25日 接柏文蔚密电，电告南京积极备战，先桂后粤，冀粤视望，收各个击破之效。正午，先生将该电转发胡汉民、李宗仁、陈济棠。⑥

△签署大学布告及大学公函。公布本科生实验金及高中生实验保证金缴纳事宜。⑦

1月26日 致函各学院院长等，公布员生领用旅费报销规则。⑧

1月28日 签署大学布告。准国际劳工局中国分局局长程海峰函，公布该局在本校举办《国际劳工公约之分析》征文事宜。⑨

1月29日 签署两份大学布告。（一）公布2月1日至7日为寒假日期；（二）公布梁漱溟演讲安排。⑩

1月30日 出席梁漱溟中大演讲会。⑪

---

① 《大学布告》，见《国立中山大学日报》，1935年1月24日。

② 陈红民：《胡汉民未刊往来函电稿》第十一册第三十五卷，广西师范大学出版社2005年12月第1版，第497页。

③ 陈红民：《胡汉民未刊往来函电稿》第十一册第三十五卷，广西师范大学出版社2005年12月第1版，第497页。

④ 陈红民：《胡汉民未刊往来函电稿》第十一册第三十五卷，广西师范大学出版社2005年12月第1版，第497页。

⑤ 《大学布告》，见《国立中山大学日报》，1935年1月25日。

⑥ 陈红民：《胡汉民未刊往来函电稿》第十四册第四十二卷，广西师范大学出版社2005年12月第1版，第124页。

⑦ 《大学布告》，见《国立中山大学日报》，1935年1月26日；《大学公函》，见《国立中山大学日报》，1935年1月26日。

⑧ 《大学公函》，见《国立中山大学日报》，1935年1月29日。

⑨ 《大学布告》，见《国立中山大学日报》，1935年1月29日。

⑩ 《大学布告》，见《国立中山大学日报》，1935年1月30日。

⑪ 《本校昨请梁漱溟先生来校演讲》，见《国立中山大学日报》，1935年1月31日。

上午10时许，先生引导梁漱溟到达学校礼堂，随即起立向千余名听众介绍，指出梁先生文章学问甚高，著作等身。此次南来，将在本校进行数月讲学，指导本校师生的机会将会很多，我们极表欢迎。随后，梁漱溟进行了题为《乡村建设工作的经过》的演讲，直至11时半，演讲才告结束。先生在演讲结束后起立代表全校师生向梁漱溟表示感谢。

中午12时，先生在石牌新校设宴为梁漱溟洗尘，各学院院长、教育系主任许逢熙、教育研究所主任崔载阳等均赴席陪宴。

△签署两份大学布告。（一）公布开设国际关系史安排；（二）准中国科学社函，公布该社举行化学征文安排。①

△致函各学院院长等人，定本月31日下午开会讨论参加广东仁爱善堂博物展览会事宜，希派员参加。②

△聘杨熙时为中山大学二十三年度下学期讲师。③

1月31日 致函各学院院长等人，接广东仁爱善堂博物展览会函开，公布该会征集展品事宜。④

△聘杨源、陈启岘为中山大学二十三年度下学期讲师。⑤ 余晖组为二十四年度下学期讲师。⑥

1月 著作《澄庐文集》（续编一）由国立中山大学出版部出版。该书汇集了先生在1934年的言论。⑦

2月初 画松并题诗，祝贺萧佛成七十三岁生辰。⑧

2月1日 聘崔元恺为医学院教授。⑨ 曹兰峰、杨芝泉为中山大学二十三

① 《大学布告》，见《国立中山大学日报》，1935年1月31日。

② 《大学公函》，见《国立中山大学日报》，1935年1月31日。

③ 《聘书》，见“国立中山大学全宗”档案，全宗号20，目录号2，案卷号140，藏广东省档案馆。

④ 《大学公函》，见《国立中山大学日报》，1935年2月8日。

⑤ 《聘书》，见“国立中山大学全宗”档案，全宗号20，目录号2，案卷号140，藏广东省档案馆。

⑥ 《聘书》，见“国立中山大学全宗”档案，全宗号20，目录号2，案卷号92，藏广东省档案馆。

⑦ 国立中山大学校友会：《邹鲁全集》第（一）卷，三民书局股份有限公司1976年10月初版，《邹鲁全集编印经过》第3页。

⑧ 国立中山大学校友会：《邹鲁全集》第（十）卷，三民书局股份有限公司1976年10月初版，第23页。

⑨ 《聘书》，见“国立中山大学全宗”档案，全宗号20，目录号2，案卷号92，藏广东省档案馆。

年度下学期讲师。[①] 范忠相为二十三年度下学期讲师。[②]

2月2日 聘区声白为中山大学二十三年度下学期讲师，伍福焜为二十四年度第二学期讲师，王绍瀛为二十四年度下学期讲师，唐汉基为二十四年度下学期理学院讲师。[③] 郑乘闿为二十三年度下学期讲师。[④]

2月3日 聘黄绮文为理学院生物系副教授。[⑤]

2月5日 聘李应兰为中山大学二十三年度下学期讲师。[⑥]

2月6日 致函各学院院长等人，公布参加广东仁爱善堂博物展览会的布展及展品保管事宜。[⑦]

△聘梁容生为二十三年度下学期讲师，谭仲约为二十四年度第二学期农学系讲师。[⑧]

2月7日 聘戴恩荣中山大学二十三年度下学期理学院讲师。[⑨] 朱荣羡为二十三年度下学期土木工程系讲师。[⑩] 谭锡鸿为二十四年度下学期农学院讲师。[⑪]

2月8日 聘吴森永为中山大学二十三年度第二学期讲师，黄鹤楼、黎庆铭、许金杏为二十三年度下学期讲师。[⑫]

2月9日 签署大学布告。要求农法两学院学生在本学期缴费注册时，同时缴纳纪念亭及日晷建设捐款两元，该费不再从保证金中扣除。[⑬]

---

① 《聘书》，见“国立中山大学全宗”档案，全宗号20，目录号2，案卷号140，藏广东省档案馆。

② 《聘书》，见“国立中山大学全宗”档案，全宗号20，目录号2，案卷号92，藏广东省档案馆。

③ 《聘书》，见“国立中山大学全宗”档案，全宗号20，目录号2，案卷号140，藏广东省档案馆。

④ 《聘书》，见“国立中山大学全宗”档案，全宗号20，目录号2，案卷号92，藏广东省档案馆。

⑤ 《聘书》，见“国立中山大学全宗”档案，全宗号20，目录号2，案卷号140，藏广东省档案馆。

⑥ 《聘书》，见“国立中山大学全宗”档案，全宗号20，目录号2，案卷号140，藏广东省档案馆。

⑦ 《大学公函》，见《国立中山大学日报》，1935年2月9日。

⑧ 《聘书》，见“国立中山大学全宗”档案，全宗号20，目录号2，案卷号92，藏广东省档案馆。

⑨ 《聘书》，见“国立中山大学全宗”档案，全宗号20，目录号2，案卷号140，藏广东省档案馆。

⑩ 《聘书》，见“国立中山大学全宗”档案，全宗号20，目录号2，案卷号92，藏广东省档案馆。

⑪ 《聘书》，见“国立中山大学全宗”档案，全宗号20，目录号2，案卷号92，藏广东省档案馆。

⑫ 《聘书》，见“国立中山大学全宗”档案，全宗号20，目录号2，案卷号140，藏广东省档案馆。

⑬ 《大学布告》，见《国立中山大学日报》，1935年2月12日。

△聘傅崇光为二十四年度下学期讲师。[1]

2 月 10 日 在中大大礼堂文学院总理纪念周上发表演讲《救国运动要沉着要守秩序才能达到成功》。[2] 在演讲中要求师生在生死存亡的关头，第一要认清抗战的目标，第二要预备抗战的实力。

△聘朱建邦为中山大学二十四年度讲师。[3] 邓焕华为二十三年度下学期讲师。[4]

2 月 11 日 聘施来福中山大学二十三年度下学期讲师，讲授医学院、工学院德文。[5]

2 月 12 日 致函各学院院长、高中部主任，公布本学期总理纪念周轮值表及联合表。[6]

△聘卢干东为中山大学二十三年度下学期文科讲师兼法科讲师，何朝海为二十三年度下学期讲师。[7]

△签署两份大学布告。（一）公布农学院拟在广东惠阳设立梁化墟东江稻作试验分场，办理收用田地补偿事宜；（二）照准农工理医四院学生代表请求展缓执行收取试验保证金。嗣后各学院学生如有损坏仪器，应于学期结束时，由所属学院院长函报数目，于各该生入学时，所缴保证金十元内，先行扣除，扣除若干，该生即应于下学期注册时，照数补缴。[8]

2 月 13 日 致函胡汉民。函称："高冠吾同志已照兄命，任以联络川军专责，其一切军事应如何与粤桂剿共军联为义气，详细计划已与德邻（李宗仁）兄妥商。兹冠吾同志特谒左右，请示以机宜为荷。"[9]

△签署大学布告。公布广东财政特派员公署教育建设奖券开展日期展期至 3 月 15 日。[10]

---

① 《聘书》，见"国立中山大学全宗"档案，全宗号20，目录号2，案卷号92，藏广东省档案馆。

② 程焕文：《邹鲁校长治校文集》，中山大学出版社 2004 年 11 月第 1 版，第 260 页。

③ 《聘书》，见"国立中山大学全宗"档案，全宗号 20，目录号 2，案卷号 140，藏广东省档案馆。

④ 《聘书》，见"国立中山大学全宗"档案，全宗号20，目录号2，案卷号92，藏广东省档案馆。

⑤ 《聘书》，见"国立中山大学全宗"档案，全宗号20，目录号2，案卷号92，藏广东省档案馆。

⑥ 《大学布告》，见《国立中山大学日报》，1935 年 2 月 13 日。

⑦ 《聘书》，见"国立中山大学全宗"档案，全宗号 20，目录号 2，案卷号 140，藏广东省档案馆。

⑧ 《大学布告》，见《国立中山大学日报》，1935 年 2 月 13 日。

⑨ 陈红民：《胡汉民未刊往来函电稿》第十一册第三十五卷，广西师范大学出版社 2005 年 12 月第 1 版，第 497 ~ 498 页。

⑩ 《大学布告》，见《国立中山大学日报》，1935 年 2 月 14 日。

△聘黄武为中山大学二十三年度下学期讲师。①

2月14日 聘翟芝圣为中山大学二十四年度上学期讲师。②

2月15日 签署大学布告。奉西南政务委员会训令，公布修正革命纪念日简明表及革命纪念日史略暨宣传要点，希各知照。③

△聘邓景孟为中山大学二十三年度下学期讲师。④ 赵哲如为二十三年度下学期讲师。⑤

2月16日 聘唐灿明为中山大学二十三年度下学期讲师。⑥

2月18日 在石牌新校第一次联合总理纪念周上发表演讲《救国须从自己本身做起》。⑦

纪念周于上午8时举行，由高中部轮值。先生在纪念周上发表训话，指出寒假后，转瞬又开学上课，其间虽仅十数天，然国家已发生极严重的事端，暴日自侵占我国东三省及热河后，饕餮无厌，咄咄逼人。近乃借口对付苏联，提出淮河以北为其军事行动准备的区域，又以对付英美，强迫我国承认沿海各省为军事根据地，及以对付世界大战，要挟中日伪同盟。凡此种种荒谬绝伦的举动，不啻实行廿一条款的要求，在施暴者固属可恨，而长国钧者则忍恝然置之，不急谋共抒国难，殊为痛心。勖勉各生努力求学，挽救国家的存亡，毋为因循苟且，妄自菲薄。先生语重心长，淋漓尽致。9时，纪念周结束。

△致函各学院院长，本校建设奖券开奖日期展期。⑧

2月20日 签署两份大学布告。（一）各建筑公司须取得本校农场主的同意，始准使用农场地段，以免损坏作物；（二）公布国技课程时间表。⑨

△公布校长启事。启事写道：

"敬启者：兹值本大学新校舍第一期建筑完成及第二期建筑正在进行之

---

① 《聘书》，见"国立中山大学全宗"档案，全宗号20，目录号2，案卷号92，藏广东省档案馆。

② 《聘书》，见"国立中山大学全宗"档案，全宗号20，目录号2，案卷号140，藏广东省档案馆。

③ 《大学布告》，见《国立中山大学日报》，1935年2月16日。

④ 《聘书》，见"国立中山大学全宗"档案，全宗号20，目录号2，案卷号140，藏广东省档案馆。

⑤ 《聘书》，见"国立中山大学全宗"档案，全宗号20，目录号2，案卷号92，藏广东省档案馆。

⑥ 《聘书》，见"国立中山大学全宗"档案，全宗号20，目录号2，案卷号140，藏广东省档案馆。

⑦ 《本校昨晨举行总理纪念周纪要》，见《国立中山大学日报》，1935年2月19日。

⑧ 《大学公函》，见《国立中山大学日报》，1935年2月20日。

⑨ 《大学布告》，见《国立中山大学日报》，1935年2月21日。

际，鲁不辞冒昧，谨发起‘学术政治讨论会’，敬请本校各位教授讲师踊跃参加。定每星期六日下午三时集会讨论一次，各尽其所能，各献其所知，一则学术得赖以振兴，二则国是可藉以磋商，祈各教授讲师不吝教益。更有进者，鲁发起此会，实有极大積欝，不得不吐露其十一，为诸位告，祈同情垂察焉。

鲁昔日追随总理，许身国民革命，凡三十余年，无非欲秉总理主义，致中国于独立自由平等之地位，虽经无数艰难险阻，然未有如近数年来之疾首痛心者。举目东北舆图变更，而当局益复抱薪救火，一国肆凶，列强环伺，凡世界各国外交家政治家军事家，一言一动，无不关于远东问题，即无不涉于如何处置我国问题，叔实无心，夫何足责？所难堪者，我整个民族，供人刀俎而不自觉，若不由我最高学府之同事自觉觉人，自立立人，负挽救危亡之责，则此事又将谁属？

惟是，欲求挽救中国，非将各国最新发明之学术吸收而善用之，无以充其能力；非将随时发生之政情，探讨而研究之，无以善其应付。至鲁则自少奔走革命，学术已疏，见闻复窄，值此大变当前，更非借贤明之指导，无以完成国民革命之责任，用特发起此会，务请诸同事自由加入。按时开会，或谈科学，或论政情，不拘一格，义取兼收，总求由讨论问题而得解决之方法，由解决方法而得见之于行事，达到总理救国主义之目的，是则鲁区区之微意也。

鲁深信国之存亡，系于国民之精神，而有教育之责者，实负有提起国民精神之责。一切内外之敌，虽能困我以物质，而不能摧吾人之精神，故太王不妨避狄，终于兴周；德国虽至战败，犹为强国，古今中外，事实昭然，是尤鲁与诸同事所应共勉者也。

中华民国廿四年二月二十日（1935年2月20日）

邹鲁谨启

附简章于下：

一、凡本校教授讲师均得自由参加，但须先期通知秘书处。

二、每逢星期六下午三时在石牌新校客厅开会，有特别事件得召集临时会议。

三、凡学术问题、政治问题提出讨论者，请于每星期五以前通知秘书处。

四、临时提议之问题，除特别紧急问题外，须在预定问题讨论后讨论之。”[①] 先生此举，“想以极自由的方式，联合师生两方面，来讨论学术的问

① 《校长启事》，见《国立中山大学日报》，1935年2月22日。

题，使师生的意志打成一片。”①

△函复附属第一医院主任姚碧澄，高级护士蔡泽生呈请辞职，应予照准。② 是月18日，姚碧澄呈函先生，转交蔡泽生辞职申请，请先生察核示遵。

△聘余启中为中山大学二十三年度第二学期讲师。③

2月21日 批准事务长何春帆赴国内外调查各校教育行政状况，并先拨旅费1500元，以便成行。④

△接本校医学院病理研究所梁伯强主任函请，以该所附设的人体病理博物院，既具相当规模，为从事扩充，增加战争病理标本起见，拟向第一集团军总司令部征求子弹、手榴弹、炮弹、刺刀等为展品，请先生转请陈济棠总司令，予以支持。先生业经转函第一集团军总司令部查照办理。⑤

△签署大学布告。准云南省教育厅公函，留学本校滇籍学生邓遵六等人的奖学金已经汇转到校，公布发放安排。⑥

2月22日 函复广东仁爱善堂展览会。

是日，先生接广东仁爱善堂展览会来函，请将本校出席工作人员，应支津贴、工食、伕马及支出布置杂支等费用，开列预算，造具清册，送财政组汇编，以资审核。先生接函后，随即复函，“以本校系属国立教育机关，此次为勷助该会汇集善款，救济贫苦民众，故派员参加办理，一切津贴，伕马等费，均不支取。至搬运展品往返车杂各费，亦由本校自给，只派到该会服勤之职工，为利便工作计，则由该会供给膳食，俾节省往返时间。”⑦

2月23日 出席学校董事会及建筑董事联席会第九次会议。⑧

会议于上午9时在西南政务委员会办事处召开，出席人员有林云陔、林翼中、区芳浦、先生、萧佛成，会议主要议题包括讨论本校廿四年度预算现正赶编，其数额应否将事实上必须增加者添入外，余照上年度数额编造请公决案等。

---

① 李海冬：《邹鲁教育思想研究》，未刊稿（硕士论文），第20页。

② 《函复为高级护士蔡泽生呈请辞职照准，并由二月份起停止支薪同训令送请转发由》见“国立中山大学全宗”档案，全宗号20，目录号7，案卷号113，藏广东省档案馆。

③ 《聘书》，见“国立中山大学全宗”档案，全宗号20，目录号2，案卷号92，藏广东省档案馆。

④ 《何事务长奉派赴各地调查教育》，见《国立中山大学日报》，1935年2月22日。

⑤ 《本校病理研究所征求各种子弹》，见《国立中山大学日报》，1935年2月22日。

⑥ 《大学布告》，见《国立中山大学日报》，1935年2月25日。

⑦ 《本校参加仁爱善堂博展会费用由校自给》，见《国立中山大学日报》，1935年2月23日。

⑧ 国立中山大学出版部：《国立中山大学现状》，国立中山大学出版部1936年版，第458～460页。

△签署大学布告。公布赵浩公教授国画课程时间表。①

2月25日 在文学院轮值总理纪念周上发表演讲《学生须做真实学问才能救国》。②

上午8时，文学院本学期第一次轮值总理纪念周在本校大礼堂举行，由文学院院长吴康主持，文学院师生七百余人出席。先生在纪念周上发表训话，号召同学们要救国，则必须从“从学问做起，从团结做起。”③ 纪念周于上午9时结束。

△在中大总理纪念周上发表演讲《日本积极侵华声中我人应有之认识》。④

下午1时，法学院本学年度第一次轮值总理纪念周在石牌新校大礼堂举行，活动由法学院院长邓孝慈主持，法学院师生四百余人出席。先生在纪念周上发表训话，指出：

“凡个人的一举一动，由小处可以知道其大处，若在校时而对学校的建筑，绝无同情心与爱护心，则将来在国时而对国家的兴亡，亦必然表现无动于衷的态度。用这样的民族，去复兴国难严重的中国，简直就是缘木求鱼的妄想吧。

日本所以能够发生侵略的权威，原以日本人民受过很高深的教育。故我人要负起救国的责任，也赖有精深的学问。求学精神差，则其学问造诣自差。国家之亡或存，不决诸外敌之强弱，全由于自己的爱暴，即是要讲救国非恃口头，要赖精神，要靠学问，希望诸生三复斯言！”⑤

△致函各学院院长等人，定于本月26日下午3时在石牌新校办公厅开会讨论本校图书事项。⑥

2月26日 签署两份大学布告。（一）公布文学院第一外国语、第二外国语补考的再行安排事宜；⑦（二）查中文系学生廖志藏请人代考高级翻译、英文科目，应照章开除学籍。⑧

2月27日 签署大学布告。查社会学系二年级生黎伯枢在进行高级翻译

---

① 《大学布告》，见《国立中山大学日报》，1935年2月25日。

② 《本校昨晨举行总理纪念周情形》，见《国立中山大学日报》，1935年2月26日。

③ 程焕文：《邹鲁校长治校文集》，中山大学出版社2004年11月第1版，第111～113页。

④ 《新校本周举行纪念周情形补志》，见《国立中山大学日报》，1935年3月1日。

⑤ 《邹校长演讲日本积极侵华声中我人应有之认识》，见《国立中山大学日报》，1935年3月25日。

⑥ 《大学笺函》，见《国立中山大学日报》，1935年2月26日。

⑦ 《大学布告》，见《国立中山大学日报》，1935年2月27日。

⑧ 《大学布告》，见《国立中山大学日报》，1935年2月28日。

考试时请人代考，照章应予革除学籍。[①]

△函复附属第一医院主任姚碧澄，高级护士陈仲兰呈请辞职，应予照准。[②] 是月24日，姚碧澄呈函先生，转交陈仲兰辞职申请，请先生察核，俯予迅赐。

2月28日 签署大学布告。公布寒假代销建设奖券清缴券款事宜。[③]

△函复黎时雍（黎成材），照准其因事绊留杭州未能返校服务而辞去文书部主任职务，遗缺由处员傅崇光暂兼。是日，黎时雍呈函先生，提出辞职申请。

次日，傅崇光向先生递交呈文，到职视事。先生还同时为黎时雍出具曾任本校文书部主任的证明书。[④]

2月 为《工学季刊》题写刊名。[⑤]

3月4日 出席理学院轮值总理纪念周，并发表训话。[⑥]

上午8时，理学院第一次轮值总理纪念周在大礼堂举行，出席者有先生及理学院师生二百余人，纪念周由理学院院长何衍璿主持。行礼如仪后，先生发表训话《土肥原之南来与我人的自觉》，提出："土肥原之南来，是我们大祸临头的预兆。我们假要自救救人以及救国的话，则目前的时间，便是我们中大员生团结起来的时期，也是各位刻苦求学而卧薪尝胆的时期，望共勉之！"[⑦] 土肥原贤二为日本关东军特务机关长。

△出席西南联合总理纪念周，并发表演讲。

纪念周于上午9时在广州中山纪念堂举行。先生发表演讲，说道："我欲说的，还是以前的一段话，我们不甘心同负卖国之责，我们应该自处；我们不甘为亡国奴，我们亦应该自处。否则我虽不卖国，我能卸责乎？总理在天，汪精卫仍将拉来负一份责，故我结句仍曰人必自侮也，而后人侮之；家必自毁也，而后人毁之；国必自灭也，而后人灭之。本党同志急求自处，本国国民急求自处。"[⑧]

---

① 《大学布告》，见《国立中山大学日报》，1935年2月28日。

② 《函复为高级护士陈仲兰呈请辞职应予照准检同训令请查照转发由》见"国立中山大学全宗"档案，全宗号20，目录号7，案卷号113，藏广东省档案馆。

③ 《大学布告》，见《国立中山大学日报》，1935年3月1日。

④ 见"国立中山大学全宗"档案，全宗号20，目录号2，案卷号114，藏广东省档案馆。

⑤ 舒宝明：《校影》，中山大学出版社2004年11月第1版，第75页。

⑥ 《本校昨晨举行纪念周情形》，见《国立中山大学日报》，1935年3月5日。

⑦ 程焕文：《邹鲁校长治校文集》，中山大学出版社2004年11月第1版，第241页。

⑧ 《邹校长昨在西南联合纪念周演词》，见《国立中山大学日报》，1935年3月6日。

△土肥原再次来穗游说先生。[①]

是日，土肥原贤二抵达广州，分别访问了林云陔、萧佛成、先生和陈济棠等人。在游说先生时，称他来之前曾面见天皇，表示对此行的郑重，并说日本愿与中国共同防俄防共，但是南京没有诚意，所以愿与西南合作，并且表示愿借款械予西南，以对付南京，作为防俄防共的条件。先生答复道，日本如真要联合中国反共，则应与中国真诚合作，不应夺我东北。土肥原则说日本占领东三省，是因为南京与张学良联俄联共，所以不能不出此断然处置。先生则驳斥他说，如果南京和张学良都是联俄联共，断定日本绝不敢占夺东北，不然的话，何以日本不占夺东北于中东铁路事件之前，却在中东铁路事件之后？最后说，如果日本不将东北归还，根本无合作之可能，更说不到联日防俄，而我国必然采取联俄抗日的政策。土肥原不得要领而回，西南当局禁止各报刊登土肥原来穗游说的消息。

历史事实表明，土肥原是次游说，效果恰好相反，非但没有说服先生联日反蒋，反而让先生坚持抗日，并由“倒蒋”改为“挺蒋”。

3月5日 函复邓植仪。[②]

是日，接农学院院长邓植仪转函，请发给该院农林植物研究所赴海南岛采集植物证明书，并分函各交通机关查照优待学术人员向例，对于上项人员往返舟车各费统一予以折半征收利便；同时分函所经各县政府，请惠予接洽协助，并饬属一体保护，以利进行。先生据请后，函复照办。

3月6日 聘张子休为二十三年度下学期特别讲师。[③]

3月7日 签署大学布告。奉教育部训令，改正部分革命纪念日简明表及革命纪念日史略及宣传要点的称谓。[④]

△函复附属第一医院主任姚碧澄，准予调黄吉意为药房副主任。姚碧澄于3月5日呈函先生，提出该申请。[⑤]

△聘杨星岩为二十四年度下学期讲师。[⑥]

3月8日 致函各学院，准实业部统计长办公处函，抄送中国实业统计及调查工作状况一纸，填写径寄该处。[⑦]

---

① 戴书训：《愈经霜雪愈精神——邹鲁传》，近代中国出版社1983年10月初版，第135页。

② 《农学院派员赴海南采集》，见《国立中山大学日报》，1935年3月6日。

③ 《聘书》，见“国立中山大学全宗”档案，全宗号20，目录号2，案卷号92，藏广东省档案馆。

④ 《大学布告》，见《国立中山大学日报》，1935年3月8日。

⑤ 《复函》见“国立中山大学全宗”档案，全宗号20，目录号7，案卷号111，藏广东省档案馆。

⑥ 《聘书》，见“国立中山大学全宗”档案，全宗号20，目录号2，案卷号92，藏广东省档案馆。

⑦ 《大学公函》，见《国立中山大学日报》，1935年3月13日。

3 月 9 日 签署三份大学布告。（一）公布梁漱溟本月 11 日演讲安排；（二）公布本校救国会执委会于本月 20 日进行换届改选的相关安排；（三）准湖南省教育厅公函，本校湘籍学生于本月 15 日以前赴注册部填报每学期各科成绩及操行分数，并具缴县籍证明书，以便汇送该厅审查，用以发放奖学金。①

3 月上旬 日本驻广州总领事西田来见。

西田对先生说："孙先生是主张大亚细亚主义者，孙先生若还生存，对于今日中日的国交，必有好方法调解。"先生说："总理主张大亚细亚主义，乃在联合世界上以平等待我之民族，共同奋斗的意义上来说，亦即主张中国独立自由及取消不平等条约，与打倒帝国主义意义上来说，若总理此时还生，对于日本这样侵略我国，必有好的方法来解决，断不如蒋介石等，一味屈辱卖国。"②

3 月 11 日 出席高中部轮值总理纪念周，并发表训话。③

上午 8 时半，先生莅临高中部第二次轮值总理纪念周，向各位师生训话，指出以日昨土肥原抵粤，不外意图以非互惠的关系，强行中日亲善，并刺探西南当局与民众的对日态度，是否如前一样坚决？灼然易见日本侵略中国，由北而南，咄咄逼人，迄无止境，整个亡国之祸，迫在眉睫。在此千钧一发之秋，事实不容吾人如前的隔岸观火！愿望各生早下卧薪尝胆的决心，定作中流砥柱，树挽狂澜于既倒的志愿，贯彻抗日救国的主张，反对南京汪蒋媚外保位亲日的个人意见。活动于上午 9 时结束。

△签署大学布告。根据国立中山大学救国会章程第九条规定，"职教员代表、学生班代表、级代表、院代表及附校代表之任期，均改为半年。"④

3 月 12 日 主持本校总理逝世十周年纪念暨植树节典礼。

上午 10 时，总理逝世十周年纪念暨植树节典礼在石牌新校礼堂举行，先生、各学院院长、各附校员生参加了活动，活动由先生主持。行礼如仪后，先生致开会辞："总理逝世纪念这一天，同时举行植树运动，其最大的变，就是像植树一样去养成救国人才，本着总理救国的遗志去完成救国的责任，这是我们今日要认识的重大意义。并且对于植树运动，我们应该注意的，不是植了树就完了，我们还要想方法去谋全国农业的发展，其方法究竟如何？就是提倡植

---

① 《大学布告》，见《国立中山大学日报》，1935 年 3 月 11 日。

② 《本校昨日举行总理逝世十周纪念暨植树典礼详情》，见《国立中山大学日报》，1935 年 3 月 13 日。

③ 《本校昨晨举行总理纪念周详情》，见《国立中山大学日报》，1935 年 3 月 13 日。

④ 《大学布告》，见《国立中山大学日报》，1935 年 3 月 13 日。

树，须顾及其效果，植树的利益很大，于生产、风景与及水、旱等等，都有极大的关系。但可惜现在有山的人，不去植树，想去植树的人，又没有山。纵便有些有山的人，肯去植树，又缺乏保护，往往被乡人偷伐，或纵火焚烧，植树亦未见成功。植树的要素，最重要的就是土地、劳力、种子、技术四项，想解决植树问题，最好：第一，对于公地，政府任由附近乡民，共同植树，收益除抽十分之一二为政府外，其余尽为该乡居民公共享受；第二，对于私人土地，地主亦任由附近乡民共同植树。其收益除抽十分之一为政府，及抽十分之二三为地主外，其余十分之六七，概归该乡居民公共享受，至于树苗和特殊技术，可由政府供给与帮助，这样，就可以避免以前植树种种的流弊。不但这样，且可以收地方守卫的宏效，因为照这种方法去推行，有地者出地，有力者出力，地方人民，既有共同利益，自有共同组织，那么，自然肯共同去守卫，此不独私人蒙其益，国家亦受其利益，因直接可增加生产，间接可增加税收。此种方法，既不要筹款买地，也不要用钱雇工，种子技术，也可由本校替政府负责，简而易行，此法一行，可把中国林业问题彻底解决。数年前，我早有此意，想见之实行，今日在总理逝世十周纪念与植树运动中，将此意说出来，望大家共同努力，把植树问题去彻底解决。"①

继由文学院吴康院长发表演说，农学院院长邓植仪报告植树方法，在齐唱校歌后，前往罗浮山（在石牌境内）植树，先生也种树一株，以资纪念。12时许，植树活动结束。

3月13日 致函各学院院长，布置选举级代表安排。②

3月14日 签署大学布告。准中华全国道路建设协会函，该会举办征文比赛，公布征文比赛简章。③

3月15日 聘邓慕韩为中山大学教授。④

3月16日 签署大学布告。禁止学生任意攀折农学院农林植物研究所标本园内苗木，一经察觉，定即按照农场处罚採摘花果办法，从严处罚。⑤

3月18日 签署大学布告。禁止校内外学生在校园练习单车，妨碍交通，

---

① 《本校昨日举行总理逝世十周纪念暨植树典礼详情》，见《国立中山大学日报》，1935年3月13日。

② 《大学公函》，见《国立中山大学日报》，1935年3月14日。

③ 《大学布告》，见《国立中山大学日报》，1935年3月15日。

④ 《聘书》，见"国立中山大学全宗"档案，全宗号20，目录号2，案卷号140，藏广东省档案馆。

⑤ 《大学布告》，见《国立中山大学日报》，1935年3月18日。

为害场地；禁止学生在雨操场篮球场内踢球，损坏电灯。①

3月19日 复农学院本三农业考察团筹委会函，据呈附该团修正章程草案一份，经察核，章程第四条、第六条需作修改，其余大致尚可，应准照修正备案。②

3月20日 致函冯兆异，学生傅永忠转学来本校的申请未便照办。③

3月中旬 到香港见胡汉民，协调改善西南与国民党中央的关系，得到胡汉民的支持。

由于日本的威胁力量转向西南，加之国民党中央抗日政策转趋积极，先生认为有必要改善西南与国民党中央的关系，准备拥护蒋介石抗日，于是赴港与胡汉民商洽。先生力主胡汉民结束港居生活，暂行出国，得到胡的应允。先生对胡汉民说道："今后吾党同志，应竭力加紧团结，不该还有犹豫的态度。不特本党内部为然，就是各党各派，均应联合起来，立在一条阵线上，共同抗日。"④"关于这事的进行，由我负责，不论是功是罪，我愿独自担当，请你暂时出国一行，等我进行好了，然后再请你回国。"⑤ 此行表明，先生已将国家利益置于派系利益之上。

3月22日 函复邹善群，准辞图书馆主任，遗缺准聘谢明章接充。谢明章于25日具文呈报先生，是日到馆视事。⑥

△签署大学布告。公布本校经办广东财政特派员公署教育奖券事宜。⑦

3月23日 刘芦隐在广州拜访先生、陈济棠、萧佛成等人，报告在南京接洽经过。刘芦隐还携带中央要人的亲笔函，转交陈济棠等人。⑧

△签署大学布告。对屡在宿舍内玩弄乐器，妨碍自修，并对舍务员屡劝不听的工学院土木工程系三年级学生莫伯治记过一次。⑨

△签署大学批示。复农学院邓植仪院长，同意聘任理学院朱志滌教授为校景委员会委员。⑩

---

① 《大学布告》，见《国立中山大学日报》，1935年3月19日。

② 《大学批示》，见《国立中山大学日报》，1935年3月21日。

③ 《大学公函》，见《国立中山大学日报》，1935年3月21日。

④ 邹鲁：《回顾录》，岳麓书社2000年9月第1版，第367页。

⑤ 蒋永敬：《胡汉民先生年谱》，中国国民党中央委员会党史委员会1978年11月出版，第538页。

⑥ 《复函》，见"国立中山大学全宗"档案，全宗号20，目录号2，案卷号114，藏广东省档案馆。

⑦ 《大学布告》，见《国立中山大学日报》，1935年3月23日。

⑧ 《刘芦隐抵广州》，见《申报》，1935年3月24日。

⑨ 《大学布告》，见《国立中山大学日报》，1935年3月26日。

⑩ 《大学批示》，见《国立中山大学日报》，1935年3月26日。

3月24日 出席农学院轮值总理纪念周，并发表训话。①

下午1时，农学院轮值总理纪念周举行，先生及农学院师生百余人出席，活动由农学院邓植仪院长主持。行礼如仪后，先生发表训话，指出人类生存，自然当惟于快乐中寻求快乐，非真正的快乐，无论就个人或社会及家庭，必须于刻苦中寻求快乐，始得真正的快乐。

3月25日 在理学院轮值总理纪念周上发表演讲《快乐心理与颓废心理》。②

上午8时，理学院第二次轮值总理纪念周在本校礼堂举行，先生及理学院师生出席。行礼如仪后，先生发表训话，认为快乐心理和颓废心理“流弊太大，尤其负有领导群众而改造社会的责任之诸位同学，亦不能免。”先生向学生详细分析了这“两个很普遍的思想”的来龙去脉，告诫新生“有则改之，无则加勉”③。先生在演讲中勖勉学生吃苦耐劳，养成坚强志气，勿耽于享乐，成一颓废青年。

△签署大学布告。公布员生乘坐校车要求。④

△签署大学批示。复农学院本三农业考察团筹委会，对呈报定期办理团员登记事宜，准予备案。⑤

3月26日 函复本校图书馆谢明章主任，准辞总务兼职，遗缺准委馆员陈若霖兼充。本月25日，谢明章呈函先生，提出该申请。⑥

3月27日 签署两份大学布告。（一）公布选派农学院助教及技术人员留学外国暂行规则；⑦（二）奉教育部训令，公布外出实习及参观考察费用使用要求。⑧

3月28日 撰写《邹校长辟土肥原之荒谬谈话》一文。

文章写道：

顷见三月六日之日本东京英文告白报载，土肥原与余之谈话，悉属违背事实，尤以内中所云：“满洲国所根据而成立之精神，吾已知

---

① 《新校举行总理纪念周补志》，见《国立中山大学日报》，1935年3月30日。

② 《本校昨晨举行总理纪念周情形》，见《国立中山大学日报》，1935年3月26日。

③ 程焕文：《邹鲁校长治校文集》，中山大学出版社2004年11月第1版，第208～211页。

④ 《大学布告》，见《国立中山大学日报》，1935年3月26日。

⑤ 《大学批示》，见《国立中山大学日报》，1935年3月26日。

⑥ 《复函》，见“国立中山大学全宗”档案，全宗号20，目录号2，案卷号114，藏广东省档案馆。

⑦ 《大学布告》，见《国立中山大学日报》，1935年3月28日。

⑧ 《大学布告》，见《国立中山大学日报》，1935年3月30日。

之，已故之孙逸仙博士，甚至有谓若因割让满洲与日本而能实现中日真正之合作，吾亦所乐为。吾（邹先生自称）与吾之同志，热望中日恢复和睦之邦交。”一段，尤为荒谬。不特诬余，竟至诬及总理，诬及余之同志，不能不急为辟焉。土肥原与余谈及中日亲善，余直捷答之曰：“若要中日亲善甚易，只须日本交回东北四省，停止一切侵略之行为，便可实现。”此不独余对于土肥原如此言，数年来余对于一切日本人，无不如此言，何有谓：“满洲国所根据而成立之精神，吾已知之。”至于余追随总理数十年，只闻总理救国之言，致中国于独立自由地位之言，打倒帝国主义之言，何物土肥原，乃敢谓：“已故之孙逸仙博士，甚至有谓若因割让满洲与日本而能实现中日真正之合作，吾亦所乐为”。以诬余及诬总理哉！且余与土肥原谈话时，曾引总理对桂太郎之言，谓：“日本能将朝鲜交回中国，则中日常益亲善。”桂太郎甚韪总理之言，以见现实日本攫取东北四省，无桂太郎之见识必贻东亚之祸。反言之，即不交还朝鲜，中日不易亲善，日本现夺东北四省，更不能亲善也。至土肥原谓：“吾（邹先生自称）与吾之同志热望中日恢复和睦之邦交”，余正言以告曰：“如日本不交回东北四省，及停止一切侵略行为‘热望中日恢复和睦之邦交’者，非特非余之同志，且为余之罪人，亦为中华民族之罪人？”①

该文刊登在3月30日出版的《国立中山大学日报》上。

△签署两份大学布告。（一）公布本校本届救国会各区代表选举结果及各代表宣誓就职典礼安排；（二）准陆川县政府公函，公布本校获该县本年度留学省内外专科以上学校学生奖学金名单及具领安排。②

3月29日　主持西南联合总理纪念周，并做报告。③

上午9时，西南执行部、西南政委会、第一集团军总司令部、广东省政府等机关在西南政委会礼堂联合举行总理纪念周，先生、林云陔、林翼中、刘纪文、缪培南、区芳浦等党政军要员及各机关职员四百余人出席，由先生主持。行礼如仪后，由先生做报告，在报告中质问国联处事不公，指出制裁德国而不制裁日本，是只知有欧洲和平而不知有世界和平。

---

① 《邹校长辟土肥原之荒谬谈话》，见《国立中山大学日报》，1935年3月30日。

② 《大学布告》，见《国立中山大学日报》，1935年3月30日。

③ 《邹校长在联合纪念周中质问国联之演词》，见广州国立中山大学编《国立中山大学最近抗日言论》第14~15页，1935年5月。

报告内容以《时论：质问国联》为题发表在5月15日发行的《三民主义月刊》第五卷第五期上。①

△签署大学布告。公布燕京大学校长司徒雷登教授在石牌新校演讲安排。②

3月30日 主持司徒雷登的演讲会。③

上午10时，燕京大学校长司徒雷登到石牌新校礼堂进行演讲。演讲开始前，先生首先向到场的六七百位师生介绍了司徒雷登，司徒雷登演讲的题目是《中国的长处和短处》。11时，演讲结束。

△签署大学布告。公布当选为二十三年度下学期级代表的学生名单。④

△日本新闻评论员清泽冽在东京演讲会作《中国方面之日本观的预测》演讲，将他此前在广州与先生关于中日问题的谈话重行演述。

文章写道："……我在广东时，曾晤及中山大学校长邹鲁氏。他想以二三千万之金钱，建筑成功广阔五百万英尺之学校，希由日本政府得到对支文化事业的基金。前亦有日人访问过他，探悉邹氏建筑校舍的大计划，欲在校内种植果物等树，由此得到相当的收入，为学校经常费的补充。当我晤及他时，最始谈过同文同种的漂亮话，但旋又露出真言来，他说：'想君旅行各处，定有闻及关于中日提携或者外交转好的问题。但据我观感所得，恐怕言之太早。贵领事昨来敝寓访我，适我外出，留下名片一张而去，迨我回到家里，我一年约十二岁的小儿，恨恨的持该名片对我说：'这是敌人的名片。'这儿童的天真语，才是中国人心理的代表。……在如此状态下的中国，怎么去对日本抱好意呢？'

我对邹鲁氏答道：'我亦谅解你的立场，假我是中国人，也或有此种感念。我虽非与你同感，然亦谅解你的精神。不过，若由我说来，中日关系搅到这种田地，贵国亦应负相当的责任。日本自然不能说，自始至终都很好，但中国方面亦不能说全无责任。试问过去日本外交史，自华盛顿会议以后，日本的对华态度，至少是协调的，妥协的。譬如临城事件时候，日本极力排斥列强的对华干涉，时上海英国兵声言调派，日本极力反对，因此列强出兵的拟议，始归打消。又如汉口事件，日人愤激异常，日本政府却命令当地日军，无论如何不能开炮：我因此事曾著评论，故尚能记忆，日本海军某大尉，愤慨政府的软

---

① 邹鲁：《时论：质问国联》，见《三民主义月刊》第五卷第五期，第12页。

② 《大学布告》，见《国立中山大学日报》，1935年3月30日。

③ 《本校昨请司徒博士来校演讲情形》，见《国立中山大学日报》，1935年4月1日。

④ 《大学布告》，见《国立中山大学日报》，1935年4月1日。

弱态度，竟在上海自杀。由此看来，日本当时的对华态度，是妥协的，且该妥协的币原（币原喜重郎）外交，曾得到很多学者为后援，苟能利用那个时机，日本已退五十步，中国亦退五十步，中日关系调整问题，能够得到完满的解决，是可不待言的。可惜日本退五十步，而中国反持强硬的态度，中国方面是要负其一半责任的。'邹鲁氏说：'君所云云，是不可思议的。想我为中国要人，且任外交委员已久，今始闻及日本对华协妥态度的说话，其实日本何时不言无理之言呢？'我答道：'这特别是满洲方面有了事实，从来谈判到中日问题的场合，有七八分是意味满洲的事。但在我来想，如果中国对于满洲早有相当的考虑，便不至有今日的状态哩。'

邹鲁氏道：'我在沈变未发生前，曾往游东三省，据闻日人对东三省的态度，甚为恶劣，因此赋有一诗以示东三省的长官。旋该长官微嫌诗句过激，即以朱笔改成较温和之语句。由此说来，日本尽管对东三省不好，而我东三省同胞对日态度仍甚客气。今日本竟若是无理，结果形成若是严重的问题。'我说：'先生言日本在东三省的权益，系由你们中国手上夺取的吗？但在我们日本全国人民，是不能承认，关于该事的是非，待后世学者去检讨。惟由日本国民看来，日本之有东三省，都信系由俄国手上所夺取过来的东三省，并非由贵国手上所夺取过来的东三省。明治三十七八年的日俄战争，日本曾费非常重大的牺牲，所以日本之有东三省，决然不是占据中国的领土，而是继承俄国的权利。这种解释，你们或许不能认为满意，其是费所在，让诸今后中日两国任教育者去解释可也。中国人如先生之立场，也是真理；但日本人今日的态度，想亦正确。因为彼此议论纷乱，若不相互认识立场而发见妥协点，这是领导者的任务吗？'邹鲁氏不以我言为是，我继续的说：'我尚有要说明者。当时中国何故不恃强呢？如果中国当时能够恃强，则日本实无对俄抗战的必要。假使日本的方针不对，然何故敢行此方针，以日俄战争后也。今假使该方针不对，我其怨谁，除怨贵国不恃强外，实无他人可怨也。怨日本人吗？怨你们贵国自己是已。'

如此辩论多时，邹鲁氏最后强硬的说：'中国现因贫弱，虽然无法。但若富强时候，必雪此仇。'

如邹鲁氏之为人，中国也有一部分，他所以持强硬理由的原因，因系跟随孙文共同奋斗的老同志，故有国家主义立场之真实谕旨，实无可怪。并他现在建筑中山大学，不得不问日本对支文化事业的基金，大振他的威武。故我对他虽不甚佩服。但他强硬的主张，却深深印入我的脑海里。后来，我到总领事馆，也曾听见邹鲁氏同样强硬态度的说话，'日本是我们的敌人，决然抵抗到底，现在虽然无法，但到富强时候，必然不惜一战。’……”①

该文发表在东京演讲会是日出版的第二百八十五期《讲演》上。

4月1日 在高中部轮值总理纪念周上发表训话《德国撕毁凡尔赛条约的联想》。②

上午8时，高中部轮值总理纪念周举行，先生及高中部师生八百余人出席纪念周，活动由高中部主任刘克平主持。行礼如仪后，先生发表训话，大意为德意志自从欧战惨败后，受到凡尔赛条约的束缚，国运垂危，然而该民族凭借不断努力，现在已经崛起复兴，把《凡尔赛条约》一手撕毁，此种民族精神，实值得我国青年效法。再说到我们想解决自己的生活问题，必先解决民族整个的生存问题，我们民族当前的大敌是帝国主义，尤其是日本帝国主义，所以我们要求生存，必先打倒日本帝国主义。③

△监誓中大救国会委员就职宣誓，并发表训词《国民简易的救国方法》。④

上午9时，中大救国会第二届委员就职宣誓仪式在大礼堂举行，全体委员依时到场，仪式由先生主持及监誓。在委员宣誓后，先生发表训话，勖勉各位委员，第一需彻底抗日，第二继续对日经济绝交，以求救国的实效。⑤

△农学院稷社东亚农业考察团聘请先生为顾问。⑥

4月2日 签署大学布告。准国立武汉大学公函，本校医学院张铨等8位同学的二十三年度第二学期津贴已经汇发到校，公布名单及领取说明。⑦

4月4日 批准本校天文台技助陈卓民代表本校参加在南京气象机关联席会议。陈是日起程。⑧

△签署大学布告。公布本月6日至9日为春假。⑨

4月5日 签署大学布告。公布国际劳工局中国分局论文征文展期至5月10日。⑩

4月9日 函复工学院土木工程系三年级邓吉初等人，准予组织全国工程

---

① 《邹校长的对日态度》，见《国立中山大学日报》，1935年5月4日。
② 《邹校长演讲德国撕毁凡尔赛条约的联想》，见《国立中山大学日报》，1935年4月5日。
③ 《本校昨晨举行纪念周情形》，见《国立中山大学日报》，1935年4月2日。
④ 《救国会委员昨宣誓就职》，见《国立中山大学日报》，1935年4月2日。
⑤ 程焕文：《邹鲁校长治校文集》，中山大学出版社2004年11月第1版，第262~263页。
⑥ 《农学院稷社东亚农业考察团近讯》，见《国立中山大学日报》，1935年4月2日。
⑦ 《大学布告》，见《国立中山大学日报》，1935年4月3日。
⑧ 《天文台派员出席南京气象机关联席会议》，见《国立中山大学日报》，1935年4月5日。
⑨ 《大学布告》，见《国立中山大学日报》，1935年4月5日。
⑩ 《大学布告》，见《国立中山大学日报》，1935年4月10日。

考察团，但须等毕业考试结束后，方可前赴各处考察。①

4 月 10 日 签署大学布告。准广东省教育厅公函，公布广东省第二届考选国外留学公费生简章。②

4 月 11 日 签署大学布告。准顺德县青云文社财产委员会公函，该社发给本校顺德籍本科学生中山先生纪念奖学金 750 元已经送交到校，仰顺德籍学生于本月 12 日赴会计部领取。③

4 月 12 日 签署大学布告。奉教育部训令，公布比利时外交部关于限制外籍留学生而致驻外各使馆的训令。④

△陶光汉（陶滌亚）致胡汉民转先生电，“此次赴京平，晤法公使，与中法工商银行代表组果尚称顺利。现待商者仅补助之数荡与仞款之时间问题耳。俟石公（李石曾）返沪晤谈后，汉即南来，面陈一切。先此奉闻。”⑤

4 月 13 日 签署大学布告。奉教育部训令，公布取缔送军事留学员生办法。⑥

4 月 15 日 《三民主义月刊》选载先生文章《党治、民主与独裁》。

文章在结论中认为：“总而言之：党治是革命民众的民主独裁政治，它是实现真正完全的民主政治之一种重要手段，它绝对不与民主政治的目的或性质相反，而给为完成民主政治的一个不可缺少的过程。至于独裁，在党治底下，对于反革命的势力，是不讳言独裁的。因为不独裁，便无异革命民众自己解除自己的革命武装，让反动势力来动摇或推翻革命的政权。但是，此种独裁，不但不与民主政治背道而驰，抑且恰恰相反，它是保卫民主政治，促进民主政治顺利并得完全实现的一种武器。我们赞成并极力主张民主政治，且努力奋斗以期实现民主政治，但绝不赞成授反革命者以民权，以致妨碍民主政治之真正并完全实现。我们反对独裁，但只反对像南京政府现在所实行的个人独裁及军事独裁。因为这两种独裁不是实现民主政治的手段，而反变为破坏毁灭民主政治的工具。同时，我们又不赞成一般自由主义的学者，认南京的军治（军事独裁）、人治（个人独裁）为党治（党的独裁），我们更不赞成他们为了反对军事独裁及个人独裁便连带反对党治；我们尤其不赞成因为自己无勇气去反对独

---

① 《土木三奉准组织全国工程考察团》，见《国立中山大学日报》，1935 年 4 月 10 日。

② 《大学布告》，见《国立中山大学日报》，1935 年 4 月 11 日。

③ 《大学布告》，见《国立中山大学日报》，1935 年 4 月 12 日。

④ 《大学布告》，见《国立中山大学日报》，1935 年 4 月 16 日。

⑤ 陈红民：《胡汉民未刊往来函电稿》第十四册第四十二卷，广西师范大学出版社 2005 年 12 月第 1 版，第 140 页。

⑥ 《大学布告》，见《国立中山大学日报》，1935 年 4 月 16 日。

裁统治，便进而赞扬独裁政治和歌颂独裁政治。全国的资产阶级的自由主义的学者教授们！请睁开眼睛，认识清楚，党治、民主与独裁三个名词的正确含义及其相互的正确关系罢！”① 该文发表在《党言》第五期上。

△签署三份大学布告。（一）重申不准采摘石牌新校农场的花果，一经查觉，即由发觉者偕同犯事者，向所属部分查明姓名，报请处罚，用维公物；（二）查余庆云、罗经国两生串窃公物，既犯校规，有损人格，应即革退，以肃校风；（三）准教育部东北青年教育救济处公函，公布获得补助的本校东北勤苦学生名单及发款事项。②

4月18日 聘许金杏为本校二十三年度下学期讲师。③

4月23日 致函各学院、附校，奉教育部训令，公布女生体检的注意事项。④

△签署大学布告。公布理学院留级补考及成绩计算事宜。⑤

4月24日 签署两份大学布告。（一）要求本校本届高中毕业生一律遵守教育部训令，参加会考，才准择优升入大学。“本校长对于各生毕业及升大，关怀至切，不忍各生放弃误解，致贻后悔。为此再行剀切布告，仰各生知照！务须遵照部令，参加会考，以免功亏一篑。考期不远，自应磨砺以须，而校誉攸关，尤须及锋而试，幸毋自馁，有厚望焉！”⑥（二）准教育部东北青年教育救济处公函，公布该处招考第二届东北留学欧美公费生简章，以便毕业或研究期满各东北生中有志投考者，分别依期报名考试。⑦

4月27日 出席理学院轮值总理纪念周，并发表演说《新校建筑与本校学生的关系》。

先生在演说中说道：“有很多的人做事，都以为要自己包办式做成功的，才是好的。但我对于石牌新校的建筑，倒认为要全校同学共同努力负责建筑成功，意义才觉深长，而值得后人歌颂。故到暑期时候，希望诸同学对于捐款一事，都能努力去做，俾新校二期工程能如期完成，是岂特我国人的光荣，也是全校同学的光荣，历史上的意义更为伟大。”⑧

---

① 邹鲁：《党治、民主与独裁》，见《三民主义月刊》第五卷第四期，第113～114页。

② 《大学布告》，见《国立中山大学日报》，1935年4月17日。

③ 《聘书》，见“国立中山大学全宗”档案，全宗号20，目录号2，案卷号92，藏广东省档案馆。

④ 《大学公函》，见《国立中山大学日报》，1935年4月26日。

⑤ 《大学布告》，见《国立中山大学日报》，1935年4月25日。

⑥ 《大学布告》，见《国立中山大学日报》，1935年4月25日。

⑦ 《大学布告》，见《国立中山大学日报》，1935年4月25日。

⑧ 《邹校长演说新校建筑与本校学生的关系》，见《国立中山大学日报》，1935年6月3日。

△批准生物学系民廿五年班学生组织生物考察团的章程，准予该班在寒暑假内进行生物考察。①

4月28日 批示同意本校法学院政治系三年班同学组织国内政治考察团，要求前赴各处考察均应于寒暑假内举行，不得变更考察日期。②

4月29日 出席文学院轮值总理纪念周，并发表训词《服用国货为救国唯一途径》。

上午8时，文学院本学期第四次轮值总理纪念周在本校大礼堂举行，先生及东北抗日义勇军总指挥江民声少将、文学院员生七百余人出席。在正式演讲前，首先举行文学院员生服用国货宣誓礼，由先生监誓。全体员生肃立，随声宣读誓词，随后由先生发表训词，谈道："诸位都是智识阶级，都是领导群众者，今天能至诚作服国货的宣誓，足见诸位认识服用国货影响之深，也系证明诸位关怀民族前途之切，是多么可敬佩的行为！惟醉生梦死的国人太多了，迷恋外货的心理太普遍了，热血仅能维持五分钟的劣根性太重了，希望本诸位智识阶级与领导的地位，速作有效的提倡、力行、纠正，虽一毫之微亦不疏忽。再由文学院推到全校，再由全校推到全国；一校能猛省回头，各校亦能猛省回头，全国都能猛省回头，则复兴中华民族可以断言必有实现的一日。是则诸位今日服用国货的宣誓，谓为诸位之自救开端日可，谓为中华民族之生机发源日亦无不可。我谨以此预祝，幸各身体而力行之！"③

宣誓结束后，由江民声少将发表演讲。"查此次纪念周，抗日空气异常紧张。因邹校长及江少将，对于抗日救国之理论，均能发挥尽致，听众咸为动容。"④ 活动于9时结束。

4月30日 面嘱张葆恒教授修订本校英文概览。是日，张在《国立中山大学日报》上刊登启事，征集材料。⑤

△接工学院土木工程系三年级生呈请，拟筹备全国工程考察团，先生据呈将该团章程修正后，批准备案。⑥

4月 致函中法教育基金委员会，请拨款补助本校第二期建筑费。⑦

先生于7月24日接到该会发来代电，勉筹国币10万元补助本校建筑费，

---

① 《生物考察团奉准备案》，见《国立中山大学日报》，1935年4月27日。

② 《国内政治考察团奉准组织》，见《国立中山大学日报》，1935年4月29日。

③ 《邹校长演讲服用国货为救国唯一途径》，见《国立中山大学日报》，1935年5月9日。

④ 《本校昨晨举行总理纪念周情形》，见《国立中山大学日报》，1935年4月30日。

⑤ 《张葆恒教授启事》，见《国立中山大学日报》，1935年4月30日。

⑥ 《全国工程考察团请准组织》，见《国立中山大学日报》，1935年5月1日。

⑦ 《中法教委会拨补助本校建筑费》，见《国立中山大学日报》，1935年7月25日。

以一次为限，分1935年及1936年各付5万元。先生以值此建筑费支绌青黄不接之秋，拟请该会议决补助本校建筑费能先予全额借用，以应急需，于同日函请该会查照。

5月1日 与本校全体教职员一起，致函日内瓦国际联盟理事会。[①]

先生通过事实，说明国联的失职，指出：

"国联不过交涉纠纷少数强国以及解决外交悬案之机关，而弱小国家所得者仅为表面之利益，而其所受冤屈则往往无从申雪。

吾人感觉德国对于国联警告之所以置之不理者，尽国联对于本身之职责早已不能履行之故，充其量亦只系步日本四年前之后尘耳。

吾人对于俄代表李维诺夫之意见深表赞同，尽欲使国联成为真正世界之国联及成为维持世界和平之工具，则不问其为大小强弱国家凡有破坏盟约者俱应加以制裁，而对于首先破坏条约之国家尤应加以制裁也。"[②]

△致函各学院院长等人，公布教职员扣薪购地段办法，以按月扣薪归价办法承买旧农学院背后地段。[③]

△接本校农场张农主任呈请，农场全部垦植完成，适值今日为农学院纪念开创农场的启新亭落成揭幕，请先生莅场检阅。[④] "启新亭"为先生亲笔题写。[⑤]

△签署大学布告。定于5月11日放假一天，使各生有参观本省第十三次运动大会的机会。[⑥]

5月2日 检阅农场。[⑦]

下午2时，先生特邀党政来宾多人，在农学院院长邓植仪的陪同下，分乘两辆汽车前往农场检阅。由于农场地段辽阔，先生等人仅检阅了园艺、蚕桑两股。至下午5时，结束检阅。先生对农场作业猛进，甚为满意，并当场约定，本星期六日，继续检阅农艺、畜牧、森林各股。

△签署两份大学布告。（一）禁止工友在石牌新校游泳池洗浴，以维秩序；[⑧]（二）准江西省政府公函，公布二十三年度下学期赣籍学生奖学金发放

---

① 广州国立中山大学编：《国立中山大学最近抗日言论》，1935年5月出版，第1页。

② 《本校致国际联盟函》，见《国立中山大学日报》，1935年5月6日。

③ 《大学布告》，见《国立中山大学日报》，1935年5月4日。

④ 《本校农场全部垦植完成》，见《国立中山大学日报》，1935年5月1日。

⑤ 《农学院启新亭定期揭幕》，见《国立中山大学日报》，1935年5月1日。

⑥ 《大学布告》，见《国立中山大学日报》，1935年5月6日。

⑦ 《邹校长昨检阅农场》，见《国立中山大学日报》，1935年5月4日。

⑧ 《大学布告》，见《国立中山大学日报》，1935年5月4日。

事宜。①

5月3日 向邓植仪转交农科毕业同学会呈函，请邓在新校校景设计委员会会议上进行讨论。该呈函建议保存旧农学院遗存的石像、石骆驼等古物，觅地安置，以留纪念。是日，邓植仪主持新校校景设计委员会第三次会议，讨论该呈。②

5月4日 致函附属高中部主任刘克平等人，要求选派员生参加于5月4日举行的本省第十三次运动大会开幕典礼。③

△签署大学布告。公布本校交通乘车车票换票事宜。④

5月5日 接文学院史学系民二十五年班同学拟具简章，拟组织史迹考察团，呈请先生核察备案。先生据呈后，将简章修正，批准备案。⑤

5月7日 继续检阅农场。⑥

上午9时，先生续邀党政来宾刘治洲、陈雨苍、温廷敬等多人，在农学院院长邓植仪陪同下，前往农场检阅。本次检阅，由农场造具各股垦植一览表，将各股垦情面积及作业种类数量等，一一分列，极易检阅。检阅结束后，先生特在新校化学馆宴请农场各股职员。席间，先生对于农场各位职员能在最短期间完成万余亩垦植工作，表示满意。勉以更加努力，完成第二步生产计划。先生还说道，农场工作在本校为最有成效的工作，务须大家奋进，在五年内做到甲于国内各大学，十年内能与世界著名大学争衡。温廷敬在参观后作诗《海滨校长偕观石牌新校并遍历农林》，发表是5月8日出版的《国立中山大学日报》上。

5月8日 下午1时，派任启珊教授代表自己担任医学院服用国货宣誓仪式监誓。⑦

△批准本校第九届毕业筹备会备案成立。是日，该筹备会召开成立大会。⑧

△签署大学布告。准广东省教育会秘书处函，公布广东省教育会征求教育论文简章。⑨

---

① 《大学公函》，见《国立中山大学日报》，1935年5月1日。
② 《新校校景设计委员会第三次会议》，见《国立中山大学日报》，1935年5月8日。
③ 《大学公函》，见《国立中山大学日报》，1935年5月6日。
④ 《大学布告》，见《国立中山大学日报》，1935年5月8日。
⑤ 《史迹考察团奉准备案》，见《国立中山大学日报》，1935年5月6日。
⑥ 《邹校长继续检阅农场》，见《国立中山大学日报》，1935年5月4日。
⑦ 《医学院服用国货宣誓纪略》，见《国立中山大学日报》，1935年5月9日。
⑧ 《第九届毕业筹备会启事》，见《国立中山大学日报》，1935年5月8日。
⑨ 《大学布告》，见《国立中山大学日报》，1935年5月9日。

5月10日 签署两份大学布告。（一）定全校教职员生工友服用国货宣誓礼于本月13日上午8时，纪念周举行时一并举行，由萧冠英教务长监誓；（二）准安徽省教育厅公函，公布准补奖学金学生报告办法，仰本校皖籍准补奖学金生，一体知照。①

5月11日 派任启珊教授代表自己担任全校工友服用国货宣誓仪式监誓。②

5月12日 接本校农学院函报备案，该院拟将养蜂部移交农场管理。先生接函后，函复照准备案。③

5月13日 派任启珊教授代表自己担任附中服用国货宣誓仪式监誓。④

5月14日 签署大学公函。定于本月19日邀集各教授、讲师作新校竟日游。⑤

5月15日 致函附属高中部、初中部主任，公布缴交照片办理毕业会考及格证明书事宜。⑥

5月16日 致函寰球中国学生会，送本校现状两份。⑦

△签署两份大学布告。（一）奉教育部训令，公布大学或独立学院附设专修科毕业生升学办法；⑧（二）奉教育部训令，公布学位授予办法。⑨

5月17日 批复同意生物学系民廿四年班同学组织生物调查团到日本、南洋及我国沿海诸省从事海产调查，参观有名的生物学研究机构。⑩

△复函邓植仪。函称："来函定于六月十日启程赴英出席第三次国际土壤学会，并考察农业，请转函广州市公安局发给出国护照一纸，并请政府或学校发给所经各国的中国使领馆介绍函你等由，应予照办，为此检同公函，随函送复。即希查照。"⑪ 邓植仪为是月14日致函先生，提出此请。

5月18日 签署大学布告。公布学生寄宿规则及用膳办法。⑫

---

① 《大学布告》，见《国立中山大学日报》，1935年5月13日。
② 《全校工友宣誓服用国货》，见《国立中山大学日报》，1935年5月14日。
③ 《本校养蜂部移交农场管理讯》，见《国立中山大学日报》，1935年5月13日。
④ 《本校附中举行总理纪念周志盛》，见《国立中山大学日报》，1935年5月14日。
⑤ 《大学公函》，见《国立中山大学日报》，1935年5月16日。
⑥ 《大学公函》，见《国立中山大学日报》，1935年5月17日。
⑦ 见"国立中山大学全宗"档案，全宗号20，目录号1，案卷号81，藏广东省档案馆。
⑧ 《大学布告》，见《国立中山大学日报》，1935年5月17日。
⑨ 《大学布告》，见《国立中山大学日报》，1935年5月20日。
⑩ 《远东海洋生物调查团组织讯》，见《国立中山大学日报》，1935年5月17日。
⑪ 见"国立中山大学全宗"档案，全宗号20，目录号1，案卷号69，藏广东省档案馆。
⑫ 《大学布告》，见《国立中山大学日报》，1935年5月18日。

5月19日 批示准予成立数天物理系民廿五年班全国考察团，该团组织大纲照修正后内容备案。①

5月20日 出席文农两学院轮值总理纪念周，并发表训话。②

上午8时，文学院本学期第五次及农学院轮值总理纪念周在本校大礼堂举行，先生及东北抗日义勇军总指挥江民声少将，文农两学院师生出席。行礼如仪后，先生发表训话，谈及筹款建校的艰难，并发动同学为建筑新校舍募捐，“对于建筑这回事，我个人奋斗已到气穷力尽，同学若不援手，未免太忍心。学校的建筑，同学最先享受的，同学若不努力，未免太无情。学校公共的建筑，眼光光看见我个人奋斗，而不为之分担，未免太无责任。”③ 其后，江民声少将发表了演讲。活动于9时结束。

△签署大学布告。准福建省教育厅公函，公布该省清寒学生大学奖学金第四届考选办法及保证书、请求书。④

5月21日 签署大学布告。准安徽省教育厅公函，公布该省本届欧洲留学公费生考试展期事宜。⑤

△签署大学布告及大学公函。定于本月25日召开廿三年度第一次校务会议。⑥

5月24日 签署大学布告。准广东省教育会秘书处函，公布该处举办的征文活动展期事宜。⑦

5月25日 主持召开廿三年度中大第一次校务会议。⑧

会议于上午9时在旧校钟楼会议室举行，校务委员会委员出席会议。会议报告事项有三项，分别为石牌新校最近建筑情形；本校编造二十四年度预算经过等。会议讨论事项有四项，包括将农学院蚕桑门改为蚕桑学系；本校员生公余课毕后校内生活，应如何筹维等。其中先生交议事项有一项，为“本校筹组研究院，呈部增拨经费一案办理经过情形，请追认案。”会议议决：“追认”。

---

① 《数物系奉准组织全国考察团》，见《国立中山大学日报》，1935年5月20日。

② 《本校昨晨举行总理纪念周情形》，见《国立中山大学日报》，1935年5月21日。

③ 陈哲三：《邹鲁研究初集》，华世出版社1980年2月初版，第163～164页；《五月二十日文农两学院纪念周校长演说词》，见《国立中山大学日报》，1935年5月27日。

④ 《大学布告》，见《国立中山大学日报》，1935年5月21日。

⑤ 《大学布告》，见《国立中山大学日报》，1935年5月22日。

⑥ 《大学布告》，见《国立中山大学日报》，1935年5月23日；《大学公函》，见《国立中山大学日报》，1935年5月25日。

⑦ 《大学布告》，见《国立中山大学日报》，1935年5月25日。

⑧ 《廿三年度第一次校务会议》，见《国立中山大学日报》，1935年5月31日。

5 月 27 日 出席理学院轮值总理纪念周，并发表训话。①

上午 8 时，理学院本学期第五次轮值总理纪念周在本校大礼堂举行，先生及东北义勇军总指挥江民声少将、理学院师生二百余人出席，活动由理学院院长何衍璿主持。行礼如仪后，先生发表训话，指出本校建筑新校舍，系为继承总理遗志及为各同学求学便利起见，故在校各生均应尽到义务，努力向外界劝捐，使经费有所着落，新校舍早日落成。其后，江民声少将发表了演讲。

△下午 2 时，出席法学院员生集会，集议筹措新校建筑费。先生在集会上发表训话，指出现在第二期建筑费发生困难，请各位共同负责，设法筹措。②

△复电教育部，汇报本校研究所进行状况及下年度研究所招生计划。教育部于本月 22 日来电查询上述事宜。③

5 月 28 日 《邹校长答英商中华协会总干事葛罗先生中国问题意见节略书》刊登在是日出版的《国立中山大学日报》上。

先生对葛罗关于中国问题的疑问进行了解答，指出："余之解答，第一说明葛罗先生误认中国文化，以为不应保全。第二说明中国现正接受西化，不过错误接受，致中国贫弱。第三说明孙中山先生主张保存中国之旧道德，迎头赶上西方之科学，最为适合中国之情。第四说明中国现制定之宪法草案，背乎欧洲文化，尤背中国文化。至胡适等之白话文，则不配言高深文化。余再进而与葛罗先生讨论欧洲若不接受中国文化，人类必至灭绝，想葛罗先生当亦愿闻斯言乎。

欧洲文化之演进，至今日可谓科学发展，灿烂光华矣。然其文化之出发点，则非中国之道德，而为权利。利无厌足，乃事竞争，各国今日出全力以备战，实为一不可掩之事实。利用现在科学以战争，余以为人类必有绝灭之一日。故今日欧洲文化之偏于智之发展，为福人类，为祸人类，实至大问题。若欧洲各国能接受中国之文化，变其权利之观念，而为道德之观念，持身能仁义，处人能忠恕，则可以消弭无数杀机。已无杀机，则利用现在科学，以生产，以建设，实世界人类之最大幸福。孟子谓'王！何必曰利？亦有仁义而已矣。王曰何以利吾国？大夫曰何以利吾家？士庶人曰何以利吾身？上下交争利而国危矣。万乘之国，弑其君者，必千乘之家；千乘之国，弑其君者，必百乘之家。万取千焉，千取百焉，不为不多矣。苟为后义而先利，不夺不餍。未有仁而遗其亲者也，未有义而后其君者也。王亦曰仁义而已矣，何必曰利？'

---

① 《本校昨晨举行总理纪念周情形》，见《国立中山大学日报》，1935 年 5 月 28 日。

② 《法学院员生集议筹集新校建筑费》，见《国立中山大学日报》，1935 年 5 月 30 日。

③ 《教部电询本校研究所现状》，见《国立中山大学日报》，1935 年 5 月 28 日。

此言实即余此节所言之旨。

最后结论，则中国应接受欧洲文化之科学，以助长一切物质之进步；欧洲应接受中国文化之道德，以消弭世界人类之祸害，故中国文化目前须双重演进，欧洲文化目前亦须双重演进。是则余欲为欧洲为人类贡献之言也。”①

上述答复书主要内容以《时论：中国文化与欧洲文化：五月二十七日总理纪念周中之演讲》为题，发表在6月15日发行的《三民主义月刊》第五卷第六期上。② 但题目应为张冠李戴，先生于5月27日在理学院轮值总理纪念周上是曾发表演讲，不过讲述的主题是为新校舍募捐，与中国文化及欧洲文化无关。

5月29日 签署大学布告。查高中部民廿四年级级会，竟敢集会罢课，反对会考，殊与该会宗旨相违背，应即解散，以肃学风。此后该级学生仍须照常上课，遵守校规，以求上进，慎勿自暴自弃，致贻后悔。③ 在此事件发生后，先生曾直接面谕该年级参与罢课学生，予以规劝。④

5月30日 致函各院系等单位，奉西南政务委员会训令，规定物品运输监视及使用印鉴事宜。⑤

△签署4份大学布告。（一）指出高中部民廿四年级学生郑兆麟等7人煽动同学罢课，反对参加会考，要求免试生大，一律开除学籍；（二）规定嗣后本大学各高年级学生组织考察团租演电影筹款事，应先将考察团组织、人数、立案日期及租映电影名称、日期，报请本校捐款委员会酌予补助，不可再用名誉券分请各教职员推销，藉归简便；（三）奉西南政务委员会训令，规定升降国旗时，应对正国旗方位肃立致敬，以重礼节，而表恭敬；⑥（四）准国立清华大学公函，公布考选留美公费生规程。⑦

5月31日 聘畸理为中山大学二十四年度文学院英文系教授。⑧

6月3日 夜，致函胡汉民。

函称：“石曾（李石曾）允端节前在中法庚款方面借出十万，为中大建

---

① 《邹校长答英商中华协会总干事葛罗先生中国问题意见节略书》，见《国立中山大学日报》，1935年5月28日。

② 邹鲁：《时论：中国文化与欧洲文化》，见《三民主义月刊》第五卷第六期，第12页。

③ 《大学布告》，见《国立中山大学日报》，1935年5月30日。

④ 《高中部公函》，见《国立中山大学日报》，1935年6月4日。

⑤ 《大学公函》，见《国立中山大学日报》，1935年5月31日。

⑥ 《大学报告》，见《国立中山大学日报》，1935年5月31日。

⑦ 《大学布告》，见《国立中山大学日报》，1935年6月1日。

⑧ 《聘书》，见“国立中山大学全宗”档案，全宗号20，目录号2，案卷号140，藏广东省档案馆。

筑，至今未到，焦急万分。本月中法庚款委员会又开会，故特嘱敏初（邹敏初）再行赴沪，一面催石曾完成百万元之诺，一面晤孔（孔祥熙）完成五中全会之提案。请兄分函李、孔二人，俾利进行为叩。”①

6月4日 签署大学布告。奉教育部指令，本大学成立研究院，本校长照章兼任研究院院长，定期本月6日宣誓就职任事。②

△聘请温廷敬接任广东通志馆主任。③

6月5日 接工学院院长萧冠英转请，请先生致函国内各建设机关，为土木工程系应届毕业生介绍工作。先生接函后，是日致函转请各建设机关查照，优予录用。④

△签署大学布告。准全国学术工作咨询处函开，本校应届毕业生如果愿意请该处介绍工作，即到文书部领取各书表照填，送校汇转。⑤

△约校内外文士，集会石牌新校，设宴欢迎宿儒陈衍，并约陈次日莅校演讲。先生专门作诗一首，送给陈衍作为纪念。⑥ 同日，先生签署大学布告。公布6月6日举行陈衍演讲事宜。⑦

6月6日 宣誓就职中大研究院院长。

上午10时，先生在文明路旧校大礼堂举行兼任研究院院长宣誓就职典礼，各学院、各附校员生均到场观礼。行礼如仪后，先生举右手，恭读誓词：“余将恪遵总理遗嘱，服从党议，奉行国家法令，忠心及努力于本职，并节省经费。余决不雇用无用人员，不营私舞弊及接受贿赂。若违背誓言，愿受本党最严厉之处罚。”⑧ 西南政务委员杨熙绩前来监誓并发表致辞。其后，先生致答辞，说道：“日前本校呈奉教育部核准，成立研究院，暂设文科研究所、教育研究所、农科研究所。鲁今日照章举行宣誓就任兼研究院长职，蒙政府派杨委员莅场监誓，刚才监誓员所训导各点，自当遵照奉行。本校各部研究所，其成立最远者十余年，近者几年，年来各研究所所贡献于国家社会者甚大。如农学院之农林植物研究所，其研究改良种子，全省各县，已有百分之三十采用其优良品种；土壤调查所，研究改良土壤，其所改良土壤，亦渐推广于各处；至于

---

① 陈红民：《胡汉民未刊往来函电稿》第十一册第三十五卷，广西师范大学出版社2005年12月第1版，第498页。

② 《大学布告》，见《国立中山大学日报》，1935年6月5日。

③ 《本校聘温廷敬先生接充通志馆主任》，见《国立中山大学日报》，1935年6月5日。

④ 《校长请国内建设机关录用土工毕业生》，见《国立中山大学日报》，1935年6月6日。

⑤ 《大学布告》，见《国立中山大学日报》，1935年6月7日。

⑥ 见《国立中山大学日报》，1935年6月7日。

⑦ 《大学布告》，见《国立中山大学日报》，1935年6月6日。

⑧ 《邹院长昨宣誓就兼研究院长职纪盛》，见《国立中山大学日报》，1935年6月7日。

植物之研究，于国内及世界上，亦有绝大之贡献；医学院研究所，其对于细菌、生理、病理、解剖、药物等之研究，成绩亦极好。又如文学院之教育研究所、文史研究所，与法学院、理工学院等，均有很好之成绩表现。最近奉教育部核准暂设文科研究所、教育研究所、农科研究所，但心中感觉不安者，即本校以前所设立之其他各研究所，本已有很好成绩，而法医理现尚未蒙核准设立研究所，甚觉遗憾。我们除一面将各该学院之研究实况，再行呈报教育部，请求准予设立研究所外，并一面将以前研究工作，继续努力，并遵照监誓员训话，努力进行，将来把我们研究所得，贡献于国家社会。”①

△下午2时，出席陈衍演讲会。先生引导陈衍至旧校大礼堂，并亲自介绍陈的道德学问及治学精神，随后请陈进行演讲。演讲于3时结束。②

△致函英国第三届国际土壤大会，派邓植仪院长代表中山大学出席，请查照惠予接洽。③

△致函英国国际教育大会，派邓植仪院长、刘席贵代表中山大学出席，请查照惠予接洽。④

△比利时驻香港总领事史达夫致函先生，函称：“迳复者：准中华民国廿四年五月廿八日（1935年5月28日）第一五三号大函内开，贵校拟派农学院兼广东土壤调查所长邓君植仪前往欧洲，顺赴比利时等语，兹谨寄上函一封，介绍邓君与敝京外务［交］部总秘书温伦可云君相见，届时由复转行介绍邓君与当地各大农业机关，使得尽量考察也。耑此，奉复。”⑤

△签署大学布告。奉教育部训令，公布学校各类假期务依规定办理，不得借故变更，并应妥制章规，充分利用。⑥

6月7日　离穗赴港，送胡汉民出国养病。胡汉民出国，是先生力劝的结果。劝解胡出国的目的，“为使中央与西南关系获致改善”⑦。

△签署大学布告。据本校救国会呈称，本校教职员一律服用国货。⑧

6月8日　在胡汉民出国前一天，作诗《步韵送不匮室主人出洋并柬陈石遗冒鹤亭二先生》赠胡：“闻公有远行，二老悠然至。各赠送行诗，肺腑托文

---

① 《邹院长昨宣誓就兼研究院长职纪盛》，见《国立中山大学日报》，1935年6月7日。

② 《本校昨请陈石遗先生演讲》，见《国立中山大学日报》，1935年6月7日。

③ 见“国立中山大学全宗”档案，全宗号20，目录号1，案卷号24，藏广东省档案馆。

④ 见“国立中山大学全宗”档案，全宗号20，目录号1，案卷号24，藏广东省档案馆。

⑤ 见“国立中山大学全宗”档案，全宗号20，目录号1，案卷号24，藏广东省档案馆。

⑥ 《大学布告》，见《国立中山大学日报》，1935年6月8日。

⑦ 陈哲三：《邹鲁研究初集》，华世出版社1980年2月初版，第209页。

⑧ 《大学布告》，见《国立中山大学日报》，1935年6月10日。

字。公行我独留，惆怅触情思。众生虽芸芸，物原聚以类。为念斯人徒，迟迟不忍弃。奈抱济世心，恨无补时事。作此破浪行，仍是普渡意。东海正扬波，终仗树汉帜。嗟哉三折肱，谁体此中味。”① 当天，仓促赶来送行的还有陈衍、冒广生，先生在该诗中相柬二人。

△签署两份大学布告。（一）准广东省教育厅公函，公布办理国立中山大学广东省教育厅会办二十四年（1935 年）暑期中等学校教员讲习班事宜;②（二）准天津私立南开大学公函，公布该大学经济研究所招考研究生事宜。③

6 月 9 日 在胡汉民出国时，作诗《临别步不匮室主人留别韵送行》赠胡。④

约 6 月 10 日 作诗赠与前来广东罗浮山游览的陈衍。

先生和陈衍等人在送别胡汉民后，与陈相约到罗浮山游览，但由于雨水相阻，大家只好绕道而行，以抵达罗浮山一点头，“于愿亦足，故游期只定二日，以视余怀愿二十年而仍未一游者，其兴致何如哉！诗以赠之。”⑤

6 月 11 日 签署大学布告。奉教育部训令，更正肇和舰举义纪念日期。⑥

6 月 12 日 签署大学布告。奉教育部训令，公布教育部核准之大学研究院研究所名单，以便本校毕业生中有志深造者，分别投考。⑦

6 月 13 日 与本校董事林云陔、陈济棠、陈融、林翼中、区芳浦一起，发表《大学董事会对高中部三年级生训言》，对本校高中部三年级不参加广东省教育厅毕业会考的学生进行剀切告诫，对带头罢课闹事学生予以严处。⑧

△签署大学布告。对干扰破坏高中部三年级学生期考的同年级学生萧官松等 13 人，开除学籍。⑨

6 月 14 日 签署大学布告。公布徐甘棠教授追悼会安排。⑩

△刘治洲与冯玉祥交谈。刘表示，其刚从广东回来，目前两广状况是:

---

① 国立中山大学校友会:《邹鲁全集》第（十）卷，三民书局股份有限公司 1976 年 10 月初版，第 21 页。

② 《大学布告》，见《国立中山大学日报》，1935 年 6 月 12 日。

③ 《大学布告》，见《国立中山大学日报》，1935 年 6 月 10 日。

④ 国立中山大学校友会:《邹鲁全集》第（十）卷，三民书局股份有限公司 1976 年 10 月初版，第 21 页。

⑤ 国立中山大学校友会:《邹鲁全集》第（十）卷，三民书局股份有限公司 1976 年 10 月初版，第 21 ~ 22 页。

⑥ 《大学布告》，见《国立中山大学日报》，1935 年 6 月 12 日。

⑦ 《大学布告》，见《国立中山大学日报》，1935 年 6 月 15 日。

⑧ 《大学董事会对高中部三年级生训言》，见《国立中山大学日报》，1935 年 6 月 14 日。

⑨ 《大学布告》，见《国立中山大学日报》，1935 年 6 月 14 日。

⑩ 《大学布告》，见《国立中山大学日报》，1935 年 6 月 17 日。

“一、胡先生（胡汉民）久不见人，忽然出国，受日人之骗不少。二、邹先生（邹鲁）正在对学生说抗日。三、陈先生（陈济棠）××，为百川（阎锡山）之伯仲。四、任潮（李济深）先生慷慨义气。五、真如（陈铭枢）先生志向坚决。六、蔡廷锴将军抗日到底。七、李宗仁先生诚实而知进退。八、白健生（白崇禧）始终倒蒋。……”①

6月15日 广西大学校长马君武、副校长盘珠祁致电先生，对先生就任中大研究院院长表示致贺。②

△签署两份大学布告。（一）为安定试场秩序起见，在规定期考日期内，所有试场附近，不许学生驻足观望，违反上开情事，定予驱逐；③（二）规定本校各教职员及学生宿舍不许外人居住。④

6月16日 出席总理蒙难纪念大会，并发表演讲。⑤

先生感慨到，当年今日总理以弱兵抗强敌，而今年今日，政府拥有数百万军队，无数的飞机，无数的军舰，却无法抵抗日军的侵略。演讲内容以《社评：从狮到虫，从虫到狮》为题发表在7月15日发行的《三民主义月刊》上。

△批示准予理学院化学系三年班学生伍仲达等组织的“国立中山大学民廿年东亚化学工业考察团”备案成立。⑥

6月17日 出席理学院轮值总理纪念周，并发表训话。⑦

上午8时，理学院本学期第六次轮值总理纪念周在本校大礼堂举行，先生及理学院师生二百余人出席，活动由天文台主任张云教授主持。行礼如仪后，先生发表训话，指出日本增兵华北，时局又告严重，吾人须发奋图存，勿醉生梦死，如走兽昆虫，任人宰杀。活动于9时结束。

△察哈尔省政府致电先生，对先生就任中大研究院院长表示祝贺。⑧

△著作《澄庐文集》（续编一）发行广告刊登在是日出版的《国立中山大学日报》上。

6月18日 湖北省政府致电先生，祝贺先生就任中大研究院院长。⑨

---

① 冯玉祥：《冯玉祥日记》第四册，江苏古籍出版社1992年1月第1版，第556~557页。
② 《西大电贺邹校长就兼研究院长职》，见《国立中山大学日报》，1935年6月22日。
③ 《大学布告》，见《国立中山大学日报》，1935年6月17日。
④ 《大学布告》，见《国立中山大学日报》，1935年6月18日。
⑤ 邹鲁：《社评：从狮到虫，从虫到狮》，见《三民主义月刊》第六卷第一期，第1页。
⑥ 《东亚化工考察团昨奉准备案》，见《国立中山大学日报》，1935年6月17日。
⑦ 《昨晨理学院举行总理纪念周情形》，见《国立中山大学日报》，1935年6月18日。
⑧ 《察省府电贺校长就兼研究院长职》，见《国立中山大学日报》，1935年6月29日。
⑨ 《鄂省府电贺校长就兼研究院长职》，见《国立中山大学日报》，1935年7月4日。

△冯玉祥致函先生，认为“救国非实践不可”[1]。

6月19日 发出三道电文（皓电），反抗日本侵华行径。

先生的三道电文有两道分别致给国际联盟会和九国公约签字国，揭露日本侵略中国华北的真实面目，并请制裁日本的侵略行为；第三道致电政府和全国人民，号召一致奋起，抗日救亡。

致国际联盟会的电文写道：“日本于侵略东三省热河之后，今又开始夺取华北，此乃续渐吞并中国之整个计划。南京政府，处于日本威胁之下，不能向国外有所申诉，鲁今代表中国全国人民意旨，请求国际联盟会对于日本之侵略行为，予以公正及有效之制裁。”[2] 是日下午，国联行政院秘书长爱文诺接到电文，20日晚上10时，中大收到爱文诺复电，表示对先生的报告，甚为注意，“惟以国联最近对华北中日纠纷之情报，尚未充分明了，与及在中国政府未有正式向国联提出任何报告请求之前，未便表示意见，故决暂予保留云。”[3]

致九国公约签字国电发给美国赫尔国务卿。

皓电发出后，国内外人士，纷纷来电响应，誓死抗日。先后发来电文的有河北省党员救党救国联合会、河北省各县市人民团体代表联合会等。[4]

△致函全校各教员学生，定于本月20日下午4时请各学院及附校教员到旧校大礼堂谈话。[5]

△签署大学布告。规定新校学生宿舍统一使用伞帐及白床布事宜。[6]

△委派居励今代表自己出席中央研究院首届聘任评议员选举会预备会。[7]

是日，中央研究院在南京举行首届聘任评议员选举会的预备会。出席者有中央研究院院长蔡元培、北京大学校长蒋梦麟、北平大学校长徐诵明、北平师范大学校长李蒸、清华大学校长梅贻琦、山东大学校长赵畸、中央大学校长罗家伦（陈剑修代）、武汉大学校长王星拱（周鲠生代）、四川大学校长王兆荣（陈大齐代）、同济大学校长翁之龙、浙江大学校长郭任远、中山大学校长先生（居励今代），列席者有该院总干事丁文江，共13人。当日议决各科目聘任评议员人数之分配、选举聘任评议员之标准、评议员候选人的推举。次日，继续开会，除出席预备会者外，交通大学校长黎照寰、暨南大学校长沈鹏飞亦

---

① 冯玉祥：《冯玉祥日记》第四册，江苏古籍出版社1992年1月第1版，第558页。

② 《邹校长为暴日侵略华北昨发三要电》，见《国立中山大学日报》，1935年6月20日。

③ 《国联对邹校长皓电之态度》，见《国立中山大学日报》，1935年6月22日。

④ 《邹校长皓电发出后各方响应誓死抗日》，见《国立中山大学日报》，1935年7月11日。

⑤ 《大学公函》，见《国立中山大学日报》，1935年6月20日。

⑥ 《大学布告》，见《国立中山大学日报》，1935年6月21日。

⑦ 左玉河：《中央研究院评议会及其学术指导功能》，见《史学月刊》，2008年第5期。

联袂莅临。会议议题为由中央研究院院长和各国立大学校长选举聘任评议员，共选出首届评议会评议员30人，其中中山大学陈焕镛教授、张云教授等人当选。

6月21日 与全校教授教员发表《告全国同胞书》，号召全国同胞奋起抗日。①

《告全国同胞书》写道："全国父老兄弟诸姑姊妹钧鉴：迩者日侵华北，摧毁我党部，勒调我官吏，迫撤我军队，得寸进尺，其欲逐逐。而我也节节退让，唯命是听，丧权辱国，莫此为甚。夫我中华民国，创自总理，以党建国，党国之义，凛然不可侵犯！乃今因敌人之威胁，遽然自撤其党部，是则国未亡而党先毁矣，南京执政其何颜以对总理在天之灵！至于听命敌人而更调一省之大吏，撤退驻屯之军队，则断送主权，国非其国。彼敌人之欲壑难填，我民国之疆土有限，东北四省既已坐失于前，平津各地现复危如累卵，弃地丧权，开古今之奇局，认贼作父，实中外所罕闻。然今朝野上下，噤若寒蝉，恹恹欲绝，民族精神，一落千丈，正气消沉，至于此极！乌乎！痛哉！哀莫大于心死，敬念总理缔造艰难之民国，岂忍□□□□拱手以输敌。同人等忝居总理手创之最高学府，崇奉遗教，阐扬主义，天下兴亡，匹夫有责，北望燕云，伤心惨目，起视寇氛，怒发冲冠，敢掬血诚，为我国人正告之日。党之不存，国于何有，国之将亡，家何能保，载胥及溺，个人岂能独存！一切高官厚爵，大权大利，皆将随国家之沦亡而丧失净尽。乌夫同胞！沉沉迷梦，应即觉醒，纷纷意见，应即捐除，四万万众，一齐起来，勇猛抗敌，拼命救亡，中华民国，庶乎有豸！乌乎同胞！积薪之上，千钧一发，苟且偷安，终于自灭，同人等愿牺牲一切，为民前锋，宁为玉碎，不为瓦全，愿我同胞，奋起共图！悲愤填膺，谨此电陈。国立中山大学校长邹鲁暨全校教授教员。"②

△聘请虞仰泉代理事务长。之前，原事务长何春帆致函先生，请准予辞职，先生复函照准。虞仰泉是日发布公函，正式上任。③

6月23日 主持徐甘棠教授追悼会。

上午10时，理学院教授兼广东通志馆主任徐甘棠追悼会在文明路旧校大礼堂举行，先生及教务长、各学院院长、教职员、学生、家属等参加了追悼会。追悼会由先生主持。先生在向徐甘棠教授遗像献花后发表致辞，说道："今日本校开会追悼徐甘棠教授，不禁引起无限伤心，因为本校前身为广东大

---

① 《本大学告全国同胞书》，见《国立中山大学日报》，1935年6月22日。

② 《本大学告全国同胞书》，见《国立中山大学日报》，1935年6月22日。

③ 《事务处公函》，见《国立中山大学日报》，1935年6月22日。

学，本校由广大改为中大，当时多得力于徐教授之擘划，故徐教授实为本校之开办人。今徐教授之死，本校实蒙莫大之损失，先生之道德学问俱高且能循循善诱，诲人不倦，尤为学子所钦仰。其最近在校兼办广东通志，能于短促期间收超越之成绩，期于一两年间将久已失修之广东通志编纂完竣，并拟于本年七月可以陆续出书，今不图赍志而殁，岂本校之损失，亦为粤省文化上之一大损失也，教授生平之嘉言懿行甚多，今鲁所述者仅百分之一二耳。”① 先生还向徐甘棠遗像敬献了挽联“太息斯人去，伤心吾道孤。”②

△与全校教职员工发表《致中央要电》。

电文称：“数年来中央对日，悉依抱薪救火之政策，已失东北，复失热河，今又弃冀察，中国土地虽广，宁再有几度可供失弃？将见薪不尽火不灭而已。若谓须准备充实方能抗敌，则前之准备不可抗者，后之准备其可抗乎？以我之国力与敌较，则我之准备一，人之准备十，我则日弃土地以准备，人则日增土地以准备，终无可以准备能抗敌之一日。行见准备未成，灭亡已至。若谓不即抗敌，可以苟延残喘，须知前之不抗，已失四省，今之不抗，又弃二省，不抗适以启敌之贪，其何能稍延国命。故在目前须彻底认明日本欲占整个中国。系其一贯政策，已非对人问题，尤非其军人一时之冲动，更非其外交方面军人方面政见不同。我国全国一致共同对付，犹恐无济，倘各顾权位，各保实力，内则互噬，外则务让，一日国亡，皮之不存，毛将安附。明知今日抗敌，未必能胜，然抗亦亡，不抗亦亡，孰若抗之，况抗之未必遽亡，抗之或可不亡，则玉碎岂不胜于瓦全乎！要之今日中国须死中求生，断不能坐以待毙。执事或当樽俎，或执干戈，毅然抗敌，则全国谁不一致。即以前一切罪过，均可晚尽，倘以顺敌之心顺民意，结敌之心结各省，广开言论，尽揽贤才，将见全国一心一德，胜利终当属我。若仍终不觉悟事敌卖国，国民非愚，当共问罪。同人等值此国如累卵之时，既不能旁观，更不能缄默，掬诚陈词，诸希鉴察，何去何从，愿乞明教。”③

6月24日 出席本校总理纪念周，并发表演讲。④

先生在演讲中指出人类的三个大罪人：日本、国联、南京政府，并分析了他们的种种“罪行”。该演讲内容以《人类的三个罪人》为题发表在7月15日发行的《三民主义月刊》上。

---

① 《本校开会追悼徐甘棠教授详情》，见《国立中山大学日报》，1935年6月24日。

② 鲁朝熙：《徐甘棠先生哀思录》，藏中山大学图书馆校史文献馆，1935年编。

③ 《本校全体教师致中央要电》，见《国立中山大学日报》，1935年6月24日。

④ 邹鲁：《人类的单个罪人：六月二十四日总理纪念周演讲词》，见《三民主义月刊》第六卷第一期，第1页。

6月25日 接陈良猷教授专函，恳请准予辞去文学院第一、第二外国语组主任兼职，得到先生面允。①

△签署大学布告。公布暑假日期。②

6月26日 签署大学布告。公布本校教职员乘车特别证使用要求。③

6月27日 日军参谋本部第二课课长冈村宁次到广州拜访先生等人，拉拢西南各要人。④

△签署大学布告。公布本校第九届毕业生授予学位典礼安排。⑤

6月28日 致各学院院长等人，定于本月29日召开本校研究院第二次会议，磋商研究院进行事宜。⑥

6月29日 主持中大研究院第二次会议。⑦

下午2时，会议在旧校钟楼会议室举行，任启珊、黄元彬等人出席会议，会议由先生主持。会议讨论事项有三个，分别为本院总办事处组织大纲草案、本院院务会议细则草案、本院招生简章草案，经讨论，均有详细决定。

△致函各学院院长等，告之暑期办公时间。⑧

△签署大学布告。接本校抗日救国会函，准该会暑期宣传工作安排，希本校全体员生工友在暑假期内，依据本会及本校发出通电、宣言及宣传大纲，加紧宣传。⑨

6月 转变“倒蒋”态度，拥护蒋介石。

先生此前一直坚持“抗日”和“倒蒋”。日本人土肥原曾向先生表示“蒋某某是靠不住的，……为你们西南计，最好和日本携手倒蒋。”⑩ 此言一出，先生认为蒋介石抗日态度已经有明显转变，转而拥护蒋介石。

6月 松井石根到广州拜访先生、陈济棠、萧佛成、刘纪文等人。

6月 为在广州三月廿九日革命死难烈士李文楷撰写《李烈士文楷纪念碑

---

① 《陈良猷教授启事》，见《国立中山大学日报》，1935年7月22日。
② 《大学布告》，见《国立中山大学日报》，1935年6月26日。
③ 《大学布告》，见《国立中山大学日报》，1935年6月29日。
④ 广东省立中山图书馆：《民国广东大事记》，羊城晚报出版社2002年11月第1版，第505页。
⑤ 《大学布告》，见《国立中山大学日报》，1935年6月28日。
⑥ 《大学公函》，见《国立中山大学日报》，1935年6月29日。
⑦ 《本大学研究院第二次会议》，见《国立中山大学日报》，1935年7月4日。
⑧ 《大学公函》，见《国立中山大学日报》，1935年7月1日。
⑨ 《大学布告》，见《国立中山大学日报》，1935年7月1日。
⑩ 戴书训：《愈经霜雪愈精神——邹鲁传》，近代中国出版社1983年10月初版，第131～132页。

碑记》。①

约6月 国民政府考试院举行高等考试，广东属第二典试委员会，委员长为先生，许崇清由南京来粤主持，试务处长为林云陔。②

夏 致电郑彦棻，催促其尽快回中大任职。③

这是先生自1933年后第二次邀请郑彦棻回母校中大任教，郑彦棻只好遵命辞去日内瓦国际联盟秘书厅的职务，回国出任中大法学院教授兼院长职务。先生专门派高中部主任刘克平到香港接郑，对郑非常礼遇。④

7月2日 签署两份大学布告。（一）准棉纺织染实验馆函，代办征集纺织染色工程论文，仰本校学生，一体知照；（二）现接上海富滇新银行函，本校滇籍生廿四年份夏季奖学金转汇到校，合将应发奖学金各生名单附后，仰各该生依期携同学生证及小章前赴会计部具领。⑤

7月3日 聘定本校文学院二十四年度各系主任：⑥

中文系主任：龙榆生

哲学系主任：吴康（兼）

史学系主任：朱谦之

英文系主任：张宝树

教育学系主任：许逢熙

社会学系主任：傅尚霖

7月4日 作《国立中山大学第九届毕业同学录序》，刊登在是日出版的《国立中山大学日报》上。⑦

先生写道："毕业而有同学录矣，其用意自在联络感情，深愿诸生本总理以本校培救国人才之旨，以前能努力以从事者，益加策励；以前未努力以从事者，急为直追，期于一心一德，提挈国民，以赴国难，中国前途庶乎有豸。非然者，此同学录实失意义，而朝鲜台湾奴隶牛马之前车，不忍为诸生道矣。"⑧

△作诗送陈衍、陈融。诗文写道："岂真约不到罗浮，昨计偕行今又休。

---

① 中国国民党中央委员会党史委员会：《邹鲁先生文集》，中国国民党中央委员会党史委员会1984年6月30日出版，第545页。

② 广东省立中山图书馆：《民国广东大事记》，羊城晚报出版社2002年11月第1版，第513页。

③ 中国国民党中央委员会党史委员会：《邹鲁先生文集》，中国国民党中央委员会党史委员会1984年6月30日出版，第591页。

④ 郑彦棻：《邹海滨先生的教育思想与反共斗争》，见《传记文学》1978年3月号。

⑤ 《大学布告》，见《国立中山大学日报》，1935年7月4日。

⑥ 《文学院廿四年度各系主任昨经聘定》，见《国立中山大学日报》，1935年7月4日。

⑦ 程焕文：《邹鲁校长治校文集》，中山大学出版社2004年11月第1版，第274页。

⑧ 邹鲁：《本校第九届毕业同学录序》，见《国立中山大学日报》，1935年7月4日。

心与诗草咐蜡屐，神游三百六峰头。”[1] 该诗发表在是日出版的《国立中山大学日报》上。

△签署大学布告。本校法学院经济系三年级学生李秀芳违反校规，开除学籍。[2]

7月5日 主持中大第九届毕业生授予学位典礼。

上午10时，第九届毕业生授予学位典礼在文明路旧校大礼堂举行，出席典礼的来宾有西南执行部代表刘芦隐、西南政务委员会代表杨熙绩，本校教务长、各学院院长、毕业生等，典礼由先生主持。先生恭读总理遗嘱后，宣布开会，并报告本届毕业生共392人。随后，先生向毕业生代表发放了毕业证书。刘芦隐和杨熙绩分别代表西南执行部和西南政务委员会发表训话，先生也在之后发表了训话《大学毕业生须到民间去改造社会》，在训话中告诫各位毕业生二义："第一，要晓得若日本的侵略不设法打倒，则我们不能救国家，救民族，救社会，救人群，更不能谋个人出路。第二，不要贪在都市图食现成饭。”同时指出，“至于救国，我们不要以为军人才能救国，我们赤手空拳亦能救国的。我们只要不集中都市，贪享目前安乐，一齐到乡村去，发展乡村，振兴工商业，便可以抵制外货，发达己货，这是救国的唯一有效方法。”[3] 训话结束后，先生还向受奖毕业生颁发了奖章。典礼在齐唱校歌及拍照合影后结束。

△致函图书馆谢明章主任，对借书未还的教职员，应分别函追，其姓名抄登校报。[4]

7月6日 签署大学批示。复本校第九届毕业筹备委员会常务委员会，通报各省县发放考察费事宜。[5]

7月10日 聘任邹卓然为本校事务长。[6]

△致函附中居励今主任，照准销存学生吴荣祖遗失的小捐册及收据，另发册据。[7]

△接广州西村士敏土厂函复，对于本校工学院化学工程系学生前往该厂参

---

① 邹鲁：《昨再约游罗浮今又不果诗送石遗、协之二先生》，见《国立中山大学日报》，1935年7月4日。

② 《大学布告》，见《国立中山大学日报》，1935年7月8日。

③ 《本校举行第九届毕业生授予学位典礼》，见《国立中山大学日报》，1935年7月8日。

④ 《大学公函》，见《国立中山大学日报》，1935年7月8日。

⑤ 《大学批示》，见《国立中山大学日报》，1935年7月11日。

⑥ 《本校聘邹卓然先生接充事务长》，见《国立中山大学日报》，1935年7月11日。

⑦ 《大学公函》，见《国立中山大学日报》，1935年7月15日。

观，提出若干注意事项。先生接函后，即函复工学院萧冠英院长查照办理。此前，萧冠英曾请先生转请西村士敏土厂，拟组织学生前往该厂实习。①

△接广东治河委员会、新校建筑公司函复，关于本校工学院土木工程系三年级学生前往该处实习事宜。先生接函后，即函知萧冠英院长查照学生转知。此前，该系学生曾函请先生转知广东治河委员会及新校建筑公司查照，以便前赴实习。②

7月12日 签署大学布告。准国立北洋工学院函开，该院工科研究所拟招收研究生，公布招生简章。③

7月13日 致函各学院等，准广东建设厅、顺德县来函，鼓励本校师生购买该县生产的黄连改良绸制品。④

7月15日 出席中大、广东省教育厅会办廿四年暑期中学教员讲习班开班典礼。⑤

上午8时，开班典礼在中大礼堂举行，先生及广东省教育厅黄麟书厅长、新闻记者、本校教授及二百余名学员参加典礼，典礼由理学院何衍璿院长主持。先生在典礼上发表训话：

“今天和各位研究当前一个切实的问题，各位都是负担教育责任的，但是想做教育事业，必要先行救国，因为国家不在，一切问题，都谈不到的。孙中山先生从前曾在本校演讲三民主义，勉□□我们要努力救国，各位现在集中这里来研究，应该不要忘记总理本来的主张。

日本前几年侵占东三省，各位大概知道了，在不久以前又派兵骚扰河北天津，各位也知道了，他并提出几件无理的要求：一、北平学校不准军事训练。二、抗日书籍可以自由搜取焚毁。三、停办东北大学及附属中学，并限制各大学，不得南迁。四、教科书里头，如有抗日文字，要一律删去。因为日人可以自由行动，所以北地的人民，都惴惴惶惶，不可终日。

回忆二十一年（1932年）到现在，不过四年的时间，已经失掉了六省——差不多占全国四分之一——再过几年，说不定黄河流域、长江流域、珠江流域也曾相继陷落，可恨□□的南京政府，一味的曲意退让，加重日人侵略的野心。记得《左传》有句话说：‘狄固贪婪，王又启之。’所以日人得了东三省，还自不满足地说：‘早知道得着这么容易，不应等到现在才来吞并了。’

① 《化学工生赴士敏土厂实习讯》，见《国立中山大学日报》，1935年7月11日。
② 《土三生暑期赴各处实习讯》，见《国立中山大学日报》，1935年7月11日。
③ 《大学布告》，见《国立中山大学日报》，1935年7月18日。
④ 《大学公函》，见《国立中山大学日报》，1935年7月18日。
⑤ 《中学教员暑讲班开始讲习》，见《国立中山大学日报》，1935年7月18日。

我们听著这句话，应该作何感想！日人无论在什么地方，老是把满蒙和朝鲜台湾拉在一起来说，他的处心积虑，非把东三省及蒙古完全吞没不止。

去年本校有几位同学到日本去考察教育，有一次，参观某小学的上课，那教师先拿著一个天津雪梨，切成数块，分给各小学生吃，然后慢慢向他们说：'这种雪梨是生产中国天津地方，因为地质的关系，一移植到日本来，质味便变坏了，你们如果想有好的雪梨吃，必得把天津占据。'这虽小小一件事，但可以说是日人的普通心理。

此外他们复创民族复归说，他说日本民族，最初是中国传人去的，现在中国民族已经不知自爱，应该让日本民族回来统治，这便是民族复归说。他那种大言不惭的神气，心目中简直没有中国了。

我们现在想救中国，应该从教育做起。德国自大战以后，世界各国都不愿有他的存在，但他惨淡经营，努力在教育上做工夫，把学生军队化，所以最近几年，他要加入国联，国联不能不允许他。他要退出国联，各国也奈何他不得。最近他实行扩充空军，各国更束手无策，不敢制裁。可见要国家的自强，什么都不可靠，只靠自己的努力。

我们大家对于抗日，都应该负些责任。假如各位在学校里，能够抽出五分钟的时间，来宣传抗日，同时将所在学校，成为抗日机关，那末中国才有生存的希望。至于怎样能够抗日，抗日要怎样进行？各位一定会发生疑问，但我们看一看下面的事情，便不会诧异了。日本初入东三省的时候，不过四万人，那时张学良的军队，足有四十万人，比较起来，差不多多过十倍，论理是可以抵抗有余的，因为他节节退让的缘故，才会失败下去。又如这次河北察哈尔的事件，于学忠、宋哲元的军队，合计不下二十万人，而日的军队，只得十分之一，假如能够抵抗起来，日兵虽猛，断不致失败的这样迅速的。再举一例来说，东北义勇军，是绝对没有组织的，但日本用尽二虎九牛之力，都不能把他扑灭，到现在还有二三十万人。假使日兵是锐不可当的话，何以反不能把一个无组织的军队肃清呢？再看十九路军上海之战，当时上海的中国的兵力，很是单薄，然而居然支持了一个多月，打得日本几乎招架不住，一连换了几个大将，由上面的种种情形看来，抗日并不是不可能的事。

其实抗日救国，不仅是中国问题，而且是东亚问题，世界问题。这次东三省事变的造成，不独中国人万分愤激，就连欧洲人士甚至于日本国民，都很不愿意。怎说呢？欧美人士，不是独爱中国，因为中国是一个广大的市场，各国都想在这里得著一部分的利益，眼看得这个市场，都给日本霸占了，怎不着急？所以当'九一八'时，国联决议日本兵退回原防及派调查团来调查，以及热河事件发生，日本退出国联，宋子文到美国去的时候，那里的人士，都表示欢迎。美国的美元借款，原意是供给我国抗日用的。意大利肯把庚子赔款移购军械，差不多是同样的用意。因为我国人不善利用机会，所以日本人口口声声的说：‘东三省的问题，是中日两国的事情，中国已经认许了，用不著外人来干涉。’这么一来，外人想帮助也无可帮助了。至于日本内部，除了一些军人以外，也有一部分的人，不主张造成这样武人横行的局面。举一个事实来说，当东北事变发生没有多久，日本的总揆犬养毅，便为了这件事来做牺牲者了。

我以为抗日是生路，不抗日就是死路。以前不过四年，已经失去了六个行省，中国土地虽扩，又能经几年的丧失呢！苏老泉（苏秦）说过：‘六国破灭，非兵不利，战不胜，弊在赂秦。’自己土地有限，敌人贪望无穷，这样下去，只有亡国而已。

各位如果能于教学之余，提倡民族主义，抵抗敌人，把整个的民族，提醒起来，同时把农业工业保甲各项问题，通通办理好，因为不能把粮食问题解决，民族自卫问题解决，平时都没有办法，何况是战争的时候呢？各位都是身负教育重任的人，将来回到各县去后，有一份力量做一份救国工作，这样中国方才有救呵。”①

上午10时，典礼结束，开始上课。先生还向该培训班赠送了170部《澄庐文集》。

7月16日　致函各院部校场所，奉西南政务委员会训令，本市各机关职员一体施行军事训练，以锻炼体魄，本校自当遵办。训令中写道：“查本会第一七九次政务会议邹委员鲁，陈委员济棠，林委员云陔提议：本市各机关职员宜一体施行军事训练，以锻炼体魄，健全精神案，决议：‘通过’记录在案。”②

7月19日　签署大学布告。禁止任何人在本校自来水坝汲水房上游附近游泳，以重卫生。③

7月21日　接江门制纸厂来函，谈及本校工学院化学工程系三年级学生到该厂实习事宜，先生即函知工学院院长萧冠英转知该班同学。此前，该班同学曾呈请先生接洽江门制纸厂，联系到该厂实习。④

△接广东省建设厅来函，谈及本校工学院土木工程系三年级学生黄蕙平等

---

① 《国立中山大学、广东省教育厅会办二十四年暑期中等学校教员讲习班报告书》，藏中山大学图书馆校史文献馆，1935年编。

② 《大学公函》，见《国立中山大学日报》，1935年7月22日。

③ 《大学布告》，见《国立中山大学日报》，1935年7月22日。

④ 《化三生赴江门制纸厂实习讯》，见《国立中山大学日报》，1935年7月22日。

到该厅实习事宜，先生即函知工学院院长萧冠英转知黄蕙平等人。此前，黄蕙平等曾呈请该院萧冠英院长，转请先生函介到建设厅实习。①

7月25日 作《赵孟頫神女赋墨迹跋》，刊登在是日出版的《国立中山大学日报》上。

△签署大学布告。公布膳食规则。②

7月26日 签署大学布告。开除农学院蚕桑部工学生黄撷英学籍。③

7月30日 致函各院部处，派定协办人员参加于8月15日开始举行的本届新生入学试。④

7月31日 呈函西南政务委员会，鉴核派员莅校监考新生入学考试，以昭慎重。⑤

7月 作步韵奉和陈融乙亥七月诗。⑥

7月 会晤冒广生，冒提请先生聘任龙榆生担任中大词学教授，先生表示赞同，嘱咐秘书签发聘书。⑦

8月2日 签署大学布告。准广西省政府公函，公布广西省府二十三年度贷予本校学生贷学金数目表，仰本校应领贷学金桂籍学生一体知照。⑧

8月3日 签署大学布告。准广西省灌阳县县长秦仲刚代电，说明该县留学省内外中等以上学校学生津贴发放办法，仰本校灌阳籍学生一体知照。⑨

8月4日 接广东省政府公函，业将省府合行教育厅转饬各该县政府照案拨款情形转知本校第九届毕业筹备会。此前，该筹备会呈请先生，转请各省政府，通令各县政府照案发给本校毕业生考察费200元。⑩

△接第一集团军总司令陈济棠来函，允予收容本校医学院实习生8名，先生即函知医学院刘祖霞院长。此前，刘祖霞函请先生转函第一集团军陆军总医院，请设法收容该院实习生。⑪

---

① 《土三生往北路干线实习讯》，见《国立中山大学日报》，1935年7月22日。

② 《大学布告》，见《国立中山大学日报》，1935年7月29日。

③ 《大学布告》，见《国立中山大学日报》，1935年7月29日。

④ 《大学公函》，见《国立中山大学日报》，1935年8月1日。

⑤ 《本校呈请政委会派员监考入学试》，见《国立中山大学日报》，1935年8月1日。

⑥ 国立中山大学校友会：《邹鲁全集》第（十）卷，三民书局股份有限公司1976年10月初版，第22页。

⑦ 冒怀苏：《冒鹤亭先生年谱》，学林出版社1998年5月第1版，第384页。

⑧ 《大学布告》，见《国立中山大学日报》，1935年8月5日。

⑨ 《大学布告》，见《国立中山大学日报》，1935年8月5日。

⑩ 《省府令各县拨本校毕业生考察费》，见《国立中山大学日报》，1935年8月5日。

⑪ 《本校派医科毕业生赴陆军总医院实习》，见《国立中山大学日报》，1935年8月5日。

8月5日 出席学校董事会及建筑董事联席会第十次会议。①

上午，会议在西南执行部会议结束后，假座西南政务委员会办事处召开，出席人员有林翼中、陈济棠、陈融、区芳浦和先生。会议主要议题包括讨论拟照案将本校法政路附中地业登记证向广州市商库证发行委员会作按押，暂先报领商库证50万元拨充新校舍建筑费案；先生提议本校新聘教授黄仲诚函请准由北平率其子女来本校附校就学，以便在校就近兼顾可否照办请公决案等。

△签署呈文，呈报西南政务委员会，本校文学院院长吴康出国护照原件2本，又履历及出国事由一览表2件，半身照片8张，请察核，令行广东省政府转饬广东省公安局分别填发该院长及其夫人李淑六女士官员出国护照。②

吴康于是月3日致函先生，请先生转请西南政务委员会饬令办理出国护照。

△派陈××（原文如此）去泰山见冯玉祥，“说明对南京办法”③。

8月7日 致函广东财政特派员，请迅予核发补助吴康院长旅费考察费3000元过校，见复由。④

8月8日 致函胡汉民，汇报近期各方面情报及提出对策。

先生向胡汉民汇报了来自日本、蒋介石及南京政府、西南等方面的情报，谈到对国内外形势应采取的方针，先生认为，如在蒋介石与日本之间选择，应联蒋。先生写道：

“弟之主张，以实质抗日下联各省各方请兄主政［实质抗日之解释，盖非挂抗日之名，但日来则事实抗之。举例以言，如日要求换于（于右任）、宋（宋哲元），即令于、宋及助于、宋抗之］，不只与蒋、宁接洽，亦不仅与西南接洽，如能接受，则请毅然负责，复兴民族，否则长作监督及指导民众之导师。弟鲁启　八月八日

弟之主张有须申述者。盖蒋之问题系政治好坏问题，日之问题系民族存亡问题。况今之华北讨蒋，皆受日指挥或胁迫，靡论不能成，即成亦成日人世界也。所惜者，蒋及宁无有人见及此耳（故亦不敢必其成）。至各方进行情形，随时不同，当以电告。弟鲁又及”⑤

① 国立中山大学出版部：《国立中山大学现状》，国立中山大学出版部1936年版，第460～462页。

② 见“国立中山大学全宗”档案，全宗号20，目录号1，案卷号69，藏广东省档案馆。

③ 冯玉祥：《冯玉祥日记》第四册，江苏古籍出版社1992年1月第1版，第585页。

④ 见“国立中山大学全宗”档案，全宗号20，目录号1，案卷号69，藏广东省档案馆。

⑤ 陈红民：《胡汉民未刊往来函电稿》第十一册第三十五卷，广西师范大学出版社2005年12月第1版，第481页。

△致函意大利罗马国际东方学会第十九届大会，本校派文学院院长吴康出席，请查照。吴康所带英文版本校现状，请予分发。①

△致函意大利驻香港总领事拜可尼，介绍吴康院长将赴意大利出席国际学术会议，请函意大利教育部介绍吴康参观贵国教育。②

8月10日 聘任研究院所属各研究所及各部主任：③

文科研究所主任：吴康

中国语言文学部主任：龙沐勋

历史学部主任：朱谦之

教育研究所主任：崔载阳

教育学部主任：崔载阳

教育心理学部主任：许逢熙

农科研究所主任：黄枯桐

土壤学部主任：邓植仪

农林植物学部主任：陈焕镛

△聘任二十四年度各学院院长及所属各系主任：④

文学院院长兼哲学系主任：吴康

中文系主任：龙榆生

英文系主任：张宝树

史学系主任：朱谦之

教育学系主任：许逢熙

社会学系主任：傅尚霖

理学院院长：何衍璿

数学天文学系主任：刘俊贤

物理学系主任：柳金田

化学系主任：康辛元

生物学系主任：董爽秋

地质学系主任：何杰

师范部主任：萧锡三

两广地质调查研究所所长：何杰

---

① 见"国立中山大学全宗"档案，全宗号20，目录号1，案卷号23，藏广东省档案馆。

② 见"国立中山大学全宗"档案，全宗号20，目录号1，案卷号23，藏广东省档案馆。

③ 《大学布告》，见《国立中山大学日报》，1935年8月12日。

④ 《大学布告》，见《国立中山大学日报》，1935年8月12日。

天文台主任：张云
化学工业研究所主任：康辛元
法学院院长：郑彦棻
法律学系主任：朱显祯
政治学系主任：任启珊
经济学系主任：黄元彬
经济调查处主任：黄荫普
民众法律顾问处主任：杨光湛
农学院院长：邓植仪
农学系主任：温文光
林学系主任：侯过
农林化学系主任：彭家元
模范林场主任：黄枯桐
石牌稻作试验场主任：丁颖
南路稻作育种场主任：丁颖
沙田稻作试验场主任：丁颖
农业推广部主任：张农
土壤调查所所长：邓植仪
工学院院长：萧冠英
土木工程学系主任：方棣棠
化学工程学系主任：康辛元
电气工程学系主任：刘均衡
机械工程学系主任：黄秉哲
工厂主任：胡慕瑗
医学院院长：刘祖霞
细菌研究所主任：李挺
生理研究所主任：梁仲谋
病理学研究所主任：梁伯强
药物研究所主任：嘉士弥
解剖学研究所主任：安得来荪

△签署大学布告。公布本届附属初中毕业生会考成绩在60分以上，70分以下者举行升学编级试验安排。[①]

① 《大学布告》，见《国立中山大学日报》，1935年8月15日。

8月11日 正午12时，邀请教务长、事务长、各学院院长、各部主任，在石牌新校会客厅会商文理两学院应于秋季间迁入新校事宜。①

△电请教育部，核定高中课程编制。②

中大附属中学高中部，分甲、乙两部，甲部课程文史地时数较多，为升入大学文法科作预备；乙部课程则注重数物化，为升入大学理工医各科作预备。历办有年，具有成效。但是该方案与教育部前颁一般高中课程及参加会考课目不一致。此前曾电请教育部察核示遵，但没有得到令复。先生以高中将届开学，亟须编定课程，究应如何办理，因此再次致电教育部请示办法。

8月13日 致函英国、德国、法国驻粤总领事，请给函介绍吴康院长于贵国教育部，并引领参观教育。③

△签署大学榜示。公布本校招考新生考生姓名。④

△签署两份大学公函。（一）举行新生入学考试，延聘巡视委员、监考委员，协助办理考务事宜；⑤（二）致函萧冠英教务长、文理两学院院长等人，说明在文理两学院迁入新校后在教职员宿舍未竣工以前，各教职员暂需在外住宿。⑥

8月14日 接生物学系生物考察团呈请，请先生转函日本驻粤总领事西田，为该团赴日本考察提供便利。⑦

△调派欧阳羡光为附属第一医院高级护士。⑧

△签署大学公函。致新生入学初试办理记分人员，公布办理记分事宜。⑨

8月15日 到文明路旧校东堂、西堂及高中部课堂巡视新生初试。⑩

△致函意大利驻香港总领事拜可尼，介绍吴康院长将赴意大利出席国际学术会议，请给函意大利中东学院予以协助。⑪

△致电胡汉民，表示："进行事，汪（汪精卫）等已辞职，志舟（龙云）

---

① 《本校文理两院秋间迁入新校》，见《国立中山大学日报》，1935年8月12日。

② 《邹校长电请教部核定高中课程编制》，见《国立中山大学日报》，1935年8月12日。

③ 见"国立中山大学全宗"档案，全宗号20，目录号1，案卷号23，藏广东省档案馆。

④ 《大学榜示》，见《国立中山大学日报》，1935年8月15日。

⑤ 《大学公函》，见《国立中山大学日报》，1935年8月15日。

⑥ 《大学公函》，见《国立中山大学日报》，1935年8月19日。

⑦ 《生物考察团昨首途赴日》，见《国立中山大学日报》，1935年8月15日。

⑧ 《通知调派欧阳羡光为本院高级护士月薪六十元由》见"国立中山大学全宗"档案，全宗号20，目录号7，案卷号106，藏广东省档案馆。

⑨ 《大学公函》，见《国立中山大学日报》，1935年8月15日。

⑩ 《本校新生初试情形》，见《国立中山大学日报》，1935年8月19日。

⑪ 见"国立中山大学全宗"档案，全宗号20，目录号1，案卷号23，藏广东省档案馆。

派人来负推动之责。少炯（杨熙绩）回，芸樵（何键）力赞成，季宽（黄绍竑）来表示蒋（蒋介石）决心抗日，并先撤近西南兵及行均权。立夫（陈立夫）顷飞蓉晤蒋，亦促进此事。全局如推动，须兄自负责，目前过渡，可由南京中人自择。”①

△令派古雅为附属第一医院护士长。②

8月16日 到文明路旧校东堂、西堂及高中部课堂巡视新生初试。③

△致函英国驻粤总领事，介绍吴康院长将于12月赴英国参观访问，请予以协助。④

△致函比利时驻香港领事，请发介绍函二通给吴康院长，以备该院长持函经过比利时的时候分别接洽公务。⑤

△致函意大利中东学院，介绍吴康院长将赴贵院，请予以接洽。⑥

8月17日 致函意大利驻香港总领事拜可尼，介绍吴康院长将赴意大利出席国际学术会议，请予以帮助。⑦ 拜可尼于是月20日复函先生，称关于吴教授赴意大利一事当照前函办理。

△签署大学布告。公布文理两学院迁入新校后膳费安排。⑧

8月19日 签署大学榜示。公布本届本科生新生初试录取名单及复试安排。⑨

8月19日至20日 出席国民党西南执行部常委会会议。⑩

会议主要讨论西南出席国民党四届六中全会人选和递交议案的问题，未作决定。出席本次常委会的要员有陈济棠、林云陔、先生等人。

8月20日 西南政务委员会决定推先生、林翼中、黄季陆起草对国民党四届六中全会提案。⑪

---

① 陈红民：《胡汉民未刊往来函电稿》第八册第二十六卷，广西师范大学出版社2005年12月第1版，第586页。

② 《国立中山大学令第一五四号》见“国立中山大学全宗”档案，全宗号20，目录号7，案卷号111，藏广东省档案馆。

③ 《本校新生初试情形》，见《国立中山大学日报》，1935年8月19日。

④ 见“国立中山大学全宗”档案，全宗号20，目录号1，案卷号23，藏广东省档案馆。

⑤ 见“国立中山大学全宗”档案，全宗号20，目录号1，案卷号23，藏广东省档案馆。

⑥ 见“国立中山大学全宗”档案，全宗号20，目录号1，案卷号23，藏广东省档案馆。

⑦ 见“国立中山大学全宗”档案，全宗号20，目录号1，案卷号23，藏广东省档案馆。

⑧ 《大学布告》，见《国立中山大学日报》，1935年8月19日。

⑨ 《大学榜示》，见《国立中山大学日报》，1935年8月22日。

⑩ 广东省立中山图书馆：《民国广东大事记》，羊城晚报出版社2002年11月第1版，第507页。

⑪ 中国人民政治协商会议广东省委员会文史资料研究委员会：《粤系军事史大事记》，广东人民出版社1986年10月第1版，第173页。

△致函西南政务委员会杨熙绩委员，请典试新生复试。①

△签署大学榜示。公布本校高中乙部毕业生参加本大学甲组复试名单及复试安排。②

△签署大学布告。公布拟于本年九月中旬迁校学生统一购用伞帐及白床布事宜。③

8月21日 致函罗马大学校长，介绍吴康院长将参加西塔大学（Citta Universitaria）开幕礼。④

△致函罗马国际东方学会第十九届大会 Vittore Pisani 教授，介绍吴康院长将参加该大会。⑤

△致函办理记分人员，参加新生入学复试记分事宜。⑥

△函复舍务主任张若云，同意其关于舍务员人事的安排，并训令朱炜、黎镇南充任新校舍务员，谭鉴用仍留旧校办理高中宿舍舍务；同时，致函高中部刘克平主任，派员接收高中部宿舍家具。⑦

△签署大学布告。公布本校各级男女学生制服内容价值一览表。⑧

△准予附中16名学生、附小15名学生免缴学费一学期。⑨

8月22日 签署两份大学布告。（一）嗣后医学院毕业实习生一律取消津贴费；（二）强调新校员生宿舍寄宿编配办法需得切实落实。⑩

8月24日 签署大学布告。公布本大学研究院总办事处组织大纲及院务会议细则。⑪

△致函六学术团体联合年会列位先生，定本月26日准备午膳，欢迎该年会人员光临。⑫

8月25日 签署三份大学榜示。（一）公布本届本科生取录名单及报到安排。取录新生合计332名；（二）公布本校高中乙部毕业生参加甲组复试取录

---

① 《大学公函》，见《国立中山大学日报》，1935年8月22日。
② 《大学榜示》，见《国立中山大学日报》，1935年8月22日。
③ 《大学布告》，见《国立中山大学日报》，1935年8月22日。
④ 见“国立中山大学全宗”档案，全宗号20，目录号1，案卷号23，藏广东省档案馆。
⑤ 见“国立中山大学全宗”档案，全宗号20，目录号1，案卷号23，藏广东省档案馆。
⑥ 《大学公函》，见《国立中山大学日报》，1935年8月22日。
⑦ 见“国立中山大学全宗”档案，全宗号20，目录号2，案卷号114，藏广东省档案馆。
⑧ 《大学布告》，见《国立中山大学日报》，1935年8月22日。
⑨ 《邹校长奖励附校成绩优良学生》，见《国立中山大学日报》，1935年8月22日。
⑩ 《大学布告》，见《国立中山大学日报》，1935年8月26日。
⑪ 《大学布告》，见《国立中山大学日报》，1935年8月26日。
⑫ 《大学公函》，见《国立中山大学日报》，1935年8月26日。

名单；（三）公布本校在沪取录新生明单。在沪取录新生18人。[①]

8月26日 出席国民党西南执行部会议。[②]

会议主要讨论出席国民党四届六中全会等问题。会议决定提案可以以中央委员个人名义向全会提出，另由先生、林翼中、黄季陆3人负责起草提案，同时推定广西黄旭初、李任仁，广东邓青阳、李绮庵、关素人、詹菊似、陈中孚、黄季陆、刘芦隐、崔广秀等10人出席国民党四届六中全会。

△签署大学布告。公布高中部保证金发放安排。[③]

8月28日 签署大学布告。奉西南政务委员会训令，公布公务员穿着制服实施办法及各机关杂役穿着服装办法，希全校员生工友均于9月15日起一体遵照穿着。[④]

8月30日 签署大学布告。公布新学期学生欠费缴纳事宜。[⑤]

△致函各学院院长等人，奉西南政务委员会训令填写调查各职员姓名军籍出身职务阶级表式，以安排军事训练。[⑥]

8月31日 签署大学布告。公布本届高中毕业直升大学各生报到安排。[⑦]

8月 在西南政务委员会第一百七十九次政务会议上，与陈济棠、林云陔一起递交提案《提议本市各机关职员宜一体施行军事训练以锻炼体魄健全精神案》。[⑧]

9月2日 出席总理纪念周，并发表演讲。[⑨]

先生在演讲中指出南京政府自“九一八”事变以来，畏敌如虎，弃地丧权，造成国不将国，政府为政者不但不配做勾践，更不配做秦桧。该演讲内容以《社评：今之为政者》为主题，发表在9月15日出版的《三民主义月刊》上。

9月4日 签署大学布告。本校为本届初中毕业会考及格未能直升高中，且未通过编级试验各生开设高中补习班，以资收容，公布各生姓名及来校缴费注册安排。[⑩]

---

① 《大学榜示》，见《国立中山大学日报》，1935年8月26日。
② 广东省立中山图书馆：《民国广东大事记》，羊城晚报出版社2002年11月第1版，第507页。
③ 《大学布告》，见《国立中山大学日报》，1935年8月29日。
④ 《大学布告》，见《国立中山大学日报》，1935年9月2日。
⑤ 《大学布告》，见《国立中山大学日报》，1935年9月2日。
⑥ 《大学公函》，见《国立中山大学日报》，1935年9月2日。
⑦ 《大学布告》，见《国立中山大学日报》，1935年9月2日。
⑧ 《大学公函》，见《国立中山大学日报》，1935年9月2日。
⑨ 邹鲁：《社评：今之为政者》，见《三民主义月刊》第六卷第三期，第1页。
⑩ 《大学布告》，见《国立中山大学日报》，1935年9月5日。

9月5日 签署大学布告。奉西南政务委员会训令，自本年9月起，所有公职人员根据收入比例征收国防设备所得捐。①

9月7日 签署大学布告。奉西南政务委员会训令，公布广东省政府决定各机关职员捐薪助赈办法。②

9月9日 在高中部轮值总理纪念周上发表演讲《我国学生须比外国学生加倍努力方能救亡》。③

先生在演讲中呼吁："但我国百年以来受列强的压迫，已沦为次殖民地，尤其是'九一八'以来，南京当局对于日本贯彻其抱薪救火的政策，令到今日东北四省早已失去，冀、察两省名存实亡。全国虽大，敌人视之，不啻囊中物，奴隶牛马，即在目前。当前急务即是救国，负此责任厥在学生。值此存亡绝续的关头，凡我学生，若只能照各国学生同样的努力，还是不够，实在非有兼人之努力，决不能在严重国难中死中求活啊！"④

△签署大学布告。公布办理往返新旧校员生办理乘车票事宜。⑤

9月10日 对本校新生发表第一次训词《大学生与中学生》。

先生在训词中说道："各位由中学来到大学，一切环境都已变更，年龄经验亦已增加，应本着自己责任，努力读书，为社会服务，使学问能和事实相互映证，从实际去努力，才能把落后的中国挽救起来。"⑥

△对本校新生发表第二次演词《学生与学校》。

先生在训词中谈到学生如何做人，说道："第一，在同学中，应互相友爱，互相帮忙，因为各位的年龄学识、地位、环境相差的地方很少，自然很容易契合。人不能离开社会独立，社会是人的结合体，所以要做一件事情，要发展一种事业，都非借助于人之力不可，断不是单枪匹马可以做得起来的。假如各位同在一个环境中，而合作的条件已充分具备，依然不能互相友爱，互相帮忙，则将来欲求在社会上切实的合作，当然更加困难，甚至互相斗争仇视，而归于两败俱伤，结果不但为各位的损失，同时也是国家的损失。反之，如果各位都能互相爱护，互相帮忙则将来在社会服务的时候，仍本着此种精神，自能各尽所长，切实合作，共谋国家的幸福。其次，各位出了学校之后，自然是要为国家服务的，但想要完满的实行，那末在学校的时期，要先有爱护学校的精

---

① 《大学布告》，见《国立中山大学日报》，1935年9月6日。
② 《大学布告》，见《国立中山大学日报》，1935年9月9日。
③ 《我国学生须比外国学生加倍努力方能救亡》，见《国立中山大学日报》，1935年9月13日。
④ 程焕文：《邹鲁校长治校文集》，中山大学出版社2004年11月第1版，第122页。
⑤ 《大学布告》，见《国立中山大学日报》，1935年9月9日。
⑥ 《大学生与中学生》，见《国立中山大学日报》，1935年9月14日。

神。这种精神，能够在学校的时候涵养成熟，则到了治理国家的时候，自能为国家谋福利为社会谋幸福。如果在学校的时候尚不能爱护学校，为着个人的利益，而不惜破坏学校当局惨淡的一切建设，则何以扩大到爱护国家，爱护社会，结果亦仅为谋私立是视而将国家陷于衰败之境而已。”① 对于学生与学校的关系，指出：“学校和家庭一样，无论好坏和各位都有密切关系，所以希望各位能够捐除上面所说的对于学校的误解，爱护学校如爱护自己的家庭。同时，同学中和师生的关系上都能本着合作的精神，共同努力，则本校自能发展无穷，而国家前途，亦有无限的希望。”②

△饬员将第四集团军总司令李宗仁、副总司令白崇禧为石牌新校题赠的匾额悬挂在文学院和法学院门首。③

△致函各学院院长，公布九月份举行总理纪念周轮值表。④

△签署大学布告。奉西南政务委员会令开，投考本校第一试及格的杨瑞要等人准许在医学院等院旁听，并于本月 15 日来校接受军事训练，俟及格后准予缴费注册。⑤

△黄荫普教授呈函先生，再次请辞教授及经济调查处主任兼职，先生准呈，并聘郑彦棻教授兼代经济调查处主任。⑥

9 月 11 日　对本校新生发表第三次训词《学生与社会》。

先生在训词中提出，学生首先要认识社会，其次要适应社会，在此基础上投身社会，服务社会，并进而改造社会。“但要达到这种使命，必须从求学时代做起，并且从学校整个的做起，更要从本身做起，变自己成为社会需要的人才，然后才能完成自己所负的使命。”⑦

△致函各学院院长、教授等人，定于本月 14 日下午 1 时在文明路旧校大礼堂举行教授讲师茶话会。⑧

△签署大学布告。新生高其品、林世平、冯富国等，竟敢在训话时私自谈话，屡戒不悛，应即取消学籍。所有应缴各费，应予发还。⑨

---

① 《学生与学校》，见《国立中山大学日报》，1935 年 9 月 16 日。

② 程焕文：《邹鲁校长治校文集》，中山大学出版社 2004 年 11 月第 1 版，第 159 页。

③ 《李白两总司令题赠本校匾额》，见《国立中山大学日报》，1935 年 9 月 10 日。

④ 《大学公函》，见《国立中山大学日报》，1935 年 9 月 12 日。

⑤ 《大学布告》，见《国立中山大学日报》，1935 年 9 月 13 日。

⑥ 见“国立中山大学全宗”档案，全宗号 20，目录号 2，案卷号 114，藏广东省档案馆。

⑦ 程焕文：《邹鲁校长治校文集》，中山大学出版社 2004 年 11 月第 1 版，第 152 ~ 155 页。

⑧ 《大学公函》，见《国立中山大学日报》，1935 年 9 月 13 日。

⑨ 《大学布告》，见《国立中山大学日报》，1935 年 9 月 13 日。

9 月 13 日 对本校新生发表第四次训词《大学生与国家》。①

先生在训词中指出大学生要担负起救国的领导责任，并做好如下准备：第一，对于学生应做兼人的努力。第二，对于生活也得力求改善。第三，要改进思想，最先应该把“各人自扫门前雪，莫管他人瓦上霜”的传统腐败思想去掉，其次要恢复“杀身成仁，舍生取义”和“至刚至大”以及“智仁勇”等等的德性。最后，要恢复自信。②

△以校长兼研究院院长名义聘定研究院文科研究所历史学部各组人员：黎东方、吴三立为考古组指导教授，陈安仁、徐家骥为档案组指导教授，萧鸣籁、陈廷璠为民俗组指导教授，姚宝猷为常务编辑委员。③

△签署大学布告。凡各学院自公布上课之日起，如学生不上课者，即以旷课论，照章处罚，不稍宽假。本校为整顿学风起见，虽全班全院，依章处罚至开除学籍，亦所不惜。仰各学院未上课学生，一体知照。④

9 月 14 日 主持召开教授讲师茶话会。

为了发展校务，促进学术，挽救国家民族起见，先生特于是日下午 1 时，在文明路旧校大礼堂举行教授讲师茶话会，到会教授、讲师达二百余人。先生宣布开会意旨后，各位教授先后发表意见，讨论认为本校为救民族救国家，对于学术，应特别研究发扬，并为增进其效能，乃决定以下的计划大纲：“（一）每学生应认一问题研究，并认定一教授为指导教授，同一问题，成一研究组，每月有一定之研究，研究所得结果，有一定之报告；（二）严行校章：1. 上课、放假不得变更；2. 严格考试，并不许与学生以题目范围；3. 考察参观，不许在有课期内举行；4. 学生捐款，不许自捐，须在捐款委员会内共捐之；（三）协助学生改良生活：1. 合作银行；2. 一切合作；3. 学生自治；4. 实际工作；（四）课外实际指导学生：1. 爱惜校物；2. 养成校风；3. 公共卫生；（五）改善学校行政：1. 改善公文；2. 实行总办公厅制；（六）学术政治讨论会，每星期六下午三时在新校照常举行。”⑤ 下午 4 时，茶话会始散去。

△对本校新生发表第五次训词《研究学问的精神》。⑥

先生在训词中提到如何培养研究精神：第一，从实际上去培养。第二，要解决问题。第三，从各方面比较上去研究。还在训词中提到研究的对象和方法

---

① 程焕文：《邹鲁校长治校文集》，中山大学出版社 2004 年 11 月第 1 版，第 150～151 页。

② 《大学生与国家》，见《国立中山大学日报》，1935 年 9 月 18 日。

③ 《大学公函》，见《国立中山大学日报》，1935 年 9 月 16 日。

④ 《大学布告》，见《国立中山大学日报》，1935 年 9 月 16 日。

⑤ 《本校教师昨开茶话会盛况》，见《国立中山大学日报》，1935 年 9 月 16 日。

⑥ 程焕文：《邹鲁校长治校文集》，中山大学出版社 2004 年 11 月第 1 版，第 190～192 页。

问题。

△签署大学布告。奉西南政务委员会令，公布本校公务员穿着制服事宜。①

△王造时面见冯玉祥，双方谈到南方的近况，王造时表示："一、南方的近况，广西很有朝气，广东大有死气。二、任公（李济深）甚努力，正在研究如何组织。三、陈真如（陈铭枢）、蔡贤初（蔡廷锴）均甚有革命勇气。四、海滨（邹鲁）说，无权无势，只可说说。五、检查书报之最后决定者为日本人。"②

9月16日 在文学院轮值总理纪念周上发表演讲。③

上午8时，文学院本学期第一次轮值总理纪念周在旧校大礼堂举行，先生及文学院范锜代院长、各位教授及学生出席，行礼如仪后，先生发表训话《学生要养成团体心责任心方能救国》。④

△在法学院轮值总理纪念周上发表演讲《对于本校学生的最高愿望》。

下午1时，法学院本学期第一次轮值总理纪念周在石牌新校举行，先生及法学院院长郑彦棻及各教授职员、学生三百多人参加，活动由郑彦棻主持。行礼如仪后，由先生发表训话，在训话中提到："大家肯振作，中国才得振作；中国有了振作，大家的痛苦才能解除。望各同学今后体会斯旨，切实爱护学校，发扬我们三民主义教育下学生的精神，共促学校于光大之境，才是我个人最高的愿望。"⑤ 下午2时，纪念周结束。

△对本校新生发表第六次训词《团体生活》。先生在训词中以"社会有机体说"和"社会连带主义"两种学说来说明个人与团体关系的处理方式和重要性。⑥

△西南国民党中央执行委员萧佛成、陈济棠、李宗仁、先生、林云陔等联名致电国民党中央。

电文提出将去年9月8日西南执行部所提的整饬政治风纪案，严惩淆乱社会、危害党国祸首案，确立外交方针和国防计划案，确定生产建设计划四案列入国民党第五次全会代表大会议程。后接国民党中央复电，要先生等人以个人

① 《大学布告》，见《国立中山大学日报》，1935年9月17日。
② 冯玉祥：《冯玉祥日记》第四册，江苏古籍出版社1992年1月第1版，第607页。
③ 程焕文：《邹鲁校长治校文集》，中山大学出版社2004年11月第1版，第120~121页。
④ 《本校昨晨举行总理纪念周情形》，见《国立中山大学日报》，1935年9月17日。
⑤ 程焕文：《邹鲁校长治校文集》，中山大学出版社2004年11月第1版，第173页。
⑥ 程焕文：《邹鲁校长治校文集》，中山大学出版社2004年11月第1版，第199~203页。

名义提出提案。[①]

9月17日 对本校新生发表第七次训词《我的读书处世谈》。[②]

先生在训词中提到：第一，要做大事，便要培养自己的学识，充实自己做事的力量。要达到这种目的，当然需要读书，并且读书要勤，同时对于书籍还要加以选择，应该于处世立身有裨益的来做选择的标准，同时读的时候要有判断力，不可被书本迷惑，读书本是一个不容易的事。第二，要把成败看透，盖成败不是一时贵贱荣辱，而是千古之是非褒贬。第三，要振作自己的精神，环境不好，要设法改善他，不要为恶劣的环境同化。

△接陈焕镛教授函报赴荷兰参加第六次国际植物学会大会的行程。陈焕镛此前被先生派遣，代表本校参加国际植物学会。先生也曾专门向大会拍去电报，介绍陈焕镛参会，请大会予以接待。[③]

△签署三份大学布告。（一）公布膳食收据交舍务办事处检验登记事宜；[④]（二）本学期仍聘傅振嵩为国技教师，并定9月16日上课，同时公布课程安排；（三）公布重新改订的国技课程安排。[⑤]

9月18日 对本校新生发表第八次训词《中山大学的使命》。

在训词中指出："各位既来本校求学，自必认清你们的使命是在接受总理的救国主义，奉行总理的救国主张，负上拯救国家拯救民族的责任。……

最后希望各位要确立自信，就是救国之责，我们确能负起，我们既有政治上经济上和民族上优越之处，那末我们要能利用去作奋斗的目标，……各位既是在为养成救国人才而创立的本校读书，接受总理的救国主义，即应以救国为职志，且有上述叙优越环境而不知利用努力救亡，是真无以对国家民族，亦无以对学校和自身，这是我所以在'九一八'四周年纪念的今日，特地提出本校的使命来对各位策励。"[⑥]

9月19日 接工学院院长萧冠英来函，以该院本年度第一次院务会议议决，拟将下午上课时间，改由1时半起至5时半止一案，仍须全校一致施行，请先生察核。先生将该函交给21日下午举行的教务会议进行讨论。[⑦]

---

① 广东省立中山图书馆：《民国广东大事记》，羊城晚报出版社2002年11月第1版，第508页。

② 程焕文：《邹鲁校长治校文集》，中山大学出版社2004年11月第1版，第228～234页。

③ 《本校出席国际植物学会代表陈焕镛教授赴荷之行程》，见《国立中山大学日报》，1935年9月18日。

④ 《大学布告》，见《国立中山大学日报》，1935年9月18日。

⑤ 《大学布告》，见《国立中山大学日报》，1935年9月20日。

⑥ 《中山大学的使命》，见《国立中山大学日报》，1935年9月24日。

⑦ 《廿四年度第二次教务会议录》，见《国立中山大学日报》，1935年9月25日。

9月20日 聘傅永辉为本校高中部国技教员。①

9月21日 将法学院院长郑彦棻的两份来函交给是日下午举行的廿四年度第二次教务会议进行讨论。郑的两份来函分别为法学院学生补修学科规则及该院本年度第一次院务会议议决修改课程一案，请先生核复。②

9月23日 在理学院轮值总理纪念周上发表训话。③

上午8时，理学院在旧校礼堂举行本学期第一次轮值总理纪念周，先生及理学院教职员、学生二百余人出席，活动由理学院院长何衍璿教授主持。行礼如仪后，由先生发表训话《国家未亡国人即失自由了》，号召学生努力读书，救国救民，更要发挥一些服务精神，为建设新校舍作出奉献。

△在农学院轮值总理纪念周上发表演讲《学生须切实去干才能救国》。④

先生在演讲中说道："各位农科生，应该深切明了这点（农业是推动工商业进步的基本）的意义，努力于各位所研究的科学，并切实地去作实践的工作，把实际上的工作，当作为自己的事情去做，则将来各位出到社会以后，自能驾轻就熟，尽量地把各位所学，见诸实行，以完成各位的重大使命。……因为国家灭亡的结果，个人的生存，便无从建树了。故希望各位对于国家，抱着爱护心，处处以国家的利益为本位，更要切实地干你们的学问工作，不要空谈，则中国的前途还是有希望的！"⑤

9月24日 函复医学院刘祖霞院长，准予照章给成绩优良学生陈裕廉等奖免学费一年。⑥

9月25日 核准本校高中部组建管乐队。⑦

9月26日 签署研究院榜示。公布本研究院在广州等地考试录取的十名研究生名单及报到安排。⑧

△签署大学布告。准顺德县管理青云文社财产委员会公函，公布该会发给本校肄业顺德籍本科生廿三年度下学期奖学金事宜。⑨

9月27日 签署大学布告。公布修正本校舍务员办事细则。⑩

---

① 《高中新聘傅永辉先生教授国技》，见《国立中山大学日报》，1935年9月20日。

② 《廿四年度第二次教务会议录》，见《国立中山大学日报》，1935年9月25日。

③ 《昨晨理学院举行总理纪念周情形》，见《国立中山大学日报》，1935年9月24日。

④ 《邹校长在农学院轮值纪念周之训词》，见《国立中山大学日报》，1935年9月24日。

⑤ 程焕文：《邹鲁校长治校文集》，中山大学出版社2004年11月第1版，第117～119页。

⑥ 《学校奖励医科成绩优良生》，见《国立中山大学日报》，1935年9月25日。

⑦ 《本校筹组管乐队》，见《国立中山大学日报》，1935年9月25日。

⑧ 《研究院榜示》，见《国立中山大学日报》，1935年9月27日。

⑨ 《大学布告》，见《国立中山大学日报》，1935年9月27日。

⑩ 《大学布告》，见《国立中山大学日报》，1935年9月30日。

9 月 28 日 签署三份大学布告。（一）公布修正本校学生宿舍规则及本校各宿舍室长区长舍长服务规则；（二）公布国技教师傅振嵩开设太极拳授课安排；①（三）准法学院院长郑彦棻函，修改学生缺课规则第一条内容。②

9 月 30 日 签署四份大学布告。（一）公布文理两学院学生迁至新校后膳费安排；（二）公布新校各学院男生宿舍安排；（三）公布工学院等学院一年级新生到新校的乘车及膳食安排；③（四）公布修正新校校警服务概要及校警赏罚规则。④

△致函蒋仲篪等 15 人，于二日内填送履历表送教务处，编辑二十四年度上学期职教员录用名册。⑤

秋 聘请事务长邹卓然及法学院院长郑彦棻、农场主任张农为中山大学合作社筹备委员会委员，负责起草章程，募集股本。⑥

10 月 1 日 签署三份大学布告。（一）定 10 月 3 日起，将下午上课时间，改由 1 时半起，至 5 时半止；（二）公布文理两学院及大学本部搬迁到新校舍的秩序安排；（三）查第六宿舍改为各学院编余学生公共宿舍，第八宿舍改为理学院学生校舍。⑦

10 月 2 日 签署大学布告。芝庭宿舍（原住教职工）改为学生住宿，公布迁出教职员安排。⑧

△聘范锜兼任文学院院长。是日，范锜到文学院视事。⑨

10 月 3 日 致函附属第一医院姚碧澄主任，指出嗣后购用物品，应填置物品报告表，希查照办理。⑩

10 月 4 日 主持召开中大研究院第一次院务会议。⑪

上午 10 时，会议于旧校钟楼会议室举行，先生及朱谦之、范锜等 13 人参加会议，会议由先生主持。会议报告事项有一项，由先生报告本研究院廿四年度招生经过；讨论事项有三项，分别为：（一）研究生注册表格式样如何决定

---

① 《大学布告》，见《国立中山大学日报》，1935 年 9 月 30 日。
② 《大学布告》，见《国立中山大学日报》，1935 年 10 月 2 日。
③ 《大学布告》，见《国立中山大学日报》，1935 年 10 月 1 日。
④ 《大学布告》，见《国立中山大学日报》，1935 年 10 月 2 日。
⑤ 《大学公函》，见《国立中山大学日报》，1935 年 10 月 1 日。
⑥ 《本校合作社昨开成立大会情形》，见《国立中山大学日报》，1936 年 4 月 13 日。
⑦ 《大学布告》，见《国立中山大学日报》，1935 年 10 月 2 日。
⑧ 《大学布告》，见《国立中山大学日报》，1935 年 10 月 3 日。
⑨ 《文学院布告》，见《国立中山大学日报》，1935 年 10 月 3 日。
⑩ 见“国立中山大学全宗”档案，全宗号 20，目录号 7，案卷号 106，藏广东省档案馆。
⑪ 《研究院成立后第一次院务会议录》，见《国立中山大学日报》，1935 年 10 月 10 日。

案？决议：由本院与注册部会商订定。（二）文科研究所中国语言文学部及历史学部规程，如何颁布施行案？决议：由本院审核颁布施行。（三）研究院学则草案如何颁布施行案？决议：修正通过，并公布之。

△签署两份大学布告。（一）查农学院园艺畜牧讲习班学生制服，现规定与高中部学生制服同样，公布该讲习班学生制服内容价值一览表；（二）公布本校发电所组织章程。①

10月5日 致函文法医三学院院长，查该三院东北籍学生计有赵君哲等3人，经核准本学期免费有案，抄同补助东北勤苦学生章程一份及东北勤苦学生保送书一份，于10月15日前妥填送校。②

△签署三份大学布告。（一）公布学生监理膳食规则；③（二）奉教育部训令，查出国留学学生，除有特殊情形者外，自应以在出国一个月之前，办理请领护照手续为宜；（三）“本校长为挽救颓废起见，用再剀切劝告，仰全校女生，一体遵照，须知奇装异服，谓之不衷，傅粉涂脂，失于太治，务当洗净铅华，莫污本来色相，尤勿专修边幅，反亏固有威仪，各宜自爱，有厚望焉。”④

10月7日 函聘郑振文兼任理学院师范部主任。是日，郑振文到部任事。⑤

10月8日 签署两份大学布告。（一）公布国立中山大学合作社总章；⑥（二）公布国立中山大学研究院章程，附抄研究院及文科教育农科各研究所章程。⑦

10月9日 签署三份大学布告。（一）公布全省党政各机关捐薪建筑国立中山大学新校舍章程；（二）准中华国民拒毒会教育科函开，公布该会扩大全国学生拒毒论文比赛章程及本校学生参加比赛的相关说明；⑧（三）公布学生因病停膳的确定标准。⑨

10月10日 主持中大庆祝双十节纪念大会。⑩

---

① 《大学布告》，见《国立中山大学日报》，1935年10月5日。
② 《大学公函》，见《国立中山大学日报》，1935年10月8日。
③ 《大学布告》，见《国立中山大学日报》，1935年10月8日。
④ 《大学布告》，见《国立中山大学日报》，1935年10月9日。
⑤ 《理学院师范部布告》，见《国立中山大学日报》，1935年10月8日。
⑥ 《大学布告》，见《国立中山大学日报》，1935年10月9日。
⑦ 《大学布告》，见《国立中山大学日报》，1935年10月10日。
⑧ 《大学布告》，见《国立中山大学日报》，1935年10月11日。
⑨ 《大学布告》，见《国立中山大学日报》，1935年10月12日。
⑩ 《本校昨日开会庆祝双十节详情》，见《国立中山大学日报》，1935年10月11日。

纪念大会于上午10时在石牌新校大礼堂举行，先生及教务长、事务长、各学院院长、各主任、各教授及学生等数千人出席，由先生主持。会议开始后，先生恭读总理遗嘱，并发表致辞《国难当中须要认清做人的基础》，提到："我以为各位在校，科学固要紧，而对国家社会的同情心，尤其要紧。处今日而欲打破中国难关，挽救此风雨飘摇的危局，我们对于一切科学，还是第二步，最重要的是做人的基础和对国家社会的同情心。"①

10月12日 签署大学布告。照得本大学附属学校行政统一，高中初中合并为附属中学校，函聘居励今为附属中学校主任，并将初中刻日迁入文明路旧校。②

△函复原高中部主任刘克平，照准其辞职。③

△在是日出版的《国立中山大学日报》上公布办公及会客时间。

△唐守骙做七律诗二首赠送先生。该诗刊登在是日出版的《国立中山大学日报》上。

10月14日 致函各学院等，奉西南政务委员会训令，检同西南出版物编审会法规汇编一本函达。④

10月15日 致函各学院等，奉西南政务委员会训令，查禁复旦大学邮务处出版的《客观》创刊号。⑤

△致函附属第一医院姚碧澄主任等人，请工学院教授刘均衡、黄秉哲、胡慕瑗、曾广弼等分别兼任本校发电厂、自来水厂等厂技师，希查照。⑥

△函复附属第一医院姚碧澄主任，同意其因母病，请假七天，一切事务托叶少芙教授代理。⑦

△签署大学布告。由本月18日起，工法农三学院一年级生往返新旧校园乘车券停发。⑧

△徐维烈夜见冯玉祥，详细汇报香港会议情形："一、会议是两天，吵得很热闹。二、七个人李（李济深）、陈（陈铭枢）、陈（陈济棠）、蒋（蒋光鼐）、蔡（蔡廷锴）、徐（徐谦）、冯（冯玉祥）。三、王造时大闹一回。四、

---

① 程焕文：《邹鲁校长治校文集》，中山大学出版社2004年11月第1版，第102～103页。
② 《大学布告》，见《国立中山大学日报》，1935年10月14日。
③ 《附属高初中合并办理》，见《国立中山大学日报》，1935年10月14日。
④ 《大学公函》，见《国立中山大学日报》，1935年10月17日。
⑤ 《大学公函》，见《国立中山大学日报》，1935年10月16日。
⑥ 见"国立中山大学全宗"档案，全宗号20，目录号7，案卷号106，藏广东省档案馆。
⑦ 见"国立中山大学全宗"档案，全宗号20，目录号7，案卷号106，藏广东省档案馆。
⑧ 《大学布告》，见《国立中山大学日报》，1935年10月17日。

宣侠父亦到，乃是奉命而去的。五、季龙（徐谦）先生割病，现在稍好。六、李（李济深）、陈（陈铭枢）说话情形。七、邹（邹鲁）说还是非干不可。”①

10 月 16 日 签署三份大学布告。（一）准教育部东北青年教育救济处公函，饬注册部将已受该救济处补助各生的毕业转学、退学、休学者暨本年度录取东北籍新生及校内东北籍学生总数分别开列送校汇复外，同时仰本校受补助的东北勤苦学生即赴文书部领取成绩报告书，据实填报；（二）准国际问题研究会函开，公布该会与英文《中国季刊》杂志社联合举行征文办法；②（三）公布修正学生监理膳食规则第三条。③

10 月 18 日 签署两份大学布告。（一）定本星期六日为本学期五院学生开始选举代表之期，并由下星期一起开始实行监理膳食，以后每星期六日仍照规则由各该处学院办理选举；（二）准云南省教育厅公函，仰本校滇籍学生填写学籍调查表，同时公布该省留学省内外学生奖学金规程及奖学金指定校院统系表。④

10 月 19 日 签署大学布告。公布发还文理两学院及化工系学生未到用膳各日膳食费次序表。⑤

△致函各学院院长，公布举行总理纪念周轮值表。⑥

10 月 20 日 史某、陈谷之面见冯玉祥，谈及南京近况及先生图谋倒汪精卫是“胡来是也”。冯玉祥对于史某、陈谷之的看法，“极不痛快，因国难如此，不能这样。至史先生说，西南中委在保存其中委与否而定开不开（国民党‘五全’大会），我闻此语，以为史是骂人，否则便是中委太无价值。”⑦

10 月 21 日 在理学院轮值总理纪念周上发表演讲。⑧

下午 1 时半，理学院本学期第二次轮值总理纪念周在新校礼堂举行，先生及理学院教职员、学生三百余人出席，活动由理学院院长何衍璿主持。行礼如仪后，先生发表训话《国立中山大学创业难守成亦不易》，勉励各生须顾念新校缔造艰难，今后对于校内一切器物，宜加意爱护。同时并当振起精神，研究科学，使内容与外边渐归一致。⑨

---

① 冯玉祥：《冯玉祥日记》第四册，江苏古籍出版社 1992 年 1 月第 1 版，第 626 页。

② 《大学布告》，见《国立中山大学日报》，1935 年 10 月 17 日。

③ 《大学布告》，见《国立中山大学日报》，1935 年 10 月 18 日。

④ 《大学布告》，见《国立中山大学日报》，1935 年 10 月 19 日。

⑤ 《大学布告》，见《国立中山大学日报》，1935 年 10 月 21 日。

⑥ 《大学公函》，见《国立中山大学日报》，1935 年 10 月 21 日。

⑦ 冯玉祥：《冯玉祥日记》第四册，江苏古籍出版社 1992 年 1 月第 1 版，第 628 页。

⑧ 《本校昨日举行总理纪念周情形》，见《国立中山大学日报》，1935 年 10 月 22 日。

⑨ 程焕文：《邹鲁校长治校文集》，中山大学出版社 2004 年 11 月第 1 版，第 44 ~46 页。

△签署两份大学布告。（一）准教育部东北青年教育救济处代电开，布告本校受补助的东北籍勤苦学生即填成绩报告书，转汇该处，如逾期不交，即取消其受救济资格；（二）公布本校自来水厂组织章程及管理规则。①

10月22日 致函各学院系部等部门，为行文简便起见，凡本校分知各部分例行公文，此后统送校报发表，不另行文。②

10月23日 与萧佛成、陈济棠、李宗仁等为重提四案作为国民党“五全”大会新议题致电国民党中央执监委员会。

电文中的重提四案是指胡汉民、陈济棠、先生等中央执监委员于上年9月8日向南京国民党中央执行委员会、监察委员会发出的齐电中所提出的整饬政治风纪案、惩戒丧权辱国之军政当局案等四件提案。

南京国民党中央曾于10月18日向广州国民党中央执监委萧佛成、先生、陈济棠等多人发出巧电，电文写道：“同代表大会按照总章须于三个月前通告诸议题，不过指示代表大会注意之趋向。按诸向例，并无所谓主要议题与非主要议题之区别。未经中央通告而经大会通过之议题，所在多有。且去岁通告之议题，如推进党务案、施政方针案，俱为包罗极广，可因时制定方案，以策党政之改善。此等议题既无所谓新旧，诸同志有何意见，自可尽量发抒，冀供大会采择。而诸同志必谓非主要议题，将置铣（16日）、巧（18日）两电之提议于不论不议之列，诚不知何所据而云然。总之，国势危殆，团结为欲。中央但期努力团结，共同奋斗之有裨，当不辞任何之牺牲，以促其实现。征之往事，概可想见。惟望诸同志鉴此苦衷，共趋一的，使国事前途不因本党之纠纷而益趋暗淡。至所幸企，专此电复，诸维亮察。”③

10月24日 签署两份大学布告。（一）征用文明路旧校高中学生宿舍二、三楼东北两边房室，所有寄宿该房室人员务于本月27日以前迁出，以便修理拨用；④（二）致文学院院长等人，公布各界团体参观石牌新校程序。⑤

10月25日 多位医学院同学到先生办公室请愿，请求照旧发放40元实习津贴费。

先生当面解释，表示关于医学院诸同学实习津贴费，“前奉教育部及西南政务委员会命令，均不许发。嗣根据诸同学呈文，再向教育部请求，只允在原

---

① 《大学布告》，见《国立中山大学日报》，1935年10月22日。

② 《大学公函》，见《国立中山大学日报》，1935年10月23日。

③ 中国第二历史档案馆：《中华民国档案资料汇编》第五辑，第一编，政治（二），江苏古籍出版社1994年6月第2版，第822～824页。

④ 《大学布告》，见《国立中山大学日报》，1935年10月25日。

⑤ 《大学布告》，见《国立中山大学日报》，1935年10月26日。

有经费项下酌拨，其数额不得超过学费及膳宿之数。本校长深谅诸同学苦衷，准于教育部学膳宿三费外，加与衣费及零用费5元。”① 但是请愿学生并不满意，开始罢课，并群集学校议事厅食卧，以作要挟。

此前，多位医学院学生代表向先生表达上述意愿，先生将上述原因及学校的做法作了解释，但是医学院诸多同学不满意，始酿此请愿、罢课及闹事举动。

10月26日 致电胡汉民，表示：“季陆（黄季陆）来电，庸之（孔祥熙）允西南与中央各派同等代表在沪商定办法，同取一致，已派芦隐（刘芦隐）、任仁（李任仁）、青阳（邓青阳）、广秀（崔广秀）、定蕃（张定蕃）、季陆、菊似（詹菊似）七人持前日所决各问题与商。复得敏初（邹敏初）电，庸之已将前日所决各题商蒋（蒋介石），得结果即来解决一切。”②

同日，先生再电胡汉民，“介石（蒋介石）嘱楚伧（叶楚伧）向慧生（谢持）表示：（一）对日已作事实上布置；（二）去汪（汪精卫）一致；（三）襄请兄回国，此间派人出席六中全会。其主旨：一、炳定抗日方针；二、去汪以明对日态度；三、迎胡表示一致；四、保存二机关（西南政务委员会、西南执行部）以继续西南建设。”③

△签署大学布告。对医学院请愿及罢课、闹事同学做出剀切劝诫，对于学生的要挟举动，认为“不特为诸同学之玷，抑亦整个青年之玷。学校培养诸同学数年，而诸同学竟有此怪状，是尤本校长之罪戾也。若此次诸同学不衷情理，不循规则之要求，再予曲允，不特校款困难，命令所在，万难办到，且使诸同学以非为是，此后戾情干法之事，将视为固然，则所以害诸同学及社会者将更烈，本校长又安敢惜个人之成败利钝而不挽此颓风也。为此再切布告，所有请求照旧发给津贴一事，决不能办，务即回院照常上课，以重学业，为要！”④

△致文法理工农五学院院长，定从本星期四起，各学院院长每日下午4时半至5时半到办公厅会商校务。⑤

---

① 《大学布告》，见《国立中山大学日报》，1935年10月28日。

② 陈红民：《胡汉民未刊往来函电稿》第八册第二十六卷，广西师范大学出版社2005年12月第1版，第606页。

③ 陈红民：《胡汉民未刊往来函电稿》第八册第二十六卷，广西师范大学出版社2005年12月第1版，第607页。

④ 《大学布告》，见《国立中山大学日报》，1935年10月28日。

⑤ 《大学公函》，见《国立中山大学日报》，1935年10月28日。

△致函各学院院长，公布党义授课时间及地点表。①

△致函各处部馆场所暨各附校，各部门主管人员嗣后如有公务须商洽，应即于每日下午2时半至3时半到总办公厅面商决定，以期迅速，而利进行。②

△戴传贤致函先生及陈济棠、林云陔，呼吁西南同人出席即将召开的国民党"五全"大会。③

10月27日 日人冈村宁次少将到广州访问萧佛成、刘纪文、先生等人，就中日邦交、经济提携以及航空、贸易等问题交换意见。④

10月28日 出席法学院轮值总理纪念周，并发表训话。⑤

下午1时半，法学院本学期第二次轮值总理纪念周在该院大讲堂举行，先生及法学院郑彦棻院长、各教授职员二十余人、学生约三百人出席会议，会议由郑彦棻主持。行礼如仪后，先生发表训话《能自治和勤俭的人才能为国家社会服务》，在训话中提出两个问题和大家进行讨论，第一是关于课外学术讨论问题，第二是关于合作社问题。针对国家遭遇到严重危机的现状，提出："我们万万不应暴弃这珍贵的读书机会，要一心一德多读点书，先足自己的学问能力，去应付未来的变难，复兴我们的国魂，这就是我们最渴切的愿望。"⑥

△主持中大研究院第二次院务会议。⑦

下午3时半，会议在新校化学教室二楼会客厅举行，先生及许逢熙、龙沐勋等9人出席会议，会议由先生主持。首先由先生报告本院研究生注册表式及研究生□已编制完竣。其后，会议对三个事项进行了讨论，分别为：（一）关于语言文学部课程审查案，决议：修正通过；（二）关于历史文学部课程审查案，决议：修正通过；（三）关于本院各所课程如何呈报教育部案，决议：各部课程表，照土壤部所拟的格式拟订，经下次院务会议审查修正后，再行报部；每课程报部定两年。

△致电胡汉民，经过与萧佛成、林云陔、陈融熟商，认为南京政府及各省一定欢迎胡归国，电请胡切宜即归，以维党国。⑧

---

① 《大学公函》，见《国立中山大学日报》，1935年10月28日。

② 《大学公函》，见《国立中山大学日报》，1935年10月28日。

③ 陈哲三：《邹鲁研究初集》，华世出版社1980年2月初版，第209页。

④ 中国社会科学院近代史研究所中华民国史研究室编：《中华民国史资料丛稿大事记》第二十一辑，中华书局1981年6月印刷，第159页。

⑤ 《法学院昨日举行纪念周情形》，见《国立中山大学日报》，1935年10月29日。

⑥ 程焕文：《邹鲁校长治校文集》，中山大学出版社2004年11月第1版，第181~185页。

⑦ 《研究院第二次院务会议记录》，见《国立中山大学日报》，1935年11月29日。

⑧ 陈红民：《胡汉民未刊往来函电稿》第八册第二十六卷，广西师范大学出版社2005年12月第1版，第607页。

△签署三份大学布告。（一）公布召开级代表谈话会安排及级代表名单；（二）限文法理工农五学院学生在本月31日以前须一律在校膳宿；[①]（三）公布本校课外学术讨论通则。[②]

10月29日 向国内党政机关学校发出艳电，11月11日为中大新校落成及庆祝建校11周年典礼，敬请出席或致贺电贺函。[③]

△致函各学院教师及院长，公布票选校务会议代表事宜。[④]

△与萧佛成一起致电胡汉民，请胡早日回国。[⑤]

10月30日 云南盐运使李培炎向先生致函，祝贺中大建校十一周年。[⑥]

△准医学院院长刘祖霞呈函，给医学院员生自11月1日至8日放假，以便得以参加在广州举行的中华医学会第三届年会。[⑦]

△签署大学布告。公布写给医学院罢课学生的信函，盼望学生即日复课。[⑧]

10月31日 陕西省政府主席邵力子、广西省政府主席兼广西大学校长黄旭初、内政部次长陶履谦及许修直、北平军委分会向先生致贺函，[⑨] 西康建省委员会委员刘文辉向先生致贺函，[⑩] 庆祝中大建校十一周年。

△致函各学院院长等人，将范锜教授拟订的三民主义教育实施方案附发，请为斟酌损益，拟具详细办法报核。[⑪]

△签署两份大学布告。（一）公布修正的本校舍务员办事细则第五条；[⑫]（二）奉教育部训令，波兰政府拟津贴一名中国学生赴波兰留学，公布波兰教育之说明，仰本校学生一体知照。[⑬]

---

① 《大学布告》，见《国立中山大学日报》，1935年10月29日。

② 《大学布告》，见《国立中山大学日报》，1935年10月30日。

③ 《祝贺电函》，见《国立中山大学成立十一周年纪念大学全部迁入新校典礼文理二学院落成典礼纪念特刊》，1935年11月11日。

④ 《大学公函》，见《国立中山大学日报》，1935年10月31日。

⑤ 陈红民：《胡汉民未刊往来函电稿》第八册第二十六卷，广西师范大学出版社2005年12月第1版，第608页。

⑥ 《十一周年纪念贺函补志》，见《国立中山大学日报》，1936年3月6日。

⑦ 《大学布告》，见《国立中山大学日报》，1935年10月31日。

⑧ 《大学布告》，见《国立中山大学日报》，1935年10月31日。

⑨ 《祝贺电函》，见《国立中山大学成立十一周年纪念大学全部迁入新校典礼文理二学院落成典礼纪念特刊》，1935年11月11日。

⑩ 《祝贺电函补志》，见《国立中山大学日报》，1935年11月26日。

⑪ 《大学公函》，见《国立中山大学日报》，1935年11月1日。

⑫ 《大学布告》，见《国立中山大学日报》，1935年11月1日。

⑬ 《大学布告》，见《国立中山大学日报》，1935年11月2日。

10 月 石牌新校舍第二期工程完工。[①]

本期工程包括大门石牌坊一座，文、法学院大楼各一座，农林化学馆一座，园艺温室一座，农场总务股办事处一座，农场储藏室一座，蚕学馆一座，乳牛房一座，理学院的数学天文物理教室一座，生物地质地理教室一座，工学院的化学工程教室一座，工厂数座，宿舍数座，修筑马路五十余里。

先生亲自为农场主任宿舍题写石刻。该建筑位于今华南农业大学校园内，坐南朝北，宽23.2米，深11.2米，占地面积259.8平方米，是中西合璧的钢筋水泥混凝土小洋房，红砖墙体，歇山顶，琉璃滴水剪边，一偏一正，右墙嵌宽0.5米，长0.35米的连州青石碑，上刻："农场主任宿室"，下款："张农教授，兼主场务，载日披星，不惧风雨，因建此事，……，邹鲁书。民国二十四年十月（1935年10月）"[②]。

第二期工程完工之后，石牌的新校址已初具规模，当初荆棘满地的荒野，变成堂皇瑰玮的大学校园。

本期校舍建筑费招标后总值240多万元，比预算的300万元要低，不料施行起来困难重重。中央的120万元补助款项，实际到位的仅有50万元；肥田料捐和生豆捐预计为60万元，实际到位30余万元；计划出售的旧农学院、旧附中校址没有卖掉，造成200多万元亏空填补。先生描述道："当时焦头烂额的情形，真非笔墨所能形容。我曾对学生说，为了筹款，除没有叫人爸爸和向人叩头之外，可说一切都已做到。"[③] 后来，先生在西南政务委员会上提出按照比例捐资，获得通过。而交通银行和国华银行借款50万元，才使先生安然渡过难关。

中央补助款项实际到位的不足一半，原因在于当时担任教育部长的是原中大校长朱家骅"对邹鲁把持中大不满"，加之当时"广东与中央的关系若明若暗"，"不仅拨款不足，学校经费亦常常拖欠。"[④]

11 月 1 日 致电国民党四届六中全会，提出《请照前议拨款清理国立中山大学建筑校舍积欠并按月拨助建筑费十万元以三年为限案》。[⑤]

---

① 戴书训：《愈经霜雪愈精神——邹鲁传》，近代中国出版社1983年10月初版，第86页。

② 《中山大学石牌旧址建筑群》，见广州市天河区地方志编纂委员会办公室网（http://quzhi.thnet.gov.cn/thqq/thls/wwgj/200712/t20071211_211512.html），2007年12月11日。

③ 邹鲁：《回顾录》，岳麓书社2000年9月第1版，第328页。

④ 王喦：《邹鲁生平述略》，见广东省政协文史资料委员会编《近代广东名人录》第二辑，广东人民出版社1989年4月第1版，第124页。

⑤ 中国国民党中央委员会党史委员会：《邹鲁先生文集》，中国国民党中央委员会党史委员会1984年6月30日出版，第311~312页。

提案指出国立中山大学石牌新校舍建筑一期已经拖欠工程款，二期工程所需费用更大，请求财政部“除特拨款项清理积欠外，按月拨助建筑费大洋10万元，暂以3年为限，俾新校得早日完成，亦党国之至大光荣也。”① 该电由胡汉民、萧佛成等人共同署名。不过，该案经过讨论后“无结果”②。

△考试院铨叙部长石瑛、湖北省政府主席张群向先生致贺电，庆祝中大建校十一周年。③

△签署大学布告。各学院原定星期六票选学生一人监理膳食，现改为每两周票选一人，故本星期六各学院可毋庸办理选举，至监理膳食规则，俟修正后，再行分别通告。④

11月2日 在总理习医五十周年纪念大会暨中华全国医学会第三届年会上发表演讲《中西医学须融会贯通》。⑤

△致函各学院院长等人，布置本校救国会执行委员会换届选举事宜。⑥

△教育部长王世杰、中央大学校长罗家伦向先生致贺电，庆祝中大建校十一周年。⑦

△签署大学布告。公布本校救国会执行委员会换届选举办法。⑧

11月3日 出席李挺博士新婚宴会。⑨

本校医学院细菌研究所主任李挺博士与梁爱莲女士在广州新亚酒店举行结婚典礼，先生出任证婚人，并主持结婚典礼。在行礼如仪后，先生发表致辞，大意为夫妇为人伦之始，由夫妇而成家，集家而成国，故夫妇和而后家国兴，愿一对新婚夫妇共同努力，冀对国家社会有所贡献。婚宴于晚上8时结束。

△函复中国心理卫生协会，同意列名为该会赞助人。此前，该会致函先生，奉请先生列名为发起人或赞助人，先生以该会宗旨甚善，裨益社会，深表同情，因为复函同意列名为赞助人。⑩

---

① 中国国民党中央委员会党史委员会：《邹鲁先生文集》，中国国民党中央委员会党史委员会1984年6月30日出版，第7~8页。

② 陈哲三：《邹鲁研究初集》，华世出版社1980年2月初版，第166页。

③ 《祝贺电函》，见《国立中山大学成立十一周年纪念大学全部迁入新校典礼文理二学院落成典礼纪念特刊》，1935年11月11日。

④ 《大学布告》，见《国立中山大学日报》，1935年11月2日。

⑤ 程焕文：《邹鲁校长治校文集》，中山大学出版社2004年11月第1版，第91~92页。

⑥ 《大学公函》，见《国立中山大学日报》，1935年11月4日。

⑦ 《祝贺电函》，见《国立中山大学成立十一周年纪念大学全部迁入新校典礼文理二学院落成典礼纪念特刊》，1935年11月11日。

⑧ 《大学布告》，见《国立中山大学日报》，1935年11月4日。

⑨ 《李挺教授结婚盛况》，见《国立中山大学日报》，1935年11月7日。

⑩ 《首都成立中国心理卫生协会》，见《国立中山大学日报》，1935年11月4日。

△原考试院秘书长陈大齐向先生致贺电，庆祝中大建校十一周年。[1]

11月4日 蒋介石派代表到广州会晤先生等人。[2]

戴传贤、马超俊是日携带蒋介石亲笔函飞抵广州，连日分晤陈济棠、李宗仁、萧佛成、先生等要员，交换对时局的意见，并邀请西南要人出席国民党"五全"大会。当时，西南执行部的人多数不赞成贸然出席，先生认为，"国家民族到了这种危急严重的时候，还不急谋团结御侮，决不是我们革命党人应有的行为，也不是同志对同志应有的态度，更不足以使全国同胞深信我们忠于党国的一贯精神。我们西南同人所衷心希望的，就是抗日救亡。目前中央正从事于抗日的准备，这是吾人主张实现之时。我们不和他们合作，还有什么理由呢？我们哪能不赶快集中力量和意志，共同御敌，以致坐失最好的时机？"[3]先生的观点得到萧佛成、陈济棠、林云陔等人的赞同，于是西南决定派员北上出席国民党"五全"大会。

先生作出该决定前与胡汉民进行了商议，该决定也使先生"结束了他近十年试图另起炉灶，与蒋抗衡的努力，重新依附蒋中央"[4]。

△武汉大学校长王星拱[5]、长沙市长何元文[6]向先生致贺电，庆祝中大建校十一周年。

△签署大学布告。布告切实执行本校学生宿舍规则及舍务员办事细则。[7]

11月5日 陪同戴传贤及马超俊参观中大校园。[8]

下午3时，戴传贤及马超俊乘车到校参观，先生亲自陪同，并引导介绍。傍晚，先生在学校设宴，为戴、马洗尘，并柬请前校长许崇清、广州市市长刘纪文、考试院铨叙部次长李晓生、原考试院秘书长陈大齐，本校各学院院长、教务长、事务长、农林场各主任陪同赴宴，宴会至晚上8时结束。

△签署大学布告。规定嗣后如学生借用教职员长期车票，一经发觉，除没

---

① 《祝贺电函》，见《国立中山大学成立十一周年纪念大学全部迁入新校典礼文理二学院落成典礼纪念特刊》，1935年11月11日。

② 广东省立中山图书馆：《民国广东大事记》，羊城晚报出版社2002年11月第1版，第510页。

③ 戴书训：《愈经霜雪愈精神——邹鲁传》，近代中国出版社1983年10月初版，第133页。

④ 王岗：《邹鲁生平述略》，见广东省政协文史资料委员会编《近代广东名人录》第二辑，广东人民出版社1989年4月第1版，第123页。

⑤ 《祝贺电函》，见《国立中山大学成立十一周年纪念大学全部迁入新校典礼文理二学院落成典礼纪念特刊》，1935年11月11日。

⑥ 《祝贺电函补志》，见《国立中山大学日报》，1935年12月3日。

⑦ 《大学布告》，见《国立中山大学日报》，1935年11月6日。

⑧ 《邹校长欢宴戴马两先生》，见《国立中山大学日报》，1935年11月6日。

收该长期车票外，并将该借用车票之学生予以严厉处分。[①]

11 月 6 日 出席西南政务委员会会议。[②]

国民党中央代表戴传贤、马超俊列席本次会议。会后，马超俊告诉记者，其南来任务是报告中央年来外交内政措施，敦请西南中委出席国民党“五全”大会，知会西南同志，蒋介石、阎锡山、冯玉祥已电促胡汉民、王宠惠等回国开会。

会议召开前，戴传贤、马超俊连日访陈济棠、李宗仁、萧佛成、先生等人，商讨“团结”。[③]

△宁夏省政府主席马鸿逵向先生致贺电，庆祝中大建校十一周年。[④]

△签署大学布告。准国立大学鄂籍学生补助基金董事会函开，公布该基金董事会各种章则，仰本校鄂籍学生一体知照，按规则申请贷金。[⑤]

△致函各学院、附校、图书馆，奉西南政务委员会训令，《禽兽世界》、《百大秘密》为淫秽作品，予以查禁；《文言白话大众语论战集》一书挑拨阶级意识，予以查禁。[⑥]

11 月 7 日 出席西南政务委员会会议。

会议于上午 9 时开始，主要议题是讨论西南各中委晋京出席国民党“五全”大会事宜。到会人员有萧佛成、李宗仁、陈济棠、先生等多人，由萧佛成主持。会议一致通过，推先生、林冀中、刘纪文、陈耀垣、黄旭初五名委员晋京参会。[⑦]

△签署大学布告。收回旧校俄罗斯路、英吉利路一带房室，改做大学驻旧校职员宿舍。[⑧]

11 月 8 日 晨，戴传贤、马超俊向陈济棠、李宗仁、萧佛成、先生等西南要员辞行。上午 9 时，戴、马等人乘机北飞，李宗仁、先生、林云陔、刘纪

---

① 《大学布告》，见《国立中山大学日报》，1935 年 11 月 7 日。

② 广东省立中山图书馆：《民国广东大事记》，羊城晚报出版社 2002 年 11 月第 1 版，第 510 页。

③ 中国人民政治协商会议广东省委员会文史资料研究委员会：《粤系军事史大事记》，广东人民出版社 1986 年 10 月第 1 版，第 176 页。

④ 《祝贺电函》，见《国立中山大学成立十一周年纪念大学全部迁入新校典礼文理二学院落成典礼纪念特刊》，1935 年 11 月 11 日。

⑤ 《大学布告》，见《国立中山大学日报》，1935 年 11 月 9 日。

⑥ 《大学公函》，见《国立中山大学日报》，1935 年 11 月 7 日。

⑦ 《西南政务会推定出席五全会代表》，见《申报》，1935 年 11 月 8 日；同日，《申报》专电认为，先生等 5 位出席五全代表是由西南政务委员会和西南执行部联合推选的。

⑧ 《大学布告》，见《国立中山大学日报》，1935 年 11 月 8 日。

文等数十人到机场欢送。①

△下午4时，乘广九专车赴港。②

先生抵达香港时，仍有许多同志劝其临时中止北上，避免受骗。先生说："现在已不是受骗与否的问题了。局势到了这种严重的阶段，为了救党救国，即使受骗，甚至牺牲，也顾不得了。因为革命党人只问该不该做，却顾不到是否安全的。"③ 于是决定继续前往赴会。离开广州前，先生交代萧冠英代为主持操办校庆十一周年纪念大会事宜。④

△致李涵谷等17人，函知其当选为校务会议代表。⑤

△签署大学布告。公布举行本校十一周年纪念大会安排。⑥

11月9日 午，先生一行三四十人，由香港乘太平洋轮船公司潘兴（也译普胜）将军号轮北上。⑦

△考试院院长朱家骅、国立浙江大学校长郭任远、广西省立柳州中学校长刘善继向先生致贺电，庆祝中大建校十一周年。⑧

11月11日 手书《国立中山大学新校舍后记》（碑文）。⑨

碑文介绍了国立中山大学新校第二期工程建设的具体情况。本期工程完工后，大学各个机关、院系均迁入新校园。先生在碑文中提出希望："三年前荒旧之山丘，至今轮奂一新；觇国者，至目之为文化城。虽一草一木，皆经心血之灌溉，在人莫不以为可喜，而余于此乃有三惧焉：宏伟之校舍，所以充实光辉，发扬学问，以贡献于国家社会，若虚有物质，而无精神，是上之为虚糜国帑，下之为徒竭民膏，可惧者一；校舍之适宜，为学生便于藏修，倘安于舒适，此后不能刻苦耐劳，甚至从田间来者，不复能再归田间，则此校舍之设，无异养成残废之人，可惧者二；多量之种植，为生产教育也，或不加爱惜，予以摧残，或管理不善，所入不如所期，不特此后生产教育不能完成，人将视生

---

① 《戴马自粤飞抵赣》，见《申报》，1935年11月9日。

② 《邹校长昨日晋京出席五全大会》，见《国立中山大学日报》，1935年11月9日；《戴马自粤飞抵赣》，见《申报》，1935年11月9日。

③ 邹鲁：《回顾录》，岳麓书社2000年9月第1版，第361页。

④ 《本校庆祝总理诞辰暨本校十一周年纪念文法二学院落成大学全部迁入新校典礼纪盛》，见《国立中山大学日报》，1935年11月14日。

⑤ 《大学公函》，见《国立中山大学日报》，1935年11月9日。

⑥ 《大学布告》，见《国立中山大学日报》，1935年11月9日。

⑦ 《邹鲁昨午由粤抵沪》，见《申报》，1935年11月13日。

⑧ 《祝贺电函》，见《国立中山大学成立十一周年纪念大学全部迁入新校典礼文理二学院落成典礼纪念特刊》，1935年11月11日。

⑨ 程焕文：《邹鲁校长治校文集》，中山大学出版社2004年11月第1版，第28~29页。

产为畏途矣，可惧者三。本校建筑时之困难，渐成过去，本校建筑后之忧惧，正在未来；万一不幸所惧之事不能免焉，则余艰难困苦以建此校，实适成为罪过矣。瞻望前途，中心惕虑！愿与我员生互相策勉，凛承总理创办本校以救中国之旨，日就月将，俾文化发扬，人才蔚起，则余亦少减罪戾焉！是则余之厚望也夫。”①

该文虽落款为“中华民国二十四年十一月十一日（1935 年 11 月 11 日）邹鲁撰并书”，实际撰写时间在 11 月 8 日先生起身去南京之前。

△为《国立中山大学现状（中华民国二十四年）》一书题写封面及作序。②

△为《国立中山大学成立十一周年纪念、大学全部迁入新校典礼、文理二学院落成典礼》一书题写书名。

△题写书名的《国立中山大学农学院推广部概况》刊行。

△北平辅仁大学校长陈垣③、国立中山大学同学会④、私立福建协和学院院长林景润分别向先生致贺电⑤、傅作义向先生致贺函⑥，庆祝中大建校十一周年。

11 月 12 日　中午，抵达上海。⑦

先生本来预计是日上午 8 时即可抵沪，由于中途遇到大雾，轮船行驶缓慢，延至正午始进吴淞口，下午 1 时停泊在招商局北栈码头。行政院副院长兼财政部部长孔祥熙、宋子文、徐堪、财政部次长邹琳、司法院副院长覃振、中委黄季陆、关素人、崔广秀、李任仁、邓青阳以及杨德昭、侨务委员会委员谢仲复、上海市政府代表李大超、市保安处代表王之南、市党部代表童行白及先生友好 60 余人在轮船停泊后，均登轮欢迎。旋即下轮，发表书面谈话后，迳赴沧州饭店休息。

在书面谈话中，先生说道：“余个人主张：一本向来救国之旨，图团结以赴国难，故在此国难严重之中，凡救国者皆是同志，凡非救国者皆是仇敌。此次之出席第五次全国代表大会，即本此旨，与各同志切实商办，由本党先行做

---

① 邹鲁：《回顾录》，岳麓书社 2000 年 9 月第 1 版，第 329 页。

② 邹鲁：《国立中山大学现状序》（中华民国二十四年），见“国立中山大学全宗”档案，全宗号 20，目录号 1，案卷号 3，藏广东省档案馆。

③ 《祝贺电函》，见《国立中山大学成立十一周年纪念大学全部迁入新校典礼文理二学院落成典礼纪念特刊》。

④ 《贺电补志》，见《国立中山大学日报》，1935 年 11 月 19 日。

⑤ 《祝贺电函补志》，见《国立中山大学日报》，1935 年 11 月 20 日。

⑥ 《贺函补志》，见《国立中山大学日报》，1935 年 11 月 21 日。

⑦ 《邹鲁昨午由粤抵沪》，见《申报》，1935 年 11 月 13 日。

起，以救此目前党国之危急。目前中国局面已是百孔千疮，如政治、如外交、如财政、如经济、如军政、如农村、如商场、如工业、如灾情等等，在在皆须努力改善及救济。但得由本党先行本救国之旨，一致团结，再本总理天下为公之心，见诸事实，由全党全国一致负责做去。窃以为中国虽危，总有办法，是尤个人所深信者。”①

晚上，出席沪地好友举行的欢宴。期间，有同志来劝阻先生不要赴京，但先生意志已决，便于晚上11时，乘坐夜间快车入京，同车入京的还有中委关素人、黄季陆、李任仁、崔广秀、邓青阳、刘芦隐、詹菊似、柏文蔚、何世桢、云南代表张西林、裴存藩、陆子安等。

《申报》报道：先生抵沪前，“中央党部及蒋委员长曾先后致电吴（吴铁城）市长，托妥为招待。吴市长接电后，已指派人员，搭公安局小轮，届时前往该轮欢迎，闻代表到沪后，即晚将偕同留沪代表邓青阳、崔广秀等晋京，吴市长并已通知路局备车候用。”②

△广西大学校长马君武③、重庆大学校长胡庶华向先生致贺电④、程克向先生致贺函⑤，庆祝中大建校十一周年。

11 月 13 日　晨，抵达南京。⑥

先生在和平路车站下车，戴传贤、马超俊、张知本、傅汝霖、薛笃弼、焦易堂、王陆一、梁寒操、陈策、居正夫人钟明志、林森主席代表吕超及粤桂出席全会的代表多人均到车站欢迎。先生下车后，与前来相迎人员一一握手寒暄，随后与钟明志同车赴居正私邸稍作休息。

△出席国民党第五次全国代表大会第一次预备会议。⑦

会议于上午9时在中央党部大会会场举行，先生等人参加，主席为于右任。会议讨论事项第一项为中央执行委员会提出大会主席团人选，请公决案。主席团人选为15人，由中央执行委员会推举蒋介石、汪精卫、先生等19名，另由大会推定11人，合计30人，由大会票选决定。会议还讨论了秘书长、秘书名单等。

△中午，南京市市长马超俊在市政府设宴，邀请先生、林云陔、黄旭初、

---

① 《邹鲁昨午由粤抵沪》，见《申报》，1935年11月13日。
② 《粤桂代表邹鲁等来沪》，见《申报》，1935年11月11日。
③ 《贺电补志》，见《国立中山大学日报》，1935年11月16日。
④ 《祝贺电函补志》，见《国立中山大学日报》，1935年11月20日。
⑤ 《祝贺电函补志》，见《国立中山大学日报》，1935年11月20日。
⑥ 《邹鲁等昨由沪抵京》，见《申报》，1935年11月14日。
⑦ 中国第二历史档案馆：《中央周刊》，南京出版社1997年7月第1版，第33－36页。

陈耀垣、刘纪文、何世桢、刘芦隐等人参加。[1]

△下午，分别拜谒林森、蒋介石，并到医院探慰汪精卫，随后还拜访孔祥熙等友好，“相谈均极欢洽”[2]，秘书吕举民、于成麟陪同先生拜访。会晤蒋介石时，蒋把对日外交和军事上的种种计划告诉给先生，并说一切在加紧准备之中，军事方面如果有不明白的，可向冯玉祥、阎锡山两位询问。先生见到蒋的诚恳态度，十分高兴。[3]

△晚上，孔祥熙部长在私邸设宴为先生洗尘，谢持、杨沧白、刘纪文、黄旭初等人作陪。[4]

△致函国民党“五全”大会秘书处交际科，请转发国立中山大学建校十周年纪念册、新校概要等资料给参加“五全”大会的各个代表及中央委员。[5]

△冯玉祥、阎锡山得知先生到达南京后，同来拜访。谈到军事计划，都说依照蒋介石这种准备，比原定支持时日还会延长。[6] 冯玉祥在日记中记载：“见邹海滨（邹鲁）先生，谈甚久，知其说话很有预备也。”[7]

△致电广州，表示中央同志均具决心与西南一致合作救亡，并促林冀中北上。[8]

11 月 13 日至 12 月中旬 在南京期间，作诗及游览。[9]

在南京开会期间，先生作诗《南京忆辛亥》四首，分别为《统帅入京》、《扫叶楼题诗》、《柳荫竞马》、《大观楼醉饮》。

期间曾到扫叶楼游览，看见恩师丘逢甲登扫叶楼题诗，有“扫胡如扫叶”句，先生和该诗，用“飞白”字题之，陪游老僧频频合掌，对“飞白”字赞好，先生笑问是否为诗不好？老僧急忙合掌说“诗亦甚好！诗亦甚好！”[10] 大家相视灿然。

---

① 《邹鲁等昨由沪抵京》，见《申报》，1935 年 11 月 14 日。

② 《邹鲁等昨由沪抵京》，见《申报》，1935 年 11 月 14 日。

③ 戴书训：《愈经霜雪愈精神——邹鲁传》，近代中国出版社 1983 年 10 月初版，第 133 页。

④ 《邹鲁等昨由沪抵京》，见《申报》，1935 年 11 月 14 日。

⑤ 中国国民党中央委员会党史委员会：《邹鲁先生文集》，中国国民党中央委员会党史委员会 1984 年 6 月 30 日出版，第 312 页。

⑥ 戴书训：《愈经霜雪愈精神——邹鲁传》，近代中国出版社 1983 年 10 月初版，第 133 页。

⑦ 冯玉祥：《冯玉祥日记》第四册，江苏古籍出版社 1992 年 1 月第 1 版，第 638 页。

⑧ 《陈济棠将晋京谒当局》，见《申报》，1935 年 11 月 14 日。

⑨ 国立中山大学校友会：《邹鲁全集》第（十）卷，三民书局股份有限公司 1976 年 10 月初版，第 22 页。

⑩ 国立中山大学校友会：《邹鲁全集》第（十）卷，三民书局股份有限公司 1976 年 10 月初版，第 22 页。

11 月 14 日　出席国民党“五全”大会第二次预备会议。①

会议于上午 9 时在中央党部大会会场举行，先生等人参加，临时主席为蒋介石。会议通过大会主席团组织案，决议将主席团名额改为 23 名，以蒋介石、汪精卫、于右任、先生等人为主席团成员。会议其中一个决议为以大会名义电请胡汉民及旅外中委早日返旆，共荷艰巨。

先生在参会时见到冯玉祥，对冯表示，自己这次“为抗日救国而来”②。

△对记者发表谈话。

《申报》报道：“邹鲁十四日语记者，留居粤桂中委，除因职务不能离者外，余皆北上。李宗仁返桂料理政务，俟中央往迎之专机抵达，即北来。粤桂省市及海外代表五十余人，十五日可抵达，林冀中等亦不日可到，党国一切大计，经负责当局与各方商讨，必有具体办法，不致徒托空谈。本人及粤桂各中委并无若何提案。”③

11 月 15 日　上午 9 时，出席国民党“五全”大会第一次大会。会议在中央党部大会会场举行，主席为林森。会议由孙科、张继报告党务，通过提案审查委员会各组名单。④ 先生在本次大会上的席次为 40。⑤

△致函国民党“五全”大会秘书处，指出国立中山大学建校十周年纪念册、新校概要资料 520 册即日分送各代表和中央委员。不足部分，已电请中山大学寄送。⑥

△中华学艺社社长何炳松向先生致贺函，庆祝中大建校十一周年。⑦

11 月 16 日　上午 9 时，出席“五全”大会第二次大会。会议在中央党部大会会场举行，主席为张继。会议上，蒋介石作政治报告，何应钦作军事报告。⑧

△下午 2 点，在最高法院同焦易堂、覃振、张继、冯玉祥谈如何救国，相谈甚久。从最高法院归来，先生与冯玉祥、阎锡山“谈国事如何办为好”⑨。

---

① 中国第二历史档案馆：《中央周刊》，南京出版社 1997 年 7 月第 1 版，第 33－6～7 页。

② 冯玉祥：《冯玉祥日记》第四册，江苏古籍出版社 1992 年 1 月第 1 版，第 638 页。

③ 《邹鲁谈李宗仁即北来》，见《申报》，1935 年 11 月 15 日。

④ 中国第二历史档案馆：《中央周刊》，南京出版社 1997 年 7 月第 1 版，第 33－7～9 页。

⑤ 中国第二历史档案馆：《中华民国档案资料汇编》第五辑，第一编，政治（二），江苏古籍出版社 1994 年 6 月第 2 版，第 557 页。

⑥ 中国国民党中央委员会党史委员会：《邹鲁先生文集》，中国国民党中央委员会党史委员会 1984 年 6 月 30 日出版，第 312～313 页。

⑦ 《贺函补志》，见《国立中山大学日报》，1935 年 11 月 22 日。

⑧ 中国第二历史档案馆：《中央周刊》，南京出版社 1997 年 7 月第 1 版，第 33－7～9 页。

⑨ 冯玉祥：《冯玉祥日记》第四册，江苏古籍出版社 1992 年 1 月第 1 版，第 640 页。

11 月 17 日 与冯玉祥、阎锡山、许崇智三人会晤，“谈如何促进救亡之事，然未说出办法来。”①

11 月 18 日 主持“五全”大会总理纪念周。

上午 8 时，“五全”大会总理纪念周举行，先生被推选为主席，并以极其兴奋的心情发表题为《怎样确定共赴国难之办法》的讲演，主要内容是请中央订定精诚团结，共赴国难的办法，以便及早渡过严重的难关。先生说：

“此次第五次全国代表大会中举行纪念周，海内外同志咸集一堂，使我生出一则以喜，一则以惧的感想。自总理逝世后，吾党同志，不少意见分歧，以致党内分裂，国家人民俱受其害，此为无可掩之事实。今则在人事复杂、政见分歧之中，以共赴国难之口号，无南无北，无远无近，争先恐后，均赴本会。因连日与各方同志接洽，与在会场所见现象，莫不悉除私见，共图国是。此种精诚团结，只知有党有国之精神，不特吾党之幸，亦国家民族之幸！此最可喜之事也。因喜之极，遂虑之切，此数日来不禁忧心忡忡，不觉生出可惧之虑。因此次各方同志，四方及海外一致来集，既非为权利，更非为地位，尤非为势迫，完完全全系共赴国难，谋精诚团结而已。然此种团结，必有共赴国难之办法，方足使各同志努力以赴。由全党一致，领导全国一致，以渡此严重之难关，达到总理以三民主义救国之目的。若只有精诚团结共赴国难之口号，而无精诚团结共赴国难之办法，恐此一堂同志，无南无北，无远无近，高高兴兴而来者，数日之后，垂头丧气而去。中央若无切实之救国办法，则各方同志不能不各本其精诚责任，以谋救国之途径；如是不特意见将益见分歧，恐敌人更将从而骗而吓而拆，党不堪问，国更不堪问矣！此时更欲以精诚团结共赴国难之口号，集中同志。恐鉴此前车，实难后继，况此次大会，将各方政见极不同之同志，均能集合一堂，当已引人注意。有办法以为应付，犹恐未能即纾此国难，倘并办法而无之，益启人之轻侮，而促灭亡。更深一步言之，若有办法以赴，精诚团结之精神，将一致救国，否则敌人必多方相诱，更有随和之壁，屈产之乘，恐吾国之忧，更在萧墙之内。此尤不能不垂涕而道者。吾党当国以来，至于今日，国家损失，不为不多，此吾党人应引咎之事，不必专责某一部分同志也。今此各方同志之咸来，即欲共同努力以挽此危局，在国言之，谓之雪耻；在个人言，谓之补过。此诚吾人对国对民最重要之时机与责任，故深望诸同志勿轻放过。此则切望于在座诸同志，尤切望于当事之诸同志者。”②

该演讲词被收录到是年 12 月出版的《中央党务月刊》第 89 期内。

---

① 冯玉祥：《冯玉祥日记》第四册，江苏古籍出版社 1992 年 1 月第 1 版，第 640 页。

② 邹鲁：《回顾录》，岳麓书社 2000 年 9 月第 1 版，第 362 ~ 363 页。

△主持“五全”大会第三次大会。[①]

上午9时，会议在中央党部大会会场举行，出席代表399人，出席中央执监委员71人，列席者160人，先生任主席，叶楚伧为秘书长。

会议报告事项：（一）宣读第二次大会纪录；（二）秘书处报告文件：甲、代表及中委函电3件；乙、贺电34件；（三）主席团报告：甲、准林鸿鑫等6人列席大会；乙、第二次大会蒋介石所作政治报告，何应钦所作军事报告，均交决议案整理委员会草拟决议文；丙、增加黄钧达等同志为提案审查委员会党务等组委员；丁、推戴传贤、先生、刘芦隐、陈布雷等11人为宣言起草委员，并以戴传贤、先生为召集人。

会议讨论事项：（一）主席团提出《中国国民党党员守则案》，决议：通过；（二）第四届中央执行委员会提召集国民大会及宣布宪法草案，决议：组织提案审查委员会，其审查委员名单，由主席团决定后，报告大会；（三）提案审查委员会各组审查提案二十余件，交会讨论通过。

下午2时，主席团开会，决定宪法草案审查委员会委员人选等。3时，提案审查委员会政治、经济、教育、军事四组分别开会。4时，总章审议委员会与提案审查委员会党务组联合开会。

△晚上6点，宴请冯玉祥。大家“详论国家不了的情形，误国，误国。”[②]

11月19日　上午9时，出席“五全”大会第四次大会。会议在中央党部大会会场举行，主席为阎锡山。对于宪法草案案，主席团指定人员召开会议进行审议，先生作为主席团成员，参加审议。会议还审议了多项提案。[③]

△函聘祝伯英、邓初民、任启珊、吴森永为中大中国经济史研究室指导委员。[④]

11月20日　出席国民革命军阵亡将士公墓落成公祭典礼。[⑤]

上午7时45分，典礼在南京中山门外灵谷寺墓地举行，先生及各中央委员、国府委员、“五全”大会代表等出席。典礼由蒋介石主祭，张继宣读“五全”大会祭文，戴传贤宣读中央执监委员会祭文等。

△约见德国驻华大使陶德曼。先生向陶德曼介绍了中大新校概况，并邀请

---

① 中国第二历史档案馆：《中华民国档案资料汇编》第五辑，第一编，政治（二），江苏古籍出版社1994年6月第2版，第550页。

② 冯玉祥：《冯玉祥日记》第四册，江苏古籍出版社1992年1月第1版，第640页。

③ 中国第二历史档案馆：《中央周刊》，南京出版社1997年7月第1版，第33－13～14页。

④ 《本校聘请中国经济史研究室指导委员》，见《国立中山大学日报》，1935年11月20日。

⑤ 中国第二历史档案馆：《中央周刊》，南京出版社1997年7月第1版，第33－25～27页。

陶德曼赴中大参观。陶德曼向先生表示感谢，并高兴地接受了邀请。[①]

11 月 21 日 出席“五全”大会第五次大会。

会议于上午 9 时在中央党部大会会场举行，主席为蒋介石。大会宣布了宪法草案审查委员会审查报告及有关各提案，会议通过了第五届中央执监委名额及选举办法。[②]

△蒙藏委员会委员长黄慕松向先生致贺电[③]、山东省政府主席韩复榘向先生致贺函[④]，庆祝中大建校十一周年。

11 月 22 日 上午 9 时，出席“五全”大会第六次大会。会议在中央党部大会会场举行，主席为孙科。会议讨论各个提案审查委员会审查报告，通过了政治报告和军事报告。[⑤]

△中午，与广东省政府主席林翼中、广西省政府主席黄旭初一起邀请冯玉祥吃饭，大家交谈甚久。[⑥]

△下午 3 时，出席“五全”大会第七次大会。会议在中央党部大会会场举行，主席为居正。大会选举第五届中央执监委员，先生及其他 162 人为中委当然候选人。选举从下午 3 时开始，5 时结束。至 23 日早 7 时，选票统计完毕，计选出中央执监委员 208 人。[⑦]

11 月 23 日 下午 3 时，出席“五全”大会第八次大会。会议在中央党部大会会场举行，主席为居正。大会继续选举第五届中央执监委员，为节省时间，由主席团拟定 52 名中央执监委员候选人名单，由蒋介石加以说明后，全场无异议通过。先生当选为中央执行委员。[⑧]

下午 5 时半，大会举行闭幕典礼，主席为蒋介石，宣布大会宣言，并致闭幕辞。5 时 50 分，大会闭幕。[⑨]

11 月 24 日 午后，同孔祥熙、于右任、阎锡山、张学良、居正、覃振、孙科、冯玉祥会谈。谈论的主要内容：“一、外交政策未定。二、外交无人负责。三、各院之辞职。四、华北之办法……。”[⑩]

---

① 《德大使在本校欢宴席上答词补志》，见《国立中山大学日报》，1935 年 11 月 30 日。

② 中国第二历史档案馆：《中央周刊》，南京出版社 1997 年 7 月第 1 版，第 33－15～18 页。

③ 《贺电补志》，见《国立中山大学日报》，1935 年 11 月 28 日。

④ 《贺函补志》，见《国立中山大学日报》，1935 年 12 月 2 日。

⑤ 中国第二历史档案馆：《中央周刊》，南京出版社 1997 年 7 月第 1 版，第 33－19 页。

⑥ 冯玉祥：《冯玉祥日记》第四册，江苏古籍出版社 1992 年 1 月第 1 版，第 643 页。

⑦ 中国第二历史档案馆：《中央周刊》，南京出版社 1997 年 7 月第 1 版，第 33－20～22 页。

⑧ 中国第二历史档案馆：《中央周刊》，南京出版社 1997 年 7 月第 1 版，第 33－22～23 页。

⑨ 中国第二历史档案馆：《中央周刊》，南京出版社 1997 年 7 月第 1 版，第 33－24 页。

⑩ 冯玉祥：《冯玉祥日记》第四册，江苏古籍出版社 1992 年 1 月第 1 版，第 643 页。

△《申报》是日登载23日专电："邹鲁、刘芦隐、黄季陆、邓青阳决暂留京，其他粤桂各委定二十五日南旋。"①

11月25日 致电中大萧冠英教务长，电云国民党五届一中全会闭幕后返粤，并嘱咐萧及本校同人，代表先生欢迎到校参观的德国大使陶德曼。② 陶德曼于26日下午1时到校参观。③

11月27日 晚上6时，许崇智在上海西摩路私邸宴请孙科、先生、刘纪文、刘芦隐、吴铁城夫妇、杨虎、伍朝枢夫人、傅秉常、杨庶堪等人。④

△致电萧冠英教务长，电云："闻省港报载，鲁留京任职者。鲁准十二月初南返，决践前言，不在京任职，并转告各同事及各同学。"⑤

△《申报》报道先生等暂留沪："西南出席五全大会中委，除广东省政府主席林云陔、广州市长刘纪文已经到沪外，邹鲁、刘芦隐、黄季陆、邓青阳、李任仁等，亦均先后到沪，据悉诸氏均尚留沪，候期再行入京，出席第五届一中全会，连日相互访晤，交换意见。"⑥

11月28日 《冯玉祥日记》记载："邹海滨（邹鲁）的话有价值。为团结救国来的，如修改总章的胡来，晚间即上火车。"⑦

11月30日 与林云陔、刘纪文、黄旭初、刘芦隐、邓青阳等人由上海去南京，出席国民党五届一中全会。⑧

12月1日 与冯玉祥交谈。双方谈到，蒋介石表示一定要抗日，一定要改组政府，但事实如何，还需一看。⑨

12月2日 出席国民党五届一中全会开幕式等活动，被推选为全会主席团成员。⑩

上午8时，全体国民党中央执监委员到中山陵谒陵，于右任为主席，领导行礼如仪后，依次入灵寝瞻谒。9时半，全体中央执监委员到中央党部举行总理纪念周及宣誓就职典礼暨第一次全会开幕式，主席为吴敬恒，全体中委在吴的监督下举右手宣读誓词，并在誓单上签名盖章，送中央秘书处汇存。随即，

---

① 《邹鲁等暂留沪》，见《申报》，1935年11月27日。

② 《校长返校讯》，见《国立中山大学日报》，1935年11月28日。

③ 《本校昨日欢迎德大使情形》，见《国立中山大学日报》，1935年11月27日。

④ 《许崇智宴孙科邹鲁等》，见《申报》，1935年11月28日。

⑤ 《校长再电返校期》，见《国立中山大学日报》，1935年11月29日。

⑥ 《邹鲁等暂留沪》，见《申报》，1935年11月27日。

⑦ 冯玉祥：《冯玉祥日记》第四册，江苏古籍出版社1992年1月第1版，第645页。

⑧ 广东省立中山图书馆：《民国广东大事记》，羊城晚报出版社2002年11月第1版，第512页。

⑨ 冯玉祥：《冯玉祥日记》第四册，江苏古籍出版社1992年1月第1版，第648页。

⑩ 中国第二历史档案馆：《中央周刊》，南京出版社1997年7月第1版，第33－93～94页。

吴敬恒致开幕辞。

上午10时，五届一中全会预备会议在中央党部第一会议厅举行，主席为于右任。会议通过决议案：推蒋介石、孙科、戴传贤、冯玉祥、于右任、居正、先生等10人为主席团成员，会议还通过其他事项。

12月3日 出席五届一中全会第一次会议。①

上午9时，第一次会议在中央党部第一会议厅举行，先生等75名中执委出席，主席为丁惟汾。会议讨论关于召集国民大会及宣布宪法草案，通过提案审查委员会各组委员名单等。

12月4日 出席五届一中全会第二次会议。

上午9时，第二次会议在中央党部第一会议厅举行，先生等80名中执委出席，主席为居正。会议讨论主席团提名召集国民大会日期及宣布宪法草案办法等。会议讨论了多项提案，包括由居正、蒋介石、冯玉祥、孙科、于右任、先生及丁惟汾等7名委员提请由中央常委会与国府晓谕全体同志、全国人民，明了此次《改革币制之目的案》。提案写道："我国币制紊乱，为日已久。清末迄今，倡言改革，卒未实行。加以年来世界不景气潮流波及我国，市面萧条，工商凋敝。国际市场银价高腾，国内白银流出甚巨，金融遂益感恐慌，银钱各业，均有岌岌自危之势。经济崩溃，迫在目前。财政部为彻底整理币制，限制白银外溢，安定市面金融，调剂社会资金起见，毅然将现行货币制度筹议改革，于11月4日公布停用现银，统一发行办法，并经报告第四届六中全会，经大会接受在案。一月以来，国内推行，颇称顺利，友邦舆论，亦极表赞同。竭力奉行，此后国民经济，当可由安全而趋于改进，拟请大会对于改革币制安定金融办法，交由中央常会国民政府晓谕全体党员、全国人民，俾明了此次改革币制之目的，重在集中准备，巩固币信，一切膨胀通货滥发纸币之谰言，均不可信。庶几上下一心，推行无阻，国民经济建设，得于政府指导之下，以自力奋斗而复兴。是否有当，敬候公决。"会议决议："通过"。② 11时，会议散会。

12月5日 出席五届一中全会第三次会议。③

下午3时，第三次会议在中央党部第一会议厅举行，先生等78名中执委出席，主席为孙科。提案审查委员会教育组审查报告（第二号）指出，该组审查了先生连同孙科、居正、叶楚伧、许崇智、林云陔、李文范、刘纪文等8

---

① 中国第二历史档案馆：《中央周刊》，南京出版社1997年7月第1版，第33－95页。

② 中国第二历史档案馆：《中央周刊》，南京出版社1997年7月第1版，第33－97页。

③ 中国第二历史档案馆：《中央周刊》，南京出版社1997年7月第1版，第33－97～98页。

名委员提交的《国立中山大学建设经费案》，该案指出国立中山大学第一、二期工程尚有不敷一百九十四万五千元，这些款项迫不归还，拟请财政部在二十四年度内，先就该项亏空款项追加预算，拨付清偿，以后并请按照胡汉民等二十一位委员提议，月拨十万元原案，自二十五年度起编入预算，按月赓续照拨，暂以三年为限。① 教育组审查意见为："拟照原案通过。其第三期工程费，每月十万元，编入下年度预算。至本年度超出预算费额，交政府筹拨。再该校建设费用途，今后应侧重于设备。" 会议决议："照审查意见通过。"② 下午6时，散会。

△午后，蒋介石设宴款待先生、冯玉祥等人。《冯玉祥日记》记述："蒋介石请客，谈主席动不动的问题甚久，海滨（邹鲁）很有话说。"③

12月6日 出席五届一中全会第四次会议。④

下午3时，第四次会议在中央党部第一会议厅举行，先生等77名中执委出席，主席为先生，秘书长为叶楚伧。会议报告事项：（一）宣读第三次会议记录；（二）秘书处报告文件：甲、委员函电一件；乙、贺电二件。会议讨论事项为提案审查委员会党务组审查报告两项，均决议通过。是日通过了中执委会组织大纲，该大纲与中央以前组织有数点重要变更。

12月7日 出席五届一中全会第五次会议。

上午10时，第五次会议在中央党部第一会议厅举行，先生等75名中执委出席，主席为陈立夫。会议推选中枢负责人，胡汉民、汪精卫、蒋介石、冯玉祥、丁惟汾、叶楚伧、孔祥熙、先生、陈立夫当选为中央执行委员会常委，胡汉民当选为主席，蒋介石当选为副主席，汪精卫当选为政治委员会主席，林森当选为国民政府主席，先生当选为国府委员。会议还规定国府主席任期。11时10分散会。

大会休息10分钟后，全体中央委员步入大礼堂，依年龄分排序立，参加闭幕式。闭幕式由先生主持。先生领导行礼如仪后致闭幕辞，历时15分钟，词毕礼成。先生在闭幕辞中说道：

"各位同志：今天是本党第五届中央执行委员会第一次全体会议闭会的日子。我们计算一下，自第四届中央执监委员第六次全体会议以来，中间开过第

---

① 中国国民党中央委员会党史委员会：《邹鲁先生文集》，中国国民党中央委员会党史委员会1984年6月30日出版，第8~9页。

② 《民国二十五年三万元以上未满十万元捐资兴学事实表》，中国第二历史档案馆：《中华民国档案馆汇编》第五辑第一编·教育（一），江苏古籍出版社1994年版，第102~103页。

③ 冯玉祥：《冯玉祥日记》第四册，江苏古籍出版社1992年1月第1版，第650页。

④ 中国第二历史档案馆：《中央周刊》，南京出版社1997年7月第1版，第33－98~99页。

五次全国大会，现在又开了第五届中央执行委员会第一次全体会议。这几次会议，我们海内外的同志，都是在精诚团结，共赴国难的宗旨下，聚在一堂，在我们聚在一堂的期间，冀察的严重事件，已一再发生，政府已于万难之中，想了很多方法去应付，然而本党还须根本实施解除国难的办法。

这次冀察事变，本是我们想得到的，因为我们知道我们同志越是精诚团结，遭逢困难必越厉害，所需要的是我们对压迫之来要有解除的办法，否则我们对国家所负的过失，就非常重大。

今天大会闭会后，本党同志更应该继续努力，共赴国难。无论中央地方，都应该一心一德，分工合作，使国难可以渡过，是总理的遗教能过完全实现。希望各位同志认清救亡的途径，不断的努力，共赴国难，达到救国的目的。本党在今天闭会的时候，没有其他意见贡献，愿以此与诸位同志共勉之！”①

在政府各院人选问题上，蒋介石曾力荐先生为考试院院长，并且屡次嘱咐孔祥熙、叶楚伧和先生磋商。先生认为，这次他力排众议，约西南同志来南京出席“五全”大会，完全是为合作抗日，倘若担任考试院院长，不免被人误会为争权夺位而来，出卖同志了，因此坚辞不受。这时五院院长名单已经拟订，各报也都发出号外，并定翌日选举，因为先生的力辞，中央不得不将选举日期延长一天。最终，先生被选举为中执委常委及国府委员。②

中央执监委员的结果发表后，西南方面出席的同志，以中央没有能够完全依据所言选出，有不满意的，便离开南京，先生竭力加以劝阻，并说：“我们不是为争中委而来，却是为合作抗日而来。现在若因不满意选举结果，就放弃合作，岂不是有违初衷吗？”③ 结果大家都回到南京，一中全会得以顺利举行。

△中午，与林森、居正等人一起在居正家宴请冯玉祥。“用银锅、银碗，大吃蛇肉。”④

△与孙科、居正、于右任、冯玉祥一起，将一封信件交给蒋介石，“言须定一抗日之步骤，否则成何会也。”⑤

12 月 10 日　致电萧冠英教务长，电称“鲁归期约一星期”⑥。

---

① 中国第二历史档案馆：《中央周刊》，南京出版社 1997 年 7 月第 1 版，第 33 - 100 ~ 101 页。
② 戴书训：《愈经霜雪愈精神——邹鲁传》，近代中国出版社 1983 年 10 月初版，第 134 页。
③ 邹鲁：《回顾录》，岳麓书社 2000 年 9 月第 1 版，第 363 页。
④ 冯玉祥：《冯玉祥日记》第四册，江苏古籍出版社 1992 年 1 月第 1 版，第 651 页。
⑤ 冯玉祥：《冯玉祥日记》第四册，江苏古籍出版社 1992 年 1 月第 1 版，第 651 页。
⑥ 《邹校长电告返校日期》，见《国立中山大学日报》，1935 年 12 月 13 日。

12月12日 出席国民党第五届中央执委会常委会第一次会议。①

上午，会议在中央党部举行，会议通过中执委会组织、宣传、民训三部及政治委员会、各计划委员会组织条例。10点散会。散会后，先生和冯玉祥“谈话甚久”②。

△为响应北平学生“一二·九”抗日救亡运动，由“中青”及“突进社”联合发动，中山大学各院员生在石牌新校大礼堂召开抗日救亡大会，参加者两千余人。大会作出十项决定，其中第六项为电请先生在南京就近督促政府抗日，并反对成立冀察政务委员会。③

12月19日 致电萧冠英教务长，电称“鲁明日赴沪返粤”④。

12月20日 致函国民党中央党部，因要回粤工作，特为请假。⑤

△致电萧冠英教务长，电称“鲁明日归期约一星期”⑥。

△《冯玉祥日记》记载：“兹将近日见闻录于此：……十三、海滨（邹鲁）说，抗日很努力，说话很真的。”⑦

12月中旬 回粤前，与蒋介石谈抗日。

先生临回粤前，蒋介石问还有什么话要说。先生说：“蒋先生热诚抗日，我是绝对相信的。你说要准备，我也认为必要，不过我希望不要做无限期的准备。现在全国学生民众一致热烈要求抗日，萧佛成老同志为此忧愤成疾，可知时势所趋，绝不能不积极准备。”蒋介石微笑说：“你不必顾虑准备的时间太久，我的意见以为，即使我要准备久些，恐怕日本人也不许我呢！”⑧

12月22日 上午9时，在寓所接见上海绸业银行董事王延松、桂崇基等人。⑨

△上午10时余，到上海汇山路华成烟公司制造厂参观。该公司总经理戴耕莘、厂长顾少卿殷勤招待，先生对该公司生产技术等连呼满意。参观结束，

---

① 中国社会科学院近代史研究所中华民国史研究室编：《中华民国史资料丛稿大事记》第二十一辑，中华书局1981年6月印刷，第194页。

② 冯玉祥：《冯玉祥日记》第四册，江苏古籍出版社1992年1月第1版，第643页。

③ 广东省立中山图书馆：《民国广东大事记》，羊城晚报出版社2002年11月第1版，第512页。

④ 《邹校长定今日赴沪返粤》，见《国立中山大学日报》，1935年12月20日。

⑤ 中国国民党中央委员会党史委员会：《邹鲁先生文集》，中国国民党中央委员会党史委员会1984年6月30日出版，第313页。

⑥ 《邹校长电告返校日期》，见《国立中山大学日报》，1935年12月13日。

⑦ 冯玉祥：《冯玉祥日记》第四册，江苏古籍出版社1992年1月第1版，第656~657页。

⑧ 戴书训：《愈经霜雪愈精神——邹鲁传》，近代中国出版社1983年10月初版，第134页。

⑨ 《市商会昨午欢宴邹鲁》，见《申报》，1935年12月23日。

在厂门口，先生与公司人员及陪同人员合影留念。[1]

△中午12时，上海市商会在天后宫桥该商会会议室设宴款待先生，藉以联络。到场作陪的有国民党中央执委胡文灿以及徐寄庼、王延松、骆清华、郑泽南、王志圣、常牧民等人。由该会常委徐寄庼主席，叙谈极欢。[2]

△下午1时，赴上海市澳门路申新第九厂，赴荣宗敬宴请，旋并参观该厂及福新第二、第八面粉厂。[3]

△晚上7时，上海市市长吴铁城在海格路私邸欢宴先生，国民党中央执委胡文灿、江海关监督唐海安等多人作陪。[4]

12月23日 上午9时，行政院副院长兼财政部部长孔祥熙，特往福开森路唐海安宅，访晤先生，有所洽商，谈历一小时之久，始行辞出。[5]

△上午，接见亚浦耳电器厂总经理胡西园、中华工业总联合会总干事钱承绪、总工会常委朱学范等多人。

△晚上7时，立法院院长孙科在哥伦比亚路私邸设宴，为先生饯行，席间趁便商谈时局。[6]

12月24日 上午，参观亚浦耳电器厂、康元制罐厂、新亚药厂等大工厂。[7]

△中午，亚浦耳电器厂总经理胡西园设宴，为先生饯行。[8]

12月25日 自上海致电中大，表示27日下午可抵香港，约28日可返校视事。[9] 是日下午2时，先生乘美国邮船格兰脱总统号南返。[10]

12月27日 下午4时，抵达香港。[11]

是时，胡汉民从海外回到香港。先生把这次去南京参加国民党“五全”大会经过的详情告诉胡，并促请胡即速入京。蒋介石也派居正、叶楚伧两人南来，敦请胡汉民北上。胡汉民请居、叶二人先回去，他不久就入京。居、叶二人临离开时，问先生有什么话要对蒋介石说。先生答道：“五全大会前我在广

---

① 《邹鲁参观华成公司制造厂》，见《申报》，1935年12月24日。
② 《市商会昨午欢宴邹鲁》，见《申报》，1935年12月23日。
③ 《市商会昨午欢宴邹鲁》，见《申报》，1935年12月23日。
④ 《市商会昨午欢宴邹鲁》，见《申报》，1935年12月23日。
⑤ 《孔祥熙昨访邹鲁长谈》，见《申报》，1935年12月24日。
⑥ 《孔祥熙昨访邹鲁长谈》，见《申报》，1935年12月24日。
⑦ 《孔祥熙昨访邹鲁长谈》，见《申报》，1935年12月24日。
⑧ 《孔祥熙昨访邹鲁长谈》，见《申报》，1935年12月24日。
⑨ 《邹校长今日可抵港》，见《国立中山大学日报》，1935年12月27日。
⑩ 《邹校长昨既返校视事》，见《国立中山大学日报》，1935年12月30日。
⑪ 《邹校长昨既返校视事》，见《国立中山大学日报》，1935年12月30日。

州主持抗日，中山大学的教员和学生都和我一致。出席五全大会回来后，我对他们说，中央已决定抗日，但目前须从事必要的准备，反使他们对我表示怀疑。办学和将兵的情形一样，若不快些有行动上的证明，恐怕军队也不免有和学生相似的态度。所以抗战固然要准备，同时也要顾到事实才好！”① 居、叶二人表示赞成。

12 月 28 日 返校视事。②

早，先生乘广九特派花车返回广州，上午 11 时 30 分抵达大沙头车站。广州党政军各界代表、本校教职员等到站欢迎，人数极为拥挤。先生下车后，即赴文明路旧校休息，下午 3 时，驱车到石牌新校，出席学术政治讨论会，报告在南京共商救国大计与筹措本校校舍经费等情形。

先生回到广州后，受到怀疑与责难。有人认为先生在南京上当了，更有人说先生被南京收买了。是时中山大学学生正联合广州各校学生起来响应北平学生的救国运动，全体罢课，游行示威，对政府颇有责难之词。先生召集学生来训话，详细解释政府准备抗日的苦心，可是他们竟表示怀疑，甚至有人暗中叫先生为汉奸校长，但先生仍保持信心，认为将来必定有事实来替其解释。③

12 月 30 日 对本校全体学生训话。④

下午 3 时半，先生在新校大礼堂向全体学生训话，各院系学生及教职员不下两千人到场听讲。先生首先报告晋京出席各种会议经过及全国朝野上下决心抗日的情形，随后详细叙述抗日救国为本校唯一精神，也为我国唯一出路，最后先生对本校同学日前举行抗日救国示威大巡游，表示无限欣慰，并指示要唤醒同胞，督促政府，从速对日抗战，本校也应有种种切实工作。先生训话，慷慨激昂，句句透彻，掌声如雷，现场抗日救国气氛异常高涨。下午 4 时半，大会结束。

△签署两份大学布告。（一）公布工厂实习规则；（二）公布工匠服务及奖惩规则。⑤

12 月 31 日 签署两份大学布告。（一）准中国殖边社函开，该社举办边疆问题征文，公布中国殖边社第一次边疆问题征文奖金办法；⑥（二）奉西南政务委员会训令，下发修正公务员穿着制服实施办法，希各军训职员即以国货

---

① 邹鲁：《回顾录》，岳麓书社 2000 年 9 月第 1 版，第 364 页。
② 《邹校长昨既返校视事》，见《国立中山大学日报》，1935 年 12 月 30 日。
③ 邹鲁：《回顾录》，岳麓书社 2000 年 9 月第 1 版，第 364 页。
④ 《邹校长昨对本校全体学生训话》，见《国立中山大学日报》，1935 年 12 月 31 日。
⑤ 《大学布告》，见《国立中山大学日报》，1935 年 12 月 31 日。
⑥ 《大学布告》，见《国立中山大学日报》，1936 年 1 月 4 日。

棉织品为冬季制服，并限于1月6日以前制备。[①]

是年 本年，有人向先生签名发起九列七十寿辰庆祝活动，九列看见先生名字，对人说："邹先生很早就参加我们的活动"[②]。

是年 接见太平洋国际学会总会秘书长楷德（Mr Edward C. Carter），并介绍本校教授数人加入该会，以期共同研究太平洋社会经济政治等问题。[③]

约是年 在南京期间，住在龙泉寺，并作《龙泉寺杂诗》，计五首。[④]

1936年（民国二十五年 丙子）五十二岁

1月4日 签署大学布告。定本月6日召开全校员生大会。[⑤]

△致函各处院部馆所，奉西南政务委员会训令，公布铨叙委员会组织条例。[⑥]

△致函大学、附中各教职员，定本月6日在文明路旧校大礼堂商议校务进行，查照依时出席。[⑦]

1月5日 签署大学布告。定本月6日召开全校教职员大会，是日上午停课。[⑧]

△文学院前院长吴康自巴黎寄信给先生，汇报赴欧调查教育近讯。[⑨]

1月6日 主持召开全校教职员大会。

上午9时，全校教职员大会在文明路旧校大礼堂举行，数百名教职员出席会议，会议由先生主持。先生领导行礼如仪后，宣布开会理由，随后由崔载阳说明备战教育工作计划的精神及意义，黄昌谷、邓吉初、何思敬、黄枯桐等教

---

① 《大学布告》，见《国立中山大学日报》，1936年1月6日。

② 邹鲁：《少年的回顾》，龙文出版社股份有限公司1993年8月25日初版，第19页。

③ 《太平洋国际学会总会秘书长 Mr Edward C. Carter 来校参观讯》，见《国立中山大学日报》，1937年6月25日。

④ 国立中山大学校友会：《邹鲁全集》第（十）卷，三民书局股份有限公司1976年10月初版，第34页。

⑤ 《大学布告》，见《国立中山大学日报》，1936年1月6日。

⑥ 《大学公函》，见《国立中山大学日报》，1936年1月6日。

⑦ 《大学公函》，见《国立中山大学日报》，1936年1月6日。

⑧ 《大学布告》，见《国立中山大学日报》，1936年1月6日。

⑨ 《吴前院长赴欧调查教育近讯》，见《国立中山大学日报》，1936年2月12日。

授相继发表意见。先生对各位教授的意见进行了归纳总结，提出各项办法，即席通过决议："（一）限一星期内各学院切实执行教育研究所拟定之'备战教育工作计划'，至政治训练工作计划，由文法两学院拟具补充；（二）各学院增加应付非常时期课程；（三）即日成立抗日会主持抗日工作。"① 11 时半，会议结束。

△出席全校员生工友大会。②

下午 2 时，全校员生工友大会在石牌新校大礼堂举行，三千多人参加会议，医学院和附中学生也都赶来参加。礼堂贴满写着"反对破坏学生抗日救亡运动!""爱国同学团结起来!""进一步开展抗日救亡运动!"等内容的标语以及漫画。大会公推先生及上星期六日大会临时主席团组成临时主席团，先生为主席团主席，其余成员有曾振生（曾生）、钟远蕃、张凤楼等九人。会议先由先生领导全体员生工友举行抗日宣誓，表示要团结一致，誓死抗日。随即宣布开会理由，讨论抗日救国事宜，会议议决要案多宗。会议同时议决各院部区已选出抗日委员会即席先行宣誓就职，正式成立本校员生工友抗日救国委员会，负责办理全校一切抗日救国工作，先生被会议推选为执行委员会当然委员。③ 至于其余各院部未选出委员者，应从速选举。会场上由先生领导各位抗日救国会委员，在大礼堂向孙中山总理遗像举右手宣誓。会议至下午 5 时散会。

刘汝琛等人曾回忆，先生在大会上发表训话，责备学生的抗日行动是"越轨"④ 行动，"当邹鲁'训话'讲到'蒋委员长抗日自有分数'时，同学们按捺不住满腔怒火，不断发出'嘘嘘'声，使邹鲁异常狼狈。当他蛮横地宣布取消原由大会选出的筹委会，成立由学校领导的抗日会时，全场骚动起来，高呼口号'反对包办抗日!'邓初民教授上台讲话了，他慷慨陈词，更给同学们以极大的鼓舞。邹鲁和法学院院长郑彦棻企图控制和破坏学生抗日运动的阴谋被粉碎了。"⑤ 该事件也被称为"嬉止院长教授发言"事件。

"嬉止院长教授发言"事件发生后，先生便调动力量了解事件真相。经过

---

① 《本校昨晨开教职员大会》，见《国立中山大学日报》，1936 年 1 月 7 日。

② 《本校昨午开全体员生工友抗日会》，见《国立中山大学日报》，1936 年 1 月 7 日。

③ 《本校全体员生工友非常抗日大会会议录》，见《国立中山大学日报》，1936 年 1 月 8 日。

④ 曹思彬、林维熊、张至：《广州近百年教育史料》，广东人民出版社出版 1983 年 12 月第 1 版，第 295 页。

⑤ 刘汝琛、温焯华、温盛湘、谭丕桓、叶焜寰：《中大附中参加"一二·九"抗日救亡运动的回忆》，见林浪：《雏鹰展翅趋鲲鹏——1924 年至 1949 年在国立中山大学附属中学》，中山大学出版社 2002 年 6 月第 1 版，第 43 页。

了解，是香港"中华民族大同盟"策动。何思敬教授卷入此事，此事最初发生时，先生约何思敬谈话，说道："你不要给陈真如（陈铭枢）诓得高兴，陈真如十几岁的时候，就和我同事，他和萧冠英、范其务、郭冠杰、何春帆各先生一块到日本留学，都是由我派遣的，他的性质我也知之甚详，他为人极易冲动，碰到事情就兴头头的做法，绝对没有远邃的眼光，看他在广东执政时，哪一样不提倡到，却没有一样算是成功……"后来，何思敬在谈话中露出口风，"嬉止院长教授发言"事件的目的是希望惹出外交纠纷，酿成惨案，以便激起民气。先生说："这更不对。即如这次意阿之战，阿比西尼亚（埃塞俄比亚）不惜遇事忍耐，把祸首的责任使意大利身上完全负着。要是我们在西南区域内杀死了外国人，扰乱了沙面，一定失国际同情，那时将要愈觉势孤，我们广东，截至现在总算极力的抗日，何苦使其失去国际同情，尤其是我们中大在历史上素来居着领导抗日运动的地位，我们何苦矜奇冒险来自壤基础?"① 何思敬唯唯认可。

邓初民与何思敬在此次事件发生后，被陈济棠"关注"，认为二人为"左翼教授"，"迫使邹鲁辞退"了二人。②

△先生被本校抗日执行委员会筹备委员会非常大会主席团联席会议推选为理财部负责人之一。③

△致函各学院院长，接上海市博物馆临时董事会函开，该会征求陈列品，即希查照酌办。④

1月7日　签署大学布告。本校除附属小学外，由本月7日起，一律停课。⑤ 停课的目的，是便于让学生回乡宣传抗日。

1月8日　签署大学布告。公布停课后学生剩余膳费发还事宜。⑥

△签署大学通告。查落乡宣传抗日，应由各同学量力自认，不得强迫，若因强迫而累及家长，尤非情理，至附中学生年龄既小，学识未允，更不得落乡宣传，现学校业经停课，并请各家长约束其回家管理。⑦

---

① 《校长训词》，见《国立中山大学日报》，1936年2月14日。

② 李洁之：《陈济棠统治广东真相》，见广东省政协文化和文史资料委员会编《广东文史资料精编》上编第1卷，中国文史出版社2008年12月第1版，第39页。

③ 《抗日执行委员会筹备委员会非常大会主席团联席会会议录》，见《国立中山大学日报》，1936年1月8日。

④ 《大学公函》，见《国立中山大学日报》，1936年1月7日。

⑤ 《大学布告》，见《国立中山大学日报》，1936年1月8日。

⑥ 《大学布告》，见《国立中山大学日报》，1936年1月9日。

⑦ 《大学通告》，见《国立中山大学日报》，1936年1月9日。

△孔祥熙致电先生，希望先生赴沪迎接胡汉民。[1] 先生复电婉辞。

1月9日 接中大同学在广州广雅中学打来的电话，说中大有几车同学被军警包围着。先生赶忙质问第一集团军总司令部、广州市公安局和宪兵司令部，对方均答复说没有这样的事情。后来经查，确实没有其事。[2]

△致电胡汉民，表示："南京迎胡说盛。庸之（孔祥熙）啖电弟赴沪，弟辞，转电其或他要人南来，得电再报。"[3]

1月10日 致电西南政务委员会和南京政府教育部，请求处分。[4]

中山大学学生的抗日救国运动愈演愈烈，以至于在是月6日的全校抗日救国大会上发生"嬉止院长教授发言"事件；是月9日，学生在进行抗日游行示威活动时发生"毁教育厅门额"事件。先生因此分别致电西南政务委员会和南京政府教育部，请求处分。电云：

"分送广州西南政务委员会、南京教育部钧鉴：本校员生鉴于冀察局面日趋严重，爰有救国运动之举，热诚本堪钦佩。惟鱼日（6日）开员生大会，各生对于教授发言，动辄加以嬉笑。佳日（9日）联合广州市内各校学生巡行，竟将教育厅门额毁去，似此举动，实鲁教育无方，至有此结果，应请明令斥革，严予处分，以明责任，而肃学风，不胜惶迫待命之至。"[5]

教育部得电后，"以邹校长党国先进，努力完成总理遗志，于短期间建筑石牌宏敞校舍，深庆得人。"[6] 特于11日复电慰藉。

西南政务委员会于12日召开第二百零六次政务会议讨论了先生的来电，认为"该校学生联同各校举行救国运动，本属爱国热诚。此次滋生事端，实系出于意外。该校长维持校务，夙具苦心，际兹国难日亟，尤赖领导青年，共同奋斗。"[7] 一致决议"慰留"先生。

△签署大学布告。准广东省会党政机关人员军事训练第三大队办公室通知，应受军训人员，除报请免训者经转呈核示，听候办理外，余须一体依时出

---

① 陈红民：《胡汉民未刊往来函电稿》第八册第二十五卷，广西师范大学出版社2005年12月第1版，第585页。

② 《校长训词》，见《国立中山大学日报》，1936年2月14日。

③ 陈红民：《胡汉民未刊往来函电稿》第八册第二十五卷，广西师范大学出版社2005年12月第1版，第585页。

④ 吴定宇：《中山大学校史1924～2004》，中山大学出版社2006年5月第1版，第147页。

⑤ 《教育部复电慰藉邹校长》，见《国立中山大学日报》，1936年1月16日。

⑥ 《教育部复电慰藉邹校长》，见《国立中山大学日报》，1936年1月16日。

⑦ 《学生巡行越轨校长自请处分　各方纷纷恳切慰留》，见《国立中山大学日报》，1936年1月20日。

操。①

1月11日 致函各院长、各主任等人，指出："鲁长校数年，得诸先生之匡扶掖助，不特校事免于陨越，即救国进行，亦未致落人之后。现各同学本诸先生数年之主张，有救国运动之举，原可佩慰。但近来因救国运动，竟至六日在礼堂大会嬉止院长教授发言。九日与各校巡行，竟毁教育厅门额，实越出常轨之外。鲁主持无方，当即分电请西南政务委员会、教育部，明令斥革，严予处分，俾明责任，而肃学风。至于校务之如何进行尽善，各同学救国运动之如何指导得宜，尤赖诸先生始终其事，俾待罪之人，得以减少罪戾，是则有赖于诸先生之补救于今日以后者。特此奉陈，诸希鉴察！"②

△签署大学布告。奉西南政务委员会训令，特令第一集团军总司令刻日组织救国义勇队、救国看护队，各校学生均需妥为编配，入队训练，仰本校学生一体知照。③

1月12日 戴传贤致电先生。解释因妻子有病，不能前往香港迎接胡汉民，务希胡汉民原船由沪转京，与蒋介石共同担当国事党事。戴并请先生代为向陈济棠、萧佛成陈情解释。④

1月13日 "一·一三荔枝湾惨案"发生，先生因此请辞中大校长。⑤

上午8时许，国立中山大学、广东国民大学等七八间大中学学生合计九百余人在国民大学召开抗日会，会后举行示威游行。国民党当局指使"市民救国除奸团"中的百余名特务、流氓混入游行队伍，当游行队伍于9时许到达荔湾桥时，特务和流氓拔出手枪和铁尺殴打学生，打死学生一人，打伤一百余人，绑走学生十余人，造成轰动全省的"一·一三荔枝湾惨案"。陈济棠令其第一集团军总部宣布戒严，禁止罢工、罢课，取消集会、结社、出版自由，并在各机关门前架设机枪，派军队分驻各校。同日，大队学生前往广东省当局请愿，要求释放被捕学生，严惩凶手，保障学生安全。

当学生和"市民救国除奸团"冲突时，先生等人接到电话说有五六个中大同学被"除奸团"打死，先生慌忙派法学院郑彦棻院长、秘书谢明章等人前去查问，查实后得知并无当场打死人的事。⑥ 事件发生后，先生提出辞去中

---

① 《大学布告》，见《国立中山大学日报》，1936年1月11日。

② 《校长公函》，见《国立中山大学日报》，1936年1月13日。

③ 《大学布告》，见《国立中山大学日报》，1936年1月13日。

④ 陈哲三：《邹鲁研究初集》，华世出版社1980年2月初版，第209~210页。

⑤ 《大事记——1936年（民国25年）》，见广州地方志之窗网（http://www.gzsdfz.org.cn/gzsz/02/dsj/sz02dsj0225.htm）。

⑥ 《校长训词》，见《国立中山大学日报》，1936年2月14日。

大校长职务。

△中大全体教授教员开会，议决慰留先生。[1]

下午1时，中大全体教授教员在文明路旧校大礼堂开会，即席推举文学院陈安仁等七人为主席团，会议即席议决：（一）推举主席团七人代表全体教授教员大会慰留校长并请校长即日返校主持校务；（二）分别致电西南政务委员会和南京教育部，引咎自责。

西南政务委员会于18日复电，表示已于第二百零六次政务会议一致决议"慰留"先生。[2]

△致电教育部王世杰部长，请求明令斥革，严予处分。

电云："教育部王部长鉴：奉钧部真（11日）电，对于鲁自请处分，着应毋庸议，愈增惶悚。鲁重长中山大学，数年于兹，学生救国运动，领导无方，乃有越轨行动，自不能不负全责，倘不予以处分，对于国家威信，失其赏罚，所关尤大。仍请迅照前电明令斥革，严予处分，无任切叩。"[3]

教育部于17日复电慰藉，要求先生"务望继续督同教职员，迅谋学校秩序之安定，切勿稍萌消极之念，是为至要！"[4]

△签署大学布告。准安徽省教育厅公函，该厅举行第三届专科以上学校清寒优秀学生助学贷金考试，仰本校皖籍一年级生一体知照，如志愿投考，即到文书部领取家庭状况证明书、志愿书填缴。[5]

1月14日 中大留校学生电请政府慰勉先生。[6]

中大留校全体学生，以先生近因本校抗敌救国运动，有少数同学一时激于义愤，遽而脱逸正轨，因致先生引咎自责，电请革斥，不胜忧恐。特联名分电西南政务委员会及教育部，恳予明令慰勉，并促请先生即日照常视事，以免全校学生失所领导。

1月15日 戴传贤再次致电先生，表示因夫人生病，不能前往香港迎接胡汉民，切望胡原船莅沪转京，戴届时与夫人在沪恭迎胡一行。[7]

1月16日 本校教职员发表宣言，并电南京中央党部、国民政府、行政

---

① 《昨本校全体教授教员大会纪盛》，见《国立中山大学日报》，1936年1月14日。

② 《全校员生签请慰勉校长》，见《国立中山大学日报》，1936年1月30日。

③ 《教育部复电慰藉邹校长》，见《国立中山大学日报》，1936年1月16日。

④ 《学生巡行越轨校长自请处分　各方纷纷恳切慰留》，见《国立中山大学日报》，1936年1月20日。

⑤ 《大学布告》，见《国立中山大学日报》，1936年1月14日。

⑥ 《本校留校学生电请政府慰勉邹校长》，见《国立中山大学日报》，1936年1月16日。

⑦ 陈哲三：《邹鲁研究初集》，华世出版社1980年2月初版，第210页。

院教育部及西南政务委员会，表示与先生同去留。[①]

1月17日 发表校长公函，对恳请愿与先生同去留的教职员进行劝解，希望他们“照常主持本校”[②]。

1月18日 出席中国社会教育社第四届年会开幕典礼。[③]

开幕典礼于上午8时半在广州文明路旧校大礼堂举行，包括先生、西南执行部代表区芳浦等四百余人出席开幕式，中国社会教育社理事会推定钮惕生、先生、金曾澄、梁漱溟等11人组成年会主席团。梁漱溟主持会议，并致开幕辞。区芳浦、黄麟书、先生等人相继致辞，对年会召开表示祝贺。

下午1时，先生在石牌新校大礼堂设宴欢迎该会出席社员，二百余名社员应邀参加。社员莅校后，先生在会客厅接见并引导到各院部馆场所参观，随赴礼堂赴宴。席间该会主席团主席梁漱溟邀请先生介绍本校状况，先生即起立报告建筑新校经过，并略述生产教育意义，表示在座诸位皆为国内教育专家，深望时赐指导，以匡不逮。先生随即举杯与各位来宾齐饮，以表欢迎。下午3时许，宾主尽欢而散。[④]

△**（约）**致电胡汉民，表示：“汪（汪精卫）行，迎胡益急。弟欲使各省一致，除粤桂外，已嘱少炯（杨熙绩）入湘，显臣（刘显臣）入滇，另派亮北晤阎百川（阎锡山）、韩复渠［榘］、宋哲元、杨虎城等。庸之（孔祥熙）嘱晓兄（李晓生）电兄，谓事无大小，有嘱必办到。比如由兄出面，不如弟请兄迳电庸之，谓各事请就近商弟便妥，则进行更为顺利。”[⑤]

1月19日 旅居南京同学致电先生，恳切挽驾，勿辞校长一职。[⑥]

1月20日 与李宗仁等人在广州开会，讨论宁粤合作问题。[⑦]

△蒋介石致电先生，写道：“胡（胡汉民）先生既到港，务请兄陪同来京，何时驾来，盼复。”[⑧]

△签署两份大学布告。（一）照校历规定，1月22日至31日为寒假之期；

---

① 《本校教职员昨发与校长同去留之要电》，见《国立中山大学日报》，1935年12月24日。

② 《校长公函》，见《国立中山大学日报》，1936年1月18日。

③ 《社教年会》，见《国立中山大学日报》，1936年1月18日。

④ 《本校昨欢宴社教年会社员》，见《国立中山大学日报》，1936年1月20日。

⑤ 陈红民：《胡汉民未刊往来函电稿》第八册第二十六卷，广西师范大学出版社2005年12月第1版，第587页。

⑥ 《学生巡行越轨校长自请处分　各方纷纷恳切慰留》，见《国立中山大学日报》，1936年1月20日。

⑦ 广东省立中山图书馆：《民国广东大事记》，羊城晚报出版社2002年11月第1版，第515页。

⑧ 陈红民：《函电里的人际关系与政治：读哈佛—燕京图书馆藏“胡汉民往来函电稿”》，生活·读书·新知三联书店2003年9月第1版，第119页。

（二）公布校办公厅等部门寒假期内工作时间安排。①

1月21日 签署大学布告。准德国驻广州总领事官阿登伯函开，柏林 Alexander von Humboldt Stiftung 会拟于本年仍备额定津贴，给与外国来德学者，公布申请津贴的相关事项。②

△致函各单位，奉西南政务委员会训令，公布限制各机关人员请免军训办法，随函送达，查照办理。③

1月22日 致函各院系等单位，公布寒假期内办公时间调整安排。④

1月26日 胡汉民在广州与陈济棠、李宗仁、先生、萧佛成、林云陔等要员会商时局。⑤

1月28日 被推定为广东省会学生救国工作设计委员会委员。⑥

1月30日 慰勉各院长。

日前，本校各学院院长联名上函先生，引咎自责，请辞兼院长职。先生接函后，特复函慰藉："接读来书，联名辞职，彷徨终日，益增危惧。弟自请处分，咎有应得。端赖诸先生为弟补救，冀灭愆尤。倘诸先生又从之而辞职，不特弟罪无从补救，尤恐全校因之□毁，则又岂诸先生爱校爱弟所忍出此。故无论如何，为公为私，均请诸先生勉为其难。是所切祷！辞职函件附还。"⑦

△签署大学布告。奉西南政务委员会训令，2月底前补行上学期考试，未经考试者取消学籍。⑧ 同日，签署大学公函。致函各家长，通报上述内容，并随函公布本校开学时间安排，请各家长迅饬子弟遵照校历规定日期回校注册上课，并依期补行上学期考试，万勿延误。⑨

1月31日 全校员生请愿慰勉先生。⑩

△致函各学院院长，奉西南政务委员会训令，组织广东省会学生救国工作设计委员会，统一指导抗日救国事宜，附抄该委员会章程及委员姓名。⑪

---

① 《大学布告》，见《国立中山大学日报》，1936年1月30日。

② 《大学布告》，见《国立中山大学日报》，1936年1月30日。

③ 《大学公函》，见《国立中山大学日报》，1936年1月30日。

④ 《大学公函》，见《国立中山大学日报》，1936年1月30日。

⑤ 中国社会科学院近代史研究所中华民国史研究室编：《中华民国史资料丛稿大事记》第二十二辑，中华书局1987年10月第1版，第19页。

⑥ 《大学公函》，见《国立中山大学日报》，1936年2月3日。

⑦ 《校长慰勉各院长》，见《国立中山大学日报》，1936年1月30日。

⑧ 《大学布告》，见《国立中山大学日报》，1936年2月3日。

⑨ 《大学公函》，见《国立中山大学日报》，1936年2月3日。

⑩ 杨风：《一年来本校动态》，见《石牌生活》第21期，1937年1月9日。

⑪ 《大学公函》，见《国立中山大学日报》，1936年2月3日。

△签署两份大学布告。（一）公布开学、注册、上课日期安排；（二）公布修正本校农学院农场生产物品保护规则。①

1月 在高等考试授予文凭典礼日，赋诗赠予及格者。诗云："南天盛典喜宏开，珊网搜来尽茂材。人羡汉廷登董相，我惭鲁叟铸颜回。艰难端赖贤良济，文艺先求器识恢。莫负今朝期许意，经纶会见奋云雷。"②

1月 为梁伯强、杨简编译的《军用毒气病之病理及治疗法》一书题写书名。③

2月初 章伯钧到广州，拟联络先生反蒋抗日。④

章伯钧曾参加"闽变"，当时任中华共和国人民革命政府土地委员会主任，政治主张上反蒋抗日。先生时在两广军界、政界均有较大影响力。章伯钧到广州联络先生的目的是想利用先生的反蒋倾向和在两广军界、政界的影响力一起反蒋抗日，但未果。

2月初 与学生谈话。

有几位中大同学求见先生，担心先生因为他们参与上月6日员生工友大会哄闹而不准他们注册。先生深知他们平时是反对他的，但对他们说："我不能因为你们对我或学校不满，便开除你们，如果大家对我不谅解，我可以马上他去。这回三次自请撤革，完全因为自己良心愧怍。数年教训，尚且不能见信于日夕相处的学生，更有什么意思再干下去？现在，我断不因你们对我个人或学校有了不满，便生歧视，只望你们以后认清目标，不负原来抗日的使命，真心的爱护国家，爱护学校，我个人断不会浅量地责难你们的。只要汝们没有别的政治关系为人指摘的，我一律准他注册。"⑤

2月1日 签署大学布告。准中比庚款委员会公函，该会本年继续举办论文比赛，仰本大学毕业生一体知照。⑥

2月3日 签署两份大学布告。（一）要求学生缴费注册时，应备辅币缴纳；（二）据广东省会党政机关人员军事训练第十中队队长面报，本校应受军训职员，定期本月5日下午在新校工学院集中，重新改编。⑦

---

① 《大学布告》，见《国立中山大学日报》，1936年2月3日。

② 国立中山大学校友会：《邹鲁全集》第（十）卷，三民书局股份有限公司1976年10月初版，第23页。

③ 梁伯强、杨简：《军用毒气病之病理及治疗法》，国立中山大学出版部，1936年2月初版。

④ 蒙少宁：《六·一事变与农工党人》，见中国农工民主党广西区委员会网（http://www.gxi.gov.cn/govsite/ngmzd/lsyl/200712/t20071228_25213.htm），2007年12月28日。

⑤ 《校长训词》，见《国立中山大学日报》，1936年2月14日。

⑥ 《大学布告》，见《国立中山大学日报》，1936年2月4日。

⑦ 《大学布告》，见《国立中山大学日报》，1936年2月4日。

2月5日 致函各院系处部馆场所，随函送达灯火管制遮蔽罩构造要领表，以便仿制使用。①

△致函各院系处部馆场所暨各附校，随函附送广东防空空袭警报规则。②

△签署两份大学布告。（一）奉教育部训令，公布国难时期教育要求；（二）奉教育部训令，务使学校秩序完全恢复，不致再有课业中断等情事。③

2月6日 到胡汉民寓所商讨时局。④

上午9时，先生与李宗仁、陈济棠、萧佛成、林云陔等人到胡汉民在广州的寓所，共同商讨时局，历时三小时。内容主要为：（一）整理西南党务，进而推及全国；（二）西南仍以“剿共救国”为宗旨；（三）胡汉民入京时机问题；（四）整顿西南政务委员会领导机构等。会议对粤桂宁谈判合作问题也进行了详尽探讨。

△致函各院系处部馆场所，奉教育部训令，公布教育用品运输进出口事宜。⑤

2月7日 出席本校二十四年度第五次教务会议。⑥

会议于上午9时30分在新校化学教室会客厅举行，由教务长萧冠英主持，会议报告了本学期注册情况及本学期聘任大学讲师及中小学教员等情况。

△签署大学布告。据广东省会党政机关人员军事训练第九、第十中队队长面报，公布两队军训时间及地点。⑦

2月8日 上午9时，与陈济棠、李宗仁、萧佛成、林云陔等人联合谒见胡汉民，中午始散去，“对救国大计，已具体决定。”⑧

△画竹并题诗，贺萧佛成七十四岁生辰。⑨ 该诗刊登在是日出版的《国立中山大学日报》上。

2月10日 出席文学院轮值总理纪念周，并发表训词。

下午1时半，文学院轮值总理纪念周在石牌新校大礼堂举行，先生出席并

---

① 《大学公函》，见《国立中山大学日报》，1936年2月5日。

② 《大学公函》，见《国立中山大学日报》，1936年2月7日。

③ 《大学布告》，见《国立中山大学日报》，1936年2月6日。

④ 中国社会科学院近代史研究所中华民国史研究室编：《中华民国史资料丛稿大事记》第二十二辑，中华书局1987年10月第1版，第28页。

⑤ 《大学公函》，见《国立中山大学日报》，1936年2月8日。

⑥ 《二十四年度第五次教务会议》，见《国立中山大学日报》，1936年2月14日。

⑦ 《大学布告》，见《国立中山大学日报》，1936年2月8日。

⑧ 《胡汉民周内过港北上》，见《申报》，1936年2月9日。

⑨ 国立中山大学校友会：《邹鲁全集》第（十）卷，三民书局股份有限公司1976年10月初版，第23页。

发表训词，希望各位同学鉴谅学校立基不易，采取“遇事多用点脑力来思索，认识清楚自己的目标，不要受着人家的挟持利用，我们能够真正一致的努力下去，日本帝国主义者一定给我们打倒，最后胜利一定属诸我们的。”①

△致函各学院院长，公布本学期轮值总理纪念周安排。②

2月11日 签署大学通告。嗣后凡有住址或通讯处变迁者，请即通知教务处登记，以便通讯。③

△致函祝百英、崔载阳等7人，定于本月13日会商《石牌生活》周刊出版事宜。④

△致函各院系处部馆场所，定附中教员、讲师、附小教员、教育研究所附设小学实验班教员暨全校所属各机关职员，一律由本年一月份起照案九折支薪，全校工人由二月份起照案九折发给工食，以资因应。⑤

2月13日 上午9时，胡汉民命驾来校，由先生引导到各学院各场所参观。11时许，先生陪返广州东山胡公馆。“闻胡董事对于本校一切新建设，极表赞许云。”⑥

△邀请德国沈式度上将来校演讲。是日，沈式度到石牌新校演讲《战争与国防》。⑦

2月14日 签署两份大学布告。（一）奉西南政务委员会训令，公布补行上学期考试事宜；（二）奉教育部训令，嗣后本校学生，因事集会者，无论人数多寡，应先呈校核准派员莅临指导，方得开会，如违当将召集人及参加人一律予以严重处分。⑧

2月15日 在社会和学校各方面的压力下，先生被迫同意曾振声等同学注册上课。⑨

是日，金昌华、黄焕秋等385名同学联名上书先生，要求营救因为“荔枝湾惨案”而被捕学生及准许未注册的同学注册；社会学系二年级全体同学29人联名上书，要求先生向省会公安局查明在“荔枝湾惨案”中失踪的中大

---

① 《校长训词》，见《国立中山大学日报》，1936年2月14日。
② 《大学公函》，见《国立中山大学日报》，1936年2月11日。
③ 《大学通告》，见《国立中山大学日报》，1936年2月12日。
④ 《大学公函》，见《国立中山大学日报》，1936年2月12日。
⑤ 《大学公函》，见《国立中山大学日报》，1936年2月13日。
⑥ 《胡董事汉民昨来校参观》，见《国立中山大学日报》，1936年2月14日。
⑦ 《战争与国防》，见《国立中山大学日报》，1936年3月2日。
⑧ 《大学布告》，见《国立中山大学日报》，1936年2月15日。
⑨ 易汉文：《中山大学编年史（一九二四～二〇〇四）》，中山大学出版社2005年9月第1版，第28页。

学生冯道先的下落和准许朝鲜籍同学李苏民注册上课；中大全体朝鲜籍同学17人也联名上书先生，声明与李苏民同学同进退；学生家长纷纷发动有关系的国民党要员出面干预。在社会舆论压力下，先生“被迫同意曾振声等同学注册上课，并于4月24日保释中大学生粟稔、李驹良、禤万和、张凤楼等出狱。”①

2月17日 出席法农两学院轮值总理纪念周，并发表训话。

下午1时半，法农两学院轮值总理纪念周在石牌新校举行，先生出席并发表训词《抗日的要件》，说道：“其实‘抗日’一事：一、要有坚定不移的决心；二、要有充足完整的力量；三、要同心同德的步骤。”②

2月20日 主持中大研究院第四次院务会议。③

正午12时，会议在石牌新校蚕学馆举行，龙沐勋、朱谦之等人出席会议，会议由先生主持。会议报告事项有四项，包括本院各研究所课程等；讨论事项有五项，包括关于新院址如何决定案等。

△签署四份大学布告。（一）公布举行吴鲁强教授追悼会事宜；（二）公布本校职员军训安排；（三）接广东省会党政机关人员军事训练第三大队长来函，要求本校受训职员日后参训时须统一军训服装；④（四）接广东省会党政机关人员军事训练第一大队队本部公函，公布关于军训会操事给予公假事宜。⑤

2月22日 签署大学布告。接广东省会党政机关人员军事训练第三大队部通告内开，公布关于军训会操事宜。⑥

2月23日 主持吴鲁强教授追悼会。

下午2时，吴鲁强教授追悼会在文明路旧校大礼堂召开，先生及萧冠英教务长、各教授及吴鲁强教授亲属等数百人出席，追悼会由先生主持。先生宣布开会理由，对吴鲁强教授给予了高度评价，在祭文中写道：“吴博士鲁强先生之灵，呜呼！云掩春阳，雪摧霜节；楚些一声，琼瑰双绝。溯君奕世，朴棫作人；三凤九苞，春华秋晖。北溟展翅，吾党小子；南美翔步，化工上理。学劬既萃，瀛海回舟；振此木铎，克宣其猷。佐我大黉，关怀教育；雏凤声清，犹龙端悫。复此孝行，温恭以和；伊惟哲人，其德孔多。治学既苦，积老莫已；

① 黄义祥：《中山大学史稿》，中山大学出版社1999年10月第1版，第295页。

② 《抗日的要件》，见《国立中山大学日报》，1936年2月26日。

③ 《研究院第四次院务会议》，见《国立中山大学日报》，1936年2月25日。

④ 《大学布告》，见《国立中山大学日报》，1936年2月21日。

⑤ 《大学布告》，见《国立中山大学日报》，1936年2月22日。

⑥ 《大学布告》，见《国立中山大学日报》，1936年2月24日。

李贺衣绯，贾生服止。天阍其醉，门牆其吁；奠此生蒭，惟终永图。哀哉!”[①]下午3时，追悼会结束。

△调委农场技师郑光璧兼理农场总务。[②]

2月24日 国民党中央委员兼中政会外交委员会主任委员王正廷在广州和胡汉民、萧佛成、先生、陈济棠、李宗仁交换对政局及外交意见。[③]

△签署大学布告。公布修正学生膳食规则。[④]

2月26日 接待来中大“参观”的松井石根。[⑤]

双方谈话将近两小时，先生在接待中应松井石根的请求发表对中日问题的看法，提到日本侵略中国用“五副面孔三种手段”。“五副面孔”是：对南京说“助你统一，你对我亲善。”对西南说“汝倒蒋，我助汝，华北的事件，就是助汝的事实。”对华北说“你倒蒋，我助汝，且可使西南助汝，汝不倒蒋，我可使南京照于学忠、宋哲元的例，免你的职。”对非国民党人说“我助汝倒国民党，助汝倒国民政府。”对世界则说“中国的事，你们不要过问了，南京固然亲日，北方也亲日，西南也亲日了。”“三种手段”是：“对黄河以北用‘枪’，长江流域则用‘吓’，珠江流域是用‘骗’。”但是，“不管其名词用亲善也好，统一也好，反蒋也好，大亚细亚主义也好，因环境不同，随地而易其名词，而一贯政策之运用，则在侵略中国。”[⑥]

松井提出希望中山大学与日本的大学交换教授，被先生以“我根本不相信日本人，日本人一开口，我就防他用侵略手段”[⑦] 为由予以拒绝。

在土肥原和松井来西南的时候，曾任国民党候补中央监察委员、青岛市长的陈中孚也跟着来西南，处处替日本人说话，引起先生的反感。有一次，先生在西南政务委员会会议上当众大骂陈为汉奸，叫他不要再住在广州，陈默默无言，后要求西南政委会派他到北方做代表，先生没有批准。后来经几位同事劝解，由西南政委会写了一封问候北方军政当局的信，陈就带着信件匆匆到北方去了。[⑧]

---

① 《追悼吴鲁强教授大会详情》，见《国立中山大学日报》，1936年2月24日。

② 《学校调委农场总务》，见《国立中山大学日报》，1936年2月24日。

③ 中国社会科学院近代史研究所中华民国史研究室编：《中华民国史资料丛稿大事记》第二十二辑，中华书局1987年10月第1版，第40页。

④ 《大学布告》，见《国立中山大学日报》，1936年2月26日。

⑤ 《松井访晤邹鲁》，见《申报》，1936年2月27日。

⑥ 程焕文：《邹鲁校长治校文集》，中山大学出版社2004年11月第1版，第242页。

⑦ 邹鲁：《回顾录》，岳麓书社2000年9月第1版，第367页。

⑧ 邹鲁：《回顾录》，岳麓书社2000年9月第1版，第367页。

△致函王显智等36人，奉西南政务委员会指令，准予免受军训。①

△致函陈世诔等3人，奉西南政务委员会指令，准予因病免受军训。②

2月27日 先生将与松井的谈话发表在报纸上。

松井见到与先生的谈话被发表，怏怏不乐地表示，先生主持西南，态度如此，他非立刻离开不可了。③ 苏联《真理报》也曾刊载先生和松井的谈话，并配发了先生的照片。④

△签署大学布告。准甘肃省教育厅公函，公布该省国内各大学甘籍学生奖学金章程。⑤

2月28日 致函各院系处部馆场所，公布各部分领用经费报销规则。⑥

△签署五份大学布告。（一）公布本校防空灯火管制细则。⑦ 同时，签署大学公函，致函新校各院系处部馆场所，检同该项细则函送；⑧（二）公布广东省会党政机关军事训练队员毕业条例；（三）公布广东省会党政机关军事训练队员迁调表，希受训人员查照填写；⑨（四）公布教职员来往新校乘车事宜；⑩（五）准教育部东北青年教育救济处公函，公布本校二十四年度应受补助各生名单、发放补助费规则及发款手续单。⑪

2月 请冒广生为子授业。⑫

3月2日 签署大学公函。致函各院系处部馆场所，奉西南政务委员会训令，广东植树节由民国26年（1937年）起提前至2月20日，今年仍为3月12日。⑬

3月3日 致函各院系处部馆场所暨各附校，公布各部分领用经费报销规则第五条修改事宜。⑭

△签署大学布告。限于布告日起凡外人或学生有在教职员宿舍寄宿者，一

---

① 《大学公函》，见《国立中山大学日报》，1936年2月27日。
② 《大学公函》，见《国立中山大学日报》，1936年2月27日。
③ 邹鲁：《回顾录》，岳麓书社2000年9月第1版，第367页。
④ 邹鲁：《回顾录》，岳麓书社2000年9月第1版，第376页。
⑤ 《大学布告》，见《国立中山大学日报》，1936年3月3日。
⑥ 《大学公函》，见《国立中山大学日报》，1936年2月27日。
⑦ 《大学布告》，见《国立中山大学日报》，1936年2月29日。
⑧ 《大学公函》，见《国立中山大学日报》，1936年2月29日。
⑨ 《大学布告》，见《国立中山大学日报》，1936年3月2日。
⑩ 《大学布告》，见《国立中山大学日报》，1936年3月3日。
⑪ 《大学布告》，见《国立中山大学日报》，1936年3月5日。
⑫ 冒怀苏：《冒鹤亭先生年谱》，学林出版社1998年5月第1版，第395页。
⑬ 《大学公函》，见《国立中山大学日报》，1936年3月3日。
⑭ 《大学公函》，见《国立中山大学日报》，1936年3月7日。

律于一星期内自行迁出，嗣后如查觉再有此种情事，如属教授，即将其床位取消；如属职员，即予撤职。①

3月4日 签署大学布告。奉西南政务委员会训令，延长国防设备所得捐半年。②

3月5日 签署大学布告。公布本学期国技课授课安排。③

3月6日 致函各院系处部馆场所暨各附校，奉西南政务委员会训令，为维持法令威信及本军训前途，凡逾期请免受训者，一律不准。④

△签署大学布告。公布因本校附属中小学校奉令拨归省办后的相关事宜。⑤

3月7日 出席本校备战教育工作委员会农学院分会及工作团成立典礼。⑥

下午1时，典礼在新校大礼堂进行，先生及教务长萧冠英、法学院院长郑彦棻、农学院院长邓植仪等三百余名师生出席，典礼由邓植仪主持。行礼如仪后，举行宣誓仪式，先生担任监誓，在团长邓植仪报告成立经过后，先生发表了训话。

△签署两份大学布告。（一）公布乘坐校车要求；（二）公布中大农场组织章程、办事细则、工人服务规则、惩奖规则、工资晋级办法。⑦

3月8日 中大附中主任居励今致函先生，请派员接收附中，以清手续。⑧

3月9日 签署两份大学布告。（一）奉西南政务委员会训令，公布对缺席总理纪念周者的处分事宜；⑨（二）定本月12日举行总理逝世十一周年暨植树典礼，是日休业一天。⑩

3月10日 广州城西方便医院特于本年3月10日起至4月23日止举行廿五年份征求同人大会，捐款补助经费，以宏救济，而利群伦。该医院函聘先生为中大队队长，并请先生分函聘任副队长及分队长。先生得函后，分函聘任教务长、事务长为副队长，六学院院长为分队长。⑪

---

① 《大学布告》，见《国立中山大学日报》，1936年3月4日。

② 《大学布告》，见《国立中山大学日报》，1936年3月5日。

③ 《大学布告》，见《国立中山大学日报》，1936年3月6日。

④ 《大学公函》，见《国立中山大学日报》，1936年3月9日。

⑤ 《大学布告》，见《国立中山大学日报》，1936年3月7日。

⑥ 《大学公函》，见《国立中山大学日报》，1936年3月9日。

⑦ 《大学布告》，见《国立中山大学日报》，1936年3月9日。

⑧ 《附中居主任请校长派员接收》，见《国立中山大学日报》，1936年3月9日。

⑨ 《大学布告》，见《国立中山大学日报》，1936年3月10日。

⑩ 《大学布告》，见《国立中山大学日报》，1936年3月11日。

⑪ 《邹校长征求方便医院副分各队长》，见《国立中山大学日报》，1936年3月11日。

△签署三份大学布告。（一）接广东省会党政机关人员军事训练主任办公厅函开，布告本校生役人等一律不准在军训时间进入操场，以妨害公务；（二）定植树地点为中大农场内雁荡山上；（三）准教育部高等教育司函开，意大利设立奖学金奖励关于发扬近代意大利历史、科学、文艺及进化方面的著作，希本校员生一体知照。①

3月11日 签署两份大学布告。（一）本校附中、附小、幼稚园奉命改为省立中山中学，各该校学生即日返回中学上课；（二）此后本校学生，务宜专心向学，一切集会应得学校许可，方可举行，庶勿自乱秩序，妨碍学业，及违反校规。②

中大附属学校被分割出来，成立省立中山中学后，陈济棠自任中学校长。李洁之认为这是陈济棠与代表“西山会议派”的先生关系破裂的表现之一。③

3月12日 主持中大纪念总理逝世十一周年暨植树典礼，并发表演讲。

上午10时，典礼在新校大礼堂举行，共约千名师生参加典礼，先生担任主持。在领导行礼如仪后，先生致开会辞《要先安定学校然后才能发扬光大总理精神》，说道：“为什么要在总理逝世周年的纪念大会里，来举行植树典礼呢？其最重大的意义，就是要像植树一般，去发扬光大总理的精神。……但要发扬总理的精神，首先要学校安定才行。故我们今后对一切事情，大家如能一心一德，合力去做，没有不成功的。……匪独学校是这样，即中国一切的生机，也犹如植树后，要安定它，才能使之发荣滋长的。”④

△与陈济棠、李宗仁、萧佛成到从化县温泉，参加胡汉民和受蒋介石指派南下广东的魏道明举行的会谈，共商应付时局的办法。⑤

3月13日 致函中大各部分，奉教育部训令，嗣后所有采购事项，均交由中央信托局承办。⑥

3月14日 陪同王宠惠参观新校。⑦

上午9时，原海牙国际法庭法官王宠惠在西南政务委员会秘书谢宜邦的陪同下莅校参观，先生偕同法学院院长郑彦棻，引导王到文、法、理、农、工各

---

① 《大学布告》，见《国立中山大学日报》，1936年3月11日。

② 《大学布告》，见《国立中山大学日报》，1936年3月13日。

③ 李洁之：《陈济棠统治广东真相》，见广东省政协文化和文史资料委员会编《广东文史资料精编》上编第1卷，中国文史出版社2008年12月第1版，第39页。

④ 《本校昨举行总理逝世十一周年纪念暨植树典礼详情》，见《国立中山大学日报》，1936年3月13日。

⑤ 广东省立中山图书馆：《民国广东大事记》，羊城晚报出版社2002年11月第1版，第519页。

⑥ 《大学公函》，见《国立中山大学日报》，1936年3月14日。

⑦ 《王宠惠博士昨莅校参观》，见《国立中山大学日报》，1936年3月16日。

学院及各宿舍参观。中午，先生在蚕学馆设午宴招待王宠惠一行，教务长、事务长及各学院院长等作陪。下午1时，王宠惠参观完毕，乘车返回宾馆。

△签署两份大学布告。（一）准美国伦敦大学教育学院函送外国学生来学求得学位办法一份公布，希各知照；[①]（二）接广东省会党政机关人员军事训练主任办公厅胡教育长函开，本校教职员缺席军训者极多，希各受训职员届时一体出席为要。[②]

3月16日 签署两份大学布告。（一）各寄宿学生以后切勿再用电炉，以致耗电，并影响灯光；（二）准广西省公函，本校桂籍学生二十四年度第三期贷学金汇到本校，公布发放事宜。[③]

△向高剑父索画，高剑父向先生索诗，为此事作诗一首。[④] 该诗刊登在是日出版的《国立中山大学日报》上。

3月17日 致函各学院部处场所馆，奉教育部训令，附抄发维持治安紧急办法，随函查照。[⑤]

3月18日 签署两份大学布告。（一）查本校所有二十四年度各学院旁听生，一律准予照正式生一体试验及格者，准予升学为正式生；[⑥]（二）定本月20日上午10时在大礼堂召集各部分职员谈话。[⑦]

3月19日 召集学生宿舍室长谈话。[⑧]

下午4时半，先生在大礼堂召集宿舍长谈话，依时到会者达四百余人。先生首先报告了海内外人士最近对于本校一切措施的评价，毁誉参半。接着勉励各宿舍长对于外界一切批评，要虚心反省，力加改善，养成良好校风。训话结束后，先生请法学院郑彦棻院长发表意见，之后再请各室长对于学校工作发表意见。先生汇集各室长意见后，分为增聘教授、增置图书、供给热水、筑游泳池、建邮政局、课外生活、改善饭堂、办合作社、电话太少、校车问题、午夜点灯等11个方面加以详细解答，[⑨] 各室长对先生的解答表示极为满意。下午6时许，谈话会才结束。

---

① 《大学布告》，见《国立中山大学日报》，1936年3月16日。

② 《大学布告》，见《国立中山大学日报》，1936年3月17日。

③ 《大学布告》，见《国立中山大学日报》，1936年3月18日。

④ 国立中山大学校友会：《邹鲁全集》第（十）卷，三民书局股份有限公司1976年10月初版，第23页。

⑤ 《大学公函》，见《国立中山大学日报》，1936年3月18日。

⑥ 《大学布告》，见《国立中山大学日报》，1936年3月19日。

⑦ 《大学布告》，见《国立中山大学日报》，1936年3月20日。

⑧ 《校长连日召集职员室长谈话情形》，见《国立中山大学日报》，1936年3月21日。

⑨ 《校长解答各室长请求各件意见》，见《国立中山大学日报》，1936年4月1日。

3月20日 召集全校职员谈话。①

上午10时，先生在大礼堂召集全校职员谈话，依时到会者达四百余人。先生对职员提出下列意见：（一）时间：迁校后因车辆不敷，致影响办公时间，希望各同事以后守时办公，不可迟到早退。（二）办公：同事间因感情融洽，难免一面办公，一面谈话，以后要减少闲谈，提高工作效率，努力促进校务。（三）校车：近因新搬校舍，设备未周，校车来往，常感不便，现已责令承商积极改善，希望各同事依照定章购票及遵守乘车通则。（四）宿舍：现有教职员宿舍，原为供给职员常川（原文如此）居住，利便办公。近查间有将床位让与学生或别人居住，或在宿舍用火炉煮食者，以后须加改善，养成纪律化习惯，以为全国楷模。（五）军训：间有新到同事，致有漏报或规避军训，如有此等情事者，请从速自动补报受训，以免为人借口，妄加指摘。

先生训话后，即请职员对于学校各项工作发表意见，后以时间关系，各人如有意见，可于三日内用书面形式提交事务长汇送酌办。11时半，谈话会结束。

△致函中大各部分，奉西南政务委员会训令，为增加行政效率，公文程式力求简明，附发公文报告式样，希查照办理。②

3月21日 签署三份大学布告。（一）公布教职员考勤事宜;③（二）公布校车乘坐事宜；（三）准国立武汉大学公函，医学院王典义等8人二十四年度下学期津贴汇转到校，公布发放事宜。④

3月23日 致函中大各部分，公布校车租赁事宜。⑤

△签署大学布告。准德国驻广州总领事官阿登伯函开，公布柏林 Alexander von Humboldt Stiftung 会发给外国来德留学者津贴简章，希本校员生，一体知照。⑥

3月24日 胡汉民与魏道明在广东从化温泉一别墅内商议国是，胡并电话约陈济棠、李宗仁、萧佛成、先生赴从化叙谈。⑦

△签署大学布告。公布校车乘坐要求。⑧

---

① 《校长连日召集职员室长谈话情形》，见《国立中山大学日报》，1936年3月21日。
② 《大学公函》，见《国立中山大学日报》，1936年3月21日。
③ 《大学布告》，见《国立中山大学日报》，1936年3月23日。
④ 《大学布告》，见《国立中山大学日报》，1936年3月24日。
⑤ 《大学公函》，见《国立中山大学日报》，1936年3月24日。
⑥ 《大学布告》，见《国立中山大学日报》，1936年3月25日。
⑦ 《西南各要人昨赴从化晤胡汉民》，见《申报》，1936年3月26日。
⑧ 《大学布告》，见《国立中山大学日报》，1936年3月25日。

3 月 25 日 先生、陈济棠、李宗仁、麦焕章、张任民、甘介侯等人中午在李宗仁住宅集合，分乘五辆汽车赴从化会晤胡汉民，商议国是。晚上，先生与胡汉民等人详商应付时局的具体办法。①

次日，胡汉民等人返回广州，魏道明则于 27 日返回广州，旋返港转京报告奉命赴粤与胡等人商谈的经过。②

△签署两份大学布告。（一）准广西省政府公函，公布该省二十四年度贷学金发放安排；③（二）奉西南政务委员会训令，公布新的军训安排，仰受训教职员一体知照。④

3 月 26 日 接见美国美西干大学柳富秀教授。⑤

上午 10 时，美国美西干大学教授、天文学家柳富秀博士在文学院教授伍福焜陪同下莅校参观。先生亲自接见了柳富秀教授，座谈片刻，先生等人引导柳富秀参观了各学院及各场所。11 时半，柳富秀教授离开中大，前往岭南大学演讲。柳富秀对中大的各种建设取得突飞猛进的成绩，极为赞许。

△致函中大各部分，公布依时参加军训事宜。⑥

3 月 27 日 签署大学布告。准广东省会党政机关人员军训第十中队陈队长函开，该队定于本月 28 日举行演习，仰本校受训队员出席。⑦

3 月 28 日 函复附属第一医院姚碧澄主任，查该院各员工工作情形特殊，应准予免受军训。本月 26 日，姚呈函先生，以第一医院工作倍忙，请准予该院各员免受军训。⑧

△签署大学布告。公布限制学生组织外出考察团办法。⑨

3 月 30 日 下午 1 时半，农学院轮值总理纪念周在大礼堂举行，先生出席，并发表训话《大家起来负起备战教育的工作》。⑩

3 月 31 日 签署四份大学布告。（一）公布强电流实验室规则；（二）准

---

① 《西南各要人昨赴从化晤胡汉民》，见《申报》，1936 年 3 月 26 日。

② 中国社会科学院近代史研究所中华民国史研究室编：《中华民国史资料丛稿大事记》第二十二辑，中华书局 1987 年 10 月第 1 版，第 65 页。

③ 《大学布告》，见《国立中山大学日报》，1936 年 3 月 26 日。

④ 《大学布告》，见《国立中山大学日报》，1936 年 3 月 27 日。

⑤ 《美天文学家柳富秀博士昨参观本校》，见《国立中山大学日报》，1936 年 3 月 27 日。

⑥ 《大学公函》，见《国立中山大学日报》，1936 年 3 月 28 日。

⑦ 《大学布告》，见《国立中山大学日报》，1936 年 3 月 28 日。

⑧ 《函复院内各员准免受军训请查照由》见"国立中山大学全宗"档案，全宗号 20，目录号 7，案卷号 106，藏广东省档案馆。

⑨ 《大学布告》，见《国立中山大学日报》，1936 年 3 月 30 日。

⑩ 程焕文：《邹鲁校长治校文集》，中山大学出版社 2004 年 11 月第 1 版，第 87 ~ 88 页。

中国科学社函开，该社设立高女士纪念奖金，用于征求科学论文，本年征求领域为生物学，公布征文办法，仰本校学生一体知照；[①]（三）公布学生领取度衣证事宜；（四）查4月5日至8日为春假，照校历休业四天。[②]

3月 接见国联代表。

松井于2月底离粤后，国联派一位代表到广州，商洽统一海战的办法。当时反对的人不少，独先生持异议。先生说："有统一的行政权，才能有真正统一的中央政府。过去以中央不抗日，所以我们反对它，现在中央已热诚抗日，如若再不还政中央，那就不足以表示我们愿意为抗日而和中央合作的立场。"[③]

春 在夫人赵淑嘉画作《松菊图》上题诗："云松自是徂徕客，霜色犹存彭泽花。莫道西风便萧瑟，秋容偏在野人家。"[④]

春 在夫人赵淑嘉画作《紫藤图》上题诗："紫藤花开，游鱼拨拨。春意盎然，春江水活。"[⑤]

春 为古直教授著作《读莲香集诗简》撰序。

先生在《澄庐诗集》中写道："连日有传，余编莲香楼集，修百花冢者，因戏吟此二乔。莲香集编者彭孟阳，我非南园人，何能分其光，原书悉具在亦，无事更张，若窃为风雅，无乃太披猖。植树与辟路，职司在林场，适当百花冢，岂专护遗香，碑石仍旧碣，墓门无新坊，敢因此掠美，致人议其旁。"[⑥]

4月1日 签署大学布告。准广东省会党政机关人员军事训练教育副官通告开，公布受训职员请假事宜。[⑦]

4月2日 致函西南政务委员会，保释因为参加抗日救国运动被捕的中大学生。先生在信件中表示，学生"虽属少年暴躁，有失常态，然推其用心出于爱国"，请"迅予保释"。[⑧]

△致函萧冠英等人，接城西方便医院来函，将第一期各队经募数目及所得

---

① 《大学布告》，见《国立中山大学日报》，1936年4月1日。

② 《大学布告》，见《国立中山大学日报》，1936年4月2日。

③ 邹鲁：《回顾录》，岳麓书社2000年9月第1版，第367页。

④ 程焕文、张靖、周旎：《邹鲁未刊稿》上册，广西师范大学出版社2008年3月第1版，第36页。

⑤ 程焕文、张靖、周旎：《邹鲁未刊稿》上册，广西师范大学出版社2008年3月第1版，第37页。

⑥ 国立中山大学校友会：《邹鲁全集》第（十）卷，三民书局股份有限公司1976年10月初版，第23～25页。

⑦ 《大学布告》，见《国立中山大学日报》，1936年4月3日。

⑧ 《请保释本校被捕及扣留各生》，见"国立中山大学全宗"档案，全宗号20，目录号3，案卷号33，藏广东省档案馆。

积分开列，请察照。至第二期结束，定于4月8日截止，仍希继续进行。①

4月3日 向本校二十四年度第六次教务会议交议议案。②

先生交议的讨论议案有两项，分别为：（一）法学院郑彦棻院长函送法学院外国语委员会规程一件，请察核案。决议：修正通过。（二）地理学系一年级生蔡政熙呈请准予援案将所交学费发还案。决议：照准。

△签署大学布告。公布桂省留学本校学生廿四年度第一期贷学金发放安排。③

4月4日 签署三份大学布告。（一）准广东防空委员会公函，公布该会到校举办防空讲座事宜；（二）请郑振文教授兼任教职员宿舍舍长，主持宿舍舍务；（三）公布文学院教育系关于小学教员实际应用的课程安排、多余座位额数，以供应本校招收的小学教员旁听。④

4月9日 致函中大各部分，奉西南政务委员会训令，嗣后如有公务员犯罪案件发生，应立即严密搜集证据，及时送庭，免使证据消失，罪犯漏网。⑤

4月11日 出席中大合作社成立大会，并发表演讲。⑥

下午1时半，合作社成立大会在大礼堂召开，先生及社员数百人出席会议，会议由邓植仪主持。会议在报告各项事务后，先生以校长兼党部特派员身份发表训话《要有互助精神才能完成伟大的事业》，希望大家积极支持合作社事业，“把历来对于公共事情漠视的态度彻底改过来”⑦。

会议照章选举理事及监事。根据合作社总章，该社设理事7人，组成理事会，综理社务。7名理事由校长指定3名，社员大会选举4名；设候补理事3名，由校长指定1名，社员大会选举2名；理事会设理事长1名，由理事会投票互选2名，呈请校长选任1名；该社设立监事5名，组成监事会，校长为当然监事长，其余监事由社员大会选举产生。

△签署四份大学布告。（一）准广东省教育厅公函，公布广东省第三届考选国外留学公费生简章及广东考选国外留学公费生服务章程；（二）公布当选为二十四年度下学期级代表名单，并定本月14日下午3时30分召集各学院本

---

① 《大学公函》，见《国立中山大学日报》，1936年4月3日。

② 《二十四年度第六次教务会议》，见《国立中山大学日报》，1936年4月11日。

③ 《大学布告》，见《国立中山大学日报》，1936年4月9日。

④ 《大学布告》，见《国立中山大学日报》，1936年4月9日。

⑤ 《大学布告》，见《国立中山大学日报》，1936年4月10日。

⑥ 《本校合作社昨开成立大会情形》，见《国立中山大学日报》，1936年4月13日。

⑦ 程焕文：《邹鲁校长治校文集》，中山大学出版社2004年11月第1版，第86页。

届级代表在大礼堂训话;[①]（三）定本月 14 日下午 3 时 30 分召集各学院本届级代表、宿舍各舍长、各区长、室长在大礼堂训话；（四）奉西南政务委员会训令，公布广东省会党政机关人员申请免手军训事宜。[②]

4 月 13 日 出席文法两学院联合总理纪念周，并发表训词。[③]

下午 1 时半，纪念周在新校大礼堂举行，两学院教职员生共六百余人出席纪念周，先生担任主席。行礼如仪后，先生发表训话，指出服务乡村工作者应有的态度及读书不可尽信书，自己应加判断。2 时半，与会人员合唱校歌后散会。

△签署大学布告。公布本校职员第十中队军事训练时间及车辆安排。[④]

4 月 14 日 下午 3 时 30 分，召集各学院本届级代表、宿舍各舍长、各区长、室长在大礼堂训话。[⑤]

4 月 15 日 接万国大学会议秘书处请柬，邀请先生参加本年 6 月 24 日至 27 日在德国海德堡大学举行的万国大学第三次会议。[⑥]

△函复附属第一医院主任姚碧澄，准予姚辞去护士学校主任兼职，并委内科教授叶少芙兼任。[⑦] 是月 3 日，姚碧澄呈函先生，提出上述申请。

△签署四份大学布告。（一）公布缴制衣费未领度衣证及已领而未定造制服者，登记时间展期 10 天；（二）接广东省会党政机关人员军事训练主任办公厅通报内开，重新制定本军训组织系统职员姓名表及助教操场野外枪支分配表，以后训练，依表执行；（三）定本星期四下午 3 时半召集本校女生在大礼堂训话；（四）公布国立中山大学法学院外国语委员会规则。[⑧]

4 月 16 日 下午 3 时半，召集本校女生在大礼堂训话。[⑨]

△致函中大各部分，奉教育部训令，嗣后公务员私人通信不得使用公用信笺信封，违者定予从严惩处。[⑩]

---

① 《大学布告》，见《国立中山大学日报》，1936 年 4 月 13 日。

② 《大学布告》，见《国立中山大学日报》，1936 年 4 月 14 日。

③ 《昨日本校联合纪念周情形》，见《国立中山大学日报》，1936 年 4 月 14 日。

④ 《大学布告》，见《国立中山大学日报》，1936 年 4 月 14 日。

⑤ 《大学布告》，见《国立中山大学日报》，1936 年 4 月 14 日。

⑥ 《万国大学会议要讯》，见《国立中山大学日报》，1936 年 4 月 16 日。

⑦ 《函为准予辞去护士学校主任兼职，委任内科教授叶少芙医生兼任，复请查照交代由》见“国立中山大学全宗”档案，全宗号 20，目录号 7，案卷号 111，藏广东省档案馆。

⑧ 《大学布告》，见《国立中山大学日报》，1936 年 4 月 16 日。

⑨ 《大学布告》，见《国立中山大学日报》，1936 年 4 月 16 日。

⑩ 《大学公函》，见《国立中山大学日报》，1936 年 4 月 17 日。

△签署大学公函。奉教育部训令，公布禁烟事宜。①

△签署大学布告。查本校文科研究生刘美昌，竟敢假借军事高级军官名义，串通外人，用金钱收买同学，在校内秘密组织观摩社，并为副社长及最高干事，似此行为，不特触犯校规，实且丧尽学生人格，该生刘美昌着即开除学籍，并限即日离校，以肃学风，而维校纪。②

4月17日 电慰生病的国民党中央监委王宠惠，促其早日南下，共商国是。③

△致函中大各部分，奉西南政务委员会训令，公布补充免税物品办法、补列免税军用物品种类清单及免税物品运输验放暂行规则。④

4月18日 本校合作社筹备委员会致函先生，附合作社总章一份，股金数目表及选举结果表各一份，呈报奉命筹备合作社经过，请鉴核照章分别为监事长及指派理事示遵等由。先生函复，应予照办。⑤

△致函中大各部分，奉教育部训令，嗣后各机关印刷及行文一切用纸，非有万不得已情形，务须购用本国产品。⑥

△签署大学布告。准教育部东北青年教育救济处函开，该处招考第三届东北留学欧美公费生，仰本校东北学生一体知照。⑦

4月20日 出席理学院轮值总理纪念周，并发表训话。⑧

下午1时半，理学院轮值总理纪念周在本校礼堂举行，先生及理学院师生约三百人出席，活动由院长何衍璿主持。行礼如仪后，由先生发表训话，勉励各生须认清环境，努力求学，切勿走入歧途，断送前程。

△函聘张瑞麟重新制造孙中山总理铜像一座，放置在校内。先生认为日本友人所赠送的总理铜像，神态略逊，已久拟另外铸造一座神态毕肖的铜像恭立校内，永垂纪念。⑨

△签署两份大学布告。（一）准贵州省政府公函，公布修正贵州省教育厅国内各大学省费补助生规程，仰黔籍学生知照；⑩（二）公布本校会计部办事

---

① 《大学公函》，见《国立中山大学日报》，1936年4月17日。
② 《大学布告》，见《国立中山大学日报》，1936年4月18日。
③ 广东省立中山图书馆：《民国广东大事记》，羊城晚报出版社2002年11月第1版，第520页。
④ 《大学公函》，见《国立中山大学日报》，1936年4月20日。
⑤ 《大学布告》，见《国立中山大学日报》，1936年4月23日。
⑥ 《大学公函》，见《国立中山大学日报》，1936年4月20日。
⑦ 《大学布告》，见《国立中山大学日报》，1936年4月19日。
⑧ 《昨日本校举行总理纪念周情形》，见《国立中山大学日报》，1936年4月21日。
⑨ 《本校聘雕刻师塑造总理像》，见《国立中山大学日报》，1936年4月20日。
⑩ 《大学布告》，见《国立中山大学日报》，1936年4月21日。

细则。①

4月21日 签署三份大学布告。（一）公布本大学二十五年度校历；②（二）公布根据投票结果当选的合作社理事、监事、候补理事、候补监事名单，并照章指派社员李涵谷、方棣棠、关兆鹏为理事，社员周鼎培为候补理事，即由邹卓然负责召集理事开会，选举理事长进行一切；（三）公布制定的小学教员入校旁听规则。③

4月22日 签署两份大学布告。（一）定期23日下午3时半在大礼堂与文法理工农五学院四年级学生谈话；（二）准本校行车处呈报，定期本月23日起，每日第一次开车时间提早至6时半。④

4月23日 下午3时半，在大礼堂与文法理工农五学院的四年级学生谈话。⑤

△致函南京管理中英庚款董事会，函称工学院院长萧冠英函请贵会一次请拨三万元为筹设水力试验所订购水力试验设备之用，请特函商洽，如得应允，请其发函介绍俾职考察工业，抵英时向各工厂接洽订购。随函附设备单三十份。⑥

工学院萧冠英院长于3月30日呈函先生，函请先生转函南京管理中英庚款董事会，函请此事。

△致函萧冠英、邹卓然副队长等人，接广州城西方便医院廿五年份征求同人大会来函内开，此次征求同人，原定总结束起展期十天，展至5月3日截止，仰本校同人努力征集，并在截止日期前，将募集所得捐款及用余收条，填表惠下。⑦

△签署两份大学布告。（一）接广东省会党政机关人员军事训练主任办公厅通报内开，公布广东省会党政机关军事训练补训规则；⑧（二）为使学生明了救护工作起见，定于5月2日下午请附属第一医院外科朱代主任演讲救护问题，仰本校女生一体知照出席。⑨

---

① 《大学布告》，见《国立中山大学日报》，1936年4月22日。
② 《大学布告》，见《国立中山大学日报》，1936年4月22日。
③ 《大学布告》，见《国立中山大学日报》，1936年4月23日。
④ 《大学布告》，见《国立中山大学日报》，1936年4月23日。
⑤ 《大学布告》，见《国立中山大学日报》，1936年4月23日。
⑥ 见“国立中山大学全宗”档案，全宗号20，目录号1，案卷号81，藏广东省档案馆。
⑦ 《大学公函》，见《国立中山大学日报》，1936年4月25日。
⑧ 《大学布告》，见《国立中山大学日报》，1936年4月24日。
⑨ 《大学布告》，见《国立中山大学日报》，1936年4月25日。

4月24日 保释生物学系被捕学生周钦贤出狱。[①]

4月25日 签署大学布告。准教育部东北青年教育救济处公函，本校东北勤苦学生上年8月至本年1月补助费，已经转发，定4月29日发放该补助，仰各生一体知照。[②]

4月27日 为数学天文系主任刘俊贤教授到挪威参加国际数学大会出具介绍信函。[③]

△致函各学院院长、注册部主任，奉教育部训令，抄同廿四年度各大学及独立学院招生办法函达，即希查照为荷。[④]

△签署三份大学布告。（一）禁止在本校宿舍使用燃烧器具烹调食物，嗣后如有发觉即将该燃烧器及餐具等没收并由主管人具报核办；（二）公布大刀国技课上课安排。4月25日，本校国技教授傅振嵩致函先生，表示学生救国要学救国大刀；[⑤]（三）照中大合作社总章，选定邹卓然为理事长，合行布告。[⑥]

4月28日 签署大学布告。奉西南政务委员会训令，规定军训受训制服采用黑色，希各受训人员，一体知照。[⑦]

4月29日 向本校二十四年度第七次教务会议交议讨论事项。该事项为文学院范锜院长呈函，据教育系廿五年班教育考察团呈请准予援例，提前于5月10日前举行毕业试验等情，查事关全体，涉及学院，究应如何之处，转请先生核复案。议决：定期本年6月1日举行各学院学生毕业考试。[⑧]

先生于5月7日签署大学公函，对教务会议讨论决议，“自当照办”。[⑨]

4月30日 主持陶行知演讲会。[⑩]

下午3时半，文法两学院敦请陶行知到学校举行学术演讲，讲题为《粉碎大陆政策》。演讲开始前，先生及法学院院长郑彦棻引导陶到达大礼堂，略坐片刻，先生即起身介绍陶，随后陶开始演讲。演讲于4时半结束。

---

① 参见易汉文：《中山大学编年史（一九二四～二〇〇四）》，中山大学出版社2005年9月第1版，第28页。

② 《大学布告》，见《国立中山大学日报》，1936年4月27日。

③ 见“国立中山大学全宗”档案，全宗号20，目录号1，案卷号23，藏广东省档案馆。

④ 《大学公函》，见《国立中山大学日报》，1936年4月28日。

⑤ 《大学布告》，见《国立中山大学日报》，1936年4月28日。

⑥ 《大学布告》，见《国立中山大学日报》，1936年4月29日。

⑦ 《大学布告》，见《国立中山大学日报》，1936年4月29日。

⑧ 《二十四年度第七次教务会议》，见《国立中山大学日报》，1936年5月6日。

⑨ 《大学公函》，见《国立中山大学日报》，1936年5月8日。

⑩ 《大学布告》，见《国立中山大学日报》，1936年5月1日。

△为萧冠英教务长出国考察工业教育领取护照签署保证书。① 同日，签署呈函给教育部高等教育司，函复照送萧冠英教务长请领护照事项表及照费相片等请查找迅为封送由。②

4月下旬 接本校医学院留德助教曾宪文过去一学期在德研究心得报告，先生复函鼓励。③

5月2日 函复附属第一医院主任姚碧澄，准派陆婉娴为教育研究所小学实验班常驻护士。④

△签署大学布告。查本月4日为五四学生运动纪念日，值此国难时期，应即热烈举行。定是日下午1时30分在大礼堂开纪念大会，合行布告，希本校员生，一体参加。⑤

5月3日 奉教育部电令，准备出席世界大学会议。粤各大学校长拟推先生任中国出席人员领队。先生随即向西南执行部和西南政务委员会请假，治装出发。⑥

5月4日 主持“五四运动”纪念大会。⑦

下午1时半，大会在学校大礼堂举行，先生及各学院师生与会，大会由先生主持。先生领导行礼如仪后，即致开会辞，勉励各位同学要本着“五四运动”的爱国精神，牺牲奋斗，抗日救亡。大会于2时半结束。

△在总理纪念周上发表演讲。⑧

先生在演讲中提到四点主张：“（一）全国各党各派，值此国难当前，应放弃其政治主张，单纯为抗日之工作；（二）消弭内战，以便全力抵抗日本；（三）唤起民众，使学生农民工人商人兵士，一致团结起来，为长期之普遍抵抗；（四）联合世界上以平等待我之民族共同奋斗，盖除自身奋斗之外，凡助我抗日者，皆认为好友。”⑨

△签署大学布告。公布职员军训缺操补训事宜。⑩

---

① 见“国立中山大学全宗”档案，全宗号20，目录号1，案卷号69，藏广东省档案馆。

② 见“国立中山大学全宗”档案，全宗号20，目录号1，案卷号69，藏广东省档案馆。

③ 《留德助教曾宪文报告研究心得》，见《国立中山大学日报》，1936年4月25日。

④ 《函送教育研究所小学实验班女护士陆婉娴派令乙件，希查照转发由》见“国立中山大学全宗”档案，全宗号20，目录号7，案卷号111，藏广东省档案馆。

⑤ 《大学布告》，见《国立中山大学日报》，1936年5月4日。

⑥ 《邹鲁出席世界大学校长会议》，见《申报》，1936年5月4日。

⑦ 《本校昨开“五四运动”纪念会》，见《国立中山大学日报》，1936年5月6日。

⑧ 邹鲁：《回顾录》，岳麓书社2000年9月第1版，第369页。

⑨ 邹鲁：《二十九国游记》，商务印书馆1947年4月初版，第5页。

⑩ 见“国立中山大学全宗”档案，全宗号20，目录号7，案卷号87，藏广东省档案馆。

5月6日 致函各教授、副教授，随函送达《提高学生程度办法》，即希查照加具意见，于5月10日前函复，以凭办理。[①]

5月7日 签署两份大学布告。（一）公布教职员床位表，规定一星期内不迁住者即行取消；（二）准云南省教育厅公函，该省留学本校滇籍学生奖学金之李群杰、邓遵六及民国二十五年（1936年）春季奖学金饬库转发到校，公布发放事宜。[②]

△是日出版的《国立中山大学日报》转引最近香港《星期论坛报》文章，报道本校设施情况，给予先生很高的评价。在建筑新校舍方面，指出："所幸一九三二年春，邹鲁君重长校务，用他的能力和才干，做出惊人的事业，事实上没有人能够否认的。"在教育的贡献方面，写道："此外邹校长很完满的尽他的职务，对教育，他有适当的见解。他信仰高等教育，他感觉教育和民主政治是不可分离的联系着的，他主张教育不但是保障个人有较好的生活，而应该供给个人生存于一个较好的生活。他提倡一个计划，由消费教育进为生产教育。最后，他怀抱着愿望，为中国训练成最高典型的善良公民。政治上他是孙中山博士的模范信徒，是三民主义的忠实信仰者，和坚信政府应该是民有民享和民治。"[③]

5月8日 签署三份大学布告。（一）准北平中德学会函开：顷接到德国柏林大学寄来该校为外人专设的德文补习学校1936年暑期班规章暨课程一览表一份，合行布告；（二）本校建筑研究院地盘及填掘土方范围内坟主，应于五日内将土坟悉数迁移，并于迁移时报请农场办事处登记；（三）本校校门大道及总理铜像前山岗暨学院附近男生宿舍后面填掘泥土范围内坟主，应于五日内将土坟悉数迁移，并于迁移时报请农场办事处登记。[④] 5月19日，先生再签大学布告，希各坟主在月底以前，一律将坟他迁，免碍工程进行。[⑤]

5月9日 见证胡汉民口述遗嘱。[⑥]

晚上8时许，胡汉民在妻兄陈融寓所下棋时因为过度用脑导致突发脑溢血，晕倒在地。晚10时许，胡汉民从昏迷中醒来，神志略清，自知病情严重，便将西南党政要人萧佛成、陈济棠、先生等及亲属召至床前，口述遗嘱，由萧佛成记录，先生等人见证。

---

① 《大学公函》，见《国立中山大学日报》，1936年5月7日。

② 《大学布告》，见《国立中山大学日报》，1936年5月8日。

③ 《外报评论本校设施》，见《国立中山大学日报》，1936年5月7日。

④ 《大学布告》，见《国立中山大学日报》，1936年5月11日。

⑤ 《大学布告》，见《国立中山大学日报》，1936年5月20日。

⑥ 周聿峨、陈红民：《胡汉民》，广东人民出版社1994年12月第1版，第320页。

5 月 10 日 主持沈敦辉教授追悼会。①

沈敦辉为本校农学院蚕学系主任，是我国有名的蚕学家。自去年担任系主任以来，成绩显著，为先生所敬重。不幸于上月 24 日在进行试验时被火烧伤，抢救无效去世。

追悼会在新校大礼堂举行，先生及各学院院长、学校员生、校外人士多人到会致祭。先生亲笔题写“精神不死”四字横额悬挂在会场祭坛上方，两边为先生题写的挽联：“星火足灿原天不慭遗竟尔昆冈焚玉石”，“蚕桑正调护风难反吹可堪陆洋引霞车”。上午 10 时行祭礼，先生主祭，并发表致辞。

5 月上旬 德国驻粤总领事代先生订购赴德船票。②

世界大学会议及德国海德堡大学建校五百五十周年纪念会定期在德国举行，世界教育会议也定期在伦敦开会，先生均接到邀请电。先生自从开完国民党“五全”大会回到广州后，一切未能如所期望，也想借此机会，出国远游，便答应参加。

当德国驻粤总领事听说先生将亲自赴德参加两会，非常高兴，即为先生代订船位，船名为德国加拉奴号，时间为 5 月 22 日，从香港启程。

5 月上旬 意大利驻香港总领事拜可尼听说先生赴德参加世界大学会议及海德堡大学建校五百五十周年纪念会，特前来广州，约请先生到罗马游历，并表示将此事转达给意大利政府，予以接待。③

5 月 11 日 主持文法两学院轮值总理纪念周，并发表训话。④

下午 1 时半，文法两学院轮值总理纪念周在大礼堂举行，先生及两院师生出席。先生领导行礼如仪后，即发表训话，指出中国的国民性常常露出两种弱点：第一，普通人须要有别人驱策，然后肯动，不然则不动。就以今日的纪念周来说，便是一个很好的例证。本来纪念周的意义，除了纪念总理之外，每一周间给我们学校员生一个叙事的机会，原属很好的事情，但稍不加以驱策，就很少人到了。今日虽然适值雨天，来往有点不便，然际国难严重万分，不应有稍许不便，便不参加公众事体。以前有些人说我建筑这么堂皇美丽的校舍，将来必定一般学生会流于娇贵，培养出不肯刻苦的恶习惯。自迁校至今，同学们确有这种情形，以前人们那种批评，我觉得是很对的。之前有一部分同学到砰石去参观，看到那里居住条件没有本校完备，立即就想回来。这是习于宴安，

---

① 《本校开会追悼沈主任敦辉》，见《国立中山大学日报》，1936 年 5 月 12 日。

② 邹鲁：《回顾录》，岳麓书社 2000 年 9 月第 1 版，第 368 页。

③ 邹鲁：《回顾录》，岳麓书社 2000 年 9 月第 1 版，第 368 页。

④ 《本校昨日举行纪念周情形》，见《国立中山大学日报》，1936 年 5 月 12 日。

不肯耐劳所致，也是稍不加以驱策，就不肯动这种弱点的表现。第二，关于社会的事情，须有利益，方能踊跃，否则就没有人参加。如日前五四运动纪念会，在国难严重之时，我以为一定许多人参加，卒之，参加的人也是很少，真令我失望之至。至于各种学生团体的选举，情形就大不相同，参加的人就很踊跃了。这是须有利益，方肯动手的弱点的表现。今日因为参加纪念周的人较少，便想到现在国难严重，国家最有希望的青年，尚不能免去这些弱点，深感我国的前途茫茫，不知由何处着手！

△签署大学通告。国技教师傅振嵩本星期二（5月12日）因有要事请假，国技课停课一天，合行通告。①

5月12日　主持胡（胡汉民）主席治丧委员会第一次会议。②

晚上7时40分，胡汉民在广州逝世。当晚，西南执行部和西南政务委员会当即开会商讨治丧办法，成立了由先生、陈融、林翼中等54人组成的治丧委员会。晚上9时，治丧委员会在中山纪念堂办公厅召开第一次会议，先生、林云陔、陈嘉祐、区芳浦、杨熙绩等人参加，会议由先生主持。首先由先生恭读总理遗嘱，其后由先生报告事项：（一）宣布胡汉民遗嘱；（二）经将胡汉民逝世情形，通电海内外；（三）本会即刻开始办事，请各委员介绍办事人员。会议讨论事项有十项。

△致函各院长及注册部主任，奉教育部指令，公布办理本校二十四年度应届毕业生毕业试验事宜。③

5月13日　主持西南执行部、西南政委会联席会议。

上午9时，联席会议举行，陈济棠、林云陔、区芳浦等17人到会，先生主持会议。会议决议："（一）敬谨接受胡（胡汉民）主席遗嘱；（二）呈请中央国府举行胡主席国葬典礼；（三）在广州设胡主席治丧委员会，沪、汉、平各地设办事处；（四）定二十五日、二十六日、二十七日举行公祭，胡主席遗体葬南京紫金山总理陵园；（五）推黄委员季陆、李委员仙根赴京报告，并商洽国葬及选择墓地；（六）通过治丧委员会组织大纲；（七）通告西南各地党政军各机关团体，于本月二十五日联合在各该地设灵公祭。"④

△主持胡汉民大殓。⑤

下午4时，胡汉民大殓在广州中山纪念堂举行，先生及陈济棠、林云陔等

---

① 《大学通告》，见《国立中山大学日报》，1936年5月12日。

② 《本校董事胡汉民先生前晚逝世》，见《国立中山大学日报》，1936年5月14日。

③ 《大学公函》，见《国立中山大学日报》，1936年5月14日。

④ 中国第二历史档案馆：《中央周刊》，南京出版社1997年7月第1版，第34－516页。

⑤ 《本校董事胡汉民先生前晚逝世》，见《国立中山大学日报》，1936年5月14日。

西南党政要员及各界人士不下两千人出席，由先生主持大殓。先生亲自将国民党党旗盖在胡汉民遗体上，盖棺后，又亲自将国旗盖在棺木上，并领行致祭礼节。5时许，礼毕而散。

△致函中大各部分，奉西南政务委员会训令，公布胡汉民治丧期间要求。①

△签署大学布告。布告本校员生参加胡汉民大殓安排。②

△萧冠英出国参加国际会议，为其拟去参观的大学出具介绍信函。③

△香港大学工学院院长施密斯（C. A. Middleton Smith）来中大参观，说："在中国从事教育生活业有二十四年，向来未曾见过如此伟大之大学，并极钦佩邹校长建设新校之毅力。"④

5月14日 主持胡（胡汉民）主席治丧委员会第二次会议。⑤

会议于上午10时开始，先生为主席。会议议决：（一）推先生、陈耀垣、刘纪文、胡毅生等9人为治丧委员会常务委员；（二）推胡毅生、陈融、杨熙绩负责撰拟胡主席事略；（三）决议人民自由致祭日期时间由15日起，自由参加致祭；（四）下次总理纪念周，恭读总理遗嘱后，续读胡主席遗嘱，并默哀三分钟；……（九）《三民主义月刊》于下星期编印纪念胡主席专号；（十）加推李海云、黄明堂等4人为治丧委员；（十一）将胡主席逝世各情形摄制活动影片，以资国人景仰。

先生于16日签署国立中山大学大学公函，将上述要求公布，令中大各部分查照办理。⑥

△中午，白崇禧、黄旭初以给胡汉民吊丧的名义偕刘斐、潘宜之等人来到广州，与陈济棠、先生、萧佛成等人召开西南党政军联席会议，讨论反蒋事。⑦

△函复附属第一医院姚碧澄主任，照准拨付该院补助费一个月1500元，俾得支付该院赊货欠款。本月8日，姚呈函先生，以该院去年5~10月份曾向宁水布厂赊货合共毫币1391元8角，现该商催讨甚急，请赐拨该院补助费。⑧

---

① 《大学通函》，见《国立中山大学日报》，1936年5月15日。

② 《大学布告》，见《国立中山大学日报》，1936年5月14日。

③ 见"国立中山大学全宗"档案，全宗号20，目录号1，案卷号23，藏广东省档案馆。

④ 黄义祥：《中山大学史稿1924~1949》，中山大学出版社1999年10月第1版，第153页。

⑤ 中国第二历史档案馆：《中央周刊》，南京出版社1997年7月第1版，第34-515~516页。

⑥ 《大学公函》，见《国立中山大学日报》，1936年5月18日。

⑦ 广东省立中山图书馆：《民国广东大事记》，羊城晚报出版社2002年11月第1版，第520页。

⑧ 《函复以欠宁水布厂货款一千三百九十一元八毛，请拨补助费一个月一千五百元应准照拨希查照由》见"国立中山大学全宗"档案，全宗号20，目录号7，案卷号106，藏广东省档案馆。

△签署大学布告。奉西南政务委员会训令，为祭奠胡汉民主席，希本校各党员即向本校党部具领黑纱佩戴三天。①

5 月 15 日 复电孙科。

立法院院长孙科于 13 日致电西南政委会，征询关于胡汉民饰终典礼与国葬事宜。是日，萧佛成、先生、陈济棠、李宗仁、林云陔复电，表示："胡先生饰终典礼，经由西南执行部、西南政委会呈请中央核定国葬，至公祭日期，现定五月十五六七等日，在广州中山纪念堂举行。"②

△致函中大各部分，奉西南政务委员会训令，公布胡汉民主席志哀办法，自应遵照。③

△签署大学布告。准美国普渡大学中国学生会函开，该会寄来普渡大学章程，以便有志到该校求学者了解相关情况，合行布告。④

5 月 16 日 签署大学布告。奉教育部训令，公布总理纪念周仪规。⑤

5 月 17 日 主持胡（胡汉民）主席治丧委员会第三次（常务）会议。会议讨论关于公祭胡汉民礼节一案，当经决议："照国府公布之礼节办理"。先生于 20 日签署大学公函，将公祭礼节随函送达，要求中大各部分查照办理。⑥

5 月 19 日 致函中华民国驻德意志国等多个国家的大使或领事，本校教务长兼工学院院长萧冠英赴各国考察工业教育，请查照惠予接洽协助。⑦

5 月 20 日 签署两份大学布告。（一）定本月 23 日上午 9 时在本校大礼堂开胡汉民董事追悼会，希本校员生届时一体参加；⑧（二）接广东省会党政机关人员军事训练主任办公厅公函内开，公布改定训练时间事宜。⑨

5 月 21 日 李宗仁、白崇禧、陈济棠、先生等西南要员在广州陈济棠住宅开会，讨论王宠惠所提出的"宁粤团结"方案。李、白主张慎重，先生反对用兵，陈济棠要求积极行动。⑩

---

① 《大学布告》，见《国立中山大学日报》，1936 年 5 月 16 日。

② 中国第二历史档案馆：《中央周刊》，南京出版社 1997 年 7 月第 1 版，第 34－516 页。

③ 《大学通函》，见《国立中山大学日报》，1936 年 5 月 16 日。

④ 《大学布告》，见《国立中山大学日报》，1936 年 5 月 18 日。

⑤ 《大学布告》，见《国立中山大学日报》，1936 年 5 月 18 日。

⑥ 《大学公函》，见《国立中山大学日报》，1936 年 5 月 21 日。

⑦ 见"国立中山大学全宗"档案，全宗号 20，目录号 1，案卷号 23，藏广东省档案馆。

⑧ 《大学布告》，见《国立中山大学日报》，1936 年 5 月 21 日。

⑨ 《大学布告》，见《国立中山大学日报》，1936 年 5 月 22 日。

⑩ 广东省立中山图书馆：《民国广东大事记》，羊城晚报出版社 2002 年 11 月第 1 版，第 521 页；《西南要人在陈宅会商团结办法》，见《申报》，1936 年 5 月 22 日。

△致函中大各部分，随函送达公祭胡汉民日期时间表，即希查照。[①]

△致函中大各部分，公布胡汉民公祭日鸣炮及志哀仪式，即希查照。[②]

△签署大学布告。本校于本月26日下午公祭胡汉民，公布有关安排。[③]

5月22日　向西南政务委员会请假，乘时赴欧，出席万国教育会议。[④]

△签署大学布告。准顺德县管理青云文社财产委员会公函，该会发给本校肄业的顺德籍本科生二十四年度上学期奖学金已到校，公布发放安排。[⑤]

5月23日　主持本校追悼胡汉民大会。

上午9时，追悼大会在新校大礼堂举行，现场悬挂先生的挽联："肝胆久相知三十年忧患共尝一霎虞渊伤日薄"，"国家正多难数千里瀛寰奔命万方蒿里哭星沉"。先生偕同教务长、事务长及师生参加。先生担任主祭，领导行礼如仪，并恭读胡董事遗嘱及发表致辞，说道："今先生已不幸舍我们而逝了，不过先生的躯体虽死，而精神常存，我们后死者，应本先生抗日的精神，遵照其遗教，继续努力，完成其未竟的志愿，方不失今日开会追悼的意义。"[⑥]

先生还向追悼会送去第二份挽联："三事再叮咛救国宏谟言犹在耳"，"半生同奋斗承公遗志敢卸仔肩"。

△下午，中央派来粤致祭胡汉民的大员到先生处拜访。[⑦]

△签署大学布告。公布国立中山大学合作社理事会组织简章。[⑧]

△签署大学布告。奉教育部训令，遴聘本校教职员组织免费暨公费学额委员会，并公布教育部下发文件各级学校设置免费学额暨公费学额规程。[⑨]

△致函中大各部分，奉教育部训令，公布邮寄公文并附属文件要求。[⑩]

△致函各教授，定于本月25日下午2时半开会讨论抗日救国方案。[⑪] 25日，代教务长邓植仪发布教务处公函，写道："现由邹（邹卓然）事务长转来校长面谕，本日因病，医劝休养，不克来校，关于讨论抗日方案，改日再行函

---

① 《大学公函》，见《国立中山大学日报》，1936年5月22日。
② 《大学公函》，见《国立中山大学日报》，1936年5月22日。
③ 《大学布告》，见《国立中山大学日报》，1936年5月23日。
④ 《邹鲁离粤出国》，见《申报》，1936年6月6日。
⑤ 《大学布告》，见《国立中山大学日报》，1936年5月23日。
⑥ 《本校追悼胡董事详情》，见《国立中山大学日报》，1936年5月25日。
⑦ 中国第二历史档案馆：《中央党务月刊》，南京出版社1994年12月第1版，第29－347页。
⑧ 《大学布告》，见《国立中山大学日报》，1936年5月25日。
⑨ 《大学布告》，见《国立中山大学日报》，1936年5月27日。
⑩ 《大学公函》，见《国立中山大学日报》，1936年5月25日。
⑪ 《大学公函》，见《国立中山大学日报》，1936年5月25日。

约开会等谕，特此奉告。”①

5 月 24 日　接待居正等要员。②

正午 12 时许，中央特派来粤致祭胡汉民的要员居正、孙科、许崇智、叶楚伧、褚民谊、朱家骅、李文范、傅秉常等 8 人抽暇莅校参观。先生在新校化学馆楼上大厅设午宴招待居正一行，各学院院长及农林两场主任作陪。午宴后，先生引导居正一行到各学院及各场所参观，直至下午 3 时许，始行告别。各大员对于本校在此经济不景笼罩下，能在短时间内完成多项新校舍建设，为党国立不拔之基，表示无限欣慰。

先生曾在接待时敦请朱家骅于 28 日再次莅校，举行演讲。不过，由于时间仓促，朱家骅急需北上而作罢。③

△西南要人先生、陈济棠、李宗仁、白崇禧等在宾馆内与京方代表居正、孙科、叶楚伧等人详商胡汉民国葬事宜。④

△出席胡汉民先生凭吊会。⑤

5 月 25 日　离开广州赴香港。⑥

胡汉民在世时，西南及外来同志有不少人主张另立组织，以与蒋介石中央政府相对抗，并谋拥胡汉民主事。不幸胡汉民病逝，他们又想请先生出来主持。先生因为主张团结一致抗日，加之出国考察想法日甚，遂表示不愿意出面主持，也不赞成另立组织对抗中央。是日早，先生秘密离穗赴港，西南同志闻讯，大为惊讶，立刻派人到港挽留先生，打算继续与蒋介石公开抗衡。

5 月 26 日　由港致函，并由李晓生带给粤军事当局，说道“国难当前，应捐成见，服从中央决定，巩固党国，增强御侮力量。若假抗日之名，阴作颠覆中央之计，内战既开，兵连祸结，转为日人所乘，坐收渔人之利。”⑦

△致函挪威国际数学大会秘书，介绍数学天文系主任刘俊贤教授将参加会议，请予以接待。⑧

5 月 28 日　出发赴德。

---

① 《教务处公函》，见《国立中山大学日报》，1936 年 5 月 26 日。

② 《中央祭胡大员昨莅校参观》，见《国立中山大学日报》，1936 年 5 月 25 日。

③ 《朱家骅先生函复未能莅校演讲》，见《国立中山大学日报》，1936 年 6 月 16 日。

④ 《粤方拟发表胡汉民宪草遗言》，见《申报》，1936 年 5 月 25 日。

⑤ 邹鲁：《回顾录》，岳麓书社 2000 年 9 月第 1 版，第 368 页。

⑥ 邹鲁：《回顾录》，岳麓书社 2000 年 9 月第 1 版，第 368 页；易汉文：《中山大学编年史（一九二四～二〇〇四）》，中山大学出版社 2005 年 9 月第 1 版，第 28 页。

⑦ 王崇：《邹鲁生平述略》，见广东省政协文史资料委员会编《近代广东名人录》第二辑，广东人民出版社 1989 年 4 月第 1 版，第 123 页。

⑧ 见“国立中山大学全宗”档案，全宗号 20，目录号 1，案卷号 23，藏广东省档案馆。

下午5时，先生在香港乘意大利轮船维多利亚号出洋，前往德国柏林参加世界大学会议。随行者有秘书、法学院政治学系程鸿浩教授及翻译。奉派出洋考察工业教育的工学院院长萧冠英、出席国际数学大会的数学系主任刘俊贤也同船赴欧。广东省财政厅长区芳浦、西南政务委员会委员李晓生及中大各学院教授等数十人到港为先生送行。

先生在行前发表书面谈话，指出此次出国，系应6月24日至27日万国大学会议之请及参加德国海德堡大学建校五百五十周年纪念大会。若时间许可，并当于8月初应在英国举行的世界教育会议之约及参观在柏林举行的世界运动大会（奥运会），往返时间预计为三个月。对于目前政治主张，已于本月4日纪念周报告中详言。①

先生对同事同学作了临别赠言："诸位同事诸位同学钧鉴：鲁此次出席万国大学会议，世界教育大会，事前因病未克正式叙别，至以为歉。此行约期三个月，校务教务，除由教务长、事务长、各院长照常处理外，尤请诸位同事，多为协助。至国难严重时期，则愿诸位同学本总理读书不忘救国，救国不忘读书之格言，努力以赴。倚装书此，不尽欲言，诸希亮鉴为荷！"②

《申报》报道："邹氏此行，行李急迫，在粤友好，多未预知。即其旅费，亦未筹妥，有待于出国后之设法云。"③

△呈报教育部，出席万国大学会议及参加海德堡大学建校五百五十周年纪念大会，请假三个月。6月19日，学校收到教育部廿五年发国拾5第八二一七号指令，准予备案。④

△签署公函，函送德国驻广州总领事阿登伯，收到函送的德国外国学术交换处编印的1936年本国各大学假期讲习班概览二份及告白一张。⑤

△照准会计部主任程鸿轩辞职，聘程为校长室秘书。⑥

5月29日 在《香港工商日报》上发表讲话。

先生说道："余此次出国，系应六月廿四日至廿七日万国大学会议之请，及参加德国海特堡大学五百五十周年之纪念大会，若时间许可，并当于八月初应在英国举行之世界教育会议之约，及参观在柏林万国运动大会。原定本月廿二日乘德国加拉臣奴号轮船赴欧，因胡先生逝世，改乘今日所开之意国维多利

---

① 《邹鲁乘轮赴欧》，见《申报》，1936年5月29日。
② 《邹校长昨赴德出席万国大学会议》，见《国立中山大学日报》，1936年5月30日。
③ 《香港来客谈邹鲁重匆遽出国情形》，见《申报》，1936年6月6日。
④ 《教部准邹校长请假三月》，见《国立中山大学日报》，1936年6月20日。
⑤ 见"国立中山大学全宗"档案，全宗号20，目录号1，案卷号81，藏广东省档案馆。
⑥ 见"国立中山大学全宗"档案，全宗号20，目录号2，案卷号114，藏广东省档案馆。

亚号轮船。往返期间，预计三个月。对于目前政治主张，余于本月四日纪念周报告，统为四点：（一）全国各党各派，值此国难当前，应放弃其政治主张，单纯为抗日之工作；（二）防止内战，以便全力抵抗日本；（三）唤起民众，使学生农民工人商人兵士，一致团结起来，为长期之普遍抵抗；（四）联合世界上以平等待我之民族，共同奋斗。尽除自身奋斗以外，凡助我抗日者，皆认为好友。现仍本此主旨，努力进行，誓达目的，以救国家，救民族为止。”①

△发布大学布告，因参加万国大学会议并参加德国海德堡大学建校五百五十周年纪念大会，校务由邓植仪代教务长代拆代行。②

5月30日 晨，抵达菲律宾首都马尼拉。③

船到岸后，先生及萧冠英等5人得到中国驻菲律宾领事馆人员来证明身份，并与中国赴暹罗考察团15人一起在7号码头上岸，菲中同志及朋旧有数十人来接船，大家分乘汽车先至国民党党部参加欢迎会，出党部后，拜访了朋旧，并到马尼拉市区的大学参观。由于适值暑假，执事人均不在校，先生一行仅参观了校舍。出大学后，到马尼拉市内游览，参观了国会宫署及运动场等地。中午1时，先生一行返回船上，前往新加坡。④

5月 著作《澄庐文集》（续编二）由国立中山大学出版部出版。该书汇集先生在1935年至1936年5月之间发表的言论。⑤

6月1日 抵达新加坡，备受当地国民党党部及侨胞的欢迎。⑥

《星洲泰晤士报》（Strait Times）特派员访侯先生，扣询其对中国时局的意见。先生表示，中国现在国难万分严重，亟须全国统一，一致抗日，方能挽救危局。“该报以邹校长主张纯正，立论确当，称许为中国国民党元老中之主脑云。”⑦

6月3日 出版部主任张掖接到先生来电，电文告之先生行程及在舟中的身体状况。⑧

6月5日 西南政务委员会召开会议，议决：“给邹鲁假期三个月，并拨

---

① 《邹校长昨赴德出席万国大学会议》，见《国立中山大学日报》，1936年5月30日。

② 《国立中山大学布告》，见“国立中山大学全宗”档案，全宗号20，目录号7，案卷号87，藏广东省档案馆。

③ 《邹校长舟中无恙》，见《国立中山大学日报》，1936年6月4日。

④ 《邹校长赴欧途中之游记》，见《国立中山大学日报》，1936年6月25日。

⑤ 国立中山大学校友会：《邹鲁全集》第（一）卷，三民书局股份有限公司1976年10月初版，《邹鲁全集编印经过》第3页。

⑥ 《邹校长舟中无恙》，见《国立中山大学日报》，1936年6月4日。

⑦ 《邹校长旅途情况》，见《国立中山大学日报》，1936年6月16日。

⑧ 《邹校长舟中无恙》，见《国立中山大学日报》，1936年6月4日。

旅费五万元。"①

6月上旬至中旬 接国民党中央电报，要求先生立刻折回南京。②

先生在赶往德国参加会议途中，在船上突然听到一个痛心的消息：6月1日，西南执行部和西南政委会决定发动抗日反蒋的军事行动，正式宣布与中央对立。随后，先生接到中央拍来的几封电报，要先生立刻折回南京。当时邮船已经到了地中海，而世界大学会议会期迫近，先生认为既然已经答应出席，不便失信于人，便将这种情形电复中央，仍然乘原船赴欧洲出席会议。

6月12日 致函赵淑嘉。对儿子邹越与程慕贞结婚后赴美安排提出建议。③

6月14日 出版部主任张掖接到先生来电，电文告之先生行程。④

6月15日 抵达苏伊士。⑤

6月16日 在行驶在地中海的船上致电代教务长邓植仪，请即付本大学英文本现状五百本，交由英伦中国大使馆，并转交给先生。⑥

6月18日 抵达意大利那不勒斯，在当地稍作停留后即应约赴罗马与意大利首相墨索里尼会晤。⑦

△抵达恩波利，中华民国驻意大利大使刘文岛亲自上船欢迎先生一行，并陪同先生游览恩波利各处名胜。⑧

△致函赵淑嘉。说明近日行程安排及身体状况，函中寄诗作一首《航行红海天气凉（得七十四度）赋比》。⑨

△儿子邹越与程慕贞女士在上海结婚。主婚人为司法院院长居正，婚礼办得相当堂皇。婚后不久，两人即赴美求学，邹越入读康奈尔大学，程慕贞修图书馆学。程慕贞是前广州军政府海军总长程璧光的孙女。⑩

---

① 《邹鲁给假三月》，见《申报》，1936年6月6日。

② 邹鲁：《回顾录》，岳麓书社2000年9月第1版，第371页。

③ 程焕文、张靖、周旎：《邹鲁未刊稿》下册，广西师范大学出版社2008年3月第1版，第684页。

④ 《邹校长电告安抵苏彝士》，见《国立中山大学日报》，1936年6月15日。

⑤ 《邹校长电告安抵苏彝士》，见《国立中山大学日报》，1936年6月15日。

⑥ 《邹校长电取本校英文现状》，见《国立中山大学日报》，1936年6月18日。

⑦ 《邹校长旅途情况》，见《国立中山大学日报》，1936年6月16日。

⑧ 《萧院长抵意考察讯》，见《国立中山大学日报》，1936年7月23日。

⑨ 程焕文、张靖、周旎：《邹鲁未刊稿》下册，广西师范大学出版社2008年3月第1版，第685页。

⑩ 程焕文、张靖、周旎：《邹鲁未刊稿》下册，广西师范大学出版社2008年3月第1版，第794页。

6月19日 与秘书程鸿浩乘中车前往柏林。①

6月21日 抵达柏林。②

抵德后，因为舟车劳顿，加之西南事变，心事悲痛，身体益感不适，请曾担任中大附属第一医院主任的柏尔诺教授检查身体，没有发现大碍，但嘱咐先生静养。因此先生在柏林期间，没怎么见客。由于来之前，已经电请中华民国驻德国大使馆代为预备，并托在德国的中山大学法学院万灿教授代为接洽，一切联络得很圆满。在柏林休养期间，寄留柏林的中大校友特设宴为先生洗尘。③

△致电中大，告之抵达柏林。④

6月23日 晚，乘车前往世界大学第三次大会举办地海德堡大学。⑤

6月24日 早上，到海德堡大学报到。⑥ 大会主席、海德堡大学文科学院院长胡普斯（Hoops）博士亲自拜访先生，表示甚佳。⑦ 先生谢绝大学当局指定的旅馆，另找爱敦旅馆（Hotel Edan）住下。

晚上，出席海德堡大学举行的欢迎会，由大会主席说明情况后，先生当场分送本校现状及影片。各国大学代表均对先生表示好意。⑧

6月25日 出席世界大学第三次大会。⑨

上午，大会开幕，胡普斯博士在致开幕辞之后，邀请先生第一个做报告，大会特给予先生23分钟的报告时间。先生报告的内容是国立中山大学近况。会场同时散发先生带去的关于中山大学现状的书籍。

下午，参加分组讨论会。大会主席专门找到先生，表示此次适值海德堡大学建校五百五十周年纪念，该校计划授予先生名誉博士学位，“其理由为中山大学办理之伟大”，先生不得已许诺接受。

晚上，出席大会安排的宴会。席间，大会仅安排四人发言，包括海德堡大学校长格罗（Groh）博士、海德堡市市长等，先生也被邀请发言。在发言时，

---

① 《萧院长抵意考察讯》，见《国立中山大学日报》，1936年7月23日。

② 《邹校长电告已抵柏林》，见《国立中山大学日报》，1936年6月25日；邹鲁：《回顾录》，岳麓书社2000年9月第1版，第371页。

③ 《萧院长函告最近考察行程》，见《国立中山大学日报》，1936年8月13日。

④ 《邹校长电告已抵柏林》，见《国立中山大学日报》，1936年6月25日。

⑤ 《邹校长函告出席世界大学会议经过》，见《国立中山大学日报》，1936年7月27日。

⑥ 《邹校长电告已抵柏林》，见《国立中山大学日报》，1936年6月25日。

⑦ 《邹校长函告出席世界大学会议经过》，见《国立中山大学日报》，1936年7月27日。

⑧ 《邹校长函告出席世界大学会议经过》，见《国立中山大学日报》，1936年7月27日。

⑨ 《邹校长电告已抵柏林》，见《国立中山大学日报》，1936年6月25日；《邹校长函告出席世界大学会议经过》，见《国立中山大学日报》，1936年7月27日。

先生表示，请世界大学会议下届会议能到中国中山大学开会，全场皆至欢喜。

6月26日 出席世界大学第三次大会。①

上午，参加分组讨论。在讨论时，先生提出《改革教育哲学基础原理案》。对于议案，先生在国内时已经邀请十几位中山大学教授进行缜密讨论拟订，并翻译成英文和德文。但是到了德国之后，看到德国正在加紧备战，情形非常紧张。又听说法西斯党枪杀了一位犹太籍大学教授，先生认为，欲挽救这种人吃人的现象，非从改革教育哲学着手不可，因此便把原来准备好的提案取消，连夜另行起草一个新提案《改革教育哲学基础原理案》，由万灿翻译成德文提交。提案写道：

"教育之使命，不仅为现在社会提供智能，须要为将来人类创造福利。若仅为现在社会提供智能，则目前弱肉强食之世界，而各级教育及一切科学，均不外增其伶牙俐齿之凶恶，则世界何贵有此毒害人群之怪物哉！若举事实计之，目前各国均准备战争，直接者为军备之增加及改良，间接者则一切粮食交通工业等，均莫不为其战争之预备。而为战争促其权威者则为教育，是无异政治家军事家欲杀人，教育家则为之预备良好刽子手，良好杀人刀。似此情形，世界再有大战发生，人类莫不花于教育家所预备之刽子手杀人刀，其理至明者。即世界大战一时不发生，教育家既为政治家军事家之工具，日日为之预备刽子手杀人刀，人类亦将死于此等重大之负担。观于各国军费有进无减，此多教育，固显然可见之事实也。是教育实为人类罪过之源泉，而我辈又何必为此人类罪过之负责者哉。

须知教育之得此结果，实由教育哲学基础之错误。驱人于战争之一途，如是各级教育愈发展，行政效率愈加高，一切科学愈进步，则世界人类受祸亦愈惨酷，其为罪之大者。原人之始，即有战争，接触愈多，战争愈烈。各种宗教发生，即根据人类原有之仁爱性情，演为教义，以救此战争罪过之一部。今则教育愈发达，随而宗教之权威愈退落，苟不将哲学基础，思由教育上负责改善而创造之，则人食人之世界，必更见于今后。加以利用进步之教育科学，以为战争之工具，为祸之烈，终有人类绝灭之一日。故目前教育家之责任，须超出现在社会之范围，而为将来人类谋其幸福！

其进行之途，拟总和以前各种宗教及学者爱护之人类之要义，以科学方法，融合而整理之，以世界大同为目的，而树立推己及人仁民爱物之哲学基础，以替代现世界之竞争之真思想，庶利用教育科学之残酷，战祸可灭，而人

---

① 《邹校长电告已抵柏林》，见《国立中山大学日报》，1936年6月25日；《邹校长函告出席世界大学会议经过》，见《国立中山大学日报》，1936年7月27日。

类在此仁爱哲学基础中，更得最进步之科学为生产，为分配，以生以长，以教以养，则教育对人类始有福利，亦始有意义。是教育之为祸人类与为福人类，悉在教育主张之一转移间，此系余对于教育会议提出要求也。现在本会提出，望各位加以注意，俟下次会议，有具体之意见提出讨论焉，是则余之厚望也。”①

提案的核心内容是提倡仁爱的教育哲学，反对教育为侵略服务。此案提出后，得到与会各国代表赞成，经大会一致审查通过，并交常务会办理，由下届大会研究具体办法。提案原文曾刊登在香港《工商日报》上，德国的一家报纸也特别把这个提案刊载出来。

下午，先生等与会代表在格罗博士和胡普斯博士的陪同下畅游了海德堡附近古迹。

6 月 27 日　上午，出席世界大学第三次大会闭幕式。② 先生被三十余国代表推选，代表与会人员致闭幕辞。

这次会议一共开了五次大会，十余次小组会。每一小组会，先生都会被邀请参加。每有宴会，先生也都被邀请出席并致辞。先生在本次会议上的地位之重要可见一斑。

大会中，曾经讨论到下届大会开会地点的问题。瑞士、意大利均早已提出办会申请，意大利首都罗马因为下年适逢有某个两千周年的纪念活动，尤为下力争取。先生也请求大会能在中山大学举行。主席请先生让一让意大利，大会便决议下届大会在意大利首都罗马举行，再下一届则在中山大学举行。先生又敦请大会主席胡普斯博士来华讲学，胡普斯欣然同意。到 1937 年，胡普斯离欧东来，途中适逢“七七”事变，便折回去。出席这次世界大学会议的国家有 36 个，中国代表除先生以国立中山大学校长的身份出席外，还有万灿、程鸿浩、谢树英。

△晚上，应邀出席海德堡大学建校五百五十周年纪念欢迎代表会。③

6 月 28 日　上午，海德堡大学五百五十周年纪念大会组织参会者向海德堡世界大战阵亡无名烈士墓致祭，先生敬献了花圈，并被摆放在各国代表所送花圈的最前列。晚上，出席焰火晚会。④

6 月 29 日　出席海德堡大学五百五十周年纪念大会。⑤

---

① 《邹校长抵省后重要谈话》，见《国立中山大学日报》，1936 年 10 月 3 日。

② 《邹校长电告已抵柏林》，见《国立中山大学日报》，1936 年 6 月 25 日。

③ 《邹校长函告出席世界大学会议经过》，见《国立中山大学日报》，1936 年 7 月 27 日。

④ 《邹校长函告出席世界大学会议经过》，见《国立中山大学日报》，1936 年 7 月 27 日。

⑤ 《邹校长函告出席世界大学会议经过》，见《国立中山大学日报》，1936 年 7 月 27 日。

纪念大会开幕前，与会人员先列队游行海德堡市一周，再举行正式会议。开幕式上，德国教育部长卢斯（Russ）在致辞中特别对先生表示感谢，他说先生这次不辞劳苦，远涉重洋到德国来参加大会，实属空前壮举。

三十多个国家的与会代表各发表了致辞，并赠送礼物。只有中山大学赠送的锦旗，由先生当场展开，拍照留念，并被高悬在会场中，独自飘扬，以示对中国及中山大学的特别重视。

6月30日 出席海德堡大学五百五十周年纪念大会庆祝会。①

庆祝会上，有36人被授予海德堡大学第三十届名誉博士学位，先生被授予名誉法学博士学位。② 学位证书上写道：

"海德堡 Ruprecth Karls 大学兹授予邹鲁博士，广州中山大学创办人兼校长，中华民国政府众议院议员，名誉法学博士学位。此项学位之颁赠是因其为杰出的政治家，优秀的中国古典文学专家，思路敏捷的诗人，多才多艺的作家，德国的知心朋友而给予。定于1936年6月30日在海德堡宣告。

兹定于海德堡 Ruprecth Karls 大学建设550周年以校长法学教授 Wilhelm Groh 博士的名义，由法学院院长法学教授 Karl Engisch 博士颁赠。"③

当时，先生口占一诗："授凭多士我频亲，今日翻教授自人。学问原来无止境，修途渺渺此推轮。"④

晚上，出席庆祝晚宴。本日原定长途旅行，但先生以精神不支为由辞却。

在活动期间，法国、苏联等国政府当局及多个学校曾屡次邀请先生前去访问，先生因病均婉言谢绝。⑤

回校后，学校同人为了纪念先生出席上述活动，并被海德堡大学授予名誉法学博士学位，特集资在广州螺旋岗顶（今广东工业大学五山校区内）建明远亭。⑥ 明远亭为四柱四脊四角亭，亭高约6米，柱间长4.8米，占地面积23平方米。亭为琉璃顶，碌灰瓦筒，琉璃脊，半脊饰有鳌鱼，脊端有琉璃龙。檐下为三重木斗栱，斗栱下有木梁，饰以蓝绿黄为主色的宫廷彩绘。亭正面有汉白玉额，上刻阴文"明远亭"。亭内立有铭碑，花岗岩材质，呈灰黑色，宽70

---

① 《邹校长函告出席世界大学会议经过》，见《国立中山大学日报》，1936年7月27日。

② 《德国海特堡大学授予邹校长名誉法学博士》，见《国立中山大学日报》，1936年7月6日。

③ 国立中山大学校友会：《邹鲁全集》第（一）卷，三民书局股份有限公司1976年10月初版，彩页第5页。

④ 国立中山大学校友会：《邹鲁全集》第（十）卷，三民书局股份有限公司1976年10月初版，第26页。

⑤ 《昨举行总理纪念周并欢迎邹校长返校大会盛况》，见《国立中山大学日报》，1936年10月13日。

⑥ 黄义祥：《中山大学史稿1924～1949》，中山大学出版社1999年10月第1版，第167页。

厘米，高1.2米。字竖刻。碑文如下：

“明远亭铭

国立中山大学教授古冈亘撰

秘书姚礼脩书

维民建国廿有五载，校长邹公西浮如德，应二嘉招，皆在汉特万国会文五百大纪鳞集，印流莪莪翼翼。公于其间独申哲理，仁民爱物，树之为磴，以教以养，以生以殖，推己及人，战争止息，大同朕兆，人类幸福。道之将行。满堂欉声赞而且作，告其同情世界，闻者如醉得醒，踊跃翘首，企望太平。详公此义所明者远，源本总理，更加推阐，寰瀛学林丕承丕显。汉特大学诚敬式□赠以博士，以荣以特与，内外交庆，载誉而返。公之将出，众醉儱东，蠢肰思启以撞家□。公仗大义，力制内讧，临歧宣言，发聩振聋。斐迟周迈，谁识忧衷。今人自外，九州巳同。折课于始，吁嗟公功。义□仁归，实公之荣。到处有御，所以表忠。公忠于校，如忠于国，一纪经营，□心揖志，广夏万间，巨细毕理，宣达教诲，至善云止。惟公将入国门，大学同人候之于香港，欢迎而归。先是农学院院长兼教务长邓植仪、文学院院长范锜、法学院院长郑彦棻、理学院院长何衍璿、医学院院长刘祖霞、事务长邹卓然、工学院院长萧冠英从公于迈则，由教授刘均衡代理出席，相与全体教授职员议曰：公之此行，明明德于天下，远捄千万世之人□，今兹来归，领海开颜，我将何以相贺？结构一亭，□曰明远，永以金石，如何？不待言毕，举座齐声，万口□可。于是亭成，共镌厥辞如左。

新神州，有凤鸟，翔千仞，览八表，鸣归昌，集乎校，勒兹铭，永苍昊。

中华民国二十六年　月　日”①

中大同人的捐资本来是为欢迎先生从欧洲返校举行公筵的份钱，每人三元，但是先生对于公筵事，表示肯辞。该款项经学校总办公厅集议，会商决定建亭纪念，该亭起名为明远亭。②

夏　为《英汉四用词典》作序。

《英汉四用词典》为詹文浒主编的一本集求解、作文、文法、辨义于一体的词典。先生在序文中写道：“今之研国文者，不难于认词，而难于辨义，不难于作法，而难于求解。以注音方面言，教育当局已采用万国音号矣，而坊本辞典，犹墨守章氏音号，虽韦氏音号，为一般习用，而不能卒易，然亦乌可以

---

① 《中山大学石牌旧址建筑群》，见广州市天河区地方志编纂委员会办公室网（http://quzhi.thnet.gov.cn/thqq/thls/wwgj/200712/t20071211_211512.html），2007年12月11日。

② 《总办公厅公函》，见《国立中山大学日报》，1936年11月27日。

弃去万国音号而不之顾乎？矧一字数解，一音数义，挂一而漏万者，固不可以语于普存；即中外人文，其相类而少异者，苟不能辨其不同，而别于人所习用者，举例以证明之也，则又不可以言明辨者也。世界书局最近完成英汉求解作文文法辨义四用辞典一书，于前论诸义，能窥其微；而于求解辨义二者，又能多有所创获也，是足以解国人之治英文者困矣。予尝论吾国出版业，以为其数量之不及人也：较之德为十五分之一，较之美为四分之一，且又偏重于文法，而于自然科学，应用科学之类，则尤尠焉，编译之书多糟粕也。国人贯通外国语言者鲜，有一疑义，多位辞典故堆中是求，使是项书籍，能博罗广备而推行之，抑亦国家文明进化之一助欤。"①

7月1日 致函邓植仪代教务长，告之出席世界大学会议及海德堡大学建校五百五十周年纪念大会经过。②

△致函赵淑嘉。说明获得海特堡大学荣誉法学博士及将去疗养，并写道："以后来函，由柏林通济隆③转为要，因此间意见甚多，函如被开，不便也。"④

7月上旬 从海德堡抵达柏林，病情加重。⑤

到柏林后，经过医生检查后发现，先生的病情加重，被劝阻及早疗养。先生访问苏联及游历其他地方的计划不得不取消。连在伦敦举行的世界教育会议，也只能委托萧冠英代为出席。先生给大会递交的提案，则请张彭春代为宣读。

此时，国内频频来电催促先生回国，但由于健康原因，归期不得不推迟。经过医生的劝告和介绍，先生到德国南部黑松林一间疗养院去休养了一个多月，高血压和心脏病症状有一定缓解。

在德休养期间，夫人赵淑嘉在料理完邹越与程慕贞的婚事后即赴德照料先生。⑥

7月13日 国民党五届二中全会决议：撤销"国民党中央执监委员会西南执行部"和"国民政府西南政务委员会"，西南同志集中到中央工作。⑦ 先生时为西南政务委员会常委和西南执行部主要负责人之一。

---

① 詹文浒：《英汉四用辞典》，世界书局1948年5月第21版，《邹鲁先生序》。

② 《邹校长函告出席世界大学会议经过》，见《国立中山大学日报》，1936年7月27日。

③ 设在柏林的德国通济隆（Thonmas Cook & Son Co.）之国际旅行社。

④ 程焕文、张靖、周旎：《邹鲁未刊稿》下册，广西师范大学出版社2008年3月第1版，第685~686页。

⑤ 邹鲁：《回顾录》，岳麓书社2000年9月第1版，第376页。

⑥ 张靖、周旎：《邹鲁未刊稿述略》，见《中山大学学报（社会科学版）》，2007年第2期。

⑦ 广东省立中山图书馆：《民国广东大事记》，羊城晚报出版社2002年11月第1版，第528页。

不过，西南政务委员会于是月14、15日连续开会，决定通电否认国民党五届二中全会决议，拒绝撤销西南执行部和西南政务委员会。①

7月19日 抵达柏林，候轮归国。②

△在德国获悉萧佛成、林云陔等人反对陈济棠、李宗仁异动，先后离粤来港，特电香港友人程鸿轩代表先生前往致候。③

7月26日 秘书程鸿浩教授致电邓植仪代教务长："校长由柏林起行，八月返国。"④

7月29日 林翼中派员鼓动中山大学员工掀起倒邹（邹鲁）运动，由员工致电教育部，要求另派贤能接长该校。⑤

7月下旬 返抵柏林，会见中国体育代表团。

鉴于第十一届奥运会快要开幕，先生便由黑松林返回柏林，在绿林租屋住下。到柏林时，戴传贤早已经率领中国代表团先期抵德，海外相逢，格外亲热。"在欢宴中国选手及各种场合，我都出席参加，兴趣非常浓厚。"⑥

中国派出了由总领队王正廷，总教练马约翰组成的100多人的体育代表团，其中运动员69名（女子2人），参加田径、游泳、举重、拳击、自行车、篮球和足球6个大项的比赛。另外还派了一个武术表演队和一个体育考察团。中山大学也有几位选手在一位体育主任的带领下参加了中国体育代表团。

8月1日 现场观看柏林奥运会开幕式。

是日，柏林奥运会开幕式举行。先生及中国体育代表团成员"满怀高兴去参观"。先生在各国选手列队出场时，第一个感受刺激的是中国选手的体格，一般都比其他国家的选手矮小。希特勒也出席了开幕式。

其后，先生还观看了中国队参加的足球、篮球等比赛。中国足球队首战输给了英国队后，失去了继续参赛的资格；篮球队尽管赢了法国队、秘鲁队，但也未能进入下一轮次的比赛；全部23名田径选手中，只有撑竿跳高选手符保卢一人通过了及格赛标准，他在跳过3.80米高度后被淘汰，与另外8名选手并列第17名。先生认为，"这次世界运动大会，我国一败涂地，毋庸讳言，而稍稍引起观众兴趣的，只有拳术表演一项。俗话说，胜不要喜，败不要馁，

---

① 广东省立中山图书馆：《民国广东大事记》，羊城晚报出版社2002年11月第1版，第529页。

② 《陈济棠抵香港　广州市平静如常》，见《申报》，1936年7月20日。

③ 《陈济棠抵香港　广州市平静如常》，见《申报》，1936年7月20日。

④ 《邹校长已启程返国》，见《国立中山大学日报》，1936年7月27日。

⑤ 广东省立中山图书馆：《民国广东大事记》，羊城晚报出版社2002年11月第1版，第531页。

⑥ 邹鲁：《回顾录》，岳麓书社2000年9月第1版，第376～377页。

我们如果提起振作精神，急起直追，迎头赶上，他日锦标终要属于我们。”①

8月3日 是日出版的《国立中山大学日报》刊登消息，指出先生已定期本月18日由意大利乘德邮轮桑霍士号返国，计程9月8日可抵香港。②

8月10日 本校全体教职员致电先生，促驾返校主持工作。

电略云：“中华民国驻德国柏林大使馆转海滨校长台鉴：别后兼旬，一切校务，依照预示进行。现值学年开始，重要待行之校务正繁，渴盼钧长即命驾返校主持，俾有率循，无任翘企！”③

8月11日 出席本校留德同学会成立会。④

下午3时，本校留德同学假座kunz Buntschuhstr 12号，召开同学会成立大会。出席者有留德校友张仲绛、林柏荣、罗耀明等15人，先生、萧冠英、吴康、刘俊贤等人列席。会议临时主席张仲绛宣布开会理由并报告筹备经过后，即请先生训话，先生适逢精神欠佳，便由萧冠英代表致训词。6时许，与会人员合影留念后散会。先生向同学会捐赠了100马克作为基金。⑤

8月13日 为文学院院长吴康出国参加国际东方学会第十九届大会期间到访各大学出具介绍信函。⑥

8月中旬 在柏林奥运会闭幕后，适逢哈佛大学举行建校三百周年纪念活动。哈佛大学一位教授邀请先生前往美国参加。由于身体原因，不宜远行，先生未能赴约。

8月中旬至28日 在柏林养病。⑦

在柏林休养期间，先生和德国的大学接洽，商谈与中山大学合作事宜，均取得圆满成功。这些合作包括中大医科助教和毕业生在本校研究实习，到德国参加论文考试，授予学位；商聘外科教授和药物学教授等。期间，柏尔诺教授每日来先生寓所诊视。中山大学留德学生，特别是几位学医的，每日轮流在寓所照料先生。

8月29日 离开柏林，作回国之旅。⑧

8月30日 本校全体学生致电先生，催促尽快回国。

---

① 邹鲁：《回顾录》，岳麓书社2000年9月第1版，第378页。
② 《本校全体员生筹备欢迎邹校长回国》，见《国立中山大学日报》，1936年8月3日。
③ 《本校教职员去电欢迎邹校长回国》，见《国立中山大学日报》，1936年8月13日。
④ 《本校留德同学会在柏林成立情形》，见《国立中山大学日报》，1936年9月15日。
⑤ 《本校留德同学会鸣谢启事》，见《国立中山大学日报》，1936年10月2日。
⑥ 见“国立中山大学全宗”档案，全宗号20，目录号1，案卷号23，藏广东省档案馆。
⑦ 邹鲁：《回顾录》，岳麓书社2000年9月第1版，第379页。
⑧ 《本校教职员去电欢迎邹校长回国》，见《国立中山大学日报》，1936年8月13日。

电云：“意大利中国大使馆转邹校长海滨钧鉴：窃自西南异动，全国骚然，钧长毅然摆脱恶势力之包围，买舟远引，正气彪炳，举国钦崇。兹者粤局更新，蒋委员长坐镇南陲，统一救亡，胥由今始。益以开学伊迩，百务待理，敬乞尅日命驾东返，赞勷党国大计，主持校务，以慰喁喁之望。临电迫切，无任翘企！”①

9月2日 致电南京，表示：“定六日由英搭轮返国，在香港、广州略留，即北来。”②

△学校接先生由柏林来电，略云于上月29日离柏林回校，大约本月下旬当可安抵国门。③

在柏林经过一段时间治疗后，先生见治疗效果不是很理想，便决定起程回国，学生张梦石随行照料。

9月3日 由意大利乘康特罗梭号邮轮启程回国。④

离开意大利前，先生和中华民国驻意大利大使刘文岛晤面，提请刘大使牵线，使意大利各大学和中大交换学生。刘表示此事很可商量，当不成问题。⑤

9月4日 国民政府令：“派邹鲁、余汉谋、黄慕松、李晓生为胡主席（胡汉民）国葬典礼筹备委员。”⑥

9月18日 离开孟买东返。次日，南京国民党中央接到先生关于行程的电报。⑦

9月22日 毛泽东致函蔡元培，信函内容顺致先生。

函称：“孑民先生左右：五四运动时期北大课堂，旧京集会，湘城讲座，数聆先生之崇论宏议，不期忽忽二十年矣！今日者何日？民族国家存亡绝续之日。老者如先生一辈，中年者如泽东一辈，少年者则今日之学生，不论贫富，不分工农商学，不别信仰尊尚，将群入于异族侵略者之手。河山将非复我之河山，人民将非复我之人民，城郭将非复我之城郭，所谓亡国灭种者，旷古旷世无与伦比，先生将何以处此耶？共产党创议抗日统一战线，国人皆曰可行，知先生亦必曰可行，独于当权在势之衮衮诸公或则曰不可行，或则曰要缓行，盗

---

① 《本校全体学生去电促邹校长回国》，见《国立中山大学日报》，1936年9月3日。

② 《邹鲁电告返国日期》，见《申报》，1936年9月3日。

③ 《本校教职员去电欢迎邹校长回国》，见《国立中山大学日报》，1936年8月13日。

④ 《邹校长电告抵港确期要讯》，见《国立中山大学日报》，1936年9月24日。

⑤ 《昨举行总理纪念周并欢迎邹校长返校大会盛况》，见《国立中山大学日报》，1936年10月13日。

⑥ 《命令》，见《申报》，1936年9月5日。

⑦ 《邹鲁已离孟买东返》，见《申报》，1936年9月20日。

入门而不拒，虎噬人而不斗，率通国而入于麻木不仁窒息待死之绝境，先生将何以处此耶？孙中山先生联俄、联共与农工政策，行之于一九二五至一九二七年之第一次大革命而有效，国共两党合作之时期，亦即国民党最革命之时期。孙先生革命政策之毁弃，内战因之而连绵不绝，外患乃溃围决堤滔滔不可收拾矣！八月二十五日共产党致国民党书，虽旧策之重提，实救亡之至计，先生将何以处此耶？读《新文字意见书》，赫然列名于首位者，先生也。二十年后忽见我敬爱之孑民先生，发表了崭然不同于一般新旧顽固党之簇新议论，先生当知见之而欢跃者绝不止我一人，绝不止共产党，必为无数量人也！从同志从朋友称述先生同情抗日救国事业，闻之而欢跃者，更绝不止我一人，绝不止共产党，必为全民族之诚实儿女，毫无疑义也。然而百尺竿头，更进一步，持此大义，起而率先，以光复会、同盟会之民族伟人，北京大学、中央研究院之学术领袖，当民族危亡之顷，作狂澜逆挽之谋，不但坐言，而且起行，不但同情，而且倡导，痛责南京当局立即停止内战，放弃其对外退让对内苛求之错误政策，撤废其爱国有罪卖国有赏之亡国方针，发动全国海陆空军，实行真正之抗日作战，恢复孙中山先生革命的三民主义与三大政策精神，拯救四万万五千万同胞于水深火热之境，召集各党各派各界各军之抗日救国代表大会，召集人民选举之全国国会，建立统一对外之国防政府，建立真正之民主共和国，致国家于富强隆盛之域，置民族于自由解放之林。若然，则先生者，必将照耀万世，留芳千代，买丝争绣，遍于通国之人，置邮而传，沸于全民之口矣。先生其将不令数千里外曾聆教益之人，稍稍减杀其欢跃之情而更增之增之以至于无已乎？

宋庆龄先生，……邹海滨先生……以及一切之党国故人，学术师友，社会朋旧，统此致讯。

寇深祸急率尔进言。风雨同舟，愿闻明教。

敬颂道安。不具。

毛泽东

一九三六年九月二十二日”

9月23日 邓植仪接到先生来电，告之确切抵港日期。[①]

9月24日 王璞女士离沪赴港，迎接先生及夫人赵淑嘉。此前，赵淑嘉电沪，嘱王璞赴港等候先生乘坐的邮船，准于10月1日抵港。[②]

---

① 《邹校长电告抵港确期要讯》，见《国立中山大学日报》，1936年9月24日。

② 《邹鲁归国消息》，见《申报》，1936年9月25日。

9月25日 下午，抵达新加坡，受到当地侨胞热烈欢迎。①

按计划，先生一行可以于9月25日抵达香港，殊知该轮船行驶至印度洋孟买海面，因机器损坏，修理时间颇久，先生为赶速回校起见，不得已偕同萧冠英由孟买改乘英国邮轮哥夫号继续前行。

9月26日 晨，离开新加坡，前往香港。②

9月30日 抵达香港。③

上午11时，先生安抵香港，随即转贵阳轮，送别萧佛成回暹罗养病。④送别萧后，先生登上码头，到码头欢迎的人达数百人，包括第四路军副总司令香翰屏、广东省党部代表罗翼群、广州市党部代表罗素约、伍智梅、国民党中委程天固、胡文灿、第四路军总部参议邓刚、粤汉铁路整理委员会委员李仙根、广东省政府秘书谢宜邦、前潮梅海关监督张镜辉及本校代校长、代教务长邓植仪、事务长邹卓然、各学院院长、师生代表、香港各团体代表等，热闹非凡。上岸稍事休息后，下午3时，先生即赴香港九龙中华教育孔圣会、圣教总会、孔教学院书画文学社教职员联合会等七团体联合举行的欢迎大会。尚有其他团体举行的欢迎会，先生因受省内各机关团体电促返省，在香港不能勾留太久，加之舟车劳顿，精神欠佳，均已辞谢未赴。⑤

10月1日 抵达广州。⑥

上午8时，先生及萧冠英、随从医师张梦石及赴港欢迎各位代表等乘天一轮从香港出发，于下午1时45分抵达广州。靠岸后，广东省政府主席黄慕松的代表张远南、第四路军总司令代表、省政府秘书长岑学吕、省公安局局长李洁之、省教育厅厅长许崇清、宪兵司令李江、社会局局长刘石心、广州市党部代表特派员罗素约、本校员生代表等均登轮谒见，并要求先生发表谈话，先生与欢迎者握手为礼后，表示因舟车劳顿，精神不适，特作书面谈话：

“本人于五月杪出国，系出席六月二十四至二十七日之万国大学［及海德堡大学建校］五百五十周年纪念大会。八月初在柏林举行之世界大运动会，均经前往参加。其经过情形，经由萧（萧冠英）院长及程（程鸿浩）教授于开会后，先后报告。在万国大学会议时，曾提议改造哲学基础，其目的在使一切科学发明，须为人类谋幸福，此固引起到会各国学者之赞成，本人将著专

---

① 《邹校长昨日下午安抵星洲》，见《国立中山大学日报》，1936年9月26日。

② 《邹校长昨日下午安抵星洲》，见《国立中山大学日报》，1936年9月26日。

③ 《邹校长昨日安抵香港》，见《国立中山大学日报》，1936年10月1日。

④ 《邹鲁抵港》，见《申报》，1936年10月1日。

⑤ 《邹校长抵省情形》，见《国立中山大学日报》，1936年10月2日。

⑥ 《总办公厅通告》，见《国立中山大学日报》，1936年10月1日。

论，以告关心世界和平之人士。予离国既四月，此四月中，因身体患病，精神不舒适，医生不许见客及阅书报与国内通讯，一切情形，都不十分清楚，故对于政局，并无若何意见发表。”①

当日前往欢迎者达上千人，汽车百余辆，车上均挂有横额，上书“欢迎劳苦功高党国元勋邹校长”、“欢迎造成和平统一的邹校长返国”等标语，盛况空前。先生原拟即赴石牌新校出席全体员生举行的热烈欢迎会，后以精神不适，经医嘱须暂时休养，遂用电话通知改期莅校，即乘本校派来迎接的汽车返回公馆休息。

是日，《国立中山大学日报》刊登了《全校学生欢迎邹校长大会宣言》、《宣言》写道：

“去国四月叠受我们文电催归的邹校长，现在如愿地重见了。在这种非常的情形下，本应作热烈盛大的欢迎才足以慰劳我为国为校劳苦功高的亲爱底校长，但为着国难时期，他不愿意我们这种铺张，所以只能表示最低限度的欢迎仪式。可是，我相信我们的内心里都会由兴奋自勉而有着如下的感想：

第一，邹校长在国在校的功勋久已举世同钦，而其尽忠革命尽力教育之深心仍旧无时或间，这不能不令人思之感奋！如今本着初衷回中大彻底努力，我们除了深深地钦佩外，更应思如何地去副他栽培的苦心，效法他伟大的人格。

第二，学校物质的建设，经他惨淡经营，现在已有可能完成，广厦万间，馨基以奠。惟精神充实方面，校长曾经不少次数殷殷督责我们，我们应如何地跟着他所指示的途径努力共赴，这可不能不特别注意。

第三，在们全部同学，在以往精神上似乎散漫一点，这原因或许由于过去把持西南政治者给予我们的破坏和分化。校长一体为怀，历经孤诣苦心调剂我们相互的情感，着一方面足以见到校长之切实爱护我们，但另方面，我们又应思如何去破除以往的阂隔使今后达于‘亲爱精神’的境域。

第四，现在全国是完成统一了，内力准备充实，即须对外抗战，在这非常时期快要到临的当儿，我们青年固每一个该准备担负比较普通国民繁重的工作，尤其被外人目为‘文化城’的我们中大的学生，更应如何切实担负起领导全西南民众的大任。

第五，邹校长，虽是离校不过四月，但这次回来，客观与本身的情形都有着显著的推展，我们更应该如何地拥戴他一切的主张使能切实主持中枢完成总理建设新中国的使命。

我想：上列几点都不用怎样疑问，为今之计，只须我们确认努力的中心随

---

① 《邹校长抵省后重要谈话》，见《国立中山大学日报》，1936年10月3日。

着邹校长——我们伟大贤明的领袖之领导，从条理万端的救国大道中择一致力，生机，光芒……都在其中，成功是把握在能认识领袖而肯努力者的手中呢！

祝校长健康！并祝各位健康！”①

由于身体不适，先生抵达广州后，在公馆进行休养。②

曾纪蔚回忆：“返国之后，他（邹鲁）特地捡了一部《广雅丛书》具函托由驻香港意大利总领事面致墨索里尼，说是送给他们汉学家参考研究，并深切致意。”③

△蒋介石致电先生，以示慰问，并催促入京议事。电文写道：“密闻兄病，甚念，病愈请即来京。”④

10月2日　登报发布鸣谢启事。

启事写道：“鲁此次由欧回国，甫抵港粤，承各团体各机关各同志暨至爱亲友不吝玉趾，到船欢迎，厚谊隆情，感荷何极！惟宿恙未痊，尚须调理，一俟病躯稍告痊可，自当竭诚以图良晤，藉倾积悰，谨先登报鸣谢！”⑤

10月3日　签署两份大学布告。（一）布告先生已公毕返校，照常视事；（二）聘居励今教授兼附中主任，定于本月5日到校视事，合行布告，仰附中员生一体知照。⑥

10月5日　体育部主任郭颂棠致函先生，呈报奉派前往考察德国柏林第十一届世界运动大会，请假三个月，现已经返校，请予销假。⑦

10月6日　赴白云山能仁寺养病。⑧

△致函附属第一医院，前因经费折领，本校职员及附校教职员月薪均属九折支给，现应由本年十月份起一律十足给领。⑨

10月7日　签署大学布告。准广西省政府公函开，定于本年度起，该省自费肄业专科以上学校学生申请借用贷学金改为每年9月中旬起办理总登记，

---

① 《全校学生欢迎邹校长大会宣言》，见《国立中山大学日报》，1936年10月1日。

② 《邹校长昨函请萧院长代行职务》，见《国立中山大学日报》，1936年10月17日。

③ 曾纪蔚：《邹鲁在中山大学任内》，见广东省政协文化和文史资料委员会编《广东文史资料精编》上编第4卷，中国文史出版社2008年12月第1版，第106页。

④ 《蒋委员长电慰邹校长》，见《国立中山大学日报》，1936年10月6日。

⑤ 《鸣谢》，见《国立中山大学日报》，1936年10月3日。

⑥ 《大学布告》，见《国立中山大学日报》，1936年10月4日。

⑦ 见“国立中山大学全宗”档案，全宗号20，目录号1，案卷号23，藏广东省档案馆。

⑧ 《邹鲁入山养病》，见《申报》，1936年10月7日。

⑨ 见“国立中山大学全宗”档案，全宗号20，目录号7，案卷号106，藏广东省档案馆。

至10月20日止稿。[①]

10月8日 上午8时，本校美术研究会开幕，先生作品国画墨竹四幅及与高剑父合作作品石兰在开幕礼上展出。[②]

△签署大学布告。定于本月10日上午10时开国庆纪念会，公布开会相关安排。[③]

10月12日 出席欢迎先生返校大会。[④]

下午1时，理学院轮值总理纪念周举行，院长何衍璿作了简要报告，随即举行欢迎先生返校大会。大礼堂座无虚席，连通道上都站了许多学生。先生步入礼堂后，全场起立致敬，掌声雷动，先生点头致礼。代教务长邓植仪首先致欢迎辞，然后请先生发表训词，先生对此去欧洲的目的及取得的成果进行了简要说明。

△致函理学院院长何衍璿，10月3日呈函，以化学系廿六年班黄永祥等呈请组织毕业考察团，附原呈及章程，请核复等由，查核该团章程大致尚安，应准备案，相应复请查照转知。[⑤]

10月13日 签署大学布告。公布第八宿舍寄宿生编配安排。[⑥]

10月15日 附中主任居励今奉先生命，聘定附中各部主任。[⑦]

10月16日 函请工学院院长萧冠英代为书行一切来往公文。[⑧]

△签署大学布告。准广东省禁赌委员会函开，该会征集禁赌宣传画，仰本校学生一体知照。[⑨]

10月18日 冯玉祥在马背上给先生写信一封。[⑩]

10月19日 上午，附中举行总理轮值纪念周暨欢迎先生大会。附中对此事极为重视，事前已将礼堂布置一新，附中校门前悬挂两幅横额，分别写着："欢迎邹校长领导我们读书救国"、"欢迎邹校长领导我们复兴附中"。先生亲

---

① 《大学布告》，见《国立中山大学日报》，1936年10月8日。

② 《美展会第一日展览纪念》，见《国立中山大学日报》，1936年10月9日。

③ 《大学布告》，见《国立中山大学日报》，1936年10月9日。

④ 《昨举行总理纪念周并欢迎邹校长返校大会盛况》，见《国立中山大学日报》，1936年10月13日。

⑤ 《大学公函》，见《国立中山大学日报》，1936年10月13日。

⑥ 《大学布告》，见《国立中山大学日报》，1936年10月14日。

⑦ 《附中各部主任已聘定》，见《国立中山大学日报》，1936年10月15日。

⑧ 《邹校长昨函请萧院长代行职务》，见《国立中山大学日报》，1936年10月17日。

⑨ 《大学布告》，见《国立中山大学日报》，1936年10月17日。

⑩ 冯玉祥：《冯玉祥日记》第四册，江苏古籍出版社1992年1月第1版，第815页。

临附中出席纪念周，并致训词。①

10 月 21 日 函复附属第一医院姚碧澄主任，关于医院黄庄前菜地地段内已焚蓬屋，函请出示禁止再搭一事，检同布告三十份希查照张贴。本月 16 日，姚呈函先生，提出该请求。②

△为密友饶纬寰母亲朱太夫人六十一岁寿辰作序。该序刊登在是日出版的《国立中山大学日报》上。③

10 月 25 日 上午，到胡汉民墓地，与孙科一起主持胡汉民国葬大典。④

先生对本次大典十分重视，专门派黄佩纶秘书、陶柏城主任和周鼎培处员三位代表中大参加致祭，附中童子军则全体出队送葬。大典由孙科、先生等大员主持，参加致祭的各界人员达到十余万人，国葬行礼时由虎门要塞司令部派炮兵鸣炮 101 响，并由电力管理局将全广州市街灯放亮，全体市民一律起立默哀三分钟。

10 月 27 日 《申报》记载，国民政府前外交部长罗文干曾协助陈济棠办理外交。现罗文干去罗浮山学佛，李宗仁及先生等促其出山任职，为罗所拒绝。⑤

10 月 29 日 教育系四年级同学朱文畅、郭琪玮在暑假先后逝世，该班是日举行追悼会。先生送交挽联："天本妒聪明可堪侍座思元晦"、"人难修福慧叵奈长龄失子仪"。⑥

10 月 30 日 孙科敦劝先生入京，得到先生应允。⑦

11 月 3 日 蒋介石电复先生。复电写道："来电敬悉。猥以生辰，辱承垂注，策励周挚，感愧莫名，唯当益自黾勉期副雅望。"⑧ 此前，先生致电蒋介石，祝贺其五十岁寿辰。

11 月 5 日 聘任伍千里、刘体志、郑浩初、张掖、朱志滌、柳金田、周鼎培为本校陈列校景物摄影比赛评判。⑨

---

① 《附中举行总理扩大纪念周并欢迎邹校长大会讯》，见《国立中山大学日报》，1936 年 10 月 19 日。

② 见"国立中山大学全宗"档案，全宗号 20，目录号 7，案卷号 106，藏广东省档案馆。

③ 《饶母朱太夫人六一荣寿序》，见《国立中山大学日报》，1936 年 10 月 21 日。

④ 《胡故董事国葬典礼情形》，见《国立中山大学日报》，1936 年 10 月 26 日。

⑤ 《罗文干意态消极》，见《申报》，1936 年 10 月 27 日。

⑥ 《追悼朱文畅郭琪玮二君大会纪略》，见《国立中山大学日报》，1936 年 10 月 31 日。

⑦ 《邹鲁已允入京一行》，见《申报》，1936 年 10 月 31 日。

⑧ 《蒋委员长电复邹校长》，见《国立中山大学日报》，1936 年 11 月 14 日。

⑨ 《摄影评判员已聘定》，见《国立中山大学日报》，1936 年 11 月 6 日。

11月6日 焦易堂在与冯玉祥的谈话中透露："海滨（邹鲁）近况不顺"①。

11月10日 接广东第二区行政督察专员林友松及黄强、黄公桂贺电，庆祝中山大学建校十二周年暨举行图书馆奠基礼。②

11月11日 出席本校庆祝总理诞辰、庆祝建校十二周年暨举行图书馆奠基礼。

上午10时，典礼在大礼堂隆重举行。学校已在事前发出由先生亲笔签名的柬贴，分别邀请党政军高级官员参加，是日应邀到会的各级官员有广东省政府主席黄慕松、广州市市长曾养甫、广东省政府委员罗翼群、萧吉珊、十八军军长罗卓英、广东省保安处处长邹洪、监察院委员姚雨平、广东省高等法院院长史延程、广州市党部特派员陈绍贤、刑森洲等以及各机关团体学校代表及本校师生三千余人。先生主持典礼，并致开会辞，说道："我们晓得总理的三民主义是救国主义，而其创办本校的唯一目的，也就是救国。目前我国国难已至严重关头，日本帝国主义的侵略亦日甚一日，我们的国土也已损失了一大块，然我们的中大所负的责任已是救国，要救国就非打倒日本不可！固然，抗日救国是我们全国民众一致的要求，而中大为总理所手创的学校，来此读书的就是总理的信徒，受总理的付托已深，而我们所负的责任也愈重，故要抗日救国也必须站在最前线，应较一般国民为奋勇，方不负总理之所期。"③ 随即举行图书馆奠基典礼，由图书馆主任杜定友代表先生主持，接着先生邀请黄慕松主席、曾养甫市长、罗翼群委员、刑森洲特派员相继致辞，邓植仪教务长代表教职员发表致辞，毕业生代表致辞，最后由先生致答辞。正午12时，典礼在合影留念后结束。先生因为身体原因，没有继续参加后续活动。下午，萧冠英代表先生向受阅童子军发表训词。

△手书中大体育馆奠基石。

体育馆位于国立中山大学石牌校园内内（今华南理工大学中山东路），始建于1936年6月30日。该建筑坐北朝南，由主楼加两边的衬楼组成，通宽57.6米，通深64米，占地面积3686.4平方米，风格上为中西合璧的宫殿式建筑。中座门左边有一块连州青石，上刻："中华民国二十五年十一月十一日

① 冯玉祥：《冯玉祥日记》第四册，江苏古籍出版社1992年1月第1版，第825页。

② 《祝贺电函补志》，见《国立中山大学日报》，1936年11月16日。

③ 《本校庆祝十二周年纪念预祝总理诞辰并举行图书馆典基礼纪盛》，见《国立中山大学日报》，1936年11月14日。

（1936年11月11日）体育馆奠基于此，校长邹鲁书石”①。

11月18日 致函附属第一医院姚碧澄主任，指出，广州德国大药房10月19日来函，以第一医院及医学院共欠款八千余元，请分别饬令办理。关于该医院欠款一节已复请该药房派员前往接洽，如商得清理办法，希即具报来校，以便着手清理医学院欠账。②

11月19日 函复附属第一医院姚碧澄主任，照准委任陈启衡为药剂生。本月17日，姚呈函先生，提出上述申请。③

11月20日 函复附属第一医院姚碧澄主任，顷接杨秋帆本月13日函，附具理由，请准予王启铭在医院半费留医等由，当经函复应准王启铭医药房租各费减半征收，膳费例不折减在案。④

11月22日 批准校医室函请，定期施种洋痘。⑤

11月26日 接广东邮政局函，该局招考初级邮务员，请介绍本校教授为襄试阅卷委员。先生认为事属可行，当即照办，并经分函文理法三学院分别遴选教授担任。⑥

11月27日 函复附属第一医院姚碧澄主任，准予陈启衡递补药剂员，服务已久的药剂员温国平从12月份起加薪10元。本日，姚呈函先生，提出上述申请。⑦

11月 为《追悼冯君道先纪念特刊》一书题写封面。

12月2日 函复附属第一医院姚碧澄主任，照准X光机司理员徐福履辞职，遗缺委派徐济民接充。11月27日，姚呈函先生，提出上述申请。⑧

12月7日 批准生物学系生物考察团成立。该团是日举行成立大会。⑨

12月12日 下午，菲律宾总统奎松到国立中山大学参观。奎松对本校发展之速极为赞叹，“对邹校长、萧院长等之毅勇卓绝精神，尤表敬佩，谓本校

---

① 《中山大学石牌旧址建筑群》，见广州市天河区地方志编纂委员会办公室网（http://quzhi.thnet.gov.cn/thqq/thls/wwgj/200712/t20071211_211512.html），2007年12月11日。

② 见“国立中山大学全宗”档案，全宗号20，目录号7，案卷号106，藏广东省档案馆。

③ 见“国立中山大学全宗”档案，全宗号20，目录号7，案卷号106，藏广东省档案馆。

④ 见“国立中山大学全宗”档案，全宗号20，目录号7，案卷号106，藏广东省档案馆。

⑤ 《本校定期施种洋痘》，见《国立中山大学日报》，1936年11月23日。

⑥ 《邮政局招考初级邮务员，敦请本校教授为襄试阅卷委员》，见《国立中山大学日报》，1936年11月27日。

⑦ 《函复药剂员温国平由十二月份起加薪十元希查照办理并转知由》见“国立中山大学全宗”档案，全宗号20，目录号7，案卷号106，藏广东省档案馆。

⑧ 《函为检同X光司理员徐福履辞职训令及徐济民委令各乙件希查照转发由》见“国立中山大学全宗”档案，全宗号20，目录号7，案卷号106，藏广东省档案馆。

⑨ 《生物系生物考察团成立讯》，见《国立中山大学日报》，1936年12月9日。

得邹校长领导与各院长教授等之通力合作，前途正未可限量云。”① 先生因为身体不适，委请工学院院长萧冠英等人负责接待奎松一行。

约12月13日 “西安事变”发生后，国民党中央来电（五〇三〇密电），要求先生急赴南京，共商营救蒋介石的办法。②

12月14日 致电国民党中央党部，“西安事变”造成蒋委员长被扣留，为获尽速解决，“即当如命，扶病入京。”③

12月21日 主持总理纪念周，并作报告。

下午1时半，文法理工农五学院联合总理纪念周在大礼堂举行，先生及学校师生二千余人参加，先生领导行礼如仪后即作报告，说道：

“兄弟在前出国数月，回来又因精神不佳，故与各同事同学见面说话很少，然亦无时不系念。今天回来看见学校事事都很进步，满心喜悦，因之非常感激各同事之努力与各同学之通力合作。本来我的病至今仍未痊愈，不过一则因绥远将士的奋勇抗战，再因最近蒋介石先生之暂留西安，这两件都是国家最重大的事。在此事发生之后，中央曾一再电促兄弟往京共勷大计，亦因病未能即刻成行，惟一衡时间之严重，又非力疾赴京不可！现已决于本月二十三日由香港乘船到上海，然后转车进京，故乘此时来与各位报告报告。我们国立中山大学全体员生对于抗日主张，都是贯彻始终的，凡抗日应当做的工作，无不一一做去。虽有阻碍，也必须将所有阻碍完全除去。总之，非达到抗日目的而不止。然而，这不但是中大同人所主张，亦即全国民众之一致的要求。现绥远战事已爆发，事实上亦已抗日。蒋介石先生适于此时被张学良劫持，影响国家至为重大，是一件很不好的事体。蒋先生不但是军事长官，在政治上亦负有很重大的责任，故以政治上言，我们应当设法以解除其困难，这是一点。

在外交方面，张学良尽管可提出主张，因在抗日的战线上，就应有绝对的公正态度，将各派势力合为一起。在外国我们也不拘英美等国才可以联，即苏俄对于我们的抗日能够有所帮忙时，也未尝不可以联，故张学良此次劫持蒋介石先生是不应该的。至若我个人则仍一本出国前所发表的四大主张，他们赞同不赞同，我不得而知，不过我这次晋京之唯一任务与目的，要亦不外贯彻初衷——抗日而已。

此外尚有两点须向各位说说：（一）我几个月来因病不但报纸没有看，即

---

① 《菲总统奎松昨莅校参观》，见《国立中山大学日报》，1936年12月14日。

② 戴书训：《愈经霜雪愈精神——邹鲁传》，近代中国出版社1983年10月初版，第139页。

③ 中国国民党中央委员会党史委员会：《邹鲁先生文集》，中国国民党中央委员会党史委员会1984年6月30日出版，第313页。

书信以至于电报，也未能一一批阅；（二）此刻仍觉精神很差，故在这个纪念周中不能与各位作长谈，不过特乘各位齐集一堂，来讲明去南京的任务与我的政治主张罢了，最后我很希望中大的同事同学们除一本以往之抗日精神，加倍努力外，更应发扬而光大之。”①

12月22日 离穗赴港。②

上午8时，先生一行乘天一轮前往香港。到码头送行的有中大各学院院长、教授及广州市各机关代表约数百人。先生随行人员有国民党中委罗翼群以及邹善群公子、农学院院长兼教务长邓植仪、医学院院长刘祖霞、教授邓孝慈、薛祀光、张葆恒、秘书谢明章、中医生区国良、张清泉及随员于成麟、蔡少华、邹炳等多人。抵达香港后，先生居住在友人李瑞琴家中。

12月23日 早晨，在香港乘昌兴公司的亚洲皇后号轮船赴沪晋京，商讨救蒋办法。③

12月25日 抵达上海。④

午前，先生一行乘船抵达上海百老汇路公和祥码头。前往码头欢迎的有中央党部代表陶百川、上海市党部代表童行白、财政部部长孔祥熙的代表徐堪、上海市市长吴铁城的代表李大超、中委胡文灿、陆幼刚等百余人。先生上岸后，直抵沧州饭店休息。

下午，先生分别拜访了在沪中委杨庶堪、许崇智、蔡元培及司法院副院长覃振等人。⑤ 其后，先生发表谈话：“西安事变，为国家最大之不幸。目前急需谋解决办法，先行营救蒋委员长出险。本人因病在粤疗养，自闻西安事变发生之后，即行力疾北上，以与中枢各同志共谋应付，至于是否将赴陕一行，目前犹未决定。五届中委第三次全体大会将于一二月内召开，萧佛成留居暹罗，最近未通音讯。”⑥

晚上，先生在徐堪家一边吃晚饭，一边商议营救蒋介石之法，⑦ 忽然听到蒋介石获释，并由张学良陪同返回南京，“西安事变”得到和平解决，先生等人喜出望外。

---

① 《昨举行联合纪念周情形》，见《国立中山大学日报》，1936年12月22日。
② 《邹校长昨晨离港北上》，见《国立中山大学日报》，1936年12月24日。
③ 《邹校长昨晨离港北上》，见《国立中山大学日报》，1936年12月24日。
④ 《邹校长安抵南京》，见《国立中山大学日报》，1936年12月28日。
⑤ 《邹鲁昨晨晋京》，见《申报》，1936年12月27日。
⑥ 《邹鲁昨由粤抵沪》，见《申报》，1936年12月26日。
⑦ 戴书训：《愈经霜雪愈精神——邹鲁传》，近代中国出版社1983年10月初版，第139页。

△为《王济远画集》题诗。[①] 王济远为二三十年代中国有名的油画家、水彩画家，曾任上海美专教授、教务长。

12 月 26 日 离沪晋京。[②]

上午 8 时，先生偕夫人、公子及谢明章、伍智梅等人由上海乘特备花车晋京。车抵和平门车站后，中央党部交际科代表、财政部次长邹琳、多位本校旅京同学已在此恭候迎接。

初抵南京，先生即与蒋介石及中央各院部负责人会晤，磋商党国大计。先生认为，日本一定孤注一掷地侵略中国，中国必须加紧备战。于是向蒋介石建议，起用曾有抗日战绩的前十九路军将领，立刻获得蒋的同意，并嘱咐先生负责拍电催促此事。先生即刻电约蔡廷锴来南京，并请黄麟书代催出国考察的陈济棠回国。

医学院院长刘祖霞等人曾于 1937 年 1 月 4 日函告工学院院长萧冠英："邹校长在京身体颇好，连日与中央各大员磋商今后党国大计，备极勤劳，公私应酬亦甚多，然精神毫不疲倦。至返粤日期，则尚难定云。"[③]

在南京期间，先生住在"邹鲁公馆"，家庭电话号码是 32743。公馆位于上海路陶谷新村（今颐和路 18 号），坐北朝南，地处颐和路与琅琊路十字路口的东北角，占地 776.7 平方米。主体为西式二层加阁楼，砖混结构，木门窗。楼房西南部为半圆形排窗，采光充分。黑色平瓦屋面，水泥素粉外墙。院内还有西式平房二进，共计三幢 13 间房，总建筑面积 295.1 平方米。整个宅院，朴素无华，庄重大方。

△蒋介石会晤先生等人。[④]

下午 5 时，蒋介石在官邸会晤先生、丁惟汾、冯玉祥、孔祥熙、叶楚伧、居正、孙科等二十余人，会晤持续了约二十分钟。蒋介石在谈话中表示"西安事变"系自己不是，有愧于国家及本党，因为把部下带变了，所以只有请辞本兼各职，至少也请准假六个月，进行休养。先生表示："国法甚要紧"[⑤]。

12 月 27 日 中午，冯玉祥宴请先生及吴敬恒、李石曾、经亨颐、熊式

---

① 国立中山大学校友会：《邹鲁全集》第（十）卷，三民书局股份有限公司 1976 年 10 月初版，第 25 页。

② 《邹校长安抵南京》，见《国立中山大学日报》，1936 年 12 月 28 日。

③ 《邹校长在京精神甚佳》，见《国立中山大学日报》，1937 年 1 月 5 日。

④ 张友坤、钱进、李学群：《张学良年谱》（修订版），社会科学文献出版社 2009 年 2 月第 1 版，第 907 页。

⑤ 冯玉祥：《冯玉祥日记》第四册，江苏古籍出版社 1992 年 1 月第 1 版，第 863 ~ 864 页。

辉、李烈钧、梁寒操等人。①

12 月 30 日 主持国民党中央执委会常委会会议。

会议于上午 9 时召开，于右任、冯玉祥等人出席，先生主持。会议首先由于右任报告西北宣慰情况，之后讨论了蒋介石提出辞呈一事。会议结束后，常委们集体到蒋介石宅邸慰问蒋。先生表示："今日开会因又接蒋同志之辞呈，大家讨论结果一致慰留，并拟给假一个月，请休养云。"② 蒋介石说道："先休一个月吧，各位先生劳神了。"

在从蒋宅邸回来的路上，先生和冯玉祥走到头条巷时，冯表示，蒋介石归来大家庆祝完了之后，应作为一个阶段，像过去的事，我党、政、军在一人手中，大家辅佐，何以发生此事，其原因何在，似有一条一条写出的必要。为将来想，若不有所改革，将来不保再发生此类事件。两人讨论很久，观点"颇为一致"③。

12 月 31 日 出席旅京同学组织的欢迎会。④

欢迎会现场布置极其庄严雅致，到会人数达百余人。大会推举赖特才、张宏志、潘逸民等三人乘汽车前往邹公馆迎接先生。先生抵达后，笑容可掬，对各位同学频频点头致意，全场掌声雷动。先生说明自己正在静养，不能多言，面嘱邓植仪代表本人致训词，并由薛祀光教授发表演说。随后，大家品茶交谈，会场情绪热烈，至晚上 8 时许，在合影后尽欢而散。

12 月 函复行政院卫生署，应允本校病理学教授梁伯强赴京演讲热带病病理学。⑤

是年 为邵元冲编写的《总理年谱草案》签注。⑥

是年 重印丘逢甲先生诗文集。⑦

先生取丘琮于 1935 年所刊印的《前台湾民主国义军大将军仓海先生丘公逢甲诗选》，釐订完善，以前未选入集且不忍割爱的诗文，由丘瑞甲（丘逢甲之弟）编辑为《选外集》附入重印的诗文集，名为《岭云海日楼诗钞》，于次年出版。先生重印千部，使丘逢甲的民族思想能够烁耀于世，以激勉国人。

---

① 冯玉祥：《冯玉祥日记》第四册，江苏古籍出版社 1992 年 1 月第 1 版，第 865 页。

② 冯玉祥：《冯玉祥日记》第四册，江苏古籍出版社 1992 年 1 月第 1 版，第 868 页。

③ 冯玉祥：《冯玉祥日记》第四册，江苏古籍出版社 1992 年 1 月第 1 版，第 868 页。

④ 《廿五年大除夕 本校旅京同学欢迎邹校长大会志盛》，见《国立中山大学日报》，1937 年 1 月 13 日。

⑤ 《本校梁教授伯强晋京担任热带病病理学讲座近讯》，见《国立中山大学日报》，1937 年 1 月 29 日。

⑥ 邹鲁：《回顾录》，岳麓书社 2000 年 9 月第 1 版，第 488 页。

⑦ 邹鲁：《澄庐文选》，正中书局 1948 年 5 月初版，第 308～309 页。

是年 作《谜言》诗。[①]

1937年（民国二十六年 丁丑）五十三岁

1月8日 接受中央社记者采访。

先生泛论在海外观感暨对国事意见，首先讲述此次仅在德稍留，未往其他国家考察。德国社党近况，其进步实在令人钦佩，最为人注意的有两点，即国民体格训练之成功，国民斗争心理之养成。前者确为民族盛衰及文化建设之根本，足资吾人借鉴；至于后者，以斗争心理为教育之中心，甚不得当。举凡欧洲目前左右，两大壁垒之倾轧，无不逢源于此，故为吾人所不取也。其次，先生谈到回国后，得见国家日趋复兴，处处均现转机之象，举其著者有两点可证，前途甚为乐观："其一，中央政府及蒋委员长之威信已经树立，全国人民无不敬仰；其二，为人民对政府及蒋委员长埋头苦干精神及所持方针，均已深切了解与认识，故今后在党内应团结全体同志，充实党的力量，并应由本党切实领导民众，一致救国，则复兴大业之完成，计日可待。"[②]

1月10日 与曾养甫等数十人筹备组织广东艺术协会。是日开首次筹备会议。[③]

1月11日 主持中央党部总理纪念周，并发表题为《去年的回顾及今后的希望》的演讲。[④]

上午9时，国民党中央党部在党部大礼堂举行第五十八次总理纪念周，中央委员叶楚伧、居正、陈立夫等及党部全体工作人员合计七百余人出席，纪念周由先生主持。领导行礼如仪后，由先生作报告，回顾了政府和国民党在过去一年所取得的成绩，对新一年的展望，先生提道："民国二十六年（1937年）开始以后，决不容许再徒自消国力，更不容许去蹈西班牙的覆辙，把中国变成国际战场，自招万劫不复的惨祸。我们要大家团结起来，把本党益更强化起来，来领导全体国民，共赴国难。以领导国民革命的精神，来领导民族革命。

---

① 国立中山大学校友会：《邹鲁全集》第（十）卷，三民书局股份有限公司1976年10月初版，第25页。

② 《邹鲁谈海外观感》，见《申报》，1937年1月9日。

③ 《邹鲁等组粤艺协会》，见《申报》，1937年1月10日。

④ 《去年的回顾及今后的希望》，见《国立中山大学日报》，1937年1月18日。

我们相信已经进步的国民，必能完全接受本党的领导，加强政府的力量，来解除这严重的困难，完成民族复兴的伟大使命。昔李唐贞观之际，天下大定，而唐室君臣犹以创业固难，守成亦不易，相与兢兢业业，为巩固国本之方针，况我国现在守成未可与言，即创业亦未完成，加以国难日益严重，本党负此重大责任，应时存无忘在莒之心，集中全国民众力量，统一全国民众意志，以完成革命未竟之功，是所切望。”① 纪念周于9时30分结束。

1月20日 复函照准李涵谷教授等四人赴京出席中国哲学会年会。李涵谷等人是日北上。②

1月23日 撰写《范其务事略》。

范其务为先生同乡，在1921年夏讨伐桂军的战斗中，策反桂军师长刘震寰，为两粤统一立下战功。在讨伐陈炯明的战事中，与先生密切配合，为倒陈发挥了重要作用。范其务于1937年1月10日病逝。范逝世后，先生和广州绥靖主任余汉谋、广东省政府主席黄慕松，“以君追随总理戮力革命垂三十年，劳绩并著，请中央特许公葬，优予抚恤。”③

约1月至2月 在黄山养病。④

先生在南京期间，各处奔走，高血压旧病复发并加重。“幸得茅祖权先生为我日夕治疗，始渐见愈。”⑤ 同时，先生和茅祖权到黄山养病月余。

在黄山养病期间，先生作诗多首，包括《黄山松谷寺纪事》，作该诗十日后再作《前诗成十日再纪事》诗以及《黄山归途答人问》等。⑥ 先生还在黄山题写石刻“大块文章”四字。

2月1日 撰写《岭云海日楼诗钞序》。⑦

《岭云海日楼诗钞》为先生恩师丘逢甲所作。先生在序言中除了陈述丘逢甲的一生经历外，末段并述自己受丘逢甲卵翼，终身不能或忘的情形。

2月11日 出席国民党中央执委会常委会议。⑧

---

① 中国国民党中央委员会党史委员会：《邹鲁先生文集》，中国国民党中央委员会党史委员会1984年6月30日出版，第205～207页。

② 《本校教授李函谷等赴京出席中国哲学会》，见《国立中山大学日报》，1937年1月22日。

③ 中国国民党中央委员会党史委员会：《邹鲁先生文集》，中国国民党中央委员会党史委员会1984年6月30日出版，第550页。

④ 戴书训：《愈经霜雪愈精神——邹鲁传》，近代中国出版社1983年10月初版，第139页。

⑤ 邹鲁：《回顾录》，岳麓书社2000年9月第1版，第380页。

⑥ 国立中山大学校友会：《邹鲁全集》第（十）卷，三民书局股份有限公司1976年10月初版，第26～27页。

⑦ 邹鲁：《澄庐文选》，正中书局1948年5月初版，第296～297页。

⑧ 冯玉祥：《冯玉祥日记》第五册，江苏古籍出版社1992年1月第1版，第42～43页。

会议于上午8时半在南京中山陵开始，出席会议的人员还有汪精卫、叶楚伧、冯玉祥等人，会议讨论“皆不关紧要之事”。

上午11时，先生与冯玉祥、汪精卫在中央党部谈话，谈话的内容主要是“扩大会议”阵亡、残疾、受伤及因此事受牵连的人员安置、两广没有登记党员的安置等问题。谈话时间很长，先生一边谈话，一边画画，画了竹、兰、梅、菊四纸，冯玉祥请先生签名后，索要了这些画。

2月15日　出席国民党五届三中全会预备会议、主席团会议。①

上午，五届三中全会预备会议在中山陵召开，会议由居正主持。预备会议后，接开主席团会议，先生与汪精卫、于右任、居正、戴传贤、蒋介石、孙科、冯玉祥等人出席会议，会议谈论审查提案人员分配及新来旧有人员另行分配事宜。

2月16日　出席五届三中全会主席团会议及全会第一次会议。②

上午8时，全会主席团会议举行，先生、冯玉祥等人出席，会议主要内容为分配交付审查的提案。上午9时，全会第一次会议举行，会议由于右任主持，会议听取了居正作的党务工作报告，孔祥熙作的政治会议报告和行政院工作报告。

△函聘刘俊贤兼任理学院院长。是日刘俊贤到院任事。③

2月17日　出席五届三中全会主席团会议及全会第二次会议。④

上午8时，全会主席团会议举行，先生、冯玉祥、汪精卫、戴传贤等人出席，会议内容主要为分配交付审查的提案等。上午9时，全会第二次会议举行，会议由孙科主持，听取了何敬之作的工作报告，张岳军在会议上报告了外交事件。

2月18日　出席五届三中全会主席团会议及全会第三次会议。⑤

上午8时15分，全会主席团会议举行，冯玉祥、先生等人出席，会议分配交付审查的提案。上午9时，全会第三次会议举行，会议由戴传贤主持。

下午3时，继续出席主席团会议，会议讨论了蒋介石辞职、中国共产党给全会发来的电报、会议宣言等内容。

2月19日　出席五届三中全会主席团会议及全会第四次会议。⑥

---

① 冯玉祥：《冯玉祥日记》第五册，江苏古籍出版社1992年1月第1版，第48～49页。

② 冯玉祥：《冯玉祥日记》第五册，江苏古籍出版社1992年1月第1版，第49～50页。

③ 《理学院布告》，见《国立中山大学日报》，1937年2月17日。

④ 冯玉祥：《冯玉祥日记》第五册，江苏古籍出版社1992年1月第1版，第49～50页。

⑤ 冯玉祥：《冯玉祥日记》第五册，江苏古籍出版社1992年1月第1版，第53～54页。

⑥ 冯玉祥：《冯玉祥日记》第五册，江苏古籍出版社1992年1月第1版，第54页。

上午8时45分，全会主席团会议举行，汪精卫、冯玉祥、先生等人出席，会议讨论修改蒋介石辞呈的答辞。下午2时，全会第四次会议举行，由冯玉祥主持，会议讨论了六十多个提案。

2月20日 出席五届三中全会主席团会议及全会第五次会议。①

上午8时15分，全会主席团会议举行，冯玉祥、先生等人出席，汪精卫主持会议。会议主要内容为讨论会议宣言、蒋介石新的辞职书。下午，全会第五次会议举行。

2月21日 出席五届三中全会主席团会议及主持第六次会议。②

上午8时15分，全会主席团会议举行，先生、冯玉祥、汪精卫、林森、吴敬恒等人参加。会议主要内容为拟设国防委员会、讨论人事安排等。③

下午3时，全会第六次会议举行，出席的中央执行委员有蒋介石、汪精卫、冯玉祥等88人，列席候补执委有经亨颐等35人，监委有林森等28人，候补监委有鲁涤平等19人，先生为会议主席。会议报告事项：（一）宣读第五次会议记录；（二）秘书处报告续收贺电九件。讨论事项：（一）主席团提出关于杜绝"赤祸"之决议案，决议通过；（二）主席团提议：1. 中央民众训练部部长周佛海照准辞职，拟推陈公博为部长；2. 中央宣传部部长刘芦隐久不到职，拟改推邵力子为部长；3. 中央常务会议主席胡汉民出缺，副主席蒋介石职务过繁，拟请取消主席制，仍恢复常务委员制，决议均照准通过。会议于下午4时30分散会。

2月22日 出席五届三中全会闭幕式。会议通过大会《宣言》，宣称党的方针是对外维护主权，对内和平统一，根除"赤祸"，努力经济建设，消灭阶级斗争。④

3月8日 照准邓植仪教务长函请，加聘邹卓然事务长、张焯堃教授为中大新校校景设计委员会委员。⑤

3月27日 为中大第五次全校运动大会撰写《开幕词》。

《开幕词》写道："个人无健全之体魄，则萎靡不振；国家无健全之民众，则民族沦于灭亡，是以体育之目的。匪独强健身心，锻炼体魄，实关系于整个社会、国家、民族之盛衰至大。吾国习尚文弱，致体育处处后人。全国体育之

---

① 冯玉祥：《冯玉祥日记》第五册，江苏古籍出版社1992年1月第1版，第55页。

② 《全会决议根绝赤祸》，见《申报》，1937年2月22日。

③ 冯玉祥：《冯玉祥日记》第五册，江苏古籍出版社1992年1月第1版，第57页。

④ 《全会决议根绝赤祸》，见《申报》，1937年2月22日。

⑤ 《本校增聘邹事务长卓然张教授焯堃为校景设计委员会委员》，见《国立中山大学日报》，1937年3月8日。

实施，至今尤未普遍，训练缺乏科学方法，体能日益衰落，此所以全国人士一致极力提倡民众施行国民体育训练。学校强迫运动，以期振奋体育精神，增进民众健康，转弱为强，复兴民族。本大学为唯一纪念总理最高学府，诸同学来此深造，须练就金刚坚固之身，方能肩负救国救民之重大责任。本校竭力提倡体育，训练日趋普遍，设备日臻完善。此次值春光明媚之际，举行第五次全校运动大会，亦本斯旨。希我健儿，秉仁侠之精神，演矫健之身手，公勇合作，各尽所长，则胜不足豪，败不足忧。振国魂，雪国耻，其有日矣。"①

△向中大第五次全校运动大会赠送"强国之基"银鼎一座作为优胜奖品。②

3月29日 主持国民党中央党部、国民政府联合总理纪念周暨革命先烈纪念会，并作报告。③

上午9时，纪念周暨纪念会在南京国民党中央党部大礼堂举行，中央委员汪精卫、戴传贤、陈立夫等及中央党部各部会工作人员合计八百余人出席，活动由先生主持。先生领导全体与会人员向总理遗像及先烈灵位行礼静默，并恭献花圈后，向与会人员做报告《本着先烈的精神来争取民族的自由平等》。先生以此报告提醒国人，在国难当头之际，尤其需要继承黄花岗七十二烈士殉国以奠定民国成立的基础的精神，"我们更要注意的，先烈伟大的精神，一方面是成了建国的基础，同时也是复兴民族的要素。""我们要本着先烈的精神，相勉以死里求生，收复已失去之土地，求民族的复兴。"④

春 经与教育部商榷，由戴传贤接替先生出任国立中山大学校长，戴传贤答应予以考虑，但最终放弃，仍由先生出任校长职务。⑤

4月 在国民政府于3月24日任命吴铁城为广东省政府委员兼主席后，先生大力周旋，使邹敏初出任广东省政府委员，重上政治舞台。邹敏初自1927年辞去广东省财政厅厅长后，一直在沪港等地从事金融投机活动，失意于政治舞台。⑥

5月2日 致电事务长邹卓然，指出并无接长国民政府考试院院长一事。

---

① 《开幕词》，见《国立中山大学日报》，1937年3月27日。

② 《国立中山大学第五次全校运动大会优胜奖品》，见《国立中山大学日报》，1937年3月27日。

③ 《邹校长于三月廿九日在中央大礼堂纪念革命先烈会中报告词》，见《国立中山大学日报》，1937年4月9日。

④ 中国国民党中央委员会党史委员会：《邹鲁先生文集》，中国国民党中央委员会党史委员会1984年6月30日出版，第208～209页。

⑤ 邹鲁：《回顾录》，岳麓书社2000年9月第1版，第426页。

⑥ 邹梓琴：《承办捐务起家的邹敏初》，见广东省政协文化和文史资料委员会编《广东文史资料精编》（上编第6卷），中国文史出版社2008年12月第1版，第132页。

近日省港各报登载先生接长考试院院长的讯息，以致本校员生时到学校总办公厅问讯。此事被先生知道，特发此电澄清。①

5月6日 签署公函，香港基督教女青年会定于本年5月14日下午2时来校参观，自当欢迎，届时各学院派员引导参观为荷。② 本函抄送香港基督教女青年会。

5月24日 为刘义亭题写碑文。

刘义亭位于国立中山大学石牌校园内（今华南理工大学北区4号楼西），为纪念清末民初时曾驻军于此处的爱国将领刘永福而建。始建于1937年2月11日，为湖南省政府主席何键捐资千元所建。该亭坐东北朝西南，高约6米，边长2.2米，占地面积20平方米。屋檐下有一木匾，书“刘义亭”，署名为“邹鲁”。亭内中央立有一块石碑，碑身高1.02米，宽0.57米，厚0.21米，碑座高0.61米。碑文为先生书写。碑文为：

“本校校地为刘义将军营寨之遗址。湘主席何云樵先生捐资千元，建筑此亭而留纪念。登斯亭者，咸能继将军御侮之志，则民族复兴可指日焉。

校长邹鲁（印）

中华民国二十六年五月二十四日（1937年5月24日）”③

5月25日 签署公函，函送中国地理学会，圈送孙宕越、张印贵、翁文灏三人为该学会理事候选人。④

5月27日 致函中大各学院、庶务部，香港大学生定于本年6月1日来校参观，自当欢迎，届时各学院派员引导参观为荷。⑤ 本函抄送广州基督教女青年会。

5月 为《国立中山大学法规集》一书作序。

序言写道：“序曰：三代之教，化行俗美，其立庠于党、立序于遂、立学于国之意。夫岂曰徒善其政教已哉，必有所以肃风规，明秩序，整齐而划一之，使优游自得。见于面，盎于背，咸自足乎法度之内也。本大学辟地万亩，储材十万，其间五洲之所从同，六院之所规划，学则釐订，纲纪斑如，求其日就月将，学有缉熙于光明者，莫不炼金在冶，调味在和。博之以文，而又约之以礼，使惰者作而锐者抑也。鲁自重长本大学以还，中更岁月，所订法则，釐

---

① 《校长接长考试院并无其事》，见《国立中山大学日报》，1937年5月7日。

② 见“国立中山大学全宗”档案，全宗号20，目录号1，案卷号81，藏广东省档案馆。

③ 《中山大学石牌旧址建筑群》，见广州市天河区地方志编纂委员会办公室网（http://quzhi.thnet.gov.cn/thqq/thls/wwgj/200712/t20071211_211512.html），2007年12月11日。

④ 见“国立中山大学全宗”档案，全宗号20，目录号1，案卷号81，藏广东省档案馆。

⑤ 见“国立中山大学全宗”档案，全宗号20，目录号1，案卷号81，藏广东省档案馆。

然较然，不为少数也，不有以董理之，将何以励顽懦资率循乎，虽本大学之所编集法规，前此矣，义不可无继。爰旧者修之，新者汇之，以为本大学同人服膺也，编而录之，庶得以存其矩度，有所守云。”①

约5月 中大电请先生返校理事。② 接电后，先生便回南京收拾物品，取道粤汉铁路南归。

6月14日 在南京会商中枢要务。会商结束后，先生即作归校计。③

6月15日 赴庐山谒见蒋介石。

先生在南返途中，路过九江，因蒋介石正在庐山养病，即舍舟登陆，上山拜谒。蒋介石问先生：“你回广东以后，何时再来中央?”先生回答：“我离校已久，此次回去，须从事整理。如中央不发动抗日的军事，我拟暂不前来，若抗日事起，我便立刻来京。”蒋说道：“那么恐怕为期不远了。”④ 在得到蒋的准确抗战信息后，先生心情很好。

6月17日 晨，抵达长沙，下榻湖南省政府招待所。旋由湖南省政府主席何键陪同前往岳麓山祭奠黄兴、蔡锷二位先烈士，并参观湖南大学。⑤ 在长沙时，各方争相宴请先生。⑥

6月18日 到南岳衡山游览。⑦ 在衡山，作诗二首以表纪念。⑧

6月22日 在衡阳致电中大，告之返校日期。⑨

△由衡阳乘粤汉铁路车辆前往韶关。⑩

6月23日 到南华寺游览。⑪

6月24日 抵达广州，到校视事。⑫

晨，先生从韶关乘快车南行，下午抵达广州黄沙车站。到站欢迎的人员有第四路军总司令兼广州绥靖主任余汉谋、广东省政府代表李大超、省会警察局

---

① 邹鲁：《国立中山大学法规集序》，见“国立中山大学全宗”档案，全宗号20，目录号1，案卷号53，藏广东省档案馆。

② 戴书训：《愈经霜雪愈精神——邹鲁传》，近代中国出版社1983年10月初版，第139页。

③ 《邹校长昨抵湘日间返粤特讯》，见《国立中山大学日报》，1937年6月19日。

④ 戴书训：《愈经霜雪愈精神——邹鲁传》，近代中国出版社1983年10月初版，第139～140页。

⑤ 《邹校长昨抵湘日间返粤特讯》，见《国立中山大学日报》，1937年6月19日。

⑥ 《邹校长电告返校期》，见《国立中山大学日报》，1937年6月23日。

⑦ 《邹校长昨抵湘日间返粤特讯》，见《国立中山大学日报》，1937年6月19日。

⑧ 国立中山大学校友会：《邹鲁全集》第（十）卷，三民书局股份有限公司1976年10月初版，第26～27页。

⑨ 《邹校长电告返校期》，见《国立中山大学日报》，1937年6月23日。

⑩ 《邹校长电告返校期》，见《国立中山大学日报》，1937年6月23日。

⑪ 《邹校长电告返校期》，见《国立中山大学日报》，1937年6月23日。

⑫ 《邹校长昨抵省情形》，见《国立中山大学日报》，1937年6月25日。

李洁之局长、广九铁路管理局凌鸿勋局长及各军政机关代表、本校教务长、事务长、各学院院长、教职员学生等，计达千余人。4时20分，先生所乘车辆驶进月台，总部银乐队即行奏乐。车辆停稳后，余汉谋、李洁之、萧冠英、邓植仪、邹卓然等人均登车欢迎先生。先生出站后，登上特备汽车先到中大附中巡视一周，然后前往石牌新校视察，视察结束后返回公馆休憩。

6月25日 接见太平洋国际学会总会秘书长 Mr Edward C. Carter，并设午宴为其洗尘，邓植仪教务长、萧冠英院长等人应邀作陪。①

△签署大学布告。准考试院考选委员会秘书处函开，交通部需用男性电务技术人员，考试院令准举行特种考试电务技术员临时考试，公布考试举办相关事项。②

6月26日 签署大学布告及大学公函。公布暑假放假事宜及暑假办公安排。③

△签署两份大学布告。（一）准膺白奖学基金董事会函开，公布应考该奖学基金事宜；（二）公布文学院下年度各年级生住室姓名表。④

6月27日 签署大学军事训练队队本部布告。公布改期集训事宜。⑤

6月30日 主持本校研究院第一届、大学第十一届毕业生典礼。

上午10时，典礼在大礼堂举行，应邀与会的嘉宾有广东省教育厅厅长许崇清、广州行营处长丘誉、各党政军机关代表、来宾及教职员学生等。先生领导行礼如仪后致开会辞，说道："今天本校举行研究院第一届毕业及大学第十一届毕业典礼，得诸位来宾和同事同学，都来参加，济济一堂，真是很高兴的事。本年毕业的人数，研究院计十二人，大学计六百一十八人。研究院学生毕业，这还是第一次，而且在我国恐怕也还是第一次。大学的毕业人数是六百余人，这个数目在外国不能算多，但在我国恐怕也居于第一位罢。诸位同学在总理手创的本校读书，过去四年间受三民主义的熏陶，诸位师长的训诲，和得到同学间的切磋琢磨，深信今天毕业以后，一定能本着总理的革命精神，和师长同学所感召的方针，努力为社会服务，为民族国家谋幸福。"⑥ 许崇清厅长在

---

① 《太平洋国际学会总会秘书长 Mr Edward C. Carter 来校参观讯》，见《国立中山大学日报》，1937年6月25日。

② 《大学布告》，见《国立中山大学日报》，1937年6月28日。

③ 《大学布告》，见《国立中山大学日报》，1937年6月29日。

④ 《大学布告》，见《国立中山大学日报》，1937年6月29日。

⑤ 《大学军事训练队队本部布告》，见《国立中山大学日报》，1937年6月30日。

⑥ 《本校举行研究院第一届大学第十一届毕业典礼盛况》，见《国立中山大学日报》，1937年7月1日。

典礼上发表了演说。典礼在颁发奖品、唱校歌及拍照留念后结束。

△签署两份大学布告。（一）公布农学院下年度各年级生住室姓名表；（二）准国立北洋工学院函开，公布该院工科研究所招考第三届研究生简章。①

△致函中央党部，因为“血压脉搏均逾常度”，请假一个月。② 随后，先生到从化温泉养病。③

夏 作《墨竹图》、《兰石图》。④

7月7日 卢沟桥事变爆发。时先生在白云山养病。⑤

△致函广州基督教青年会。函称：“叠准本月二日三日大函，以华南区第二次大学学生夏令营完毕后拟到本校参观，请予以招待，等由；准此。自当欢迎，函参观团体确实人数及到校日期，应请贵会预先两日通知，俾便准备，相应复请查照见复。”⑥

7月31日 致电蒋介石，主张对日宣战。⑦

“七七事变”爆发后，蒋介石表示出抗战的姿态。先生看到这种情形，对于日寇的蛮横虽然愤恨，但是听到我军忠勇抵抗的消息，却也欣喜不止。是日，致电蒋介石，主张宣战。电称：“读庐山及艳日（29日）谈话，诚中国救亡兴国之要旨，凡有血性，同深感奋。顾二十余日来，北方抗战，皆陷敌人战而不宣之诡计。其为害有三：（一）国际方面，仍为敌人局部问题所箝制，对于国际间条约，无从紧张运用；（二）我既未宣战，则无论战区与非战区，敌得自由行动，利用汉奸，破坏我军事与政治上之种种措施；（三）既未宣战，则仇货仍可自由输入，榨我血膏，充彼军实。综上三因，非即日正式宣战，不足以资挽救，正国际之视听，而振军民之精神。谨贡愚忱，以竣睿断。”⑧

8月初 国民党中央来电，催促先生入京，商议抗战。先生接电后，即以国难严重至此，当即力疾晋京。⑨

---

① 《大学布告》，见《国立中山大学日报》，1937年7月1日。

② 中国国民党中央委员会党史委员会：《邹鲁先生文集》，中国国民党中央委员会党史委员会1984年6月30日出版，第314页。

③ 邹鲁：《回顾录》，岳麓书社2000年9月第1版，第381页。

④ 程焕文、张靖、周旎：《邹鲁未刊稿》上册，广西师范大学出版社2008年3月第1版，第38～39页。

⑤ 程焕文、张靖、周旎：《邹鲁未刊稿》下册，广西师范大学出版社2008年3月第1版，第795页。

⑥ 见“国立中山大学全宗”档案，全宗号20，目录号1，案卷号81，藏广东省档案馆。

⑦ 戴书训：《愈经霜雪愈精神——邹鲁传》，近代中国出版社1983年10月初版，第140页。

⑧ 《邹校长电蒋委员长对日宣战》，见《国立中山大学日报》，1937年8月2日。

⑨ 戴书训：《愈经霜雪愈精神——邹鲁传》，近代中国出版社1983年10月初版，第140页。

8月5日 上午8时，在各方及本校员生热烈欢送之下，乘天一轮船离穗赴港。当日抵达香港。[1]

8月6日 在香港乘昌兴公司日本皇后号轮船北上赴沪。[2]

8月8日 抵达上海，即日晋京。[3]

下午1时30分，轮船抵达上海浦东其昌栈码头，同船人员有原十九路军将领谭启秀、前任十九路军副师长李盛宗、前任十九路军经理处处长叶少泉、中山大学秘书程鸿轩、中央监委胡文灿、前广东兵工厂厂长邓演存、中山大学教授蔡秋农等人。[4] 各界前往码头欢迎人员有淞沪警备司令杨虎、全国经委会常委宋子文的代表邓勉仁、上海市长俞鸿钧的代表王绍齐、中委罗冀群、陆幼纲等多人。先生和同船抵达的蔡廷锴与前往欢迎各代表一一握手表示谢意后，发表谈话，指出："余此次回京，因为华北已经和日本作战，此种作战，不特为民族求生存，实则为世界人类除毛贼。尽日本一贯政策，不特想把整个中国吞并，抑且在扰乱世界，尤其是对于世界人类文化，加以危害。关于此次日本夺我平津，竟将南开大学，肆意焚毁，即可明了。所以我人抗日，一方面在求民族之复兴，而他方面亦在保障世界之文化。我人因负此两重责任，所以对于日本作战一层，是全国一致，而且狠奋勇而热心的。至于抗战方法，中国已有整个决定，尤其是蒋委员长在庐山第一次谈话会，及前月二十九日之谈话，更有明切之昭示。我人抗战，自当跟着这种政策及其办法，一致向前，相信最后胜利，必归我国。有人问我去年在世界大学会议及世界教育会议，先后均主张互助，反对战争，何以对日本力主抗战？殊不知吾人对于充满野心，绝灭理性，扰乱世界正义，摧残人类文化的败类，加以抵抗而惩创之，正所以维持世界和平，故此我人今兹之抗战。凡属世界主持正义爱护文化之国家及民族，相信没有不表同情的。"[5] 谈话后，先生旋即偕同杨虎司令换乘镜辉号专轮前往海关码头，下午2时10分抵达，在码头欢迎的群众高唱救亡歌，热烈鼓掌欢呼声中上岸。上岸后，先生迳赴邹琳私邸休息。

当晚11时，先生乘京沪夜快车附挂的大花车晋京，程鸿轩、谢明章、蔡秋农等多人同行。抵达南京后，蒋介石仍在庐山，先生便访问冯玉祥将军，问他抗战的计划。冯表示一切都已经准备妥当。当时，各地军政大员，纷集南

---

① 《邹校长昨抵沪晋京》，见《国立中山大学日报》，1937年8月9日。

② 《邹校长昨抵沪晋京》，见《国立中山大学日报》，1937年8月9日。

③ 《邹校长昨抵沪晋京》，见《国立中山大学日报》，1937年8月9日。

④ 广东省立中山图书馆编《民国广东大事记》（羊城晚报出版社2002年11月第1版，第557页）认为还有叶挺。

⑤ 《邹鲁蔡廷锴昨抵沪》，见《申报》，1937年8月9日。

京，一致主张抗战。先生“心中快慰”，认为“虽然明知道军事上的实力，远不及敌人，但是准备是相对的，敌人决不让我们有完全准备的机会。而在当时的情形之下，再不抵抗，非特敌人蚕食我国的企图，必成事实，并且我国的军心和民气，势将涣散，难于挽回。所以为国家求独立，民族谋生存，可说除抵抗之外，实无他法。何况历史给我们许多教训，告诉我们战事的胜败，并不完全在物质，而精神方面的因素是很重要的。我国地大、物博、民众，苟能同心同德，全力抵抗，必可得最后胜利。即使国际形势，就目前看来未必尽利于我，但是敌人在外交方面，比我国还要孤立。同时侵略恶势力是全人类的蟊贼，迟早是要被全体爱护正义和自由的民族所反对的。我国为全人类举起反侵略的义旗，唤起全人类的注意，必可得国际的同情，而增强抗战的力量。因此从各方面看来，唯有抗战，始有出路；委曲求全，必致灭亡。不过事在人为，最后胜利必须我们努力去争取，只有信心是不够的。”①

在经过香港和抵达上海时，先生会见了许多同志，其中有一些同志怀疑国民党中央没有抵抗的诚意和决心。先生对他们解释道：“当此生死关头，大家都该互信互助，协力合作，不应再有旁观怀疑的态度。”②

8月9日　抵达南京。

早晨7时，先生抵达南京。返邸稍微休息后，即出席中央党部举行的总理纪念周。纪念周结束后，先生拜访了中央各要员。先生还对记者说道：“此次由粤北来，途经各地，见处处均有抗战之准备，人人均有抗战之决心，足凭抗战系我全民族为求生存一致之愿望。”③

8月12日　出席国民党中央执行委员会临时常务委员会。④

在淞沪会战前一天，国民党中央在南京召开中央执行委员会临时常务委员会，议决设立国防最高会议，授予蒋介石以党政军大权。是日，先生向蒋建议：第一，多派人员赴苏联，与彼取得密切联系；第二，抚编会党，俾清除内患，并免被敌人利用。两点建议得到蒋的认同。除后者因为主持不得其人，没有达到理想的目的外，而前者，中央虽只派孙科前往，然成效明显。同时，先生认为四川是抗战的大后方，也是抗战最后胜利的根据地。

8月16日　要求加紧成立广东省各界御侮救亡会本校工作团组织。随后，中大成立指挥部，由先生担任总指导，以各学院为单位组织御侮救亡工作团，

---

① 邹鲁：《回顾录》，岳麓书社2000年9月第1版，第382～383页。

② 邹鲁：《回顾录》，岳麓书社2000年9月第1版，第382页。

③《邹鲁抵京》，见《申报》，1937年8月10日。

④ 戴书训：《愈经霜雪愈精神——邹鲁传》，近代中国出版社1983年10月初版，第140～142页。

由院长任指导员，各学系每系成立一个团，由系主任任团长。①

8 月 30 日 因本校统计事宜异常繁琐，除由事务处李沃维专责办理外，是日聘请邓瀚藻、陈东荣随时协助办理。②

10 月 4 日 对报界发表谈话，抗议日机轰炸大学校园的侵略行径。

从是年 8 月起，日军开始长期轰炸广州。8 月至 9 月，中山大学石牌校本部和市区附中校舍被日机轰炸多次，部分校舍被炸毁，死伤近二十人，图书设备也损失不少。10 月 4 日，中山大学又一次被炸。先生发表书面谈话，斥责日军破坏我文化机关的罪行："倭寇对我国侵略，不但欲占我全中国，且欲侵凌世界及毁灭世界文化。故开战以来，对我国文化机关，特别加以摧残，肆意轰炸。……本校为总理手创之大学，而石牌新校尤为总理所计划，故规模最大；员生素受总理主义之特别熏陶，抗敌精神，亦最发扬。敌人早有中山大学为抗日大本营之名词，所以抗战以来，数次轰炸本校。本校面积四万余亩，除校舍外，并无其他建筑物，敌人报纸曾目之为文化区域。如非敌人故意消灭文化机关，决无数次轰炸之理。有谓总理规划此校规模宏大，致被敌机轰炸；然其他规模之大不如本校者，亦同遭轰炸，可见敌人专欲消灭我文化机关，无分规模之大小。有谓中山大学抗战精神，素为激昂，致招轰炸；此则不特中山大学为然，全国学校，全国民众，何一不抱与日偕亡之心？敌人轰炸之弹愈烈，我人抗敌之念愈炽。是则敌人之轰炸，不啻我国之警钟也。须知总理精神长存，不特总理所手创之学校，无从摧毁。且本校诸总理之精神，终能打倒敌人，复我失地，完我主权，获得国际间平等自由之地位。是则吾人所自信者，亦敌人所应觉悟者。"③

10 月 11 日 出席总理伦敦蒙难纪念会，并发表演讲《总理伦敦蒙难纪念的意义》。④

晨，国民党中央党部在南京举行总理纪念周，随后开会纪念总理孙中山伦敦蒙难，由先生领导行礼如仪后，即席发表演讲。先生在演讲中将总理伦敦蒙难，被康德黎先生等救助而脱险一事类比国家蒙难，说道：

"当着这严重的国难关头，我们在这纪念周中，来举行总理伦敦蒙难纪念，即在整个国家民族的蒙难期中来纪念总理当年蒙难的日子，不能不使我们更加感到无限的兴奋和悲痛。现在敌人不顾国际道义，撕破其自愿签订的九国

---

① 《本校御救团指导员正副团长举行宣誓就职礼情形》，见《国立中山大学日报》，1937 年 11 月 29 日。

② 见"国立中山大学全宗"档案，全宗号 20，目录号 1，案卷号 66，藏广东省档案馆。

③ 邹鲁：《回顾录》，岳麓书社 2000 年 9 月第 1 版，第 384 页。

④ 《中央党部昨纪念总理蒙难》，见《申报》，1937 年 10 月 12 日。

公约和非战公约，倾其全国的海陆空军力量侵略我国，屠杀我国人民，此不仅被侵略者受其荼毒，即世界各国的和平，亦受其威胁而感不安。但我们相信正义有时虽不免为暴力所劫持，但暴力到底不能毁灭正义。自从卢沟桥事件发生之后，各国的舆论除敌人外，无一不同情我们，斥责侵略者的残暴。各国政府的态度，也逐渐的明显表现出是非的鸿沟，现在国联已通过谴责日本的决议案。英美法俄等大国，也有明白的表示。可见正义终胜暴行，这是一个得力的明证。回想总理当年伦敦蒙难，来康德黎先生等之助，而得出险，亦总理平日之伟大人格所得的收获。现在国家当此危机关头，全国上下在艰难困苦中，为救中国而奋斗，为国际道义之尊严而奋斗，为拥护条约、为维持世界的和平而奋斗，所以能得到全世界的民众和国家的同情，这并不是虚伪的宣传可以换得到的。完满再回想到总理临终时，不断以和平奋斗救中国诏示我们，现在我们是为和平奋斗而救中国了。蒋委员长也说过，吾人自卫之决心，始终一致，虽至战士之最后人，领土之最后一寸，亦不稍变更初志。非俟正义确立，条约重伸其尊严，吾人之抵抗决不停止。我们唯有本既定的国策，奋斗到底，敌人残暴的本来面目，终于自己揭穿出来了。最近日本外务省发言人的谈话，露骨的表示，世界乃为人类而造，凡正直勤勉国民，在任何地方皆有幸福生存享受生活的资格。有资源国对无资源国拒绝，对既得权利让步，则舍战争外，别无其他解决途径云云。这是明白的表示，日本要侵略任何一个国家，要夺取任何国家的资源，这是引起这次战事的最有力的供状。日本是不是正直勤勉的国家，我们相信事实胜于雄辩，我们不必列举事实，世界上谁也明白日本是一个最不顾信义最狡猾的国家，但我们也明了敌人的暴行，系少数野心军阀所造成的。在日本的国民党中，也不少明达之士，对其军阀暴行，只是被受压迫，敢怒而不敢言而已。余深望日本的国民，起来而响应世界的舆论，为正义而奋斗，抑制其军阀的暴行。"①

该演讲词发表在本月12日出版的《中央日报》上。

10月15日 函复广东各界非常时期救济难民委员会，捐助毛券100元给该会。②

广东各界非常时期救济难民委员会于是月11日致函先生，请先生解囊捐助，以资救济。

10月27日 晚上7时半，赴国民党中央党部开会。出席会议的人员还有

① 《中央党部昨纪念总理蒙难》，见《申报》，1937年10月12日。

② 见"国立中山大学全宗"档案，全宗号20，目录号1，案卷号81，藏广东省档案馆。

丁惟汾、孔祥熙、叶楚伧、冯玉祥等人。①

10 月 28 日 广州中国同盟会纪念会组织“民前革命同志国难服务团”，由先生夫人梁定慧领队，随带救护队，拟北上劳军。②

10 月 30 日 上午 8 时许，与覃振一起拜访冯玉祥，就当前局势交换意见。先生在会谈时说道：“蔡廷锴曾承命招组旧部二万余人，结果未得何（何应钦）部长之同意，复自行出资解散。”③

11 月 3 日 下午 4 时，与覃振、傅汝霖一起拜访冯玉祥，有意促成孔祥熙接任行政院长一职。先生在谈话中说道：“前应德大使邀，赴该处座谈，首谓就战事前途而论，中国自不能追击日本于三岛之中，而日人亦难将整个中国统治，似此则战事联绵殊非中日两国之利，故本大使主张向机提出和议，以资早日结束。续谓中国不应联俄，以致陷国际地位于孤立。”④ 下午 5 时，先生等人告辞而去。

11 月 5 日 先生及蔡元培、胡适等 102 位知名人士发表英文声明，历数日本破坏我国教育文化机关，毁坏大学已达 23 所，中、小学不可数计的罪行，吁请全世界正义人士对日本予以制裁。⑤

11 月 15 日 出席国防最高会议，会议讨论迁都事宜。⑥

11 月 16 日 出席国民党中央执委会常委会会议。⑦

会议于下午 5 时在中央党部举行，出席会议的人员还有汪精卫、冯玉祥等人。会议主要议题是讨论迁都及紧急时应付办法。5 时 45 分散会。

11 月 17 日 出任“广东人民购机抗敌筹募委员会”常委。⑧

是日，驻京粤人发起的“广东人民购机抗敌筹募委员会”成立，200 人参加了在广州召开的成立会，选出汪精卫、孙科、宋子文、唐绍仪、周启刚、先生等 20 人为常委，总干事为梅光培。

11 月 19 日 出席国防最高会议。蒋介石在会议上做了题为《国府迁渝与抗战前途》的讲话，明确告知与会者，中央已经决议，国民政府迁都重庆。

△先生和夫人赵淑嘉致电香港程慕贞家，让邹永表姐带着邹永乘飞机从香

---

① 冯玉祥：《冯玉祥日记》第五册，江苏古籍出版社 1992 年 1 月第 1 版，第 214 ~ 215 页。
② 广东省立中山图书馆：《民国广东大事记》，羊城晚报出版社 2002 年 11 月第 1 版，第 566 页。
③ 冯玉祥：《冯玉祥日记》第五册，江苏古籍出版社 1992 年 1 月第 1 版，第 221 页。
④ 冯玉祥：《冯玉祥日记》第五册，江苏古籍出版社 1992 年 1 月第 1 版，第 238 页。
⑤ 广东省立中山图书馆：《民国广东大事记》，羊城晚报出版社 2002 年 11 月第 1 版，第 567 页。
⑥ 邹鲁：《回顾录》，岳麓书社 2000 年 9 月第 1 版，第 385 页。
⑦ 冯玉祥：《冯玉祥日记》第五册，江苏古籍出版社 1992 年 1 月第 1 版，第 267 页。
⑧ 广东省立中山图书馆：《民国广东大事记》，羊城晚报出版社 2002 年 11 月第 1 版，第 569 页。

港飞赴汉口，与先生汇合。①

11月20日 乘船赶赴汉口。②

国防最高会议决定迁都重庆后，先生于次日动身前往汉口。同船的有吴敬恒、钮永建、覃振、章嘉活佛等人，同行的另有运送公务员的船只数艘。

11月22日 抵达汉口，住在中国实业银行内汉口禁烟督察处处长茅祖权的家里。即日晚上托付该行代买赴渝船票。③

11月23日 查看武汉军事防备情况，感觉十分薄弱。④

11月25日 由汉口乘船西行重庆。⑤

是日，先生等人乘坐民生公司“江新号”轮船西行重庆。⑥ 途中，凡是停泊之地，都有同志同乡前来迎接。在万县，还受到设宴款待。先生因为精神不好，只接见了他们的代表，并没有赴宴。

11月26日 晨，舟行江中，作诗《长江舟行即景步理鸣韵》。⑦

之后，先生连续作诗多首，包括《望江怀》、《城陵矶》、《长江行》、《到沙市拟游荆州不果》、《三峡》长诗、《张桓侯》、《石堡寨》、《雾》、《蜀民》等。其中《望江怀》颇能代表先生此时的心情：“又溯长江上，舟轮拨水忙。为求长御寇，遂计适严疆。夹岸炊烟密，沿途土壤良。凭兹民富庶，好靖敌猖狂。”⑧

11月27日 复函邹洪。

上月24日，广东省保安处处长邹洪致函先生。函称：“捡获《国立中山大学外县宣传队宣传计划大纲》一纸，‘内容言论殊为荒谬，深恐另有其他作用。’兹送一份，希为查明见复为荷。”⑨

先生复函，函称：“查本校学生除借读外省及休学者外，一律照常上课，并无分赴外县宣传。至全体员生除照前广东省各界御侮救亡会订定大纲组织全

---

① 邹永：《浮生点滴：邹永回忆录》，中山大学出版社2008年11月第1版，第21页。

② 邹鲁：《回顾录》，岳麓书社2000年9月第1版，第386页。

③ 邹鲁：《回顾录》，岳麓书社2000年9月第1版，第386页。

④ 邹鲁：《回顾录》，岳麓书社2000年9月第1版，第386页。

⑤ 邹鲁：《回顾录》，岳麓书社2000年9月第1版，第386页。

⑥ 邹永：《浮生点滴：邹永回忆录》，中山大学出版社2008年11月第1版，第21页。

⑦ 国立中山大学校友会：《邹鲁全集》第（十）卷，三民书局股份有限公司1976年10月初版，第34页。

⑧ 国立中山大学校友会：《邹鲁全集》第（十）卷，三民书局股份有限公司1976年10月初版，第35页。

⑨ 易汉文：《中山大学编年史（一九二四～二〇〇四）》，中山大学出版社2005年9月第1版，第30页。

校工作团外，并无其他任何组织。”①

11 月 抗战开始后，先生认为广州不是一个安全的地方，并因此和教育部部长王世杰商议，决定将国立中山大学迁往广东罗定。②

11 月至 12 月 命令国立中山大学做好迁校的准备，将图书、设备装箱，雇定船只，一部分校物，亦开始搬运。③

12 月 4 日 抵达重庆。④

中午，先生乘船抵渝，当地旧同事及同志举行了盛大的迎接会。当日，先生拍电来校，通告抵渝。

先生看到后方民情热烈，气象甚佳，心中无限慰藉。作七律《重庆》一首：“水环三面据丘冈，形势天然镇四方。凭险一夫堪敌万，临江数路可通航。太王避狄曾迁徙，勾践亡吴在卧尝。成旅犹能再兴夏，旌旗千万庆重光。”⑤

在重庆，趁国民党中枢没有重大或紧急事件需要先生处理的机会，观察了重庆附近的形势。在重庆，先生最初住在靠近居正先生家的北温泉的家，是一座庙宇，后来搬到南温泉小住，并把仙女洞口的两廊四间，稍加修葺，暂作住所。由于地势较偏，每隔数日，才有肉卖，即使是蔬菜也不容易买到。政府特别为先生配备了一部汽车、一位司机和随从副官。

邹永回忆，离开北温泉的家前，先生找到一位从前四川籍的老同志罗伟章帮忙，罗伟章在四川做生意，赚了很多钱，买了很多房产。“父亲找到罗焕〔伟〕章先生后，他非常慷慨地把他在枣子岚垭的一所大房子借给我们，作为我们在重庆的家，我们在那里差不多居住了六年。”⑥

在重庆期间，作诗多首，包括《涂山》、《公孙长子以双钩册属题用双钩字题词于左》、《太蕤以述之招饮浮图关李园并谒园西烈士墓诗属和依韵和之》、《忆公任》、《参观教育学院歌乐山林场》、《寄入川诗与伯豪附以诗》、《南泉集》系列诗、《南温泉十二景》系列诗等。⑦

12 月 13 日 听闻南京失陷，奋笔疾书，作诗一首：“惊听失南京，怆然

---

① 易汉文：《中山大学编年史（一九二四～二〇〇四）》，中山大学出版社 2005 年 9 月第 1 版，第 30 页。

② 邹鲁：《回顾录》，岳麓书社 2000 年 9 月第 1 版，第 400～401 页。

③ 邹鲁：《回顾录》，岳麓书社 2000 年 9 月第 1 版，第 401 页。

④ 《邹校长电告安抵重庆》，见《国立中山大学日报》，1937 年 12 月 16 日。

⑤ 邹鲁：《回顾录》，岳麓书社 2000 年 9 月第 1 版，第 386～387 页。

⑥ 邹永：《浮生点滴：邹永回忆录》，中山大学出版社 2008 年 11 月第 1 版，第 22 页。

⑦ 国立中山大学校友会：《邹鲁全集》第（十）卷，三民书局股份有限公司 1976 年 10 月初版，第 40～47 页。

百感生。自惭尸肉食，无术卫都城。蹂躏悲民众，伤亡痛士兵。深仇身必报，天日誓精诚。”①

12月21日 在《中央日报》上发表演讲词《抗战的把握》。

由于南京失守，国内出现了抗战到底能否取得胜利信心动摇的情绪，先生针对这种情况发表该演讲词。在演讲词中指出：“试看楚汉之争，汉高一次失败，抗战二次；二次失败，抗战三次、四次，以至于不计数次，失败还是抗战，结果项羽虽然百战百胜，终于一败涂地。欧洲大战，法国一次失败，抗战二次；二次失败，抗战三次、四次，以至于不计数次，失败仍是抗战，终至于德虽长胜，终于失败屈服了。”“所以今日对敌之战争，不在一时军事之胜负，土地之得失，而在乎是否能抗战到底，以争取最后胜利。”②

12月 参观教育学院歌乐山林场。

歌乐山林场在重庆市，先生对于歌乐山林场用少数人力物力而能使松柏满山，更使其生产的教育主张得到证实，“令他高兴的扬眉吐气”③，特作诗一首。

年底至1938年初 任名誉团长的国立中山大学战地服务团成立。④

在此期间，国立中山大学成立了先生为名誉团长、夫人梁定慧为团长的战地服务团，主要成员有方少逸、冯伯恒、黄杏文等。该团成立后，得到香港、广州各界人士的支持，他们为该团捐献了大批物资和大笔款项。

1938年（民国二十七年　戊寅）五十四岁

1月1日 国民党中央因为南京孙中山陵寝沦陷，举行遥祭典礼，先生被推为主祭。⑤

遥祭典礼结束后，举行庆祝中华民国成立纪念典礼。行礼如仪后，先生作

---

① 国立中山大学校友会：《邹鲁全集》第（十）卷，三民书局股份有限公司1976年10月初版，第39页。

② 中国国民党中央委员会党史委员会：《邹鲁先生文集》，中国国民党中央委员会党史委员会1984年6月30日出版，第212页。

③ 陈哲三：《邹鲁研究初集》，华世出版社1980年2月初版，第74页。

④ 黄义祥：《中山大学史稿1924～1949》，中山大学出版社1999年10月第1版，第311页。

⑤ 戴书训：《愈经霜雪愈精神——邹鲁传》，近代中国出版社1983年10月初版，第141页。

题为《对抗战建国应有之自觉与努力》的报告。在报告中呼吁要团结御侮，“总理所昭示我们的是诚挚纯洁的精神，若不诚不挚，不能处人；不纯不洁，不能修己。不能处人，则人心涣散；不能修己，则自身堕毁。人心涣散，自身堕毁，如何能实现精诚团结？如何能提挈民众？如何能克敌救国？”① 同时，先生告诫大家要有自克自信的决心，“要担当前途的大事，须奋发自克自信的志气。能自克自信，则方寸间先把握住真理正义。一方面既虚怀若谷，一方面又疾恶如仇。一方面能省察于纠纷之前，一方面又能戒惧于推崇以后。秉持这样态度，立定这种志气，由一个党员以至于全体党员，由全体党员以至于全国人民，精诚团结，才有巩固的基础；组织训练，才有共同的骨髓，才可以自信力打破横议的深霾，才可以自省力得着道义的琢磨，才可以立身立党救国救己。”最后，先生提出希望：“望我担负此空前莫大的使命的同志同胞，矢勤矢慎，必忠必信，共同奔赴，以克服顽暴的敌人，争取最后的胜利。”②

1月31日 在国民政府总理纪念周上作报告。

晨，国民政府总理纪念周在重庆举行。纪念周由国民政府主席林森主持，先生作报告，说道：“最近期内，敌人一方面发出荒谬宣言，不承认我国民政府，一方面宣布与我议和条件。要打便打，何必言和？敌人虽一贯政策要灭我全国，但知不能鲸吞，而利于蚕食。敌人原期太原上海占了以后，就可议和，来停一停，乃竟至南京占了，我国仍然不与议和，实出敌人预料之外，亦是敌人侵略战略的失败。所以硬着头皮，不承认我的政府，来吓一吓，同时即仍本其蚕食政策，发表议和条件，来诱一诱，须知此时我国战是生路，和是死路，战则全国同心同德，和则民心瓦解。民乱于内，敌乘其外，虽欲不亡，亦不可得。况且若与敌人议和，‘满洲国’自然要承认他，察绥当有特别组织，黄河以北自然是名存实亡，上海附近敌人以扩大租界为名，并且可以买好各国，友邦不说，还要换我军队权，换我经济权，以缚我手足，吸我膏血。停了一停，他的经营妥了，又再来。那时虽再想抵抗，手足已不能动，膏血已被吸尽，国内又是分崩离析，国际更无从获得同情，除了亡国灭种，还有第二条路吗？所以值此险阻艰难时期，我们更要人人励其志气，人人皆有誓死抗战之决心，人人皆与国家共其休戚，敌人虽千方万计吓我而不恐，敌人虽千方万计诱我而不惑，斯中国可以不亡，斯民族可以复兴！”③

---

① 邹鲁：《回顾录》，岳麓书社2000年9月第1版，第387～388页。

② 邹鲁：《回顾录》，岳麓书社2000年9月第1版，第389页。

③ 《战是生路 和是死路》，见《申报》，1938年2月1日。

1月 电告教育部，请求批准将国立中山大学迁至广东罗定。①

是月，陈立夫接任教育部部长。由于教育部部长更换，学校决定将迁校事宜再行汇报。陈立夫接电后，立刻复电阻止，说这样会动摇军心。忙乎了两个多月的中山大学迁校行动只好终止。

2月3日 晨，主持国民党中央执行委员会常务委员会会议，会议议决要案多件。上午11时散会。②

2月5日 画竹并题诗，以纪念五十四岁生日。③

2月12日 致电伦敦反侵略运动大会，请求制裁日寇。

该电为先生联合广东省立勷勤大学、岭南大学、广州大学等各大学共同发出。电文写道："吾人对贵会各种援助与同情，深表感谢。中国人民现处于水深火热之中，日本军阀不顾人道法律，任意轰炸平民及教育慈善机关与无防备之都市，甚至于射击英国外交官及炮击友邦之兵舰商船。吾人深信，制止暴日之侵略，唯有国际之抵制日货及不供给武器与日本，方能达其目的，吾人切盼贵会能对人道与世界和平尽此任务。"④

2月21日 在中央党部总理纪念周上发表题为《新运之成功即抗战之成功》的演讲。"新运"是"新生活运动"的简称。

2月23日 聘任教务长、事务长、各学院院长、附中主任、注册部主任为本校法规委员会委员。⑤

△世界书局致函先生，对于定期存款将延期支付。⑥

2月28日 诗作《参观教育学院歌乐山林场》发表在是日出版的《国立中山大学日报》上。

3月3日 以先生为名誉团长，夫人梁定慧为团长的国立中山大学抗日战地服务团前往武汉、郑州、开封、考城、徐州、台儿庄、潼关、西安、洛阳、长沙、南昌等地，表达中大师生对抗战将士的慰问。战地服务团还出版《抗日导报》刊物。⑦

---

① 邹鲁：《回顾录》，岳麓书社2000年9月第1版，第401页。

② 《昨中常会》，见《申报》，1938年2月4日。

③ 国立中山大学校友会：《邹鲁全集》第（十）卷，三民书局股份有限公司1976年10月初版，第60页。

④ 《邹校长等电请反侵大会制裁倭寇》，见《国立中山大学日报》，1938年2月17日。

⑤ 见"国立中山大学全宗"档案，全宗号20，目录号1，案卷号66，藏广东省档案馆。

⑥ 程焕文、张靖、周旎：《邹鲁未刊稿》下册，广西师范大学出版社2008年3月第1版，第705页。

⑦ 易汉文：《中山大学编年史（一九二四～二〇〇四）》，中山大学出版社2005年9月第1版，第31页。

3月24日 呈函教育部部长陈立夫，函报本校修正组织大纲，请核准备案。①

△（约）蒋介石致电先生，嘱咐务必参加即将召开的国民党临时全国代表大会。②

3月25日 由重庆乘船前往武昌，出席国民党临时全国代表大会。③

3月27日 抵达宜昌。

船抵宜昌后，作诗一首：“一船似箭破流行，千里宜昌二日程。蜀水楚山争送迓，悠悠宛转怪深情。”④ 在宜昌候船期间，游览了三游洞，并作诗两首。

4月1日 出席国民党临时全国代表大会闭幕式，并致答辞。⑤

国民党于3月29日至4月1日在武昌举行临时全国代表大会。⑥ 会议着重讨论党务问题和施政方针。在会议上，叶楚伧作党务报告，汪精卫作政治报告，何应钦作军事报告，王宠惠作外交报告，孔祥熙作财政报告，蒋介石作《对日作战及本党前途》的讲演。会议通过了《抗战建国纲领》、《非常时期经济方案》、《战时各级教育实施方案纲要》、《组织国民参政会案》、《改进党务案》。大会决定国民党实行总裁制，选举蒋介石为总裁。大会发表了《宣言》。

是日举行闭幕式，蒋介石在闭幕式上讲话完毕后，与会代表推荐先生致答辞。先生在答辞中主张全国上下在三民主义旗帜下，按大会通过的《抗战建国纲领》，只要一心一德，抗战必胜，建国必成。

先生于4月4日致赵淑嘉的函称：“到此大会已完”⑦，表示先生最早于3月31日晚上抵达武昌。但据戴书训记述，先生出席了4月1日举行的大会闭幕式。

4月4日 致函赵淑嘉。函称：“到此大会已完，后日尚有全会，开后稍理各案，即可回渝。茅先生（茅祖权）当同来，并住我家，为留一房。日间伊为医治，极有进步。”⑧

---

① 见“国立中山大学全宗”档案，全宗号20，目录号1，案卷号59，藏广东省档案馆。

② 戴书训：《愈经霜雪愈精神——邹鲁传》，近代中国出版社1983年10月初版，第141页。

③ 张靖、周旎：《邹鲁未刊稿述略》，见《中山大学学报（社会科学版）》，2007年第2期。

④ 国立中山大学校友会：《邹鲁全集》第（十）卷，三民书局股份有限公司1976年10月初版，第48页。

⑤ 戴书训：《愈经霜雪愈精神——邹鲁传》，近代中国出版社1983年10月初版，第141页。

⑥ 邹鲁：《回顾录》，岳麓书社2000年9月第1版，第389页。

⑦ 程焕文、张靖、周旎：《邹鲁未刊稿》下册，广西师范大学出版社2008年3月第1版，第687页。

⑧ 程焕文、张靖、周旎：《邹鲁未刊稿》下册，广西师范大学出版社2008年3月第1版，第687页。

4月6日至8日 出席国民党五届四中全会，当选为中央执行委员会常委。[①]

全会在汉口举行，会议通过《国民参政会组织条例》、《三民主义青年团组织要旨》、《改进党务并调整党政关系》等决议案。会议于8日选举产生中央执行委员会常务委员会和中央各部部长。丁惟汾、居正、于右任、戴传贤、孔祥熙、孙科、阎锡山、冯玉祥、叶楚伧、先生等15人当选为中央执行委员会常务委员。

4月7日 台儿庄大捷。先生闻后作诗一首，以示庆祝："闻报克台儿，元戎善用师。全军奋义勇，顽敌尽披靡。抗战能终胜，斯言信不疑。还期戒骄怠，云耻莫功亏。"[②]

4月9日 致函赵淑嘉。叙述在武昌居住的情况。[③]

△致函赵淑嘉："大会不及赶来，全会则昨日已开完。"[④]

4月11日 出席武汉校友举行的联欢会。[⑤]

中午，中大毕业并在武汉工作的校友聚餐联欢，先生、教授曾济宽、陈礼江以及毕业同学数十人出席。先生首先致训词，联欢会随后决定组织旅汉同学会，推举司徒德、张季铭、刘静之等人为筹备员。

4月16日 致函赵淑嘉。作返渝后住宿安排等。[⑥]

4月20日 致函赵淑嘉。表示在武昌一切甚佳。[⑦]

4月27日 中午，拜访冯玉祥，向冯辞行。

冯对先生十分钦佩，认为先生"真为国家之栋梁也"，并在日记中记述道："前天大会后，因其（邹鲁）要回武宁，特谒委员长（蒋介石）辞行，委员长百般请其谈国是意见，以元老地位资格指示。彼云我没有话说，说了即是难听的话，所以我不愿意说话，既然委员长谦虚下问，我有两样事要说的：第一，你自己亲自到莫斯科去一趟，再看看将来的战事如何，我们不能光叫人家

---

① 广东省立中山图书馆：《民国广东大事记》，羊城晚报出版社2002年11月第1版，第585页。

② 邹鲁：《回顾录》，岳麓书社2000年9月第1版，第390页。

③ 程焕文、张靖、周旎：《邹鲁未刊稿》下册，广西师范大学出版社2008年3月第1版，第687页。

④ 程焕文、张靖、周旎：《邹鲁未刊稿》下册，广西师范大学出版社2008年3月第1版，第687页。

⑤ 《中山大学同学昨午开联欢会》，见《申报》，1938年4月12日。

⑥ 程焕文、张靖、周旎：《邹鲁未刊稿》下册，广西师范大学出版社2008年3月第1版，第687页。

⑦ 程焕文、张靖、周旎：《邹鲁未刊稿》下册，广西师范大学出版社2008年3月第1版，第688页。

来到我们家里帮忙，我想这是你应当做的事；第二，你的主张是坚决抗日的，这是全国人士所信仰的了，但你的左右官员以及政府的要员们是怎样呢？他们不是抽大烟，便是打麻将，新生活是你自己倡导的，你自己行，试问别人有一个照做没有呢？我盼你对这一点要痛下点工夫。”① 谈话约进行了一个小时，先生辞行，冯玉祥对先生能对蒋介石讲出这样的话“甚钦佩”。

△致函赵淑嘉。分别答复一些工作和家庭的事务，表示“我已分向蒋（蒋介石）汪（汪精卫）请假回粤，汪且亲来寓送行，且谓行之前夕为我设宴，本日则雪竹（何成浚）为我饯行。故回粤势难中止。”②

△致函松圃老人。表示将为粤行，再行返渝。③

4月29日 作诗庆祝武汉空战胜利。

是日为日本天皇的生日（天长节），侵华日军出动36架轰炸机，在12架战斗机的掩护下企图偷袭武汉三镇，以向天皇献礼。国民政府空军出动第四大队和苏联志愿航空队共计60余架战机迎敌，在战斗中共击落日机21架，令日军颜面尽失。

先生作诗一首以示庆祝：“呜！呜！呜！敌机来，我机临空预展开。俄而敌机如鸦列阵到，我机鹰隼下击往复回，重重将敌大合围。翻腾上下猛相逐，忽如奔崖，忽如轰雷，浓烟冒处火光炽，敌机片片落尘埃。三镇军民齐鼓掌，我国欢腾敌国哀。天长节，献寿杯，邀功猛来袭，一炬尽成灰。盈虚消息此中探，理直则壮毋迟徊。执笔正记空战迹，都城又报杀敌如山堆。抗战必胜益自奋，骄馁戒蹈勉乎哉！”④

5月2日 致函赵淑嘉。表示“本日系原定赴粤之期，因中央要我演讲二次，只得改期。”⑤

5月3日 晚上6时30分，赴冯玉祥宴请。⑥

5月4日 出席全国各界追悼阵亡将士暨死难民众觉世弭劫法会，并发表演讲。

先生演讲的主题是《哲学与抗战》，说道：“世界哲学，为达尔文物竞天

---

① 冯玉祥：《冯玉祥日记》第五册，江苏古籍出版社1992年1月第1版，第456页。

② 程焕文、张靖、周旎：《邹鲁未刊稿》下册，广西师范大学出版社2008年3月第1版，第689页。

③ 程焕文、张靖、周旎：《邹鲁未刊稿》下册，广西师范大学出版社2008年3月第1版，第706页。

④ 邹鲁：《回顾录》，岳麓书社2000年9月第1版，第390页。

⑤ 程焕文、张靖、周旎：《邹鲁未刊稿》下册，广西师范大学出版社2008年3月第1版，第690页。

⑥ 冯玉祥：《冯玉祥日记》第五册，江苏古籍出版社1992年1月第1版，第464页。

演与马克思阶级斗争之学说所支配，文明的人类转相残杀，现在要解决中日战祸，和消弭第二次世界大战，必须重建哲学的基础。只有发扬孔子等仁爱的学说，和克鲁巴特金的互助学说，才能重建这个基础，促成世界的文明。此次日寇侵华，是基于斗争的侵略的哲学。我国的抗争，是基于仁爱的，互助的哲学，我们应当踏着阵亡将士和死难民众的血迹继续发挥仁爱的互助的精神，打倒斗争的侵略的日本，不但救了中国，也是救了全世界。”①

5月5日　在中华民国政府成立十七周年纪念典礼上作报告。②

上午8时，国民党中央党部武汉办事处举行革命政府（中华民国政府）成立纪念典礼，到会中央委员及武汉办事处职员一百余人，由先生作报告。先生列举总理孙中山当年就职总统的史实，说明今后抗战的结果，认为全国民众一致奉行抗战建国纲领的最高行动准则，以大无畏的精神努力于全民族抗战，必能达到抗战必胜，建国必成的历史必然。

5月9日　出席中央党部武汉办事处总理纪念周暨“五九国耻”③纪念大会，并作报告。④

晨，国民党中央党部武汉办事处举行总理纪念周暨“五九国耻”纪念会，中央委员及办事处职员共百余人出席，活动由汪精卫主持。行礼如仪后，由先生作报告。先生在报告中勖励国人自力更生，打破日本帝国主义的迷梦。说道，“鲸吞中国是日本一贯的国策”，在这样的危险关头，“本党同志不但不躲避他们的责任，而且能够本着牺牲的决心、救国的热情，打破难关，完成革命者的任务。”⑤

5月11日　离开武汉，前往广州，领导国立中山大学工作。

先生在武汉期间，已经几次接到中山大学发来的电报，催促先生尽快回校主持工作。因为离校过久，很多事情需要先生亲自处理，先生也想回校。

是日下午接近傍晚时刻，先生乘火车顺粤汉铁路南下。夜晚，火车过洞庭湖，夜眺洞庭湖，先生作诗一首：“日昃辞黄鹤，中宵过洞庭。烟波无限阔，渔火似晨星。君山何处是，极目四苍茫。一色天连水，波光荡月光。”⑥

5月12日　抵达衡阳，顺游南岳衡山。

---

① 《邹鲁昨演讲哲学与抗战》，见《申报》，1938年5月5日。

② 邹鲁：《回顾录》，岳麓书社2000年9月第1版，第393页。

③ 1915年5月9日，袁世凯同日本签订了企图灭亡中国的“二十一条”，史称“五九国耻”。

④ 《中央纪念“五九”》，见《申报》，1938年5月10日。

⑤ 中国国民党中央委员会党史委员会：《邹鲁先生文集》，中国国民党中央委员会党史委员会1984年6月30日出版，第212～213页。

⑥ 邹鲁：《回顾录》，岳麓书社2000年9月第1版，第393～394页。

在衡山，先到南岳林场参观。该林场规模颇大，是湖南省政府请中大农学院设计，并由农学院教授张农主政三年。本次游览，张农教授特意前来为先生导游。游览途中先生碰到多位到前方劳军的中山大学同学，包括陈文党、温文华、李钧等人。先生作诗一首赠予这些同学："读书救国不相忘，吾校原来素主张。深喜诸生努力赴，遍将热血灌戎行。"① 儿子邹浇和先生同游了衡山。此次游览，先生作系列诗《重游南岳》六首以作纪念。

5 月 15 日 从衡山回到衡阳。

在衡山盘桓三日后，返回衡阳市。再到衡阳后始知广西省政府已经派汽车来接，邀请先生游览桂林，先生应允。

5 月 16 日 前往桂林。

先生经梧州前往桂林，在兴安县灵渠②遇到大水，车辆受阻，陈良佐约请先生游览灵渠。先生作《游秦渠》诗以纪念。

到达桂林后，广西省政府主席黄旭初亲自迎接及招待。在广西有许多同志及同学，每天都安排几次宴会及演讲，应酬甚忙。在桂林期间，参观了广西大学等地，还雇船到阳朔游览半天。离开阳朔后，乘原船驶抵梧州。在梧又是很多应酬和演讲。

此次广西之行，先生作诗多首以做纪念，这些诗包括《游月牙山龙隐洞棲霞洞》、《登独秀峰》、《叠綵山谒九九老人马相伯先生》、《桂林喜晤龙积之先生》、《桂林乐群社遇张一麟先生》、《桂林山水》长诗等。③

5 月 28 日 在梧州听到广州遭日机轰炸，决定缩短在梧州的游程，尽快动身回穗。④

5 月 29 日 从梧州动身赴广州。⑤

船抵昭平时，由于风雨交加，归程被耽搁。《澄庐诗集》记载："不时风雨滞归程，一日途期数日行。又在昭平候天霁，濛濛山色看云横。"⑥

5 月 31 日 驶抵广州，约集全体教职员谈话。

是日，船抵广州。下午，先生即在文明路中大旧宿舍约集全体教职员谈

---

① 国立中山大学校友会：《邹鲁全集》第（十）卷，三民书局股份有限公司 1976 年 10 月初版，第 49～50 页。

② 灵渠，位于广西兴安县境内，沟通湘江和漓江。

③ 国立中山大学校友会：《邹鲁全集》第（十）卷，三民书局股份有限公司 1976 年 10 月初版，第 50～53 页。

④ 邹鲁：《回顾录》，岳麓书社 2000 年 9 月第 1 版，第 394 页。

⑤ 邹鲁：《回顾录》，岳麓书社 2000 年 9 月第 1 版，第 394 页。

⑥ 国立中山大学校友会：《邹鲁全集》第（十）卷，三民书局股份有限公司 1976 年 10 月初版，第 52 页。

话。“一面表达我对他们在艰苦中支持学校的谢忱，另一面报告各战场的抗战情形，还希望他们对于从前所规定的总理遗教研究计划，加紧工作。”①

6月1日 对中大师生发表训词《中大员生应有之认识与责任》。

下午四点半，先生召集中大全校学生在文明路旧校附中操场进行训话。在训词中首先说明抗战情形，随后谈到了师生在抗战局势下应该做什么事情。谈到抗战情形，先生说日本阴谋侵略中国，已经准备几十年，目前国家虽然遭遇黄河以北失守、退出首都南京等很大困境，但是也取得台儿庄大捷、武汉空战胜利等战果。现在国家的策略是：“除坚守重要的据点，或使敌人付出最大的代价，然后再退出这种据点；同时避免和敌人作阵地战，而采取有效的游击战。军事最高当局曾下令各战区的军事长官，指定甲战区的军队不能退到乙战区之内，只能在自己的战区里活动。因此我们即使战败，退出城市，我们的军队还是在那个战区内和敌人周旋，使敌人不能安寝。而事实上敌人所得到的，不过是线和点。假使真正的沦陷区，不扩充到线和点之外，则敌人愈深入，则困难必愈增加。这是在退守中我们对最后胜利更有自信心的主要原因。”② 在抗战情形方面，先生还从外交、对最后胜利的把握等方面进行了分析。对于如何加速获得抗战胜利，先生从两个方面来进行分析，第一是加强全国的团结；第二是加强自己的力量。先生对中山大学师生提出了期望：“所以希望本校全体员生，尽一切的可能，一方面鼓励前方作战将士的勇气，奋发后方民众的精神，使他们组织起来；另一方面为抗战服务，尤其加紧做科学方面的研究。”③

6月2日 签署两份大学布告。（一）奉教育部令知，凡寄回国内函件，应分别加注“汉口转”或“广州转”字样，函达查照；④（二）自本月10日起，各职员办公须一律穿着中山装制服，布料宜用浅灰或青黄等色。⑤

6月3日 致函各单位，准财政部所得税广东办事处函知，各机关务照所得税暂行条例施行细则暨行政院令切实扣缴，函达查照。⑥

△签署大学布告。奉教育部训令，公布各级学校兼办社会教育办法，自当照办。⑦

---

① 邹鲁：《回顾录》，岳麓书社2000年9月第1版，第394～395页。

② 邹鲁：《回顾录》，岳麓书社2000年9月第1版，第396页。

③ 程焕文：《邹鲁校长治校文集》，中山大学出版社2004年11月第1版，第78～82页。

④ 见“国立中山大学全宗”档案，全宗号20，目录号7，案卷号54，藏广东省档案馆。

⑤ 见“国立中山大学全宗”档案，全宗号20，目录号7，案卷号54，藏广东省档案馆。

⑥ 见“国立中山大学全宗”档案，全宗号20，目录号7，案卷号54，藏广东省档案馆。

⑦ 见“国立中山大学全宗”档案，全宗号20，目录号1，案卷号55，藏广东省档案馆。

6月5日 日机轰炸广州，先生住宅被炸。[1]

先生住宅内还没有来得及搬出的物品均被日机炸毁，最可惜的是孙中山委托先生读校的三民主义原稿的一大部分以及已经整理完成的党史稿和有关党史的一切材料均被焚毁。[2]

此后，为了方便处理校务，先生搬到石牌新校舍居住。刚刚搬到石牌，先生返校后两次约集师生演讲的文明路旧校址都被炸毁。先生在《回顾录》中写道："这是适逢其会呢？还是有汉奸报告呢？我自己也不能解释。"[3]

先生并有《哭张生兰光》一诗，悼念在轰炸中牺牲的学生张兰光："敌机肆狂炸，首数广州城。文化被摧毁，吾校数十惊。新校幸无恙，旧校遭轰倾。六月五日午，君竟为牺牲。君年才弱冠，侪辈推聪明。抗战事救国，君尤表热诚。建设仗众力，盼君早学成。不然沙场死，卫国一身轻。胡天乃忌刻，不保君长生。胡敌乃凶毒，倏使君尸横。学校失一士，国家丧一英。人闻皆痛悼，我何以为情。哭固不为私，义愤增不平。哭岂只为君，满市遭凶轰。誓本素所志，最后胜利争。不惟兴民族，且为公理鸣。"[4]

△将中山大学校园被炸情形呈报教育部，并通电全国，揭露日寇轰炸中山大学校园的罪行。

电文谓："各省各大学暨中小学校、各省教育厅及其他文化机关公鉴：

本校为纪念总理惟一大学。抗战以来，日寇于去年八、九、十三个月，本年三、四两个月，前后共轰炸十次，投弹五十余枚。虽幸告校舍无伤，但校地被毁不少，因将文、法、理三学院迁至文明路。本日敌机又向文、法、理三学院及附中轰炸，三学院校舍尤以法学院及防空场为甚。幸值星期，员生工友遭害已挖出验明者，计死三人，伤数十人，其他损失尚难清计。暴敌此次侵略我国，注意毁我文化机关，尤欲毁我纪念总理为革命精神中心之惟一大学，昭然若揭。本校员生虽蒙此惨难，誓踏已死同学血迹，益加奋斗，决以全力保此革命策源地之纪念总理惟一大学，策进国家民族之抗战力量。除将被难情形呈报教育部及通电世界各国，请主持正义外，特电奉闻，敬希亮鉴。"[5]

△与广州文化界各领袖举行会议，计划联合广州文化界人士，筹款购买飞

---

① 邹鲁：《回顾录》，岳麓书社2000年9月第1版，第401页。

② 邹鲁：《回顾录》，岳麓书社2000年9月第1版，第243页。

③ 邹鲁：《回顾录》，岳麓书社2000年9月第1版，第400页。

④ 见《国立中山大学旅川同学会会刊》（创刊号），1939年4月。藏中山大学图书馆校史资料室。

⑤ 《邹鲁通电报告粤中大被炸》，见《申报》，1938年6月6日。

机100架以巩固广东空防。[1]

6月6日 出席广东各界联合总理纪念周，并作报告。

晨6时，广东各界联合总理纪念周假某地举行，到会者有广东绥靖公署主任余汉谋、广东省政府主席吴铁城、广州市市长曾养甫等数百人，由余汉谋主持。行礼如仪后，邀请先生作报告，说道："本人去岁奉蒋委员长召，北上商讨要公。此次南返，曾顺道先后到湘桂两省视察战时一切工作，在湘桂曾晤张（张治中）、黄（黄旭初）两主席，所商各事，多有结果。本人此次返粤，除办理中山大学校务外，尚有一种任务，比较□□重要。此任务如何，即为联合广州文化界全体发动筹款购买飞机一百架，巩固广东空防问题。昨经与文化界各领袖举行首次会议，交换意见，已有头绪。关于筹款之详细办法，现方在草拟中，一经议决，即可实行。此项捐款，不限于文化界本身，仍希望全省同胞踊跃助款，以底于成。"[2] 纪念周于7时结束。

△再次致电各文化机关暨各大中小学，谴责日本帝国主义的罪恶行径。[3]

是日，日机再次轰炸中山大学，文学院东堂教室南部被毁，图书仪器悉遭毁坏，幸好员生提前躲避，没有造成人员伤亡。先生再次致电谴责，并表示中山大学的全体员生将不屈不挠，继续奋斗，为取得抗战的最后胜利而努力。

6月8日 陕甘宁边区民众抗敌后援会致先生、余汉谋、吴铁城快邮代电，慰问中大师生和广州市民。[4] 此电迄7月2日才在报纸上发表。[5]

△致函中大各单位，奉教育部令，公布饮水消毒简法。[6]

6月9日 两次通电，谴责日军再次轰炸中山大学。[7]

△陕甘宁边区政府主席林伯渠给先生发来慰问电，对日寇轰炸广州，杀我同胞，毁我文化的罪行表示愤慨。[8]

△中国学联自汉口给先生及中大全体同学发来慰问电，抗议日机轰炸中大

---

① 《发动文化界购机卫粤》，见《申报》，1938年6月7日。

② 《发动文化界购机卫粤》，见《申报》，1938年6月7日。

③ 《寇机再次轰炸本校》，见《国立中山大学日报》，1938年6月8日。

④ 易汉文：《中山大学编年史（一九二四～二〇〇四）》，中山大学出版社2005年9月第1版，第31页。

⑤ 广东省立中山图书馆：《民国广东大事记》，羊城晚报出版社2002年11月第1版，第591页。

⑥ 见"国立中山大学全宗"档案，全宗号20，目录号7，案卷号54，藏广东省档案馆。

⑦ 广东省立中山图书馆：《民国广东大事记》，羊城晚报出版社2002年11月第1版，第591页。

⑧ 易汉文：《中山大学编年史（一九二四～二〇〇四）》，中山大学出版社2005年9月第1版，彩页第15页。

校园的罪行。[①]

△函复附属第一医院主任姚碧澄，照准派梁妙琼为该院护士。[②]

6月11日 签署大学布告，奉教育部训令，公布中等以上学校导师制纲要及实施导师制应注意之各点。[③]

6月13日 抗日军政大学校长林彪、副校长罗瑞卿给先生及中大全体同学发来慰问电，对日机轰炸中大校园的暴行提出谴责。[④]

6月14日 致电欧美文化领袖。[⑤]

是日，广州文化界人士先生、李应林、吴康、崔载阳、左恭、夏衍、尚仲衣、萧隽英等143人致电欧美文化领袖，表示5月28日至6月14日，日军已狂炸广州15日，投弹一千余颗，炸毁学校二十多所，医院、慈善机关十余处，民居一千五百余处，死伤非战斗平民七千余人，吁请文化界起而制止日军暴行。先生等人还发表《告全国同胞书》，通报日军轰炸广州的暴行，号召全国一致抗战到底。

6月23日 晚上，离穗抵港，寄寓某处，"甚鲜外出"[⑥]。

6月24日 到香港大学参观，并会晤香港大学副校长斯罗思博士。[⑦]

斯罗思副校长殷勤招待了先生，并表示中大如迁校，可迁至香港，他愿意帮忙。同时表示，校长罗富国爵士（Sir Geoffry Alexander Stafford NORTHCOTE，即香港总督）已经知道中大要迁校，他也欢迎中大来港，愿意予以一切便利。

6月25日 会晤罗富国及为中国筹款救济难民之会督何明华主教。[⑧]

港大斯罗思副校长为先生约见校长、港督罗富国爵士。相谈之下，先生知道罗富国对于中大迁港问题确系出于至诚帮忙。这种盛意，使先生非常感动。但是先生没有给予明确答复，主要是考虑到香港未必是一个安全的地方，而且把国立大学寄居外人势力之下，亦非妥善。适逢当时宋子文也在香港，先生特意相访，商讨此事，宋子文也极力赞成中大迁港。至此，先生萌生将中大迁港

---

① 易汉文：《中山大学编年史（一九二四～二〇〇四）》，中山大学出版社2005年9月第1版，第32页。

② 见"国立中山大学全宗"档案，全宗号20，目录号7，案卷号54，藏广东省档案馆。

③ 见"国立中山大学全宗"档案，全宗号20，目录号1，案卷号38，藏广东省档案馆。

④ 易汉文：《中山大学编年史（一九二四～二〇〇四）》，中山大学出版社2005年9月第1版，第32页。

⑤ 《粤省文化界揭露敌机暴行》，见《申报》，1938年6月15日。

⑥ 《中大校长邹鲁谈抗战近况》，见《申报》，1938年6月25日。

⑦ 《中大校长邹鲁谈抗战近况》，见《申报》，1938年6月25日。

⑧ 《中大校长邹鲁谈抗战近况》，见《申报》，1938年6月25日。

之意。返回广州后，即刻写信并拍电报给教育部长陈立夫，说明中大迁校的必要，并说香港当局非常欢迎中大迁港。陈立夫坚持中大不能迁校，尤不同意迁至香港。迁校之事始告停顿。①

先生在香港期间，一位美国政府驻港人员来访，双方交谈很久，对方殷殷说明美国同情中国抗战。先生反驳："如此，则计至目前，何以美国助日本之事不见减少，助中国之事不见增加？"② 对方回答，是因为有个别国会议员被日本收买，为日本张目的缘故，并建议最好中国也能效仿此举。

△先生对来访者发表谈话。谈话指出，中央将抗战到底，日本国力有限，将自陷丧败。"日本内阁局部改组，任用军人，正表示其图穷而匕首见之弱点。日本政治本已入轨道，故任职者各就所见，今乃外交大臣、文部大臣，皆用军人，一可见其外交部之人才已不愿与其合作，非任用军人不可；二借军人以为镇压，如前清末各部尚书，必用贝子贝勒镇压之类，无怪其为表示，欲早议和以解除其困难。"③

6 月　再议迁校事宜。

去年 11 月，先生已经和时任教育部部长的王世杰商议迁校广东罗定事宜，但当陈立夫出任教育部长后，迁校活动终止。先生到达广州后，看见敌人在南方活动的情形，更觉广州迟早有事。除对当局提醒注意外，为谋学校安全，决定再议迁校。地点除原来选定的罗定外，还派人到广东连县实地察看是否适宜迁校。

7 月 7 日　出席广东各界纪念抗战建国节日及追悼抗战阵亡将士、死难同胞大会，并讲话。④

上午，大会在广州举行，到会万余人。会前，先在长堤海珠公园旧址程璧光铜像前为抗日阵亡将士纪念碑举行奠基礼，然后开会。大会由余汉谋主持，吴铁城、曾养甫、先生分别发表讲话，会议通过了致国民政府及前方将士慰问电，会后向余汉谋、吴铁城、曾养甫献旗献剑。全市人民中午 12 时默哀三分钟，军民全天素食，节约款捐作慰劳金。各界群众在广州繁华街口设祭坛，供民众公祭，还派员慰问伤兵。文艺团体举行化装巡行，云广英、郭沫若、夏衍都加入了巡行队列，"保卫华南、保卫广东、保卫广州"的口号响彻巡行队伍。

---

① 邹鲁：《回顾录》，岳麓书社 2000 年 9 月第 1 版，第 400 页。

② 邹鲁：《二十九国游记》，商务印书馆 1947 年 4 月初版，第 52 页。

③ 《中大校长邹鲁谈抗战近况》，见《申报》，1938 年 6 月 25 日。

④ 广东省立中山图书馆：《民国广东大事记》，羊城晚报出版社 2002 年 11 月第 1 版，第 595 页。

7月13日 签署大学布告。奉教育部训令，推行导师制。[①]

7月 《中国国民党党史稿》再版由商务印书馆出版发行。先生为该书撰写《自序》。

《中国国民党党史稿》于1929年出版发行。之后，先生随时随地搜集材料，准备增修。1932年，先生重长中大，也是随时注意搜集资料，并且为此登报征集，终于"已成之稿，高可数尺。"[②] 为再版做足了工夫。

是月撰写再版序言，在序言中指出再版本书的艰难和意义："不图此次广州遭敌机狂炸，此稿亦随广州无数市民产财同罹劫运，即搜得之材料亦全失去。余既惜将成之稿付诸一炬，尤感另搜材料为之增修，未能在短时间如愿以偿，乃在日日敌机狂炸中，从事改订再版。盖在此抗战建国时期，欲将本党史迹，人人共和，使总理之主义，先烈之精神，深入民众，盖鼓国民之团结，而振作其精神，在三民主义之下，完成其抗战建国之责任耳。而尤欲使同志同胞鉴戒者，则党之能否负革命建国之责任，不在党员之多寡，物质之丰缺，而纯在全党之精神。……嗟乎！同盟会时期，全党亲爱精诚，可以推倒清朝君政；中华革命党时期，全党服从总理，所以洪宪护法讨贼诸役，均告成功；今日全国亲爱精诚，在蒋总裁领导之下，而推倒数十年侵略我国之倭寇，安得不操诸胜券哉？深幸吾党同志，全国同胞，借此鉴来，益坚抗战必胜，建国必成之念，则本书之再版，或不无涓埃之补焉。至此次再版，因材料遭毁，未能添补，惟将余篇之组党、纪律、财政三篇，分别并入组党中；三民主义、五权宪法、建国大纲三篇，编入宣传中。若夫增补修改，仍愿俟诸异日，幸读者有以鉴谅焉。"[③]《自序》写于国立中山大学。

陆丹林曾撰写《关于邹鲁著〈中国国民党史稿〉的几句话》，发表在1943年4月8日出版的《中央周刊》第五卷第三十四期上。该文认为："二十三年来，国内外出版书籍，对于中国国民党史料，比较的有系统，材料又属丰富，首推邹海滨先生（鲁）所编撰的《中国国民党史稿》了。这部书，初由上海民智书局出版，风行一时，后改编由商务印书馆印行，分洋装平装两种。"[④] 文章同时指出《史稿》的不足之处：（一）姓名应统一。书中所叙述人的姓名，有的用其名，有的用别号，有的名号共用；（二）路名应统一；（三）姓名错字应更正；（四）称谓要审慎；（五）错误字应修补。

---

① 见"国立中山大学全宗"档案，全宗号20，目录号1，案卷号38，藏广东省档案馆。

② 邹鲁：《澄庐文选》，正中书局1948年5月初版，第298页。

③ 邹鲁：《回顾录》，岳麓书社2000年9月第1版，第258～259页。

④ 中国第二历史档案馆：《中央周刊》，南京出版社1997年7月第1版，第46－166页。

7 月　作诗《中山大学农场啖荔枝》。①

7 月　返抵中山大学后，“敌机每天来炸数次”②，意大利驻广州领事馆领事常来学校见先生，对先生表示好感。他说，愿意担保敌机不炸石牌，使中大员生获得安全。先生感谢了领事的好意，但是不愿意为一部分的安全，更使敌人有造谣的机会，所以谢绝了他的担保。

7 月　筹备成立国立中山大学师范学院。

亲身参与筹备中大师范学院的罗宗堂回忆：“广东高等师范学校于1924年春合并入国立广东大学后，尚余好几班学生未届毕业，广东大学当局把他们接收过来，附设于理学院，照常上课，办至各班学生毕业了，师范部即已结束，不再招生，以后师资由各一般大学供给。可是各大学毕业生，未经师范专业训练，骤任教师教学工作，渐为教育界舆论所不满，直至1938年陈立夫就任教育部长后，他为了树植势力，借教育界舆论的要求，重建高等师范教育制度，决定全国设师范学院6所，广东指定中山大学办理。是时校长邹鲁接受任务后，即指定崔载阳为院长，我为事务主任，着手筹备。并以文明路高等师范学校旧址为校址。我两人分工进行，崔负责教务方面，我负责事务方面。从7月开始至10月，筹备已有头绪，可以开课，适广州沦陷，不得已随中大迁云南澄江，重新布置。几个月后，即在澄江开课。师范学院开办后，中大文学院的教育系和教育研究所归并师范办理。”③

8 月 9 日　公布举行黄灾救济捐款一日运动办法及告党员民众书。④

约 8 月中旬　从香港回到广州，接到林森、孔祥熙催促北上武汉的来电。⑤

返穗后，国民政府主席林森、行政院院长孔祥熙都来电催促先生北上。但是那时敌机频频来炸，员生都感不安。而且师范学院新告成立，许多问题要先生亲自解决，员生也极不愿意先生马上回到中央，因此迟迟未行。于是，敌人趁机造谣，说先生将在广东再组织西南政府。先生一笑置之。

8 月 23 日　聘萧冠英为中大秘书长兼工学院院长。⑥

---

① 国立中山大学校友会：《邹鲁全集》第（十）卷，三民书局股份有限公司1976年10月初版，第53～54页。

② 邹鲁：《回顾录》，岳麓书社2000年9月第1版，第402页。

③ 罗宗堂：《关于〈广东师范教育制度的变迁〉一文的补充订正》，见广东省政协文化和文史资料委员会编《广东文史资料精编》上编第4卷，中国文史出版社2008年12月第1版，第51页。

④ 见“国立中山大学全宗”档案，全宗号20，目录号7，案卷号54，藏广东省档案馆。

⑤ 邹鲁：《回顾录》，岳麓书社2000年9月第1版，第402页。

⑥ 见“国立中山大学全宗”档案，全宗号20，目录号7，案卷号54，藏广东省档案馆。

8月下旬 抵达汉口，见蒋介石。

由于政府机关已经完全迁至重庆，汉口变成了军事化城市。先生在武汉面见蒋介石，汇报广州方面的军政情况，并请示蒋介石："回中央固然要紧，但是中大有几千学生要人领导，我还是回中央，抑回中大?"① 蒋介石坚决地说："中央的事比学校的事重要，还是回中央。"② 说完便嘱咐李惟果代先生购买船票，并照料一切。

当日，先生乘船西迁重庆。船到湖北当阳，先生上岸到长板坡、关陵、玉泉山等地游览，并作诗纪念。③ 在宜昌至重庆的船上，梁鼎铭画师同船，沿途画三峡景色，先生曾为其画题诗《三峡题画》，计五首。④

8月底 抵达重庆。⑤

8月 聘请沙学浚到中大地理学系任教。

9月5日 出席中央总理纪念周，在纪念周上做报告《以本党史实证明抗战必胜》。

在报告中指出，国民党在兴中会时代，"总理提倡革命，和者甚少，物质更为缺乏。总理有进无退的精神前仆后继，创立革命的基础。"到了同盟会时代，国民党党员，"非常亲爱精诚。凡是党员，不管以前是否知好，抑是素昧平生，如若知道系党员以后，便亲如兄弟，不但通融钱财，遇有急难，尤不惜赴汤蹈火。至于各自为战的精神，更有足述。只要那个地方有一个党员，在他那儿便工作起来，使该处布满革命空气，弄得清吏如遇大敌一般。"到了中华革命党时期，国民党采取了淘汰官僚党员的策略。到了抗日战争时期，国民党组织抗战。从国民党的历史观察，可以得出结论，"我们可以放着胆，团结全党，团结全国，努力向前不骄不怠。如是最后胜利必属于我。"⑥

9月上旬 复电蒋介石。

此前，先生接到蒋介石来电，询问先生对时局的政见。先生电复："据弟意见，对内对外，纯系本身力量。为保存本身力量计，则目前政略战略，有变更之必要。尽敌分兵猛攻武汉广州，若察情势，审实力，能终保，自是至妙；

---

① 戴书训：《愈经霜雪愈精神——邹鲁传》，近代中国出版社1983年10月初版，第141页。
② 戴书训：《愈经霜雪愈精神——邹鲁传》，近代中国出版社1983年10月初版，第141页。
③ 国立中山大学校友会：《邹鲁全集》第（十）卷，三民书局股份有限公司1976年10月初版，第54页。
④ 国立中山大学校友会：《邹鲁全集》第（十）卷，三民书局股份有限公司1976年10月初版，第62页。
⑤ 陈哲三：《邹鲁研究初集》，华世出版社1980年2月初版，第211页。
⑥ 邹鲁：《澄庐文选》，正中书局1948年5月初版，第257～260页。

如不能终保，则不应将主要兵力在此二地消耗。因沿海交通便利之地，敌人军舰大炮坦克车，便于使用，所损大而保小也。应立即将主要兵力缩至山地省份，使敌之军舰大炮坦克车，失其效用，以便与敌拖长战事。同时即以保有之山地省份，重新为一切政治经济之根本布划。尽战事拖长，主要兵力不至消耗，政治复能有根本办法，则国际地位可以永保，以伺敌人之变化及正义公理之伸张，是对外可收权在我操之效。同时吾之主要兵力存在，而政治复能适应地方与人民，使全国人民均能集中力量，以拥护本党领导抗战，是对内可保持统一。以上所言，本日在渝会议席上已详陈，今再电上。”①

9月12日 出席中央总理纪念周，并应邀作报告。

是日适逢国际联盟开会。先生原本对国际联盟期望很大，但是国际联盟在处理中日问题方面连连失当，使先生非常失望。先生在报告中质问国际联盟“只维护强国，而不维护弱国”，并对国际联盟提出忠告：“第一，须明了国联是世界的，而非欧洲的，是各会员国的，而非几个强大的会员国的。第二，须明了和平是整个而不能分的，决不可各自分划，各自为谋。第三，如欲制裁妨碍欧洲和平的德国而获得成效，必须先制裁破坏世界和平的日本。我是爱护国联的人，因此对它的失职，失望尤深。为此我对国联，诚恳质问，诚恳忠告。”②

9月14日 开始宣传四川为复兴民族的根据地。③

先生认为，如果四川人心不定，对于长期抗战的影响将是不言而喻的。于是，利用游历四川的机会，做国民党中央抗建计划的宣传。

是日，乘车前往成都。沿途看见山地平原没有一块荒土，处处都是果叶木材，“心头宽畅了许多”，作七律一首《渝蓉途中即事》：“阴阴天气不多晴，气候便宜植物生。山顶有田能种菜，平畴无地不堪耕。最难土腴兼民力，尤盼年丰复税轻。处处禾黄麦又熟，怆怀时局且宽情。”④ 抵达成都前，当地军政长官都远在数十里外来迎接，新闻记者来访也络绎不绝。

9月19日 接见中央通讯社、《华西日报》及《新民日报》记者，说明国民政府以四川为复兴民族根据地的理由。⑤

此时，先生无论是在接待记者，还是演讲广播，均把将四川作为抗战的根

---

① 戴书训：《愈经霜雪愈精神——邹鲁传》，近代中国出版社1983年10月初版，第141～142页。

② 邹鲁：《回顾录》，岳麓书社2000年9月第1版，第406～407页。

③ 戴书训：《愈经霜雪愈精神——邹鲁传》，近代中国出版社1983年10月初版，第142～143页。

④ 国立中山大学校友会：《邹鲁全集》第（十）卷，三民书局股份有限公司1976年10月初版，第55页。

⑤ 邹鲁：《回顾录》，岳麓书社2000年9月第1版，第411～413页。

据地加以详细说明。归纳起来，大约有以下几点：（一）依据史实，战争的胜负固然取决于物质，但是精神更为重要；（二）既然不得已决定长期抗战，则一城一地的暂时得失与全局无关重要，只要信心不衰，愈战愈强，最后胜利必属于我；（三）汉口、广州或不能保，但是四川，纵敌生翼也不能飞来，因为四川地形退可守，进可攻，确为造成反攻力量最好的根据地。

上述观点，先生不但在演讲播音时如此说，和军政长官私人谈话时也是如此说。结果四川人心大振，对于安定后方大有贡献。

在成都期间，先生还参观了武侯祠、杜甫草堂等名胜古迹，并作诗《武侯祠》、《杜公祠》、《浣花夫人祠》、《望江楼》、《桂湖看桂》以纪念。先生还前往都江堰游览，并作《宿伏龙观》诗以纪念。[①]

秋 在罗伟章住处老鹰岩松居作小憩并作诗一首纪念。[②]

10月初 离开成都后，前往青城，登青城山。即日自青城山返回成都，便道至新乡参观该县所试行的县制新办法。[③] 抵达成都后。曾作《游青城山经二王庙登老君台雨歇眺望》、《宿天师洞》、《登青城第一峰》等诗以纪念。[④]

10月6日 前往峨眉山游览。在峨眉山游览三天，曾作《峨眉山》长诗、《游峨眉山步东坡白水寺诗韵》、《峨眉度中秋步太白游峨眉山韵》以纪念。[⑤]

10月9日 因为前方军情紧急，先生下乐山，经宜宾、泸县前往重庆。在经过乐山、宜宾、泸县时，当地军政人民开会欢迎，并请先生演讲。

先生曾作诗多首纪念游览乐山（《凌云寺》、《游乌尤寺为寺僧题如此江山亭》）、宜宾（《舟过宜宾诸友殷留得游流杯池山谷祠及山谷先生诸遗迹因纪以诗》）、泸州（《泸州纪事》）。[⑥]

10月10日 陈中凡致先生及赵淑嘉两函，对与先生及夫人同游赋诗。[⑦]

10月12日 在泸县演讲后得知日军在广东大鹏湾登陆，即刻拍电报给国

---

① 国立中山大学校友会：《邹鲁全集》第（十）卷，三民书局股份有限公司1976年10月初版，第55～56页。

② 国立中山大学校友会：《邹鲁全集》第（十）卷，三民书局股份有限公司1976年10月初版，第54页。

③ 邹鲁：《回顾录》，岳麓书社2000年9月第1版，第413页。

④ 国立中山大学校友会：《邹鲁全集》第（十）卷，三民书局股份有限公司1976年10月初版，第55～56页。

⑤ 国立中山大学校友会：《邹鲁全集》第（十）卷，三民书局股份有限公司1976年10月初版，第56～58页。

⑥ 国立中山大学校友会：《邹鲁全集》第（十）卷，三民书局股份有限公司1976年10月初版，第58页。

⑦ 程焕文、张靖、周旎：《邹鲁未刊稿》下册，广西师范大学出版社2008年3月第1版，第706页。

立中山大学，嘱咐校方立即办理迁校事宜。①

10月21日 返回重庆，接到来自广州的电报，得知是日广州失陷，国立中山大学仓促西迁。先生亲手创办的石牌新校，全部沦陷敌人之手。②

10月23日 广东旅渝同乡会召开救国救乡大会，先生、罗文干等四百余人到会，马超俊倡议组织敢死队，回乡杀敌。会议决定致电余汉谋、吴铁城，责问他们何以准备年余，广州不及十天而沦陷。③

10月下旬 复电蒋介石。

蒋介石日前致电国民党中央常委，垂询应付时局及增加抗战力量的意见。先生复电称："就过去对外言之，似嫌视听不清。如未抗战时用一部分人敷衍敌人，实为不得已之事实，原非某一部即为亲敌之人，但外人颇多以我国抗战而用不主抗战之人，俄国且亲向我负责任之人表示，此应注意者一。俄、美、英、法，与德、意对我之态度不同，而我对之不甚分别。在抗战时期，即对我不良之德、意，亦不忍过于责备，原非得已；但人终觉冤亲平等，未免是非不明，此应注意者二。就过去对内言之，不特民众之力未能全行策动，即党员之力亦未能策动。自人言之，有一人而兼十余重职者，有一人不得一事以努力者。自机关言之，有一机关范围太广，遂使其他机关无事可办者。自事言之，有包而不办者，有欲办而不能者。而且派别之见，仍未全泯，则内力自消，反无以策动对外。做事只凭报告，奖虚伪而实事遂荒，尤不能不注意者。"④

11月中旬 给邓孝慈打电话，对中大迁往云南征询建议。⑤

当时先生在重庆养病，给曾经在中大法学院任院长的云南盐津籍邓孝慈教授打电话，请他在云南找个合适的地方，以便于中大搬迁过去。邓又与曾在中大法学院任副教授的云南省澄江县籍的吴信达商量，二人建议中大迁往云南澄江，被校方采纳。学校在迁往广西龙州途中，又奉命前往云南澄江。

11月27日 在中央总理纪念周上作题为《抗战与心理》的报告。

纪念周在重庆国民党行营举行，先生认为，在长期的抗战中，精神方面的振作是非常重要的，而目前的情形，却有很不利的影响。因此，在纪念周上作《抗战与心理》的报告。在报告中列举大量实例，论证"盖心理之基础既告健全，即能利用于我有利之物质条件，或创造新物质环境。"⑥

---

① 邹鲁：《回顾录》，岳麓书社2000年9月第1版，第413页。

② 邹鲁：《回顾录》，岳麓书社2000年9月第1版，第413~414页。

③ 广东省立中山图书馆：《民国广东大事记》，羊城晚报出版社2002年11月第1版，第608页。

④ 邹鲁：《回顾录》，岳麓书社2000年9月第1版，第414页。

⑤ 黄义祥：《中山大学史稿1924~1949》，中山大学出版社1999年10月第1版，第319页。

⑥ 邹鲁：《回顾录》，岳麓书社2000年9月第1版，第417~418页。

12月9日 蒋介石从桂林飞抵重庆，约先生等中常委谈话。①

蒋介石抵达重庆后，邀请先生等人讨论今后抗战要计。在谈话后，蒋介石特意嘱咐先生编辑《党史纪要》。在国民党中央史料编纂委员会的协助下，利用该会已编成的草稿加以修正，复请吴敬恒、居正、于右任、王法勤、丁惟汾、覃振、茅祖权、冯玉祥等人校订后，送蒋介石鉴定，并请蒋书写封面，乃成《党史纪要》第一辑。

12月14日 接邓青阳函，函嘱先生向国民党中央执行委员会常委会提议四件事，均为政务党务工作。②

12月15日 致函朱家骅，谈政务党务。

先生在函件中提到，邓青阳给其的函件中，提到四件政务党务工作，分别为："（一）凡给予各地中委赴会旅公费，应核定为国币1000元，于期前分别汇发，或先汇若干，或准由各委员实报实支，总以不须亏累为度。（二）留港各中委现常有集会谈话，中央诸同志既以发动民众助吾辈，最低限度请酌拨经费，使在港成立一通信处，以供集合讨论策动之用。（三）选派严正大员来粤，严查各地方负责文武职官，凡闻风先溃，失地失职者，分别立予严办，以明纪律，而挽人心。其各地游击队司令之人选，应先加审慎，一经委定，应予以充分职权。其所属区域内之各县长，应准由其保荐，俾收指臂之效。（四）此次广州及各地之失陷，人民所受牺牲惨烈，实为有史未见，当流离颠沛之余，政府应如何设法抚恤，以保留元气于万一……"③ 先生以邓函内容与朱家骅进行探讨。

年底 蒋介石致电先生等国民党中常委，询问对时局的意见。

先生复电，指出需调整机构及人事，"自机关言之，有机关范围太广，无事不包者，有机关遂至无事可办者；自事言之，有包而不办者，有欲办而不能者；自人言之，有一人而兼十数要职，有无数人不得一事以努力者。"④

是年 增订《中国国民党史稿》，由香港尚毅印书馆重印。⑤

是年 著作《中国国民党概史》一书出版。该书为《中国国民党史稿》

---

① 邹鲁：《回顾录》，岳麓书社2000年9月第1版，第417～418页。

② 中国国民党中央委员会党史委员会：《邹鲁先生文集》，中国国民党中央委员会党史委员会1984年6月30日出版，第314页。

③ 中国国民党中央委员会党史委员会：《邹鲁先生文集》，中国国民党中央委员会党史委员会1984年6月30日出版，第314～315页。

④ 邹鲁：《回顾录》，岳麓书社2000年9月第1版，第439页。

⑤ 戴书训：《愈经霜雪愈精神——邹鲁传》，近代中国出版社1983年10月初版，第156页。

的辑要，并加入北伐统一以至抗战一节。①

从是年起 中山大学研究院毕业生王与瑞随先生治党史，并协助撰写《中国国民党史略》。②

1939年（民国二十八年 己卯）五十五岁

年初 古直致函先生，辞去中大中文系教授职务，回到家乡，出任梅南中学校长，并创办"梅南文学馆"，任馆长。先生接函后，致电古直，希望他仍继续留在中大执教。古直复函先生，表示中大和乡学都需要他，两者相比，乡学更需要他去支撑。

1月1日 参加国民党中央举行的元旦团拜会。③

△出席国民党中央举行的执行委员会、监察委员会临时谈话会，商讨处理汪精卫叛党的问题。谈话会由蒋介石主持。与会人员认为汪精卫的行为系破坏抗建，大义所在，断难姑息。先生主张应予严惩，借肃党纪，以正视听。④

1938年12月18日，汪精卫离渝出走，借道云南前往越南河内。12月29日，汪发表艳电响应近卫第三次声明，走向叛党卖国的道路。

1月2日 出席国民党中央执行委员会常务委员会，商讨处理汪精卫叛党的问题。会议由蒋介石主持。讨论的结果是开除汪党籍，撤除汪所有职务。⑤

1月20日 收到冯玉祥赠送的糖果、毛铁。⑥

1月21日至30日 出席国民党五届五中全会。

全会于1月21日在重庆召开，到会中央执行委员、监察委员155人，蒋介石致开幕辞。开幕式后接开预备会议，推举王法勤、丁惟汾、先生等11人

---

① 国立中山大学校友会：《邹鲁全集》第（一）卷，三民书局股份有限公司1976年10月初版，《邹鲁全集编印经过》第3页。

② 程焕文、张靖、周旎：《邹鲁未刊稿》下册，广西师范大学出版社2008年3月第1版，第798页。

③ 戴书训：《愈经霜雪愈精神——邹鲁传》，近代中国出版社1983年10月初版，第143页。

④ 戴书训：《愈经霜雪愈精神——邹鲁传》，近代中国出版社1983年10月初版，第143页。

⑤ 戴书训：《愈经霜雪愈精神——邹鲁传》，近代中国出版社1983年10月初版，第143页。

⑥ 冯玉祥：《冯玉祥日记》第五册，江苏古籍出版社1992年1月第1版，第587页。

组成主席团。[①] 会议通过多项决议，确定国民党的政策重点由对外转向对内，在会上及会后制定了一整套“溶共”、“防共”、“限共”、“反共”的具体办法，并决定设立“防共委员会”。全会于28日确定组建国防最高委员会，先生被推选为常务委员之一。[②] 1947年4月23日，国防最高委员会撤销，其职权由国民政府委员会行使。

在全会上，张继与吴敬恒、先生等13人提出建立档案总库、筹设国史馆案。提案称：自古中国修史，“历代赓续，未有中绝，垂四五千年而光昭天壤，世界各国无与伦比。”“中国国史不可自吾党而绝，犹中国国祚不可自吾党而亡，良繇民族之所以悠久，国家之所以绵延，全赖国史为之魂魄。……国亡而国史不亡，则自有复国之日”，史亡则无以复国，“亡史之罪，甚于亡国”。提案对国民党政府建立以来，不重国史撰修，十分不满，“至于国史，则中华建国二十八年矣，国史之馆，未尝设立。然而政府命令，每当大员捐馆，必云宣付史馆立传，夫既无史馆，于何宣付，既无史职，谁为立传。……徒以倡导无人，规划无术，贻误蹉跎，遂为缺典，及此抗战，又视为不急之务”，如此，“何以鼓舞群伦，宣徽来祀！”提案认为：国家民族“存亡绝续之交，史务尤宜重视”，应该效法宋高宗“艰苦中兴，不废史职”和南明弘光、隆武、永历“崎岖南国，亦设史臣”、“发愤于夷狄之侵，奋笔于兵兴之际”的前例，把设立史馆、配备史职、撰修国史摆在“国家至急之务”的位置上，并仿唐、宋以宰相监修国史之制而以监察院院长任国史监修，以收“位尊而事易集”之效。在具体修史原则上，提出：参照前史成例，适当予以变通，以适应新的国体。这些原则是：（一）党史与国史，性质迥异，必宜划清界限，否则，“党史或过于庞大，或过于狭小，必茫无头绪，无从措手”；（二）与国体变更相适应，史职、史例均应作相应的调整，即所谓“今起居注、实录宜废，时政记、日历国史宜复”，并“统归国史馆撰辑”。又指出：“国家档案，为史料之渊海，国史之根柢，实为至高无上之国宝，当局缔造经营之苦心寄焉，国民劳苦建设之精神系焉。故保存之方，尤宜尽力讲求。”[③] 先生等人的提案，经全会议决通过，交国民政府办理。

1月23日 晚上7时，赴冯玉祥宴请。一同赴宴的还有孔祥熙、于右任、叶楚伧、孙科等人。[④]

---

① 中国社会科学院近代史研究所中华民国史研究室编：《中华民国史资料丛稿大事记》第二十五辑，中华书局1981年3月印刷，第10页。

② 邹鲁：《回顾录》，岳麓书社2000年9月第1版，第420页。

③ 孔庆泰：《中华民国时期民国史撰修概述》，见《历史档案》，1982年第1期，第112～113页。

④ 冯玉祥：《冯玉祥日记》第五册，江苏古籍出版社1992年1月第1版，第589页。

1 月 陈布雷来访，拟请先生出任国民参政会议长，被谢辞。①

国民党中央执行委员会常务委员会会议于1月2日决定处分汪精卫，会议过后若干日，陈布雷来访，认为汪精卫已被开除党籍，撤除职务，其原担任国民参政会议长职务拟请先生继任此职。先生原是力主严惩汪的，如果答应继任，不免被人怀疑反汪实为夺汪职位，于是坚辞未就。

2 月 6 日 上午11时半，到冯玉祥住处交谈，一同前往的还有曾琦、胡景伊、李炘等人。②

2 月 7 日 国防最高委员会正式成立，先生出任常委，委员长为蒋介石。③

2 月 16 日 提议将三民主义和五权宪法作为国民党党纲。

中央军校特别党部向国民党中央请示国民党党纲，国民党中央在开会讨论后，无法定案，决定征集各位中央执行委员意见。先生简单答复如下：

“党纲意见：本党党纲应以三民主义和五权宪法为党纲

理由：总理五权宪法演讲云：‘我们从前在东京成立同盟会时代，本是拿三民主义和五权宪法来做党纲，预备革命成功，我们就拿来实行。’”④

戴传贤曾对先生说：“你以经解经的方法，言简意赅，最为妥当。”⑤

几经审议，国民党第五届中央执委会常委会第一百一十八次会议决定以“前据中央军校特别党部呈请释示本党党纲有无明文规定等情，当以关于党纲之沿用，虽甚普遍，而具体文献，则尚无所征，经提出第一百一十三次常会讨论，有认为党纲即指党的政纲者，有以为三民主义即为党纲者，邹委员海滨则主张以三民主义、五权宪法为党纲，并举总理五权宪法演讲以证明之，嗣又在史料旧稿中检出本党党纲之具体规定，系民国十二年（1923年）时在上海环龙路文卷中所发现者，无颁行之年月，是否为定稿，尚待考证，然就内容观察，与总理演讲，适相符合。戴委员季陶亦以邹委员所举最为有征，似可即以三民主义、五权宪法为党纲定案，不必另加解释转滋分歧，是否有当，敬请公决。”付表决后，决议：“遵奉总理五权宪法演讲中之指示，应以三民主义五权宪法为本党党纲。”⑥ 国民党党纲以此确定，而三民主义五权宪法的重要地位也开始确立。

---

① 邹鲁：《回顾录》，岳麓书社2000年9月第1版，第418～419页。

② 冯玉祥：《冯玉祥日记》第五册，江苏古籍出版社1992年1月第1版，第598页。

③ 广东省立中山图书馆：《民国广东大事记》，羊城晚报出版社2002年11月第1版，第616页。

④ 陈哲三：《邹鲁研究初集》，华世出版社1980年2月初版，邹鲁墨迹之四。

⑤ 邹鲁：《回顾录》，岳麓书社2000年9月第1版，第419页。

⑥ 陈哲三：《邹鲁研究初集》，华世出版社1980年2月初版，第211～212页。

约2月 在国民党中央常委室轮值。[①]

3月1日 中大迁校云南澄江后正式开始上课，由于先生在重庆治病，校务由萧冠英主持。[②]

3月1日至4月 于中央训练团讲述党史。[③]

国民党中央训练团成立于1938年7月7日，由原武汉珞珈山军官训练团改组而成。中央训练团的任务使按期调培各级公务人员，使所有中层以上的公务员，都受到严格的训练。是年3月1日，训练团在重庆南温泉举办第一期党政训练班。先生担任训练团讲师。[④]

蒋介石嘱咐先生主讲《中国国民党概史》，作为讲义讲了三期。后来先生生病，因而辞去。中央训练团还两度派人来请先生继续担任主讲人，但是因为先生身体没有完全康复而拒绝。

3月5日 致函朱家骅，赞成张发奎（张向华）担任广东省党部主任委员。[⑤]

3月13日 在国民党中央国府（中枢）总理纪念周上做《吾党一以贯之》的报告。[⑥]

在报告中说道："总理领导革命，无论何事，皆不以阶级为立场，而以全民为依据。其博大精深，实以洞识西欧各国之党政症结。而又以中国生产落后，第有大贫小贫之分，而无欧美所谓资本家可言。自近百年来，又复以受帝国主义者之侵略，以致民族生命，国家生存，国民生计，失其保障。欲救亡图存，转危为安，惟有实行国民革命，达到全民政治，使全民族能自由平等，进而求国际上之自由平等，乃为有济。若内有民族或阶级之斗争，则内力相消，必致民族沦亡，国家覆亡，为革命罪人。……必全民共赴国难，以抗战必胜，建国必成为信念，冒万险以赴之，庶得免于灭亡。"[⑦]

是日，《中央日报》以《吾党一以贯之》为题发表了先生的演讲。[⑧]

---

① 邹鲁：《回顾录》，岳麓书社2000年9月第1版，第419页。

② 易汉文：《中山大学编年史（一九二四～二〇〇四）》，中山大学出版社2005年9月第1版，第33页。

③ 戴书训：《愈经霜雪愈精神——邹鲁传》，近代中国出版社1983年10月初版，第156页。

④ 中国国民党中央委员会党史委员会：《邹鲁先生文集》，中国国民党中央委员会党史委员会1984年6月30日出版，第263页。

⑤ 中国国民党中央委员会党史委员会：《邹鲁先生文集》，中国国民党中央委员会党史委员会1984年6月30日出版，第315页。

⑥ 中国第二历史档案馆：《中央党务公报》，南京出版社1994年12月第1版，第2－22页。

⑦ 邹鲁：《回顾录》，岳麓书社2000年9月第1版，第424页。

⑧ 邹鲁：《澄庐文选》，中正书局1948年5月初版，第266页。

4 月下旬 应邀撰写《谢持墓表》。

国民党右派的代表人物之一、国民政府委员谢持于是月 16 日在成都逝世。四川省临时参议院副议长唐德安由成都赶到重庆，“以鲁与公同患难，如手足，历三十年，请表其墓。”① 先生应允，在《墓表》中记述了谢持生平。

4 月 在《国立中山大学旅川同学会会刊》创刊号上发表数首诗歌，包括《闻台儿庄捷报》、《中大农场啖荔枝》等。②

5 月 4 日 从南温泉返回重庆。③

返渝的目的是想看看重庆在 3 日被敌机轰炸的情形，哪知先生的汽车屡次发生故障，12 时后才抵达海棠溪江边。13 时，先生催促轮渡舵手赶快渡江，但是舵手没有听从安排，而是将轮渡驶靠英国军舰。在军舰旁等到傍晚，警报还没有解除，大家都以为敌机不会来了，就渡江登岸。先生上岸后问警察，是否已经解除警报。警察说只是认为可能已经解除了。等先生抵达寓所，忽然听到类似警报的声音，于是赶到家中开窗了望，但见临近寓所的高射炮，已经准备就绪。先生同时看到大批飞机，如飞雁一样飞来。机声沉重，知系敌机。时间迫急，已经来不及到防空洞中躲避，只能暂入寓所的储藏室躲避。先生刚刚进入储藏室，四周的炸弹即如雨下。房屋被震得摇摇欲倒。同时烟火和灰土，冲拥入室。瞬间室内二三十个来躲避飞机的妇孺，齐声大哭，先生不得不一一安慰。敌机去后，寓所四周的火焰，相继迫近，重庆全市，火光冲天，先生由随从扶持，跳窗外出，踏尸而过，始得脱险。

5 月间 暂住南温泉，每星期仍照常返重庆市开会及处理事物。但是因为配备的汽车常常发生故障，屡次在太阳底下等候修理，以致旧病复发。④

5 月 19 日 致函中大教务长邓植仪教授，对于教育部于 5 月 2 日下发的训令（关于学年制是否与会计历年制相互适应）详细研讨，并于本月底前拿出研讨意见，以便呈报教育部。⑤

5 月 29 日 下午，冯玉祥、李烈钧、覃振等数人来寓所访谈。晚上，先生设宴为李烈钧洗尘，冯玉祥、覃振等人作陪。⑥

5 月 30 日 因职因病，呈函教育部，第一次请辞国立中山大学校长职务。

辞呈写道：“呈为陈请辞职事：窃鲁于二十一年（1932 年）春，拜命再长

---

① 邹鲁：《澄庐文选》，中正书局 1948 年 5 月初版，第 411 页。

② 《国立中山大学旅川同学会会刊》（创刊号），1939 年 4 月，藏中山大学图书馆校史资料室。

③ 邹鲁：《回顾录》，岳麓书社 2000 年 9 月第 1 版，第 419 页。

④ 邹鲁：《回顾录》，岳麓书社 2000 年 9 月第 1 版，第 425 页。

⑤ 见“国立中山大学全宗”档案，全宗号 20，目录号 1，案卷号 52，藏广东省档案馆。

⑥ 冯玉祥：《冯玉祥日记》第五册，江苏古籍出版社 1992 年 1 月第 1 版，第 660 页。

国立中山大学时，原以本校乃总理手创，为造就建国人才之西南最高学府，新校计划，又为总理所决定，自总理逝世，荏苒数年，新校尚未建筑，颇引为憾。爰乃不揣愚钝，冀竭绵薄，以完成总理未竟之志。差幸惨淡经营，同仁戮力，数年之间，上赖中央之力，下获各方之助，校舍建筑计划，实现过半。文法理农工各学院，先后迁入新址，同时复致力于内部之整理与充实，一切粗具规模。方期对内策励员生，努力于学术之研讨，阐扬吾党之三民主义，而奠新中国之基础。对外冀与国际间各大学及高级文化机关，发生密切联络，以提高本校之文化地位。鲁对于总理手创之校，重以大部付托，本应始终其事，不敢稍萌退志，讵料二十五年（1936 年）夏，赴德出席国际大学会议，乃世界教育会议后，旧病剧发。秋间扶病回国，医者以鲁心力过疲，力劝休养，其时本拟辞职，旋以西安事变中止。二十六年（1937 年）春，曾经商榷戴季陶先生接办，戴先生允予考虑，未克实行。时值学年将届终了，方拟部署后，即行具辞。而抗战发生，又未敢于国难时，偷安卸责。惟此后身在中央，不能返校，实为疚心。去春战事稍定，因即回校，冀乘此努力校务，稍补前过，不料敌人肆意造谣，谓鲁在粤将有异图，而中央复退重庆，鲁乃趋赴武汉。方拟各种情形陈明后回校，乃奉委员长命，即赴重庆，从此遂长在中央，虽以本校播迁，亦不能回校，与员生共甘苦，尤忝职守。差幸目前迁校已定，各事均有头绪；惟自问前已负疚万分，现又羁身重庆，因病不能乘机车回校，何敢再因此贻误校务？谨恳切具呈辞职，请赐照准，委贤接办，俾卸仔肩，不胜屏营待命之至。再校印在校，盖用私章，合并陈明。”①

6 月 5 日　撰写呈送教育部文件，内容为本校各教授对于学年度改制及仍用旧制意见，请察核案。②

6 月 6 日　接中央党部秘书处函，函载成立萧佛成治丧委员会，并载关于萧佛成的治丧办法，蒋介石垂询国民党各位中央执行委员会常委。③ 6 月 1 日，先生挚友、国民党右派代表人物萧佛成病逝于泰国曼谷。④

6 月 7 日　致函中央党部秘书处，请求国葬萧佛成。先生认为，“萧故委员随总理革命有年，在暹创办《华暹报》，鼓吹革命，始终不懈。此次抗战，尤为多方努力，为党中不易多得之同志，亦为海外所仅见之同志，值此抗战时

---

① 邹鲁：《回顾录》，岳麓书社 2000 年 9 月第 1 版，第 425 ~426 页。

② 见“国立中山大学全宗”档案，全宗号 20，目录号 1，案卷号 52，藏广东省档案馆。

③ 中国国民党中央委员会党史委员会：《邹鲁先生文集》，中国国民党中央委员会党史委员会 1984 年 6 月 30 日出版，第 316 页。

④ 广东省立中山图书馆：《民国广东大事记》，羊城晚报出版社 2002 年 11 月第 1 版，第 608 页。

期，华侨关系至大，拟请赐予国葬，乃明令褒扬，以资激励。”①

6月8日 出席国防最高委员会会议。会议在军委会举行。冯玉祥提出通缉汪精卫案，获得通过并实施。先生在提案上署名“赞成”②。

6月18日 晚上6时，与王宠惠、李文范一起宴请冯玉祥。③

6月19日 在国民党中央、国府联合总理纪念周上作报告，题目为《我国人口问题与长期抗战》，报告志在奖励生育与改进民族的品质，以备长期抗战，争取最后胜利。④

6月27日 教育部下发部国字第○一四七三号指令，不同意先生辞去国立中山大学校长职务。

指令写道：“呈悉。该校长长校有年，贤劳备著，值此抗战时期，仍盼勉为其难，毋萌退志，所请辞职一节，应毋庸议。此令。”⑤

6月29日 主持国民党第五届中央执委会常委会第一百二十四次会议。⑥

会议由先生支持，秘书长为朱家骅，丁惟汾等人出席，吴敬恒等人列席会议。会议议决要案多项，包括：（一）关于县各级党政关系调整办法案，决议通过；（二）订定军队党员小组会议办法案，决议修正通过；（三）关于各党政机关，依照“小组会议及公私生活行为辅导办法”实施小组会议者，其在各该处机关之区分部，应否再划分小组案，决议通过；（四）修正总理纪念周条例第七条条文案，决议照修正案通过；（五）订定公路工会组织暂行办法，决议通过；（六）中央社会部呈骆美奂、李冀忠等人事变动案，决议通过；（七）通过各党部组织及人员任免案50件；（八）中央监察委员函送处分党员案9件，请查照公决执行案，决议通过；（九）通过七月七日抗战建国纪念举行办法案。

夏 作《墨竹图》两幅。⑦

7月7日 出席各界联合纪念抗战建国大会，发表演讲。

纪念大会计划于早上7点在南温泉举行。先生和茅祖权、王用宾准时与会。不过大会主持人到8点还没有来，先生派人去找，回报尚未起床。先生认

---

① 中国国民党中央委员会党史委员会：《邹鲁先生文集》，中国国民党中央委员会党史委员会1984年6月30日出版，第316页。

② 冯玉祥：《冯玉祥日记》第五册，江苏古籍出版社1992年1月第1版，第664页。

③ 冯玉祥：《冯玉祥日记》第五册，江苏古籍出版社1992年1月第1版，第671页。

④ 邹鲁：《回顾录》，岳麓书社2000年9月第1版，第426页。

⑤ 邹鲁：《回顾录》，岳麓书社2000年9月第1版，第426～427页。

⑥ 中国第二历史档案馆：《中央党务公报》，南京出版社1994年12月第1版，第2－27页。

⑦ 程焕文、张靖、周旎：《邹鲁未刊稿》上册，广西师范大学出版社2008年3月第1版，第40～41页。

为其太不负责任，又派人去催，主持人才于9点钟姗姗来迟。先生大为生气，责备他如此主持民众运动，安能指导民众做抗战的工作。

△呈函教育部，第二次请辞国立中山大学校长职务。

早上参加完会议后，先生回到寓所，觉得身体不甚舒服，意识到身体不能一时即愈，无法回国立中山大学工作，难免影响到学生的学业。于是再上第二封辞呈："案奉钧部二十八年六月二十七日（1939年6月27日）国字第〇一四七三号指令开：……等因，奉此。窃思本党同志中，在总理未逝世以前，追随总理之同志，舍去政治而入教育界者，实鲁一人，是鲁对于教育，本抱终身服务之志。况此大学系奉总理之命所创办，一切计划，复承总理亲示，非不得已，何敢言辞，亦何忍言辞。兹奉钧部慰勉有加，弥深惭感，本不敢再萌退志，致辜厚望。惟现因身体关系，不能到校，只有仍恳钧部选贤接替本校校长职务，以免贻误。奉令前因，理合备文呈请鉴核示遵。再校印在校，盖用私章，合并声明。"①

7月31日 聘请邓孝慈、张云、梁伯强教授为《中山公论》半月刊出版委员会委员。②

7月 大暑天气，先生带病工作。后经过医生检验，血压高压已经超过200毫米汞柱，在医生建议下，先生在南温泉休息静养。③ 国立中山大学在知道先生病情后，先后派医学院罗耀明、李仕梅教授来重庆，长期为先生治疗，直至先生身体健康。④

7月 著作《广州三月二十九日革命记》出版发行。该书系民国23年（1934年）撰书的碑文。⑤

8月21日 因病到冯玉祥住处休养。

《冯玉祥日记》记载："邹鲁先生因病到我这里休养，我告诉副官们妥为接待。"⑥ 先生生病后，冯玉祥曾三次邀请先生搬到冯的寓所白鹤村抗倭庐居住。⑦ 住在白鹤村时，先生常常和重庆名气非常大的中医补一一起画竹。⑧

---

① 邹鲁：《回顾录》，岳麓书社2000年9月第1版，第426～427页。

② 见"国立中山大学全宗"档案，全宗号20，目录号1，案卷号66，藏广东省档案馆。

③ 邹鲁：《回顾录》，岳麓书社2000年9月第1版，第427页。

④ 邹鲁：《回顾录》，岳麓书社2000年9月第1版，第427页。

⑤ 国立中山大学校友会：《邹鲁全集》第（一）卷，三民书局股份有限公司1976年10月初版，《邹鲁全集编印经过》第4页。

⑥ 冯玉祥：《冯玉祥日记》第五册，江苏古籍出版社1992年1月第1版，第696页。

⑦ 邹鲁：《回顾录》，岳麓书社2000年9月第1版，第427页。

⑧ 程焕文、张靖、周旎：《邹鲁未刊稿》下册，广西师范大学出版社2008年3月第1版，第860页。

9月1日 与冯玉祥探讨欧战。①

是日，德国分兵三路，进攻波兰，同时占领但泽。冯玉祥即刻把这个消息告诉先生。先生认为如果欧战发生，希特勒因毫无理性，欲望极大，无法满足，必然战败。先生同时认为，欧战会牵及世界。日本必然乘机设法解决中日事件，以免后顾之忧，用其全力夺取南洋。中国不放弃胜利的信心，日本就无法实现他的野心。先生的看法获得冯玉祥首肯。

10月11日 《冯玉祥日记》记载："把邹海滨（邹鲁）先生著的《中国国民党概史》看了几遍，真是好文章。"②

11月12日 上午9时，出席在重庆国府大礼堂举行的国民党第五届中央执行委员会第六次全体会议开幕式。在开幕式后举行的预备会议上，先生被推定为主席团11名成员之一。③

11月13日至20日 在国民党五届六中全会上当选为中央执行委员会常务委员。④

这是国民政府迁都重庆后国民党召开的第一次中央全会，此时，汪精卫、陈公博、周佛海等已投敌叛国，充当汉奸。全会重申了"九一八"事变以来所定的四项方针，即反对日本侵略、遵守国际公约、不参加防共协定、外交独立自主。全会听取了各部、会的报告并作出相应决议，对中国共产党的方针则由政治限制为主，改为以军事限制为主。⑤ 全会于20日通过蒋介石提出的《改进常务委员案》，定王法勤、丁惟汾、先生、孔祥熙、冯玉祥、阎锡山、陈果夫、李文范、何应钦、白崇禧、陈济棠、陈树人、张厉生、王泉笙、邓家彦15人为中央执行委员会常务委员。

在会议上，先生与于右任、叶楚伧、陈绍宽、茅祖权、彭学沛等17名代表提出《运盐车船伕役等拟请严令概不得封扣强征以利盐运而维民食案》。⑥军事组审查意见为："送国民政府分饬各主管机关照办。"大会决议："照审查意见通过。"⑦

11月23日 《冯玉祥日记》记载："……北方革命以滦州起义为先，邹

---

① 邹鲁：《回顾录》，岳麓书社2000年9月第1版，第427～428页。

② 冯玉祥：《冯玉祥日记》第五册，江苏古籍出版社1992年1月第1版，第720页。

③ 中国第二历史档案馆：《中央党务公报》，南京出版社1994年12月第1版，第3－247～248页。

④ 广东省立中山图书馆：《民国广东大事记》，羊城晚报出版社2002年11月第1版，第630页。

⑤ 中国第二历史档案馆：《中央党务公报》，南京出版社1994年12月第1版，第3－248页。

⑥ 中国国民党中央委员会党史委员会：《邹鲁先生文集》，中国国民党中央委员会党史委员会1984年6月30日出版，第10～11页。

⑦ 中国第二历史档案馆：《中央党务公报》，南京出版社1994年12月第1版，第3－252页。

海滨（邹鲁）先生编党史，已经把这段写上，可见他的公道。”①

12月26日 国民政府临时会议议决：设立国史馆筹备委员会，以张继、先生、叶楚伧、邓家彦、胡毅生、王伯群、杨庶堪7人为委员，以张继为主任委员。②

是年 由张掖主编的先生著作《澄庐诗集》出版。该书收集了先生至民国27年（1938年）底所作的诗，由先生按写作时期，自行订定，分为12集，线装精印，无版权页，当系国立中山大学出版部出版。③

是年 著作《中国国民党党史纪要》第一辑出版。该书为上年由国民党中央史料编纂委员会纂集，请先生监督其事。④

是年 《大侠魂》第八卷第六期上刊登先生诗歌一首。

1940年（民国二十九年 庚辰）五十六岁

年初 与赵淑嘉之女邹方出生在重庆陈家桥白鹤洞冯玉祥的家里。⑤ 邹方现居加拿大。

1月1日 冯玉祥给先生拜年。⑥

1月10日 先生及中央大学校长罗家伦、北京大学校长蒋梦麟、四川大学校长程天放、西北大学校长胡庶华等联名致电美国参众两院，请美国政府予日本以经济制裁，指出：美国继续供应日本汽油及日本飞机零件，将“使美国国民之良心受重大之震动”，“予日本以继续侵略之鼓励”，“实与美国政府及人民之远见不能相容”。⑦

---

① 冯玉祥：《冯玉祥日记》第五册，江苏古籍出版社1992年1月第1版，第746页。

② 孔庆泰：《中华民国时期民国史撰修概述》，见《历史档案》，1982年第1期，第113页。

③ 国立中山大学校友会：《邹鲁全集》第（一）卷，三民书局股份有限公司1976年10月初版，《邹鲁全集编印经过》第3页。

④ 国立中山大学校友会：《邹鲁全集》第（一）卷，三民书局股份有限公司1976年10月初版，《邹鲁全集编印经过》第5页。

⑤ 程焕文、张靖、周旎：《邹鲁未刊稿》下册，广西师范大学出版社2008年3月第1版，第852页。

⑥ 冯玉祥：《冯玉祥日记》第五册，江苏古籍出版社1992年1月第1版，第769页。

⑦ 中国社会科学院近代史研究所中华民国史研究室编：《中华民国史资料丛稿大事记》第二十六辑，中华书局1992年6月第1版，第8页。

1月24日 上午10时45分，冯玉祥来看望先生。此时，先生高血压病比以前好多了。①

1月25日 国民党第五届中央执委会常委会第一百三十九次会议举行。会议中，中央政治学校向大会呈为修正该校章程第十六条、第十七条规定，提请任命蒋中正、戴传贤、先生等21人为校务委员会委员，并指定戴传贤、丁惟汾、陈果夫为常委案，经会议议决，获得通过。②

1月 复函挽留张掖。

是月，本校出版部主任张掖致函先生，表示自己因患神经衰弱症，请假前往香港治疗，出版部主任职务由萧冠英代理，但因请假过久，愈期无定，不免有碍公务，特函请辞去各种职务。

先生复函表示，该主任“与学校关系之深，同人情谊之厚，无论如何，不可稍萌退志，仍可继续养息，俟身体完全复原，再回校服务。”③

2月 中华民国国史馆筹备委员会在重庆李子坝成立，委员会直属于国民政府。先生任筹备委员会委员。④

3月7日 第三次向教育部请辞国立中山大学校长职务。

是年春，先生身体仍未痊愈。当时中山大学由于一部分员生之间出现意见不合，酿成学潮。先生认为出现学潮的原因是自己不能返校主事的结果。遂于是日第三次提出辞呈。呈函写道：“案去年夏秋间，鲁曾一再向钧部呈请辞去国立中山大学校长职务，迭奉指令慰留。勖以国难期间，共济时艰，用是不敢启口多渎，勉为维持。迄今又逾半载，惟是再四思维，在此国难期间，虽不应放弃责任，而教育事业，关系国家前途至巨，鲁即未克返校就近整理，又未敢以长此因循而致贻误校务，惟有备文仍请钧部鉴核，准予辞去本校校长职务，选贤接替，俾释重负，实深公感，无任屏营待命之至。”⑤ 教育部收到先生的辞呈后一直没有给予答复。

3月17日 上午10时30分，田殿卿、徐维钧、王福荣由抗倭庐来向冯玉祥报告，先生在抗倭庐旁的房子快盖好了，过两天就可交工。⑥

3月26日 上午11时，和夫人赵淑嘉一起拜访冯玉祥。⑦

---

① 冯玉祥：《冯玉祥日记》第五册，江苏古籍出版社1992年1月第1版，第775页。

② 中国第二历史档案馆：《中央党务公报》，南京出版社1994年12月第1版，第4－180页。

③ 《出版部主任张掖往香港留医近讯》，见《国立中山大学日报》，1940年1月26日。

④ 孔庆泰：《中华民国时期民国史撰修概述》，见《历史档案》，1982年第1期，第113页。

⑤ 邹鲁：《回顾录》，岳麓书社2000年9月第1版，第436页。

⑥ 冯玉祥：《冯玉祥日记》第五册，江苏古籍出版社1992年1月第1版，第813页。

⑦ 冯玉祥：《冯玉祥日记》第五册，江苏古籍出版社1992年1月第1版，第818页。

3月 接杨成志函。[1]

杨函写道，由本校出版的《云南民族调查报告》一书，引起军事委员会委员长西昌行辕张笃伦主任的注意，张多次来函，邀约组织夷民调查团，前往该地考察，为将来开化夷民张本。特草拟“军事委员会委员长西昌行辕、国立中山大学研究院合组西康大凉山夷民考察团组织计划纲要”，希望先生核办是荷。

春 一杂志数度托人要先生撰写少年时代的自传。先生因精神不好，答应对方稍假时日，方能执笔。[2]

4月1日 呈函教育部部长陈立夫，因病第四次坚辞国立中山大学校长职务。[3]

为了表达坚决态度，先生请求明令罢免其校长职务。文谓：“查鲁于本年三月七日业经呈请钧部准予辞去国立中山大学校长职务在案。窃思鲁既因不能返校整理校务，致令本校师范学院迭起风潮，抚衷自问，惭悚良深，惟有呈请钧部亟予明令罢免，以明责任，实为德便。如何之处，仰祈核示祇遵。”[4]

本月7日，陈立夫复信，准许先生请假调治身体，由许崇清代理校长职务。信谓：“先生前以贵体违和，叠经呈辞中山大学校长职务。先生党国先进，再长总理手创大学，嘉谟硕划，备著贤劳。为学校前途计，自未能听任高蹈，故经一再挽留。兹者先生以康健未复，而校务不可无人负责，又复四次呈辞。为求先生早复健康，自不应再强求力疾从公，不得已由部暂行给假调治。并奉总裁面谕，派许崇清先生代理校长职务。除分别电令外，知关尊注，特此奉达。敬颂痊安。”[5]

4月2日 晚上6时，刘纪文在先生家设宴款待冯玉祥。[6]

4月3日 冯玉祥写对子和中堂，祝贺先生宅邸落成。先生新居在陈家桥，与抗倭庐相邻。冯玉祥在对子中写道：

“抗倭得比邻　扫寇扫奸凭赤胆

革命继先绩　效忠效勇念黄花”

中堂：“美轮美奂”。[7]

---

① 刘昭瑞：《杨成志文集》，中山大学出版社2004年10月第1版，第258页。

② 邹鲁：《回顾录》，岳麓书社2000年9月第1版，第455页。

③ 戴书训：《愈经霜雪愈精神——邹鲁传》，近代中国出版社1983年10月初版，第156页。

④ 邹鲁：《回顾录》，岳麓书社2000年9月第1版，第436页。

⑤ 邹鲁：《回顾录》，岳麓书社2000年9月第1版，第428页。

⑥ 冯玉祥：《冯玉祥日记》第五册，江苏古籍出版社1992年1月第1版，第824页。

⑦ 冯玉祥：《冯玉祥日记》第五册，江苏古籍出版社1992年1月第1版，第825页。

房子是在邹方出生后不久开始建设的，四合院结构，比冯玉祥居住的抗倭庐小一些。① 房子建筑费由蒋介石支付。

4月 将教育部获准辞职中大校长的事情电告中大同事同学，希望他们团结一致，共同为学校努力，发扬总理创办中山大学的精神。②

5月5日 发表告中山大学同事同学书，说明近年来自己不能返校理事的原因及请辞经过，勉励同学勤学爱校。

文谓：

> 国立中山大学同事同学公鉴：
>
> 总理揭三民主义，致力救国运动，深知此种大任，非赖革命人才，未由完成。用是当年以广州一隅之地，在内外交迫，财政枯竭之余，不惜排除万难，特命鲁创建本校。规模即力求宏大，经费复多方筹拨，广罗专门人才，多购图书仪器，复欲使本校员生及吾党同志与国民，得以深刻了解其主义真谛，及救国之方策。爰于万机余暇，定期来校演讲三民主义，更以原有校舍散处市区，环境喧嚣，不宜藏修息游，而校址狭窄，尤难发展，因命鲁选地石牌，筹建新校，为本校员生谋教学之良好环境，俾来学者均能学有专长，共负救国责任。正在披荆斩棘经营伊始之时，不幸总理逝世，嗣鲁亦因事去职，自是新校建筑计划，历久未能实现。追维曩昔经过情形，可知总理创建本校目的与其所期望于本校者，实至为远大。
>
> 二十一年（1932年）春，鲁重长本校，除秉承总理创建精神，努力管教外，亟谋建筑新校，以完总理未竟之志。爰集同事及专家，恪遵总理训示，缜密商讨，草拟分期建筑计划，自二十二年三月（1933年3月）起庀材兴工。维时值世界经济恐慌，欲筹巨额经费，将恐举鼎绝膑，而东移西挪，亦难免苦辱交加。然鲁终未尝以此自馁，仍本总理遗志，惨淡经营。卒赖中央之力，地方政府之助，及全校员生与海内外同胞之捐输，校舍幸获大半告成，各院先后迁入新址，从此榛芜旧壤，颇成文化中心，外人至誉为文化城。是以本校成立虽未在人先，而发展独不落人后，非赖总理伟大精神所感召，及精慎规划所昭垂，曷克臻此，于以见总理之遗泽孔长也。
>
> 自迁校新址以后，并致力于专门人才之罗致，图书仪器之充实，

① 邹永：《浮生点滴：邹永回忆录》，中山大学出版社2008年11月第1版，第26页。
② 邹鲁：《回顾录》，岳麓书社2000年9月第1版，第428页。

与教务管理之调整，方期内则策励员生，从事研求高深学术，阐扬总理遗教，以发挥总理崇高伟大之精神，外则冀与国际各大学及研究学术团体，高级文化机关，发生密切联系，以提高吾国学术之地位。余如调查土壤，改良稻作，改善蚕种，制造农产，研究农林植物，实现经济农场，研究天文，调查地质，调查边疆民俗，研究章黄色染料，研究无线电秘密通讯等。关于具备重要性之各种科学建设，亦均依校中经济状况之推移，先后进行，凡此皆所以谋教育生产化与国防化，而冀有所贡献于社会国家，以贯彻总理创建本校之目的也。

讵料二十五年（1936 年）夏，鲁赴德出席国际大学会议，参加海德堡大学五百五十周年纪念，及在英举行世界教育会议后，旧恙剧发，秋间扶病返国，医者以心力过疲，嘱事静养。遭此顿挫，未能与诸同事同学晤对一堂，昕夕交勉，共向发展之途猛进，致较预期标的相距尚远，此使鲁寝馈难安者一也。

鲁以病累，力不从心，即拟辞职。旋因国事入京，致暂延搁。未几，抗战事发，随中央西迁，斯时既不敢卸责偷安，又不能返校视事，弥觉进退两难。二十七年（1938 年）夏，乘战局相持之际，间道回粤。留校数月，目睹诸同事同学奋勉精神，迄未稍减，而一切措施，仍按预定计划迈进，私衷无限感慰。嗣鲁复奉命赴汉来渝，从此遂常驻中央。迨广州屡遭惨炸，诸同事同学日夕处在敌机盘旋校空之境，艰苦奋斗，发扬踔厉，弦歌不辍，而鲁卒未能回校相与同甘苦共患难，益滋歉愧，此使鲁寝馈难安者二也。

二十六年（1937 年）仲冬，原拟乘寒假期中，迁校罗定，正在摒挡一切，旋接教育部中止之电令，遂不果行。二十七年（1938 年）夏，又谋迁校，仍未奉准。是冬十月，寇突袭粤，广州骤陷，仓卒西移，狼狈万状。初迁罗定，继至龙州。寻以寇机时来侦扰，备受威胁，为谋减少教学之不安，并求图书仪器之充分利用，终乃转迁滇澄。又因舟车不便，水陆梗阻，历时凡五阅月，仅乃得达。其时诸同事同学有随校船沿梧州南宁龙州越南而来者，有从汕头经香港海防乘滇越路车而至者，其集训诸同学，亦由军训部各教官率领，循粤北湘桂辗转来归，均先后于二三月间抵澄。除预为寄存香港之古本珍本及重要仪器标本机械率凡四百四十五箱外，其由诸同事冒险抢救运来澄江之校物，计一千一百八十五箱，共重七十二吨，幸赖粤桂滇当局及越南政府之维护协助，与诸同事同学之热忱毅力，百折不挠，而学校遂得于三月一日复课。念及诸同事同学渡海越崖，间关迁徙，艰苦跋涉，患难相随，而鲁亦未能回校分任毫末之劳，此使鲁寝馈难安者三也。

本校迁澄后，虽得按时上课，然交通、卫生、警卫各方面，仍多缺憾，于喘息甫定百事草创之际，部署倍感困难，然诸同事同学鉴于前方将士之劳苦，与战地同胞之惨痛，胥能奋勉有加，与环境苦斗。乃数月以来，米价高涨，百物腾贵，一般同事同学，依然埋头教学，日则节膳忍饿，面多菜色，夜仍焚膏继晷，目注芸编，苦斗精神，始终不懈。而生活之困窘，今日更甚，一斗粗米费逾五十元，一碗白饭贵至三四角，物价房租，飞涨至数倍、十数倍而势犹未已，同学中之家境稍裕者，尚因汇兑艰难，时虞不继，而大多数缺乏经济来源，依贷金以维持者，更不足供半月粮食。同事中月薪在百元以上者，尚不足以赡数口之家，而月薪仅有数十元者，即个人亦难糊口。吾校原定经费，又未能追上目前物价飞涨之比率，在此米珠薪桂之情势下，更使诸同事同学感受破天荒之生活痛苦。爰据本校于去年二月迁澄以来之物价指数，迭请教育部酌予改善待遇，俾诸同事同学稍得安心教学，并于三月上旬派员赴昆明，与云南省政府、两广同乡会、法国总领事分头接洽，将积存公米，昭收粜与本校；又向西贡购入越米转运诸澄，藉抒眉急，均荷热心援助，允诺实行，意至可感，然仍未足减诸同事同学之丝毫痛苦。回念迁校滇中，既不能与诸同事同学共历艰危，在澄生活困窘，又未克与诸同事同学共尝滋味，此使鲁寝馈难安者四也。

本校为总理所手创，又为纪念总理唯一之大学，所负使命，至为重大。故调整管理，充实设备，建筑新校，固为必需之条件，而延揽各方积学之士，在三民主义下自由讲学，使全校员生对于科学方面，得有自由研究之机会，亦为刻不容缓之图。鲁对于本校，既欲完成总理遗志，树一最高学府，自宜养成学术自由之风气，把世界文化，迎头赶上。同时为抵抗暴敌，争取民族独立生存，尤应依据三民主义之最高原则，对于每一问题，同全校同事同学有发表言论自由之机会，始能得到唯一共同遵守之真理，在实践中以求民族意志之集中。职是之故，鲁于年前拟编总理文库，举凡社会、政治、经济、法律、教育、实业诸部门，均备订专题，分请诸同事依据总理遗教，从事钻研编撰，以蕲完成三民主义理论一大体系，乃因夙病羁牵，未克回校共同努力，以成初志，私衷渐怍，更难言喻，此使鲁馈难安者五也。

窃鲁自奉总理命创办本校以来，先后两度长校，已十有一年，身心虽瘁，成效式微。而年来因职因病，不克回校主持，以致丛愆积咎，未能贯彻总理创建本校之目的与仰副总理对于本校之远大期望，以慰在天之灵，返躬自省，益凛冰渊。再四思维，惟有退避贤路，庶免长此贻误校务，爰于去年五月三十日及七月八日再向教育部呈辞，未邀允请。岁月不居，又将一载，校务以种种关系，未能尽量改善，达到吾人愿望。今春校中少数同事同学，因意见未能融洽，发生种种误会，实由鲁未能返校主持，以致有此不幸现象，既负总理付托之重，又负政府倚升之殷，亦何以对诸同事同学期待之厚。清夜扪心，无地自容，复于三月七日及四月一日两度恳请罢免，以明责任，咎既在鲁一人，自属责无旁贷。兹蒙政府准予给假调养，得息仔肩，少减罪戾。然鲁之精神，仍无时无地不牵绕本校，深冀诸同事同学此后仍本过去艰苦为校热诚，继续爱护本校，且能益自淬励，精诚团结，竭力阐扬总理遗教，精研高深学术，创造三民主义文化，以完成抗战建国之大业。俾鲁得以终偿夙愿，少盖前愆，此则鲁对于诸同事同学所厚望也。情长纸短，不尽所怀，敬布悃诚，继祈亮督。①

先生执掌中山大学合计九年十一个月。完善设备，宏伟规模，引进硕儒，培养人才，实是功不可没。台湾《中央日报》在其逝世次日发表的社论中指出："这是邹先生不朽的事业。即此一端，邹先生已足千古。"②

黄羡章对先生二次执掌中大作出了比较客观的评价：

"邹鲁二度出长中大长达近十年时间，贡献甚大。贡献之一是为中大筹集了一大笔经费。邹鲁与蒋系人马政治上长期不和，当时出掌财政部和教育部分别是蒋系人马宋子文和朱家骅，他们对中大的经费一直卡着不拨，邹鲁多次致函财、教两部催拨，宋、朱还是置之不理，造成中大经费无着落，连教职工的工资也发不起。这时，邹鲁心生一计，利用孙中山生前曾经提出的在广州东郊的石牌择址建设新校区的计划，千方百计进行筹款，并给南京政府造成政治压力。他决定来一次全国性的筹款活动，以由反蒋派胡汉民、邓泽如、萧佛成、林云陔、陈济棠、林翼中、区芳浦、许崇清及他本人组成的中山大学校董会的名义，于1932年12月底，函电所有的国民党中央执行委员、候补执行委员，以他们列名发起劝捐活动。几天后，复电赞成的中执委、候补中执委达40多人，其中包括林森、冯玉祥、李济深等头面人物；此外，邹鲁还令中大出版部

① 邹鲁：《回顾录》，岳麓书社2000年9月第1版，第428～432页。

② 《悼邹海滨先生》，见《中央日报》，1954年2月14日。

主任张掖印制捐册2000本，声称为完成孙中山遗愿，将建新校址云云，分发社会各界，要求发动多个层次捐款：各省、各县、华侨和学生，1933年寒假期间，邹鲁要求每个学生领去捐册一本，向他们的亲友募捐。邹鲁还亲自出马到香港向硕儒巨贾募捐。在邹鲁的努力下，各界捐款源源不断汇入中大。财政部、教育部也逼于形势，将正常经费如期拨付。至此，中大的日常开支和建设新校的经费基本解决。

贡献之二是建设了石牌新校址，扩大了学校规模。他落实校方在石牌一带购置土地四万亩，制定并实施了一个六年三期的建校计划，将原来五个学院扩大为理、工、医、农、法、文、教育等七个学院，建起了农学、化学、电气、机械、土木工程教学楼和物理、天文、生物、地理实验室，增办护士学校、助产学校的医学院附属第一、二医院以及附属中小学，还在潮汕、湛江等地创办农场、桑场，为师生实习、科研提供了配套场所，并以中山大学的名义，接管两广土壤调查所、广东通志馆，组织师生调查土壤，编写广东方志。1937年，中大还设立研究院硕士学位考试委员会，举办了第一届硕士学位考试，鼓励优秀学生出国留学。到1940年6月［4月］邹鲁辞任校长的六年多的时间里，中山大学实现了从中等规模的普通高校向国内乃至国际知名的重点大学转变，是民国期间中大的全盛时期。为表彰邹鲁对中大的贡献，世界著名学府德国海德堡大学授予邹鲁以荣誉大学博士学位。回顾石牌新校的建设，邹鲁也念念不忘并引以为豪，他赋诗道：'蓝缕荜路启山林，寸寸山村尽化金；树木树人兼树谷，规模远托百年心。'

邹鲁在治理中大期间也不无缺失。主要表现在他唯我独尊，容人的胸襟褊狭。他第二次到中大任职时，将前任许崇清的人员，凡重要职位的，一律撤换，包括教务长、事务长、会计主任、部分院系的主任和部组主任，培植个人势力；他对有'左'倾行为的学生采取高压政策。1932年9月秋季开学前夕，他以校方的名义贴出布告，开除一些反对过他的学生的学籍，说这些学生'习气太深，不堪栽成'。此外，邹鲁还在1933年4月间，因中大模范林场（在今白云山一带）的林警与邹鲁信任的校警发生冲突，校警打伤林警，引起部分师生的不满，发动罢课，邹鲁不分青红皂白，将占据校内教职员聚会的场所作为罢课指挥部的农学院学生戴家齐、江一勋、张进煊、王佐仁，文学院学生郑以镛，理学院学生古谔、陈彬等7人开除学籍，并着令即时离校。以上这些事件，既是邹鲁严厉的办学作风的体现，也是邹鲁长期坚持的右派立场使然。所有这些，显然在邹鲁担任中大校长期间流下了明显的瑕疵。"①

① 黄羡章：《潮汕民国人物评传》，广东人民出版社2008年8月第1版，第25～27页。

5月 上书蒋介石，促请国民政府加倍抵抗外敌入侵。[①]

是月，张自忠将军身先士卒，迎头痛击侵犯鄂北的日军，终因部队减员严重，弹粮两缺，于18日在杏儿山阵亡。先生根据时事发展情况，上书蒋介石，大意为：欧战益烈，英法挫败，敌人必乘机攫取英法在东亚及南洋的属地。尤其荷兰已经被纳粹法西斯占领，荷印力弱，英法虽给与保障，敌人岂愿坐失良机？在此时期中，敌人企图必先竭力使我屈服，或用武力，或谈和平，俾能安心南进，而无后顾之忧。纵我不屈服，其南进政策，亦决不肯放弃。因此我应加倍努力抵抗，以分敌人南进之力，俾利友邦。同时联络友邦，预防敌人南进，以便联成同一战线。庶几我国之被侵略问题可获解决，世界之侵略问题亦迎刃而解。

7月1日 出席总理纪念周及国民党五届七中全会开幕礼。开幕礼后，随即举行预备会议，通过主席团人选，先生等11人组成主席团。[②]

7月2日 早上6时，出席国民党五届七中全会第一次会议。会议听取党务报告、政治报告。[③]

△下午6时，出席国民党五届七中第二次会议。会议决定大会宣言起草委员会人选及设立物价审查会，并指定人选。会议还听取了外交报告和军事报告。[④]

7月3日 下午6时，出席国民党五届七中全会第三次会议。会议通过要案14件。[⑤]

7月5日 上午6时，出席国民党五届七中全会第四次会议。蒋介石在会议上讲述最近抗战形势及外交形势；会议决定组织决议案整理委员会，并通过其人选；会议还听取了经济报告和交通报告。下午6时，继续开会，听取内政报告和教育报告，会议通过要案多件。[⑥]

7月6日 上午6时，出席国民党五届七中全会第五次会议。会议听取孔祥熙作的财政报告，通过了党务等多个报告的决议案及要案多件。[⑦]

7月7日 上午7时，出席总理纪念周。鉴于局势艰危，吴敬恒在纪念周

---

① 邹鲁：《回顾录》，岳麓书社2000年9月第1版，第437页。
② 中国第二历史档案馆：《中央党务公报》，南京出版社1994年12月第1版，第6－81页。
③ 中国第二历史档案馆：《中央党务公报》，南京出版社1994年12月第1版，第6－81页。
④ 中国第二历史档案馆：《中央党务公报》，南京出版社1994年12月第1版，第6－81页。
⑤ 中国第二历史档案馆：《中央党务公报》，南京出版社1994年12月第1版，第6－82页。
⑥ 中国第二历史档案馆：《中央党务公报》，南京出版社1994年12月第1版，第6－82页。
⑦ 中国第二历史档案馆：《中央党务公报》，南京出版社1994年12月第1版，第6－82页。

上作了警惕扼要的报告。①

7月8日 下午6时，出席国民党五届七中全会第六次会议。会议决定以全会名义致电慰老抗战将士及海外侨胞，并通过对于教育报告的决议案及大会宣言。全会在蒋介石致闭幕辞后结束。② 会议期间，蒋介石特约先生等国民党中常委，商讨粮食事宜。

7月 在家里与冯玉祥讨论欧洲战事。③

8月14日 与夫人赵淑嘉一起到冯玉祥住处谈话。④

约8月 有一位住在上海的国民党同志，曾与日本侵略者有来往，派其子至重庆。他到达后来见先生，说他父亲就要前来，托先生向中央通融，而他也想在此进学校学习。先生将此事转达蒋介石，得到蒋介石的应允，并说某来很好，但是他决不可做敌人的和平使者。先生亲自得到蒋介石的表示，益知蒋"抗战的意识非常坚决，非他人可比，必能贯彻始终，获得最后胜利，心至愉快。"⑤

9月29日 下午2时，与冯玉祥谈话。⑥

9月底 到国民党中央党部参加中执委常务委员会委员谈话会。⑦

是月27日，德、意、日正式在柏林缔结了军事同盟条约。美国发表声明表示反对。蒋介石约请国民党中执委常委谈话，先生参加了谈话会。

秋 作《墨竹图》。⑧

秋 于白鹤集复兴居作《墨竹图》两幅。⑨

10月2日 主持国民党第五届中央执委会常委会第一百五十九次会议。⑩

会议议决要案16件，其中包括审议国防最高委员会秘书厅函：为准行政院函：以重庆位置重要，今为全国政治军事经济之中枢，准重庆市临时参议会之请，明定重庆为陪都，请转陈核定一案，经过国防最高委员会决议通过，并

---

① 中国第二历史档案馆：《中央党务公报》，南京出版社1994年12月第1版，第6－82页。

② 中国第二历史档案馆：《中央党务公报》，南京出版社1994年12月第1版，第6－82页。

③ 邹永：《浮生点滴：邹永回忆录》，中山大学出版社2008年11月第1版，第27页。

④ 冯玉祥：《冯玉祥日记》第五册，江苏古籍出版社1992年1月第1版，第899页。

⑤ 邹鲁：《回顾录》，岳麓书社2000年9月第1版，第437～438页。

⑥ 冯玉祥：《冯玉祥日记》第五册，江苏古籍出版社1992年1月第1版，第925页。

⑦ 邹鲁：《回顾录》，岳麓书社2000年9月第1版，第438页。

⑧ 程焕文、张靖、周旎：《邹鲁未刊稿》上册，广西师范大学出版社2008年3月第1版，第42页。

⑨ 程焕文、张靖、周旎：《邹鲁未刊稿》上册，广西师范大学出版社2008年3月第1版，第43页。

⑩ 中国第二历史档案馆：《中央党务公报》，南京出版社1994年12月第1版，第6－457页。

已函国民政府明令发表。

10月6日 于复兴居作墨竹图，题“不随兰桂竞芬芳，且共松梅耐雪霜。品自清高节自劲，任他世态变炎凉。”① 该画现藏中山大学图书馆。

11月25日 上午9时，出席国民党第五届中央执委会常委会第一百六十三次会议。会议由孙科为主持，通过要案多件。②

12月9日 上午10时，出席国民党第五届中央执委会常委会第一百六十四次会议。会议由孔祥熙为主持，通过要案多件。③

下半年 精神渐佳，整理文稿。④

是年 奉询蒋介石，了解政府是否主张与日本议和。得到蒋介石否定答复。⑤

1941年（民国三十年　辛巳）五十七岁

2月1日 作《墨竹图》、《墨兰图》。⑥

△题诗一首：“行年五十七春秋，历尽艰难为国谋。政使中华改民主，遂催帝制改清酋。复兴民族图团结，扫荡倭努复世仇。好与同胞齐庆祝，万年长治乐悠悠。”⑦ 该诗书法条幅藏于中山大学图书馆。

3月24日 出席国民党五届八中全会开幕典礼。⑧

上午9时，典礼在重庆国民政府大礼堂举行。礼毕后举行预备会议，通过主席团人选，先生等11人组成主席团。

3月25日 上午9时，出席国民党五届八中全会第一次会议，听取居正

---

① 程焕文、张靖、周旎：《邹鲁未刊稿》上册，广西师范大学出版社2008年3月第1版，第34页。

② 中国第二历史档案馆：《中央党务公报》，南京出版社1994年12月第1版，第7－173页。

③ 中国第二历史档案馆：《中央党务公报》，南京出版社1994年12月第1版，第7－195页。

④ 邹鲁：《回顾录》，岳麓书社2000年9月第1版，第482页。

⑤ 邹鲁：《回顾录》，岳麓书社2000年9月第1版，第437页。

⑥ 程焕文、张靖、周旎：《邹鲁未刊稿》上册，广西师范大学出版社2008年3月第1版，第45、47页。

⑦ 程焕文、张靖、周旎：《邹鲁未刊稿》上册，广西师范大学出版社2008年3月第1版，第46页。

⑧ 中国第二历史档案馆：《中央党务公报》，南京出版社1994年12月第1版，第8－38页。

作党务报告等多个报告。①

△下午3时，出席国民党五届八中全会第二次会议，听取外交报告等多个报告。②

3月26日 上午8时，出席国民党五届八中全会第三次会议，听取社会报告等多个报告。③

3月27日 上午8时，出席国民党五届八中全会第四次会议，听取三民主义青年团工作报告、各地党务报告等多个报告。④

3月28日 下午3时，出席国民党五届八中全会第五次会议，听取特种问题报告及各地党务报告等多个报告。⑤

3月29日 上午8时，出席革命先烈纪念仪式后接着出席国民党五届八中全会第六次会议，继续听取各地党务报告等多个报告。⑥

3月31日 上午8时，出席国民党五届八中全会第七次会议，继续听取各地党务报告等多个报告。⑦

△下午3时，出席国民党五届八中全会第八次会议，听取各战区司令长官报告本战区军事概况。⑧

4月1日 上午9时，出席国民党五届八中全会第九次会议，讨论提案审查委员会党务、政治两组审查提出的提案42件。⑨

△下午3时，出席国民党五届八中全会第十次会议。⑩

会议讨论并修正通过政治组提出的政治报告决议案，会议还讨论多个提案。先生提出的《调整党政机构，厉行人尽其才俾适应战时需要早竟胜利全功》提案也在讨论之列，该提案认为目前各级党政机构，不够简单、合理，造成效率低下，无法适应抗战的需要。议案写道："目前政治现象，似尚未能满足战时之需要。甚愿党政机构，有更合理之普遍调整；人事制度，得意合理之圆满改进。岂特可以节省公帑，减轻人民负担，抑亦集中人才，统一意志，

---

① 中国第二历史档案馆：《中央党务公报》，南京出版社1994年12月第1版，第8－38页。
② 中国第二历史档案馆：《中央党务公报》，南京出版社1994年12月第1版，第8－38页。
③ 中国第二历史档案馆：《中央党务公报》，南京出版社1994年12月第1版，第8－38页。
④ 中国第二历史档案馆：《中央党务公报》，南京出版社1994年12月第1版，第8－38页。
⑤ 中国第二历史档案馆：《中央党务公报》，南京出版社1994年12月第1版，第8－38～39页。
⑥ 中国第二历史档案馆：《中央党务公报》，南京出版社1994年12月第1版，第8－39页。
⑦ 中国第二历史档案馆：《中央党务公报》，南京出版社1994年12月第1版，第8－39页。
⑧ 中国第二历史档案馆：《中央党务公报》，南京出版社1994年12月第1版，第8－39页。
⑨ 中国第二历史档案馆：《中央党务公报》，南京出版社1994年12月第1版，第8－39页。
⑩ 中国第二历史档案馆：《中央党务公报》，南京出版社1994年12月第1版，第8－39页。

发挥更大之力量，缩短战程，而早奏成功之大道焉。”①

4月2日 上午8时，出席国民党五届八中全会第十一次会议，讨论多项提案。下午3时，继续开会，通过设立粮食部案、多个人事任命案。6时，大会通过宣言后闭幕。②

5月29日 应中国国民党中央执行委员会邀请，撰写《赠大将军邹烈士容纪念碑》。③

重庆为邹容烈士生长地，国民党五届八中全会决定为邹容立碑，纪念其为革命牺牲的伟绩，昭示后人，益加奋勉，共赴抗战建国的大业。全会邀请先生撰写碑文，先生在碑文中详细介绍了邹容的生平。

△应中国国民党中央执行委员会邀请，撰写《秦烈士炳纪念碑》碑文。④

6月6日 儿子邹越致函先生及母亲赵淑嘉，谈及与父亲妻子梁定慧等人的家庭纠纷，表示愿意代父整顿家事。⑤

夏 和商务印书馆香港总馆协商，再版《环游二十九国记》。⑥

夏 作《墨竹图》，题诗一首：“吾邑高陂竹最多，阴浓数里绿婆娑。卅年回首乡关梦，为写清姿肖几何。历年教育倡生产，翠竹初栽廿万竿。岁岁生孙滋长育，绿阴千亩荫人宽。”⑦

夏 于复兴居作《墨竹图》四幅，并分别题诗一首。⑧

7月 国立中山大学代校长许崇清被免职，拟由张云主持校政，中大师生掀起“迎邹（邹鲁）挽许（许崇清）拒张（张云）运动”，国民政府不予理会，后张云仍代理中大校长。⑨

约8月 接美国驻华大使馆海军助理参赞坎贝尔（Lt. Campbell）信件。⑩

Lt. Campbell在信中说，他在香港的时候，看见过先生的一篇演讲稿，表示对先生非常敬重，想到家里拜见。先生复信说表示欢迎，并对秘书说：看样

---

① 邹鲁：《回顾录》，岳麓书社2000年9月第1版，第439页。

② 中国第二历史档案馆：《中央党务公报》，南京出版社1994年12月第1版，第8－39页。

③ 邹鲁：《澄庐文选》，正中书局1948年5月初版，第397～400页。

④ 邹鲁：《澄庐文选》，正中书局1948年5月初版，第406～407页。

⑤ 程焕文、张靖、周旎：《邹鲁未刊稿》下册，广西师范大学出版社2008年3月第1版，第691页。

⑥ 邹鲁：《二十九国游记》，商务印书馆1947年4月初版，第2页。

⑦ 程焕文、张靖、周旎：《邹鲁未刊稿》上册，广西师范大学出版社2008年3月第1版，第48页。

⑧ 程焕文、张靖、周旎：《邹鲁未刊稿》上册，广西师范大学出版社2008年3月第1版，第49～52页。

⑨ 广东省立中山图书馆：《民国广东大事记》，羊城晚报出版社2002年11月第1版，第672页。

⑩ 邹永：《浮生点滴：邹永回忆录》，中山大学出版社2008年11月第1版，第28页。

子，他是想到我这里找点情报吧。不久，Lt. Campbell 来到先生家，与先生闭门谈了三个多小时。以后，Lt. Campbell 时不时来先生家里商谈，尤其到了太平洋战争末期，来得更加频繁。秘书对先生说：看样子，Lt. Campbell 像在准备资料，以便美军有一天能在广东沿海登陆，打击日本。由于先生和 Lt. Campbell 频繁接触，引起中统和军统的注意。

约8月 韶关“我的母亲编辑社”给先生送来《我的母亲》一册，同时约请先生写一篇纪念母亲的文章，由该社发表。先生含泪写完《追忆我的慈母》一文。①

9月20日 撰写《旧游新感付印赘言》一文。②

9月下旬 《旧游新感》在重庆出版发行。③

《旧游新感》为加于《环游二十九国记》的按语，是对《环游二十九国记》的补充。先生认为，希特勒入侵苏联必将成为真正的世界大战，想到旧游的二十九国大都已卷入战争的旋涡，其政治地图大半改观，为了证明先生当年的见闻，或述明各国的现状，或抒写感想，爰于各国之中，插以按语一段或数段不等，使其切合于现状。这些按语以检讨国际政治为中心，为激励国人起见，一方面说明造成目前局势的原因，另一方面断定希特勒、墨索里尼及暴日终归失败的理由，希望侵略者表面上的成绩不致于动摇国人的信心，主张英、美注意日本重演“九一八”袭击东北三省的故伎，主张英、美、苏等国应与中国结成大同盟，同御侵略。

后来，《旧游新感》和《环游二十九国记》合并为《二十九国游记》，由商务印书馆出版发行。

11月15日 致函邹说，让其取还保存在邹敏初处的各种契据。④

11月20日 致函邹说、程慕贞，表示此次要解决家庭纠纷，其纠纷包括存放在邹敏初处各件交给邹说、程慕贞保管等。⑤

---

① 邹鲁：《回顾录》，岳麓书社2000年9月第1版，第439～440页；邹鲁：《澄庐文选》，正中书局1948年5月初版，第115页。

② 邹鲁：《澄庐文选》，正中书局1948年5月初版，第300页。

③ 戴书训：《愈经霜雪愈精神——邹鲁传》，近代中国出版社1983年10月初版，第156页；邹鲁：《回顾录》，岳麓书社2000年9月第1版，第525页；邹鲁：《二十九国游记》，商务印书馆1947年4月初版，第2页。

④ 程焕文、张靖、周旎：《邹鲁未刊稿》下册，广西师范大学出版社2008年3月第1版，第692页。

⑤ 程焕文、张靖、周旎：《邹鲁未刊稿》下册，广西师范大学出版社2008年3月第1版，第694～695页。

12 月 15 日 出席国民党第五届中央执行委员会第九次全会开幕礼。①

上午 9 时，开幕礼在重庆国民政府大礼堂举行。吴铁城在典礼上宣读国民政府对日宣战布告、国民政府对德国、意大利宣战布告及总裁告全国军民书，蒋介石在典礼上发表了致辞。嗣后，举行预备会议，通过主席团人选，先生等 11 人组成主席团。

12 月 16 日 上午 9 时，出席国民党五届九中全会第一次会议，听取居正作党务报告，朱家骅作组织部工作报告，王世杰作宣传部工作报告，刘维炽作海外部工作报告。②

△下午 3 时，出席国民党五届九中全会第二次会议，听取康泽作三民主义青年团工作报告，王宠惠代表国防最高委员会作工作报告等。③

12 月 17 日 上午 9 时，出席国民党五届九中全会第三次会议，继续听取行政院各部工作报告。④

12 月 18 日 上午 9 时，出席国民党五届九中全会第四次会议。会议组织成立宣言起草委员会、议案整理委员会等机构。⑤

12 月 19 日 上午 9 时，出席国民党五届九中全会第五次会议，听取及交议粮食部工作报告等。⑥

△下午 3 时，出席国民党五届九中第六次会议，蒋介石莅会训话。⑦

12 月 20 日 上午 9 时，出席国民党五届九中全会第七次会议，听取各省市党务工作报告等。⑧

△下午 3 时，出席国民党五届九中第八次会议，继续听取各省市党务工作报告，嗣后讨论提案多件。⑨

12 月 22 日 上午 11 时，出席国民党五届九中全会第九次会议，首先听取考试院戴传贤院长报告考铨行政工作，其次讨论提案 35 件。

△下午 3 时，出席国民党五届九中第十次会议，会议对党政报告进行质

---

① 中国第二历史档案馆：《中央党务公报》，南京出版社 1994 年 12 月第 1 版，第 9 - 102 页。

② 中国第二历史档案馆：《中央党务公报》，南京出版社 1994 年 12 月第 1 版，第 9 - 102 页。

③ 中国第二历史档案馆：《中央党务公报》，南京出版社 1994 年 12 月第 1 版，第 9 - 102 页。

④ 中国第二历史档案馆：《中央党务公报》，南京出版社 1994 年 12 月第 1 版，第 9 - 102 页。

⑤ 中国第二历史档案馆：《中央党务公报》，南京出版社 1994 年 12 月第 1 版，第 9 - 102 ~ 103 页。

⑥ 中国第二历史档案馆：《中央党务公报》，南京出版社 1994 年 12 月第 1 版，第 9 - 103 页。

⑦ 中国第二历史档案馆：《中央党务公报》，南京出版社 1994 年 12 月第 1 版，第 9 - 103 页。

⑧ 中国第二历史档案馆：《中央党务公报》，南京出版社 1994 年 12 月第 1 版，第 9 - 103 页。

⑨ 中国第二历史档案馆：《中央党务公报》，南京出版社 1994 年 12 月第 1 版，第 9 - 103 页。

询，并讨论多项提案。[①]

12月23日 上午10时，出席国民党五届九中全会第十一次会议。首先继续讨论提案，其次通过对于政治报告的决议案及多项人事任免案。会议在通过大会宣言后闭幕。[②]

12月 长子邹越在广州三元里被日军杀害。

邹永回忆道，消息传来，先生“非常伤心，从重庆回到陈家桥，我父亲很怕他自己会中风，把我叫到旁边，告诉我，我母亲在重庆汇丰银行有九千美元存款，如有不测，可用来应急。”[③]

年底 请蒋介石帮忙保护赵淑嘉和长媳程慕贞从香港回到重庆。

香港被占领时，夫人赵淑嘉和长媳程慕贞都在香港，二人选择逃离香港，前往重庆与先生团聚。先生出面请蒋介石帮忙营救，在蒋的同意下，国民政府的地下人员对二人离开香港赴渝帮了大忙，先生的绿林朋友李福林的部下也一路保护二人抵达重庆。先生因此“很感谢蒋介石”。二人到重庆后，先生“心情才有所好转”。[④]

1942年（民国三十一年　壬午）五十八岁

1月7日 密友钟荣光在香港逝世。先生在邹越遇害后听闻该消息，“更感悲伤”[⑤]。

1月23日 致函吴铁城，因长子邹越遇害，“心绪如焚”[⑥]，需要返乡静养，请吴在开会时代为请假。

---

① 中国第二历史档案馆：《中央党务公报》，南京出版社1994年12月第1版，第9-103页。

② 中国第二历史档案馆：《中央党务公报》，南京出版社1994年12月第1版，第9-104页。

③ 程焕文、张靖、周旎：《邹鲁未刊稿》下册，广西师范大学出版社2008年3月第1版，第854页。

④ 程焕文、张靖、周旎：《邹鲁未刊稿》下册，广西师范大学出版社2008年3月第1版，第854页。

⑤ 程焕文、张靖、周旎：《邹鲁未刊稿》下册，广西师范大学出版社2008年3月第1版，第854页。

⑥ 中国国民党中央委员会党史委员会：《邹鲁先生文集》，中国国民党中央委员会党史委员会1984年6月30日出版，第316页。

2月15日 作画《墨兰图》。①

2月21日 在《三民主义周刊》第二卷第十九期上发表《关于兴中会创立时间与地点》一文。②

在文中，先生主张兴中会在纪元前二十年（1892年）创设于澳门，根据是孙中山先生的论著《伦敦蒙难记》和《心理建设》第八章。

5月14日 国民政府明令褒扬交通部殉职员工谢奋程、汪仲良、邹越、石寿颐、毛文钟等。③ 其中邹越为先生之子。

5月 著作《旧游新感》由国民图书社出版发行。该书将原著《环游二十九国记》摘要并增插按语出版。④

上半年 在国防最高委员会常委会议上提出《请在闽粤赣湘桂安全地区开辟数处大规模之农垦区以容纳归侨及缺乏耕地之民众案》。⑤

在英、荷属南太平洋属地沦陷后，当地华侨不堪压迫，纷纷回国。先生认为，这些回国侨胞历尽艰苦，除了有家可归者外，其余都应该由政府设法安置。因此提出该议案。议案的主要内容是由国家银行，尤其是中国农民银行特别拨出巨款，开垦粤湘、粤赣、粤桂交界的荒地，指定回国而无家可归的侨胞去经营，使回到祖国的侨胞不但有所栖止，并且能够从事生产。该提案获得通过，但是没有付诸实施。

7月7日 是日为中国"七七"事变五周年纪念，美国对中国艰苦抗战表示十分同情，专门印发纪念邮票，表示坚决反对日本侵略行为。美国陆军部长史汀生特意致函中国国民党当局，信函上贴的就是这枚纪念邮票，鼓励中国要坚定抗战胜利的信心。先生接得该函。⑥

不久，先生给史汀生回信。信件指出，自己追随孙中山先生多年，看到邮票至为感动，对美国政府的交好行为表示感谢。

8月22日 致函中国银行重庆分行，嘱咐该行将昆明分行汇交程慕贞国币二万六千一百余元款项留存两千元于敝行，余款转汇湖南衡阳学前街七十一号半程耀南转交程慕贞收等。8月31日，重庆分行复函先生，限于支付手续，

---

① 程焕文、张靖、周旎：《邹鲁未刊稿》上册，广西师范大学出版社2008年3月第1版，第53页。

② 邹鲁：《回顾录》，岳麓书社2000年9月第1版，第482~483页。

③ 广东省立中山图书馆：《民国广东大事记》，羊城晚报出版社2002年11月第1版，第694页。

④ 国立中山大学校友会：《邹鲁全集》第（一）卷，三民书局股份有限公司1976年10月初版，《邹鲁全集编印经过》第3页。

⑤ 邹鲁：《回顾录》，岳麓书社2000年9月第1版，第450页。

⑥ 邹鲁：《回顾录》，岳麓书社2000年9月第1版，第451页。

歉难遵办。①

秋 开始撰写《少年的回顾》一书。②

10月 接国民党妇女指导委员会的来信，邀请先生把参加辛亥革命的经过情形，写一篇文章，交送该会所主编的《妇女新运》月刊发表。先生应允并撰写了《广州三月廿九日革命的经过》一文。

文章高度评价了广州三月廿九日革命的重要意义，“因为有广州三月廿九日之役，激起了中国革命的高潮，促成了武昌起义之成功。”之后，详细介绍了起义经过。最后，先生写道：“在目前抗战建国的大时代中，来叙述广州三月二十九日的革命经过，作者觉得它的意义更为深长。广州三月二十九日革命的目的，在争取民族的自由平等，我们现在抗战建国的目的，也是争取民族的自由平等。广州三月二十九日的革命先烈，既经用了他们不计成败，不顾生死，前仆后继的热血精神，灌溉成功灿烂之花的中华民国，而担负起目前抗战建国大业的我们，应该怎样本着先烈的精神，相勉以死里求生，铲除东亚的恶魔，收复已失的土地，谋民族的复兴，奠定子孙万世安居的基础呢？这是我在说完广州三月二十九日的革命经过以后，感想所及，望我全国同胞同志，继承先烈的遗志，努力！奋斗！荡倭寇！救中华。”③ 该文发表在《妇女新运》第四卷第八期上。

11月5日 致函国民党中央执行委员会秘书处，抄奉审阅提案的意见函。

中央执行委员会秘书处此前致函先生，请先生审阅六件五届十中全会提案。先生在复函中将自己的意见分列之后。

（一）对《健全本党基层组织纲要案》。先生认为，原案各点很必要，组织部所提意见也很具体，应并入原案，使之更加完备。两点补充意见：“甲、欲健全区党分部，应先健全书记人选，此项人选，学识经验均应为全部冠，始能得到人家信仰。”“乙、目前党员与非党员工作似无多大分别，欲博得民众之信仰，渐进以取得民众领导权，诚若缘木求鱼之事。”

（二）对《加强本党县市宣传工作，并与社会教育工作配合，以宏宣传效力案》。先生认为该案应增加一项内容，“每一县市党部及区党部均利用部所或当地学校设一民众教育班，经费由各该地党部及机关团体会同策划，教师由党员轮流负责，藉此协助政府扫除文盲，接近民众，宣传党义，渐进以取得民

---

① 程焕文、张靖、周旎：《邹鲁未刊稿》下册，广西师范大学出版社2008年3月第1版，第800页。

② 邹鲁：《回顾录》，岳麓书社2000年9月第1版，第455页。

③ 中国国民党中央委员会党史委员会：《邹鲁先生文集》，中国国民党中央委员会党史委员会1984年6月30日出版，第125～132页。

众领导权。”

（三）对《加强战时财政合理统筹政策，以裕国计而利抗战案》。先生认为该案应增加一项内容，“我国过分利得税得之已久，今后更应严密执行，并应普及于乡村。”

（四）对《改善战时交通案》。先生认为，当前陆路运输日益困难，车辆、燃料都有问题，所以应在提案中加一条：“全国车辆不论公私，集中管理，划定全国为若干区，视各区之需要，随时而定车辆之多少，如是调动灵活，缓急有分，且不至浪费燃料。惟同时须统筹修理办法，以保养车辆之运用。”①

（五）对《在中央执行委员会设立研究党义之机构，辅佐中央解释，并指导有关党义之言论案》。先生指出该案用意好，但是办法仍欠周全。先生同时指出其四点不足之处。

11月11日 在重庆复兴居撰写《二十九国游记》改版自序。②

11月12日 出席国民党五届十中全会开幕礼。③

上午9时，全会在重庆国民政府大礼堂开幕，蒋介石致开幕辞。开幕式后举行预备会议，通过主席团人选，先生等11人组成主席团，会议还确定组织各组审查委员会。

11月14日 上午9时，出席五届十中全会第一次会议。首先由主席团报告设立特种审查委员会，其后听取居正作党务报告，12时散会。下午3时，继续出席第一次会议，由各委员先后就宣传、训练、海外党务及党史事项，提出质询。④

11月16日 上午9时，出席五届十中全会第二次会议。主要议程为听取孔祥熙作政治报告。下午3时，继续出席第二次会议，主要议程是听取宋子文、顾维钧作国际形势报告。⑤

11月17日 上午9时，出席五届十中全会第三次会议。主要议程为听取及讨论贺耀祖报告关于加强管制物价的方案。下午3时，继续出席第三次会议，各委员就物价问题发表意见。⑥

11月18日 主持五届十中全会第四次会议。会议于上午9时召开，由何

---

① 中国国民党中央委员会党史委员会：《邹鲁先生文集》，中国国民党中央委员会党史委员会1984年6月30日出版，第316~319页。

② 邹鲁：《二十九国游记》，商务印书馆1947年4月初版，第1~6页。

③ 中国第二历史档案馆：《中央党务公报》，南京出版社1994年12月第1版，第11－19页。

④ 中国第二历史档案馆：《中央党务公报》，南京出版社1994年12月第1版，第11－20页。

⑤ 中国第二历史档案馆：《中央党务公报》，南京出版社1994年12月第1版，第11－20页。

⑥ 中国第二历史档案馆：《中央党务公报》，南京出版社1994年12月第1版，第11－20页。

应钦作军事报告，12时散会。下午各组举行提案审查会。①

11月19日 上午9时，出席五届十中全会第五次会议，听取党政考核报告等。②

11月20日 上午9时，出席五届十中全会第六次会议，听取各省市党务报告。③

11月21日 上午9时，出席五届十中全会第七次会议，继续听取各省市党务报告。④

△下午3时，出席五届十中全会第八次会议，举行党务工作总研讨。⑤

11月23日 上午9时，出席五届十中全会第九次会议，继续听取各省市党务报告。⑥

11月24日 上午9时，出席五届十中全会第十次会议，继续听取各省市党务报告。下午3时，继续出席第十次会议，并开始讨论议案。⑦

11月25日 上午9时，出席五届十中全会第十一次会议，讨论决议案六件。⑧

△下午3时，出席五届十中全会第十二次会议，进行政治工作总研讨。⑨

11月26日 上午9时，出席五届十中全会第十三次会议，讨论决议案6件。下午3时，继续出席第十三次会议，讨论议案。⑩

11月27日 上午9时，出席五届十中全会第十四次会议，讨论要案15件。下午3时，续会由蒋介石主持，会议改选中央执委会常务委员会，用无记名投票法，选出陈果夫、何应钦、孔祥熙、张厉生、白崇禧、宋子文、先生等15人为常务委员会委员。⑪

先生在会上提出《拟订战后和平原则以奠定世界永久和平》提案。提案提出的背景是盟军在北非取得大捷，胜利快将降临，不可不及早表示对战后世界和平的态度，于是提出上述提案。在提案中，提出了数项战后和平原则：第

---

① 中国第二历史档案馆：《中央党务公报》，南京出版社1994年12月第1版，第11－20页。
② 中国第二历史档案馆：《中央党务公报》，南京出版社1994年12月第1版，第11－20页。
③ 中国第二历史档案馆：《中央党务公报》，南京出版社1994年12月第1版，第11－20页。
④ 中国第二历史档案馆：《中央党务公报》，南京出版社1994年12月第1版，第11－20页。
⑤ 中国第二历史档案馆：《中央党务公报》，南京出版社1994年12月第1版，第11－20页。
⑥ 中国第二历史档案馆：《中央党务公报》，南京出版社1994年12月第1版，第11－21页。
⑦ 中国第二历史档案馆：《中央党务公报》，南京出版社1994年12月第1版，第11－21页。
⑧ 中国第二历史档案馆：《中央党务公报》，南京出版社1994年12月第1版，第11－21页。
⑨ 中国第二历史档案馆：《中央党务公报》，南京出版社1994年12月第1版，第11－21页。
⑩ 中国第二历史档案馆：《中央党务公报》，南京出版社1994年12月第1版，第11－21页。
⑪ 中国第二历史档案馆：《中央党务公报》，南京出版社1994年12月第1版，第11－21～22页。

一，消灭战胜战败观念；第二，不应有地域之区分；第三，民族间不该有歧视之心理；第四，经济问题。资源合理供给，物品合理出产，分配合理调剂，市场合理使用。

12月5日 在肇和舰举义二十七周年纪念大会上发表演讲，在演讲中将肇和舰举义的经过与陈英的革命精神进行了简述。①

12月12日 撰写《丘仓海先生诗文集序》。②

《丘仓海先生诗文集》为涂思宗搜集丘逢甲的诗文编辑而成。先生在序言中记述了初谒丘逢甲，许列弟子，又奉和秋兴诗八首，丘氏以为可教，命其学诗，愿为教导，但先生则以读书革命，未能兼顾，自感有负期许。先生在序言中还谈到丘逢甲光复台湾，建立民国的心志。③

12月17日 刘子健撰文《兴中会时地和宣言的考订》，发表在《中央周刊》第五卷第十九期上，对先生关于兴中会的创设时间和地点的结论提出置疑。④

冬 向蒋介石转送军事策略。⑤

抗日战争期间，国民政府播迁四川重庆。后来滇缅公路被封闭以后，美援军需补给物资，端赖空运，但空运数量有限，一部分军品，必须辗转先运至新疆、西藏，然后再分别转送前线，十分艰困。

这一情况，蒋介石和美军司令官都甚感忧虑。先生为打破困局，提出三项建议：（一）加强后方新疆、西藏地区的安全，以利军需供应；（二）选择军中精英一批，乘美国军机回程空机的便利，飞赴印度，接受美军的严格训练，加强野战和攻防新战术，于适当时机，再开辟另一战场；（三）配合美军的攻击力量，对日军作重点打击，攻日军之所必救，则自能掌握战场之先机，这正是制人而不受制于人的战略。

先生原拟亲自撰稿呈送蒋介石，但转念一想，自己乃是一介文人，不便直接向蒋呈进军事策略，“乃本成功不必在我之旨”，把建议书交给其时正担任军长之职的罗卓英将军，再托其转呈。

是年 作《墨兰图》，并题字：“笔求秀健，腕求稳宽。此是书法，吾以

---

① 中国国民党中央委员会党史委员会：《邹鲁先生文集》，中国国民党中央委员会党史委员会1984年6月30日出版，第215页。

② 邹鲁：《澄庐文选》，正中书局1948年5月初版，第308页。

③ 陈哲三：《邹鲁研究初集》，华世出版社1980年2月初版，第182页。

④ 邹鲁：《回顾录》，岳麓书社2000年9月第1版，第490页。

⑤ 黄肇珩、方鹏程、刘本炎：《邹海滨先生百年诞辰口述历史座谈会纪实》，见陈鹏仁：《百年忆述——先进先贤百年诞辰口述历史合辑》，近代中国出版社1999年6月25日初版，第54～55页。

画兰。”①

1943年（民国三十二年　癸未）五十九岁

1月　蒋介石约请先生及其他国民党中常委谈话，征求对《中美新约》、《中英新约》的意见，先生虽提出一些修改意见，但对两份条约的内容“都感觉到满意”②。

2月5日　撰写《庆祝废除不平等条约》征文。③

是日，重庆各界举行庆祝中美中英新约签署大会，向先生征文，先生应求写此文。文章的内容，首先是叙述不平等条约产生的情况；其次叙述了孙中山实行革命，认定不平等条约一日不取消，中华民族一日得不到国际上自由独立的地位；再次说到蒋介石秉承孙中山遗志，向此目标奋斗；最后写了四点感想，第一为孙中山早看到世界只有侵略反侵略的划分，反侵略各国须先求得地位平等，始能同心一致。我们根据平字来和盟国合作，争取胜利，公共建立世界永久和平；第二是不平等条约取消，是我们冒死奋斗的结果，我们要继续保持这种精神来巩固既得的国际地位；第三是“平”是集体安全的根源，世界上的一切事物，有了“平”字，才能稳定，凡是“平”的，统合正义，由正义来统治一切，当然就可以平安无事；第四点是我们更应该依照“平”来处理战后国际问题，没有“平”，就不能有“和”，“和”与“平”是不能分离的，缺了“平”就不能产生真正的和平，要使世界永久实现和平，就要使“平”有自动的和自由的发展机会。该文发表在《中央日报》新约特刊上。④

2月　在中央政治学校发表演讲《抗战的回顾与前瞻》。

先生在演讲中首先指出：“中外史实昭示我们，只有抗争，才能够救国。”其次，说明抗战的战略应采取两个字：“缩”与“拖”。“缩”是指：“我们地大物博，交通不便，而敌人所依赖的是现代的武器，我们随便退到什么地方，

---

① 程焕文、张靖、周旎：《邹鲁未刊稿》上册，广西师范大学出版社2008年3月第1版，第53页。

② 邹鲁：《回顾录》，岳麓书社2000年9月第1版，第456页。

③ 邹鲁：《回顾录》，岳麓书社2000年9月第1版，第457~458页。

④ 中国国民党中央委员会党史委员会：《邹鲁先生文集》，中国国民党中央委员会党史委员会1984年6月30日出版，第137页。

都可以成立抗战的根据地，然而敌人愈到内地，交通愈不便，他的武器愈失效用。至于短兵相接，我们是不怕他的。六年抗战的事实证明这种策略是绝对不错的。”“拖”则指：“我们人众，并且是农业国家，到处资源丰富，可以自给自足，尽管战事延长，或者损失众多，也不至于影响整个的战局，敌寇刚刚相反，所以他主张速战速决。我在民国二十七年（1938 年）元旦在国民政府纪念周的演讲里，就说一年不得到结果，十年百年，本身得不到胜利，有子有孙。时间是我们的好友，正可以尽量利用。”最后，先生总结到：“总之，我们五年多的坚忍抗战，已有了很多可贵的收获。在目前，更应当忍耐，决不可自大，务使联合国一致团结，尽量拿物资来援助我们，共同消灭侵略的暴力。对于处理战后问题，应当以公道为归依，使友邦不生疑忌，博得任何国家的同情。而在战后更该精诚团结，埋头苦干，巩固既得的国际地位。这样，千万同胞的牺牲才有价值，并可把国父的大同主义，贡献给世界，为人类谋真正的幸福。”①

春初 把自己30岁以前的事实，大致回忆记录下来，整理成《少年的回顾》一书。② 3 月3 日，先生将自己在43 岁生辰所作的诗录下，代为《少年的回顾自序》。③ 5 月，该书由重庆独立出版社出版。④ 先生回忆，该书也曾由一杂志社出版发行。⑤

3 月1 日 在《三民主义半月刊》第二卷第五期上发表《抗战的回顾与前瞻》一文。

3 月2 日 在《大公报》发表《战后世界和平之我见》一文。

先生在文中表达了强烈地谋求和平的愿望和决心，认为：“对于战后问题，我们唯一的路径是创立世界永久和平，所以我提出前文所叙各原则。因为世界永久和平，不但是我民族历来所努力的，并且是我国目前最需要的。我们需要和平，以复兴被敌寇所蹂躏的领土；我们需要和平，从事建设和和平是不可分的，我们一定要把整个的世界做对象，全盘策划，彻底解决，而不被一个学说或偏见所左右。这样，永久的和平才有希望，我国真正的意志，才能使全

---

① 邹鲁：《澄庐文选》，正中书局，1948 年5 月初版，第276 ~285 页。

② 邹鲁：《澄庐文选》，正中书局，1948 年5 月初版，第309 页。

③ 邹鲁：《澄庐文选》，正中书局，1948 年5 月初版，第309 页。

④ 国立中山大学校友会：《邹鲁全集》第（一）卷，三民书局股份有限公司1976 年10 月初版，《邹鲁全集编印经过》第3 页。

⑤ 邹鲁：《回顾录》，岳麓书社2000 年9 月第1 版，第455 ~456 页。

世界认识。”①

3月15日 在《东方杂志》上发表《从废除不平等条约到世界和平》一文。

春至7月 征集国民党党史材料，拟订改编《中国国民党史稿》一书。因征集到的材料不多，无法改编，仅将原书稍为增补，并在“组党”、“宣传”、“革命”三篇之外，另加“列传”一篇。补订完成后，仍交商务印书馆出版发行。②

4月1日 发表《广州三月二十九日之役——我的职务》一文。

先生在文中对自己在广州三二九起义中的作用做了简单的概括，写道：“这次我所主持的机关：一是《可报》，除出版外，并联络一般普通党人；一是咨议局，除藏军火炸弹外，并接洽主要的党人。”③ 该文发表在《三民主义半月刊》第二卷第七期上。

4月8日 在《中央周刊》第五卷第三十四期发表《兴中会创立时间与地点之再商榷》一文，回应刘子健的文章。④

刘子健作《兴中会时地和宣言的考订》，发表在《中央周刊》第五卷第十九期上，文章结论认为兴中会创立的时间为民国纪元前十八年十一月二十四日（1894年11月24日），创立地点为檀香山。先生在《再商榷》一文中仍坚持认为兴中会创立的时间是民国纪元前二十年（1892年），地点仍然是澳门。

4月 著作《二十九国游记》由商务印书馆出版发行。该书将前著《环游二十九国记》增入《旧游新感》一书所增插的按语，改订现名出版。⑤

5月5日 余汉谋、李汉魂联名致电旅渝广东同乡孙科、先生、吴铁城、曾养甫、林云陔、俞鸿钧等，以广东发生粮荒，促请蒋介石核准救济办法。⑥先生接函后，即面见行政院院长孔祥熙，请设法解决广东粮荒问题。

5月 先生一再函电广东军政当局，请他们速向邻省购米，以救广东粮荒之急。⑦

---

① 中国国民党中央委员会党史委员会：《邹鲁先生文集》，中国国民党中央委员会党史委员会1984年6月30日出版，第140页。

② 邹鲁：《回顾录》，岳麓书社2000年9月第1版，第482页。

③ 中国国民党中央委员会党史委员会：《邹鲁先生文集》，中国国民党中央委员会党史委员会1984年6月30日出版，第144页。

④ 中国第二历史档案馆：《中央周刊》，南京出版社1997年7月第1版，第46－164页。

⑤ 国立中山大学校友会：《邹鲁全集》第（一）卷，三民书局股份有限公司1976年10月初版，《邹鲁全集编印经过》第3页。

⑥ 广东省立中山图书馆：《民国广东大事记》，羊城晚报出版社2002年11月第1版，第715页。

⑦ 邹鲁：《回顾录》，岳麓书社2000年9月第1版，第458页。

5月 致函给行政院院长孔祥熙。

先生在函件中写道："广东粮荒严重情形，前已面言。查广东为江西、湖南之藩篱，目前广东各地粮荒如无彻底解决之办法，则后患不堪设想。而东江四邑，均接近战区，灾情特甚。人民愿坐而待毙则已，否则奸伪乘之，影响整个抗战，有不忍言者。故广东粮荒问题，并非地方事件，亦非一省事件，而系整个国家之事件。吾兄高瞻远瞩，当已审思熟筹，务望再拨巨款，派出大员，协助地方军政当局。妥谋救济，或购米平粜，或移民赣湘，广东幸甚，党国幸甚！"①

5月 在国民党中央执行委员会常务委员会会议上提出救济广东粮荒的办法。②

办法有四项：（一）请中央电湘赣闽三省，准许粤民前往购米；（二）请中央电湘赣闽三省，迅速实行桂林限政会议之配售一百二十万石米粮与粤省的决议案；（三）请中央迅拨巨款急赈；（四）请中央电粤，严禁军政商民运粮资敌图利。办法当即全部通过，即交行政院办理。

5月 与孙科、吴铁城联名函约在渝同乡举行救荒会议。③

会议在国民党中央党部大礼堂举行，决议有关提案多件。其中两项要案为：（一）组织粤灾筹款会，主持募捐事宜，并推定监理事及各组负责人；（二）预定募足两千万元。即日由孙科、吴铁城和先生，联名负责函请中央交农四行及省行借款一千万元，先汇广东，举办急赈，俟款募得后，尽先归还。

6月10日 在《中央日报》上发表《及早给整个侵略致命的打击》一文。

先生撰写此文的目的为唤起联合国当局对于亚洲战局的注意。在文中提出了对付日本的消极的和积极的具体办法。消极的方面包括：第一，美国在北太平洋方面，加紧攻势；第二，从速大量接济中国；第三，立刻收复缅甸。积极的方面，请苏联在亚洲大陆开辟对日的另一个战场，"全体联合国对整个侵略恶势力作致命的打击。""如是在最短时期内，整个的侵略恶势力便可以铲除，而实现未来光明的世界了。"④

6月11日 冯自由在《组织旬刊》第一卷第十四期上发表论文《兴中会创始于檀香山之铁证》，对先生的"兴中会于民国前二十年（1892年）创于

---

① 邹鲁：《回顾录》，岳麓书社2000年9月第1版，第458页。
② 邹鲁：《回顾录》，岳麓书社2000年9月第1版，第458页。
③ 邹鲁：《回顾录》，岳麓书社2000年9月第1版，第458～459页。
④ 邹鲁：《回顾录》，岳麓书社2000年9月第1版，第470页。

澳门”的观点提出置疑。①

6月24日 与孙科、吴铁城等旅渝广东人士发起成立“粤灾筹赈会”。②

6月 在《大千》杂志第一期上发表游踪杂诗《桂林山水》。

7月 增补后的《中国国民党史稿》交重庆商务印书馆出版。③

先生将《中国国民党史稿》增加到二百万字，但是此时已经感觉到“卷帙繁多，价钱昂贵，对于非专门研究党史的一般读者，无论在时间上、精力上和财力上，都颇不经济。”④

8月1日 在家里接到通知：国民政府主席林森病世。当时先生正在屋外与几位老朋友谈话。⑤ 国民政府主席林森于5月12日遭遇车祸，头部受到重创，造成脑溢血，被送进医院后始终昏迷不醒，是日去世。

△出席国民党中常会紧急会议，商议林森国葬安排。

林森为先生挚友，与先生“相从三十余年，历同患难艰苦”，先生对其逝世“尤不胜哀痛”。⑥

国民党中央当天召开临时中央执行委员会常委临时会议，决定由蒋介石代理国民政府主席职务，并对林森举行国葬。会议还宣布林森手订遗嘱，林在遗嘱中要求将自己的葬地选择在建文峰，直至工作人员已经将建文峰墓地的测绘图绘妥，先生才知道林森的墓地是选择在此，于是致函办理人，提议另择地点。其原因是建文峰是因流亡的建文皇帝而得名，林森为抗建国家元首，不应附于流亡皇帝的遗迹。先生同时主张林森埋葬在涂山，因为涂山系夏禹发祥之地，林森应配埋葬在此。为明了起见，先生在函中附加到重庆后考察涂山及建文寺所写的两首诗，供参考。其后，林森墓地虽仍未选择涂山，但也没有选在建文峰，而是择地在山洞林森的官舍之旁。

8月2日 在《中央日报》上发表《十六年前我所预料墨索里尼的结局》一文。在文中指出，在意大利游览时已经发现墨索里尼在意大利实行独裁统治，推行法西斯主义，穷兵黩武，必将走向无条件投降。⑦

8月19日 在《中央周刊》第六卷第一期发表《关于兴中会初创时间地点问题之第三商榷书——为答冯自由先生〈兴中会始创于檀香山之铁证〉而

---

① 邹鲁：《回顾录》，岳麓书社2000年9月第1版，第498页。

② 广东省立中山图书馆：《民国广东大事记》，羊城晚报出版社2002年11月第1版，第718页。

③ 戴书训：《愈经霜雪愈精神——邹鲁传》，近代中国出版社1983年10月初版，第157页。

④ 邹鲁：《澄庐文选》，正中书局1948年5月初版，第313页。

⑤ 邹永：《浮生点滴：邹永回忆录》，中山大学出版社2008年11月第1版，第28页。

⑥ 邹鲁：《回顾录》，岳麓书社2000年9月第1版，第459~460页。

⑦ 邹鲁：《澄庐文选》，正中书局1948年5月初版，第109~115页。

作》一文，与冯自由探讨兴中会成立的时间和地点。①

9月6日 上午9时，出席在重庆国民政府大礼堂举行的国民党五届十一中全会开幕式。随后举行预备会议，通过主席团人选，先生等11人为主席团成员。10时30分散会。②

△下午3时，出席五届十一中全会第一次会议，会议首先决定提案审查委员会各组名单，随即听取居正作的党务报告。6时30分散会。③

9月7日 上午9时，出席五届十一中全会第二次会议，会议听取孔祥熙作的政治报告。11时45分散会。④

9月8日 下午3时，出席五届十一中全会第三次会议，通过从速召开国民大会，颁布宪法实施办法等案。6时15分散会。晚上，出席谈话会，就重要时事问题交换意见。⑤

先生向全会递交提案《召集国民大会实施宪政案》，大会把先生这个提案合并在中央执委会常委会所报告的提案内，提出讨论，经一致决议，决定在战争结束后一年内召集国民大会，制定宪法，并由国民大会决定施行日期。大会又督促政府加紧推行地方自治，以完成宪政的基础。

9月9日 上午9时，出席全会举行的孙中山第一次起义纪念仪式。⑥

△上午10时20分，出席五届十一中全会第四次会议，听取及讨论沈鸿烈作的限政工作报告。会议还讨论了教育类议案。⑦

鉴于战祸的惨烈，探究其根源，是由人类智识的不平等而造成。先生认为要想建立世界永久和平，一定要积极提高全国国民的教育程度。于是，先生提出《全国国民皆应接受高等教育案》。提案的主导思想是施行全部学程免费强制入学，社会与学校必须合为一体，学校应由消费而转入生产等，这是先生第一次具体阐述在中国实施高等教育的完整思想。先生认为该案提出的理由有三："（一）欲求消灭吾国独立生存与全人类自由平等之危机，其根本办法厥为使全国国民皆有享受高等教育之同等机会，以提高全体人民之知识程度。（二）经此抗战，我国地位已一跃而入于四大强国之列。然徒有其名，而无其实。如欲迎头赶上，使名实相符，使全民皆可称强国之民；则非普及教育，竭

---

① 邹鲁：《回顾录》，岳麓书社2000年9月第1版，第502页。
② 中国第二历史档案馆：《中央党务公报》，南京出版社1994年12月第1版，第12－419页。
③ 中国第二历史档案馆：《中央党务公报》，南京出版社1994年12月第1版，第12－419页。
④ 中国第二历史档案馆：《中央党务公报》，南京出版社1994年12月第1版，第12－419页。
⑤ 中国第二历史档案馆：《中央党务公报》，南京出版社1994年12月第1版，第12－419页。
⑥ 中国第二历史档案馆：《中央党务公报》，南京出版社1994年12月第1版，第12－419页。
⑦ 中国第二历史档案馆：《中央党务公报》，南京出版社1994年12月第1版，第12－419页。

力提高全民之知识程度不为功。（三）总裁著《中国之命运》，其关于施行实业计划所需各级干部人才，以最初十年计已达二百四十六万余人，而十年之后，其数必更增加，则普遍提高全体国民之教育程度，以增进建国时期所需人才之素质，尤属必要。”根据上述理由，先生在提案中进一步写道：“唯一办法为施行全部学程之免费强迫入学制，即全体国民，不论男女，自小学至高等学校止，均须修业完毕，而校中一切必需费用，均由公家负担。如是不论贫富，皆有享受高等教育之均等机会，全体国民之知识水准，当可提高；无力求学以致埋没天才之弊，亦可消灭。……

全国实施此种教育新制度，无疑将待诸胜利降临之后，但目前不能不预为设计。在过渡时期中，除应多设学校，及使公费办法普遍外，其余如教育与社会合为一体，教育与生产直接联系，注重德育，锻炼学生体格等原则当立即采用。而所有之学校尤宜尽量收容失学青年，务使国内绝无弃才。唯有现在建立健全之基础，积极造就人材，将来新制度实施之日，始能进行顺利，减少阻碍。即所需之各种干部人员，亦不致有滥竽充数之现象。

反抗侵略，我国已为先锋；在将来努力实现和平之时期中，亦应处于中坚地位。苟能实施上述建设，则必可美满完成此种使命，而三民主义之中华民国，将永为世界民主政体之主要推动力。然后逐步推广，使任何民族，均有享受高等教育之机会，人类知识水准，全部提高，庶不致有以优秀民族自居之一部分国家，思侵略人；亦不致有以劣等民族为人蔑视之国家，启他人侵略之心。于是世界和平，永垂不朽；人类幸福，日益增进。要之，全国民皆学，全人类皆学，乃趋于文明之途；可实现理智之世界，促成世界之大同。”①

该提案交付教育审查组审查，先生在审查会议上反复说了一个多钟头，审查会议只是予以提交国防最高委员会参考的结论，大会结论也是如此。

9月10日 主持五届十一中全会第五次会议。②

上午9时，第五次会议召开，会议首先讨论吴敬恒等45名委员临时动议请召集第六次全国代表大会案，当场议决：本党第六次全国代表会应于事实上可能尽速召开，至迟亦应于战争结束后半年内召开之。其次，会议讨论常务委员会提议战后工业建设及外人在华投资办法两案，经决议推戴传贤、徐堪、贺耀祖等13名委员进行审查，由徐堪、贺耀祖、沈鸿烈3名委员召集。正午12时，散会。

△下午3时，出席五届十一中全会第六次会议，讨论及通过常务委员会提

---

① 邹鲁：《澄庐文选》，正中书局1948年5月初版，第48~54页。

② 中国第二历史档案馆：《中央党务公报》，南京出版社1994年12月第1版，第12-420页。

出的修正国民政府组织法案。[①]

9月11日 出席五届十一中全会第七次会议，会议主要议程是通过政治报告、党务报告、经济报告的决议案。[②]

9月12日 下午4时，恭奠已故国民政府主席林森。[③]

9月13日 上午9时，出席总理纪念周。礼成后，继开五届十一中全会第八次会议。[④]

△下午4时，出席五届十一中全会第九次会议，会议选任蒋介石为国民政府主席，孙科、居正等9人为国府委员。随后，全会举行闭幕典礼。[⑤⑥]

9月16日 在《中央周刊》第六卷第五期上发表《总理订定三民主义之经过》。[⑦]

在秋季参加一次国民党中常会时，张道藩向先生询问孙中山订定三民主义的经过。先生便将当日孙中山演讲，他负责校读，以及其后在中国国民党周刊上发表，中央宣传部印行单行本的情形一一说明。中央常会以先生所叙述事实有使同志国人明了的必要，故特将其谈话录交《中央周刊》发表。[⑧]

9月17日 在《中央日报》上发表《希特勒非成功者》一文。

先生从多个方面分析了希特勒必败的结局，包括兵员短缺，“在苏联前线，精锐部队，泰半丧失”、“制空权的丧失”、“运输不敷”、“就是生产问题，也很难解决”。“然而最重要的，还是希特勒所受到的心理方面的打击。”从这些方面判断，先生认为：“总之，希特勒的一切举动，虽能得逞一时，却不啻是作茧自缚，难逃我七年前所断定的命运。现在他的败亡，实在，实在指顾间耳。七年前我断定希特勒非成功者，一定与十六年前所断定的墨索里尼必归失败，结果相同。不论事实怎么演变，也不能更改这个结论。”[⑨]

秋 继续笔述往事，止于1929年，共得到十余万字，与《少年的回顾》合并，成《回顾录》一书，交给独立出版社付印。[⑩]

---

① 中国第二历史档案馆：《中央党务公报》，南京出版社1994年12月第1版，第12－420页。

② 中国第二历史档案馆：《中央党务公报》，南京出版社1994年12月第1版，第12－420页。

③ 中国第二历史档案馆：《中央党务公报》，南京出版社1994年12月第1版，第12－420页。

④ 中国第二历史档案馆：《中央党务公报》，南京出版社1994年12月第1版，第12－420页。

⑤ 中国第二历史档案馆：《中央党务公报》，南京出版社1994年12月第1版，第12－420页。

⑥ 邹鲁在《回顾录》（岳麓书社2000年9月第1版，第459～460页）中说自己被选任为国府委员。经查《中央党务公报》第五卷第十八期五届十一中全会《会议纪要》，国府委员9人名单为孙科、居正、戴传贤、于右任、孔祥熙、叶楚伧、覃振、朱家骅、刘尚清，并无先生。

⑦ 中国第二历史档案馆：《中央周刊》，南京出版社1997年7月第1版，第47－18页。

⑧ 陈哲三：《邹鲁研究初集》，华世出版社1980年2月初版，第53页。

⑨ 邹鲁：《澄庐文选》，正中书局1948年5月初版，第54页。

⑩ 邹鲁：《回顾录》，岳麓书社2000年9月第1版，第482页。

10 月 1 日 在重庆复兴居为《回顾录》做自序。

先生指出："我奉总理命编辑党史，自然不敢稍有忽略，致失真实，就是我个人的心愿。因为党史是千古之信史，总须以大公无我之心去编成，才适合我的人格。所以对于个人虽有恩怨，而在编史的时候，我却一概摈弃，从实记载。尽恩怨是一时的，信史是千古的。我不能因一时的恩怨，而损及千古之信史。所以我决定本著这个立场编党史，虽然史才、史学、史识，都愧不足，但以现代人编现代史，出版十余年，国人同志，不多见责，则此心此志，亦稍可以表白于衷了。"①

郑彦棻认为："邹先生虽自谦史才、史学、史识都愧不足，可是由胡汉民、吴敬恒两位先生的评鉴，知党史稿之编次精当，有良史才；征引详确，有良史识；未肯率尔称史，则有良史德。至其于青年读书时期，即熟读历代史书，并作笔记评语，其史学之丰富，更无论矣。邹先生复于民国二十七年（1938 年）、三十三年（1944 年）两度将党史稿增订补充，务期完善，尤见对党的忠诚。深佩其兼具三长，忠于历史。"②

10 月 25 日 在中山学社发表演讲《对党史应有之认识》。③

在演讲中，先生提到三点，第一要认清党外的错误思想，第二要分别党内的错误思想，第三编撰党史应注意的三件事，即以国民党作为中心、客观公正地判决历史是非、认真甄别史料。

10 月 因感觉出入不便，从陈家桥白鹤乡移居到山洞镇万松林居住。④ 先生在山洞新生路十二号所住的房子是借四川老友罗伟章的。房子建在一个小山坡上，房舍四周青松密护，屋后修竹成林，院内有桃有梅，一水当前，山峦环拱，极园林风景之雅。先生一家在此一直住到抗战胜利后搬离重庆。⑤ 中国国民党中央党部秘书处交际科于 1945 年 8 月编印的《中央委员通讯录》中记载的先生住址是李子壩建设新村十二号，电话号码为 3790，该住址与山洞新生路十二号为同一地址。

11 月 15 日 撰写《抗建和平之我见自序》。

---

① 黄肇珩、方鹏程、刘本炎：《邹海滨先生百年诞辰口述历史座谈会纪实》，见陈鹏仁：《百年忆述——先进先贤百年诞辰口述历史合辑》，近代中国出版社 1999 年 6 月 25 日初版，第 38 页。

② 黄肇珩、方鹏程、刘本炎：《邹海滨先生百年诞辰口述历史座谈会纪实》，见陈鹏仁：《百年忆述——先进先贤百年诞辰口述历史合辑》，近代中国出版社 1999 年 6 月 25 日初版，第 38 ~ 39 页。

③ 中国国民党中央委员会党史委员会：《邹鲁先生文集》，中国国民党中央委员会党史委员会 1984 年 6 月 30 日出版，第 218 ~ 226 页。

④ 邹鲁：《回顾录》，岳麓书社 2000 年 9 月第 1 版，第 480 页。

⑤ 程焕文、张靖、周旎：《邹鲁未刊稿》下册，广西师范大学出版社 2008 年 3 月第 1 版，第 854 页。

在自序中写道："故此后对于国际的措施，务须由平达到和。而根本之图，尤在将一切人类，皆使其能得到高等教育。如是知识已平等，则政治上技术上皆可做到平等。既无人敢以优秀种族自居来侵略人，亦无人居于劣等种族为人侵略。加以将教育哲学为基础，改为仁爱互助，使人类只知相亲相爱，再无复有侵略的观念。不特可以改革国际上的政治，且能够改革全人类的思想，世界和平得以永赖，世界大同如是实现。"①

11 月 30 日 向吴铁城函荐曾勇甫。②

曾勇甫为同盟会会员，返国后奔走国事多年，先生函请吴铁城给曾一个秘书处兼任专员名义，让曾得以在驻蓉期间能与四川老同志多多联系，以利于四川省党务建设。

11 月底 应蒋介石约请，听蒋讲述开罗会议的情形。③

12 月 2 日 在《中央日报》发表《四国宣言的实践》一文，指出抗战国家之间的精诚团结对于争取胜利的重要性。

中、美、英、苏四国签订的《莫斯科宣言》于 10 月 30 日公布，宣言除了决定共同抗战，直至反侵略战争胜利外，还决定成立联合国。先生认为，全体联合国家的精诚团结"不但是争取胜利的必要条件，并且是实现世界和平不可缺少的因素"④，因此对《莫斯科宣言》期望很大，于是写上文。

文章写道："我们对于四国宣言，应该注意！因为任何协定，无论它的含义如何优良，都要签订国诚意履行它，不是依照条文的表面，而是实行条文的精神，才能有成效。四国宣言当然不会是例外。何况四国宣言只可说是一种程序的起始点，必须由签订国家继续努力，光大它的精神，才能得到我们所希望的结果。因此四主要联合国家应该不断奋斗，使发表的四国宣言的目标，全部实现。"⑤

12 月 12 日 撰写《谭烈士馥纪念碑》碑文。⑥

△撰写《葛烈士谦纪念碑》碑文。⑦

12 月 15 日 冯自由致函先生，举中华民国成立情形来比拟兴中会成立。在信函中，冯表示结束与先生关于兴中会起源问题的笔战。⑧

---

① 邹鲁：《澄庐文选》，正中书局 1948 年 5 月初版，第 312 页。

② 中国国民党中央委员会党史委员会：《邹鲁先生文集》，中国国民党中央委员会党史委员会 1984 年 6 月 30 日出版，第 319 页。

③ 邹鲁：《回顾录》，岳麓书社 2000 年 9 月第 1 版，第 471 页。

④ 邹鲁：《回顾录》，岳麓书社 2000 年 9 月第 1 版，第 470 页。

⑤ 邹鲁：《回顾录》，岳麓书社 2000 年 9 月第 1 版，第 470～471 页。

⑥ 邹鲁：《澄庐文选》，正中书局 1948 年 5 月初版，第 407～409 页。

⑦ 邹鲁：《澄庐文选》，正中书局 1948 年 5 月初版，第 409～410 页。

⑧ 邹鲁：《回顾录》，岳麓书社 2000 年 9 月第 1 版，第 518 页。

次年1月9日，先生复函冯自由，说明兴中会成立问题，并表示愿意同冯结束关于兴中会问题的探讨。[①]

12月16日 先生的《关于兴中会起源问题之第四商榷书》发表在《中央周刊》第六卷第十八期上。[②]

同刊发表了冯自由的文章《总理修正〈伦敦被难〉记第一章恭注——附答邹君海滨〈关于兴中会初创时间地点问题之第三商榷书〉》，继续与先生就兴中会起源问题进行笔墨讨论。

12月24日 接到国民党中央党史史料编纂委员会寄来的冯自由于16日发表的论文。[③]

冬 蒋介石委托先生专门为国民党中央宣传部编写国民党简史。冬天开始着手编纂。[④]

是年 参加国民党一将官的婚宴。婚宴结束后，国民党调查统计局（中统）派车送先生回家，先生的随行秘书丘式如在车上表示，国民党中统和军统已经关注到先生和 Lt. Campbell 的频繁接触。回家后，先生将丘式如训斥一顿，怪他不机灵，事情处理不当。先生跟夫人说，中统和军统可能在婚宴上故意将丘式如安排在与中统和军统人员合坐一围，目的是想通过他间接让先生知道，上头不乐意先生直接与外国人员接触太多。[⑤]

是年 在《三民主义半月刊》第三卷第四期上发表《读校三民主义的回顾》一文。

1944年（民国三十三年　甲申）六十岁

1月1日 获得中华民国总统府颁授一等景星勋章，这是中华民国建国以来先生第一次接受国家授奖。[⑥] 景星勋章属文职勋章，授予对国家政务有勋劳的公务人员，或对国家有重要贡献的中外人士。一等景星勋章由中华民国总统

---

① 邹鲁：《回顾录》，岳麓书社2000年9月第1版，第519页。

② 中国第二历史档案馆：《中央周刊》，南京出版社1997年7月第1版，第47－221页。

③ 邹鲁：《回顾录》，岳麓书社2000年9月第1版，第514页。

④ 戴书训：《愈经霜雪愈精神——邹鲁传》，近代中国出版社1983年10月初版，第156页。

⑤ 邹永：《浮生点滴：邹永回忆录》，中山大学出版社2008年11月第1版，第28～29页。

⑥ 戴书训：《愈经霜雪愈精神——邹鲁传》，近代中国出版社1983年10月初版，第144页。

亲授。

1 月 6 日 在重庆海屋为《中国国民党史稿》增订版撰写自序。[①] “增订版”也被称为“三版”。[②]

1 月 30 日 著作《回顾录》由上海独立出版社出版发行。该书为将《少年的回顾》一书增补续写而成。初记事至编辑党史止，计两卷二十节，全一册。[③]

是日为阴历正月初六，适逢先生 60 岁生日。[④]

2 月 27 日 在《中央周刊》第六卷第二十四期上发表《关于兴中会起源问题之最后商榷》一文，文中发表了冯自由致先生的信件及先生给冯的回信，同意与冯结束关于兴中会起源问题的讨论。[⑤]

2 月 29 日 撰写《中国国民党史略自序》。[⑥]

3 月 在《中国青年》（重庆）第十卷第三期上发表《青年节之意义》一文。

4 月 接到来自美国朋友的信函，说其已经到了重庆，要来见先生。[⑦]

该朋友是奉派来华，为了调查特种军事方面的工作。先生表示会尽量供给其所需要的材料，如果自己没有，也会介绍他人供给。该朋友还把美方上下的心理、希望和批评告诉先生。先生根据这些情报，曾在开会时予以报告，并且不时在私下谈话中提及。

4 月 著作《抗建和平之我见》初版由商务印书馆出版发行。该书刊登先生有关抗建和平的言论、提案等，合计 26 篇。[⑧]

针对“国内的政治、军事种种都有长足的进展，就是战后的国际和平，也有惊人的成就。”[⑨] 先生在乐观情绪下，决定将自抗战以来所作的关于抗战建国及世界和平的文章及演讲，编成该书出版。先生在该书自序中写道：“世界和平是人类的愿望，否则世界扰攘，一国决难闭关自安。证以两次大战，其例益明。惟是和须根于平。倘此次大战之后，国际间仍有战胜国、战败国，以

---

① 邹鲁：《回顾录》，岳麓书社 2000 年 9 月第 1 版，第 487 ~ 488 页。

② 邹鲁：《澄庐文选》，正中书局 1948 年 5 月初版，第 312 页。

③ 国立中山大学校友会：《邹鲁全集》第（一）卷，三民书局股份有限公司 1976 年 10 月初版，《邹鲁全集编印经过》第 3 页。

④ 邹鲁：《回顾录》，岳麓书社 2000 年 9 月第 1 版，第 482 页。

⑤ 邹鲁：《回顾录》，岳麓书社 2000 年 9 月第 1 版，第 518 页。

⑥ 邹鲁：《澄庐文选》，正中书局 1948 年 5 月初版，第 314 页。

⑦ 邹鲁：《回顾录》，岳麓书社 2000 年 9 月第 1 版，第 520 页。

⑧ 戴书训：《愈经霜雪愈精神——邹鲁传》，近代中国出版社 1983 年 10 月初版，第 157 页。

⑨ 邹鲁：《回顾录》，岳麓书社 2000 年 9 月第 1 版，第 472 页。

及人种、地域之种种不平观念存在，则世界和平，尚难脱历来冤冤相报的循环覆辙。故此后对于国际的措施，务须由平达到和；而根本之图，尤在将一切人类，皆使其能得到高等教育。如是知识已平等，则政治上技术上皆可做到平等；既无人敢以优秀种族自居来侵略人，亦无人居于劣等种族为人侵略。加以将教育哲学基础，改为仁爱互助，使人类只知相亲相爱，再无复有侵略的观念，不特可以改革国际上的政治，且能够改革全人类的思想。世界和平得以永赖，世界大同如是实现。"①

4 月 著作《广州三月二十九革命史》由民智书局出版，中国国民党中央执行委员会宣传部印，胡汉民题字封面。

4 月 著作《二十九国游记》由商务印书馆出版发行。

4 月 将编写好的《中国国民党史稿》送蒋介石鉴定。②

5 月 20 日 出席国民党五届十二中全会开幕礼。③

开幕礼在重庆国民政府大礼堂举行，蒋介石主持会议，并致开幕辞。开幕式结束后，接开预备会议，通过中央执行委员会常务委员会修正的全会议事规则，并选举全会主席团，先生、戴传贤、孙科等 11 人当选为主席团成员。10 时 40 分散会。④

5 月 21 日 上午 8 时，出席五届十二中全会第一次大会，大会由冯玉祥主持。大会听取了居正作的党务报告，并就党务工作提出质询。正午 12 时散会。⑤

5 月 22 日 上午 8 时，出席总理纪念周，由蒋介石发表致辞。⑥

△上午 9 时，出席五届十二中全会第二次大会，由居正担任主席，听取政治报告。12 时 10 分散会。⑦

5 月 23 日 上午 8 时，主持五届十二中全会第三次大会，大会继续对于政治报告进行质询，各委员发言颇多，因为时间关系，改由主管长官书面答复。休息 10 分钟后，听取军事委员会参谋总长何应钦作的军事报告。12 时 10

---

① 邹鲁：《回顾录》，岳麓书社 2000 年 9 月第 1 版，第 473 页。

② 邹鲁：《回顾录》，岳麓书社 2000 年 9 月第 1 版，第 536 页。

③ 中国第二历史档案馆：《中华民国档案资料汇编》第五辑，第二编，政治（一），江苏古籍出版社 1998 年 4 月第 1 版，第 664 ~ 666 页。

④ 中国第二历史档案馆：《中央党务公报》，南京出版社 1994 年 12 月第 1 版，第 14 – 243 ~ 244 页。

⑤ 中国第二历史档案馆：《中央党务公报》，南京出版社 1994 年 12 月第 1 版，第 14 – 244 页。

⑥ 中国第二历史档案馆：《中央党务公报》，南京出版社 1994 年 12 月第 1 版，第 14 – 244 页。

⑦ 中国第二历史档案馆：《中央党务公报》，南京出版社 1994 年 12 月第 1 版，第 14 – 244 页。

分散会。①

5月24日 出席五届十二中全会第四次大会，会议听取何应钦作的军事报告、宋子文作的外交报告、省政府施政概况报告等，并进行了质询。下午6时散会。②

5月25日 出席五届十二中全会第五次大会，讨论提案。③ 先生鉴于联合国胜利将届，首提召集国民大会，实施宪政，以还政于民。后鉴于战祸惨烈，其原因在人类知识不平等，为建国计，非积极提高全国国民知识水准不为功，所以提出《全国国民应免费受高等教育案》。④

5月26日 上午8时，出席五届十二中全会第六次大会，讨论蒋介石交议的《加强管制物价方案紧要措施案》。⑤

△上午11时，出席五届十二中全会闭幕典礼。⑥

6月6日 在重庆海屋撰写《太原约法草案序》。⑦

6月 著作《太原约法草案》刊行。该书记载太原约法全文及所撰写的说明，以供“研究五五宪草”之用。⑧

6月 向教育部力陈，要求允许国立中山大学事先迁徙，并主张迁至东江。结果没有成功，致使中大学生在粤北沦陷期间，曾仓皇分路躲避，并造成师生伤亡。⑨

6月 对《中国国民党史稿》再加增补，并加列传一篇，为增订三版，由商务印书馆出版，书后有自跋。⑩

11月1日 撰写《〈民报〉历史与理论之回顾》一文。该文为纪念檀香山兴中会成立50周年及《民报》发刊40周年而做，于是年12月16日发表在

---

① 中国第二历史档案馆：《中央党务公报》，南京出版社1994年12月第1版，第14-244页。

② 中国第二历史档案馆：《中央党务公报》，南京出版社1994年12月第1版，第14-244页。

③ 中国第二历史档案馆：《中央党务公报》，南京出版社1994年12月第1版，第14-244页。

④ 张镜影：《邹鲁传》，见国立中山大学校友会：《邹鲁全集》第（一）卷，三民书局股份有限公司1976年10月初版，第8~9页。

⑤ 中国第二历史档案馆：《中央党务公报》，南京出版社1994年12月第1版，第14-244~245页。

⑥ 中国第二历史档案馆：《中央党务公报》，南京出版社1994年12月第1版，第14-244~245页。

⑦ 邹鲁：《澄庐文选》，正中书局1948年5月初版，第317页。

⑧ 国立中山大学校友会：《邹鲁全集》第（一）卷，三民书局股份有限公司1976年10月初版，《邹鲁全集编印经过》第5页。

⑨ 邹鲁：《回顾录》，岳麓书社2000年9月第1版，第523页。

⑩ 国立中山大学校友会：《邹鲁全集》第（一）卷，三民书局股份有限公司1976年10月初版，《邹鲁全集编印经过》第2页。

《中央党务公报》第六卷第二十四期上。①

11月12日 为纪念孙中山先生诞辰，应国民党中央文化运动委员会的邀请，以《谨述我亲见亲闻的国父言行》为题发表公开演讲。此篇演讲后来发表于重庆《扫荡报》的《六全大会特刊》上。②

△在《大公报》上发表《兴中会成立纪念述总理三民主义之精神》一文。③

△在《中央日报》上发表《两个回忆》一文。两个回忆分别指民四巡防营发难、民六沈鸿英阴谋。④

11月 国民党中央执行委员会常务委员会将先生、冯自由等人关于兴中会成立的时间和地点问题的讨论汇编成集，以供参考。⑤

11月 应国民党中央党史会的邀请，在《中国国民党五十周年纪念特刊》上发表《民初之国会》论著。⑥

11月至12月 将《我对于教育之今昔意见》编辑成书，提供给世界教育会议。⑦

由于军事紧张和材料一时收集不足，《我对于教育之今昔意见》只草草拟成不足万字之文一篇，并翻译成英文在《自由西报》登载，借以表达先生的意见。文章分为几个部分：

第一部分为绪论。第二部分是已往及目前对于和平的努力。第三部分是真正和平和教育。首先主张人类都受高等教育，奠定真正世界和平基础的理由；其次论述了教育是启发人类智力的工具，要全人类知识相等，必须先给全人类相同的工具，便是高等教育；最后论述了应注意教育的哲学基础。第四部分是全人类可否都接受高等教育。首先论述了世界人类并无本质上的差异；其次论述了人类的进步，年代愈近则愈快；最后论述了要根据各民族文化的特点来进行教育。第五部分是如何普遍实施高等教育。首先论述了普遍实施高等教育，

---

① 中国国民党中央委员会党史委员会：《邹鲁先生文集》，中国国民党中央委员会党史委员会1984年6月30日出版，第146页。

② 陈哲三：《邹鲁研究初集》，华世出版社1980年2月初版，第54页。

③ 中国国民党中央委员会党史委员会：《邹鲁先生文集》，中国国民党中央委员会党史委员会1984年6月30日出版，第151页。

④ 许继峰：《邹鲁与中国革命（西元一八八五～一九二五）》，正中书局1981年1月台初版，第189页。

⑤ 邹鲁：《回顾录》，岳麓书社2000年9月第1版，第483页。

⑥ 中国国民党中央委员会党史委员会：《邹鲁先生文集》，中国国民党中央委员会党史委员会1984年6月30日出版，第153页。

⑦ 戴书训：《愈经霜雪愈精神——邹鲁传》，近代中国出版社1983年10月初版，第157页。

并无困难不可克制；其次论述了为争取战争的胜利，应加倍奋斗。第六部分为结论。

12月10日 致函国民党中央党史会，谈兴中会的起源。先生随函寄上论文《关于兴中会起源问题之第四商榷书》。①

12月22日 在重庆海屋为《我对于教育之今昔意见》撰写自序。

在自序中写道："夫天地本以好生为德，而恻隐之心，则又人皆有之，以浮生若梦之光阴，固应本其原有之自然美德，努力于造福人类之科学，以造成自由康乐之世界，而已身亦同处于和风甘雨之中，享其康乐。奈何争地以战，杀人盈野，争城以战，杀人盈城，使冤冤相报，战无虚日，人类日处于惨酷悲痛之境，而已身亦莫能或外哉？昔普胜法，归功于教鞭，则余今日之策永久和平，又安能不赖于教育？盖惟有造杀机之大能力者，始能转运此杀机而化为生机。此余所以主张和平必本于教育也。"②

冬 撰写《回顾录》第二册。③

年底 从蒋介石处取回《中国国民党史稿》书稿，交商务印书馆准备付印。该书分十章四十节，另有结论一篇。④

是年 《教育与和平》论文发表。

先生在论文中主张透过教育使全人类知识平等，以维持世界之永久和平。他首先从自己的儿子邹越被日寇戕害谈起，说道人们应该"努力实现真正的和平"。正文分为四个部分：（一）已往及目前对于和平的努力；（二）真正和平与教育；（三）全人类可否都能接受高等教育；（四）如何普遍实施高等教育。

先生在结论中写道："人类生存的目的为何？基本说来一般人所要求的，不过衣、食、住、行及康乐而已。普遍提高全人类的知识程度，显然是满足这些欲望最好的对策。知识程度提高及普遍后，科学必更发达。于是食可不必完全依赖土地中所生长的及家中所饲养的，能用化学方面，使人类吃得少而营养多。衣则在第一次大战时，已有以纸代布的。而人造丝的进步，更使产品精美耐用。将来再利用科学的方法，必能充分供应全人类的需要。住行很明显地比较简单，容易解决。至于康乐，卫生改善后，乃系不易的后果。这些主要问题有了完满的解决，全人类的大社会，当可安乐相处。

战争的目的又何在？简括说来，无非因为各民族的知识程度不相等，于是

---

① 中国国民党中央委员会党史委员会：《邹鲁先生文集》，中国国民党中央委员会党史委员会1984年6月30日出版，第319～320页。

② 邹鲁：《回顾录》，岳麓书社2000年9月第1版，第535页。

③ 邹鲁：《澄庐文选》，正中书局1948年5月初版，第152页。

④ 邹鲁：《回顾录》，岳麓书社2000年9月第1版，第536页。

某民族以为自己的知识较高，应该多享受些权利，或奴役其他的民族，以增进自己的福利。如若全人类普遍受到高等教育，那末个个人有智慧，有才能。而由于国人的这种力量，发展为国家民族的力量。结果各民族的力量，实际上都是相等。在这种情形之下，加以理智力的增强，教育哲学基础的改革，自然不愿再为有害无益的斗争，能够和和气气，共享太平。

加以全人类普遍受高等教育之后，学术方面必有空前的发展。同时每人的知识增高，他的生产力也一定加强。因此在这种情形之下，全人类不但可以自给自足，并且无疑地还能够增进自己的生活程度。结果人世间没有匮乏的恐惧，毋须从事战争，来剥夺他人的生活，以求自己的繁荣。

有人或以为战争根本铲除后，人口问题必将愈趋于严重。但是我们知道人口问题不过是侵略者的藉口，战争并不能予以基本的解决，早经许多学者详细解释过了。已往物质不敷分配，一方面是由于人为的障碍，使它不能供应如意；另一方面是因为全人类的精力，还没有整个用在与天争利和与地争利的生产上面，以丰裕自己的需要。天然资源，如能生产得法，分配合理，绝不会不够全人类享受的。

何况科学方法进步后，一方面可节省许多劳力，例如巴拿马运河的水闸，只要一个人管理，便能开关自如，使船只畅行无阻；另一方面，可利用这些节省的劳力，来从事增进人类繁荣的工作。那时即不毛的沙漠，及天空地底，均可加以科学的利用，成为人类享用的区域。同时我们又安知道没有发现新星球的哥伦布，使用别的星球上的产物，来丰裕地球上人类的享受，并扩大全人类精力发展的范围。所以战争中经济因素的存在，实由于全人类的知识还没有充分发展，不能整个地把自己的精力，用于与天争利，与地争利，反而来与人争利。只要全人类的知识普遍提高，使他们有正确的认识，能正当使用他们的精力，则一切经济问题，当可圆满解决。

总之，全人类普遍实施高等教育，并改革教育的哲学基础，才是真正和平最可靠的办法，实现真正和平的捷径。到了那时候，什么国际警卫力量，制裁法等，实际上都是不必要的，而地球可成为全人类的乐园。

最后我该郑重申明我并非非战主义者，否则我的理论，将与我四十余年来的革命生涯完全矛盾。但是我觉得一切侵略性的战争，实在是全人类进化的最大仇敌，而除侵略之外国际间的争执不该有不能以和平方法解决的。那末全人类的知识解放，并且相等后，侵略性的战争便能绝迹，真正永久的和平就实现了。”①

---

① 邹鲁：《澄庐文选》，正中书局1948年5月初版，第138～140页。

1945 年（民国三十四年　乙酉）六十一岁

1 月　《回顾录》第二册由独立出版社出版发行。①

2 月 20 日　出席国民政府委员会议。②

出席会议的国府委员有居正、刘哲、胡毅生、先生等人，蒋介石主持会议并报告国府一年来公布实施的法律命令及重要施政情况。会后，各委员就当前重要问题交换意见。先生在会议上发言，认为“罗（罗斯福）、丘（丘吉尔）、史（斯大林）此次会议，将国际道德、国际法律、国际利害多抹煞不顾，并陈述四月二十五日旧金山会议延安广播要求参加，请注意研究应付。”先生的发言遭到蒋介石斥责，“蒙钧座予以正确之指示，严厉之斥责。”③

约 2 月中旬　出席最高国防委员会会议，听取外交部报告雅尔塔会议情况。

是年初，反法西斯战争接近最后胜利，美、英、苏三国首脑罗斯福、丘吉尔和斯大林于 2 月 4 日至 11 日在雅尔塔举行会议，史称“雅尔塔会议”。会议的主要内容有：（一）战后处置德国问题；（二）波兰问题，三国决定波兰东部边界大体上以寇松线为准，在若干区域作出对波兰有利的五至八公里的逸出，同意波兰在北部和西部应获得新的领土，其最后定界留待和会解决；关于波兰政府的组成经过激烈争论，同意以卢布林的波兰临时政府为基础进行改组，容纳国内外其他民主人士；（三）远东问题，苏联承诺在欧洲战争结束后两至三个月内参加对日作战，其条件是：维持外蒙古的现状，库页岛南部及邻近岛屿交还苏联，大连商港国际化，苏联租用旅顺港为海军基地，苏、中共同经营中东铁路和南满铁路，千岛群岛交予苏联；（四）联合国问题，决定美、英、法、苏、中五国为安理会常任理事国，规定实质性问题常任理事国一致同意的原则。会议签署了《雅尔塔协定》。此次会议巩固和维护了三国战时联盟，对协调盟国对德、日作战，加速反法西斯战争的胜利进程和促进战后和平

① 邹鲁：《澄庐文选》，正中书局 1948 年 5 月初版，第 152 页。

② 中国社会科学院近代史研究所中华民国史研究室编：《中华民国史资料丛稿大事记》第三十一辑，中华书局 1990 年 12 月第 1 版，第 32 页。

③ 程焕文、张靖、周旎：《邹鲁未刊稿》下册，广西师范大学出版社 2008 年 3 月第 1 版，第 708 页。

稳定局面的形成起到重要的积极的作用，为联合国的建立奠定了基础。但会议的某些协议未经有关国家同意，具有明显的大国强权政治倾向，严重损害中国、波兰等国的主权和利益。①

先生听完外交部的汇报后，“即批评该会处理波兰问题，仿佛当年俄普奥之处分波兰，认为破坏国际道德与法律。”其后，先生还认为，“雅尔达会议，牵涉到中国领土主权，实为不合。”②

张镜影在《邹鲁传》一文中记述先生在获悉《雅尔塔协定》后的反应：“及悉涉及东亚及中国问题在内，公为文斥其牺牲弱国，以谋妥协，何正义之有？时吴国桢任宣传部长，以密约未宣布，恐公文影响邦交，一再请缓发表。公遂于所著回顾录第二册中痛责雅尔达会议之不当。”③

2月21日　呈函蒋介石（一稿），请辞国民政府委员。

呈函写道：“为献替无状，恳请明令罢免国民政府委员事。窃鲁备员国民政府委员十有余年，以革命余生，值抗建大关，既无执干戈捍卫社稷之能，又无运帷幄战胜朝廷之识。日昨献替，乖误尤多，不特户位素餐，业见折足覆餗，致劳斥责，益著愆尤。用特呈请明令罢免鲁之国民政府委员一职，用张惩处，免玷清班。不胜惶恐待罪之至。”④ 该函并未呈送蒋。

2月22日　呈函蒋介石（二稿），请辞国民政府委员。

呈函对20日在国民政府委员会议上的发言作出解释，写道：“鲁当时仅言旧金山会议延安广播要求参加，并未云四月二十五〈日〉以前不与共产党妥协团结即有危险。此应分释者一；鲁自十三年（1924年）在中央常委〈会〉时得悉‘共产党倾覆本党之阴谋’，旋行从事清党，始终未尝与共产有丝毫妥协。去春出版之《回顾录》与去秋所出版之《修订中国国民党史稿》，对于共产党仍无一恕词。若如钧座所斥责投降共产党，鲁虽不肖，人格尚在，决不致此。此应分释者二；至于以前政府未尽洽中外舆论，鲁确曾主张改组，并于某次召宴前列陈各事，亦有此一节。至于钧座所斥责组织联合政府，鲁公私文件及谈论从未有此主张。此应分释者三。”对于蒋介石本人，先生表示尊敬之意：“鲁之分辨已明，而对于钧座此次指示，爱国爱党，充满革命精神，固足鼓励一班同志及国人；而对于国际情势、本国立场判别之明了，把握之坚

---

① 《雅尔塔会议》，见百度百科网（http：//baike. baidu. com/view/82671. htm）。

② 邹鲁：《澄庐文选》，正中书局1948年5月初版，第151页。

③ 张镜影：《邹鲁传》，见国立中山大学校友会：《邹鲁全集》第（一）卷，三民书局股份有限公司1976年10月初版，第9页。

④ 程焕文、张靖、周旎：《邹鲁未刊稿》下册，广西师范大学出版社2008年3月第1版，第708页。

定，尤足为抗战前途庆，此鲁为党为国，对于钧座极表示崇敬者。”同时，先生表示个人不能接受蒋的斥责，提出辞职：“而鲁为个人计，则不能不呈请明令罢免国民政府委员者，盖士有不可辱之义。”①

2 月 27 日 吴鼎昌文官长带蒋介石手谕来访，退还先生辞去国民政府委员的呈函。②

2 月 28 日 呈函蒋介石（三稿），继续请辞国民政府委员。

呈函写道：“鲁对钧座之训示毫无不谅，而主持党国之坚定极表崇敬。值此艰巨之时，自维绵薄，但亦何敢稍为自外，故留中央常委、国防常委以备驱策。特鲁之呈辞国府委员，纯为世道人心，仰体钧座提倡礼义廉耻之心，不敢靦颜再备行列。预陈前言，出于肺腑，固不仅为鲁个人计也。倘食前言而复恋栈，则无耻无信，益为士君所弃。钧座主持风气，当亦谅鉴此种情节也。万恳将再奉上之辞呈，怜其愚顽，赐予批准。则感德之深，实同再造，不胜恳切待命之至。”③

3 月中旬 接国民党青年团函件，约请先生作文，以纪念即将到来的第二届青年节。先生应允。④

3 月 21 日 撰写《青年从军与民主问题》一文。该文发表在是月 31 日出版的重庆《中央日报》上。⑤

3 月 29 日 在国民党中枢纪念会上做报告《从辛亥三月廿九日广州之役以观吾党》。⑥

先生在报告中列举了大量关于辛亥三月廿九日广州起义的统计数据，并分为五点进行说明：第一，党员之普遍；第二，党员之职权；第三，党员之年龄；第四，华侨与本党；第五，党员之革命精神。革命精神有四点，即有进无退、见义勇为、公而忘私、临难不屈。该报告发表在 5 月 15 日出版的《中央党务公报》第七卷第五期上。

---

① 程焕文、张靖、周旎：《邹鲁未刊稿》下册，广西师范大学出版社 2008 年 3 月第 1 版，第 708 ~ 709 页。

② 程焕文、张靖、周旎：《邹鲁未刊稿》下册，广西师范大学出版社 2008 年 3 月第 1 版，第 710 页。

③ 程焕文、张靖、周旎：《邹鲁未刊稿》下册，广西师范大学出版社 2008 年 3 月第 1 版，第 710 页。

④ 邹鲁：《回顾录》，岳麓书社 2000 年 9 月第 1 版，第 540 页。

⑤ 中国国民党中央委员会党史委员会：《邹鲁先生文集》，中国国民党中央委员会党史委员会 1984 年 6 月 30 日出版，第 169 页。

⑥ 中国国民党中央委员会党史委员会：《邹鲁先生文集》，中国国民党中央委员会党史委员会 1984 年 6 月 30 日出版，第 226 ~ 236 页。

3月 《我对于教育之今昔意见》由商务印书馆出版发行。该书收录先生有关教育的言论五篇，并写有自序。①

3月 《中国国民党史略》由商务印书馆在重庆出版发行。②

4月 拟订提案《请振刷本党以树民治标准》，计划在国民党“六全”大会上提交。③

提案的主要内容是：（一）撤销各级学校党部；（二）取消军队内之党部机构；（三）取消调查统计局（“中统”）；（四）请依本党纲领，予言论出版等之自由；（五）注意农工之扶植。

在“六全”开会前，适逢蒋介石约先生谈话，问先生对于大会有何建议，先生遂将提案的内容向蒋介绍。蒋认为很好，并说自己就想这样去做。先生认为，可能蒋有更好的提案，就没有提交大会。

5月5日 出席国民党第六次全国代表大会开幕典礼。④

“六全”大会开幕典礼与革命政府成立纪念会于上午9时在重庆复兴关青年干部学校隆重举行，到会代表包括先生在内有673人，蒋介石致开幕辞。开幕式后，举行大会预备会议，由蒋介石主持。会议通过：（一）大会议事规则；（二）中央执行委员会提请追认吴铁城为大会秘书长，狄鹰为副秘书长；（三）中央候补执监委员改为出席大会。依照大会组织法，规定中央候补执监委员为列席大会，惟本届中央候补执监委员，膺选已阅十年，对党均多贡献。爰经全体会议，一律改为出席；（四）推选居正、于右任、戴传贤、宋庆龄、孙科、冯玉祥、先生等36人组织主席团；（五）组织提案审查委员会、总章审议委员会；（六）决定大会会期十天；（七）提案截止日期定为7日下午12时。11时30分，预备会议散会。

△上午11时30分，出席“六全”大会主席团第一次会议。会议主要内容为核定大会日程，并决定大会主席团36人分为四组，轮流主持会务。⑤

5月6日 出席主席团第二次会议。⑥

上午9时，会议在上清寺中央党部大礼堂举行，居正任主席，会议讨论主席团分组事宜、提案审查委员会、总章审议委员会、宣言起草委员会名单及7

---

① 邹鲁：《回顾录》，岳麓书社2000年9月第1版，第533页。

② 邹鲁：《回顾录》，岳麓书社2000年9月第1版，第539页。

③ 邹鲁：《回顾录》，岳麓书社2000年9月第1版，第542页。

④ 中国第二历史档案馆：《中华民国档案资料汇编》第五辑，第二编，政治（一），江苏古籍出版社1998年4月第1版，第737～746页。

⑤ 中国第二历史档案馆：《中央党务公报》，南京出版社1994年12月第1版，第16－171页。

⑥ 中国第二历史档案馆：《中央党务公报》，南京出版社1994年12月第1版，第16－172页。

日大会议事日程。主席团被分为四组，于蒋介石不出席大会时，轮流主持大会。先生分在第二组，同组的还有于右任、陈果夫、张厉生、迪鲁瓦、林庆年、李锡恩、刘冠儒、张邦翰8人。各委员会名单在经过决定后，将提交7日第一次大会通过。

5月7日 上午9时，出席总理纪念周，随即出席“六全”第一次大会。大会由蒋介石主持，主席团向大会提出各类委员会名单。12时30分散会。①

△下午3时，出席“六全”第二次大会。会议由文官长吴鼎昌作政治报告，代参谋总长程潜作军事报告。6时30分散会。②

5月8日 上午9时，出席“六全”第三次大会。大会由戴传贤主持，首先由程潜继续做军事报告，接着讨论及质询党务报告。正午12时散会。③

5月9日 上午9时，出席“六全”第四次大会。大会由孙科主持，首先讨论是否将列席代表改为出席代表，会议议决应仍为列席代表，接着继续讨论党务报告。④

△下午3时，出席“六全”第五次大会。大会由居正主持，进行政治报告质询。下午6时散会。⑤

5月10日 主持“六全”第六次大会。⑥

大会于上午9时开始，出席代表613人。首先进行军事报告质询，11时50分，蒋介石莅会致训，勉励各代表多提出根本问题，多提出建设性意见，并指示今后工作方针。接着由大会秘书长报告主席团提出的第六届中央执监委员选举办法，全体一致鼓掌通过。第六届中央执监委总额定为360名，计执行委员160名，候补委员80名，监察委员80名，候补监察委员40名。12时50分散会。

5月11日 上午9时，出席“六全”第七次大会。大会由张继主持，首先由经济部部长翁文灏作经济报告，之后由上海、北平等地党部代表报告该地党务工作。正午12时散会。⑦

△下午3时，出席“六全”大会主席团第六次会议。⑧

---

① 中国第二历史档案馆：《中央党务公报》，南京出版社1994年12月第1版，第16－172页。
② 中国第二历史档案馆：《中央党务公报》，南京出版社1994年12月第1版，第16－172页。
③ 中国第二历史档案馆：《中央党务公报》，南京出版社1994年12月第1版，第16~172页。
④ 中国第二历史档案馆：《中央党务公报》，南京出版社1994年12月第1版，第16－172页。
⑤ 中国第二历史档案馆：《中央党务公报》，南京出版社1994年12月第1版，第16－172页。
⑥ 中国第二历史档案馆：《中央党务公报》，南京出版社1994年12月第1版，第16－172页。
⑦ 中国第二历史档案馆：《中央党务公报》，南京出版社1994年12月第1版，第16－173页。
⑧ 中国第二历史档案馆：《中央党务公报》，南京出版社1994年12月第1版，第16－173页。

5月12日 上午9时，出席“六全”第八次大会。大会由李宗仁主持，首先由潘公展作特种报告，大会议决组织特种审查委员会。接着，先生参加大会主席团第七次会议。随后，大会听取山东等四省代表作该省党务工作报告。12时30分散会。①

5月14日 上午9时，出席总理纪念周。②

△上午10时余，出席“六全”主席团第八次会议。③

△上午10时半，出席“六全”第九次大会。大会由冯玉祥主持，首先进行提案审查委员会政治组作关于召集国民代表大会的审查报告，接着讨论宪法修正案。12时30分散会。④

△下午3时，出席“六全”第十次大会。大会由陈果夫主持，首先由何应钦报告军事事务，接着讨论宪法修正案。6时散会。⑤

5月15日 上午9时，出席“六全”第十一次大会。大会由于右任主持，首先由江苏、平汉津浦两路代表作该地党务报告，接着讨论国民党总章，12时散会。⑥

△上午10时半，出席在励志社举行的“六全”大会主席团第九次会议，会议主要研究国民党政纲。⑦

△下午3时，出席“六全”第十二次大会。大会由邵力子主持，继续讨论国民党总章。6时20分散会。⑧

5月16日 上午9时，出席“六全”第十三次大会。大会由黄季陆主持，讨论国民党政纲。⑨

△下午3时，出席“六全”第十四次大会。大会由居正主持，首先听取菲律宾总支部报告该地党务，接着讨论政治组审查报告，随后继续研讨并表决通过国民党总章。6时30分散会。⑩

5月17日 上午9时，出席“六全”第十五次大会。大会由于右任主持，

---

① 中国第二历史档案馆：《中央党务公报》，南京出版社1994年12月第1版，第16-173页。
② 中国第二历史档案馆：《中央党务公报》，南京出版社1994年12月第1版，第16-173页。
③ 中国第二历史档案馆：《中央党务公报》，南京出版社1994年12月第1版，第16-173页。
④ 中国第二历史档案馆：《中央党务公报》，南京出版社1994年12月第1版，第16-173页。
⑤ 中国第二历史档案馆：《中央党务公报》，南京出版社1994年12月第1版，第16-173页。
⑥ 中国第二历史档案馆：《中央党务公报》，南京出版社1994年12月第1版，第16-174页。
⑦ 中国第二历史档案馆：《中央党务公报》，南京出版社1994年12月第1版，第16-174页。
⑧ 中国第二历史档案馆：《中央党务公报》，南京出版社1994年12月第1版，第16-174页。
⑨ 中国第二历史档案馆：《中央党务公报》，南京出版社1994年12月第1版，第16-174页。
⑩ 中国第二历史档案馆：《中央党务公报》，南京出版社1994年12月第1版，第16-174页。

主要议程为选举国民党总裁，蒋介石当选。[①]

△下午3时，出席“六全”第十六次大会。大会由张治中主持，首先讨论党务组、外交组审查报告，其次报告中央委员候选人推选经过。6时散会。[②]

5月18日 上午9时，出席“六全”第十七次大会。大会由孙科主持，主要议程为通过国民党政纲政策案。[③]

△下午3时，出席“六全”第十八次大会。大会由王世杰主持，讨论对各项报告的决议案。6时散会。[④]

5月19日 上午9时，出席“六全”第十九次大会。大会由于右任主持，首先通过多个慰问电文，并讨论通过经济组、党务组审查报告，会议决定将六届中央执监委总额由360名增加到460名。其次，进行中央执监委员选举。[⑤]

△晚上8时，出席蒋介石在大会广场举行的欢迎筵会。[⑥]

5月20日至21日 20日上午9时，第六届中央执行委员会选举开票，直至21日晨始统计完毕。21日上午10时，出席总理纪念周，随后出席“六全”第二十次大会，蒋介石任会议主席，宣布中央执行委员选举结果，大会选举产生460人组成中央执监委员会，先生当选为委员。之后，大会举行闭幕式。[⑦]

会议期间，先生已经感觉到抗日战争胜利即将来临，“其平素所主张全世界人类皆应受高等教育之主张，希望能在我国教育复员之时，由我国先自实行，以为世界倡，故在大会上联合其他18名代表提出《请定高等教育为国民教育案》（提案第一三三号）。”[⑧] 提案处理办法为“交主管机关切实研究施行”[⑨]，因此该提案交教育部详细研究办法，但最终不了了之。[⑩] 在会议上，国

---

① 中国第二历史档案馆：《中央党务公报》，南京出版社1994年12月第1版，第16－174～175页。

② 中国第二历史档案馆：《中央党务公报》，南京出版社1994年12月第1版，第16－174～175页。

③ 中国第二历史档案馆：《中央党务公报》，南京出版社1994年12月第1版，第16－175～176页。

④ 中国第二历史档案馆：《中央党务公报》，南京出版社1994年12月第1版，第16－175～176页。

⑤ 中国第二历史档案馆：《中央党务公报》，南京出版社1994年12月第1版，第16－175～176页。

⑥ 中国第二历史档案馆：《中央党务公报》，南京出版社1994年12月第1版，第16－175～176页。

⑦ 中国第二历史档案馆：《中央党务公报》，南京出版社1994年12月第1版，第16－176～177页。

⑧ 陈哲三：《邹鲁研究初集》，华世出版社1980年2月初版，第70页。

⑨ 中国第二历史档案馆：《中央党务公报》，南京出版社1994年12月第1版，第16－293页。

⑩ 邹鲁：《回顾录》，岳麓书社2000年9月第1版，第542～543页。

民党中央宣传部购买了先生刚刚出版的《中国国民党简史》一书，分送全体出席人员。①

5月28日 出席国民党六届一中全会开幕礼暨委员、候补委员宣誓礼、总理纪念周。②

上午9时，活动在复兴关中央干部学校礼堂隆重举行。先生等人首先进行了就任中央执行委员的宣誓礼。10时半，出席全会预备会议，会议决议推选于右任、居正、戴传贤、孙科、冯玉祥、丁惟汾、先生等11人组成主席团，还通过了各类委员会组成人选。

5月29日 上午9时，出席六届一中全会第一次会议。会议由居正主持，讨论了中央执行委员会组织方案审议委员会审查报告。12时散会。③

5月30日 上午9时，出席六届一中全会第二次会议。会议由叶楚伧主持，讨论了党务、政治等各类议案二十余件。④

5月31日 主持六届一中全会第三次会议。⑤

会议于上午9时开始，出席中央执行委员167人，列席候补中央执行委员58人，出席中央监察委员66人，列席候补中央监察委员31人。先生任会议主席，吴铁城任秘书长。会议首先由先生恭读总理遗嘱，接着进行报告事项：

（一）宣读第二次会议记录。

（二）秘书处报告文件。

（三）第六次全国代表大会决议案整理委员会报告：大会全部决议案经逐一校读整理报请公鉴。

（四）秘书长报告依章递补具有临时表决权的候补执行委员名单。

会议讨论事项有：

（一）选举中央执行委员会常务委员案。先生为50名候选人之一。先生宣告开始选举，计在场中央执行委员167人，有临时表决权的候补执行委员55人，共222人，发选举票222张，当即投票完毕，先生宣告继续讨论提案，选举结果，俟开票完竣，再行宣布。

（二）关于“六全”大会通过本党政纲政策案的处理办法案，提案审查委

---

① 邹鲁：《回顾录》，岳麓书社2000年9月第1版，第539页。

② 中国第二历史档案馆：《中央党务公报》，南京出版社1994年12月第1版，第16－196～197页。

③ 中国第二历史档案馆：《中央党务公报》，南京出版社1994年12月第1版，第16－197页。

④ 中国第二历史档案馆：《中央党务公报》，南京出版社1994年12月第1版，第16－197页。

⑤ 中国第二历史档案馆：《中华民国档案资料汇编》第五辑，第二编，政治（一），江苏古籍出版社1998年4月第1版，第841～862页。

员会以本案极其重要，爰建议处理办法三项，经主席团决定，提请公决。

1. 中央应将大会议决的政纲政策案，送交国民政府区别性质分交院会部署，限于3个月内，切实订定实施方案，负责施行，其有须经立法程序者，应由主管院提出法案。2. 各主管院会部署，对于政纲政策的实施，是否切实执行，除由中央考核机关随时考核外，并由中央监察委员会依照职权，负责稽核，以为其奖惩的标准。3. 中央应命令各级党部，对于政纲政策案作广大继续的宣传，务使党员与国民借能了解拥护，以期推行尽利。会议决议：通过。

（三）蒋介石交议：关于“六全”大会通过国民大会召集之处理办法案。关于国民大会之召集日期，业经“六全”大会规定外，其他有关而未决问题，应由中央常会设置审议委员会，参酌各方面意见，拟具方案，提请中央常会决定。会议决议：通过。

（四）蒋介石交议：关于“六全”大会通过制定政治结社法案之处理办法案。本案交由政府征询宪政实施协进会意见后，再由国防最高委员会从速拟具政治结社的立法原则，依照立法程序，制定公布。会议决议：通过。

（五）蒋介石交议：国防最高委员会仍应设置案。会议决议：通过。

（六）蒋介石提出：1. 行政院兼院长蒋中正、副院长孔祥熙辞职，拟予照准；2. 请选翁文灏为国民政府委员；3. 请选任宋子文为行政院院长，翁文灏为副院长案。会议决议：通过。

秘书长报告中央执行委员会常务委员会结果，于右任、居正、孙科、戴传贤、宋子文、陈果夫、陈诚、何应钦、叶楚伧、先生等25人当选，先生得票为195票。会议于11时10分散会。

△上午11时20分，出席六届一中全会闭幕典礼。①

8月10日 收听到日本无条件投降的消息，举家欢庆。

在美国向日本领土投下原子弹，加之苏军参加中国抗日战争，进军中国东北后，先生即判断出日本随时会投降，所以嘱咐邹梅和邹永，时时留意听收音机。

晚7时，邹梅和邹永收听到日本无条件投降的消息，两人跳跃地拍手狂欢奔来报告。先生随即将家中藏酒拿出来，与家人及同事狂饮，并买鞭炮燃放，庆祝抗战胜利。先生同时作诗一首：“八年抗战嘉成功，盟国同心肇大同。忍痛军民流血泪，始免种族化沙虫。大难来日休矜伐，满目深疮愧奉公。建国万端仗群策，无忘在莒事和衷。”②

---

① 中国第二历史档案馆：《中央党务公报》，南京出版社1994年12月第1版，第16－198页。

② 邹鲁：《回顾录》，岳麓书社2000年9月第1版，第550页。

8月11日 出席国民党中央执行委员会常委会、国防最高委员会紧急联席会议。到会人员有蒋介石、吴敬恒、居正、先生等人。在会议上，蒋介石详细介绍了日本无条件投降的经过及美国提出的接受投降书的办法。先生十分欣慰。①

8月17日 外长王世杰从莫斯科签订中苏友好条约后回国，蒋介石约集先生等国民党中央领导到黄山开会，听取王世杰的汇报。②

8月24日 出席国民党中央执行委员会常委会、国防最高委员会常委会联席会议。

会议于上午在黄山举行，主要内容是讨论通过中苏友好条约。28日，条约正式对外公布。在开会期间，中央社记者来问先生对条约的感想，先生发表三点意见，外交界的朋友见了，指出第一点意见与国际有关，请先生暂缓发表。对于第二、三点，先生“要正式向美英苏三个友好同盟国作至诚的忠告，以后要世界和平，一定不要有几个强大国家在圆桌上来处分非侵略国家及反抗侵略的盟国，更不要来处分首先反抗侵略及牺牲最大的盟国。一切国际事项，要根据国际上之法定组织，用正义人道公平来处置，不要再有雅尔达会议及三长会议之事再发生，才可以完成此次反侵略的目的，造成世界永远之和平。否则，仍演从前帝国主义的故技，必致战争循环不已。这是我最痛心的话，亦是我最诚恳的话。”③

8月30日 毛泽东、周恩来、王若飞出席张治中在桂园公馆举行的欢迎宴会，于右任、孙科、先生、叶楚伧、吴铁城等应邀作陪。④ 宴会于晚上8时30分开始，先生等作陪人员人至晚上11时15分始辞别。

9月2日 日本投降仪式在位于东京湾的密苏里号军舰上举行，日本正式签署投降书。先生作对子庆祝：“当年铲帝创民国，此日摧倭事大同。”⑤

9月4日 出席蒋介石举行的庆祝胜利茶会。⑥

茶会在重庆军事委员会大礼堂举行，招待各国使节及盟国将官，庆祝共同胜利。美、英、苏、法等多国大使及魏德迈将军出席，戴传贤、居正、于右

---

① 邹鲁：《回顾录》，岳麓书社2000年9月第1版，第548页。

② 邹鲁：《回顾录》，岳麓书社2000年9月第1版，第546页。

③ 邹鲁：《澄庐文选》，正中书局1948年5月初版，第153页。

④ 中国社会科学院近代史研究所中华民国史研究室编：《中华民国史资料丛稿大事记》第三十一辑，中华书局1990年12月第1版，第134页。

⑤ 邹鲁：《回顾录》，岳麓书社2000年9月第1版，第550页。

⑥ 中国社会科学院近代史研究所中华民国史研究室编：《中华民国史资料丛稿大事记》第三十一辑，中华书局1990年12月第1版，第142页。

任、孙科、冯玉祥、叶楚伧、张继、先生、吴铁城、翁文灏等政府长官作陪，毛泽东、周恩来、王若飞亦应邀出席。蒋介石发表简短致辞，感谢各同盟国家联合一致的努力。

9月11日 国民政府令：任王星拱为国立中山大学校长，原任邹鲁免职。①

10月4日 梅贻琦与任鸿隽夫妇来访，先生不在，夫人接待。梅贻琦等三人稍坐后离开。②

约10月上旬 邀请毛泽东和周恩来到家里做客。

先生之子邹永回忆："我父亲和他的老友居正接到上面的指示，邀请毛泽东和周恩来到我家参加宴会。据我回忆，那次的酒席便是由菇菇宴的大师傅做的。那次宴请毛泽东和周恩来，参加的还有孔祥熙、于右任等当年的国民党要人。我被赶到楼上，爸爸下令说不准下来。可是我好奇，忍不住探出头来偷看。我看见毛泽东和周恩来走进我家。毛泽东非常高大，虽然在窑洞里住了很多年，自己的实力也多半被包围起来，可是那威风和神气，一看就是一个不凡的领导人。我不能到楼下去，可我能听见周恩来在楼下用漂亮的国语高谈阔论。"③

10月10日至12日 参加国府招待会，庆祝抗日战争胜利。④

先生在参加招待会的同时，应《中央日报》的邀请作《中华民国三十四年国庆日颂词》一篇，发表在是月10日发行的《中央日报》上。《颂词》写道："溯我国父，革命救民；辛亥一役，清室遂沦；缔造民国，双十庆礼；躬行揖让，所托非人；帝制迭演，约法弃尘；总统贿选，腾笑四邻；国父北伐，屡蹶屡伸；……大好东北，沦敌呻吟；得陇望蜀，蚕食频频；七七变起，吞效鲸鳞；全面抗战，敌忾同申；轴心猖獗，举世嚣嚣；得道多助，盟国协寅；西殄纳粹，夷其四畛；并肩东向，倭始不振；祸水荡尽，大千化淳；唯此胜利，厥有数因；众民广土，资取无垠；兵源既足，生产如渊；持久抗战，倭卒灭湮；应念列祖，蓝缕苦辛；三民主义，大辂椎轮；服膺拳拳，靡不析薪；前方流血，杀身成仁；后方流汗，建设轮囷；全国一德，共济同轮；……今年国庆，欢胜率滨；普天同庆，物我皆春；位跻四强，国势日新；忧乐兴国，逸豫亡国；愿勿矜伐，惕厉訚訚；合力建国，万绪经纶；发扬光大，纪念良辰；以

① 中国社会科学院近代史研究所中华民国史研究室编：《中华民国史资料丛稿大事记》第三十一辑，中华书局1990年12月第1版，第149页。

② 黄延复、王小宁：《梅贻琦日记》，清华大学出版社2001年4月第1版，第177页。

③ 邹永：《浮生点滴：邹永回忆录》，中山大学出版社2008年11月第1版，第23～24页。

④ 邹鲁：《回顾录》，岳麓书社2000年9月第1版，第551页。

建民国，大同以臻；世界和平，万年永珍。”[①]

10 月 23 日 撰写《祝朝鲜复国的回顾》一文，以祝贺朝鲜复国运动成功。该文发表在《中央日报》上。[②] 该文还发表在《文萃》本年第四期上。

11 月 1 日 世界教育大会召开，中华民国驻英国大使顾维钧将先生的《教育与和平》复印送各国代表。先生亦于开会时，通过第一军中电台向该会及世界进行了 50 分钟的广播，以宣传教育与和平。[③]

11 月 著作《中国国民党史略》由商务印书馆在上海出版发行。[④]

12 月 17 日 提出《拟请改台北帝国大学为仓海大学案》。[⑤]

该案为先生在国防最高委员会会议上提出。先生在提案中列举了丘逢甲先生在教育及革命方面所作出的贡献，鉴于此，提议改台北帝国大学为仓海大学，以纪念丘逢甲。提案写道：“固不仅予台人以景仰怀恩，而其革命精神，因此贯注于无量数莘莘学子，由是而发皇光大，蔚为建国人才，是一举而数善兼至矣!”[⑥] 经过讨论，会议决议在台湾设立仓海先生纪念碑，此项提案未获照案通过。

12 月 撰写《丘仓海先生念台诗集序》。[⑦]

抗战胜利后，台湾复归祖国。先生请丘念台专集丘逢甲所作有关台湾各诗百首，编辑成《丘仓海先生念台诗集》，并为该集作序。

是年 在《三民主义半月刊》第六卷第九期上发表《秦烈士炳纪念碑》一文。

---

① 中国国民党中央委员会党史委员会：《邹鲁先生文集》，中国国民党中央委员会党史委员会 1984 年 6 月 30 日出版，第 565 ~ 566 页。

② 邹鲁：《回顾录》，岳麓书社 2000 年 9 月第 1 版，第 554 页。

③ 邹鲁：《回顾录》，岳麓书社 2000 年 9 月第 1 版，第 536 页。

④ 国立中山大学校友会：《邹鲁全集》第（一）卷，三民书局股份有限公司 1976 年 10 月初版，《邹鲁全集编印经过》第 4 页。

⑤ 陈哲三：《邹鲁研究初集》，华世出版社 1980 年 2 月初版，第 184 页；中国国民党中央委员会党史委员会编《邹鲁先生文集》（中国国民党中央委员会党史委员会 1984 年 6 月 30 日出版）第 13 页认为该提案是 1949 年提出，疑有误。

⑥ 中国国民党中央委员会党史委员会：《邹鲁先生文集》，中国国民党中央委员会党史委员会 1984 年 6 月 30 日出版，第 13 ~ 14 页。

⑦ 邹鲁：《澄庐文选》，正中书局 1948 年 5 月初版，第 317 ~ 319 页。

1946年（民国三十五年　丙戌）六十二岁

1月　著作《回顾录》初版由独立出版社发行。①

2月　发表《自雅而达会议密约发表后之意见》一文。

是月，《雅尔塔协定》宣布。先生在文中向英、美、苏三国提出忠告，"勿在樽俎上处分非侵略及犯侵略之盟国。一切缔约，须遵国际法定程序，以正义人道公平为准则，否则，和平终不可恃。此文甫揭，掀起国内外舆论上之同情，群起作严正之批评。"②

3月1日　上午9时，出席国民党六届二中全会开幕典礼，典礼在重庆军事委员会大礼堂举行。③

△上午10时，出席六届二中全会预备会议，当选为主席团成员，主席团由11人组成。11时散会。④

3月2日　上午9时，出席六届二中全会第一次会议。会议由于右任主持。会议主要议程是听取吴铁城作的党务工作报告，上午11时50分散会。下午，继续出席会议。讨论党务工作报告。6时散会。⑤

3月3日　主持六届二中全会第二次会议。⑥

会议于上午9时开始。会议首先由林蔚作军事复员问题报告，各委员就此报告加以详尽检讨，其次推定程潜等51位委员为审查会委员，又通过组织地方行政委员会及边疆问题委员会，推定有关人员，先行研讨关于地方行政及边疆问题的报告事宜。12时散会。

3月4日　上午8时，出席总理纪念周。9时，出席六届二中全会第三次会议。会议由居正主持，主要议程是听取财政金融问题报告，中午12时散会。下午，听取翁文灏作的经济问题报告，随后，各委员对于财政金融及经济问题

---

① 陈哲三：《邹鲁研究初集》，华世出版社1980年2月初版，第76页。

② 张镜影：《邹鲁传》，见国立中山大学校友会：《邹鲁全集》第（一）卷，三民书局股份有限公司1976年10月初版，第9页。

③ 中国第二历史档案馆：《中央党务公报》，南京出版社1994年12月第1版，第17－57页。

④ 中国第二历史档案馆：《中央党务公报》，南京出版社1994年12月第1版，第17－57页。

⑤ 中国第二历史档案馆：《中央党务公报》，南京出版社1994年12月第1版，第17－57页。

⑥ 中国第二历史档案馆：《中央党务公报》，南京出版社1994年12月第1版，第17－57页。

进行详细检讨。6时散会。①

3月5日 上午9时，出席六届二中全会第四次会议。会议由孙科主持，会议主要议程是继续讨论财政金融、经济问题报告，中午12时散会。②

△下午3时15分，出席六届二中全会第五次会议。听取王世杰作外交问题报告。下午5时，大会讨论外交问题报告，先生等人先后发言，指出秘密外交的不足，并指出外交作风亟待改变。当时会场情绪悲愤激昂，特别是在先生、白崇禧、王正廷等人发言时，“屡为热烈之掌声所中断”③。

3月6日 上午9时，出席六届二中全会第六次会议。会议主要议程是继续讨论外交问题报告。中午12时10分散会。④

△下午3时，出席六届二中全会第七次会议，听取及讨论浦薛凤作的善后经济报告。6时散会。⑤

3月7日 上午9时，出席六届二中全会第八次会议，会议主要议程是听取及讨论孙科作的政治协商会议报告。下午6时散会。⑥

3月8日 上午9时，出席六届二中全会第九次会议。会议主要议程继续讨论政治协商会议报告及听取宋子文作的政治报告。上午11时50分散会。⑦

△下午3时，出席六届二中全会第十次会议，会议由张道藩说明关于国民大会代表名额商定的经过，随即举行对于政治报告的检讨及质询。之后，会议听取了余鹏飞作的交通问题报告。下午6时散会。⑧

3月9日 上午9时，出席六届二中全会第十一次会议，主要议程为讨论交通问题报告。正午12时散会。⑨

△主持六届二中全会第十二次会议。⑩

会议于下午3时开始，首先由各委员讨论粮食问题，推定徐堪等41位委员为审查委员会委员，随由黄绍竑委员作地方行政报告，下午6时散会。

3月10日 上午，出席公祭叶楚伧、李烈钧、李梦庚三位委员活动。⑪

---

① 中国第二历史档案馆：《中央党务公报》，南京出版社1994年12月第1版，第17－58页。
② 中国第二历史档案馆：《中央党务公报》，南京出版社1994年12月第1版，第17－58页。
③ 《邹鲁白崇禧王正廷等要求改变外交作风》，见《申报》，1946年3月6日。
④ 中国第二历史档案馆：《中央党务公报》，南京出版社1994年12月第1版，第17－58页。
⑤ 中国第二历史档案馆：《中央党务公报》，南京出版社1994年12月第1版，第17－58页。
⑥ 中国第二历史档案馆：《中央党务公报》，南京出版社1994年12月第1版，第17－58页。
⑦ 中国第二历史档案馆：《中央党务公报》，南京出版社1994年12月第1版，第17－58页。
⑧ 中国第二历史档案馆：《中央党务公报》，南京出版社1994年12月第1版，第17－58页。
⑨ 中国第二历史档案馆：《中央党务公报》，南京出版社1994年12月第1版，第17－58页。
⑩ 中国第二历史档案馆：《中央党务公报》，南京出版社1994年12月第1版，第17－58页。
⑪ 中国第二历史档案馆：《中央党务公报》，南京出版社1994年12月第1版，第17－58页。

△下午3时，出席六届二中全会第十三次会议。会议首先由何应钦报告日本受降经过，嗣后讨论地方行政报告。下午6时散会。①

3月11日　上午8时，出席总理纪念周。②

△上午9时，出席六届二中全会第十四次会议，听取边疆问题报告。12时散会。③

3月12日　上午9时，主持六届二中全会第十五次会议。首先由主席团报告，推定李文范等15位委员为决议案整理委员会委员。④

下午，继续出席会议，会议由何应钦主持。首先继续讨论边疆问题报告，其次由张群报告关于商定停止军事冲突经过，张治中报告关于停止军事冲突及恢复交通的视察情形，随后由陈仪报告收复台湾情形。下午6时15分散会。

3月14日　上午9时，出席六届二中全会第十六次会议。首先由刘斐报告东北军事情形，张嘉璈报告东北经济接收情形，嗣后讨论东北问题。正午12时散会。下午继续开会，首先讨论东北问题，其次由陆钟麟报告宣慰华北情形，嗣后讨论常务委员会名额及选举方式，并通过关于粮食问题的决议案。下午6时散会。⑤

3月15日　主持六届二中全会第十七次会议。⑥

会议于上午9时举行。会议讨论各组审查提出的多件议案，主要有军事复员工作、交通问题及善后救济政治报告等。会议通过决议案4件。

下午，十七次会议继续举行，由何应钦主持，继续讨论各组审查提出的议案。下午6时散会。

3月16日　上午9时，出席六届二中全会第十八次会议，通过对于政治协商会议报告的决议案，对于外交报告的决议案。正午12时30分散会。下午3时，继续开会，通过国民政府委员产生办法、撤销国防最高委员会，恢复成立中央政治委员会案等。下午6时30分散会。⑦

3月17日　上午9时，出席六届二中全会第十九次会议。蒋介石代表主席团宣布常务委员会及国民大会本党代表选举结果，先生继续当选为中央执行

---

① 中国第二历史档案馆：《中央党务公报》，南京出版社1994年12月第1版，第17－58页。
② 中国第二历史档案馆：《中央党务公报》，南京出版社1994年12月第1版，第17－58～59页。
③ 中国第二历史档案馆：《中央党务公报》，南京出版社1994年12月第1版，第17－58～59页。
④ 中国第二历史档案馆：《中央党务公报》，南京出版社1994年12月第1版，第17－59页。
⑤ 中国第二历史档案馆：《中央党务公报》，南京出版社1994年12月第1版，第17－59页。
⑥ 中国第二历史档案馆：《中央党务公报》，南京出版社1994年12月第1版，第17－59页。
⑦ 中国第二历史档案馆：《中央党务公报》，南京出版社1994年12月第1版，第17－59页。

委员会常务委员。随后通过多项决议案及会议宣言。下午1时15分散会。①

△下午1时25分，出席六届二中全会闭幕礼。②

4月15日 出任追悼王秦叶邓诸先生筹备会发起人。

是月8日上午，王若飞、秦邦宪、叶挺、邓发等人乘坐美国军用运输机由重庆飞往延安，因飞机失事遇难。是日，重庆各界追悼王秦叶邓诸先生筹备会组成，并发布启事，宣布19日举行追悼大会。筹备会发起人共有119人，包括孙科、张澜、吴铁城、邵力子、王世杰、陈立夫、张群、王宠惠、于右任、先生、周恩来等人。

5月27日 乘“民联”轮从重庆前往南京。③

船上乘客除先生外，还有冯玉祥一家及随从、李济深等人，另有一大批文化界和学术界的知名人士，包括徐悲鸿夫妇，吴祖湘、侯外庐、安娥及民盟的褚辅成等，共有八九百人。

6月1日 抵达汉口。④

在汉口上岸后，先生等人巡视日侨区及市区一周，即至璇宫饭店休憩，并接见在汉口友好人士。武汉行营主任程潜、武汉警备总司令部副总司令彭善均到饭店访晤先生一行，并为先生设宴洗尘。晚上，先生等人回到轮船上休息。

6月2日 晨7时，乘轮船前往南京。当日抵京。⑤ 先生抵达南京后，住在“邹鲁公馆”。⑥

6月14日 发表《恭述国父广州蒙难经过及感想》一文。

先生在文中叙述了孙中山于1922年6月16日广州蒙难的经过，并认为：“它给我们什么教训呢？就是党的主义和政策，是党的生命，也是党员的生命，守此则生，离此则死。全党如此，党员个〈人〉亦如此。陈炯明未曾不是一个有为的人，过去对党也尽过许多的功劳，但一〈念〉之差，竟致铸成大错。他个人身败名裂，咎由自取，原不足惜，但整个革命事业却已受影响不少了。

什么事值得我们效法呢？第一，是重视职守的革命精神。历史告诉我们，

---

① 中国第二历史档案馆：《中央党务公报》，南京出版社1994年12月第1版，第17－59页。

② 中国第二历史档案馆：《中央党务公报》，南京出版社1994年12月第1版，第17－59页。

③ 罗先哲：《冯玉祥船上办报》，见全国政协网（http：//www. cppcc. gov. cn/rmzxb/cqzk/200502170048. htm），2005年2月17日。

④ 《冯玉祥等过汉东下》，见《申报》，1946年6月3日。

⑤ 罗先哲：《冯玉祥船上办报》，见全国政协网（http：//www. cppcc. gov. cn/rmzxb/cqzk/200502170048. htm），2005年2月17日。

⑥ 见《国立中山大学南京同学会校友通讯录》，1948年3月。

无论任何环境均不能有顺而无逆，逆境之来，精神能克复之者，必能改造环境而成功，否则，归于失败。古今中外，莫能外此。请大家看看国父改道北伐以及在舰上支持五十余日，时时处于绝地，而全以职守为重，勇往奋斗，排万难不顾一切，直至得北伐军被败之讯止，始行离舰赴沪。此种精神感召，就是北洋军阀，外国舆论，均深佩服。

第二，是有办法以完成革命使命。国父每遇一次失败，即有一次办法以促进革命。此次失败最严重，而国父之办法亦愈积极而完备，除命人立讨陈逆外，即规划改进党务。及广州各属次第归复，即开第一次全国代表大会，宣布对内对外政策，并演讲三民主义，手订建国大纲，永奠党纲政纲。故国父虽不幸中途逝世，同志国民仍得秉其遗教，以完成统一，并达到今日抗战必胜建国必成之目的。”①

6月28日 撰写《犬养毅确曾致力中日和平》一文。②

文章指出，日本前首相犬养毅曾在东三省事件上派代表萱野到上海和国民党中央同志接洽，表示愿意上书，撤回东三省日军，归还东三省领土主权，确实为中日和平作出过努力。

7月 著作《回顾录》在独立出版社出版发行。③

该书为下册，经过补充第21节至36节后出版。本册虽应与上册内容相衔接，但是由于印刷错误，致使页数衔接不上，上册自326页止，下册由317页起。之所以出现印刷错误，是由于“当系抗战胜利伊始，分地印行”④ 所致。

10月31日 为蒋介石六十岁寿辰大庆作序。⑤

11月3日 当选为国民政府直接选举的国民代表大会代表。⑥

11月20日 下午3时，国民代表大会主席团国民党候选人选出，先生等22人当选为候选人。⑦

△出席国民党中央第六届执委会常委会第四十六次会议。⑧

---

① 邹鲁：《恭述国父广州蒙难经过及感想》，见《中央周刊》第八卷第二十二期。

② 邹鲁：《澄庐文选》，正中书局1948年5月初版，第153~155页。

③ 国立中山大学校友会：《邹鲁全集》第（一）卷，三民书局股份有限公司1976年10月初版，《邹鲁全集编印经过》第5页。

④ 国立中山大学校友会：《邹鲁全集》第（一）卷，三民书局股份有限公司1976年10月初版，《邹鲁全集编印经过》第5页。

⑤ 中国国民党中央委员会党史委员会：《邹鲁先生文集》，中国国民党中央委员会党史委员会1984年6月30日出版，第261页。

⑥ 《府选国大名单　国府明令公布》，见《申报》，1946年11月4日。

⑦ 《国大今选主席团》，见《申报》，1946年11月21日。

⑧ 《府委名额定四十人　政院增至十八部会》，见《申报》，1946年11月21日。

下午4时，会议在国府会议室举行，先生等三十余位中常委出席，会议由蒋介石主持。决议要案主要有：《“五五宪草修正案订正稿”请公决案》，孙科、戴传贤、先生等人先后发言，主张应即完成立法程序。会议议决，《中华民国宪法草案修正案》，交立法院完成立法程序；《国民政府组织法修正草案》，决议照修正案通过。

11月21日 国民代表大会主席团第三次预备会议投票选举出主席团成员，包括先生在内的46人当选。①

11月23日 出席国大主席团第二次会议。②

上午9时半，会议在国大主席团办公室举行，先生等三十余人出席，会议由孙科主持。会议讨论通过了国大大会议事规则、主席团分为五组轮流主持会议等多项要案。先生被分在第二组，本组人员还有于右任、左舜生、于斌、孔庚、张群等八人。

12月6日 出席国防最高委员会第二百一十一次会议暨国民党第六届中执委常委会第四十七次会议。③

下午3时，会议在南京举行，先生等三十余人出席会议。国防最高委员会会议由宋子文主持，王世杰作外交报告，会议通过国家总预算审议会办法及明年度党务工作方针等案。

12月8日 出席国大主席团茶会。④

下午4时15分，国大主席团举行茶会，招待审查会召集人。孙科、先生、王宠惠、白崇禧等68人出席茶会，茶会由孙科主持。孙科在致辞中希望各位加速审查宪法草案，使之能于13日提交国大会议讨论。先生在茶会上发言，就审查会上的发言及临时意见提出问询。孙科当场作了答复，指出审查会上仍可商量，临时意见也可以提出，但是发言时间过长或意见与大会上已经发言的意见雷同时，审委会主席自可运用应有权利，权衡处理，以免耗误时间。茶会于6时40分结束。

是年 以广东省第五区行政督察专员郑绍玄、青年学者饶宗颐为首的潮州修志委员会聘任先生、刘侯武、罗卓英、萧吉珊、温廷敬等五人为潮州修志委员会顾问。

是年 在《三民主义半月刊》第九卷第六期上发表《读校三民主义的回

---

① 《国大主席团已选出四十六人名单公布》，见《申报》，1946年11月22日。

② 《国大主席团二次会议决定分五组主持会议》，见《申报》，1946年11月24日。

③ 《国防会通过组设委会审议明年度总预算》，见《申报》，1946年12月7日。

④ 《国大主席团举行茶会招待审会召集人》，见《申报》，1946年12月9日。

顾》一文。

是年 为家乡大埔地区一学校题写“培新公学”校名。

1947年（民国三十六年 丁亥）六十三岁

1月3日 夜间，突患中风，送中央医院诊治。①

1月9日 《申报》载文《闲话邹鲁》，指出先生“生性倔强，在党国历史足与胡汉民相符。”②

2月3日 著作《中国国民党史略》由商务印书馆出版发行。

2月16日 出席国防最高委员会第二百一十八次常务会议。③

会议于上午9时在国民政府举行。国防最高委员会常委于右任、先生、戴传贤、孙科等人，国民党中央执委会常委、中央监委会常委宋子文、吴铁城、王宠惠、张继等人出席会议，会议由蒋介石主持。会议讨论事项为经济紧急措施方案并附各项办法请公决，会议修正通过该议，并提出两点修正意见：（一）对于办法内的处罚部分交立法院补充立法程序；（二）凡中华民国之人民公司或团体存有外汇在外国者，应向政府自行申报此项外汇款。除有合法用途外，由政府定期按照法定汇率收买，其不申报及拒绝收买或收缴于本国银行者，严予处罚，详细实施办法交行政院迅予拟定呈核。

2月20日 出席国防最高委员会第二百二十次常务会议。④

会议于下午3时在国民政府举行。国防最高委员会常委于右任、孙科、先生等人，国民党中央执委会常委、中央监委会常委吴铁城、宋子文、王宠惠、张继等人出席会议，会议由孙科代蒋介石主持。会议讨论事项：（一）原则通过国民大会组织法、五院组织法草案，交立法院详细审议各委员意见并送参考；（二）原则通过国民大会代表选举罢免法、总统副总统选举罢免法、监察委员、立法委员选举罢免法立法原则；（三）通过其他人事任免事项；（四）修

---

① 《邹鲁中风》，见《申报》，1947年1月5日。

② 疾风：《闲话邹鲁》，见《申报》，1947年1月9日。

③ 中国国民党中央委员会党史委员会：《国防最高委员会常务会议记录》第九册，近代中国出版社1996年3月影印初版，第84～85页。

④ 中国国民党中央委员会党史委员会：《国防最高委员会常务会议记录》第九册，近代中国出版社1996年3月影印初版，第101～109页。

正通过取缔违反限价议价条例，准予实施备案物价实施办法。

3月1日 出席国民党中央执行委员会常务委员会第五十九次会议暨国防最高委员会常务会议第二百二十二次会议联席会议。[①]

会议于下午4时在国民政府举行。出席会议的有于右任、孙科、先生等35人，会议由蒋介石主持。会议准予宋子文辞去行政院院长一职，由国民政府主席蒋介石暂行兼理。

3月5日 出席国防最高委员会第二百二十三次常务会议。[②]

会议于上午9时在国民政府举行。国防最高委员会常委于右任、孙科、先生、陈果夫等人，国民党中央执委会常委、中央监委会常委张厉生、陈布雷、王宠惠、张继等人出席会议，会议由孙科代蒋介石主持。会议报告事项包括审议河北、江苏省临时参议会参议员递补案，外交部部长王世杰在席报告最近国际形势及外交情形。会议讨论事项有十余项，包括：（一）通过将工作竞赛推行委员会迅饬改隶社会部；（二）缓议沈阳、广州两市呈请改为行政院直辖案；（三）预算、中美空军运输协定、经济紧急措施全部方案、人事任免等案。

3月6日 出席国防最高委员会第二百二十四次常务会议。[③]

会议于上午9时在国民政府举行。国防最高委员会常委孙科、于右任、陈果夫、先生，国民党中央执委会常委、中央监委会常委陈布雷、朱家骅、张继、贺耀祖等人出席会议，会议由孙科代蒋介石主持。会议报告事项有20项，主要包括对于台湾事变的处理意见，会议提出三点建议请蒋介石候决，为政府应派大员前往台湾宣慰，台湾省行政长官公署改组为台湾省政府，政府改组时应尽量容纳当地优秀人士。会议处理事项有两项。

3月13日 国民党中央执委会常委会决议组织外交研究委员会，推定委员23人，专门研究当前外交问题，委员会由王宠惠、孙科、先生召集。[④]

3月15日 上午，出席国民党六届三中全会预备会议。会议选举主席团成员，先生以122票当选为主席团11名成员之一，其他成员还有孙科、于右

---

① 中国国民党中央委员会党史委员会：《国防最高委员会常务会议记录》第九册，近代中国出版社1996年3月影印初版，第122～125页。

② 中国国民党中央委员会党史委员会：《国防最高委员会常务会议记录》第九册，近代中国出版社1996年3月影印初版，第126～149页。

③ 中国国民党中央委员会党史委员会：《国防最高委员会常务会议记录》第九册，近代中国出版社1996年3月影印初版，第150～175页。

④ 《中常会设研究委会讨论当前外交政策》，见《申报》，1947年3月14日。

任、陈果夫等人。[①]

3月16日至24日 出席国民党六届三中全会，当选为中央执行委员会常务委员。[②]

全会在南京召开，大会听取了外交、军事、党务工作报告。会议上，有的中央委员责备王世杰对苏软弱。邵力子辩解说过去革命成功，大部分由于苏联援助，如今不应对苏不友好。大会通过惩办台湾行政长官陈仪和“金融风波”罪魁宋子文、贝祖贻等，由于蒋介石为之辩护，宋、贝后来没有受到处分。大会通过国民政府增加一位副主席、广州等几个市改为直辖市、海南设省、五院院长为当然中央常委、本党第七次全国代表大会延期一年举行等提案。会议还通过了《党团关系法》、《宪政实施准备案》等。大会发表《宣言》，称党的任务是完成宪政准备，即由训政过渡到宪政，改组政府消除统一障碍；实行民生主义，即挽救经济崩溃；维护国际主义；充实教育内容。

3月24日 下午3时半，六届三中全会第十次会议继续举行，会议由于右任主持，宣布主席团决定变更议事日程，先行投票选举中常委。票选结果，孙科、陈果夫、于右任、先生、赖琏、李文范、张群、钱大钧、康泽、谷正纲、柳克述、李宗黄12人当选。[③]

3月26日 出席国防最高委员会第二百二十五次常务会议。[④]

会议于上午9时在国民政府举行。国防最高委员会常委于右任、先生、居正、孙科等人，国民党中央执委会常委、中央监委会常委李文范、陈诚、王宠惠、张继等人出席会议，会议由蒋介石主持。会议报告事项有5项，主要包括台湾事变已照本会议前议原则处理，行政院人事任免案等。会议讨论事项有22项，包括公立学校校长在立法院未修正各级参议员选举条例前准其兼任民意机关代表；通过沈阳、西京、汉口、广州均改为行政院直辖市等案。会议处理事项有3项，包括准予备案物资供应委员会组织规程等。

4月1日 在《三民主义半月刊》上发表文章《从辛亥三月二十九日广州之役以观吾党》。[⑤]

在文章中，从“党员之普遍”、“党员之职业”、“党员之年龄”、“华侨与

---

① 《三中全会隆重开幕》，见《申报》，1947年3月16日。

② 广东省立中山图书馆：《民国广东大事记》，羊城晚报出版社2002年11月第1版，第830页。

③ 《中常委十二人票选结果揭晓》，见《申报》，1947年3月25日。

④ 中国国民党中央委员会党史委员会：《国防最高委员会常务会议记录》第九册，近代中国出版社1996年3月影印初版，第176～212页。

⑤ 邹鲁：《从辛亥三月二十九日广州之役以观吾党》，见《三民主义半月刊》第十卷第二期，第2页。

本党”、“党员之革命精神” 等方面分析了国民党的状况。

4月7日 出席国防最高委员会第二百二十六次常务会议。

会议于上午10时在国民政府举行。国防最高委员会常委于右任、居正、先生，国民党中央执委会常委、中央监委会常委梁寒操、王启江、李永新、张默君等人出席会议，会议由居正代蒋介石主持。会议报告事项有3项，其中第一项为：“中央执行委员会函称本会第三次全体会议，抽签决定每次全会改选常务委员三分之一之名单，其第一次改选者为于右任、孙科、邹鲁、何应钦、谷正纲、段锡朋、潘公展、赖琏、陈果夫、李文范、邓文仪、柳克述十二委员，并选定孙科、陈果夫、于右任、邹鲁、赖琏、李文范、张群、钱大钧、康泽、谷正纲、柳克述、李宗黄十二委员为常务委员，请查照。”① 外交部长王世杰在席报告日本赔偿问题。会议讨论事项有10项，包括设置行政院新闻局等。

4月11日 出席国防最高委员会第二百二十七次常务会议。②

会议于上午9时在国民政府举行。国防最高委员会常委孙科、于右任、陈果夫、先生、白崇禧，国民党中央执委会常委、中央监委会常委李文范、吴铁城、张继、邵力子等人出席会议，会议由于右任代蒋介石主持。会议报告事项为人事任免案；会议讨论事项有35项，包括财政、法制、教育、人事任免等案；会议处理事项有4项，包括与奥地利建立外交关系等案。

4月17日 出席国防最高委员会第二百二十八次常务会议。③

会议于下午4时在中央党部举行。国防最高委员会常委于右任、白崇禧、居正、先生，国民党中央执委会常委、中央监委会常委吴铁城、陈布雷、张继、邵力子等人出席会议，会议由蒋介石主持。会议讨论事项包括修正通过新闻局组织条例、修正宪政实施促进委员会章程等两项。

△国民党中央执行委员会致函先生，经第六届中央执委会常委会第六十五次会议决议，先生等17名国民党党员为国民政府委员。④

4月18日 国民政府令：选任张继、邹鲁、宋子文等23人为国民政府委

---

① 中国国民党中央委员会党史委员会：《国防最高委员会常务会议记录》第九册，近代中国出版社1996年3月影印初版，第216页。

② 中国国民党中央委员会党史委员会：《国防最高委员会常务会议记录》第九册，近代中国出版社1996年3月影印初版，第230～273页。

③ 中国国民党中央委员会党史委员会：《国防最高委员会常务会议记录》第九册，近代中国出版社1996年3月影印初版，第274～279页。

④ 程焕文、张靖、周旎：《邹鲁未刊稿》下册，广西师范大学出版社2008年3月第1版，第713页。

员。①

4月21日 出席国防最高委员会第二百二十九次常务会议。②

会议于上午10时在中央党部举行。国防最高委员会常委于右任、白崇禧、先生，国民党中央执委会常委、中央监委会常委吴铁诚、李文范、张继、邵力子等人出席会议，会议由蒋介石主持。会议报告事项有因张群、孙科、居正、戴传贤、于右任5位中执委常委当选为国民政府五院院长而递补潘公展、段锡朋等5人为中执委常委案等两项。会议讨论事项有31项，包括国民参政会组织条例内所有规定属于国防最高委员会掌管之事项，及国防最高委员会转送中国国民党中央执行委员会决定之事项，自国民政府改组成立后，均由国民政府办理等案。

4月23日 出席国民党中央执行委员会常务委员会第六十七会议、国防最高委员会常务会议第二百三十次会议联席会议。③

会议于上午10时在国民政府举行。于右任、孙科、白崇禧、先生等46人出席会议，会议由蒋介石主持。会议讨论事项有两项：（一）通过行政院院长张群提交以张厉生、王世杰等15人为政务委员，甘乃光为秘书长，董显光为新闻局局长，张厉生任内政部部长、王世杰任外交部部长等各部部长、委员会委员长人选；（二）准予备案撤销台湾省行政长官公署，成立台湾省政府，并为适应实际需要，该省各厅处拟各增设副首长一人。

△出席国民政府委员会第一次会议。④

是日，国民政府宣告成立，并在国民政府会议厅举行第一次会议，通过国民政府施政方针、修正国府委员会会议规程、行政院院长提议的政务委员及部会首脑人选等决议案。

5月7日 出席国民政府第二次国务会议。⑤

会议于上午9时在国民政府会议厅举行，张群、孙科、先生等20人出席会议，会议由蒋介石主持。俞鸿钧作财政工作报告，会议通过了宣誓条例修正草案等。

5月16日 约见记者，外界传言先生将出任监察院副院长，先生指出：

---

① 《国府任命五院院长》，见《申报》，1947年4月18日。

② 中国国民党中央委员会党史委员会：《国防最高委员会常务会议记录》第九册，近代中国出版社1996年3月影印初版，第280～315页。

③ 中国国民党中央委员会党史委员会：《国防最高委员会常务会议记录》第九册，近代中国出版社1996年3月影印初版，第316～321页。

④ 李松林等：《中国国民党大事记》，解放军出版社1988年8月第1版，第392页。

⑤ 《俞鸿钧报告财政工作》，见《申报》，1947年5月8日。

“绝对不确”①。

6 月 22 日 对中央社记者发表谈话。在谈话中错误判断及以不实之词，认为“中共作乱直是外患，望国人共挽危机。”②

7 月 4 日 出席国务会议。③

会议在国民政府会议厅举行，出席会议的国府委员有国民党的蒋介石、孙科、张群、居正、戴传贤、于右任、张继、先生等，青年党的余家菊，民社党的胡海门等，“社会贤达”王云五、莫德惠、陈辉德等人，会议“一致通过”蒋介石所提的《厉行全国总动员，以戡平“共匪”叛乱，扫除民主障碍，如期实施宪政，贯彻和平建国方针案》。

7 月 23 日 出席国民党中央第六届执委会常委会第七十六次会议。④

会议于上午举行，居正、于右任、李文范、先生等四十余人出席，会议由居正主持。会议通过三案，包括定本年 9 月 9 日在南京召开中央党团联席会议及中国国民党第六届中央执监委员会第四次会议、通过中央党团统一组织委员会委员及指导委员人选，先生为指导委员人选之一。

9 月 9 日 撰写惠州烈士纪念亭碑文。⑤

9 月 9 日至 13 日 出席国民党六届四中全会及中央党团联席会议。

大会在南京召开。蒋介石在致辞中承认：“目前本党所遭之危机，至为重大。”“目前最迫切之工作，尤在肃清武装叛国之‘共匪’，完成国家统一与召开国民大会，实行宪政。”会议通过《国民党当前组织纲领》、《中央党部团部统一组织办法》以及 1948 年 5 月 5 日召开国民党第七次全国代表大会三项提案。规定三民主义青年团并入中国国民党，党、团员要重新登记，党中央设立青年部。党的《宣言》说：“以党的团结和奋斗，促进党的新生。”⑥

9 月 10 日 经过六届四中全会及党团联席会议主席团提名，并在本日大会通过，孙科、戴传贤、先生等人为大会宣言起草委员会委员，召集人为孙科、戴传贤。⑦

9 月 13 日 下午，六届四中全会举行第三次大会，蒋介石提出国民党中

---

① 《邹鲁辟谣》，见《申报》，1947 年 5 月 17 日。

② 《中央委员邹鲁发表谈话》，见《申报》，1947 年 6 月 23 日；邹鲁：《澄庐文选》，正中书局 1948 年 5 月初版，第 285～286 页。

③ 《什么人应负战争责任？日本投降以来大事月表（之一）》，见《人民日报》，1949 年 4 月 4 日；《邹鲁辟谣》，见《申报》，1947 年 5 月 17 日。

④ 《国民党中常会通过九九开四中全会》，见《申报》，1947 年 7 月 24 日。

⑤ 邹鲁：《澄庐文选》，正中书局 1948 年 5 月初版，第 413 页。

⑥ 广东省立中山图书馆：《民国广东大事记》，羊城晚报出版社 2002 年 11 月第 1 版，第 853 页。

⑦ 《全会宣言》，见《申报》，1947 年 9 月 11 日。

央执委会及监委会常务委员人选案，获得大会通过，丁惟汾、居正、先生等55人当选为执行委员会常委。①

9月23日 对《中央日报》记者发表谈话，说明对目前教育的意见。

先生对记者说道："今日教育情形，因为学校与社会脱节，所以发生许多不应有的现象，如学有专长的人找不到工作，刚毕业的学生未进入社会即彷徨失望，学非所用，用非所学等等紊乱不合理情形，以致造成社会上一种不安状态。"为了补救这些缺憾，先生认为当前的教育方针，有两点是应该加以考虑的："第一，社会与学校必须合为一体，配合社会需要训练人才，勿令受高等教育之毕业生，只集中于都市，造成人与人争利情形，社会之不安，恒由此而起；教育当局应鼓励学生到乡村去，到工厂去，到农场去，与天争利，与地争利，与自然争利，增加生产，使国家社会益趋繁荣。第二，学生应由消费转入生产地位，专门学校，更当如此。"最后，先生认为，"惟有全人类普遍实施高等教育，并改革教育的哲学基础，才是世界和平最可靠办法，到了那时候，甚么国际警卫军及联合国机构，都成为不必要了。"② 先生的上述谈话发表在次日出版的《中央日报》上。

至此时，先生在教育主张上已经形成体系。"邹氏主张专科学校，一定要为生产化的教育；中等以上学校，一定要注重职业教育，使所学与社会合为一体，不脱节，不浪费，如乡村学校重农学，城市学校重工商事；至于大学要加重实科，文法科之畸形发展亟宜纠正。由此而能全国人民皆受高等教育，则国无闲人，人人有一技之长，各安其生，各乐其业，国家富强。"③ "邹氏之教育思想，其最重要者，即上述之仁爱的教育哲学及注重实科教育二项。其实二者实有相倚相成，不可分的关系。因为世界和平必奠定于全人类知识的平等，而欲全人类知识之平等则需全人类皆有受高等教育之机会，势必需全人类的有仁爱之心以打破其经济、政治、种族之不平等。又加以各级学校皆以仁爱互助为教育哲学之基础，更使全人类均存仁慈恺悌之念，则和平愈益巩固。此单就仁爱的教育哲学言。至于注重实科教育，则人人皆有职业，社会无闲人，人人与天争利，与物争利，而不与人争利，则社会安定，世界太平。是实科教育应为教育之内容，而仁爱应为教育之精神。两者相辅而行，其终极能致世界于乐利和平之境。"④

---

① 《四中全会党团联会完成任务圆满闭幕》，见《申报》，1947年9月14日。

② 中国国民党中央委员会党史委员会：《邹鲁先生文集》，中国国民党中央委员会党史委员会1984年6月30日出版，第237～239页。

③ 陈哲三：《邹鲁研究初集》，华世出版社1980年2月初版，第75页。

④ 陈哲三：《邹鲁研究初集》，华世出版社1980年2月初版，第75页。

9月 为张人杰七十岁寿辰做诗一首，该诗发表在《建设》杂志复刊号上。①

10月10日 在是日出版的《中央日报》上发表《民国三十六年国庆纪念颂词》一文。②

12月26日 广东省参议会参议员109人投票选举先生、余俊贤、刑森洲、何克夫、邓惠芳等5人为“行宪”政府监察院第一届监察。③

是年 为《湖山》杂志创刊题诗一首。④

1948年（民国三十七年 戊子）六十四岁

1月1日 作《日译中国国民党史序》。

此前，先生接亚东协会函，称已将先生著作《中国国民党史》，由改造社翻译为日文出版，作为亚东协会丛书。函件同时邀请先生为该书作序。⑤

先生对此事表示“异常注意”，经过慎重思考，认为日文本出版发行具有一定意义，同意作序。先生豁达地认为，“因中日同在一洲，又同种同文关系甚密，至中国国民党之成立，得日本人士参加者不少。而中国国民党在同盟会时期，标榜之六大主义，其中之一，即主张中日两国国民联合，是中国国民及中国国民党对日本之亲切，久已皎然。讵日本人士中，曾有昧于世界大势及中日关系者，致酿成中日间之隔阂，驯至发生侵略中国之事，演成世界大战，曷胜惋惜。今战事已结束，痛定思痛，想日本人士当有反省，吾书译成日文，使日人了解中国人及中国国民党对日本一贯之善意，更应一反从前之错觉，共同

---

① 中国国民党中央委员会党史委员会：《邹鲁先生文集》，中国国民党中央委员会党史委员会1984年6月30日出版，第561页。

② 中国国民党中央委员会党史委员会：《邹鲁先生文集》，中国国民党中央委员会党史委员会1984年6月30日出版，第566页。

③ 广东省立中山图书馆：《民国广东大事记》，羊城晚报出版社2002年11月第1版，第866页。

④ 中国国民党中央委员会党史委员会：《邹鲁先生文集》，中国国民党中央委员会党史委员会1984年6月30日出版，第563页。

⑤ 中国国民党中央委员会党史委员会：《邹鲁先生文集》，中国国民党中央委员会党史委员会1984年6月30日出版，第263～264页。

戮力亚洲及世界之安全与进步，则此书对中日间亲善之贡献，当不无裨益也。”①

1月 撰写《重修建国粤军阵亡将士墓记》。② 建国粤军阵亡将士公墓建在南京莫愁湖畔，纪念为驱逐军阀，建立中华民国而牺牲的广东籍将士。

2月18日 抵达广州，寓于多宝路114号私宅。先生说此行纯为访问旧友，别无任务。③

2月20日 在广州对外界表示，对监察院院长一职感兴趣，如果获得党的指示，将出面竞选监察院院长。④

2月24日 潮州留广东省同乡会欢宴先生。⑤

3月8日 莅临国立中山大学视察，并发表演讲。⑥

上午9时，先生首先抵达文明路旧校，向先修班及附中员生训话。10时10分抵达石牌校园，出席欢迎会。三千余名员生出席欢迎会，教务长邓植仪致欢迎辞，随即由先生发表演讲，说道，奉国父命接办本校，当年计划自给自足，开发农场，增加生产，培养人才，并派员生出国深造，与外国交换学术，最后指示诸位同学，以聪明才力研究科学，向世界迎头赶上。演讲结束后，全场鼓掌，情况热烈。会后，先生赴各学院巡视，对昔年景物，询问甚详，精神至为愉快。

3月20日 离穗去港，并转赴南京。先生说广州已今非昔比，人民生活比以前下降。⑦

3月29日至5月1日 出席第一届“行宪国民大会”。⑧

大会在南京召开。蒋介石在开幕辞中说这次大会是划时代的一件大事，大会的使命只是行使选举权，以完成中华民国政府的组织。由于争论激烈，到4月5日才选出于右任等85人组成的主席团；18日修改宪法；19日举行总统选举；30日大会通过《全国总动员戡乱案》。

3月 为《国立中山大学南京同学会校友通讯录》题写书名。

---

① 中国国民党中央委员会党史委员会：《邹鲁先生文集》，中国国民党中央委员会党史委员会1984年6月30日出版，第263~264页。

② 邹鲁：《澄庐文选》，正中书局1948年5月初版，第414页。

③ 广东省立中山图书馆：《民国广东大事记》，羊城晚报出版社2002年11月第1版，第874页。

④ 《邹鲁在穗表示拟竞选监院长》，见《申报》，1948年2月21日。

⑤ 广东省立中山图书馆：《民国广东大事记》，羊城晚报出版社2002年11月第1版，第875页。

⑥ 《邹前校长海滨博士莅校视察讲演》，见《国立中山大学校刊》第十期，1948年4月5日。

⑦ 广东省立中山图书馆：《民国广东大事记》，羊城晚报出版社2002年11月第1版，第879页。

⑧ 张镜影：《邹鲁传》，见国立中山大学校友会：《邹鲁全集》第（一）卷，三民书局股份有限公司1976年10月初版，第9页。

4 月下旬 呈函蒋介石，请国民党中央提名于右任为监察院院长候选人。

是年春，第一届“行宪国民大会”在南京召开，于右任与孙科、李宗仁、程潜、莫德惠、徐傅霖6人竞选副总统落选。先生即刻上函蒋介石，提名于右任为监察院院长候选人。为了不与于竞争院长，“公（邹鲁）与居正迟迟报到，及院长选出后，始出席焉。”①

5 月 19 日 粤穗监察委员名单公布：广东省为先生等5人，广州市有2人。②

5 月 著作《澄庐文选》初版由上海正中书局发行。该书由张镜影主编，将先生历年的议案、论著、演讲词、序跋、函电、传记、杂著选辑为七篇，经先生核定后付梓。③

10 月 10 日 在北平《华北日报》上发表《国庆述感》一文。文章将“全民众不能蒙民治、民有、民享之福利”④ 的责任推卸给中国共产党。

11 月 8 日 下午，监察院续开临时秘密会议，审查监察委员提出的《挽救时局危机致总统书》草案。到会监察委员五十余人，会议由监察院院长于右任主持。多位委员热烈发表意见，即将意见书内容逐条讨论修正通过，当场由出席委员签名，并推定先生等七位委员将意见书面陈蒋介石。⑤

12 月 2 日 由香港抵达广州。⑥

12 月 28 日 出席广东省参议会第一届第五次大会开幕式。⑦

开幕式在广州大东门前咨议局举行。先生、陈策等人作为来宾参加了开幕式，会议由议长林翼中主持。首先由宋子文致辞，强调戡乱为当前要务，之后由先生、谢玉裁、黄晃、梁寒楶、王宣、陆幼刚致辞。最后由省参议会副议长陈述经致答辞。

是年 为国立中山大学南京同学会会刊《石牌通讯》题词。⑧

是年 南京城防司令彭孟缉给先生写信，说邹梅在学校里与“不轨”“左

---

① 张镜影：《邹鲁传》，见国立中山大学校友会：《邹鲁全集》第（一）卷，三民书局股份有限公司1976年10月初版，第9页。

② 广东省立中山图书馆：《民国广东大事记》，羊城晚报出版社2002年11月第1版，第888页。

③ 国立中山大学校友会：《邹鲁全集》第（一）卷，三民书局股份有限公司1976年10月初版，《邹鲁全集编印经过》第4页。

④ 中国国民党中央委员会党史委员会：《邹鲁先生文集》，中国国民党中央委员会党史委员会1984年6月30日出版，第172～173页。

⑤ 《监委对时局意见书推七委员面陈总统》，见《申报》，1948年11月9日。

⑥ 广东省立中山图书馆：《民国广东大事记》，羊城晚报出版社2002年11月第1版，第921页。

⑦ 广东省立中山图书馆：《民国广东大事记》，羊城晚报出版社2002年11月第1版，第925页。

⑧ 易汉文：《中大瑰宝——名人题词墨迹选》，中山大学出版社2001年6月第1版，第158页。

派”人士有来往，请约束。先生回信说“我儿子怎么会做这样的事”①。

1949年（中华人民共和国成立　己丑）六十五岁

1月6日　莅临国立中山大学巡视，并发表训话。②

是日，应中大校长陈可忠邀请，先生莅临中大巡视。上午11时，欢迎先生大会在学校体育馆举行，全校员生出席了欢迎会。陈可忠校长致欢迎辞，指出中大有两个特点：一是本校为国父手创；二是本校今日得具良好规模，多赖邹校长当年规划经营，功绩不可泯灭。此次邹校长返粤，关心本校，特请于百忙中来校指示。随后由先生训示，指出本校原有光荣历史，实赖全体师生的努力。现在世界日在进步，本校师长同学，也应力求进步，今后同人应努力保持本校的历史，以求发扬光大，语多鼓励。欢迎会后，陈可忠陪先生前赴各学院巡视，并设午宴招待，各处院负责人、教授多有参加，席间对发展本校意见交换甚详，氛围十分融洽热烈。

1月上旬　五子邹梅与戚继兰结婚。婚礼在广州举行，由国民党元老于右任主持，先生出席了婚礼。③ 戚继兰是原中央大学医学院院长、中央大学在重庆时的代理校长戚寿南的女儿。

1月中旬　将邹梅和邹方送到香港。④

淮海战役结束后，国民党军队节节败退。先生对夫人赵淑嘉说，国民政府要是能保持长江以南的半壁江山已经是万幸了，便即刻安排赵淑嘉带着邹梅和邹方到香港躲避。先生在香港跑马地有一套房子。

1月27日　出席薛岳就职广东省政府主席典礼。⑤

典礼在广州中山纪念堂举行，先生、戴传贤、余汉谋、宋子文的代表邹琳

---

① 程焕文、张靖、周旎：《邹鲁未刊稿》下册，广西师范大学出版社2008年3月第1版，第849页。

② 《邹前校长海滨莅校巡视训话》，见《国立中山大学校刊》第十二期，1949年2月5日。

③ 邹永：《浮生点滴：邹永回忆录》，中山大学出版社2008年11月第1版，第106页。

④ 程焕文、张靖、周旎：《邹鲁未刊稿》下册，广西师范大学出版社2008年3月第1版，第855页。

⑤ 广东省立中山图书馆：《民国广东大事记》，羊城晚报出版社2002年11月第1版，第932页。

等三千余人参加典礼。民社党中央副主席徐傅霖讲话，建议改良政治，慎重用人。随后，陈济棠、林翼中、余俊贤、池在青等人发表讲话。薛岳致答辞，号召要大团结，解除人民痛苦。

1月 林仲池从檀香山给先生寄来信函，说其已于1939年秋在檀香山建立新居，新居屋后建立了孝思亭，“以志孺慕”。十年过去了，其准备出版一本纪念集，请先生作序。先生感叹林的孝心，应允，并在广州澄庐作此序。①

2月1日 出席粤穗各界欢迎、欢送余汉谋、薛岳、张发奎三位将军大会。

大会在中山纪念堂举行，到会两千余人。林翼中主持大会，他在开幕辞中强调要为广东家乡服务，做到足食足兵，巩固省防，以求国共和平。先生致辞，“提倡广东人民大团结，保家卫国。”② 在穗的民社党副主席徐傅霖致辞说，要发扬光大广东的革命精神。陆幼刚则强调三党精诚合作，在保民、养民上下工夫。余、薛联合致答辞。张发奎因不愿去琼崖就职，另致答辞。

2月8日 国民党中央执行委员会常务委员会在广东省党部召开来穗后第一次常务委员会会议，会议主席为先生。会议决定以后每周开中央常会一次，会议讨论后决定任命黄少谷为中央宣传部部长，会议还讨论了和谈与党务改革问题。③

2月12日 挚友戴传贤在广州服安眠药自杀。先生出任戴传贤治丧委员会委员。④

3月6日 致函在上海的赵淑嘉，写道：“王（王竹弟）信写二封，似均未妥。此事仍由汝直接处理，不必用信为妥。即有吃亏处，亦以吃亏为宜，盖我人家事，不容人干与。如此次卖屋与之言，则以后彼有所借口矣。如汝有甚意好的写来，我可照写。二信附来，希择用之，不用更佳。”随函附有先生拟好给王竹弟的信件二封。⑤

3月6日 致函赵淑嘉，写道：“昨奉书函，内有二函，想已收得。此次之事，对王（王竹弟）宜用口头解决最妙，否则多一信在人手即多一借口也。口头解决之法，亦宜使其有安身处。否则穷而无告，又将发生毛病。此事应如

---

① 中国国民党中央委员会党史委员会：《邹鲁先生文集》，中国国民党中央委员会党史委员会1984年6月30日出版，第264～265页。

② 广东省立中山图书馆：《民国广东大事记》，羊城晚报出版社2002年11月第1版，第933页。

③ 广东省立中山图书馆：《民国广东大事记》，羊城晚报出版社2002年11月第1版，第934页。

④ 陈哲三：《邹鲁研究初集》，华世出版社1980年2月初版，第213页。

⑤ 程焕文、张靖、周旎：《邹鲁未刊稿》下册，广西师范大学出版社2008年3月第1版，第698页。

何处理，希望斟酌办理为要。”[①]

3月13日 致函赵淑嘉，将写给王竹弟的函附抄给赵，表示卖房之事“总之事宜和平了结，千万千万。”[②]

3月14日 致函赵淑嘉，表示“王（王竹弟）有电来，非四条[③]不能迁出，似此情形，易于办理。务请斟酌情形妥办，留有‘限’之精神以应付旁之事体为要，切切。”[④]

3月17日 出席国民党中央执行委员会常委会来穗后的第四次会议。[⑤]

会议由张群主持。会议决定：（一）追认孙科辞职，以何应钦为行政院院长；（二）筹备开国民党六届五中全会；（三）通过《党务工作改进要点》；（四）推选黄绍竑、张发奎、薛岳、余汉谋为中央政委会委员；（五）批准林乾佑辞职，以谢鹤年为广东省党部书记长。

3月19日 致函赵淑嘉，商议买卖上海马当路房屋事宜。[⑥]

3月28日 致函赵淑嘉，盼赵早日归穗。[⑦]

3月29日 主祭黄花岗七十二烈士墓扫墓祭祀。[⑧]

是日为第六届青年节和黄花节，纪念活动特别隆重，有十万人参加了黄花岗七十二烈士墓扫墓祭祀，由先生主祭。现场组织了三千名青年人参加的大合唱。

△在《中央日报》上发表《三月廿九日革命纪念》。

文谓：“革命大志在救民，一声怒吼虏吏奔；众寡不敌事虽败，黄花岗上碧血青。取义成仁耿日月，此役本党丧菁英；率士无不肃起敬，武昌起义步其尘。北伐统一与抗战，先烈精神为之撑；胜利之后应生聚，不图烽火仍纷纷。建国大业受顿挫，恰与救民反辙行；先烈遗志在建国，建国首要在民生。衣食住行皆足裕，地尽其利百废兴；老有养兮少有育，富强康乐享受均。国人团结

---

① 程焕文、张靖、周旎：《邹鲁未刊稿》下册，广西师范大学出版社2008年3月第1版，第699页。

② 程焕文、张靖、周旎：《邹鲁未刊稿》下册，广西师范大学出版社2008年3月第1版，第700页。

③ 四条：四根金条。

④ 程焕文、张靖、周旎：《邹鲁未刊稿》下册，广西师范大学出版社2008年3月第1版，第700页。

⑤ 广东省立中山图书馆：《民国广东大事记》，羊城晚报出版社2002年11月第1版，第943页。

⑥ 程焕文、张靖、周旎：《邹鲁未刊稿》下册，广西师范大学出版社2008年3月第1版，第700页。

⑦ 程焕文、张靖、周旎：《邹鲁未刊稿》下册，广西师范大学出版社2008年3月第1版，第701页。

⑧ 广东省立中山图书馆：《民国广东大事记》，羊城晚报出版社2002年11月第1版，第946页。

一心德，兵气自化为景星；努力建国光华胄，抚今追昔滋痛膺。风雨如晦掩白日，纪念先烈思沉沉；国训八字日三省，仁爱信义与和平。愿言群勉挽狂澜，神州自此图维新。”①

4月7日 主持国民党中央第六届执委会常委会第一百八十一次会议。②

会议于上午9时在广州举行，先生、孙科、王宠惠等多人参加，会议由先生主持。首先由何应钦就当前军事情况、政府施政方针及和平商谈三项问题提出报告，继由各常委发表意见。关于军事情况，对于共军在华中进军至为关切。关于和谈问题，讨论甚为详细，各委员对于李宗仁及何应钦领导政府基于公平合理的原则争取全面的真正和平的努力，表示全力支持，会议并提出五点和谈原则。会议还讨论有关党务例案数起。

4月14日 出席国民党中央第六届执委会常委会第一百八十三次会议。③

会议于早晨在广州举行，李宗黄、孙科、先生等多人出席，会议由李宗黄主持。首先由邓文仪报告最近军事情势，各委员对中国共产党在和谈进行中的军事行动咸表关切，均盼能迅速实行停战，表示谋和诚意，以利和谈进行。各委员并就和谈有关各项重大问题交换意见。

4月18日 出席国民党中央临时会议，对国民党前途颇表悲观。④

会议在广州召开，参加人员有国民党中常委、中央政治委员会成员，由孙科主持，讨论国内和平协定。会议发表声明，重申和谈必须以国民党中央常委会7日广州会议通过的五点和谈原则为依据。

会议上，国民党高层逐渐分化为三类：⑤

第一类是顽固派。他们坚持拥蒋反共立场，对当时和谈断言必无成功。代表人物包括陈立夫、张厉生、李宗黄等CC分子和政学系的吴铁城等人。

第二类为温和派。代表人物包括一些国民党元老，包括先生、于右任、居正、王宠惠等人。先生和于右任、居正等人口头上都希望和平，但对前途颇表悲观，认为国共双方不容易说得合拍。

第三类为主和派。这些人在国民党上层比较少，一般为中级党员干部。

---

① 中国国民党中央委员会党史委员会：《邹鲁先生文集》，中国国民党中央委员会党史委员会1984年6月30日出版，第567页。

② 《国民党中常会在穗开会支持争取真正和平》，见《申报》，1949年4月8日。

③ 《中常会开会》，见《申报》，1949年4月15日。

④ 广东省立中山图书馆：《民国广东大事记》，羊城晚报出版社2002年11月第1版，第952页。

⑤ 罗翼群：《国民党反动集团在广州撤退前的概况》，见广东省政协学习和文史资料委员会编《广东文史资料存稿选编》第五卷，广东人民出版社2005年12月第1版，第834～836页。

4月22日 主持国民党中央座谈会。①

座谈会在广州迎宾馆召开，参加人员有国民党中央执委、监委及立法院立法委员、监察院监委共114人，先生主持座谈会。吴铁城在会上报告和谈失败的经过。会议决定电请蒋介石来穗主持党务，李宗仁来穗主持政务，与中共作战。会议还要求豪门资本出钱充作军费，并决定组团去前线慰问残余国民党军。

5月15日 出席反共救国运动会议。②

中国人民解放军渡江作战后，国民党政府形势日益紧张。广州有一些顽固的国民党人认为，"反共救国"实为当前急务，此种工作并非单纯政府或某一党派之争，而为全体国民所应努力者。本着这个目的，下午4时，由阎锡山、先生、李文范、吴铁城、朱家骅、陈立夫、马超俊等人发起，假广州文德路留德同学会举行茶会，讨论如何展开反共工作，到会五十余人，公推阎锡山主持会议。

5月19日 "自由中国反侵略大同盟"在广州文德路留德同学会召开大会，先生、余家菊、梁寒操等数十人出席。会议由阎锡山任主席，通过该大同盟组织纲领八章十四条。③

5月20日 拜访陈济棠，商谈国是。④

6月23日 与林式宽等72位委员提出《拟请电慰西北国军并组织西北慰劳团以激励前方士气案》。⑤

6月24日 主持监察院第五十二次会议。⑥

上午，会议在广州召开，到会监委75人。会议形成决议，要求行政院迅速强制执行立法院决议，向孔祥熙、宋子文、张嘉璈征借10亿美元。

下午，在阎锡山招待监委的茶会上，阎诉苦说：最困难的就是财政，现在已到了山穷水尽的关头，如果我们再变不出柳暗花明又一村的新路来，整个国政就都没办法了。

7月16日 出席在广州召开的国民党"非常会议"。

是日，国民党中政委、中常委联席会议在广州梅花村32号召开，会议由

---

① 广东省立中山图书馆：《民国广东大事记》，羊城晚报出版社2002年11月第1版，第953页。

② 《阎锡山等发起反共救国运动》，见《申报》，1949年5月16日。

③ 广东省立中山图书馆：《民国广东大事记》，羊城晚报出版社2002年11月第1版，第960页。

④ 广东省立中山图书馆：《民国广东大事记》，羊城晚报出版社2002年11月第1版，第961页。

⑤ 中国国民党中央委员会党史委员会：《邹鲁先生文集》，中国国民党中央委员会党史委员会1984年6月30日出版，第12～13页。

⑥ 广东省立中山图书馆：《民国广东大事记》，羊城晚报出版社2002年11月第1版，第970页。

蒋介石主持。会议决定：（一）将最高决策机构定名为中央非常委员会；（二）该会设主席一人、副主席一人。主席由蒋介石兼任，副主席由李宗仁兼任；（三）该会视情势需要可于某地区成立分会；（四）该会设正副秘书长，由洪兰友、程思远分兼。在本次会议上，先生“力主守广州”①。

8月27日 出席祭孔典礼。

上午8时多，在穗的文武官员及文教人员数百人已在广府学宫内的孔庙聚集，出席“至圣先师二千五百年诞辰纪念”活动。出席要人有行政院院长阎锡山、监察院院长于右任、考试院副院长钮永建、总统府资政先生、行政院财务委员吴铁城、行政院副院长朱家骅、总统府国策顾问李文范、行政院政务委员陈立夫、总统府秘书长邱昌渭、内政部部长李汉魂、教育部部长杭立武、广州市市长欧阳驹等，众要人清一色穿着夏季长衣短褂，其他工作人员多着白中山装或反领西服及领带，表情异常严肃。9时正，祀礼开始，纠仪官谢瀛洲首先站立，各执事公依次而起，正献官阎锡山、奉祀官孔德成（孔子七十二世孙，数日前专程由台湾飞抵广州）、陪祀官朱家骅、先生、于右任、丘昌渭、李文范、吴铁城、陈立夫、贾景德，分献官李汉魂、杭立武、欧阳驹、史延程等纷纷肃立在台阶下。司仪高呼祀礼开始，三声鼓响后，各祭祀人员慢行上阶，两旁的乐队在大成殿内合奏迎神乐“昭平之章”，殿门大开，开始迎神。正献官阎锡山率众人遥望殿上，行三鞠躬，然后进殿，听取司仪宣讲祝文。祭孔仪式在10时结束。

9月19日 下午，余汉谋宴请先生、吴铁城、李文范、马超俊等国民党中央委员，征求保卫华南的意见。②

9月23日 蒋介石在广州接见先生、张群等人。③

9月28日 蒋介石在广州农林路行馆接见先生、徐傅霖等人。④

9月29日 出席国民党中央非常委员会会议。⑤

会议在广州梅花村32号召开，国民党中常委、中政委、中监委委员出席会议，会议由蒋介石主持。蒋致辞要大家支持李宗仁、阎锡山的工作。然后由有关人员作党务、军事、外交、财政报告。接着讨论国民党改造问题。会议决定凡是参加中国人民政治协商会议的国民党中央委员应一律开除党籍。蒋最后

---

① 张镜影：《邹鲁传》，见国立中山大学校友会：《邹鲁全集》第（一）卷，三民书局股份有限公司1976年10月初版，第9页。

② 广东省立中山图书馆：《民国广东大事记》，羊城晚报出版社2002年11月第1版，第1004页。

③ 广东省立中山图书馆：《民国广东大事记》，羊城晚报出版社2002年11月第1版，第1006页。

④ 广东省立中山图书馆：《民国广东大事记》，羊城晚报出版社2002年11月第1版，第1008页。

⑤ 广东省立中山图书馆：《民国广东大事记》，羊城晚报出版社2002年11月第1版，第1008页。

提出了五点要求。

10月2日 余汉谋、薛岳宴请先生等粤籍国民党中央委员，以示华南党政军团结，未受欧阳驹辞职广州特别市市长的影响。① 10月1日，广州特别市市长欧阳驹辞职申请被行政院接受。

10月10日 主持1949年“双十节”庆祝大会，并发表讲话。

是日，国民党官方在广州绥靖公署大礼堂举行“双十节”庆祝大会，到会数百人，李宗仁致辞。接着，粤穗各界五千余人在中山纪念堂召开民国38年“双十节”庆祝大会，由先生主持，刘大岛、余汉谋发表讲话，表示要誓死保卫广东。接着先生领导宣读誓词，并说“要与大广州共存亡”②。

10月11日 离穗赴港。③

在中国人民解放军兵临城下之际，广州秩序大乱。王岗记述道：“邹鲁呼天抢地，痛不欲生，他身还毒药，要与广州共存亡，夫人赵淑嘉苦苦相劝，方才逃到香港并转到台湾。”④ 至于赵淑嘉相劝的情形，张镜影在《邹鲁传》一文中写道：“其夫人赵淑嘉劝之曰：‘君党国元老，与国共存亡则可，广州则君无守土责，焉用殉？蒋公在台谋复国，应留此身前往佐之，斯为义耳。’扶之登车去。”⑤

10月12日至12月底 寓居香港。

1950年（庚寅）六十六岁

年初 当蒋介石闻知先生脱险抵达香港后，命人在台北为先生准备好寓所。先生乘船离开香港，前往台湾。⑥ 赴台后，先生及夫人赵淑嘉由邹梅、邹方侍候。晚年生活基本由赵淑嘉安排。

---

① 广东省立中山图书馆：《民国广东大事记》，羊城晚报出版社2002年11月第1版，第1013页。

② 广东省立中山图书馆：《民国广东大事记》，羊城晚报出版社2002年11月第1版，第1018页。

③ 李松林等：《中国国民党大事记》，解放军出版社1988年8月第1版，第425页。

④ 王岗：《邹鲁生平述略》，见广东省政协文史资料委员会编《近代广东名人录》第二辑，广东人民出版社1989年4月第1版，第125页。

⑤ 张镜影：《邹鲁传》，见国立中山大学校友会：《邹鲁全集》第（一）卷，三民书局股份有限公司1976年10月初版，第9页。

⑥ 陈哲三：《邹鲁研究初集》，华世出版社1980年2月初版，代序第9页。

3月27日 中山大学台中校友会欢迎先生，并合影留念。

3月 《广州三月二十九日革命史》一书由台湾帕米尔书店出版。[①]

6月下旬 受国民党执行委员会中央常务委员会的委托，求见蒋介石。

蒋介石计划对国民党进行改造，但阻力重重，于是蒋采取不出席中常委会，也不看中央党部文件的“以退为进”的策略。是月22日，国民党中常委开会时，CC派大将、中央执行委员肖铮提出建议：全体中常委应自觉辞职，以便让蒋实施对国民党的改造。这次中常委会讨论采纳了肖铮的建议，全体中常委集体辞职，并委派于右任、居正及先生三位国民党元老去阳明山官邸求见蒋介石，请他出席会议并指示改造方针。至此，蒋的改造工作顺利进行。

8月5日 国民党中央改造委员会宣誓成立，先生到场监誓。

上午10时，国民党中央改造委员会在台北中央党部举行就职宣誓典礼。参加典礼除了16名中央改造委员之外，还有中央评议委员、中央常务委员、政治委员及各部“部长”等百余人。其中，大陆时期的显要人物居正、于右任、先生、阎锡山、张群、何应钦、王宠惠等到场监誓。宣誓典礼由蒋介石主持。

8月 在国民党中央改造委员会会议上当选为中央评议委员。[②]

中央评议委员会由29名委员组成，除先生外，还有吴敬恒、居正、于右任、钮永建、丁惟汾等，都是“党中有功勋德望同志”[③]，只不过是“位尊而无权”。评议委员主要作用是督导中央改造委员会成员完成中央交给的改造任务。

9月 为纪念是月3日在美国去世的国民党中央监察委员张人杰（字静江），作诗一首《诔张静江先生》。[④]

10月10日 在《中央日报》上发表《民国卅九年国庆纪念颂词》一文。[⑤]

10月31日 在《中央日报》上发表《蒋总统六十晋四寿庆》一文。[⑥]

---

① 戴书训：《愈经霜雪愈精神——邹鲁传》，近代中国出版社1983年10月初版，第157页。

② 戴书训：《愈经霜雪愈精神——邹鲁传》，近代中国出版社1983年10月初版，第157页。

③ 邹鲁：《中国国民党概史》，见国立中山大学校友会：《邹鲁全集》第（七）卷，三民书局股份有限公司1976年10月初版，第108页。

④ 中国国民党中央委员会党史委员会：《邹鲁先生文集》，中国国民党中央委员会党史委员会1984年6月30日出版，第568～569页。

⑤ 中国国民党中央委员会党史委员会：《邹鲁先生文集》，中国国民党中央委员会党史委员会1984年6月30日出版，第567～568页。

⑥ 中国国民党中央委员会党史委员会：《邹鲁先生文集》，中国国民党中央委员会党史委员会1984年6月30日出版，第569～570页。

11 月 12 日 在孙中山诞辰纪念日上发表谈话。

是日为孙中山诞辰八十四周年，先生对《中央日报》社记者发表谈话，提出要“效法总理革命精神”。先生将孙中山的革命精神归纳为“大无谓，不气馁，不灰心，不丧气；愈失败，愈振奋，愈失败，愈研究，求得失败的因素，设法克服了它，又再接再厉，必求到达目的，不到达目的，决不中止的。”[①] 先生总结了国民革命在多次失败与成功的经验就是继承了孙中山的革命精神。但是，先生也认为，“这次大陆的沦陷，就是革命意志的丧失，革命精神的消沉……”，鼓励逃亡台湾的国民党人，继承孙中山遗志，妄图光复大陆。先生上述谈话发表在次日出版的《中央日报》上。

11 月 16 日 在《畅流》半月刊第二卷第七期上发表《游巴拿马运河》一文。[②]

11 月 18 日 出席联合国中国同志会第十次座谈会。

先生在会上演讲《教育与和平》，主张普及高等教育。“惜世界动乱正方兴未艾，邹氏之理想未为人所注意。”[③] 该文发表于《大陆》杂志第一卷第十期。

11 月 与居正、李文范游览阿里山。[④]

11 月 在欢迎美国国会议员诺兰的仪式上致辞。[⑤]

是月，美国参议员诺兰夫妇抵台访问时，诺兰向蒋介石说了许多“将在美国国会支持中华民国”的话。先生在欢迎辞中以个人主观判断，对共产党及共产主义革命事业一概否定。

12 月 16 日 在《畅流》半月刊第二卷第九期上发表《游纳格拉瀑布》一文。[⑥]

12 月 撰写《同志！归队吧》一文。[⑦]

---

① 中国国民党中央委员会党史委员会：《邹鲁先生文集》，中国国民党中央委员会党史委员会1984年6月30日出版，第239页。

② 中国国民党中央委员会党史委员会：《邹鲁先生文集》，中国国民党中央委员会党史委员会1984年6月30日出版，第573～576页。

③ 陈哲三：《邹鲁研究初集》，华世出版社1980年2月初版，第70页。

④ 中国国民党中央委员会党史委员会：《邹鲁先生文集》，中国国民党中央委员会党史委员会1984年6月30日出版，彩页第2页。

⑤ 中国国民党中央委员会党史委员会：《邹鲁先生文集》，中国国民党中央委员会党史委员会1984年6月30日出版，第252～254页。

⑥ 中国国民党中央委员会党史委员会：《邹鲁先生文集》，中国国民党中央委员会党史委员会1984年6月30日出版，第573～576页。

⑦ 中国国民党中央委员会党史委员会：《邹鲁先生文集》，中国国民党中央委员会党史委员会1984年6月30日出版，第173页。

是月，为了改造国民党，国民党中央改造委员会发表公告，号召国民党党员归队，并明确了归队的期限。从1951年1月起开始进行党员登记，凡到期未登记的以放弃党籍论处。经过“党员归队”，重建了各级党部和组织系统。为加强国民党的力量，还从台湾当地吸收了新党员。

先生是文即在上述背景下撰写。

是年 撰写《庚寅上巳修禊新兰亭》。[①]

是年 与居正等人联合发起筹办“私立淡江大学”。[②]

当时，台湾当局基于种种考虑，没有完全采纳先生等人的建议。但在先生和居正等人的热心奔走倡导下，当局终于同意设立“私立淡江英语专科学校”（淡江大学的前身），此为当局在迁台后准许私人兴办大专学校的第一个案例。

“私立淡江英语专科学校”开办后，先生担任首届董事，对于创校初期的校务，提供了不少意见和建议，并为该校撰写了校歌。校歌写道：“浩浩淡江，万里通航。新旧思想，轮来相将。博学审问，明辨笃行。自成机杼，用为世匡。学戒骄固，技守专长。朴实刚毅，大用是彰。彼时代之菁莪兮，国家之贞。良〈愿〉乾乾惕厉兮，莫辜负大好之时光！”[③]

1951年（辛卯）六十七岁

1月1日 在《畅流》半月刊第二卷第十期上发表《埃及金字塔记》一文。[④]

1月 撰写《国民政府张委员继墓表》，墓表叙述了张继的生平。[⑤]

1月 撰写《追悼溥泉先生》一文。溥泉即张继。该文发表在1954年1

---

① 中国国民党中央委员会党史委员会：《邹鲁先生文集》，中国国民党中央委员会党史委员会1984年6月30日出版，第564～565页。

② 黄肇珩、方鹏程、刘本炎：《邹海滨先生百年诞辰口述历史座谈会纪实》，见陈鹏仁：《百年忆述——先进先贤百年诞辰口述历史合辑》，近代中国出版社1999年6月25日初版，第60页。

③ 见淡江大学网（http：//foreign. tku. edu. tw/chinese/lyrics. asp）。

④ 中国国民党中央委员会党史委员会：《邹鲁先生文集》，中国国民党中央委员会党史委员会1984年6月30日出版，第580～582页。

⑤ 中国国民党中央委员会党史委员会：《邹鲁先生文集》，中国国民党中央委员会党史委员会1984年6月30日出版，第550～552页。

月1日出版的《改造》第九期上。①

3月12日 为纪念孙中山逝世二十六周年，在《中央日报》第一版上发表《谨述亲见总理逝世经过》一文。②

3月29日 在《中央日报》第二版上发表《恭述总理序黄花岗烈士事略的训示》一文。③

3月 撰写《悼季陶先生》，该文发表在1951年3月1日出版的《改造》第十三期《戴季陶先生逝世二周年纪念专辑》上。④

4月5日 在孙中山纪念月会上发表演讲《国父讲三民主义之回忆》，该文发表于是日发行的《中央日报》第二版上，并于是年11月1日发表在《监察院公报》第二卷第三期上。⑤

5月4日 监察院举行孙中山纪念月会，请先生主讲《国父讲三民主义之回忆》。⑥

5月5日 在中华民国政府成立及孙中山就任大总统三十周年纪念日上发表谈话《革命政府成立之经过》。该谈话发表在次日出版的《中央日报》第一版上。⑦

5月28日 与居正等25位中央评议委员提出《建议英美反共须改变重欧轻亚政策案》。⑧

6月 著作《中国国民党史略》在台湾出版发行。⑨

7月20日 致函国民党中央党史会，请求在党史中补充丘逢甲积极参加革命的一些史实。

---

① 中国国民党中央委员会党史委员会：《邹鲁先生文集》，中国国民党中央委员会党史委员会1984年6月30日出版，第553～554页。

② 中国国民党中央委员会党史委员会：《邹鲁先生文集》，中国国民党中央委员会党史委员会1984年6月30日出版，第175页。

③ 许继峰：《邹鲁与中国革命（西元一八八五～一九二五）》，正中书局1981年1月台初版，第189页。

④ 中国国民党中央委员会党史委员会：《邹鲁先生文集》，中国国民党中央委员会党史委员会1984年6月30日出版，第553～554页。

⑤ 中国国民党中央委员会党史委员会：《邹鲁先生文集》，中国国民党中央委员会党史委员会1984年6月30日出版，第242页。

⑥ 陈哲三：《邹鲁研究初集》，华世出版社1980年2月初版，第55页。

⑦ 中国国民党中央委员会党史委员会：《邹鲁先生文集》，中国国民党中央委员会党史委员会1984年6月30日出版，第245页。

⑧ 中国国民党中央委员会党史委员会：《邹鲁先生文集》，中国国民党中央委员会党史委员会1984年6月30日出版，第14～17页。

⑨ 国立中山大学校友会：《邹鲁全集》第（一）卷，三民书局股份有限公司1976年10月初版，《邹鲁全集编印经过》第4页。

函称："鲁师丘逢甲先生，别字仓海，系台湾革命之先进，辛亥革命前，秘密赞助革命极力，党人赖其袒护而安全者亦至多。辛亥广东光复，粤省军政府成立，逢甲先生任其教育司长。南京临时政府将成立，时十七省军政府代表群集南京，推举总理为临时大总统，粤省代表即逢甲先生；此史实党史遗漏，恐年湮失传，用特函达，请惠补入，以符史实。"①

7月 发表《评对日和约草案》谈话。

是月12日，美国和英国政府在华盛顿和伦敦同时公布对日本和平条约草案。先生认为，美国所提的对日和约草案，宽大不苛，给予日本以在内部建立稳定和安宁的状况，在外履行联合国宪章各项原则，先生甚表同意。但对和约的第三条及第五条涉及的领土问题持有异议。和约草案第三条为"日本废弃对台湾及澎湖的一切权利、称号及索求"，先生认为应载明"交还中华民国"；第五条"日本将以库页岛南部及临近该岛的所有岛屿交还苏联"，这与历史事实不符合，"库页岛本为中国土地，明时属奴儿干都司，清时属于吉林省，后为俄人强据，日俄战争后，俄人割据该岛北纬五十度以南归日本。"② 可见，虽然先生鉴于当时形势，台湾国民党政权需要与美国修好，但是仍本爱国心提出对和约在土地地位上的置疑。

为此事，先生与全体监察委员共同致电美国参众两院，申明观点。③

8月31日 撰写《纪念张溥泉先生七十诞辰》一文。④

9月 著作《广州三月二十九日革命史》由台湾商务印书馆出版发行。⑤

10月10日 在《中央日报》上发表《总理对辛亥武汉革命的评议》一文。⑥

11月12日 为纪念孙中山诞辰八十五周年，在《新生报》上发表《恭

---

① 中国国民党中央委员会党史委员会：《邹鲁先生文集》，中国国民党中央委员会党史委员会1984年6月30日出版，第320页。

② 中国国民党中央委员会党史委员会：《邹鲁先生文集》，中国国民党中央委员会党史委员会1984年6月30日出版，第251页。

③ 中国国民党中央委员会党史委员会：《邹鲁先生文集》，中国国民党中央委员会党史委员会1984年6月30日出版，第332~333页。

④ 中国国民党中央委员会党史委员会：《邹鲁先生文集》，中国国民党中央委员会党史委员会1984年6月30日出版，第557页。

⑤ 国立中山大学校友会：《邹鲁全集》第（一）卷，三民书局股份有限公司1976年10月初版，《邹鲁全集编印经过》第4页。

⑥ 中国国民党中央委员会党史委员会：《邹鲁先生文集》，中国国民党中央委员会党史委员会1984年6月30日出版，第178页。

述国父大无谓精神二三事》一文。①

11 月 22 日 与居正交谈。

交谈在居正住宅进行，下午 5 时许，先生离开居府。是夜，居正突发脑溢血，先生接居府来人急报后，请夫人赵淑嘉前往探视，居正已经去世。②

为纪念居正（字觉生），先生撰写了《悼觉生先生》一文。"为四十余年老友，在辛亥以前，同在总理领导下致力覆清铲帝，创立民国。及民国成立后，又同任国会议员，与阿附袁世凯之进步党议员争夺议席之上。历讨袁护法讨陈清党抗日战争各役，无不患难与共。"③

11 月 30 日 致函印度尼西亚茶阳公会、华商亚弄公会、洪义顺公会的执事及侨胞，鼓励他们进行"反共斗争"。④

12 月 4 日 特函致国民党中央改造委员会，函件列出确凿证据证明孙中山诞辰的具体日期为 1866 年 11 月 12 日。⑤

该函发表在《改造》第三十二期，是针对《改造》第三十期发表的文章《关于总理生辰的研究》一文所发。《关于总理生辰的研究》一文认为总理孙中山的诞辰日为 1866 年 10 月 16 日。

12 月 著作《二十九国游记》由商务印书馆在台出版。⑥

是年 为中国军队入朝参战事致电美国参众两院议员。该电与全体监察委员共同署名。⑦

是年 著作《回顾录》在台湾出版发行。⑧

---

① 中国国民党中央委员会党史委员会：《邹鲁先生文集》，中国国民党中央委员会党史委员会 1984 年 6 月 30 日出版，第 181 页。

② 中国国民党中央委员会党史委员会：《邹鲁先生文集》，中国国民党中央委员会党史委员会 1984 年 6 月 30 日出版，第 559 页。

③ 中国国民党中央委员会党史委员会：《邹鲁先生文集》，中国国民党中央委员会党史委员会 1984 年 6 月 30 日出版，第 558 页。

④ 中国国民党中央委员会党史委员会：《邹鲁先生文集》，中国国民党中央委员会党史委员会 1984 年 6 月 30 日出版，第 320 ~ 322 页。

⑤ 中国国民党中央委员会党史委员会：《邹鲁先生文集》，中国国民党中央委员会党史委员会 1984 年 6 月 30 日出版，第 322 ~ 323 页。

⑥ 国立中山大学校友会：《邹鲁全集》第（一）卷，三民书局股份有限公司 1976 年 10 月初版，《邹鲁全集编印经过》第 3 页。

⑦ 中国国民党中央委员会党史委员会：《邹鲁先生文集》，中国国民党中央委员会党史委员会 1984 年 6 月 30 日出版，第 329 ~ 332 页。

⑧ 国立中山大学校友会：《邹鲁全集》第（一）卷，三民书局股份有限公司 1976 年 10 月初版，《邹鲁全集编印经过》第 3 页。

1952年（壬辰）六十八岁

1月上旬 作诗《邱清泉殉国三周年诔》。①

邱清泉，毕业于德国柏林陆军大学，性格狂妄，作战指挥风格大胆，别号“邱疯子”。1948年参与淮海战役，11月驻守徐州，12月弃城西逃，在河南东部肃县被华东野战军第一纵队包围。1949年1月10日在陈官庄突围不成，兵败自杀。

1月12日 与金维系等92位委员提出《弹劾副总统李宗仁违法失职案》。

提案指出，“国民党政府”副总统李宗仁于1949年11月离开大陆，寄居香港，不久即称赴美治病，至今已近两年，“就副总统职位而言，构成失职行为；就其以业经解除之代总统名义，在外国发布命令而言，构成违法行为；至其公开声言‘余已拟有恢复中国合作政府计划，不久即可宣布，此计划并非完全依赖武力。’查中国民国行宪以来，并无所谓‘合作政府’，而李宗仁竟声言计划恢复之，其颠覆政府，危害国家之意图，实昭然若揭，显系触犯刑法第一百条之罪行。合依宪法第一百条之规定，提出弹劾案……”② 该提案是日获得台湾当局“监察院”通过。③

3月25日 在《中央日报》第二版上发表《广州辛亥三月二十九日革命记》一文。④

3月29日 为纪念广州“三二九”起义四十一周年，撰写《恭述总理序黄花岗烈士事略的训示》一文。⑤

---

① 中国国民党中央委员会党史委员会：《邹鲁先生文集》，中国国民党中央委员会党史委员会1984年6月30日出版，第570页。

② 中国国民党中央委员会党史委员会：《邹鲁先生文集》，中国国民党中央委员会党史委员会1984年6月30日出版，第17~19页。

③ 李松林等：《中国国民党大事记》，解放军出版社1988年8月第1版，第436页。

④ 许继峰：《邹鲁与中国革命（西元一八八五~一九二五）》，正中书局1981年1月台初版，第189页。

⑤ 中国国民党中央委员会党史委员会：《邹鲁先生文集》，中国国民党中央委员会党史委员会1984年6月30日出版，第184页。

△撰写《台湾诗选序》。①

春 撰写《斥新旧三民主义谬说》，发表于《改造》半月刊。②

该文是针对毛泽东同志在1940年1月所做的《新民主主义》一文中认为孙中山在国民党第一次全国代表大会宣言中所解释的，是新的三民主义，在这以前的是旧的三民主义的观点而做的。文章长达万言，“历叙国父讲述三民主义经过，证明总理所言之共产主义为各尽所能，各取所值之崇高民主政治社会，非……”③

在写此文之前，社会上曾传言，认为先生并不是第一次读校三民主义的人。先生对这种传言进行了澄清，在文中写到：“近有谓我仅是第三次校读，第一、二次校读系假于他人，殊与当日事实不符。”④

5月 撰写《国父孙中山先生编年纪事序》。⑤

《国父孙中山先生编年纪事》为原国立中山大学张镜影教授费时数年，并于去年春著成。书稿封笔后，张镜影请先生审定，并邀请先生为书作序。得到先生应允。

6月1日 在监察院举行的孙中山纪念月会上做报告《国父遗教中的监察权》。先生在报告中将孙中山对于监察权的讲述提出来，作为研究监察权与监察制度的课题。报告被收入《监察院公报》第三卷第一期。⑥

秋 赵执中邀请先生为章兆鸿遗著《澹斋文集》作序。⑦

10月13日 为了推广中国文化与文明，撰写《古今名人格言序》。⑧

10月10日至20日 出席中国国民党第七次代表大会，并当选为中央评

---

① 中国国民党中央委员会党史委员会：《邹鲁先生文集》，中国国民党中央委员会党史委员会1984年6月30日出版，第265页。

② 陈哲三：《邹鲁研究初集》，华世出版社1980年2月初版，第56页。

③ 张镜影：《邹鲁传》，见国立中山大学校友会：《邹鲁全集》第（一）卷，三民书局股份有限公司1976年10月初版，第9页。

④ 国立中山大学校友会：《邹鲁全集》第（九）卷，三民书局股份有限公司1976年10月初版，第494页。

⑤ 中国国民党中央委员会党史委员会：《邹鲁先生文集》，中国国民党中央委员会党史委员会1984年6月30日出版，第266~267页。

⑥ 中国国民党中央委员会党史委员会：《邹鲁先生文集》，中国国民党中央委员会党史委员会1984年6月30日出版，第187页。

⑦ 中国国民党中央委员会党史委员会：《邹鲁先生文集》，中国国民党中央委员会党史委员会1984年6月30日出版，第270页。

⑧ 中国国民党中央委员会党史委员会：《邹鲁先生文集》，中国国民党中央委员会党史委员会1984年6月30日出版，第267页。

议委员。①

为了总结国民党改造的成果，也为了进一步确立蒋氏父子权力的核心地位，由蒋介石一手导演的中国国民党第七次代表大会于10月10日至20日在台北阳明山召开。出席大会代表175人，连同列席人员近500人。大会决议接受蒋介石交议的《反共抗俄基本论案》，通过修正《中国国民党总章》、《中国国民党政纲》、《中国国民党反共抗俄时期工作纲领》等案，选举蒋介石为国民党总裁。19日，大会通过了蒋介石提任的吴敬恒、于右任、先生等40人为中央评议委员。

11月12日 撰写的《恭述国父讲演三民主义经过》一文刊登在《新生报》的《国父诞辰纪念特刊》上。②

△撰写的《国父诞辰恭述国父讲演三民主义之经过》一文刊登在《中央日报》第六版。③

11月20日 王孜石、于中旻致函先生，为编著《反共抗俄论粹》一书约稿。④

12月 撰写《中国学术思想大纲序》。

《中国学术思想大纲》一书为林景伊所著。先生认为，“余尝以为国之能立，必有其本，民族文化，即立国之本也。”⑤ 作此序的目的也是为了推广民族文化。

是年 致电台湾地区驻美“大使”顾维钧及“成功湖代表”蒋廷黻，指出美英两国公布的对日和约草案，没有将“中华民国”列为签字国家，实属不公。此电与监察院全体监察委员共同署名。⑥

是年 著作《中国革命史》由帕米尔书店在台湾出版发行。该书改自1939年出版的《中国国民党党史纪要》第一辑。该书虽署名先生为著者，但

---

① 李松林等：《中国国民党大事记》，解放军出版社1988年8月第1版，第438页。

② 陈哲三：《邹鲁研究初集》，华世出版社1980年2月初版，第62页。

③ 许继峰：《邹鲁与中国革命（西元一八八五～一九二五）》，正中书局1981年1月台初版，第190页。

④ 程焕文、张靖、周旎：《邹鲁未刊稿》下册，广西师范大学出版社2008年3月第1版，第711页。

⑤ 中国国民党中央委员会党史委员会：《邹鲁先生文集》，中国国民党中央委员会党史委员会1984年6月30日出版，第269页。

⑥ 中国国民党中央委员会党史委员会：《邹鲁先生文集》，中国国民党中央委员会党史委员会1984年6月30日出版，第333～334页。

先生仅负修订之责，并非著者。①

1953年（癸巳）六十九岁

2月13日 李阳敬致函先生，表示偶然在报章看到先生尊体违和，特致函问候。②

春 右手麻木，两足屈伸不从意，尊医嘱静养，因此到阳明山养病。③

先生在养病期间，“然心不忘著述，遇各种纪念日，辄应各报之请，撰文以励国人，故身虽静而心不静，以此缠绵，不愈不剧。”④

5月 撰写《中国国民党概史》一书的《台版补记》。⑤

《中国国民党概史》一书由正中书局在台湾编为正中文库第一辑出版，先生作台版补记，附录国民党改造之完成于其后。先生在补记中指出，因为该书在台再版，列入正中文库，因为亟待于其他书籍一同问世，未及增订，谨将国民党在台湾改造完成的经过，补记于次。

8月 在阳明山客邸撰写《理教汇编序》。⑥

《理教汇编》由赵东书编著，由中华理教总会出版发行。先生在《序》中指出“崇道德隆礼仪”的重要性。

11月11日 应蒋介石、宋美龄的邀请，偕夫人赵淑嘉参加欢迎美国副总统尼克松及夫人酒会。⑦

11月12日 为纪念孙中山先生诞辰八十七周年，在《中央日报》上发

① 国立中山大学校友会：《邹鲁全集》第（一）卷，三民书局股份有限公司1976年10月初版，《邹鲁全集编印经过》第5页。

② 程焕文、张靖、周旎：《邹鲁未刊稿》下册，广西师范大学出版社2008年3月第1版，第712页。

③ 戴书训：《愈经霜雪愈精神——邹鲁传》，近代中国出版社1983年10月初版，第157页。

④ 张镜影：《邹鲁传》，见国立中山大学校友会：《邹鲁全集》第（一）卷，三民书局股份有限公司1976年10月初版，第9页。

⑤ 邹鲁：《中国国民党概史》，见国立中山大学校友会：《邹鲁全集》第（七）卷，三民书局股份有限公司1976年10月初版，第107页。

⑥ 中国国民党中央委员会党史委员会：《邹鲁先生文集》，中国国民党中央委员会党史委员会1984年6月30日出版，第272页。

⑦ 程焕文、张靖、周旎：《邹鲁未刊稿》下册，广西师范大学出版社2008年3月第1版，第803页。

表《国父治学的精神》一文。文中指出孙中山治学的精神有三点：自主的精神、认真的精神、纠错的精神。①

11 月 著作《中国国民党概史》修订一版在台湾中正书局出版。

12 月 16 日 丘念台致函先生，请示政事。②

1954 年（甲午）七十岁

1 月 1 日 出席国民党中央委员会举行的新年团拜会。③

团拜会于上午 9 时在台北宾馆举行，国民党中央委员、中央评议委员及中央委员会工作人员参加了团拜会。团拜会由于右任主持。

1 月 25 日 致函秘书张镜影。此时先生手指已经颇感痉挛，手抖不克提笔。此为先生最后遗墨。④

2 月 7 日 国民党中央改造委员会秘书长张其昀为先生设宴祝寿，司法院院长王宠惠等人作陪。⑤

2 月 8 日 举行七十大寿庆典。⑥

是日为阴历正月初六，为先生七十大寿，故旧连日设宴公寓，“公素患高血压，酬酢劳甚。”⑦ 蒋介石亲至寓所祝贺先生寿辰，国民党元老于右任亲题“开国尊元老，传经翊圣谟”寿匾相赠。先生由于身体原因，自上月 25 日起，饮食等生活起居一直无法自理，直至是日才可以自己用餐。⑧

△是日出版的《中央日报》发表崔载阳文章《革命教育者邹海滨先生》，

---

① 中国国民党中央委员会党史委员会：《邹鲁先生文集》，中国国民党中央委员会党史委员会 1984 年 6 月 30 日出版，第 192～195 页。

② 程焕文、张靖、周旎：《邹鲁未刊稿》下册，广西师范大学出版社 2008 年 3 月第 1 版，第 711 页。

③ 《中央举行新年团拜》，见《中央日报》，1954 年 1 月 2 日。

④ 《党国元老邹鲁昨晚病逝》，见《中央日报》，1954 年 2 月 14 日。

⑤ 王宠惠：《海滨先生的几件事》，见《中央日报》，1954 年 2 月 17 日。

⑥ 戴书训：《愈经霜雪愈精神——邹鲁传》，近代中国出版社 1983 年 10 月初版，第 157 页。

⑦ 张镜影：《邹鲁传》，见国立中山大学校友会：《邹鲁全集》第（一）卷，三民书局股份有限公司 1976 年 10 月初版，第 9 页。

⑧ 《党国元老邹鲁昨晚病逝》，见《中央日报》，1954 年 2 月 14 日。

盛赞先生为“革命教育家”[①]。同日发表张镜影文章《邹海滨先生七秩晋一寿序》。

2月12日 早晨7时20分，先生“脑血管机能障碍症”复发，四肢痉挛，瞳孔缩小，对明光反应消失，腋下体温达到41.5度，脉搏跳动每分钟增至160次，呼吸30次，血压高达250 mmHg。经过急诊，并采取紧急抽压等措施，病况于晚上7时后略见好转，但神志仍未清醒。[②]

2月13日 在寓所辞世。[③]

早晨5时许，先生血压骤增至252 mmHg，呼吸每分钟骤增至40次，脉搏跳动为每分钟90次。群医不停地施行急救，竟日进行人工输氧，终因脑部出血过多，回天无力，于6时12分在台北市浦城街寓所辞世。遗体于9时移奉极乐殡仪馆。

是日，蒋介石派“总统府”代秘书长许静芝前来探视。先生生前友好于右任、王宠惠、张群、吴忠信、张道藩、陈诚、张其昀、马超俊、罗家伦、郑彦棻、杨亮功等二百余人分别赴先生寓所探视。夫人赵淑嘉，子女邹梅、邹器、邹达、儿媳戚继兰等人随侍左右。

国民党中央于当晚9时半在中央委员会召开临时常务委员会议，决定成立先生治丧委员会，办理善后事宜。会议同时推定于右任等79人为治丧委员会委员，于右任为主任委员，陈诚、张道藩、俞鸿钧、张其昀为副主任委员，郑彦棻为总干事，张寿贤、谢东闵、张目寒为副总干事。委员会随即举行第一次大会，定于17日上午9时举行大殓，大殓后至当日下午5时举行公祭仪式。国民党中央委员会常委会鉴于先生生前作出的贡献，决定将先生生平事迹宣付史馆，转请“政府”褒扬。

于14日前往极乐殡仪馆吊唁的各界人士有于右任、张群、何应钦、蒋经国、吴忠信、莫德惠、张默君、许世英、尧乐、陈济棠、薛岳、余汉谋、黄少谷、马纪壮、黄朝琴、谷正纲、程天放、郑彦棻、黄镇球、黄季陆、雷法章、许静芝、桂永清、洪兰友、何成浚、贺衷寒、方治、倪文亚、万耀煌等六百余人。[④] 15日，生前好友黄珍吾、黄杰、黄伯度、刘汝明、秦德纯、刘文岛、冯自由、蔡培火、许丙、袁世斌、苗培成等五百余人及中国国民党台湾区产业党部、铁路工会全国联合会等民众团体前往吊唁。丘念台、胡木兰等好友自海外

---

① 崔载阳：《革命教育者邹海滨先生》，见《中央日报》，1954年2月8日。

② 《党国元老邹鲁昨晚病逝》，见《中央日报》，1954年2月14日。

③ 《党国元老邹鲁昨晚病逝》，见《中央日报》，1954年2月14日。

④ 《悼邹鲁逝世》，见《中央日报》，1954年2月15日。

来电唁慰先生家属。夫人梁定慧偕女儿邹恒于15日下午1时从香港乘飞机抵台奔丧。①

先生去世前笃信天主教，每周特请董师正神父等人讲道，病前屡次申请入教，病中已受洗礼及完成一切圣事。台湾天主教会于16日上午10时在极乐殡仪馆为先生举行追思大礼，18日上午8时，先生家属在华山天主教堂举行大礼弥撒，统由台湾教区总主教郭若石主持。②

先生遗体大殓仪式于17日上午9时举行，随即举行公祭。各机关团体及个人前往致祭者达四十多个单位、两千余人，“备极哀荣”。大殓仪式由于右任主祭，陈诚、张道藩、张其昀、俞鸿钧陪祭。先生遗体盖棺后，以巨幅国民党党旗覆盖。9时15分，国民党中央委员会公祭，蒋介石亲临主祭，全体中央委员、中央评议委员与祭。之后，“政府”各机关立监委员、国大代表暨各团体、学校、同乡会等单位进行公祭。③ 连日来，各方致送挽联挽词的有五百二十余件。④ 蒋介石为先生题写了挽联“勋望昭垂”，同时题写挽词：“粤海钟毓，笃生名贤。翊赞革命，猛着先鞭。追随国父，誓志忠贞。刚柔互济，正义昭伸。建树矫矫，□谕诤诤。神奸□魄，大逆投诚。功在党国，中外蜚声。事迹俱在，百世可征。殚精教育，尤具深心。万政之母，无闻古今。启发民智，小学造端。展扩学府，不避巨艰。春风广被，桃李盈门。人才辈出，席抗河汾。雄伟惊座，著作等身。斗山圣重，共仰耆勋。天祸中国，□□披猖。迁都鲲岛，相从南翔。策动中兴，贡献实多。发为言论，可泣可歌。老成柱国，胡遽考终。嗟与大耋，悼念靡穷。□□名德，永垂党史。香花致奠，神其洈止。”⑤

《中央日报》发表社论《悼邹海滨先生》，文章写道：“他对中华民国的贡献，乃在其教育事业，亦即在国立中山大学的创办及其发展。自民国十二年(1923年)开始，邹先生的精神和体力，即集中于教育。他奉国父之命，首创国立广东大学。而中山大学，中间主持校务的，虽不仅邹先生一人，可是由邹先生一人主持的时间为特久，先后垂二十年。在差不多二十年的时间中，邹先生所苦心焦思，所奔走经营的，都是为着这所大学。尤其是石牌校舍的建立，更费了邹先生不少的力量。他是把这所大学视如他自己的生命，他也等于把自己的生命，自己的一切，贡献了这所大学。迄今由该大学出而为国努力工作的

① 《邹鲁遗体明晨大殓》，见《中央日报》，1954年2月16日。
② 《悼邹鲁逝世》，见《中央日报》，1954年2月15日。
③ 《邹鲁遗体昨大殓》，见《中央日报》，1954年2月18日。
④ 《邹鲁遗体今晨大殓》，见《中央日报》，1954年2月17日。
⑤ 《邹鲁遗体昨大殓》，见《中央日报》，1954年2月18日。

员生何止千百，这不是拜邹先生之所赐吗？这不是邹先生对国家的绝大贡献吗？”①

对于先生的历史评价，众说纷纭。

岳麓书社在《回顾录》的《重印后记》中写道：“邹鲁在政治立场上属于国民党右派”。

胡汉民评价：“衣翁（邹鲁）素急进”②。

张镜影评述：“公（邹鲁）秉乾之刚，备恒之德，履谦之吉，明渐之义；故能毕生革命，开国翼国，事识机先，億合符节。而其襟怀高郎，不尤不忒，全大捐细，与国休戚。”③

陈哲三在《邹鲁初集研究》一书中对先生作出如下评价：

“我们可以约略了解到邹鲁的一生，大约可以分为四个时期。第一个是求学时期，第二个是追随国父革命时期，第三个是国父逝世到抗战时期，第四个是抗战以后以迄于逝世时期。

第一个时期，在求学中，他已有不平凡的表现，他已对旧秩序有了改革的志向及行动，而且早具有民族革命的决心。而且他在求学过程中，得丘逢甲收录为门生，又得朱执信为老师，陈炯明为同学，为后来的革命事业奠定了基础。

第二个时期，他先加入九列的中和堂，又与朱执信、陈炯明共同运动革命，终于在朱执信介绍下，加入了同盟会，成为同盟会的中坚人物。所以后来巡防营之役、新军之役、三二九之役都参与策划。辛亥广东光复，更有大力。后来二次革命、护法、粤军回粤、讨陈平桂，邹鲁都有不世之功。并且他又在国会内为国民党奋斗。他创办了广东大学。他读校了三民主义，成为国父孙中山先生的左右手。

第三个时期，‘他首先明揭反共的大纛，为后来国民党清党的先声。而且反共之坚决，一生不变。’后来为了党统的复归统一，又出掌中央特别委员会。在环游世界时，随地考察以为建国革命的借镜。回国后又完成中国国民党史的编纂。草成太原约法草案，为三十六年（1947 年）的宪法开了先河。并且于民国二十年（1931 年）、二十四年（1935 年），两次促成国内的和平，功劳不可磨灭。而主持中山大学，更为中大的黄金时代。

---

① 《悼邹海滨先生》，见《中央日报》，1954 年 2 月 14 日。

② 陈红民：《函电里的人际关系与政治：读哈佛—燕京图书馆藏“胡汉民往来函电稿”》，生活·读书·新知三联书店 2003 年 9 月第 1 版，第 42 页。

③ 陈哲三：《邹鲁研究初集》，华世出版社 1980 年 2 月初版，第 214 页。

第四个时期，他又回到了中央，虽然不负责实际政治，可是党国决疑定计，他都能高瞻远瞩，言必有中，而当局也颇能采择施行。这一时期，最可提出的，尤其是他提倡仁爱的教育哲学，更是‘以建民国，以进大同’的南针。

所以，综合以上的记述，邹鲁的伟大贡献，约可以简括如下：

第一，追随国父革命，创建民国，为开国元勋。凡国父在世之时之各项革命行动，他没有一次不参与。尤其在广东革命基地的建立上，更功不可没。

第二，他读校三民主义，在三民主义的完成上，他贡献很大。在现存于中央党史会中的《三民主义原稿》，还有邹鲁的签条及亲笔在内，可知今日三民主义在文字在内容，都有邹鲁的影响在内。

第三，他为党为国，在国会内奋斗不懈。弹劾袁世凯及其政府，禁赌禁烟，驱逐龙济光，弹劾张勋。其义声振动天下。而且他还以国会议员的身份，在北方为国民党扩张党务。

第四，他主持国立广东高师，创办广东大学，完成中山大学石牌建校，使广大、中大，成为南方最高学府，希望能迎头赶上北方的北京大学。提到广大、中大，便不能不想到邹鲁，我们甚至于可以说没有邹鲁，便没有广大、中大。

第五，他提倡仁爱的教育哲学，以及特重实科教育，认为这是达到人人平等，达到世界和平的唯一途径。他在广大、在中大便依此哲学进行。

第六，‘他首先揭出反共的大纛，而且首先采取反共的行动。’十三年十月（1924年10月），他已在中国国民党中常会中提案，对付‘污蔑’国民党的《向导》周报。其后在组织、在青年方面，与共产党的冲突日趋激烈，所以十四年九月（1925年9月）‘被排’北上，年底即有‘西山会议’的召开。这种态度终生不变。

第七，他数次促成国内团结，共御外侮。其最明显的，就是十六年（1927年）的中央特别委员会，二十年（1931年）的上海和平会议，二十四年（1935年）的五全大会，以及抗战后回到中央，成为中央与西南的桥梁。这都是抗日反共的神圣斗争，都有大贡献。

第八，翊赞蒋公中正先生反共抗日复国建国。自抗战后回到中枢，以元老重臣，备党国咨询，有所献替，皆蒙采行。如中苏友好同盟条约之签订，领袖召集中央大员会议，邹鲁即与焉。来台以后，对领导中心的重建，国民党的改造，三民主义思想的确立，更是功在党国。

第九，他护持国父遗嘱，确定国民党党纲，使国父遗教确立不坠，永为国民与国民党所宗，成为建国的最高原则，最高主义。这不能不说是邹鲁对党国的又一贡献。

第十，他编纂中国国民党党史，不仅保存了国民革命的历史，而且也为中国国民党的国民政府继承历代正统的观念奠基。虽然他编纂的不够十分完备，但他的书比较之下是最早、最巨、最完备、最有影响的书。何况他有关的史著还不少。就是他其他的论著，也无不与党史相关。

事实上，邹鲁的贡献不止十端。其他的但愿不久的将来我能加以表彰。”①

对于先生个性，陈哲三概括道：“邹氏果于决断，有阳刚之美。……反观邹氏，则独来独往，上天入地，有若天地不足以容之，无事足以难之者。故其一生波澜壮阔。其任事之勇，在党人中亦少出其右者。且其去来之间，一准以国家民族之利益，故一生建树良多。”②

郑彦棻对先生的教育贡献评价道：“但最使我感动的，还是他一生从事教育，作育人才和培育青年，不遗余力，对教育的理论和实际，都有不朽的贡献。他不愧为一个杰出的教育家和教育学家。”③

李海冬对先生教育思想的历史地位评论道：

“邹鲁在中国近代教育史上的历史地位，是一个值得探讨的问题。邹鲁教育思想，代表着忧国忧民的中国近代知识分子对中国近代化发展进程的一份理性思索，是对19世纪下半叶以来中国所面临的一系列民族生死存亡危机所作的自强图新的探索。无疑，它应当属于‘五四’时期不同类型知识分子的救国思潮中的一朵浪花。这些爱国知识分子各自从不同的角度把握时代脉搏，寻找了不同的道路，并进行了各自不同的时间。邹鲁走上救亡之路的原动力，正是他关注国家、民族的现实而产生的忧患意识，而民族主义是启动他投身教育改革运动的重要社会思潮。

邹鲁出生在十九世纪末期，正是中国遭受西方列强侵略之际，他从小受中国传统文化的熏陶很深，后来参加革命，又吸收了西方科学与民主主义思想，考察29国教育回来后，他一方面重视实用主义教育，改革中国的教育制度，同时表现出对本国文化的回归，重视传统文化特别是儒家文化思想的教育。第二次世界大战爆发后，他教育的视线又开始关注世界教育的发展。由于处在中国现代教育的生长初期，也由于邹鲁的学科背景、知识结构、个性所致，邹鲁的教育思想略显细碎和粗糙，留下了‘过渡时代’和‘初创期’的明显烙印。教育的转变，是一个漫长的过程，在这个过程中新旧交替逐步过渡，邹鲁的思想就体现了这种过渡，是其中的一环，‘在近代中国半殖民地半封建社会里，

---

① 陈哲三：《邹鲁研究初集》，华世出版社1980年2月初版，代序，第9~13页。

② 陈哲三：《邹鲁研究初集》，华世出版社1980年2月初版，第214页。

③ 郑彦棻：《邹海滨先生的教育思想与反共斗争》，见《传记文学》1978年3月号。

许多历史人物都属于过渡型人物，都在不同程度上带有过渡的特点’。应该说，他的教育思想交织着新旧的驳杂，这两方面既相互矛盾又相互依存，用‘贡献’与‘局限’之类的二极性的解释很难得出符合历史实际的结论。

显然，在评价邹鲁的教育思想时，我们似乎不应该纠住他政治上的某些所谓反动思想不放。对于邹鲁教育思想的研究之所以多年来在中国大陆近乎空白，在很大程度上也正是因为研究者尽量避免在政治禁区‘触雷’。邹鲁教育思想的研究，可以带给我们有关教育家与政治家的关系、教育思想与政治思想的关系等问题的重新思考。事实上，它们之间并不是一种简单的对应关系，‘一个在政治上保守或反动的人，也可能提供一些教育思想上的积极东西。’将政治态度的保守与进步作为衡量教育家教育思想的首要标准显然已不合时宜了。我们需要本着实事求是的原则，对教育家作具体分析。评价依据是其所提供的教育思想，而不是其它。就邹鲁而言，他并不是一位以教育为终生职志的教育家，他还是一位政治家，有着很强的政治倾向，但这都是时代给他的烙印。作为中国近代教育思想的重要代表人物，邹鲁的思想，尤其是他的教育思想始终未能得到人们的充分认识和了解。他的被遗忘，不是因为他的教育理论不够分量，而是因为他的政治理念涉及到对一个时代的整体评价。‘对于许多研究者来说，在时代和个人的评价不能统一的时候，他们常常会选择认同主流的态度，因为不能否定一个时代，同时也就不可能给予和这个时代发生冲突的个人以公正的历史评价。’邹鲁的命运就是这样，他没有完全被人遗忘，但人们又不能给予更多的正面彰扬。

在教育思想上，邹鲁坚定地以中国传统文化为大学教育思想的基础，兼而贯通中西文化，构建他的大学教育思想体系。他注重学生的传统道德修养和人格陶冶，倡导学术自由，体育重在普及，同时认为教育要为社会服务，教育要与社会合为一体，着力发展实科教育、职业教育，他还创造性地提出学校可以实现自给自足的生产教育思想，以缓解社会压力。此外，邹鲁在当时顶住各种压力倡导教育经费独立，在中国教育独立史上写下了漂亮的篇章，他努力从事的对现行学制的改革则具有革命性的意义。第二次世界大战爆发后，为实现世界人类的和平、平等与自由，邹鲁更是从世界主义角度出发，大胆地提出‘全人类普遍实施仁爱互助之高等教育’思想，并抱着这一教育理想大声疾呼、至死不渝。邹鲁想通过教育，来改造中国的社会，挽救中国乃至世界的危亡，在当时意义是巨大的。

在教育实践上，邹鲁给世人留下了光辉的一页。他曾多次创办学校，特别是成功创办国立广东大学，为后来中山大学的发展奠定了根基。后来，他重长中大，并在近八年的办学生涯中，通过建设石牌新校、增添图书仪器、改革教育制度、发展研究事业等方面为中大的建设与发展立下了汗马功劳。毫无疑问，他也成为中山大学解放前在任时间最长、功劳最大的校长。同时，他还利用西南政务委员会委员及中大校长一职，倡导成立西南教育改革委员会，对广东及全国的教育进行改革实践。可惜的是，邹鲁虽有丰富的教育理论，但由于他对教育理论研究不够深入，缺乏深沉的冷静的、理智的索隐求赜。在改革教育过程中，还处于摸索阶段。加之他在推行教育改革过程中阻力很大，有时他的做法还很理想化，因此，邹鲁的教育改革实践有些只停留在表层上，深层次的触及不多，他不可能也没有时间继续下去。

总的看来，邹鲁虽然没有像蔡元培那样提出‘五育’并举的完整的民主主义教育方针，并使中国近代教育步入一个新阶段；也没有像梅贻琦那么丰富的教学经验，当然他也没有制订出像张伯苓那样较切合实际的教育方针。但是，作为一个非职业教育家，无论是他的教育方针，还是教育方法，教育理论都有可取之处，他的教育思想在中国近代教育发展史上有一定的地位，并在当时和后世产生了一定影响。然而，政治活动花费了邹鲁大量的心血，加上体弱多病，这使得他没有更多的精力来从事教育活动，他只是时常发出点儿感慨，提一点倡导，教育思想很多时候停留在口头上。同时由于动荡的社会环境，其思想和实践还是有一定的距离。遗憾的是，历史并没有给邹鲁太多的时间，以让他继续探索和实践，但邹鲁丰富的教育理论的经验与教训却留给了后继者。”①

1956 年 1 月 31 日，先生被安葬在天母山南面。1959 年 11 月，于右任为先生撰书《邹海滨先生墓表》。《墓表》写道：

“维中华民国四十三年，岁次甲午，二月十三日，岭南邹公讳鲁，字海滨，卒于台北寓所，春秋七十。越二年丙申，一月三十一日，葬于市郊天母山之阳。

公以布衣崛起，为国勋旧。盛烈丰功，弁冕一世，斯固国史之所详，今可得而略焉。独慨景运中否，神州幅裂，怵还履霜，益轸睿哲。每忆西山会议，烛照机先，老成谋国，亦已至矣。而星星之火，卒以燎原。俯仰今昔，可为流涕！尝长中山大学，罗致彦硕，拓展院系。津逮既溥，髦士云蒸。楛梓楩楠，良材毕备。莫不明体达用，为国骋力。得人之盛，罕与伦比。至若敷陈革命创制之事迹，扬扢民国缔造之艰难，则有党史稿如干卷，纲举目张，文质相宣，实为当代乙部之圭臬。他若纪念黄花岗一役之壮烈，则有广州三月二十九日纪事专著。环游世界，观风列强，则有二十九国游记之作。虽为士林所推重，特

① 李海冬：《邹鲁教育思想研究》，未刊稿（硕士论文），第 52 ~ 54 页。

其绪余已耳。蔡伯喈自谓生平惟撰郭有道碑无愧色。

公德足媲有道，益以勋业之隆，则是兹碑之勒，尽亦可以无间然矣。敢循古义，为之赞曰：于穆邹公，命世挺杰。秉乾之纲，备恒之德，明渐之义，履谦之吉。亦既粹矣，群伦矜式。乘时翼运，休烈丕杨。蹇躬正色。体制知章。超世作范，震俗流光。资忠辅仁，一德明良，灵曜不驻，碧海波寒。金瓯待补，致欢才难。死生契濶，涕泗汛澜。芳献永谢，贞石是刊。"①

① 中国国民党中央委员会党史委员会：《邹鲁先生文集》，中国国民党中央委员会党史委员会1984年6月30日出版，第583页。

人名索引

说明：

1. 中文名以姓氏首字的汉语拼音字母为序；首字的汉语拼音字母相同者，以声调的阴平、阳平、上声、去声为序；首字相同的条目排列在一起，按第二字的音序、声调为序。

2. 外文名以翻译为英文后第一个字母为序，第一个字母相同，以第二个字母为序，以此类推；如无英文翻译，仅有中文译名，排列顺序同第1条。

3. 例：

“1913－5－5”指1913年5月5日条目；

“1913－6－14、19、下旬”指1913年6月14日条目、1913年6月19日条目、1913年6月下旬条目。

“1924－1－31至2－6”指1924年1月31日至2月6日条目。

A

B

陈汉兴：1911－11

陈翰誉：1928－1－14、20，1928－2－11，1928－3－11、12，1928－5－19，1928－7－13、16

陈红民：1933－8－约26

陈洪：1932

陈华：1934－10－17

陈怀天：1932－11－19

陈焕镛：1932－3－3，1933－6－5，1934－7－29，1934－12－12，1935－6－19，1935－8－10，1935－9－17

陈辉德：1947－7－4

陈蕙纕：1933－10－5

陈济棠：1922－11月初至1923－1，1922－12－8，1928－11－10，1929－3－19，1931－3月初，1931－5－27、29，1931－6－2、15，1931－10－15，1931－约11－8，1931－12－29，1932－1－1、26、27，1932－2－1，1932－4－29，1932－5－9、14，1932－8，1932－9－4，1932－10－7，1932－11－10、17、20，1932－12－4、24、26，1933－1－8、12，1933－2－6，1933－3－4，1933－4－9、20、24，1933－5－18、29，1933－6月初、1、8，1933－7－15、20、25，1933－8－3、约26、30、31，1933－10－6、7，1933－11－6、11、19、22、25、下旬，1933－12－14、22，1934－1－12、14、18、20，1934－3－9、10、27至30，1934－4，1934－6－11、25，1934－8－15、20、28，1934－9－2、3、8，1934－11－6、11、14，1934－12－5、6、26，1935－1－8、25，1935－2－21，1935－3－4、23，1935－6－13、14，1935－6，1935－7－16，1935－8－4、5、19至20，1935－8，1935－9－16，1935－10－15、23、26，1935－11－4、6、7、8，1936－1－6、12、13、26，1936－2－6、8、24，1936－3－11、12、24、25，1936－5－9、13、14、15、21、24，1936－7－19，1936－10－27，1936－12－26，1939－11－13至20，1940－5－5，1949－1－27，1949－5－20，1954－2－13

陈继淹：1930－2－1

陈继尧：1920－8－下旬

陈继虞：1920－10－1，1920－11

陈嘉庚：1928－10－28

陈嘉祐：1932－12－24，1933－10－23，1936－5－12

陈家鼎：1913－约4－7

陈剑如：1928－11－28，1931－12－17

陈剑修：1932－10－13，1935－6－19

陈江：1934－8－14

陈景华：1912－2－12，1913－9－上中旬，1913－9－16、下旬

陈敬修：1922－8至10

陈敬岳：1911－8－13，1924－12－12

D

E

F

G

J

L

M

N

O

P

Q

S

18，1923 - 6 - 11、12、22，1923 - 7 - 8、14、24、27，1923 - 8 - 7、11、13、14，1923 - 9 - 3、16，1923 - 10 - 12、24、27，1923 - 11 - 2、12、14、15、18、27、29、月底，1923 - 12 - 2、14、27、28，1924 - 1 - 1、13、20至30、27、28、30，1924 - 1 - 31至2 - 6，1924 - 2 - 3、4、6、7、8、9、10、17、21、24，1924 - 2，1924 - 3 - 2、6、9、16，1924 - 3 - 17至4月，1924 - 3 - 23，1924 - 4 - 13、20、26，1924 - 5 - 29、下旬，1924 - 6 - 2、3、9、11、17、中旬、21，1924 - 7 - 3、7、9、14，1924 - 7，1924 - 夏（暑假），1924 - 7 - 16、19、21、28、月底，1924 - 8 - 3、10、上旬、13、17、22、24，1924 - 9 - 12、16、下旬，1924 - 10 - 3、12、20、21，1924 - 11 - 3、6、7、11、12、13、14、19，1924 - 12 - 9，1924 - 12，1925 - 1 - 12、31，1925 - 1月底，1925 - 2 - 1、4、9、17、18、22、中下旬，1925 - 2，1925 - 3月初、7、11、12、13、14、15、17、19、中旬、23、24，1925 - 4 - 1，1925 - 约4 - 3，1925 - 4 - 7、上旬、13，1925 - 5月初、11、12、18至25、25，1925 - 约5月，1925 - 6月初、1，1925 - 7 - 13、14，1925 - 8 - 5、10，1925 - 9 - 11、15、26、27，1925 - 10 - 22、24、26，1925 - 11 - 12、16、中旬、22，1925 - 11 - 23至12 - 2，1925 - 11 - 23、30，1925 - 12 - 7、11，1926 - 1 - 1、13、27、28，1926 - 3 - 24，1926 - 3 - 29至4 - 10，1926 - 4 - 10，1926 - 5 - 9、12，1926 - 8月底，1926 - 9，1926，1927 - 1 - 1，1927 - 4 - 18，1927 - 5，1927 - 8 - 18，1928 - 3 - 12，1928 - 4 - 18，1928 - 5 - 17，1928 - 11 - 3、12、26，1929 - 2 - 2、17，1929 - 11 - 5、18，1930 - 3 - 3，1930 - 8 - 3，1930 - 10 - 27，1931 - 6 - 11，1931 - 10 - 22，1932 - 1 - 1、20、26，1932 - 2 - 1、2、10、27，1932 - 3 - 7、10，1932 - 4 - 2、9，1932 - 5 - 2、9、23、27、31，1932 - 6 - 3，1932 - 7 - 5，1932 - 9 - 8、12、16、19、30，1932 - 10 - 8、10、17、22、24、29、31，1932 - 11 - 1、7、11，1932 - 12 - 12、14、24、26，1932，1933 - 1 - 10、16，1933 - 2 - 4、6，1933 - 3 - 3、4、7、9、12、14、21，1933 - 4 - 1、3，1933 - 5 - 31，1933 - 6 - 15、30，1933 - 7 - 5，1933 - 8 - 9，1933 - 9 - 9、18、21、23、25，1933 - 9，1933 - 10 - 2、10、16、21、23、30，1933 - 11 - 11、14、25、26，1933 - 12 - 4、11、25，1934 - 1 - 8、12、14、15，1934 - 2 - 7、19，1934 - 3月初、3、5、9、10、17、26，1934 - 4 - 19，1934 - 5 - 12、20，1934 - 6 - 18、27，1934 - 7 - 10，1934 - 7，1934 - 8 - 6、17，1934 - 9 - 3、5、6、9、13、15、24、26，1934 - 9，1934 - 10 - 1、8、10、15、18、27，1934 - 11 - 1、11，1934 - 秋，1934 - 12 - 24、28，1935 - 1 - 21，1935 - 2 - 10、12、18、25，1935 - 3 - 4、上旬、11、12、24、25、28、29，1935 - 4 - 1、11、27、29，1935 - 5 - 20、27、28，1935 - 6 - 6、16、17、21、24，1935 - 7 - 4、5、15，1935 - 9 - 2、9、10、16、18、23，1935 - 10 - 10、19、21、28，1935 - 11 - 2、11、12、18，1935 - 12 - 2、7，1936 - 1 - 6、10，1936 - 2 - 10、17，1936 - 3 - 9、12、30，1936 - 4 - 13、20，1936 - 5 - 4、7、8、11、12、13、14、16、28，1936 - 6 - 30，1936 - 9 - 22，1936 - 10 - 12、19，1936 - 11 - 11，1936 - 12 - 21，1936，1937 - 1 - 11、23，1937 - 3 - 27、29，1937 - 6 - 30，1937 - 8 - 9，1937 - 10 - 4、11，1938 - 1 - 1、31，1938 - 2 - 21，1938 - 5 - 5、9、31，1938 - 6 - 5、6，1938 - 7，1938 - 9 - 5、12，1938 - 11 - 27，1939 - 2 - 16，1939 - 3 - 13，1939 - 5 - 30，1939 - 6 - 7、19、29，1939 - 7 - 7，1940 - 4 - 1，1940 - 4，1940 - 5 - 5，1940 - 7 - 1、7，1942 -

12－22，1936－12－25，1938－6－6、8，1938－7－7，1938－10－23，1941－12－15，1942－1－23，1943－5－5，1943－5，1943－6－24，1943－11－30，1945－5－5、31，1945－8－30，1945－9－4，1946－3－2，1946－4－15，1947－2－16、20，1947－4－11、17、21，1949－4－18、22，1949－5－15，1949－8－27，1949－9－19

吴锡永：1911－5－下旬

吴信达：1934－9－20，1938－11－中旬

吴星若：1924－8－7

吴印禅：1934－5

吴雨仓：1911－11－27，1911－12－16

吴肇典：1924－6－10，1924－8－9

吴忠信：1954－2－13

吴宗慈：1917－7－16，1917－8－2、25，1917－9－11，1918－秋

吴宗禹：1910－2－13

吴祖湘：1946－5－27

伍朝枢：1912－12 月底，1921－5－25，1921－11－6，1922－约 3－20，1922－4－17，1922－5－6，1923－11－2、18，1923－12－21，1924－1－1，1924－2－21，1924－2，1924－7－3，1924－8－22，1924，1925－6－23、30，1925－7 月初、1、4，1925－7 至 8－20，1925－8－5，1925－11－中旬、30，1925－12－11，1927－9－11、14，1927－10－17，1928－1－27，1928－5－4、5、7，1928－6－28，1931－5－27，1931－10－15、21、22、23、26、27、31，1931－11－4、13、18、19、20、21，1931－12－6、11、12、14、15、16、17、19、23、25、26、28、29，1932－1－25、26、27，1932－2－4、5、9，1932－3－23、24，1932－12－31，1933－7－25，1934－2－22，1934－3－26，1935－11－27

伍大光：1921－5－25

伍福焜：1935－2－2，1936－3－26

伍汉持：1912－12 月底，1913－5－19

伍汉志：1934－10－8

伍剑夫：1932

伍千里：1936－11－5

伍汝康：1923－11－15

伍燊：1924－8－20

伍世觉：1934－11－5

伍廷芳：1912－1－26，1916－8－12，1917－6－中下旬，1917－9－10，1918－5－4、20，1919－6，1920－10－30、31，1921－5－25，1921－9－6、22，1922－3－17，1922－4－21，1924－6－中旬，1932－12－31

伍学幌：1922－11－29

伍英树：1934－7－9

伍于簪：1917－7－19

X

Y

余启中：1935－2－20
余庆云：1935－4－15
余群宗：1934－7－9
余坦波：1932－4－18
余维一：1922－8至10
余亚农：1934－1－12，1934－11－3
余衍恒：1925－8－29
余缵庚：1933－8－17
余曾铭：1933－2－10
余子青：1911－5月初，1915－秋，1920－11－25，1924－9－下旬
余祖熙：1933－9－17
俞鸿钧：1937－8－8，1943－5－5，1947－5－7，1954－2－13
俞绍基：1932－10－29，1933－6－16，1933－9－25
虞文灼：1924－6－27，1924－8－4、9
虞郎山：1924－8－7，1924－11－7
虞仰泉：1924－8－9，1932－1－27，1935－6－21
禹瀛：1920－12－18
喻华韩：1934－11－6
喻培伦：1911－4－27，1934－11－6
袁次明：1932－5－29
袁带：1922－11－25、28，1923－1－18
袁家骥：1934－10－26
袁石之：1933－5－19
袁世斌：1922－8至10，1954－2－13
袁世凯：1912－1－上旬，1912－2－12，1912－5，1912－7－下旬，1912－11－上旬、22，1912－12中下旬，1913－2－上中旬、中旬，1913－3－15，1913－约3－23，1913－约4月初，1913－约4－7，1913－4－8、25，1913－5－2、5、7，1913－6月初、14，1913－7－4、20、27，1913－8－3，1913－10，1913－11－4、17，1914－1－10，1914－5月初、10，1914－6，1914－7，1914－8－13，1914－8，1914－10，1914－12－中旬、月底，1915－2月至秋，1915－秋，1915－9，1915－10－10，1915－11，1915－12－中旬、下旬、月底，1916－1－4，1916－4，1916－6－下旬，1916－7－下旬，1916－8－29，1916－约10－下旬，1916－约11－上旬，1917－3，1917－约8，1919－3－中旬，1919－春，1920－1－1至8月，1922－6－15，1927－1－1，1929－2，1930－7－19，1932－5－9，1951－11－22，1954－2－13
袁树勋：1910－2－13
袁同礼：1924－10－2、28，1924－11－27
袁武烈：1934－7－10

Z

27，1936－5－23，1936－6－30，1936－9－30，1937－3－8，1937－5－2，1937－6－24

左恭：1938－6－14

左景烈：1932－2－24

左舜生：1946－11－23

左藤：1928－1－26

左维明：1934－6－28

机构团体索引

说明：

1. 本索引以机构名首字的汉语拼音字母为序；首字的汉语拼音字母相同者，以声调的阴平、阳平、上声、去声为序；首字相同的条目排列在一起，按第二字的音序、声调为序。

2. 例：

“1913－5－5”指1913年5月5日条目；

“1913－6－14、19、下旬”指1913年6月14日条目、1913年6月19日条目、1913年6月下旬条目。

C

D

G

H

M

R

S

T

W

X

Y

Z

中国国民党中央党部宣传部：1924－1－31至2－6，1924－2－7，1924－9，1925－9－18，1927－9－16，1945－5－20至21，1949－2－8

中国国民党中央党部组织部：1924－1－31至2－6，1927－9－16

中国国民党中央党史会：1924－夏（暑假），1951－7－20，1954－2－13

中国国民党中央党团统一组织委员会：1947－7－23，1947－9－9至13

中国国民党中央非常委员会：1948－7－16，1948－9－29

中国国民党中央改造委员会：1950－8－5，1950－8，1950－12，1951－12－4，1954－2－7

中国国民党中央监察委员会：1924－1－31至2－6，1926－1－27，1927－9－13，1927－12－3，1929－3－19，1930－4－7、12，1931－5－27，1934－9－8，1935－10－23，1935－11－20、21、22、23，1935－12－2，1939－1－1，1945－5－10、19、20至21、31，1947－2－16、20，1947－3－5、6、26，1947－4－7、11、17、21，1947－7－23，1948－9－29，1949－4－22，1949－9－29

中国国民党中央军校特别党部：1939－2－16

中国国民党中央平民教育委员会：1924－12，1925－1－25，1925－5－15

中国国民党中央史料编纂委员会：1938－12－9，1939，1943－12－24，1944－11，1944－12－10

中国国民党中央特别委员会：1927－9－11、12、13、14、15、16、17、19、20，1927－10－17，1927－11－24、29，1927－12－6、28，1927－12，1928－1－1，1929－3－下旬，1930－4－12，1954－2－13

中国国民党中央委员会：1954－1－1，1954－2－13

中国国民党中央文化运动委员会：1944－11－12

中国国民党中央训练团：1939－3－1至4月

中国国民党中央政治委员会：1924－8－15至25，1925－7－14、16、27，1925－8－5、19、29，1925－11－20，1925－11－23至12－2，1925－11－30，1925－12－1，1927－9－19，1932－1－4、12，1932－5－28，1936－2－24，1946－3－16，1948－7－16，1948－9－29，1949－4－18

中国国民党中央执行委员会：1924－1－30，1924－2－6、7、8、9，1924－3－12、15，1924－6－30，1924－7－3、9、14、21、24、月底，1924－8－15至25、16、27，1924－9－1、17、26，1924－10－23、29，1924－11－7，1924－12－14，1925－1－31，1925－2－1、22，1925－3－11、12、23，1925－4－上旬、13，1925－5月初、11、12、17、18至25、19，1925－6－16、19、22、25、28，1925－7月初、1、2、4、7、10、13、14、16、20、27、30，1925－8－3、5、6、10、13、17、20、29，1925－9－11、14、15、16、18，1925－10－11、21、24、25至26、26，1925－11－12、16、20，1925－11－23至12－2，1925－11－27，1925－12－1、4、11、12，1925－12，1926－1－27，1926－4－8，1927－4－18，1927－9－11，1927－12－3，1929－3－19、22，1929－12－12，1930－3－3、27，1930－4－7、12，1930－7－7，1930－8－7，1930－10－27，1931－5－27，1931－10－15，

中华民国政府（北洋政府，北京政府，1912－1928）：1913－4－25、下旬，1913－5－2、5、7、19、下旬，1913－7－4，1913－11－17，1913－冬，1914－1－10，1914－8，1916－8－12、13，1916－8，1916－约10－下旬，1916－约11－上旬，1917－4，1917－6－上旬，1917－7－中下旬，1917－9－29，1917－10－下旬，1918－年初，1918－3－18，1918－11－15，1918－12，1922－8至10，1923－1－26，1924－6－17、18，1925－3－24，1925－8－19，1926－3－18，1926

中华民国政府（中华民国军政府，广州护法军政府，广州军政府，1917－1921）：1917－6－中下旬，1917－8－31，1917－9－1、21，1917－10－8，1917－11－30，1917－12－3，1918－年初，1918－4－3、10、11，1918－5－4、18、20，1918－9－26，1918－12，1919－6，1919－秋，1920－8－13，1920－12－7、18，1921－3月初、7，1921－5－6，1922－9月底，1924－4－下旬，1924－6－中旬，1924－8－15至25，1924，1936－6－18，1951－7－20

中华民国政府（1921－1922）：1932－5－3，1933－5－2，1938－5－5，1945－5－5，1951－5－5

中华民国政府（中华民国国民政府，广州国民政府，1925－1926，1931）：1925－2－1，1925－5－20，1925－6月初、19，1925－7－1、3、22，1925－7至8－20，1925－8－5、7、11、31，1925－9－17，1925－10－14、18、24，1925－11－12、17、19、20、24、30，1925－12－1、7，1926－1－13，1926－3－20，1926－4－9，1931－5－27、29、31，1931－6－2、11、18，1931－9－1，1931－10－15，1931－11－19，1931－12－29，1932－1－1、19

中华民国政府（武汉国民政府，1926－1928）：1927－9－11

中华民国政府（南京国民政府，1927－1948）：1927－5－20，1927－7－7，1927－9－11、16、17、19、20，1927－10－18、1927－11－23、25，1927－12－5、中下旬、21、29，1929－12－12、20，1930－3－20，1930－8－7，1931－3月初，1931－5－27，1931－11－20，1931－12－8、11、17、24、25、26、28，1932－1－19、27，1932－3－24、26，1932－5－2、上旬、14，1932－9－29，1932－10，1932－12－4、14，1933－1－5、18，1933－2－14，1933－3－6，1933－4－9，1933－5－6、16、20，1933－7－20，1933－10－16，1933－11－23、25，1933－12－8、11，1934－1－14、23，1934－2－24，1934－4－15，1934－5－27，1934－7－10，1934－10－31，1934－11－1、2、6、7、8、10，1935－4－15，1935－6－16、17、24，1935－约6，1935－7－15，1935－8－8，1935－9－2，1935－10－28，1935－11－20，1935－12－4、7，1936－1－10、16，1936－2－26，1936－5－13、17、25，1936－9－4，1936－10－27，1937－1－8，1937－3－29，1937－4，1937－5－2，1937－11－19，1938－1－31，1938－4－29，1938－7－7，1938－约8－中旬，1938－9－19，1939－1－21至30，1939－3－13，1939－4－下旬，1939－6－19，1939－11－12，1939－12－26，1940－2，1940－5－5，1940－5，1940－10－2，1941－3－24，1941－7，1941－12－15，1941－年底，1942－5－14，1942－11－12，1942－冬，1943－2，1943－8－1，1943－9－6、10、12、13，1944－5－20，1945－2－20，1945－约

参考文献

（一）参考书籍

1. Vera Vladimirovna Vishnyakova-Akimova. 苏俄在华顾问回忆录（一九二四~一九二七）．郭荣、赵节译．台北：中国研究中心出版社，1971
2. 丁中江．北洋军阀史话．北京：中国友谊出版公司，1992
3. 丁旭光．孙中山先生与近代广东社会．广州：广东人民出版社，1999
4. 丁身尊主编．广东民国史．广州：广东人民出版社，2004
5. 广东省政协文史资料委员会．近代广东名人录．广州：广东人民出版社，1989
6. 广东省政协学习和文史资料委员会．广东文史资料存稿选编，第一卷至第六卷．广州：广东人民出版社，2005
7. 广东省档案馆．民国时期广东省政府档案史料选编．广州：广东省档案馆自编自印，1987
8. 广东省立图书馆．民国广东大事记．广州：羊城晚报出版社，2002
9. 中国人民政治协商会议全国委员会文史资料委员会《文史资料选辑》编辑部．文史资料选辑．北京：中国文史出版社，1989
10. 中国人民政治协商会议广东省委员会文史资料研究委员会．广东文史资料，第四十三辑，广东军阀大事记．广州：广东人民出版社，1984
11. 中国人民政治协商会议广东省委员会文史资料研究委员会．广州百年大事记．广州：广东人民出版社，1984
12. 中国人民政治协商会议广东省委员会文史资料研究委员会．粤系军事史大事记．广州：广东人民出版社，1986
13. 中国社会科学院近代史研究所中华民国史研究室．中华民国史资料丛稿大事记，第一辑至第三十一辑．北京：中华书局，1973—1992
14. 中国社会科学院近代史研究所．中国社会科学院近代史研究所青年学术论坛（2005 年卷）．北京：社会科学文献出版社，2006
15. 中国国民党中央委员会党史委员会．邹鲁先生文集．台北：中国国民党中央委员会党史委员会出版，1984
16. 中国国民党中央委员会党史委员会．国防最高委员会常务会议记录．台

北：近代中国出版社，1996
17. 中国第二历史档案馆．中华民国档案资料汇编．南京：江苏古籍出版社，1991，1994
18. 中国第二历史档案馆．中央党务月刊．南京：南京出版社，1994
19. 中国第二历史档案馆．中央党务公报．南京：南京出版社，1994
20. 中国第二历史档案馆．中央周刊．南京：南京出版社，1997
21. 中华文化复兴运动推行委员会．中国近代现代史论集，第二十四编，护法与北伐．台北：台湾商务印书馆，1986
22. 中山大学档案馆．孙中山与中山大学．广州：中山大学出版社，1999
23. 仇江．广东新军庚戌起义资料汇编．广州：中山大学出版社，1990
24. 冯玉祥．冯玉祥日记．南京：江苏古籍出版社，1992
25. 冯双．中山大学生命科学学院（生物学系）编年史 1924—2007. 广州：中山大学出版社，2007
26. 孙穗芳．国父孙中山先生纪念集．澳门：华人国际新闻出版集团，2003
27. 存萃学社．1927—1934 年的反蒋战争．香港：大东图书公司，1978
28. 西南军阀史研究会．西南军阀史研究丛刊．广州：广东人民出版社，1986
29. 许继峰．邹鲁与中国革命（西元一八八五～一九二五）．台北：正中书局，1981
30. 汕尾市人物研究史料编纂委员会．汕尾市人物研究史料（陈炯明与粤军研究史料）．汕尾：广东省供销学校印刷厂，1994
31. 东莞市政协．邓植仪文选．广州：广东高等教育出版社，2006
32. 刘昭瑞．杨成志文集．广州：中山大学出版社，2004
33. 林逸．民国青芝老人林子超先生年谱．台北：台湾商务印书馆股份有限公司，1985
34. 林浪．雏鹰展翅趋鲲鹏——1924 年至 1949 年在国立中山大学附属中学．广州：中山大学出版社，2002
35. 李根源．雪生年录．曲石精庐重刊本，1937
36. 李云汉．从容共到清党．台北：台北中国学术著作奖助委员会影印版，1973
37. 李松林，齐福麟，许小军，张桂兰．中国国民党大事记．北京：解放军出版社，1988
38. 李华兴．民国教育史．上海：上海教育出版社，1997
39. 李海冬．邹鲁教育思想研究．未刊稿（硕士论文），2007
40. 朱宗震，汪朝先．铁军名将——陈铭枢．兰州：兰州大学出版社，1996

41. 杨天石．蒋介石与南京国民政府．北京：中国人民大学出版社，2009
42. 邹海滨．环游二十九国记．上海：世界书局，1932
43. 邹鲁．澄庐诗集．广州：国立中山大学出版部，1934
44. 邹鲁．二十九国游记．上海：商务印书馆，1947
45. 邹鲁．澄庐文选．上海：正中书局，1948
46. 邹鲁．中国国民党史稿．北京：中华书局，1960
47. 邹鲁．广州三月二十九革命史．台北：帕米尔书店，1974
48. 邹鲁．少年的回顾．台北：龙文出版社股份有限公司，1993
49. 邹鲁．回顾录．长沙：岳麓书社，2000
50. 邹永．浮生点滴：邹永回忆录．广州：中山大学出版社，2008
51. 邹琳．邹琳年谱．台北：传记文学出版社，1975
52. 邹进之．民国大埔县志．台北：台北市大埔同乡会影印，1971
53. 张继．张溥泉先生回忆录·日记．台北：文海出版社有限公司，1988
54. 张主法．中国现代史论集，第七辑，护法与北伐．台北：台湾联经出版事业公司，1982
55. 张宪文等．中华民国史．南京：南京大学出版社，2005
56. 张紧跟．百年历程——1905—2005 中山大学的政治学与行政学．广州：中山大学出版社，2005
57. 张友坤，钱进，李学群．张学良年谱（修订版）．北京：社会科学文献出版社，2009
58. 陈哲三．邹鲁研究初集．台北：华世出版社，1980
59. 陈哲三．中国革命史论及史料．台北：台湾商务印书馆股份有限公司，1987
60. 陈锡祺主编．孙中山年谱长篇．北京：中华书局，1991
61. 陈占勤．陈少白年谱．广州：岭南美术出版社，1999
62. 陈鹏仁．百年忆述——先进先贤百年诞辰口述历史合辑．台北：近代中国出版社，1999
63. 陈汝筑，易汉文主编．巍巍中山——中山大学校史图集．广州：中山大学出版社，2004
64. 陈红民．胡汉民未刊往来函电稿．桂林：广西师范大学出版社，2005
65. 陈红民．函电里的人际关系与政治：读哈佛—燕京图书馆藏“胡汉民往来函电稿”．北京：生活·读书·新知三联书店，2003
66. 余齐昭．孙中山文史图片考释．广州：广东省地图出版社，1999
67. 何志毅．唐家湾镇志．广州：岭南美术出版社，2006

68. 何明．五十一位中国国民党中常委的最后结局．北京：中共党史出版社，2008
69. 国立中山大学出版部．国立中山大学现状．广州：国立中山大学出版部，1936
70. 国立中山大学农学院推广部．前广东公立农业专门学校学生会之运动纪要（民十二年至十四年）．广州：国立中山大学农学院推广部，1936
71. 国立中山大学校友会．邹鲁全集．台北：三民书局股份有限公司，1976
72. 易汉文主编．中大瑰宝——名人题词墨迹选．广州：中山大学出版社，2001
73. 易汉文主编．中山大学编年史（一九二四～二〇〇四）．广州：中山大学出版社，2005
74. 周聿峨，陈红民．胡汉民．广州：广东人民出版社，1994
75. 居正．清党实录．台北：文海出版社有限公司，1985
76. 钟海涛．百年家族——冯玉祥．石家庄：河北教育出版社，2006
77. 赵春晨．爱国志士·诗人·教育家丘逢甲．广州：广东人民出版社，2006
78. 赵春晨，郭华清，伍玉西．宗教与近代广东社会．北京：宗教文化出版社，2008 年
79. 冒怀苏．冒鹤亭先生年谱．上海：学林出版社，1998
80. 泰宁县政协文史资料委员会，泰宁县邹应龙文化研究会. 状元宰辅邹应龙. 泰宁：自印，2007
81. 曹思彬，林维熊，张至．广州近百年教育史料．广州：广东人民出版社，1983
82. 黄义祥．中山大学史稿（1924—1949)．广州：中山大学出版社，1999
83. 黄义祥，易汉文主编．中山大学大事记（征求意见稿）1924—1996. 广州：1999
84. 黄延复，王小宁．梅贻琦日记．北京：清华大学出版社，2001
85. 黄羡章．潮汕民国人物评传．广州：广东人民出版社，2008
86. 程焕文．邹鲁校长治校文集．广州：中山大学出版社，2004
87. 程焕文，张靖，周旎．邹鲁未刊稿．桂林：广西师范大学出版社，2008
88. 蒋永敬．胡汉民先生年谱．台北：中国国民党中央委员会党史委员会出版，1978
89. 舒宝明．校影．广州：中山大学出版社，2004
90. 缪凤林．中国通史要略．台北：商务印书馆，1972
91. 戴书训．愈经霜雪愈精神——邹鲁传．台北：近代中国出版社，1983

（二）参考网站

1. http：//baike. baidu. com/百度百科网
2. http：//gb. chinareviewnews. com/中国评论新闻网
3. http：//quzhi. thnet. gov. cn/广州市天河区地方志编纂委员会办公室网
4. http：//www. ch. zju. edu. cn/jjsandchina/蒋介石与近代中国研究中心网
5. http：//www. cnnet. com/华夏网
6. http：//www. dabu. gov. cn/大埔县人民政府网
7. http：//www. guangzhou. gov. cn/中国广州网
8. http：//www. gxi. gov. cn/govsite/ngmzd/中国农工民主党广西区委员会网
9. http：//www. gzsdfz. org. cn/广州地方志之窗网
10. http：//www. hoodong. com/互动百科网
11. http：//www. hoplite. cn/中国黄埔军校网
12. http：//www. lsfyw. net/历史风云网
13. http：//www. sysu. edu. cn/中山大学网
14. http：//www. tecn. cn/天益网
15. http：//www. tianyabook. com/天涯在线书库网
16. http：//www. tku. edu. tw/淡江大学网
17. http：//www. xueshubook. com/博正学术网
18. http：//www. ycwb. com/金羊网
19. http：//wxseu. cn/东南大学无锡分校网

后　　记

2007年暑假，当我拿到刚出版的《中山大学生命科学学院（生物学系）编年史1924—2007》时，开始酝酿写作新的著作，因为自己实在不想虚度有限的业余光阴。

当时确定的写作主题是仍然围绕中山大学历史进行，因为这是我学术兴趣点所在。对编年史体例的逐渐谙熟加之想研究年谱学的念头一直驱使我想写一部年谱专著，这本专著怎么和中山大学的历史结合，我思考了近一个月，期间邹鲁的名字始终萦绕在我的心头。

说来话长。毕业留校后，我对中山大学历史的兴趣像品茶一样，逐渐由淡苦到清香再到浓香，最后爱不释手了。我通过各种渠道收藏了近千件中山大学历史纪念品，这些纪念品最多的是书籍文献，特别是关于国立广东大学、国立中山大学的近500件文献、明信片、徽章等纪念品，弥足珍贵。审视这些纪念品，谈论最多的是关于邹鲁的功绩。由于邹鲁的鲜明政治观点，至今国内学术界对其研究较少，将邹鲁比较全面、系统地介绍给世人，促使我决定以年谱记录的形式完成这一任务。

自此，我开始奔波在中山大学图书馆、广东省档案馆等地，查阅了千余本文献，万余页档案；通过书店、网络等途径求购关于邹鲁的书籍文献，至今，苦心孤诣终蕴馨甜硕果：我搜集了1000多本关于邹鲁的著作文献。而我特别看重的则是复印了8000多页文献后自己装订的20多本《邹鲁文献全集》，因为这里面洒满了我和家人的汗水，个中辛劳，旁人无法想象，更无法感受。至于查阅档案的辛劳，他人更是难以感受：广东省档案馆中午有两个小时的闭馆时间，这个时间，我是怎么度过的呢——在档案馆大楼门前旁侧，席地而卧，颇似盲流一般……

为了感受真实邹鲁，我举家到邹鲁在广东生活、工作之地去进行“拜会之旅”，我先后去了广东省咨议局旧址、黄花岗七十二烈士陵园、广东大埔县旅游考察，当在大埔茶阳古镇参观了邹鲁创办的大埔中学等地，心潮波澜荡漾，思绪忆古怀今，仿如这位执掌国立中山大学长达10年之久的老人鲜活地站在眼前：他忠党爱国，终生顽强甚至顽固地为他心中坚守的思想信念奔波斗争。

140 万字的《邹鲁年谱》在我近三年的爬梳整理、钩稽考订中付梓，我曾对家人说，这种感觉就像一个人获得新生一样，轻松、快乐、享受……

执笔感恩，要铭记感谢的人有许多：

其一，我要感谢中山大学图书馆馆长程焕文教授。没有程馆长，这套书不会这么顺利出版。还是在写作时，程馆长就将其凝结斗量汗水的《邹鲁未刊稿》签名赠送，并不断关心书籍的写作进展。成稿之后，程馆长得悉我将举债出版这部著作后，又执言吁请，最终为本书解决了全部出版费用。此恩定当涌泉相报！

还要感谢中山大学党委常务副书记兼纪委书记梁庆寅教授、副校长陈春生教授，陈教授亲笔签下与出版社的出版合同，当我拿着合同走出办公楼时，深感母校对知识的重视，深信母校的未来一定灿烂辉煌。书稿校对期间，梁书记和陈校长都曾关切询问书籍出版进展，令我感动不已。

还要感谢生命科学学院党委书记武少新等所有对本书写作、出版提供帮助的中山大学生命科学学院的同仁同事。

其二，我要感谢中山大学图书馆林明副馆长、特藏馆同仁。他们不辞辛劳，在节假日协助我查阅、复印、拍摄了《三民主义月刊》、《中央党务月刊》等海量文献，有的文献属于珍藏级，珍贵而脆碎，能够查阅欣赏，实在大开眼界。还要感谢广东省档案馆诸位工作人员，他们在国立中山大学档案本已不再对外开放的情况下（正在制作胶片，因此不再对外借阅），还破例允许我查阅原始档案，感谢的话语尽在不言中。

其三，我要感谢中山大学出版社叶侨健原社长、祁军社长、张礼凤编辑以及贾萌、曾育林、何雅涛等人。他们本着对学术著作的重视，对本书出版予以大力支持，感谢的话语长存心间。

其四，我要感谢我的家人：夫人张海惠、儿子冯博士。从 2001 年开始，我常年将业余时间用在读书、写作、调研考察，几乎没有怎么陪他们度过一个完整的周末、假期。书籍写作过程中，张海惠协助我借阅复印、搜集购买、整理装订大量的书籍文献，可谓举全家之力支持我的工作和爱好，甘愿付出而毫无怨言。此前的两部著作，他们拒绝我将感谢的话语写在后记之中，而本书出版，我则不能吝啬笔墨，否则心难安，情难还。

历史是深邃庞杂的，而我则是一个不折不扣的门外汉，本科学的是植物学专业，研究生学的思想政治教育，都与历史专业相差十万八千里。我仅以一个历史爱好者的身份认识历史，思考历史，研究历史，撰写历史。由于水平所限，本书难免错漏盈篇，请各位同好不吝赐教。我的联系方式：

冯双：13924213054，lssfs@ mail. sysu. edu. cn

冯　双

2010 年 1 月 25 日，康乐园尚书房